HISTOIRE

DE LA VILLE ET DE TOUT LE DIOCÈSE

DE PARIS

HISTOIRE

DE LA VILLE ET DE TOUT LE DIOCÈSE

DE PARIS

PAR

L'Abbé LEBEUF

DE L'ACADÉMIE DES INSCRIPTIONS ET BELLES-LETTRES

TOME TROISIÈME

PARIS

LIBRAIRIE DE FÉCHOZ ET LETOUZEY

RUE DES SAINTS-PÈRES, 5

1883

DOYENNÉ

DE

CHATEAUFORT

DOYENNÉ

DE

CHATEAUFORT

ISSY

Quand même le nombre des Ecrivains qui paroissent ajouter foi à ce qu'on a débité sur le Temple d'Isis situé en ce lieu, seroit plus grand qu'il n'est, je ne me croirois point obligé de souscrire à tout ce qu'ils en ont dit sur le témoignage de Du Breul. On a pu découvrir au fauxbourg Saint-Germain comme ailleurs, quelque statue de fausse divinité que l'on aura prise pour une Isis, à cause du préjugé formé par la ressemblance du nom du village d'Issy qui appartenoit à ce Monastere ; mais il s'est introduit tant d'erreurs semblables dans les derniers siécles, que celles qu'on a pleinement mises en évidence doivent nous apprendre à nous défier de celles qui sont encore enracinées dans l'esprit du peuple. Je ne vois pas plus de nécessité de dire que le nom d'Issy ou Iscy, proche de Paris, vient de la Déesse Isis, qu'il y en a de le dire du bourg d'Issy dans la Bourgogne, au Diocése d'Autun, qu'on appelle Issy-l'Evêque, du village d'Isse, Diocése de Nantes, et de celui d'Isques, Diocése de Boulogne. Car il faut observer soigneusement que le premier titre qui fait mention du village d'Issy, proche de Paris, loin de l'appeller en latin *Isiacum*, le nomme toujours *Isciacus*, ou bien *Fiscus Isciacensis;* et plus on donne d'antiquité à ce titre, plus il est propre à combattre l'idée du culte d'Isis dans Issy. Je passerai donc volontiers que les Druides ont pu se retirer en ce lieu, mais sans y ériger un Temple à Isis. Il ne leur falloit que des bois et des fontaines, et c'étoit ce qu'ils trouvoient sur la montagne d'Iscy. Je ne doute point que le chêne, leur arbre favori, n'y eût la préférence, ce même arbre que nous trouvons quelquefois nommé dans les anciens monumens *Iscol, Ischal*, et *Iscum*. C'est pourquoi je me suis déterminé à ne pas trouver plus de mystere dans l'origine du nom d'Issy, que dans celle des noms de Chênoy, Chesnaye, Quesnoy. Je ne doute aucunement que ce *Fiscus Isciacensis* n'existât au VI siécle de Jesus-Christ, qu'il n'ait pu être donné alors par le Roi Childebert à l'Eglise de Saint-Vincent du fauxbourg de Paris, à la réserve de ce que Clovis I avoit donné de ses dépendances à l'Eglise de Saint-Pierre, dite depuis de Sainte-Geneviéve.

Lex Longobard. Gloss. Cang. voce Laiscum.

Après avoir assuré l'antiquité d'Iscy et en avoir donné une étymologie moins incertaine que celle qu'on avoit imaginée, il reste à représenter ce Village tel qu'il est. Sa distance du milieu de Paris est d'une lieue. Sa situation sur un côteau assez roide dont l'aspect est vers le nord, est à une très-légère distance de la Seine. Suivant le Dénombrement de l'Election de Paris imprimé en 1709, il y avoit alors en ce lieu 195 feux. Le Sieur Doisy dont on en a un autre imprimé en 1745, n'y en marque que 114. Le Dictionnaire géographique universel du Royaume publié en 1726, observe qu'il y avoit en cette année-là 515 habitans. Le pays est fort cultivé, principalement en vignes. Différentes belles maisons de Seigneurs et autres dont je parlerai ci-après, y occupent beaucoup de terrain. L'Ecrivain qui rédigea vers l'an 1200 ou 1210 le Pouillé de Paris, commençant par les Cures du Doyenné de Châteaufort, met à la tête celle d'Issy, *Ecclesia de Issiaco xl libr.;* c'étoit son revenu. On a tâché, contre toute l'antiquité, dans ces derniers temps, de comprendre ce Village dans la Banlieue Ecclésiastique de Paris.

On ne voit pas qu'il existât d'Eglise à Iscy, lorsque Childebert se désaisit de cette terre du Fisc, et depuis qu'il y en eut une de bâtie, les Evêques de Paris n'en transporterent la propriété à aucun Chapitre ni à aucun Monastere; mais selon l'usage vicieux des anciens temps, il y eut des séculiers qui s'y attribuerent quelques droits. Paganus, fils de Gui Lombard, donna en 1084 à Bernard, Abbé de Marmoutier, le droit de sépulture qu'il avoit sur tous ceux qui se faisoient inhumer à Issy. Cette famille venant de Lombardie faisoit encore alors sa résidence en ce Village, et peut-être étoient-ce les premiers Lombards qui y étoient habitués qui y avoient donné le nom, qui étoit fort connu dans la Loi de

Chartul. B. M. à Campis. fol. 3 et 4.

Lombardie. On trouve dans le même Cartulaire cité ci-dessus, qu'Adam Payen, petit-fils de Gui Lombard, demeuroit alors *apud villam Issii*. On y lit encore que Teceline, femme de Barthelemi de *Fulcosia* (apparemment de Fourqueux), céda à l'Eglise de Notre-Dame des Champs-lez-Paris, tout le droit qu'elle et son fils Henri avoient sur l'autel d'Issy. Ces titres font voir qu'au moins dès l'onziéme siécle il y avoit une Eglise à Issy, et que c'étoit une Paroisse, dont les laïques s'étoient attribué certains revenus, peut-être en qualité de fondateurs. Cette Eglise est sous le titre de Saint Etienne, premier Martyr. L'Historien de Saint-Germain-des-Prés nous apprend qu'en 1336, les habitans du lieu voulant en augmenter l'édifice, obtinrent de l'Abbé Jean de Precy une maison située vers le midi, moyennant quoi ils céderent trente-sept septiers de vin que la Fabrique prenoit sur les pressoirs d'Issy, et ils s'engagerent de faire les murs du clos de Vaugirard et du moulin. Cet édifice ayant besoin d'être rebâti, il fut permis en 1634 de célébrer dans la grange du Château de l'Abbaye de Saint-Germain. Ainsi elle fut rebâtie entierement vers l'an 1635, et bénite en 1661, par l'Evêque de Cesarée. Elle est sur une petite élévation. Saint Vincent, Martyr, est représenté à l'autel en qualité de second Patron. Je ne sçais si ce seroit par rapport à cela qu'une des fontaines du pays située dans les vignes en l'an 1307, s'appelloit la Fontaine Saint-Vincent, et donnoit son nom au canton. Les titres de l'Abbaye de Saint-Magloire parlent de la censive qu'elle avoit entre les deux Eglises d'Issy, ou sur le chemin de la grande Eglise de ce lieu à Saint-Vincent.

Chart. B. M. à Camp. fol. 12.
Ibid., fol. 18.
Hist. de S. Germ. p. 152.
Reg. Arch. Par. 24 Jan. 1634 et 9 Julii 1661. Suppl. à Du Breul, p. 91.
Chart. S. Magl. fol. 104.
Tab. S. Maglor. xvi sæc.

Il s'est fait des démembremens de cette Paroisse en deux différentes fois. Une partie des habitans étoient Hôtes de l'Abbaye de Saint-Pierre de Lagny, parce qu'apparemment ils logeoient sur un fief de cette Eglise; une autre partie demeuroit sur le territoire d'un Chevalier nommé Thibaud; ces deux portions furent détachées de la Paroisse d'Issy, l'an 1203, par l'Evêque Odon de Sully, du consentement de Pierre, Prêtre du lieu, c'est-à-dire Curé, et attribuées à la Paroisse de Vanves pour récompenser l'Abbaye de Sainte-Geneviéve de ce que le Prieur de Roissy-en-France avoit remis à cet Evêque la desserte de Vaudherland. L'autre distraction de la Paroisse d'Issy se fit lorsque Vaugirard qui en dépendoit, fut érigé en Paroisse, l'an 1342, par l'Evêque Foulques de Chanac. Outre Pierre qualifié ci-dessus Curé d'Issy, j'ai trouvé le nom d'un autre Curé plus célebre. C'est Charles Condurier, Chanoine et Souchantre de l'Eglise de Paris, décédé le 7 Décembre 1510, et inhumé à Notre-Dame. Tous les Pouillés Parisiens conviennent à marquer l'Archevêque de Paris comme nominateur absolu de cette Cure. Celui du XIII siécle commence

Chart. Ep. Par. fol. 67.
Gall. chr. nov. T. VII, p. 459.

par elle la description du Diocése. *Ecclesiæ pertinentes ad donationem Episcopi in Decanatu Castri-Fortis. Ecclesia de Issiaco.* Celui qui fut imprimé en 1626 sur un mauvais manuscrit, la marque la troisiéme sous le nom défiguré de *Cyssiacum,* Cyssac. Le Sieur Piganiol écrit que l'Eglise Paroissiale d'Issy n'a rien de remarquable que la sépulture des Vaudetars. Il faut ajouter que le corps de M. le Cardinal de Fleury, décédé dans la Maison qu'il avoit sur cette Paroisse, y a été en dépôt jusqu'au jour de son transport en celle de Saint-Louis-du-Louvre à Paris.

J'avois espéré recueillir dans l'Histoire de Saint-Germain beaucoup de choses sur la Seigneurie d'Issy ; mais cela s'est borné aux circonstances ci-dessus rapportées, touchant le don du *Fiscus Issiacensis* par Childebert, et touchant la cession que le Monastere fit pour augmenter l'Eglise du lieu. J'y ai trouvé aussi qu'en l'an 1236, Simon, Abbé de Saint-Germain, fit l'acquisition de quelques Isles de la Seine, proche le même Village. Au reste, l'abbé de Saint-Germain-des-Prés étoit encore qualifié Seigneur d'Issy dans la Coûtume de Paris de l'an 1580. On voit encore vis-à-vis l'Eglise un vieux Château, non du temps de Childebert, mais avec une tour quarrée de quatre ou cinq cens ans, laquelle sert de prison.

Hist. de S. Germ. p. 128.

Il est constant que l'Eglise de Sainte-Geneviéve participa aussi en quelque chose aux distributions que nos premiers Rois Chrétiens firent des dépouilles du Paganisme. On trouve dans des recueils manuscrits du Père Sirmond, que le Roi Hugues Capet fit serment sur l'autel de Sainte-Geneviéve : *Ur charta gloriosæ memoriæ Caroli Francorum Regis de possessionibus diis gentium dicatis et divino cultui applicandis in omnibus conservetur.* Il seroit à souhaiter pour remonter plus haut, qu'on eût lu dans cette formule *Chlodovei* au lieu de *Caroli.* Quoi qu'il en soit, on croit que ce que ce Monastere a eu d'ancien à Vanves, proche d'Issy et à Issy même, vient de Clovis. Il y avoit entre autres une Isle au-dessous d'Issy sur laquelle le Livre censier de cette Maison s'explique ainsi vers l'an 1250 : *Census de Yssiaco S. Bartholomeus VI solid. pro Insula subtus Yssiacum. Communitas Vanvarum et de Yssiaco pro quolibet animale quod ducitur in dictam Insulam debet unam comam avenæ.* Je crois que par Saint-Barthelemi qui vient d'être nommé comme jouissant à cens de l'Isle sous Issy, il faut entendre l'Abbaye Saint-Magloire dont les Moines ont demeuré à Saint-Barthelemi, et qui avoient beaucoup de droits dans Issy.

On diroit, à voir l'expression de la Charte des Rois Lothaire et Louis, et du Roi Robert, concernant les biens donnés à cette derniere Abbaye, que ceux qui la dresserent étoient du sentiment que le nom d'Issy venoit d'Isis. On lit dans la premiere qui est de l'an 980 : *In eodem comitatu Parisiaco in potestate Isiaca vineæ, unde erit census solidorum XI.* Dans la seconde, où les biens ajoutés par le Roi Henri sont énoncés, il y a : *In eodem comitatu Parisiaco in potestate Isiaca, vinearum atque pratorum XVIII arpennos.* Mais dans le Diplome par lequel Louis VII confirma ces mêmes biens en 1159, c'est-à-dire cent cinquante ans après, l'article est conçu en ces termes : *In potestate Issiaci, vineæ et hospites.* L'Abbé de Saint-Germain, Seigneur plus ancien, étoit en procès l'an 1325 avec celui de Saint-Magloire sur les droits qu'ils avoient chacun en cette Terre. Dom Bouillard explique le fait plus amplement. L'Abbé et les Religieux de Saint-Magloire prétendirent en 1329 avoir un fief, avec haute, moyenne et basse-Justice dans une partie du Village. Ils voulurent remédier par quelques réglemens aux désordres qui arrivoient sur leur terrain le jour de l'Invention de Saint Etienne, Patron de la Paroisse, où il se faisoit un grand concours alors. Ceux de Saint-Germain en ayant fait publier de tout opposés, où ils paroissoient ne point reconnoître la Seigneurie de Saint-Magloire, occasionnerent quelques violences qui furent commises sur les Officiers et députés de cette Abbaye, dont il y en eut d'emprisonnés et d'autres maltraités lorsqu'ils s'en retournoient à Paris à l'entrée de la nuit. Le Parlement rendit en 1330 un Arrêt contre l'Abbé de Saint-Germain, qui étoit alors Pierre de Courpalay, et le condamna aux dépens, à mille livres envers Saint-Magloire, et deux mille envers le Roi, et il maintint ceux de Saint-Magloire dans la jouissance de toute Justice dans une partie du Village. Plusieurs anciens titres marquent que le Manoir de ce Monastere étoit proche l'Eglise. L'Abbé y exerçant son droit de censive, ensaisina l'an 1420 Benoît Guerin, Panetier du Roi, d'un Hôtel sis près le Moustier d'Issy à lui vendu par Jean de l'Epine, Secrétaire du Roi. L'année suivante Guillaume Emery, Conseiller du Roi, en fut investi ; en 1428 Louis de Luxembourg, Evêque de Terouanne et Chancelier de France, en fut pareillement mis en possession par le même Abbé. Le même Hôtel fut ensuite à Nicolas de la Chesnaye, Maître-d'Hôtel du Roi. La famille des Emery ou Hemery possédoit depuis si long-temps des terres à Issy, sur la censive de Saint-Magloire vers le bord de la rivière, que le lieu portoit dès l'an 1400 le nom de *Port-Hemery*, qu'il conservoit encore en 1500.

Les autres noms de chantier ou canton que les titres m'ont fait connoître sur la Paroisse d'Issy et dans la censive de Saint-Magloire, sont Challon et le Vivier. Ce dernier étoit en 1458 sur le chemin d'Issy à Fleury.

La Commanderie de Saint-Jean de Latran passoit aussi alors pour avoir une censive en tirant vers Moulineaux.

Tab. S. Maglor.

Du Boulay a inseré dans l'Histoire de l'Université un acte de l'an 1284, touchant le fief de Rosiers, appartenant à la Maison de Sorbonne, qui nous apprend que ce fief consistoit en partie en cens sur trois Maisons situées à Issy, et en partie en d'autres cens constitués sur six arpens de terre au même lieu. J'ai été instruit que l'Abbaye du Val-de-Grace y a aussi cinq sols à prendre sur la censive d'Issy, par les Lettres de confirmation d'Henri II de l'an 1549, et par le Procès-verbal de la Coûtume de Paris de l'an 1580, que les Chartreux de la même Ville s'y disent Seigneurs d'un fief appellé Louviers. Pour ce qui est de l'Eglise de Notre-Dame de Paris, quelques particuliers lui léguerent des vignes en ce lieu dès le douzième ou treiziéme siécle, entre autres Philippe de Gomez, Prêtre, Trésorier de Poitiers. Elles étoient situées au canton dit en latin *Fons Bruiandi*, et furent données à bail à un Ecuyer du lieu.

Hist. Univ. Par. T. III, p. 236 et 238.

Gall. Chr. nov. T. VII, Instr. col. 198.

Necr. Eccl. Par. 28 Martii.

Après les gens d'Eglise qui eurent les principaux biens de ce Village, on trouve des Seigneurs particuliers de quelques cantons, ou de quelques Hôtels, et qui sont tantôt qualifiés du titre de *Miles*, tantôt de celui d'*Armiger*. Le plus ancien est Ferric d'Issy qui est nommé témoin en 1180 dans une Charte de Maurice, Evêque de Paris. Il étoit au siége de Toulouse en 1211, et il souscrivit à un acte de l'Evêque de Cahors avant S. Dominique. Après lui est Amaury d'Issy qui étoit Seigneur de Meudon. Guillaume d'Issy, Chevalier, est mentionné dans le Cartulaire de Sorbonne à l'an 1270. Jean d'Issy pareillement Chevalier, qui fut père de Jean d'Issy *Armiger*, marié à Mathilde, sont dans le Nécrologe de Paris. Un autre Jean d'Issy dit autrement Jean Thibaud, *Armiger* et Agnès sa femme, sont nommés dans le Cartulaire de Saint-Magloire à l'an 1298. A l'égard des Notables qui ont eu un Hôtel à Issy, j'ai lu que Bernar de Surgis, Archevêque de Narbonne, y en avoit un, où Raimond de Budes son neveu et petit-neveu du Pape Clément V, testa; l'Archevêque scella le testament de son sceau en présence d'Aldobrandi Paltimanni, Notaire de Florence, le 7 Août 1334. Hugues de Croicy, Chevalier, qui avoit été Président au Parlement, étoit retiré à Issy dans la Maison qu'il y avoit lorsqu'il fut arrêté comme criminel de leze-Majesté sous Philippe de Valois. C'est ce que nous apprenons par les Lettres de confiscation de ses biens, dont une partie des meubles fut adjugée aux Religieux de Saint-Germain en 1343. Il est fait aussi mention dans les Registres du Parlement d'une Maison de plus grande importance située à Issy dans le même siécle. Il y est dit à l'an 1381 que Philippe d'Artois, fils de Jean d'Artois Comte d'Eu,

Hist. de S. Germ. p. 12.

Hist. de Montm. Preuv. p. 397.

Chart. Sorb. fol. 38.

Necr. Eccl. Par. 14 Jan. 28 Mart.

Pithon-Court, Hist. du Comtat-Venaiss. T. II.

Sauval, T. III, p. 4 des Preuves.

fit adjourner Pierre de Fetigny, Avocat en la Cour, pour cause de
retrait d'un Hôtel et ses appartenances situé à Issy, que cet Avocat Hist. des Card.
avoit acheté de défunt Charles d'Artois, parent du Roi. Dans le Franç.
Recueil des transports de biens que le Roi d'Angleterre Henri VI, Preuv. p. 56.
se disant Roi de France, fit à diverses personnes qui lui étoient
attachées, [il est] marqué que ceux de Pierre Emery sis à Issy furent Compte de la
donnés à Thomas du Hellay, Ecuyer et à Jeanne, sa femme, fille Prévôté de
du même Emery ; de plus, que ceux de Barthelemi Spifame absent Paris vers 1423
passerent à Thomas Longueil et Thomas Gargatre, Anglois. Dans Sauval, T. III,
les Mémoriaux de la Chambre des Comptes, on trouve que p. 327 et 385.
Charles VII donna vers l'an 1449 à Louis de Luxembourg, Comte
de Saint-Pol, deux Maisons situées à Issy, qui étoient à son oncle
le Cardinal, et que Louis XI confirma vers l'an 1475 à Nicolas de
la Chesnaye une rente de dix livres à prendre sur certains héritages à Issy, laquelle lui avoit été donnée par le même Louis de
Luxembourg. L'Historien de l'Abbaye de Saint-Germain écrit
qu'en 1628 Jean de Choisy fit ériger en fief ce qu'il avoit à Issy.
Les Registres du Parlement observent qu'en 1639 furent registrées
les Lettres-Patentes du 2 Octobre 1638, qui permettoient au
sieur Jubeuf de faire clore en sa maison une ruelle au village
d'Issy, du consentement des habitans et des Religieux de Saint-
Germain. On avoit fort parlé au commencement du XVII siécle
de la Maison que Marguerite de Valois y avoit, et d'une autre
qui appartenoit au célebre Frederic Morel, Professeur Royal. On
parloit en 1684 de la Maison que le premier Président au Parle- Mercure
ment de Paris avoit en ce lieu, laquelle fut visitée par Monsieur, Juillet 1684.
Frère unique du Roi et par Madame. Il y en a de nos jours un
plus grand nombre qui sont devenues dignes de remarque. La
plus considérable est celle de M. le Prince de Conti, que
M. Piganiol écrit avoir été bâtie en premier lieu par Bazin de la Descrip. des env.
Bazinière, Trésorier de l'Epargne, et l'un des plus riches hommes de Paris,
de son temps. Elle passa ensuite à M. Denis Talon, Avocat Géné- T. VIII, p. 191.
ral, et enfin au feu Prince de Conti, ayeul du Prince de Conti
d'aujourd'hui. Cette Maison est en entrant à Issy du côté de
Paris. A l'autre bout est celle de Madame la Princesse de Conti [1].
Je ne sçais si ce seroit cette derniere que Piganiol dit avoir appartenu à feu Vanholles. La maison du Séminaire de Saint-Sulpice
est entre les deux. Le jardin en est spacieux. On y remarque dans
un endroit fort solitaire une Chapelle de la Sainte Vierge qui a
été bâtie sur le modèle de celle de Lorette en Italie. L'Auteur du

---

1. Le Mercure d'Août 1716, fait la relation d'une Fête donnée à Issy le 29 Juillet précédent, par Madame la Princesse de Conti à Madame la Duchesse de Berry.

Dictionnaire Universel des lieux de la France, semble confondre cette Maison avec l'Abbaye d'Issy, dont je parlerai ci-après.

Il est temps de rapporter quelques événemens qui sont arrivés dans le village d'Issy, au moins dans le dernier siécle. Je ne donne que comme une conjecture ce que je vais dire de la découverte d'un tombeau faite depuis peu en ce lieu. Grégoire de Tours écrivant la difficulté que Leudaste, Comte de Tours, eut de rentrer dans les bonnes graces de la Reine Frédegonde l'an 585, ajoute que de Paris où il s'étoit rendu et où il avoit été enfermé, on le conduisit *ad villam Fiscalem* pour s'en défaire; que la gangrenne s'étant mise à la playe qu'il s'étoit faite en passant le pont de Paris, la Reine ordonna qu'on achevât de le tuer en le laissant tomber par terre, et qu'ensuite on lui cassa la tête à coups de levier. Ce qui me fait croire que ce fut dans la Terre Fiscale d'Issy que ce Seigneur fut mené et massacré, c'est qu'il y a environ dix ans l'on trouva dans un champ à la sortie de ce Village, à main gauche en allant vers Vaugirard, à trois ou quatre pieds dans terre un cercueil de pierre d'une grosseur prodigieuse, avec un couvercle d'égale grosseur, dans lequel cercueil étoit un squelette dont la tête seule paroissoit plus consommée que le reste et mise en piéce ainsi que je l'ai vue. Il n'y a gueres que dans ces siécles reculés que l'on fabriquoit des tombeaux si immenses. On les trouvoit tout taillés par les ouvriers proche les carrieres ; il est à croire que les Officiers de ce Seigneur cacherent son corps en ce lieu, où l'on ne voit point que d'autres aient été inhumés ; car en ces siécles les criminels d'Etat n'étoient pas inhumés dans les cimetieres avec le reste des Fidéles.

Greg. Turon. lib. VI, c. xxxii,

Un fait autrement certain que celui que je viens de rapporter, est que le Roi Charles le Simple venoit quelquefois à Issy. Il reste au moins une Charte qu'il y fit expédier l'an 907. Il y a apparence que nos Rois s'y étoient conservé une Maison. Le Diplome porte : *Acta in villa Issiaco.*

Histoire de l'Egl. de Meaux, T. II.

C'est à Issy que fut représenté le premier Opéra François; sçavoir, la Pastorale, de la composition de Pierre Perrin, natif de Lyon : ce fut l'an 1659. L'Ambassadeur du Grand-Seigneur en 1669, que Patin appelle l'Envoyé du Grand-Turc, logea à Issy avant que de venir à Paris. Ce fut aussi dans ce même Village que s'assemblerent les quatre Examinateurs des Livres de M. de Fénelon, Archevêque de Cambray, et où M. Bossuet, Evêque de Meaux, eut diverses conférences l'an 1695. On y a vu pareillement sous le regne de Louis XIV, dans une petite Maison de campagne, que M. Thevenot, Garde de la Bibliothéque du Roi, y avoit plusieurs anciens marbres curieux apportés de Constantinople par M. de Nointel. Vigneul-Marville (Tome I, p. 400), fait aussi la remarque

Moreri Suppl. voce Perrin.

Lettres de Patin 504, du 13 Déc. 1669.

Histoire de l'Egl. de Meaux, p. 492.
Hist. de l'Acad. des Belles-Lettres in-12, T. II, p. 268.

que ce sçavant homme s'y retiroit souvent. C'est apparemment de quelques-uns de ces marbres antiques dont veut parler Dom Bernard de Montfaucon, lorsque traitant des Temples et des vases à leur usage, il dit que deux anciennes statues ont été transportées à Issy. *Supplém. aux Antiq. T. II*

Quelques personnes remarquables par la place qu'elles ont occupée, ont porté le nom d'Issy, soit qu'elles fussent natives de ce lieu, ou qu'elles fussent de la famille des anciens Seigneurs qui y avoient quelque fief. Un Religieux de Saint-Germain-des-Prés nommé Hugues d'Issy, fut élu Abbé de cette célébre Maison en 1244, étant Prieur de la Celle, et en l'an 1402 Agnès d'Issy fut élue Abbesse de Long-champ. Un Robert d'Issy avoit été qualifié du titre de Maître sur la fin du XIII siécle; de-là vint qu'un canton de Saint-Cloud étoit dit vers 1330 *Terra Magistri Roberti de Issiaco*. Un Doyen d'Orléans appellé *Guillelmus de Issiaco* fut fait Evêque d'Arras en 1283. *Gall. chr. nov. T. VII, col. 451 et 947. Tab. Ep. Paris Gall. Chr. T. III, col. 333*

Trois Poëtes ont fait chacun à leur maniere l'éloge du village d'Issy ou d'une partie : l'un, vers le commencement du dernier siécle; l'autre, il y a seulement quelques années. Le premier est Daniel Perier, qui fit imprimer en 1614, *encomium Isiaci pagi* en vers hexametres. La Déesse Isis lui fournissoit un trop beau champ, pour qu'il n'en fît pas mention dès le commencement. Il vient plus bas à l'éloge des jardins de la Maison de Marguerite de Valois, dont je parlerai plus bas, et fait la description des piéces d'eau qui y étoient. Il s'étend ensuite sur la Maison et les jardins que Frederic Morel, Professeur Royal, y avoit achetés. Elle étoit la plus belle, et la plus exposée, sa situation étoit du côté de Vanves. Elle contenoit une riche Bibliothéque, et l'on y voyoit de belles peintures. Le Poëte parle après cela de la bonté du terrain, des pacages, du froment qui y étoit. Selon lui, c'est une seconde Egypte, dont la Seine est le Nil. Il vante surtout le vin d'Issy, dont il dit :

An celsos qui vina ferunt fortissima colles
Nobile queis Rhodium cedat, nigrumque Falernum.

L'expression est un peu forte, mais elle est pardonnable dans la Poésie. La volaille et le gibier d'Issy n'y sont pas moins célébrés : on y apprend que nos Rois y alloient souvent à la chasse :

Altiliumve genus varium quo hic pagus abundat
Et virgulta solent lepores ubi mille latere.
An campos etiam longè latèque patentes
Quo Reges nostri spatiari sæpe videntur
Aut premere à tergo leporem non currere segnem
Aut perdicis avis cursu superare volatum.

> *Laudandi metas monet his nos ponere tempus*
> *Isidis atque deæ pagum potioris egere*
> *Scriptoris, dignum septem inter mira referri.*

Le second Poëte est François Boutard, connu parmi les sçavans sous le nom de l'Abbé Boutard, dont on a une Ode latine qu'il présenta en 1718 à M. le Prince de Conti sur sa Maison d'Issy. Cet Académicien est décédé en 1729.

Le troisiéme Poëte, qui étoit alors un Clerc de la Paroisse de Saint-Roch de Paris (M. Goger), s'est attaché à faire la description de la Maison du village d'Issy appartenante à Messieurs du Séminaire de Saint-Sulpice, des jardins principalement, et de la Chapelle de Notre-Dame de Lorette. Je me contenterai d'en rapporter ces quatre ou cinq vers qui concernent la Chapelle :

> *Mitius hic lumen sublustri fulget in umbra;*
> *Hic Pietati addunt stimulos ars et locus ipse,*
> *Sanctaque formido, et secretus corripit horror*
> *Intrantes, pavidisque sacros inspirat amores,*
> *Et replet attonitam præsenti Numine mentem.*

On peut voir le reste de la piéce dans le Mercure d'Avril 1742. En conséquence de cette dévotion extraordinaire, Messieurs de Saint-Sulpice ne permettent à personne de dire la Messe avec la perruque au principal autel de cette Chapelle. Cette Maison a un vaste jardin qui comprend plusieurs arpens de vigne. Elle a appartenu à la Reine Marguerite. Le corps de logis du milieu est de ce temps-là, les peintures sont à fresque. On voit dans la cour le buste d'une personne qui a la toque sur la tête.

<small>Biblioth. Franç. T. XV, p. 67.</small> En 1609 Michel Bouteroue, Médecin Chartrain, avoit fait en vers de huit syllabes une description de cette Maison, où la Reine s'entretenoit souvent avec les Muses et ceux qui les cultivoient, c'est pourquoi il l'avoit intitulée : *Le petit Olympe d'Issy ;* c'est apparemment en ce même lieu qu'elle se retira à cause de la peste de Paris de l'an 1605.

La Maison de M. le Prince de Conti a de très-beaux jardins qui s'étendent vers Meudon, beaucoup de haute-futaye, plusieurs piéces d'eau, dont une pétrifie des plantes.

La Maison où est décédé M. le Cardinal de Fleury appartenoit auparavant au Maréchal d'Estrées, et avant lui à M. Vanholle, Intendant d'Alsace. La nouvelle Histoire d'Alsace de M. Schœpflin fait mention (page 48) du transport qui y avoit été fait de Strasbourg d'un Hercule de bronze : et-de-là à la Barre, autre Maison *quæ Issiacum tangit, ubi etiamnum visitur.*

ABBAYE DES BÉNÉDICTINES D'ISSY

Cette Maison avoit commencé par un Prieuré qui fut fondé à Magny-en-Vexin, au Diocése de Rouen, l'an 1637, sous le titre de Sainte Anne, par la famille des Charton, et la premiere Prieure fut tirée de l'Abbaye des Arcis, Diocése de Chartres. En 1645 l'Archevêque de Rouen permit qu'on transferât ce Couvent à Issy, et la translation fut confirmée le 13 Avril 1645, par l'Archevêque de Paris, et par Lettres-Patentes de l'an 1647. Louis XIV obtint en 1657 du Pape Alexandre VII, que ce Prieuré fût érigé en Abbaye, et accorda là-dessus ses Lettres en 1662 ; l'Archevêque ayant donné aussi son consentement en 1657. Depuis ce temps-là il y a eu quatre ou cinq Abbesses, dont la premiere a été Françoise-Henriette de la Fontaine. L'enclos de cette Abbaye est petit aussi-bien que l'Eglise. On y voit la sépulture de M. de Novion, premier Président du Parlement, et celle d'un pieux Evêque Irlandois qui mourut en 1702. Il est appellé sur sa tombe *O Molony*, et qualifié Chanoine de Rouen. Il est dit avoir été ensuite Evêque *Laonensis et Limoriensis*.

Cette Communauté dont les biens étoient fort diminués et ont été réunis à l'Abbaye de Gersy, a été dispersée en 1751, et celle de Saint-François de Sales qui étoit sur la Paroisse Saint-Medard où elle avoit déja succédé à un Couvent de Filles, y a été transferée. Ces Prêtres de Saint François de Sales ont commencé à y demeurer au mois de Juillet 1753.

Felibien, Hist. de Paris, T. II, p. 1435.

SEVE ou SEVRE

C'est ici l'un de ces lieux qui paroissent à M. de Valois porter le nom de la riviere ou du ruisseau qui y passe : mais tous les Sçavans ne sont pas de son sentiment. Plusieurs croient que les lieux ont au contraire donné leur nom aux rivieres ou aux ruisseaux ; qu'on dit la riviere de Bievre parce qu'elle passe au village de Bievre ; la riviere d'Essone, parce qu'elle passe au bourg d'Essone, et ainsi des autres. En effet, en cherchant exactement on trouve souvent que ces rivieres ou ruisseaux ont un autre nom, un nom qui leur est particulier, et qui n'est pas un nom de lieu. M. de Valois lui-même fait mention d'un titre rapporté par Doublet, où le ru de Sévre est dit autrement Marinel. Ce titre est de l'an 1495. On est presque certain par ce moyen, que le nom de Sévre est le vrai nom du Village, mais on ne sçait pas pour cela

Notit. Gall. p. 431, col. 1.

Ibid. p. 401, col. 1.

d'où il vient. Les plus anciens monumens latins qui en parlent, l'appellent *Savara.* Ils sont de douze cens ans, étant du sixième siécle. D'autres un peu postérieurs l'appellent *Savra;* c'est ainsi qu'on l'écrivoit au neuviéme siécle. Au treiziéme on en étoit venu à dire *Sevra,* comme fait le Pouillé de ce temps-là, ou *Separa,* ou bien *Seppœra, Sepera,* ainsi qu'il se lit dans les titres du Chapitre de Paris. Il ne se présente rien qui ait rapport au nom primordial *Savara,* sinon le mot de Savar qui est un des noms qui se donne au gazon en quelques Provinces de France; c'étoit apparemment un lieu où le gazon étoit fort abondant, ce qui en occasionna la dénomination lorsqu'on commença à y bâtir.

Dès le temps de S. Germain, Evêque de Paris, Séve ou Saive étoit un Village. Ce Saint Prélat y passant vers l'an 560 ou 570, y guérit une fille appelée Magnoflede, d'une espece de possession dont elle étoit affligée, et après cela il en fit une Religieuse. Fortunat, Auteur de la vie de ce Saint et Ecrivain contemporain, appelle ce lieu *villa Savara.*

Sæc. 1 Bened. p. 238.

Il est à deux lieues de Paris vers le couchant, presque sur le bord de la Seine, à l'entrée d'une gorge qui entre deux montagnes conduit à Versailles, et au fond de laquelle coule le ruisseau de Marinel, venant des environs de Montreuil et de Chaville, et qui se jette en ce lieu dans la Seine. On voit autour de ce lieu la terre cultivée de toute sorte de manière, quelques prairies dans le fond, de petits bois et quelques vignes sur les côteaux, et dans le haut sont des labourages. Le Dénombrement de Paris y comptoit 223 feux. Celui du Sieur Doisy en marque 202. A l'égard du Dictionnaire Universel de la France, Sévre y est marqué comme un lieu contenant 910 habitans. Je parlerai ci-après du Pont de bois qui y a été construit.

L'Eglise de Sévre est un bâtiment du treiziéme siécle, pour ce qui est du chœur et de la tour. La nef est moderne. Il y a deux aîles, mais point de fond pour tourner d'un côté à l'autre. Elle a le défaut des Eglises bâties à plusieurs reprises, d'être un peu tortue. On y voit dans la chapelle méridionale à côté du chœur une petite tombe qui couvre la sépulture d'un enfant nommé Du Broc, décédé l'an 1529. Il y est représenté entouré de langes, et on lit dessus qu'il n'avoit que neuf semaines lorsqu'il mourut. Cependant l'inscription qui est gothique, finit par un *Requiescat in pace.* Je fais mention des autres sépultures dans le Catalogue des Seigneurs. Derriere cette Eglise sort une fontaine dont la source est dans l'Eglise même, et qu'on appelle *La fontaine de Saint Germain.* Il peut paroître étonnant qu'on ne l'appelle point de S. Romain, qui est le Patron de l'Eglise; mais peut-être a-t-elle eu le nom de S. Germain relativement à ce que l'endroit où son coulant se perdoit dans la Seine avant tous les changemens arrivés en ce lieu, étoit celui qui servoit de borne à la pêche de l'Abbaye de Saint-Germain-des-Prés ; car le titre qui porte le nom du Roi Childebert I, marque l'étendue de ce droit jusqu'au lieu *ubi alveolus veniens Sævaræ præcipitat se in flumine ;* et encore en 1230 la borne de séparation du droit de l'Evêque de Paris sur la riviere d'avec celui de cette Abbaye, fut placée vis-à-vis le Village de Sévre. Hist.de S.Germ. p. 120.

Pour ce qui est du choix qu'on a fait de S. Romain, Prêtre et Moine à Blaye proche Bordeaux, au quatriéme siécle, pour Patron de l'Eglise de Sévre, je pense qu'il vient de quelques Reliques de ce Saint que les Religieux de S. Denis qui possédoient son corps, distribuerent en faveur de la Dédicace, quoique je n'apperçoive dans toute l'antiquité aucune relation de leur Abbaye avec ce lieu. On trouve dans quelques anciens fragmens des chroniques de cette Maison, que les Toulousains voulant ravoir le corps de S. Saturnin, leur premier Evêque, qui avoit été transporté en ce Monastere par ordre du Roi Dagobert, en fournirent trois autres, dont celui de S. Romain de Blaye fut du nombre. Aussi depuis ce temps-là fit-on une grande fête de ce Saint dans cette Abbaye le 24 Novembre, jour de son décès. On célebre pareillement sa Fête le même jour dans l'Eglise de Sévre, et celle de sa translation le 22 Mai, sans observer peut-être que ce dernier jour est celui de la mort de S. Romain, Solitaire de Druyes en Auxerrois, ce qui peut causer à l'avenir de la confusion. La Dédicace de cette Eglise a été faite en 1504 en conséquence du pouvoir qui fut donné alors au Curé et aux habitans de la faire dédier par quel Evêque Catholique ils jugeroient à propos. Cod. Colb. 1380. Reg. Ep. Paris. 26 Apr.

La Cure est de celles dont les Evêques de Paris se sont réservé la nomination pleine et entiere, suivant les témoignages de tous les Pouillés de Paris. On lit au Necrologe de Notre-Dame de Paris que Girard de Courlandon, Archidiacre de Paris, fondant une Chapelle de Saint Nicaise à Notre-Dame, lui assigna entre autres revenus, cent huit sols sur l'Eglise de Sévre. Il mourut en 1319. Necr. Eccl. Par. IX Cal. April.

S'il y avoit apparence que nos Rois eussent eu autrefois un Palais en ce lieu, on pourroit dire que ce seroit quelqu'un d'entre eux qui y auroit fait apporter des Reliques de Saint Romain de Blaye. Mais nous ne trouvons rien dans leur Histoire qui ait rapport à ce Saint, sinon que le Roi Caribert étant décédé en 567, fut enterré à Blaye, dans l'Eglise de son nom. Dom Jacques Martin a été du sentiment qu'il y avoit un Palais Royal à Sévre, fondé sur une ancienne monnoie qui porte SAVE pour le lieu où elle a été frappée : mais j'ai fait voir ailleurs que ce Save étoit le Château de Savie sur la montagne de Belleville proche Paris, où Religion des Gaul.T.II,p.58.

nos Rois avoient un Domaine dont ils firent part à plusieurs Eglises.

Il ne paroît pas y avoir jamais eu d'autre Château à Sévre que le Château Seigneurial. Il est bâti un peu plus bas que l'Eglise vers le midi. C'est un édifice quarré entouré de fossés : à l'un des coins est une tour aussi quarrée qui forme presque tout le logement et qui est terminé par le haut en espece de donjon un peu écrasé. Ce bâtiment peut avoir deux à trois cens ans. On voit à la porte cette Sentence gravée sur le marbre : *Animas colentium se Deus, rem et domum tuetur* avec les armes de Longueil.

Les anciens titres fournissent les noms de quelques Seigneurs de ce lieu. Sous le regne de Philippe-Auguste parmi les Chastelains dépendans de Montlhery, sans tenir cependant leur terre du Roi, se trouve *Amorrannus de Separa*. On a voulu mettre *Anjorrandus* suivant qu'il est appellé dans le Cartulaire de l'Evêché vers l'an 1220. Il tenoit de l'Evêque un bien situé à Versailles. Un peu après ce temps-là paroît un Gervais de Sévre, Chevalier. Il est nommé dans les titres de Port-Royal comme approuvant ce qui a été donné de censive dans Sévre à cette Abbaye, et cela en 1226. Il vivoit encore en 1240. Après lui vécut Roger de Sévre mentionné à l'an 1245 dans le Cartulaire d'Hieres, pour avoir confirmé avec Aveline, sa femme, le don qu'Eveline de Sévre avoit fait à cette Abbaye, de douze arpens de terre à Attilly : et en 1248 on le trouve comme plège dans un acte concernant Henri d'Attilly. Ce Roger *de Separa* pouvoit ne pas jouir de la Seigneurie entiere, car Amaury de Meudon, Chevalier, avoit beaucoup de censives à Sévre. Plusieurs Bourgeois de Paris y possédoient des héritages qui lui payoient le cens annuel. Il voulut qu'à cause qu'il venoit de faire son fils Chevalier, et marier sa fille, ils lui passassent le cens au double, alléguant pour cela l'usage. Ils répondirent qu'ils payoient la taille au Roi comme les autres Bourgeois : mais comme ils convinrent que les Paysans payoient ce cens double au Seigneur, le Parlement les condamna en 1266 à le lui payer de même. Il y avoit en 1312 un Gervais de Sévre, et en 1315 un Jean de Sévre Ecuyer, Seigneur suzerain du fief de la Bretonnerie à Paris, suivant un acte qui reste de lui. Dans le reste du XIV siécle fut Dame de Sévre une nommée Jeanne de Villeberne. Elle est représentée aux Bernardins de Paris en Religieuse sur sa tombe. Ses armes sont d'azur à une croix engrêlée accompagnée de fleurs-de-lys. Au commencement du siécle suivant, Arnaude de Corbie se trouve qualifiée Dame de Sévre, c'est-à-dire en 1408. Elle étoit fille de Philippe, Maître des Requêtes, et elle épousa Jean de Livres, Seigneur de Clamart et Ville-accoublay. Jean Leclere, Chancelier de France, avoit eu cette terre par décret en 1423, mais cette acquisition fut annulée après sa mort arrivée en 1438. Je ne trouve pas qui fut celui qui lui succéda ; mais seulement qu'en 1463, la nuit du 22 Septembre quelques Bretons et Bourguignons étant venus à Sévre, y trouverent des Ecossois de la Compagnie de Robert de Conychan auxquels ils couperent la gorge. Je trouve aussi qu'en 1487, Jean de Boulainvilliers, Chevalier, Gouverneur du Comté de Clermont-en-Beauvoisis avoit eu du côté de sa femme un fief assis à Sévre près Saint-Cloud mouvant du Roi, à cause de sa terre de Chailliau, et qu'il en rendit hommage. Je croirois que Messieurs de Livres rentrerent en cette terre, après la mort du Chancelier Le Clerc, d'autant qu'il se trouve un Henri de Livres, Seigneur de Sévre au commencement du siécle suivant. Il reste une Sentence de Jacques d'Estouteville, Prevôt de Paris, du 16 Juin 1507, par laquelle il lui est permis de faire relever et redresser la Justice et fourches patibulaires à deux piliers à Sévre sur la motte de Châtillon, ainsi qu'il étoit d'ancienneté. Quatre ans après, Simon de Livres est dit Seigneur de ce lieu. On lit qu'il obtint du Roi Louis XII qui étoit à Lyon au mois d'Août, l'établissement de deux Foires à Sévre; sçavoir, le Lundi d'après l'Ascension et la derniere Férie de la Toussaint, et d'un marché tous les Vendredis. Henri de Livres est souvent mentionné dans les cahiers de l'Ordinaire de la Prevôté de Paris, presque durant tout le regne de François I. Il prêtoit son Château pour y renfermer les prisonniers qu'on ne vouloit pas laisser au Châtelet de Paris, dans le temps des entrées des Reines ; et on lui payoit un droit pour cela. Il y en avoit quelquefois plus de cinquante renfermés. C'est ce qui arriva en 1515 et 1531 aux entrées des Reines, et en 1537 à celle du Roi d'Ecosse. Ce Seigneur fut sommé en 1533 par l'Evêque de Paris, pour l'hommage qu'il lui devoit. Le même Henri de Livres qui avoit épousé Jeanne de Longueil, se voyant sans enfans, donna sa terre en 1535 par acte du 14 Juillet, à Jean de Longueil, Seigneur de Maisons, son beau-frere. Il fut inhumé en l'Eglise Paroissiale et sa femme ensuite auprès de lui l'an 1548. Ce Jean de Longueil qui le premier de ce nom posséda cette Terre, est auteur d'un Recueil très-curieux de 271 Arrêts notables.

Chron. de Louis XI.

Ordin. de Paris. Sauval, T. III, p. 479.

Livre gris du Châtelet, fol. 61.

Bannieres du Châtelet, vol. I, fol. 437.

Sauval, T.III,p.592,596, 614, 619.

Tab. Ep.

Hist. des Présid. p. 467, 468.

Jacques de Longueil, fils de Jean, succéda à son pere. Il étoit Maître des Comptes en 1572, Maître-d'Hôtel du Roi en 1575, Chevalier de l'Ordre de Saint-Michel en 1578. Ce fut lui qui fit fortifier le Château de Sévre encore plus qu'il n'étoit, et qui y fit graver l'inscription *Animas etc.*, rapportée ci-dessus. Ce Château ne laissa pas d'être pris et pillé par les ennemis : mais il l'assiégea de nouveau et le reprit avec perte considérable de son bien. Il repose à Sévre avec Catherine de Montmirail, sa femme. Charles de Longueil succéda dans cette Terre. Il épousa Louise Seguier et

Ibid. p. 473, 478.

mourut en 1609 âgé de 37 ans. Il est aussi inhumé à Sévre. Jean son fils, Seigneur de Sévre, se fit d'Eglise. Il mourut le 12 Février 1646. Il repose pareillement à Sévre. Après lui la Terre fut possédée par Charles de Longueil, son frere, qui dès l'an 1618 est dit Secrétaire du Roi et marié à Louise de Montrouge, laquelle mourut en 1646 et fut enterrée à Sévre. Il eut un frere nommé Louis, Chevalier de Saint-Jean de Jérusalem, connu sous le titre de Chevalier de Sévre, qui se trouva en diverses occasions pour le service de la Religion, et pour celui du Roi au siége d'Arras et ailleurs.

<small>Livre de S. Cloud de l'Abbé de Morelet. Antiq. de Paris. T. III, p. 51.</small>
Sévre a depuis appartenu à M. Monnerot l'aîné, que Sauval dit s'y être joué de l'eau avec plus d'artifice que les Romains n'ont fait à Tivoli et à Frascati. M. Nicolaï en est Seigneur depuis la mort du fils du Président de Maisons.

M. le Duc d'Orléans est aussi Seigneur en partie.

Le voisinage de la Terre de Saint-Cloud fut cause que les Evêques de Paris qui en étoient Seigneurs, chercherent à y joindre un moulin situé à Sévre et sur le ruisseau même de Sévre. Robert, Abbé de Saint-Germain-des-Prés, à qui il appartenoit, le céda avec une terre dite Garzy, à Geoffroy, Evêque de Paris, qui lui donna quelques présentations d'Eglise en l'an 1070. Les Evêques de Paris s'étant mis en possession de ce bien, Maurice de Sully, qui pensoit toujours à de pieux établissemens, donna quelques années avant sa mort, c'est-à-dire en 1193, une Charte datée à <small>Chart. S. Clod.</small> Saint-Cloud dans la Chapelle de Saint-Jean, par laquelle il voulut que celui qui tiendroit le moulin de Sévre, fournît par la suite tous les ans un muid de méteil, dont on feroit une distribution de pain aux pauvres de Saint-Cloud dans le temps de Carême-<small>Du Breul, Antiq. de Paris, p. 547, édit. 1639.</small> prenant. Du Breul remarque qu'il y a à Sévre une Terre nommée Coetmean. Il nous apprend que c'est le nom que portoit le Chantre de la Cathédrale de Tréguier qui fonda en 1400 le Collège de Tréguier à Paris, lequel fut détruit quand on bâtit le Collège Royal. Il ajoute que cette Terre appartient encore à ce College.

<small>Gall. Chr. nova. T. VII, Instr. col. 198.</small>
Des Lettres que l'Abbaye du Val-de-Grace obtint du Roi Henri II pour la confirmation de ses biens, mettent dans ce nombre quelques rentes sur des vignes situées à Sévre. Cela fait voir l'ancienneté du vignoble de ce lieu.

Les maisons de cette Paroisse ne s'étendent sur la route de Versailles que jusqu'à celle du Pourvoyeur de la Reine, ce qui est plus loin de la Paroisse de Viroflé; mais le territoire de la côte qui fait face à cet allongement de Viroflé, est de la Paroisse de <small>Hist. de Montm. Preuv. p. 396.</small> Sévre. Les habitans de Sévre tenoient en 1209, à Ruel, du bien de Bouchard, Seigneur de Marly, ce qui marque qu'ils faisoient dès-lors une Communauté.

Le Pont de Sévre est un pont de bois de vingt et une arches à deux reprises, et séparées par une Isle qui forme en ce lieu deux bras dans la riviere. M. Perrault de l'Académie des Sciences avoit proposé d'y construire un pont de bois d'une seule arche de trente toises de diametre, lequel n'auroit point été endommagé par les inondations et par les glaces, et n'auroit nullement empêché la navigation dans le temps même qu'on auroit travaillé à le rétablir. On ne dit point pourquoi ce projet n'eut pas lieu. Au commencement de l'année 1707, il arriva un fait extraordinaire au bout de ce pont. Un parti ennemi, composé de trente hommes seulement, mais presque tous Officiers, s'étant partagé en diverses petites troupes, s'approcha de Paris dans le dessein d'enlever quelqu'un de nos Princes entre cette Ville et Versailles. Le 24 Mars, entre six et sept heures du soir, ils apperçurent sur le pont de Sévre un carrosse à six chevaux aux armes et avec la livrée du Roi. C'étoit M. le Premier Ecuyer du Roi, Jacques-Louis de Beringhen, qu'ils prenoient pour M. le Dauphin. Ils firent le signal dont ils étoient convenus ; leurs petits détachemens se réunirent, ils joignirent le carrosse à l'entrée de la plaine, M. le Premier fut enlevé en un instant, et on ne le sçut que par le retour de ses gens qui avoient été eux-mêmes retenus long-temps. Ce n'est point ici le lieu de raconter le reste de l'aventure. Chacun sçait que ce Parti fut rejoint dès le lendemain proche Ham en Picardie. Eloge de M. de Beringhen dans les Mém. de l'Acad. des Inscriptions.

Les Mémoires de l'Académie des Sciences de l'an 1731, nous apprennent que ce fut à Sévre qu'on exécuta la machine pour élever l'eau, qui avoit été inventée par J.-B. Le Brun. Mém. de l'Acad. des Scienc. 1731, p. 91.

On a établi à Sévre une Manufacture de flacons de verre qui est en grande réputation.

L'un des écarts de cette Paroisse est appellé LA RONCE, ainsi que le marque l'exposé du Comte de Crusly en l'an 1697, pour y avoir un Oratoire domestique. Regist. Archiep. 13 Nov.

Il y a un fief à Sévre qui est mouvant de Chaillot. Jean de Boulainvilliers en fit hommage en 1487, et les Célestins de Paris en 1585. Voyez Chaillot.

M. de Tournefort, cherchant des simples autour de Paris, observa que le *Lychnis Silvestris* est très-commun dans les carrieres de Sévre, qu'on l'y a même vu à fleur double. Item le *Cepea* ou *Sedum* se trouve autour de Sévre, le *Trageselinum*, le *Valeriana Silvestris* dans les taillis entre Sévre et Meudon ; et enfin, le *Sium aromaticum* au-dessus de Sévre. Tournefort, T. 1, p. 359. Ibid. T. 1, p. 380. Herboriz, 6.

Je rapporte ceci pour exemple du détail où entre le Livre de M. de Tournefort. Je ne le suivrai point dans ce qu'il rapportera des autres Villages.

Je ne vois point que cette Paroisse ait fourni d'autres personnages illustres, que quelques-uns de ses Seigneurs du nom de

Longueil. Il y a eu aussi au treiziéme siécle un *Magister Simon de Separa,* Prêtre, Chanoine de Notre-Dame de Paris, insigne bienfaiteur, mort le 19 Mai. *Magister* étoit alors destiné à marquer un homme sçavant.

Necr. Eccl. Par.

SAINT-CLOUD

Les deux Nogent situés dans le Diocése de Paris ont tous deux été célèbres dès le temps de la premiere race de nos Rois. Il y avoit alors un Palais Royal à Nogent-sur-Marne, comme je l'ai fait voir en traitant son article; mais s'il n'y en a pas eu dans ce Nogent-ci situé sur la Seine, maintenant dit Saint-Cloud, la demeure qu'y fit le Saint Prêtre de ce nom, sa sanctification en ce lieu, et sa sépulture sont des faits encore plus glorieux pour la mémoire de ce Bourg. Il doit donc passer pour certain que Saint Cloud, fils de Clodomir, Roi d'Orléans, et petit-fils du grand Clovis et de Sainte Clotilde, qui avoit manqué à être égorgé par ses oncles dans sa tendre jeunesse, ayant fait réflexion sur la vanité des grandeurs lorsqu'il fut plus avancé en âge, se coupa lui-même les cheveux, et après avoir quelque temps mené à Paris et en Provence une vie solitaire, fut ordonné Prêtre à Paris par l'Evêque Eusèbe, vers l'an 551, et qu'après avoir exercé les fonctions durant quelque temps, l'amour de la solitude le porta à se retirer dans le lieu alors dit Nogent, à deux lieues au-dessous de Paris, qui étoit apparemment l'une des Terres qui lui échut lorsque la mort de Childebert eut amené du changement dans la distribution des Terres du Domaine. Il y fit construire une Communauté ou Moûtier, dans lequel il se renferma avec quelques personnes de piété. Ce Moûtier portoit le nom de Saint-Martin ; mais Saint Cloud y ayant été inhumé, il s'opéra tant de miracles à son tombeau, que l'Eglise ne fut plus appellée autrement que du nom de S. Cloud, lequel peu à peu fit éclipser aussi un nom de Nogent, à mesure que s'y formoit le Bourg que l'on y voit aujourd'hui. Un nommé *Johannes,* Abbé *de sancto Flodoaldo,* qui assista en 765 à l'Assemblée d'Attigni avec Lantfrid, Abbé de Saint-Germain-des-Prés et Fulrad, Abbé de Saint-Denis, est estimé avoir été Abbé de Nogent dès-lors dit Saint-Cloud. On apprend aussi par Nithard que l'on appelloit ce lieu Saint-Cloud ou Saint-Floud en l'an 841.

Annal. Bened. T. II, p. 287.

Nithard lib. III.

Il est bâti sur la colline au couchant de Paris, sur le rivage gauche de la Seine, dans l'un des plus beaux points de vue des environs de Paris. Les côteaux plantés d'arbres de toute espece,

Duchêne, T. II, p. 372.

les différens Châteaux qui y ont été dans tous les temps, les différentes maisons de plaisance qui sont autour de S. Cloud, font que les labourages et la vigne n'y sont point si communs qu'ils y auroient pu être sans cela. Ce qui n'empêche point que dès l'année 1709 on n'y comptât 248 feux selon le Dénombrement de l'Election de Paris, et même qu'il n'y en ait actuellement 320, suivant la description du Royaume publiée en 1745 par le sieur Doisy. Le dénombrement d'habitans de chaque lieu de la France donné par le Dictionnaire universel en 1726, porte que l'on comptoit alors à Saint-Cloud 1445 habitans.

HISTOIRE ECCLÉSIASTIQUE. La vie ou panégyrique de Saint Cloud composé il y a environ huit cens ans, marque que ce Saint Prêtre avoit légué à la Mere Eglise de Paris cette Terre alors dite *Novigentum*, avec l'Eglise qu'il y avoit bâtie. On voit aussi, en effet, que dans le neuviéme siécle les Evêques de Paris regardoient le corps de Saint Cloud comme l'une des reliques de leur Diocése qui méritoit le plus leurs respects. Je ne doute point que ce ne fût vers ces temps-là que la nécessité où les Chanoines de Notre-Dame furent d'entretenir relation avec le Clergé qui desservoit l'Eglise de Saint-Cloud, soit pour avoir donné le refuge au corps du Saint dans le fort des courses des Normans, soit par rapport au gouvernement du temporel de cette Terre appartenante à l'Evêché, occasionna en ce lieu l'établissement d'une société qui observoit la vie Canoniale, et qui forma par la suite une véritable Collégiale. On voit même dans un acte authentique de l'an 811, que Saint-Cloud étoit dès-lors mis au nombre des lieux où il y avoit ce qu'on appelloit *Congregatio Fratrum*. Comme il y avoit un Abbé à leur tête, ainsi qu'on a vu ci-dessus, il faut dire que dès-lors c'étoit une Abbaye séculiere. *Charta Caroli Regis sub Erkenr. Episc.* *Charta Steph. Comitis in Hist. Eccl. Par. T. I, p. 304.*

Il est pourtant vrai que l'on ne trouve de vestiges plus apparens de cette Eglise Collégiale que depuis six cens ans, qui est à peu près le temps de la bâtisse de l'Eglise que l'on voit aujourd'hui dans ce Bourg, et où Saint Martin n'est presque plus connu comme ancien patron, que par le Clergé.

Je suis porté à croire que comme le corps de Saint Cloud avoit été mis en refuge à Notre-Dame de Paris, ainsi que la Charte citée ci-dessus le fait entendre, la Collégiale ne commença à subsister en forme que lorsque l'Evêque l'eut fait rendre et remettre en son lieu. Car il s'en faut bien que l'Auteur qui a donné au Public une vie de ce saint Prêtre l'an 1696, ait sçu ou dit tout ce qui regarde ses Reliques. Il n'étoit nullement extraordinaire au neuviéme siécle de tirer du tombeau les ossemens d'un Saint pour les mettre en sûreté dans la crainte des Normans, et ensuite de les remettre dans le sépulcre lorsqu'il n'y avoit plus rien à craindre.

Le tombeau de pierre de ce Saint se voit encore dans une crypte sous l'Eglise : il est long de sept pieds, et on y lit ces trois distiques gravés ainsi sur le marbre noir bleuâtre qui le couvre, en caracteres dont les C sont quarrés :

† ARTVB : HVNC TVMVLVM CLHODOALDVS CONSECRAT ALMIS
EDITVS EX REGVM STEMMATE PERSPICVO.

QVI VETITUS REGNI SEPTRUM RETINERI CADVCI
BASILICAM STVDVIT HANC FABRICARE DEO

ÆCLESIÆQUE DEDIT MATRICIS JVRE TENENDAM
URBIS PONTIFICI LVQUE FORET PARISI.

Ce fut donc de ce tombeau qu'à la priere du Chapitre, Aimery de Magnac, Evêque de Paris, tira les Reliques de Saint Cloud et les transporta dans le chœur de l'Eglise haute proche le grand-autel, le Dimanche 20 Avril 1375 ou 1376. Ce Prélat ne les remit point apparemment dans une châsse, mais peut-être seulement dans l'épaisseur du mur : car on assure que cinquante-trois ans après le Chapitre de cette Collégiale voulant les transférer à Paris, parce qu'il ne les croyoit pas en sûreté, fit faire la châsse qui subsiste aujourd'hui, laquelle est de cuivre doré enrichie de pierreries avec deux figures d'argent en relief aux deux bouts qui représentent le Saint. Les quatre vers qu'on y lit en lettres de relief, indiquent l'année et aux dépens de qui la dépense fut faite :

Anno milleno centum quater adde sed octo
Supra viginti ; tunc tempus certe tenebis
Quo tulit ossa beati Clodldi capsula presens
Condita devote per Fratres atque Decanum.

Journal des regnes de Charl. VI et VII, édition 1729, p. 195.

Ainsi ce fut le Chapitre qui fit en 1428 la dépense de la châsse et la translation. Mais comme on étoit alors dans des temps de troubles, les Chanoines porterent cette châsse avec les reliques en refuge à Paris, où le tout fut conservé dans l'Eglise de Saint-Symphorien de la Cité, proche Saint-Denis de la Chartre. Elles y resterent jusqu'à l'an 1443, que le 12 Juillet le Clergé et les habitans de Saint-Cloud étant venus retirer leur châsse, la reporterent processionnellement à son Eglise, où elle est toujours restée depuis. Peut-être aussi que les ossemens avoient été portés à Paris sans être dans une châsse, et que la châsse ne fut fabriquée que durant le séjour que les Chanoines y firent. On trouve en effet que ces Chanoines assemblés au Palais Episcopal avec la per-

Tab. Ep. Paris. mission de l'Evêque Jacques du Chatellier le 27 Novembre 1428,

y nommerent à la Chapelle de Saint-Eustache de l'Hôtel-Dieu de Saint-Cloud. On porte cette châsse en procession chaque année le 7 Septembre, jour de la mort de Saint Cloud, et le 8 Mai, jour choisi pour l'anniversaire de sa Translation faite le 20 Avril, qui tomboit trop souvent dans la quinzaine de Pâques.

Lorsque le corps de Saint Cloud fut tiré du tombeau, on enchâssa séparément l'os de l'un de ses bras pour l'exposer au public. Ce Reliquaire fut dérobé peu de temps après ; mais enfin on le restitua à Pierre d'Orgemont, Évêque de Paris, qui enchâssa lui-même la Relique dans un nouveau reliquaire le 17 Mars 1393, en reconnoissance de quoi le Chapitre résolut de chanter pour ce Prélat et pour sa famille une Messe haute à perpétuité. Il y a aussi un os du doigt de ce Saint enchâssé dans une boëte de cristal soutenue d'un pied de vermeil doré émaillé et ancien que l'on porte en Procession les premiers Mercredis du mois. On trempe cet ossement en forme de croix dans l'eau que l'on bénit pour les malades, dont l'Oraison se trouve dans le Propre de la Collégiale imprimé en 1702. Il m'a fallu entrer dans ce détail, afin de développer sur quoi Fauchet a pu être fondé pour assurer que les eaux de Saint-Cloud passent pour avoir la vertu de guérir des écrouelles. Par cette explication on comprend que ces eaux n'ont point cela d'elles-mêmes, et que ce seroit vraiment une erreur populaire de croire qu'elles l'aient autrement que par la bénédiction et par la vertu de la foi des malades. L'Auteur de la vie de Saint Cloud imprimée en 1647, dit qu'alors on invoquoit ce Saint contre les écrouelles. Le même Auteur qui parle en cet endroit de huit ou dix colonnes de marbre mêlé dont l'Eglise de Saint-Cloud est ornée, a probablement eu aussi en vue le mausolée de marbre qu'on voyoit au-dessus de la sépulture du Saint Prêtre, avant que les Huguenots l'eussent abbattu. On peut voir dans le petit Livre de la vie de Saint Cloud, le nombre des Églises qui le reconnoissent pour Patron dans la France, ou qui ont de ses Reliques. Cette énumération seroit ici hors d'œuvre [1].

L'Historien moderne de la vie de Saint Cloud, assure que les seconds Patrons de l'Église de ce Saint, sont Saint Marcel, Évêque de Paris et Saint Probas, Prêtre (*S. Probatius*). L'Abbé Chastelain

Vie de S. Cloud, p. 74.

Ibid.

Propr. S. Clod. p. 21.

Fauchet, Antiq. Franç.

Vie de S. Cloud 1696, p. 70.

---

1. Il n'y a presque personne qui soit informé qu'il a existé un autre Saint Clodoald ou Clou différent de notre Saint. Il est annoncé dans une copie du Martyrologe Hieronymique écrite à l'usage de la Cathédrale de Sens et conservée à Saint-Benoît-sur-Loire, laquelle copie a 800 ans. Au 28 Mai après l'annonce de Saint Germain de Paris, on y lit tout de suite : *Et sancti Clodoaldi Regis Britanniæ*. Le corps de ce Saint Roi a pu être transporté dans l'intérieur de la France lors des courses des Danois, et on a pu le confondre avec Saint Cloud, Prêtre.

assure que ce Saint Probas vivoit au quatriéme siécle, et que son corps reposoit dans l'Eglise de Saint-Martin de Nogent dès le temps que Saint Cloud demeuroit en ce lieu. Ce même corps est dans une grande châsse de bois doré que la dévotion des habitans a fait faire, et qui est placée au côté gauche du grand-autel. Il étoit autrefois dans une châsse plus petite, couverte de fleurs-de-lys d'argent. On tient par tradition que ce saint corps a été trouvé dans une petite Eglise de son nom située sur la même colline, un peu plus haut que celle de Saint-Cloud. La Fête de ce Saint étoit le 1er Juin, mais on la remet au Dimanche suivant, auquel jour on porte sa châsse en Procession, et le 4 Février, jour de sa Translation, ou plutôt de la découverte de son corps, qui du temps des Normans avoit été caché dans une vigne, suivant une vie que Bollandus a donnée de ce Saint, laquelle n'est qu'un tissu de lieux communs. Il y a une Confrérie de son nom dans l'Eglise de Saint-Cloud. On peut s'étonner que le nom de ce Saint ne paroisse dans aucun ancien Calendrier de Paris.

Martyrol. Univ. 1 Juin.
Vie de S. Cloud 1696, p. 76.
Boll. 4 Febr.
Vie de S. Cloud, p. 84.

On doit compter parmi les événemens les plus honorables à cette Eglise, le choix que Galon, Evêque de Paris, en fit pour le dépôt du bois de la vraie Croix, qu'Anselme, Préchantre du Saint-Sépulcre de Jérusalem, envoya à l'Eglise de Paris, et qui y fut transporté solennellement du lieu de Saint-Cloud le 1er Août 1109. Ce bois vénérable y reposa trois jours, et en mémoire de cela l'Eglise mérita d'en avoir deux petits morceaux qui sont enfermés dans une grande Croix de cuivre doré toute couverte de pierreries, donnée par un Doyen du Chapitre nommé Gilles. Elle est dans le Trésor sous la Garde des Marguilliers.

Ex mss. Eccles. Paris.

Après cette Relique, l'une des plus précieuses de l'Eglise de Saint Cloud, si elle est bien avérée, est une dent de Saint Jean-Baptiste, enchâssée entre quatre perles et quatre rubis dans un cristal de roche ovale soutenu par une figure du même Saint. On la dit donnée par Madame Jeanne la Gittarde, veuve de Jacques de Ruilly, Chevalier, President au Parlement de Paris, en augmentation de la fondation par elle faite en cette Eglise d'une Messe tous les Vendredis au point du jour. L'écriture qui s'y voit est du même métal que le reliquaire en lettres relevées sur un fond violet. Sur la base de la statue du Saint est un écusson d'émail mi-parti d'azur et de sable. L'Historien semble croire que la Dame ci-dessus avoit donné la dent du Saint. Il peut se faire qu'elle n'eût fait présent que du reliquaire : car dès le douziéme siécle il y avoit à Saint-Cloud une petite Eglise du titre de Saint Jean dans l'enclos du Château ou Palais de l'Evêque. On y chantoit la Messe de Paroisse ; on y administroit les Sacremens : elle est ruinée depuis environ cent ans ; et l'on en a transféré les fonts baptismaux dans

Vie de S. Cloud, p. 78.
Ibid., p. 80.

l'Eglise de Saint-Cloud proche l'autel de Sainte Geneviéve. J'aurai occasion d'en parler encore.

On doit aussi compter parmi les Reliques mémorables de l'Eglise de Saint-Cloud, celles de Saint Mammès, Martyr, Patron de la Cathédrale de Langres (et de la Paroisse de Ceaux au-dessus du Bourg-la-Reine). Elles sont dans un Reliquaire de cuivre doré fait en forme de ciboire. *Vie de S. Cloud, p. 79.*

Quelquefois, les Evêques de Paris ont célébré l'Ordination dans l'Eglise de Saint-Cloud ; par exemple, Louis de Beaumont de la Forêt y donna les Ordres le Samedi d'après la Pentecôte, 4 Juin 1474. *Reg Ep. Paris.*

Sans m'arrêter aux Chapelles de cette Eglise, dont on peut voir les noms dans la nouvelle Vie de Saint Cloud, je me borne à celle de Saint-Michel qui est fort belle et bien ornée ; elle est à côté droit du chœur ; au milieu de cette Chapelle est une colonne torse d'un marbre rouge précieux que M. d'Epernon avoit fait ériger pour mettre au-dessus le cœur du Roi Henri III, qui mourut à Saint-Cloud, comme tout le monde sçait. M. Chastelain écrivit en 1676, qu'étant en cette Eglise on l'assura que le cœur de ce Prince n'est point sur cette colonne, que l'Auteur de la vie de Saint Cloud appelle un pilier de porphyre, mais qu'il est enterré dans le chœur en un petit enclos où l'on ne marche point. Cependant M. Piganiol assure que ce cœur repose dans cette Chapelle, que ce fut Charles Benoise, Secrétaire du Cabinet de ce Prince, qui fit élever ce monument, et qu'on y lit cette inscription en lettres d'or : *Voyages manuscrits.* *Descrip. des env. de Paris, T. VIII, p. 272.*

Adsta, viator, et dole Regum vicem.
Cor Regis isto conditum est sub marmore,
Qui jura Gallis, Sarmatis jura dedit,
Tectus cucullo hunc sustulit sicarius.
Abi, viator, et dole Regum vicem.

On fait pour lui dans cette Eglise tous les ans un service solemnel le second jour d'Août. *Vie de S. Cloud 1696, p. 73.*

Piganiol marque aussi que les entrailles d'Henriette-Anne Stuart, et celles de Philippe de France, Duc d'Orléans, son mari, sont inhumées dans cette Eglise ; qu'il y a sur celles de la Duchesse une inscription en marbre, mise aux dépens d'Anne d'Orléans, Duchesse de Savoye et Reine de Sardaigne, sa fille, laquelle a fondé un service qui s'y célèbre le 30 de Juin.

Le genre d'édifice de cette Eglise est antérieur au gothique, et par conséquent il précede le douzième siècle, sur-tout le clocher et la crypte. Les habitans ont toujours été zélés à l'entretenir. En 1609 ils demanderent pour la réparer la permission de vendre *Tab. Ep. Par. in S. Clod.*

cinquante arpens de bruyeres de leur Communauté, et une grande piéce de terre.

Le Chapitre de Saint-Cloud est composé d'un Doyen électif, d'un Chantre, de neuf Chanoines, dont l'un est un Régulier de Saint-Victor, avec un Chefcier, un Maître et six Enfans de chœur. Les huit Chapelains qu'il y a eu ci-devant ont été réunis depuis peu à la manse. L'Archevêque de Paris nomme aux Prébendes. Il y en avoit treize dans le quinziéme siécle, suivant le Pouillé de ce temps-là, où le Chefcier est nommé après tous les Bénéficiers, et non pas le premier, comme a marqué l'Auteur du Pouillé de 1648. Le nombre des Chanoines fut diminué en 1590. M. Lancelot qui avoit vu le Cartulaire de cette Eglise, n'y a rien trouvé de daté que depuis le douziéme siècle. Le premier acte dont la date est certaine, est du Roi Philippe I, de l'an 1105, daté à Poissy. Ce Roi donne aux Chanoines une partie de la forêt de Cruye. On peut placer ensuite celui qui est de l'an 1124 ; il y est fait mention des Hôtes de Saint-Cloud dans les villages de Villemaur et Chatonville : *Hospites S. Clodoaldi,* ce qui se trouve heureusement expliqué par un fragment du Nécrologe de ce Chapitre, qui a conservé l'annonce suivante au *XVII Cal. Decembris : Obiit Odo Palatii comes.... qui in prælio morte affectus est. Dedit S. Clodoaldo in pago Dunensi quidquid habebat in Villa Mauri cum Ecclesia, et in Chatonis villa cum servis.* Ce fragment nous désigne suffisamment Eudes, Comte de Blois [et] de Chartres, tué à la guerre en 1037, et par conséquent dès le temps du Roi Robert, l'Eglise de Saint-Cloud avoit un Clergé qui possédoit des Domaines.

Reg. Ep. Paris.
25 April.

Le Catalogue des anciens Doyens peut apprendre d'autres circonstances pour les deux siécles suivans.

PIERRE étoit Doyen de Saint-Cloud vers le milieu du douziéme siécle ; c'étoit lui qui avoit légué du grain à prendre sur le moulin de Sévre pour distribuer aux pauvres de Saint-Cloud *die Capicarnii laïcorum.*

OTHON, Doyen de Saint-Cloud, est nommé dans une Charte du Chapitre de l'an 1175, au sujet des Hommes de Supplainville, Terre qui appartenoit à cette Collégiale.

SEHERIUS *Decanus S. Clodoaldi,* fut témoin en 1189, dans la concession que l'Evêque Maurice fit d'un cimetiere aux Lépreux, proche Saint-Cloud ; et encore, en 1195, lorsque le même Prélat étant dans sa Chapelle de ce lieu, ordonna au sujet des aumônes Quadragésimales de pain et de vin, que les pauvres Clercs y participassent.

SIMON étoit Doyen en 1202. Il fit remarquer à l'Evêque que le patronage de l'Eglise de Saint-Cloud appartenoit au Chapitre, à l'occasion de l'érection de la Cure de Marne. En 1203 il fit échange de quelque sols de rente à Paris pour une autre rente sur une vigne de Berenger de Montrestor. Il étoit encore Doyen en 1218, comme on l'apprend par une Lettre du Chapitre de Poissy sur la dixme d'un champ *apud* Avenieres. *Chart. maj. Ep. fol. 337.*

RADULF. On a une Charte de ce Doyen dans le Cartulaire de Saint-Denis. Elle est de l'an 1224, concernant du bien situé à Villedavray. *Chart. S. Dion. Reg. p. 464.*

THERICUS, *Decanus S. Clodoaldi*, donna en 1232 une Charte touchant un bien d'André de Trianon, situé *juxta Marcherium hulmorum*, proche le val de Gallie.

R., succéda à Theric. Il est mentionné comme Doyen dans les Lettres que Guillaume, Evêque de Paris, donna en 1232 pour déclarer que le droit d'installer appartient au Doyen de ce lieu.

DURAND étoit Doyen en 1233, qu'il est nommé dans un acte avec Guillaume de Vermenton, Chanoine de Saint-Cloud, et en 1236 dans un autre acte avec S., Curé de Saint-Eustache de Paris. En 1239, Raymond, Archidiacre de Paris, lui donna acte comme il ne prétendoit point avoir logé chez lui de droit, mais seulement en qualité d'ami.

HERNOLD, Doyen de Saint-Cloud, vécut dans la suite de ce même siécle.

GILLES LOUVET, étoit Doyen en 1342.

ROBERT DE VACHI est connu par l'hommage qu'il fit à l'Evêque de Paris en 1374. *Chart. min. Ep. Par. fol. 261.*

PIERRE PAINETCHAIR étoit Doyen en 1404.

MATHIEU RATIF en 1413.

PIERRE LONGES l'étoit le 3 Mars 1422.

GILLES DE PONT DE PIERRE étoit Doyen dès 1426. Il fut aussi Chapelain de Saint-Louis à Saint-Barthélemi de Paris. Il vivoit encore en 1444. *Tab. S. Maglor.*

NICOLAS DE LA FEUCHERIE qui étoit Chantre de cette Eglise, en fut élu Doyen en 1498, et confirmé par l'Evêque le 2 Août.

GERMAIN FABRY, élu et confirmé Doyen le 8 Juillet 1502.

GERMAIN LEFEVRE que je crois le même que Germain Fabry, permuta avec le suivant.

YVES CRETE, par permutation, 17 Novembre 1523.

JEAN LUCAS fit hommage le 6 Novembre 1542.

PHILIPPE BRIAULT, Doyen, fit hommage de son Doyenné à Jean des Ursins, Evêque de Tréguier, Vicaire-Général de l'Evêque, le 30 Janvier 1549. Il assista en 1551 aux visites du Diocése faites par Eustache du Bellay, alors Evêque. Etant devenu Archidiacre de Josaie, il permuta avec le suivant.

FRANÇOIS LE COURT, auparavant Curé de Saint-André-des-Arts,

élu et confirmé le 15 Novembre 1572. Il fut aussi Official, puis en 1573 Chantre de Paris.

François Langlois, Doyen, fait hommage à l'Evêque de Paris le 9 Janvier 1584. Il le répéta le 13 Avril 1598, étant Aumônier du Roi.

Jean Ellain fit hommage le 25 Mai 1629; se démit en 1635.

Dominique Reverend fit hommage le 10 Mai 1681.

Je trouve qu'un Georges Canivet, Doyen de Saint-Cloud, dont j'ignore le temps, est mentionné dans les Imprimés sur l'Hôpital du lieu.

Le Chefcier de Saint-Cloud est connu depuis le douziéme siécle presque également comme le Doyen. On trouve *Richardus Capicerius S. Clodoaldi* mentionné comme témoin dans des Lettres données en 1186 à l'Abbaye de Saint-Denis par Maurice de Sully, Evêque de Paris.

Chart. S. Dion. Reg. circa init.

La Cure du bourg de Saint-Cloud n'est mentionnée aucunement dans le Pouillé Parisien du treiziéme siécle. Il en est parlé dans celui du quinziéme siécle comme appartenante au Chapitre. Elle a dû être très-grande originairement, Marne et Garches en étant des démembremens.

Il n'y avoit point anciennement dans la Collégiale de Saint-Cloud de Chapelle qui servît de Paroisse : on n'y voyoit point de Fonts baptismaux. Comme ce Chapitre se régloit sur la Cathédrale, on avoit destiné pour le Baptême et pour l'Assemblée des Paroissiens une Eglise du titre de Saint Jean-Baptiste qui étoit voisine de la Collégiale. C'étoit là proprement l'Eglise Paroissiale. Par la suite cela forma de la difficulté, en ce que cette Eglise se trouva renfermée dans l'enceinte du Château ou Palais de l'Evêque de Paris, Seigneur du lieu, et que quelques-uns l'appellerent *la Chapelle Episcopale* : il fut besoin d'une information pour sçavoir si elle appartenoit au Chapitre et au Chefcier, ou à l'Evêque. Dans cette enquête de l'an 1209 les témoins déposerent qu'il y avoit eu un peu auparavant un chemin couvert (*Via subterranea*) qui de la Collégiale conduisoit dans cette Chapelle, et qu'il n'y avoit que cinq ans que l'Evêque Eudes de Sully l'avoit fait boucher : que le Chapitre avoit été dans l'usage d'y venir faire la bénédiction des Rameaux et d'y lire l'Evangile, qu'on y bénissoit aussi les Fonts le Samedi Saint, qu'on y célébroit les Mariages, qu'on y alloit en Procession tous les Dimanches : que cette même Chapelle avoit servi à Maître Radulfe à tenir ses Ecoles. Il semble par ce dernier trait qu'il y avoit un Scolastique ou Ecolâtre dans le Chapitre de Saint-Cloud, car c'étoient les Chanoines même qui le qualifioient de Maître dans le cours de cette procédure. Un des déposans déclara qu'il avoit vu l'Evêque Maurice de Sully tenant ses Plaits

dans cette Chapelle et disant aux Bourgeois du lieu : « Cette Cha-
« pelle est à vous, Messieurs, et je la fais couvrir, pendant que ce
« seroit à vous à le faire. » Ce dernier témoignage étoit d'un grand
poids, et porta Jean, Abbé de Saint-Victor, et P. Pulverellus, Chanoine de Paris, élus pour arbitres, à décider que cette Chapelle
de Saint-Jean appartenoit au Chapitre et au Chefcier de Saint-
Cloud. La Sentence est du mois de Juin 1209. Guibert le Riche
ayant fondé la même année dans cette Chapelle une Chapellenie
pour la dot de laquelle on acheta un arpent et demi de vigne
apud Hulom, autant à Davene-Villiers, un arpent au Mont-
Valérien et une dixme à Jardies, l'Evêque Pierre de Nemours
confirma cette fondation, marquant que les oblations appartiendroient au Chapitre et au Curé, de même que celles qui se
font dans l'Eglise de Saint-Cloud, et qu'on n'y célébreroit point
la Messe les Dimanches jusqu'à ce que l'on eût sonné le coup de
Primes. Lorsque l'Auteur de la nouvelle vie de Saint Cloud
écrivoit, sçavoir en 1696, il y avoit soixante ans que cette Eglise
ou Chapelle de Saint-Jean étoit ruinée.

On connoît par un Factum imprimé en 1653, qu'il y a eu à
Saint-Cloud une Chapelle de Saint-Laurent et une de Saint-
Médard qui ont été réunies au Chapitre; et la réunion homologuée. Un nommé Fabregou qui avoit voulu les avoir, fut
débouté. La Chapelle de Saint-Laurent étoit au bout du pont vers *Vie de S. Cloud,*
Boulogne. Celle de Saint-Médard qui existoit dès le XV siécle, p. 82.
subsiste encore dans la rue du Houdé : le Chapitre y va proces- *Tab. Ep. Paris.*
sionnellement célébrer une Messe haute le jour de sa Fête.

La Léproserie de Saint-Cloud est connue par deux anciens
actes. L'un de l'an 1189, par lequel l'Evêque Maurice étant en
sa Maison de ce lieu, accorde aux Lépreux d'avoir un cimetiere
dans le voisinage. Selon l'Auteur de la vie de Saint Cloud, cette *Vie de S. Cloud,*
Léproserie et son cimetiere étoient proche la Chapelle S. Laurent p. 82.
dont je viens de parler. Un autre acte de l'an 1274, nous apprend
que les Chanoines étoient tenus d'aller en procession le jour des
Rameaux jusqu'à cette Chapelle de la Léproserie, et que là il y
avoit une prédication à laquelle le Chapitre devoit pourvoir. En
cette année 1274 Jean, Religieux Dominicain, frere d'Etienne
Tempier, Evêque de Paris, que les Chanoines avoient prié de
faire ce sermon, ne s'étant point trouvé, l'Archidiacre de Paris,
nommé Guillaume *de Chaudriaco,* y suppléa : mais le Chapitre le
pria de donner par écrit qu'il n'entendoit pas préjudicier au droit
que les Chanoines avoient d'y pourvoir : ce qu'il fit le même jour.
Thibaud de Marly fit un petit legs à cette Léproserie par son *Thes. Anecd.*
testament de l'an 1285 : *Leprosariæ Sancti Clodoaldi XL Col.* *T. I, col. 1221*

Il y a une Chapellenie fondée par Guibert de Saint-Cloud,

Diacre, sur des vignes à la Hale, à Davenevilliers, au Mont-Valérien. L'Evêque Odon de Sully voulut qu'elle fût desservie en sa Chapelle de Saint-Cloud, et s'en réserva la collation.

<small>Ex Cartul.
Ep. Par. Regis.
Vie de S. Cloud,
p. 82.</small>

L'ancien Hôtel-Dieu de Saint-Cloud étoit au bout du pont du côté du Bourg : la Chapelle étoit sous le titre de Saint Eustache. Les Lettres de Pierre de Nemours qui y établissent Alerme Hecellin pour Chapelain du consentement du Chapitre, l'appellent *Hospitium Dei*, et sont de l'an 1208. Cet Evêque lui recommandoit expressément de ne rien entreprendre sur les droits des Chanoines. Le Chapitre de Paris conféra la Chapelle de Saint-Eustache *in Domo Dei S. Clodoaldi* le 10 Septembre 1622, *sede vacante*. M. le Duc d'Orléans, Frere unique de Louis XIV, a fondé dans le siécle dernier à Saint-Cloud un Hôpital de la Charité.

<small>Reg. Ep. Par.
10 Sept. 1622.</small>

<small>Ibid.
23 Jun. 1689.</small>

M. de Harlay, Archevêque de Paris, consentant que les fonctions fussent faites par les Prêtres de la Mission, ordonna le 23 Juin 1689, qu'ils présenteroient à la Messe de la Collégiale le jour de Saint Cloud un cierge d'une livre avec un écu d'or pour indemnité. Les Lettres-Patentes de confirmation qui sont du 10 Mai 1692, portent qu'il sera exempt de tous subsides et impositions, et que tous les procès qui en concerneront les biens et droits, seront traités en premiere instance à la Grande-Chambre, et pour l'exemption à la Cour des Aydes. Cet Hôpital est servi par les Sœurs Grises.

Les Ursulines ont été établies à Saint-Cloud en vertu de Lettres-Patentes enregistrées le 7 Janvier 1661.

La Communauté de la Mission composée de quatre Prêtres, a été établie en ce lieu par Monsieur, Frère unique du Roi, pour la Chapelle de son Château en 1688. Le contrat du 5 Août fut agréé le 14 par l'Archevêque, lequel le régla avec le Chapitre le 12 Juillet et 26 Décembre de la même année.

<small>Merc. Avril 1688,
p. 323.</small>

HISTOIRE CIVILE. Une Terre aussi étendue que l'étoit celle de Saint-Cloud, a dû occasionner bien des actes où les droits de l'Evêque de Paris, à qui elle appartient, peuvent être spécifiés. Ce qui s'est présenté à moi de plus ancien là-dessus, est un vestige de contestation qu'il paroît y avoir eu à la mort de Pierre de Nemours, Evêque de Paris, ou un peu auparavant. L'Historien moderne de l'Abbaye de Saint-Denis dit à l'an 1218, qu'il fut réglé que l'Evêque de Paris auroit les moulins sur le pont de Saint-Cloud, et non l'Abbaye de Saint-Denis. Le Chapitre de Paris y étoit intéressé, puisque l'Evêque ci-dessus nommé, lui avoit donné quatre muids de bled du meilleur à prendre chaque année sur ses moulins de Saint-Cloud, tant anciens que nouveaux. Sauval a remarqué que les Evêques de Paris ont long-temps joui du droit d'exiger des habitans de Saint-Cloud un droit de Taille

<small>Félibien,
Hist. de S. Denis,
p. 220.</small>

<small>Necr. Eccl. Par.
14 Dec.</small>

au jour de Saint André, ce qui n'est nullement singulier, puisque les Seigneurs, au XIII siécle, en imposoient autrefois à leurs vassaux, en les affranchissant. Telle pouvoit être l'origine de ce droit coutumier à Saint-Cloud. Les habitans y furent condamnés sous Charles VI par une Sentence de son Bailly, qui fut confirmée en 1381 au mois d'Août par Arrêt du Parlement. L'année précédente Henri de Marle, Bailly de l'Evêque, avoit fait un réglement sur cette taille, à l'occasion du procés mu sous Guillaume de Sens, Bailly avant lui, devenu Président au Parlement. On voit qu'en 1375 la Communauté payoit cent livres de taille, mais en 1429 la Cour réduisit à 24 livres les années qui étoient dûes. On apprend par un autre monument de l'an 1480, que cette taille n'étoit due que par les habitans laïques non Clercs, et que l'Evêque pouvoit les contraindre de s'assembler dans l'Hôtel Episcopal de Saint-Cloud pour s'asseoir. Les Evêques ordinairement traitoient cette affaire avec douceur ; Louis de Beaumont de la Forêt modéra, par exemple, à 34 livres la taille de l'année 1499 qui étoit à soixante. Piganiol assure qu'en 1509 elle fut réduite à 20 livres. J'ai trouvé peu d'hommages rendus pour Saint-Cloud aux anciens Evêques de Paris. Je ne connois que celui qui fut rendu au même Louis de Beaumont le 6 Septembre 1485, par Martin de Bellefouye, Conseiller au Parlement, pour un fief qui avoit appartenu à Jean de Fleury, son ayeul, puis à Gilles de Fleury et ensuite à Jeanne de Fleury et Chrestien Foliot. Le droit de chasse, qui apparemment avoit été contesté à l'Evêque, lui fut confirmé en 1290 : il fut reconnu dans le Parlement qu'il étoit en possession de chasser dans son bois de Saint-Cloud, aux lapins, liévres, renards, tessons et tous autres animaux au pied fermé. Mais ce qui distingue davantage la Terre de Saint-Cloud, est qu'elle a été érigée en Duché-Pairie dans le dernier siécle, du temps que M. de Harlay étoit Archevêque de Paris. Le Roi dit en ses Lettres-Patentes que comme il est nécessaire d'attacher le titre de Duché-Pairie à quelqu'une des Terres dépendantes de l'Archevêché, il a estimé qu'aucune ne le mérite davantage que celle qui ayant été donnée par Saint Cloud, fils du Roi Clodomir, et petit-fils du grand Clovis, en porte encore présentement le nom, et qui est le plus ancien monument de la libéralité des Rois de France envers cette Eglise. Les Villages qui par ces Lettres du 7 Avril 1674 furent incorporés à la Seigneurie de Saint-Cloud, sont : Maisons-sur-Seine, Creteil, Ozoir-la-Ferriere en Brie, et Armentieres sur la riviere d'Ourcq au Diocése de Meaux.

J'ai omis de parler des Evêques qui ont augmenté cette Seigneurie. L'un des principaux fut au XII siécle Maurice de Sully, qui pour 25 livres y acheta tous les cens qu'y avoit Milon de

Lieursaint, des vignes et des rentes de Ledesmal, Chevalier de Vilescobien, des prés dans l'Isle de Mere de Senceline, Abbesse de Saint-Cyr. Au XIII siécle, Renaud de Corbeil qui en 1256 y acheta du bien de Jean de Nointel, Chevalier et d'Agnès de Surenes, sa femme, bien qui étoit tenu de Roger de Villedavray, Ecuyer, à dix sols de service. Le même Evêque acheta de ce Roger et de Gazon de Balizy, Ecuyer, tous leurs fiefs de Saint-Cloud, dont Agnès de Surene leur devoit hommage et eux à l'Evêque. Il y acheta encore l'année 1257 du revenu de Jean de Norville, Ecuyer, et de sa femme Petronille. Etienne Tempier y acheta en 1275 de Milon, Abbé d'Hermieres, les rentes que Maurice de Meulent avoit léguées à l'Hôpital de la Trinité de Paris. Ranulf de Hombloniere y acheta en 1282 le fief de Guillaume de Bievre, Chevalier, acheté de Matthieu Deron, Chevalier, qui le tenoit du Roi par Marie, sa femme, ce que Philippe le Hardi confirma à Pontoise ; et en 1282 une vigne de Marguerite, veuve de Pierre de Villeneuve, Chevalier. Une augmentation beaucoup plus nouvelle est celle que fit le Cardinal de Gondi en 1605, donnant aux Evêques de Paris le moulin qu'il avoit à Saint-Cloud pour faire prier Dieu pour lui. Au reste, de tous les Evêques de Paris qui ont pu se retirer par délassement dans leur Maison de Saint-Cloud, nous n'en trouvons qu'un seul qui y soit décédé. C'est Guillaume de Seignelay, lequel étant atteint d'une fiévre quarte [qui] dégénéra en continue, y mourut le 23 Novembre 1223.

Le pont de Saint-Cloud seroit bien ancien, si ce que dit M. Chastelain dans sa Table des lieux, étoit véritable ; sçavoir, qu'on l'appelloit *Pons Vibius,* et Saint-Cloud *Novigentum ad Pontem Vibium.* Mais cet Abbé paroît avoir pris le *Pons Urbiensis* de Gregoire de Tours, pour celui-ci. Or on convient aujourd'hui que le *Pons Urbiensis* étoit sur la rivière d'Orge dite *Urbia,* au midi de Paris. Ce que j'en trouve de plus ancien, est qu'il semble qu'il y avoit un Pont à Saint-Cloud en 841 ; et que ce fut pour empêcher que l'armée de Lothaire, frere de Charles le Chauve, n'y passât, après avoir traversé la Belgique ou la Champagne, que Charles le Chauve fit camper la sienne entre Saint-Denis et Saint-Cloud : *Ipse Carolus è regione sancti Dionysii juxta sanctum Fludualdum castra in meditullio posuit.* On a vu ci-dessus que ce Pont existoit en 1218, et qu'il y avoit des moulins dessus. Je puis ajouter qu'en 1307 il étoit si vieux, que le Roi avoit permis aux habitans de lever un droit pour son rétablissement. L'admodiation de ce droit pour deux ans faite à Jean de Provins, montoit à 360 livres. Différens Auteurs de l'Histoire de Charles VI, parlent de la prise de ce Pont par les Armagnacs, de la reprise par les Bourguignons. En 1411 il paroît qu'il étoit alors en partie de bois, et qu'on avoit construit dessus une Forteresse. Le Roi Henri II le fit rebâtir à ses dépens en 1556. D'Auton dans une Histoire manuscrite de Louis XII de l'an 1505, écrit qu'aucun Roi de France ne passe sur le Pont de Saint-Cloud. Le Duc de Sully remarque dans ses Mémoires que la Province de Normandie contribue à l'entretien de ce Pont. On m'a dit que c'est la Province de Bretagne. On rapporte un conte sur l'Entrepreneur du Pont qu'on voit aujourd'hui : que le Diable lui apparut et s'engagea de l'achever pour lui, et eut un chat pour sa récompense, parce que cet animal fut le premier qui y passa. Cela auroit été croyable si cela eût été dit dans un siécle plus reculé. Les événemens véritables qui concernent ce Pont sont marqués dans de petites Annales de Saint-Cloud nouvellement imprimées aux années 1525, 1568, 1590, 1591. Il en est aussi mention dans les Registres du Parlement, 28 Mars 1524, et 4 Septembre 1535. Mém. de Pierre de Fénin. La Popeliniere liv. XII, p. 244, et les Fr. de Laval, T. I, p. 241. Mém. de Sully, ancienne edit. T.III, c.vii.p. 72.

Retour de S. Cloud 1735.

On ne voit point dans aucune Histoire des incursions des Danois autour de Paris dans le IX siécle, qu'ils aient ravagé nommément Saint-Cloud qui étoit à leur portée tant par eau que par terre. Mais il se lit que les Anglois et Navarrois dans les courses qu'ils firent en France en 1358, le réduisirent en cendres. Au bout de cinquante ans dans le temps des guerres intestines du Royaume, sous le regne de Charles VI, ce Bourg fut pris et repris plusieurs fois. Pierre de Fenin écrit que pendant qu'il étoit soumis à ce Prince, son légitime Maître, Jean, Duc de Bourgogne sortit de Paris à la Saint-Martin d'hiver 1416, envoya assiéger Saint-Cloud qui fut pris par force ; il y eut grande perte de gens du parti d'Orleans : le reste se retira en la Forteresse du Pont et au Moustier de la Ville, c'est-à-dire, à l'Eglise, qui fut assiégée par les gens du Comte d'Arondel. Ceux qui étoient dedans ne se rendirent qu'après s'être bien défendus. Mais Saint-Cloud fut encore repris en 1411 par les gens du Roi ; le Chevalier Jean de Gaucourt en vint à bout, en passant la riviere sur un pont de cordes avec trois cens hommes. J'ai donné ci-dessus des preuves qu'en 1428 on y craignoit fort le pillage. En 1433 les habitans se virent réduits à lever une somme pour envoyer aux ennemis qui menaçoient de tout brûler, afin de pouvoir faire leurs vendanges. Les différentes prises et reprises de ce Bourg firent croire qu'il y restoit de l'argent caché en certains endroits. Un malade de la Maladerie du Roule vint avertir en 1457 le Prévôt de Paris, qu'il y avoit certaine finance cachée en terre par les Anglois. Ce Magistrat y envoya, et l'on y fit plusieurs tranchées et fossés pour découvrir ces sommes, mais l'on ne trouva rien. Contin. Naugii, T. XI, Spicil.

Anonyme publié par le Labour. p. 784.

Tab. Ep. Paris. in S. Clod.

Compte de la Prévôté de Paris 1457. Sauval, T. III, p. 356.

Le bourg de Saint-Cloud n'est presque plus fréquenté par les Parisiens que vers la Fête de ce Saint aux premiers jours de Sep- Rod. Boterii. Lutetia p. 125.

tembre; mais au commencement du dernier siécle ils y accouroient pendant tout l'été les jours de Fête, suivant que Bouterais le marque en ses Poësies de l'an 1611.

Entre le grand nombre de Maisons de plaisance qui ont existé à Saint-Cloud, on peut compter celle où Charles, fils du Roi Philippe le Bel, Comte de Valois, d'Alençon et de Chartres, confirma l'an 1300 à la fin de Janvier le douaire qu'il avoit assigné à Catherine, Impératrice de Constantinople. Cette Princesse y résidoit, et elle donna à Charles la Terre de Courtenai et ce qu'elle avoit à Namur. Jean, Duc de Berry et d'Auvergne, eut aussi à Saint-Cloud un Hôtel avec jardins et vignes : il l'avoit acheté des héritiers de Girard d'Athies, Archevêque de Besançon; mais en 1405 il en fit don à Guillaume, Seigneur de Lode et de Sainte-Neomaye. En 1497, on nommoit encore ce lieu le clos de Berry, et c'étoit devant ce clos qu'avoit été construit avant 1376 un moulin à papier, qui fut alors changé en moulin à grain.

Preuves de la Maison de Courtenay.

Tab. Ep. Paris. in S. Clod.

Vers l'an 1425 il y avoit à Saint-Cloud un vieil Hôtel de Bourbon. Environ le même temps, Jean de la Rochetaillée, Archevêque de Rouen, et Pierre Cauchon, Evêque de Beauvais, qui étoient du parti d'Henri VI, Roi d'Angleterre, profiterent des dépouilles des fidéles serviteurs du Roi Charles VII. Henri leur fit présent à chacun d'un Hôtel situé à Saint-Cloud. Le premier eut la Maison et héritages qui, après Jean Tarenne, avoient été possédés par Jean de Pressi, Chevalier. Il est dit que ce fut pour ses gages fixés à mille livres sans désigner la charge. Il est certain au reste que cet Archevêque fut Administrateur de l'Evêché de Paris. Sous le même Roi Charles VII, les Sieurs de Chauvigny avoient à Saint-Cloud un Hôtel devant l'Eglise. Il leur venoit des Sieurs de Ruilly, leurs ancêtres. Ils le vendirent en 1438 à Aymery Bilad.

Compte de la Prévôté de Paris. Sauval, T. III, p. 323, 326, 328.

Tab. Ep. Paris. in S. Clod.

On lit ailleurs que le Roi Henri II fit rebâtir et augmenter en 1556 la Maison qu'il avoit à Saint-Cloud.

Laval, Hist. des troubl. T. I, p. 241.

Mais celle de toutes les Maisons de plaisance de Saint-Cloud qui est devenue la plus considérable, est celle qui en 1572 appartenoit à Jerôme Gondi, et qui étoit bâtie sur la hauteur. Ce Seigneur, que Sauval qualifie l'un des plus riches et plus fameux Financiers de son temps, l'avoit fait bâtir, et pour cette raison elle étoit autrefois appellée simplement Gondi. Les Huguenots remarquent que c'est dans cette Maison que le massacre de la Saint-Barthelemi de la même année 1572 avoit été résolu; mais ceux qui sont bien instruits assurent que Jerôme Gondi ne l'avoit pas encore achetée. Mais elle lui appartenoit lorsque l'assassinat du Roi Henri III y fut commis le 1er Août 1589. Après le décès de Gondi, elle fut possédée par quatre Evêques de Paris consécutifs de la même

Hist. de Thou, lib. LI, p. 327.

Sauval, T. II, p. 262.

famille de Gondi, sans être cependant leur vraie Maison Seigneuriale, laquelle étoit plus proche de l'Église. L'Auteur du Supplément de Du Breul écrivoit en 1639 que c'étoit un beau logis appartenant à Jean-François de Gondi, premier Archevêque de Paris; « que le jardin étoit d'une grande étendue et estimé pour « les belles grottes qui s'y voyoient, et pour les fontaines dont l'eau « fait jouer, dit-il, plusieurs instrumens : qu'en outre il y avoit « quantité de statues de marbre et de pierre, des parterres, com- « partimens, bordures, carreaux, allées couvertes et un bois fort « frais en été; » mais il ajoute que « dans celui de feu Mademoiselle « du Tillet, situé au même bourg de Saint-Cloud, se voyoient des « piéces encore plus belles que celles du jardin de Gondi [1]. » Je parlerai de celle-ci dans un moment.

Suppl. de Du Breul, p. 88

La Maison des Gondi, qu'on peut mieux appeller un Château, fut acquise, selon quelques-uns, par Louis XIV, le 8 Octobre 1658, pour Monsieur le Duc d'Orléans, son frere unique. Selon d'autres, le Château de Saint-Cloud, appartenant à M. le Duc d'Orléans et les jardins sont sur un terrain qui étoit auparavant occupé par trois maisons particulieres dont Monsieur Frere du Roi Louis XIV fit l'acquisition. L'une avoit appartenu à M. d'Hervard, Contrôleur-Général des Finances, duquel il est dit qu'il avoit trouvé le moyen d'avoir un jet d'eau de 90 pieds avec l'étonnement de l'art et de la nature, qui jusqu'alors n'avoit pu élever l'eau plus haut que cinquante pieds. L'autre, à M. Fouquet, Surintendant des Finances, et la troisiéme au Sieur Nonerot. Pour faire une juste description de ce Château dans l'état où les Princes de la Maison d'Orléans l'ont mis, il faudroit copier des volumes entiers qui ont été composés pour la satisfaction des étrangers. Sa situation est à mi-côte de la montagne, l'avenue est sur le penchant. Le Château est un grand corps de bâtiments accompagné de deux autres en retour. Il est du dessein de Le Pautre. La Galerie et les Salons sont les ouvrages les plus estimés de Mignard, mort premier Peintre du Roi. Derriere le grand corps de logis et l'Orangerie on apperçoit quelques irrégularités dans les jardins, mais elles sont causées par la disposition du terrain. Le Trianon est une espece de Belvedere ; il est dans un grand bois en forme de demi-cercle. Il s'éleve de terrasse en terrasse. La Cascade est un ouvrage admirable. En 1699, tout le bas en fut refait sur les desseins de Jules Hardouin-Mansart. Elle fut encore rétablie à neuf vers l'an 1730 et recommença son jeu le 8 Septembre 1734. Deux statues colossales de dix-sept pieds y représentent la jonction de la Seine et de la

Sauval, T. III, p. 51.

---

1. Le même Auteur ajoute qu'alors le logis et jardin de feu M. des Hayes, Gouverneur de Montargis, avoit une des belles-vues qu'on pût trouver.

Marne : elles sont d'Adam l'aîné. Le Parc est fort spacieux. A la porte de Sévre est un très-grand quinconce que Le Nostre a fait paroître assez régulier. Entre les deux cascades est l'allée du Tillet qui tire apparemment son nom de la Demoiselle nommée ci-dessus. C'est dans ce Château que mourut au mois de Mai 1701, Monsieur Frere unique de Louis XIV. Plusieurs Ecrivains ont fait paroître des Descriptions de ce Château en tout ou en partie. Laurent Morelet, Bourguignon, qui étoit Aumônier du Prince, à qui il appartenoit, fit paroître en 1681 *La Gallerie de saint Clou et ses peintures expliquées sur le sujet de l'éducation des Princes ;* et en 1686, *Traité de Morale pour l'éducation des Princes tiré des peintures de la Gallerie de saint Clou.* Le Pere Commire, Jésuite, a fait en vers les Fontaines de Saint-Cloud. Le Sieur Harcouet de Longueville publia en 1706 une Description des Cascades de Saint-Cloud qui étoit restée en manuscrit à la mort de M. le Duc d'Orléans, Frere du Roi, par lequel elle avoit été commencée le 22 Juillet 1693, et cela pour contenter l'empressement du Public qui vouloit les mettre en parallele avec les plus considérables d'Italie. On y dit à la page 6 que c'est de Meudon que parle Cesar dans ses Commentaires, ce qui est faux. On peut ajouter à ces Descriptions, celle qui se trouve dans le Dictionnaire universel de la France imprimé en 1726, et celle qu'a donnée le Sieur Piganiol.

Bibliothèque de Bourgogne, T. II, p. 94.

P. Le Long, Bibl. Hist.T. III, p. 357.

Extrait de la Préface de ce Livre in-12.

Quant à l'ancienne Maison de MM. du Tillet, Greffiers du Parlement, située au bas du bourg de Saint-Cloud, c'est celle où Henri IV logea le 29 Août 1589, jour de la mort d'Henri III, où il prit le deuil et où il fut salué par plusieurs Seigneurs. Cette même Maison a donné le nom à l'allée du Tillet qui fait la séparation des cascades.

Saint-Cloud étoit une Paroisse d'assez grande étendue dans ses commencemens. Marne et Garches en faisoient partie, ainsi que je l'ai déja dit : ils ont depuis été érigés en Paroisse, et j'en parlerai après l'article de Saint-Cloud. Il y avoit au XII siécle sur l'étendue de la Paroisse de Saint-Cloud une portion de terrain appellée en latin *Alnetum*, ce qui a dû être rendu en françois par Aunay. Ce petit canton appartenoit au Monastere de Saint-Martin-des-Champs, par donation de Waleran de Villepreux faite en 1108, pour laquelle il fut besoin du consentement de Galon, Evêque de Paris, parce que Robert, Comte de Meulan, qui l'avoit cédée à Waleran, la tenoit de l'Evêque. Dans la Bulle de Calixte II de l'an 1119, pour la confirmation des biens de ce Prieuré, on lit : *Apud sanctum Clodoaldum, terram quæ Alnetus dicitur cum appendiciis suis.* Dans celle d'Eugene III de l'an 1147, ce n'est plus que la moitié de cette Terre que Saint-Martin possede, parce

Hist. S. Mart. à Camp. p. 23 et 158.

que Gilbert, Evêque de Paris, avoit voulu avoir l'autre moitié, suivant le Cartulaire de l'Evêché : *Apud sanctum Clodoaldum medietatem terræ quæ dicitur Alnetum* : ce que Thibaud, Evêque de Paris, répete mot pour mot dans ses Lettres d'environ l'an 1150. Je trouve qu'en 1509 la Terre de l'Aunay à Saint-Cloud étoit tenue en fief par Jean de la Barre, Comte d'Etampes, et qu'en 1551 l'Archevêque de Tours passa titre nouveau aux Religieux de Saint-Martin pour ce qu'il y avoit, ce qui fut ratifié par l'Evêque de Paris. *Hist. S. Mart. à Camp. p. 180.* *Ibid., p. 158.* *Tab. Ep. Paris. in S. Clod.*

Les anciens noms de lieu fournis par les titres autour de Saint-Cloud, sont Betisy, Villebaart, Graiz, *Vallis Grinosa*, Mont-restor, *Marcreyum*, l'Arpent franc dans un titre de l'an 1144. D'autres Eglises encore ont eu du bien à Saint-Cloud ou tout auprès. L'Eglise de Notre-Dame de Paris eut vers le XII ou XIII siécle un legs d'héritage situé à Saint-Cloud. Ce fut une vigne dite Bretagne que lui légua Matthieu, Doyen de Melun, et que le Chapitre revendit quinze livres. Elle y possédoit aussi du bien sous le nom de Saint-Denis-du-Pas. C'étoit une petite Terre, des bornes de laquelle il est parlé dans un Traité fait en 1282, avec Ranulfe d'Homblonieres, Evêque de Paris. Mais entre les revenus assis à Saint-Cloud dévolus à des mains étrangeres, il faut dire que le plus ancien est la rente de quatre-vingts livres que le Curé de Saint-Severin de Paris a sur l'enclos de M. le Duc d'Orléans, s'il est vrai que ce fonds soit celui que Saint Cloud lui-même avoit donné à l'Oratoire de Saint Martin, proche la porte méridionale de Paris, où faisoit sa demeure Saint Severin le Solitaire, de qui il reçut l'habit religieux, et avec lequel il vécut quelque temps dans sa cellule. *Hist. S. Mart. à Camp.* *Necr. Eccl. Par. 30 Sept.* *Ibid ad calcem Libri VI, Cod. Reg.*

Aujourd'hui il n'y a plus d'écarts à Saint-Cloud. Le fief Fleury a tiré son nom de Jean Fleury, Secrétaire du Roi en 1435. La Gastine qui est un fief sur cette Paroisse en allant à Saint-Germain, est sans manoir. Il appartenoit ci-devant au Prince de Carignan. Mont-retou, ou comme l'on prononce Montre-tout, n'est pas un écart, mais le lieu le plus élevé de tout le Bourg. On l'écrivoit primitivement Mont-restor, comme on a vu ci-dessus, ce qui pouvoit venir de *Mons restauratus*[1]. *Tab. Ep Paris. in S Clod.* Affiche du mois de Juin 1747.

Pour ne rien omettre de ce qu'il y a de particulier et de mémorable à Saint-Cloud dans les productions de la nature et de l'art, il ne faut point oublier la pierre de ce lieu, qui est devenue célèbre, parce qu'elle est propre à laver ; encore moins la Manufacture de Porcelaines fines et Fayences qui y fut établie sur la fin du

---

1. Les divers noms du territoire de Saint-Cloud que j'ai remarqués dans les titres, sont au treizieme siecle Betisy, Villebaart, Grais, Vaugrignon, Acherel, Cholet, Villerman, Chaillou. Au quinzieme siecle la Croix Courtery.

dernier siècle par le Sieur Chicaneau, d'autant que ces Porcelaines sont presque aussi belles que celles de la Chine. Madame la
Dauphine vint visiter cette Manufacture le 3 Septembre 1700.
Les Sieurs Chicaneau ont fait renouveller de temps en temps la
continuation de leur Privilége. Une curiosité de l'art que l'Abbé
Chastelain, bon connoisseur, admira à Saint-Cloud dans la maison d'un particulier l'an 1702, étoient les descentes tournantes de
la maison de M. de Saint-Amand. Il y vit aussi les caves Royales
qui vont sous Saint-Cloud et qui sont coupées par des rues.

Le Mercure de France a souvent eu occasion de parler du
Bourg ou du Château de Saint-Cloud. On peut y voir le divertissement de dix jours d'été de l'an 1703; l'attaque d'un Fort
construit dans le Parc en 1737 pour l'instruction de M. le Duc
de Chartres, que Monseigneur le Dauphin vint visiter, et dont il
se fit expliquer toutes les parties. Cet exercice fut fait au mois
d'Octobre. Mais aucun Journal de ma connoissance n'a encore
parlé des bâtimens que le même Duc y a fait construire, et qui
portent le nom de *la Gayeté,* dénomination qui donne une parfaite idée de la chose.

Le lieu de Saint-Cloud a servi de matiere à plusieurs petites
brochures nouvelles dont je ne parle pas. Je ne m'arrête qu'à
celle qui a pour titre : *Le Retour de Saint Cloud par mer et par
terre, seconde édition, augmentée des Annales et Antiquités de
Saint Cloud, 1753.* Il seroit à souhaiter que l'Auteur de ces Annales qui forment 26 pages, n'eût pas appliqué au Village ou
Bourg de Saint-Cloud, sous prétexte que son nom primitif a été
Novigentus, des événemens du sixième siècle qui appartiennent
à Nogent-sur-Marne, et un autre fait qui concerne Nogent-sur-
Seine du Diocése de Troyes, par rapport aux biens de l'Abbaye
de Saint-Denis. Le trait du Monastere de Saint-Cloud dont il est
parlé dans les Lettres d'Eginhard, est aussi pensé par Dom Bouquet
ne pouvoir convenir que difficilement à ce lieu-ci. La naissance
du Duc d'Orléans, Régent, arrivée à Saint-Cloud le 2 Août 1674,
et celle du Duc de Chartres actuel, arrivée le 13 Avril 1747, sont
en leur place dans ces Annales, aussi-bien que la mort de Monsieur Frere unique du Roi Louis XIV, et de la Duchesse, son
épouse, arrivées au même Château de Saint-Cloud dans les
années 1701 et 1670.

Le bourg de Saint-Cloud a produit ou possédé plusieurs Ecrivains, dont la plupart ont été du corps du Chapitre.

Pierre de Saint Cloot est mentionné dans Fauchet parmi les
Poëtes qui ont vécu avant l'an 1300. Il composa en vers françois
le testament d'Alexandre-le-Grand. Il est différent apparemment
de Pierre de Saint-Cloud, Moine de Saint-Denis, l'un de ceux qui

furent condamnés dans le Concile tenu à Paris par l'Archevêque Pierre de Corbeil.

  Guillelmus de sancto Clodoaldo est un Astronome qui vécut au treiziéme ou quatorziéme siécle, quoique Simon de Phares le fasse plus ancien. On conserve à la Bibliotheque du Roi un Livre de ses calculs intitulé : *Almanachus*, d'une écriture du quatorziéme siécle, et qui commence à l'an 1292. Au même volume est un *Calendarium Reginæ* qui lui est aussi attribué. Ce dernier Ouvrage se trouve aussi à Saint-Victor. Il y est dit que la Reine qui le lui demanda, s'appelloit Marie ; ce doit être Marie de Brabant, seconde femme de Philippe-le-Hardi. On y voit plusieurs choses qui concernent la Physique, la Géographie et l'Astronomie. Catal. mss. Reg. Cod. 7281.
Cod. 977.

  Thibaud Labbé, Maître des Enfans de chœur de Saint-Cloud, vivoit au seiziéme siécle. Il recueillit plusieurs vies de Saints, comme celle de Saint Cloud, de Sainte Aure, qui furent imprimées à Paris, chez Chesneau, avec le troisiéme volume de l'Histoire des Saints.

  Claude Boucharel, Curé et Chanoine de Saint-Cloud, a composé un Livre intitulé : *Vie et miracles de Saint Cloud*, qui a été imprimé à Paris, en 1647 in-8°. Dans l'approbation de l'Ouvrage il est appellé George. P. Le Long. Bibl. Hist.

  Nicolas Feuillet, Prêtre, Chanoine de Saint-Cloud, très-zélé Prédicateur, a écrit l'Histoire de la conversion de M. de Chanteau, cousin-germain de M. de Caumartin, Conseiller d'Etat, dont, après Dieu, il avoit été le principal instrument, laquelle fut imprimée en 1702 in-12, avec quelques Lettres du même Chanoine et une Harangue à la Reine d'Espagne ; plus le récit de la mort chrétienne de Madame la Duchesse d'Orléans et son Oraison funebre imprimée in 4°, en 1666 ; une Lettre in-4° contre le luxe des Dames. Il mourut à Paris le 7 Septembre 1693, et fut inhumé au cimetiere de Saint-Cloud. Supplém. de Moreri lettre F.

  Nicolas Gastineau, Prêtre Aumônier du Roi, Auteur de plusieurs ouvrages contre les Calvinistes, mourut à Saint-Cloud le 17 Juin 1696, et fut inhumé au milieu de la nef. Ce fut lui qui dressa un Mémoire manuscrit en faveur du Chapitre contre les Prêtres de la Mission introduits en ce lieu, qui se sont soustraits à la jurisdiction du Chapitre à laquelle ils s'étoient soumis d'abord. Ibid. lettre G.

  Jacques Perrier, Prêtre, natif de Saint-Cloud, est Auteur de la Vie de Saint Cloud souvent citée dans ce présent article, qu'il dédia à M. de Noailles, Archevêque de Paris, et qui a été imprimée pour la premiere fois en 1696. Le Long. Bibl. Hist. n. 10111.

  Dominique Reverend, né à Rouen en 1648, Bachelier de Sorbonne, fut fameux par les négociations auxquelles il fut employé en Pologne et en Transilvanie. Ayant été après son retour en Supplém. de Moreri lettre R.

1681, élu Doyen de Saint-Cloud par le Chapitre, et fait Chanoine l'année suivante, il s'appliqua à la décoration de l'Eglise du lieu. On a de lui un Livre en faveur de la Physique des anciens. Des Lettres sur les premiers Dieux ou Rois d'Egypte et sur la Chronologie des premiers temps. Le surplus de ses œuvres est resté manuscrit. Il mourut en 1734 à Paris, et fut inhumé dans l'Eglise de Saint-Cloud.

<small>Mém. de l'Acad. 1730, année de sa mort.</small> Il arriva au mois de Janvier 1725 à Saint-Cloud un malheur dont les Mémoires de l'Académie des Sciences ont conservé le souvenir. M. de Valincourt, membre de cette Académie, y avoit une Maison de campagne et une Bibliothéque composée de six ou sept mille volumes. Le feu ayant pris à la maison les consuma avec tous les Recueils sur la Marine. La perte n'eût pas certainement été si fort à regretter, si pareil malheur fût arrivé aux Recueils et Livres qu'y a eu autrefois André Du Saussay, Curé <small>Reg. Ep. 2 Apr.</small> de Saint-Leu, dans la maison de campagne qu'il avoit à Saint-Cloud en 1641.

Entre les premieres Charges qu'exerça le fameux premier Pré<small>Tab. Ep. Paris. in S. Clod.</small>sident Christophe de Thou, on trouve qu'en qualité de Lieutenant du Bailly de l'Evêque de Paris, il tint ses Assises à Saint-Cloud le 15 Juin 1535.

GARCHES

L'étendue de la Paroisse de Saint-Cloud comprenoit autrefois le lieu de Garches ; c'est pourquoi j'en parle ici comme d'une ancienne dépendance de ce Bourg. Il faut pourtant avouer que, quoique l'Evêque de Paris fût Seigneur de toute la Terre de Saint-Cloud, il ne possédoit pas en propre le territoire entier de Garches. L'Abbaye de Saint-Germain-des-Prés jouissoit d'une partie dans le XI siécle : car on lit (et c'est ce qui se trouve de plus ancien sur Garches) que Robert, Abbé de ce Monastere, en compensation des deux autels sçavoir, celui de Surêne et celui d'Avrinville que Geoffroy, Evêque de Paris, lui céda, donna à ce Prélat la moitié d'un petit bien que l'Abbaye avoit à Garches : <small>Chartular. parv. Ep. Paris. fol. 29. Annal Bened. T. IV, p. 642.</small> *Medietatem cujusdam nostræ possessiunculæ quæ Garziachus dicitur*, et cela en 1070. Dom Mabillon qui rapporte ces donations mutuelles à l'an 1063, a lu dans sa copie du titre, *Garsiachus*. On voit par ce double témoignage, si l'Abbé Chastelain étoit bien fondé à conjecturer que ce mot Garches, ou Guerches, est dérivé du substantif *Quercus*.

Ce petit Village est directement au couchant du bourg de Saint-Cloud, à la distance de demi-lieue, et par conséquent à deux lieues et demie de Paris. C'est un pays de vignes. Sa situation est dans la plaine que l'on trouve lorsqu'on a monté la côte de Saint-Cloud et sur une des grandes routes de Normandie. Il est composé du grand Garches qui est proche l'Eglise, du petit Garches et d'un hameau dit Villeneuve. En 1709 ce lieu ne formoit que 44 feux, suivant le dénombrement des Elections imprimé alors : mais on y en compte aujourd'hui 77, selon le calcul du Sieur Doisy. Le Dictionnaire Universel Géographique du Royaume en 1726, marque en ce lieu 346 habitans. En toutes ces sortes d'ouvrages aussi-bien que dans le Rôle des Tailles, ce Village est appelé Garches-lez-Saint-Cloud, pour le distinguer de Garges proche Gonesse qui s'écrit et se prononce presque de même.

L'Eglise de Garches peut passer pour la premiere qui fut dédiée sous l'invocation de Saint Louis, sans excepter même celle des Dominicains d'Evreux. Ce fut Robert de la Marche autrefois Clerc de ce saint Roi, qui s'empressa le plus de lui marquer sa dévotion, et cela dans un terrain qui peut-être lui appartenoit, puisque probablement il étoit issu des Seigneurs de la Marche, petite Terre distante de Garches seulement d'une demi-lieue. Voici l'inscription qu'on y lit gravée sur une pierre placée dans la muraille de la nef du côté gauche : elle est en lettres capitales gothiques qui certainement sont de la fin du XIII siécle :

En l'an de grace M. CC IIIIXX et XVII le Vendredi après Reminiscere, *assist en l'anneur de Dieu et de Monsingneur saint Lois Mestre Robert de la Marche Clerc nostre Seingneur le Roi de France et Hanri son Valet la prumiere pierre de l'Eglise de Garches, et la fonda en lan desusdit.*

Saint Louis ne fut canonisé que le 11 Août 1298. Ainsi c'est avant que l'année fût révolue que fut commencé l'édifice de cette Eglise : car l'année 1298 ne commença qu'au jour de Pâques 6 Avril, suivant l'usage d'alors. Comme cette Eglise n'est proprement qu'une Chapelle sans collatéraux, le Vendredi après le Dimanche *Reminiscere*, second du Carême, étant tombé au 7 Mars, avec la simplicité dont elle est bâtie il ne fallut pas trois mois pour l'achever ; c'est pourquoi, puisqu'on assure que la Dédicace en fut faite le 3 Juin, il est croyable que ce fut l'année suivante 1298, laquelle avoit commencé à Pâques : le 3 Juin tomba cette année-là au Mardi d'après la Trinité. Pour ce qui est des reliques du saint Roi, Robert qui avoit été à son service n'en étoit pas dépourvu. Ce Clerc de Saint Louis fut depuis inhumé dans le chœur de la même Eglise, sous une belle tombe où est gravée sa figure qui le représente en habits sacerdotaux, les pieds étendus vers l'autel, avec cette épitaphe autour de cette tombe en capitales gothiques :

Cy gist Robert de la Marche Clerc jadis le saint Roy Lois, qui en lhonneur de Dieu et du saint Roy Lois fonda cette Eglise, qui trepassa en l'an....... après la Nostre-Dame en Septembre.

Reg. des Ch. art. 34, Piéce 18.

Je soupçonne que c'est le même que Robert de la Marche, Chanoine de Noyon, qui en 1288 à la fin du Parlement de la Pentecôte, certifia qu'il avoit ouï dire à Matthieu, Abbé de Saint-Denis, sur l'intention du Roi touchant la défense faite aux Lombards, de ne plus commercer à Montpellier, mais à Nîmes.

On voit encore dans la même Eglise une tombe sur laquelle est gravé en mêmes lettres :

Cy gist Marie de Chidé Dame de Lestendu jadis fame... Ecuyer Guillaume de Tunberel Chevalier, qui trepassa en l'an de grace M.CCC.

A côté de la tombe de cette Dame est celle de ce Chevalier, Guillaume de Tunberel, mais les lettres sont fort effacées aussi-bien que sa figure : on y apperçoit seulement ses armes.

Dans la nef se voit une autre tombe avec cette inscription en pareilles lettres capitales gothiques :

Cy gist Damoiselle Clemence de Cyni jadis fame Giot de Cyni Escuyer qui trespassa l'an de grâce M. CCC.

Il est constant que l'Eglise de Garches fut érigée en Paroisse aussitôt qu'elle fut achevée. Robert de la Marche en est qualifié

Chart. S. Clod.

fondateur dans un titre de ce temps-là. C'est un acte par lequel les Chanoines de Saint-Cloud confessent avoir reçu de lui la somme de dix livres pour le droit des offrandes de cette Eglise appellées

Gloss Cang. voce Duodena 5.

Duodenæ, que l'on explique par offrandes qui alloient à douze deniers et plus, lequel droit ils pouvoient retenir. Ils lui promirent d'en faire un emploi pour l'utilité de l'Eglise de Saint-Cloud, ensorte que les biens achetés de ces dix livres tiendroient lieu du droit de ces offrandes qu'ils demandoient dans cette Eglise Paroissiale. On ne trouve cette Eglise marquée dans aucun des Pouillés de Paris, peut-être parce qu'elle étoit exempte de la

Reg. Ep. 28 Janv. 1484.

présentation de l'Archidiacre avant sa réunion au Chapitre, cette réunion n'est néanmoins que du 16 Janvier 1486. Il n'en est pas moins vrai que c'est le Chapitre de Saint-Cloud qui y pourvoit comme à la Cure d'un peuple qui a été détaché de la Paroisse de Saint-Cloud. Aussi dans le Rôle des Décimes trouve-t-on sous un même article le Chapitre de Saint-Cloud, la Cure du lieu, celle de Garches et de Marne. Le Pelletier dit dans son Pouillé de l'an 1692, non-seulement que le Chapitre nomme le Curé, mais même que le Doyen y fait la visite.

J'oubliois une chose remarquable dans cette Eglise de Garches :

c'est un vitrage qui est à gauche, lequel représente Saint Louis touchant les personnes affligées d'écroüelles : ce qu'il fait solennellement, et accompagné de deux flambeaux. On observera que Saint Louis touchoit ces sortes de malades en toute sorte de temps et de lieux, ce qui se pratiquoit encore de la même maniere par Philippe-le-Bel, son petit-fils. Voir les Tablettes de cire où sont ses voyages.) Vie de S. Louis.

La vie de M. Bourdoise fait mention plusieurs fois du village de Garches. Les Chanoines de Saint-Cloud y sont dits être Seigneurs, apparemment avec M. l'Archevêque : cela se trouve marqué à l'occasion d'une Mission que ce saint Prêtre y fit l'an 1623 le jour de S. Louis, fête patronale, et qui avoit été procurée par M. Compaing, Seigneur de l'Etang. On y lit que le Roi Louis XIII ayant trouvé M. Bourdoise en soutane et en manteau long et les cheveux très-courts, comme il alloit à Garches, lui demanda de quel Ordre il étoit, et qu'il répondit qu'il étoit simple Prêtre, et par conséquent de l'Ordre de Saint Pierre. Plus loin il est marqué que ce fut en jouant avec des paysans de ce Village qu'il y ménagea encore une fois la Mission. N'ayant pu aborder aucun des habitans pendant la matinée, il alla les trouver l'après-midi au jeu de boule, il joua avec eux ; et ayant persuadé celui qui étoit de son côté, il s'en servit pour se faire écouter des autres, et les engagea tous par ce moyen à recevoir le secours spirituel qu'il leur offroit. Louis XIII ayant sçu la chose, loua le zéle du Serviteur de Dieu et admira sa prudence. Vie de M. Bourdoise, n. 46, p. 196.

Ibid., p. 541.

J'omets plusieurs particularités concernant les Evêques de Paris relativement à la Terre ou Seigneurie dont il s'agit, parce que de la maniere dont ces titres s'expliquent, laisse incertain s'il s'agit de Garches ou de Garges proche Saint-Denis.

Le lieu dit l'*Etang* et celui qu'on appelle *Villeneuve*, ont été de cette Paroisse jusqu'au commencement de ce siécle. Villeneuve étoit occupé en 1618 par Jean Balluau qui fit l'échange de quelques terres avec le Cardinal de Gondi, et traita avec le Curé de Marne ; en 1657, par Louis-Anne de Sabrevoye, Seigneur d'Escluselle et de ce lieu, Gouverneur de Dreux, et en 1699, par M. Arnaud, Trésorier de l'Extraordinaire des Guerres. Henri, né à Villeneuve du Diocèse de Paris, qui de Chantre de l'Eglise d'Auxerre en fut fait Evêque en 1220, m'a paru avoir tiré son nom de ce lieu ; les possesseurs de cette Terre de Villeneuve avoient du bien à Saint-Cloud ou aux environs, relevant de la Seigneurie de Saint-Cloud, ce qui fut cause de la relation de ce même Henri avec l'Evêque de Paris, et que Guillaume de Seignelay laissant le siége d'Auxerre vacant par sa translation sur celui de Paris, put indiquer aux Chanoines de le choisir pour son successeur. Reg. Arch. Par. 27 Jul. 1657 et 4 Mars 1699.

Gall. Chr.
T. VII, col. 112.

L'hommage que Pierre de Villeneuve, Chevalier, fit en 1275 à Etienne Tempier, Evêque de Paris, au sujet des biens ci-dessus, autorise assez ce que je viens d'avancer.

L'Etang est un lieu qu'il a été difficile de fixer pour le spirituel. Sur la fin du dernier siécle, durant que la Seigneurie appartenoit au Marquis de Barbezieux, Secrétaire d'Etat, Nicolas Boutin, Curé de Garches et Julien le Bourg, Curé de Marnes, prétendirent chacun qu'il étoit de leur Paroisse. Dans l'Enquête faite par Jacques Marpon, Chanoine de Saint-Cloud, le 9 Juillet 1697, le Marquis déclara que la principale porte étoit sur le territoire de Garches. Quoique cela fût douteux pour le reste, l'Archevêque déclara le 24 Janvier 1700, que tout le Château étoit de Garches, mais que le Curé seroit chargé de payer par forme de dédommagement à celle de Marnes six livres par an, et la Fabrique deux livres à celle de Marnes. Au bout de deux ans, il y eut un jugement tout contraire, rapporté à l'article de Marnes.

Necrol. Sorb.

Le College de Sorbonne a mis parmi ses bienfaiteurs Guillaume de Garches, Curé de Sainte-Geneviéve-la-petite à Paris au treiziéme ou quatorziéme siécle, pour avoir donné à cette Maison un très-beau Décret de Gratien.

MARNE

On ne doit point séparer le village de Marne d'avec le bourg de Saint-Cloud, parce que c'est une Paroisse formée d'un démembrement du territoire de l'ancien Nogent où le Prêtre S. Cloud passa une partie de ses jours et jusqu'à sa mort, et qu'il donna au Clergé dont il avoit été l'un des membres. Marne étoit donc un hameau de ce Nogent, dit aujourd'hui Saint-Cloud, en quoi il n'y a rien d'extraordinaire, puisqu'il n'en est éloigné que d'une demi-lieue. Il n'en auroit peut-être pas été parlé, s'il n'eût appartenu à l'Eglise. Mais comme les Evêques de Paris y avoient des vassaux ou des hôtes, Marne est connu depuis le commencement du treiziéme siécle. Il porte ce nom vraisemblablement à raison du terrain, de même que les autres lieux du Poitou pareillement appellés Marne. Pline nomme en latin *Marga* le terroir qu'en françois on appelle Marle ou Marne. Au moins il est visible que le nom de ce Village n'a aucun rapport avec la riviere de Marne. Du Breul y a été trompé de telle maniere, que dans le Catalogue des Cures du Diocése de Paris, il a mis celle de Marne dans le Doyenné de Chelle, sur le bord duquel la Marne passe; et Alliot, dans le

Pouillé de l'an 1626, l'a appelée en latin *Cura de Materna*, de même que d'anciens titres latins appellent la riviere de Marne.

Ce Village est situé sur une pente très-douce vers le nord-ouest. Sa distance de Paris est de deux lieues et demie. C'est un pays de labourages avec quelques vignes. Le nombre des habitans n'alloit qu'à 110 en 1725, suivant le Dictionnaire Universel du Royaume. Le Dénombrement de l'Election de Paris publié en 1709 y marquoit 23 feux; celui du Sieur Doisy qui a paru en 1745, en marque 24.

L'Eglise n'a rien de remarquable, étant assez neuve, et bâtie comme la plupart de celles que l'on renouvelle en plâtre. La tour seulement peut avoir deux à trois cens ans. S. Eloy, Evêque de Noyon, est le Patron de la Paroisse. Comme cet édifice est petit, M. Michel Chamillart, Ministre et Secrétaire d'Etat, Contrôleur-Général des Finances et Seigneur de ce lieu, obtint en 1706 de faire faire une ouverture dans le mur du chœur pour pénétrer dans le cimetière, et cela du consentement des Chanoines de Saint-Cloud, gros décimateurs tenus aux réparations du chœur. Quoique la Cure fût érigée dès le commencement du treiziéme siécle, elle ne se trouve pas marquée dans le Pouillé qui fut écrit alors, ce qui confirme que ce Pouillé est la copie d'un plus ancien, et qui étoit apparemment de la fin du douziéme. Dans tous les Pouillés connus depuis deux cens ans, la nomination à la Cure de Marne est attribuée au Chapitre de Saint-Cloud. On ne voit pas de quel Evêque les Chanoines tenoient la Cure de Saint-Cloud; mais ce sont eux-mêmes qui nous apprennent que Marne étoit de leur Paroisse. Odon de Sully, Evêque de Paris, ayant fait défricher ou essarter son bois de Marne, y avoit fait construire une Eglise, et y avoit établi sans leur participation un Curé auquel il avoit assigné une partie de la dixme. Ces Chanoines se plaignirent à lui par l'organe de Simon, leur Doyen, en 1202, et lui représenterent que l'Eglise aussi-bien que la dixme étoit située sur leur Paroisse, qu'ainsi la présentation de la Cure devoit leur appartenir, et qu'ils devoient en percevoir la dixme, sur lesquelles choses ils s'en rapportoient à son équité. Cet Evêque reconnut l'année suivante la vérité des demandes des Chanoines; il tomba d'accord que la dixme et le droit de patronage leur appartenoient; mais il semble insinuer dans son acte que les paysans en bâtissant des maisons, avoient aussi construit l'Eglise. Dans les mêmes Lettres il déclara ce que les Chanoines abandonnoient au Prêtre de Marne (le nom de Curé n'étant pas encore usité en latin), sçavoir: qu'il percevroit un muid de bled d'hiver, et un muid d'avene à la mesure de la grange de Saint-Cloud dans la grosse dixme de Marne, et qu'en outre il jouiroit de toute la menue dixme. A leur égard, ils

Regist. Archiep. 15 Oct.

Chart. Ep. Par. in Bibl. Reg. fol. 69.

Chart. S. Clod. ex Sched. Lancelot.

convinrent de se contenter de deux septiers d'hivernage en grain d'hiver, pour l'anniversaire d'Henri de Sully, Archevêque de Bourges, mort depuis peu, lequel étoit frere de l'Evêque de Paris; et que le reste de la grosse dixme seroit pour les distributions quadragesimales : *ad quadragesimale beneficium.*

Pour ce qui est de la formation de ce Village, il est sûr que la place où il est et tous les environs n'étoient qu'une forêt. Suger assure que Vaucresson, qui n'en est qu'à un quart de lieue, étoit un désert dans le voisinage des bois où se retiroient les voleurs. Odon de Sully entreprit de bâtir un Village à Marne, de même que cet Abbé avoit construit celui de Vaucresson environ soixante ans auparavant. Quand il eut fait arracher la forêt et que ce ne fut plus qu'une campagne, il en distribua différentes portions aux paysans qui en demanderent, formant par-là ce qu'on appelloit *hostisia* (demeure de hôte, Hôtise ou Ostise dans les Coûtumes) et retenant sur chacun une redevance. Il donna à chaque pere de famille huit arpens de terre labourable (*cultibilis*) et un arpent pour l'emplacement de la maison et de ses dépendances [1]. Pour ce dernier arpent chaque ménage devoit lui rendre par an un sextier d'avene à la Nativité de la Vierge, six deniers de cens à la Saint-Remi, et à la Fête des Morts une demi-mine de froment ou deux chapons. A l'égard des huit autres arpens, il se retint d'autres droits. L'Evêque s'engagea à faire construire un four dans le Village et à y mettre un fournier. Il fut dit ensuite que les habitans de Marne iroient par droit de bannalité aux moulins de l'Evêque, et que de quinze boisseaux, ils en payeroient un : que s'il arrivoit qu'il fût vendu du vin à la taverne dans le Village, le Sergent de l'Evêque fourniroit les mesures, et auroit pour cela une denrée (*Denariatam vini*) de vin des taverniers : que l'Evêque auroit dans le Village le droit de roüage (*Rotagium*) : qu'enfin si quelque paysan de Marne injurioit le Prévôt de Saint-Cloud ou le Sergent de Marne, ce seroit à Saint-Cloud que la justice en seroit faite. Il y avoit en 1487 encore bien du terrain non cultivé sur cette Paroisse et sur la censive Episcopale. Louis Begin, Curé de la Marche, en transporta alors quinze arpens de broussailles et bois pour une très-modique somme.

Reg. Ep Paris. 21 Oct.

Reg. Archiep.

Cette Paroisse reçut quelque accroissement en 1702, par la réunion que M. le Cardinal de Noailles y fit du nouveau Château de l'Etang bâti sur une éminence, que l'on prouva alors avoir été autrefois de la même Paroisse de Marne, laquelle éminence n'est qu'à vingt toises du lieu où étoit l'ancien Château, et à une très-

---

1. Une partie de ce titre est citée dans le Glossaire de Du Cange, au mot *Hospes* : mais on a mis *herbagium* au lieu d'*hebergagium,* manoir de paysan.

légere distance de Marne. Le petit Château dit la Villeneuve fut aussi réuni alors à Marne et distrait de Garches avec tout ce qui étoit dans le Parc de l'Etang, et cela pour la raison de l'éloignement. On chargea seulement le Curé de Marne de payer à celui de Garches six livres, et les Marguilliers deux livres par forme de dédommagement.

SURESNE

Quoiqu'il y ait plus de huit cens ans que ce Village est connu par les actes, il n'en est pas plus aisé de dire d'où a été formé le nom qu'il porte. Le premier titre qui en fait mention l'appelle *Surisnæ*; il est de l'an 918. D'autres ont écrit au XIII siécle *Sorenæ*, et *Serenæ*: et dans le même temps quelques actuaires le laissoient en françois dans les Chartes et le nommoient Sourenes ou bien Soresnes. Mais malgré ces variétés on n'entrevoit rien d'où ce nom puisse être dérivé. Ce qu'il y a de sûr, est que cette Terre appartenoit au Roi Charles-le-Simple en 918, de même que Ruel, qui n'en est qu'à demi-lieue, appartenoit à Charles-le-Chauve avant qu'il le donnât au Monastere de Saint-Denis ; de même aussi que Nanterre avoit appartenu à Clovis avant qu'il en fît présent à la Basilique de Saint-Pierre de Paris, dite depuis de Sainte-Geneviéve. La preuve s'en tire de ce que ce fut ce même Roi Charles-le-Simple, qui, pour consoler Robert, Comte de Paris, Abbé laïc de Saint-Germain-des-Prés, de ce qu'il n'avoit pu conserver les biens de l'Abbaye de la Croix de Saint-Leufroy qui venoient d'être incorporés à la mense de son Monastere, lui donna cette Terre de Surênes, dont les Religieux obtinrent depuis l'Eglise de l'Evêque de Paris. *Gall. Chr. T. VII, col. 431.*

Ce Village est sur le rivage gauche de la Seine, à deux petites lieues seulement de Paris vers le couchant, au bas du Mont-Valérien, qui de ce côté-là regarde le levant ; exposition laquelle, jointe à la nature du sol, fait produire sur cette côte des vins si bons relativement aux autres du voisinage de Paris, que dans des Thèses de Médecine soutenues en cette Ville en 1724 ou 1725, on n'a pas craint de mettre en position que les vins de ce Village surpassent en bonté ceux de Beaune et autres de Bourgogne. On y comptoit en 1709, suivant le dénombrement de l'Election, 247 feux. L'état des feux de tout le Royaume que le Sieur Doisy a publié en 1745, y en marque 299. Le Dictionnaire Géographique de la France assure qu'il y avoit alors à Surêne 1355 habitans. Ce

Livre et d'autres dénombremens qualifient ce lieu de Bourg. Il pourroit avoir été muré avant les guerres civiles du XVI siécle. Il y reste encore une porte du côté qui conduit à Puteaux. Il y avoit autrefois celle qui menoit à Ruel. Il fut accordé aux habitans en 1406 par le Roi Charles VI, qu'ils pourroient voiturer leurs denrées jusqu'à six lieues sans risque de prise, moyennant huit charettes de paille de segle qu'ils meneroient pour le Roi par chaque année, jusqu'à deux lieues autour de Paris ou à Paris même.

<small>Trés. des Chart. Sept. 1406.</small>

L'Eglise de Surêne est sous l'invocation de Saint Leufroy, qui étoit Abbé au Diocèse d'Evreux dans le huitiéme siécle, et y mourut en 738. En voici la raison. Les Moines de son Abbaye s'étant réfugiés à Paris avec le corps de leur Saint Abbé, à cause de la crainte des Normans, s'en retournerent lorsque la paix fut faite avec eux; mais les Religieux de Saint-Germain chez qui ils avoient caché ces reliques, ne voulurent point les rendre, et se contenterent de leur en laisser emporter un bras. La terre de Surêne ayant été donnée alors à la même Abbaye de Saint-Germain, comme pour suppléer aux terres de l'Abbaye de la Croix-Saint-Leufroy, dont elle avoit espéré jouir, on songea à y bâtir une Eglise et à y ériger une Cure. Ainsi ce fut alors, c'est-à-dire depuis l'an 918, que les hameaux de Surêne et de Puteaux furent démembrés de Nanterre, chef-lieu de toute la Péninsule. L'Eglise fut dédiée sous le titre de Saint Leufroy dont l'Abbaye possédoit le corps, et dont on en détacha sans doute quelques particules pour la cérémonie. Il n'y a pas d'apparence qu'il y eût eu une Eglise en ce lieu avant le transport de ce saint corps à Paris, et avant la donation de Surêne au Monastere qui possédoit cette relique. Mais comme la qualité de Seigneur d'un lieu n'emporte pas avec elle celle du patronage de l'Eglise, c'est-à-dire le droit de nommer à la Cure, ce ne fut qu'en l'an 1063 que l'Abbaye de Saint-Germain-des-Prés commença à en jouir en conséquence du don de l'autel fait à l'Abbé Robert par Geofroy, Evêque de Paris, qui s'y retint le droit de visite et de synode. L'Eglise de Saint-Leufroy de Surêne reçut encore par la suite deux fois des reliques de son Saint Patron. En 1222, lorsque le corps fut transferé de la vieille châsse dans une nouvelle, l'Abbé de Saint-Germain en fit tirer une côte qu'il donna à la même Paroisse; et derechef en 1508 les anciennes reliques ayant été perdues ou brûlées dans le temps des guerres de la Religion, le Clergé du lieu vint recevoir à Paris un petit os de la jambe du même Saint, que les habitans promirent de rapporter à l'Abbaye en temps de guerre ou autres dangers. Cette Eglise avoit été augmentée du côté des Fonts, et embellie dans ce siécle-là avant les guerres civiles; le grand-autel fut transporté vers la Fête de Pâques 1534, et [en] 1537 les habitans

<small>Hist. de S. Germ. Preuv. 25.</small>

<small>Annal. Bened. T. IV. p. 642.</small>

<small>Gall. Chr. T. VII, col. 449.</small>

<small>Hist. de l'Abb. Saint-Germain, p. 210.</small>

obtinrent permission de faire bénir cette Eglise de Saint-Leufroy et les autels ou par Guy, Evêque de Mégare, ou par Jacques, Evêque de Calcedoine. En 1550 on y érigea une Chapelle à côté du grand-autel pour y conserver le Saint-Sacrement : mais ces augmentations et nouvelles décorations ne tarderent pas beaucoup à se ressentir de l'effet des guerres de la Religion. En 1577 le parti opposé à la ligue mit le feu à cette Eglise, à cause de l'opiniâtreté de quelques Ligueurs logés dans le clocher qui avoient refusé de se rendre. Après ce malheur les Religieux de Saint-Germain prêterent un bâtiment pour servir d'Eglise. On rétablit l'ancienne comme l'on put, mais sans faire disparoître les marques de l'incendie; ensorte que cette Eglise est aujourd'hui un grand vaisseau nud, avec un simple lambris, sans ailes, sans tombes, sans sépulture digne de remarque, et avec un portail bâti de travers; de maniere qu'il n'y a que le clocher qui de loin a quelque apparence. *Regist. 1 Apr. 1533, 21 Apr. 1537, 28 Dec. 1550. Ibid., p. 206.*

Le Pouillé Parisien du treiziéme siécle met cette Paroisse dans le nombre de celles dont l'Abbé de Saint-Germain-des-Prés nomme le Curé, et cela sous le nom vulgaire de *Soresnes*. La même nomination est attestée dans tous les Pouillés subsequens. Dom Bouillard marque en son Histoire de l'Abbaye qu'en 1656 les Religieux obtinrent un Arrêt qui les maintenoit aux droits des Curés primitifs conformément à une Sentence de 1646 contre Guillaume Cluet, alors Curé. *Hist. de S. Germ. p. 254.*

On trouve dans le Cartulaire de l'Abbaye de Saint-Denis à l'an 1245, un Curé de Surêne désigné sous le nom de *Girardus Presbyter de Serenis,* mais sur une matiere peu importante. Il reconnoît qu'il ne jouit à Ruel d'une vigne, que *laicali manu.* Un Curé de ce Bourg qui s'est distingué au commencement de ce siécle, est René Trepagne de Menerville. Il prononça dans son Eglise le 14 Mars 1712, un très-beau discours sur la mort du Duc de Bretagne, Dauphin de France. Il y dit que ce jeune Prince l'honoroit de quelque affection, qu'un don favori de sa main libérale lui en étoit un gage assuré, et qu'il étoit admis à ses passe-temps. Ce discours a été imprimé avec une priere pour le Roi en douze vers. Ce Curé fut depuis nommé à l'Abbaye du Charron, Diocèse de la Rochelle. Il y avoit eu dès l'avant-dernier siécle de célébres Curés titulaires de cette Cure. François Vatable, illustre sçavant, en devint Curé le 8 Juillet 1524, par permutation pour un Canonicat de la Cathédrale de Meaux. Il la garda jusqu'à sa mort, comme il paroît par les provisions de Pierre le Convers, son successeur, du 13 Avril 1547. Ce dernier la résigna l'année suivante au célébre Pierre Danés, nommé huit ans après Evêque de Lavaur, duquel on lit dans le Registre des Visites de l'Evêque *Gall. Chr. nova, addit. ad T. II, col. 1400.*

de Paris, Eustache du Bellay, le 13 Juin 1551, *Magister Petrus Danesius abest, excusatus*. Il y avoit alors à Surêne cinq ou six Prêtres, suivant le même Registre.

<small>Dom Bouillard, p. 113.</small>

L'Historien moderne de l'Abbaye de Saint-Germain nous instruit sur une ancienne redevance dont les habitans de Surêne s'acquittoient envers leur Eglise Paroissiale en plusieurs jours de l'année au commencement du XIII siécle : il paroit qu'ils y

<small>Tabul. S. Germ. Prat.</small>

offroient chaque année à la Toussaint une chandelle, à Noël une autre chandelle et une troisiéme à la Purification, et outre cela un pain le lendemain de Noël : ce qui fait croire que tous ceux du Bourg payoient exactement ce tribut, est que les habitans de Puteaux et ceux du canton dit La Croix, qui étoient également sur cette Paroisse, ayant fait refus, furent excommuniés, et n'eurent l'absolution qu'en passant reconnoissance de ce droit-là. L'acte est de l'an 1212 et passé pardevant Arnaud, Official de Paris. Il y est spécifié que le Curé avoit le tiers du pain : que le Maire de Surêne recevoit les cierges éteints après l'Evangile de la grand-Messe, excepté le jour de la Purification qu'ils devoient être allumés. Un autre reglement bien plus nouveau concernant cette Paroisse, est celui que deux Officiers du Roi et de la Reine

<small>Code rural, p. 232.</small>

obtinrent du Grand-Conseil le 14 Janvier 1733. Il y est dit à l'égard du Pain béni, qu'ils l'auront par morceaux de distinction qui leur seront apportés avant les Officiers de la Justice du lieu, et qu'ils auront préséance aux Processions et offrandes.

Le Rôle des Décimes du Diocése marque parmi les Bénéfices le Prieuré de Surêne. Mais on ne le trouve dans aucun Catalogue

<small>Gall. Chr. nova, T. VII, col. 468.</small>

des anciens Prieurés. Ce bénéfice monastique n'est autre chose que la Prévôté, laquelle fut unie à la Communauté de Saint-Germain-des-Prés au mois de Mars 1574, par Pierre de Gondi,

<small>Reg. Ep. Paris. 24 Mart.</small>

Evêque de Paris, avec le Prieuré de Chevaldos, pour en employer les revenus aux réparations des dégats faits pendant les guerres des Calvinistes à Verrieres, Antony, Châtillon, etc., qui alloient à plus de 19000 livres. J'ai trouvé cependant une mention expresse

<small>Chart. min. Ep. Par. fol. 237.</small>

du Prieur de Surêne et de la censive qu'il avoit *in vertice Montis-Valeriani*, dans un bail à rente que l'Evêque de Paris fit en 1304, d'une vigne qui y étoit située, et qui étoit chargée de trois deniers de fonds de terre.

Le même Monastere avoit apparemment cédé en fief à quelque Chevalier dès le XIII siécle un canton de la Terre de Surêne, d'autant qu'on trouve à l'an 1232 un *Radulfus de Serenis Miles*,

<small>Chart. S. Dion. Reg. p. 487.</small>

lequel avec Agnès sa femme, vendit à l'Abbaye de Saint-Denis des prés situés proche Ruel dans le fief de Simon de Poissy, et un Jean *de Sorenis armiger* qui avec Petronille, son épouse, quitte à la

<small>Ibid., p. 504.</small>

même Abbaye une vigne et une terre vers le même lieu de Ruel

en l'an 1255. L'année suivante Jean de Nogent, Chevalier, et
Agnès de Surêne, sa femme, sont dits Seigneurs de Surêne dans Collect. Du Bois p. 3.
le grand Cartulaire de l'Evêque de Paris [1]. On ne trouve point de
suite de ces Chevaliers et Ecuyers qui prenoient le nom de Surêne :
mais Pierre Danès, Evêque de Lavaur, est dit Seigneur de Surêne
l'an 1646, auquel Bardin Mouton, Tabellion en la Prevôté de
Surêne, tira par vingt-cinq bornes la séparation des dixmes entre
Nicolas Cousinot, Prieur de Nanterre, le Monastere de S. Germain, Seigneur de Surêne, et Louis le Sage, Curé de Colombe :
ce qui se trouve aussi dans un acte du 7 Juin 1560, à l'occasion *Ex autographo.*
d'un trouble que lui fit Thomas Mouton, Etienne Martin et
Macé Girard, fondés sur une permission du Prieur et Couvent de
Saint-Martin-des-Champs. En 1788, Claude de Gobe prend la
même qualité de Seigneur de Surêne dans une quittance qu'il *Ibid.*
donne de la somme de soixante-dix écus sols dont il avoit répondu
le 4 Mars au jeu de la paulme pour Monseigneur le Frere du Roi
et qui lui furent rendus par Etienne Regnaud, son Receveur. Ce
Seigneur de Surêne se dit aussi Chevalier de l'Ordre du Roi et
Maître-d'Hôtel ordinaire de Monsieur le Frere du même Roi.

Surêne n'est points pécifié parmi les Terres de Saint-Germain-des-Prés dans le Procès-verbal de la Coûtume de Paris de l'an 1580,
parce qu'on n'y entre point dans un détail général : mais il l'est
dans la Requête présentée au Parlement en 1611 et rapportée par
Du Breul. En 1533, l'Evêque de Paris avoit encore à Surêne deux *Antiq. de Paris,*
fiefs, dont l'un étoit, entre autre chose, de la moitié du tiers de la *Edit. de 1639, p. 249.*
dixme : cela se tire de la sommation qu'il fit faire pour l'hommage *Tab. Ep. Paris.*
à lui dû. *in Feodis.*

Ce Bourg est devenu célebre dans l'Histoire d'Henri IV. Sur
la fin des guerres de la Ligue en 1593, lorsqu'on fut convenu avec
ce Prince de conférer sur les moyens de conserver la Religion et
l'Etat, les Catholiques Royaux offrirent de tenir les Conférences
à Montmartre, ou à Chaillot, ou bien à Saint-Maur. Enfin on
résolut de les tenir à Surêne le 21 Avril ; elles ne commencerent
cependant que le 29. Il y assista des Archevêques et on y fit sentir
au Roi la nécessité où il étoit d'embrasser la Religion Catholique.
La seconde Conférence y fut tenue le troisiéme jour de Mai, et
continua le reste du mois.

On trouve qu'en 1633 M. Colbert, Secrétaire du Roi, avoit une *Perm. d'Orat.*
maison à Surêne. Le 19 Novembre 1669 M. de Lyonne donna à *domest. 7 Janv.*
l'Envoyé Turc une audience à Surêne, et il y eut usage du cavé :
ce mot est répété deux fois dans la Gazette d'alors pour signifier
du café, qui étoit alors fort nouveau en France.

1. Il ne peut point y avoir d'équivoque. On ne connoît en France qu'un seul
Surêne. On a vu ci-dessus qu'il en avoit été Curé.

M. Lancelot visitant cette Paroisse, n'y trouva de Maison remarquable que celle que M. le Duc de Chaulnes avoit acquise de Madame la Marquise de Flamanville : elle est située hors le Bourg.

Il est vrai que la maison du Duc de Grammont est tout proche Surêne ; cependant elle n'est pas de la Paroisse, mais de celle de Puteaux, qui n'est séparée que par une ruelle du territoire de Surêne, dont il dépendoit autrefois, ainsi qu'on peut voir dans l'article qui le regarde. Il y eut vers l'an 1720 une grande contestation entre M. le Duc de Grammont et M. le Duc de Chaulnes, à l'occasion d'un chemin utile aux habitans de Surêne qui avoit été supprimé. J'ai vu pour le premier son Factum imprimé de M. Aubry, avocat.

Puteaux étoit donc anciennement un hameau de Surêne et un écart considérable ; le lieu dit La Croix l'étoit moins. Je ne sçai ce qu'il faut penser de deux autres noms que je trouve mêlés avec celui de Surêne et du Port de Neuilly dans un titre de l'an 1222.

Chart. S. Dion. Reg. p. 265. C'est une acquisition que l'Abbaye de Saint-Denis fit alors d'un gord ainsi désigné : *gurgitis Trandemar et de Moreu in basseriis de Sourenes prope Portum de Lulliaco.*

Dans un des Diplomes du Roi Charles le Simple en faveur de *Sæculo III,* l'Abbaye de Saint-Germain-des-Prés, Surêne (*Surisnæ*) est déclaré *Bened. part. II,* compris *in pago Pinciacensi,* c'est-à-dire de la partie du Pincerais qui étoit du Diocèse de Paris.

Rod. Boterit. Raoul Bouterays a donné de grandes louanges au vignoble de *Lutetia p. 127.* Surêne, dans son Poëme latin intitulé *Lutetia,* imprimé en 1611, et il en fait aller les vins de pair avec ceux d'Orléans.

Simon de Phares, Auteur de la fin du XVI siécle, dont on a *Bibl. Reg. Cod.* en manuscrit une liste des anciens Astrologues de la France, y *fol. 149.* marque au commencement de ce même siécle, Maître Denys de Surêne, *Souffisant Astrologien,* lequel prédit la mort de la Reine Isabeau de Baviere, épouse de Charles VI, et la liberté du Duc de Berry qui avoit été longtemps prisonnier à Dijon.

PUTEAUX

On est incertain sur ce qu'il faut entendre par *Aqua putta,* que le Roi Dagobert donna à l'Abbaye de Saint-Denis avec d'autres Terres. Il y a dans l'Historien de ce Roi, *Aqua putta seu Salice ;* on ne sçait si le *seu* signifie là que ce sont les deux noms d'un même lieu, ou si le *seu* est discrétif et est pour marquer deux Terres différentes, comme il l'est quelquefois, en sorte qu'il auroit le même effet que la conjonction *et*. S'il tient ici le lieu de *vel* ou de *aut*, il sera certain qu'*Aqua putta* est la même chose que Saux, village voisin de Lonjumeau. Sinon on sera embarrassé de le placer. Car il peut en effet signifier Puteau par une transposition des deux mots : mais ce qui s'y oppose, est que dans les titres latins de l'Abbaye de Saint-Denis depuis cinq cens ans ou environ, ce lieu est appellé *Puteoli*, et jamais *Puta aqua* ni *Aqua puta*; outre cela on peut encore soutenir que *puta*, féminin de *putus*, signifioit en bonne latinité *pure, sans mélange*; en quoi il équivaudroit à *bonne*, et par conséquent *Aqua puta* auroit pu signifier *Eaubonne*, d'autant plus que dans les Preuves de l'Histoire de Montmorency on trouve quelques Seigneurs *Aquæ putæ*. Il paroît donc plus sûr de croire que Puteaux vient du latin *puteoli* que d'aucun autre mot : en effet, les puits n'y peuvent pas être profonds à cause du voisinage de la Seine.

La situation de cet ancien hameau de Surêne est sur le rivage gauche de cette riviere, à deux lieues du centre de Paris, à un quart de lieue de Surêne, du côté du septentrion dans la plaine qui s'étend du côté de Courbevoye ; il y a néanmoins d'autre bien que des prés et des jardins : la plus grande partie du bien de ce lieu consiste en vignes, dont les unes sont en pays plat, et d'autres sur la côte qui regarde le soleil levant, et qui n'est pas si haute ni si roide que celle de Surêne.

Les habitans de Puteaux, *Homines et hospites de Puteolis*, étoient tenus d'offrir à l'Eglise de Surêne chacun un cierge éteint le jour de la Toussaint et celui de Noël, et un troisiéme allumé le jour de la Chandeleur ; en outre, à présenter chacun un pain le lendemain de Noël, comme cela se pratiquoit dans plusieurs autres Eglises dépendantes de Saint-Martin-des-Champs. L'Abbé de Saint-Germain les voyant refuser de reconnoître leur Eglise Mere, les y contraignit par Sentence l'an 1212. Ils furent excommuniés pendant quelque temps et se soumirent enfin à cette redevance. Voilà ce qu'on trouve de plus ancien sur Puteaux : après quoi on produit l'affranchissement que Guillaume, Abbé de Saint-Denis, leur accorda en 1248. Après quoi vient un *Radulfus de Puteolis Miles*, lequel conjointement avec Eustache, sa femme, vendit en 1254 à l'Abbaye de Saint-Denis des héritages situés à Fouilleuse, entre Saint-Cloud et Ruel. Ainsi, tant à Saint-Denis qu'à Saint-Germain-des-Prés, Puteaux étoit alors appellé en latin *Puteoli*.

Ce n'est que par dégrés que ce lieu est devenu Paroisse. En l'an 1509 les habitans représenterent à Guillaume Briçonnet, Abbé de Saint-Germain, qu'ils étoient trop éloignés de Surêne pour s'y rendre assiduement durant l'hiver à l'Office divin. Cet Abbé leur

Tabul. S. Germ. à Pratis.

Hist. de S. Denis, p. 240.

Chart. S. Dion. Reg. p. 49 5.

Hist. de S. Germain des Prés, p. 177.

permit de construire une Chapelle à Puteaux, à condition qu'elle ne seroit jamais érigée en Paroisse ; qu'il n'y auroit ni Fonts baptismaux ni Cimetiere, et qu'il n'y auroit qu'une seule cloche ; qu'ils ne recevroient les Sacremens qu'à Surêne où ils assisteroient à l'Office les jours de Pâques, Pentecôte, Toussaint, Noël et Purification. La Chapelle se trouva bâtie dès l'an 1523. François de Poncher, alors Evêque de Paris, en fit la bénédiction le 26 Mai sous le titre de Notre-Dame de Pitié, et y consacra trois autels. Mais il paroît qu'on ne tarda gueres à l'aggrandir et à profiter des Indulgences accordées par plusieurs Cardinaux, qu'il fut permis de publier dans les Paroisses du voisinage par acte du 21 Mars 1537. Car en examinant l'Eglise qui subsiste aujourd'hui, j'ai reconnu qu'on y travailloit encore en 1540, et j'y ai vu des vitrages de l'an 1558. Il y en a un dans le chœur à main gauche où est représentée la vie de Saint René, Evêque d'Angers.

Hist. de S. Germain des Prés. p. 177.
En l'an 1573 cette Chapelle fut érigée en Succursale de Surêne par Sentence de l'Official de Paris, qui permit qu'on y conservât le Saint-Ciboire, qu'il y eût des Fonts et un Cimetiere, à condition que le Prêtre seroit institué par le Curé, et qu'il pourroit être destitué par lui, que les habitans de Puteaux le logeroient et l'entretiendroient, et lui feroient cinquante livres de rente, et qu'ils iroient à Surêne à Pâques, au jour de l'Anniversaire de la Dédicace et à la Fête de Saint Leufroy. En conséquence il fut donné

Reg. Ep. Paris. 1573.
permission à Pierre, Evêque de Gap, de bénir un certain espace de terre proche cette Eglise pour servir aux inhumations. Enfin, sous l'Episcopat de M. le Cardinal de Noailles, dans le temps que M. Trepagne étoit Curé de Surêne, sur l'exposé qu'il y avoit 500 communians à Puteaux et que la Fabrique étoit riche, il y eut

Table des Bénéf. dép. de S. Germ. à la fin de l'Histoire de cette Abbaye.
un décret en 1717, par lequel cette Eglise Succursale fut érigée en Paroisse, en conservant cependant des marques de son ancienne dépendance. Par exemple, le Clergé de cette nouvelle Paroisse est tenu de venir avec les habitans à Surêne le jour de Pâques, et d'y chanter Complies dans leur ancienne Eglise Paroissiale. Le lendemain le Clergé de Surêne se transporte avec les Paroissiens dans l'Eglise de Puteaux, où il chante la grand'Messe. Outre cela, chaque année les Marguilliers de Puteaux doivent offrir le pain béni à Surêne le Dimanche dans l'Octave de Saint Leufroy, leur

Reg. Archiep. 16 Aug. 1717.
ancien Patron. Une partie de ces faits n'est point dans l'acte que j'ai vu, et quelques circonstances y sont marquées un peu autrement que ne le rapporte Dom Bouillard. La séparation des deux territoires du côté de Surêne fut faite à la Croix de Puteaux, proche la Maison du Duc de Guiche, et l'on ne prit pas pour limites les Justices de Surêne et de Puteaux, parce qu'il y auroit eu des maisons du Village qui, quoique fort voisines de Puteaux,

auroient été de la Paroisse de Surêne. Le Décret de l'Archevêque de Paris fut revêtu depuis de Lettres-Patentes qui furent registrées au Parlement le 17 Décembre 1718, à la requête du Sieur Pierre de Lay, nouveau Curé. Reg. du Parl.

Quoique l'Eglise de Puteaux n'ait été originairement qu'une Chapelle, elle est cependant assez grande. On y a par la suite construit une petite tour qui supporte quatre cloches. J'ai apperçu dans la nef l'épitaphe d'un vigneron gravée sur un marbre, ce qui ne se voit point à Surênes.

Avant que Puteaux fût érigé en Cure, il étoit si considérable que les Rôles de l'Election en faisoient un article particulier pour les Tailles. Le Dénombrement imprimé en 1709, marque qu'il y avoit alors 136 feux; celui du Sieur Doisy imprimé en 1745, y en marque 148. Le Dictionnaire Universel de la France publié en 1726, et où l'on compte par nombre d'habitans, assure qu'il y en avoit dès-lors à Puteaux 669.

La Seigneurie de ce lieu appartient aux Dames de la Communauté de Saint-Cyr, comme ayant succédé à l'Abbé de Saint-Denis. Dans un Factum imprimé en 1718 par les Religieux de Saint-Germain-des-Prés, ces Peres se plaignent (page 6), qu'on leur avoit ôté la dixme de 200 arpens pour la donner à l'Abbaye de Saint-Denis.

La nomination de la Cure est à M. l'Abbé de Saint-Germain-des-Prés, comme étant un démembrement de celle de Surêne, à laquelle il a le droit de présenter. L'Archevêque de Paris se contenta d'y nommer le premier Curé.

Il y a vis-à-vis Puteaux une Isle dans la Seine, dont il est parlé dans le Mercure de Juin 1679, à l'occasion des divertissemens qui y furent donnés par M. de Bourges, Correcteur des Comptes. La Duchesse de Guiche avoit, il y a environ cinquante ans, à Puteaux une Maison où elle reçut, le 3 Septembre 1700, Madame la Dauphine. Il y eut grande Fête et illuminations. Madame la Duchesse de Bourgogne vint aussi dans la même Maison au mois d'Avril 1706. Les Journaux de ce temps-là n'ont pas oublié de marquer la maniere dont les jeunes paysannes de Surêne et de Puteaux se présenterent devant cette Princesse. On trouve encore maintenant sur le territoire de Puteaux et tout proche de Surêne la Maison du Duc de Grammont. Merc.Sept.1700. p. 31.
Mercure d'Avril 1706, p. 372.

ANIERES

Il n'est pas besoin de s'arrêter beaucoup à l'étymologie de ce nom, laquelle se fait sentir d'elle-même. *Asinariæ*, dit M. de Valois, *á gregibus asinorum dictæ*. Ce nom est assez commun parmi les Villages de France. Le Dictionnaire Universel de ce Royaume en marque environ une vingtaine. On peut voir ce que le Sieur Piganiol a dit sur cette étymologie, à l'occasion de celui-ci, pour égayer ses lecteurs. Quelquefois les Secrétaires de l'Evêché l'ont appelé en latin *Asneriæ in Garenna*. Il ne s'est point présenté à moi de titre plus ancien qui fasse mention d'Anieres-sur-Seine, que la Bulle d'un Pape de l'an 1158. C'étoit au moins dès-lors un Village en forme, puisqu'il y avoit une Cure. Ce Village est situé à une lieue et demie de Paris, sur le rivage gauche de la Seine, qu'on y passe dans un bac. Sa position est presque au septentrion de Paris. Quoique ce ne soit qu'une plaine de-là à Argentueil, il y a néanmoins des vignes outre les terres labourables. La Paroisse s'étendoit jusqu'auprès d'Epinay sans passer la Seine, et comprenoit ce qui forme celle de Genevilliers : mais il y a environ cinq cens ans que Genevilliers en fut détaché, et érigé en Cure. Anieres seul ne laisse pas de contenir encore aujourd'hui 85 feux, suivant le dénombrement imprimé l'an 1745. Dans celui qui parut en 1709, le nombre étoit de 81. Le Dictionnaire Géographique du Royaume publié en 1726, y compte 335 habitans.

Ce n'est point dans la bâtisse de l'Eglise de ce lieu que l'on peut appercevoir de l'antiquité. Il n'y a pas quarante ans qu'elle a été rebâtie par les soins et libéralités de M. Le Moine, Docteur de Sorbonne, Seigneur en partie d'Anieres, qu'il tâcha de faire appeller Belle-Isle. Cette Eglise, du titre de Sainte Geneviève, ainsi qu'avoit été l'ancienne, fut dédiée le 6 Septembre 1711 par M. Gaston de Noailles, Evêque de Chaalons, frere du Cardinal Archevêque de Paris. L'Eglise précédente n'avoit été dédiée qu'en 1541 au mois d'Octobre, et le Cimetiere béni par l'Evêque de Sebaste.

A l'égard de celle-ci, les Religieux de l'Abbaye de Saint-Denis, qui sont aussi Seigneurs d'Anieres, contribuerent à la cérémonie en fournissant des reliques de Martyrs tirées de leurs châsses. Ces reliques, dont la translation fut faite la veille, étoient de S. Pélerin, premier Evêque d'Auxerre et Martyr, et de S. Eustache. Le grand-autel est isolé et fait comme un ancien tombeau, creux en dedans : il y a dans le milieu par devant et par derriere une petite ouverture grillée, par laquelle on peut voir la pierre du fond sous laquelle sont les reliques ci-dessus nommées. Une grande table de marbre couvre cet autel. Le corps de Notre-Seigneur est gardé sous une suspense qui est attachée à la muraille au-dessus de l'autel, et il étoit enfermé dans une colombe très-ancienne entourée d'une espece de lanterne ou réclusoire de glace. Il y avoit outre cela un autre autel plus petit dans le fond, sur lequel on célébroit les Messes moins solemnelles des Fêtes ou Dimanches lorsqu'il étoit besoin d'en chanter deux. On voit que tout ceci étoit imité sur la Cathédrale de Paris ou approchant, parce que M. le Moine aimoit fort la beauté de la Maison de Dieu. On ignore pour quelle raison l'Eglise de ce lieu se trouve de tems immémorial consacrée sous l'invocation de Ste Geneviéve. Il pourroit se faire que dans les tems où les Gaules étoient moins peuplées, toute la péninsule qui comprend Nanterre, Colombes, Courbevoie, Anieres et Genevilliers n'eût pour Paroisse que Nanterre, et que ce fut à Anieres où étoit un passage pour abréger la route et où on trouvoit des voitures, qu'eussent été situés quelques biens des parens de cette Sainte, ce qui auroit porté à en conserver la mémoire et à y ériger une Chapelle en son nom, qui par la suite seroit devenue Paroisse. La nomination de la Cure appartient aux Chanoines de Saint-Marcel de Paris : elle leur avoit été accordée au plus tard dans le XII siécle par un Evêque de Paris, puisqu'elle se trouve comprise dans la Bulle de confirmation que le Pape Adrien IV leur donna en 1158 de tous leurs biens. On y lit ces mots : *Ecclesia de Asneriis cum cimeterio et decima ad ipsam pertinente.* Le Pouillé du XIII siécle marque aussi dans les nominations de Saint-Marcel : *Ecclesia de Asneriis* : ce qui a été suivi par ceux qu'on a écrits ou imprimés depuis. Ste Geneviéve est dite Patronne de l'Eglise dans des provisions du 24 Février 1475, qui sont les plus anciennes que j'aie trouvées de cette Cure.

Quant aux dixmes, on voit que le Chapitre de Saint-Marcel en jouissoit au milieu du XII siécle. Sur la fin de ce même siécle, Odon, Doyen, et le Chapitre remirent à Hugues, Abbé de Saint-Denis, ce qu'ils avoient perçu jusqu'alors des dixmes des Novales sur cette même Paroisse. Cet Odon, Doyen de Saint-Marcel, n'est connu que par cet acte. Il est sans date dans le Cartulaire de Saint-Denis conservé à la Bibliothéque du Roi : mais comme il y a eu deux Abbés de Saint-Denis nommés Hugues qui ont tenu le Siége depuis 1186 jusqu'en 1204, cet Odon, Doyen, doit être placé entre Ascelin et Renaud, qu'on trouve dans le nouveau *Gallia Christiana* sur la fin du XII siécle. En 1218 l'Archidiacre et l'Official de Saint-Denis firent une Enquête touchant les

Felibien,
Hist. de Paris,
T. III. p. 13.

<small>Chart. Ep. Par.
Bibl. Reg. f. 67.</small> Novales d'Anieres. Celles qui furent reconnues étoient les vignes de *Pratellis* proche la Croix, et le fond de Laumont jusqu'au fourneau de Genevilliers, tout le clos de vignes compris entre les fossés : le lieu dit *Bus rotundus;* le lieu dit La Broce, le Pré Rimont, un peu de terrain sous le mont de défunt Giroud, et la Noüe de Marchais.

Il semble que c'est à la fin du XII siécle et dans le commencement du suivant, que le Monastere de Saint-Denis rentra dans tout ce qui étoit aliéné de son ancienne Seigneurie à Anieres. Duchêne nous a donné un acte par lequel Burchard, Seigneur de <small>Hist. Montmor. Prob. p. 399. Nécrol. de Port-Roy. 13 Sept.</small> Marly, reconnoît en 1224 que le fief d'Anieres que Simon et Pierre de Ville-Davray et leurs prédécesseurs tenoient de lui, appartient à l'Eglise de Saint-Denis et est mouvant d'elle. La manumission accordée aux habitans d'Anieres quelques années après par l'Abbé de Saint-Denis, prouve l'antiquité de la Seigneurie.

Ce sont aussi les Religieux de Saint-Denis qui jouissent du droit de Bac sur la riviere de Seine au port d'Anieres. Après <small>Bail de 1518 et c.</small> qu'ils en eurent produit des Baux anciens de plus de deux cens ans, le Conseil d'Etat les maintint dans ce droit le 25 Août 1733, et en fixa la quotité.

Pour assurer de plus à Anieres leurs droits Seigneuriaux, j'ai appris que leur Officier, Bailly ou Prevôt, s'y transporte chaque année les jours des Rogations, et y tient une Assise au bord de la Seine sous un orme. Il y fait faire l'appel de tous les Justiciables, et juge les causes qui sont en état de l'être; ensuite celui qui a la Ferme du Bac est obligé de donner à dîner dans une maison voisine aux Bénédictins qui s'y trouvent, et aux Officiers de la Justice.

L'Abbaye de Malnoue jouissoit aussi de quelques droits à Anie- <small>Gall. Chr. nova. Instr. p. 84.</small> res dans le temps que ce Couvent s'appelloit Footel ; elle se désista en l'an 1207 d'une dixme qu'elle y avoit, en faveur du Prieuré d'Argentueil.

On ne trouve rien sur les habitans d'Anieres, sinon qu'en <small>Hist. de S. Denis. p. 240.</small> l'an 1248, Guillaume de Macouris, Abbé de Saint-Denis, leur accorda l'affranchissement, comme à tous ceux du voisinage. Car je ne crois pas qu'il faille entendre d'eux la concession qui <small>Regist. du Parl. Jugemens.</small> fut faite en 1339 par la Cour de Lettres de répit aux habitans d'Anieres contre leurs créanciers taxés d'être usuriers. Il reste plusieurs autres actes émanés de nos Rois ou du Parlement où il est fait mention d'Anieres, mais il est sûr qu'il s'y agit d'Anieres-sur-Oise, voisin de Beaumont et Royaumont. C'étoit une Terre Royale où Saint Louis et ses successeurs ont résidé fort souvent, <small>Gloss. voce Palatium.</small> et c'est en quoi les Auteurs de la nouvelle édition du Glossaire de Du Cange ont été trompés, lorsque donnant un Supplément au Catalogue des Maisons Royales ou Palais, ils y ont compris Anieres sur la Seine.

Il y a dans ce village d'Anieres-sur-Seine de fort jolies maisons, dit le Sieur Piganiol ; mais, ajoute-t-il, celles qui ont appartenu à la feue Duchesse de Brunswick et à la Marquise de Parabere sont belles, et méritent d'être vues. Dans le milieu du dernier siécle, Edouard de Baviere, Prince Palatin, et Anne de Gonzague de Cleves, Princesse de Mantoue, son épouse, y avoient leur Maison. Reg. Archiep. 26 Nov. 1661.

Dans le compte de l'Ordinaire de Paris, pour l'an finissant à la Saint Jean 1474, il est parlé d'une Saulsaye en la riviere de Seine, à l'endroit de Clichy et d'Anieres, tenant d'une part à Jacques Saillembien. C'est apparemment dans l'Isle qui se trouve entre les deux Villages, laquelle M. de Voyer d'Argenson a fait couper en 1751, vis-à-vis la belle Maison qu'il a bâtie alors à Anieres, à côté de l'Eglise. Sauval, T. III. p. 339.

Comme il y a en France beaucoup de lieux du nom d'Anieres, il est difficile de décider si c'étoit de celui-ci qu'étoit originaire Jean d'Anieres, Avocat, accusateur d'Enguerrand de Marigny.

Pierre Boudou, le plus habile et le plus fameux Chirurgien de son temps, et Major de l'Hôtel-Dieu de Paris, étoit né à Anieres du Diocése de Paris. Il est mort audit Hôtel-Dieu le 26 Novembre 1751, âgé de 77 ans, et a été inhumé à la Magdeleine de la Cité.

Il y a eu un Hôtel d'Orléans à Anieres, selon Sauval (Tome III, page 227). Compte de 1421.

Dans le dernier siécle, avant 1683, il arriva à Anieres un miracle insigne : Anne de Gonzague Palatine avoit eu de Casimir, Roi de Pologne, retiré en France, un reliquaire du bois de la vraie Croix venant de l'Empereur Manuel Comnene ; un Prince peu Religieux avoit osé le jetter au feu ; il resta dans les flammes sans être brûlé ; ce qu'attesterent la Princesse et la Duchesse de Brunswick. Piganiol, T. VII. p. 66.

Comme on travailloit au mois de Janvier de l'an 1752 à applanir les terres qui sont entre le lieu de la Seine où l'on passe le Bac et le Village, pour l'embellissement des promenades de la belle Maison que M. de Voyer vient de faire bâtir à Anieres, on a découvert dans le terrain placé entre le chemin et le bord de la riviere, dont le dessous n'est que de gravier à la profondeur de deux a trois pieds, dans le gravier même, des squellettes humains sans tombeau de bois ni de pierres, et disposés de tous sens indifféremment ; les uns couchés sur le côté gauche, d'autres quasi sur le ventre et situés dans leur longueur, d'orient en occident, ou du midi au nord, beaucoup d'entre eux ayant avec eux une bouteille de terre de différentes couleurs et grandeur, depuis la capacité d'une chopine, jusqu'à la contenance de trois à quatre pintes ; j'en ai vu sur le lieu un grand nombre : il y en avoit aussi de verre de la capacité d'une pinte, et des écuelles ou coupes de terre rouge, autrement terre sigillée. A l'un de ces cadavres étoit une ancienne aggraffe *fibula* de cuivre jaune qui avoit servi à attacher ses habits, sur le bord de laquelle on lisoit en caracteres romains capitaux assez bien formés et sans abbréviations, et qui m'ont paru être du quatriéme siécle de Jésus-Christ, DOMINE MARTI VIVAS, et au revers, aussi sur le bord, VTERE FELIX. On y a aussi trouvé un sabre de fer.

Dans ce grand nombre de squellettes, on n'en a vu qu'un seul renfermé dans un cercueil composé de tuiles antiques longues de plus d'un pied, et qui ont des bords relevés aux deux côtés. C'étoit le cadavre d'un enfant de quinze ans ou environ. On a aussi découvert une place dont tout le gravier étoit noirci et attendri par la chaleur du feu qui avoit peut-être servi à brûler un corps.

M. le Comte de Caylus parle de la découverte des squellettes, *Recueil d'Antiq. T. I.* page 257 de son Livre, et, page 259, il assure avoir ouï dire qu'un Roi Dagobert de la premiere race avoit une Maison de campagne dans le terrain d'Anieres et plus haut ; on sçait d'ailleurs que cet endroit a été considérable autrefois.

GENEVILLIERS

Le mot de *Villiers* a été employé de même que celui de *Ville*, tantôt au commencement des noms que l'on a donnés à certains lieux, et tantôt à la fin ; à la différence que Villiers signifioit originairement un lieu moins étendu et moins peuplé que celui qui portoit le nom de Ville, parce que *Villare* paroissoit être un diminutif de *Villa*, dont est dérivé le mot *Villagium* qui a formé celui de Village. Mais plusieurs de ces Villiers, soit que le terme fût à la fin ou au commencement du nom, sont devenus Paroisses, tels qu'Aubervilliers, Ballainvilliers, et d'autres sont restés de simples hameaux, comme Ambleinvilliers sur la Paroisse de Verrieres, Gomonvilliers sur celle d'Igny. Je me contente de tirer ces exemples du Diocése de Paris dont je traite. De même donc qu'Aubert-Villiers est un lieu qui a pris le nom d'un homme appellé Aubert auquel il appartenoit, ou de ce que ce Villiers étoit un fief de Haubert, aussi Gene-Villiers a tiré le sien de quelqu'un dont le nom étoit Gene ou Gaine ; ou bien de ce qu'il y a eu en ce lieu quelque chose dont le nom étoit Genne ou Ganne ou Ginne. En un mot, Genne-Villiers est comme qui diroit *le Villier de Genne*. Or, qu'entendoit-on par Gene ou Gine dans le langage Celtique ? C'est ce que je laisse à deviner. Le nom de Sainte Geneviéve contient ce mot *Gene*; et l'on croit que ses ancêtres qui étoient riches possédoient toute la péninsule où se trouvent Nanterre, Colombe, Anieres et Gene-Villiers ; d'où il semble qu'on puisse inferer que cette Sainte qui devoit porter un nom Romain tel que celui de son pere et de sa mere, aura pu être surnommée du territoire qui lui appartenoit à l'extrémité de la péninsule, et que comme elle étoit très-dévote envers Saint Denis, elle a pu aussi faire présent à l'Eglise où étoit sa sépulture de la Terre d'Anieres, qui renfermoit celle de Genevilliers. Car ce n'est pas sans raison que cette Sainte est Patronne de la Paroisse d'Anieres de temps immémorial. Genevilliers en dépendoit, avant qu'il eût été érigé en Paroisse au quatorziéme siécle, ainsi que je le dirai ci-après. Outre cela, ce qui fournit quelque lueur pour faire appercevoir d'où pourroit venir le terme de Gene, est qu'encore à présent on se souvient que dans la grande place quarrée qui est derriere l'Eglise, il y avoit eu un Château entouré de fossés pleins d'eau, nommé le Château de Gane ; c'est maintenant le lieu où se trouve la grange de l'Abbé de Saint-Denis, ou plutôt des Dames de Saint-Cyr qui représentent cet Abbé, autrefois Seigneur de ce lieu. Il est vrai que dans un titre du douziéme siécle et dans un autre du treiziéme, le nom de ce lieu est écrit *Gini-Villare*, mais d'autres aussi l'écrivent *Gene-Villare*. Il y en a même de l'an 1225 où il est écrit *Gehenvilla*. On ne peut faire aucun fond sur des provisions de la Cure de l'an 1486, où la Paroisse est dite *Jani-villare*, parce que c'est un titre trop récent. M. de Valois, dont l'érudition auroit pu être utile à débrouiller cette origine, n'a parlé aucunement de Genevilliers dans sa Notice ; et, au lieu d'en faire mention, il s'est arrêté à nous faire observer qu'il y a au rivage gauche de la Seine, vis-à-vis Clichy, un Village dit la Neuville ; observation qu'il a puisée dans la Carte du Diocése, donnée par Samson, il y a six-vingt ans, auquel lieu il ne reste que la place entre Anieres et Genevilliers, sans aucune maison, n'étant qu'un simple fief. *Notit. Gall. p. 425, col. 2.*

Genevilliers est à deux lieues de Paris, vis-à-vis la ville de Saint-Denis, la riviere de Seine entre deux. Sa situation est dans la plaine qui est entourée par le repli que fait cette riviere, et par lequel est formée une péninsule qui contient les Paroisses d'Anieres et de Colombes. La plus grande portion du terrain consiste en labourages, avec des prés et quelques vignes, que les habitans ont préservés le plus qu'ils ont pu des inondations de la Seine, par les levées qu'ils ont formées sur ses bords, il y a plusieurs siècles. On y comptoit en 1709 la quantité de 139 feux, suivant le Dénombrement imprimé alors. Celui que le Sieur Doisy a publié en 1745, y en marque 168. Le Dictionnaire Universel de la France qui parut en 1726, y assigne 1720 habitants, ce qui est visiblement une faute.

<small>Royaume de France in-4°.</small>

Ce lieu étoit un simple hameau de la Paroisse d'Anieres et apparemment qu'il y avoit une Eglise Succursale de Sainte Marie-Magdeleine. Cette Eglise fut érigée en Paroisse et distraite d'Anieres au mois de Février de l'an 1302, par Simon de Bucy, Evêque de Paris, à la prière des habitants, et la présentation du Curé déclarée appartenir au Chapitre de Saint-Marcel de Paris, comme lui appartenoit celle d'Anieres, dont elle étoit détachée, et cela fut marqué alors par addition dans le Pouillé Parisien du treiziéme siécle. L'édifice de cette Eglise qui subsistoit alors, n'avoit pas apparemment duré beaucoup de temps. L'expérience fait voir que le terrain pour être peut-être trop voisin de la riviere, en est moins solide, puisque la derniere Eglise a menacé ruine avant qu'il y eût un siécle expiré depuis sa construction, ainsi que j'en ai été témoin en 1737. J'y lus que la premiere pierre de l'autel avoit été posée le 11 Juin 1650, et qu'en 1651 le 17 Juin, Armand de Bourbon, Prince de Conti, y mit la premiere pierre de l'Eglise, et que François Odelin, Curé, y dit la premiere Messe. Quelques années après qu'elle eut été rebâtie à neuf (à la réserve de la tour du clocher située à côté du portail qui m'a paru plus ancienne et plus solide), il fut permis à Guillaume Le Boux, Evêque d'Acqs en Gascogne, d'en faire la Dédicace. En effet, il la dédia le Dimanche 19 Avril suivant, sous l'ancien titre de Sainte Magdelene, renfermant dans l'autre des reliques de Saint Barthelemi, des Compagnons de Saint Denis, des SS. Maurice, Eutrope, Alexandre, Valentin et Patrocle, Zenon et Cyr, assignant l'anniversaire de cette Dédicace de la part de l'Archevêque, au second Dimanche d'après Pâques. Cette Eglise a été interdite le 19 Mai 1744, vu le péril où se trouve la voute, et après que les réparations furent faites, il fut permis le 24 Décembre 1749 d'y célébrer de nouveau. Je n'y ai point vu de sépulture considérable.

<small>Perm. du 2 Mars 1665.</small>

Cette Terre a appartenu de temps immémorial à l'Abbaye de Saint-Denis, en sorte que l'Abbé en étoit Seigneur, et que les fiefs qui y étoient relevoient de lui. Les Chevaliers du voisinage y jouirent aussi de quelques droits, sous ombre de protection et de défense. Matthieu le Bel, Chevalier, Seigneur de Villiers-le-Bel, donnant en 1125 son dénombrement à l'Abbé, y comprend sur la fin quelque bien qu'il dit situé *apud Gehenvillam,* et de là appa-

<small>Chart. S. Dion. Bibl. Reg.</small>

remment le Fief de l'Isle situé à Genevilliers, qu'on dit relever de Villiers-le-Bel. Il est possédé aujourd'hui par M. Boursier, Secrétaire du Roi du grand Collége. Guillaume Bateste, autre Chevalier, et Marguerite, sa femme, avoient aussi à Genevilliers un droit de Tensement, *in tensamento Ginivillaris ;* mais ils en firent la remise à l'Abbaye en l'an 1186. Ce qui n'empêcha pas que ce Chevalier ne conservât encore en 1209 un droit qu'il avoit de prendre dans la grange de ce lieu, *in grangia de Genevillers,* une espece de grain qu'on appelloit Hivernage, suivant une Charte de l'Abbé Henry. *Chart. S. Dion. Bibl. Reg.*

Hist. de S. Denis, Preuv. p. 156.

On lit de l'Abbé Eudes Clément qu'il fit quelque résidence à Genevilliers vers l'an 1233. Son successeur Guillaume de Macouris, accorda l'an 1248 aux habitants de ce lieu, des Lettres de manumission, aussi bien qu'à ceux d'Anieres. *Gall. Chr. T. VII, col. 390.*

Dans la suite, les Abbés, voulant récompenser les Religieux Officiers de l'Abbaye, attacherent certaines Terres à leurs Prévotés et Offices. Le Religieux Prévôt de la Garde de Saint-Denis fut Seigneur temporel des villages de Genevilliers, d'Anieres et d'un autre. Dom Felibien observe que Genevilliers étoit encore en 1600 une Prévôté de Saint-Denis. J'ai trouvé que Jean le Jay étoit Prévôt de Genevilliers en 1616, et qu'alors il fut créé Vicaire-Général de l'Abbé. Pouillé de S. Denis impr. avec celui de Par. 1648, p. 132.

Hist. de S. Denis, p. 485.

Les Fiefs que l'on m'a dit être sur le territoire de Genevilliers, outre celui de l'Isle mentionné ci-dessus, et dont le nom est marqué sur la porte dans le lieu, sont : le Fief du Chevalier, le Fief de la Demoiselle, et le Fief de la Neuville. Le premier appartient au Sieur Gueffier, ancien Trésorier du marc d'or. Le second est possédé en partie par le même et par le Sieur Chastelain, Avocat en Parlement. Le dernier étoit un hameau en 1248, et les habitans furent affranchis alors par l'Abbé de Saint-Denis avec ceux d'Anieres et Genevilliers, etc. Dom Felibien, rapportant ce fait, le nomme mal-à-propos Villeneuve. Il y avoit encore une maison ou deux, il y a six vingt ans, lorsque Samson et du Val depuis lui, donnerent au public une Carte du Diocése de Paris où ils marquent ce Neuville entre Genevilliers et Anieres ; mais à présent il n'y a plus aucun bâtiment. Les Editeurs du Glossaire de Du Cange, croient que ce Neuville est le lieu où étoit Charles le Simple en 922, et d'où une de ses Chartes est datée. *Gloss. Cang. voce* Palatium. *col. 42.*

Ce Village souffrit, comme beaucoup d'autres, dans le temps des guerres civiles qui désolerent les environs de Paris sous le regne de Charles VI. Le parti d'Orléans s'en étoit emparé, mais Antoine de Craon le reprit pour le Roi l'an 1411. Histoire de Charl. VI du Moine S. Denis par le Labour. p. 784.

On voit dans la vie de saint Vincent de Paul, que cette Paroisse ayant été sujette de son temps à l'inondation extraordinaire de la

Seine, elle fut soulagée par son entremise. Elle auroit été fort souvent affligée par les débordemens de cette riviere, parce qu'elle est située sur l'extrémité de la péninsule, sans les levées de terre gazonnées qui défendent le territoire, et que les gens du pays appellent *des Noües*. Les anciens habitans les avoient construites eux-mêmes. En 1697 et 1698, les grandes eaux ayant détruit la plus grande partie de ces noües, ils présenterent requête au Conseil Privé, qui rendit le 2 Juin 1699 un Arrêt par lequel le Frere Romain, Jacobin très connu par ses talens pour la construction des ponts et chaussées, fut nommé pour faire le devis des réparations, et M. Phelippeaux, Intendant de Paris, pour faire l'adjudication du rétablissement au rabais, et pour taxer les propriétaires des terres au *prorata* du prix de cette adjudication. Il y a eu deux Arrêts semblables donnés depuis par le même Conseil Privé. Le dernier est du 15 Décembre 1744 : il y est ordonné que les maisons seront imposées comme les terres.

Il paroît que ce dernier Arrêt fut donné en conséquence des dégâts causés par la rupture de la noüe proche Anieres dans le débordement arrivé sur la fin de l'année 1740. Car alors les habitants ne purent se sauver que dans le haut de leurs maisons : les bestiaux ne pouvant être supportés par les terres détrempées, y furent engloutis dans la bourbe, les bâtimens peu solides démolis et emmenés par le torrent, les grains des semences noyés et pourris. Cette désolation de Genevilliers fut l'objet de l'attention de la Ville et de la Cour. M. le Cardinal de Fleury, sur l'avis du Maréchal d'Asfeld, donna deux mille livres pour rétablir les grains de cette Paroisse ; M. de Cuperly, Curé, eut six cens livres de ses parens et cinquante louis d'un ami, etc., en sorte que le Village se remit peu à peu dans son premier état.

Il y a lieu d'être surpris que la Cure de Genevilliers, ayant été érigée dès le commencement du quatorziéme siécle, ne se trouve marquée ni dans le Pouillé de Paris du siécle suivant, ni dans celui du seiziéme, non plus que dans les Pouillés imprimés en 1626 et 1648, et qu'elle n'ait paru que dans celui que le Sieur le Pelletier fit imprimer en 1692.

M. le Maréchal, Duc de Richelieu, Capitaine des Chasses de la Plaine de Genevilliers, a une maison de campagne dans cette Paroisse, avec un très beau jardin. Au nord de ce jardin il a fait bâtir en 1752 une Glaciere, dont l'aire est élevée au-dessus de la hauteur de l'inondation de 1740. Cela forme un monticule en pain de sucre planté de bois taillis, du sommet duquel s'élève un sallon superbement orné et galament meublé, en forme de Temple rond. Il est couronné par un dôme surmonté d'une statue dorée représentant Mercure, environné d'une colonnade de douze colonnes qui portent chacune une statue des divinités du Paganisme, et qui forment une galerie couverte.

COLOMBES et COURBEVOYE

Nous sommes obligés, au défaut de titres au-dessus du XIII siécle touchant Colombes, de dire que cette Paroisse n'a commencé à apppartenir à l'Abbaye de Saint-Denis que par quelque échange fait au XI ou XII siécle, lequel est resté inconnu. Car dans les actes de partages faits entre l'Abbé et les Moines au IX siécle, quoiqu'il s'y trouve un très-grand détail de Terres, on n'y trouve ni Colombes ni Courbevoye, non plus qu'Anieres ou Genevilliers ; et au lieu de ces Terres il y paroît quantité de Villages très-éloignés de Paris où l'Abbaye de Saint-Denis ne possede plus rien. Ayant donc été naturel de quitter les biens éloignés pour avoir ceux qui sont contigus au Monastere, il faut croire que Colombes a été l'une des Terres acquises par les Abbés par la voie d'échange.

La dénomination de ce lieu vient, selon M. de Valois, de ce que c'étoit un endroit où les colombes et pigeons étoient en abondance ; étymologie fort naturelle et qui nous dispense de la tirer de ce que peut-être il y auroit eu en ce lieu des amas de bois équarri ou especes de solives qu'on appelloit Colombes, et cela dans les temps que ces cantons étoient couverts de bois. Quoi qu'il en soit, les titres latins portent *Colombus, Columbis.* Ce Village est à deux lieues de Paris, vers le nord-ouest ; sa situation est sur une pente douce qui regarde le nord, presqu'à l'un des bouts d'une plaine renfermée dans le second pli que fait la riviere de Seine au sortir de Paris, plis que les anciens ont quelquefois qualifiés du nom d'Isle, quoique ce ne soit que des presqu'Isles. Cette Paroisse est l'une des plus grosses des environs de Paris. En y comprenant Courbevoye, qui est un hameau considérable, le Dénombrement de l'Election de l'an 1709 y comptoit 520 feux, et celui que le Sieur Doisy a fait imprimer en 1745 y en marque 567. Le Dictionnaire universel de la France publié en 1726, assure qu'il y avoit alors 2550 habitans. Car actuellement encore on peut y compter 2500 âmes, qui forment environ 1500 communians. La culture de la terre est aisée dans tout son territoire ; aussi y croît-il de tout ce que la nature fournit autour de Paris.

L'Eglise est sous le titre de Saint Pierre et Saint Paul. Il n'y reste d'ancien que la tour, qui est vers le nord du bâtiment et qui est suivie d'une chapelle terminée en calote, ce qui ressent fort le commencement du XIII siécle, si cela n'est pas du XII, comme la bâtisse de la tour semble en approcher. Alors on bâtissoit de très-petites Eglises ; et le clocher quoique de pierre et fort massif, étoit à l'entrée du chœur ou sur le chœur. Ce qui feroit croire que l'Eglise de Colombes n'auroit d'abord consisté qu'en ce côté septentrional, et que l'augmentation des habitans auroit fait construire le chœur vers le midi tel qu'on le voit maintenant, et dont la structure ne paroît avoir que deux cens ans ou environ, quoiqu'il soit dans le goût gothique. La nef, qui est voûtée moins solidement, y a été ajoutée. Il n'y a pas d'entrée sur le devant, le banc de l'œuvre ayant été mis en place de la porte, en sorte qu'au-dessus de ce banc est une ouverture par laquelle du presbytere on voit dans l'Eglise.

On n'y voit point d'inscription plus ancienne que celle-ci, qui est gravée sur un marbre noir :

Cy gist de Fresne venérable
Prestre Vicaire de ce lieu
Qui n'a rien eu plus agréable
Que servir le prochain et Dieu.
Dans l'effort de la maladie
Dont ce Bourg estoit empesté
A constamment livré sa vie
Pour exercer la charité.
Ce fut en M. DC. XXXI
Que son corps en terre fut mis
Avec un sentiment commun
Que l'ame estoit en Paradis.
Ainsi soit il.

A un autre endroit on lit que Richard de Castor, Ecuyer, Pierre d'Assigny, Ecuyer, Sieur Des Bordes, et Henriette de Castor, son épouse, en 1676, ont donné à cette Eglise deux mille quatre cens livres, qui ont été placées par René de Longueil, Curé de Colombes.

A main droite on lit l'établissement d'une Ecole gratuite de trente pauvres garçons de Colombes que le Curé choisira, et qui sera conduite par un Prêtre. Cette fondation [fut] faite par Léonard Polle, Bourgeois de Paris, Commissaire des Pauvres du Grand Bureau, en 1678, moyennant la somme de deux mille cinq cens livres.

Au chœur du côté du septentrion est l'épitaphe d'Alexandre Milon, Maître des Requêtes, Chef du Conseil de feu François-Louis de Bourbon, Prince de Conti ; lequel Sieur Milon décéda à Colombes, le 21 Octobre 1731, âgé de 83 ans.

Je n'y ai point apperçu d'inscription concernant la fondation d'un Hôpital pour les passans et pour les pauvres du lieu, par Magdeleine, Geneviéve, Petronille et Marie-Charles, filles d'Alexandre Charles, Marchand à Paris. Le Curé qui étoit alors Marin Prévôt, Aumônier, Prédicateur du Roi, goûta si fort ce projet, qu'il offrit de payer de son côté 150 livres annuellement. Le contrat est de 1665, 30 Mai. Il fut arrêté que les Hospitalieres de ce lieu pratiqueroient la Regle de Saint Augustin, et que Louise Galleran, ancienne Religieuse, se joindroit à elles. *Reg. Archiep.*

Cette Eglise est l'une de celles où l'usage s'étoit établi de faire chaque année le premier jour de Mai une Procession par les vignes où l'on portoit le Saint-Sacrement, pour les préserver des vers. Les exorcismes ont été regardés depuis comme plus convenables. *Ibid. 3 Aug. 1929.*

La collation de cette Cure n'a point cessé d'être à la pleine et entiere disposition de l'Evêque de Paris, selon que le témoigne le Pouillé du XIII siécle, et ceux qui ont été écrits ou imprimés depuis. Il n'y a que celui que le Sieur Le Pelletier donna au Public l'an 1692, qui en attribue la nomination à l'Abbé de Saint-Denis ; mais il est si plein de fautes, qu'il ne peut faire aucune foi, d'autant plus qu'au lieu de dire *Colombes,* il met *Columbaux.*

On trouve dans le Livre Censier de l'Abbaye de Sainte-Geneviéve de Paris écrit vers l'an 1250, cette ligne : *Habet Ecclesia sanctæ Genovefæ decimam bladi apud Columbas.* Cela s'y lit sous l'article de Nanterre.

L'Abbaye de Saint-Denis avoit aliéné avant le treiziéme siécle une partie des droits qu'elle avoit à Colombes, et ceux qui en jouissoient croyoient pouvoir en disposer. Un Chevalier nommé Guillaume Malesherbes en étoit si persuadé, qu'en 1209 il en avoit gratifié l'Eglise de Saint-Martin de Neenval, située au Diocése de Sens sur une petite riviere, proche Milly en Gatinois, aussi-bien que de trente et un sols de cens qui étoient mouvans de Payen de Lers et de Jean de Fontenay, Chevaliers. Cette Eglise étoit un membre de l'Abbaye de Val-profond proche Biévre, laquelle est représentée aujourd'hui par le Val-de-Grace, qui possède ce lieu dit maintenant Nainvaux. L'Abbé de Saint-Denis ne tarda pas à se faire rendre par les Religieuses de Val-profond, ce qu'elles avoient eu à Colombes par cette donation. Une partie consistoit dans des droits sur l'*atrium*. En 1220, un autre Chevalier nommé Gervais de Chambly qui étoit parvenu à avoir les droits de l'Abbaye de Val-profond à Colombes, pour augmenter ce qu'il y avoit tant en fiefs qu'en domaine, reconnut qu'à l'égard du tout il étoit vassal de l'Abbé de Saint-Denis, et il en fit la remise générale à Pierre d'Auteuil qui gouvernoit cette Abbaye. Ce même Gervais de Chambly, Chevalier, étoit les années suivantes *Chart. Reg. S. Dion. p. 505, ex Litt. Archid. Senon.*

Ibid. p. 507.

en difficulté avec les Religieuses de Val-profond, et vouloit qu'elles lui rendissent les trente et un sols que Guillaume Malesherbes, Chevalier, leur avoit donnés, parce qu'ils étoient de son fief; mais le différend fut levé, en ce que Gervais permit en 1223 à l'Abbesse de les vendre à l'Abbé de Saint-Denis. Adam Heugot, autre Chevalier, avoit aussi reconnu l'année précédente qu'il étoit homme lige de Saint-Denis pour l'*atrium* de Colombes et pour Courbevoye entierement, et par les termes du titre, il semble que le canton où étoit situé cet *atrium* s'appelloit le fief de la Garenne [1]. C'est ainsi que les Abbés de Saint-Denis firent revenir à leur crosse différentes aliénations faites à Colombes. Une partie des biens que l'Abbaye de Saint-Denis a à Colombes, lui est aussi venue du Prieuré de Jardies proche Versailles, sçavoir : le tiers de la grosse dixme, et la menue dixme. Le Prieur de Jardies ou l'Abbé de Tiron en son nom, en fit échange avec l'Abbé de Saint-Denis en 1249. Aujourd'hui cette Terre est possédée par la Communauté de Saint-Cyr, qui a succédé à l'Abbé de Saint-Denis. J'ai lu quelque part que la Mairie de Colombes fut acquise par l'Abbaye de Saint-Denis en 1234.

En 1633, Denis Desnaux, Curé, fut maintenu dans la perception de la dixme de vin sur le pied de quatre pintes par muid ; les disputans principaux de Courbevoye étoient Nicolas le Bossu et Nicolas Vigor, adverses. En 1625, Claude Hallé, Bailli de Ruel, lui avoit confirmé le droit de lever six gerbes par cent.

Quant à la Communauté des Habitans, tout ce que nous en sçavons d'ancien et de moderne, est qu'en l'an 1248, Guillaume de Macouris, Abbé de Saint-Denis, les comprit parmi ceux auxquels il accorda l'affranchissement. On juge aussi par les restes de portes qu'on y voit, que ce lieu a été anciennement fermé de murs. Il est certain qu'en 1667 le Roi leur accorda l'établissement d'un Marché par semaine, et de deux Foires par an. On lit aussi qu'en 1677 il y eut un Arrêt qui maintint les Abbés de Saint-Denis dans le droit de Garenne à Colombes et à Courbevoye.

Dom Félibien fait mention d'un Hervé de Colombes, lequel en 1304 laissa quelques biens à des Béguines qui étoient alors à Saint-Denis : mais je n'ose pas assurer qu'il eût un fief à Colombes. Comme le nom de ce lieu n'est pas fort commun, et que quelquefois en latin il a été appellé *Columba* au singulier, je croirois volontiers qu'il auroit donné naissance à un *Odo de Columba*, qui de Banneret fut fait Chevalier par le Roi Philippe-le-Bel à Neufmarché en Vexin le Dimanche 1er Septembre 1308.

---

1. *Sum homo ligius S. Dionysii de feudo in Garenna videlicet atrium de Columbis et tota Curvavia cum appendiciis.*

Henriette-Marie de France, troisiéme fille du Roi Henri IV, Douairiere d'Angleterre, faisoit sa demeure ordinaire à Colombes; elle y mourut subitement le 10 Septembre 1669, âgée de soixante ans. Le Château où elle logeoit appartient aujourd'hui à Messieurs d'Asfeld. La Duchesse de Berwick obtint en 1697 la permission de faire dire la Messe dans un cabinet du Château de Colombes. *Reg. Archiep. 18 Jul.*

Les Maisons Bourgeoises les plus notables sont celles du Marquis d'Aulaide, de M. Dufort, ancien Maître des Comptes, et de M. Machault d'Arnouville, fils de l'Intendant des Finances.

COURBEVOYE. Il a paru à M. de Valois que ce nom qui est en latin *Curvavia* venoit de ce que le chemin est en effet tortueux en cet endroit. C'est l'écart seul considérable de la Paroisse de Colombes. Il en est à près d'une lieue en tirant vers le pont de Neuilly, au bout duquel il est situé sur la montagne, à la réserve du Château et de quelques maisons qui sont dans le bas. Son antiquité se prouve par le titre de l'an 1222, dont j'ai rapporté ci-dessus les propres termes au bas de la page 68 et par deux autres de l'an 1209, où il est parlé d'un Pierre de Courbevoye qui tenoit de Bouchard de Marly un fief à Ruel. *Hist. de Montm. Preuv. p. 396.*

Avec le temps, l'aggrandissement du lieu et l'éloignement de Colombes y a fait construire une Chapelle, qui est sous le même titre que l'Eglise Paroissiale, sçavoir, Saint Pierre et Saint Paul. Sous le regne de François I, l'Evêque de Paris donnoit des provisions de cette Chapelle comme d'un titre perpétuel. Elle ne présente rien d'antique, et ne paroît avoir gueres que cent cinquante ans. Le chœur est un quarré élevé de quatre degrés, comme s'il y avoit un caveau par-dessous. Dans la nef du côté septentrional est l'inscription d'une fondation faite par Jean Gilbert, Marchand Laboureur décédé en 1583, et par Catherine Doré, sa femme : Courbevoye y est spécifié être de la Paroisse de Colombes, et ce lieu y est qualifié de Chapelle, ainsi que dans le Rôle des Décimes, et comme réellement il l'est, quoique la figure du clocher puisse faire prendre cet édifice pour une Paroisse. Dans le côté méridional a été gravé sur le marbre qu'Eustache le Bossu, Seigneur par moitié de Courbevoye, a fait bâtir la Chapelle de Notre-Dame avec tout ce côté d'Eglise jusqu'à la grande porte en 1601, 1602 et 1603. Outre cela, j'ai lu ailleurs qu'Anne Hardi, veuve de Claude Le Bossu, Secrétaire du Roi, Dame en partie de Courbevoye, a fait bâtir une Chapelle dans la même Eglise et l'a dotée ; que l'Archevêque l'a érigée en titre le 28 Décembre 1670, sous l'invocation de Saint Sébastien, à la charge que le Chapelain ne portera pas le surplis sans le consentement du Curé de Colombes. *Reg. Archiep. 28 Dec. 1670.*

Reg. 1537, 1541.

Cette Terre releve en partie de Saint-Denis et en partie du Sieur de Glatigny.

<small>Hist. des Gr. Off. T. IV, p. 763.
Procès-verbal.</small>
Des anciens Seigneurs de ce lieu, je ne connois que Nicolas Potier, Général des Monnoies, qui l'étoit sous le regne de Louis XI. Dans la Coûtume de l'an 1580, l'Abbaye de Saint-Denis a le titre de Seigneur de Courbevoye, aussi-bien que Nicolas Moreau, Trésorier de France. En 1574 elle demeura à Marie

<small>Hist. des Gr. Off. T. IV, p. 404.
Niceron, Hommes Illust. T. VI.
Merc. Juin 1737, p. 1228.</small>
Potier. Depuis cent ans, Eustache Le Bossu nommé ci-dessus, et qui vivoit encore vers 1630, en a joui et ensuite Jean Le Bossu Avocat-Général de la Cour des Aydes, pere de René Le Bossu Chanoine Régulier, sçavant Rhétoricien et Philosophe, puis Claude Le Bossu, Secrétaire du Roi. Daniel Morel, Secrétaire du Roi, décédé en 1697, est dit aussi avoir été Seigneur de Courbevoye. Dans ces derniers temps M. De la Salle, et enfin les Dames De la Brosse.

<small>Chart. S. Dion. Reg. fol. 464.</small>
Ce lieu est connu dès l'an 1224, par un titre qui fait mention de la vente que firent alors les Seigneurs de Villedavray du bien qu'ils y avoient.

Les habitans de Courbevoye furent délivrés de servitude en 1248 par l'Abbé de Saint-Denis avec ceux de Colombes et autres. Un bien considérable de ce hameau sont les vignes.

Le Couvent de Pénitens qu'on voit en ce lieu sur le haut de la côte, un peu au-delà de la Chapelle des habitans, fut fondé en 1658, par Jean-Baptiste Forne, ancien Consul de Paris, Administrateur de l'Hôtel-Dieu, et par un nommé Olivier Maréchal Marchand à Paris, et dont l'épouse appellée Sainte Jourdain, est dite aussi fondatrice. Ces deux derniers avoient d'abord eu en vue de faire cet établissement à Mouy au Diocése de Beauvais, et ils avoient légué pour cela 30 mille livres par contrat du 18 Novem-

<small>Reg. Archiep.</small>
bre 1630 ; mais à raison de certains obstacles qui survinrent de la part de l'Evêque, il fallut chercher un autre lieu du consentement des héritiers, et l'on trouva Courbevoye où l'Archevêque de Paris permit, le 27 Mars 1657, que l'on fît cet établissement. Les Religieux en prirent possession le quatriéme Dimanche de Carême de

<small>Reg. du Parl.</small>
la même année. Cependant l'enregistrement de la permission qui leur fut donnée de s'établir ne se fit qu'au 26 Avril 1661. Dans leur Chapelle (qui n'est pas tournée à l'orient) se lisent trois Epitaphes : 1º Celle de Jean Thevenin, Conseiller du Roi, ancien Greffier du Parlement de Bordeaux, décédé en sa maison de Courbevoye le 17 Septembre 1729, âgé de 66 ans.

2º Sur une tombe devant l'autel :

Cy gist Haut et Puissant Seigneur Messire Charles, Comte de Tarneau de Courtilleau, Seigneur de Roquiers, Pignon, La Bedat et autres lieux, Lieutenant-Général des Armées du Roy, Gouver-

neur des Ville et Château de Bethune, décédé en sa Maison de Courbevoye le 23 Juillet 1744, âgé de 75 ans 6 mois.

3°. Sur une autre tombe placée à la tête de la précédente :

Hic Jacet Guillelmus Dagoumer Natione Normannus [1], professione et ingenio nobilis Philosophus, Universitatis Parisiensis non semel Rector et vindex acerrimus Collegii Harcuriani Provisor beneficus. Hoc in eremo optatam laborum quietem invenit mortuus in Christo die XV Aprilis anno reparatæ salutis M DCC XLV, ætatis LXXXV.

M. Dagoumer s'étoit retiré à la campagne sur la fin de ses jours, et occupoit à Courbevoye une Maison qu'il louoit de ces Peres du Tiers-Ordre de Saint François.

Courbevoye n'est point le *Torta via* où étoit le Roi Jean au mois de Septembre 1362, comme semble l'avoir cru l'Auteur d'un Livre considérable. Il y a d'autres Lettres de ce Roi datées du même lieu, la même année et le même mois, dans lesquelles il est spécifié *apud Tortam viam in Campania*. Ce qui désigne apparemment Tourvoye, Seigneurie de la Paroisse de Sourdun près de Provins, dont les Seigneurs sont mentionnés dans l'Histoire des Grands Officiers (T. VII, page 29). *Ordonnances, T. IV, p. 221. Tab. S. Bened. Paris. in titulis Capellar.*

BECON est un petit écart de Colombes proche Courbevoye, où étoit en 1636 la Maison de campagne de Pierre Sallé, Conseiller au Parlement. *Regist. Archiep. 8 Aug. 1636.*

NANTERRE

C'est ici l'un des lieux les plus anciens du Diocése de Paris ; l'étymologie de son nom est entierement Celtique, et outre cela il est connu depuis le cinquiéme siécle : mais quoiqu'on soit assuré que son nom latin *Nemetodorum* soit dérivé de deux racines Gauloises : *Nemet* et *dour*, on ne peut pas absolument décider de la raison qui lui a fait donner ce nom, parce que *dor* ou *dour* en Celtique a représenté deux choses ; son affinité avec *Thor* qui signifioit une porte chez les Gaulois, empêche qu'on ne se détermine tout-à-fait pour *dor*, qui veut dire de l'eau dans leur langue. A l'égard de *Nemet*, il est constant par Fortunat que ce mot signifioit un Temple dans l'ancien langage des Gaules. Sur ce principe le nom *Nemetodorum* auroit été donné à ce lieu, parce qu'il y avoit un Temple sur le bord de l'eau de la Seine ou entouré des eaux de *Sirmund. T. V. Concil. Gall. col. 1600.*

---

1. Il etoit de Louviers au Diocése d'Evreux.

cette riviere [1]. Au cas qu'on veuille qu'il ait été sur le bord de la Seine, on ne peut gueres le placer mieux que sur le Mont-Valérien, qui est en effet de la Paroisse de Nanterre : mais si pour satisfaire à l'étymologie, il suffit que la Seine ait fait presque tout le tour de Nanterre et qu'elle en ait arrosé le circuit presque entiérement, on peut se contenter de penser que le Temple de Nanterre étoit bâti au même lieu où est encore aujourd'hui le Bourg, mais que les dépendances de ce Temple, c'est-à-dire le bien attaché aux Druides qui le servoient, consistoit dans la péninsule entiere, où depuis l'on a bâti Ruel, Colombes, Courbevoye, Anieres et Genevilliers. Quoi qu'il en soit, ce lieu se trouva sur la route que Saint Germain, Evêque d'Auxerre, tint pour aller gagner un Port de Mer lorsqu'il fut envoyé dans la Grande-Bretagne par les Evêques de l'Eglise Gallicane vers l'an 429. Il n'étoit dès-lors plus question de Paganisme à Nanterre : il y avoit un Temple consacré au vrai Dieu ; l'Histoire de la vie de ce saint Prélat et celle de Sainte Geneviéve en font mention fort clairement. S. Germain y passant, y discerna la fille de Sévere habitant de ce lieu, parmi la multitude de personnes qui s'étoient assemblées pour le voir avec Saint Loup, Evêque de Troyes. Il la fit approcher, la mena à l'Eglise, où il récita les prieres de Nones et de Vêpres, et le lendemain il lui fit déclarer, ainsi qu'elle lui avoit promis la veille, qu'elle désiroit embrasser l'institut des Vierges Chrétiennes : il l'affermit dans cette résolution, et lui donna une piece de cuivre où étoit gravée la figure de la croix, lui disant de la porter à son cou au lieu de ces colliers que les filles mondaines portoient [2]. Depuis cet événement, il n'est plus fait mention de Nanterre jusqu'à l'année 591, qui est celle du baptême du jeune Clotaire, fils du Roi Chilperic, mort en 584. Ce Prince n'avoit point encore reçu le baptême à

---

1. Ce nom a été diversement altéré depuis l'établissement des Romains dans les Gaules : de *Nemetodorum*, quelques-uns firent *Nemptodorum,* comme de *sollemnis* on dit *sollempnis,* d'autres *Nannetodorum,* ou *Metodorum,* et depuis l'usage de latiniser sur le françois quelques-uns dirent *Nanturra, Nanterra.* Il étoit pardonnable du temps du Pere Beurier, Prieur-Curé il y a 120 ans, de parler comme lui, que ce mot vient de *Nonterre* pays sans terre, à fond de sable.

2. J'ai cru ne devoir prendre aucun parti sur la naissance et l'état de Sainte Geneviéve, ne devoir pas même assurer qu'elle portoit alors ce nom. Il y a eu tant d'additions faites à sa Vie, quoiqu'écrite dans le siécle de sa mort, qu'on ne peut pas trop compter sur certains faits qui tiennent du style d'Orateur, non plus que s'assurer sur des peintures, à moins qu'on n'en trouve d'onze ou douze cens ans. Pour ce qui est de son nom, je pense que Genevefe ou Genoveve est celui sous lequel elle fut connue depuis que Clovis fut devenu maitre de Paris, et par conséquent qu'elle portoit à sa mort. C'est sous ce nom Franc ou Germanique que les Historiens l'ont fait connoître dès son enfance, et cela par anticipation, sans pressentir qu'alors la fille d'un Gaulois tel qu'a dû être Severe, son pere, ne pouvoit pas avoir tiré son nom des François.

l'âge de sept ans : Gontran, Roi de Bourgogne, son oncle, vint exprès pour être son parrain. De Paris il. se rendit à la Maison Royale de Ruel, et ordonna qu'on disposât toutes choses pour qu'il reçût le baptême *in vico Nemptodoro*. Il y fut en effet baptisé, et Gontran qui le présenta voulut qu'il fût nommé Clotaire comme son grand-pere. C'est celui qui a été appellé Clotaire II, et dont le regne avoit commencé à la mort de son pere Chilperic. Grégoire de Tours qui vivoit alors, ajoute que l'oncle invita le neveu à sa table, et le chargea de présens. Cette histoire insinue que Ruel n'étoit pas encore alors une Paroisse, et que le Château où s'étoit retiré le pieux Roi Gontran étoit de la Paroisse de Nanterre. *Greg. Turon. l. X, cap.* xxviii.

Le bourg de Nanterre est à deux lieues et demie ou environ du milieu de Paris : sa situation est dans la plaine qui regne depuis le bas du Mont-Valérien jusqu'à la riviere de Seine. L'une des routes pour aller à Saint-Germain-en-Laye passe à travers ce Bourg; l'autre le laisse à main droite. Ce lieu étoit autrefois fermé de portes; on en voit encore quelques-unes, et des tours qui les accompagnoient. Le changement du grand chemin a procuré une entrée par laquelle la descente est devenue encore plus facile qu'elle n'étoit, et pour laquelle il a fallu percer les murs dans un endroit où l'on ne passoit point. Une grande partie du territoire est planté en vignes, dont le produit est consumé aisément dans le lieu, à raison du pélerinage à la Chapelle de Sainte Geneviéve, qui est presque continuel. Au rapport de ceux qui firent imprimer en 1709 le Dénombrement des feux de l'Election de Paris, il y avoit alors à Nanterre 389 feux. En 1726 le Dictionnaire universel de la France marque que l'on y comptoit 1858 habitans. Le dernier Dénombrement de l'Election que le sieur Doisy a donné au Public en 1745, témoigne qu'il y a actuellement 413 feux.

Il y a deux Eglises au dedans des murs de Nanterre : 1° La Paroisse qui est du titre de Saint Maurice. C'est un édifice de différens temps. Ce qui paroit y être de plus ancien est la tour placée au côté méridional du chœur. On peut la croire d'environ le regne de Philippe-le-Bel, c'est-à-dire de vers l'an 1300. Le sanctuaire peut être d'entre 1400 et 1500. La nef qui est fort spacieuse en comparaison du chœur, est encore plus nouvelle, bâtie et voûtée moins solidement, et ce qui est absolument nouveau est le frontispice, n'étant que de l'an 1638. Ce bâtiment est accompagné de deux aîles, mais qui ne s'étendent point jusques derriere le sanctuaire. On n'y voit d'épitaphe qu'une seule gravée sur le marbre et posée sur le mur de l'aîle septentrionale du chœur :

Hic jacet Petrus Nicolaus de Bragelonne Eques, vir justus et timoratus, expectans consolationem Israël. Obiit 26 April 1641, ætatis 51.

Au grand autel est un tableau de Saint Jean baptisant Jesus-Christ, donné par Bernard Chauveau de Dijon, qui a étudié au College de Nanterre. Le Pere Beurier a écrit il y a plus de cent ans que Saint Jean est l'un des Patrons de cette Paroisse. Mais comme Nanterre est un des plus anciens lieux du Diocése où il y ait eu une Eglise, ne seroit-ce point que ce Saint auroit été seulement Patron de l'Oratoire où étoient les Fonts, lequel depuis auroit pris le nom de Sainte Geneviéve?

<small>Gall. Chr. T. VII. in Monte-Valeriano.</small>
Par une transaction passée en 1701 entre le Clergé de Nanterre et les Prêtres du Calvaire du Mont-Valérien, homologuée en Parlement la même année, ces Prêtres doivent à Pâques certaines soumissions envers l'Eglise Paroissiale. Florent Subtil, Curé-Prieur, régla ses droits et celui des inhumations sur ceux de l'Abbaye d'Iverneau en Brie envers le Curé de Lesigny. Ce réglement fut fait à l'occasion de la mort de Jacques Marot, Avocat, décédé le 13 Janvier 1697 chez les Prêtres du Calvaire.

En 1643 on porta à Nanterre une partie des entrailles du Cardinal de la Rochefoucauld.

La seconde Eglise de Nanterre est aujourd'hui la plus ancienne des deux pour la construction; c'est la Chapelle de Sainte-Geneviéve. Elle n'a consisté d'abord que dans ce qui sert de chœur, et qui semble avoir été construit vers la fin du onziéme siécle ou au commencement du douziéme. C'étoit un très-petit édifice. Depuis ce temps-là, on y a ajouté une nef qui est un peu plus étendue, et qui renferme un puits dont les pélerins boivent de l'eau par dévotion. La tradition est que cette Chapelle est bâtie au lieu où étoit la Maison de Sévere et de Géronce, pere et mere de Sainte Geneviéve, et apparemment que le puits est aussi celui dont il est parlé dans sa vie. La proximité de l'Eglise Paroissiale de Saint-Maurice peut favoriser cette tradition. On trouve qu'il y avoit au
<small>Mémoires du P. Beurier, p. 305.</small>
quinziéme siécle en cette Chapelle une Confrérie, à laquelle un Bourgeois de Paris, potier d'étain, et sa femme Colette de Lestre, se disant descendus de la famille des pere et mere de Sainte Geneviéve, donnerent en 1488 une maison, un jardin et des terres. Cette Confrérie, diminuée à l'occasion des guerres, fut relevée en
<small>Ibid.</small>
1495 par Simon, Evêque de Paris. L'eau du puits de cette Chapelle opera en 1590 un prodige sur les chevaux du Marquis de Soubise, et il arriva une autre merveille sur un Gentilhomme Huguenot de sa Compagnie.

<small>Ibid.</small>
C'est à cette Chapelle qu'en l'an 1625 Henriette-Marie de France, Reine d'Angleterre, donna des étoffes somptueuses, et la Maréchale de Vitry une lampe d'argent et du linge. Louis XIII

y vint en 1630 à son retour de Savoye, pour rendre grâces de la guérison d'une grande maladie qu'il avoit eue à Lyon. La Reine y vint pareillement le 3 Janvier 1636, faire ses dévotions et demandant un Dauphin au Ciel. Elle y envoya des présents d'argenterie et de linge.

<small>Mémoires du P. Beurier, p. 312.

Ibid.</small>

Hors le Bourg à moitié chemin ou environ du pont de Chatou, est encore une autre Chapelle très-petite du même titre de Sainte Geneviéve, entourée de quelques arbres, bâtie, à ce que l'on dit, à l'endroit où elle garda les moutons de son pere, dans le systême qu'elle a été Bergere. Mais pour que cette Chapelle en servît de preuve, il faudroit qu'elle fût plus ancienne qu'elle n'est, et qu'il ne parût pas au contraire qu'elle a été nouvellement bâtie pour aider à confirmer les idées des peintres [1]. Le territoire de Nanterre finit de ce côté-là à cette Chapelle, après quoi on se trouve sur celui de Ruel jusqu'au pont de Chatou.

Comme les anciens titres de l'Eglise de Saint-Pierre et Saint-Paul de Paris, bâtie par Clovis, et où Sainte Geneviéve fut inhumée, ont été perdus, soit dans le temps qu'elle étoit *Monastici Ordinis*, soit dans celui où elle étoit occupée par des Clercs séculiers sous un Doyen, ce qui a duré jusqu'environ le milieu du douziéme siécle, on ne peut avancer que des conjectures sur le temps auquel la Terre et Seigneurie de Nanterre fut donnée à cette Basilique.

On voit bien par la Bulle d'Alexandre III de l'an 1163, qui confirme à l'Eglise de Sainte-Geneviéve de Paris ses anciennes possessions, que Nanterre en étoit une. En voici les termes : *Nannetodorum cum Ecclesia ejusdem villæ et possessionibus multorum*. Mais qui avoit donné ce Village à l'ancienne Eglise de Saint-Pierre, quel Evêque de Paris en avoit accordé l'Eglise aux Chanoines ou Religieux de la même Basilique de Saint-Pierre ? c'est ce qui est resté inconnu. On peut néanmoins assurer, que si Sainte Geneviéve n'a jamais été de rang à posséder de domaine à Nanterre, ou ailleurs, ni par conséquent en état de léguer à cette Basilique aucune Terre pour sa sépulture, contre l'ordinaire de ces temps-là, il faut que ce soient quelques-uns de nos Rois des premiers temps, et peut-être Clovis même, qui a fait présent de cette Terre à la même Basilique, rendant aux serviteurs du vrai Dieu ce qui avoit été possédé par les Druides Gaulois ou Idolâtres

<small>Gall. Chr. T. VII, Instrum. col. 243.</small>

---

[1]. La clôture de pierres du parc où elle restoit, selon eux, et de laquelle Du Breul (livre IV, édit. 1639, page 869) fait mention, ne donne pas plus de force à cette tradition, non plus que la remarque qu'on leur a fait faire, que dans les débordemens l'eau n'y atteint jamais. Tout cela est un effet de l'amplification de ces Tragédies pieuses dans lesquelles on représentoit, il y a trois ou quatre siécles, la vie de cette Sainte. Il en reste un manuscrit en l'Abbaye de son nom.

Romains, ne se réservant que le canton appellé Ruel en qualité de Terre du Fisc, pour être une de leurs Maisons de plaisance. Toujours est-il certain qu'Odon de Sully, Evêque de Paris, trai- Hist. Eccl. Par. T. II, p. 154. tant en 1202 avec les Chanoines Réguliers de Sainte-Geneviéve, mit l'Eglise de Nanterre dans le nombre de celles qui seroient exemptes de lui payer le droit de Procuration. Dans le Pouillé de Paris, rédigé vers ce temps-là, l'Eglise de Nanterre, *de Nanturra*, est comprise parmi celles dont la nomination appartient à l'Abbé de Sainte-Geneviéve. Ce qui a été suivi dans ceux qui sont Pouillé Alliot, p. 122. plus récents. On lit dans celui qui fut imprimé en 1648, que le Prieuré-Cure de Nanterre a été changé en Prieuré Conventuel par Bulles du Pape Urbain VIII et Lettres-Patentes de Louis XIII enregistrées au Parlement. Ceci est plus amplement expliqué ail- Gall. Chr. T.VII, col. 787. leurs. Le Pape ayant permis en 1637 de former une Communauté de Chanoines Réguliers de la Congrégation de France dans le Prieuré de Nanterre, on y établit un Séminaire qui fut d'abord dans la Maison du Curé, et dont les Séminaristes recevoient de Beurier, p. 317. lui en cérémonie la soutane violette. Au mois d'Avril 1641, M. Sublet des Noyers fit obtenir du Roi des Lettres-Patentes pour confirmer cet établissement, lesquelles furent enregistrées le 18 Juin suivant. La Reine Anne d'Autriche voulut être fondatrice de cette Maison. Etant venue à Nanterre pour y poser la premiere pierre du bâtiment, elle y fut reçue par l'Abbé de Sainte-Geneviéve le Dimanche 16 Mars 1652. On mit dans cette pierre quelques médailles d'or et d'argent, dont l'inscription étoit telle : *Anna Austriaca Franc. et Navarr. Regina in B. Genovefam Urbis adeoque orbis Gallici patronam eximium pietatis monumentum primarium hunc et angularem lapidem posuit nomine et titulo fundatricis, anno Domini 1642. Urbani VIII Pontificatus XIX, Ludovici XIII 32.* Il semble que cela devoit être suivi d'un Mémorial à l'égard de Sainte-Geneviéve. Comme cette Maison se trouva en état de contenir cent Pensionnaires, et qu'on y enseigna les Humanités, l'Université de Paris lui intenta procès au Grand- Niceron, T. XXI. Vie de Fronteau. Conseil au sujet de ces Ecoles ; mais le Pere Fronteau obtint un Arrêt en faveur de sa Congrégation [1]. Le même Auteur qui nous a transmis ce dernier fait, a marqué, en parlant de plusieurs Ecrivains, qu'ils avoient étudié dans ce Collége de Nanterre. Ibid. T. V. Regnier des Marais fut l'un des premiers. Il y fut mis en 1640 ; il étoit neveu par sa mere, du Pere Charles Faure, Réformateur des Chanoines Réguliers de ce lieu. René Le Bossu, amateur des Belles-Lettres, qui a laissé beaucoup d'ouvrages manuscrits, et

---

1. Quelques anciens Mémoires portent que Paul Beurier, Curé, ayant fait annexer sa Cure au College, l'Abbé de Sainte-Geneviéve y annexa pareillement la Seigneurie du lieu, ne se retenant dessus que 800 livres annuellement.

qui mourut Chanoine Régulier, y avoit pareillement fait ses études vers le même temps. Dom Claude de Vert qui a été un célèbre Ecrivain parmi les Anciens de l'Ordre de Cluny, y fut mis un peu après l'an 1650. Le Roi d'Angleterre Jacques II y plaça vers l'an 1688 plusieurs Nobles Anglois pour y être élevés.

Niceron, T. VI, Vie de Fronteau.

Ibid. T. X.

Gall. Chr. T. VII, col. 810

Il sembloit que Nanterre fût destiné à faire briller l'Ordre Canonial de Saint Augustin dans les deux sexes. Il est marqué qu'on y avoit aussi établi une Maison de Chanoinesses Régulieres. Paul Beurier étant Curé de Nanterre, sa sœur Claude se retira en 1638 auprès de lui pour y mener une vie plus régulière, et qui servît d'exemple aux Vierges chrétiennes. Pendant ce temps-là, il leur vint dans l'esprit d'établir un Couvent de Filles de cet Ordre. Cette pieuse Fille et Lubin Beurier, son frere, consacrerent à cette fondation ce qui leur restoit de bien. Paul ayant obtenu toutes les permissions nécessaires de l'Archevêque, de l'Abbé de Sainte-Geneviéve et autres, acheta une maison et forma une Communauté. Il manda de Saint-Etienne de Reims deux Religieuses dont l'une fut désignée Prieure par l'Archevêque, et l'autre Maitresse des Novices ; elles furent sept ans sans venir. Au bout de ce temps Claude, la fondatrice, qui n'étoit encore ni Chanoinesse ni Religieuse, mourut saintement le 22 Octobre 1646, et fut inhumée dans la Chapelle de Sainte-Geneviéve du Bourg. L'année suivante les deux Religieuses de Reims arriverent à Nanterre et commencerent à former le nouveau Couvent du titre de Sainte Geneviéve, auquel le Pere Beurier, nommé Supérieur par l'Archevêque, donna des Constitutions. Mais quelques années après ce Pere ayant été transferé de la Cure de Nanterre à celle de Saint-Etienne-du-Mont, les Religieuses de ce lieu furent pareillement transferées à Chaillot, où elles sont restées. Cet établissement fit sortir des biens de certaines familles, au sujet de quoi il y eut quelques Arrêts du Parlement qui remirent les choses dans l'ordre.

Ibid. T. VII, col. 806.

Les monumens qui sont restés touchant la Seigneurie de ce lieu, ne sont pas en fort grand nombre. Le premier ou plus ancien qui se présente, apprend qu'en l'an 1223 l'Abbaye de Saint-Germain-des-Prés étoit en contestation avec celle de Sainte-Geneviéve sur la dixme d'un canton de Nanterre appellé Bruyeres *de Brueriis*. Odon, Abbé de Saint-Germain, compromit l'affaire entre les mains d'Alard, Prieur de Sainte-Geneviéve et de Gilon, Prieur de Villeneuve, lesquels ordonnerent que le Maire de Nanterre, celui de Surêne et huit autres témoins seroient entendus ; sçavoir, quatre de chaque côté. Un autre canton de Nanterre étoit appellé Penré ou Perre, et étoit un vignoble sur la censive de Sainte-Geneviéve, en 1249. Il y avoit dans le même temps un

Chartul. S. Gen. p. 207.

Ibid., p. 320.
Lib. cens. f. 34.

revenu de vingt sols par an qui se payoit à l'Abbaye pour les Isles de la même Paroisse.

Les habitans furent affranchis au mois de Mars 1247, par Thibaud, Abbé de Sainte-Geneviéve, à condition que lorsqu'ils seroient mandés, ils viendroient à la défense des droits et des biens de l'Abbaye; ce qui fut confirmé par des Lettres de Saint Louis données à Gisors dans le même mois. Les mêmes habitans étoient soumis à un droit exprimé d'une maniere plus singuliere envers le Maréchal de France : ils lui devoient chaque année, le jour de Saint Jean, trois sols pour son droit de Maréchaussée ; outre cela, tous généralement, excepté les Hôtes de l'Abbaye demeurans dans le Cimetiere, devoient au même Maréchal de France, le lendemain de Pâques, un denier et un pain de la grandeur du pied d'un cheval, *unum panem ad magnitudinem pedis equi*. On remarque qu'en 1242 et 1272, lorsque l'Abbaye fut obligée d'imposer une taille sur les gens de ses terres, à l'occasion des guerres du Roi, Nanterre fut l'une de celles dont la taille fut des médiocres, n'étant que de six livres pour tous les habitans. Il y avoit encore en 1315 dans ce lieu un four commun, au sujet duquel l'Abbé Jean de Saint-Leu transigea avec les mêmes habitans.

La proximité de la Terre de Ruel qui avoit été donnée à l'Abbaye de Saint-Denis par Charles le Chauve, fut une occasion aux propriétaires de quelques héritages assis en la Paroisse de Nanterre, de les léguer en cette Abbaye ou de les lui vendre. Jean d'Ivry, Chevalier, qui y tenoit de Guillaume de Bercheres un fief de deux cens arpens de terre, les donna à ce Monastere en 1234. Mais l'Abbaye de Sainte-Geneviéve levoit la dixme sur cette étendue de terrain. La même Eglise de Saint-Denis eut aussi sur le territoire de Nanterre, un four et la place d'un moulin, dont elle fit bail vers 1250 à l'Officier que l'Abbé qualifioit *Major noster de Nantorra*. Je rapporte ceci afin que l'on voie de combien de manieres on alteroit ce nom en latin. On a vu ci-dessus, que dans le même siécle d'autres disoient *Nanturra*. En françois on écrivoit alors Nantuerre. Par exemple, un titre de l'an 1275 écrit en cette langue, porte « que Gautier de Fontaines, Chanoine de Sanz, « déclara avoir de son propre conquest la moitié en un gort assis « en liaue de Seine au-dessous Nantuerre, appellé communément « le gord enfondré, et qu'il le vendit à Saint Denis. »

Les Religieux de Saint-Denis paroissent avoir été les seuls qui aient eu quelque censive dans l'étendue de la Paroisse de Nanterre. Car pour ce qui est de ceux de Saint-Martin-des-Champs, c'étoit de Sainte-Geneviéve qu'ils tenoient ce qu'ils y possédoient. Ils jouissoient d'une Prébende à Sainte-Geneviéve, et le revenu de cette Prébende étoit assis à Nanterre ; ce qui continua jusqu'à l'an 1193, auquel temps, au lieu de cette Prébende dont ils se déporterent, le revenu leur en fut assigné par l'Abbé Jean dans la dixme d'Anet. Ce fut en 1672 que l'Abbaye de Saint-Denis transigeant avec celle de Sainte-Geneviéve, donna occasion à cette derniere de croître en autorité et droits sur le lieu. Lors donc qu'on lit qu'il existoit en 1203 un Chevalier appellé Guillaume de Nanterre, il ne faut point croire qu'il ait été Seigneur de ce lieu, mais seulement qu'il y put être une espece d'Avoué ou Défenseur de la Terre de Nanterre pour l'Abbé de Sainte-Geneviéve, ou pour celui de Saint-Denis, lequel d'ailleurs pour son mérite sera devenu Chevalier. *Hist. Eccl. Par T. II, p. 167. Hist. S. Mart. à Camp. p. 195.* *Hist. de Montm. Preuv. p. 74.*

Quant aux événemens qui font partie de l'Histoire de France, après celui que j'ai rapporté d'abord touchant le Baptême de Clotaire II, qui fut fait à Nanterre, je n'en ai trouvé aucun que celui du ravage que les troupes du Roi d'Angleterre y commirent en 1346, en y mettant le feu comme ils avoient fait à Saint-Germain-en-Laye. Froissart assure que le Duc de Normandie, fils aîné de Philippe de Valois, dit depuis le Roi Jean, épousa à Sainte-Geneviéve près Saint-Germain-en-Laye, le 19 Février 1349, sa seconde femme, c'est-à-dire Jeanne, Comtesse de Boulogne, veuve de Philippe, fils du Duc Eudes de Bourgogne. Je ne vois pas que cette désignation puisse convenir à d'autre Eglise qu'à la Chapelle de Sainte-Geneviéve dans Nanterre. Aussi dit-on dans le *Gallia Christiana,* que ce fut Jean de Viry, Abbé de Sainte-Geneviéve, qui donna la bénédiction nuptiale, et les Auteurs varient sur l'année, le mois et le jour. Ce lieu est mis par l'Auteur de la vie de Charles VI au nombre des quatre où les Bretons, Gascons et Allemans du parti d'Orléans exercerent en 1411 le plus de cruautés, pendant les uns, noyant les autres et exigeant des autres plus de rançon qu'ils n'avoient de bien. *Contin. Nangii Spicil. f. T. III, p. 107.* *Froissart, vol. I, chap. CLII.* *Anonyme de Le Laboureur, p. 784.*

Le Pere Beurier a écrit qu'un Marchand Huguenot étant venu en 1570 loger à Nanterre à la Fleur-de-lys, et y ayant apporté une Bible Huguenote, insinua l'hérésie à quelques-uns : ce qui cependant n'alla point jusqu'à en faire profession publique.

On ne peut nier que le nom *de Nanterre* n'ait été celui qu'a porté une famille qui a été illustre à Paris dans la Robe. Il en faut conclure que les De Nanterre étoient issus d'un riche habitant de ce lieu, ou de quelqu'un qui auroit possédé quelque bien aliéné. On a vu ci-dessus dès l'an 1203, un Guillaume de Nanterre, Chevalier. Jean de Nanterre, Doyen de la Collégiale de Saint-Marcel en l'an 1416, en descendoit probablement, aussi-bien que Jean de Nanterre, Procureur Général du Roi vers l'an 1484. *Gall. Chr. nov t. VII, col. 304.* *Sauval, T. III, p. 479.*

Les autres illustres personnages que ce lieu peut se vanter d'avoir possédés, sont : Guillaume Cosset, qui, de Prieur-Curé qu'il y étoit, devint Abbé de Saint-Crepin le petit près Soissons en 1445 ; Jean Bouvier, lequel après avoir été Curé fut fait Abbé de Sainte-Geneviéve en 1463. Sur la fin du même siécle et bien avant dans le suivant, vécut Jacques Aymery, Chanoine Régulier, auquel le Nécrologe de Sainte-Geneviéve donne les titres et qualités d'Evêque de Calcedoine, de Professeur en Théologie, de Chancelier de l'Abbaye et de Prieur de Nanterre. Il mourut le 11 Juillet 1540. Deux Curés illustres au même siécle furent Nicolas Cousinot, de famille ancienne de Robe. Après avoir succédé au précédent, il mourut en 1557, et fut inhumé à Sainte-Geneviéve ; ensuite Nicolas Juda qui étoit en même temps Chancelier de l'Abbaye. Il décéda en 1572. Il avoit acheté pour sa vie la Seigneurie temporelle de Nanterre.

LE MONT-VALERIEN

C'est principalement sous l'article de Nanterre qu'il convient de parler de ce lieu, puisque la plus grande partie de cette montagne est aujourd'hui sur le territoire de la Paroisse, et que les deux Communautés qui s'y sont établies y sont comprises.

Quelqu'un qui s'intéressoit à l'Histoire de ce Mont, dont il y a une description latine élégante donnée en 1661 par Salomon Briezac, avoit demandé au Public par la voie du Mercure de Juillet 1739, des éclaircissements sur ce lieu, et en conséquence il en parut dans le Mercure de Novembre de la même année, mais qui n'ajoutoient rien à ce qu'on en trouve dans Du Breul et dans le Dictionnaire Géographique de la France imprimé en 1726. Au lieu de cela, l'Auteur y a fait d'un Evêque de Paris nommé Pierre d'Orgemont, un célébre Ecrivain, tandis que c'est de Gerson que Du Breul a parlé conformément à la vérité ; le même comme d'autres avant et après lui, assure que le Mont-Valerien est de la Paroisse de Ruel, ce qui cependant s'est trouvé faux par l'enquête que j'en ai faite.

Notit. Gall. p. 424.

M. de Valois a cru que le nom de Mont-Valerien pouvoit venir de l'Empereur Valerien qui vivoit après le milieu du troisiéme siécle ; mais il ne le dit que comme une conjecture. On ne voit point que ce Prince se soit avancé jusques dans ces quartiers-là ; d'ailleurs, ce nom ayant été porté par d'illustres Romains dans les Gaules, ainsi qu'on voit par l'Histoire Ecclésiastique, cette montagne peut avoir plus probablement appartenu à quelque Valerien, Gaulois de naissance et d'habitation ; et au cas que Severe, pere de Ste Genevieve, fût un riche habitant de ces quartiers-là, ne pouvoit-il pas s'appeller *Valerianus-Severus*, de même qu'on trouve dans Gruter un *Valerianus-Julianus* ? Quoique ce nom puisse avoir été donné à cette montagne depuis quinze cens ans, il n'en est cepen-

dant point fait mention avant le treiziéme siécle. Dans les Lettres *Notit. Gall. lib.*
d'Odon de Sully, Evêque de Paris, de l'an 1204, aussi-bien que *ex Chart. Ep.*
dans d'autres du Cartulaire du Chapitre de Saint-Cloud à l'an *Chart. S. Clod.*
1209, elle est appellée *Mons-Valeriani* à l'occasion d'une vigne ;
et par un autre acte l'Abbé de Saint-Denis, H., donna à Matthieu, *Ibid.*
Chambrier du Roi, vingt arpens de terre de sa Couture (*Cultura*)
de Monte-Valeriani, sous la redevance de cinq deniers par an.
Mais un acte subséquent découvre que cette Couture étoit située
seulement *juxta Montem-Valerianum*, car on y lit que Radulfe,
Chevalier de Surêne, *de Serenis*, vendit précisément vingt arpens
de terre à l'Abbaye de Saint-Denis en 1234, lesquels touchoient à *Chart. S. Dion.*
la Couture de ce Monastere située proche le Mont-Valerien ; mais *p. 488.*
un autre endroit du Cartulaire de cette Abbaye lui suppose aussi *Ibid., p. 483.*
une censive *in Monte-Valeriano*. Jean Lesiard, Chanoine de Saint-
Thomas du Louvre, reconnoît en 1219 que l'achat qu'il a fait
d'une vigne sur cette montagne dans la censive d'Odon, Abbé de
Saint-Denis, est seulement *in vilenagium*. On peut remarquer
qu'alors on disoit également *Mons-Valerianus* comme *Mons-Valeriani*, et ce qu'on doit inférer de ces différens actes, est que vers le
bas de la montagne du côté du couchant étoit le commencement
de la Seigneurie de Ruel. Mais en remontant plus haut et tournant
vers le midi, on trouvoit l'habitation des Hermites qui reconnois-
soient Nanterre pour leur Paroisse. Du Breul, l'Abbé Chastelain
et le Supplément de Moreri, sont les sources où l'on peut voir ce
qui est à dire de ces Solitaires.

MAISON DES HERMITES. Leur situation sur le territoire de Nanterre, Paroisse dont on a vu ci-dessus la haute antiquité, a fait
croire à quelques Ecrivains qu'ils sont établis là depuis huit cens
ans, et il y a eu un temps où les Hermites même le croyoient.
Néanmoins il ne paroît rien de si ancien ni dans les Archives de
Sainte-Geneviéve, où il devroit en être parlé, ni ailleurs. Je
soupçonne que quelqu'un aura marqué dans leur Histoire qu'on
les connoît depuis 300 ans, et que par la ressemblance de chiffre
ils auront lu 800 ans. Du Breul qui tombe d'accord qu'on n'a rien
sur ces Hermites avant le temps du reclus Antoine qui vivoit
sous Charles VI, veut que sa Cellule ait été abbattue lors des
guerres des Maisons d'Orléans et de Bourgogne, et incline à dire
qu'elle étoit vers le bas de la montagne, sans décider si c'étoit dans
la partie qui étoit de la Paroisse de Ruel, ou de celle de Surêne.
J'ai fait attention a un titre de l'an 1212, concernant les redevances
des habitans de Surêne envers l'Abbaye de Saint-Germain-des-
Prés ; on y lit ces mots : *Homines et hospites de Puteolis et de
Cruce qui sunt Parochiæ de Surenis, recognoscunt se debere, etc.*
Il est constant par-là qu'il y avoit sur le territoire de Surêne un

canton appellé La Croix en 1212, à cause de l'élévation d'une Croix. Je n'examine point si on l'avoit érigée à l'occasion du lieu dont S. Leufroy, Patron de Surêne, a été Abbé. Je ne puis croire que le reclus Antoine eût cherché ailleurs à fixer sa retraite, à quelque distance des maisons auxquelles cette Croix avoit donné le nom. C'est là ce que je pense avoir été le berceau du Calvaire, devenu à la suite des temps si célèbre, et qui peu à peu à différens degrés se trouve porté au sommet de la montagne sur le territoire de Nanterre.

En quelque endroit de la montagne qu'ait été le premier Oratoire des Hermites, c'étoit là que vécut en pénitence le Solitaire Antoine, auquel Jean Gerson, Chancelier de l'Eglise de Paris, prescrivit vers l'an 1040 un régime de vie qui commence par ces mots : *Joannes Cancellarius indignus Ecclesiæ Parisiensis Antonio Recluso in Monte Val. fructum eremicolæ solitudinis adipisci.* On ignore si ce Solitaire mourut en ce lieu et en quel tems. Quelques-uns prétendent qu'il n'étoit pas le seul reclus sur cette montagne, et qu'il y en avoit d'autres avec lui, lesquels avoient soin d'une Chapelle de Notre-Dame de Bonnes nouvelles qui y étoit. Pour moi, je pense que les guerres du regne de Charles VII et de Louis XI détruisirent ces sortes d'Hermitages, et je ne crois pas que lorsque la sainte Fille dont je vais parler s'y retira, il y eût aucun homme qui vécût en reclus sur la même montagne.

<small>Oper. Gerson. ed. Dupin. T. II, p. 773.</small>

Guillemette Faussart est le nom de l'illustre recluse du Mont-Valerien. Elle s'y enferma en 1556. Elle étoit née à Paris sur la Paroisse de Saint-Sauveur, ce qui, dit-on, la détermina à ne point donner d'autre titre à la Chapelle qu'elle fit bâtir sur ce Mont, des aumônes de Henri Guyot et de Gilles Martine, et qui subsiste encore. Dès ce temps-là elle étoit destinée à l'usage de plusieurs Solitaires, comme il paroît par l'épitaphe de cette Fille qui s'y voit. On y lit quelles étoient les prieres qu'ils devoient dire tous les jours avant la Messe et le soir avant le Salut, pour satisfaire à une fondation qui avoit été faite du temps de Guillemette Faussart. Du Breul dit de cette pieuse Fille que lorsqu'on bâtit cette Chapelle, toutes les nuits après sa priere elle alloit prendre de l'eau au pied de la montagne et la portoit à l'endroit où l'on travailloit, en telle quantité qu'elle suffisoit aux Maçons pour toute la journée. Il ajoute qu'elle s'abstenoit de chair, n'usoit souvent que de pain et d'eau, rarement d'œufs et de poisson, se contentant presque de la Sainte Communion ; qu'ayant ainsi continué l'espace de cinq ans, elle mourut en 1561, macérée de jeûnes, de veilles et de travaux. Elle fut inhumée à l'entrée de la Chapelle.

<small>Martyrol. Univ.</small> L'Abbé Chastelain marque son décès au 26 Décembre et la qualifie

de Vénérable. Il écrit son nom ainsi, *Faussard*, dont il fait en latin *Falsardis*. La fondation faite de son temps se trouve avoir été très-réelle. La Chapellenie de Saint-Sauveur du Mont-Valerien étoit un titre. L'Evêque la conféra le 19 Avril 1564 à Nicolas Boiston, Prêtre Chartrain. Elle fut même obtenue depuis en Cour de Rome par Alexandre Le Moine, dont le *Visa* fut expédié le 5 Mai 1588. Bien plus, il y eut dès-lors une espece de Communauté de Pénitens en ce lieu, suivant ce qu'en fournissent les actes authentiques, où je lis « que le 10 Décembre 1576, « Hubert Certain, Prêtre du Diocése de Paris, fut établi par « Pierre Dreux, Vicaire Général de l'Evêque, Maître Trésorier, « Gouverneur et Administrateur de la Chapelle ou Oratoire de « Saint-Sauveur, maison et lieu pitoyable n'agueres instituée et « érigée au Tertre du Mont-Valerien tant qu'il plaira à l'Evêque, « en place de Jean Du Pré déchargé. »

<small>Reg. Ep. Paris.</small>

<small>Ibid.</small>

Jean du Houssai (qui est le nom d'un ancien hameau de la Paroisse de Louveciennes, aujourd'hui détruit) étoit natif de Chaillot, proche Paris. Dans sa jeunesse il avoit été au service du Sr Guyot, dont il vient d'être parlé, et ensuite du Président de Megrigny. Il se fit donner chez les Chartreux l'habit d'Hermite ; après quoi il vint occuper la solitude que Guillemette Faussart avoit laissée vacante. Sa nourriture ordinaire étoit du pain bis, auquel il ajoutoit quelques racines, rarement des œufs ou du poisson, et encore plus rarement de la viande, et sa boisson étoit de l'eau. Il ne consentit à boire un peu de vin que quelques jours avant sa mort. La priere étoit son occupation presque continuelle avec la lecture, à moins que quelques personnes ne le vinssent voir avec la permission de l'Evêque de Paris ou du Pénitencier, pour recevoir de lui quelque consolation. Il couchoit dans une biere, revêtu de son cilice et de sa robe blanche ; c'est ainsi qu'il vécut reclus pendant quarante-six ans, excepté quelque temps durant les guerres civiles, qu'étant troublé par les gens d'armes, il se retiroit au College de Montaigu à Paris parmi les pauvres Ecoliers, ou bien chez les Chartreux. Il mourut accablé d'austérités à l'âge de soixante et dix ans, en l'année 1609, le 3 Août, jour auquel l'Abbé Chastelain l'a mis en son Martyrologe Universel, sous le nom de Vénérable Jean de Houssey, *de Husseto*. Il fut enterré auprès de Sœur Guillemette ci-dessus mentionnée, dans la terre rouge du Mont-Valerien, en présence du Clergé et de plusieurs grands Seigneurs. Il fut honoré pendant sa vie de plusieurs visites des Rois Henri III et Henri IV. Le premier lui avoit fait bâtir un Oratoire joignant sa cellule. Les Auteurs de sa Vie, Messieurs Colletet et De la Croix, disent qu'il prédit à ces deux Monarques le genre de leur mort. Ils ajoutent que les habitans de

<small>Du Breul, Suppl. de Moreri *voce* Housset.</small>

Surêne et des Villages voisins avoient recours à lui dans les calamités publiques, et qu'ils avoient toujours ressenti la puissance de son intercession. Quelques Docteurs de Paris avoient contribué à le retenir sur cette montagne dans le temps des troubles. Il existe une brochure imprimée in-8º à Paris en 1580, sous ce titre : *Brieve exhortation faite au Mont-Valerien par René Benoist Curé de Saint-Eustache, pour la consolation, persévérance et confirmation de Frere Jehan de Chaliot Reclus, avec une traduction de ce que Gerson a escrit à un semblable Reclus de ce Mont*. Cela est suivi d'avis donnés par le même Curé à ce Reclus de son tems.

La sainte vie de ce Solitaire en avoit attiré d'autres dans le voisinage ; de ce nombre fut Thomas Guygadon, natif de Morlaix en

Reg. Ep. Paris. Bretagne, qui obtint le 12 Octobre 1574 la permission d'y demeurer, et depuis lui Pierre de Bourbon, natif de Blois, lequel y ayant persévéré pendant vingt-un ans, trouvant la cellule de Jean du Houssay vacante en 1609, s'y enferma aussi et y demeura jusqu'à sa mort, arrivée en 1639 le 5 Septembre, jour auquel le Martyrologe Universel de l'Abbé Chastelain le marque en qualité de Vénérable. Jerôme de la Noüe, dit Séraphim, y vint aussi demeurer, comme on va voir, et en 1613, Robert Pile, Procureur au Parlement, avoit permis à trois Hermites de demeurer sur le tertre.

L'année 1638 le Frere Jean le Comte, natif du Mans, étoit décédé sur la même montagne après y avoir demeuré durant quarante ans. Le Martyrologe Universel marque sa mort au 15 Septembre 1638. Il y est aussi qualifié de Vénérable, et l'Auteur ajoute qu'il ne mangeoit qu'après le soleil couché.

DuBreul, lib. IV. Comme il y avoit aussi une Cellule ou Reclusoir sur le territoire ou censive de l'Abbaye de Saint-Denis, c'est-à-dire dans la

Il est copié partie qui approche de Ruel, l'Abbé joint à l'Evêque de Paris mit
dans l'Ord. Rue. en possession de ce lieu après l'an 1608 et avant 1622, un Parisien
Chevig. nommé Seraphim de la Noüe, auparavant appelé Jerôme, lequel avoit pris l'habit d'Hermite en Italie dans l'Evêché de Viterbe. Il fut entretenu au Mont-Valerien des aumônes de la Reine Marguerite de Valois. En 1664 il n'y avoit qu'un seul Reclus nommé Nicolas De la Boissiere, auquel M. l'Archevêque donna un Jacobin de Saint-Honoré pour lui dire la Messe.

Ce fut sous le nom de l'un de ces trois premiers que quelqu'un de ces temps-là composa un cahier de quatorze pages d'impression in-octavo, intitulé : *Les Visions et Songes de l'Hermite du Mont-Valerien,* dans lequel un anonyme s'étend à discourir en faveur du Roi Louis XIII et de ses descendans.

Il n'est parlé dans les Histoires de ce temps-là que de ces trois ou quatre Hermites, parce qu'ils menèrent une vie tout extraordinaire, mais on ne doute point qu'il n'y en ait eu d'autres. Dans la suite et avant le milieu du dix-septiéme siécle, le nombre des Hermites s'étoit augmenté, et dès le commencement du même siécle ou même avant, ils faisoient Communauté ; ce qui a continué depuis. Ils ont tous le même Supérieur qui doit examiner leur vocation à la vie Erémitique, qui les reçoit et leur donne l'habit d'Hermites, et sans la permission duquel ils ne peuvent rien entreprendre d'extraordinaire. Ils suivent la Regle qu'ils ont reçue de M. Hébert, Pénitencier de Paris, lequel mourut en 1638, Archevêque de Bourges. M. Charton, qui lui succéda dans la place de Pénitencier, la confirma en 1624. Elle contient un si grand nombre de préceptes, qu'il y a peu de Communautés Régulieres que cette Maison ne puisse égaler en les suivant à la lettre. Il y a eu depuis quelques changemens. Ces Hermites l'ont fait réimprimer en 1742, et l'ont dédiée à M. l'Archevêque de Paris, avec une petite Préface sur leur état ancien et nouveau, et le portrait de Jean du Houssay. Leur vie est très-pénitente : ils ne mangent que des légumes, travaillent eux-mêmes à la terre ou à faire des bas au métier ; leur habit est pauvre et rude, le silence y est presque perpétuel. Ils prient beaucoup : ils ont chacun leur cellule, mais une Chapelle commune où ils entendent la Messe et récitent leur Office aux différentes heures prescrites. Ils sont tous laïques, et étoient onze ou douze en 1735. Ils dépendent de l'Archevêque de Paris, qui leur nomme un Supérieur. Ils ne s'engagent point par des vœux, et ils ont la liberté de se retirer. Un séculier nommé Vallart, mort en 1702, y avoit passé les six dernieres années de sa vie dans une affreuse pénitence : on lui trouva le corps entouré de chaînes. Autrefois ils venoient faire leurs Pâques à Nanterre, leur Paroisse. Mais il y a eu du changement depuis la bénédiction de leur Chapelle qui fut faite en 1633, le 21 Septembre, en présence de quelques Prélats et autres personnes de qualité qui allerent processionnellement avec les Hermites le cierge à la main, jusqu'au lieu où furent plantées trois Croix fort élevées qui représentoient le Calvaire. Depuis il y en a eu une Dédicace faite le 2 Juillet 1741, sous le nom du Verbe Incarné et de la Sainte Vierge, par l'Evêque de Bethlehem, et le lendemain le Curé de Nanterre, M. de l'Epine, y célébra.

Bouterays n'a point oublié la description de cet Hermitage dans son Poëme intitulé : *Lutetia*. Il en compare l'Hermite de son temps aux Moines de l'Egypte et de la Palestine, aux Pauls et aux Antoines.

On assure que les Camaldules et les Hermites du Hayer, proche Troyes, y ont demeuré.

COMMUNAUTÉ DES PRÊTRES. On a vu ci-dessus, que l'érection

Regle des Hermites du Mont-Valerien Paris Lottin 1743, p. 34.

Du Breul Suppl. de 1639, p. 89.

Alman. Spirituel 2 Juil. 1745.

d'une Croix au Mont-Valerien sur le terrain qui est de la Paroisse de Surêne, se trouve avoir été faite au moins dès le treiziéme siécle commençant. Par la suite on étoit venu à la changer de place, et même à en ériger trois, ainsi qu'on vient de voir, ce qui fit que sous le regne de Louis XIII on regardoit déjà comme assez commun l'usage de l'appeller *La Montagne des trois Croix*. Ces trois Croix rappellant plus sensiblement à la mémoire l'idée du Mont-Calvaire, voisin de Jérusalem, où il y eut effectivement trois Croix dressées le jour de la Passion de NOTRE-SEIGNEUR, c'est ce qui contribua à faire naître dans l'esprit d'un vertueux Ecclésiastique un ardent désir d'animer les peuples à la dévotion envers les Mysteres de la Passion et Mort de JESUS-CHRIST. C'étoit un Prêtre du Diocése de Meaux, natif de Coulommiers, Licencié de la Maison de Sorbonne, appellé Hubert Charpentier. Il résolut d'y faire un établissement de Prêtres pour nourrir et entretenir cette dévotion. Voyant que Dieu avoit bien voulu se servir de lui pour faire deux établissemens dans le même genre : l'un à Guaraison, l'autre à Betharan, tous deux dans le Diocése d'Auch [1], sur lesquels il avoit répandu une bénédiction toute particuliere, il en commença un troisiéme sur le Mont-Valerien. Il eut permission pour cet effet de M. l'Archevêque de Paris d'y construire une Chapelle et d'y établir treize Prêtres qui seroient tous sous sa jurisdiction Episcopale, en date du 12 Septembre 1634, et que l'on peut voir en entier dans Sauval. Il proposa ensuite son dessein au Cardinal de Richelieu qui avoit sa Maison à Ruel, dans le voisinage, et qui le trouva fort propre à animer la dévotion des peuples, et même y contribua libéralement. La piété du Cardinal de la Rochefoucauld, pour lors Abbé de Sainte-Geneviéve, fut d'un grand secours pour lever les difficultés qui se trouverent à ce nouvel établissement, à cause de la concurrence des Seigneurs. Cette montagne étoit dans trois censives, sçavoir : celle de l'Abbaye de Sainte-Geneviéve pour la plus grande partie, celle de Saint-Denis, à cause de Ruel, et celle de Saint-Germain-des-Prés, par rapport à Surêne. M. Charpentier avoit traité, dès le 30 Mars, avec le Cardinal de la Rochefoucauld et avec les Religieux de Sainte-Geneviéve, de huit arpens et demi de terre sur le haut de la montagne appelé le Tartre ou le Tertre à cens et sur-cens de cinq sols et de six deniers par arpent. Il reçut en 1637 les Statuts dressés par l'Archevêque Jean-François de Gondi, datés du 21 Août de la même année. Pendant qu'on bâtissoit la Chapelle et les logemens des Prêtres, il s'éleva une difficulté avec les Hermites qui se plai-

Antiq. de Paris, T III, p. 184.

1. Dans sa Requête à l'Archevêque de Paris 1634, Betharan est dit du Diocése de Lescar, et il n'y est rien dit de Guaraison. J'ai suivi la petite Histoire du Calvaire imprimée en 1706, chez Giffart.

gnirent, en 1642, que les Prêtres s'étoient emparés d'une piéce de terre de deux cens toises qui leur appartenoit, et qu'on en avoit abattu les murs pour faire les bâtimens des Prêtres : il fut stipulé entre les contendans, que les Hermites céderoient cette piéce de terre aux Prêtres, et que ceux-ci donneroient aux Hermites une autre piéce de terre de cinquante toises de long sur vingt de large. A l'occasion d'un autre différend formé en 1649 sur la propriété de la montagne, où le Prince de Conti, comme Abbé de Saint-Denis, avoit une portion, M. Charpentier se munit de Lettres de confirmation de ce Prince, et enfin pour assurer son établissement il obtint des Lettres-Patentes du Roi Louis XIV au mois de Février 1650, qui confirmoient celles de Louis XIII du mois d'Août 1633, et qui furent enregistrées en Parlement la même année, dont une circonstance fut que défenses seroient faites à tous Cabaretiers ou Hôteliers de s'établir dans toute l'enceinte de la montagne plus près qu'à Surêne. M. Charpentier mourut le 16 Décembre de la même année, à Paris, âgé de 89 ans, dans la maison du Curé de Saint-Jean-en-Grêve. Son corps fut porté au Mont-Valerien, où il fut inhumé dans la nef de la nouvelle Eglise, avec une Epitaphe qu'on peut lire dans le Supplément de Moreri et dans le *Gallia Christiana*. En 1657 le Supérieur pensa, de l'avis des Vicaires Généraux, à vendre la Maison et son revenu aux Religieux du Tiers-Ordre de Saint François, mais cela n'eut point lieu. Trois ans après, c'est-à-dire en 1660, le nombre des Prêtres de cette Communauté se trouva fort diminué et étoit réduit à deux, dont l'un, nommé Royer, natif de Strasbourg, se disoit le Supérieur ; mais au lieu d'engager les Prêtres à y venir demeurer, il les en détournoit. Sur ces entrefaites il trouva les Jacobins Réformés de la rue Saint-Honoré à Paris, disposés à faire l'acquisition des logemens et biens de la Communauté, également comme celle des Hermites, et il la leur vendit en 1663. A l'égard de l'Hermitage ils tâcherent de gagner le reclus, nommé Jean Benard, natif de Gonnesse, où ils ont une maison. M. de Gondi (Jean-François-Paul), Cardinal Archevêque de Paris, étoit alors retiré à Liége. Les Vicaires Généraux y remirent de nouveaux Prêtres, dont M. de la Font, Principal du College de Narbonne, fut élu par eux Supérieur, et qui fit expulser de la Maison par l'Official de Paris le sieur Royer. Lorsque les Jacobins vinrent pour se mettre en possession, munis de Lettres du Roi, de l'an 1661, et d'une permission de l'Archevêque, datée de Liége, la montagne souffrit une espece de siége ; on opposa la force à la force : parmi les gens de Nanterre accourus au secours des Prêtres, il y eut un boulanger de tué, d'autres habitans blessés ou mis en prison, de maniere que les Jacobins devinrent les maitres de la place. Cela fit un grand

Suppl. au mot Charpentier.
Gall. chr. nova, T.VII,col.1006

éclat, et alla même jusqu'aux oreilles du Roi, qui ordonna que le Parlement connût incessamment de l'affaire. Après plusieurs Audiences, Arrêt contradictoire intervint au mois de Juillet 1664, qui maintint les Prêtres dans la possession de la Montagne ; et le tout fut restitué tant aux Prêtres qu'aux Hermites. Ceci n'est qu'un simple extrait du Factum imprimé alors en faveur des Prêtres du Mont-Valerien, et de l'Histoire de Paris des Bénédictins, du nouveau *Gallia Christiana*, aussi-bien que d'une piéce de deux mille vers françois de la composition de Jean Duval, Prêtre, Bachelier en Théologie, qui parut imprimée in-4º, en 1664, et qui a pour titre : *Le Calvaire profané, ou Le Mont-Valerien usurpé par les Jacobins Réformés du fauxbourg saint Honoré à Paris, adressé à eux-mêmes.*

Pierre Coudere, Prêtre Toulousain et Vicaire de Saint-Sulpice de Paris, fut celui qui travailla ensuite le plus à rétablir la régularité de cette Maison, qui avoit un peu souffert pendant le procès. Il le fit comme député de l'Archevêque en 1666. Quelques mois avant qu'il en fût élu Supérieur, les Curés de la Ville et Fauxbourgs de Paris s'étoient unis à cette Congrégation ; en conséquence de quoi plusieurs y vont encore officier dans le temps des Fêtes de Sainte-Croix. De même que ce fut en conséquence de la résidence que le Vicaire de Saint-Sulpice y fit, que fut formé l'attachement du Clergé de cette Paroisse pour la même Maison. Ce nouveau Supérieur rendit en 1669 aux Jacobins la somme de trois mille livres qu'ils avoient payée pour leur achat de la Maison. Il fut fait Curé de Ruel la même année[1]. Louis de Marillac, Prêtre Parisien, Docteur de Sorbonne, en fut élu Supérieur en 1680. Il fut depuis Curé de Saint-Jacques de la Boucherie. Jean-François de Valderie de Lescure qui est mort Evêque de Luçon, en 1723, y avoit aussi été Supérieur. Joseph Brunet, Docteur de Sorbonne, Abbé de Saint-Crépin de Soissons, Auteur de quelques ouvrages imprimés et fort connu par ses grandes charités pour les pauvres écoliers et son zéle pour les Missions, en a aussi été élu Supérieur diverses fois. Ce fut en 1700, pendant l'une de ses triennalités, que la Maison fit un concordat avec le Curé de Nanterre au sujet des Sacremens et des Sépultures. La Communauté lui paye une redevance pour ses droits Curiaux, et n'a recours à lui pour aucune chose.

Ex libro de la Dev. de la Croix 1706, chez Giffart p. 38.

Cette Congrégation de Prêtres est composée d'*Incorporés* ou *Permanens* qui demeurent ordinairement dans le lieu, et du

1. Je trouve aussi qu'en la même année 1669, le 21 Juin, M. l'Archevêque de Paris permit à des Camaldules de s'établir sur le Mont-Valerien, et d'avoir l'usage du bois et l'enclos commun avec les Hermites, et que l'établissement fut confirmé le 3 Juillet 1671. *Regist. Archiep.*

nombre desquels est pris et élu le Supérieur, et encore d'*Agrégés* qui n'ont que voix active dans les élections, avec faculté de venir dans la Maison quand bon leur semble et d'y avoir une chambre. En 1706, une grande partie des Curés de Paris étoient du nombre des Agrégés. L'anonyme Auteur du Livre que je cite ici, ajoute que l'intention du Fondateur avoit été qu'une partie de ces Prêtres allassent aider aux Curés des Villages voisins et faire des Missions dans la campagne ; qu'on y reçoit des Ecclésiastiques et même des Laïques connus pour y faire des Retraites ; que M. le Cardinal de Noailles y venoit tous les ans pour le même dessein, à l'exemple de Saint Charles Borromée qui se retiroit sur le Mont-Varale où étoient représentés les Mysteres de la Passion.

L'Eglise de ces Prêtres fut dédiée le Dimanche 10 Octobre 1700, par Hervé Basan de Flamenville, Evêque d'Elne, et trois autels consacrés : le premier sous le titre de la Croix, le second sous celui de la Sainte Vierge, et le troisiéme sous celui de Saint Joseph. L'acte porte qu'elle est située *infra limites Parochiæ de Nemptoduro*. On y possede un petit morceau de la vraie Croix de Notre-Seigneur très-averé ; il avoit été détaché d'une portion considérable de ce précieux bois qui venoit de l'Empereur Manuel Comnene, et avoit appartenu à Madame la Princesse Palatine qui l'avoit donné en 1684 à l'Abbaye de Saint-Germain-des-Prés, où M. de Harlay, Archevêque de Paris, en avoit fait la Translation la même année. Hugues Jannon, Prêtre, ancien Obediencier de Saint-Jean de Lyon, avoit eu le crédit d'obtenir ce petit morceau dans la circonstance d'une ouverture faite en 1683, et l'avoit gardée avec l'authentique jusqu'à sa mort qu'il la donna au Curé de Saint-Sulpice. Ce Curé avant d'en faire présent à la Chapelle du Mont-Valerien, l'avoit fait vérifier par M. Pirot, Vicaire Général, le 1ᵉʳ Juillet 1706 ; ce fragment renfermé dans une Croix d'or portée par un Ange de cuivre doré, fut remis par M. le Cardinal de Noailles à M. de Mosny, Supérieur du Mont-Valerien, où elle est exposée en différens jours de l'année.

Reg. Archiep.

Histoire de l'Abb. S. Germ. p. 280.

Voyez le Livre cité ci-dessus impr. à ce sujet en 1706, in-12.

Derriere l'autel de la même Eglise est la représentation du sépulcre de Notre-Seigneur dont les statues sont de grandeur naturelle. Trois grandes Croix ornent le devant de la terrasse sur laquelle est cette Eglise. On voit des deux côtés en descendant la montagne plusieurs Chapelles, dans lesquelles on a représenté par des figures de grandeur naturelle les différentes circonstances de la Passion. Il y a deux de ces Chapelles sur chaque terrasse, l'une à droite et l'autre à gauche. Elles ont été construites aux dépens de Madame la Princesse de Condé et autres. En tout temps ce lieu est fréquenté par les personnes de piété, mais sur-tout dans la Semaine Sainte et aux Fêtes de la Croix. On a défendu

Ordonn. du 27 Mars 1697. sous l'Episcopat de M. le Cardinal de Noailles les pélerinages qui se faisoient par le bois de Boulogne la nuit du Jeudi au Vendredi Saint, où des Pelerins chargés de pesantes Croix se traînoient avec peine jusqu'au sommet de la montagne, et cela à cause des abus qui s'y étoient glissés. Plusieurs Evêques se sont agrégés aux Prêtres de cette Montagne, tels que M. de la Valette, Evêque d'Autun.

Gallia Christ. T. VII, col. 1005. Les Auteurs du *Gallia Christiana* nous avertissent que M. Heron de la Ville d'Eu prépare une plus ample Histoire de cette Communauté et de celle des Hermites du Mont-Valerien.

Il n'est pas nécessaire de répeter ici ce que tant d'Ecrivains parlant du voisinage de Paris, ont dit de la vue admirable que l'on a du haut du Mont-Valerien. Mais il ne faut pas oublier ce qu'ils ont remarqué concernant les productions naturelles de ce Mont. C'est, disent-ils, sur cette montagne que croît le bon vin de Surêne : elle est en effet couverte de vignes presque de tous les côtés ; et l'on appelle le côté de Surêne celui qui regarde l'orient, au bas duquel est le Village de ce nom. Le vin en est si estimé par certains Médecins qui jugent en Physiciens, qu'ils ont soutenu son mérite par une Thèse expresse.

On assure qu'aux endroits du Mont-Valerien où la terre n'a pas été remuée, elle est rouge jusqu'à la profondeur de deux pieds, et que cette couleur ne disparoit qu'à force de la remuer.

Il y a aussi sur la même montagne une plâtriere assez abondante.

RUEL

Plus il y a de temps qu'un lieu est connu, plus souvent il est arrivé des variétés dans la maniere d'exprimer son nom. C'est ce qui fait que le nom latin de Ruel se trouve écrit de tant de différentes manieres. Grégoire de Tours même, qui est le premier Auteur qui en fasse mention, ne le nomme pas uniformément dans les deux endroits de son Histoire où il en parle, à moins qu'on ne dise que cette diversité dans son ouvrage vient des copistes. Le premier endroit où il a occasion de parler, est à l'an 587, qu'il dit que Wiliulfe, citoyen de Poitiers, après avoir *Greg. Tur. lib. IX, cap. xiii.* passé dans Paris à son retour de Metz, vint *apud villam Rigoïalensem*, où ayant fait son testament, il mourut. Dans le second endroit il est question de Gontran, Roi de Bourgogne, lequel après avoir pareillement passé par Paris, vint *apud Rotoïalensem villam* et y ordonna toutes choses pour le baptême de Clotaire son neveu, *Greg. Tur.* qu'il fit faire sur les Fonts de l'Eglise de Nanterre. *lib. X, c. xxviii.*

Nos Rois de la premiere race avoient en effet une Maison de plaisance en ce lieu, où ils demeuroient quelquefois. Childebert I y étant vers l'an 550, attendit d'y être visité par Saint Lubin, Evêque de Chartres. Fortunat qui écrit ce fait arrivé de son temps, se sert *Vitæ S. Leobini* des mêmes expressions que Grégoire, *Rotoïalo villa*. Dans le siécle *sæc. I, Bened.* suivant, S. Ouen, auteur de la vie de Saint Eloi, dit que ce fut à *p. 126.* Ruel (qu'il appelle *Crioïlum*) que ce Saint présenta Judicaël, Roi *Vita S. Elig.* de Bretagne, au Roi Dagobert : et comme Saint Ouen étoit Réfé- *lib. I, cap. xiii.* rendaire du Roi de France, il a dû être mieux instruit sur ce fait, que Frédegaire, écrivain éloigné de plus de cent lieues, qui dit que *Fredegar.* ce fut à Clichy ; à moins que par *Crioïlum* on ne veuille entendre *c. lxxviii.* le Roulle qui en partie étoit alors de Clichy. Dans un livre des Miracles de Saint Denis rédigé au IX siécle, est rapporté un orage qui arriva *in Fisco haud procul Parisii Riogilo*, lequel entraîna *De re Diplomat.* dans la Seine plusieurs effets de la Maison où Gérard, Comte de *p. 630.* Paris, faisoit sa demeure en ce lieu sous le regne de Pepin. Nos Rois jouissoient toujours pleinement de la Terre de Ruel, à la réserve d'une pêcherie dans la partie de la Seine qui en est et qui l'arrose (*In villa quæ vocatur Rioïlus*). Car Charles Martel qui l'avoit fait construire et d'où elle prit le nom de *Karoli-venna*, en fit présent à trois Eglises ; sçavoir : à Saint-Germain-des-Prés pour *Hist. de S. Germ* y pêcher durant le jour seulement, à l'Abbaye de Saint-Denis et à celle de Saint-Pierre de Paris pour y pêcher la nuit, à condition que ces trois Monasteres contribueroient pour leur part aux réparations de la vanne : cette donation fut confirmée par Louis-le-Débonnaire en l'an 816[1]. Son fils Charles-le-Chauve fit plus. Etant à Saint-Denis au mois d'Octobre de l'an 873, il donna cette Terre entierement à l'Abbaye, avec le droit de pêche jusqu'à l'en- *Gall. Chr.* droit où le ruisseau qui vient de Chambourcy se jette dans la *T. VII, Instrum.* Seine, chargeant les Religieux d'entretenir sept lampes devant *col. 14.* l'autel de la Trinité, derriere lequel il vouloit être inhumé : l'une pour son pere Louis, l'autre pour la Reine Judith, sa mere, la troisiéme pour lui-même, la quatriéme et la cinquiéme pour les Reines Hermentrude et Richilde, ses femmes, la sixiéme pour tous leurs enfans morts ou vivants, et la septiéme pour Boson, pour Guy, et autres ses familiers[2]. Dans ces Lettres la Terre est appellée *Riogilum*, et elle est dite située dans le Parisis et le Pin-

---

1. Helgaud dans sa vie du Roi Robert, parle de ce *Karoli-venna* où il manqua à périr en passant la Seine dans un batteau, en présence de ce Roi qui alloit à Poissy. *Duchéne, Tom. IV, pag. 7.*
2. Du Breul ajoute que c'étoit aussi pour l'entretien de quinze cierges dans le Réfectoire. *Antiq. de Paris, Liv. IV.*

cerais. Un si insigne bienfait fit que l'Epitaphe qu'on lui dressa dans cette Abbaye renferma ces deux vers :

<small>Duchêne,
T. II, p. 472.</small>

Multis ablatis nobis fuit hic reparator
Sequanii fluvii Ruoliique dator.

On voit par cette poésie, que l'on commença dès-lors à altérer le nom primitif et à le fabriquer sur le françois. C'est ce qui se remarque pareillement dans l'Abbé Suger, qui rappellant vers l'an 1140 la donation de Ruel par ce Prince, dit qu'elle avoit été scellée avec les sceaux d'or : *Possessionem suam quæ dicitur Ruoilum cum appendiciis sigillis aureis confirmavit.* Je ne parle point de la Charte qu'on attribue au Roi Robert, par laquelle, de l'avis de Saint Odilon, Abbé de Cluny, ce Prince fait cesser les vexations que les Officiers de la Fauconnerie faisoient aux Moines de Saint-Denis par rapport à Ruel, et par laquelle aussi le même Robert destina à la Communauté la troisiéme partie des vins de cette Terre, parce que le style dans lequel elle est conçue me paroît mériter l'examen des critiques. Une autre piéce incontestable dans laquelle Ruel est nommé *Ruellium*, est de l'an 1113. C'est une Charte par laquelle le Roi Louis-le-Gros remet à l'Abbaye de Saint-Denis le muid de vin qui lui étoit dû par chaque année sur le clos de ce lieu, et douze deniers à ses clients, et cela à la priere de l'Abbé

<small>Diplom. p. 427.</small>

Adam. Dom Mabillon a fait graver cette Charte en son entier. Mais depuis le XIII siécle le nom qui domina dans les titres latins fut *Ruolium* : ceux qui croyoient mieux dire, comme l'Ecrivain du Pouillé de Paris, mirent *Rodolium*. A l'égard du françois, quelques titres latins du XIII siécle, quoique latins, l'appellent Ruol, d'autres Rueil ; il y en a un de l'an 1308, qui le nomme

<small>Chart. S. Magl. fol. 48.</small>

Rueul. Ces deux dernieres manieres sont celles qui agréent le plus à M. de Valois, comme plus conformes au nom latin primitif. Mais avec tout cela personne n'a encore pensé à l'étymologie de ce nom. Pour dire ce que j'en pense, comme *Rot* ou *Rod* sont incontestablement la racine d'où ce mot est formé, il me paroît qu'il faut recourir à la langue Germanique dont les Francs appor-

<small>Gloss. Cangii voce Roth. et voce Roda.</small>

terent dans les Gaules beaucoup de termes, et que *Rot* ou *Roth* signifient dans des titres d'Allemagne du VIII et du IX siécle, une terre nouvellement défrichée, *Novale*, suivant M. Du Cange, c'est là la vraie étymologie de Ruel. Ce qu'il rapporte de la langue Angloise sur le mot *Roda*, qui signifie portion de terre, ne s'éloigne pas absolument de la même origine. Il est certain qu'il y avoit anciennement sur la montagne au midi et au couchant de Ruel bien plus de bois qu'on n'en voit aujourd'hui ; les premiers Rois de France en firent couper pour se bâtir en ce lieu un Château, d'où ils alloient chasser dans ces forêts contiguës et voisines : et par la suite ce lieu qui étoit du territoire de Nanterre, en a été détaché lorsqu'il s'y est trouvé un nombre suffisant d'habitans pour y former une Paroisse.

Ce Bourg est à l'occident de Paris, à la distance de deux lieues et demie, au-dessous et au-delà du Mont Valerien, dont le bas de côté-là est de la Paroisse. Il y a beaucoup de vignes, et même quelques-unes sont dans la plaine en tirant vers la riviere ; car le territoire de Ruel s'étend jusqu'au pont de Chatou vers le nord-ouest, et jusqu'à un ancien moulin sur le bord de la riviere du côté du nord.

Il y avoit en 1709 cinq cens feux en cette Paroisse, suivant le dénombrement de l'Election de Paris. Le Sieur Doisy qui en a donné un second en 1745, n'en compte plus que 429. Le Dictionnaire Universel géographique de la France de 1726, qui compte par habitans, y comprenant les communians, marque à Ruel 1934 habitans. Le Bourg est muré et pavé, et est embelli d'une fontaine qui arrose les rues, car il n'y passe aucune riviere que la Seine qui est à un quart de lieue ou environ.

L'Eglise est d'une structure qui n'est aucunement gothique, mais d'une architecture qui vient de celle que l'on commença à mettre en usage en France sous François I et sous Henri II. On y lit à un pilier de la nef une inscription qui porte qu'Antoine premier du nom, dix-huitiéme Roi de Portugal et ses fils, Don Emmanuel et Christophe, étant à Ruel en 1584, y mirent la premiere pierre. Aussi y voit-on leurs armes. Celles du Cardinal de Richelieu sont au portail, qui est d'ordre Dorique et assez bien entendu. Devant ce portail est une petite place assez belle pour la campagne. En bâtissant cette Eglise on a conservé le clocher de l'ancienne, qui se trouvoit placé entre la nef et le chœur sur le milieu de l'édifice : il est de figure octogone, bâti de pierre, et contient quatre grosses cloches. Ce clocher étant resté supporté sur quatre gros piliers pendant la bâtisse de l'Eglise, on a placé vers le nord le chœur et le sanctuaire, qui auparavant étoient du côté de l'orient, et l'on a élevé la nouvelle nef du côté du midi ; de sorte que le portail fait face au soleil vers le point de midi ou d'une heure. On a aussi pratiqué à cet édifice des aîles et trois portes, mais on ne tourne point par derriere le chœur. Saint Pierre et Saint Paul sont Patrons de cette Eglise. Leurs statues qu'on y voit sont du fameux Sarazin. Au côté droit du chœur se lisent les Epitaphes suivantes :

Theodore Choart, Chevalier Seigneur de Buzanval, Enseigne de la Compagnie d'Ordonnance de M. le Prince de Condé ; après avoir rendu preuve de sa vertu, valeur et générosité en plusieurs grandes occasions pour le service du Roi, tant dedans que dehors le Royaume, ayant été surpris de maladie en la ville de la Rochelle, où il avoit été envoyé pour la pacification de cet Etat et repos du peuple, y décéda en l'âge de 39 ans le 22 Avril 1626. Son corps a été porté en ce lieu au tombeau de ses ancêtres où il attend la résurrection.

Eustache Choart, Ecuyer Seigneur de Buzanval, ayant vécu plein d'honneur et de vertu en la crainte de Dieu au fidele service des Rois, rendit heureusement son ame à Dieu le 18 Mars M DC. IX âgé de 66 ans : et gist ici devant près Damoiselle Louise Le Sueur sa femme, avec laquelle il a vécu en si parfaite concorde trente ans et plus, qu'il ne l'a put long-temps survivre. Elle fut le refuge des pauvres et des affligés durant sa vie : et mourut le 27 Février M. DC. VIII. âgée de 66 ans.

Theodore Choart Ecuyer leur fils unique pour témoignage du regret et piété qu'il doit à leur mémoire, a fait cette Epitaphe.

Regist. Archiep.

Il y a eu quelques consécrations d'Evêques faites dans l'Eglise de Ruel au siécle dernier. Le Dimanche 17 Avril 1649, Hardouin de Perefixe y fut sacré Evêque de Rodez par les Evêques d'Aire, de Dol et d'Avranches. C'est le même qui fut depuis Archevêque de Paris.

Chart. S. Magl.
Bibl. Reg. f. 48.

Chart. S. Dion.
Reg. p. 211.

La collation de cette Cure a toujours appartenu *pleno jure* à l'Evêque Diocésain, sans qu'on voie qu'il se soit jamais dessaisi de la nomination ; c'est dont font foi tous les Pouillés Parisiens, à commencer par celui du XIII siécle. En 1308 le *Prêtre de Rueul* avoit une vigne *au terrouer du Mont-Valerian*, pour me servir d'un titre qu'on trouve dans le Cartulaire de Saint-Magloire, où cette vigne est dite tenir d'une part à celle dont cette Abbaye fit un Bail à un homme *de Rueul en Parisi* : et en 1273 l'Eglise de Ruel avoit quatre deniers de rente sur une vigne située à Challevenne.

Saint-Cucufat est une Chapelle qui a subsisté à l'extrêmité de la Paroisse de Ruel du côté de Vaucresson, bâtie sans doute autrefois par les Moines de Saint-Denis, dont l'Eglise conserve des reliques de ce Saint Martyr d'Espagne. Elle est tombée il y a long temps, faute d'entretien, et les ruines sont couvertes d'arbrisseaux. On ne laisse pas cependant d'y aller en pélerinage, et d'y brûler encore quelques bougies. Le peuple l'appelle Saint-Quiquenfat.

En 1566, Jacques Brice, Curé de Ruel, faisant sa déclaration au Doyen de Châteaufort, lui dit qu'il y avoit sur sa Paroisse une Chapelle de Saint-Sulpice dont les Marguilliers s'étoient emparés, et qui étoit sans Chapelain, quoiqu'elle eût un arpent de pré ; c'est encore aujourd'hui une grande et assez belle Chapelle proche l'Eglise Paroissiale.

J'ai vu une collation de la Chapelle Saint-Nicolas du territoire du Mont-Valerien, dite en 1588 *infra limites Parochiæ de Ruelio*. *Reg. Ep.*

Il s'est fait dans le Bourg de Ruel au siécle dernier, un établissement de Filles de la Croix, qui sont comprises, de même que les autres Communautés, au Rôle des Décimes. La Duchesse d'Aiguillon est leur fondatrice. On voit dans les Registres du Parlement de Paris, au 7 Septembre 1656, une confirmation de l'établissement des Sœurs de la Société de la Croix fait à Ruel ; et au 27 Août 1675, l'enregistrement des Lettres-Patentes en faveur des Sœurs de la Congrégation de la Croix, portant confirmation de leur établissement à Paris et au Bourg de Ruel. Ce même lieu fut quelque temps après le berceau d'une Communauté qui est devenue infiniment plus célébre, je veux dire du Monastere de Saint-Louis, établi à Saint-Cyr. Deux Religieuses Ursulines nommées Madame de Brinon et Madame de Saint-Pierre, que la ruine de leur Couvent avoit obligées de se retirer chez leurs parens, s'aviserent de se retirer à Montmorency, et s'y occuperent à élever des pensionnaires. La premiere, qui connoissoit particulierement Madame de Maintenon, vint la voir à Saint-Germain où la Cour étoit vers l'an 1682, et lui fit part de leur situation. Cette visite lui procura plusieurs petites filles que Madame de Maintenon faisoit élever par charité. Mais lorsqu'elle eut vu par elle-même à Montmorency la maniere dont ces Pensionnaires étoient élevées, elle proposa aux deux Religieuses de s'approcher d'elle, et de venir à Ruel, ce qu'elles firent sur la fin de l'année 1682. Madame de Maintenon y loua une maison spacieuse et commode, la meubla, y fit établir une Chapelle et un Chapelain, et toutes les autres choses nécessaires. Elle mit dans cette Maison plusieurs Pensionnaires qui étoient nourries et entretenues à ses dépens ; et l'on prétend que le nombre montoit jusqu'à soixante. Il fallut augmenter le nombre des Maîtresses, nouvelle dépense à laquelle Madame de Maintenon se prêta tout entiere. Lorsqu'elle pouvoit se dérober à la Cour, elle venoit à Ruel et s'occupoit à suivre les Pensionnaires dans leurs exercices, mais ne les trouvant pas encore assez à sa portée, elle songea à les approcher d'elle, c'est-à-dire de Versailles, de sorte que dès le lendemain de la Purification de l'an 1684, on commença a déménager de Ruel pour venir à Noisy, proche le Parc de Versailles, d'où par la suite cette Communauté devenue de plus en plus considérable, fut transferée à Saint-Cyr, et la Mense Abbatiale de Saint-Denis fut employée pour la doter : ce qui fit que ces Dames de Saint-Cyr eurent la

Seigneurie de Ruel, où elles n'avoient demeuré qu'en passant, avec toutes les autres Terres attachées à cette Mense.

La Seigneurie de Ruel ayant été donnée en 873 à l'Abbaye de Saint-Denis, l'Abbé et les Religieux y firent depuis quelques acquisitions et augmentations; on leur fit aussi d'un autre côté des cessions ou donations de ce qui avoit pu être aliéné en différens temps, au X ou XI siécle. Les Rois même se désisterent de ce *Diplom. p. 427.* qu'ils y avoient retenu, Louis-le-Gros, par exemple, en 1113, du *Doublet, p. 852.* droit de Coûtume qu'il avoit dans les vignes, et en 1122 il remit le muid de vin et les douze écus qu'il avoit à y recevoir. Guillaume *Chart. S. Dion.* Bateste et Marguerite, sa femme, céderent au Monastere en 1186 *Reg. p. 211.* ce qu'ils avoient *in tensamento Ruolii* : c'étoit une redevance pour *Ibid. p. 473.* le droit de protection. Robert de Croicy donna en 1206 tout le *ex litt. Odon.* domaine qu'il avoit entre Ruel et la Celle, ce que Roger de *Ep. Par.* Villedavray confirma comme Seigneur de ce canton. Bouchard, *Hist. de Montm.* Seigneur de Marly, fit présent en pure aumône l'an 1209 de tout le *Preuv. p. 396.* domaine qu'il possédoit à Ruel, et du fief que Pierre de Courbevoye y tenoit de lui : il permit même aux Moines d'acheter, s'ils pouvoient, tout ce que les habitans de Sévre et autres y tenoient *Chart. S. Dion.* de lui. En 1217 la Voirie de Ruel fut vendue au Monastere par *Reg. p. 473.* Payen de Ruel, ce que le Roi confirma à Paris par Lettres du *Ibid., p. 487.* mois de Novembre. En 1232 l'Abbaye acheta de Radulf *de Serenis* Chevalier et d'Agnès, sa femme, des prés situés sur le fief de *Ibid., p. 469, ex* Simon de Poissy. En 1238 Berenger, dit l'Avare, Maire de ce lieu *litt. Guill. Ep.* pour l'Abbaye de Saint-Denis, vendit avec Heloïse, sa femme, *Par. et p. 489.* une rente de dix sols, aux Religieux de ce Monastere, et en 1241 ils acheterent de lui sa Mairie, du consentement de Guillaume son fils : ce qui semble marquer que ces charges étoient héréditaires. Le nom de ce Maire a été long-temps reconnoissable en ce lieu, *Chart. S. Dion.* dans un bien qui s'appelloit Bois Berenger. En 1239 Robert de *Reg. p. 489.* Vignoles, *de Vineolis*, Chevalier, vendit à Saint-Denis le cens qu'il avoit sur des terres et vignes situées entre Ruel, La Celle et Bois *Ibid., p. 493.* Berenger. En 1249 G..., Abbé de Tiron, traitant pour le Prieur de Jardies, qui est de sa dépendance, échangea la petite portion de la dixme de vin que ce Prieur avoit à Ruel, et d'autres biens ailleurs, pour du méteil et de l'avene à recevoir dans la grange *Ibid., p. 25.* de l'Abbé de Saint-Denis au même lieu. On place à l'an 1254 l'acquisition de Fouilleuse, et à l'an 1265 une acquisition de cens vendus par André de Feneste, Ecuyer. Je ne parle pas de la Justice qui fut reconnue en 1270 appartenir à l'Abbaye de Saint-Denis dans tout son terrain et ses hôtes de Ruel, de même que le Seigneur de Marly l'y avoit sur le sien et sur ses hôtes dans la même Terre. Je ne m'arrête pas non plus à l'acquisition du Cimetiere de Ruel, qu'on lit dans l'ancien Nécrologe de Saint-Denis avoir été faite par Haimeric, Prieur du même Monastere pour le bien du Couvent. Ce fut apparemment dans le temps que ce Cimetiere cessa d'être d'usage à cause de son éloignement de l'Eglise. L'Abbaye de Saint-Denis jouissoit de la Terre de Ruel depuis huit cens ans, lorsque Henri de Lorraine, qui en étoit Abbé, en fit l'échange avec le Cardinal de Richelieu l'an 1635 pour douze mille livres de rente : je rapporterai ci-après les changemens que ce Cardinal y fit. Après sa mort Armand de Bourbon, Prince de Conti, étant Abbé, fit la révocation de cet échange. Les Abbés continuerent donc d'en jouir jusqu'à ce que la mense Abbatiale fût attribuée à la Communauté Royale de Saint-Cyr. *Necrol. S. Dion. ad calcem. Hist. S. Dion. XV Cal. Oct.*

Gall. Chr. T. VII, col. 414.

On remarque que dans ces siécles lorsqu'un Ecclésiastique prenoit à rente de quelque Communauté une vigne ou autre bien, afin qu'il parût que ce bien n'étoit pas attaché à son Bénéfice, on marquoit dans les actes qu'il n'en jouissoit que comme séculier ; on se servoit même dans les baux de ces mots : *tanquam laïcus,* ou bien *laïcaliter.* J'en trouve deux exemples au sujet de quelques vignes situées à Ruel : l'une, possédée en 1245 par Girard, Prêtre (c'est-à-dire Curé) *de Serenis;* l'autre, par Jean, Prêtre de Saint-André de Paris en 1249. Ces deux Curés sont dits posséder ces vignes sur la censive de Ruel comme laïques ou laïcalement. *Chart. S. Dion. Reg. p. 492 et 502.*

Il ne paroît point en quel temps les habitants de Ruel furent affranchis. Il est vraisemblable que ce fut au XIII siécle, de même qu'un grand nombre d'autres Bourgs ou Villages. Les Abbés de Saint-Denis n'eurent garde d'être des derniers à accorder cette manumission, qui étoit si agréable à Saint Louis et à sa mere Blanche. On voit que dès l'an 1224 ils y affranchirent un particulier pour services rendus, ce que le Roi confirma à Saint-Germain-en-Laye au mois de Février de la même année. Il est certain que l'Abbé Matthieu de Vendôme fit exempter cette Terre du droit de gîte qu'elle devoit chaque année au Roi. Les Lettres de cette remise de procuration furent données à Melun, au mois d'Octobre 1258, par Saint Louis qui y étoit alors. Ce lieu se ressentit d'une grande infortune en 1346. Les troupes du Roi d'Angleterre, après avoir pillé Saint-Germain-en-Laye, vinrent en faire autant à Ruel. M. Lancelot assure qu'il est parlé de Ruel en 1392. *Ibid., p. 494. Vie de S. Louis par un Cordelier Contemporain chap. IV. Doublet, p. 990. Continuat. chr. Nangii.*

Entre les différens cantons du territoire de Ruel connus au XIII siécle, les uns sont devenus célèbres par la suite, les autres sont restés dans leur premiere obscurité. Dans l'Enquête qui fut faite en l'an 1218 au sujet des Novales, on reconnut qu'il y en avoit *in Valle surda.... ad Fossauz* et *apud Goteriam.* Besenval et Valhendre sont mentionnés en 1224 ; Aubeterre proche Ruel dès l'an 1230 ; Bois-Berenger pareillement dès la même année ; la *Chart. Ep. Par. Bibl. Reg. fol. 67. Chart. S. Dion. Reg. p. 476.*

<small>Chart. S. Dion. Reg. p. 482.</small>
<small>Ibid., p. 491, 495 et 503.</small>
<small>Ibid., p. 492.</small>
<small>Sauval, T. III, p. 326.</small>

Malmaison dès 1244. Fouilleuse étoit déja ancien en 1254, et Feularde étoit connu dès 1262. Le Cartulaire de Saint-Denis qui fournit ces observations, ne désigne point le nom du bien situé à Ruel qui fut donné en 1229, par Isabelle de Champigny, veuve d'Hellouin de Meulent, Chambrier du Roi, aux héritiers de son *Harmarius* décédé. Un Compte de la Prévôté de Paris marque que Jean Jouvenel avoit à Ruel, entre 1420 et 1430, des vignes qui devoient dix livres de rente à l'Abbaye de Saint-Denis : et les Mémoriaux de la Chambre des Comptes portent qu'en 1440, le Roi Charles VII donna à Jehan Lebeuf et Marie Du Fresne, sa femme, les biens de Claire et Eléonore, sa sœur, sis à Ruel. Je vais parler en particulier de quelques-uns des lieux nommés ci-dessus.

BUZENVAL s'appelloit Besenval sous le regne de Louis VIII, et peut-être auparavant disoit-on Bosonval, car le nom de Boson étoit fort commun autrefois parmi les Seigneurs; toujours il est sûr que Buzenval n'est pas le même que Bougival, qui est une Paroisse voisine, et il ne faut pas s'y méprendre, comme a fait M. de Valois. On a vu ci-dessus dans le présent article, qu'un des favoris de Charles-le-Chauve portoit le nom de Boson. Comme ce Prince donna Ruel à l'Abbaye de Saint-Denis, il put en excepter le vallon dont il avoit gratifié Boson, lequel vallon, à cause de sa situation, aura été appelé la vallée de Boson ou Bosonval. Ce lieu est sur le chemin de Ruel à Garches, dont il est séparé par une montagne, sur laquelle est un petit bois et le Château au-dessous. Les Religieux de Saint-Denis marquerent dans leur Cartulaire à l'an 1224, que Pierre Tusquin, affranchi en vue des services à eux rendus, leur devoit pour sa Maison de Bezenval cinq sols, à cause de cinq arpens de pourpris qu'il avoit proche cette Maison, et cinq sols pour six arpens de vigne aussi situés à Bezenval. En 1375, cette Maison de Bezenval étoit un manoir appartenant à Jean Le Voirrier, Secrétaire du Roi et de la Duchesse de Bretagne, des dépendances duquel étoit un petit bois appellé le Bois Jean Ogier, situé entre les terres de ce manoir, contenant environ vingt arpens. Ce possesseur fit exposer par la Duchesse de Bretagne au Roi Charles V, que sans sa permission il n'osoit chasser les bêtes qui s'y retiroient. Ce Prince considérant que ce bien étoit à deux grandes lieues de la Forêt de Laye, qui est la plus prochaine, et même que de l'autre côté du chemin qui va de Saint-Cloud à Vaucresson et qui touchoit aux terres de ce manoir, toutes personnes pouvoient chasser, lui accorda tout privilége, franchise et noblesse perpétuelle de garenne en son bois tant de conis comme de cerfs, biches, sangliers, pouvoir de chasser avec chiens, tendre cordages et filets en son bois et ès terres et

<small>Notit. Gall. p. 410, col. 2.</small>

<small>Trés. des Chart. Reg. 107, Piéce 181.</small>

bruyeres voisines, et poursuivre les bêtes hors du bois de la Forêt de Laye. Les Lettres sont datées du 25 Juillet 1375, au Bois de Vincennes. Cent cinquante ans après, cette Seigneurie fut possédée par Charles Choart, Greffier des Aydes de Soissons, c'est-à-dire vers l'an 1520, et ses descendans en jouirent après lui. Celui d'entre eux qui le possédoit en 1567, du temps des guerres des Huguenots, résidoit à Paris. Ce Château qui étoit fort, tomba entre leurs mains au mois d'Octobre de cette année-là de la maniere suivante. La Popeliniere en fait ainsi la description : « C'est un Château de garde et de plaisir, distant de trois lieues « de Paris, plus de demi-lieue de Saint-Cloud... assis en plaine « un peu penchante vers Ruel en Parisis, composé de quatre « corps d'Hôtel formés en pavillons quarrés, flanqués néanmoins « d'une tourelle à chaque encognure, bien percée pour la défense « des courtines, fournie au reste de grands fossés à fond de cuve « remplis d'eau, et au surplus remarqué d'un bois de haute-futaye « que le taillis suit, le tout clos de murs en forme de parc. » Le Fermier du Seigneur qui gardoit seul ce Château, apprenant qu'Argentueil venoit d'être pris, se transporta à Saint-Denis pour avoir une sauvegarde à la défense de Buzenval. Mais le Prince de Condé ayant été averti de la force et de la commodité de cette place, et que les vivandiers et pourvoyeurs de Paris ne pouvant plus passer au bac de Neuilly que ses gens avoient descendu à Saint-Ouen, venoient à Paris par Buzenval et Saint-Cloud, offrit une Sauvegarde à ce Fermier et lui promit de l'aider de six Gentils-hommes qui défendroient le Château contre tous. Deux heures après six des Confédérés y entrerent et se saisirent des clefs, portes et avenues. Le Prince y envoya le Lieutenant Amanzay, puis quarante hommes pistoliers ou arquebuziers qui arrêterent quelquefois par jour plus de deux cens charges de provisions destinées pour Paris, d'où vint que les Parisiens manquant de vivres, crierent contre les Voleurs de Buzenval.

Ce Château fut repris depuis, mais nous ignorons comment. Il fut possédé à la fin du seiziéme siécle et au commencement du dernier, par Eustache Choart, dont l'Epitaphe est ci-dessus, puis par Theodore Choart, Envoyé à la Rochelle pour pacifier les troubles, lequel y mourut en 1616. Il est inhumé à Ruel. Il avoit épousé Magdelene Potier, fille de Nicolas Potier, Président au Parlement, décédée en 1671, aussi inhumée à Ruel. André Choart, Lieutenant Général des armées du Roi, jouit ensuite de la Terre de Busenval, et la céda à ses deux fils. Je trouve en effet qu'en 1648, cette Terre étoit possédée par Henri de Buzenval. André repose auprès de ses ancêtres dans l'Eglise de Ruel. On peut voir dans les Dictionnaires Historiques ou Généalogiques les autres illustres

Hist. des Gr. Off.
T. II, p. 306.

La Popeliniere,
liv. XII, p. 25.

Hist. des Gr. Off.
T. II, p. 307.

du nom de Busenval, dont un des plus célébres a été l'Evêque de Beauvais, Nicolas Choart, mort en 1699, duquel il y a une Vie imprimée à Paris en 1717. André Choart, Seigneur de Buzenval, Lieutenant Général des armées du Roi, mourut le 19 Juillet 1717. Il avoit eu d'Angelique Amat de Poëtmort Guillaume Choart, Marquis de Buzenval, Chevalier de Saint Louis, Brigadier des Armées du Roi, décédé le 21 Février 1742, âgé de 80 ans.

<small>Merc. Fév. 1742, p. 407.</small>

BOIS BERENGER et AUBETERRE sont connus par les mêmes actes, qui sont des années 1230 et 1234, et Bois Berenger est le lieu qui y est principalement nommé. Il y avoit en ce lieu une Maison forte et un étang. Dans le Traité que Pierre, Seigneur de Marly, fit en 1230 avec l'Abbé et Couvent de Saint-Denis, ce Seigneur reconnut qu'ils avoient fort bien pu construire cette Maison forte sur leur territoire de Bois Berenger. Il ajoute qu'il avoit reconnu devant le Roi, qu'il n'avoit aucun droit de chasser sur tout ce même territoire, et ce qui est encore plus, il accorda que le fief que Robert de Vignoles, Chevalier, tenoit de lui, consistant en terres, vignes et prés situés entre l'étang de Bois Berenger et Aubeterre proche Ruel, fût désormais tenu de Saint-Denis.

<small>Chart. S. Dion. Reg. p. 268 et 499.</small>

LA MALEMAISON. C'est ici l'un des lieux qui tire sa dénomination de l'arrivée des Normans au neuviéme siécle. Comme ils débarquerent dans ces cantons-là, et que leur arrivée y fut très-fatale, il en resta les noms de *Malus portus, Mala Mansio,* et peut-être aussi *Malus repastus.* Ce que les titres de Saint-Denis fournissent sur ce lieu, qui est sur le bord de la Seine, est qu'en 1244 ce n'étoit qu'une simple grange appellée *Mala domus* en latin et l'occasion qui en fait parler, c'est qu'il y avoit devant cette grange un clos nommé Rostiz, sur lequel le Chapitre de Saint-Thomas du Louvre avoit dix mesures (*modios*) de vin, et dix-huit sextiers de méteil, donnés par feu Hugues de Meulant, pour la fondation d'une Prébende ; ce que l'Abbaye de Saint-Denis avoit confirmé en main-morte moyennant vingt sols de rente. M. de Valois fait un *vicus* de ce lieu de la Malemaison. C'eût bien été assez de le qualifier de *viculus.* En 1622, Christophe Perrot, Conseiller au Parlement, étoit Seigneur de ce lieu. On trouve dès le quatorziéme siécle des hommages de ce fief rendus à l'Abbaye de Saint-Denis, et que Guy, Abbé, a donné le même lieu aux Abbés de Saint-Denis, à la charge de son Anniversaire.

<small>Chart. S. Dion. Reg. fol. 491.</small>

<small>Notit. Gall. p. 492, col. 2.</small>

<small>Reg. Ep.</small>

FOUILLEUSE seroit mieux dit Feuilleuse, puisque des anciens titres latins du treiziéme siécle l'appellent *Foliosa.* Ce lieu situé à un quart de lieue de Saint-Cloud, fut vendu à l'Abbaye de Saint-Denis en 1254, par Radulf de Puteaux, Chevalier, et sa

<small>Chart. S. Dion. Reg. p. 495.</small>

femme Eustache, avec trois arpens de terre à Longe-roie, desquels biens une partie étoit dite située en la censive de Robert de Richebourc, Chevalier. A peine y avoit-il quatre ans que l'Abbé et les Religieux en jouissoient, que la Reine Marguerite, épouse de Saint Louis, les pria de la céder ou donner à bail à Geoffroy de Saint-Benoît, son Clerc ; ce qu'ils firent. Voilà deux fragmens du Cartulaire de Saint-Denis sur ce lieu. Il en fait encore mention à l'an 1271, en nommant deux cantons de ce lieu, l'un dit Li tone, l'autre désigné par cette périphrase : *in brito culturæ de Fouilleuse versus Ruolium.* L'Historien de la Chancellerie de France a eu occasion de parler du même lieu. Il rapporte qu'en 1666 les Mousquetaires ayant eu leur département à Ruel, les Marguilliers de la Paroisse donnerent des billets pour faire loger une partie de ces Mousquetaires dans le lieu de Fouilleuse ; le Sieur des Ruelles, Secrétaire du Roi, à qui cette Maison appartenoit, s'étant plaint que cela étoit contre les priviléges de sa Charge, sa Majesté fit expédier aux Mousquetaires ordre de déloger, et aux Marguilliers ordre de les loger ailleurs. Avant le Sieur Adrien des Ruelles, Fouilleuse avoit appartenu à Gilles le Mesnier, Conseiller au Parlement en 1602 ; et, depuis la mort du même des Ruelles, M. de Nueil, Trésorier du Parlement, a possédé ce Château. Il en jouissoit en 1699.

Chart. S. Dion. Reg. p. 499, ad an. 1258.

Ibid., p. 510.

Hist. de la Chancellerie de France, p. 611.

Reg. Archiep. 30 Sept. 1602, 4 Mai 1658, 17 Juin 1699.

FEULARDE qui n'est point marqué dans les Cartes des environs de Paris, étoit au treiziéme siécle une grange appartenante aux Religieux de l'Abbaye de Saint-Denis, située entre Ruel et Saint-Cloud. Les Chanoines de Saint-Denis-du-Pas, proche Notre-Dame de Paris, avoient une censive dans le même canton, et l'Abbaye leur devoit pour sa grange dix-neuf deniers de cens. Les Chanoines firent en 1262 un échange de ces dix-neuf deniers pour douze sols Parisis assis sur une Maison devant l'Abbaye, lequel échange ils firent autoriser par Geoffroy, Doyen, et par le Chapitre de Paris.

Chart. S. Dion. Reg., p. 503.

LAISTRE, fief à Ruel au quinziéme siécle, appartenoit en partie à l'Abbaye de Saint-Denis.

LA PALÉE, autre fief, et celui de la Tour quarrée.

Je finirai cette Description de Ruel, par ce qui en est dit dans le Supplément de Du Breul. L'Auteur qui le fit imprimer en 1639, qualifie Ruel du titre de Ville, et pour prouver qu'elle est de quelque considération, il ajoute qu'elle s'est rendue mémorable par la belle Maison du Sieur Moisset, qu'il dit être délicieuse pour tout ce qu'elle renferme, par son bois, ses fontaines, allées, parterres, galeries, cabinets. Il oublie de spécifier les qualités du possesseur. Il continue en disant que cette ville de Ruel a commencé à être très-fréquentée depuis que le Cardinal de Richelieu

Suppl. de Du Breul, p. 88.

l'a choisie pour son séjour ordinaire. Il se contente ensuite de dire qu'il en a fait raccommoder le Château, augmenter les jardins de quantité de belles allées, vergers, parterres, bordures, statues, peintures, fontaines, grottes, et que par la raison que les plus grandes affaires de France se traitoient à Ruel, la plupart de Messieurs du Conseil y avoient acheté ou fait bâtir des logemens.

Dujau Canonic. Carnot.

Bullart, T. I, Acad. des Sciences.

D'autres Ecrivains ont observé que les jardins du Cardinal étoient dans le goût Italien ; que c'étoit où avoient commencé en France les cascades, nappes d'eau, jets d'eau ; que les peintures du Château étoient de Simon Vouet, excellent peintre de Paris. Ce Château étoit situé dans le bourg de Ruel même, et il paroît, par le continuateur de Du Breul, que ce pouvoit être l'ancien Château Seigneurial des Abbés de Saint-Denis. Le Cardinal avoit fait abbattre une partie des murs du Bourg pour étendre ses jardins dans la campagne. Il faudroit transcrire ici une grande partie de la Vie imprimée de ce Cardinal ou de l'Histoire de Louis XIII, si j'entreprenois de rapporter et d'indiquer même toutes les affaires importantes qui ont été traitées dans cette Maison de Ruel. On sçait, par exemple, que vers l'an 1630 il y fut tenu une Conférence avec le Parlement et la Ville de Paris ; que le Maréchal Louis de Marillac fut renfermé à Ruel durant le temps qu'on instruisit son procès, et que le 8 Mai 1632, les Commissaires assemblés en ce lieu le condamnerent à perdre la tête. Le Cardinal, au reste, n'y étoit pas continuellement occupé des affaires de l'Etat. Il s'y

Niceron, T. II, p. 308.

adonna aussi à la Littérature : il y lut entre autres ouvrages les deux derniers regnes de l'Histoire de France, par Duplex, et même y revoyoit les épreuves.

Ce fut à Ruel que mourut le fameux Pere Capucin Joseph Leclerc, le 18 Novembre 1638, âgé de soixante-un ans, après avoir été nommé au Cardinalat. Il y mourut aussi vers le même tems et

Sauval, T. II, p. 153.

dans le même lieu de Ruel, un Aventurier qui se disoit le Roi d'Ethiopie, appellé *Gaza Christ,* qui y étoit venu trouver le Cardinal, et dont ce Ministre ne tint pas grand compte. On composa aussi-tôt en ces quatre vers l'Epitaphe de ce prétendu Roi :

> *Cy gist du Roi d'Ethiopie*
> *L'original ou la copie.*
> *La Mort a vuidé le débat*
> *S'il fut Roy ou s'il ne le fut pas.*

Patiniana (page 61), on lit que le Pere Louis Jacob l'avoit vu et fréquenté à Rome, ne doutant pas qu'il ne fût véritablement Prince d'Ethiopie.

Après la mort du Cardinal de Richelieu, cette belle Maison appartint à la Duchesse d'Aiguillon, sa niéce, à laquelle il l'avoit léguée par son testament du 23 Mai 1642, et pendant la minorité de Louis XIV, la Reine Anne d'Autriche, sa mere, y vint encore quelquefois. La Cour s'y retira précipitamment en 1648. Elle y étoit encore en 1649, lorsque la Reine y eut une Conférence au mois de Mars avec les Députés du Parlement. *Hist. du Cardin. de Richel. par Aubery, p. 622.*

En fait de Chartes anciennes, on trouve des Lettres du Roi Charles-le-Bel datées de Ruel, le 20 Mai 1326. *Liber. assign. Parlam.*

On est ensuite long-temps sans rien trouver dans notre Histoire sur cette Maison de Ruel. Le Mercure de l'an 1685 nous apprend que le Roi Louis XIV s'étoit proposé de venir le voir cette année-là, et que le Duc de Richelieu s'attendoit d'avoir l'honneur de l'y recevoir : mais comme le plus agréable régal de la Fête devoit être le modele de la Statue équestre de ce grand Prince, et qu'il falloit du tems pour transporter et mettre en état une figure d'un caractere le plus extraordinaire qui cût jamais été, le départ de Sa Majesté pour Chambord rompit toutes les mesures de ce Duc. *Merc. Oct. 1695, p. 3.*

On peut voir dans Zeiller quelques représentations des beautés des anciens jardins de cette Maison, entre autres celle de l'Orangerie, figurée comme un arc de triomphe, et celle de la Cascade et de la Grotte. *Topographie de France 1655, T. I.*

C'est au-dessus de cette grotte que fut élevée la Statue équestre dont je viens de parler ; le cheval ne portoit que sur les deux pieds de derriere, et elle étoit dans un équilibre si juste, que d'un doigt seul on la faisoit mouvoir. L'inscription Latine qui devoit l'accompagner, commençoit ainsi : *Ludovico Magno Ludovici Justi filio, etc.*, et finissoit par ces mots : *Armandus Richelii Dux : Armandi Cardinalis heres, et ejus pro gloria Principis æmulator hoc obsequium amoris perenne monumentum venerabundus posuit M DC LXXXV.* On composa aussi alors ces vers, sur la fin desquels le Sieur Gobert Sculpteur n'est pas oublié :

> *O vous qu'un desir curieux*
> *Amene dans ces lieux*
> *Qui délassoient Armand de ses profondes veilles,*
> *Apprenez, en voyant de si rares merveilles,*
> *Que si Louis-le-Grand charme votre regard*
> *Par son admirable figure,*
> *Un chef-d'œuvre de la nature*
> *Ne demandoit pas moins qu'un chef-d'œuvre de l'art.*

Le Duc et la Duchesse de Richelieu entretenoient encore ce Château avec deux Chapelles en 1697, ainsi qu'il paroît par la permission qu'ils eurent le 5 Juin d'y faire célébrer. *Reg. Archiep.*

Le Sieur Piganiol marque dans sa Description des Environs de Paris, que l'un des héritiers du nom du Cardinal de Richelieu a vendu depuis cette Maison à un homme d'affaires, qui en a *T. VII, p. 264.*

entierement changé la face, en mettant à profit ce qui auparavant n'étoit destiné qu'à l'agrément et au goût.

Ce nouveau Château appartient maintenant aux Ursulines de la grande Communauté de Saint-Cyr, qui sont Dames de Ruel, ainsi que j'ai déja dit.

<small>Piganiol.</small> La Description des environs de Paris finit le peu qu'elle dit sur Ruel, en remarquant qu'il y a encore quelques Maisons particulieres qui sont assez propres, entre autres celle qui a appartenu à feu Waldor, Résident de l'Electeur de Cologne. Ce fut de ce Waldor que Louis XIV eut les premiers marronniers d'Inde qui parurent à Marly.

On y voyoit aussi, il y a quelques années, dans une belle Maison bâtie par les Léonard immédiatement après la porte du Bourg qui conduit à Marly, et appartenante depuis à M. Chardon qui avoit épousé une Léonard, l'inscription suivante disposée en style lapidaire dans le vestibule :

Imperante Ludovico Magno Regum Maximo Fredericus Leonard pater et Fredericus filius ambo Regis et Serenissimi Delphini Primarii Tipographi has rusticas ædes urbani laboris sublevamento à fundamentis erexerunt anno repar. sal. M. D. CC.

On dit que cette Maison appartient maintenant à l'Intendant de M. le Comte d'Argenson.

BOUGIVAL

Ce qui doit persuader de l'antiquité du nom de Bougival, est la signification de ce nom. Boi et Bog signifioient anciennement des concavités. Il est de notoriété que la montagne voisine de ce lieu a été trouvée propre à fournir de la craye, ou de la pierre tendre ; de sorte qu'après que l'on en a eu tiré, il est resté des creux ou des concavités, qui ont fait surnommer cette vallée, la vallée des <small>Voy. Dict. Etym.</small> Boges. Je n'ajouterai point que ces creux ou cavités ont servi par <small>Menage</small> la suite de retraite aux pauvres gens, et que c'est peut-être par où <small>au mot *Bouge*.</small> le Village a commencé. D'en dire le temps, ce seroit vouloir deviner. Il est sûr que nous trouvons Charlevanne qui est de cette Paroisse, habité avant Bougival, puisqu'il y a des monumens qui en font mention dès le IX siécle. Le premier est un Diplome par lequel Louis-le-Débonnaire déclare que son bisayeul Charles Martel, pere de Pépin, ayant fait construire une pêcherie dans la Seine, sur le territoire de Ruel, dans le pays du Pincerais, il donne cette pêcherie au Monastere de Saint-Germain-des-Prés et à son Abbé Irminon. Il est vrai que le nom de Charlevanne ne se trouve point dans cette Charte, mais la chose signifiée par ce nom y est ; car *piscatoria* et *venna* sont synonymes. Aymoin qui écrivit sur la fin de ce même siécle les ravages des Normans autour de Paris, se servit du mot *Karoli-venna*, qui équivaut à *Karoli-piscatoria*. On voit par tous les titres depuis ce temps-là et par les anciennes Cartes, que ce Charlevanne étoit le même lieu qu'on appelle aujourd'hui la Chaussée, hameau de Bougival situé sur le bord de la Seine, à une portée de mousquet de l'Eglise de ce Village. En même temps il est aisé de reconnoître que ce lieu dit Charlevanne étoit réputé sur le territoire de Ruel, lorsque Charles Martel y édifia la pêcherie qui prit son nom. Ainsi on doit dire que Bougival n'étoit pas encore érigé en Paroisse, et qu'il dépendoit de Ruel.

M. de Valois a cru que Buzenval et Bougival étoit un seul et même lieu, dont le nom étoit différemment prononcé ; mais il s'est trompé. Buzenval est un lieu de la Paroisse de Ruel très-différent de Bougival, dont le nom n'a jamais été altéré comme il l'a pensé. Ce nom se trouve toujours dans les anciens titres écrit ou Bogeval, ou Bogival, ou Bogevaux. Dans un titre latin du XIII siécle, il y a *Buchivallis*. Quelquefois dans d'autres titres latins du même siécle, on a mis *Bachivallis,* ou *Bacchivallis* comme si c'eût été une vallée particulierement consacrée à Bacchus ; mais cette étymologie est faite au hasard, de même que celle de *Villa Cereris*, pour dire Viceour. On ne sçait sur quoi les Auteurs du Martyrologe de Paris se sont fondés, pour appeler ce lieu en latin *Burgi vallis*. Ce mot ne se trouve dans aucun titre, et jamais on n'a dit ni écrit en françois Bourgival.

Notit. Gall. p. 410, col. 2.

Martyrol. Par. an. 1727, ad 5 Maii.

Cette Paroisse est à trois lieues de Paris vers le couchant, et à une de Saint-Germain-en-Laye. C'est un pays assez couvert d'arbres fruitiers et autres outre les vignes. Il y a des prairies, beaucoup d'eau très-saine. On y trafique en craye qu'on tire de dessous les montagnes, et dont, après les avoir fait tremper, on forme des boules oblongues en maniere de blanc d'Espagne. Il y a eu aussi une Briqueterie sur le bord du grand chemin ; mais elle a duré fort peu de temps. L'ancien Dénombrement de 1709 marque 139 feux en ce lieu : celui du Sieur Doisy de l'an 1745 en marque 125. Le Dictionnaire Universel qui fut imprimé en 1726, témoigne qu'il y avoit alors 563 habitans.

L'Eglise est sous le titre de la Sainte Vierge. L'Assomption est la Fête principale ; mais comme il est arrivé à plusieurs Eglises de ne se pas contenter de cette Fête de Notre-Dame, à cause qu'elle est commune à tous les autres lieux, on s'est déterminé pour Saint Avertin, qu'on regarde comme second Patron, et dont on chomme la Fête le 5 Mai, qui est le jour de celle d'un saint Chanoine Régulier de ce nom, mort à Venzey en Touraine l'an 1189. On y en conserve, dit-on, une relique ; mais il n'y a pas de preuve que la vénération de ce Saint à Bougival ait commencé autrement que par une Confrérie, car on n'apperçoit aucun rapport entre l'Abbaye de Bénédictins de Saint-Florent de Saumur, qui revendiquoit au douzième siècle l'Eglise de Notre-Dame de Bougival, et Saint Avertin qui étoit d'un Ordre tout différent. On ignore sur quel fondement ce Monastere s'attribuoit ces prétentions. Il paroît seulement que Philippe qui fut fait Abbé de Saint-Florent en 1156, engagea le Pape Adrien d'écrire à l'Evêque de Paris de ne point surcharger les Eglises des Bogevaux et de Gometz, appartenantes à son Monastere, et de ne point empêcher les Religieux de présenter des Prêtres pour les Eglises de son Diocése dont son Abbaye avoit la nomination. L'Eglise de Bou-

Tabul. S. Flor. Salmur. gival ne se trouve point parmi celles dont la Bulle de Calixte II de l'an 1122, leur accordoit la confirmation, mais elle est dans celle du Pape Urbain III, de l'an 1186, en ces termes : *Et Sanctæ Mariæ de Bougivalle*. Eudes de Sully, Evêque de Paris, fut en contestation à ce sujet avec Michel, Abbé de Saint-Florent. Il alléguoit pour ses raisons que Maurice, son prédécesseur et lui, avoient pourvu plusieurs fois à la Cure *pleno jure*. L'Abbé se rendit enfin,

Chart. maj. Ep. Par. fol. 180. et dans le doute, il abandonna en 1204 à l'Evêque de Paris tout le droit qu'il pouvoit avoir dans cette Eglise. Ainsi la Cure de Bougival fut mise au Pouillé dressé durant le cours du même siécle, au rang de celles où l'Evêque pourvoit de plein droit. L'Ecrivain la désigne simplement sous le nom françois *Bogival*. Jean, Curé de ce lieu, fonda vers l'an 1210 une Chapelle à Champigny-sur-Marne, suivant l'Histoire de Saint-Martin-des-Champs (page 482).

Hist. de Montm. Preuv., p. 408. En 1234, le Curé de cette Eglise étoit Doyen du canton, suivant des Lettres de l'Evêque Guillaume. Tous les Pouillés qu'on a dressés depuis ont marqué la même chose sur la collation. Le Pelletier l'a oublié dans le sien de 1692, qui est le dernier imprimé.

L'édifice de l'Eglise de Bougival ne laisse pas que de désigner par sa construction antique, que quelque Abbaye a contribué à l'élever, et en ce cas ce ne peut être que celle de Saint-Florent de Saumur. A la vérité, cette Eglise est petite, mais très-solidement bâtie, le chœur paroît être de la fin du douziéme siécle. Il est étroit, ainsi qu'on les bâtissoit alors, mais voûté, aussi-bien que le sanctuaire, au-dessus duquel est élevée une belle pyramide de pierres taillées en écailles ; les arcs sont en demi-cercle sans pointe et quatre petits pavillons de pierre en ornent les quatre coins. La nef, quoique seulement lambrissée, a des galeries bouchées et des colonnades qui sont au plus tard du treiziéme siécle. L'Eglise a aussi deux aîles terminées par des Chapelles bâties également dans le même siécle; dans le bout occidental de l'aîle méridionale est une Epitaphe sur du marbre blanc, laquelle porte ces mots :

Cy gissent honorables personnes Sieur Rennequin Sualem seul Inventeur de la Machine de Marly, décédé le 29 Juillet 1708 âgé de 64 ans: et Dame Marie Nouelle son épouse, décédée le 4 Mai 1714 âgée de 84 ans.

Au portail de cette Eglise placé dans la même aîle et regardant le midi, est la statue d'un Saint Evêque, laquelle paroît d'une construction du XII siécle ou même du XI, et qui a un nimbe derriere la tête. De la main gauche il tient un livre ; le bras droit a été cassé, et on n'y voit point de crosse. Il n'est pas aisé d'indiquer le nom du Saint Evêque représenté à cette porte collaterale. La Chapelle de Saint-Avertin que l'on invoque contre les maux de tête, est dans le fond du même côté, et l'on y voit son buste de bois doré élevé au-dessus du retable avec une capsule de reliques sous ce buste: mais la principale est un morceau de son chef renfermé dans la tête de cette figure et qu'on apperçoit sous un cristal. Je penserois que cette statue placée du même côté, pourroit être celle de Saint Aventin, qui après avoir été Archidiacre de Chartres, gouverna l'Evêché comme Chorévêque du vivant de Saint Souleine, Evêque, et qui ensuite lui succéda. Il mourut l'an 528. Il y a lieu de croire que durant son administration du Diocése de Chartres en qualité de Chorévêque, il vint quelquefois dans le Pincerais où Bougival est situé : car les Chorévêques Parisiens ou Chartrains étoient fort attentifs à ce territoire, où les deux Diocéses sont entremêlés. Il y aura pu opérer quelques miracles, dont le souvenir aura déterminé à lui ériger une statue. A Châteaudun où son tombeau est dans l'Eglise de Saint-Médard, il est invoqué contre les maux de tête. Mais par la suite des temps, la ressemblance des noms Aventin et Avertin aura fait confondre l'un avec l'autre ; ensorte que Saint Avertin est regardé aujourd'hui comme second Patron de Bougival, et qu'il y a une Confrérie en son honneur. Au reste Saint Aventin, Evêque de Chartres, se trouve au 4 de Février dans les additions au Martyrologe de l'Eglise de Paris imprimé en 1727 ; mais ce n'est qu'un jour choisi à l'occasion de Saint Aventin de Troyes, qui mourut sûrement le 4 Février.

Le Pouillé du XIII siécle contient cet article dans les additions au Doyenné de Châteaufort : *Capella in Ecclesia de Bogival*, et par renvoi écrit au quatorziéme : *Capellania fundata in Ecclesia de Bougivalle habet pro redditibus, videlicet IX libras in pecun. Item arpentum et dimidium vineæ. Item duo arpenta et dimidium*

<small>Voyez ce que j'en dis sur Nanterre.</small>

<small>Bolland. ad 5 Febr.</small>

terræ cum nucibus qui vocantur Noëroie. Item est ibi domus cum jardino ubi manet Capellanus. Item ornamenta et vestimenta omnia capellæ. L'Auteur de ce détail auroit bien dû nommer le Saint titulaire de cette Chapelle. On ne la trouve dans aucun Catalogue depuis ce temps-là.

Les anciens monumens fournissent peu de Chevaliers du nom de Bougival. Il y en eut un du temps de Saint Louis, qui se nommoit Adam de Bougival et quelquefois *de Bachivalle,* lequel posséda des dixmes à Baillel dès l'an 1226, et en fit part aux Religieux de Notre-Dame du Val. Les Seigneurs de Marly paroissent avoir joui alors de la Terre de Bougival. Bouchard, Seigneur en 1240, donna à Jean de Bougival pour récompense de ses services le Moulin de Mauport, *de Maloportu,* pour lui et ses héritiers, se retenant à lui et ses successeurs pour droit de relief une paire d'étriers dorés du prix de trois sols parisis.

Tab. Vallis.

Hist. de Montm. Preuv. p. 410.

Gilles Bourdin, Procureur Général au XV siécle, fut Seigneur de Bougival. Ses enfants mineurs jouissoient de cette Terre en 1580, et sont nommés dans le Procès-verbal de la Coûtume. Le Comte d'Assy en étoit Seigneur en 1683. Lui et sa femme vendirent cette Terre au Roi Louis XIV la même année. Néanmoins on assure qu'elle appartient aujourd'hui aux héritiers de M. le Marquis de Ravignan, dont le Château est à la Chaussée.

Edit. de Décemb. 1693.

La Paroisse de Bougival a trois écarts ou hameaux : 1º Saint-Michel. 2º Le hameau de la Machine de Marly est dans le bas. 3º Celui de la Chaussée, ainsi dit à cause qu'il est sur le grand chemin, car son ancien nom est Charlevanne : je dirai quelque chose du premier et du dernier.

SAINT-MICHEL est l'écart le plus élevé et peut-être le plus peuplé entre ceux de Bougival. Il est presque tout entouré de vignes. Le nom de Saint-Michel lui vient de la Chapelle qui y étoit au moins dès le XIII siécle, et que le Pouillé d'alors appelle *Capella de Huxeïo.* Ce mot *Huxeïum* a une étymologie si semblable à celle d'*Uxellum* et d'*Oscellum,* que cela m'a confirmé dans la pensée que j'ai eue sur le récit d'Aimoin de Saint-Germain-des-Prés, que ce nom communiqué à l'Isle voisine et même à la grande péninsule qui est vis-à-vis, doit nous engager à croire que ce fut de là que les Normans partirent pour ravager les dehors de Paris : car les lieux remplis de houx furent toujours dits *Hosseya, Housseia* par la terminaison féminine, et non *Huxeius* qui tient visiblement d'*Ussellus* : on aura d'abord dit *Ossel,* puis *Oussel* et ensuite *Oussé.* A l'égard de la Chapelle, comme elle est sous l'invocation de l'Archange défenseur des Chrétiens, je la croirois bâtie pour la premiere fois après le milieu du IX siécle, en mémoire de ce que les Normans furent chassés de ce lieu. Matthieu

qui en étoit Chapelain en 1250, fut inquiété par le Chapitre de *Chart. S. Clod.*
Saint-Cloud au sujet de deux quartiers de vignes situés dans le
territoire même *de Houssaye*. Ainsi l'ancien nom de ce hameau
est Le Houssay. Le Registre des Visites des Léproseries faites
en 1351, dit qu'alors celle de Versailles avoit *subtus Capellam du
Houssay unum quarterium vinearum, et quarterium cum dimidio
inter Lupicenas et Houceyam*. On lit ailleurs *de Capella S. Michaelis du Houssé in Parochia de Bougival*, qu'elle tomboit en
ruine dès le temps de l'Evêque Guillaume Chartier. Son successeur immédiat, Louis de Beaumont, la donna l'an 1472 à Urbain *Reg. Ep. Par.*
de Chalemars, Diacre Hermite, pour essayer de la rebâtir. Elle est *26 Mart. 1472.*
mentionnée dans les Pouillés manuscrits du XV et du XVI siécle
sous le nom de *Capella de Hosseyo juxta Lupicenas*. Il est bien
vrai qu'elle est plus proche de Louveciennes que de Bougival :
mais le Registre ci-dessus la déclare être de cette derniere Paroisse.
Quant au temporel de ce lieu, il y eut en 1258 au Parlement de la
Pentecôte, un Arrêt qui adjugea au Roi la haute-Justice *de Hos-* Petit Livre blanc
saya contre le Chapitre de Saint-Cloud et la Dame de Marly. du Châtelet,
fol. 148.

CHARLEVANNE ou La Chaussée est le lieu où les Normans
arriverent sur la fin du Carême de l'an 846, et d'où ils monterent *Aimoin.*
jusqu'à la Celle, où ils tâcherent de réduire en cendre l'Eglise de *lib. I, Mirac.*
Saint-Pierre et celle de Saint-Germain. Le Roi Charles-le-Chauve *S. Germ.*
vint au-devant d'eux pour les mettre en fuite, et à son arrivée ils Duchêne, T. II.
passerent à l'autre bord de la Seine du côté où est Chatou. Tout
le bas des côtes du rivage gauche de cette riviere depuis Ruel en
descendant jusqu'au ruisseau qui vient du midi, étoit censé alors
de la Terre Royale de Ruel. C'est pourquoi quelques-uns de nos
Rois en disposerent suivant leur dévotion, depuis que Charles-le-
Chauve eut donné Ruel nommément à l'Abbaye de Saint-Denis.
Ils retiroient beaucoup de vin des côtes voisines de Charlevanne ;
et ce vin étoit conduit dans le Cellier de Poissy. Le Roi Robert
qui marqua beaucoup d'affection pour l'Eglise de Saint-Germain- *Chart. Phil.*
en-Laye, la gratifia entre autres choses de la dixme du vin qui venoit *Reg. an 1075,*
de Charlevanne à Poissy dans le Cellier Royal. Une Charte du *pro mon. Col.*
Roi Philippe donnée en 1072 à la même Eglise, fait aussi mention
de *Charlavana*. Louis-le-Gros fut conseillé en 1122 ou environ, *Ampliss. Coll.*
de construire dans ce lieu de Charlevanne un Château ou une *T. I, p. 489.*
Forteresse qui pût empêcher ses ennemis de venir faire des *Ibid., p. 678.*
courses proche Paris. Mais Robert, Moine de Coulombs, résidant
au Prieuré de Saint-Germain-en-Laye, vint lui remontrer qu'en
bâtissant un Fort en cette place, il diminueroit le don qu'avoit fait
le Roi Robert des dixmes de vin à ce Prieuré, et le Roi changea *Comp. Reg. apud*
de dessein. Le charroi des vins de Charlevanne coûtoit encore au Brussel,
Traité des Fiefs,
Roi l'an 1202, la somme de cent sols. En 1300 le Prieur du même *ad calcem p. CLV.*

Monastere représenta au Roi que le produit de cette aumône annuelle étoit diminué, depuis l'établissement des Religieuses de Poissy; sur cela Philippe-le-Bel promit de dédommager le Prieuré. Les Religieux de Saint-Germain-des-Prés userent en 1258 du droit que leur avoit donné Louis-le-Débonnaire.

<small>Chart. S. Dion. Bibl. Reg. p. 135.</small> Philippe-le-Hardi avoit fait au Monastere de Saint-Denis une donation plus considérable assise sur Charlevanne. Il lui avoit donné en 1273 la haute et basse-Justice qu'il y avoit dans les chemins, dans les maisons et dans tout le territoire, sauf celle que Pierre de Poissy, Ecuyer, tenoit de lui. Les Lettres sont datées de Fontainebleau au mois d'Août. Il arriva en conséquence que l'an 1308 les Religieux y firent la saisie d'un cheval chargé; mais le Parlement d'après l'Epiphanie déclara qu'ils n'étoient pas en saisine suffisante, et ordonna que ce qui avoit été saisi appartiendroit au Roi. <small>Ibid.</small> En 1279 par Lettres datées de Vincennes au mois de Février, il leur a afferme ou donné à cens douze arpens de vigne située à Charlevanne, dans le clos qu'on appelloit le Clos du Roi, avec le pressoir. Les Moines de Saint-Denis recherchoient fort les vignes de Charlevanne, à cause du voisinage de Louveciennes et de Ruel : car dès l'an 1273 ils y avoient acquis pour le prix de vingt-sept livres une piece de vigne dans le canton dit la Pointe, tenant dessus et dessous au chemin, et redevable de quatre deniers par an à Saint-Pierre de Ruel. <small>Ibid., p. 511.</small> Enfin Philippe-le-Bel acheva en 1294 de se dessaisir de ce qui étoit resté au Roi dans le même lieu, et il en gratifia Robert de Meudon, Ecuyer, son Panetier, en considération de ses services.

<small>Trés. des Chart. Reg. 41, Lett. 127 du mois de Sept.</small>

Il y a à Charlevanne une Léproserie qui existoit en 1224, selon des titres rapportés dans l'Histoire de Montmorency. C'étoit à l'endroit de cette Maison que commençoit le droit de pêche que l'Abbaye avoit dans la Seine jusqu'au ruisseau de Chambourcy. Il paroît par le Cartulaire du Chapitre de Saint-Cloud, que cette Léproserie formoit une espece de Communauté. On y lit que les Freres de ce lieu avoit sur le territoire *de Cormerio,* dans la censive du Chapitre, une vigne que les Chanoines voulurent leur faire quitter, ce qui forma un procès qui fut mis en arbitrage en 1250. Thibaud de Marly, rédigeant son testament en 1266, mit Charlevanne à la tête des Léproseries, à chacune desquelles il léguoit quarante sols. L'Administrateur de cette Maladerie traita en 1300 pour quelques échanges avec l'Abbé des Vaux de Sairnay. La visite qui en fut faite en 1351 par le Commissaire de l'Evêque, en présence de Guillaume Bail, Curé, nous apprend qu'elle étoit destinée pour les malades de quinze Paroisses, sçavoir : Bougival, Louveciennes, Marly-Château, La Celle, Ruel, Nanterre, Colombes, Genevilliers, Courbevoye, Puteaux, Chatou, Montesson,

<small>Hist. de Montm. Preuv. p. 399.</small>

<small>Thes. anecd. T. I, col. 1221.</small>

<small>Gall. Chr. T. VII, col. 891.</small>

<small>Reg. Visit. Lepr. 1351, f. 33.</small>

Houilles, Croissy, Sartrouville et Vaucresson, ce qui suppose que cette Léproserie étoit l'une des mieux rentées du Diocése. Il y eut en 1366 un procès touchant le droit de pourvoir à cette Léproserie. L'Evêque de Paris prétendoit l'avoir. Le Procureur du Roi soutint que le Roi étoit en possession d'y nommer, et que le Roi Philippe l'avoit donnée à Jean de Brienne, lequel en avoit joui durant toute sa vie. Nicole de la Vieile, Curé de Montesson, en étoit pourvu par l'Evêque, et plaidoit contre Robert de Saint-Germain qui étoit nommé par le Roi. On n'en trouve rien depuis, et aucun Pouillé ni ancien ni moderne n'en fait mention. Cependant il reste des nominations faites par l'Evêque de Paris en 1531, 1538, etc. Il subsiste aussi toujours en ce lieu une Chapelle de Maladerie, sous le titre de Sainte Magdelene, et l'on dit qu'elle dépend de M. le Duc d'Orléans. *Regist. Parlam. April 1366.*

Le Continuateur de la Chronique de Nangis a marqué à l'an 1346, qu'alors Charlevanne fut pillé et brûlé par les Anglois, après qu'ils eurent ravagé Saint-Germain-en-Laye. Ce lieu n'est plus connu que sous le nom de la Chaussée, ainsi que j'ai dit.

Il y a eu une Sentence arbitrale reglant Saint-Germain-des-Prés et Saint-Denis sur ce lieu et sur le Bois Berenger en 1336, et en 1410 le 18 Mars ces deux Abbés font un accord sur la Justice. Il y avoit proche Charlevanne en 1352, un endroit appellé *Albus Murus* entre Charlevanne et Saint-Germain-en-Laye, où les Marchands de Rouen faisoient conduire les vins de dessus le port de Paris par batteaux, en payant certaines redevances à la ville de Paris; sur quoi ils furent troublés. Le Roi donna au 3 Février 1352 des Lettres sur cet accord. *Regist Appelat. Parl. 1352.*

Il ne s'est point présenté d'homme mémorable dans l'antiquité qui fût natif de cette Paroisse, sinon peut-être *Simon de Bachivalle* qui étoit Prieur de l'Abbaye de Sainte-Geneviéve en 1240. *Gall. Chr. T.VII, col. 737.*

LOUVECIENNES

Il n'est pas rare de voir les montagnes prendre le nom de ceux qui y avoient du bien considérablement. Louveciennes est dans ce cas. Il est bâti sur la pente d'une colline très-élevée, qui dans le neuviéme siécle étoit appellée *Mons Lupicinus*. C'est un acte de partage entre les Moines de Saint-Denis et leur Abbé Louis, de l'an 862, qui en fait foi, et qui lui joint pour lieu voisin Roquencourt. On pourroit penser que cette montagne auroit été la retraite des loups, et que ce seroit ce qui lui auroit donné la dénomination.

M. de Valois pense plus sainement que ce nom lui vient d'un homme appellé *Lupicius*. Il auroit peut-être mieux rencontré, s'il eut nommé cet homme *Lupicinus*. Mais il n'avoit point fait attention à l'endroit de la Diplomatique, où ce nom se trouve donné à cette montagne, encore moins à celui où il est parlé d'un Forestier particulier du Roi Chilpéric III nommé Lobicinus. Ce Prince déclare dans une Charte de l'an 717, qu'il cede au Monastere de Saint-Denis la forêt de Rouvray, située sur la Seine, avec le Forestier nommé Lobicinus qui fait sa demeure au vieux Clichy. Ne peut-on pas dire que cet Officier étant devenu par là membre de l'Abbaye de Saint-Denis, légua à cette maison ce qu'il avoit eu de bien en propre, tel que seroit le *Mons Lupicinus*, ou *Mons Lobicinus* qu'il pouvoit avoir hérité d'un parent de même nom? De quelque maniere que le Monastere ait eu Louveciennes, il en jouissoit en 862. Cette Terre fut une de celles dont les Religieux céderent la moitié à l'Abbé, pour avoir dans leur lot Nogent-sur-Seine. Voilà l'antiquité de ce lieu suffisamment fixée. On verra ci-après les changemens qui y survinrent.

Louveciennes (que quelques-uns par contraction appellent Louciennes ou Lucienne) est situé sur le penchant d'une haute montagne qui regarde l'orient, c'est-à-dire que l'aspect est du côté de Paris, qui n'en est qu'à trois lieues et demie. La Seine passe au bas de la même montagne, le chemin de Saint-Germain-en-Laye entre deux. Après qu'on a monté jusqu'à l'Eglise, on trouve un quart de lieue plus haut une des portes du Parc de Versailles, et l'on voit une partie de la Machine et aqueduc qui est sur le territoire de ce Village. Le paysage de cette Paroisse est des plus couverts tout le long de la côte et dans les sinuosités qu'elle renferme. On n'y voit que vignes et arbres fruitiers. Le Dénombrement de l'Election de l'an 1709, y marquoit 48 feux, et le Dictionnaire Universel de 1726, 110 habitans. Le Sieur Doisy qui a fait imprimer en 1745 un autre Dénombrement, y marque à présent 124 feux. Ce dernier appelle ce lieu Louvertiennes.

Si le territoire est agréable à la vue, l'Eglise qui se découvre de loin à cause de sa situation élevée, a aussi quelque chose de prévenant pour ceux qui respectent et aiment l'antiquité. Elle est dédiée sous le titre de Saint Martin. Je ne parlerai que du chœur et du sanctuaire. Ils m'ont paru être du XIII siécle au plus tard. Ils sont petits, parce qu'il y a six cens ans on ne bâtissoit pas d'Eglises fort amples pour la campagne: mais ils sont si solidement construits, que le clocher de pierre qui est octogone est supporté par le chœur. Le sanctuaire est quarré et son contour est embelli de galeries. Une rose en verre blanc termine le fond. Elle est placée au-dessus de quelques vitrages rouges d'environ l'an 1200, qui représentent des traits de la vie de Saint Martin. L'autel est isolé, et dans le fond est élevée une crosse pour la suspense comme à Notre-Dame de Paris. Saint Blaise est second Patron de cette Eglise. Le Cardinal Trivulce, Légat en France, accorda en 1558 des Indulgences à ceux qui la visiteroient le jour de ce Saint et le Lundi de Pâques. La Cure est conférée *pleno jure* par M. l'Archevêque. Au Pouillé du treiziéme siécle est placée dans la colonne des Eglises qui sont *de donatione Episcopi, Ecclesia de Lupicinis.* Aucun des Pouillés postérieurs ne marque rien de contraire : mais le nom du lieu est défiguré presque dans tous. Le nouveau *Gallia Christiana* fait mention d'un Curé *de Lupicinis* nommé Gautier ; et cela dans le Catalogue des Abbés des Vaux de Sairnay, à l'occasion de l'Abbé Guy, que ce Curé avoit choisi en 1184 pour exécuteur de son testament. J'en concluerois presque qu'il auroit été son proche parent. On a traduit *Lupicinis* en françois par Louviere ; mais c'est une faute semblable à celle des Pouillés.

Reg. Ep. Par 31 Jan. 1558

Gall. Chr. T. VII, col. 587.

Il faut revenir à l'Abbaye de Saint-Denis, pour continuer ce qui est à dire sur ce lieu. Le douziéme siécle est le premier qui fournit quelques enseignemens depuis le regne de Charles-le-Chauve. Suger, Abbé de ce Monastere, observe qu'avant lui le revenu de Louveciennes, qu'il appelle *Lovecenæ,* étoit beaucoup diminué. Il ne montoit qu'à quinze livres tout compris, tant cens que bled et vin. L'Abbaye avoit aliéné beaucoup de vignes, mais ayant plaidé pour y rentrer, il gagna près de cent muids de vin. Il parle aussi dans son testament de cette augmentation de revenu de Louveciennes ; le produit du vin devoit être porté à Ruel, d'où l'on devoit tirer cinq muids pour une partie des frais de son Anniversaire. M. de Valois fait mention de Lettres du même Abbé de l'an 1137, dans lesquelles le nom de *Lovecenas* se trouve également employé.

Suger. lib. de admin. sua. Duchêne, T. IV, p. 334.

Ibid., p. 550.

Au treiziéme siécle les Seigneurs de Marly s'attribuaient des droits de supériorité à Louveciennes et à Maubuisson qui étoit un canton du territoire. Pour pouvoir y faire des augmentations en maisons, il fut besoin en 1209 de la permission de Burchard, Seigneur de Marly, qui la donna à condition que les Moines ne feroient construire aucune forteresse dans ces deux lieux, et n'y recevroient aucun de ses hommes demeurans dans le château ou le bourg de Marly, mais seulement les enfans de ces hommes qui n'auroient point de logement à Marly. Il n'est pas indifférent de remarquer ici ce nom de Maubuisson, *Malusdumus* ou *Malodumus* [1], donné à une partie de la Paroisse de Louveciennes. Il faut

Chart. S. Dion. Hist. de Montm. Preuv. p. 396.

1. Dans un des Cartulaires de Saint-Denis le Copiste a mis *Malum divinum* pour *Malodumum*.

joindre ce nom avec ceux de *Malus portus, Mala mansio* ; il se lit dans les anciens titres pour désigner des lieux où les Normans séjournèrent en ce canton-là en 846. Le Cartulaire de l'Abbaye de Saint-Denis fait foi que ce *Malodumus* étoit devenu un fief. On y trouve un Jean *de Malodumo* qui vend en 1223 à ce Monastere, conjointement avec Adam de Buch, une vigne assise à Louveciennes, lieu dit La Croix Gunier, et deux quartiers situés dans un autre lieu dit *Es Ayoux*. Une autre preuve de l'autorité qu'avoient les Seigneurs de Marly dans Louveciennes, est la concession par laquelle Pierre, Seigneur de cette Terre, accorda en 1234 que l'on pût cuire désormais au four que l'Abbaye de Saint-Denis y avoit, excepté ceux qui étoient tenus de cuire au four bannal du même Seigneur ; ce qui fut confirmé par Burchard, Seigneur de Montmorency, son parent et son seigneur suzerain. L'Abbaye qui avoit un voisin si attentif, veilloit de son côté à ses propres intérêts ; une marque de cela est qu'en 1278 un homme ayant été arrêté à Louveciennes et rendu ensuite au Seigneur de Marly, elle fit dresser acte comme ce seroit sans préjudicier à l'Abbé en sa Terre de Louveciennes. Pierre de Marly, ci-dessus nommé, avoit eu un concurrent sur la Terre de Maubuisson dont je viens de parler, c'étoit Robert de Meulant, mais leur difficulté avoit été mise en arbitrage et reglée.

La Collégiale de Saint-Cloud avoit aussi une censive à Louveciennes dans le treiziéme siécle. On a des Lettres de Marguerite, Abbesse de Saint-Cyr, de l'an 1253, qui déclare qu'elle possede une piéce de vignes *apud Lupicenas in territorio quod Vallis Eremburgis dicitur in censiva Capituli sancti Clodoaldi*. Les Chanoines de la même Eglise céderent aussi l'année suivante à Guillaume, Prêtre *de Lupicensis*, c'est-à-dire Curé, une piéce de vigne lieu dit Chalehaut, à charge de payer lui et ses successeurs au Chapitre la somme de trois oboles chaque année.

Les guerres des Anglois et autres qui désolerent le Royaume dans les deux siécles suivans, furent peut-être cause de quelque aliénation que l'Abbaye auroit faite à Louveciennes. Selon quelques Mémoires, un nommé Hugues Chauvau étoit Seigneur à Louveciennes vers 1510, et néanmoins le Monastere de Saint-Denis se disoit encore possesseur de cette Seigneurie en 1580, lors de la rédaction de la Coutume de Paris.

Jacques de Beringhen, premier Ecuyer du Roi et Chevalier de ses Ordres, en étoit Seigneur sur la fin du dernier siécle. On trouve que le 4 Mars 1700, Louis XIV lui accorda des Lettres qui confirmoient l'échange que ce Prince avoit fait avec lui des Terres de Louveciennes, avec le Fief de Maubuisson et la Tour quarrée, que Sa Majesté réunit au domaine de Versailles, contre la Châtellenie de Tournant et autres droits. Maubuisson consiste en cinq ou six maisons situées du côté de la Celle.

Il y avoit encore dans le siécle présent sur le penchant de la montagne, du côté de la Seine, un hameau dit Prunay, composé de dix ou douze maisons. Mais les acquisitions de Madame Le Neveu en ont occasionné la destruction. L'endroit où étoient les maisons est maintenant cultivé. La Carte du Diocése de Paris, donnée par le Sieur Jouvin en 1714, marque ce canton par le mot Emprunet, parce que, pour désigner les héritages qui y sont, on dit en deux mots En Prunet. La Marquise de Cavois avoit une Maison à Luciennes en 1697. Madame la Comtesse de Toulouse y a un Château, dans lequel elle donna à dîner à la Reine le 26 Juin 1749. Perm. de Chap. domest.
27 Fév. 1697.
Merc. de Franc.
Juill. 1749.

C'est peu de citer, pour honorer le lieu de Louveciennes, le Nécrologe de l'Eglise de Notre-Dame de Paris du treiziéme siécle qui contient en ces termes, au 18 Août, l'annonce de Maître Pierre de Louveciennes : *De Domo S. Mariæ obiit Magister Petrus de Lupicenis Sacerdos et Capellanus Episcopi : qui dedit nobis casulam paratam et XL solidos de redditu ad denarios Matutinarum.* Ce Village a donné la naissance à une autre personne véritablement illustre ; c'est au Révérend Pere Charles Faure, Réformateur de l'Abbaye de Sainte-Geneviéve de Paris. Il y vint au monde l'an 1594, le 29 Novembre, dans la maison de campagne de son pere Jean Faure, Commissaire Ordinaire des Guerres, Seigneur de Marsinval. Vie de Ch. Faure, p. 1.

Jean de Saint-Victor qui écrivit des Annales au quatorziéme siécle, parlant de la fondation des Cordelieres du fauxbourg Saint-Marceau dans une Maison qui avoit appartenu à un riche Clerc nommé Maître Galien, dit que ce fut *apud Louvretiennes*. Ce nom est fort approchant de celui du Village dont il s'agit dans cet article : mais il ne paraît pas y avoir de rapport, au moins qui soit connu ; ce quartier du fauxbourg Saint-Marceau s'appelle maintenant Lursine. Sœur Agnès de Harcourt qui a écrit la vie de la B. Isabelle de Longchamp, sœur de Saint Louis, nomme parmi les Religieuses qui déposerent sur les actions de cette Sainte Princesse, une Jehanne de Louvetaines. Elle vivoit à la fin du treiziéme siécle. Ce nom de Louvetaines a davantage de rapport avec Louveciennes. Hist. Univ. Par. T. III, p. 458.

Vie de S. Louis par Joinville, de Du Cange.

MARLY-LE-ROI

Il est presque aussi difficile de déterminer l'antiquité de ce lieu, que d'en fixer l'étymologie. Ce qui rend la chose difficile du côté de l'antiquité, est que Dom Michel Germain n'assure qu'en hésitant, que Marly dont il s'agit soit le *Marlacum* dont sont datées deux Chartes du Roi Thierry, de l'an 678, au mois de Septembre. Je crois la raison de son doute bien fondée. Il paroît plus naturel que les Evêques de la Bourgogne et de la Neustrie, qui furent convoqués par ce Prince, fussent assemblés sur les limites des deux Royaumes, tel qu'est le voisinage de la ville de Sens, que non pas au-delà de Paris, sur la route de Rouen, comme est Marly. D'ailleurs il n'est pas certain qu'il y ait dans ces Chartes *Marlaco;* il y a lieu de croire, à raison de la ressemblance des lettres *r* et *s* dans les titres de ce temps-là, qu'il faut lire Maslaco, auquel cas ce seroit Maslay-le-Roi, proche Sens : et cela est d'autant plus vraisemblable, que le nom de ce Maslay étoit si défiguré dans le latin dès le treiziéme siécle, qu'on l'écrivoit *Marliacum*. Si donc au treiziéme siécle Maslay se rendoit par *Marliacum*, il a pu dans les siécles précédens être aussi rendu par *Marlacum*. Au reste, de quelque façon qu'on ait écrit Marly en latin, l'étymologie en doit rester incertaine. M. de Valois croit que son vrai nom latin est *Malliacum*, et qu'il l'auroit eu d'un Romain appellé Mallius ; mais ce nom ainsi adouci, se trouve dans fort peu de titres qui ne sont que du treiziéme siécle ; au lieu que *Marleium*, *Marletum* et *Marliacum* ont été bien plus usités, et que *Marleium* étoit celui qui avoit cours au moins dès le milieu de l'onziéme siécle. De sorte que si l'on étoit obligé de se déterminer pour quelque racine d'où ce nom seroit tiré, il sembleroit qu'on devroit incliner pour *Marla,* qui signifie, dans Pline, Terre grasse, et qui convient à tout le bas de Marly.

Cette Paroisse est à trois lieues et demie ou quatre petites lieues de Paris, entre Versailles et Saint-Germain-en-Laye. La situation du Bourg est sur la pente qui regarde le levant. Au faîte de la colline est l'Eglise du lieu, et dans le bas, à quelque distance de ce Bourg, du côté de l'orient, est le célébre Château bâti par Louis XIV. Le territoire de la Paroisse est en grande partie cultivé en vignes. En 1709 on y comptoit 165 feux, et en 1726, selon le Dictionnaire universel de la France, il y avoit 1410 habitans. Celui du sieur Doisy donne à ce lieu 312 feux.

Avant que de parler de l'Eglise qui subsiste aujourd'hui dans ce

lieu, et qui est toute nouvelle, il convient de rapporter ce que l'on
trouve sur l'ancienne, ou sur les anciennes : car il paroit y en
avoir eu deux, et il n'y a de difficulté que sur le titre de l'une des
deux. Hervé, Seigneur de Marly, qui en 1067 assista à la Dédicace
de Saint-Martin-des-Champs, donna vingt ans après, c'est-à-dire
en 1087, aux Moines de Coulombs, au Diocése de Chartres, Hist. de Montm.
l'Eglise de Marly, *de Marleio,* qu'il tenoit par droit d'héritage, Pr. p. 29 et 30.
pour en jouir et de tout ce qui en dépendoit après la mort de deux
Chanoines qui la desservoient. Il ne dit point de quel Saint elle
étoit titrée. Il ajoute plus bas, qu'il donne aussi deux arpens de
terre contigus au fossé ou rempart (*vallo*) de son Château pour y
construire une autre Eglise, permettant à ses vassaux de contribuer en quoi ils voudront à l'édifice de ce saint lieu. Geoffroy,
alors Evêque de Paris, et Goslen, Archidiacre du canton, consen-
tirent au don de cette Eglise. Galon, Evêque de Paris après lui,
confirma en 1106 la donation de la même Eglise, sans autre expli- Ibid., p. 68.
cation, et sans parler d'une seconde Eglise. Matthieu de Montmorency, petit-fils d'Hervé, premier donateur, et Seigneur de Marly
comme son grand-pere, voyant les Moines de Coulombs vivre
régulierement dans l'Eglise qui leur avoit été donnée, déclara vers
l'an 1150 qu'il leur confirmoit *Ecclesiam de Marleio in honore* Ibid., p. 46.
*S. Trinitatis et Sanctæ Dei Genitricis Mariæ consecratam, et
ejusdem Ecclesiæ burgum.* Il est clair par-là que cette Eglise étoit
du titre de la Sainte Vierge, et qu'elle étoit dans le Bourg. Deux
Chartes du même temps ou environ marquent d'autres circonstances : l'une de l'an 1148 est donnée par le même Matthieu Ibid., p. 47.
Marlei in Claustro Monachorum; ce qui dénote un Monastere
bâti en forme ; l'autre concerne la prise d'habit d'un Nivelon de
Thorote des mains de Roger, Abbé de Coulombs, dans le Monastere de Notre-Dame de Marly, *in Monasterio B. Mariæ apud
Marleium,* en présence du même Matthieu, Seigneur du lieu. Mais
il y avoit déjà au moins vingt ans qu'il existoit une seconde Eglise
à Marly, puisque Philippe-Auguste, résumant dans une Charte Ibid., p. 48.
de l'an 1184, toutes les choses que son ayeul Louis-le-Gros avoit
confirmées aux Moines de Coulombs, met positivement *Ecclesias
quoque duas de Marleio quas illis Herveus illius castri Dominus.*
Ce sera le Pouillé Parisien du treiziéme siécle qui nous apprendra
le titre qu'elle portoit. Je ne crois pas qu'elle fût Paroisse au moment qu'elle fut achevée. On lit dans un acte de Matthieu, Seigneur
de Marly, de l'an 1202, parmi les temoins, *Magister Gislebertus* Chart. S. Gen.
Presbyter sanctæ Mariæ de Marliaco. Le mot *Presbyter* signifioit p. 190.
alors la même chose que Curé ; ainsi la Cure de Marly étoit titrée
de Notre-Dame comme le Prieuré, et elle étoit sans doute desservie dans l'Eglise de Notre-Dame. Par la suite elle prit le titre

de Saint-Etienne, parce que les habitans furent bien aises d'avoir un Patron distingué.

Mais le même siécle ne s'écoula point sans fournir des preuves de l'existence d'une seconde Paroisse, sous le titre de S. Vigor, et son érection ne détruisit point le titre de celle de Notre-Dame. Le Pouillé de Paris, dont on ne peut mettre la rédaction plus tard que le regne de S. Louis, marque de cette sorte les Eglises dont les Cures sont à la présentation de l'Abbé de Coulombs dans le Doyenné de Châteaufort :

 De Donatione Abbatis de Columbis.
 Ecclesiæ Cellæ juxta Bogival.
 Ecclesia sancti Vigoris.
 Ecclesia sanctæ Mariæ de Marleïo.
 Ecclesia De Marolio.

C'est là le premier et plus ancien témoignage que j'aie trouvé du culte de S. Vigor dans Marly; mais quand et comment on aura eu des reliques de ce Saint Evêque de Bayeux pour la Dédicace de cette Eglise bâtie dans le douziéme siécle, et érigée en Paroisse environ les commencemens du suivant, c'est sur quoi il est impossible de rien dire. Il suffit alors qu'un Seigneur de Marly ou bien un Prieur du lieu, ou enfin un Abbé de Coulombs fût en relation avec l'Abbaye de Saint-Riquier en Ponthieu, où le corps de ce Saint Prélat avoit été mis en refuge dans le temps des guerres des Normans. On y en conserve encore à Marly une parcelle qui fut tirée de la vieille châsse et mise dans une nouvelle le 25 Mai 1703.

<small>Extrait de l'Office propre de S. Vigor de Marly, imprimé en 1705.</small>

La Fête de la Translation s'y célébre chaque année le troisiéme Dimanche d'après la Pentecôte. Il faut juger que ces reliques avoient été plus considérables dans les commencemens. Guillaume Chartier, Evêque de Paris, natif de Bayeux, sur l'exposé qu'on lui avoit fait pour obtenir des Indulgences, assure dans ses Lettres

<small>Ibid.</small>

du 30 Mars 1466, qu'il y avoit eu autrefois une Confrérie en l'honneur de S. Vigor établie par plusieurs dévotes personnes, mais qu'elle étoit cessée à cause des guerres et des maladies contagieuses, et que les ornemens avoient été perdus. Son successeur,

<small>Reg. Ep. Paris.</small>

Louis de Beaumont de la Forêt, renouvella les Indulgences pour cette même Confrérie le 17 Mai 1473. Le Cardinal de Gondi, Archevêque de Paris, confirma la Confrérie et lui donna des Statuts le 23 Juillet 1659.

Les années 1681 et 1682 sont les époques de plusieurs changemens considérables arrivés à Marly. Les habitans des deux Paroisses qui étoient Marly-le-Château et Marly-le-Bourg, représenterent à l'Archevêque qu'elles n'étoient point séparées, mais mêlées, ce qui formoit des procès, et qu'il seroit mieux qu'il n'y en eût qu'une. Après l'information, le Décret du 27 Mars 1681 fut pour unir l'Eglise de Marly-le-Bourg à celle de l'autre Marly ; il fut permis de la démolir, en se contentant d'y mettre une Croix ; les conditions furent que l'on payeroit vingt-cinq livres par an à l'Archidiacre de Josas ; que l'on augmenteroit le nombre des Prêtres à Marly-le-Châtel, et que le Sieur Guitard, Seigneur de Marly-le-Bourg, conserveroit ses droits honorifiques de pain béni, encens, eau bénite, et banc à l'Eglise après celui du Seigneur de Marly-le-Châtel. En 1682, François Cottin, Curé, requit de son côté que le Prieuré du lieu fût réuni à sa Cure pour l'entretien de deux Vicaires, et que l'Eglise Priorale fût abbattue, afin que les matériaux servissent à bâtir Saint-Vigor. Après la communication de cette affaire aux Religieux de Coulombs, la requête fut entérinée, et il fut dit que les charges du Prieuré seroient acquittées à Marly-le-Château, autrement à l'Eglise de Saint-Vigor. Cette Eglise tombant de vétusté, Louis XIV la fit rebâtir magnifiquement dans le goût de celle de Notre-Dame de Versailles, à la place où elle étoit, proche les ruines de l'ancien Château ; mais l'Architecte la tourna autrement que l'ancienne, et dirigea le portail d'entrée vers le septentrion. Elle se trouve située dans la partie supérieure du Bourg, parce que le Bourg a été augmenté par le haut. La Dédicace en fut faite le 1er Avril 1689, par M. François de Batailler, Evêque de Bethléhem, qui prononça un Sermon que l'on imprima la même année. L'Anniversaire s'en célébre tous les ans le second Dimanche d'après Pâques. L'acte dit que le grand-autel est sous le titre de S. Vigor et de S. Etienne, premier Martyr. Le Roi Louis XIV ayant fait détruire alors l'ancienne Eglise Prieurale et Paroissiale du titre de Notre-Dame située dans le bas du Bourg, pour en conserver la mémoire on érigea un autel au côté gauche de la croisée de la nouvelle Eglise de Saint-Vigor, c'est-à-dire dans le côté oriental. On y voit dans le tableau un Religieux de l'Ordre de Cîteaux qui parle à un Evêque, et on assure que c'est S. Thibaud de Marly, natif de ce lieu, mort Abbé des Vaux de Sarnay, en 1247, le 8 Décembre. On ajoute qu'il subsiste encore un puits de son nom dans la maison où il avoit habité. Il étoit fils du Seigneur de Marly. On célébre sa Fête dans la même Eglise le second Dimanche de Juillet, jour de pur choix par rapport à la translation de son corps faite le 8 Juillet 1260. La même Eglise de Saint-Vigor rebâtie à neuf, fut aussi enrichie d'ornemens par le Roi Louis XIV.

Par cette réunion l'Abbé de Coulombs perdit la nomination de la Cure, qui primitivement avoit porté le titre de Notre-Dame, et qui au quinziéme siécle portoit celui de S. Etienne, comme le désignent les Registres au 12 Juillet 1476 et 7 Octobre 1489. Le lieu où elle étoit s'appelloit le bas Marly, qui est le même que

Reg. Archiep 19 Febr.

Edition in-4°, chez Simon Langronne à Paris.
Reg. Archiep.

Marly-le-Bourg. Le Cimetiere de ce bas Marly étant devenu inutile dès l'an 1680, la place d'ailleurs se trouvant dans l'endroit où le Roi devoit faire faire un chemin pavé, la Fabrique de Marly obtint en 1702 la permission de le vendre, et en eut six cens livres ; les corps furent exhumés et transportés en Terre sainte.

<small>Regist. Archiep. 8 Maii 1702.</small>

Si on lit que Thibaud de Marly (qui est différent du Saint Abbé) ne fit que deux articles particuliers touchant Marly, lorsqu'il rédigea son testament en l'an 1205, donnant par le premier au Prieuré de Marly cinquante sols, et par le second, à l'Eglise du même Marly vingt sols, c'est sans doute parce qu'alors l'Eglise de ce Prieuré renfermant le titre Paroissial, étoit censée ne faire qu'un avec la Paroisse.

<small>Thes. anecd. T. I, col. 1221.</small>

La même année que François Cottin fit réunir le Prieuré à sa Cure, ainsi que j'ai dit ci-dessus, il obtint un réglement à l'occasion du différend qu'il avoit avec les habitans sur la dixme du sainfoin et bourgogne. Il fut ordonné qu'il auroit la dixme des terres comme il l'avoit avant qu'elles fussent mises en sainfoin, à raison de huit bottes par cent.

<small>Code des Curés, T. I, p. 130.</small>

Le Pouillé Parisien du XIII siécle met sous le Doyenné de Macy le Prieuré *de Malliaco*, ainsi que tous les autres dont les Paroisses sont du Doyenné de Châteaufort. Sauval nous a fait remarquer la redevance à laquelle étoient soumis tous ces Prieurs, qu'il qualifie du Doyenné d'Issy au lieu de Massy ou Macy. Ils devoient, dit-il, tous les ans, la veille de l'Assomption, une charretée de piment au Chapitre de Paris. Celui de Mailly (c'est-à-dire Marly), ajoute-t-il, pour avoir manqué à la payer en 1261, fut suspendu par l'Official, condamné à l'amende, et à l'envoyer au Chapitre cette année-là même la veille de Saint Denis, et après, à l'ordinaire, au mois d'Août. Sauval a entendu dire le jour de Saint Denis, car il y a *summo mane* dans la Sentence de l'Archidiacre Raoul qui est au petit Cartulaire de l'Evêque, folio 63. Aussi lit-on dans l'ancien Rôle : *Prior de Marliaco solvit anno M. CC. octog. quinto. Item solvit anno M. CCC. XLII.* Pour ce qui est du Rôle des Procurations Episcopales, on lit dans celui de 1384, *Prior de Malliaco castro X lib. X. sol.* Ce Prieuré jouissoit de grands priviléges. Car Hervé de Montmorency lui avoit donné le bourg de Marly sans aucunes charges ni redevances, ou droits de Coûtume. Je n'ai trouvé d'anciens Prieurs que Guillaume qui vivoit en 1148.

<small>Antiq. de Paris, T. II, p. 459.</small>

<small>Hist. de Montm. Preuv. p. 46 et 48.</small>

<small>Ibid., p. 47.</small>

Il y avoit eu anciennement une Maison-Dieu à Marly, mais par l'acte de visite du Commissaire de l'Evêque en 1351, il fut constaté que les Anglois l'avoient abbattue, et que les biens étoient en friche.

<small>Lib. Visit. 1551, fol. 34.</small>

Les Seigneurs de Marly remontent jusqu'au XI siécle, et c'est ce que nous avons de plus ancien sur ce lieu, aucun titre de ma connoissance n'en faisant mention auparavant.

Hervé de Marly, *de Marleio*, est nommé parmi les personnes de qualité qui assisterent en 1067 à la Dédicace de l'Eglise de Saint-Martin-des-Champs, proche Paris.

Burchard de Marly fut son fils ; il est connu par des Lettres de Matthieu de Montmorency, Seigneur de Marly, d'environ l'an 1150, qui y déclare qu'Hervé est son ayeul, et Burchard son propre pere. Hist. de Montm. Preuv.

Thibaud de Marly, en qualité de fils aîné de Burchard, avoit eu la Seigneurie de Marly, mais il se fit Religieux dans l'Abbaye du Val, proche l'Isle-Adam, vers l'an 1160. Hist. de Montm p. 661.

Matthieu, son frere puîné, lui succéda et vécut tout le reste du siécle, jusqu'à l'an 1204. Il rendit beaucoup de services au Roi Philippe-Auguste dans ses guerres contre les Anglois. Il accompagna ce Prince en 1190 au voyage de la Terre-Sainte ; en 1193, le Roi le mena au pays de Caux, contre Richard, Roi d'Angleterre. Il y fit prisonnier Robert, Comte de Leicestre ; mais en 1198, il fut fait prisonnier lui-même à la bataille gagnée par les Anglois entre Gisors et Courcelles. En 1197, il avoit fait du bien à l'Abbaye de Livry. En 1202, il en fit à celle du Val. Il fut l'un des premiers qui partirent en 1204 pour la Croisade. Il y mourut proche Constantinople. Villehardouin assure que cette mort fut fort sensible, d'autant que ce *Mahius* étoit *un des meillors Chevalier del Roiaume de France et des plus prisiez et des plus amez*. Il ajoute qu'il fut enterré en l'Eglise Saint-Jean de l'Hôpital. Il avoit épousé Mahaud de Garlande, qui lui survécut de quelques années. Rigord. Guill.Brit.Phil. id. lib. IV. Ibid.

Bouchard, son fils aîné, surnommé de Montmorency comme lui, posséda aussi la Terre de Marly. Il fut fait prisonnier à la guerre de Languedoc l'an 1209, la même année qu'il fit du bien à l'Abbaye de Port-Royal, mais en 1211, il fut l'un des principaux qui combattant contre le Comte de Foix, remporterent la victoire. Il assista aussi au siége de Toulouse. Après être revenu en France en 1212, il retourna en 1214 à la guerre contre les Albigeois. Vers l'an 1218, il donna à l'Abbaye de Saint-Germain-des-Prés pour la Chapelle de Chevaudos, une partie de la Forêt de Cruye[1] et des rentes. En 1225, il céda au Roi Louis VIII le droit qu'il avoit de chasser à la grande bête dans la Forêt de Cruye. En 1226, il se trouva avec le même Prince au siége d'Avignon. Il mourut la même année avant que le Roi pût arriver à Montpensier. Philippe Mousque fit ainsi son éloge : Hist. de Montm. p. 667. Hist. de Paris, T. III, p. 78. Petrus Mon.Vall.Sarn. Duchêne, T. V, p. 606 et 607.

> *Si moru Bocars de Marly*
> *Dont la cose point na bieli*
> *Quar il estoit sages et preus, etc.*

1. Voyez sur la Paroisse de l'Etang, ce que c'est que Cruye et Chevaudos.

Il avoit épousé Mathilde de Châteaufort, dont il eut pour premier enfant Thibaud, connu dans le monde par des actes des années 1212, 1224, 1225, et qui se fit ensuite Religieux de l'Ordre de Cîteaux, où il se sanctifia dans l'Abbaye des Vaux de Sairnay dont il fut Abbé. On l'appelle communément Saint Thibaud de Marly. J'en ai parlé ci-dessus. On a quelques Poésies françoises de lui, sur quoi on peut consulter Fauchet, et voir un manuscrit de Saint-Victor de Paris, qui commence par ses vers sur la mort : *Mort qui mas mis muer en mue.*

<small>Cod. Vict. 478.</small>

Pierre de Marly succéda à Burchard son pere. Saint Louis le manda en 1236 à Saint-Germain-en-Laye, pour aller contre Thibaud, Comte de Champagne. Il mourut sans lignée vers l'an 1239 [1].

<small>Vie de S. Louis.</small>

Bouchard troisiéme du nom posséda la Seigneurie de Marly après son frere. Le Roi le manda à Chinon l'an 1242 pour aller contre Hugues de Lusignan, Comte de la Marche. Il vendit en 1244 aux Religieux de Saint-Denis ce qu'il avoit au moulin de Malport, proche Croicy-sur-Seine. Il vivoit encore en 1260. Sa femme se nommoit Agnès.

<small>Reg. du Trésor Royal. Hist. de Montm. Preuv. p. 410.</small>

Matthieu de Marly deuxiéme du nom fut leur fils aîné, et il jouit de la Seigneurie après son pere. On le trouve avec la qualité de Seigneur de Marly en 1267. Il fut fait grand Chambellan de France en 1272. Il ratifia comme Seigneur de Marly en 1275 les ventes faites au Val de Galie de Sainte-Geneviéve de Paris par Jean et Gilles de Versailles, Ecuyers. Il mourut un peu avant l'an 1282. Il eut de Marguerite de Levis, son épouse, un fils de même nom que lui, qui suit.

<small>Chart. S. Genov. p. 358.</small>

Matthieu, Seigneur de Marly, troisiéme du nom. Il se trouve en 1302 parmi les Barons mandés par le Roi pour se rendre à Arras, et en 1318, il est du nombre de ceux de la Vicomté de Paris que Philippe-le-Long envoya contre les Flamans. Vers 1327, Gui de Châtres, Abbé de Saint-Denis, le fit débouter des prétentions qu'il avoit sur la riviere de Seine, depuis le Blancport jusqu'à l'embouchure du ruisseau de Chambourcy. Il avoit épousé Jeanne de l'Isle-Adam qui étoit veuve en 1341.

<small>Felibien, Hist. de S. Denis p. 269.</small>

Billebaud de Trie étoit Seigneur de Marly en 1343.

<small>Concord. Parl.</small>

Louis de Marly tint la Seigneurie depuis 1341 jusqu'en 1356, qu'il mourut sans lignée.

La Seigneurie de Marly échut avec d'autres à Bertrand et Thibaud de Levis, Chevaliers, dont la postérité l'a tenue long-temps.

<small>Hist. de Montm.</small>

---

1. Je ne dis rien des freres et sœurs de ces Seigneurs, portans comme eux le nom de Marly. On peut voir là-dessus Duchêne, Hist. de Montmorency, pages 661 et suivantes et le Livre plus nouveau, intitulé : *Nécrologe de Port-Royal, 7 Août,* etc.

Bertrand de Levis reçut en 1370, comme Seigneur de Marly-le-Châtel, l'hommage du fief de la Court-Point-l'asne situé à Charonne proche Paris.

Jean de Haufride est dit Seigneur de Marly dans l'hommage que lui rendit Guillaume Sanguin, en 1426, pour la Terre de Meudon. *Scheda Lancelot.*

Philippe de Levis, Archevêque d'Auch, possédoit la Seigneurie de Marly-le-Châtel en 1442, auquel an il reçut l'hommage de la Terre de Meudon le 29 Mai, et celui du Fief de la Court-Point-l'asne ; de plus, celui d'Equevilly, le 17 Mars 1446, par Jeanne la Baveuse. *Ibid.*

Guy de Levis paroît lui avoir succédé. Vers l'an 1450, la Terre de Chaillot, faute d'hommage, fut mise entre ses mains, et en 1466, Antoine Sanguin lui fit hommage de celle de Meudon. Lui ou son fils, ou enfin son successeur reçut en 1492 l'hommage de Chaillot, qui fut ordonné être fait au nom du Roi, sans agenouillement ni baiser. *Reg. du Châtelet. Doulx Sire à la Bibl. du Roi. Scheda Lancelot. Livre bleu du Châtelet, fol. 30.*

Martin Fumée, Maître des Requêtes sous François I, paroît avoir été Seigneur de Marly, si son fils qui suit a eu cette Terre par héritage.

Martin Fumée, neuviéme fils du précédent, a eu certainement la Seigneurie de Marly-le-Châtel. Il épousa en 1573 Marie Loüet, fille de Clément Loüet, Maître des Requêtes. Dans l'hommage qu'il fit en 1588, il se qualifie Gentilhomme de la Chambre du Duc d'Anjou. Il paroît que c'est à lui que l'on attribue une Histoire Générale des Terres occidentales et Terres neuves décou vertes jusqu'à son temps, laquelle fut imprimée en 1577. *Généal. des Fumées. Hist. des Gr. Off. T. VI, p. 422. Biblioth. de Du Verdier, T. I.I, p. 37.*

Pierre de Hodu, Conseiller au Parlement, jouissant de cette Terre en 1660, la fit ériger en Comté. Les Lettres-Patentes furent enregistrées le 5 Janvier de l'an 1661. *Regist. du Parl.*

Je trouve que depuis ce temps-là le Roi Louis XIV l'avoit eue par Sentence de décret et adjudication aux Requêtes du Palais sur le Sieur Bossuet du 20 Mai 1676 : cependant, l'Edit de Décembre 1693 l'a dite acquise par ce Prince en vertu d'un Contrat d'échange fait le 20 Mai 1693, avec Louis Pheylipeaux, Comte de Pontchartrain, Ministre et Secrétaire d'Etat, pour Neaufle-le-Châtel et ses dépendances. Ce Contrat ajoutoit à Marly le Fief des Moulineaux, et cent arpens d'héritages au territoire de Bailly-lez-Noisy. Cet échange fut registré en Parlement le 18 Juin 1693, et il est certain par l'Edit subséquent, que la Terre de Marly fut incorporée au Domaine de Versailles.

Comme il y a un Livre particulier touchant les beautés du Palais Royal de Marly, de tout le Château et du Parc, je ne m'étendrai point à en donner ici la description. La Chapelle située dans le commun du Château, n'a été bénite que le 30 Décembre 1727, par M. Goulard, Archidiacre de Josas, en présence du Curé et du Clergé. Je ne ferai non plus aucune description de la Machine de Marly, ouvrage admirable qui éleve les eaux de la Seine et les conduit à Versailles. Le Dictionnaire Universel en attribue l'invention au Chevalier de Ville, et l'Epitaphe qui se lit dans l'Eglise de Bougival marque que le Sieur Rennequin Sualem en est l'Inventeur. Seroit-ce le même ?

<small>Reg. Archiep.</small>

<small>Mém. de l'Acad. ann. 1729.</small>

Les Memoires de l'Académie des Sciences font mention des Tableaux mouvans du Pere Sébastien, Carme, qu'on voyoit à Marly. On n'y a point oublié le prodige des arbres entiers transportés d'un lieu à un autre sans les endommager ; en sorte que du jour au lendemain on y voyoit de nouvelles allées d'arbres arrivées de la veille.

<small>Recueil de vers du Pere Bouhours in-12.</small>

La Machine de Marly fut ce qui excita le plus la verve des Poëtes de ce tems-là. L'Abbé Boutard, natif de Troyes, entreprit une Ode sur cette matiere, qu'il adressa au Roi en 1698, sous ce titre : *Ludovico magno Amnis Marlicus*, composée de dix-sept strophes sapphiques, dont la premiere commence ainsi :

Marlici nuper mea cura fontes
Ludicra quid me retinetis unda.

Il en fit aussi la traduction, qui commençoit par ces mots : *Ambitieuses Naiades qui regnez dans ces beaux lieux.*

<small>Mém. de l'Acad. des Belles-Lettres.</small>

Cette Description présentée par M. Bossuet, Evêque de Meaux, plut extrêmement au Roi, et M. Bontemps le pere, Gouverneur de Marly, lui en rappelloit souvent le souvenir. M. Perrault de l'Académie Françoise fit aussi de son côté une traduction de l'Ode de l'abbé Boutard. En voici le commencement :

<small>Merc. Novemb. p. 77.</small>

Quittez Muses, quittez les rives du Permesse,
Et venez de Marly voir les eaux et les bois,
Qu'anime le Génie et l'auguste Sagesse
Du plus puissant des Rois.

<small>Merc. Mai 1699.</small>

Un autre Poëte imagina en 1699 la Nymphe de Chanceaux, lieu voisin de la source de la Seine qui parcourt tous les endroits où cette riviere passe jusqu'à Marly, dont enfin elle décrit la Machine. Elle fut dédiée au Roi par M. Cassan.

<small>Merc. Août 1702, p. 121.</small>

Un troisiéme nommé M. de Saint-Leger, offrit au Roi des vers sur la Statue équestre posée à Marly qui représente Mercure sur le Cheval Pegase : plus d'autres vers sur la Statue qui représentoit la Renommée sur le Cheval Pegase sans frein.

<small>Merc. Sept. 1699, p. 220.</small>

Le Camp de Marly dans la plaine du côté de Versailles et de Bailly, fut aussi mentionné dans les Gazettes et Journaux en 1699, à l'occasion des travaux de Marly. Il en subsistoit encore un à la mort de Louis XIV en 1715. Dans le temps de ces travaux, on trouva au Port de Marly, en bâtissant proche la Maison de feu M. Alexandre à mi-côte, plusieurs cercueils de pierre qui contenoient de grands corps.

Le Port de Marly sur la Seine est rempli de bois et autres choses pour l'utilité de la Cour. Le Roi ayant été informé que le commerce qui se fait à ce Port pour la provision de la ville de Versailles et pour celle de Marly, étoit considérable, y établit par Lettres-Patentes du mois de Janvier 1734, un Notaire Royal dans la Paroisse de Marly, pour l'expédition des affaires tant de la suite de la Cour que des habitans de ce Port et de Marly même, qui n'y est qualifié que de Village, quoique reconnu augmenté d'un grand nombre d'habitans. Tiré de l'Exempl. impr. 1734, chez Pierre Simon.

La Paroisse de Marly est du nombre de celles pour lesquelles il subsiste une fondation de cinquante livres, que le Cardinal de Retz affecta par chaque année pour marier une pauvre orpheline.

Mes collections m'ont fourni le nom de trois Communautés du Diocèse de Paris qui ont ou ont eu du bien à Marly. La Bulle d'Alexandre III qui confirme en 1163 les donations faites à l'Abbaye de Sainte-Geneviéve, contient cet article : *Decimam apud Malum nidum, et quinque arpenta vinearum apud Marliacum, et stagnum, quod Bartholomeus Pilosus vobis in eleemosynam dedit.* En 1250, Jean dit *de Abbatia* vendit à la même Abbaye des censiers des vignes *apud Marliacum in territorio de Ruella et in territorio de via Castelli.* Guy de Levis, Chevalier, qui possédoit des vignes à Marly, accorda en 1201, aux Freres du Bois Guyon, autrement les Chanoines Réguliers de l'Abbaye de Roosche, *tres modios vini*, à prendre dans ces vignes. Je trouve dans un des Registres récents du Parlement l'enregistrement des Lettres-Patentes, qui portent confirmation d'une transaction faite entre le Sieur Bontemps, Commissaire de Sa Majesté, et les Peres du College de S. Bernard à Paris, au sujet de la censive contestée sur quelques arpens de terre situés à Marly, dans laquelle le Roi est maintenu. Chart. S. Gen. fol. 2. Ibid. fol. 300, vel. circ. Gall. Chr. T. VII, Instrum. p. 80.

Les anciennes Chroniques rapportent un fait fort extraordinaire arrivé à Marly. Guillaume le Breton, contemporain de Philippe-Auguste, met ces lignes dans la vie qu'il a écrite de ce Roi, à l'an 1197 : *In territorio Parisiensi in castro quod dicitur Marliacum, spiritus quidam loquebatur hominibus in domo cujusdam pauperis hominis dicens se esse animam cujusdam hominis de Sicilia nomine Roberti.* L'Auteur qui a compilé la Chronique qu'on appelle d'Alberic, y a inséré le fait dans les mêmes termes. Il est de la compétence du nouveau livre de l'Apparition des Esprits. C'étoit une voix qu'on entendoit dans la maison d'un Duchêne, T. V, p. 79.

pauvre homme de Marly, laquelle disoit qu'elle étoit l'ame d'un Sicilien appellé Robert. L'intelligence de cette apparition d'un esprit parlant, pouvoit dépendre de quelque fait dont la connoissance a été enlevée par la perte de plusieurs de nos Historiens.

Outre les personnes illustres que l'on a pu reconnoître ci-dessus parmi les Seigneurs de Marly, illustres même en sainteté, tels que S. Thibaud, Abbé des Vaux de Sairnay, j'avois cru pouvoir nommer encore deux personnes distinguées par le nom de Marly, sçavoir : Jacques de Marly, Chantre de l'Eglise de Cambray vers l'an 1300, et l'Abbé de Pons, célèbre de nos jours. Mais comme il y a au Diocése de Cambray un village du nom de Marly, c'étoit plus sûrement de celui-là qu'étoit le Chantre de Cambray. Je me restreins donc au dernier.

Tout le monde sçait que ce fut à Marly que décéda le 18 Février 1712, M. le Duc de Bourgogne Louis, alors Dauphin de France.

AUPEC

Il y a tant d'inconstance dans le langage, que l'on voit souvent le nom d'un seul et même lieu changer plusieurs fois en un même siécle. On disoit il y a deux cens ans en françois *Aupec,* pour indiquer la Paroisse au-dessus de laquelle la ville de Saint-Germain-en-Laye s'est élevée : et ce langage étoit raisonnable, parce qu'il étoit tout naturellement dérivé du latin *Alpicum* ou *Alpecum,* qui est le nom que ce lieu porte dans un titre de plus de mille ans. Ceux qui disoient il y a cent cinquante ans et au-delà *Le Port Aupec,* ne gâtoient rien non plus dans l'étymologie. Mais d'autres qui ont voulu rafiner et trouver du vicieux dans ces expressions, se sont imaginé que le mot *Aupec* étoit un datif du nom *Pec,* et qu'il falloit écrire et dire en deux mots *Au Pec;* par exemple, *je vais au Pec, je viens du Pec,* et non pas je vais à Aupec, je viens d'Aupec. Bien plus, quelques Géographes modernes écrivent dans leurs cartes simplement *Pec,* ensorte que, selon eux, il faudroit dire : *Je vais à Pec, je viens de Pec.* Comme les Secrétaires des Bureaux et autres Ecrivains de dénombremens et de départemens se laissent entraîner à cette maniere d'écrire, je rapporterai en traitant l'article de cette Paroisse d'Aupec, tous les témoignages que j'aurai pu trouver pour prouver que Aupec est la vraie maniere de l'écrire, et qui doit prévaloir, si l'usage veut bien y condescendre. M. de Valois s'est donné bien de garde d'écrire *Pec* ou *Le Pec;* il étoit trop bien informé que c'étoit défigurer le mot à n'en plus rendre reconnoissable l'étymologie. Je laisse à d'autres à examiner en quoi ce lieu peut prétendre avoir un nom qui approche de celui des Alpes. On ne peut nier toujours que la montagne sur la pente de laquelle est située cette Paroisse, ne soit des plus élevées entre celles qui bordent la Seine.

*Voyez le Dict. de Ménage, où il est dit qu'*Alp* signifie haute montagne.*

Aupec est connu dès le commencement du VII siécle, puisque l'Auteur de la vie de S. Erembert, Evêque de Toulouse, décédé vers l'an 670, dit que le lieu de *Villioli curtis* étoit voisin d'une Terre du Fisc nommée *Alpicum*, et situé sur la Seine dans le territoire du Pincerais, *territorio Pinciacensi*.

Le Roi Childebert III étant parvenu à la dixiéme année de son regne, c'est-à-dire à l'an de JÉSUS-CHRIST 704, fit présent de cette Terre Royale à l'Abbaye de Fontenelle au Diocése de Rouen, autrement dite Saint-Vandrille, en la personne de Bain qui en étoit Abbé : *Villam quæ vocatur Alpicum quæsita est in pago Pinciacensi super alveum Sequanam* avec ses dépendances, ou plutôt adjacences (*adjacentiis*), qui sont ainsi appellées dans la chronique de l'Abbaye de Saint-Vandrille telle qu'on l'y conserve aujourd'hui, écrite vers l'an 1000 : *Novitianus, Curbavia, Albacha, Hannido, Tremlido cum illis forestariis quinque* [1]. Dès le temps de Louis-le-Débonnaire ce lieu étoit un vignoble assez considérable. On lit dans un Réglement fait par Ansegise, Abbé de Saint-Vandrille, décédé en 833, que pour ce qui regardoit la Terre d'Aupec, elle fournissoit à son Monastere chaque année trois cens cinquante muids de vin, *vinum de Alpiaco, modios CCC L*. Les Religieux de Saint-Vandrille, attentifs à la conservation d'un bien qu'ils tenoient d'un Roi, eurent soin de faire confirmer ce don par Charles-le-Chauve. Le Diplome est de l'an quatorziéme de son regne, c'est-à-dire de 845. Les termes sont : *Alpicum cum omni integritate : et appendiciis suis, id est, Visiniolo, Vilcedomo, Curva via et Area*. Ils obtinrent plus de trois cens ans après une nouvelle confirmation de cette Terre, qui leur fut accordée par Louis-le-Jeune, étant à Pontoise l'an 1177. Ces Lettres du Roi qui comprennent tous les biens de ce Monastere, désignent en particulier ceux qui étoient dans le Diocése de Paris, en ces termes : *In Episcopatu Parisiensi Alpicum et Ecclesiam cum tota decima et Visiniolum et Demonvalem, et dimidium Viciniacas, ac decimam Villiolis cortis, et in Marolio census, etc*. Mais il paroît par un article du Livre des Miracles de S. Vandrille que j'ai vu, d'un caractere du XIII ou XIV siécle, que vers ces temps-là on avoit perdu de vue le donateur de cette Terre d'Aupec. Je traduirai ici

Chron. Fontanel. Spicil. in f⁰. T. II, p. 283

Annal. Bened. T. III, p. 665.

Anastase de Marcoussy, p. 137.

---

1. Aupec est dit situé *in pago Pinciacensi*, ce que M. de Valois prend pour une faute. Mais il n'a pas raison, parce qu'il est certain par plusieurs autres Chartes anciennes, que le Pincerais avançoit encore plus près de Paris.

cet article de latin en françois. « Il y a, dit l'Auteur, dans le pays
« de Paris une Terre du patrimoine de Saint-Vandrille, nommée
« *Alpicum,* que ce saint Abbé avoit donnée à son Monastere,
« lequel en jouissoit tranquillement. Mais dans le voisinage de
« cette Terre étoit situé un Château de Marly, où demeuroit un
« Chevalier formidable nommé Ervaud. Il entreprit de ravir la
« Terre d'Aupec au Monastere de Saint-Vandrille, pendant que
« Hurfrede et Vautier, Religieux envoyés par l'Abbé Girbert, en
« gouvernoient les biens. Il commença par en enlever tous les porcs
« que les Freres avoient engraissés pour avoir de quoi assaisonner
« leurs mets. Une apparition de S. Vandrille lui fit abandonner
« son entreprise, et il paya la valeur de ce qu'il avoit enlevé. » Le
temps où siégea l'Abbé Girbert ou Gubert, oblige de placer cet
événement vers la fin du XI siécle. L'Historien a pu être de beaucoup
postérieur. Ces cinq ou six faits contiennent ce que l'on a de
plus ancien sur Aupec. Je pourrois ajouter pour prouver que

Chart. Longip. primitivement on disoit Aupec, que dans le Cartulaire de Long-
fol. 52. pont est mentionné au XII siécle un Gaterus de Alpec, et dans celui
de Ste Geneviéve (page 594), à l'an 1194, un *Petrus de Aupec*.
Mais une piéce encore plus authentique, sont les anciennes Coûtumes
des Marchands d'eau de Paris confirmées par Louis VII

Chartul. en 1170, qui fixant les bornes jusqu'où les Marchands d'eau de
Phil. Aug. p. 65. Rouen pourront remonter la Seine sans l'aide de ceux de Paris,
mettent jusqu'au ruisseau d'Aupec, *usque ad rivulum Alpeci.*

Cette Paroisse est à quatre lieues de Paris vers le couchant
d'été. Elle s'étend sur la descente assez roide de la montagne de
Saint-Germain-en-Laye depuis le haut jusqu'en bas, et ne forme
qu'une seule rue; son aspect est vers le levant en face du chemin
de Paris, qui commence au bout d'un pont de bois construit sur
la Seine. Une partie du territoire qui étoit en vignes au neuviéme
siécle, y est encore; mais depuis la construction du Château de
Saint-Germain, il y a eu du changement.

Les habitans se sont adonnés à la profession de voituriers par
eau, de sorte que leur Port étant devenu fort fréquenté, on a dit
souvent au lieu d'Aupec, *le Port Aupec*. C'est le langage des
Livres de l'Election, où par le dénombrement fait en 1709, on y
comptoit 204 feux; celui qui a été imprimé en 1745 y en marque
197. Le Dictionnaire universel qui appelle ce lieu Le Pec,
y mettoit 889 habitans en 1726.

L'Eglise Paroissiale dédiée sous le titre de Saint Vandrille,
tomboit de vétusté vers l'an 1720. Elle étoit située un peu au-dessus
du milieu de la côte. On prit le parti de l'abbattre et de la
rebâtir, en sorte que l'édifice a été achevé ces années dernieres [1].

1. La permission de faire l'Office ailleurs est du mois d'Avril 1723.

C'est une Église à trois fonds, c'est-à-dire qu'il y a une aile de chaque côté, mais sans qu'on tourne derriere le sanctuaire. Elle est d'une grande propreté, avec un portail simple, accompagné d'une petite tour et d'une place. L'ancien clocher avoit supporté deux cloches fondues en 1606 et 1699. On les a refondues, et le Roi et la Reine les ont nommées.

On chomme en cette Paroisse la Fête de Saint Vandrille, Abbé de Fontenelle, le 22 Juillet, jour de son décès, et le Dimanche suivant, on fait la Fête de Sainte Magdelene. Il y a Foire le 25.

Il est parlé en général du Prêtre *de Alpeco* dans un acte de Maurice, Evêque de Paris au douziéme siécle. Le Pouillé du siécle suivant dit que la Cure *de Alpeco* est à la nomination de l'Abbé de Saint-Vandrille, ce que marquent aussi les suivans. Le Prieuré *de Aupico* se trouve dans le Pouillé de Paris du treiziéme siécle, comme aussi dans le Rôle du quatorziéme siécle où sont les Prieurs qui devoient le piment à Notre-Dame de Paris le jour de l'Assomption, et cela sous le nom *de Alpecco*.

Theodor. Cant. T. II, p. 680.

Cette Paroisse étoit autrefois très-étendue. Elle est totalement diminuée du côté de l'occident, depuis que Saint-Germain a été érigé en Paroisse, et qu'il s'y est formé une Ville. Du côté du midi, son territoire comprend l'écart dit Grand-champ. Il s'étend encore jusqu'au hameau de Demonval qui est au-dessous de Mareil, et jusqu'à celui de la Montagne, qui est proche la Paroisse de l'Etang. Ces trois hameaux qui sont à demi-lieue d'Aupec ou un peu moins, le reconnoissent pour leur Paroisse ; comme aussi Echaufour, autrement le Vezinet, qui est au-delà du pont en allant à Croicy ou à Chatou.

Ce VEZINET est incontestablement le *Visiniolum* des Diplomes de 845 et 1177 ci-dessus cités. Il est à l'entrée d'un bois qu'on nomme quelquefois Le Bois de la trahison. Pasquier marque qu'on disoit de son temps que ce nom lui venoit de ce que si d'un côté du chemin on prenoit une branche, cette branche flottoit sur l'eau comme tout autre bois, et si on prenoit une branche de l'autre côté, elle alloit au fond de l'eau comme une pierre. Il est plus permis de douter du fait que de la trahison qui peut avoir été commise en ce lieu, quoiqu'on n'en dise point le temps ni les circonstances. Il y a eu de la contestation sur la Paroisse dont devoient être les habitans du Vezinet. Le Duc de Noailles, Gouverneur, Capitaine des Chasses de Saint-Germain, ayant fait défricher trois cens arpens de la garenne de ce lieu dit Vezinet, et y ayant établi des fermes pour les labourages, et des maisons pour les jardiniers, vignerons, etc., en sorte qu'en 1721 il y avoit bien soixante ou quatre-vingts personnes, y ayant aussi fait construire une Chapelle et un logis pour le Chapelain, obtint qu'on y pût

Pasquier, Recherches de la France. liv. IV, c. xxix.

dire la Messe, chanter Vêpres Dimanches et Fêtes, conserver le Saint-Sacrement et les Saintes Huiles, attendu que Chatou est à la distance d'une lieue, et que le Pont du Pec peut être emmené par les eaux, le tout du consentement de Pierre Vivier, Curé de Chatou, et de Michel Trinité, Curé du Pec ; et en attendant la décision des prétentions de chacun d'eux, l'Archevêque commit le Chapelain pour les fonctions Curiales, à condition qu'il feroit transcrire les actes de baptême et de sépulture sur les Registres de la Paroisse à laquelle le Vezinet seroit déclaré appartenir. C'est ce qui se fit en 1726, auquel an, le 8 Août, M. le Cardinal de Noailles, nonobstant quelques baptêmes administrés à Chatou, déclara qu'à l'avenir le Vezinet et ses habitans seroient de la Paroisse du Pec.

DEMONVAL est le *Demonvallis* de la Charte de l'an 1177. *Hannidum* est encore reconnoissable dans Hainemont, et *Villiolis cortis* dans Villiancourt, que l'on prononce Filliancourt. Mais ces deux lieux qui ont appartenu à l'Abbaye de Saint-Vandrille, n'ont pas été du Diocése de Paris, ou au moins ils n'en sont plus, s'ils en ont été. L'Historien de la vie de Saint Erembert de Toulouse, qui nous apprend que ce Saint étoit natif de *Filiacum cortis*, qui est Filliancourt, et que Gamard, son frere, qui posséda ce bien, en fit présent à l'Abbaye de Fontenelle en s'y rendant Moine, ajoute que le Saint Evêque y avoit bâti une Eglise sous le titre de Saint Saturnin ; que son bâton Episcopal, avec lequel il avoit éteint un incendie à Filliancourt, y fut conservé jusqu'à ce que cette Eglise tombant de vieillesse, fut rebâtie à Broucy, où le culte de Saint Saturnin fut transferé avec cette crosse de Saint Erembert et un de ses vêtemens Episcopaux. Broucy (*Bruacium*) n'est autre que Champ-bourcy, où de fait Saint Saturnin de Toulouse est encore Patron. Filliancourt, autrefois si célébre, est aujourd'hui une simple maison au bas de Saint-Germain vers le sud-ouest, et sur la Paroisse de Saint-Léger. Le Roi Robert l'avoit repris des Moines de Saint-Vandrille, en leur laissant la dixme, et ce fut une des Terres qu'il attacha au Prieuré de Saint-Germain qu'il fonda, et que le Roi Henri I attribua aux Evêques de Paris avec Filliaucourt, *Terram Filiolicurti* [1] et plusieurs autres.

Pour ce qui est des lieux voisins d'Aupec nommés ci-dessus, *Novitianus, Curba via, Albacha, Tremlidum, Villædonum, Arca* et *Viciniacas,* il y a toute apparence que l'un de ces noms étoit celui que portoit le territoire où a été bâti Saint-Germain, et un

Vitæ S. Eremb. Tolos. Ep. sæc. II, Bened.

Gall Chr. nova, T. VII, Instr. co., 32.

---

1. Observez le changement de la lettre *V* en *F* dans ce mot dès l'onzième siécle. Le Testament d'Etienne de Bouret, Evêque de Paris, 1326 (*Gall. Christ. vetus, T. I, page 452*), appelle ce lieu *Filiolicuria*. On écrivoit donc en françois Filiocourt ou Filliaucourt, mais les Actuaires confondant la lettre *n* avec la lettre *u*, ont écrit Filliancourt, ce qui a prévalu.

autre, celui que portoit le lieu dit depuis *Saint-Leger*. C'étoient quelques habitations répandues dans la Forêt de Laye ou de Cruye, puisqu'on a vu ci-dessus qu'autant il y avoit de Villages, autant il y avoit de Forestiers.

Le Collége des Bernardins de Paris avoit encore au commencement de ce siécle, une partie de la Seigneurie et Justice du territoire d'Aupec (apparemment en vertu de quelque échange fait avec l'Abbaye de Saint-Vandrille). Mais en 1709 il fut réglé par Lettres-Patentes, que la Justice et Seigneurie du Pec, tant pour ce qui en appartenoit au Roi que pour ce qui étoit à ces Religieux, demeureroit éteinte et supprimée, et que le tout étoit incorporé au Domaine et Justice de Saint-Germain-en-Laye, pour ne faire qu'une seule et même Justice et Seigneurie directe. *Reg. Parl. 23 Janv. 1709.*

Ce qui me reste à dire des habitans d'Aupec, outre ce qui en a été dit plus haut, est qu'en 1596, par Lettres-Patentes du 10 Novembre, le Roi Henri IV les affranchit pour toujours de toutes tailles, impositions et subsides, à la réserve du Taillon, et ce, en considération de ce qu'ils avoient abandonné en pure perte dix-huit ou vingt arpens pour l'aggrandissement des jardins du Château de Saint-Germain. Ce droit leur fut confirmé par Louis XIII et Louis XIV. Cependant, au commencement des guerres de l'année 1688, ils se soumirent à la taille pour marquer leur zéle ; mais cette nouvelle charge les ruina, et la plupart des maisons tomberent faute d'entretien. Ils exposerent donc au Roi en 1722 leur triste situation, ajoutant que depuis que le Port étoit transferé à Marly, leur commerce étoit considérablement diminué, que leur Eglise étoit en très mauvais état, et qu'il en coûteroit pour la faire bâtir environ soixante mille livres, ce qu'ils offroient de faire à la décharge du Roi. Sur cet exposé le Prince leur accorda d'être comme ils avoient été autrefois, et de ne payer qu'un Taillon de mille livres par an.

On ne trouve pas positivement l'époque de la construction du Pont d'Aupec. Il est certain qu'il n'a jamais été que de bois. On voit seulement qu'en 1399 on n'y passoit la riviere que dans un Bac : car le grand Pont de Paris étant défait, Sauval dit d'après un Compte de l'Ordinaire, qu'un Sergent fut envoyé cette année-là au Port Aupec pour amener de ce lieu le Bac qui y étoit. *Sauval. T. III, p. 258*

Le Mercure du mois de Juillet de l'an 1679 rapporte l'Histoire d'une course extraordinaire qui fut faite en présence du Roi et de la Reine le 16 de ce mois, par laquelle, à commencer depuis ce Pont du Port Aupec jusqu'à la maison de la Borde, ce qui fait l'espace d'une lieue et demie dans la garenne, un François devança un Anglois de cinquante pas.

SAINT-GERMAIN-EN-LAYE

L'une des Forêts qui avoisinoit la vaste Forêt d'Iveline du côté du septentrion, et qui étoit renfermée dans le circuit que parcourt la Seine depuis Aupec jusqu'à Poissy, a toujours porté le nom de Laye ou Leie en langage vulgaire, c'est-à-dire depuis sept ou huit cens ans. Ce mot avoit été indubitablement formé sur le latin *Lida*, car c'est ainsi que cette Forêt étoit appellée du temps de Charlemagne : comme il paroît par le Livre de l'Abbé Irminon de Saint-Germain-des-Prés, où il est dit que son Abbaye *habet in Lida de Silva in gyro leucas tres*. Ce seroit perdre le temps que de chercher l'étymologie de ce nom. On ne peut gueres trouver celles des forêts ni des rivieres dont la plupart portent les noms que les Gaulois leur donnerent. On verra par là que je n'applaudis point à celle qui se lit dans la Description du pays de Caux, par laquelle l'Auteur (page 476) prétend que Saint-Germain-en-Laye a été ainsi appellé, parce qu'il est situé sur un grand chemin percé, élargi dans une forêt, *Via lata*. En lisant *Ledia*, ainsi que portent quelques monumens du XI siécle, ou bien *Lea*, nous ne sommes pas plus au fait. Il faut se borner à connoitre l'Histoire moderne de ces Forêts, et tout au plus celle du moyen âge, sans vouloir remonter plus haut.

<small>Cod. Irminon. Abb. fol. 128.</small>

Celle de Saint-Germain-en-Laye (ainsi surnommé parce qu'il est sur le bord de cette Forêt) ne remonte pas au-dessus du Roi Robert. Cette Forêt s'étendoit jusqu'au Village d'Aupec, qui avoit été Terre du Fisc sous la premiere race. Il n'y avoit d'autre Eglise sur cette côte que celle de Saint-Vandrille appartenant à l'Abbaye de Fontenelle ; la piété du Roi Robert qui lui avoit inspiré de bâtir beaucoup d'Eglises, même dans les Forêts, lui dicta d'en faire construire une sur la crête de la montagne d'Aupec, et de la faire dédier sous le titre de Saint Vincent, Martyr, et de Saint Germain, Evêque de Paris, de même qu'étoit celle du fauxbourg occidental de Paris, et qu'on appelloit Saint-Germain-des-Prés. Quelques Historiens du temps la qualifierent *de Monasterium* ; mais alors ce terme ne signifioit pas toujours une Eglise de Moines. Il étoit aussi employé pour désigner une Eglise où il y avoit plus d'un Ecclésiastique, c'est-à-dire une espece de Communauté. Aussi quelquefois ces Eglises étoient-elles appellées *Abbatiola*. Celle de Saint-Vincent et Saint-Germain-en-Laye que Robert venoit de bâtir, posséda dès le siécle de son origine la Terre de Filliaucourt, qui étoit au bas de la montagne du côté du midi, l'autel d'Orgeval en Pinccrais, celui de Trecy en Vexin,

<small>Helgald. vita Rob. Reg.</small>

celui de Borrant au pays de Beauvais, et l'Eglise de Sainte-Marine dans l'Isle de Paris. Cette dernière Eglise de Saint-Vincent pouvant convenir très fort aux Evêques de Paris et au Chapitre, Imbert qui étoit sur le siége Episcopal sous le regne de Henri I, c'est-à-dire en 1040 et 1050, obtint de ce Roi que la petite Abbaye de Saint-Vincent et Saint-Germain fût possédée et gouvernée au spirituel et temporel par les Evêques de Paris, dont il y eut des Lettres expédiées, où toute l'origine de ce Moustier est rapportée. Mais avant l'an 1060 l'Evêque Imbert accorda cette Eglise ou petit Monastere à l'Abbé de Coulombs au Diocése de Chartres, du consentement de Lisierne et du Chapitre de Paris. Le Roi Philippe I ajouta en 1073 quelques fonds à ceux que le petit Monastere possédoit : la Charte est du mois de Mai ; Geoffroy, Evêque de Paris, y souscrivit. Le premier Prieur qu'on connoît être venu de Coulombs, s'appelloit Ulric. Il est nommé dans un acte d'environ l'an 1090. On peut juger de l'attention que ces nouveaux Religieux eurent à la conservation de leur bien. Le Roi Louis-le-Gros, fils de Philippe, étant devenu victorieux de ses ennemis, conçut le dessein de construire une Forteresse à Charlevanne entre Aupec et Ruel pour la sûreté du pays de Paris : mais comme l'endroit de Charlevanne où il se proposoit de la bâtir avoit été donné à l'Eglise de Saint-Vincent et Saint-Germain-en-Laye par le Roi Robert son fondateur, Louis qui en fut averti par un Religieux, dit qu'il ne vouloit pas diminuer les dons de ses prédécesseurs, et donna au Monastere en récompense les Eglises ci-dessus que l'Evêque Imbert lui avoit apparemment remises en appellant à Saint-Germain les Moines de Coulombs, y joignant aussi les dixmes, et lui ordonnant de déposer cette donation de sa part et de celle de la Reine sur l'autel du Monastere. On rapporte cet acte à l'an 1122 : mais cette date peut souffrir de la difficulté.

Ce n'est qu'au bout de cent ans ou environ depuis la fondation du petit Monastere par le Roi Robert, que l'on trouve la preuve que nos Rois avoient un Château en ce lieu, et qu'il y avoit un Village qu'on appelloit dès-lors tout simplement *Saint-Germain*. Ce sont les Archives de l'Abbaye de Coulombs qui la fournissent. Louis-le-Gros étant à Saint-Germain même, déclare qu'il confirme à cette Eglise tous les biens que ses prédécesseurs lui ont donnés, sçavoir : Robert, Henri et Philippe, principalement *totam villam prædictæ Ecclesiæ adjacentem omnino liberam et quittam cum sanguine et latrone*, plus le moulin de Filliaucourt : outre cela un muid de grain que les Moines se sont retenu par chacun an sur le moulin qu'ils ont permis à Barthelemi de Fourqueux (*de Fulcoio*) de bâtir sur l'étang de S. Germain ; leur chauffage dans la Forêt de Laie, et du bois pour bâtir, l'usage de la glandée pour cent porcs dans la même Forêt, et quelques hôtes à Ruau-court. Le Diplome est de l'an 1124. *Actum publicè apud Sanctum Germanum..... astantibus in Palatio nostro,* etc. On a pareillement des Chartes de Louis VII qui finissent de même, une entre autres de l'an 1143. Les conférences que nos Rois y ont eues dans ce même siécle et dans le suivant, marquent bien clairement qu'ils y avoient un Château, en sorte que rien n'empêche de croire qu'il a commencé à être bâti dès le temps du Roi Robert, et que peu à peu il s'y forma une Paroisse dans le hameau où ce Château fut construit, lequel hameau fut détaché de celle d'Aupec. L'histoire de la contestation arrivée entre Maurice de Sully, Evêque de Paris, et Roger, Abbé de Coulombs, en 1163, peut faire remonter cet établissement jusques vers ces temps-là. Dans ce différend, où chacun d'eux prétendoit être maître absolu du gouvernement de la Paroisse et du peuple de Saint-Germain, l'Evêque soutenoit que le Monastere de Laye lui appartenoit par donation du Roi Henri, et parce qu'il étoit situé dans son Diocèse; que la disposition de la Cure étoit aussi à lui, parce que les habitans étoient ses Diocésains, et qu'il leur avoit préposé un Prêtre depuis très-long-temps. L'Abbé prétendoit que le Monastere n'étoit pas dans le Diocèse de Paris, et que c'étoit à lui qu'il appartenoit, aussi-bien que le droit Paroissial de tout le lieu, et qu'un Prêtre de sa part y avoit joui tant de la Cure que du Monastere pendant plus de soixante ans. On peut juger en quel état étoient les choses par la décision qui fut faite cette même année 1163 par deux arbitres. Ils statuerent que dorénavant le Monastere et la Chapelle Saint-Gilles qui apparemment étoit l'autel Paroissial, et le peuple de toute la Paroisse prendroient à Paris le saint Chrême et les saintes Huiles : que si l'Eglise de Saint-Germain, ou quelques autels, et nommément la Chapelle de Saint-Gilles avoient besoin d'une nouvelle consécration, ce seroit l'Evêque de Paris qui la feroit : que ceux de cette Paroisse qui voudroient être Clercs recevront la tonsure de l'Evêque de Paris : que l'Abbé Roger recevra la charge d'âme du même Evêque, lequel l'en investira, et que ses successeurs requerront de lui la même investiture dans l'année de leur bénédiction : que cependant cet Abbé pourra charger, s'il veut, de la desserte de cette Cure l'un des Curés voisins, compris dans le Diocèse de Paris, comme celui d'Aupec ou celui de Marcil ou tel autre Prêtre qu'il jugera à propos ; qu'enfin s'il s'élevoit quelque difficulté sur les mariages, elle sera terminée devant l'Evêque de Paris : que pour ce qui est de la marque de soumission et de respect, l'Abbé de Coulombs donnera un bezant à chaque Evêque de Paris l'année de son élévation à l'Episcopat : que le reste appartiendra à l'Abbé de Coulombs, lequel ne sera

Ampliss. Coll. T. I.

Gallia Christ. T. VIII, col. 1254.

tenu ni au droit de Synode, ni au droit de visite, ni à aucuns autres envers l'Evêque, l'Eglise, le Doyen ou l'Archidiacre. Cependant, si l'Evêque de Paris venoit au Monastere de S. Germain, il y sera reçu, mais sans procession, et sans qu'on lui fournisse de procuration. Cette Sentence arbitrale, prononcée par Osmund, Chanoine de Paris et par Milon, Archiprêtre de Milan, étoit exactement observée dans le siécle suivant. On lit que vers l'an 1210, sous l'Episcopat de Pierre de Nemours, l'Abbé de Coulombs vint trouver l'Evêque de Paris à Saint-Victor, et reçut de lui la charge d'âmes de Saint-Germain, lui fit serment de fidélité, quant à la Cure, et lui donna le bezant par forme de soumission. *Chart. min. Paris. seu Reg. fol. 96.*

On ne trouvera gueres de titre où le gouvernement d'une Cure soit plus formellement attribué à un Abbé. Le Monastere de Saint-Germain étoit fort peu garni de Religieux : tout au plus y en avoit-il deux. En 1220, on y établit un troisiéme, lequel devoit tous les jours dire la Messe pour le Roi dans la Chapelle de Notre-Dame, que ce Prince avoit fondée en l'Eglise de Saint-Germain. Le Prieur avoit une Justice. Il l'exerça en 1268, faisant dresser des fourches patibulaires pour exécuter un voleur : le Concierge du Château les abbattit, mais le Prieur fut maintenu par Arrêt du Parlement. Il en avoit fait exercice plusieurs autres fois jusqu'à la fin du XVI siécle. Ce Prieur qui se trouvoit bien d'avoir recours au Parlement, y présenta encore Requête en 1300, exposant que les Rois avoient accordé au Prieuré de Saint-Germain toute la dixme de vin et de grain qui se rapportoit aux celliers et greniers de Poissy, de Triel et de Charlevanne ; mais que depuis la fondation des Religieuses de Poissy, il s'appercevoit d'une diminution considérable. La Cour promit d'y avoir égard. En 1306, ce revenu des dixmes fut fixé à sept livres de rente. *Invent. tit. in Cod. Reg. 6755. fol. 22. Arrest. Parl. Oct. Nat. B. M. V. vel Candel. Ibid. Parl. Om. S3. 1300, 1306.*

Au milieu du siécle suivant, il y eut à Saint-Germain-en-Laye un Prieur qui mérita d'être mentionné par nos Historiens. Les Chroniques de Saint-Denis, Monstrelet et Gaguin racontent que ce Prieur nommé Guillaume Edeline ou Hedelin, lequel auparavant avoit été Augustin et étoit Docteur en Théologie, fut arrêté à Evreux en 1453 pour crime de magie. On l'accusoit de quelques pactes faits pour avoir la faveur d'une Dame. Il reconnut qu'il s'étoit donné au diable, qu'il avoit assisté au Sabbat ou Consistoire des malins esprits, et qu'il s'y étoit transporté à l'aide d'un balai sur lequel il montoit. Il revint de son erreur, et fut condamné à une prison perpétuelle au pain et à l'eau. Je n'aurois point fait mention de ce Prieur, si ces trois Historiens, dont deux étoient Religieux, n'en avoient parlé avant moi.

Ce qu'on sçait depuis de ce Prieuré, regarde l'extinction de sa Justice et sa réunion à la Cure du lieu. Comme il s'étoit formé une Ville à Saint-Germain, et que le Château devint très-célèbre par la résidence de nos Rois et de la Cour d'Angleterre, ainsi qu'on verra ci-après, Louis XIV donna en 1691 des Lettres-Patentes qui portoient que du consentement du Prieur, la haute, moyenne et basse Justice (dans lesquelles il avoit été maintenu par Arrêt du Conseil d'Etat du 9 Janvier 1683, donné à Versailles), ensemble la Seigneurie directe, le droit de Four à ban et tous autres droits appartenans à ce Prieur, demeureroient unis à la Prévôté et Seigneurie de ce lieu appartenans au Roi; en contre-échange desquels Sa Majesté avoit assigné à ce Prieur deux mille livres par an sur les Fiefs et Aumônes de la Recepte Générale des Finances de Paris. Environ sept ans après, le Prieuré avec ses revenus fut annexé à la Cure du même lieu. Le décret d'union fut confirmé par Lettres-Patentes, enregistrées le 14 Mai 1693. René de Mornay de Villeterre, Prieur et Curé, avoit commencé cette affaire dès l'an 1688, par une requête présentée à M. de Harlay, Archevêque; François Converset l'acheva[1]. Cette Cure devenue ainsi opulente, ne resta pas long-temps à la nomination de l'Abbé de Coulombs. Le Roi fit un Contrat dix ans après avec les Religieux de cette Abbaye au sujet du patronage de ce Prieuré-Cure, et de celui de Marly, et en eut par ce moyen la nomination; au sujet de quoi il y eut Lettres-Patentes enregistrées le 6 Mai 1708.

Résidence des Rois a Saint-Germain. Si l'établissement d'un Monastere à l'entrée de la Forêt de Laye du côté de Paris, fut l'occasion pour laquelle il s'y assembla en ce lieu quelques paysans pour en faire valoir les biens, le Château ou Maison de Plaisance que nos Rois y bâtirent environ le même temps, y attira pareillement des Courtisans et des Officiers pour la chasse. On vient de lire plus haut, que Louis-le-Gros y résida en 1243; Louis-le-Jeune, son fils, en 1143. Ce dernier Roi y étoit encore en l'an 1169: ce fut en ce lieu qu'il y eut une conférence avec Henri, Roi d'Angleterre. Philippe-Auguste étoit à Saint-Germain-en-Laye en 1189. Il en partit promptement en 1192 le 18 Mars à l'insçu de ses Courtisans, pour venir à Bray faire justice des Juifs qui y avoient fait mourir un Chrétien. On l'y trouve en 1207 et en 1212 au mois de Juin: en 1219 traitant avec Matthieu de Montmorency, Connétable, au mois de Novembre; en 1220 au mois de Mai. En 1222 il y étoit au mois de Juillet et il y fit son testament au mois de Février 1224 [1223]. Pour ce qui est de Saint Louis, dès la premiere année de son regne [il] y donna une Charte en faveur de

---

1. On lit à la tête du troisième Tome du *Gallia Christiana*, parmi les additions et corrections à faire dans le second, que le Sieur Augustin-Nicolas Laguye n'avoit jamais voulu consentir à cette union, et que le Sieur de Villeterre étoit parent du Marquis de Montchevreuil, Gouverneur de Saint-Germain.

l'Abbaye de Saint-Antoine-des-Champs, c'est-à-dire en 1227 au mois de Novembre : Barthelemi de Roye, Grand Chambrier, en donna aussi une dans le même temps. Ce Roi y étoit pareillement au mois d'Avril 1228, en Décembre 1232, Novembre 1246. Durant la résidence qu'il y fit en 1228, il y affranchit ses hôtes, ceux des Moines, ceux d'Aupec et de Filliancourt de la fourniture des lits pour sa Cour. L'Empereur de Constantinople Baudouin étoit logé à Saint-Germain-en-Laye au mois de Juin 1247, s'il faut en croire le tableau des Reliques de la Sainte-Chapelle, qui, selon que Du Breul le rapporte, assure que cet Empereur y donna l'acte par lequel il faisoit présent à Saint Louis de plusieurs reliques. En 1266, le 28 Septembre, Blanche, fille de Saint Louis, y fut accordée avec Ferdinand, Infant de Castille. Le lendemain de l'inhumation de Saint Louis, qui fut faite à Saint-Denis le 22 Mai 1271, Philippe-le-Hardi se retira à Saint-Germain-en-Laye. On a des Lettres de l'an 1272, par lesquelles la Reine Marguerite, veuve de Saint Louis, se déporta de la jouissance de la Terre et Forêt de Saint-Germain-en-Laye. Philippe-le-Bel vint souvent se retirer à Saint-Germain au retour des fréquens voyages qu'il fit dans le Royaume. Il y fut une grande partie du mois de Novembre 1301. On l'y retrouve le 6 Août 1302, et en 1304 presque toute la semaine de la Pentecôte qui fut au mois de Juin. Quelques-uns même ont cru qu'il avoit bâti le Château ; mais ils se trompent. Philippe-le-Long, son fils, par considération pour la Reine, donna à la nourrice de cette Princesse un arpent de terre situé proche Saint-Germain-en-Laye au mois de Décembre 1316. Les Rois y faisoient aussi des acquisitions de temps en temps. On trouve dans un Inventaire à l'an 1331 sous le regne de Philippe de Valois : *Quittatio Johannis Hazard ratione sui hereditagii inclusi per Dominum Regem in Clausura S. Germani in Laya.* C'est la premiere fois qu'il est parlé du Parc de Saint-Germain. En 1346 Edouard, Roi d'Angleterre, qui se disoit Roi de France, vint à Saint-Germain, le pilla et brûla, aussi-bien que la Maison Royale. Mais il paroît que tout le Château ne fut pas réduit en cendres, ou qu'on travailla promptement à le réparer. Une Charte du Roi Jean de l'an 1351, est datée de ce lieu. Mais comme la continuation des guerres et la prison de ce Prince ne lui permirent pas de rebâtir cette Maison Royale, Charles V, son fils, en prit le soin. *Moult fit réédifier notablement le Chastel Saint-Germain-en-Laye,* dit Christine de Pisan dans la vie de ce Roi. On assure qu'il en posa la premiere pierre le 25 Mai 1363. L'Histoire de Charles VI, son fils, écrite par un contemporain, rapporte les événemens suivans sous son regne. Vers le milieu du mois de Juillet de l'année 1390, le Roi et la Reine Isabeau de

Baviere, étant allés prendre l'air au Château-en-Laye, à l'heure que l'on chantoit la Messe devant eux, et que le Conseil étoit assemblé d'un autre côté pour aviser à mettre de nouveaux impôts, et à établir une Taille générale, le ciel qui étoit serein s'obscurcit en peu de temps l'espace d'une lieue seulement qui faisoit le tour du Château, et il survint une infinité d'éclairs et de coups de tonnerre : le vent brisa toutes les fenêtres, et mit en morceaux tout le vitrage de la Chapelle de la Reine, qu'il porta jusqu'aux pieds de l'autel. On fut obligé de cesser le chant pour finir plus tôt la Messe, de crainte que le vent n'emportât la sainte Hostie. Tout le monde se jetta par terre, le Conseil même cessa. Les plus grands arbres de la Forêt furent arrachés, et on rapporta à la Cour que le tonnerre étoit tombé entre Saint-Germain et Poissy sur quatre Officiers du Roi, dont il avoit consumé les os et le dedans du corps, en sorte qu'il ne leur étoit resté que la peau qui étoit noire comme du charbon. Ce mal inopiné arrivé dans ce canton, fit un grand bien au peuple du Royaume. La Reine remontra que le Ciel s'étoit opposé à l'établissement de l'impôt, et cette Princesse qui étoit prête d'accoucher, obtint qu'il n'y en auroit point. Un autre accident rapporté par le même Ecrivain à l'an 1405, confirme que la Cour passoit souvent l'été à Saint-Germain. La Reine et le Duc d'Orléans y étant le 12 Juillet, allerent se promener dans la Forêt. Il survint alors un vent furieux avec une si grosse pluie, que ce Duc fut contraint d'aller se mettre à couvert dans le carrosse de la Reine. Les chevaux épouvantés prirent le mords aux dents, et coururent vers la riviere, où ils se fussent précipités, si l'adresse du cocher n'étoit venue à bout de les arrêter. Le récit du dernier accident ne dit rien de la Cour, mais seulement que le 5 Septembre 1408 il tomba à Saint-Germain-en-Laye et du côté du Vexin une grêle presque toute de la grosseur d'un œuf d'autruche.

La tradition est que le Château de Saint-Germain fut pris par les Anglois pendant les troubles que la maladie du Roi Charles VI causa dans le Royaume ; et que Charles VII le retira des mains d'un Capitaine Anglois qui le gardoit, par le moyen d'une somme d'argent. Il est certain d'ailleurs que Louis XI fit don à Jacques Coitier, Président en la Chambre des Comptes, et son premier Médecin, par Lettres expédiées au mois de Septembre 1482, des Places, Châteaux, Prévôtés et Seigneuries de Saint-Germain-en-Laye et Triel, qu'on appelloit d'ancienneté *La Chatellenie de Poissy*. Quelques-uns ajoutent que ce Médecin en fut dépouillé à la mort de ce Prince par Arrêt du Parlement.

François I qui avoit beaucoup de goût pour la chasse, aima fort le séjour de Saint-Germain ; il fit relever l'ancien bâtiment et en fit construire de nouveaux. Dix ans après la mort de ce Prince, Mederic de Donon, Contrôleur du Domaine de Paris, s'obligea à faire faire un Parc depuis le carrefour de l'entrée de Saint-Germain jusqu'au Port Aupec et les Commissaires lui accorderent douze deniers pour livre de la recepte. Le Parlement ayant été averti en 1562 qu'il se faisoit des Prêches au Château, manda le Capitaine pour les empêcher. Ce même lieu fut renommé par d'autres endroits sous le regne d'Henri IV. Le Traité que ce Roi fit avec Charles III, Duc de Lorraine, y fut conclu dans ce Château le 16 Novembre 1594. Henri de Bourbon, Prince de Condé, y fit dans la Paroisse le 6 Janvier 1696, profession de foi entre les mains du Cardinal de Gondi, Évêque de Paris. Henri IV fit bâtir le Château neuf sur la croupe de la montagne plus proche de la riviere. Il étendit les jardins jusqu'aux bords de la Seine, et les fit soutenir par des terrasses très-solides. Matthieu écrit que ce fut en ce lieu que Claude de Monconis, Président des Finances en la Généralité de Lyon, fit l'épreuve de faire élever et remonter les eaux plus haut que la source. Une médaille de pierre posée dans une niche de ce bâtiment neuf, fut l'occasion de l'histoire suivante. Fauchet, premier Président de la Cour des Monnoyes, Auteur des Antiquités Gauloises et Françoises imprimées plusieurs fois sous les regnes d'Henri III et Henri IV, étant allé saluer ce dernier à Saint-Germain-en-Laye, ce Prince, pour se débarrasser de lui, se tournant du côté de cette médaille, qui ressembloit très-fort à cet Auteur, lui dit : *Monsieur le Président, j'ai fait mettre là votre effigie pour perpétuelle mémoire.* Mais comme ce n'étoit point là ce que Fauchet demandoit ni désiroit, à son retour il composa les vers suivans :

> « *J'ay trouvé dedans saint Germain*
> « *De mes longs travaux le salaire :*
> « *Le Roy, de pierre m'a fait faire,*
> « *Tant il est courtois et humain.*
> « *S'il pouvoit aussi bien de faim*
> « *Me garantir, que mon image ;*
> « *Ah ! que j'aurois fait bon voyage !*
> « *J'y retournerois dès demain.*
> « *Viens Tacite, Saluste, et toy*
> « *Qui a tant honoré Padoüe :*
> « *Venez icy faire la moüe*
> « *En quelque coin ainsi que moy.*

Ces vers furent présentés à Henri IV, qui se sentant piqué et noté d'ingratitude, à la poursuite de quelques-uns, fit coucher Fauchet sur l'Etat à six cens écus de gages avec le titre de son Historiographe, qu'il conserva jusqu'à sa mort arrivée en 1603. Matthieu a remarqué que les principales statues de la pyramide élevée à Paris au sujet de Jean Chatel, et qui fut démolie en 1603, furent transportées aux grottes de Saint-Germain. Le même Château fut embelli de plusieurs ornemens par Louis XIII, qui y avoit été élevé en 1602. Chacun sçait combien souvent et long-temps la Cour y resta sous son regne. Personne n'ignore non plus que Louis XIV y naquit le 5 Septembre 1638. Un ancien Journal m'a Merc.Sept.1695. appris qu'on y célébroit solemnellement autrefois l'Anniversaire de cette naissance. Le 5 Septembre après Vêpres on prononçoit le Panégyrique de ce Prince ; après le Salut on allumoit un feu devant le portail de l'Eglise ; le soir il y avoit illuminations aux fenêtres des habitans, feux devant leurs maisons et banquets. C'est ce même Roi qui fit ajouter au vieux Château cinq gros pavillons qui en flanquent les encoignures. Il fit aussi embellir les dehors. Le grand parterre, la grande terrasse, la maison et le jardin du Val, et quantité de routes qu'il fit percer dans la Forêt, sont des effets de la magnificence de son regne. Le grand nombre d'Edits, Déclarations et Ordonnances sont la preuve du séjour fréquent qu'il y a fait. Ce fut dans ce Château que fut conclu en 1679 la Paix entre la France, la Suede et Brandebourg. Cette Maison Royale fut occupée sur la fin du dernier siécle par le Roi de la Grande-Bretagne et par la Cour d'Angleterre. Louis XIV y logea le Roi Jacques en 1689, lorsqu'après la derniere révolution d'Angleterre, il se vit obligé de se retirer en France, et ce Prince y mourut saintement le 16 Septembre 1701. Marie Stuart, sa fille, y mourut aussi le 18 Avril 1712, et Joseph-Marie d'Este, sa femme, le 7 Mai 1718.

La Ville de Saint-Germain est très-peuplée ; sa situation en bon air qui fait qu'on y vit long-temps, l'exemption de tailles, etc., dont elle jouit, en sont la cause. Dans le dénombrement de l'Election on y marquoit seulement 500 feux, mais celui des habitans marqué dans le Dictionnaire Universel de la France est six mille huit cens cinquante ; ce qui fait voir que cette Ville a beaucoup augmenté dans le siécle présent, et qu'on doit ajouter foi au nombre de feux spécifié dans le Dénombrement publié en 1745 par le Sieur Doisy, lequel est de 1620 feux. Les maisons y sont hautes et bien bâties ; il y a de belles rues bien pavées, quelques grandes places et plusieurs Hôtels. La Forêt forme la plus grande partie du territoire, mais ce n'est pas ici le lieu d'en parler.

Il n'y a dans cette Ville qu'une seule Paroisse ; elle est titrée, ainsi que je l'ai déjà insinué ci-dessus, de Saint Germain, Evêque de Paris, parce que c'étoit sous son nom qu'étoit l'Eglise du Prieuré bâtie par le Roi Robert, car il paroit d'ailleurs, que dans les premiers siécles de l'établissement du Monastere, et lorsqu'il fut besoin de désigner un autel pour les fonctions Paroissiales, ce fut celui de Saint Gilles qui fut destiné à cela. Il est difficile de croire que l'Eglise Priorale, bâtie par le Roi Robert, eût subsisté au-delà du regne du Roi Jean où les Anglois brûlerent tout le Bourg. Il y eut sans doute une Eglise rebâtie depuis ce malheur, et c'est celle qui subsista jusqu'au dernier siécle. Il ne s'en voit plus qu'un reste de cintre que l'on apperçoit encore par dehors derriere le sanctuaire. Un Mémoire imprimé du Sieur Nicolas Gagnieres, Prieur, nous apprend que cette pénultiéme Eglise étoit de vingt-trois toises de long, qu'elle avoit deux clochers appartenans au Prieur, dont l'un étoit sur le chœur ; que le Roi Henri II avoit donné autrefois à prendre sur la Forêt pour en rebâtir un côté, et qu'en 1679, on l'avoit aggrandie de trois toises. Au reste, indépendamment de ce Mémoire, on se trouve instruit du temps que l'Eglise qui subsiste aujourd'hui a été bâtie, par les chiffres qui s'y voyent. La tour est de l'an 1660 ; elle est fort basse, mais très-solide. Le portail est de l'an 1676. Le reste est de l'an 1682, année dans laquelle en voulant aggrandir cette Eglise d'un côté, on la laissa tomber d'un autre. Outre les deux clochers qui furent démolis, on abbattit aussi deux Chapelles fondées par un ancien Curé nommé Boulard. J'aurois cru que l'une des deux seroit celle de Saint-Jean-l'Evangéliste, laquelle avoit trente-trois livres de rente sur l'Ordinaire de Paris sous François I, mais ce qui se lit dans Du Breul et ailleurs semble indiquer qu'elle étoit dans le Château même. L'édifice de la Paroisse actuellement subsistant, a le défaut commun à plusieurs autres, qui est de n'avoir qu'un collateral et d'être un peu basse et massive. On n'y conserve plus de reliques du Patron Saint Germain, quoiqu'on y célèbre la Fête de sa Translation le Dimanche après le 25 Juillet. Mais on y en montre quelque-unes de Saint Charles Borromée dans une châsse qui se voit en la nef. Je ne parle point des reliques copieuses qui portent le nom d'un autre Saint, de crainte de donner occasion de les confondre avec celles d'un grand Pape dont on ne peut prouver qu'elles soient. On a conçu en ces derniers temps le dessein de rebâtir cette Eglise.

Mém. du S. Gagnieres.

Mém. de la Ch. des Compt. an. 1545. Du Breul, article de la Ste Chapelle. Pouillé de Paris 1626, p. 85.

Il faut rappeller ici ce que j'ai dit plus haut, que le Prieuré a été uni à la Cure, et que depuis ce temps-là, l'Abbé de Coulombs a cessé d'y nommer ; le Roi a donné en compensation d'autres nominations à cette Abbaye, et a pourvu à l'un et à l'autre.

Le Château et le Monastere de Saint-Germain étant à peu près de la même antiquité, je dois faire suivre ce que j'ai dit de l'Eglise du Prieuré devenue Paroissiale, de ce qui est à dire sur les Chapelles du Château. On vient de voir que s'il n'y avoit pas eu de Chapelle dans l'ancien Château que les Anglois brûlerent en 1346, le Roi Charles V y en avoit fait construire une en le rebâtissant, puisque ce fut dans cette Chapelle qu'arriva l'an 1390 le désastre dont j'ai parlé page 138, pendant qu'on y chantoit une grande Messe. Cette Chapelle du Château de Saint-Germain fut dotée en partie par le Roi Charles VI. Il y attacha en 1384 les droits qu'avoit eus le Prieur et Couvent d'Hanemont de l'Ordre du Val-des-Écoliers dans la Chapelle du Château de Poissy qui étoit détruite. Ces droits et revenus de la Chapelle de Poissy, sont spécifiés dans une Charte de l'an 1321. Louis XII confirma le même transport en 1514. Sous le regne de François I et pendant que ce Roi séjournoit à Saint-Germain, un voleur déroba dans la Chapelle du Château le Saint-Ciboire et l'emporta à une lieue de là. Le Roi fit assembler tous les Prélats de sa Cour, qui en chappes allerent avec lui à pied et tête nue jusqu'au lieu où le voleur avoit été arrêté, pour rapporter le Saint-Ciboire. A l'occasion de la naissance du Dauphin arrivée dans ce Château en 1638, le Roi Louis XIII établit des Clercs dans cette Chapelle en 1639 par Lettres du mois de Juin, et par d'autres du 22 Mai 1640; il donna d'autres Lettres pour l'érection d'un tabernacle sur le principal autel de cette Chapelle du vieux Château, avec ordre d'y suspendre une lampe d'argent vermeil doré de trois mille livres, et qui en même temps portoient la fondation d'un Chapelain qui seroit tenu d'y dire chaque jour une Messe basse. En 1653, le 3 Février, Louis XIV ordonna par Lettres expresses le rétablissement de la Chapelle du vieux Parc de Saint-Germain, qu'on y mît sur l'autel un tableau représentant JÉSUS-CHRIST dans sa gloire, plus bas S. Michel, et au-dessous, de l'autre côté, l'Ange Gardien du Roi lui présentant sa personne et ses actions de grâces. Elles portoient de plus l'établissement d'un Chapelain avec quatre cens livres de rente sur la recepte des Bois de la Généralité de Paris, duquel le Roi se réservoit la nomination sans pouvoir de résigner, lequel seroit tenu de dire trois Messes basses par semaine, seroit soumis au Grand Aumônier, et en son absence au Premier, et jouiroit des mêmes priviléges que les Chapelains. Cette Chapelle Saint-Michel a été unie depuis ce temps-là à l'Hôpital de la Charité de la Ville. En 1681, il donna des Lettres en forme de Déclaration, qui portoient qu'au lieu de deux Clercs établis en la Chapelle de Saint-Germain, il y seroit institué deux Prêtres outre le Chapelain, choisis par le Roi et subordonnés à ce Chapelain, et outre ce un rôle pour le service en cette Chapelle sans rien changer aux Lettres d'établissement du mois de Juin 1639.

Après le Monastere et le Château, et une Chapelle du titre de S. Gilles qui existoit dès l'an 1209, suivant un titre rapporté par

Du Breul [1], ce qu'il y a de plus ancien à Saint-Germain est la Du Breul, p. 372.
Maison-Dieu ou Hôtel-Dieu. Il existoit dès le treiziéme siécle, et
S. Louis probablement en avoit été le fondateur. Il étoit administré
en 1267 par des Dames, qu'on qualifioit de Sœurs. On voit dans
le Grand Pastoral de Paris un acte du mois de Novembre de cette
année-là, par lequel la Sœur Basile, Maîtresse de la Maison-Dieu
(*Magistra Domus Dei*) de Saint-Germain-en-Laye, reconnoît tenir
du Chapitre de Paris une masure dans leur censive et Seigneurie
de Garennes, laquelle avoit été donnée à cette Maison par Hugues, *Magn. Pastor.*
Chanoine de Poissy, et dont elle promit de payer deux sols de *lib. IV. -*
cens capital à Andresy. Cent cinquante ans après, l'Hôpital *Coll. Du Bois, mss. T. V.*
de Saint-Germain étoit gouverné par des Administrateurs. Un
compte de la Prévôté de Paris de l'an 1423, fait mention d'Henri Sauval,
Camus qui en étoit Administrateur. Sur la fin du dernier siécle T. III, p. 332.
cet ancien établissement reparut sous le titre de Maison de Charité
pour les Malades. La direction pour le spirituel appartenoit au
Prieur-Curé, et pour le temporel aux Confreres de la Charité de
la même Ville. Les Lettres-Patentes qui confirmoient cet établissement avec l'amortissement de la Maison, de la Chapelle et du
Bâtiment, furent enregistrées en Parlement le 24 Janvier 1697.
L'année suivante la Chapelle de Saint-Michel au Parc fut unie à
cette Maison de Charité pour l'entretien d'un Prêtre, et les Lettres-
Patentes confirmatives du Décret d'union furent enregistrées le
16 Juillet. François Converset, Prieur-Curé, avoit demandé cette
union, exposant que la Chapelle tomboit, que le Chapelain étoit
décédé; l'Archevêque y consentit le 30 Septembre, à la charge que *Reg. Archiep.*
l'on acquitteroit les trois Messes par semaine.

Vers l'an 1680 fut établi aussi à Saint-Germain un Hôpital
Général, dont les Statuts furent confirmés par le Roi et les Lettres *Reg. du Parl.*
enregistrées le 1er Mars 1684, et cette confirmation renouvellée
sous Louis XV par Lettres-Patentes enregistrées en 1716 au mois
de Juin, avec celles de tous les anciens dons, droits et priviléges.

Les Recollets obtinrent, en 1620, permission de s'établir à Saint-
Germain ; et en 1625, le 7 Septembre, leur Eglise fut consacrée *Reg. Archiep.*
par M. Jean-François de Gondi, Archevêque de Paris. Mais ce
ne fut qu'en 1641 qu'il leur fut permis d'avoir des Confession-
naux. Louis XIV, voulant subvenir à leurs besoins, leur accorda
plusieurs fois durant son regne des Lettres-Patentes pour pouvoir
prendre pendant neuf ans dans la Forêt une certaine quantité de
bois, ou la somme de 167 livres dix sols.

Les Ursulines qui y ont un établissement, sont venues de Saint-

---

1. Du Breul a laissé imprimer *sancti Eligii*, mais il faut lire *sancti Egidii*.
Voyez ce qui en est dit ci-dessus, page 134.

Denis. Elles ont commencé par une concession que le Roi leur fit d'une maison appellée l'Hôtel des Fermes, et d'une somme de trente mille livres l'an 1681 par Lettres-Patentes registrées le 5 Mai.

Les Filles de Saint-Thomas de Villeneuve, obtenant en 1726 des Lettres-Patentes pour pouvoir s'établir à Paris sur la Paroisse de Saint-Sulpice, y firent joindre aussi la permission de s'établir à Saint-Germain-en-Laye. L'enregistrement est du 7 Septembre 1726.

Nonobstant toutes les choses rapportées ci-dessus, qui prouvent que c'est l'Evêque de Paris qui a toujours été regardé comme le Diocésain de Saint-Germain-en-Laye, les Evêques de Chartres ont long-temps prétendu que ce lieu étoit de leur Diocése, et quelques Ecrivains du quinziéme et seiziéme siécle, qui ne vouloient pas favoriser l'un au préjudice de l'autre, mettoient dans leurs Actes que Saint-Germain n'étoit d'aucun Diocése [1]. Le procès avoit été intenté dès le temps de MM. de Gondi. Le différend ayant été renouvellé entre Ferdinand de Neuville, Evêque de Chartres, et Hardouin de Perefixe, Archevêque de Paris, il intervint Arrêt du Conseil d'Etat, Sa Majesté y étant, le 15 Septembre 1670, par lequel l'Archevêque fut maintenu dans la possession de tous les droits de Diocésain sur le Prieuré-Paroisse et territoire de Saint-Germain.

Il y a eu à Saint-Germain, dès la fin du quatorziéme siécle, un Hôtel des Loges où étoit une Chapelle de Saint-Fiacre avec des Chapelains, dont fut Artus de Vaudetar. Avant lui Guillaume Fillon et Guillaume du Bois. Jean Perdriel étoit Ecuyer concierge vers 1496. Les Hermites de Saint-Augustin y ont été introduits dans l'avant-dernier siécle.

<small>Sauval, T. III, p. 484, 496, p. 83 et 386.</small>

Outre les trois cens cinquante arpens qui forment l'étendue du Parc joignant le Château, la Forêt contient plus de cinq mille cinq cens cinquante arpens. C'est ce qu'on appelle proprement la Forêt de Laye. La Garenne du Vezinet qui est de l'autre côté de la rivière au bout du pont d'Aupec, et s'étend vers Croicy et vers Chatou, en renferme 648. Ceux qui ont calculé la quantité de bois que renferme la Maîtrise particuliere des Eaux et Forêts de Saint-Germain, y en trouvent plus de trente mille cinq cens. L'Office de Lieutenant des Eaux et Forêts de Poissy fut supprimé par Lettres de Charles IX du mois de Novembre 1561, et uni à celle de Saint-Germain. On a plusieurs plans gravés de Saint-Germain et de la Forêt. On peut en voir les représentations dans Zeiller (Topographie de France), où celle de la Maison de La

<small>Gener. de Paris, p. 320. Dict. Univ.</small>

<small>Reg. du Cons. du Parl.</small>

<small>Topogr de 1655, T. I.</small>

---

1. Par exemple, le Secrétaire de François de Dinterville, Evêque d'Auxerre, datant des provisions du Prieuré de Saint-Eusebe, le 14 Mai 1547, met *Datum apud S. Germanum in Laya nullius Diœcesis*. Regist. de Duchié.

Muette est figurée comme l'ébauche d'un vieux Temple délabré.
Le plan des environs de Saint-Germain par de Fer et le plus circonstancié, est de l'an 1704. Il est bon d'observer encore que dans certaines cartes, le canton d'entre Saint-Germain et Chatou est Carte d'Auvray. appellé *Trahison*, et que le Bois est dit par les mêmes le Bois de la trahison. L'Historien de Noyon qui en parle, dit qu'on a cru Levasseur, qu'il tiroit son nom de la trahison de Ganelon envers Rolland, Ann. de Noyon, neveu de Charlemagne. Mais je n'ose garantir ce qu'avance un T. II, p. 625. tel Auteur.

Je ne crois pas devoir oublier que ce fut aussi à Saint-Germain-en-Laye que l'on commença en France à faire des glaces à la maniere de Venise. Thesco Mutio, Gentilhomme Italien, ayant apporté le secret de cette verrerie ou glace, le Roi le naturalisa et l'annoblit en 1561. La Verrerie, à la façon de Venise, fut établie à Saint-Germain, et le Roi lui donna pour cela et à son frere Regist. du Parl. Ludovico, la Maison de la Verrerie du même lieu, par Lettres- 1561. Patentes enregistrées au Parlement et à la Chambre des Comptes.

Ce fut à Saint-Germain-en-Laye que le Prince de Condé fit Reg. Ep. Paris en 1596 son abjuration.

L'Assemblée du Clergé de France s'y tint en 1700. L'ouverture fut faite par la célébration de la grande-Messe en l'Eglise Paroissiale au mois de Juin.

La ville de Saint-Germain-en-Laye a produit quelques Auteurs ou Hommes Illustres. Je n'en ai point trouvé avant Pierre Cagné, fils d'un des Officiers de Charles IX, et qui fut aimé de ce Roi. De Launoy le compte parmi les plus célèbres Professeurs qu'ait *Hist.* eus le Collége de Navarre, et il en fait un grand éloge. Il mourut *Colleg. Navarr.* en 1619. *p. 1039.*

Un Auteur du même nom ou approchant, et apparemment de la même famille, fut François Gagnie, natif de Saint-Germain. Il composa en vers hexametres latins une description de sa patrie Saint-Germain-en-Laye, qui forme cinq ou six feuilles in-4°, laquelle il adressa dans le siécle dernier au Sieur Cagnie, Principal des Grammairiens du Collége de Navarre.

René de Mornay de la Villeterre, Prieur de Saint-Germain-en-Laye, fit imprimer en 1689 les vies de plusieurs anciens Seigneurs Suppl. de Moreri de la Maison de Mornay avec leurs généalogies. au mot *Mornay*.

Antoine Hamilton, Poëte François, dont M. Titon fait mention dans son Parnasse, mourut à Saint-Germain, le 21 Avril 1720.

On m'a assuré que le Sieur Darnaudin, Secrétaire de M. le Cardinal de Bissy et Auteur de plusieurs Ouvrages, étoit natif de Saint-Germain-en-Laye.

MAREIL ou MAREUIL-SOUS-MARLY

Nous avons au Diocèse de Paris deux Villages du nom de Mareuil, entre deux autres appellés Marolles d'un nom assez approchant. Le plus ancien des deux Mareuil doit être celui auquel on peut faire l'application de ce qui se lit dans la Diplomatique. On y trouve un Jugement de Pépin, Maire du Palais sous le Roi Childeric, en faveur de l'Abbaye de Saint-Denis, touchant des biens situés *in laco qui dicitur in Marolio,* et exprimés par ces mots : *casam et mansum, et vineas, et mancipia.* L'Abbaye jouissoit de ces biens : une Dame nommée Christienne les réclama ; mais elle perdit son procès, parce que Rotgaire, Avocat de Saint-Denis, prouva qu'ils avoient été donnés à ce Monastere. Ordinairement les lieux appellés Mareuil sont sur quelques côteaux au bas desquels ont été quelques eaux marécageuses et dormantes qui leur ont donné le nom. C'est ce qui se vérifie au sujet de ce Mareuil, lequel est presque à la jonction de deux petits ruisseaux qui vont se jetter dans la Seine tout auprès.

Diplom. p. 489.

L'autre Mareuil qui est en France est sur un côteau au bas duquel il paroit y avoir eu quelque étang. Comme la vigne ne fructifie point sur ce côteau, et qu'au contraire il y en a abondamment sur celui de Mareuil-sous-Marly, c'est ce qui m'a déterminé à entendre de ce dernier ce qui est marqué dans le Diplome de ci-dessus. Il y avoit sûrement des vignes dans ce lieu de Mareuil et même considérablement au VIII siécle, puisque le Roi Louis VII confirmant à l'Abbaye de Saint-Vandrille les biens situés aux environs d'Aupec que Childebert III lui avoit donnés vers l'an 700, met *Et in Marolio census et decimam vinearum.*

Ampliss. Coll. T. I, p. 900.

Ce Village est à la même distance de Paris que Saint-Germain-en-Laye, dont il n'est éloigné que de demi-lieue ; c'est-à-dire qu'il n'est qu'à quatre lieues de Paris vers le couchant d'été. Le côteau sur lequel il est situé regarde le nord et le levant d'été : il est presque entierement garni de vignes. On donnoit à cette Paroisse 90 feux dans le dénombrement de 1709 : mais dans celui que le Sieur Doisy a publié en 1745, il est marqué qu'il en a 122. Le Dictionnaire Universel de la France y comptoit en 1726 quatre cent huit habitans. Il n'y a aucuns écarts.

On y compte cependant sept ou huit Seigneurs ; un M. Houillard demeurant à Grand-champ ; les Prémontrés de Joyenval.

Le grand nombre de Villages de ce nom qu'il y a en France, fait qu'on ne peut discerner de quel Mareuil sont Seigneurs ceux qui sont dits simplement Seigneurs de Mareuil.

Ce qu'il y a de plus remarquable en ce lieu est l'Eglise, qui est un édifice du XIII siécle entierement de pierre de taille, voûté et pavé, avec une aîle de chaque côté. La nef est embellie de galeries, dont les arcs sont supportés par de petits piliers carrés. Le portail de devant et celui de côté sont aussi du XIII siécle. Il ne manque à cette Eglise qu'une croisée avec un tour de sanctuaire. La tour ou clocher collatéral paroit être du XII siécle, excepté le haut qui est nouveau et qui est terminé en pavillon d'ardoise. Cette Eglise Paroissiale est titrée de Saint Etienne, premier Martyr. On croit que ce fut Imbert, Evêque de Paris, qui l'accorda aux Moines de Coulombs au Diocése de Chartres vers l'an 1060, en même temps que celle de Saint-Germain-en-Laye dont ils possédoient le Prieuré. Depuis ce temps-là la Cure a été à la nomination de l'Abbé de Coulombs, ainsi qu'en fait foi le Pouillé Parisien du XIII siécle. Cependant dès le XII siécle un Prêtre séculier en étoit Curé; car Maurice de Sully, Evêque de Paris, transigeant avec l'Abbé de Coulombs touchant le gouvernement de la Cure de Saint-Germain, après avoir constitué cet Abbé titulaire de la Cure, voyant l'impossibilité qu'il pût en prendre le soin personnellement, dit qu'il lui sera libre d'en confier l'administration à l'un des Curés voisins compris dans le Diocése de Paris, tels que celui d'Aupec ou celui de Mereol. Ce traité est de l'an 1163. Les Pouillés du XVI et XVII siécle marquent tous uniformément que la nomination de la Cure *de Marolio,* qu'ils appellent en françois Maroles, appartient à l'Abbé de Coulombs. L'usage s'est établi dans les Rôles des Décimes et dans ceûx des Départemens des Vicaires-Généraux du Diocése de Paris, d'appeller cette Paroisse *Mareil près le Pec,* pendant que ceux de l'Election l'appellent Mareuil-sous-Marly. *Gall. Chr. T. VIII, Instr, col. 338.*

Le voisinage de Fourqueux détermine à entendre de ce Mareuil l'affranchissement qu'on trouve avoir été accordé vers 1335 aux habitans de Marul et Fourqueux. *Mém. de la Chambre des Comptes.*

SAINT-NOM DE LA BRETECHE

Le nom du Saint que porte ce lieu, ne se trouve en tout le Royaume que dans le Diocése de Paris, où il est Patron de deux Paroisses éloignées de quatre lieues l'une de l'autre, et qui sont toutes les deux très-voisines du Diocése de Chartres, du pays de Pincerais, l'un dans l'ancienne étendue de la Forêt d'Iveline, et l'autre sur les bords de celle de Cruye. Quoique dans ces derniers temps on ait cru devoir regarder ce Saint Titulaire de deux Eglises et Tutélaire de deux Paroisses, comme un Saint de la Syrie, il est plus sûr de s'en tenir à la déposition des anciens Martyrologes de Paris, dont le langage, quoique très-concis, certifie au 8 Juillet que ce jour-là est mort dans le pays de Pincerais S. Nom. Confesseur, et il ne faut pas que l'altération de son nom de *Nummius* en *Nonnus,* fasse aucunement songer à un Saint de l'Eglise Orientale, auquel aucuns de ceux qui nous ont précédés n'avoient point pensé, sinon peut-être depuis cent ans. S. Nom a été un de ces Chorévêques que les Evêques employoient pour se soulager sur les limites de leurs Diocéses, et qui étoient encore en usage au neuviéme siécle dans le pays dont il s'agit. Entre Saint-Nom de Levis et Saint-Nom de la Bretêche, l'on trouve deux enfoncemens que le Diocése de Chartres fait dans celui de Paris; de sorte que pour aller de l'un à l'autre, il faut traverser une de ces langues de terre, puis on se retrouve dans le Diocése de Paris; ensuite on traverse une seconde langue de terre Chartraine pour se retrouver de nouveau sur le territoire Parisien. C'étoit là ce canton où S. Nom annonçoit la parole de Dieu. Il pouvoit demeurer à Levis ou à la Bretêche, ou successivement dans ces deux lieux, mais plus ordinairement à Villepreux ou à Joarre, dont l'un ou l'autre est l'ancien *Diodurum* de l'Itinéraire d'Antonin et dont quelques Paroisses voisines ne sont que des démembremens. On ne sçait pas au vrai dans lequel des deux lieux de son nom il est décédé ; il reste seulement quelque souvenir qu'on avoit presque tout son corps autrefois à la Bretêche ; mais ce qui doit porter à croire que ce sera plutôt en ce lieu qu'il seroit mort et qu'il auroit reçu la sépulture, c'est que le corps de ce Saint entier ou presque entier est conservé à Villepreux, qui n'est qu'à demi-lieue de-là ; et qu'il est tout simple de dire que lors des guerres de la Religion sa châsse y aura été mise en refuge comme dans un lieu de sûreté, puisqu'il étoit muré, qu'il y avoit une forte tour, et qu'on pouvoit l'entourer d'eau. Toujours il est certain que ce n'est qu'à cause des Eglises bâties sous son invocation qu'on a introduit l'usage de dire *Saint-Nom de la Bretêche, Saint-Nom de Levis,* et qu'on n'a dédié ces Eglises sous le titre de ce Saint qu'en conséquence de quelques reliques. C'est mal-à-propos que Saint-Nom est nommé toujours dans les Rôles des Décimes *Saint-Nonne.*

Pour ce qui est du mot de Bretêche, on sçait que chez les anciens *Breteschia* signifioit un Château ou Tour de bois dont on fortifioit un lieu, et que cette Tour ou Château étoit terminée par quelque édifice qui avançoit par le dehors. Il y en avoit sans doute une en ce lieu situé sur le bord de la Forêt de Cruye, et c'est ce qui lui a donné en partie le nom.

Ce Village est à cinq lieues ou un peu plus de Paris vers le couchant des équinoxes, à une lieue et demie de Saint-Germain-en-Laye et à deux de Versailles ; sa situation est dans une petite plaine qui ne tient ni du fond des vallées, ni du haut des montagnes. Le pays est sec et sans ruisseau ni rivière. La plus grande partie du bien est en labourages avec quelques vignes seulement. Dans les Livres de l'Election, cette Paroisse est marquée en 1709 sur le pied de 116 feux, suivant le Dénombrement imprimé alors. Celui de l'an 1745, publié par le Sieur Doisy, n'y en met plus que 106. Le Dictionnaire universel de la France, au mot *Bretêche*, y marque 485 habitans. Le hameau de Vaumartin fait partie de cette Paroisse ; la Tuillerie aussi dont quelques Maisons sont de Noisy, et la Ferme de la Beurrerie qui est en allant de Saint-Nom à Villepreux. Le Château est à un quart de lieue de l'Eglise, au lieu dit proprement La Bretêche, vers le nord-est.

L'Eglise qui reconnoît Saint Nom pour son Patron n'est pas un édifice régulier. Il n'y a de collatéral que dans la nef, encore n'en voit-on que d'un côté. Hors le chœur où il y a des piliers qui sont du treiziéme siécle, le reste n'a qu'environ cent ans de construction. La grosse tour du clocher qui est à l'entrée dérange la symétrie du frontispice. Le tableau qui est à l'autel représente Sainte Pélagie qui reçoit la bénédiction de Saint Nonne, Evêque d'Heliopolis en Syrie, lequel n'est nullement le Patron de cette Eglise, et qu'on prend même par un surcroît de faute pour un Evêque d'Edesse. Mais ce tableau est fort nouveau et ne peut prévaloir à l'autorité des Martyrologes anciens, qui font de *sanctus Nummius* un Saint local du pays de Pincerais, et qui y mourut, selon eux, le 8 Juillet, jour auquel sa Fête se célebre à la Bretêche et à Levis, et non le 2 Décembre, jour de l'Evêque Oriental. Cette Eglise, au reste, paroît avoir été ruinée autrefois. Une tombe gothique qui est sous l'aigle n'a rien de remarquable. Il y en reste une autre dans la nef, proche la porte du chœur, sur laquelle est représentée une personne dont le visage et les mains sont de marbre, ce qui dénote quelqu'un de distinction, mais il n'y a rien de lisible. On conserve en cette Eglise un morceau d'ossement de Saint Nom apporté de celle de Saint-Nom de Levis. Au reste, il n'est pas rare de voir des Eglises qui se sont dépouillées de leurs reliques en les déposant ailleurs pour cause de guerre, recourir, pour en avoir, à celles auxquelles elles en ont fourni avant les temps de troubles.

Il y avoit une Cure érigée à la Bretêche dès le douziéme siécle, et la nomination en appartenoit à l'Abbé de Marmoutier. Dès-lors aussi on l'appelloit l'Eglise de Saint-Nom. Mais on ne voit pas quel est l'Evêque de Paris qui la leur avoit donnée. On sçait seulement qu'en l'an 1084 l'Evêque Geoffroy donnant à ce Monastere quatre autels de ce Diocése, y compris celui de Saint-Germain de Villepreux; et que de ces quatre autels celui de Villepreux est le plus voisin du lieu dit la Bretêche ou Saint-Nom. Ainsi, puisqu'il est certain que vers l'an 1180 l'Abbé de Marmoutier se plaignoit que l'Evêque Maurice avoit voulu conférer de plein droit la Cure de Saint-Nom, et que cet Evêque fut obligé en 1183 de lui en abandonner la nomination, c'est une marque qu'elle avoit été démembrée de celle de Villepreux qui appartenoit à Marmoutier depuis près d'un siécle. Il falloit que cette Cure fût d'un bon revenu, soit à raison des offrandes qu'on faisoit aux reliques de Saint Nom, soit pour une autre cause, puisqu'environ quinze ans après, Octavien, Evêque d'Ostie et de Villetri, Légat du Saint-Siége en France sous la fin du Pontificat de Celestin III, la donna, du consentement de l'Evêque de Paris, à un noble citoyen Romain, Acolyte du Pape, nommé Cencius, *Centio Domini Papæ Acolyto, Nobili civi Romano*. Ce Légat ajouta dans ses provisions qui sont au petit Cartulaire de l'Evêché, que c'étoit sans préjudicier à l'Evêque non plus qu'à l'Archidiacre de Paris ni à l'Abbé de Marmoutier. Si ce Cencius n'est pas le Cencius, Camerier du Pape, qui composa alors un état du revenu des Papes et des services dûs à l'Eglise Romaine, il faut avouer que ç'a pu être son neveu. Dans le Pouillé Parisien du treiziéme siécle, parmi les Cures qui sont à la nomination de l'Abbé de Marmoutier, est spécifiée *Ecclesia de Breteschia*. Tous les Pouillés suivans disent la même chose, l'appellant tous la Cure de Saint-Nom de la Bretêche. Le Sieur Le Pelletier a oublié cette Cure dans le sien imprimé en 1692. Un Arrêt du Parlement du 2 Décembre 1600, maintint Charles Pelin, Curé de ce lieu, en la possession de lever toutes les menues dixmes et novales, et la moitié des grosses dixmes avec Philippe des Portes, Abbé des Vaux de Sairnay.

Nous ne sçavons pas de quelle part étoient venus à l'Abbaye de Sainte-Geneviéve les biens considérables qu'elle avoit à Saint-Nom de la Bretêche au douziéme et treiziéme siécle, sinon apparemment de quelque Seigneur de Villepreux ou de la Bretêche même, qui aura eu une dévotion particuliere pour cette Sainte comme envers Saint Germain d'Auxerre, Patron de Villepreux, Chef-lieu et ancienne Mere-Eglise de la Bretêche. La Bulle d'Alexandre III qui confirme ces biens l'an 1163, porte ces mots: *Apud sanctum Nonnum, Terras, Decimas, et Campi partes*. En 1206 Jean de Toucy, Abbé de Sainte-Geneviéve, donnant à Engelbert de Saint-Nom des provisions de la Mairie de ce lieu, y marque que le fief de cet Office consiste en quatre arpens de terre qui ne doivent rien, huit poules de chaque ménage, les droits de bornage (*bornagia*), ceux d'investiture *et districta*. En 1241, Thibaud, Abbé des Vaux de Sernay, qui est celui-là même qu'on a canonisé, et qui est connu sous le nom de Saint Thibaud de Marly, reconnut devoir à l'Abbaye de Sainte-Geneviéve la somme de vingt sols de rente annuelle, à cause des Terres dont son Abbaye jouissoit et qu'elle tenoit de la même Maison de Sainte-Geneviéve ; il y en a quelques-unes de détaillées en ces termes : Devant l'Eglise de Saint-Nom (*Ante Ecclesiam sancti Nonnii*), trois quartiers ; sur le chemin de Villepreux, trois autres quartiers ; sur le chemin d'Aulnay, devant la porte de la Maison de Sainte Geneviéve, un arpent ; dans le champ de la Fosse-Floast (*In campo de Fossa Floast*), un arpent : en tout seize arpens ; et toutes ces terres furent déclarées de Champart (*Campipartiales*), excepté un demi-arpent situé devant les murs de la Maison de Sainte Geneviéve du côté de la Bretêche. *Chart. S. Gen. fol. 169. Ibid., p. 250.*

Maintenant l'Abbaye des Vaux de Sernay a une Ferme à Saint-Nom de la Bretêche derriere l'Eglise. Elle avoit en effet des Terres en ce lieu dès l'an 1226 ; car les Terres *Sancti Nonnii* (mal imprimé *Sancti Momini*) sont du nombre de celles sur lesquelles Amaury, Comte de Montfort, s'accorda avec l'Abbé de ce Monastere. Cette Maison eut affaire non-seulement au Comte de Montfort, mais encore par la suite au Chapitre de Saint-Cloud au sujet de douze arpens de terre labourable situés en la Paroisse de Saint-Nom sur la censive de ce Chapitre, que Milon de Voisins, Chevalier, avoit donné à bail perpétuel à ce Monastere, dont deux arpens étoient *ad vallem Guiberti*, et huit autres tant au Friche de Sorel et proche la grande Glisiere qu'à Menuel. L'affaire fut agitée en 1250. Le fief que cette Abbaye possede sur cette Paroisse, fait que dans le Procès-verbal de la Coûtume de l'an 1580, les Religieux prennent le titre de Seigneurs de Saint-Nom. On a vu ci-dessus le droit que l'Abbé a dans la grosse dixme de cette Paroisse. *Chart. S. Clod.*

On trouve fort peu d'anciens Seigneurs de Saint-Nom de la Bretêche. Robert de la Bretêche vivoit au douziéme siécle, et fut témoin dans un acte sous l'Evêque Maurice de Sully. Philippe de la Bretêche, Chevalier, est mentionné dans les titres de l'Abbaye du Val-Notre-Dame à l'an 1239. Dans un compte de la Prévôté de Paris de l'an 1506, sont marqués les noms de Jacques Encuvel, Ecuyer-Queux ordinaire du Roi, et de Jeanne Braque, sa femme, demeurant à Vaulmartin, Paroisse de Saint-Nom au Val de Galie. *Chart. Ep. Gaignier. fol. 27. Voy. Fontenet en France. Sauval, T. III, p. 548.*

Jacques de Pommereux qui mourut le 26 Novembre 1639, et fut inhumé aux Innocens à Paris, étoit Seigneur de Saint-Nom de la Bretêche, au moins dès l'an 1525, de Vaumartin et de la Tuillerie. Le Dictionnaire universel de la France (Lettre *S*. *Recueil des Epitaph. de Par. Reg. Archiep. 25 Jun.*

colonne 406) imprimé de nos jours, met à l'article de Saint-Nom de la Bretêche, que c'est un fief qui appartient à M. de Pommereu, Conseiller d'Etat.

VAUMARTIN, qui est un écart à l'extrémité qui touche au Diocése de Chartres. En 1593, Geoffroy de Caillot, Ecuyer, auquel Jean Heurtault, Prieur de Saint-Victor, Vicaire Général, permit d'avoir un Oratoire en sa maison à cause de la distance. De Fer a eu tort dans sa Carte du Diocése de Paris, de placer Vaumartin hors de ce Diocése.

L'ETANG-LA-VILLE

L'étymologie de ce lieu ne cause aucun embarras. Il y avoit autrefois un étang, parce que l'emplacement du Village est dans un fond entre deux montagnes, et même on peut dire dans un demi-cercle de montagnes, vu que du côté du couchant on monte aussi pour en sortir. Cet étang étoit devant l'Eglise à l'endroit où est maintenant un pré ; dans les grandes pluies ou accidens d'orages, la chute d'eau y est encore très-grande ; mais il y a de quoi évacuer, à côté de l'Eglise.

Qu'un Village ait été formé en cet endroit qui ne paroissoit pas fort sain, je n'en vois aucune raison, sinon celle de loger les vignerons qui cultivoient les vignes plantées en assez grand nombre entre ce lieu et Mareil, sur la côte qui regarde le midi, jusqu'aux bords de la Forêt de Cruye. Le premier vestige de l'existence de ce lieu, est la Charte du don que fit vers les années 1140 ou 1150 au Prieuré de Saint-Germain-en-Laye, Nivelon surnommé *Paganus* de Thorote, d'un muid de bled *apud stagnum*, lorsque Roger, Abbé de Coulombs, lui donna l'habit religieux dans le Prieuré de Marly. Il y a un endroit de cette Paroisse connu dès le neuviéme siécle sous le nom de Maisons, mais il est incertain si l'Eglise qui y étoit servoit de Paroisse.

<small>Hist. de Montm. p. 47</small>

Ce lieu-ci, qui d'abord fut nommé simplement l'Etang, a depuis été appellé l'Etang-sous-Marly, à cause de sa situation, ou l'Etang-la-Ville, par rapport au Village, pour le distinguer d'un autre lieu dit l'Etang situé vers Marne et la Marche du côté de Saint-Cloud, qui n'est qu'un petit hameau. M. de Valois le place entre le Pec et la Chaussée sur la riviere de Seine ; il est bien vrai que ces deux lieux sont immédiatement sur le rivage gauche de la Seine ; mais l'Etang en est éloigné d'une grande demi-lieue. Il eût mieux fait de dire que l'Etang est situé entre Saint-Germain-en-Laye et

<small>Notit. Gall. p. 431.</small>

Noisy. Cette Paroisse est à quatre lieues de Paris et à une de Saint-Germain. Lorsqu'on imprima le Dénombrement de l'Election de Paris en 1709, on y comptoit 75 feux. Ce nombre s'est soutenu jusqu'à présent; car le Dénombrement publié en 1747 par le Sieur Doisy y en marque 77. Le Dictionnaire universel de la France avoit évalué les feux à 350 habitans.

On voit dans l'Eglise de ce lieu, qui est sous le titre de Notre-Dame, de quoi appuyer l'antiquité du Village : dans le chœur qui est voûté, sont des piliers qui paroissent être d'environ la fin du douzième siécle. Le portail est d'un goût du treiziéme. La nef est récente. La nomination de la Cure est marquée, dans le Pouillé écrit vers le temps de S. Louis, appartenir à l'Evêque de plein droit : ce qui a été suivi dans tous ceux qui ont été rédigés depuis. Les Auteurs de celui du seiziéme siécle et de l'imprimé de 1626, ont mis doublement cette Cure, sçavoir : sous les noms de *Stanno Villa* et de *Villa Stanno* : ce qui a été occasion à l'Editeur de celui de 1648, de créer au Doyenné de Châteaufort une Paroisse de Stainville qui n'exista jamais, et à d'autres, de croire que Villetain proche Jouy étoit une Cure, et à ne pas reconnoître la Cure de l'Etang. *Pouil. 1626. p.40 et 43.* *Pouillé de LePelletier.p.82.*

La Seigneurie de l'Etang-sous-Marly se trouve nommée dans les comptes de la Prévôté de l'an 1461. L'Hôtel de ce lieu est dit avoir appartenu à Messire Jean de Montagu, et appartenir alors à Maître Jean de Grand'rue, Clerc du Roi en sa Chambre des Comptes. Au commencement du siécle suivant elle étoit possédée par Nicolas Seguier, Receveur des Aydes de l'Election de Paris, Administrateur de l'Hôtel-Dieu, qui décéda le 22 Septembre 1533, et qui fut inhumé aux Blancs-Manteaux : mais Guillaume Seguier, son frere, étoit aussi Seigneur en partie dès l'an 1525. Pierre Seguier, fils de Nicolas, leur succéda dans la Terre de l'Etang. Il est qualifié Avocat Général en la Cour des Aydes en 1550, et Président au Parlement en 1554. Il mourut en 1580. Tanneguy Seguier, Président au Parlement, décédé en 1642, posséda la même Seigneurie; puis Jérôme Seguier, son fils, Maître des Eaux et Forêts, Conseiller au Parlement, en 1646. Ensuite Pierre Seguier, Prévôt de Paris, en 1664. *Sauval, T. III, p. 364.* *Epitaph. aux Blancsm. Collect. d'Epit. de Paris. Hist.des Présid. p. 221. Tab. Ep. Paris. Hist.des Gr.Off. T. VI, p. 564 et suiv. Epitaph. à S. André des Arcs.*

Aujourd'hui le Seigneur de ce lieu est M. Fonton, Contrôleur de Madame la Douairiere d'Orleans. *Tab. Ep. Paris.*

La Lombarderie ou Laubarderie (car il est écrit diversement dans les Cartes) est le principal écart ou hameau de la Paroisse de l'Etang. La plupart des autres écarts qui se trouvoient dans le Parc de Marly ont été détruits. Il y avoit en 1636 un Ecart du nom de Montbrisset appartenant aux Sieurs Fautrier. Gevaudeau ou Chevaudeau est l'unique sur lequel il y a de quoi s'étendre, *Reg. Archiep.*

Mais auparavant il faut sçavoir le nom que portent dans les anciens titres les Bois qui confinent avec Marly, et que quelques Géographes modernes se contentent d'appeller Bois de Joyenval, du nom d'une Abbaye voisine. Guillaume de l'Isle l'a appellée avec raison la Forêt de Cruye. Dans le livre d'Irminon, Abbé de Saint-Germain au commencement du IX siécle, elle est appellée *Creva*. Le Roi Philippe I, dans les dons qu'il fit au Chapitre de Saint-Cloud étant à Poissy en 1106, met *partem de bosco de Creia*. Louis VII accordant en 1140 aux Moines de Notre-Dame-des-Champs proche Paris les coûtumes obtenues de lui par Barthelemi de Fourqueux sur les hommes de Fourqueux et d'Anemont (*De Fulcona et de Anemonte*), ajoute que c'est *pro incisione nemoris de Silva quæ Croa dicitur*. Burchard, Seigneur de Marly, dans un acte d'environ l'an 1220, l'appelle *Nemus de Cruie*, et dans un autre de l'an 1226 il la désigne sous le nom de *Foresta Cruyæ*. Par ce dernier acte ce Seigneur cede et remet au Roi Louis le Gros le droit qu'il avoit de chasser dans cette Forêt aux cerfs, biches, sangliers, chevreaux et daims, et fit remettre le même droit à ce Prince par Robert de Poissy qui le tenoit de lui en fief.

Chart. S. Clod.

Chart. B. Mariæ à Camp. f. 38.

Hist. de Montm. Preuv. p. 401.

CHEVAUDEAU. C'est dans la partie de cette Forêt située sur la Paroisse de l'Etang que se voient des restes d'un petit Monastere appellé communément Chevaudeau ou Chevaudos, et une Maison qui en est voisine, appellée aujourd'hui la Maison rouge. Ces deux lieux ont quelque rapport ensemble, et c'est ce qu'il faut développer. Irminon, Abbé de Saint-Germain-des-Prés vers la fin du regne de Charlemagne, faisant un état des biens de son Monastere, met cet article : *Habet in Creva, de Silva Leuvas ij. Habet ibi lucos ij parvulos ad nutriendum purcellos : Habet ibi Ecclesias ij, unam in Mansionibus, alteram in Camborciaco*. L'Abbaye de Saint-Germain avoit donc alors deux lieues de bois dans la Forêt de Cruye, et outre cela deux bosquets. Des deux Eglises qu'elle avoit en même temps dans cette Forêt, l'une étoit située à Chambourcy, et l'autre au lieu dit Maisons. On ne peut entendre par ce dernier lieu Maisons au-dessous de Saint-Germain sur le bord de la Seine, parce qu'il étoit de la Forêt de *Leda*, qu'Irminon distingue de celle de *Creva*. Ainsi il s'agissoit d'un autre lieu dit Maison ou Maisons. Chambourcy est un Village encore existant avec son Eglise de Saint-Saturnin sur les bords du Diocése de Chartres. A trois quarts de lieue vers le midi, à l'extrémité du Diocése de Paris et de la Paroisse de l'Etang, est un lieu dit Maison rouge, auquel touche la Chapelle de Saint-Michel de Chevaudeau, appartenante de temps immémorial au Monastere de Saint-Germain-des-Prés. C'est sans doute là qu'étoit la premiere Eglise dont parle

Cod. Irminon. fol. 127.

l'Abbé Irminon. Mais on ne trouve point qu'elle ait jamais été Paroisse. Elle est connue sous le nom de Chapelle de Chevaudos ou Chevaudeau depuis le commencement du XIII siécle ; la singularité de ce nom marque qu'il y avoit long-temps qu'on avoit commencé à l'altérer. Ce pouvoit être un canton de forêt qui auroit appartenu à un Seigneur appellé *Givaldus* ou *Gevaldus*, nom usité sous la premiere race, même parmi les Princes du Sang. De Geval *due* on fit *Gevaldeum* et ensuite *Chevaldeum* ; car dans le langage vulgaire on étoit si accoûtumé à prononcer Chevaudeau, que les actuaires écrivant Chevaldos, en vinrent au point de latiniser ce nom en celui d'*Equidorsum*, qui est ridicule. Voici les Chartes où il en est fait mention. Evrard de Villepreux ayant donné à Saint-Germain-des-Prés un muid de bled à prendre tous les ans sur le moulin de sa Terre, Hugues de Flaicourt, Abbé, le destina en 1218 pour l'entretien du Chapelain de Chevaudos. Bouchard de Marly donna à cette Maison, *domui de Chevaldos,* un petit bois détaché de la Forêt de Cruye, avec du grain à prendre sur le minage de Marly, et par surcroît il ajouta en 1226 dix sols chartrains de rente assis sur son revenu de Chartres. En 1234 Pierre, Seigneur de Marly, déclara qu'il donnoit *Capellæ de Equidorso* un sextier d'huile par chaque année, pour l'entretien d'une lampe [1]. Thibaud de Marly marque dans son Testament de l'an 1286 un legs de cinquante sols *Prioratui de Chevaudos*. Dans le catalogue des Prieurés du Diocése inseré au Pouillé du XIII siécle, il est inscrit sous le nom de *Prioratus de Chevaudens*, dénomination assez approchante de celle de Gevaudan. Mais le nom d'*Equidorsum*, quoique sans fondement, l'emporta : il est ainsi nommé dans des Provisions et Visa du 29 Novembre 1519 et 2 Août 1581, et même lorsque le titre de ce Prieuré fut éteint et les revenus unis à la mense Conventuelle de Saint-Germain par Pierre de Gondi, Evêque de Paris en 1574, il fut encore désigné sous ce même nom, *Prioratum S. Michaelis de Equidorso*. Ce petit Prieuré n'étoit point tenu à fournir du piment à Notre-Dame de Paris le 14 Août, comme les autres du Doyenné de Macy. La Chapelle subsistoit encore en 1714, mais en très-mauvais état ; et il y avoit vingt ans qu'on n'y avoit dit la Messe. Sur le rapport de M. de Benoît, Curé de Saint-Germain, Doyen rural, M. le Cardinal de Noailles ordonna le 21 Mai qu'elle seroit détruite, et les matériaux employés pour les réparations de la Paroisse, où l'office seroit transféré, et qu'il seroit élevé une Croix à la place de cette Chapelle.

Hist.de S.Germ. p. 115.

Gall. Chr. T. VII, col. 446. Hist. de Montm. Preuv. p. 401, 402.

Ibid. p. 498 ex Chart. S. Germ.

Thes. anecd. T. I, col. 1221.

Gall. chr. nova, T. VII, col. 468.

---

1. Dom Bouillard a cru qu'il falloit placer cette Chapelle dans la Forêt de Cuice ; mais c'est une faute. Duchêne a eu soin de corriger dans l'*Errata* la faute qu'avoit faite son Imprimeur de l'appeller, p. 402, la Forêt *de Crine*.

A l'égard de la Maison rouge qui a transmis jusqu'à nos jours l'ancien nom du village de Maisons, situé en la Forêt de Cruye, on lit qu'en 1724 le Duc d'Antin la céda au Roi à titre d'échange avec cinquante-deux arpens et demi de terre, dont trente en fief et le reste en roture, compris dans le nouveau Parc de Marly ; au lieu de quoi le Roi lui donna des Domaines dans la Généralité de Montauban.

Reg. du Parl. au 29 Août 1724.

On a marqué dans les Journaux de 1709, au mois de Mars, que M. de Chamillart étoit à l'Etang lorsque le Roi le chargea d'écrire aux Gouverneurs des Frontieres au sujet de l'enlevement de M. de Beringhen, son premier Ecuyer.

ROQUANCOURT ou ROCANCOURT

Personne ne disconviendra de l'opinion de M. de Valois, qui dit que le nom latin de ce lieu étant *Rocconis curtis,* cela ne signifie autre chose sinon la Maison de campagne d'un nommé Roccon. En effet, ce Village est nommé ainsi dans l'acte de partage des biens de l'Abbaye de Saint-Denis qui fut fait en l'an 862, entre l'Abbé Louis et les Moines. On y lit que les Religieux, pour avoir Nogent-sur-Seine, lui céderent plusieurs Villages d'autour de Paris, entre autres la moitié *de Monte Lupicino* et *Rocconis curtis.* Ce *Rocconis curtis* étoit déjà depuis du temps dans le nombre des biens de ce Monastere ; je crois pouvoir conjecturer que cette Terre venoit de Roccon qui avoit été l'un des Patrices du Royaume sous le Roi Thierry en l'an 678, lequel Roccon l'auroit donné en partie à l'Eglise de Saint-Germain-l'Auxerrois de Paris, et quelques années après Landebert, Abbé de cette Eglise, en fit échange avec l'Abbé du Monastere de la dépendance de Saint-Denis. Dans ce dernier acte *Rocconcurtis* est dit situé *in pago Pinciacense,* ce qui n'est point étonnant, puisque la Celle, Ruel et Surêne même en étoient. Or, que dans l'acte de 862 il s'agisse de notre Roquancourt au Diocése de Paris, c'est ce qu'insinue naturellement la réunion dans le texte ci-dessus *Mons Lupicinus* avec *Rocconis curtis,* puisque *Mons Lupicinus* est certainement Louveciennes, Terre qui a toujours appartenu à l'Abbaye de Saint-Denis, et qui est contiguë à celle de Roquancourt, laquelle, selon les apparences, en a été démembrée pour le spirituel. D'ailleurs, le nom de Roquancourt ne se trouve dans toute la France que là et au Diocése de Bayeux, où il y a une Paroisse dite Roquaincourt. Au reste, il sera arrivé que de *Rocconis curtis*

Notit. Gall. p. 428, col. 1.

Diplom. p. 537.

Ibid., p. 469.

Annal. Bened. T. I, p. 702.

on aura d'abord fait Rocconcourt, et ensuite on aura écrit Roccancourt, et enfin Roquancourt.

Cette Paroisse n'est qu'à une petite lieue de Versailles, sur le chemin qui conduit de-là à Saint-Germain-en-Laye ; le Village n'est éloigné de celui du Chesnay que d'un quart de lieue ; aussi étend-il son territoire d'un autre côté. Sa distance de Paris n'est que de quatre lieues. Il est bâti dans la plaine qui regne jusqu'aux approches de Louveciennes et de Marly ; la principale culture des terres est en labourages. Le nombre des feux et des habitans est confondu dans les Rôles et Dénombrement avec celui du Chesnay.

L'Eglise Paroissiale est sous le titre de S. Nicolas. Le bâtiment ne démontre aucune antiquité, n'ayant point été construit solidement. Dans le sanctuaire est la sépulture de Philbert Sanguin, de la Cour des Aydes, vers 1600, et celle de ses descendans Seigneurs. Ce sont encore Messieurs Sanguin qui sont Seigneurs de la Paroisse et de ses dépendances. On tient dans le lieu que c'étoit à Chevreloup[1] qu'étoit le gros du Village, et que S. Martin, en l'honneur duquel il avoit une Chapelle, avoit été anciennement le Patron de la Paroisse. Il est à croire, en effet, que lorsqu'on détacha de Louveciennes une partie des habitans pour former une nouvelle Paroisse, dans laquelle seroit compris Roquancourt, on n'eut garde de choisir un autre Patron que S. Martin, qui l'est de Louveciennes que l'on quittoit ; mais par la suite quelque Seigneur de Roquancourt ayant fait bâtir une Chapelle de Saint-Nicolas, insensiblement le peuple prit la coutume de s'y assembler, et du consentement de l'Evêque, Roquancourt devint la Paroisse, et S. Nicolas en fut le Patron. On sçait combien la dévotion envers le Saint Evêque de Myre augmenta dans le douziéme et le treiziéme siécle. Roquancourt étoit dès le treiziéme siécle une Paroisse, suivant le Pouillé de ce temps-là, et l'Evêque en conferoit la Cure *pleno jure*, comme il faisoit celle de Louveciennes. Elle est dans ce nombre au catalogue de ce Pouillé, sous le nom de Roquancourt. Les Pouillés subséquens y sont compris. Le Pelletier, dans celui qu'il fit imprimer, la nomme Roquemadour. La Chapelle de Saint-Martin de Chevreloup fut à la nomination de l'Evêque de Paris tant qu'elle subsista, comme le marque le Pouillé du quinziéme siécle et les anciennes Provisions. Ayant été détruite sous Louis XIV, aussi-bien que tout le hameau, à cause que ces édifices nuisoient au plan du Parc de Versailles et aux routes nouvelles, le service de Saint-Martin fut transferé dans la même Eglise de Roquancourt, où l'on éleva un autel sous l'invocation du même Saint ; de sorte qu'il ne reste plus de ce côté-là qu'une ferme dite

<small>Reg. Ep. 1510, 1516.</small>

---

1. Le peuple racontoit autrefois une fable au sujet de ce nom.

Vaulneau. Un Mémorial de la Chambre des Comptes de l'an 1347, observe qu'en cette année Regnier du Trait, Curé de Roquancourt, *gagea* amende, sans dire pourquoi.

Les Seigneurs de Roquancourt sont connus dès le douziéme siècle. Ils avoient succedé à l'Abbaye de Saint-Denis, dont l'Abbé avoit eu cette Terre avec Louveciennes dans son partage ci-dessus indiqué. On sent bien que l'écoulement de trois siécles avoit dû amener du changement. Geoffroy de Roquancourt est mentionné dans un acte de l'Abbaye de Coulombs d'environ l'an 1120, par rapport à Adelaïde d'Hemeré, son épouse. Garnier de Rogancort fut témoin en 1193 à Taverny dans un acte concernant l'Abbaye de Saint-Victor de Paris. Ce même Garnier de Rogan cort forma une difficulté à l'Abbaye de Sainte-Geneviéve au sujet de la dixme d'un lieu dit *Malus nidus*, que Barthelemi *Pilosus* lui avoit donné il y avoit plus de trente ans, et il prétendoit qu'elle relevoit de son fief; mais il se désista de ses poursuites en 1194 moyennant huit livres parisis. Le même encore, nommé *Garnerus Miles de Rocencort*, fit présent à l'Eglise du Val-Notre-Dame, Abbaye de l'Ordre de Citeaux, de sa dixme de Rocencort, et en prit pour témoin Gilon de Versailles, l'an 1209; la donation fut approuvée par le neveu de Garnier du fief duquel elle étoit [1]. En 1230, Radulfe de Roquencort, Ecuyer, et Alix, sa femme, donnerent à l'Abbaye de Saint-Denis des cens et Roquencort qu'ils disoient tenir en fief de Hervé du Chastel, Chevalier, lequel ratifia cette disposition. Un Seigneur appellé Henri de Roquancourt est connu par une Charte de S. Louis de l'an 1248, datée de la Roche de Glui au mois de Juillet, par laquelle ce Prince donne à Philippe, son Concierge de Paris et son Chambellan, la Terre de ce Henri, confisquée à raison du meurtre qu'il avoit commis en la personne du Prévôt Royal de Châteaufort. Quelques extraits de la Chambre des Comptes de l'an 1387, insinuent qu'alors le Receveur Général des Aydes étoit Seigneur de Roquancourt; au moins ils assurent qu'il y avoit l'un de ses Hôtels et l'autre à Saint-Ladre près Paris. Au commencement du seiziéme siécle la Seigneurie de Roquancourt étoit possedée par Thierry de la Cloche. Pierre Taumery, Ecuyer, en avoit joui avant l'an 1552, selon un acte de cette année qui fait mention de Philippe Fournier, sa veuve. Il paroît qu'il y eut plusieurs Seigneurs de ce lieu en même temps, car je trouve pour Seigneur en 1550, Jean de Conty qui avoit épousé Anne Herbelot, et en 1576, François de Conty. D'ailleurs, on est assuré qu'André Blondel, Lyonnois, Contrôleur Général des Finances, s'en disoit aussi Seigneur vers le même

Ce Garnerus parle dans une Charte de 1220, d'un Pierre *de Valle Oiseli*.

temps. Son épouse étoit Anne de la Rue. Il avoit à Paris dans la rue d'Orléans, quartier Saint-Honoré, son Hôtel qu'il donna à la Duchesse de Valentinois, Diane de Poitiers. Il fut inhumé dans le premier Couvent des Filles repenties. Ronsard le pleura en quantité d'Epitaphes qu'il dressa en sa mémoire. Les Filles Pénitentes ont transporté son mausolée à Saint-Magloire où elles sont à présent. Son successeur fut apparemment Jean Sanguin, Secrétaire du Roi, puisqu'il étoit décédé avant l'année de la rédaction de la Coûtume, qui est 1580. Sa veuve, Marie de Baugy, y comparut comme tutrice de ses enfans mineurs; c'est là qu'il est dit Seigneur de Roquancourt. Philbert Sanguin, inhumé dans l'Eglise du lieu, fut ensuite Seigneur, et sur la fin du dernier siécle, Philippe Sanguin, dont la femme nommée Marie Ferrand, décédée en 1702, a fait une fondation à Saint-Severin de Paris.

<small>Piganiol, T. II, p. 31.</small>

<small>Sauval, T.I, p.469 et 582.</small>

<small>Coutume de 1580, édit. 1678, p. 641.</small>

<small>Incript. à S. Sev. en la Chap. Sainte-Anne.</small>

Les Mémoires de l'Académie des Sciences font mention de l'aqueduc qui est à Roquancourt pour les eaux de Versailles. Les Académiciens qui le visiterent par son ordre en 1683, y ayant apperçu des concrétions, conclurent avec les examens physiques, que l'eau qui y couloit, quoique bonne de sa nature, n'étoit pas propre à boire, et contractoit de mauvaises qualités par le mélange des matieres étrangeres qui se trouvoient en cet aqueduc.

<small>Mém. de l'Acad. des Sciences, T. I, p. 370.</small>

LA CELLE-LEZ-SAINT-CLOUD

ou

LA CELLE PRÉS BOUGIVAL

Le nom de Celle étant fort commun, puisqu'il signifie simplement habitation, on a jugé à propos de distinguer celui-ci par quelque lieu voisin : ainsi les uns ont dit *Cella juxta Bogival,* et c'est l'expression du Pouillé Parisien du XIII siécle et des Rôles Ecclésiastiques, parce que Bougival n'en est qu'à une demi-lieue; les autres, comme les Livres de l'Election et la Carte de de Fer, ont préféré *la Celle-lez-Saint-Cloud,* à cause que Saint-Cloud est un lieu plus connu, quoiqu'il en soit éloigné d'une lieue. Dans plusieurs des catalogues de ces Livres et rôles nouveaux, ce Village a été écrit La Selle : mais c'est une erreur d'inadvertance qu'il sera facile de corriger, en faisant attention qu'il ne s'agit pas là d'un siége, d'une chaire, d'un banc, mais d'une demeure, d'une mansion, d'un lieu de résidence.

Il eût peut-être été plus raisonnable de continuer appeller ce lieu la Celle-sur-Seine, comme fait le Necrologe de Saint-Germain-des-Prés. C'est de ce Livre que nous apprenons l'antiquité de ce lieu. Il y est dit que ce fut l'Abbé Vandremar qui le donna au Monastere de Saint-Germain, c'est-à-dire de Sainte-Croix et Saint-Vincent. Or, cet Abbé siégeoit dès l'an 697. Le Livre de l'Abbé Irminon, d'environ cent ans après, en fait pareillement mention, sous les noms de *Villare* et de *Cella fratrum,* et les titres du IX siécle, sous celui de *Cella quæ dicitur Villaris.* Aimoin, Religieux de la même Abbaye du temps de Charles-le-Chauve, dit d'elle *Cella nostra quæ contra vel secùs locum Karolivannæ posita est.* Il m'a paru que Dom Bouillard dans son Histoire de Saint-Germain-des-Prés, ne distinguoit pas assez clairement les deux la Celle du Diocèse de Paris et de l'Archidiaconé de Josas, lesquels ont appartenu tous les deux au Monastere de Saint-Germain-des-Prés.

Necrol. S. Germ. X cal. Maii.

Ce Village est à trois lieues de Paris vers le couchant, sur les hauteurs à une lieue au-delà de Saint-Cloud, au rivage gauche de la Seine dont il n'est séparé que par la colline. C'est un pays couvert de vignes et d'arbres fruitiers, et qui a peu de labourages. On y comptoit en 1690 soixante feux, et en 1709 quarante-deux. Le Dénombrement que le Sieur Doisy vient de publier en 1745 y en marque 51 : le Dictionnaire Universel de la France de 1726, faisoit monter le nombre des habitans à 230. Irminon, Abbé de Saint-Germain, sous la fin du regne de Charlemagne, écrit que son Monastere y possédoit deux lieues de bois et cinquante-quatre arpens de vieille vigne, qu'il y avoit cinquante maisons d'affranchis et cinq de serfs. Il avoit marqué auparavant, que dans l'étendue de ce lieu il y avoit deux Eglises très-bien bâties. Je parlerai d'abord de la premiere, qui est dans le lieu qui a conservé le nom de la Celle, l'autre ne pouvant être que celle de Saint-Germain du Chênay, qui primitivement faisoit partie du territoire de cette Paroisse.

Cod. Irminon, fol. 29.

L'Eglise de la Celle (aujourd'hui l'unique depuis le démembrement du Chênay où l'on a rebâti la seconde) porte le titre de S. Pierre, Apôtre. Elle avoit ce nom dès le regne de Charles-le-Chauve. Aimoin, auteur du temps, assure que les Normans qui remontoient la Seine étant débarqués la Semaine Sainte 846 à Charlevanne (qu'on appelle aujourd'hui la Chaussée), essayerent trois ou quatre fois de mettre le feu à l'Eglise de Saint-Pierre de la Celle, et que n'ayant pu y réussir, ils le mirent à un grenier ou grange qui fut brûlée avec des arbres du voisinage. Ainsi la pensée qu'a eue M. de Valois, que S. Cloud pouvoit être le Patron de cette Eglise, et être cause qu'on l'appelle La Celle-Saint-Cloud, est totalement fausse. On n'y reconnoît et on n'y a jamais reconnu

Duchêne, T. II, p. 656.

Notit. Gall. p. 413, col. 2.

d'autre Patron que S. Pierre. Il y a long-temps que l'Eglise dont parle Irminon, ne subsiste plus. Celle d'aujourd'hui n'est point ancienne ; elle n'est point non plus bâtie solidement : ce qui seroit cependant nécessaire pour un édifice qui est sujet à l'humidité, comme l'est cette Eglise, quoique bâtie sur un lieu assez élevé. Elle est au reste fort petite. Il y a une crosse ou suspense au grand-autel. Dans la nef se voit une tombe sur laquelle on lit :

Cy gist Noble Damoiselle Jehanne de Sansac Dame de Beauregard, femme de noble homme Louys De la Grange Escuyer Contrôleur de l'Ordinaire des Guerres, laquelle trespassa le 6 Juillet mil v. c xlvij.

Les armes sont écartelées de deux chevrons.

Dans le chœur repose une Dame de Launay, fille de M. de Launay, Secrétaire du Roi et Préfet de sa Monnoie, femme de M. Bachelier, Seigneur Honoraire.

Quoique les Religieux de Saint-Germain-des-Prés fussent Seigneurs temporels de ce lieu, et qu'il paroisse que les deux qui y étoient au IX siécle fussent à leur charge, on ne voit point qu'ils en ayent eu la Cure. La nomination appartient de temps immémorial, c'est-à-dire depuis le XIII siécle au moins, à l'Abbé de Coulombs, au Diocése de Chartres, de qui dépendoit aussi le Prieuré de Saint-Germain-en-Laye. Le Pouillé écrit vers le temps de Saint Louis y est formel, et ceux qui ont été rédigés depuis marquent le même Nominateur. Depuis le milieu du siécle dernier, deux Curés de cette Paroisse obtinrent un réglement en Parlement à leur avantage. Pierre Aufrié commença en 1669 avec le Couvent de Saint-Germain-des-Prés, un procès contre ceux qui avoient changé de nature le territoire de sa Paroisse, y plantant des bois taillis, des chataigners, des osiers, etc., sçavoir : Nicolas le Prêtre, Président en la Cour des Aydes, et Etienne Pavillon, Secrétaire du Roi. Charles Berthou, Curé, le continua. Il fut jugé en parlement le 29 Août 1689, que la dixme des terres changées de nature depuis 1625 et qui pourroient l'être dans la suite, payeroient vingt sols par chaque arpent. *Code des Curés. T. I, p. 160.*

Il reste ordinairement des vestiges de quelque emploi, ou de quelque différend, au sujet des Terres qui ont appartenu aux anciens Monasteres. On trouve touchant la Celle, que l'Abbé Irminon y planta une nouvelle vigne outre les anciennes, qu'elle fut l'une des terres sur lesquelles Hilduin, son successeur immédiat, assigna en 829 un revenu pour subvenir aux habits des Religieux : dans cet acte elle est nommée ainsi : *Cella quæ dicitur Villaris ;* et même il est déclaré que cette Celle est située *in Pincianensi.* Seroit-ce que son territoire auroit alors été étendu jusqu'à la Forêt de Cruye, ou que le pays de Pincerais auroit *Cod. Irmin.* *Hist. de S. Germ. Preuv. xv.* *Ibid. Preuv. xxii.*

avancé plus qu'il ne fait aujourd'hui vers Paris ? Ce dernier est le plus apparent, si Ruel et Surêne étoient de cet ancien Pincerais, comme on le voit sur l'article de chacun de ces lieux.

<small>Gall. Chr. nova,
T. VII, p. 87.</small>

On lit encore sur la Celle qu'en l'an 1209 il y eut un procès entre l'Abbé de Saint-Germain et les hommes de ce lieu ; mais il ne fut pas de durée: Pierre de Nemours, Evêque de Paris, accorda les parties.

<small>Chart. S. Dion.
Bibl. Reg.
p. 473.
Hist. de Montm.
Preuv. p. 409.

Gall. Chr.
T. VII, col. 458.</small>

Les donations que Robert de Croicy avoit faites en 1206 à l'Abbaye de Saint-Denis, de tout le domaine qu'il avoit entre la Celle et Ruel, aussi-bien que celles que Robert de Vignoles, Chevalier, lui fit en 1239 d'un cens capital sur les mêmes cantons, occasionnerent dans le siécle suivant une contestation plus importante entre les deux Monasteres. Elle roula sur le droit de Justice, et elle fut terminée en 1336.

<small>Hist. de l'Abb.
S. Germ. p. 259.

Ibid., p. 277.
Edit. de
Décembre 1693.
Suite des Lettres
de Madame de
Sevigné.</small>

Le voisinage de Versailles amena du changement sur le territoire de la Celle dans le siécle dernier. D'abord en 1662, Louis XIV fit renfermer dans son Parc deux arpens de prés et trois cens arpens de terres labourables, dépendans tant de la Celle que du Chesnay, où l'Abbaye de Saint-Germain avoit Justice et dixme ; ensuite l'an 1683, par contrat du 21 Avril, le même Prince acheta la Terre entiere de la Celle des mêmes Bénédictins de Saint-Germain, pour l'enclore dans le Parc avec celle du Chesnay. On lit qu'en 1695 elle appartenoit à M. de la Rochefoucauld.

Les écarts ou hameaux de la dépendance de cette Paroisse, sont :

Becheret ou Brechet.

Les Greffets.

<small>Reg. Archiep.
2 Jun.</small>

Beauregard, où M. Paris, Conseiller du Parlement, avoit sa Maison de campagne en 1697.

<small>Table de
la Chambre des
Comptes.
7 Juin 1480.

Reg. Archiep.
24 Mars 1576
et seq.</small>

Belesbat. L'Hôtel de ce lieu fut donné en 1485 par le Roi Louis XI à Olivier le Daim qui avoit été son Barbier. L'Abbaye de Gif avoit en ce lieu une Ferme qui étoit appellée ou du nom même de Belesbat, ou quelquefois Gressay. Ayant été aliénée en 1575 à Claude le Lievre, l'Evêque de Paris cassa l'acte, quoique passé pardevant Notaires ; trois ans après il permit de renouer cette affaire, et il approuva le contrat le 2 Janvier 1579.

Clostoutin est situé en partie sur la Paroisse de la Celle. Voyez ce que j'en dis à l'article de Vaucresson.

<small>Titre
de Meudon.</small>

On trouve en quelques titres qu'il y a sur cette Paroisse un canton de terre dit *Pruneium*, et qui étoit vignoble. L'Abbaye de Port-Royal y avoit des vignes en 1267. C'étoit apparemment le Prunay, hameau de Louveciennes, et qui est à présent détruit.

LE CHESNAY

On n'est point embarrassé de sçavoir l'origine de ce nom. La Paroisse de la Celle étoit il y a neuf cens ans de plus grande étendue qu'elle n'est aujourd'hui. Sa partie méridionale étoit garnie de chênes; c'est ce qui a suffi pour la faire appeller Chesnaye ou Chesnay. M. de Valois pense que *casn* signifioit chez les anciens la même chose que *quercus*; et par conséquent il a été très-naturel que de *casn* on ait pu faire Chaisne dont le dérivé forme Chaisnay; et de-là est venu que ce nom est assez commun à la campagne. *Notit Gall.* p. 428, col. 2

Il y a lieu de croire que nonobstant cet amas de chênes qui a fait donner à ce canton du Diocése de Paris le nom de Chesnaye, Chesnée, ou Chesnay, le lieu étoit parsemé d'habitations de ce côté-là comme du côté du penchant de la montagne. Car, pourquoi y auroit-il eu deux Eglises à la Celle, une de Saint-Pierre et une de Saint-Germain, si ce n'étoit que l'une étoit pour les habitans de la colline, et l'autre pour ceux de la plaine qui commençoit au haut de la montagne, et de-là s'étendoit vers le midi ? Ainsi le Chesnay avec son Eglise du titre de Saint Germain, Evêque de Paris, n'est, selon moi, qu'une branche de la Celle, laquelle d'abord étoit avec ses hôtes et son Eglise, plus près de Saint-Pierre de la Celle, mais qui par la suite s'est étendue un peu plus loin vers le midi, je veux dire à un quart de lieue au-delà de la place où elle étoit d'abord. On ne peut révoquer en doute, que la Celle n'ait compris deux Eglises dans son territoire. Le Livre d'Irminon, Abbé de Saint-Germain-des-Prés, y est formel; on ne peut point non plus douter que de ces deux Eglises, l'une ait été sous l'invocation de Saint Pierre, l'autre sous celle de Saint Germain; le témoignage d'Aimoin, Moine de la même Abbaye, est décisif. Il vivoit du temps que les Normans tenterent en vain de les réduire en cendres. Celle de Saint-Pierre est restée sur le lieu de la Celle même; où donc retrouver celle de Saint-Germain, sinon au Chesnay qui est contigu ? Cela est d'autant plus probable, qu'il appartenoit aux mêmes Seigneurs que la Celle, et ne faisoit qu'une même Terre.

Aujourd'hui, dans les Livres de l'Election de Paris, le Chesnay est uni à Roquancourt, quoique ce soient deux Paroisses différentes. Cela sert à prouver que le Chesnay n'est pas considérable de lui-même, puisqu'on lui joint un autre lieu. Mais il faut que le territoire ne soit pas ingrat, ou que le voisinage de Versailles ait influé à le peupler. Le Chesnay et Roquancourt formoient en 1709 quatre-vingt-deux feux, suivant le Dénombrement donné alors. Celui qui a paru en 1745, en marque 129. En 1726, le Dictionnaire Universel de la France donnoit à ces Paroisses prises ensemble 585 habitants. Le Chesnay n'est qu'à une demi-lieue de Versailles, sur la route de Saint-Germain-en-Laye; ainsi sa distance de Paris n'est que de quatre lieues. Les terres y sont en labourages et en jeunes arbres fruitiers et autres.

Depuis la descente des Normans, qui en 846 ne purent réussir à brûler l'Eglise de Saint-Germain de la Celle où les hôtes du Chesnay s'assembloient, les guerres ou autres nécessités obligerent l'Abbaye de Saint-Germain-des-Prés à donner le Chesnay en fief à de puissans Seigneurs. Les Comtes de Montfort en jouissoient dans l'onzième siècle. Amaury, célebre Comte, du nom duquel ce lieu est surnommé, en rendit hommage à Pierre, Abbé de Saint-Germain, environ l'an 1073, en présence du Roi Philippe I.

<small>Hist. de S. Germ. des Prés, p. 70.</small>

L'Historien moderne de cette Abbaye qui a marqué ce fait, parle un peu plus bas de l'Eglise qui servoit de Paroisse aux habitans de Chesnay, dans le XII siécle. Il falloit que l'Eglise de Saint-Germain bâtie anciennement sur le territoire de la Celle fût tombée de vétusté, ou eût été brûlée par les troupes des Normans qui roderent en ces lieux plus d'une fois depuis l'an 846. Comme il se trouvoit sous le regne de Philippe-Auguste, entre le Chesnay et le village de Versailles, une Chapelle du titre de Saint Sulpice appartenante aux Chanoines de la Sainte-Trinité ou de Saint-Benoît de Paris, ils s'en servirent pour s'assembler, et les Chanoines les desservoient ou faisoient desservir. Dom Bouillard ajoute que cela dura jusqu'à ce que Foulques qui fut fait Abbé de Saint-Germain vers l'an 1181, leur donna une place au Chesnay même, pour y rebâtir une Eglise qui seroit dédiée sous le titre de Saint-Germain de Paris, ainsi qu'avoit été l'ancienne. Et comme les Chanoines de Saint-Benoît auroient eu de la peine à se déporter de la desserte de ces habitans, le même Abbé consentit qu'ils eussent dans celle de Saint-Germain du Chesnay le même droit qu'ils avoient acquis dans celle de Saint-Sulpice et Saint-Antoine, de laquelle je parlerai encore ci-après. C'est ainsi, selon lui, que la présentation à la Cure du Chesnay est restée jusqu'aujourd'hui au Chapitre de Saint-Benoît.

<small>Ibid., p. 105.</small>

L'Eglise de Saint-Germain du Chesnay, rebâtie par les habitans sur la fin du douziéme siécle, avoit subsisté moyennant bien des réparations jusqu'au seizième ou dix-septiéme. Alors sa caducité avoit fait recourir une seconde fois à la Chapelle qu'on n'appelloit plus de Saint-Sulpice, mais de Saint-Antoine du Buisson. Elle a enfin été mise dans l'état de renouvellement où on la trouve, par M. de Bernier, Conseiller d'Etat, qui obtint de l'Abbaye de

Saint-Germain, le 20 Août 1657, un petit ossement du Saint Patron, qu'on y conserve. Il n'y a rien d'extraordinaire dans sa construction, aussi ne m'y arrêterai-je aucunement. Le Pouillé Parisien du treiziéme siécle marque positivement que c'est au Chapitre de Saint-Benoît qu'appartient la nomination à la Cure du Chesnay, en la désignant par ces termes : *Ecclesia de Chesneto*. Tous les Pouillés écrits ou imprimés depuis s'accordent là-dessus. Dans quelques provisions, Saint-Antoine du Buisson étoit son annexe ou Succursale.

<small>Hist.de S.Germ. p. 256. Reg. Ep. Par. 30 Aug. 1658.</small>

<small>Ibid. 1521, 10 Jul. 1557, 25 Maii et 1597 3 Oct.</small>

En 1651, Pierre le Pelletier, Auditeur des Comptes, fonda un Prêtre au Chesnay, pour y enseigner les enfans ; ce qui fut agréé par l'Archevêque de Paris, le 28 Janvier 1651.

<small>Reg. Archiep.</small>

L'usage auquel a servi à diverses reprises la Chapelle de Saint-Sulpice et Saint-Antoine sur le territoire de Chesnay, a fait que dans quelques Pouillés, ainsi que dans les Registres ci-dessus cités, elle est qualifiée de Succursale du Chesnay, dans d'autres, d'annexe. Ces Livres, qui n'ont que deux cens ans d'antiquité, l'appellent simplement Saint-Antoine du Buisson, et la disent être à la nomination du Chapitre de Saint-Benoît de Paris. On voit dans un ancien titre du Prieuré de Versailles, qu'en 1359 il y avoit un chemin qui conduisoit à Saint-Antoine du Buisson, c'est ce qu'on en a de plus ancien. Dans une liste qui fut dressée en 1722, des Eglises que le Roi dédommagea à l'occasion des acquisitions faites pour les Parcs de Versailles et de Marly et pour les avenues, on trouve une Eglise de Saint-Sulpice et Saint-Antoine des Breviaires ; ce que je crois avoir été mis par inadvertance par quelque Notaire ou Greffier qui connoissoit la Paroisse de Saint-Sulpice des Breviaires, qui est située proche Saint-Leger dans la Forêt d'Iveline, Diocése de Chartres. Ainsi, au lieu *des Breviaires*, il faut lire *du Buisson*. Dans l'exposé que l'Abbaye de Saint-Germain-des-Prés fit en 1611 de tous les lieux où elle avoit Justice, elle y comprit Saint-Antoine du Buisson. En 1585, il fut permis, le 16 Avril, aux Curé et habitans du Chesnay, d'établir à Saint-Antoine du Buisson une Confrérie de Saint-Sébastien et Saint-Roch contre la peste. On conserve dans cette même Eglise un fragment de reliques de Saint Antoine venues des Celestins d'Amiens. L'Eglise de ces Religieux dans Amiens est en effet sous le titre de ce Saint, et ils en ont un petit ossement, sans sçavoir d'où ils l'ont tiré.

<small>Du Breul, Antiq. de Paris, p. 249. Reg. Ep. Paris.</small>

Ce que l'on trouve sur le temporel du Chesnay, outre ce qui est dit ci-dessus, a presque été remarqué entierement par l'Historien de Saint-Germain. En 1207, l'Abbaye céda la moitié de l'Avouerie à Robert de Meulan, pour la somme de quatre-vingts livres. En 1209, Petronille de Glatigny, Dame de qualité, donna

<small>Lettres de confirm. du Roi.</small>

Hist. S. Germ. p. 110.	à l'Eglise de Saint-Germain le tiers du bien qu'elle possédoit au Chesnay, et ne lui vendit que quarante-cinq livres les deux autres
Ibid., p. 111.	tiers, dont fut excepté le fief que Renaud Lers tenoit d'elle. La même année Jean, Abbé de Saint-Germain, dotant la nouvelle Eglise de la Marche qui est voisine, lui assigna dans sa grange
Ibid., p. 111.	du Chesnay deux muids de bled, un muid de seigle et un muid d'orge à la mesure de Saint-Cloud. En 1212, le même Abbé, à la prière de Bouchard, Seigneur de Marly, ordonna à son Maire du
Hist. de Montm. Preuv. p. 397.	Chesnay, de recevoir pour ce Seigneur des voituriers passans par le Chesnay, le droit de Coûtume qui lui appartenoit, et de le conserver pour le rendre à lui Bouchard, ou à son Sergent. En 1216,
Hist.de S.Germ. p. 115.	Gerard de Neaufle donna à l'Abbaye un désistement de tout droit de Voirie et de Gruerie qu'il avoit dans les bois du Chesnay.
Edit. de 1693.	En 1683, la Terre du Chesnay fut achetée par le Roi Louis XIV des Bénédictins de Saint-Germain, par contrat du 20 Avril. Comme Sa Majesté eut encore besoin d'un canton de terre au Chesnay, l'an 1721, les Commissaires acheterent en son nom quinze arpens de terre qui y étoient assis proche Trianon, et quatre-vingts perches de terre qui furent comprises dans sa pépiniere, et cela par
Regist. du Parl. 2 Févr. 1723.	échange contre la haute-Justice d'Orchost et autres renfermées dans les Bailliages de Blois et de Vendôme.
Niceron, T.XXXV, p.241, in Lancelot.	Lorsque les Ecoles du Port-Royal eurent été détruites vers le milieu du dernier siécle, une partie des Maîtres se retira au Chesnay dans la Maison qu'y avoit M. de Bernieres, Conseiller d'Etat.

VAUCRESSON

ET JARDIES, PRIEURÉ

Il faut mettre cette Paroisse dans le rang de celles qui ont été érigées après coup, quoiqu'il y ait déja six cens ans qu'elle est établie. Vaucresson, que Suger, Abbé de Saint-Denis, appelle *Vallis Crisonis*, étoit de son temps une vallée qui servoit de retraite aux voleurs ; la Terre de ce nom avoit l'étendue de deux mille pas de terrain inculte et qui ne produisoit rien à l'Abbaye dont elle dépendoit. Suger résolut d'en faire une habitation de Moines, et d'en chasser les brigands que la proximité des bois y avoit attirés. Il fit labourer les terres qui étoient en friche, construire des maisons et même une Eglise; de sorte que de son temps on y comptoit déja soixante hôtes, c'est-à-dire soixante feux. Je ne vois point de plus proche Paroisse dont auroit pu être ce territoire avant l'établissement du Village, que celle de Saint-Cloud, toutes les autres du voisinage étant plus nouvelles. J'ignore aussi d'où est venu le nom de Val-de-Cresson, si ce n'est, comme le pense M. de Valois, à cause du cresson qui y étoit commun dans le vallon, où il coule quelques sources.

La distance de ce lieu à Paris n'est que de trois lieues ; il se trouve à une lieue par de-là Saint-Cloud, sur une grande route qui conduit en Normandie par Roquencourt et Villepreux, et par conséquent au couchant de Paris. Le gros du Village est bâti sur la pente douce d'un côteau qui fait face au midi. La culture du terrain y est variée : on y voit même des vignes. Le voisinage de Versailles, qui n'en est qu'à une lieue, y a fait augmenter le nombre des feux. En 1709, il n'y en avoit que 26, selon le Dénombrement de l'Election. Le Sieur Doisy, publiant le sien en 1745, y en marque 51, et le Dictionnaire Universel de la France 232. Comme le lieu de la Marche, après avoir été Paroisse, a été réuni à Vaucresson, on doit y comprendre le peu de feux qui y étoient.

Suger, en construisant une Eglise à Vaucresson, la fit dédier sous le titre de Saint Denis, dont il lui fut facile d'y mettre des reliques. Cette Eglise ne subsiste plus : il y en a eu une autre rebâtie depuis un demi-siécle ou environ. Elle n'est qu'en forme de Chapelle presque toute de plâtre et sans collatéraux. La réédification en avoit été ordonnée en 1683 par Arrêt du Conseil après visitation faite : et sur le devis de Maillard, Maçon, de la rebâtir pour sept mille trois cens livres, les Dames de Saint-Cyr y furent comprises pour quatre mille ; le reste fut imposé sur tous ceux qui avoient du bien en ce lieu. Depuis que l'Eglise de la Marche, qui étoit sous le titre de S. Leu et S. Gilles, y a été réunie, on y célebre aussi la fête de ces Saints en qualité de seconds Patrons : mais c'est principalement S. Leu, Evêque de Sens, qui y est honoré après S. Denis, parce qu'on y possède un peu de ses reliques. Il s'y en fit, il y a quelques années, une Translation, et M. l'Archevêque de Sens prêcha à cette cérémonie. Je croirois que ces reliques avoient auparavant été conservées dans l'Eglise de Marne, à laquelle elles auroient été données par les Religieux de Saint-Germain-des-Prés, fondateurs de cette Cure. La nomination du Curé de Vaucresson avoit été accordée par l'Evêque de Paris aux Abbés de Saint-Denis, comme fondateurs de l'Eglise. Le Pouillé Parisien du XIII siécle atteste le fait, et les Pouillés des siécles suivans y sont conformes. Aujourd'hui elle appartient aux Dames de Saint-Cyr qui leur ont succédé, avec la restriction qui fut faite en 1681 lors de la réunion de la Cure de la Marche, sçavoir : que l'Abbé de Saint-Denis nommeroit deux fois de suite à cette Cure, et l'Abbé de Saint-Germain une fois.

Hist. de S.Germ. p. 273.

Du temps de l'Abbé Suger, le territoire de Vaucresson avoit été tellement défriché, que quand on vint en 1218 à examiner ce qui pouvoit y être regardé comme novales, on ne trouva que le lieu dit Perroncel qui fût dans ce cas. Cet Abbé s'y étoit pris ainsi, pour la formation de ce Village. Il avoit fait sçavoir par une Charte de l'an 1145, que tous ceux qui voudroient demeurer dans le nouveau Village qu'il bâtissoit, auroient un arpent de terre et le quart d'un arpent pour douze deniers de cens, et qu'ils seroient exempts de toute taille et exactions : de plus, qu'ils ne seroient point tenus d'obéir aux significations d'Huissiers, soit du Roi, soit d'un Prince ou même de Saint-Denis pour le fait de l'armée, mais seulement lorsque l'Abbé en personne leur commanderoit d'y aller avec lui, ou le Prieur en son absence : qu'il ne se retenoit de l'arpent de terre de Saint-Denis pour son droit d'Abbé, de la part de ceux qui entroient en possession, que trois écus et la dixme. Il défendit seulement qu'aucun n'entreprît de cultiver les terres adjacentes, à moins qu'il n'y fît sa demeure dans le Village. Ce Privilége des habitans de Vaucresson finit par cette clause de Suger : *Leges autem vulgares quas plenas dicunt inter se, decem nummorum constituimus.*

Chart. Ep. Par. fol. 67, et Chart. S. Dion. Reg. fol. 476.

Duchêne, T. IV, p. 554.

Les Abbés de Saint-Denis posséderent la Terre de Vaucresson : mais ils en cédoient quelquefois la jouissance à ceux auxquels ils avoient des obligations. C'est à ce titre qu'en jouit Pierre, Archidiacre de Bayeux dans le siécle suivant, cent ans après Suger. Il reconnut par acte de l'an 1241, qu'Odon, Abbé de Saint-Denis, lui avoit accordé de la posséder pendant sa vie seulement, en vue du service qu'il avoit rendu au Monastere, et par considération pour le présent qu'il avoit fait à l'Abbaye de six vingts arpens de bois dans la Forêt *de Medunta* [1].

Chart. S. Dion. p. 500.

En 1580 l'Abbaye de Saint-Denis est dite au Procès-verbal de la Coûtume de Paris, posséder la Seigneurie de Vaucresson.

En ces derniers temps, M. de la Jonchere a été Seigneur de Vaucresson, et depuis lui M. Herault, Lieutenant-Général de Police à Paris.

Le nom de Vaucresson se trouve plusieurs fois au Nécrologe de Sainte-Geneviéve de Paris, entre autres au 19 Mars. *Obiit Evrardus Presbyter de Vaucresson Canonicus noster ad succurendum.* L'usage étoit, au douziéme et au treiziéme siécle, qu'on prît un habit de quelque Ordre à l'article de la mort, pour avoir part aux prieres de cet Ordre.

LA MARCHE originairement avoit fait partie de l'ancienne

---

1. Je doute qu'il s'agisse là de Mantes: je crois que c'est un canton de la Forêt de Crécy en Brie.

Seigneurie de la Celle et du Chesnay ; c'est pour cette raison que l'Abbaye de Saint-Germain-des-Prés y avoit les droits Seigneuriaux. Les Abbés anciennement cherchoient à faciliter à leurs vassaux les moyens de servir Dieu, en bâtissant des Eglises dans chaque canton où ils avoient du bien considérablement. Ainsi Jean de Vernon, Abbé de Saint-Germain, fonda un Curé dans la Chapelle de Saint-Leu-Saint-Gilles de la Marche, pour dispenser ses colons ou laboureurs d'aller à Vaucresson, Paroisse des Moines de Saint-Denis, s'ils ne pouvoient pas aller au Chesnay ni à la Celle. Il donna en 1209 pour l'entretien du Curé deux muids de froment, un muid de seigle et un muid d'orge, mesure de Saint-Cloud, à prendre dans la grange du Chesnay, jusqu'à ce qu'il y eût pourvu d'ailleurs. Un nommé Renaud donna aussi au Curé par augmentation un arpent de vigne et six arpens de terre situés à la Marche, à la charge d'en payer à l'Abbé six deniers de cens avec les dixmes. Pierre de Nemours, Evêque de Paris, déclara par un acte que l'Abbé de Saint-Germain auroit le Patronage comme à Surêne, et qu'il ne payeroit que la moitié du droit de Synode. On ne sçait point combien cette Paroisse avoit alors de feux : mais en 1635 elle étoit réduite à n'avoir pour habitans que ceux de la Maison de la Marche et la basse-cour. Malgré ce petit nombre, l'Eglise qui étoit alors prête à tomber, à cause de sa situation dans un lieu marécageux et fort solitaire, fut rebâtie aux dépens de M. Cornuel, Président des Comptes, dans un endroit plus voisin de la Maison. On eut la précaution de lui recommander de l'orienter comme les autres Eglises, d'entourer de fossés la place de l'ancienne et d'y faire élever une Croix. La nouvelle Eglise fut bénite le Lundi 12 Mai 1636. Par la suite du temps, cette Eglise se trouva enfermée dans le parc de l'Etang appartenant à M. Chamillard, Contrôleur Général, et avant lui à M. le Marquis de Barbezieux, mais la Paroisse ne consistoit plus alors, c'est-à-dire en 1702, qu'à un seul ménage, et le revenu de la Cure n'étoit plus qu'à soixante livres. Il fut donc question de la réunir à une autre ; et après avoir hésité entre Garches et Vaucresson, on se détermina pour la dernière Paroisse dont est Seigneur le Duc de Saint-Agnan ; et il fut arrêté qu'on y dresseroit dans l'Eglise un autel en l'honneur de Saint Leu et Saint Gilles, et que leur Fête seroit chommée à perpétuité, dans l'étendue de la Paroisse de Vaucresson, le Ier Septembre comme Fête de second Patron. Et pour conserver à l'Abbé de Saint-Germain son droit de nomination à la Cure, il fut accordé qu'il nommeroit à celle de Vaucresson de trois fois l'une.

C'est de ce lieu de la Marche que tiroit probablement son nom ce pieux Clerc de Saint Louis, qui fit bâtir une Eglise sous l'invocation de ce saint Roi à Garches, qui n'en est qu'à une petite demi-lieue.

CLOS TOUTIN a été dit en 1749, dans une Affiche, situé en partie sur la Paroisse de Vaucresson et en partie sur celle de la Celle. La même Affiche marque un fait que je n'ai lu nulle part, savoir, que ce lieu s'appelloit anciennement *la Chapelle Rainfoin*. La même année François de Grignon, Chevalier de Saint-Louis, Comte de Vilenne, en étoit encore Seigneur.

JARDIES. Ce petit écart est de la Paroisse de Vaucresson, peut-être seulement depuis l'extinction de celle de la Marche qui y a été réunie, ainsi qu'on vient de voir. Ce lieu porte le nom d'une petite Forêt, dans laquelle il y eut un Monastere soumis à l'Abbaye de Tiron dès le commencement du douziéme siécle; car on lit que Girbert, Evêque de Paris, leur confirma en 1120 *Ecclesiam in Nemore Jarzia sitam*, et dans la Bulle d'Eugene III, de l'an 1147, en faveur de la même Abbaye, il y a: *Ecclesiam S. Joan. Bapt. de Jarreia*. On voit encore qu'en 1249, Gervais, Abbé de Tiron, fit, du consentement du Prieur de Jardies, un échange de biens, et reçut de la part de l'Abbé de Saint-Denis vingt-trois arpens de terre, situés *prope Monasterium de Jardiis*, et sept arpens situés à Vaucresson. Plus, il se trouve que Regnaud, Prieur de Jardies, fut donné en 1260, par Etienne, Abbé de Tiron, garant pour une vente de revenu, rue Darnestal, à Paris. Enfin, le Prieur de Jardies fut condamné en 1294 par le Prévôt de Paris, de payer au Prieur de Versailles la dixme de cinq arpens de terre, sis entre la Boulie et la terre de Philippe de la Boulie. On doute encore moins de l'antiquité de ce petit Monastere, lorsqu'on le voit au treiziéme siécle, dans le catalogue des Prieurés du Diocése de Paris, Doyenné de Macy, sous ce nom *Prioratus de Jardies*, et dans le rôle des Prieurs qui payerent au treiziéme et quatorziéme siécle le droit de piment à l'Eglise de Notre-Dame de Paris, le jour de l'Assomption, en ces termes: *Prior de Jardriis solvit anno M. CC. XCIII. Item solvit anno M. CCC. IX.* De plus, il est dans le catalogue des Prieurés sujets à procuration à l'Evêque de Paris. Mais il ne faut pas croire que le nom de Jardies ne fut donné qu'à la Forêt; il y avoit aussi un territoire de labourages, puisque Odon de Sully, Evêque de Paris, dotant en 1204 une Chapellenie de Saint-Jean dans une de ses Chapelles de la ville de Saint-Cloud, lui attribua *totam decimam de Jardies*, ce qui fut confirmé en 1209, par l'Evêque Pierre de Nemours.

Entre les biens de ce petit Monastere, outre ceux marqués ci-dessus, on comptoit en 1393 vingt-quatre sols de rente sur l'Hôtel de la Boulie.

Le Prieuré n'a plus que l'air d'une grosse Ferme, dans la plaine en allant de Versailles à Vaucresson, par de-là Glatigny, à main droite. Il a été donné aux Bénédictins Anglois par M. de Saint-Paul, qui en étoit Prieur Commendataire. Il reste une très-petite Chapelle au fond de la cour. On y dit la Messe une fois par semaine; quoiqu'elle soit rebâtie à neuf, on y voit une tombe d'environ l'an 1300, représentant une femme qui joint les mains, avec des lettres capitales gothiques, dont il n'y a de lisible que ces mots ..... *eve de la Marche qui trespassa*. Cette tombe peut avoir été transportée de l'Eglise de la Marche lorsqu'elle fut détruite. J'ai vu plusieurs Visa ou collations de ce Prieuré depuis l'an 1515, *Reg. Ep. Paris.* dans lesquelles il est appellé *Prioratus B. Mariæ Magdalenæ de Jardis*. Il l'est pareillement dans l'acte d'échange qui fut fait entre *Ibid.* Nicolas Thibaud, Prieur, et Jean Briconnet, Seigneur de Glatigny, Président en la Cour des Aydes. C'est aussi le nom qu'on lui donne dans les provisions accordées le 19 Septembre 1667, à Gabriel de Boisleve, Evêque d'Avranches.

VILLE-DAVRAY

En examinant les origines de ce Village, il y a cela de particulier à remarquer, que dans aucun titre, quelque ancien qu'il soit, la terminaison de son nom ne se trouve point latinisée. A la vérité ce nom ne paroît au plus tôt que dans des actes du treiziéme siécle; mais encore alors on mettoit en latin dans les actes latins les noms des lieux dont on y faisoit mention, et Ville-Davray est toujours écrit ou Villa-Davren, ou Ville-Davray entierement en françois, ou bien Ville-Davré, de sorte qu'il n'y a aucune espérance de pouvoir deviner d'où est formé ce mot Davray, qui est singulier; pas même à pouvoir décider s'il le faut écrire d'Avray, comme si c'étoit deux mots, ou simplement Davray en un seul mot. M. de Valois a évité la difficulté, en ne parlant point du tout de ce Village dans sa Notice du Diocése de Paris.

Comme cette Paroisse n'est pas dans le catalogue de celles qui existoient au treiziéme siécle, que l'on trouve dans le Pouillé Parisien de ce temps-là, c'est une marque certaine qu'elle n'existoit point alors, et qu'elle n'a été érigée que depuis. Il est bien vrai qu'il y avoit dès-lors des Chevaliers ou Seigneurs de Ville-Davray; mais le peuple qui cultivoit ce canton de terre, devoit être de la Paroisse d'un des Villages voisins. N'ayant point trouvé l'acte d'érection de la Cure, je présume que Ville-Davray étoit auparavant un hameau de la Paroisse de Sévre, dont il n'est gueres éloigné que d'un bon quart de lieue.

Ce Village est situé sur une pente très-roide qui regarde le levant et le septentrion, à deux lieues et demie de Paris, une lieue de Versailles, une demi-lieue de Saint-Cloud, et à un quart de lieue de Marne. Toutes ces positions désignent qu'il est placé à l'occident de Paris. C'est un pays de vignes. Il y a un Bois vers les côtés du levant et du midi. Le Dénombrement de l'Election de Paris, en 1709, donne 80 feux à ce lieu. Celui qu'a publié en 1745 le Sieur Doisy, paroît plus juste, et n'y en met que 56. Le Dictionnaire Universel Géographique de la France, qui compte le nombre des habitans, en marque 255 à Ville-Davray.

En jugeant de l'Eglise par sa voûte gothique, elle paroît être du quatorziéme ou du quinziéme siécle. C'est un bâtiment très-simple et sans collatéraux. S. Nicolas, Evêque, en est le Patron. On assure qu'autrefois c'étoit S. Maur, et qu'il y avoit une Foire le jour de sa Fête. Dans des provisions que j'ai vues, de l'an 1527, elle est dite *Ecclesia Parochial. SS. Martini et Mauri de Villa Davret.* La Cure n'est mentionnée que dans les Pouillés du quinziéme, seiziéme et dix-septiéme siécle, et la collation y est dite appartenir de plein droit à l'Evêque de Paris. Au Synode du mois de Mars 1460, elle est appellée *Cura de Villa Davrea.* Une inscription qui se voit dans l'Eglise apprend aux passans que cette Terre appartient aux Célestins de Paris; mais le Village y est nommé Ville-Davry trois ou quatre fois.

Chart. parv.
Ep. Par. initio.

Il est parlé dans le Cartulaire de l'Evêque de Paris, d'un Seigneur *de Villa Davren,* nommé *Herchembaldus,* à l'occasion d'un bien qu'il tenoit vers Villescoblen, aujourd'hui dit Villacoublay. L'acte paroît être d'environ l'an 1200. Le nom de Roger fut plus commun parmi ces Seigneurs. En 1206, Roger de Ville-Davray, Chevalier, avoit une Seigneurie entre la Celle et Ruel; et en cette qualité il confirma une vente qui fut faite en faveur de l'Abbaye de Saint-Denis dont Eudes de Sully, Evêque de Paris, donna acte. En 1256, Roger de Ville-Davray, fils apparemment du précédent, puisqu'il n'est qualifié que d'*Armiger,* céde à Jean de Nogent, Chevalier, Seigneur de Surêne, un certain revenu qu'il avoit à Saint-Cloud. En 1269, le 16 Août, ce même Roger de Ville-Davray fit foi et hommage à Etienne Tempier, Evêque de Paris, pour ce qu'il tenoit à Saint-Cloud en arriere-fief, et pour la Maison de Chaville. Mais la branche Roger n'étoit pas la seule. Il y a deux titres de l'an 1224, qui font connoître Simon et Pierre de Villed'auroi, freres, lesquels tenoient, aussi-bien que leurs prédécesseurs, de Burchard, Seigneur de Marly, un fief situé à Anieres, qu'ils auroient dû tenir de l'Abbaye de Saint-Denis,

Chart. S. Dion.
Reg. p. 473.

Chart. maj. Ep.
Par. Dubois,
Collect. mss.
T. II, p. 664.

Chart. parv. Ep.
Par. fol. 121,
et Gall. Chr.
T. VII, col. 109.
Hist. de Montm.
Pr. p. 399, ex
Chart. S. Dion.

comme Burchard le reconnut. Ces deux mêmes freres s'intéressant la même année pour un particulier de Ville-Davray (apparemment de leur famille), lequel faisoit ses études à Bologne en Italie, vendirent au Monastere de Saint-Denis, du consentement de leurs freres Chevaliers, du revenu situé à Courbevoye, à Anieres, et au port de Lugny, *de Lugniaco*. Au bout d'un siécle et demi, la Terre de Ville-Davray se trouva dans la Maison de Dangeau ; ce qui est connu par la disposition que deux Ecclesiastiques de cette famille en firent. Robert de Dangeau, Évêque de Nevers, et auparavant Chanoine de Paris, donna en mourant à l'Eglise de Notre-Dame une piece de bois dite le Poumeraye. Le Nécrologe de la même Eglise dit de cette portion de forêt, qu'elle est contiguë aux bois de Notre-Dame, dits les Bois *de Villeziaco propre Villam Davray*. Je ne connois point d'autre bois du nom de Pomeraye autour de Paris, que celui-là ; ainsi on pourroit lui appliquer ce qui se lit dans les Registres du Parlement au 26 Novembre 1418, sçavoir : qu'il fut résolu qu'on y couperoit 300 arpens pour la fourniture de Paris, outre ceux de Bondy et de Sénart. Robert de Dangeau mourut en 1430. Milon ou Miles de Dangeau, Doyen de Chartres et Chanoine de Paris, décéda l'année suivante le 28 Novembre. Il légua pour le repos de son âme et de celle de son frere Robert, aux Célestins de Paris, la Terre de Ville-Davray. Leur Nécrologe, d'où j'ai tiré ce fait, parle encore ailleurs de Ville-Davray. On y indique au 13 Janvier l'obit de Robert de Malherbe, Seigneur de la Tour de Chaumont, et de Jeanne du Fay, sa femme, qui leur donnerent de quoi amortir quatre arpens de terre situés à Montalan et à Ville-Davré, et décéderent l'an 1502.

On remarque sur le territoire de Ville-Davray quelques singularités de la nature. Au bout du Village est une fontaine qui s'es trouvée la meilleure de tous les environs de Versailles. C'est pour cela que le Roi n'en boit point d'autre. Cette fontaine est enfermée ; mais cependant elle coule par un petit tuyau pour la commodité des passans.

Je laisse à deviner à d'autres pourquoi l'on trouve dans le Mercure de l'an 1678, des lettres écrites en style et langage de paysans, sous le nom des habitans de Ville-Davray, à l'Auteur de ce Journal.

RAINEMOULIN

Tout ce qu'on peut dire sur ce petit lieu, qui n'est éloigné de Villepreux que d'une demi-lieue, et qui est situé dans un terrain bas, est qu'il a dû en être un hameau, dans le temps que cette Paroisse étoit de grande étendue. Il a pris le nom d'un moulin qui y étoit sur le ruisseau qui vient de Grignon et de Villepreux, et ce moulin, pour être distingué des autres, étoit dit *Ranæ molendinum*, laquelle dénomination tirée de ce que les Latins appellent *Rana*, et les François grenouille ou raine, n'étoit pas rare ; il y avoit même des moulins quelquefois surnommés *cantantis ranæ* : moulins de Chante-raine. Il ne faut point disputer sur la fantaisie des hommes, qui a décidé des noms comme elle a voulu. Un titre d'environ l'an 1200 conservé à Marmoutier, fait mention d'un bienfaiteur du Prieuré de Villepreux, qui s'appelloit *Robertus de Ranæ-molendino*. Un autre titre de l'an 1236, marque à la vérité qu'une Marie de Reine-molyn, mere de la femme d'Amaury de Meudon, Chevalier, étoit nouvellement morte, et l'écrit comme je viens de faire, mais on ne doit point en conclure que le nom latin véritable de Reine-moulin, soit *Reginæ-molendinum*.

Tab. Ep. Paris.

Le peu qui se présente à dire sur ce lieu, sera suppléé par ce qui est dit ici au long sur Villepreux, dont il a été détaché pour être érigé en Paroisse il y a au moins deux cens ans. D'abord ce n'étoit qu'une simple Chapelle, du titre de Saint Nicolas, que Jean Palée et Guillaume Escuasol son frere firent bâtir et doterent de vingt-deux sols assis à Meulant, d'un arpent de vigne, d'un muid de bled à prendre au moulin du lieu, et de la menue dixme. Les fondateurs demanderent à l'Evêque qu'elle fût desservie par un des Religieux Trinitaires, *unus de Fratribus S. Trinitatis*, ce qui leur fut accordé, à condition que l'Evêque l'établiroit ou le destitueroit suivant le besoin. Les Lettres sont d'Eudes de Sully Evêque de Paris, et datées de l'an 1202. Cette Chapelle en cet état n'avoit point de peuple, et ne passa que pour une espece de Prieuré. De-là vient que Thibaud, Seigneur de Marly, faisant son testament en 1286, s'exprima ainsi : *Prioratui de Regne-moulin L. solidos.* Cependant elle n'étoit pas réellement Prieuré et il n'y avoit pas de Communauté : aussi ne le trouve-t-on dans le rang des Prieurés, ni au Pouillé du XIII siécle, ni dans le Rôle des Prieurs du Doyenné de Châteaufort, tenus à fournir du piment à Notre-Dame de Paris au jour de l'Assomption, durant le XIII et XIV siécle ; ni dans le Rôle des Procurations Episcopales de l'an 1384.

Chart. Ep. Par. fol. 94.

Thes. anecd. T.III, col. 1221.

Ce qui peut cependant appuyer la pensée de ceux qui y placeroient un Prieuré, est que l'Eglise d'aujourd'hui paroît n'être que l'aîle méridionale d'une autre Eglise plus grande, et qu'on voit du côté du septentrion des restes de piliers du principal corps de cette Eglise, lesquels paroissent être du même temps que le reste, c'est-à-dire du treiziéme siécle. Mais peut-être aussi ne sont-ce que des pierres d'attente. On jette souvent les fondemens pour un grand édifice ; la mort de celui qui fait la dépense survient ; on est obligé de se restreindre à une Chapelle. C'est ce que je crois être arrivé à Rainemoulin. Ce n'étoit encore qu'une Chapelle en 1479. Le Registre de l'Evêché pour cette année-là, marque que la Chapelle de Saint-Pierre et Saint-Nicolas de Rennemoulin, fut conférée à Frere Richard Paris, Prêtre Religieux de Notre-Dame d'Hermieres, et qu'on lui en donna l'administration. Le 31 Mai 1507, il eut une collation de la Chapelle ou Eglise Paroissiale de Saint-Nicolas de Notre-Dame d'Hermieres, sans représentation de l'Archidiacre. Le 20 Juin 1537, l'Evêque en pourvut Frere Gerard le Masson, présenté par l'Abbé d'Hermieres. La petite Eglise qui subsiste est très-propre, bien reblanchie, surtout le chœur ; les principaux endroits en sont parquetés. Le fonds du sanctuaire est terminé par deux colonnes, au milieu desquelles est un tableau de Saint Nicolas : en sorte que cette Eglise se ressent fort du voisinage de Versailles, qui n'en est qu'à une lieue et demie. Le premier Pouillé qui en parle, est celui du seizième siécle, qui met *Prior Curatus de Rennemolino,* et pour nominateur *Abbas de Hermeriis* : ce qui a été suivi par celui de l'an 1626, et par celui du Sieur Le Pelletier, imprimé en 1692. Le Pouillé de 1648 ne fait mention de Rainemoulin en aucune maniere. Hermieres est une Abbaye de l'Ordre de Prémontré, du Diocése de Paris, dans la Brie. Je trouvai en effet cette Cure desservie en 1739 par un Chanoine Prémontré. Il y a eu dans ce siécle un Curé de cet Ordre, nommé François Raimbert, qui en 1715 fut fait Abbé d'Abbecourt.

On y comptoit 16 feux en 1709, suivant le Dénombrement de l'Election de Paris imprimé alors. Celui qui a été donné au public en 1745, y en marque 18. Le Dictionnaire Universel de la France évalua les feux à 81 habitans. Les principaux biens de cette Paroisse consistent en labourages. On y avoit fort peu de vignes. Dans le Traité d'échange que le Roi fit en 1732, il est parlé d'un canton de terrain à Rennemoulin, appellé Moixenant ; on y lit ces mots : *Friches, bois, fourneau de Moixenant.*

Le Roi est Seigneur de cette Paroisse, qui est totalement renfermée dans le Parc de Versailles.

On trouve dans les titres du Prieuré de Villepreux, un Robert de Rainemoulin, qui consentit à la donation d'une dixme faite à

Reg. Ep. Paris

Ibid.

ce Prieuré dans le treiziéme siécle, laquelle dixme le donateur tenoit de lui en fief. Ailleurs, on lit qu'Antoine de Hautbois étoit Seigneur de Rainemoulin en 1542. Il avoit des droits sur la Seigneurie de Meudon, qu'il céda à Anne de Pisseleu, Duchesse d'Etampes. Antoine du Vivier, Ecuyer, Secrétaire de Monsieur Frere unique du Roi, étoit Seigneur de ce lieu en 1580. On lit que le 28 Juin 1597, il fut jugé en Parlement entre le Cardinal de Gondi, Seigneur de Villepreux, et lui, que le Seigneur de fief n'ayant droit de bannalité en ses moulins, ne peut empêcher que les meuniers circonvoisins de ses vassaux ne viennent chasser sur sa terre.

Portef. Gaign. CLXXXI, fol. 586. Mém. mss. de M. Lancelot.

Procès-verbal de la Coutume 1580.

Reg. Parl.

VILLEPREUX

S'il étoit sûr que le *Diodurum* de l'Itinéraire d'Antonin, qui étoit à quinze mille pas de Lutece, fût Villepreux, ainsi que l'a pensé Nicolas Samson et M. de Valois et Lancelot après lui, nous aurions dans ce lieu la plus ancienne habitation du Diocése de Paris, après Lutece la capitale. C'est même le seul lieu de ce Diocése qu'on trouveroit dans cet Itinéraire, ou dans les Tables de Peutinger. Mais quelques Sçavans s'éloignent de ce système, et sans adopter non plus le sentiment de ceux qui ont placé à Montfort ce *Diodurum,* ils pensent qu'il n'est autre que le village de Joarre, dont la lettre *D* initiale étant retranchée, reste *Iodurum,* duquel on aura fait *Iodrum,* puis *Iotrum,* qui est le même nom latin que celui de Joarre en Brie. Ce Joarre du pays de Pincerais, est à une lieue de Montfort à l'est, et à deux ou environ de Villepreux.

Notit. Gall. p. 405.

En admettant ce dernier sentiment sur la situation du *Diodurum* des Gaulois et des Romains, on est obligé de se contenter au sujet de Villepreux, d'en fixer la premiere époque connue, au regne de Charles-le-Chauve. On voit dans le petit Cartulaire de l'Abbaye de Saint-Maur-des-Fossés, la copie d'une Charte de ce Prince, de l'année 856, par laquelle il confirme l'échange faite entre Hilduin, Abbé de Saint-Germain-des-Prés, et Einard, Abbé de Saint-Maur. La premiere Abbaye avoit beaucoup de biens dans le Pincerais, et la seconde dans la Brie. Hilduin, pour augmenter ses possessions dans le Pincerais, donna à Einard le bien que l'Abbaye de Saint-Germain avoit à Ouzoir-la-Ferriere, Terre appartenante déja à Saint-Maur, et Einard lui céda en échange celui qu'il avoit *in loco qui dicitur Villaporcorum in pago Parisiaco.* Il s'agissoit de part et d'autre de terres labourables. Peut-être faut-il lire dans ce titre

Villa pirorum ou *Villa puerorum*. En passant au regne du Roi Robert, on trouve ce lieu nommé *Villa pirosa ;* sous Philippe I, *Villa pyrorum*. Dans le treiziéme siécle, quelques-uns commencerent à écrire *Villa perosa*, et en françois *Villa peror*. Dans le cours du même siécle, le mot *perosa* fut augmenté d'un *t* par quelques-uns, de maniere qu'ils écrivirent *petrosa ;* en sorte que dans le siécle suivant on disoit le nom de Villepreux en latin de trois ou quatre façons : *Villapirosa, Villa pirorum, Villa petrosa*. Les mots *pirosa* et *pirorum* ont fait croire qu'il y avoit eu en ce lieu abondance de poiriers ; et celui de *petrosa* a fait penser à d'autres qui n'y étoient jamais venus, que c'étoit un territoire fort pierreux. Il seroit difficile de convaincre les premiers qu'ils se sont trompés, puisque les poiriers ont pu être ôtés. A l'égard des seconds, on peut leur dire que Villepreux n'est pas plus pierreux que beaucoup d'autres lieux, comme il va paroître par la description suivante.

Villepreux est à six lieues de Paris vers le couchant, et à deux de Versailles. Il est bâti dans une espece d'enfoncement que forment quelques montagnes, surtout vers l'orient et vers l'occident ; ce lieu est un peu plus découvert du côté du midi et du nord. Une des portes du Parc de Versailles sert pour y entrer. Les eaux s'y réunissent de deux côtés, principalement celles qui viennent de Grignon, au Diocése de Chartres, qui font que l'hiver les endroits bas des environs de la petite Ville sont fort arrosés. Il y a eu quatre portes à Villepreux. J'ai vu les restes de deux, sçavoir, du côté de Saint-Nom et du côté de Rennemoulin. Il y a peu de vignes sur le territoire, tout est en labourages, prairies, etc. Au fauxbourg vers le sud-ouest, qu'on appelle le fauxbourg des Bordes, est un Prieuré dont je parlerai ci-après. Dans le Dénombrement de l'Election de Paris où ce lieu est qualifié Ville, Prévôté et Châtellenie, on ajoute qu'il y a 213 feux. Celui de 1745 n'y en compte que 145, ajoutant qu'il comprend aussi le Clos-poullain sous le même article. Le Dictionnaire Universel de la France marque à Villepreux 660 habitans. Le nombre des communians peut encore aller à 500.

L'Eglise Paroissiale qui est bâtie sur un terrain un peu moins bas que plusieurs endroits de la Ville, porte le nom de Saint Germain, Evêque d'Auxerre, dont on y conserve des reliques de temps immémorial. Le sanctuaire est d'une bâtisse du commencement du douziéme siécle. Le reste est plus nouveau, excepté la tour quarrée qui couronne le chœur, suivant l'usage de ces temps-là. Ce bâtiment a deux aîles assez proportionnées. La Dédicace en fut faite autrefois le 18 Février, et comme il y avoit un concours populaire, on y établit une Foire à ce jour-là. En 1497 l'Evêque de Saint-Pont de Tomieres (qui s'appelloit Antoine Balue et étoit parent du Seigneur) y consacra un autel de Sainte Catherine, et y renferma des reliques de Saint Nom, *sancti Nummii.* On conserve, en effet, depuis bien des siécles dans cette Eglise le corps de ce Saint Chorévêque du Pincerais, qui a communiqué son nom aux Paroisses de la Bretêche, contiguë et démembrée de Villepreux, et à celle de Levis qui est à trois lieues de là vers le sud-ouest. Ces reliques avoient été renfermées, au moins dès le douziéme siécle, dans la châsse d'où elles furent tirées l'an 1735. Cette ancienne châsse, que j'ai vue, est de bois, couverte de plaques de cuivre rouge, doré et émaillé. A l'un des côtés est représentée la Sainte Trinité et la figure du Sauveur donnant la mission et la bénédiction à un Evangéliste ou Prédicateur, derriere lequel deux autres tiennent une espece de triangle ou d'équerre, ou si l'on veut de clef. Dans l'autre longueur de cette châsse se voyent représentées l'Adoration des Mages et la Présentation de Notre-Seigneur au Temple. Aux deux bouts sont figurés des Evêques qui en sacrent un autre ; ces Evêques ont leurs mîtres fort basses et leurs crosses fort recourbées. Il m'a paru que ces représentations étoient par rapport à Saint Nom, qui reçut sa mission de l'Evêque de Paris et de celui de Chartres pour prêcher les mysteres de l'Evangile et faire les fonctions Episcopales dans le Pincerais et dans l'étendue de la forêt d'Iveline, pays alors plus couvert de bois qu'ils ne le sont aujourd'hui, et qui étoient des deux Diocéses entrelacés l'un dans l'autre, comme ils le sont encore dans la partie du Pincerais appellée le Val-de-Galie. M. l'Evêque de Joppé, commis par M. de Vintimille, Archevêque de Paris, tira de cette châsse tous les ossemens de Saint Nom, et les déposa en 1735 dans une grande châsse de bois doré sans glaces. Il y mit aussi un autre petit pacquet d'ossemens, dont l'étiquette portoit *Sancti Germani Episcopi XXXI Julii,* et qui avoit été pareillement renfermé dans l'ancienne châsse de Saint Nom : c'étoit deux bouts de phalanges des doigts. D'un côté de le nouvelle châsse est représenté Saint Nom qui annonce la parole divine à des ouvriers de la campagne, et de l'autre, S. Germain, qui bénit Sainte Geneviéve. A l'un des bouts est une inscription latine qui marque qu'elle contient les reliques du corps de Saint Nom, et à l'autre est écrit : *Duo digiti sancti Germani Autissiodor. Episcopi.* On voit dans ce que je rapporte à l'article de Châtres ou Arpajon, un Saint Corbinien, Prêtre du lieu, puis Evêque régionnaire, faisant sa demeure proche l'Eglise de Saint-Germain de Châtres, à cause de sa dévotion envers ce Saint ; il est vraisemblable qu'il en a été de même de Saint Nom à l'égard de l'Eglise de Saint-Germain de Villepreux.

Saint Pierre est regardé à Villepreux comme second Patron ;

ce qui peut venir de ce que les grandes Fêtes avoient communément un lendemain ; or, par rapport au 31 Juillet, jour de la Fête Patronale de Villepreux, le lendemain est Saint Pierre-ès-Liens. On a aussi en la même Eglise dévotion envers Saint Ouen, en l'honneur duquel la Carte marque une Chapelle dans le voisinage, et c'est sous le nom de ces deux Saints et de Sainte Julienne, qu'y fut érigée en 1658 la Confrérie de la Charité ; mais Saint Germain et Saint Nom sont les plus honorés par rapport à leurs reliques. Si Saint Nom n'est pas chommé comme Saint Germain, on en fait une grande solemnité à l'Eglise, où sa châsse reste exposée depuis le 8 Juillet, jour de sa Fête, jusqu'à celle de Saint Germain inclusivement. *Inscription sur le mur.*

Au fond de l'aîle droite ou méridionale de l'Eglise, devant l'autel d'une Chapelle, est représenté sur une tombe un Chevalier avec sa femme. On ne peut y lire que ces mots : *Cy gist..... de Villeneuve Seigneur de Lubin, qui décéda en 1491.*

Dans l'aîle gauche, proche l'autel de Saint Jean, est l'épitaphe latine d'un *Johannes Varella Eques Lusitanus*, qui mourut le 12 Août 1602, gerant les affaires du Cardinal de Gondi. On y marque qu'il avoit été Général des Troupes de Sébastien, Roi de Portugal, dans la guerre d'Afrique, qui n'eut pas un heureux succès ; mais voici une autre circonstance qui lui est bien glorieuse : c'est qu'un jour qu'il étoit en Afrique, comme il y regardoit un combat de taureaux, un de ces animaux furieux courut à lui. Varella, loin de s'enfuir, prit le taureau par les cornes et l'arrêta tout court. A l'instant le Roi qui étoit témoin, tira son épée et la lui donna, en lui disant qu'elle étoit due à un homme qui avoit autant de force qu'il venoit d'en faire paroître. Je n'aurois point rapporté ce fait, si je ne l'avois lu dans l'inscription.

Il y a eu quelques consécrations d'Evêques faites dans cette Eglise. Le Dimanche 3 Octobre 1599 le Cardinal de Gondi, auparavant Evêque de Paris, y sacra Charles de Saint-Sixte Evêque de Riez, assisté d'Henri de Gondi, Evêque de Paris, et de Claude Coquelet, Evêque de Digne. *Reg. Ep. Paris.*

L'autel de Saint-Germain de Villepreux étoit un de ceux qui appartenoient au Chapitre de Notre-Dame. Imbert, qui étoit Evêque de Paris en 1030, le lui donna à la priere de Liziard, Doyen, et de celle de l'Archidiacre. Mais il y eut du changement ou de la difficulté dans cette concession, puisque Geoffroy, successeur d'Imbert, en fit une autre disposition. On lit qu'en 1284 cet autel fut l'un des quatre qu'il donna aux Moines de Marmoutier, ce qui fut sans doute l'origine du Prieuré fondé pour eux à Villepreux. Ernaud de la Ferté, Seigneur de Villepreux en 1169, comprit l'Eglise de Saint-Germain dans le nombre des biens *Pastor. min. in Gall. Chr. T. VII, col. 193.* *Chart. B. Mariæ de Campis, fol. 34.* *Hist. mss. Priorat. Maj. Monast.*

qu'il leur confirmoit. Maurice de Sully, Evêque de Paris, leur accorda aussi en 1194 la confirmation du droit d'y présenter, et en 1203 l'Evêque Eudes de Sully reconnut ce droit. Aussi se trouve-t-elle dans le Pouillé du treiziéme siécle la premiere des Eglises du Doyenné de Châteaufort dont l'Abbé de Marmoutier doit nommer le Curé. Les Pouillés suivans disent la même chose.

Gall. Chr. T. VII, col. 74.

PRIEURÉ. Le Prieuré de Saint-Nicolas de Villepreux ne paroît avoir été fondé que depuis la Translation du corps de ce Saint faite de Myre, en Lycie, à Bari dans l'Italie, l'an 1087. Ce fut depuis ce temps-là qu'il fut plus facile d'obtenir de ses reliques ou de l'huile qui étoit émanée de son tombeau. La raison pour laquelle les Seigneurs de Villepreux y appellerent des Religieux de Marmoutier, fut apparemment de ce que la nomination de la Cure leur avoit déjà été donnée. Il est situé au fauxbourg des Bordes. Il n'y reste plus que le chœur, la nef ayant été abattue : on y voit encore un portail qui ressent bien les idées grotesques de ces temps-là : les pierres du centre représentent des deux côtés des moines et des singes. On apperçoit dans cette Eglise une tombe avec une croix en bosse, et l'écusson de même en bosse à gauche de la croix : une autre dans le sanctuaire. Vers la partie méridionale est une autre tombe sur laquelle est représenté à plat un Chevalier armé de toutes pieces : dans son écu, au côté gauche, est figuré un serpent : cette tombe contient ces quatre mots en capitales gothiques du treiziéme siécle : *Cy gist... de Fontenne.*

Ce qui est échappé des anciennes Chartes de ce Monastere, nous apprend la confirmation qui y fut faite en 1169 par Ernaud de la Ferté, fils d'Ebrard, Seigneur de Villepreux, des biens que ses prédécesseurs y avoient donnés, et cela à la priere de son oncle Moine de Marmoutier, Prieur de Saint-Martin au Val de Chartres, et de Milon, Archidiacre, oncle de sa femme Alix, sçavoir : la dixme d'Aulnay à Saint-Cloud tant en vin qu'en avoine et en deniers, celle de toutes ses cultures ; la dixme des deux moulins, sçavoir : de l'étang de dessus et de l'étang de dessous ; le bois qui est hors la forêt d'Arsis, tous les hommes francs et quittes de toute Coûtume, un pressoir dans le Château de Villepreux, de dix marchés l'un, et une Foire le jour de Saint Michel dans le même Château, le panage de leurs porcs, la dixme du panage des porcs des autres : chaque semaine, du bois à prendre en la forêt d'Arsis, une charretée de deux chevaux, sçavoir : de branchages et de mortbois, pour leur chauffage et pour leur four. Ernaud, son fils aîné, et sa femme Albarea et ses autres enfans approuverent ce don en posant un couteau sur l'autel de Saint-Nicolas : pour témoin Hugues de Chartres, oncle du donateur et Prieur de Saint-Nicolas même. Depuis il donna permission aux Moines de mettre chaque jour *tres nansas* dans son étang voisin de leur maison, et même un petit bateau appellé *phaselum* ou *chalannum* pour déposer les nanses; Ebrard *de sancto Priccio* témoin en 1178. Dans une autre Charte confirmative, donnée par le même Ernaud, sont présens : Bernard, Prieur de Marmoutier et Roger, Prieur de Villepreux. En 1202 Guillaume de la Ferté, fils apparemment d'Ernaud, conjointement avec sa femme Constance et ses deux fils, Guillaume et Ernaud, leur fit présent de ce qu'il possédoit dans le nouveau Cognieres (*Apud Cognenas novas*). En 1206 Simon de la Habergerie leur donna seize sextiers de grain d'hiver à prendre en sa grange de la Habergerie. En 1209 Evrard de Villepreux, Chevalier et Jeanne, sa femme, leur accorderent treize arpens et demi de terre à Rennemoulin, de l'aveu de Guillaume, frere d'Evrard, et en présence de Pierre, Evêque de Paris. Le sceau de Guillaume est chargé de trois bezans. En 1216 l'Official de Paris reconnut qu'il appartenoit au Prieur d'établir des Maîtres d'Ecole dans le lieu.

En 1220 et années suivantes on trouve le Monastere en difficulté touchant les dixmes de Jouarre, au Diocèse de Chartres.

En 1231 Constance, Dame de Rochefort, proche Paris, reconnut l'ancienne concession d'Ernaud, Seigneur de Villepreux, touchant la voiture de bois à prendre dans la forêt d'Arsis, comme aussi celle du droit de marche, toutes les dixièmes semaines, avec le droit de four.

En 1232 Hervé de la Ferté et sa femme Aliz, ayant fait quelque difficulté sur les bois, cela occasionna quelques Chartes où l'on voit Aliz dans son sceau tenant un oiseau à qui elle donne à manger : et une autre où son fils Pierre est surnommé Meselant.

Au milieu de ce siècle, sous le regne de Saint Louis, les Clercs de la Cour du Pape essayerent de se rendre les maîtres de ce Prieuré. Au moins on trouve que le Pape Innocent IV écrivit à l'Abbé de Marmoutier de le conférer à un Chanoine de Parme, Auditeur des Causes. Au mois d'Octobre 1255 Renaud de Corbeil, Evêque de Paris, fit un accord avec le Prieur de Villepreux. Il est fait mention ailleurs d'un autre Traité de l'an 1263 entre le Curé et Etienne, Abbé de Marmoutier : c'étoit apparemment au sujet des dixmes, puisque l'Auteur de cette observation ajoute, qu'enfin l'Evêque Ranulfe assigna au Prieur la dixme de toutes choses généralement. En 1292 il y eut un autre différend entre le Prieur et Jean de Villepreux, fils de Robert, touchant l'usage et le panage de la Forêt. *Gall. Chr. T.VII, col. 103.*

Histor. mss. Prioratuum Maj. Monast.

Portef. Gaign. vol. CLXXXI, p. 156 et suiv.

Il y eut en 1310 quelques actes dressés par Jean de Vendôme, Chevalier, Seigneur de la Ferté et de Villepreux avec sa femme Philippe, d'une part, et les Religieux du Prieuré, d'autre part, touchant le droit de ces derniers d'avoir depuis le coin de leur mur jusqu'au bord de l'étang du Seigneur, trois nasses dormantes pour conserver le poisson à leur usage. Enfin, en 1318, Jean de Villepereur *eques* se reconnut redevable envers le Prieur. Je n'ai sçu, par manquement de date, à quel temps rapporter le don que fit à cette Maison Pierre *de Dodorcho,* d'une portion de dixme dont il jouissoit à Villepreux *in valle Alneti,* du consentement de Robert de Rainemoulin, du fief duquel il la tenoit; mais cela ressent assez le XIII siécle.

_{Portef. Gaign.
vol. CLXXXI,
p. 586 et suiv.}

_{Ibid.}

Il y eut en 1324 une altercation considérable, entre Etienne de Bourret, Evêque de Paris, et l'Abbé de Marmoutier, au sujet du droit de procuration que le Prélat soutint lui être dû dans le Prieuré de Villepreux. L'Abbé prétendoit que cette Maison en étoit exempte, et l'Evêque se disoit en possession de la visiter. Les parties enfin convinrent cette année-là, que quand l'Evêque de Paris ou quelqu'un commis par lui, visiteroit cette Maison, la taxe seroit de six livres, que le Curé payeroit au nom du Prieuré. Ainsi ce Prieuré fut sur le pied des autres, et on l'y trouve dans le Rôle de 1384, à la réserve que tous les autres étoient taxés à dix livres dix sols, ainsi que je le fais observer lorsque je traite de chacun. Le Pere Dubois n'a pas expliqué les autres articles de cet accord. Il est certain au reste que ce Prieuré jouissoit de quelques exemptions, puisqu'on ne le trouve point compris au Rôle écrit vers 1300 et 1320, où sont marqués tous les Prieurs du Doyenné de Châteaufort qui devoient et qui payoient du pigment à l'Eglise de Notre-Dame le jour de l'Assomption. On ne trouve rien sur le Prieuré de Villepreux durant le cours du XV siécle. Mais on voit qu'en 1524 Jean Ballue, Seigneur du lieu, lui rendit un grand service. Il fit dresser cette année-là un acte pardevant le Prévôt de Paris pour constater que la grosse dixme dans toute la Paroisse appartenoit au Prieuré, ce qu'auparavant il avoit refusé de reconnoître. On voit dans les Registres de l'Evêque de Paris 1576, 21 Juin, la collation de ce Prieuré faite à Louis Seguier.

J'observerai en finissant, que ce même Prieuré est désigné sous le nom de Saint-Nicolas-des-Bordes de Villepreux dans les contrats d'acquisition du Roi pour le Parc de Versailles. La nomination n'en appartient plus à l'Abbé de Marmoutier depuis l'an 1737, que le titre de cette Abbaye a été réuni à l'Archevêché de Tours. Elle appartient au Roi, M. Paris en est actuellement [en 1748] titulaire, la valeur du revenu est marquée de 3000 livres. Il n'y demeure aucun Religieux, mais un Prêtre desservant. Il existe un Factum imprimé en 1751 sur le Desservant de ce Prieuré, à l'occasion des nouvelles lanternes de ce lieu.

Il y a encore à Villepreux un autre Bénéfice bien moins consi-

_{Hist. Eccl. Par.
T. II, p. 604,
ex Maj. Chart.
Ep. fol. 331.}

_{Hist. mss. Prior,
Maj. Monast.}

_{Lettres-Patentes
de l'an 1722.}

_{Etat des Bén.
Royaux 1743,
p. 288.}

dérable : c'est la Chapelle de Saint-Vincent bâtie proche la porte du Parc ou de la Ville, qui en a pris le nom de Porte de Saint-Vincent. On m'a assuré qu'elle est réunie à la Cure de Chaville, et que le revenu est bien de 6000 livres. Je ne doute point que lorsque les Religieux de l'Abbaye de Saint-Vincent et Saint-Germain de Paris furent devenus maîtres d'un certain terrain à Villepreux au IX siécle par échange faite avec l'Abbaye de Saint-Maur-des-Fossés, ainsi que je l'ai dit ci-dessus, ils n'aient fait construire en ce lieu un Oratoire du titre d'un de leurs Patrons, comme c'étoit la coutume. Ainsi cette Chapelle peut venir d'eux ; mais il s'est fait tant de révolutions depuis neuf cens ans qu'il ont pu la céder ou l'abandonner, ou l'échanger. Dans des provisions que j'ai vues de l'avant-dernier siécle, elle est appellée *Capella Sancti Vincentii in domo Leprosorum*, mais elle a dû exister avant qu'on y joignît une Léproserie, et ce fut parce qu'elle étoit sur pied que l'on bâtit la Léproserie auprès.

Plusieurs Cartes mettent sur le territoire de Villepreux une Chapelle de Saint-Ouen, sur laquelle on ne trouve rien. M. Delisle l'écrit Saint-Juin. Le Pelletier dans son Pouilllé y met aussi une Chapelle de Saint-Remi, et il suit en cela le Pouillé de 1648. On ne la trouve point au Rôle des Décimes, mais j'en ai vu des provisions données par l'Evêque de Paris, le 3 Juillet 1473 et le 3 Mars 1505. Ces dernieres sont accordées à un Hermite. Aussi est-elle dans le Pouillé du XV siécle. Carte des env. de Paris. Pouillé de 1692, p. 88. Pouillé de 1648, p. 66. Reg. Ep. Paris.

Pour ce qui est de la Maladerie ou Léproserie de Villepreux, tout ce qu'on en sçait, est qu'elle existoit dès le commencement du XIII siécle. Eudes de Sully, Evêque de Paris, en conséquence d'une Lettre du Pape Innocent III, fit la bénédiction d'un cimetiere pour les Lépreux de ce lieu l'an 1203 : ce qui suppose que les Lépreux ou Malades avoient une espece d'Hôpital à Villepreux comme ailleurs. Hist. mss. Priorat. Maj. Mon. Gall. Chr. T. V,I, col. 82.

Cette Léproserie de Villepreux se disoit vers l'an 1350 exempte de la jurisdiction temporelle de l'Evêque. On prétendoit qu'elle avoit été fondée par les Seigneurs et par les habitans du lieu et du voisinage. Ce qui paroît avoir été assez vraisemblable, d'autant qu'il n'y avoit que Villepreux, Saint-Nom de la Bretêche et Bois d'Arsy, qui y eussent droit, les quatre autres Villages étant du Diocése de Chartres. Mais le Pouillé du XV siécle et les suivans reconnoissent que c'étoit à l'Evêque de Paris à nommer le Chapelain.

Seigneurs. J'ai déjà nommé ci-dessus quelques Seigneurs de Villepreux, en parlant des bienfaiteurs du Prieuré de ce lieu : il faut en donner maintenant une suite autant complete qu'il sera possible.

Valeran est le premier que l'on trouve : il est nommé Valeran de Villeperor dans un titre de l'an 1108, par lequel il donne au Prieuré de Saint-Martin-des-Champs une Terre à Saint-Cloud, dite Aulnay.

<small>Hist. de Montm. Preuv. p. 34, et Chart. Ep. Par. fol. 23.</small>

Evrard ou Ebrard de Villepreux étoit un Chevalier ami de Suger, Abbé de Saint-Denis. Ce sçavant Abbé dit dans le Livre qu'il a écrit de son gouvernement, que pour la conservation du droit de chasse que l'Abbaye avoit dans les bois proche Chevreuse, il y fit chasser en sa présence divers Chevaliers qui y camperent sous des tentes, et qu'Ebrard fut du nombre. Le même Ebrard fut un des bienfaiteurs de l'Abbaye de Saint-Cyr dès le temps de sa fondation vers l'an 1150.

<small>Duchêne, T. V, p. 334.</small>

<small>Tiré d'un amortissement vu par M. Lancelot.</small>

Ernald de la Ferté fut fils d'Ebrard de Villepreux, et lui succéda dans la terre comme il le dit lui-même. Il confirma aux Religieux leurs anciens biens, et y en ajouta d'autres en 1169 et 1178.

Ernaud deuxième du nom, fils aîné du précédent, fut marié à une Dame nommée *Albarea* et consentit aux donations de son père.

Guillaume, second fils d'Ernald, fut connu sous le nom de Guillaume de la Ferté. Il épousa Constance, fille de Pierre de France et sœur de Pierre second, Empereur de Constantinople. Le Prieuré de Villepreux eut d'eux du bien à Cognieres en 1202.

<small>Chart. Hederac.</small>

Geoffroy de Villepreux, *de Villa petrosa*, avoit des droits à Brunoy en Brie : il approuva en 1206 le don d'une partie du péage de ce lieu donné à l'Abbaye d'Hieres.

Ebrard deuxième du nom, Chevalier *de Villa pirorum*, ou *Villa pirosa*, lequel avec Jeanne son épouse donna aux Moines de Villepreux des terres situées à Rainemoulin, en 1209, est aussi nommé dans le Cartulaire de Notre-Dame-des-Champs à l'an 1214, comme approuvant un don fait par un de ses vassaux ; dans les titres de Saint-Germain-des-Prés, à l'an 1218, comme ayant fait présent à cette Maison d'une certaine quantité de froment (*Modium*). Dans le Cartulaire de Champagne il est dit avoir eu pour frere A., Seigneur de Beaumont, Chevalier sous la Comtesse Blanche.

<small>Chart. B. M. à Campis, f. 46.</small>

<small>Gall. Chr. T. VII, col. 448. Chart. Campan. fol. 10.</small>

Robert de Villepreux. On lit de lui dans la convocation du ban et arriere-ban de l'an 1272, *Robertus de Villa petrosa debet : et vadit ad exercitum quem non credit debere*. Il possédoit un moulin proche Ursines, sur lequel le Curé du lieu avoit une redevance en 1286. Il pouvoit être frere de Pierre *de Villa pirosa*, Doyen de Saint-Marcel de Paris, qui rendit hommage de son Doyenné à l'Evêque Diocésain, l'an 1273.

<small>Traité de la Noblesse de la Roque, vers la fin, p. 79.</small>

<small>Ratif. d'une échange de l'an 1286, tiré de l'original. Chart. Ep. Par. fol. 148.</small>

<small>Portef. Gaign. CLXXXI, p. 586.</small>

Jean, fils de Robert, eut en 1292 un différend avec les Religieux de Villepreux, au sujet de l'usage et du panage de la Forêt. Ce même Jean de *Villa petrosa* est mentionné dans les Tablettes de cire des voyages du Roi Philippe-le-Bel, comme ayant retenu à Poitiers, le 30 Juin 1308, J. Chantecler, Chevalier. *Tab. cereæ in Cimelio Genev.*

Philippe de Villepreux. M. Lancelot dit qu'il fut Seigneur du lieu, et Maître Enquêteur des Eaux et Forêts de France depuis 1313. Ailleurs on le surnomme le Convers : on le dit Clerc du Roi, Chanoine de Tournay, puis de Paris, Archidiacre de Brie dans l'Eglise de Meaux, et employé dans plusieurs affaires par Philippe-le-Bel. *Mémoires mss.*
Hist. des Gr. Off.
T VIII, p. 842.

Jean de Vendôme fut sûrement Seigneur de Villepreux dès 1308. L'acte de 1310, que j'ai cité ci-dessus, touchant le droit de pêche des Religieux du Prieuré, commence ainsi : *Johannes de Vindocino Miles Dominus de Feritate et Villa petrosa, et Philippa uxor.* Ce Jean étoit cadet de l'ancienne Maison de Vendôme ; seroit-il le même que Jean de Villepereur, Chevalier, qui plaidoit en 1321 ? *Trés. des Chart.*
Hist. de Montm. p. 511.
Reg. Parl.

Philippe de Villepreux, Chevalier, vivoit en 1331. Cette année-là il fut exécuteur du Testament de la Reine Clémence de Hongrie, veuve de Louis X, dit le Hutin.

Il se forme ici une lacune que je ne crois pouvoir remplir, qu'en avertissant qu'un sçavant pensoit il y a dix ans qu'à tous ces anciens Seigneurs succéda Amaury de Vendôme, qui épousa Marie de Dreux, seconde fille de Jean, Vicomte de Dreux, [et] en eut Robert de Vendôme, qui épousa Anne, Vidamesse de Chartres : d'où il s'ensuivroit que plusieurs Vidames de Chartres auroient possédé la Terre de Villepreux dans ces temps d'obscurité qui durerent plus de cent ans. Je trouve aussi un Robert de Villepreux, Ecuyer, à qui le Roi adresse en 1340 des Lettres d'Etat. Avant de continuer la suite des Seigneurs de Villepreux, j'avertirai ici qu'on trouve dans les Registres du Parlement au 15 juin 1328, un Arrêt qui ordonne que la connoissance des causes des nés Nobles de Villepreux, étant en la Vicomté de Paris, appartiendra au Prévôt de Paris. *Reg. Baill. Parl.*
Petit Livre blanc du Châtelet, fol. 256.

Les Comptes de la Prévôté de Paris sont quelquefois une ressource utile. J'y ai trouvé de quoi reprendre le fil des Seigneurs de Villepreux. A l'an 1461 on lit : « Simon de Maintenon, dit de « la Villeneuve pour le relief de la Seigneurie de Goupillieres et « Villepereur mouvante de Poissy, à lui advenue par le décès de « Guillaume de Villeneuve, son pere. » Cela sert à entendre l'inscription presque tout usée d'une tombe dont j'ai parlé ci-dessus, et qui se voit dans le collatéral méridional de la Paroisse, où est nommé un de Villeneuve décédé en 1491. Il est certain par-là, que ce fut l'un de ces Villeneuve resté apparemment sans enfans, qui vendit la Terre de Villepreux à Nicolas Balue, frere du Cardinal Balue, sous Louis XI [1], lequel fut Clerc des Comptes, puis *Sauval,* T. III, p. 363.

---

1. M. Lancelot n'avoit eu aucune connoissance que les Balue eussent cette Seigneurie, et la faisoit passer des Vendôme de Ferrieres et de la Fin aux Gondi.

Maître des Comptes en 1467. Il avoit épousé Philippe Bureau, et il vécut jusqu'en 1506. Pendant qu'il étoit Seigneur de Villepreux, le Roi Louis XI y passa trois fois : la premiere fois allant en Normandie au mois d'Octobre 1467. Les autres fois furent en 1476 et 1477. Son frere Antoine Balue, Evêque de Saint-Pont, y étant en 1497, y fit la consécration d'un autel dans l'Eglise Paroissiale.

<small>Chroniq. de Louis XI, dite Scandaleuse.</small>

Jean Balue, fils aîné de Nicolas, hérita de la Seigneurie de Villepreux et autres. Il fut d'Eglise. Les Généalogistes ne le font connoître que comme Curé de Saint-Eustache de Paris, Grand-Archidiacre d'Angers et Archidiacre de Souvigny en l'Eglise Cathédrale de Clermont. Mais il faut ajouter qu'il fut aussi Chanoine de Saint-Germain-l'Auxerrois à Paris, et Prieur Commendataire de Villepreux même dès l'an 1514. Il avoit paru dès l'an 1510 comme Seigneur de ce lieu, au Procès-verbal de la Coûtume de Paris rédigée cette année-là. Il ne conserva point la Terre de Villepreux jusqu'à sa mort, qui n'arriva qu'en 1528.

<small>Compte de l'Ord. de Paris 1517. Sauval, T. III, p. 595. Hist. mss. Priorat. Maj. Mon.</small>

Jean Balue le jeune, frere du précédent, possédoit Villepreux en 1520. On le qualifie de Maître-d'Hôtel du Roi et de la Reine de Navarre, et d'Ecuyer tranchant du Dauphin. Il obtint de François I des Lettres données à Paris au mois d'Octobre 1520, dans lesquelles ce Prince dit qu'à la supplication de Jean de la Balue, Chevalier, Seigneur de Goix, d'Armes et de Villepreux, Ecuyer ordinaire de l'Ecurie, il sera établi quatre Foires à Villepreux par chaque année ; le 18 Février jour de la Dédicace de l'Eglise, le jour de Saint Nicolas 9 Mai, le jour de Saint Côme 27 Septembre, et le 31 Juillet jour de Saint Germain. Cet usage n'eut pas lieu long-temps. Il présenta le 18 Mai 1522 à la Chapelle de Notre-Dame-des-Innocens comme étant le plus ancien héritier de Jean Bureau, fondateur. Ce Jean Balue étoit en 1538 Prêtre et Protonotaire. Il y eut la même année le 22 Juin une Sentence de la Prévôté entre lui et le Collége de Montaigu, touchant les droits d'indemnité de deux fiefs nommés Ergal et Coustes, dont lui Balue avoit offert de donner caution, et dont il se désistoit. On trouve d'autres Lettres données par François I à Fontainebleau au mois de Janvier 1544, dans lesquelles il dit qu'à la priere du même de la Balue, Seigneur de Gometz et de Villepreux, et Maître d'Hôtel de la Reine de Navarre, sœur unique du Roi, et des habitans de Villepreux, il permet de clore ledit Bourg de murs, pont et fossés, de continuer le Marché les Mercredis de chaque semaine, de changer la Foire du 31 Juillet en celle du 27 septembre, et d'en établir une nouvelle au 26 Janvier.

<small>Bann. du Chât. vol. II, f. 201.</small>

<small>Reg. Ep. Paris.</small>

<small>Tab. Ep. Paris. in Spir.</small>

<small>Bann. du Chât. vol. IV, f° 184.</small>

Claude Balue, second fils de Jean Balue et de Marie Malingre, fut Seigneur de Villepreux, et mourut le 15 Mai 1570. Il avoit eu de Marthe du Thisnel qu'il avoit épousée en 1565, un fils nommé Claude, lequel avoit hérité de la Terre de Villepreux, mais il mourut fort jeune et n'ayant pas encore onze ans.

La Terre de Villepreux passa ensuite aux Gondi, famille illustre venue d'Italie. Albert de Gondi, Maréchal de France, fils aîné d'Antoine de Gondi, Maître d'Hôtel du Roi Henri II, est qualifié Seigneur de Villepreux dans le Procès-verbal de la Coûtume de Paris de l'an 1580. Il fit vers ce temps-là un échange de terres avec Maurice le Joyau, Prieur de Villepreux, lequel fut confirmée par l'Evêque le 12 Novembre 1581. Ce fut de son temps *Reg. Ep. Paris.* que le Roi Henri IV ayant quitté Compiegne vers le mois de Juin 1591, revint joindre son armée qui s'étoit rassemblée à Daniel I, Villepreux, d'où il alla loger à Montfort-l'Amaury. Pierre de edit. Hist. de Gondi, frere d'Albert, et qui fut fait dès l'an 1568 Evêque Franc. p. 91. de Paris, est qualifié *Villæ petrosæ Dominus* dans son épitaphe à Notre-Dame de Paris. Il avoit succédé sans doute à son frere aîné décédé en 1602. Il étoit Cardinal dès le regne d'Henri III, et conserva l'Evêché de Paris jusqu'en 1598. Il sacra dans la *Reg. Ep. Paris.* Chapelle du Château de Villepreux l'Evêque de Rieux, le 6 Avril 1603, et il y bénit le 20 Juillet suivant Magdelene de Masquerel, Abbesse de Saint-Avit au Diocése de Chartres. Par son Testament du 28 Mars 1611, il établit dans l'Eglise de Villepreux un Prêtre destiné à y célébrer tous les jours une Messe basse pour le repos de son ame et de celle de ses pere et mere, et d'y expliquer les Fêtes et Dimanches le *Pater*, et faire le Catéchisme aux enfans. Il assigna un logement à ce Prêtre et deux cens livres pour sa subsistance, à prendre sur la ferme de Val-Joyeux dépendante de la Seigneurie, et en cas d'insuffisance, sur les plus clairs revenus de la Terre de Villepreux. Il ordonna que ce Prêtre seroit nommé par le Supérieur des Peres de l'Oratoire de Paris, rue Saint-Honoré, du consentement du Curé de Villepreux et du Seigneur. Il voulut aussi qu'au cas que le Seigneur de Villepreux voulût entendre la Messe dans le Château, ce Prêtre seroit tenu de l'aller dire dans la Chapelle de ce Château. Il mourut en 1616.

Philippe-Emmanuel de Gondi, troisiéme fils du Maréchal Albert, et neveu de Pierre de Gondi, Cardinal, succéda dans la Seigneurie de Villepreux et autres. Dégoûté du monde, où il avoit été dans le mariage, après l'an 1622, il céda ses charges à son fils, il se retira parmi les Prêtres de l'Oratoire, et se fit Prêtre : il mourut à Joigny en réputation d'une grande piété le 29 Juin 1662, âgé de 81 ans. Son fils, Pierre de Gondi, Général des Galeres, n'ayant eu que des filles, la Baronie de Villepreux fut vendue. Dame Clem. de Francini acheta cette Terre et en jouit jusqu'en 1660,

<small>Factum ou Mémoire de l'an 1736, pour Claude de Courcelle, Tuteur onéraire du Comte de Villepreux.</small>
que l'ayant abandonnée à ses créanciers, elle fut adjugée aux pere et mere du Comte de Maulevrier (Édouard François Colbert) qui le 28 Août 1685, la revendirent au Duc de Chevreuse, se réservant une Maison. Peu de temps après, le Duc de Chevreuse la céda au Roi, et Sa Majesté la donna par échange au Sieur de Francini, neveu de celle qui l'avoit achetée des Gondi. Le Roi acquit aussi en 1686 quelques bois du territoire de Villepreux du Duc de la Feuillade, qui les tenoit de M. de Francini et de Magdeleine de Fontenu. Le Sieur de Francini étoit déja Seigneur de deux fiefs situés à Villepreux, où il avoit une Maison féodale. Il jouit pendant toute sa vie des honneurs de la fondation du Cardinal Pierre de Gondi, c'est-à-dire que cette Maison étant devenue son Château et le chef-lieu de la Seigneurie, il y fit célébrer la Messe, sans que le pere du Comte de Maulevrier qui demeuroit à Villepreux dans sa Maison réservée lui en contestât le droit. Je ne suivrai pas plus loin le Mémoire imprimé qui contient la suite de la contestation sur celle des Maisons Seigneuriales où la Messe devoit être acquittée par le Chapelain, dont la rente étoit montée jusqu'à 350 livres, que le Seigneur devoit payer en exécution d'un contrat de l'an 1703.

<small>Reg. du Parl.</small> En 1698, la mouvance de Villepreux fut changée, en vertu de Lettres-Patentes accordées à M. Phélypeaux, Comte de Pontchartrain, Ministre et Secrétaire d'Etat, registrées le 12 Décembre. On y lit que la Terre de Villepreux et l'Hebergerie tenue ci-devant du Roi en arriere-fief, à cause du Duché d'Etampes, par le moyen de la Terre de Mairinville, sera de la mouvance du Roi, à cause de sa couronne, en arriere-fief par le Comté de Pontchartrain qui en est mouvant immédiatement.

<small>Regist. du Parl. 2 Avril.</small> En 1707, les fiefs de la Grande-Maison et de Villiers furent unis à la Terre et Châtellenie de Villepreux, laquelle fut érigée en Comté, en faveur de Francine, Prévôt Général de l'Isle de France.

<small>Edit. de Décemb. 1732.</small> Un Edit de 1732 nous apprend d'autres particularités, sçavoir : que Louis XV céda la ferme de la Gaudonnerie dans la Paroisse de Villepreux, avec douze arpens de terre qui en dépendent, à M. Henri de Francini, Comte de Villepreux, Intendant des Fontaines de France, par échange pour des terres que ce Seigneur avoit dans le Parc de Versailles. L'une de ces pieces de terre est dite sise au vieux clos de Saint-Prix.

Le Château de M. Francine, Seigneur, est situé proche l'Eglise au sud-ouest. Il en est fait mention dans un Mémoire in-4°, imprimé l'an 1751, chez d'Houry, à l'occasion des lanternes dont M. de Francini vouloit établir l'usage dans les rues de ce Village (page 2). J'en ai déja parlé ci-dessus.

L'ancien Château se trouve représenté dans la Topographie de Claude Châtillon, qui parut vers l'an 1610 *in-folio ;* c'est là que Paul du Hai, Seigneur du Châtelet, l'un des Commissaires pour faire le procès au Maréchal de Marillac, fut renfermé à cause qu'il refusoit de l'être. Topogr. de Cl. Châtillon, fol. 11.

Les écarts ou hameaux de cette Paroisse sont l'Hebergerie, la Gondonnerie, le Trou-Moreau et Val-Joyeux.

Le Traité des échanges de Louis XV en 1732, fait aussi mention d'un canton dit le Champ-de-Landry. Le Chêne de Villepreux fut l'une des Terres que le tuteur des enfans du Sieur Spifame céda au Roi en 1539 pour avoir main-levée de la contestation du reste de leur bien. Regist. du Parl. 14 Août.

Il y avoit au XII siécle, sur le territoire de Villepreux, un hameau dit Bois-Robert, sur lequel Osmon de Passy, frere de Simon, assigna soixante sols de rente pour fonder un second Prêtre dans la Chapelle de Saint-Denis-du-Pas à Paris. L'acte est de l'an 1164. *In villa quæ dicitur Nemus Roberti sita in territorio Villæ pirosæ.* Hist. Eccl. Par. T. II, p. 114.

Le Trou-Moreau appartenoit en 1570 à Etiennette Denyson, veuve de Jean Compains, Marchand de Paris, laquelle y fit bâtir une petite Chapelle, où l'Evêque lui permit en 1571 de faire célébrer, à cause de la distance de la Paroisse et des mauvais chemins. Reg. Ep. Paris. 4 Jul.

Val-Joyeux : c'est où faisoit sa demeure en 1697, M. Francine de Grand-Maison, Prêtre Parisien. Ibid. 16 Oct.

Quant aux personnes du nom de Villepreux qui ont eu des places distinguées, ou qui passent pour illustres dans quelque corps, j'en ai trouvé quatre ou cinq.

Le premier est Hervé de Villepreux, *de Villa pyrorum*, qui fut Abbé de Marmoutier, vers la fin du XII siécle.

Le second est Pierre de Villepreux, *de Villa petrosa*, Doyen de Saint-Marcel de Paris, en 1273. Il faut ajouter à ce que j'en ai dit ci-dessus, qu'il fut aussi Proviseur de Sorbonne en 1294. Le Cartulaire de cette Maison lui donne ce titre : *Provisor Magistrorum Scolarum de Serbona.* Il avoit été élu en 1284. Il vivoit encore en 1301. Chart. Sorb. fol. 41. Ex mss. Sorb.

Le troisiéme est Philippe de Villepreux, appellé quelquefois Philippe-le-Convers. Il étoit en 1305 Clerc du Roi Philippe-le-Bel, Chanoine de Tournay, et Enquêteur des Forêts du Roi. Ce Prince le gratifia d'une échoitte qui lui étoit survenue, par Lettres datées de Poocourt, au mois de Juillet 1305. Trés. des Chart. Reg. 37 et 38, ch. xc et cxlix.

Le quatriéme est Louis-le-Convers de Villepreux, Bailly de Coutances, que le même Prince récompensa par Lettres données à Châteauneuf-sur-Loire, au mois de Juillet 1309. Ibid. Reg. 41, ch. lxxxviii.

Histoire du Tiers-Ordre, p. 632. Le cinquiéme est beaucoup plus nouveau. Son nom est Gabriel de Villepreux. Les Tierçaires de Saint-François le placent parmi leurs illustres. Il mourut à Picpus en 1631.

LE BOIS D'ARSI

Etant certain que Villepreux a été de temps immémorial un lieu considérable dans la partie occidentale du Diocése de Paris, il s'ensuit qu'il avoit un territoire fort étendu, et que quand les Evêques de Paris en céderent l'autel aux Chanoines de Notre-Dame, et depuis à l'Abbaye de Marmoutier, ils lui donnerent le droit sur une vaste Paroisse. Comme les Seigneurs de Villepreux au XII siécle possédoient le territoire, dit aujourd'hui le Bois d'Arsi, ils en donnerent quelque partie aux Moines que leurs devanciers avoient établis à Villepreux. Le nombre des habitans augmentant dans cette partie à mesure que l'on défrichoit les terres et que l'on essartoit les bois, il fut besoin d'ériger une Paroisse au Bois d'Arsi; c'est ce qui fut fait sur la fin du XII siécle ou au commencement du suivant. C'est ainsi que je conjecture que le Bois d'Arsi fut démembré de Villepreux avant le milieu du XIII siécle, et peut-être même avant le commencement, et c'est à titre de démembrement que l'Abbé de Marmoutier devint nominateur de la Cure nouvelle, et qu'il se trouve en cette qualité dans le Pouillé de Paris écrit vers l'an 1220.

Mais pourquoi ce canton de l'ancienne Paroisse de Villepreux s'appelloit-il le Bois d'Arsi? M. de Valois en donne une raison que je ne combattrai qu'en partie, parce que je n'en connois point de meilleure. Faisant attention que ce lieu est écrit dans ce Pouillé, *Nemus Arsitii,* et non pas *Nemus Arcis,* il en conclut que ce Bois étoit ainsi nommé, parce qu'il avoit appartenu à un homme qui étoit mort de la maladie des Ardens ou du charbon, assurant que ces sortes de malades étoient appellées *Arsi* ou *Arsitii.* Pour moi, en adoptant l'étymologie qui vient du verbe *Ardere,* je me restreindrois à dire que ce furent les bois mêmes qui étant brûlés (ainsi que cela arrive souvent), donnerent le nom au lieu. Le titre d'Ernaud, Seigneur de Villepreux, de l'an 1169, met *Sylvam de Arsitio,* plus bas : *in Sylva Arsitio.* Celui de Constance de Courtenay de l'an 1231, met *in Nemore de Arsitio.* Par où il semble que tous entendoient que c'étoit le lieu même qui s'appelloit *Arsitium,* comme qui diroit *la Brûlerie, le lieu Brûlé.* Les Editeurs de la seconde édition du Glossaire de Du Cange,

Notit. Gall. p. 425.

ont conjecturé qu'*Arsitium* signifioit aussi un fourneau à fondre monnoie. Il n'y a pas d'apparence qu'on en ait fabriqué à Villepreux ; ce seroit peut-être plutôt des forges de fer à bras, ou des fourneaux de terre cuite qu'il y auroit eu en ce lieu.

Il est situé sur une montagne par rapport à Villepreux et autres lieux circonvoisins, mais dans une grande plaine dont les terres sont de labourages de produits inégaux avec quelques bois, sans aucunes vignes. Sa distance de Villepreux n'est que d'une petite lieue vers le midi, et celle de Versailles d'une lieue et demie, sur la route pavée qui conduit à Neaufle, à Houdan et à Dreux. Le Dénombrement de l'Election de Paris y marque 80 feux : celui du Sieur Doisy, publié en 1745, les restreint à 34. Le Dictionnaire Universel de la France y comptoit 154 habitans en 1726.

L'Eglise reconnoît Saint Gilles pour son patron. Ce Saint avoit au milieu du treiziéme siécle un Office entierement propre dans les Antiphoniers de Paris. Il reste encore dans l'édifice qui subsiste des marques de bâtisse de ce temps-là, soit dans les piliers du chœur, soit à la porte du devant de l'Eglise renfermée aujourd'hui dans le presbytere. Le reste ne paroît que de l'âge de deux cens ans. Le chœur est bas, mais large et voûté aussi-bien que les collatéraux. La Dédicace en fut faite avec la permission de l'Evêque de Paris, le 2 Septembre 1541, sous le titre de Saint Gilles et Saint Loup comme étoit l'ancienne, par Charles, Evêque de Mégare, qui statua que l'Anniversaire seroit célébré le même jour. Du reste cette Eglise est fort propre en dedans et bien reblanchie. Il y a à l'autel quatre colomnes de pierre blanche, deux belles statues de même matiere : celle qui est vers le nord représente Saint Gilles, et celle du côté du midi représente Saint Loup, Evêque de Sens, dont la Fête est le premier Septembre comme celle de Saint Gilles. *Reg. Ep. Par. 13 Aug. 1541.*

Le Vicaire de cette Paroisse déclara en 1566 au Doyen de Châteaufort qu'il y avoit sur son territoire une Maladerie, appellée la Maladerie de la Trappe, valant 100 livres. *Déclaration du Prieuré. Archiv. Ep. 1566.*

Je ne répeterai point ce que j'ai dit touchant la Cure, qui est à la nomination de l'Abbé de Marmoutier ou du Prieur de Villepreux, membre de cette Abbaye. Tous les Pouillés anciens et nouveaux sont pour l'Abbé. Néanmoins on lit dans l'Histoire manuscrite des Prieurés dépendans de Marmoutier, que l'an 1203, Odon, Evêque, reconnut le droit du Prieur de Villepreux de de nommer le Curé du lieu et *in Ecclesia Sancti Egidii ultra nemus*.

Depuis que le Roi Louis XIV a aggrandi le Parc de Versailles, le Bois d'Arsi s'est trouvé renfermé dedans avec ses écarts, qui sont le petit Arsi, les Greffiers ou Graviers ; et si la carte est exacte, la Franchinerie et la Tremblée. Le Roi est aussi Seigneur de cette Paroisse.

J'ai rapporté à l'article de Villepreux les donations faites aux Religieux de ce lieu sur les bois *de Arsitio*.

VERSAILLES

Il ne faut point s'attendre que je fasse ici une description des beautés de cet admirable lieu : elle a été entreprise et sçavamment exécutée par tant de personnes, que je croirois ressembler à celui qui apporteroit de l'eau à la fontaine, si j'osois essayer d'y rien ajouter. Les nouveautés de Versailles étant donc connues de tout le monde, je m'attacherai ici principalement à son antiquité, de même que j'ai fait à l'égard des autres lieux du Diocése de Paris, parce que cela a été négligé par ceux qui ont écrit avant moi, sans cependant oublier ce qu'il est essentiel de dire touchant ses nouvelles Eglises, et touchant l'accroissement du territoire, les différens réglemens faits dans la vue d'y former une Ville.

Nous n'avons rien de plus ancien où il soit fait mention de Versailles, qu'une Charte donnée par Odon, Comte de Chartres, au Monastere de Saint-Pierre de la même Ville, à la fin de laquelle *Hugo de Versaliis* est l'un des témoins. Si elle est d'Odon, premier du nom, elle aura précédé l'an 1095. Si elle est seulement du second du nom, elle aura été faite avant l'an 1037. Après quoi se présente un acte de l'an 1065 ou 1066, par lequel Geoffroy de Gomet, entre autres dons qu'il fait à l'Abbaye de Marmoutier, proche Tours, marque celui de trois Prébendes à Versailles, dont l'une sera, dit-il, au Domaine, et les deux autres seront remplies par deux Chanoines, après la mort desquels le Couvent nommera deux autres personnes qui les posséderont [1].

<small>Lib. Aganon in Tab. S. Petri Carnot.</small>

Il paroît par-là qu'il y avoit à Versailles une espece de Collégiale, dont deux Canonicats furent à la disposition des Moines de Marmoutier. Peut-être avoit-elle été fondée par quelqu'un des anciens Seigneurs, au droit desquels Geoffroy de Gomet auroit succédé en partie. On ne trouve point que le premier de ces Chanoines ait eu d'autre qualité que celle de Prieur, titre qui est encore d'usage dans quelques Collégiales du Berry.

---

1. *Adduntur cum his tres Prebendæ apud Versalias una quarum sit in dominio alias vero duas teneant duo Canonici, eâ scilicet ratione, ut cùm eorum quis morte finierit, arbitratu et dispositione dictorum fratrum (Majoris-Monasterii) alter in loco ipsius subrogetur.*

La même Eglise étoit Paroissiale. Geoffroy, Evêque de Paris, accordant en l'an 1084 quelques autels aux mêmes Religieux de Marmoutier, comprit dans ce nombre celui de Versailles : *Altare Sancti Juliani de Versaliis.* Ce fut vers ces temps-là ou vers l'an 1100, que Marmoutier, du consentement d'Helvise sa femme, abandonna à ce Monastere le reste de l'Eglise, et donna à ce Prieuré un labourage proche Fontenay. *Annal. Bened. T. IV, p. 87. Hist. Eccl. Par. T. I, p. 606. Tabul. de Valle B. M. p. 171.*

L'Abbaye de Marmoutier jouit du droit des Prébendes aussi-bien que du Prieuré, et de la nomination à la Cure dans l'Eglise de Saint-Julien de Versailles, jusqu'environ le commencement du regne de Philippe-Auguste, c'est-à-dire jusques vers l'an 1180. Alors Hélie, Abbé de Saint-Magloire de Paris, qui avoit au Diocése de Saint-Malo un Prieuré appellé Lehon, dont les Religieux vouloient se soustraire de sa dépendance, le céda aux Moines de Marmoutier, qui n'en étoient pas si éloignés que lui; et ces derniers Religieux leur donnerent par échange celui de Saint-Julien de Versailles avec tous ses revenus, nommément *la Coûture* ou ferme de Fontenay, le Prieuré de Chaumont et celui de Saint-Jacques de Chalifern au Diocése de Meaux. Philippe-Auguste confirma cette échange par un Diplome daté de Saint-Germain-en-Laye l'an 1182, dans lequel il dit qu'ayant eu sous sa protection la Maison de Versailles (*Domum de Versaliis*), pendant qu'elle appartenoit à l'Abbaye de Marmoutier, il en seroit de la même maniere à l'égard de l'Eglise de Saint-Magloire, *qui, à proprement parler,* dit-il, *est notre Chapelle.* La ferme de Fontenay ne resta pas long-temps au Prieuré de Versailles; l'Abbé de Saint-Magloire ci-dessus nommé, la vendit à l'Abbaye du Val Notre-Dame, Ordre de Citeaux, avant l'an 1185. *Gall. Chr. nova, T. VII, col. 313.*

Hist. de l'Eglise de Meaux, T. II, Charte 146, ex Tab. Maj. Mon. Tabul. S. M. de Valle.

Quelques années après, l'Abbé de Saint-Magloire transigea avec les Seigneurs de Versailles, Jean et Gilon, son fils, d'une part, et Gervais, d'autre part. Il fut arrêté que le Prieur auroit la Voirie, de même que lui seul avoit le droit de Four, dont Maurice de Sully, Evêque de Paris, donna acte l'an 1189. Dès l'an 1250, Simon de Saint-Marz, Chevalier, avoit donné à ce Prieur ce qu'il avoit dans les dixmes de Versailles, avec une grange dite Cigrefrein, du consentement de Gacon du Bois, premier Seigneur. Ce Prieuré avoit aussi des dixmes à Oursines et à Velizy. C'étoit sous le titre de Saint Julien, Martyr de Brioude, dont la Fête est le 28 Août, que le Prieuré étoit dédié. Dans le Catalogue des Prieurés, écrit vers l'an 1300, il étoit compris sous le Doyenné de Macy. Le Prieur étoit du nombre de ceux qui devoient à l'Eglise de Notre-Dame de Paris du pigment à la Fête de l'Assomption, chacun à leur tour. Le Registre de leurs paiemens, écrit sous Philippe-le-Bel, marque : *Prior de Versaliis solvit anno M CC LXXXIX.* *Pouillé du XIII siécle.*

Necr. Eccl. Par. Bibl. Reg. ad calcem.

Item solvit anno M CCC quinto. On trouve Jean de Moncy, Prieur de Versailles, présent en 1319 à une translation du corps de Saint Magloire. Je tais le nom des autres Prieurs de ce lieu venus à ma connoissance. Celui qui l'étoit en 1647, céda aux Chartreux de Paris le fief de Molineaux de la Paroisse de Meudon, qui dépendoit de son bénéfice, laquelle cession fut confirmée par Lettres-Patentes registrées en Parlement le 23 Juillet. Enfin, ce Prieuré fut uni à l'Archevêché de Paris sous l'Episcopat de M. de Péréfixe, entre 1664 et 1671.

<small>Chastelain, Martyrol. Univ. p. 813.</small>

L'Eglise Paroissiale étoit desservie dans celle du Prieuré, et étoit sous le même titre de Saint Julien, Martyr. Le Pouillé du treiziéme siécle déclare que c'étoit l'Abbé de Saint-Magloire qui y nommoit, ce qui a duré jusqu'à ce que cette Abbaye fût réunie à l'Evêché de Paris au seizième siécle. Les Prieurs de Versailles ne laissoient pas de se dire Curés primitifs et apportoient entre autres preuves de cela, que c'étoient eux qui étoient tenus de fournir en hiver de la paille dans l'Eglise pour les femmes. Il est certain que les Curés de Versailles prêtoient serment à Saint-Magloire dans le Chapitre. Ce ne fut qu'en 1516 que le nombre des habitans étant augmenté, l'Abbaye céda aux Paroissiens l'usage de l'Eglise du Prieuré en entier. On voit à l'occasion d'un Curé de Versailles ce que les Evêques pratiquoient autrefois lorsqu'un Curé devenoit infirme. Thibaud, Curé de ce lieu, ne pouvant plus faire ses fonctions, l'Evêque de Paris lui réserva une pension viagere payable par son successeur, et cela du consentement de Gautier, Abbé de Saint-Magloire, donné en 1301.

Entre les anciens Seigneurs de Versailles, le premier que j'aie trouvé est Hugues, qui vivoit sur la fin du dixiéme siécle ou au commencement du onziéme, paroissant comme témoin dans un acte d'Eudes, Comte de Chartres. Peut-être faut-il le regarder comme le fondateur du Prieuré, vu que c'est à peu près là le temps auquel on en fonda un grand nombre en France pour être desservis par des Moines de Marmoutier.

Philippe, Seigneur de Versailles, fut si édifié de la sainte vie des Religieux du Prieuré, qu'après avoir eu le consentement d'Helvise, son épouse, il alla prendre leur habit à Marmoutier. Il donna en ce temps-là, c'est-à-dire vers l'an 1100, au Prieuré de Versailles, un gros labourage à Fontenay (Village voisin), ainsi que j'ai déja dit.

<small>Chart. S. Magl. fol. 53.</small>

Jean et Gilon, son fils, étoient Seigneurs de Versailles avec un nommé Gervais, l'an 1189, suivant le traité qu'ils firent alors avec le Prieur.

<small>Chart. S. Genov.</small>

Gilon ou Gilles, de Versailles, fut caution en 1194, pour Garnier de Roquancourt, traitant avec l'Abbaye de Sainte-Geneviéve sur la dixme de Mauny. Il avoit succédé à son pere au moins dès l'an 1209. Il certifia par écrit cette année-là que le même Garnier, Chevalier de Roquencourt, avoit donné à l'Abbaye du Val une masure située audit Roquencourt. On lit autour du sceau *SIGIL-LUM EGIDII DE VERSALLES*. En 1213, il étoit qualifié *Domini Regis Miles ac Baillivus*. La Voirie de Soisy, Terre voisine, relevoit de lui ; c'est ce qu'il atteste en témoignant, l'an 1216, que Guillaume le Roux et Robert Pelu, Chevaliers, en avoient engagé une partie à l'Abbaye de Sainte-Geneviéve de Paris, pour la somme de trente livres parisis, ne s'en retenant que le droit de tensement et de forage. Il prend dans cet acte la qualité de Bailly du Roi. La même année 1216, Philippe-Auguste le chargea de faire rendre par les habitans de la ville de Beauvais le serment de fidélité à leur Evêque. _{Hist. de Montm. Preuv. p. 394. Tabul. de Valle. Chart. S. Gen. p. 193. Mém. sur Beauvais, par Loisel, p. 287.}

Gui *de Versallis* étoit Seigneur de Versailles vers le commencement du regne de Saint Louis, comme il paroît par le petit Cartulaire de l'Evêque de Paris, où sont marqués les biens situés au Tremblai et à Ocines qu'il tenoit de ce Prélat. Ocines est ce qu'on appella depuis Ursines, Paroisse fondue en celle de Velizy. _{Chart. Ep. Par. Bibl. Reg. circa initium.}

Jean, Seigneur de Versailles, est connu en 1246 pour avoir été absous alors de l'excommunication qu'il avoit encourue, en s'opposant à l'usage que le Prieur avoit dans la Forêt. _{Tab. S. Maglor.}

Jean de Versailles, qualifié simplement *Armiger*, mourut jeune. Mathilde, sa veuve, fit hommage en 1253 à Renaud de Corbeil, Evêque de Paris, pour les bois de Versailles et pour un hameau du même Village qui n'est point spécifié. C'est sans doute le même fief dont l'Evêque de Paris fit sommer le possesseur en 1533 pour lui rendre hommage. _{Idem. Chartul. fol. 113, et Not. Gall. p. 434. Tab. Ep. Paris. in feodis.}

Un autre Jean dit *de Vessallis*, Chevalier, vivoit en 1266. On trouve Emeline de Vemart, sa femme, nommée avec Pierre et Gilon, leurs fils, dans un acte de cette année. _{Chart. S. Dion. Bibl. Reg.}

Ce dernier est désigné sous le nom de *Giletus de Versailles Armiger*, dans un acte de l'an 1275, et sa femme sous celui de Pétronille de Montourgueil. _{Titre de Marly.}

Je ne doute presque point que ce ne soit de quelqu'un de ces anciens Seigneurs qu'ait tiré son nom de rue de Versailles, une rue de Paris qui [se] rend par le bas dans la rue de Saint-Victor. Elle étoit connue sous le nom de *Vicus de Versallis propè S. Victorem* dès la fin du treiziéme siécle. _{Necr. B. Mariæ Paris. addit. circa 1300, ad X Cal. Sep.}

En 1327 Jean Ecuyer étoit Seigneur de Versailles. _{Tab. S. Maglor.}

Après une lacune de près de deux cens ans paroît un Seigneur de Versailles, nommé Jean Colas, Contrôleur des Gardes du Roi, vers l'an 1500, et décédé en 1510 ; il avoit épousé Marguerite de

Foissy qui mourut en 1521. Ils reposent l'un et l'autre sous les charniers de Saint-Paul, à Paris.

> Recueil d'Epit. de Paris. Bibl. Roy.

MARTIAL DE LOMÉNIE étoit Seigneur de Versailles en 1561, Conseiller et Secrétaire des Finances. Ce fut à sa requête que le Roi Charles IX, par Lettres données à Paris au mois de Juillet, permit d'y établir quatre Foires ; sçavoir, le 28 Août jour de Saint Julien Patron du lieu, le 25 Janvier, le Jeudi de la mi-Carême, et le Mercredi d'après la Pentecôte ; et un Marché tous les Jeudis. Ce Seigneur fut tué à Paris le jour de la Saint Barthélemi 1572.

> Bann. du Chât. vol. IV, f. 126.
> Hist. des Gr. Off.

Henri de Bourbon, qui a été depuis le Roi Henri IV, avoit toujours estimé le zéle et la fidélité de Martial de Loménie, et voulut avoir auprès de lui son fils Antoine, qui alloit avec lui courir le cerf à Versailles. Ce Seigneur ne conserva pas apparemment la Terre de Versailles jusqu'à sa mort arrivée en 1638, puisque dès l'an 1610 on trouve un autre Seigneur : et même dans le Procès-verbal de la Coûtume de Paris dressé en 1580, il n'y paroît aucun Seigneur de Versailles, mais seulement le Lieutenant du lieu pour les habitans, et Pierre Gilbert, Seigneur du fief Michel Lebœuf, assis à Versailles, provenant de ce Michel Lebœuf, qui de Secrétaire du Duc de Berry, fut fait en 1413 Evêque de Lodeve.

> Mémoire de Villegomblaim, 1 p. 314.
> Edit. de Cout. 1678, p. 6335.
> Gall. Chr. T. VII, col. 560.

JEAN DE SOISY prend, dans son contrat de mariage avec Antoinette Postel du 22 Janvier 1610, la qualité de Seigneur de Soisy-sous-Montmorency et de Versailles au Val de Galie. Ce fut lui qui vendit cette Terre au Roi Louis XIII vers l'an 1627.

Ce Prince après l'acquisition de Versailles y bâtit un Château ; c'étoit un édifice médiocre placé un peu au-dessus de l'Eglise de Saint Julien vers le couchant, et destiné aux rendez-vous des parties de chasse. Il en est parlé dans les Mémoires de Bassompierre, en des termes qui n'en donnent pas une grande idée : cependant il étoit composé d'un corps de logis et de deux ailes terminées par quatre pavillons, accompagnés d'un Parc et d'une Ménagerie. Il est fait mention de Versailles dans l'Histoire du Cardinal de Richelieu, à l'occasion de la journée des duppes de l'an 1630. On voit par des Déclarations et Lettres-Patentes datées de ce lieu en 1634 au mois d'Octobre, que Louis XIII y séjournoit plus souvent en cette saison. Néanmoins il y en a aussi du mois de Mai 1636 et du mois de Février 1637. Ce même Prince donna au mois d'Avril une Déclaration par laquelle il défendoit d'augmenter aucuns Officiers dans les Terres de Dammartin, Chantilly et Versailles, qu'il affectoit particulierement à ses plaisirs. M. de Cinq-Mars, Grand-Ecuyer de France, avoit aussi alors à Versailles un Château, où il fut visité par Gaston de France.

> Mém. de Bassomp. T. II. p. 398.
> Regist. du Parl. 6 Mai 1638.
> Mém. du Card. Richelieu.

Louis XIV depuis sa majorité résidoit assez ordinairement à Saint-Germain-en-Laye. Il se proposa en 1661 de faire quelque séjour à Versailles avec toute sa Cour : c'est pourquoi il commença de faire augmenter le logement, et fit enfermer le vieux Château dans un plus superbe. A quelque distance de là on éleva des Hôtels pour les personnes de qualité, et sur l'avenue de Paris d'autres maisons d'une construction égale. On fut onze ans ou environ à bâtir tous ces édifices : en sorte que l'on ne voit point que le Roi y soit venu loger avant l'an 1672. Le mois de Février de cette année-là m'a paru être l'époque des premieres Déclarations de son regne, qui sont datées de Versailles.

Personne n'avoit recherché jusqu'alors l'étymologie de ce lieu, et ç'auroit été perdre le temps que de s'y appliquer. Mais à force de combiner les lettres du nom *Versaille*, qui peut avoir une origine Germanique, et qui n'est porté par aucun autre lieu du Royaume [1], le hasard y fit trouver heureusement cet anagramme *Ville sera ;* et la prophétie enveloppée dans le nom fut accomplie en peu de temps. La même année que Louis XIV commença à demeurer à Versailles, sçavoir, en 1672, il donna le 24 Novembre une Déclaration qui confirmoit les Brevets de don des places où y étoient déja bâties quelques maisons, et où l'on devoit en bâtir d'autres, et il ordonna que les maisons bâties ou à bâtir ne seroient sujettes à aucunes hypothéques, et ne pourroient être saisies réellement ou adjugées par décret, sinon pour les dettes privilégiées. En 1692 les mêmes avantages furent étendus aux héritiers des propriétaires qui auroient fait bâtir ou qui feroient bâtir par la suite ; et en 1696 il ordonna que les loyers de ces maisons ne pourroient être saisis que pour le paiement des dettes privilégiées. A la vue de tant d'avantages, il ne pouvoit pas se faire qu'il ne se formât bien-tôt une Ville à la place des chaumieres et des clos des paysans : la chose fut ainsi, et les rues ont toutes été tirées au cordeau, et les maisons bâties assez uniformément. Le Roi de son côté voulant que les principaux Officiers de la Couronne fussent logés auprès de lui, fit commencer en 1678 et bâtir sur l'avenue qui regarde Paris deux pavillons d'une superbe architecture, avec la grande et la petite écurie qui sont pareillement sur l'avenue de Paris. Le derriere du vieux bâtiment du Château, quoique très-enrichi de peintures et de dorures, fut aussi abbattu alors, parce que le Roi jugea que sa disposition n'étoit pas proportionnée à la magnificence du nouveau. En 1681 on joignit à la droite du Château un grand bâtiment de même symmétrie que la face qui regarde le jardin : on en fit autant depuis à la gauche : c'est ce que l'on appelle *les Galeries des Princes*.

Déclaration du 30 Déc.

1. Il n'y a que Versalieu du Diocése de Lyon qui ait un nom assez semblable en latin, sçavoir *Versallæ*. Il est ainsi nommé dans la vie de Saint Sigismond, qui s'y cacha dans le temps de l'irruption des Francs.

Pendant que Louis XIV donna ses soins à la construction de toutes ces parties du Château, il n'oublia pas d'y faire édifier une Chapelle. Elle a même été bâtie à deux fois ainsi que je dirai ci-après. Il fallut aussi songer à une Eglise Paroissiale d'une plus grande capacité que celle de Saint-Julien, qui étoit l'ancienne. Le Roi la fit démolir en 1679, promettant aux habitans de ce quartier-là de leur faire une autre Eglise, et destinant pour cet effet un grand terrain dans le Parc aux cerfs. A l'endroit où étoit l'Eglise de Saint-Julien fut construit le bâtiment qu'on appelle à la Cour, *le Grand commun*.

En attendant le temps de bâtir l'Eglise du Parc aux cerfs, on en avoit élevé une autre vers l'endroit où est l'Eglise de Notre-Dame ; on l'appelle aujourd'hui la vieille Eglise, relativement aux autres qui sont plus nouvelles ; elle servit aux Missionnaires de Saint-Lazare, jusqu'à ce que la grande Eglise Paroissiale fût achevée. On y enterre encore les personnes de distinction et les Bourgeois qui n'ont pas demandé à être inhumés dans le cimetiere public. Paul Fontanier Pelisson, Maître des Requêtes, et l'un des plus beaux esprits de son siécle, y fut enterré le 8 Février 1693. Comme cette Eglise ne suffisoit pas pour contenir tous les habitans de Versailles, dont le nombre étoit déjà fort grand vers l'an 1680, Louis XIV fit bâtir dans ce même quartier qu'on appelloit la Ville neuve, et qui compose la partie septentrionale de Versailles, une Eglise plus spacieuse, et une grande maison pour les Missionnaires qui la desservent. Le grand-autel de cette Eglise fut consacré le 30 Octobre 1686, avec la permission

Reg. Arch. Par. de l'Archevêque de Paris, sous le titre de Notre-Dame, par François Batailler, Evêque de Bethléhem, qui y mit des reliques des SS. Julien et Jucond, Martyrs, et qui prononça à cette cérémonie un Discours qui a été imprimé (chez Simon Langrone, à Paris). L'édifice est dans le goût moderne, le portail regarde le midi. On y voit d'excellens tableaux à tous les autels. Le pavé y est fort régulier parce qu'on n'y enterre personne. Il y a seulement au milieu du chœur les tombes de deux enfans de M. le Duc de Toulouse, Louis-Constantin de Bourbon, Prince de Dombes, mort à l'âge de trois ans en 1698, et d'une Princesse qui ne vécut que quinze jours. On avoit continué à Versailles de solemniser la Fête de Saint Julien le 28 Août dans la vieille Eglise voisine de celle-ci et elle étoit chommée par le peuple. Ce ne fut qu'en 1687, l'année d'après la consécration de la nouvelle Eglise de la Sainte Vierge, que l'on cessa de la fêter, ainsi qu'en fut témoin oculaire l'Abbé Chastelain, Chanoine de Paris, qui le marque dans le recueil de ses voyages, ajoutant que ce saint Martyr de Brioude étoit Patron de Versailles depuis huit ou neuf cens ans, de maniere qu'il n'y reste plus de mémoire de ce Saint, que dans le nom qu'il a donné à une rue du vieux Versailles.

Comme l'Eglise de Notre-Dame étoit devenue encore trop petite pour Versailles où l'on comptoit vers l'an 1725 jusqu'à quarante mille communians, le Roi Louis XV fit exécuter le projet de l'Eglise du Parc aux cerfs, qui avoit été suspendu jusqu'alors. Elle fut construite en 1726 et 1727, avec un presbytere, et le portail placé du côté du nord par où le peuple y arrive. Les Curé et Marguilliers de la Paroisse de Notre-Dame ayant présenté requête au Cardinal de Noailles, pour que cette Eglise fût dès lors érigée en Succursale et unie à la Maison de la Mission, il fut statué le 14 Février qu'on n'y construiroit point encore de Fonts baptismaux, et qu'on ne publieroit les bancs de mariage qu'à la Paroisse ; on lui assigna cependant un certain terrain, et on [y] comprit la rue de Saint Julien. Depuis, le même Archevêque permit d'y avoir des Fonts et un Registre de Baptêmes, ce second reglement est du 3 Mars 1728. Mais les habitans de ce quartier-là (appellé le vieux Versailles, parce que c'étoit là précisément qu'avoit été le gros du Village) ayant requis le 11 Mars 1730 M. de Vintimille, Archevêque de Paris, que cette Eglise, qui pouvoit contenir deux mille personnes, fût érigée en Eglise Paroissiale distincte et indépendante de la Paroisse de Notre-Dame, cela leur fut accordé par décret du 1er Juin de la même année, et l'on assigna à chacune de ces Paroisses leur district. Celle de Notre-Dame a dans son étendue le Château, le Grand-Commun, les Ecuries, le Chenil et toute la ville neuve. La nouvelle Paroisse sous le titre de Saint Louis, comprend l'Hôtel du Grand-Maître, le Parc aux cerfs et le vieux Versailles qui forme la partie méridionale de la Ville. Plus loin les écarts suivans : Saton, la Maison de la Porte du Cerf-volant et une grange en dehors. Plus, la Porte de Buc, le nouveau Chenil, la Ménagerie, la Porte de Saint-Cyr, la Porte du Bois-Robert et celle de la Meuniere ou de la Miniere.

Mais la plus belle des Eglises de Versailles est incontestablement la Chapelle du Château, qui est longue de plus de vingt-deux toises et large de plus d'onze. Il paroît que c'est le troisiéme édifice qui y ait été bâti sous le titre de Chapelle. Il est fait mention de la premiere dans un acte du 30 Août 1665, qui est la permission que *Reg. Arch. Par.* l'Archevêque de Paris accorda d'y célébrer même après midi, comme aussi à la Ménagerie et à la Paroisse. Il est prouvé par un autre acte semblable, qu'on songea en 1672, à abattre cette ancienne Chapelle pour en bâtir une plus petite; cela se tire de la permission accordée le 22 Mai, de célébrer ailleurs par *interim*. *Ibid.* Cette seconde Chapelle fut bénite sous le titre de Saint Louis, le 30 Avril 1682, et dans le même temps les Prêtres de la Mission y furent introduits. Les Lettres-Patentes portent la fondation et établissement d'une Communauté séculiere de quatorze personnes de cette Congrégation, pour la desservir et y administrer les Sacrements aux personnes de la Cour, laquelle sera composée de six Prêtres, six Clercs et deux Freres, se réservant Sa Majesté de substituer à ces Prêtres de la Mission, des Prêtres et Clercs d'autres Ordres, quand Elle et ses successeurs le jugeront à propos. Enfin, Louis XIV qui ne se lassoit point dans ses magnificences, fit commencer en 1699 la Chapelle que l'on admire aujourd'hui : elle fut finie en 1710, et la bénédiction en fut faite sous le titre de Saint Louis, par M. le Cardinal de Noailles, Archevêque de Paris, le Jeudi 5 Juin de la même année. Cette Chapelle est derriere l'aile du Château qui est à main droite en entrant. La face est au couchant, et le chevet au levant, ce qui la rend la plus réguliere d'entre les autres Eglises de Versailles, avec celle des Récollets. Elle est aussi la plus richement ornée tant en dehors qu'en dedans, soit par les dorures, soit par les peintures et sculptures. La lanterne qui la couronne est aperçue de fort loin avec tout son brillant. La tribune qui regne au pourtour est d'une beauté unique. On peut dire que cette Chapelle est un chef-d'œuvre de notre siécle, de même que la Sainte-Chapelle du Palais à Paris, en a été un dans celui de Saint Louis.

Regist. du Parl. 15 Mai 1682.

Reg. Arch. Par.

On conserve à Versailles un corps tiré du cimetiere de Calixte de Rome, avec un marbre long d'un pied, large de demi, et une fiole de sang. Une inscription grecque appelle ce Saint du nom d'Onezime : ce corps fut envoyé à la Reine, épouse de Louis XV.

Les Récollets ont à Versailles un Couvent situé dans la vieille Ville. Je n'en ai rien trouvé avant l'an 1685 auquel Louis XIV par Lettres-Patentes accorda à ceux de cet Ordre de la Province de France, l'Eglise qu'il avoit fait bâtir à Versailles sous l'invocation de Saint Louis, pour y demeurer à perpétuité. C'est la Maison le plus aisée que ces Religieux ayent en Province, à cause des dons du Roi et du casuel : aussi ne quêtent-ils point. Il n'y a rien à remarquer dans leur Eglise, que quelques tableaux de Jouvenet. Son allignement est d'orient à l'occident; ce qui n'est point dans celui des deux Eglises Paroissiales.

Regist. du Parl. 29 Déc. 1685.

Hopital. Une Ville de la grandeur dont est Versailles et de gens de tous états comme elle est, ne pouvoit gueres se passer d'un Hôpital. Son établissement a été fait par Lettres-Patentes de Louis XV, données à Paris au mois de Juin 1720.

Il y avoit eu autrefois une Léproserie, comme dans les lieux les plus considérables de la campagne. Elle étoit sur pied en 1350; les Villages qui avoient droit d'y mettre leurs malades, outre Versailles, étoient : Chaville, Villoflain, Montreuil, Chesnay et

Lib. Visit. Lepr. ann. 1351. fol. 68.

Rocancourt. Ses biens consistoient en quelques terres situées à la Bretonniere, à la Boissiere, à Glatigny; avec des vignes à Sèvre et à Bougival. C'étoit, sans doute, une fondation des anciens Seigneurs. L'Evêque de Paris y nommait. On en a des exemples en 1503, 1518 et 1525. *Reg. Ep. Paris.*

Il a paru un si grand nombre de Descriptions du vaste et superbe Château de Versailles, que je me contenterai, pour en donner une idée en général, d'employer les expressions de celle qui est la plus courte. L'Architecture de ce Palais est des plus régulieres; les magnifiques peintures des plus grands Maîtres, les sculptures, les mosaïques y attirent la curiosité et l'admiration des Etrangers; la quantité des appartemens qui le composent est inconcevable; on y voit des piéces qui sont des merveilles de l'art. Le cabinet des antiques et des bijoux renferme des raretés que l'on ne trouve nulle part. Le Parc est orné des plus beaux bosquets, enrichi d'une infinité de jets d'eau, cascades et fontaines, grottes, bassins, parterres, tous diversifiés et ornés de statues de marbre. Les eaux y sont entretenues en abondance, tant par la Machine de Marly qui fournit celles de la Seine, que par d'autres aqueducs qui transmettent celle des étangs des environs du côté du midi. Tout ceci doit s'entendre du Parc immédiatement contigu au Château. (Je parlerai ci-après du grand Parc.)

Dès le temps que toutes ces beautés commencerent à paroître, il y en eut des Descriptions imprimées. On publia une Description de la Grotte de Versailles (Ouvrage de 40 pages), en prose françoise, l'an 1672, in-4°, Paris, Mabre Cramoisy. M. le Duc de Saint-Aignan ayant vu les augmentations que Louis XIV y venoit de faire en 1677, composa à ce sujet une Piéce de vers françois rapportée dans le Mercure. Il parut dans un autre Mercure en 1682, une Description du Sallon et du grand appartement. M. de Loménie, Comte de Brienne, arriere-petit-fils de Martial de Loménie, ancien Seigneur de Versailles, composa entre 1674 et 1690, un Poëme françois, intitulé : *Versailles*, sur les beautés de ce lieu. En 1688, le 12 Août, J. Dupré, Licencié-ès-Loix, offrit au Roi un Recueil d'Inscriptions latines, en vers, pour Versailles. Elles ont été imprimées in-4°. *Merc. Gal. 1677, T. V.*
Mercure Gal. Déc. 1682.
Suppl. de Moreri, au mot Loménie.

Mais ce qui parut sur cette matiere depuis l'an 1700, efface tout ce qu'on avoit dit dans le siécle précédent. Il suffit pour cela de renvoyer à la Description de Versailles du sieur Piganiol de la Force, dont il y a eu sept éditions depuis l'an 1701. Il y en a eu aussi une autre de M. Félibien en 1703; plus, une Lettre sur les plus belles sculptures du Château, par un Sculpteur ordinaire du Roi en 1718; et enfin un Ouvrage en neuf volumes in-4° parut l'an 1720, sous ce titre : *Versailles immortalisé.* C'est un recueil *Mercure, Août, p. 201.*
Mercure, Juillet 1720.

de vers françois sur toutes les beautés de Versailles de la composition de M. de Montcart de Metz, mis en vers latins par M...... de Rouen. Mais pour donner en deux mots une idée la plus précise et en même temps la plus juste qu'on puisse avoir du Palais de Versailles et du grand Monarque auquel il appartient, il suffit de se rappeller ces deux vers qu'on dit être de M. Fléchier, Evêque de Nîmes :

> *Rex, regnum, domus hæc, tria sunt spectacula mundi :*
> *Rex animo, regnum viribus, arte domus.*

Versailles n'est point fermé de murs, et peut toujours s'aggrandir du côté de Paris : peu s'en faut même actuellement que les maisons de la Paroisse de Notre-Dame n'atteignent celles du village de Montreuil. Louis XIV l'a qualifié de Ville dans plusieurs de ses Déclarations. La plus solemnelle est celle du 6 Mars 1713, par laquelle ce Prince révoqua les priviléges qu'il avait accordés aux maisons qui y étoient bâties, parce que *les motifs en étoient cessés*, et que *ses vûes à cet égard avoient été remplies au-delà même de ses espérances*, et que les Propriétaires des maisons avoient commencé à abuser de ces priviléges. En même temps que cette Ville se formoit, ce Prince avait acquis plusieurs Terres voisines pour les joindre au Domaine et à la Justice de Versailles. Ce fut en 1693 qu'il consomma cette union par un Edit du 23 Décembre, et qu'il y établit un Bailliage Royal.

Louis XV, glorieusement régnant, a achevé de donner à Versailles tout l'air d'une Ville en forme, y faisant publier, le 6 Mai 1721 un Réglement Général de Police en trente-six articles, qui sont très curieux à lire. Trois ans après, il y établit un Grenier à Sel, auquel il attribua quarante Paroisses, dont trente-trois sont du Diocèse de Paris. L'Edit est daté de Chantilly, au mois de Juillet 1724.

Le Gouverneur de la Ville et du Château a le rang de Gouverneur de Place, et est indépendant du Gouvernement de l'Isle de France.

<small>Dict. Univ. de la France, T. III, col. 806.</small>

On a marqué dans quelques Dictionnaires que le fond de la terre est marécageux aux environs de Versailles, à cause de la quantité d'eaux que Louis XIV y a fait conduire, et que même ces eaux ne sont pas bonnes à boire. C'est apparemment ce qui a fait douter que l'air y fût salutaire, en sorte que cela a formé le sujet d'une Thèse qui a été soutenue à Paris dans les Ecoles de Médecine, le 5 Mars 1743, par Messire Poullin d'Orléans, Docteur de Montpellier et Bachelier de Paris. On y fait voir la sage prévoyance de Louis-le-Grand, lorsqu'il a choisi Versailles pour y établir sa demeure et celle de ses successeurs. L'Auteur, après

<small>Merc. de France, Juin 1743, II vol. p. 1262 et suiv.</small>

y avoir loué la situation des Villes qui, étant exposées aux rayons du soleil levant, penchent plutôt légerement vers le nord que vers le midi, dit que c'est précisément l'exposition du Château et de la Ville Royale de Versailles ; que l'assiette du Château n'est point cachée par l'élévation des monticules voisins, et quoiqu'il puisse être également exposé à tous les vents, il l'est plus particulierement à ceux du nord et à ceux du levant, qui sont les plus salutaires. A l'égard de la Ville assise au bas de la colline, elle ne souffre aucune incommodité des vents du midi ou du couchant : il n'y avoit que la petite montagne de Montreuil dont le voisinage pouvoit lui dérober les rayons du soleil levant, et altérer la pureté de l'air ; mais que Louis-le-Grand l'a fait abattre. Pour ce qui est des eaux, M. Poullin assure qu'il y a dans Versailles des eaux louables, non-seulement fournies par des sources qui naissent dans le lieu même, mais encore qui sont amenées dans des fontaines publiques. Il est vrai que vers le septentrion il y a un lac d'une étendue considérable ; mais l'eau qui sort de son sein par plusieurs sources n'est point chargée de limon, et ne sçauroit être regardée comme dormante, puisqu'elle est toujours agitée, et qu'elle n'est point du tout nuisible aux bêtes de charge qui en boivent. Il est encore véritable que du côté du midi, il s'amasse dans la plaine une assez grande quantité d'eaux qui coulent des montagnes voisines, dont la tranquillité pouvoit rendre autrefois la demeure de l'ancien Bourg malsaine ; mais ces eaux sont à présent rassemblées par des conduits souterrains en de vastes bassins, en sorte qu'il n'y a plus rien à craindre du séjour de l'eau dormante pour l'altération de l'air. Il finit en observant qu'il n'y a jamais à Versailles de maladies épidémiques ou endémiques, et qu'on y vit jusqu'à la vieillesse la plus reculée.

Les anciens Seigneurs de Versailles ont fourni de leurs familles quelques personnes qui ont occupé des places distinguées dans l'Eglise, entre autres un Evêque et deux Abbesses. Je commence par les Abbesses, parce qu'elles sont plus anciennes.

Isabeau de Versailles, autrement Elisabeth, fut faite Abbesse d'Hières au Diocèse de Paris en 1332, et mourut en 1338, le 18 Juillet. *Necr. Heder. in Bibl. Reg. et Gall. Chr. T. VII, col. 609.*

Jeanne de Versailles fut Abbesse de Saint-Cyr, vers l'an 1400. *Ibid.*

Pierre de Versailles est recommandable non-seulement par les commissions dont il fut chargé, et par la dignité Épiscopale dont il fut revêtu, mais encore par ses Ecrits. Il étoit Religieux de l'Abbaye de Saint-Denis, Docteur en Théologie et en Droit, et avoit été Professeur en Théologie. Etant lié avec Jean Jouvenel, Conseiller du Roi Charles VI et du Dauphin, il lui adressa, du Monastère de Saint-Mesmin proche Orléans, où il se trouvoit alors, une longue *T. VIII, c. 1296.*

Lettre sur les désordres de son temps et sur les moyens de les corriger, que l'on trouve imprimée dans les Recueils de Dom Martenne. Il fut aussi ami du célèbre Jean Gerson ; il prit avec lui le parti d'écrire contre les Apologistes de Jean Petit, qui soutenoient le meurtre du Duc d'Orléans, et il suivit toujours le parti d'Orléans contre la Maison de Bourgogne. Il s'acquit de la réputation au Concile de Constance de l'an 1414, où il fut envoyé avec Benoît Gentien, son confrere, en qualité d'Ambassadeur de Charles VI. Il fut fait Abbé de Saint-Martial de Limoges vers l'an 1430, Evêque de Digne, en 1432. Il avoit été envoyé au Concile de Bâle au nom de tout le Clergé de Provence et en qualité d'Orateur de Louis, Roi de Sicile. Il reste des Discours qu'il y prononça. Il fut aussi envoyé à Constantinople pour l'affaire de la réunion des Grecs. Il assista au Concile de Florence, et y souscrivit en 1439. La même année, il fut transféré au siege de Meaux où il décéda en 1446. Comme le village de Versailles n'étoit pas trop connu en ces temps-là, quelques-uns crurent qu'il étoit surnommé de Verceil, et l'écrivirent ainsi : mais c'étoit mal.

Thes. anecd. T. I, col. 1723.

Suppl. de Moreri, au mot Pourrée.

Guy de Versailles, célèbre Chanoine d'Angers, fut aussi l'un des Députés l'an 1432 au Concile de Bâle, où il se distingua.

Hist. du Concile de Bâle

DÉPENDANCES DU CHATEAU ET DES PAROISSES DE VERSAILLES COMPRISES DANS LE DIOCÉSE DE PARIS

Le grand Canal renfermé dans le Parc de Versailles, est composé de plusieurs piéces d'eau qui se joignent et qui font en longueur huit cens toises. Les deux bras conduisent, l'un à la Ménagerie ; c'est celui qui s'étend vers le midi ; l'autre à Trianon, qui est au côté septentrional.

LA MÉNAGERIE a été bâtie pour y nourrir des animaux des pays les plus éloignés, et des especes les plus rares. Mais on y a joint des appartemens capables de loger les Princesses qui s'y sont retirées quelquefois avec une petite Cour d'élite. Cette Maison Royale est tout auprès du lieu qu'occupoit autrefois un Village appellé Choisy-aux-bœufs ou Soisy-aux-bœufs, qui étoit une Cure du Diocèse de Chartres à la nomination de l'Abbé de Sainte-Geneviéve.

TRIANON est un petit Palais également galant et magnifique, qui porte le nom d'une ancienne Paroisse du Diocése de Chartres qui étoit en ce lieu. Au-dessus de l'édifice regne une balustrade, le long de laquelle sont des statues, des corbeilles, des urnes, etc. Il y en a une Description particuliere dans une Ode latine de l'Abbé Boutaud, dont Elisabeth-Sophie Chéron a fait la traduction imprimée à Paris en 1669. Cette Dame est décédée en 1711. M. de Valois parlant de ce Trianon, dit qu'il est voisin de Trappes et de Villepreux. Il auroit dû dire voisin de Versailles et de Saint-Cyr. Il y a dans le Parc de Saint-Cloud une Maison dite le petit Trianon, et auprès de Lusarches un ancien hameau pareillement appellé Trianon.

Au douzième siécle ce lieu étoit appellé en latin *Triarnum*. L'Abbaye de Sainte-Geneviéve le possédoit avec le bois et la terre adjacente. La Bulle d'Alexandre III de l'an 1163, ajoute *Capellam Galiæ cum porprisio suo, stagno et molendino*. En 1242 cette Abbaye taxoit les habitans de ce lieu à onze livres de taille en tout. Les Seigneurs de Versailles avoient un fief à Trianon l'an 1275 : ils le vendirent pour lors avec ceux de Soisy et de Mucelouc à l'Abbaye de Sainte-Geneviéve. Aussi l'Abbé est-il qualifié Seigneur en 1580 dans le Procès-verbal de la Coûtume de Paris, à laquelle les habitans de Trianon comparurent. L'Abbaye du Val-de-Grace située autrefois à Biévre, avoit eu des revenus en grain dans le Village de Trianon : elle en fit échange en 1598 avec les Sieurs du Breuil freres, dont l'un étoit Lieutenant du Bailly *oppidi de Versaliis*. Louis XIV commença en 1663 et 1665 à faire l'acquisition des fiefs et fermes de Trianon, Musselou, et de la Boissiere des Religieux de Sainte-Geneviéve et des Sieurs et Damoiselle le Maire : et comme le Val de Galie, autre Seigneurie et ferme un peu plus éloignée du côté de l'occident, lui convenoit pour ses desseins, ce Prince l'acquit aussi d'eux avec Choisy-aux-bœufs, par contrat du 13 Novembre 1684, leur donnant en échange un fief de Pompone et la Terre de Ver au-dessous de Dammartin-en-Goële, qu'il leur permit, par Lettres-Patentes de 1665, d'appeller *Val de Galie*. Il est parlé ci-dessus, dans la Bulle de l'an 1163, d'une Chapelle que l'Abbaye de Sainte-Geneviéve possédoit, sous le nom de Chapelle de Galie : mais on ne voit point qu'il y eût eu une Paroisse du nom de Galie ; Trianon étoit apparemment la Paroisse dont le Val de Galie dépendoit. L'existence de cette Cure est très-certaine. Elle étoit desservie par un Chanoine Régulier de Sainte-Genevieve au quinziéme siécle ; ce qui fait qu'on lit dans le Nécrologe de l'Abbaye écrit alors, ces paroles au 22 Novembre : *Obiit Frater Johannes de Paillart quondam Curatus de Trianone Canonicus noster Sacerdos et Professus* : mais quelquefois la disettte avoit obligé de faire desservir par un même Religieux les deux Cures contiguës, ainsi qu'il paroît par cet autre article du même Nécrologe au 20 Janvier, addition de l'an 1618 : *Obiit Frater Petrus de la Porte Canonicus noster, Prior Curatus S. Petri ad boves de Choisiaco, necnon Divæ Mariæ de Trienno*.

GALIE étoit un lieu qui avoit donné le nom à toute la vallée

Hist. de Montm. Preuv. p. 123.

Reg. Ep. Paris. 24 Jul. 1598.

Edit du Roi 1693.

voisine [1], principalement aux Villages peu éloignés des bords du ruisseau qui prend sa source au lac situé au septentrion de Versailles, et peut-être que le lieu de Galie avoit tiré son nom du ruisseau : quoi qu'il en soit, ce ruisseau y forma un étang en 1163, et cet étang n'étoit plus qualifié que de vivier en 1239. En cette derniere année Pierre, Seigneur de Marly, se regardoit comme Seigneur suzerain de ce canton, au moins en partie; car les Religieux de Sainte-Geneviéve eurent besoin de sa permission pour faire les changemens au Vivier de leur Grange (c'est-à-dire de leur Ferme) de Galie. Il ne paroît pas au reste que ce bien fût sujet à aucune redevance, sinon au Chapitre de Saint-Cloud la somme de quatre sols pour des taillis réduits en prés. Il n'est pas extraordinaire que ces Religieux eussent augmenté la quantité de leur labourage en ce lieu par quelques acquisitions : leur Nécrologe fait foi qu'il y a trois à quatre cens ans ils employerent un legs de quarante livres à eux fait par Maître Louis, Physicien, c'est-à-dire Médecin, à l'achat de quatre arpens de terre à Galie : mais je ne crois pas que l'on doive ajouter créance à une historiette qui fut imprimée dans le Mercure Galant, lorsqu'il commença à paroître en 1673. Quelqu'un qui avoit en vue de représenter le caractere d'un jeune homme qui, étant né d'un laboureur, aspire à la plus grande fortune par la voie du mariage, et dont l'ambition se trouve quelquefois réprimée lorsqu'il y pense le moins, se servit de l'occasion du projet qu'eut alors Louis XIV d'enfermer le Val de Galie dans le Parc de Versailles, et de l'acheter de l'Abbaye de Sainte-Geneviéve, pour feindre une histoire sur la maniere dont cette Abbaye l'avoit eu environ quatre-vingts ans auparavant, en vertu d'une donation faite par le père et la mère de ce jeune ambitieux, pour le punir de ce qu'étant venu avec les parens de sa future épouse, il leur avoit fait accroire que le bon homme et la bonne femme étoient seulement ses père et mère nourriciers et ses fermiers : à l'occasion de laquelle donation on suppose que depuis ce temps-là le proverbe suivant courut dans le pays :

L'enfant ingrat, par sa folie
A perdu le Val de Galie.

Il suffit de se souvenir de ce qui a été dit plus haut, que cette ferme appartenoit à Sainte-Geneviéve dès le douziéme ou le treiziéme siécle, pour être convaincu de la fausseté de cette histoire aventureuse et romanesque.

L'Abbaye de Sainte-Geneviéve ne fut pas la seule qui se prêta

Chart. S. Gen. p. 230.

Lib. Cens. S. Gen. fol. 36.

Necr. S. Genov. 27 Decembr.

Merc. Gal. 1673, T. II, p. 171.

---

1. Dans des provisions du 10 Mai 1498, de la Cure de Jouy, Village situé sur la riviere de Bièvre, il y a *de Joyaco in Valle Gallic.*

aux desseins de Louis XIV sur le Val de Galie. On trouve que le _{Edit. de 1693.} Duc de Chevreuse céda aussi à ce Prince en 1692 tout ce qu'il y avoit de droits de péage et de travers, comme aussi dans un hameau appellé *la petite Normandie* situé proche Saint-Cyr.

Comme il est constant que les deux Paroisses de Choisy-aux-bœufs et de Trianon étoient du Diocése de Chartres lorsqu'elles subsistoient, Ferdinand de Neuville, Evêque de Chartres, voyant qu'une partie de leur territoire étoit déjà enfermée dans le Parc de Versailles, revendiqua ce terrain, pour qu'il ne fût pas attribué à la Paroisse dont étoit le Château : mais un Arrêt du Conseil d'Etat, de l'an 1670, obtenu par M. de Péréfixe, déclara que tout le territoire du Château seroit du Diocése de Paris et l'adjugea à l'Archevêque : ensorte que Trianon et la Ferme du Val de Galie sont de la Paroisse de Notre-Dame de Versailles ; et la Ménagerie en a aussi été, jusqu'à ce qu'elle ait été attribuée à la nouvelle Paroisse de Saint-Louis.

CLAGNY est un hameau, ou, si l'on veut, un fauxbourg de Versailles, dépendant de la Paroisse de Notre-Dame, et situé sur le chemin qui conduit à Saint-Cloud. On n'en connoît qu'un ancien Seigneur, qui est Pierre Lescot, Abbé de Clermont. Il est mentionné sous ces deux qualités dans les Registres de Notre-Dame de Paris de l'an 1568, avec cette particularité, sçavoir : qu'il lui fut permis de se faire recevoir avec sa longue barbe, ce qui étoit contre l'usage d'alors. Cette Terre appartenoit dans le siécle dernier à l'Hôpital des Incurables, fondé à Paris par le Cardinal de la Rochefoucauld l'an 1634. Le Roi Louis XIV l'acheta des Administrateurs le 30 Novembre 1665 ; ce Prince en disposa ensuite pour Madame de Montespan, et après la mort de cette Dame, pour M. le Duc du Maine. Ce dernier la possédoit en 1677. Le Président Nicole fit imprimer alors une piéce de vers françois, de sa composition, intitulée *Clagny*, dans laquelle cette Maison de plaisance apostrophe M. le Duc du Maine au sujet de son voyage de Barèges, et se plaint de ce qu'elle sera privée de sa présence dans le temps que Flore y vient établir son agréable empire. _{Sauval, Antiq. de Paris T. III, p. 80.} _{Edit de Décemb. 1693.} _{Merc. Gal. 1677, p. 210.}

GLATIGNY est un peu plus loin de Versailles que Clagny, mais toujours en tirant du côté de Saint-Cloud ou de Vaucresson et sur la Paroisse de Notre-Dame. Cette Terre avoit un Seigneur particulier dès le treiziéme siécle. Une Pétronille de Glatigny donna en 1209 à Saint-Germain-des-Prés du bien qu'elle avoit au Chênay. Vers le même temps un Gervais de Glatigny, *de Glatignaco*, fit hommage à Guillaume, Evêque de Paris. Hadrien de Valois, qui cite cet acte, étoit pourvu de fort mauvaises cartes géographiques lorsqu'il a assuré que ce lieu est situé proche Surêne, puisqu'il en est éloigné d'une lieue et demie, et qu'il n'est _{Hist. de S.Germ. p. 110.} _{Notit. Gall. p. 437, col. 2.}

qu'à demi-lieue de Versailles. C'est apparemment par rapport à quelque Seigneur de Glatigny qu'une rue de Paris, voisine de Saint-Denis de la Chartre, porte le nom de Glatigny ; car c'est donner dans l'illusion, que de croire que le nom de cette rue vient de la prison du prétendu *Glaucinus* des faux actes de Saint-Denis. On a parlé dans le nouveau *Gallia Christiana* d'une Abbaye dite Glatigny ; mais il est à présumer que c'est de Lagny dit en latin *Latiniacum*, que le titre qu'on cite aura voulu parler, à moins qu'on ne dise que le Prieuré de Jardies qui en est voisin aura été appelé du nom de Glatigny, auquel cas il y auroit encore une erreur d'avoir qualifié d'Abbaye ce qui n'a jamais été qu'un Prieuré très-modique.

Chart. Carol.VI. On retrouve sous le regne de Charles VI deux autres Seigneurs du lieu dont il s'agit : c'est 1º Philippe des Essarts, nommé en 1393 comme possesseur d'un fief à Glatigny dépendant de Porche-Fontaine ; 2º Antoine des Essarts. C'est lui qui en reconnoissance d'avoir été délivré de la Tour du Louvre, où il avoit été mis prisonnier pour avoir suivi la faction du Duc de Bourgogne, fit faire en 1413 l'Image de Saint Christophe que l'on voit à l'entrée de Notre-Dame de Paris, sous laquelle il est représenté à genoux, armé de toutes pièces et qualifié *jadis Seigneur de Thieux, et de Glatigny au Val de Galie, Chambellan du Roi Charles VI*. Philippe, son fils, Maître d'Hôtel du Roi en 1464, puis du Duc de Bretagne, posséda les mêmes Terres ; ensuite Antoine, son fils, Bailli de Meaux, lequel mourut en 1494.

Cette Terre étoit possédée au commencement du siécle suivant par Guillaume Briçonnet, Secrétaire du Roi, Trésorier de la Maison de la Reine en 1506 et 1511. Il se mit en regle l'an 1514 avec les Religieux de Saint-Magloire, et décéda en 1534. La Terre passa à Jean, son fils, Président des Généraux en la Cour des Aydes, puis à François, fils de Jean, lequel fut Conseiller en la même Cour.

Reg. Arch. Par. Alexandre, fils de François, possédoit la Terre de Glatigny en 1633. Il est qualifié Général de France ; l'acte de permission qui lui fut donné le 8 Octobre de faire célébrer en sa Maison de Glatigny, le qualifie Maître d'Hôtel du Roi. Michel de Marillac, Garde des Sceaux, étoit logé à Glatigny le 12 Novembre 1630, lorsque Louis XIII lui envoya redemander les Sceaux par M. de la Ville aux Clercs, et qu'il fut arrêté pour être conduit au Château de Caen.

Charles Briçonnet, né en 1621, succéda à Alexandre son pere en la Seigneurie de Glatigny. Il porte ce titre et celui de Conseiller du Roi dans un acte de l'an 1659. C'est une fondation qui fut faite, en conséquence du testament d'Angélique Crespin, son épouse, des 5 et 6 Avril de la même année, d'un Chapelain pour célébrer à Versailles, dans l'Eglise Paroissiale de Saint-Julien, ou dans le Château de Glatigny, et faire le Catéchisme en la Paroisse, moyennant trois cens livres de rente; lequel Chapelain devoit être choisi par le Seigneur de Glatigny, et après sa mort par le Curé de Versailles. La Généalogie des Briçonnet marque qu'il fut Président au Parlement de Metz, et qu'il décéda en 1680. *Reg. Arch. Par. 2 Jul. 1659.*

Louis XIV avoit acheté cinq ans auparavant la Terre de Glatigny des Sieur et Dame Briçonnet, par contrat du 5 Juillet 1675. Ce Prince déclara depuis, qu'il laissoit cette Terre à Madame de Montespan sa vie durant, et après elle à M. le Duc du Maine. *Edit du Roi, Déc. 1659. Ibid.*

Il y a un autre Glatigny au Diocése de Paris : c'est un hameau situé sur le rivage droit de l'Oise, entre Jouy-le-Moutier et Andresy. C'est apparemment celui dont Alexandre Huault étoit Seigneur en 1660.

SATORY est un écart de la Paroisse de Versailles qui a été attribué à la nouvelle Eglise Paroissiale de Saint-Louis, parce qu'il est situé du côté du midi. Il y avoit un Hôtel dès l'an 1382. Il en est fait mention dans les Lettres d'amortissement de cent livres de rente données aux Célestins de Paris par le Roi Charles VI, en 1393. On y lit que Charles V, son prédécesseur, avoit assis cette somme sur plusieurs lieux aux environs de Montreuil, entre autres celui qui est appelé en latin *de Satorreyo*. Le Roi n'avoit pas encore fait acquisition de ce lieu en 1664, mais il se trouvoit déjà séparé du reste de la Paroisse de Versailles par la clôture du petit Parc. En cette année-là, un nommé Pierre Barangue représenta à l'Archevêque de Paris que le chemin delà à l'Eglise Paroissiale de Versailles étant fort allongé à cause du détour causé par cette clôture ordonnée par le Roi, il lui fût permis de faire célébrer à Satory les Dimanches, et qu'il étoit prêt d'y fonder une Messe, ce qui lui fut accordé après avoir ouï le rapport du Sieur Langlois, Curé. Les Célestins de Paris vendirent en 1685 au Duc de la Feuillade une partie de ce qu'ils y possédoient, et qui revint ensuite au Roi. M. de Tournefort l'orthographie Satauri. Dans la vente des Célestins il est appelé Satoury. *Trés. des Chart. Reg. 145, Piece 437.* *Reg. Arch. Par. 16 Jul. 1664.*

LA GRANGE L'ESSART ou LESSART marquée dans plusieurs cartes, même assez modernes, entre Satory et la Boulie, n'est plus connue à Versailles. Le Procès-verbal de la Coûtume de Paris de l'an 1510, marque Jean Poilart comme Seigneur de la Grange l'Essart et de Versailles en partie.

Quelques-uns assurent que la partie du canton de Saint-Antoine désignée nouvellement sous le nom de LA PORCHERIE, est sur la Paroisse de Notre-Dame de Versailles.

J'ai appris par un ancien Livre du Prieur de Versailles, qu'en *Tab. S. Maglor.*

1382, on distinguoit tant à Versailles qu'aux environs, différens Hôtels et Manoirs, sçavoir : l'Hôtel de la Boissiere, celui de Clanny, celui de Satoury et le Manoir de Sabinois. Il a été parlé ci-dessus de Glagny et Satory ; à l'égard de la Boissiere et Sabinois, je n'en ai rien trouvé.

Entre plusieurs noms de lieu singuliers, il y avoit à Versailles Sarjollant ou Sar-toleno, et une grange appellée Zigrefein dans un acte de 1250.

<small>Dict. de Corneille et celui de Trévoux.</small> On a observé dans quelques Dictionnaires, que le Cardinal Chigi, à son retour de France, où le Pape Alexandre VII, son oncle, l'avoit envoyé Légat *à latere*, fit bâtir à Formelle, près de Rome, une petite maison accompagnée d'un fort beau jardin, qui de son vivant étoit très-bien cultivé et plein d'orangers et de fleurs de toutes sortes, et qu'il lui donna le nom de Versailles. Mais ce Légat n'avoit pu voir que le Versailles ancien, le nouveau n'étoit pas encore fort avancé lorsque Alexandre VII mourut, en 1667.

<small>Moréri Supplément.</small> C'est à Versailles qu'est mort en 1696 Jean de la Bruyere, Auteur des Caracteres.

Un Curé de Versailles élevé à l'Episcopat, est M. François Hébert, Evêque d'Agen.

MONTREUIL

PRÈS VERSAILLES

Ce nom de Montreuil qui est dérivé de *Monasteriolum,* et qu'on a corrompu en celui de *Monsterolium* et *Monstrolium,* désigne sûrement qu'il y a eu dans ce lieu-là autrefois un petit Monastere, ou au moins un Hermitage et une Chapelle. On ne peut douter que ce n'ait été un endroit très-propre pour des Moines ou pour des Solitaires, lorsqu'on fera attention que tous ces cantons-là ont été couverts de bois, et que la forêt d'Iveline et celle de Cruye se réunissoient dans ces quartiers-là : mais je parle d'il y a onze ou douze cens ans. C'est à peu près le siécle où vivoit Saint Germain, Evêque de Paris, que je pense avoir été auteur de ce petit Monastere, fondé sur le nom de Saint Symphorien d'Autun qui est resté à l'Eglise de ce lieu, auquel Saint Martyr ce Prélat portoit une grande dévotion, comme ayant répandu son sang pour la foi dans le pays d'où il étoit. Au reste, il faut sçavoir que ces petits Monasteres dépendant entierement des Evêques, n'ont pas subsisté pendant beaucoup de siécles, et que les Evêques en ont retiré les Religieux, à mesure que les Monasteres ont été fondés dans les Villes ou auprès des Villes ; auquel cas les chapelles ou oratoires de ces petites solitudes ont été réservés pour servir d'Eglise Paroissiale aux paysans qui ont défriché la terre ; et souvent le nom de Montreuil est resté, quoique la chose signifiée par ce nom n'existât plus. Montreuil près Versailles est dans ce cas. Il faut que le Monastere ait cessé vers le temps des guerres des Normands. On ne voit pas d'où M. de Valois a tiré que ce Montreuil voisin de Versailles a été et est encore surnommé *ad Leones*, Montreuil aux Lions. J'entrevois qu'il l'a confondu avec un Montreuil aux Lions qui est situé dans le Diocése de Soissons, à deux lieues de Château-Thierry du côté de l'occident. Pour ce qui est du nom de Montreuil au Val de Galie, il est très vrai que c'est un des noms qu'on lui a donnés, même dans les anciens Synodes, pour le distinguer de Montreuil proche Vincennes et de plus de trente autres qui sont en France, et cela parce qu'il est situé dans le canton du Diocése de Paris appellé Galie, aussi-bien que Versailles, Noisy et plusieurs autres dont quelques-uns sont du Diocése de Chartres.

<small>Notit. Gall. p. 23, col. 2.</small>

<small>Synod. Par. 6 Oct. 1459</small>

Ce Village est bâti à trois lieues et demie de Paris sur une espece d'éminence au bas de laquelle est le grand chemin de Versailles, et le petit Montreuil qui le borde. Comme le pays est un peu aquatique, quoique en pente vers le midi, il n'y a pas beaucoup de vignes ; on y voit des prairies, des labourages et quelques petits bois. D'ailleurs la grande rue de ce Village s'étend jusqu'à l'entrée de Versailles, ce qui pourroit bien l'en faire regarder comme le fauxbourg ; et c'est le plus court chemin pour venir de Paris à l'ancienne Paroisse de cette Ville dans la saison de l'été. Viroflay qui est vis-à-vis, et de l'autre côté du vallon, étoit autrefois de cette Paroisse : mais comme il fait maintenant un article particulier dans les Rôles de l'Election, les rédacteurs de ces Rôles se sont accoutumés à appeler ce Montreuil-ci, Montreuil hors Viroflay, comme si c'étoit Montreuil qui fût détaché de Viroflay, tandis que c'est le contraire. Ce Montreuil ainsi désigné dans le Dénombrement de l'Election de Paris qui fut imprimé en 1709, avoit alors 180 feux. Celui qui a paru en 1744 y en marque 301. Le Dictionnaire Universel de la France, et qui se sert des noms tels que les Livres de l'Election les emploient, assure qu'il y avoit alors a Montreuil hors Viroflay 1360 habitans. Les Rôles des Décimes et des Départemens des Vicaires-Généraux, n'appellent point ce lieu autrement que *Montreuil près Versailles*.

L'Eglise est dédiée, comme j'ai dit, sous l'invocation de S. Symphorien, et très-petite pour le nombre des habitans. Cette petitesse marque qu'il y avoit bien moins d'habitans quand elle a été bâtie. Comme elle est sans aucuns ornemens d'architecture ni de sculpture, enduite seulement de plâtre, et avec une tour de même goût et sans aîles, on ne peut connoître le temps auquel elle a été bâtie. Il y a apparence qu'elle n'a gueres que deux cents ou deux cent cinquante ans. Ce qui s'accorde assez avec ce qu'on lit dans les Registres de l'Evêché au 14 Avril 1472, que l'Eglise de S. Symphorien de Montreuil étant ruinée par les guerres, les Célestins de Paris obtinrent de l'Evêque une concession d'Indulgences de quarante jours pour tous ceux qui contribueroient à la rétablir. Quoiqu'on y voie dans le chœur une tombe dont l'inscription est d'un ancien gothique, on ne doit pas inférer de là que cette Eglise est de cinq cents ans, parce qu'elle peut avoir été conservée de l'Eglise précédente, ou avoir été apportée de Versailles lorsqu'on détruisit l'ancienne Paroisse et Prieuré de Saint-Julien. Il semble que c'est un Prêtre qui y est représenté. Le latin de l'inscription est inintelligible. La Cure est marquée à la nomination de l'Evêque de Paris dans le Pouillé du XIII siécle sous le nom de Mosterul. Ceux du quinziéme et du seiziéme siécles disent la même chose et l'appellent *Monsterolium*. Celui de l'an 1626 y est conforme, mais il ajoute que la Cure de Chaville y est annexée. Dans celui de 1648 c'est à l'Archevêque à la conferer *pleno jure*, de maniere que le Pelletier est le seul qui dise, dans son Pouillé imprimé en 1692, qu'elle est à la nomination des Célestins de Paris. Il a voulu dire qu'ils sont Seigneurs de la Terre. Ce qu'il y a de certain est que la Paroisse de Montreuil étoit autrefois si étendue, que Chaville et Viroflai en ont été formés. A l'égard de Chaville, lorsque cette

Reg. Ep. Paris. Cure fut unie pour un temps, le 9 Août 1475, à celle de Montreuil, le Curé de Montreuil prouva qu'il n'avoit été autrefois qu'une Chapelle à Chaville, que dans les bons temps on y établit une Cure, mais que le revenu en étoit fort diminué. Viroflai a été une Succursale de Montreuil jusque bien avant dans le seiziéme

Reg. Ep. Paris. siécle. Les provisions qui furent accordées de cette Cure le
1504 et 6 Novembre 1504 à François de Poncher, Clerc Tourangeau,
19 Febr. 1530. Bachelier en Droit, Chanoine de Paris et depuis Evêque de la même Ville, marquent Montreuil *cum suo Succursu* de Viroflai. Arthur de Poncher en fut Curé depuis lui, et ne fit sa démission qu'en 1530.

Le seul vestige ancien qui reste des Seigneurs de Montreuil du Val de Galie aux douziéme et treiziéme siécles consiste : 1º dans
Gall. Chr. une donation que Jean de Montreuil, Chevalier, fils de Frogen,
T.VII, col. 313. Chambrier, fit d'une rente au Monastere de Saint-Magloire, sous le
Chart. B. M. témoignage de l'Evêque Maurice de Sully avant l'an 1194. 2º Dans
à Camp. fol. 20. un acte du Cartulaire de Notre-Dame-des-Champs, qui est de ces

temps-là. On y apprend que Udon de Saint-Cloud donna à ce Prieuré une censive située *apud Monsterle,* et que Hugues de Crespières [1] prétendit qu'elle étoit de son fief. Udon de Saint-Cloud avoit un fils nommé Raoul, lequel offrit le duel pour prouver qu'elle n'étoit pas du fief de Hugues. Les Religieux du Prieuré, pour empêcher le combat des champions, payerent à Hugues la somme de quinze sols, ce qui le fit désister de ses prétentions.

Nous ne trouvons plus rien concernant les Seigneurs de Montreuil-lès-Versailles, que dans l'Histoire de Charles VI. Je dis Montreuil-lès-Versailles, parce qu'il est nommé ainsi dans un Registre du Trésor des Chartes de l'an 1375, où il est dit être de la Châtellenie de Châteaufort [2]. Porché-fontaine étoit alors le Château Seigneurial de Montreuil. Pierre de Craon, Seigneur de la Cour de Charles VI, en étoit le possesseur en 1392. Ayant voulu faire assassiner le Connétable de Clisson la même année, il fut arrêté et ses biens furent confisqués pour le Roi. Ce Prince donna Porché-fontaine, belle et forte Maison, ses dépendances [3], et son revenu au Duc d'Orléans, son frere, qui depuis en fit présent aux Célestins de Paris pour la fondation de la Chapelle qu'il bâtit dans leur Couvent. Si cependant il n'y a pas faute dans un autre Registre des Chartes, il se trouvera que le Roi Charles V avoit joui des Terres de Porché-fontaine et de Montreuil, puisque ce furent les plus considérables sur lesquelles il assit les cent livres de rente qu'il assigna aux Célestins de Paris, et qui ne furent amorties qu'en 1393 : *Super domo sive hospitio et terrá ac pertinentiis de Porche-fontaine una cum locis et terris de Monstruelio.* Je crois pouvoir conjecturer que Porché-fontaine étoit originairement une Terre sans nom située sur la Paroisse de Montreuil, et qu'ayant été acquise vers l'an 1350 par Etienne Porcher, Sergent d'armes du Roi Jean et son Pourvoyeur de vins, cet Officier lui donna en y bâtissant le nom qu'il portoit, et celui des sources qui en faisoient la beauté, et que par la suite il en auroit fait don au Roi Charles V, qui l'avoit annobli la premiere année de son regne, c'est-à-dire au mois de Juin 1364, et que Pierre de Craon l'auroit eue de sa libéralité. En 1395, il y avoit cinq étangs à Porché-fontaine ; un fief à Glatigny, des terres à Champtiboust, et un bois à Montberon en dépendoient. Les dixmes de pain

Le Laboureur. Histoire de Charles VI p. 215.

Reg. 145, Piéce 437.

Descente généalogique d'Etienne Porcher, in-4°, Paris 1550, chez Boisset, p. 103.

1. Crespieres est une Paroisse du Diocèse de Chartres, à quatre lieues de Montreuil, vers l'occident.
2. C'est à l'occasion d'une grace accordée à un homme de Montreuil, pour vol commis à la Boulie. *Regist. 107. Piéce 23.*
3. Ces dépendances sont ainsi nommées dans la Charte de confirmation de 1695 *de Monsterolio, de Satorreyo,* de la Boulye, *de Villetano, de metis* de Sèvre, *de Castro-Forti* et de Valhellant et un fief assis à Glatigny.

appartenoient la moitié au Curé, un quart au Chantre de Saint-Cloud, un huitiéme à l'Abbaye de Saint-Cyr, et le reste au Seigneur. Un Patriarche d'Alexandrie avoit beaucoup augmenté cette Terre. Elle avoit aussi été possédée par Etienne Boileau, Bernard Gerbaud et Robert de Boisginol, Ecuyer. Elle étoit chargée de diverses petites redevances envers l'Eglise de Montreuil pour des prieres, et elle devoit quatre miniers de seigle à la Maladerie de Versailles. Ce qui reste de plus assuré touchant ce lieu, est que les troupes Calvinistes du Prince de Condé ayant pris le Château de Buzenval de la Paroisse de Ruel au mois d'Octobre 1557, pour continuer d'empêcher qu'il ne vînt des provisions à Paris par la route de Versailles, se présenterent devant ce lieu, que leur Historien appelle par erreur le Château de Saint-Porcien, en même temps qu'il le dit situé à demi-lieue de Versailles et appartenant aux Célestins de Paris. Ce Château, dit-il, étoit bâti sur une plaine sans aucune force ni défense que des étangs et des lieux aquatiques dont il est environné. Ces soldats Protestans trouvant que ce Château n'étoit gardé que par un seul valet, ils l'intimidèrent si fort, qu'il ouvrit la porte aux gens de la troupe, qui s'en saisirent, et y mirent en garnison trente arquebusiers à cheval. On ignore quand et comment ce Château fut rendu aux Célestins; mais on sçait qu'en 1581 ils obtinrent du Roi la haute-Justice de ce lieu et d'autres Terres situées au Val de Galie. Les mêmes Registres qui enseignent ce fait, rapportent à l'an 1685 le don que le Roi Louis XIV fit à Madame de Montespan des terres qui lui appartenoient en la Paroisse de Montreuil.

Charta Carol. VI, ann. 1395.

La Popeliniere, Liv. XII, p. 26.

Regist. du Parl. 15 Avr. 1581.

Ibid. 22 Janv. 1685.

La Chapelle de Saint Georges et Saint Blaise dans l'Eglise de Paris, a été dotée par Thomas le Noir, Archidiacre de Bar en partie, de trente arpens de terre assis à Montreuil au Val de Galie.

Collect. mss. Du Bois, T. V. ad calcem.

En 1722, M. le Régent fit dresser un Camp à Porché-fontaine, et bâtir un Fort à Montreuil, pour exercer Louis XV au métier de la guerre. On peut voir le Journal de ce siége dans les Journaux de cette année-là. Il y a même eu un Livre exprès qui en rapporte le détail imprimé la même année, à Paris, chez Langlois.

Merc.Sept.1722.

Porché-fontaine et Ville-Davray sont les lieux dans lesquels les Auteurs des premiers Dialogues de paysans qui parurent dans les plus anciens Mercures Galans, prirent leurs interlocuteurs, et cela par rapport au voisinage de Versailles.

Il y avoit en 1658, sur le territoire de ce Montreuil, une Maison dite La Tour, qui appartenoit à François de Saint-Sauveur, Ecuyer.

VIROFLÉ

C'est ici l'un des noms les plus défigurés par le changement d'une lettre essentielle, mais dont on a des exemples. Les plus anciens titres qui font mention de ce lieu, lesquels sont du treiziéme siécle, l'appellent *Villa Ofleni* ou *Vil Oflen*. Il est aussi écrit *Vil Offlain* dans un acte de l'an 1351 : mais de même que de *lusciniola* on a fait rossignol, d'*Olina*, riviere de Caen, *Orne*, aussi de *Villa Offleni,* après avoir fait Ville-oflen, Viloflen, on en a fait Viroflen, et par retranchement de la derniere lettre, Viroflé ; on peut même compter que ce mot n'en restera pas là. Déja la ressemblance de ce nom avec celui d'une fleur très-connue, met dans la bouche de quelques paysans le mot *Giroflé*. Ce petit Village étoit donc primitivement une Terre appartenante à un nommé *Oflenus*, mais il est impossible de deviner qui il étoit, ni quand il vivoit : sûrement il a vécu avant le treiziéme siécle. Ce lieu étoit un simple hameau de la Paroisse de Montreuil. Il n'en est éloigné que d'un quart de lieue ; mais comme il se trouve un vallon entre les deux, les chemins étant fort mauvais presqu'en tout temps, surtout à cause du terrain de la côte de Montreuil presque toujours humide, ce hameau fut érigé en Paroisse il y a deux cens ans. Il faut sçavoir d'abord qu'il y avoit eu en ce lieu une Chapelle du titre de Saint Denis, qui existoit dès l'an 1343, et qui avoit ses Marguilliers, suivant l'ancien Calendrier de Montreuil, inséré dans une Charte de Charles VI de l'an 1295, qui appelle ce lieu Viroflain ; que cette Chapelle ayant été rebâtie et aggrandie, Eustache du Bellay, Vicaire-Général en 1543, permit à l'Evêque de Mégare d'en faire la Dédicace et d'en bénir le contour, sauf le droit du Curé de Montreuil. L'acte du 18 Mai porte expressément qu'elle sera dédiée sous le titre de Saint Eustache, soit que cela fût venu de la part du Vicaire-Général ou autrement. Trois ans après, sur la requête de Jean Aimery, Lieutenant du Bailly Royal du Palais, Seigneur de ce lieu, et des habitans, représentant la difficulté d'aller à l'Eglise de Montreuil, et information faite par Adrien Tabary, Vicaire-Général, pour voir s'il convenoit d'ériger la Chapelle en Paroisse, l'affaire fut conclue pendant l'hiver de l'an 1546. Anselme Carreau, Curé de Montreuil, fit sa démission le 21 Février, et l'Evêque conféra le même jour la Cure de Viroflai à Robert Tiercelin, Prêtre Manceau, Conseiller au Parlement, et celle de Montreuil à François Tiercelin, Clerc du Diocése de Poitiers.

Viroflé est à trois lieues de Paris, vers le couchant, à la gauche du chemin de Versailles, un peu au-delà de Chaville, dont il n'est séparé que par une avenue. Il est placé sur un petit côteau dont l'aspect est au levant d'été et au nord. C'est un pays de bois et bocages.

On y comptoit 56 feux en 1709, suivant le Dénombrement de l'Election de Paris imprimé alors. Celui que le Sieur Doisy a donné au Public en 1745, y en marque 109. Le Dictionnaire Universel de la France imprimé en 1726, y met 500 habitans. Le voisinage de la ville de Versailles, qui n'en est qu'à trois quarts de lieue ou une lieue, a beaucoup servi à peupler ce lieu.

L'Eglise de cette Paroisse n'a rien d'ancien ni de remarquable, qu'une tour qui est assez belle pour la campagne. Elle est sous le vocable de Saint Eustache, Martyr. L'Abbaye-au-Bois, qui a la Seigneurie de Giry près Biévre, doit à l'Eglise de Viroflé pour la dixme une certaine quantité de grain, qui est offerte chaque année au pied de la Croix ; cela doit s'entendre de l'Abbaye du Val-de-Grace qui étoit anciennement proche Biévre. La Cure est à la pleine collation de l'Ordinaire, comme l'est celle de Montreuil dont elle a été détachée. On ne la trouve point dans les Pouillés avant celui qui fut imprimé en 1626.

Ives de Viloflen et Jean *de Villa Ofleni*, sont mentionnés dans des titres du treiziéme siécle. Le premier paroît au commencement

Cod. Reg. du Cartulaire de l'Evêque de Paris, parce qu'il tenoit de ce Prélat un bien à Orcines en arriere-fief, que Gui de Versailles, qui l'avoit immédiatement de l'Evêque, lui avoit cédé. Pour ce qui est du

Fragment. second, il est nommé dans un titre du Chapitre de Saint-Cloud,
Necrol. S. Clod. du temps du Doyen Hernald, parce qu'il tenoit pareillement une
in Bibl. Reg. Terre des mêmes Chanoines. Il y a apparence que l'un et l'autre furent successivement Seigneurs de Viroflé. Dans le rôle des sommes ramassées pour secourir la Terre-Sainte en 1333, j'ai trouvé

Cod. Sorb. ces mots : *De legato Guillelmi de Villoflani jrxta Versalias armi-*
1395, n. 15. *geri XXS.*

Sous le regne de Louis XI cette Seigneurie étoit entre les mains
Tab. Cam. de François Hallé, auquel ce Prince fit don de la haute-Justice,
Comp. selon qu'on l'apprend par des Lettres registrées à la Chambre des Comptes le 8 Juin 1475. Depuis, cette même Terre appartient à Jean Aymery, Chanoine de Paris, Archiprêtre de Saint-Séverin et de la Magdelaine, qui décéda le 11 Juin 1517. Ensuite à Claude

Collection Aymery, Contrôleur du Grenier à Sel de Paris, puis à Jacqueline
d'Epitaphes de Chevalier, sa veuve, qui mourut en 1540. Jean Aymery possédoit
N. D. de Paris. la Terre de Viroflai en 1546, suivant la requête pour l'érection de
Epitaph. de
S. Jacques de la la Cure. Après cela fut Seigneur de Viroflé Olivier Aymery, Géné-
Boucherie. ral des Monnoies. Françoise Aymery, tutrice de ses enfans, parut à la Coûtume de Paris de l'an 1580, avec Jean Aymery, qui y est

dit tuteur d'Anne Aymery, tous Seigneurs par indivis dudit Viro- *Procès-verbal*
flay au Val de Galie. Je trouve ailleurs un Seigneur de ce lieu dit *de la Coutume*
Nicolas Aymon, Ecuyer au seiziéme siécle. Il avoit épousé Anne *1580,*
Le Grain. Peut-être faut-il lire Aymery. M. le Chancelier Le *édit.1678, p. 641*
Tellier a vendu au Roi Louis XIV cette Terre, excepté le fief *Moréri,*
Aymery qui appartient à ceux de ce nom, sçavoir, les maisons *Supplém. au mot*
et lieux qui environnent l'Eglise. *Grain. p. 70.*
Ex Curato loci
1751.

On a remarqué dans le Dictionnaire de Moréri, que M. Vassoult, *Suppl. au mot*
auteur de plusieurs Livres de piété, est décédé chez le Curé de *Vassou.*
cette Paroisse en Avril 1745.

CHAVILLE

S'il falloit s'en rapporter à M. de Valois, on croiroit que ce
Village n'est dans aucun des anciens Catalogues des Cures du *Notit. Gall.*
Diocése de Paris. C'est ce qu'il assure, marquant qu'il en est *p. 412, col. 2.*
étonné. Mais il faut reconnoître qu'il a été trompé par le faux
nom latin qu'il a cru qu'avoit porté cette Paroisse. Il l'appelle
Caput villæ, sans citer aucun titre où ce nom soit usité, pendant
que le Pouillé Parisien du treiziéme siécle la nomme *Cativilla,* et
que communément les actes de ce même siécle, qui sont les premiers monumens où il en soit fait mention, l'appellent en latin
Chavilla. Il paroît donc que l'étymologie rendue par *Caput villæ*
est fort aventurée : et de quel Village prétendroit-on que Chaville
eût été le chef? Ainsi, il est plus probable que *Cha,* premiere
syllabe de ce nom, est le nom du fondateur de ce lieu ou d'un
possesseur notable. Les noms de *Chado,* de *Chadus* et semblables, *Diplom. Mabill.*
n'étoient pas inconnus parmi les anciens François ; non plus que *p. 298. 306,*
celui d'*Inchadus* qui a été porté par un Evêque de Paris au *467, 469, 611.*
neuviéme siécle : par conséquent Chaville n'est autre chose que *Chastelain,*
Chadivilla ou *Inchadi-villa,* qui a été rendu par *Cati-villa,* au *Martyrol. Univ.*
treiziéme siécle. *28 Décembre.*

Cette Paroisse est à trois lieues de Paris, vers le couchant, à la
gauche du chemin de Versailles : sa situation est sur une pente
qui regarde pareillement le couchant. Le pays est fort couvert
de bocages et très-agréable pendant l'été, étant dans un sol
assez froid.

Le Dénombrement de l'Election de Paris imprimé en 1709,
marque qu'il y avoit 85 feux : ce qui est une erreur de chiffre qui
doit être réformée par le Dénombrement publié en 1745 par le
Sieur Doisy, où il n'y en a que 35. Aussi le Dictionnaire Uni-

versel de la France, qui parut en 1726, y marque-t-il seulement 155 habitans ou communians.

L'Eglise Paroissiale, du titre de Notre-Dame, quoique rebâtie dans le dernier siécle, est restée orientée comme l'ancienne, c'est-à-dire régulièrement. Elle est petite, mais propre et en simple forme de Chapelle. On y voit au frontispice les armes de MM. Le Tellier. On lit que dès l'an 1654 Michel Le Tellier, Secrétaire ordinaire des Commandemens du Roi, en avoit fait rebâtir le chœur avec des augmentations.

Reg. Arch. Par. 18 Maii.

La Cure est à la pleine collation de l'Archevêque, ainsi qu'elle avoit toujours été. Le Pouillé du XIII siécle la met dans ce rang, sous le nom de *Cativilla*, dans le Doyenné de Châteaufort. Les Pouillés suivans y sont conformes : mais celui de l'an 1626 observe qu'alors cette Cure étoit annexée à celle de Montreuil, qui en est voisin. Cette réunion avoit déja eu lieu quelquefois dans les anciens temps. Le Curé de Montreuil ayant représenté en 1475 que le revenu de cette Cure de Chaville étoit fort modique, et même que Chaville n'avoit été qu'une Chapelle jusqu'au temps de Roger de Chaville, qui profita du bon état où se trouva de son temps le Val de Galie, pour y établir une Cure, la fit annexer à la sienne le 9 Août de cette année-là, disant même qu'elle étoit située sur le territoire de sa Paroisse. Mais lorsque l'Evêque de Paris fut informé en 1482 qu'il y avoit à Chaville un revenu suffisant pour un Curé, il cassa cette union. Aussi trouve-t-on que dans le Pouillé du seiziéme siécle et dans celui de 1648, elle est marquée Cure absolument. Au reste, il paroît qu'une partie du territoire pour former la Paroisse de Chaville, avoit été anciennement pris sur celui d'Ursines : car le Curé d'Ursines conservoit encore en 1286 un droit de dixmes, de grains et d'autres effets dans la grange que l'Hôtel-Dieu de Paris avoit à Chaville, duquel droit il fit échange pour d'autres biens. Comme le revenu de la Cure de Chaville étoit modique, on y a réuni au siécle dernier celui d'une Chapelle de Saint Vincent située proche Villepreux. Ce fut François Niquet, Curé de Chaville, qui en étant titulaire, fit faire cette réunion en 1670, s'engageant et ses successeurs à entretenir la Chapelle et à en acquitter les Messes. Cette même Eglise avoit eu anciennement une rente de cinq sols assise sur la Terre de Surênes. Guillaume, Prêtre du lieu, la vendit en 1259 à Renaud, Evêque de Paris.

Pouillé 1626, p. 40.

Reg. Ep. Paris. 3 Aug.

Ibid. 8 Maii 1482.

Ex autographo.

Reg. Arch. Par. 4 Maii 1670.

Chart. maj. Ep. Par. fol. 268.

Le même acte, dont ces derniers faits du treiziéme siécle sont tirés, fait mention d'un canton de terrain dit Courcelles, *territorium de Courcellis*, lequel étoit contigu à celui de Chaville. Un autre titre parle d'un lieu dit Fayel sur la même Paroisse de Chaville, auquel lieu étoit situé un pré, que Jeanne la Meresse *de*

Occinis, c'est-à-dire la femme du Maire d'Urcines, légua en 1296 à l'Abbaye de Livry. *Chart. Livriac. fol. 28.*

DOISU situé sur la Paroisse de Chaville, n'est point connu dans les anciens titres. Il appartenoit en 1665 à René Le Tellier, Conseiller en la Cour des Aydes, et à Françoise Briçonnet, sa femme. Dans quelques cartes ce lieu est écrit Doüesu ; ce que d'autres ont rendu plus mal par Dovesu. Dans Moréri il y a Oisu. *Reg. Arch. Par. 27 Aug. Perm. de chap. dom.*

Pour ce qui est de la Seigneurie de Chaville, on vient de voir que l'Hôtel-Dieu de Paris avoit une Ferme en ce lieu : mais il paroît par un acte postérieur, qu'il en étoit aussi Seigneur en partie. Je serois porté à croire que cette Seigneurie lui auroit été donnée par l'Evêque Inchad, dont le Village a pris le nom ; car les Lettres de ce Prélat, qui sont imprimées, marquent clairement le zele qu'il avoit pour le bien de l'Hôtel-Dieu de son Eglise. Peut-être même avoit-il donné toute la Terre, et que c'est par un effet de quelque aliénation que cette Maison n'en eut plus qu'une partie. Il m'a semblé appercevoir dès l'an 1129 un Seigneur de Chaville nommé *Radulfus de Cativilla*, lequel avoit un fief à Clamart, puis un autre en 1218. Ce second étoit Bailli du Roi, et est nommé simplement Nicolas de Chamvile dans le titre qui me le fournit. En 1269 Roger de Ville-d'Avray étoit en partie Seigneur de Chaville. Du moins il y possédoit une Maison en fief ; et pour cette raison il en fit hommage à l'Evêque de Paris : c'est ce qui confirme encore que cette Terre pouvoit venir d'Inchad, Evêque de Paris, sous Louis-le-Débonnaire. Ce Roger pouvoit être le même que Roger de Chaville, du temps duquel avoit été érigée la Cure de ce lieu, suivant l'exposé du Curé de Montreuil de l'an 1475 allégué ci-dessus. Mais au lieu d'un simple fief à Chaville, l'Evêque y en avoit deux en 1533, suivant que nous l'apprend une sommation faite alors pour reddition d'hommage. L'un de ces fiefs épiscopaux comprenoit, entre autres choses, le four et le moulin du lieu. *Hist. Eccl. Par. T I, p. 349.*
Hist. S. Mart. à Camp. p. 166.
Chart. S. Gen. ad an. 1218, in Palaiseau.
Chart. Ep. Par. in Bibl. Reg. p. 63.
Tab. Ep. Paris. in feodis.

Comme on ne connoît en France aucun autre Village du nom de Chaville que celui-ci, c'est sans doute de ce lieu que tiroit son nom, ou étoit natif, le Chevalier Jean de Chaville, dit Sieur de Hase, lequel ramena le Pape Urbain V de Rome à Avignon au mois de Septembre 1370. Je n'ose pas assurer qu'il en fût Seigneur. En 1401 la Seigneurie de Chaville étoit possédée par Jean l'Asne, Valet de Chambre du Roi, excepté la portion qu'en avoit l'Hôtel-Dieu de Paris. Ces deux Seigneurs se réunirent alors, pour demander que ce Village fût exempté de la Jurisdiction de Châteaufort et soumis à celle de Paris : ce qu'ils obtinrent. Leur requête portoit que ce Village, qui autrefois avoit été de cent feux, *Chroniq. de S. Denis 1370.*
Livre rouge ancien du Chât. fol. 195.

étoit réduit à sept, et qu'il étoit situé sur le grand chemin de Normandie et de Bretagne.

Sur la fin du seiziéme siécle la Terre de Chaville étoit tenue par Michel Le Tellier, Maître des Comptes, qui décéda en 1608 et fut inhumé à Saint-Eustache. Son fils Michel Le Tellier lui succéda dans cette Terre. Il fut Conseiller en la Cour des Aydes, épousa Claude Chauvelin et mourut en 1617, laissant son fils Michel âgé de 14 ans. Ce dernier personnage devint si illustre par les charges dont il s'acquitta dignement, de Conseiller d'Etat, Secrétaire d'Etat, Trésorier des Ordres du Roi, qu'il mérita d'être élevé en 1677 à la dignité de Chancelier de France. Mais en ne le considérant ici que comme Seigneur de Chaville, je me borne à dire que c'est lui qui rendit ce lieu célèbre, et plus distingué qu'il n'avoit été jusqu'alors. Dès l'an 1651 le Roi lui fit don de la Justice en cette Terre par Lettres qui furent vérifiées en Parlement le 21 Août. Il en fit construire le Parc à grands frais. Pour cet effet il obtint du Roi en 1658 que le grand chemin qui alloit de Paris à Montfort-l'Amaury et en Normandie, et traversoit le village de Chaville, fût fait à travers les terres qui lui appartenoient au-dessous de son Parc, et que le vieux chemin fut enfermé dans le même Parc. En 1675 il obtint du même Prince le pouvoir de faire clore de murs huit cents arpens de terre, prés et bois près le Parc de Chaville. Depuis qu'il fut Chancelier, le Roi lui accorda encore de pouvoir changer le chemin dans sa Terre de Chaville, et en augmenter la clôture. Le Château, qui est situé dans le bas, passe pour avoir été bâti sous les ordres de M. de Louvois, son fils, Ministre et Secrétaire d'Etat : Brice assure que Chamois en a été l'Architecte.

Santeuil ayant composé en vers latins l'éloge du Chancelier Le Tellier, il en parut en 1679 une espece de traduction en vers françois, sous le titre de *La Nymphe de Chaville*.

Ce que j'ai trouvé en dernier lieu touchant ce Village, m'a été fourni par les Lettres-Patentes enregistrées le 21 Janvier 1696. Ces Lettres portent vérification de l'échange faite par Louis XIV avec Elisabeth Turpin, veuve de Michel Le Tellier, Chancelier, et avec le Sieur Abbé Le Tellier, des Terres et Seigneuries de Chaville, Viroflay, Villacoublay, Ursines, à la condition de la donation faite par le Roi à M. le Dauphin par donation entre vifs.

VELIZY

FORMÉ DE LA PAROISSE D'URSINES

On ne peut donner l'Histoire de la Paroisse de Velizy, qu'en commençant par celle d'Ursines, parce que cette Paroisse a été formée de l'autre qui a été détruite dans le siécle dernier ; ensorte que Velizy qui n'étoit qu'un hameau d'Ursines, a succédé à ce Village détruit, dans le privilége d'avoir une Eglise Paroissiale, et que l'on ne voit plus de marques de l'Eglise d'Ursines, que quelques pierres qui restent dans le Parc de Chaville contigu à celui de Meudon.

La premiere mention qui soit faite du lieu d'Ursines dans les titres du Diocése de Paris, se trouve dans le Cartulaire du Prieuré de Notre-Dame-des-Champs. On y lit la donation que fit l'an 1084 Geoffroy, Evêque de Paris, de quatre autels aux Moines de Marmoutier. Le dernier est exprimé en ces termes : *Quartum vero in vico qui dicitur Uncinas in honore B. Dionysii Martyris consecratum.* Après quoi au treiziéme siécle on le trouve nommé en latin *Urxinæ, Onccinæ, Occinæ, Ocinæ* et quelquefois en langage vulgaire (quoique les titres soient latins) Ocines, Occines ou Orchines. Mais depuis deux à trois cens ans, il est nommé Ursines dans les titres, quoique deux ou trois cartes géographiques du dernier siécle l'écrivent encore Orsine ou bien Lorsine. Il n'y a point de doute que le mot Ursine ne soit une altération du nom faite à l'occasion de la ressemblance du nom d'Uncines avec celui de l'Oursine, quartier de Paris du fauxbourg Saint-Marceau. Ainsi il ne faut point penser à tirer l'origine du nom que portoit ce Village détruit, de la famille des Ursins. *Uncinæ* étoit un dérivé d'*Uncia ;* car on appelloit encore quelquefois dans l'onziéme siécle du nom d'*Uncia terræ,* la douziéme partie d'un arpent de terre. Il semble donc qu'Oncines étoit d'abord un lieu où l'on avoit partagé beaucoup d'arpens de terrain, soit en bois, soit autrement, en douze morceaux, faisant chacun un douziéme d'arpent : car les partages des biens se faisoient aux paysans serfs suivant la volonté des Seigneurs. Mais quoique ce Village soit détruit, cela ne doit pas empêcher de rapporter ce qu'on en sçait. Il subsiste toujours dans les Dictionnaires, et dans les Rôles de l'Election de Paris, dans celui des départemens des Vicaires-Généraux de M. l'Archevêque de Paris ; ensorte que l'article de Velizy renferme toujours en premier lieu celui d'Ursines, et est tourné ainsi : Ursines et Velizy. Le premier Rôle des Décimes (imprimé) où Ursines ne

Chart. B. M. à Camp. fol. 34.

Carte du Dioc. de Paris par Samson, vers 1620. Carte de P. Duval.

Gloss. Cangii voce Uncia 2.

paroît plus, mais seulement la Cure de Velizy, n'est que de l'an 1741.

L'Eglise Paroissiale d'Urcines du titre de Saint Denis [1], étoit directement à demi-lieue de celle de Chaville vers le midi. Le presbytere étoit auprès avec quelques maisons. La situation de ce lieu étoit dans une espece de fond, où M. de Louvois, Seigneur de Chaville, conçut le dessein de former des étangs, lorsqu'il vit l'état de l'Eglise et la situation du presbytère. Mais auparavant il fit construire une autre Eglise dans le hameau de Velizy hors son Parc de Chaville, pour servir de Paroisse aux habitans. Les étangs qui furent faits subsistent toujours, sinon que celui qui se trouve à l'endroit où étoit l'Eglise, et qui s'étend du levant au couchant, étoit presque à sec lorsque je le vis en 1739 : j'y apperçus encore alors proche la clef de la bonde l'épitaphe d'un Receveur de Velizy du dernier siécle, et l'on me fit remarquer au midi de cet étang, qui étoit aussi le côté méridional de l'Eglise, un bois taillis à l'endroit où avoit été le cimetiere. Les habitans, lors de la destruction, se retirèrent à Velizy ou ailleurs, de maniere qu'on ne voit plus dans cette profondeur qu'une seule Ferme qui appartient au Roi. A l'égard de l'année de ces changemens, on peut la fixer à celle de la mort de M. Le Tellier, alors Seigneur de Chaville : parce que les paysans assurent avoir ouï dire à leurs pères, que ce Seigneur mourut la même année, aussi bien que le Curé de Meudon, qui avoit transporté le Saint-Ciboire à Velizy.

Quoique l'Eglise d'Urcines eût été donnée en 1084 aux Moines de Marmoutier établis au Prieuré de Notre-Dame des Champs proche Paris, elle ne leur resta pas. Il y eut quelque traité, en conséquence duquel elle appartint à ceux de Saint-Magloire avec celle de Versailles. Aussi est-il marqué dans le Pouillé Parisien du treiziéme siécle, que la nomination en appartient à l'Abbé. C'est là qu'elle est dite *Ecclesia de Ocinis*. Les Pouillés subséquens marquent la même chose : et si dans celui de 1648 Urcines est dit une Cure où l'Archevêque pourvoit *pleno jure*, c'est à cause que l'Abbaye de Saint-Magloire étoit alors réunie à l'Archevêché. M. Grancolas parlant du don fait primitivement de cette Eglise aux Moines de Marmoutier, l'appelle l'Eglise de Saint-Denis de Roncy, ce qui est un nom mis à tout hasard. Les monumens du treiziéme siécle font mention du Village *de Uncinis* voisin de Paris, à l'occasion du Curé de ce lieu nommé Jean,

<small>Histoire de l'Eglise de Paris, T. I, p. 288.
Hist. Univ. Par. T. III, p. 50.</small>

---

1. C'est ainsi qu'on auroit dû l'écrire en voulant même conserver la prononciation, et M. l'Abbé Chastelain l'écrit de cette façon dans sa Table de lieux, à la fin de son Martyrologe Universel (page 1066), où il ne se trompe qu'en plaçant ce lieu proche Châteaufort, dont il est éloigné de deux grandes lieues, tandis qu'il n'est qu'à demi-lieue de Meudon, et à une lieue de Versailles.

lequel fut un de ces fanatiques, qui donnèrent dans les visions d'Amaulry, et qui en furent les propagateurs. Césaire d'Histerbach rapporte les punitions qu'ils subirent. Cet événement est de l'an 1209 ou 1210. *Hist. Eccl. Par. T. II, p. 246. Thes. anecd. T. IV, p. 165.*

Un autre Curé d'Urcines, dont le nom n'est pas spécifié, fit en 1286 un traité avec le Maître et les Freres de l'Hôtel-Dieu de Paris, au sujet des grains qu'il avoit droit de recevoir dans leur grange de Chaville avec la dixme d'agneaux et de veaux, etc., au même lieu de Chaville, sur quoi il y avoit eu procès : ces droits furent échangés pour plusieurs pieces de bois, et quelques menus cens qu'on lui céda, et cet échange fut agréé par le Chapitre de Paris. Etienne Rose qui étoit Curé d'Ursines au milieu du siécle dernier, obtint le 9 Août 1654 une Sentence du Châtelet qui regla la grosseur et le nombre des gerbes qui doivent être levées, sçavoir, quatre par arpens, chacune de quatre pieds et demi de tour. *Ex autographo. Confirm. Capituli Par.* *Code des Curés, T. I, p. 48.*

Cette Terre a eu ses anciens Seigneurs. Un nommé *Paganus de Uxinis* ou *Uncinis* fut l'un des premiers bienfaiteurs de l'Abbaye de Porroy, dite Port-Royal ; il donna en 1204 aux Religieuses, pour leur fondation, ce qu'il avoit auprès du ruisseau qui passe en ce lieu. L'Evêque de Paris étoit en ce temps-là Seigneur suzerain d'une partie de la Paroisse : mais il avoit donné ce qu'il y possédoit en fief à Gui de Versailles, qui l'avoit cédé en arriere-fief à Ives de Viloflen. Quoique la Paroisse comprît Velizy et Villeaccoublay, il y a plus d'apparence que ce fief étoit proche Viroflay. *Lettres de Salomon, Doyen de Châteaufort 1204.* *Chart. Ep. Par initio.*

Après un vuide de deux siécles, on trouve la Terre d'Urcines entre les mains de Gilles ou Guillaume Luillier, dont la fille appellée Magdelaine, épousa Jacques Olivier, Sieur de Leuville, et fut mere du Chancelier Olivier. Jacques mourut premier Président du Parlement en 1519. Son fils du même nom qui lui succéda, ajouta à ce qu'il avoit à Urcines le droit de haute justice, dont la vente et adjudication lui fut faite en 1522 lorsqu'il étoit Conseiller au Grand-Conseil, moyennant quatre-vingts livres, par Roger Parme, Président au Parlement et Jean Briçonnet, Chevalier. Il fut fait Maître des Requêtes en 1523. *Généalogie des Oliviers.* *Bannieres du Châtelet, vol. II, fol. 145. Hist. des Maitres des Requêtes.*

Velizy seroit peut-être resté dans l'obscurité où se trouvent tant de hameaux, si l'Eglise d'Urcines eût subsisté. Ce lieu fut choisi comme n'étant éloigné d'Urcines que d'un quart de lieue, pour y faire la translation de la Paroisse et du service divin. Cette translation avoit été demandée par les habitans, qui avoient exposé à l'Archevêque la vieillesse de leur Eglise, sa situation dans un lieu humide, l'air malsain du presbytere qui faisoit que les Curés vivoient peu, et elle leur avoit été accordée le 15 Avril 1674. Le *Reg. Arch. Par.*

lieu où la translation fut faite est situé dans une plaine, où l'on ne voit que des terres labourables et point de vignes, en bon air, hors du Parc. L'Eglise que M. Le Tellier y fit bâtir à neuf (car il n'y en avoit jamais eu en ce lieu) est une espece de grande Chapelle presque tournée vers le septentrion, au frontispice de laquelle sont ses armoiries. Elle a été bénite sous le nom de Saint Denis, Patron de l'ancienne Paroisse d'Urcines. Ces deux lieux, Urcines et Velizy avec leurs dépendances, étoient comptés dans le dénombrement de l'Election de Paris imprimé en 1709, pour 33 feux. Ce même Dénombrement réimprimé en 1745 n'en met plus que 18. On m'a assuré dans le pays en 1739 qu'il y en avoit 24. Le Dictionnaire Universel de la France marque qu'il y a en tout 82 habitans ou communians. La Cure est restée à la nomination Archiépiscopale.

On apprend par le Nécrologe de l'Eglise de Paris, que le Chapitre jouissoit au treiziéme siécle de la Terre de Velizy ; mais on ne dit pas de qui elle lui venoit. Je crois l'avoir trouvé. Il en est fait mention deux fois dans ce manuscrit, et jamais le nom n'y est latinisé, mais toujours écrit Velezy ou Velesi dans deux actes de ce même siécle. Il s'étoit écoulé, en effet, quatre cents ans depuis l'an 829 auquel Inchad, Evêque de Paris, [l']avoit donnée aux Chanoines de son Eglise, sous le nom latin de *Heleriacum*, qui fut depuis défiguré [1]. Dans le premier endroit du Nécrologe, le Chapitre déclare avoir assigné sur les revenus de Velezi ce qui se distribuera pour l'Anniversaire de Hugues de Pontoise, Chanoine, insigne bienfaiteur et instituteur de la Fête de S. Mellon, en l'Eglise de Paris. Dans l'autre endroit, qui est constamment de l'an 1275, le même Chapitre déclare que le Pape Adrien V ayant donné à Notre-Dame de Paris, par son testament, un doigt de S. Jean-Baptiste et autres choses, on prendra pour faire son obit six livres sur la même Terre de Velezy. Je n'en ai plus rien trouvé dans la suite, sinon que le 8 Juin 1674, on registra en Parlement des Lettres-Patentes, qui permettoient au Chapitre de Notre-Dame d'aliéner cette Terre. Georges Maréchal, premier Chirurgien du Roi, en a joui depuis.

Hist. Eccl. Par. T. I, p. 349.
Necr. Eccl. Par. 18 Maii.

Ibid. 11 Non. Aug.

Reg. du Parl. Merc. Oct. 1747, p. 155.

Il y a eu un temps que l'on reconnoissoit un petit Velisy. Il est mentionné dans un acte de l'an 1654 : c'est un échange que les administrateurs de l'Hôtel-Dieu de Paris firent alors de la Ferme appelée l'Hôtel-Dieu du petit Velisy avec le sieur Piot, pour une somme de mille trois cent soixante et six livres treize sols qu'il donna. Six ans après, M. Le Tellier, Secrétaire d'Etat, possédoit

Reg. du Parl. 16 Juillet 1654.

---

1. Outre que les lettres *s* et *r* se ressembloient au neuviéme siécle, on sçait que dans le langage vulgaire ces deux lettres se commuoient quelquefois.

ce même bien. Il obtint des Lettres du Roi qui rétablissoient le fief de la grande Maison ou Ferme de l'Hôtel-Dieu à lui appartenante, pour relever du Roi, à cause de la grosse Tour du Louvre, sans payer aucuns droits Seigneuriaux, attendu le privilège de sa charge. L'Hôtel-Dieu de Paris avoit possédé cette Ferme au moins dès le treizième siècle, puisqu'on lit dans l'acte d'échange fait en 1286, avec le Maître et les Freres de cette Maison par le Curé d'Urcines, que ce Curé avoit été en possession de lever la dixme non-seulement dans leur grange de Chaville, mais aussi *in quadam alia granchia sita juxta Vilisiacum*. Regist. du Parl· 3 Juill. 1652.

Ex autographo.

Il reste à parler d'un lieu de l'ancien territoire d'Urcines, dont le nom doit paroître scabreux : c'est celui que l'on nomme aujourd'hui Villacoublai, par quelque espèce d'adoucissement. Les titres en font mention dès le douzième siècle, mais avec bien des variétés. Il est d'abord dit Vilescoblen, et cela en langage vulgaire, puis au treizième *Villa Escoblen, Villa Escopblen,* ensuite au quatorzième Villescoublain ; et à la fin, en retranchant la derniere lettre et en changeant une voyelle, Villeaccoublai ou Villacoublai. Il y a apparence que cette Terre portoit le nom de celui à qui elle avoit d'abord appartenu, et qui y avoit bâti le premier. Or, ce nom n'est pas facile à découvrir. Nous ne voyons gueres dans les noms Romains, que celui de *Scapula* qui auroit pu former *Scapulanus,* ou *Scapulanius.* Un Evêque d'Auxerre, à la fin du septième siècle, s'appelloit *Scopilion* [1]. La situation de ce lieu est en plus bel air que n'étoit celle d'Urcines, et assez semblable à celle de Velizy, dans la plaine qui est au-dessus des vallons, mais assez près de la descente qui se termine à Biévre. En voici quelques Seigneurs, dont les plus anciens sont tirés des titres de l'Eglise de Paris. *Hist. Ep. Autiss.*
Labb. Bibl. mss.
T. I, p. 427.

Maurice de Sully qui tint le siége de Paris depuis 1160 jusqu'en 1196, certifia en 1169 que *Ledesmallus Miles de Vilescoblen* avoit vendu tout ce que son frère, Chanoine de Saint-Cloud, avoit de vignes, de droits pécuniaires et de pressurage ; ce que Philippe, son fils, avoit promis de confirmer dans la premiere année qu'il seroit fait Chevalier. En 1237 vivoit un *Armiger* dit Jean *de Villa Escoplen,* lequel avec sa femme Isabelle se prétendoit premier Seigneur du tiers de la dixme de Longjumeau et de Balainvilliers. On trouve dans l'Histoire manuscrite de l'Abbaye de Saint-Victor de Paris au quatorzième siècle un Jean de Villescoublain, autrement dit Jean le Grand. Il pouvoit descendre de l'Ecuyer ci-dessus. Il étoit Notaire Apostolique en 1340, et *Chart. Ep. Par.*
Bibl. Reg. f. 27.

Magn. Pastor.
fol. 45.

---

1. Parmi les Francs au sixième siècle, un Capitaine du Roi Gontran s'appelloit *Beppolinus,* selon Grégoire de Tours à l'an 590.]

publia des Constitutions du Pape Benoît XIII en différens Chapitres de Chanoines Réguliers. Il fut ensuite Doyen de Saint-Thomas-du-Louvre. Il mourut en 1352, après s'être fait Chanoine de Saint-Victor *ad succurrendum* [1]. Il est en sa qualité de Doyen de Saint-Thomas dans le Nécrologe ancien de Sorbonne au 17 Octobre. Vers l'an 1410 un nommé Jean de Livres joignoit en sa personne la Seigneurie de Villacoublay à celle de Clamart. Sur la fin de ce siécle ou au plus tard dans le commencement du suivant, la Terre de Villacoublay étoit possédée par une famille nommée de Monceaux. C'est ce qui s'infère de ce qu'on lit dans l'Histoire de Saint-Germain-des-Prés, savoir, qu'au bout de la nef de cette Eglise vers le septentrion, est la tombe de François de Monceaux, fils de François de Monceaux, Chevalier, Sieur de Villeacoublay et de Catherine de la Broye, Dame de Carnoy, qui mourut en 1535. Celui à qui appartint cette Terre après les deux premiers, s'appelloit aussi François de Monceaux, si l'Auteur de la vie du fameux Dumoulin ne s'est pas trompé, disant que lorsque ce Jurisconsulte se retira à Villacoublay pendant sa maladie de l'automne de l'an 1538, cette Terre de franc-alleu-noble appartenoit à François de Monceaux, Ecuyer, son ancien ami. On trouve ailleurs que vers l'an 1540, Villeaccoublay appartenoit à Jean de Monceaux. Le même, ou son fils appellé comme lui, comparut au Procès-verbal de la rédaction de la Coûtume de Paris en 1580. Il y est qualifié Chevalier et Seigneur de Villacoubley. Mornac nous apprend pour la suite, que le *Prætorium* de Villacoubley avoit été acheté par Pierre du Lac, Avocat au Parlement. Sa fille Magdelaine épousa Abel de Sainte-Marthe, Garde de la Bibliotheque de Fontainebleau. La Comtesse de Verue a joui vers ces derniers temps du Château de Villacoublay.

A Villacoublay se voyent les débris d'une Chapelle appellée *Jérusalem*, dans laquelle il reste des figures du Sépulcre de Notre-Seigneur. Comme la Commanderie de Saint-Jean-de-Latran se disoit en 1580 Seigneur d'Ursine, je croirois que c'étoit de cette partie du territoire ; les armoiries qu'on voit au mur extérieur de cette Chapelle vers le midi, sont écartelées d'échiquier en bosse et en creux alternativement.

Cette Chapelle auroit-elle plutôt appartenu aux Religieuses de Valprofond qui eurent en ce lieu quarante arpens de terre l'an 1204, du don de Roger de Baaly et de Melisende, sa femme ?

---

1. Monsieur Gourdan en son Histoire de Saint-Victor, veut que ce soient deux hommes différens. Un l'Isle-Adam étoit Seigneur de Villacoublay ; il avoit épousé Jeanne de Belloy, laquelle fit son testament en 1453. Ils eurent de leur mariage Jeanne, qui fut Dame de Villacoublay et de Clichy-la-Garenne. *Généalogie de Belloy*, page 67.

Il y a eu aussi autrefois à Villacoublay un étang ; il en reste la chaussée, mais il est converti en pré.

La Terre de Villeaccoublay a été érigée en franc-alleu ; il y a haute, moyenne et basse-Justice. Affiche. de l'an 1748.

MEUDON

Plusieurs Sçavans ont donné au village de Meudon beaucoup plus d'antiquité qu'on ne lui en connoît et qu'il n'en a réellement. Samson a cru que ce lieu étoit le *Metiosedum* des Commentaires de César, et le prouve par des raisons qui ont paru bonnes à M. de Valois. On dit que l'Abbé Chastelain, Chanoine de Notre-Dame de Paris, chargé par M. le Cardinal de Noailles de trouver les dénominations latines de toutes les Cures de son Diocése, entraîné apparemment par ces autorités, donna pareillement le nom de *Metiosedum* à Meudon, ensorte que depuis ce temps-là, dans les Provisions de la Cure, on met *S. Martini de Metiosedo*, au lieu qu'auparavant on se contentoit de mettre *S. Martini de Meudon*. Je ne sçais pas si ce qu'on atttibue à M. Chastelain est véritable. S'il fut d'abord de ce sentiment, il est certain qu'il l'abandonna, puisque dans la Table des noms de lieu de son Martyrologe Universel, imprimée en 1709, trois ans seulement avant sa mort, il met à l'article de Meudon, que c'est *Moldunum* en latin. -Quant à Messieurs Samson et de Valois, je crois avoir suffisamment réfuté leur opinion, en montrant dans un de mes Ecrits imprimé en 1738, que *Metiosedum* étoit au-dessus de Paris relativement au cours de la Seine, selon les expressions mêmes de César. Il y a encore un autre sentiment qui est en voie de s'établir, puisque je le trouve dans un Mémoire du Curé pour M. Lancelot. On y lit que lorsque le Roi Childebert fonda l'Abbaye de Saint-Vincent, dite depuis Saint-Germain-des-Prés, le revenu du village de Meudon fut donné aux Religieux, et que du temps de l'ancienne Eglise leur métairie bâtie il y a douze cens ans et plus, subsistoit auprès. Je ne puis me dispenser d'exposer sur quel fondement cette tradition a couru parmi les anciens Religieux de Saint-Germain. La Charte de fondation de Childebert ne parle que de la Terre d'Issy ; c'est un peu l'étendre que de lui donner, outre tout le terroir qui est du Fauxbourg de Paris à Issy, encore celui de Meudon qui s'étend jusqu'à une lieue par-delà, mais les anciens avoient lu dans le Livre de l'Abbé Irminon ces lignes parlant du Monastere : *Habet in Comitatu Witranni in*

Mém. d'un ancien Curé de Meudon envoyé à M. Lancelot. Mém. de l'Acad. des Inscript. T. VI, p. 660

Recueil de div. Ecrits, Paris chez Barois, T. II, p. 142.

Pinciacensi pago villam quæ vocatur Magedon ; et in ipsa villa habet mansum Dominicatum. Pertinent XXIIII ospitia, cum Ecclesia indominicata, culturis, pratis, vineis, cum uno farinario. La ressemblance du nom Magedon avec celui de Meudon, fit croire à ceux qui vécurent au quatorziéme et quinziéme siécle, depuis que l'Abbaye de Saint-Germain-des-Prés eut du bien à Meudon, qu'il étoit venu de ces temps reculés, puisqu'il étoit marqué dans un Livre rédigé au neuviéme siécle. Mais sa position dans un canton du Pincerais qui étoit soumis à un Comte particulier, et la mention qui en est faite parmi d'autres Terres voisines du Pincerais, fait voir que c'est Médan situé sur la Seine, une lieue plus bas que Poissy, qu'il faut regarder comme le Magedon de ce Livre d'Irminon, Abbé de Saint-Germain-des-Prés, d'autant plus que c'est Saint Germain, Evêque de Paris, qui est Patron de l'Eglise Paroissiale de ce lieu.

Il résulte de tout ceci, que l'antiquité de Meudon n'est pas si reculée. Aussi n'y a-t-il de titres certains qui en fassent mention, que depuis la fin du douziéme siécle ou le commencement du treiziéme. Dans ces titres, ce lieu est appellé *Meodum,* ou *Meudon,* ou bien *Meudun :* de maniere qu'il est visible qu'on ne sçavoit alors comment le latiniser, ce qui a duré pendant presque tout le treiziéme siécle : car dans le Pouillé écrit vers le milieu de ce siécle, la Cure est encore simplement dite Modun. M. de Valois a cru y lire *Modunum.* Mais si l'on n'a point l'époque sûre pour Meudon, il est aussi vrai de dire qu'on ne peut en donner entierement l'étymologie ; il est certain que la fin du mot venant de *Dun,* terme Celtique, fait allusion à l'élévation et à la profondeur corrélative du Château et du Village. En Anglo-saxon, Anglois et Flamand, *Mou* et *Mul* signifient sable, poussiere ; c'est tout ce qu'on peut dire de plus approchant.

Ce Village est à deux petites lieues de Paris vers le couchant. Sa situation est presque dans le fond d'un vallon, sur la partie de la côte qui regarde l'orient ; celle du Château sur une éminence extraordinaire. Le territoire abonde en vignes, excepté dans le Parc. Il y passe au bas de la vallée un petit ruisseau qui n'a point de nom, et qui fait tourner quelques moulins avant que de se jetter dans la Seine. Les Seigneurs de cette Paroisse sont connus depuis environ quatre cens ans. J'en donnerai ci-après le détail. Le nombre des habitans est mêlé avec ceux de Fleury dans les Rôles de l'Election, quoique tout le hameau de Fleury ne soit pas de cette Paroisse. Meudon et Fleury dans le Dénombrement de l'an 1709, formoient 200 feux. Dans celui que le Sieur Doisy a donné au Public en 1745, ces deux lieux [ont] ensemble 305 feux. Dans le Dictionnaire Géographique de tout le Royaume imprimé en 1726, on compte à Meudon, compris Fleury, 1380 habitants.

L'Eglise Paroissiale est bâtie dans le goût d'architecture qui succéda au gothique : aussi n'est-elle que d'environ l'an 1570. Elle reconnoît Saint Martin pour son Patron. Les habitans y ont aussi joint Saint Blaise. Le Dictionnaire Universel de la France marque que M. le Dauphin, fils de Louis XIV, l'a fait rebâtir avec un clocher : ce qui ne paroît point exact. Ce qui est véritable, c'est que ce Prince ayant échangé sa Terre de Choisy-sur-Seine contre celle de Meudon, voulut d'abord témoigner sa piété envers Saint Martin, Patron du lieu. Il fit orner l'Eglise de très-belles tapisseries et offrit le Pain béni. *Mercure de Novembre 1695.*

Dans tous les Pouillés du Diocèse de Paris, cette Cure est dite être à la pleine collation de l'Evêque Diocésain. Le premier où cela se trouve est celui du treiziéme siécle. Dans ce même siécle l'Abbé et les Religieux de Saint-Germain-des-Prés se disoient gros Décimateurs de Meudon ; ce fut en cette qualité qu'ils cédèrent en 1244 au Prieur de Saint-Martin-des-Champs, gros Décimateur de Clamart, le droit de reportage des dixmes de terres cultivées sur Clamart par les habitans de Meudon. On regarde comme une chose singuliere qu'environ l'an 1520 Antoine Sanguin, Seigneur de Meudon, voulut bien être Marguillier de cette Eglise. Il s'y conserve un compte ainsi intitulé : « Compte de noble homme « M. Antoine Sanguin, Seigneur de Meudon, Marguillier de « l'Œuvre et Fabrique Monsieur Saint Martin de Meudon, que « rend ledit Sanguin à Jehan Guyard, à présent Marguillier de « ladite Fabrique, et aux Paroissiens manans et habitans d'icelle « Eglise, qui commence le 20ᵉ jour de Décembre 1524 et finit le « 20ᵉ jour de Décembre 1525, touchant les receptes des rentes, « loyers, questes, etc., en ladite année. » Il fut depuis Evêque d'Orléans, ensuite Archevêque de Toulouse et Cardinal. Ce fut lui qu'on appella le Cardinal de Meudon. *Voy. l'article de Clamart.*

Quelques Curés de Meudon sont devenus mémorables, surtout le fameux François Rabelais que Jean Ursin, Vicaire-Général de l'Evêque de Paris, tira du Chapitre de Saint-Maur-des-Fossés pour lui donner cette Cure, sur la démission simple de Richard Berthe. Les Provisions, qui sont datées du 18 Janvier 1550, mettent : *Francisco Rabelay, Clerico, Doctore Medico, Turonensis Diœcesis.* Sa vie écrite par Antoine le Roy, Chanoine de Sens en 1649, marque qu'il y fut fort exact à instruire son peuple, et qu'il se plaisoit à enseigner le plain-chant qu'il possédoit parfaitement ; que sa maison étoit ouverte à tout le monde, excepté aux femmes ; qu'il y rassembloit souvent des Sçavans pour s'entretenir avec eux, et que les misérables y trouvoient du secours dans sa bourse : qu'il étoit d'une si grande intégrité, que jamais on ne l'a trouvé manquer *Reg. Ep. Paris.*

de parole à personne; que sa connoissance dans la Médecine le rendit doublement utile à la Paroisse. On assure que l'on a vu long-temps sur la porte du presbytère ces deux vers qui font allusion aux différens états de sa vie:

> *Cordiger, hinc Medicus, tum Pastor et intus obivi :*
> *Si quæras nomen, te mea scripta docent.*

Mais il y a lieu de douter d'une partie de ce que l'Auteur de sa vie ajoute. Il paroît par les Registres de l'Evêché de Paris, que Rabelais n'exerça jamais les fonctions Curiales par lui-même. Il n'est qualifié que de simple Clerc du Diocése de Tours dans la démission qu'il fit de cette Cure le 9 Janvier 1552, après l'avoir gardée deux ans comme Titulaire. Le même jour Jean Moreau, Vicaire-Général du Cardinal du Bellay, ayant admis cette démission faite par Remi Doulcin, chargé de la procuration de Rabelais, conféra cette Cure à Gilles du Serres, Clerc du Diocése de Beauvais. Rabelais résidoit si peu à sa Cure, qu'Eustache du Bellay, Evêque de Paris, y faisant la visite au mois de Juin 1551, ne le trouva pas, mais seulement Pierre Richard, son Vicaire, avec quatre autres Prêtres.

Rabelais ne mourut point à Meudon, mais à Paris sur la Paroisse de Saint-Paul, rue des Jardins, et il fut inhumé au cimetière l'an 1553. Un Curé de Meudon du dernier siécle a fait *Moreri 1532.* imprimer tout ce qui se trouve écrit à la louange de Rabelais, son prédécesseur. Parmi ceux qui ont succédé à Rabelais dans cette Cure, on remarque encore particulierement Antoine Grandet, Prévôt de l'Eglise de Saint-Nicolas du Louvre, connu par ses prédications et par ses écrits. Un Curé bien antérieur à Rabelais *Reg. Offic. Par.* est Jacques de Beaulieu, qui plaidoit contre les Marguilliers en 1384.

Quoique je ne connoisse point de titre qui fasse mention des droits de l'Abbaye de Saint-Germain à Meudon avant le treiziéme siécle, il faut cependant avouer que ce Monastere y possédoit une Seigneurie au moins dès le douzième, et que sur ce territoire étoit *Tab. S.Germ. ex* un vignoble. Jean, Abbé de Saint-Victor, promit, en 1206, que sur *Lancelot.* les vignes qu'il avoit à Meudon dans la censive de Saint-Germain, au lieu de deux muids de vin seulement qu'il en rendoit à Saint-Germain, il lui en payeroit deux muids et demi par an, à condition d'en jouir à perpétuité. En 1236, Simon, Abbé de Saint-Germain, *Hist. de S.Germ.* racheta les dixmes de bled et de vin du territoire de Meudon *p. 123.* desquelles Etienne de Meudon jouissoit. En 1238, l'Abbaye *Ex schedis* acheta, le prix de 80 livres, de Guy de Chevreuse et de sa femme *Lancelot.* Helisende, trois arpens de vigne situés à Meudon, lieu dit Orrée, en sa propre censive, dont Hervé de Chevreuse, Chevalier, se constitua plege. En 1245, l'Abbé Simon, voulant faire plaisir à ses Religieux, retrancha de sa mense les vignes qu'il avoit achetées à Meudon et les leur donna. Aussi trouve-t-on qu'en 1245, l'Abbaye avoit un pressoir à Meudon. Par un bail passé devant Hugues Aubriot, Prévôt de Paris en 1310, il paroît que l'Abbaye de Saint-Germain avoit une maison au petit Val de Meudon. En 1405, Jean Gruot, Docteur en Droit, Chanoine et Chantre de Château-Censoir et Chanoine d'Autun, Vicaire-Général de l'Evêque de Senlis, Conservateur des Priviléges de l'Université de Paris, rendit une Sentence contre Guillaume Le Roux, redevable à Guillaume, Abbé de Saint-Germain, d'une quarte de boisseau de fèves qu'il avoit recueillies à Meudon, lieu dit Perdriel. En 1406, le Prévôt des Marchands voulut saisir les mesures à grain étalonnées de la marque de l'Abbaye de Saint-Germain à Meudon chez un particulier nommé Adam Thobie. Il y eut une transaction entre les Parties en faveur des Religieux, laquelle fut homologuée le 28 Avril 1407. Dans le siécle suivant, l'Abbaye demanda au Roi l'établissement de trois Foires et d'un Marché, et l'obtint de François I au mois de Mars 1518. La premiere Foire étoit le jour de Saint Leu et Saint Herbland et le lendemain ; la seconde, le 3 Février et le lendemain ; la troisiéme, le Mercredi de la Pentecôte et le lendemain. Le Marché devoit se tenir les Lundis. La Communauté de Saint-Germain consentit, cinquante ans après, à l'aliénation de ce qu'elle avoit de droits Seigneuriaux à Meudon, Justice haute, moyenne et basse, cens et champart, en faveur du Cardinal de Lorraine, moyennant quatre cents livres de rente, s'y réservant seulement des maisons, un pressoir, des terres, des prés et des vignes. Le Livre d'où je tire ces derniers faits, ajoute que, la même année, qui étoit 1570, le Curé du lieu intenta procès aux Religieux au sujet des dixmes qu'il prétendoit. Par la suite, les Religieux se défirent de tout ce qui leur restait à Meudon en faveur de M. Servien, Surintendant des Finances, moyennant trente-six mille livres. Ceci pourra être mis en plus grande évidence à la fin du Catalogue des Seigneurs de Meudon que je vais donner.

A commencer par les anciens Seigneurs dont le nom étoit celui de Meudon même, le premier que j'ai trouvé est Erkembod de Meudon, Chevalier, nommé dans une Charte de Maurice, Evêque de Paris, de l'an 1180. Le second est Matthieu de Meudon, nommé comme témoin dans les Lettres du même Evêque, de l'an 1196, touchant Chatenay, et dans l'acte par lequel Pierre de Nemours, aussi Evêque de Paris, confirma en 1217 le don qu'il avoit fait au Monastère de Porroy. Les termes du titre de Porroy qui en font mention, à l'an 1208, sont : *Matthæus de Meudun Miles dedit Monialibus S. Mariæ de Porregio tria sextaria et totidem hybernagii in sua decima de Meudun.* Vers le même temps, un Pierre de Meudon *de Moldonio* se trouve nommé parmi les Chevaliers de la Châtellenie de Montlhery qui tenoient quelques fiefs du Roi, et un Amaury *de Meudon*, Chevalier, étoit vivant en 1236.

<small>Gloss. Cangii voce Hybernagium.</small>
<small>Cod. Puteau 635.</small>
<small>Tab. Ep. Paris.</small>

ETIENNE DE MEUDON eut les dixmes de bled et de vin que lui céda Amaury d'Issy, en faveur duquel la Communauté les avoit aliénées et érigées en fief. Il les revendit en 1231, le prix de cent livres parisis, à Eudes, Abbé de Saint-Germain, qui lui en conserva le fief pour lui et ses héritiers, à condition qu'il relèveroit de lui, et Etienne lui en fit hommage ; mais Simon, successeur d'Eudes, rentra dans le tout en 1236.

<small>Hist. S. Germ. ad an. 1231, p. 121.</small>

ROBERT DE MEUDON est connu, premierement par une Charte du mois de Novembre 1303, par laquelle le Roi lui donne un mas à Saint-Germain-en-Laye. Il y est dit Pannetier du Roi. Dans une autre Charte de l'an 1307, outre sa qualité de Pannetier, il est dit Concierge de Saint-Germain. Il est connu ensuite par le Livre rouge de la Chambre des Comptes, où il est marqué que Philippe-le-Bel lui assigna, en 1310, de l'avoine au lieu de cinquante livres parisis. Il fut Concierge de Saint-Germain-en-Laye, ou Capitaine de la Forêt en 1337. Il fut inhumé au Prieuré de Hennemont, où on lit sur sa tombe : *Cy gist Monseigneur Robert de Meudon, jadis Chevalier notre Sire le Roy et Concierge de Saint Germain-en-Laye, qui trespassa l'an Mil CCC et XX.* Ameline, sa femme, mourut en 1328. Robert, son fils aîné, étoit décédé dès l'an 1325.

<small>Trés. des Chart. Reg. 38, chap. XCI et autres.</small>

<small>Portef. Gén. Gaign. CLXXX. fol. 648.</small>

HENRI DE MEUDON, Chevalier, vivoit en 1344. Il mourut la même année. Il étoit Grand-Veneur. Il étoit apparemment frère de Jean de Meudon, Chanoine de Noyon, qui, par son testament de l'an 1343, légua aux Chartreux de Paris son manoir du Val de Meudon, estimé de la valeur de trente livres de rente. Ce même Chanoine de Noyon avoit été délégué en 1334, par Jean XXII, avec l'Abbé de Sainte-Geneviève, pour contraindre les Religieuses de Longchamp à admettre parmi elles certaines Religieuses.

<small>Catal. des Gr. Veneurs.</small>
<small>Necrol. Cartus. 28 Aug.</small>
<small>Hist. de Melun, p. 691.</small>

Une Jeanne de Meudon, femme de Guillaume le Bouteiller de Senlis, mourut en 1353 et fut inhumée dans l'Eglise de l'Abbaye d'Hérivaux.

<small>Hist. des Gr.Off. T. VI, p. 259.</small>

GARNIER DE MEUDON étoit Maître des Requêtes en 1369. Il pouvoit être fils de Robert ci-dessus.

<small>Hist.des Maitres des Req. p. 41.</small>

JEAN DE MEUDON, Chevalier, eut pour fils Bureau de Meudon, Echanson du Roi, et pour fille Marguerite de Meudon, laquelle épousa Jean de Gaillonet, Chevalier, Chambellan du Roi. Ces deux enfans partagèrent la succession de leur père le 11 Juillet 1391. Du temps de Jean de Meudon il y avoit un fief assis à Meudon que Guillaume Champagnolle, Bourgeois de Paris, reconnut tenir

à foi et hommage de Philippe de Levis, Seigneur de Marly en 1383.
Il reste un autre hommage rendu pour la Maison des Carneaux
devant le Château de Meudon, et pour quatre fiefs qui en dépendoient en 1389. Je trouve aussi Claude Sanguin avec la qualité
de Seigneur de Meudon, dans un hommage que Gilles Mallet rendit au Roi Charles VI de la Vicomté de Corbeil l'an 1385. Hist. de Corbeil, p. 62.

Ce fut dans la femme de Jean de Gaillonet[1] que cessa la race des anciens Meudon.

Les Gaillonnet n'avoient pas cependant toute la Seigneurie. On trouve en 1397 un échange de Jean de Bray, héritier d'Agnès de Gonzonville, avec Philibert du Saulx, du tiers du Château de Meudon et de ses dépendances; et quelques mois après un autre échange de ce tiers fait par Philibert avec Jean Voignon pour un autre fief situé à Chingy proche Orléans. Après cela, au 15 Mai 1399, une donation par ce même Jean Voignon, Chanoine de Notre-Dame, à Jean de Coligny du Cordier, son neveu, de la maison des Carneaux et autres fiefs; mais Jean Voignon ne se défit pas de ce qu'il avoit dans la Seigneurie et Château de Meudon.

Le 17 Juillet 1415, Jean de Mont-Revel, époux de Jeanne de Gaillonnet, possédoit le fief noble du Château de Meudon. Du consentement de sa femme, il le vendit à Augustin Ysbare.

GUILLAUME SANGUIN (si on rejette le Claude Sanguin nommé ci-dessus), fut le chef d'une famille qui posséda durant très-longtemps la Seigneurie de Meudon. Lorsqu'il en fit l'acquisition en 1426, il se qualifioit d'Ecuyer, Seigneur de Malmaison. Regnaud de Saint-Lotein, comme seul héritier de Jean Voignon, et les Exécuteurs testamentaires d'Augustin Ysbare, lui vendirent cette Terre. Le premier ajouta à sa vente celle de l'Hôtel des Carneaux, et il en rendit hommage à Jean de Haufride, Seigneur de Marly. En 1430, on comptoit que les fiefs suivans dépendoient de Meudon: l'Hôtel des Carneaux, un fief rue des Cordeliers et un fief à Villebon-lez-Meudon; et du Château de Meudon relevoient ceux-ci: le fief d'Aubervilliers-lez-Meudon, et celui de Villebon que tenoit Etienne des Portes. Ex schedis Lancelot.

ANTOINE SANGUIN est dit fils de Jean Sanguin. Ce fut à cet Antoine, neveu ou petit-fils de Guillaume, que la Terre échut par donation dans le temps qu'il étoit encore sous la tutelle de son père. Jean Sanguin en rendit hommage aussi-bien que de l'Hôtel des Carneaux, le 29 Mai 1442, tant en son nom que comme tuteur d'Antoine à Philippe de Levis, Archevêque d'Auch, Ibid.

---

1. Je ne sais pourquoi il est appelé dans un endroit le petit Hermite de la Faye.

Seigneur de Marly-le-Château. Pendant sa minorité Jean Sanguin, son tuteur, étoit quelquefois qualifié Seigneur de Meudon, comme on le trouve le 4 Juillet 1452, en 1460 et 1462 le 18 Mars ; mais il jouissait pleinement de la Terre de Meudon en 1466. Il en rendit hommage le 27 Août à Gui de Levis, Seigneur de Marly, comme aussi de l'Hôtel des Carneaux. L'année suivante il est qualifié Panetier du Roi. Le 19 Juillet 1478, il y eut un contrat de mariage passé entre lui et Marie Simon, fille de feu Jean Simon, Avocat au Parlement. En 1488 ou 1489, il étoit en procès avec l'Abbaye de Saint-Germain-des-Prés, et en 1492 il plaidoit au Châtelet contre Jean de Montaigu, Ecuyer, demeurant à Bayonne, sur ce que ce Montaigu avoit fait donation à Antoine de Haultbois, Contrôleur des Mortes-payes de Guyenne, d'un fief assis à Meudon, de celui des Moulineaux, etc.

Reg. du Parl.

JEAN SANGUIN, fils d'Antoine, succéda à son père. Le 17 Novembre 1500 il fit offres au Seigneur de Marly de lui rendre hommage. En 1503 le 19 Février, lors du contrat de mariage d'Anne Sanguin, sa sœur, avec Guillaume de Pisseleu, Seigneur de Hely, lui Sanguin son frère conjointement avec Marie Simon, veuve sa mère, lui constitua en dot cinq mille livres. Il étoit encore qualifié Seigneur de Meudon en 1510, comme il paroît par le Procès-verbal de la Coutume de cette année. Mais apparemment qu'il mourut quelques années après.

Ex schedis Lancelot.

ANTOINE SANGUIN son frère hérita de la Terre de Meudon. Il en est dit Seigneur dans un acte du 30 Mars 1522, qui le qualifie aussi de Chanoine de la Sainte-Chapelle de Paris. On a vu ci-dessus qu'en 1524 il fut Marguillier de la Paroisse de Meudon. Le 5 Novembre 1527 il fit donation à Anne de Pisseleu, fille d'Anne Sanguin sa sœur, de la Terre et Seigneurie de Meudon, à la réserve de l'usufruit. Elle en prit possession le 21, et prêta hommage au Seigneur de Marly le 5 Décembre. Il fut fait Evêque d'Orléans en 1533. Quatre ans après, sçavoir le 3 Juin 1537, il fit une nouvelle donation à Anne de Pisseleu, sa nièce, devenue épouse de Jean de Bretagne, Duc d'Etampes, de la Terre de Meudon, sans réserve de l'usufruit, moyennant seulement la somme de douze cens livres par an, et le 5 Juillet suivant elle fit rendre foi et hommage au Seigneur de Marly. On voit par des Lettres-Patentes du même mois, que le Roi François I y vint alors. Le 7 Août Antoine de Haultbois, Seigneur de Rennemoulin, quitta à la même Duchesse d'Etampes tous les droits qu'il pouvoit avoir sur la Terre de Meudon en vertu de la donation de 1402 ; ce que firent pareillement quelque temps après Claude Sanguin, Seigneur de Rademont, et Denis Sanguin, Seigneur de Liverdis, et leurs femmes, à cause que cette Terre

Tables de Blanchard.

avoit appartenu à Guillaume Sanguin. Depuis ce temps-là Antoine Sanguin, devenu Cardinal de Meudon, étoit dit Seigneur d'Aubervilliers, Terre de la même Paroisse. Ce fut l'année suivante que l'on pensa à former un Parc à Meudon. Le 5 Juillet 1546 il y eut commission à MM. Luillier, premier Président de la Cour des Aydes, et Viole, Maître des Comptes, pour se transporter sur les terres que le Roi avoit ordonné être renfermées dans ce Parc et les estimer aux particuliers. En 1550, le 15 Septembre, le Cardinal de Meudon donna à la Duchesse d'Etampes, sa nièce, quittance pour les treize années de la rente de 1200 livres. Au bout de deux ans cette Terre sortit de la famille des Sanguin.

CHARLES DE LORRAINE, Cardinal, Archevêque de Reims, devint en 1552 Seigneur de Meudon. Le 19 Décembre de cette année, le Cardinal de Meudon qui était devenu depuis deux ans Archevêque de Toulouse, lui céda tous ses droits sur cette Terre, sans autre réserve que l'usufruit. Le même jour, la Duchesse d'Etampes séparée de biens de son mari, céda à ce même Cardinal la Seigneurie de Meudon, moyennant une constitution de trois mille livres de rente sur la Baronnie de Chevreuse. Le 4 Janvier suivant, ce Cardinal de Lorraine rendit foi et hommage de cette Terre au Duc de Montmorency, comme mouvante en plein fief de Marly-le-Châtel, et en arriere-fief du Duché de Montmorency. Le Duc lui remit les droits. Il en fit prendre possession le 8 du même mois par Augustin de Thou, Avocat en Parlement, et le 20 il fit donation au Cardinal de Meudon de la jouissance de l'usufruit sa vie durant. Les Religieux de Saint-Germain-des-Prés avoient encore alors à Meudon un fief dont ils firent échange en 1570 avec ce Cardinal. Ce fut lui qui fit bâtir par Philibert de Lorme le Château, dont la vue s'étend sur Paris et au-delà de tous les côtés, à cause de l'éminence sur laquelle il est situé.
<small>*Ex schedis* Lancelot.</small>

On trouve dans le Supplément à Du Breul un détail de l'état où il étoit originairement. Il y est parlé de très-anciennes ruines de Thermes où se voyoient encore en 1639 de vieux cabinets qu'on croyoit avoir fait partie de ces étuves. Ce même Château est représenté deux fois dans la Topographie de Claude de Châtillon, gravée in-folio vers l'an 1610. Zeiller l'a aussi figuré dans la sienne qui parut à Francfort, en 1655, avec la grotte et le Village. Il y avoit dans cet ancien Château une Tour dite la Tour de Mayenne, et une autre dite la Tour de Ronsart. Le Cardinal avoit fait peindre dans les salles du Château les Sessions du Concile de Trente. Le Duc de Guise, son neveu, dont le nom étoit Henri de Lorraine, posséda cette Terre après la mort de ce Cardinal, arrivée en 1574. Il y a apparence que c'est de lui qu'il faut entendre cette inscription qui étoit dans la Grotte : *Quieti et Musis Hen-*
<small>Suppl. Du Breul. Edit. 1639, p. 90.

Topogr. de Châtil. fol. 11.

Topogr. de Zeiller, T. I.</small>

rici II Galliæ PR. PP. PPS. Chacun sçait qu'il fut tué dans le Château de Blois, en 1588. L'année d'après, pendant que le Roi Henri III étoit retiré à Saint-Cloud, où il mourut, Henri, Roi de Navarre, avoit son quartier à Meudon. Il faut compter ensuite pour Seigneur de Meudon, Charles de Lorraine, Duc de Guise, son fils, qui fut marié dans le Château en 1611, avec Henriette-Catherine, Duchesse de Joyeuse, veuve de Henri de Bourbon, Duc de Montpensier. Ce Duc mourut en 1640, et elle survécut jusqu'en 1656. Le Supplément à Du Breul imprimé en 1639, la loue du grand soin qu'elle avoit eu d'entretenir les bâtimens de ce Château et ses jardins.

<small>Mém. de Sully.</small>

Henri de Lorraine, l'aîné de ses fils, Duc de Guise, vivant en 1654, et alors âgé de quarante ans, fit cette même année un contrat de vente à Abel Servien, Surintendant des Finances de la Baronnie de Meudon, moyennant la cession de neuf mille trois cents livres de rente constituée par François de Beauvillier, Comte de Saint-Agnan, Antoinette Servien, son épouse, et Nicolas Servien, Seigneur de Montigny, le 13 Janvier 1650, etc. On assure que ce nouveau Seigneur fut le premier qualifié Baron de Meudon. Au mois de Juillet 1655 il obtint Lettres-Patentes, portant permission d'étendre le Parc de Meudon et de le fermer de murailles, quoique les héritages acquis pour cet aggrandissement fussent dans le voisinage des plaisirs du Roi. Et au mois de Janvier 1656, ce même Seigneur obtint l'établissement de deux Foires franches à Meudon, le premier Lundi d'Avril et le premier Lundi d'Octobre, et d'un Marché franc tous les Samedis. L'année suivante il acheta des Religieux de Saint-Germain-des-Prés ce qui leur restoit de bien à Meudon. Louis-François Servien, son fils, Marquis de Sablé, conserva cette Terre jusqu'après l'an 1680, qu'il la vendit à François-Michel Le Tellier, Marquis de Louvois, Secrétaire d'Etat, qui avoit ordre du Roi d'en faire l'acquisition.

<small>Regist. du Parl. 31 Août 1657.</small>

<small>Regist. du Parl. 21 Mai 1656.</small>

<small>Hist. S. Germ.</small>

<small>Essai de la vie de M. de Louvois, p. 157.</small>

Monsieur de Louvois ayant acheté la Baronnie de Meudon, fit quelque échange avec les habitans, au mois de Mai 1682, et fit au Château des augmentations et des embellissemens ainsi qu'avoit fait M. Servien. Comme les Assemblées de l'Académie des Inscriptions n'étoient point encore fixées au Louvre, M. de Louvois en fit tenir quelques-unes chez lui et à Meudon, vers l'an 1683. On lit que deux ans après Louis XIV et M. le Dauphin vinrent visiter ce Château. Les armes de M. Le Tellier s'y voyoient encore en 1726, en face au bas du pavillon du milieu, que l'on appelloit la calotte de Meudon. Les Ambassadeurs de Siam y étant venus en 1686, et étant montés sur la terrasse, remarquèrent que la pointe du clocher de la Paroisse étoit beaucoup plus basse ; d'où ils conclurent qu'elle devoit être bien élevée.

<small>Regist. du Parl. 17 Août 1683.</small>

<small>Hist. de l'Acad. T. I, p. 12.</small>

<small>Merc. Juillet 1685.</small>

<small>Mercure d'Eté 1686.</small>

Après la mort de M. de Louvois, sa veuve le vendit à Louis XIV, et comme Mademoiselle d'Orléans de Montpensier avoit légué à M. le Dauphin en 1691 sa belle Maison de Choisy-sur-Seine, le Roi l'échangea pour Meudon. C'est ainsi que ce Château devint Maison Royale. M. le Dauphin à qui le Roi le donna, l'orna de tout ce que l'art peut ajouter aux dispositions de la nature ; les fontaines furent augmentées, des grottes ajoutées ; de magnifiques avenues plantées, une terrasse qui coûte des sommes immenses. Louis-le-Grand y venoit trois ou quatre fois par an et y restoit deux ou trois jours ; ce qu'il continua jusqu'à ce que M. le Dauphin y mourut le 11 Avril 1711. C'est ce Prince qui y a fait construire à l'endroit où étoit l'ancienne Grotte bâtie par Philibert de Lorme un Château neuf, dont le second étage rend de plein pied dans le jardin haut, la Chapelle qui fut bénite en 1709, etc. Du parterre on descend et l'on va en droite ligne à l'étang de Chalais de figure hexagone, et qui paroît bien avoir cent toises de diamètre. Le Parc qui en a bien dix-huit cents en tout sens, est rempli de bois très-beaux, d'étangs, bassins et réservoirs. Je nommerai ci-après quelques-uns des lieux qui y ont été renfermés.

Meudon et Belleville furent choisis en 1695 pour faire les premieres expériences de la machine trouvée par Monsieur Amontons, et qui sert à faire sçavoir ce que l'on veut à un ami situé dans un lieu éloigné de huit ou dix lieues, pourvu que ce lieu soit apperçu. Monseigneur le Dauphin voulut être présent à l'expérience de Belleville, comme il l'avoit été à celle de Meudon. *Merc. Sept. 1695, p. 164.*

Un lieu si remarquable par toutes sortes de beautés et de magnificences, n'a pas manqué d'être célébré par les Poëtes comme par les Historiens. M. Moreau de Mautour fit paroître à ce sujet une Idylle en 1696. L'Auteur de la Nymphe de Chanceaux en fit aussi mention en 1699. Mais le Poëte qui en parla le mieux fut l'Abbé Boutard, dont l'Ode composée de 92 vers commence par ces deux-ci : *Merc. Mars 1696. Merc. Mai 1699.*

> *Lætus in aërios vi blanda transferor hortos,*
> *Rapit serena me locorum amænitas ;*

Elle fut mise en vers françois par l'Abbé du Jarry en 17 pages l'an 1703. *Merc. Déc. 1703. p. 70.*

Depuis que Meudon a appartenu au Roi, ce lieu a été favorisé de quelques priviléges. En 1704 on réunit au Bailliage les Prévôtés de Clamart, de Fleury et de Chaville, et il fut dit que les appellations ressortiroient nuement au Parlement. En 1726 au mois de Septembre tout le Domaine de Meudon fut réuni à la Couronne. Je crois que c'est aussi depuis 1695 qu'il y fut établi une Foire Royale fixée au premier jour de Juin. *Regist. du Parl. 24 Nov. 1704. Lettres Histor. T. LXX, p. 670. Reg. de la Ch. des Compt. 13 Novembre.*

Meudon a pareillement un avantage considérable du côté de la nature. Ce sont des carrières qui fournissent de très-belles pierres, qu'on appelle pierres à polir et à layer. C'est de ces carrieres, selon la remarque du Sieur Piganiol, qu'on a tiré les deux pierres dont la longueur est si prodigieuse qu'elles forment seules la cimaise du grand fronton de la façade du Louvre. Elles étoient d'un seul bloc, et quoiqu'on les ait sciées en deux, elles ont chacune cinquante-quatre pieds de long sur huit pieds seulement de large et dix-huit pouces d'épaisseur. En 1685 on entreprit sur le territoire de Meudon proche la Seine une Manufacture de chaux avec du charbon de terre pour les bâtimens du Roi en ses Maisons Royales à raison de 24 sols par muid, mesure ordinaire rendue sur les lieux; au sujet de quoi il y eut Lettres-Patentes données en faveur de Henri Thory, à Versailles, le 8 Avril.

Concord. des Breviaires.

Regist. du Parl. 25 Mai 1685. Tables de Blanchard.

Il est vrai que les Religieux de Saint-Germain-des-Prés ne possédent plus rien à Meudon : mais il y a d'autres Ordres Religieux qui y ont du revenu, ou qui y occupent du terrain. Ce sont les Chartreux de Paris et l'Ordre des Capucins. Les premiers y jouissent toujours du manoir que Jean de Meudon, Chanoine de Noyon, leur légua en 1343, pour en jouir après la mort d'un nommé Roger et de Luce de Meudon, sa femme. On appelloit autrefois ce lieu le Val de Meudon, aujourd'hui les Moulineaux sur le bord de la Seine. L'Auteur du Supplément à Du Breul parle de cette Ferme, laquelle, dit-il, a un grand clos fort peuplé de bons arbres fruitiers. [Les mêmes Chartreux ont aussi dans la plaine vers Meudon le moulin des Rosiers qui leur a été donné en 1661 par Bernard Potier, Marquis de Blerencourt.] La Chapelle de la Conception des Ramels à Saint-André des Arcs, avoit en 1548 une maison et un jardin à Meudon proche la rue des Ménétriers.

Necrol. Cartus. ad 28 Aug. Suppl. de Du Breul, édit. 1639, p. 91. Necrol. Cartus. 5 Nov. Reg. Ep. Paris. 8 Febr.

A l'égard des Capucins, on tient que leur Couvent de Meudon est le premier qu'ils aient eu en France. Ils en eurent le terrain de la libéralité du Cardinal de Lorraine environ l'an 1570. Sauval assure qu'il leur donna quarante arpens dans son Parc, et dans le Dictionnaire Universel de la France il est dit que leur enclos a trente arpens d'étendue, qu'ils tiennent des bienfaits de Monseigneur le Dauphin. Le Supplément aux Antiquités de Du Breul donne un grand détail des parties qui composent ce Couvent, qu'il dit situé à un demi-quart de lieue de Meudon, sur le chemin de Saint-Cloud, en fort belle vue, ce qui est plus positif que la manière dont s'exprime un Auteur moderne, qui laisse à penser que ces Religieux sont logés dans le Bourg même de Meudon. Les Annales des Capucins imprimées, marquent à l'an 1627 le décès d'un Gardien de Meudon nommé Epiphane de Paris, lequel

Antiq. de Paris, T. I, p. 623.

Descr. de Paris 1742, T. VIII, p. 66. Annal. Capucin. p. 705.

alloit à Paris avec le Quêteur et revenoit à jeun le même jour, se contentant à son retour de pain et d'eau. Monseigneur le Dauphin leur a fait l'honneur en 1744 de nommer leur cloche le jour de la Bénédiction. Mercure 1744, p. 1635.

Les anciens écarts de la Paroisse de Meudon sont Villebon, Aubervilliers, qui sont encore marqués dans les Cartes avec Fleury, le Val de Meudon et les Moulineaux.

VILLEBON étoit au treiziéme siécle une grange sur laquelle Etienne de Meudon avoit cinq sextiers de grain, moitié méteil, moitié avoine, qu'il vendit en 1236 à Simon, Abbé de Saint-Germain-des-Prés, aussi-bien que le droit de pressurage des pressoirs de Voues. En 1230 l'un des fiefs de Villebon étoit tenu par un nommé André Reynaud, et l'autre par Etienne du Porta, Conseiller au Parlement. En 1630 Gui Robineau, Seigneur de Saint-Forget, possédoit ce domaine, qui advint en 1637 à Marie de Maugarny, sa veuve. Ce qui en étoit resté en main laïque fut acheté le 12 Mars 1655, la somme de quarante mille livres, de Marguerite Chaline, veuve de Jean Bellehache, Notaire au Châtelet, par M. Servien, Seigneur de Meudon. Cette Ferme de Villebon se trouve enfermée dans le Parc. Il y a un grand jardin potager auprès duquel sont deux moulins à vent d'une invention singulière et qui servent à élever les eaux. En 1696 M. le Dauphin avoit en ce lieu une Chapelle dans laquelle l'Archevêque de Paris permit de célébrer. Hist. S. Germ. p. 12.
Ex schedis Lancelot.
Reg. Arch. Par. 22 Jan.
Mém. de Lancelot.
Piganiol, T. VIII, p. 65.
Reg. Archiep. 2 Aug.

AUBERVILLIERS peut avoir été ainsi nommé parce qu'il auroit appartenu au même Aubert à qui étoit la Terre de ce nom, entre Paris et Saint-Denis. On ne le trouve point mentionné dans de plus anciens titres que du quinziéme siécle, auquel temps Arnaud de Corbie, Chancelier de France, le posséda, et ensuite Philippe de Corbie. Long-temps après Jacques Belleau, Abbé de Cheminon, fut Seigneur d'Aubervilliers, ensuite son légataire universel nommé Michel de Lauzon, Conseiller du Roi, l'un des quatre Notaires Secrétaires du Parlement, étoit Seigneur de ce même Aubervilliers en 1589 et 1591. Il mourut Conseiller au Parlement le 2 Novembre 1610, et il fut inhumé à Saint-André des Arcs, devant l'autel de la Communion. Son fils de même nom et revêtu de la même Charge lui succéda dans cette Terre, et mourut en 1645. Depuis ce temps-là une Anne de Lauzon la porta au Président de Novion, son mari. Catherine Potier fut héritiere d'Henri Potier, Seigneur de Novion, à qui elle étoit advenue; mais Jacques Jubert, Seigneur de Bouville, Maître des Requêtes, son mari, la vendit, après qu'elle fut morte, à M. Servien par contrat portant six mille livres de rente du 1er Avril 1655. Dans Aubervilliers étoit compris Beauvoir, autrement dit La Fosse- Recueil des Epitaph. de Par.
Hist. des Présid. p. 12.
Ex schedis Lancelot.
Ibid.

Regnault-Chaillais; d'où vient qu'un des étangs de Meudon retient encore le nom de Challais. Les Cartes modernes des environs de Paris marquent seulement des ruines à Aubervilliers. On trouve aussi qu'il y a eu le fief du Coulombier assis au haut de Meudon, lieu dit Beauvoir, et qu'il fut tenu en 1536 et 1564 par Etienne Brisse, fils de feu Martin Brisse, Bourgeois de Paris, et reconnu par lui relever de la Seigneurie de Marly.

Ex schedis Lancelot.

COTTIGNY est un fief à Meudon qui étoit possédé, du temps de Saint Louis, par Jean de Lagny, Orfévre de Paris. Il le donna le premier Mars 1265 à l'Abbaye de Porroy ou Port-Royal. Il consistoit en huit arpens de vignes, soixante sols parisis de menus cens, un pressoir avec trois droitures et demie. Matthieu de Marly quatriéme du nom accorda *gratis* l'amortissement. M. Lancelot qui avoit vu un titre de cette donation, dit que le pressoir y est appellé *Torcular Comitis vel de Conteignies*.

Necrol. Porreii 1 April.

Nous sommes informés qu'au commencement du regne de Charles VII, un riche Bourgeois de Paris appellé Jean de la Haye et surnommé Piquet, possédoit beaucoup d'héritages à Meudon, et que le Roi d'Angleterre les lui ôta pour les donner à Michel de la Tillaye, et ensuite à Guillaume de Dangueil, Ecuyer en 1423. Mais nous ignorons quels étoient ces biens et si c'étoient des fiefs.

Sauval, Antiq. de Paris, T. III, p. 327. ex Reg. comput.

FLEURY est celui des écarts de Meudon sur lequel on peut s'étendre davantage, parce qu'on trouve une suite de Seigneurs presque non interrompue. Comme une partie du hameau est de la Paroisse de Clamart, et que c'est celle où la Chapelle est située, je n'en parlerai point ici. Il est facile de distinguer ce qui regarde la partie de Fleury de la Paroisse de Meudon, par l'ancienne censive de Saint-Germain-des-Prés qui est spécifiée dans les titres. Le premier titre où je l'ai trouvé nommé est de l'an 1235. Guillaume, Curé de Saint-Martial de Paris, acheta alors une piece de vigne *apud villam de Flori in censiva S. Germani de Pratis, et promisit quod eandem vineam in vilenagium[1] prout vulgaliter dicitur ad usus et consuetudines de Flori tenebit*. Il est clair par cet acte qu'on disoit alors Flori en langage vulgaire. L'Abbé de Saint-Germain étoit si réellement Seigneur à Fleury, qu'en 1264 Girard qui possédoit cette Abbaye, imposa aux habitans qu'il y avoit comme à ceux d'Issy une nouvelle taille : le lieu y est dit en latin *Floriacum*. Il reste encore concernant ce même Fleury un acte de 1334, qui est une vente de maison séant à Flori, Paroisse de Meudon, censive de Saint-Germain-des-Prés ; plus d'une vigne à Flory-ès-Glaisieres[2] en la censive Simon Godichart, tenant à

Ex schedis Lancelot.

---

1. C'est-à-dire à jouissance comme les paysans du lieu, en payant les redevances au Seigneur.
2. Ce lieu de Glaisieres paroît devoir être celui qui est nommé dans un titre

M. Jehan de l'Etoile, Avocat, et aux hoirs Pierre de Hangest, Bourgeois de Paris ; et enfin d'un arpent d'aunoy à Flory lieu dit Monceau-réparé, et autre lieu dit la Gouche. Mais un Catalogue des Seigneurs de ce Fleury pourra être plus instructif que ce détail des cantons anciens de ce lieu. Je l'ai trouvé presque entierement rédigé par feu M. Lancelot. Le voici ci-après avec quelques supplémens.

Il y a tant de choses à rapporter sur le fief de Fleury sous Meudon, que je vais en faire un article séparé. Je tire ce qui en est dit des Mémoires de M. Lancelot.

Jean de Saint-Benoît, Drapier et Bourgeois de Paris, étoit Seigneur de Fleury le 10 Juin 1342.

Jean Gentian, Général et Maître des Monnoies du Roi, avoit le fief de Fleury en 1363, 1371.

Oudart Gentian, en 1391, 1399, 1401.

Milet de Biencourt, Seigneur en partie de Fleury, premier Août 1406.

Pierre Gentian, Général Maître des Monnoies, en 1444.

Jean de Gentian, Général Maître des Monnoies, en 1444.

Guillemette la Gentien, veuve de feu Jérôme Giles, Ecuyer, est dite héritiere de feu Jean Gentian, Général des Monnoies, Dame de Fleury, 1481.

En 1490 Me Jean Catin, Avocat en Parlement, Seigneur du fief du Denier Parisis à Fleury, par échange du 5 Août avec Jean Giles, Ecuyer, fils de Jérôme. Item 1499.

Gilles de Biencourt, Seigneur en partie de Fleury, 29 Novembre 1497.

Du fief du Denier Parisis à Fleury relèvent trois arriere-fiefs au même lieu de Fleury, dont est la Seigneurie de Fleury vendue par les Sieurs de Serisy à Messire Vast de Marle, Seigneur de Villiers, le 23 Novembre 1516, et par ledit de Marle à M. Jean de Bailly, le 8 Février 1518.

Le 6 Mars 1506, aveu rendu à Catherine de Neuville, veuve de feu Maître Jean Catin. Item 1514, 1515, 1516.

Les fiefs de Fleury relèvent de celui de Revillon, qui depuis environ 1340 jusqu'en 1532 a appartenu à Mrs de Saint-Benoît.

Le 20 Avril 1532 Damoiselle Andrée de Saint-Benoît, veuve de Claude d'Ancienville, Seigneur de Villiers, étoit Dame de Revillon.

Ici on trouve Marie de Feugerais, Dame de Fleury en partie, qui est qualifiée épouse de M. de Villeroy en 1551. Et en 1544,

---

de l'an 1229 *in Glaseria,* concernant l'Abbaye de Saint-Victor. *Histoire de Montmorency, Preuves, page 403.* Un *Johannes de Gleseria* est nommé parmi les Chevaliers qui en 1220 étoient de la Châtellenie de Paris et tenoient leur fief du Roi. *Cod. du Puy 633.*

29 Janvier, veuve de Noble Jean de Bailly, Seigneur de Fleury-lez-Meudon.

M. Lancelot nomme ensuite Jean Catin, Avocat, fils aîné d'autre Jean Catin, 1532 : et Jean Catin, Chauffecire de la Chancellerie, 1561.

Suit Jacqueline de Bailly, Dame de Fleury, veuve de feu Jean Budé, Sieur d'Hiere, fille de défunt Jean de Bailly, Grand Rapporteur de la Chancellerie et de Dame Marie de Feugerais, 24 Mars 1561.

Il a trouvé ensuite parmi les titres de Meudon quelques hommages.

Hommage rendu par M. Dreux Budé, Secrétaire du Roi et l'un des quatre Greffiers du Parlement, tant pour lui que pour Pierre Budé, son frère, Seigneur de Fleury, héritiers de Damoiselle Jacqueline de Bailly leur mère, à Jean Catin, Seigneur en partie de Clamart, 15 Décembre 1566.

Autre hommage de Pierre Budé, Seigneur de Fleury, à Dame Catherine Catin, veuve de Nicolas de Noyon, Avocat en Parlement, 1575.

Hommage de Nicolas de Noyon, Avocat, à Messire Louis d'Ancienville, Seigneur Baron de Revillon, 27 Juin 1568.

Hommage rendu à Dame Catherine Catin par M. Michel de Lauzon, l'un des quatre Notaires et Secrétaires du Parlement, Seigneur d'Aubervilliers, comme Légataire universel de Messire Jacques Belleau, Abbé de Cheminon et Seigneur d'Aubervilliers, 20 Janvier 1589.

Hommage rendu à Messire Louis d'Ancienville, Baron de Revillon, par Maître Jacques Goislard, Procureur au Parlement, pour le fief du Denier Parisis acquis par lui de Messire Nicolas de Noyon, Curé de Saint-Martin, fauxbourg Saint-Marcel de Paris, fils et héritier de défunt Nicolas de Noyon et Catherine Catin, du 18 Mars 1598.

Ce Jacques Goislard et Marie Sevin sa femme vendirent en 1606 ce fief à M. de Machault et à Anne Budé sa femme, lequel Sr de Machault, principal Seigneur de Fleury, acquit le 10 Août 1606 du Duc de Guise tout ce qu'il avoit et pouvoit prétendre au même lieu, se soumettant à la condition qui portoit que lesdits droits et devoirs releveroient du Duché de Chevreuse. Ceci tombe en la même année que la permission du 8 Décembre accordée à François de Machault Conseiller au Parlement, et Commissaire aux Requêtes du Palais, de faire célébrer en l'Oratoire de sa Maison située à Fleury, sur le territoire de la Paroisse de Meudon.

Reg. Ep. Paris.

Suppl. de Du Breul, p. 89 en bas.

Messire Paul de Machault, Abbé de Saint-Jean de Falaise, fils aîné de M. de Machault, Seigneur de Fleury, et de Catherine

Aymeret, avec Paul Aymeret, tuteur des enfans du Sieur de Machault, cédèrent la Seigneurie de Fleury à M. Servien, pour le prix de 4666 livres.

François Chauvelin, Avocat, avoit une Maison à Fleury en 1611.

VAL DE MEUDON. C'est en ce lieu qu'étoit le manoir que Jean de Meudon, Chanoine de Noyon, donna en 1343 aux Chartreux de Paris, ainsi que j'ai dit ci-dessus. Raoul Spifame, en ses projets d'Arrêts du Roi Henri II, imprimés sous le nom de *Dicœarchia* en 1556, faisoit ordonner par ce Prince que les fous fussent placés au pied de la montagne du Château de Meudon, dans la ferme et métairie des Chartreux, auquel cas le Roi leur auroit donné un autre bien ou leur auroit payé rente; ces fous auroient été nourris du revenu de l'Hôtel-Dieu.

LA PISSOTE. En 1430, il y avoit à Meudon un lieu de ce nom. *Ex censu Versaliarum.*

Il seroit inutile de faire ici un résumé des personnes illustres que Meudon peut revendiquer. On a vu ci-dessus qu'il y en a parmi les Seigneurs un assez grand nombre, et parmi les Curés. Je crois seulement pouvoir leur joindre Jean Le Bacle dit de Meudon, Chevalier, qui étoit Prévôt de Paris en 1359, et qui gouverna jusqu'au 18 Mai 1361. *Ex schedis Lancelot. Reg. du Châtelet intitulé:*

En finissant ce que j'ai eu à dire sur Meudon, j'observerai que les grandes Chroniques de Saint-Denis[1] ont rapporté un fait assez remarquable concernant un Franc Archer de Meudon. Elles disent à l'an 1474, sous le regne de Louis XI, que ce Franc Archer étoit en prison au Châtelet pour plusieurs larcins commis en divers lieux, et même dans l'Eglise de Meudon. Il fut condamné à être pendu au gibet de Montfaucon, ce qui fut confirmé en Parlement. Le même jour fut remontré au Roi Louis XI par les Médecins et Chirurgiens de Paris, que plusieurs personnes étoient malades de la pierre, colique passion et maladie de côté, dont pareillement ce Franc Archer avoit été affligé; qu'alors même M. du Bocaige en étoit fort atteint, et qu'il seroit fort à propos de voir les endroits où ces maladies sont formées dans le corps humain, ce qu'on ne pouvoit mieux apprendre qu'en faisant ouverture du corps d'un homme vivant, ce qui pouvoit bien être fait en la personne de cet homme condamné à être étranglé. Le Roi l'ayant permis, l'ouverture et l'incision fut faite au corps de ce Franc Archer, et l'on chercha dans son corps la cause des maladies ci-dessus nommées. Après qu'on les eut vues, on remit ses entrailles en leur place et il *Doulxsire, à la Bibl. du Roi, n. 9350. A. 39.*

---

1. La partie de ces Chroniques qui regarde Louis XI, est mal-à-propos appellée *Chronique scandaleuse*. Il est faux qu'elle soit de la composition d'un Greffier de l'Hôtel-de-Ville. J'ai donné là-dessus un Mémoire à l'Académie des Belles-Lettres en 1745.

fut recousu. Louis XI ordonna de bien panser cet homme, et il fut si bien soigné qu'en quinze jours il fut bien guéri, et eut rémission de ses crimes sans dépens. Et même on lui donna de l'argent.

CLAMART

En produisant le plus ancien titre qui fasse mention de ce lieu, on fournit de quoi en donner naturellement l'étymologie. Tant qu'on ne remonteroit pas plus haut que la fin de l'onziéme siécle où les Chartres du Prieuré de Saint-Martin-des-Champs en parlent, aussi-bien que les titres du douziéme siécle, on ne le trouveroit nommé que *Clamardum* ou *Clemartium* en latin, ou bien simplement en françois Clamard ou Clamart, et cela dans des titres même rédigés en latin. Mais en remontant au septiéme siécle, on trouve parmi les Diplomes de nos Rois un Traité d'échange fait entre deux Abbés, sçavoir : Landebert, Abbé de Saint-Germain l'Auxerrois, et Magnoald, Abbé proche Beaumont-sur-Oise, et cet acte d'environ l'an 690, est dit passé à Claumar. Ainsi l'on peut juger qu'originairement un Romain, nommé Marcus ou Marcius, ou bien un François appellé Medard et par syncope Mard, aura eu en ce lieu un clos, pour raison de quoi on auroit d'abord écrit Claus. Mais comme souvent la diphtongue *au* a été changée en *a,* Clamart est un des mots qu'on peut ajouter aux exemples de ce changement.

Ce Village est situé à une lieue et demie ou deux petites de Paris vers le couchant d'hiver, dans un vallon fort verdoyant : le territoire est fort étendu sur le haut de la montagne le long des murs du Parc de Meudon ; il va même jusqu'auprès de Biévre, de Villacoublay et Pont-Maréchal : mais dans cette partie supérieure qui est vaste et de pleine campagne, il n'y a que des terres labourables et sur-tout ensemencées en menus grains et légumes. Quant aux vignes, on en voit sur le chemin de Clamart à Venves. Le Dictionnaire Universel de la France n'y compte que 209 habitans : mais il faut qu'il y ait erreur, parce que le Dénombrement de l'Election de Paris publié en 1709 y marque 254 feux, et que le dernier Dénombrement imprimé en 1745 y en trouve encore 205.

L'Eglise Paroissiale est sous l'invocation de Saint Pierre et Saint Paul. Le bâtiment qui subsiste aujourd'hui n'a gueres que deux cents ans d'antiquité et ne contient rien de remarquable. Il est accompagné d'une tour qui a de l'apparence. L'ancienne Eglise étoit apparemment fort vieille lorsque Matthieu d'Artigaloupe, Evêque de Pamiers, en fit la Dédicace le Dimanche 7 Juillet 1508, du consentement des Vicaires-Généraux de l'Evêque de Paris; car on lit qu'en 1523 François de Poncher, Evêque de Paris, y voyant une nouvelle Eglise bâtie en partie, s'y transporta le 18 Mai, et en fit la consécration, aussi-bien que celle des cinq nouveaux autels, de Notre-Dame, Saint Pierre et Saint Paul, Saint Jean, Saint Jacques et Sainte Barbe. Ce chœur n'avoit pas encore deux cents ans qu'il menaçoit ruine, sans les réparations qui y furent faites en 1715. Tout cela laisse à penser que le terrain du vallon n'est pas bien solide. *Reg. Ep. Paris. 1504, et 1523, et 1713, 12 Mars.*

L'autel de Clamart (*Altare villæ quæ dicitur Clamard*) fut un de ceux que les Moines de Saint-Martin-des-Champs demandèrent à Guillaume, Evêque de Paris, et qu'ils obtinrent en 1098 du consentement de l'Archidiacre. La raison de leur requête étoit fondée sur ce qu'ils y possédoient déja quelque bien assez considérable pour figurer dans la Bulle d'Urbain II de l'an 1097 sous le simple nom de *Clamardum* précédé du substantif *villa*. La Bulle de Calixte II en leur faveur, et qui est de l'an 1119, met *Apud Clamardum, Ecclesiam, terram, vineas et censum;* ce qui est répété dans celle d'Innocent II de l'an 1142. Pour ce qui est de celle du Pape Eugène III postérieure de cinq ans, elle porte ces mots: *Apud Clamart Ecclesiam reddentem XXX solidos per annum cum decima*. Les Lettres de Thibaud, Evêque de Paris, répètent la même chose. *Hist. S. Mart. p. 477. Ibid., p. 148. Ibid., p. 158. Ibid., p. 171. Ibid., p. 180. Ibid., p. 187.*

Guillaume, Evêque de Paris, donnant aux Religieux de Saint-Martin l'autel de Clamart, ne leur avoit pas donné toute l'Eglise. La partie de cette Eglise appellée en latin *capsum*, étoit tenue en fief par un nommé Hugues de Crêpy, aussi-bien que par Vautier de Bannieuls (*De Banniolis*), et par Hildiarde, sa femme, à qui un nommé Arnoul, Seigneur, l'avoit cédée en arrière-fief. Tous ces détenteurs de ce *capsum Ecclesiæ*, s'en déportèrent en faveur de l'Eglise de Saint-Martin-des-Champs; Hugues de Crêpi mit sa donation sur l'autel; les deux autres portèrent Arnoul, leur Seigneur, sa femme et son fils, à faire la même remise, et ajoutèrent même à ce présent un arpent de vigne situé au-dessous du Bourg, *sub pago ejusdem villæ*. On est partagé parmi les Sçavans sur ce qu'il faut entendre par *capsum*, si c'est le fond de l'Eglise autrement dit *capitium* où le chœur ou même la nef. Il faut consulter le Glossaire de Du Cange. Ces actes qui regardent le *capsum* sont sans date, mais ils ressentent assez le douziéme siécle. *Hist. S. Mart. p. 478 et 479.*

Il est fait mention dans le même Glossaire de basse latinité du village de Clamart au mot *Reportagium*, à l'occasion de la grosse dixme de ce lieu, et on y donne l'explication de ce mot barbare *Gloss. Cangii voce Reportagium.*

tirée d'un titre de l'Abbaye de Saint-Germain-des-Prés de l'an 1245. Reportage étoit une coûtume selon laquelle, par exemple, lorsque des laboureurs demeurans à Clamart avoient cultivé des terres situées sur la Paroisse de Meudon, il falloit que le gros Décimateur de Clamart perçût la moitié de la dixme de ces terres situées sur Meudon, parce que c'étoient les gens de sa Paroisse qui avoient ensemencé et fait croître les grains, et réciproquement cette coûtume de reportage avoit lieu sur Clamart lorsque les laboureurs de Meudon y avoient cultivé des terres. Evrard de Grez, qui étoit gros Décimateur de Clamart en sa qualité de Prieur de Saint-Martin-des-Champs, remit en 1243 ce droit à l'Abbé de Saint Germain, à qui appartenoit la grosse dixme de Meudon, et réciproquement ; ainsi on ne reporta plus de l'un chez l'autre.

La présentation à la Cure de Clamart est marquée, en conséquence de ce qui a été dit ci-dessus, appartenir au Prieur de Saint-Martin-des-Champs dans un acte de 1243, dont il sera parlé ci-après, puis dans le Pouillé de Paris récrit environ le même temps, et ensuite dans ceux qui ont paru depuis. Ce droit avoit été reconnu bien solemnellement par Guillaume, Evêque de Paris. Adam, Grand Queux du Roi Saint Louis, avoit une Maison à Clamart. Il demanda permission à cet Evêque d'y bâtir une Chapelle et d'y entendre la Messe. Il fut statué avec le Prieur de Saint-Martin et le Curé qualifié *Presbyter Parochialis,* que si on y établissoit un jour dans cette Chapelle un Chapelain ou Bénéficier, ce seroit du consentement de l'Evêque, de l'Archidiacre, du Patron et du Curé, qu'on n'y mettroit point de cloches, qu'on n'y béniroit point de Fonts baptismaux, qu'aucun Prêtre séculier ou régulier ne pourroit s'y établir ni aucune Communauté ; que s'il s'y faisoit quelques offrandes en pain ou vin, en argent ou en or ou cierges, de quelque part qu'elles vinssent, elles seroient réservées pour le Curé. Que si enfin on y établissoit un Prêtre pour la desservir en titre, la présentation en appartiendroit au Prieur de Saint-Martin comme celle de la Cure. Il ne reste aucun vestige de cette Maison d'Adam, Grand Queux du Roi, ni de la Chapelle, à moins que ce ne soit à Fleury que l'un et l'autre aient été ; car une partie de ce hameau est sur le territoire de Clamart. Je parlerai ci-après de ce lieu et de la Chapelle qui y subsiste.

Hist. S. Mart. à Camp. p. 479.

Dès le treiziéme siécle, il y avoit une Maison dans Clamart assignée pour le Prêtre du lieu et située sur la censive de Saint-Martin-des-Champs : cela se trouve marqué incidemment dans l'acte d'achat que le nommé Herbert de Clamart, Prêtre, fit en 1239 pardevant l'Official de Paris d'une maison qui y étoit contiguë.

La relation que le Monastere de Saint-Martin-des-Champs avoit à Clamart, à raison de l'Eglise qui lui appartenoit, occasionna quelques donations qui lui furent faites. On connoît celle que Burchard, Clerc dudit lieu de Clamart, lui fit de ce qu'il avoit dans le fief de Radulfe de Chaville, lorsqu'il prit l'habit de religion à Saint-Martin : dont Louis-le-Gros donna des Lettres en 1127. Les Moines de Saint-Martin avoient des Religieux en ce lieu, et la Maison qu'ils habitoient étoit appellée en 1242 *Domus Monachorum de Clamardo*. Ils y achetèrent en 1253 de Constance, veuve de Renier de la Noé, trois arpens de terre chargés d'une redevance de quatre deniers pour le lendemain de Noël et de deux chapons. Le Prieur Yves y possédoit en 1275 un arpent de vigne dans la censive de son Eglise : ce qui se connoit par le bail qu'il en fit moyennant trois sols de rente. Dans les derniers siécles ce que l'Eglise de Saint-Martin-des-Champs avoit à Clamart avoit été attribué à l'Hôtellier du Couvent. Un Arrêt du Parlement de l'an 1516 en parle comme d'une chose déja faite.

Hist. S. Mart. p. 166.
Archiv. S. Mart.
Ibid.
Ibid.
Hist. S. Mart. p. 71.

Il étoit difficile, vu le voisinage de Paris et la quantité de vignes qui étoient en ce territoire, que d'autres Eglises n'y héritassent pas aussi de quelques biens. Hélie Chabot, Soudiacre du Pape et Chanoine de Troyes, y possédoit six arpens de vigne situés sur la censive de Saint-Martin ; il en avoit fait l'acquisition en 1230 des Religieux Grammontins de Vincennes. Il les donna depuis à l'Abbaye de Livry où il se fit Chanoine Régulier. Au même siécle mourut Adam, Clerc du Roi. Son neveu Pierre, Chanoine de Notre-Dame de Paris, voulant que le Chapitre priât Dieu pour lui, donna à l'Eglise entre autres biens deux arpens de vigne situés à Clamart. L'ancien Livre des Anniversaires de Saint-Germain-des-Prés cité dans le Glossaire, porte ces mots : *Apud Clamart percipimus XXVII solidos cum octo denariis minuti census in Festo S. Remigii cum quatuor dreturis*. J'ai aussi appris que les Célestins de Paris ont un fief à Clamart, et que l'Hôtel-Dieu de Paris y en a un appellé le fief de Maudetour, qu'il vendit le 9 Mars 1583 à Jean de Cuigy, Bourgeois de Paris.

Chart. Livriac. fol. 52.
Necrol. Paris. 9 Martii.
Gloss. Cangii voce Dretura.
Mém. de Lancelot.

A l'égard des Seigneurs de Clamart et des séculiers qui y ont possédé du bien, et qui en ont pris le nom, voici ce que j'en ai trouvé. J'ai lu dans les préliminaires du Cartulaire de l'Evêque de Paris, qui contiennent des faits d'environ le commencement du regne de Saint Louis, qu'Herchembald *de Villa dauren* tenoit alors de Guillaume Cucheni ce qu'il avoit entre Ville Escoblen et les Plessis, et dans la Paroisse de Clamart. En 1252 vivoit un Thomas de Clamart, Chevalier, lequel avec Sedile, sa femme, donna aux Moines de Saint-Martin-des-Champs une vigne qu'il avoit dans leur censive, s'en réservant l'usufruit. En 1265 le fief de Clamart étoit possédé par Guillaume de Biévre : le Roi le saisit

Archiv. S. Mart.

Reg. Parlam. Candelosæ 1265.
Tabul. B. M. de Valle. Gaign. vol.CCXXXVII, p. 226.
Archiv. de Meudon.
Mém. de Lancelot. Hist. des Présid. p. 485.

pro foris banimento, c'est-à-dire à l'occasion du bannissement de ce Seigneur. En 1277 Pierre de Clamart, Ecuyer, et Yllaria, sa femme, sont mentionnés dans les titres de l'Abbaye de Notre-Dame-du-Val. Un peu avant l'année 1334 existoit un autre Ecuyer nommé Gilles de Clamart, dont les héritiers sont mentionnés à cette année. Vers l'an 1410 la Seigneurie de Clamart étoit possédée par Jean de Livres qui épousa Arnaude de Corbie. Nicolas de Longueil fut Seigneur de Clamart vers 1470. Il étoit Procureur du Roi au Châtelet. Sa veuve, Jeanne de Blaru, est nommée dans un acte du 7 Mars 1514. Antoine, leur fils, jouit de la même Seigneurie. Il y avoit alors à Clamart un fief dit de Guillaume Coulomb, qui appartenoit à l'Hôtel-Dieu de Paris même avant l'an 1475, et quelque autre fief étoit tenu en 1566 par Jean Catin, qui étoit qualifié Seigneur en partie de Clamart. Mais le fief situé à Clamart que Jean de Cuigy, Bourgeois de Paris, acheta de cet Hôtel-Dieu en 1583, porte le nom de fief de Maudetour. On trouve ensuite Jean de Cuigy, Avocat ès Conseils et au Parlement en

Reg. Ep. Par. 31 Dec. 1621. Regist. du Parl. 5 Mars 1626.

1600, qualifié Seigneur en partie de Clamart en 1611, et dit Secrétaire du Roi le 10 Juin 1626. Le Roi lui donna au mois d'Avril 1635 le droit de haute-Justice en ce Village. Il en fit hommage le 15 Mars 1636 comme de Justice mouvante du Château du Louvre. Le 4 Juillet 1657 il vendit conjointement avec Marie de Caen, sa femme, à M. Servien, la Seigneurie de Clamart. Je ne veux pas omettre Robert des Prez, Avocat, Echevin de Paris, nommé dans l'inscription extérieure de Belleville.

Félibien, Hist. de Paris, T. II, p. 1299.
Mém. de Lancelot.

Depuis ce tems-là le Roi Louis XIV acheta cette Terre avec tous les fiefs : de sorte qu'il n'en reste plus qu'un dit de Chefdeville qui dépend du Domaine de Meudon, et au sujet duquel il y eut Arrêt du Conseil d'Etat le 22 Septembre 1739 contre la veuve Dominique Barreau. La Prévôté de Clamart avec d'autres

Reg. du Parl.

avoit été réunie par Lettres registrées le 24 Novembre 1704 au Bailliage de Meudon, en sorte que les Appels ressortiroient nuement au Parlement.

Comme les anciens noms de côtes, censives ou cantons peuvent faire plaisir aux curieux, je joindrai ici ce que j'en ai trouvé dans des Mémoires de feu M. Lancelot. Hunold d'Etaples, Prévôt de Paris, donna acte en 1242 comme Almaric Durdon, Bourgeois de Paris, avoit vendu à André, habitant de Clamart, une masure avec des terres et haies contiguës, le tout sis à Clamart, dans le lieu dit le Trou-Hourri en la censive de Saint-Martin : il ajouta qu'Almaric avoit hypothéqué ou donné en contre-plege une vigne qu'il avoit aussi à Clamart lieu dit Bellepole, dans la censive de Pierre dit Rossel, Ecuyer, et des terres pareillement situées à Clamart lieu dit La Noé dans la censive de Guy de Mumans,

Chevalier. En 1349 Ansel Coignet demeurant à Fleury-lez-Meudon, vendit à Maîtres Jean de Dormans et Guillaume de Dormans frères, Avocats en Parlement, un demi-arpent de terre au *terrouer de Clamart à lieu que l'en dit La Croix Henry* mouvans de Jean Le Mercier. Les deux mêmes acquirent en 1350 sept quartiers à Clamart, au Buisson au Prêtre, proche le chemin de Patis, en la censive de Pierre de Biauveis; item au champ Fausillion en la même censive, plusieurs piéces de terre en 1352 et 1354. Enfin les mêmes Dormans donnèrent en 1353 à cens des vignes qu'ils avoient à Clamart, lieu dit Les Gros.

FLEURY. Mais sans contredit le lieu le plus mémorable sur la Paroisse de Clamart est le hameau de Fleury, quoique tout ne soit pas sur cette Paroisse, une partie étant de celle de Meudon. Fleury est un lieu déja ancien. Il en est fait mention dans un titre latin de l'an 1235, sous le nom françois Flori, comme d'un pays vignoble qui avoit ses usages et coutumes particulieres. Dans la partie qui est sur la Paroisse de Clamart avoit été d'ancienneté une Chapelle du titre de Saint Claude. On ignore quel en avoit été le fondateur. Mais je soupçonne que ce fut un notable du lieu appellé Geoffroy de Fleury, fils de celui du même nom qui avoit fondé en 1303 à Saint-Josse de Paris la Chapelle de Saint Didier, *Tab. Ep. Paris.* à moins que ce ne soit le même. Ce Geoffroy de Flory est qualifié du titre de Trésorier du Roi dans la permission que Philippe de Valois lui donna en 1338 d'employer vingt-cinq livres en terres ou en rente pour fonder une Chapellenie. La Chapelle de Fleury *Inscription dans* avoit été démolie pendant les premiers troubles de la Ligue. Elle *cette Chapelle.* fut rebâtie en 1644 par les Seigneur, Bourgeois et habitans du lieu, et dédiée de nouveau sous l'invocation de Saint Claude et de Sainte Anne. Cinq ans après, la Confrérie de Saint-Claude fut approuvée par l'Archevêque avec permission de la continuer, donnée le 31 Décembre 1649 à la priere d'Anne Budé, veuve de François de Machault, Conseiller au Parlement, Seigneur de ce lieu. M. de Harlay, Archevêque, avoit permis en 1695 que le Chapelain y chantât Vêpres. Cette permission fut renouvellée en 1710 par M. le Cardinal de Noailles de l'avis des Curés de Meudon et de Clamart, à cause de l'éloignement des deux Eglises Paroissiales, excepté les Fêtes Annuelles, celle de Saint Pierre, Patron de Clamart, celle de Saint Martin, Patron de Meudon, excepté aussi les jours de Sainte Anne et de Saint Claude auxquels le Curé de Clamart continue d'y aller officier dès les premieres Vêpres, et d'y prêcher comme Curé et faire l'office en entier. Cette Chapelle appartient au Roi qui y nomme le Chapelain, lequel ne fait aucunes fonctions Parochiales; on y enterre les Chapelains.

Ce lieu est communément appellé Fleury-la-ville. Il se trouve ordinairement marqué sous le simple nom de Fleury dans les Cartes des environs de Paris. Il a été omis dans la belle Carte de De Fer. M. de Valois qui n'a point connu le village de Clamart, dit que ce Fleury est situé entre Meudon et Bagneux, et que ce n'est pas un Village ancien. On vient de voir qu'il existoit dès le commencement du treiziéme siécle. Dans la Carte que Samson donna du Diocése de Paris lorsqu'il n'étoit encore qu'Evêché, ce Fleury-ci y est marqué avec une Croix comme s'il avoit été Paroisse. On trouve dans le Rôle des Décimes la Fabrique de Fleury imposée immédiatement après celle de Clamart.

Notit. Gall. p 418, col. 1.

M. Piganiol de la Force en sa Description des environs de Paris, dit qu'on peut voir à Clamart les Maisons de Messieurs de Witmer et de La Vienne ; que la premiere est dans une des plus belles situations qu'il y ait, et contient au moins cinquante arpens d'enclos.

Piganiol, Edition de 1742.

Il est arrivé quelquefois que les noms de Village se sont vus transportés dans Paris sans qu'on en connoisse aujourd'hui la raison. Le nom de Clamart a été donné autrefois à une Croix dans le fauxbourg Saint-Victor, et ce nom a passé ensuite à un vaste Cimetière appartenant à l'Hôtel-Dieu de Paris, de maniere que dans le langage ordinaire on dit que les corps morts de l'Hôtel-Dieu sont presque tous portés à Clamart. La Croix Clamart a aussi été appellée indifféremment la Croix de Dormans, non pas relativement à ce Cimetiere qui n'est pas si ancien, mais ce nom lui vint de ce que Messieurs de Dormans, famille de Paris, avoient en cet endroit une Maison de plaisance du temps de Charles VI. Et comme ces mêmes Messieurs avoient fait à Clamart tant d'acquisitions (ainsi que je l'ai rapporté en partie ci-dessus) qu'on les qualifioit aussi de Seigneurs ou Sires de Clamart, de-là vint que la même Croix et le même canton prit aussi le nom de Clamart.

PLESSIS-PIQUET

ANCIENNEMENT

LE PLESSIS-RAOUL

Dans le plus ancien titre qui fasse mention de ce Village, il est simplement appellé *Plesseium*, sans rien qui le distingue, quoique dès-lors il y eût beaucoup de lieux dans le Diocése de Paris qui portassent le nom de Plessis. Ce titre est de l'an 1196, sous le regne de Philippe-Auguste. *Radulfus de Plesseio,* autrement Raoul du Plessis, paroît en qualité de caution dans une vente de dixme de Châtenay, faite au Chapitre de Paris. Le même Raoul du Plessis se trouve dans le rang des Chevaliers de la Châtellenie de Paris qui tenoient leur fief du Roi. Ce fut ce Seigneur Raoul (*Radulfus de Plesseiz*), qui donna son nom au Plessis dont il s'agit ici : car comme ce mot ne signifioit qu'un enclos de terre fermé de pieux et branches d'arbres pliées, on sent qu'il devoit être aussi commun que le nom de Clos, Parc, Jardin, et qu'ainsi il étoit besoin d'y ajouter le nom du propriétaire pour le distinguer d'un autre Plessis. Par la suite, le possesseur ayant changé, le surnom changea aussi ; c'est ce qui va être développé. Il y a au reste environ trois cents ans qu'on a commencé à l'appeller le Plessis-Piquet.

<small>*Magn. Pastor. Eccl. Par. apud Du Bois, collect. mss. T. V, p. 141. Cod. Putean n. 635.*</small>

Ce Plessis est situé à deux lieues de Paris, sur la pente d'un côteau qui regarde l'orient, à trois quarts de lieue du grand chemin d'Orléans du côté de la main droite. Ce lieu est presque tout entouré de bocages et domine sur les vallons où sont Fontenay-aux-roses, le Bourg-la-Reine, Châtenay, etc. Au-dessus, est la grande plaine qui commence auprès de Clamart et de Châtillon, qui n'est que de terres labourables. Dans le Dénombrement de l'Election on y marque 21 feux ou ménages. Dans celui que le Sieur Doisy a donné au Public, il y en a 28 ; et dans le Dictionnaire Universel de la France de l'an 1626, on évalue le tout à 127 habitans, ce qui fait voir que c'est une assez petite Paroisse. Ces trois ouvrages imprimés n'appellent point ce lieu autrement que le Plessis-Raoul, qu'ils écrivent quelquefois le Plessis-Raould, comme s'il venoit d'un nommé *Raoldus*.

Les habitans reconnoissent Sainte Marie-Magdeleine comme Patronne de leur Paroisse. L'Eglise est tout auprès du Château. Comme elle tomboit de vétusté, elle a été rebâtie par M. de la Garde, Curé, ainsi qu'il est marqué sur la porte : il y eut pour cela une imposition dans le lieu en 1737. C'est un très petit édifice qui n'a que l'apparence d'une Chapelle. La tour qui l'accompagne est de l'ancienne Eglise, et peut avoir trois cents ans de structure : elle est petite et en bon état. On a eu l'attention de transporter dans la nouvelle Eglise les tombes de l'ancienne. Sur la plus vieille qui est en lettres capitales gothiques, on lit : *Cy gist... Guiart du Plessis, Escuier, qui trespassa le premier jour d'Aoust l'an M. CCC. XVII. Priez pour l'ame de li. Et ici gist Damoiselle Genevieve de la Faoe laquelle trespassa l'an M. CCC. XXXVI. le Mercredi de*

Les deux défunts y sont figurés. L'homme y est représenté armé.
Autre tombe en petit gothique :

Cy gist noble homme Nicolas-Charles Escuyer Seigneur du

Plessys et de Grandfontaine, lequel trespassa l'an mil V. C.... Ses armes sont écartelées de deux lions grimpans et de trois molettes d'éperon et trois billetes.

Aussi gist Damoiselle Jehanne Bochar, en son vivant femme dudit Seigneur, laquelle trespassa le XXVII jour de Décembre l'an M. V c. Lvij.

Dans la sacristie qui est au côté méridional, et qui étoit autrefois le chœur de l'Eglise, est une tombe de marbre noir avec cette épitaphe :

Cy gist très-haut et très-puissant Seigneur Monseigneur Pierre de Montesquiou, Comte d'Artaignan, Maréchal de France, Général des Armées du Roy, Conseiller du Conseil de Régence, Gouverneur des Ville, Cité et Citadelle d'Arras, Chevalier Commendeur des Ordres de Sa Majesté, décédé dans son Château du Plessis-Picquet le 12 Août 1725, âgé de 71 ans et 6 mois. Req. in pace.

Ayant apperçu dans cette nouvelle Eglise l'inscription suivante, *Tronc pour Notre-Dame de la Quinte*, on me dit que cela signifioit : pour Notre-Dame qui guérit de la coqueluche. Je me rappellai alors certains canons qui défendent de donner ces sortes de surnoms à la Sainte Vierge : mais la dévotion est si accréditée en ce Village, qu'on prétend qu'aucun des enfans du lieu ne sont atteints de cette maladie. La nomination de la Cure appartient au Chapitre de l'Eglise de Paris ; et c'est le Chanoine à qui est échue la trente-septiéme partition qui y présente. Comme cette Cure n'existoit point encore à la fin du XIII siécle, vû qu'on ne la trouve point dans le Pouillé de ce tems-là, c'est un indice qu'elle n'est formée que d'un démembrement de quelque Paroisse voisine dont la Cure appartenoit d'ancienneté au Chapitre de Paris. Et comme dans quelques Pouillés elle est appellée *Plesseium juxta Castanetum*, le voisinage de Châtenay si bien marqué porte à conclure que c'est de cette Paroisse que le Plessis-Raoul, qui d'abord n'en avoit été qu'un hameau, aura été détaché. A l'égard du tems, on l'ignore. L'antiquité du clocher peut faire croire que ç'a été vers le regne de Charles VII, et apparemment lorsque la terre vint entre les mains du Sieur de la Haye surnommé Piquet, il y a un peu plus de trois cents ans. Au reste les Pouillés manuscrits ou imprimés des années 1626 et 1648 ont continué d'appeller cette Cure *Le Plessis Radulphe*, ou *Le Plessis Rodolphe*. Le premier où elle se trouve est celui qui fut écrit vers l'an 1450. Elle y est dite *Cura de Plesseyo Radulphi juxta Castanetum*, et dans le Registre de 1494, *Ecclesia Paroch. S. Magdelena de Plesseio Radulphi.* En 1545 le Curé de ce lieu étoit Frère Philippe Pysart, Moine de Saint-Germain d'Auxerre, qui mit alors en compromis l'affaire qu'il avoit touchant les dixmes avec le Chapitre de Paris.

Reg. Ep. Paris.
16 Febr.

Il n'est pas certain que dans ce quartier-là il n'y eût qu'un seul Plessis. Il pouvoit y en avoir plusieurs, dès lors que ce nom se donnoit à certaines continences de terre fermées de branches d'arbres entrelacées de pieux. Ce qui porte à le croire, est que dans le commencement du Cartulaire de l'Evêque de Paris, où sont énoncés des feudataires d'environ l'an 1230, on lit cet article, *Herchembaldus de Villa Davren tenet de eodem* (Willelmo Cucheni) *quod habet inter Villam Escoblen et Les Plesseʒ*. Le lieu que nous appellons maintenant Villacoublay étant ici trés-reconnoissable, il est hors de doute que le Plessis en question est l'un de ceux qui sont entendus sous le nom général les Plessez, puisqu'il n'est éloigné de Villacoublay que de demi-lieue : mais aussi le nom de Plessis au pluriel, nous engage à chercher où pouvoit être l'autre Plessis. Je crois l'avoir trouvé aux environs de Fontenay-aux-roses : car on lit dans le Censier de Sainte-Geneviéve rédigé vers l'an 1250, que cette Abbaye devoit aux Moines de Plesit (*Monachis de Plesit*) douze deniers de cens pour une vigne qu'elle avoit à ce Fontenay. Il est clair par cet endroit, que le petit Couvent *de Plagiis* ou *de Blagiis* étoit quelquefois appellé Plessit : car ailleurs (fol. 35) le même livre parlant de la même rente, met *Monachis de Plegiʒ*. Or la fontaine *de Blagiis* étoit au couchant de Fontenay. Lib. Cens.
S. Genov. f. 45

Au commencement du XV siécle sous la fin de Charles VI, le Plessis-Raoul appartenoit à un Bourgeois de Paris, nommé Jean de la Haye et surnommé Piquet[1]. Il l'avoit acheté, mais on ignore de qui. Comme il fut attaché au Roi Charles VII, tous les biens que lui et sa femme avoient dans ce lieu et dans le voisinage furent confisqués par Henri, Roi d'Angleterre, devenu maître de Paris, et furent donnés d'abord à Michel de la Tillaye et à Jacquin Langlois pour trois ans : ensuite de quoi le Roi les donna le 5 Septembre 1423 à Guillaume de Dangueil, Ecuyer. On avoit commencé de son temps à ne plus dire simplement le Plessis-Raoul ; mais on allongeoit le nom *Le Plessis-Raoul dit Piquet*, ainsi qu'il paroît dans tous les Comptes du Domaine depuis ce temps-là. Il est vraisemblable que ce Jean de la Haye n'eut point d'enfans, ou qu'il n'eut que des filles. L'Auteur de l'Histoire des Maîtres des Requêtes suppose que cette Terre étoit aussi dès l'an 1423 entre les mains d'un Simon Charles, Maître des Requêtes. Celui du même nom qui la possédoit en 1462 étoit Président des Comptes. La même famille des Charles en a joui durant le seiziéme et le dix-septiéme siécle. Nicolas Charles qui avoit épousé Jeanne Bochart, desquels est descendu le Maréchal de la Motte-Houdancourt, en fut Seigneur. Claude Charles qui n'en étoit Seigneur Comptes de la Prévôté de Paris. Sauval, T. III, p. 297, 327, 585.

Hist. des Maîtres des Req. p. 144.

Hist. des Gr. Off. T. VI, p. 340. Vie du Pere Honoré de Champigny, p. 18.

1. Il y a rue Piquet au cul-de-sac de Novion à Paris prés les Blancs-Manteaux, laquelle tire son nom de lui. *Sauval. Tome III, page 302*.

Hist. des Maîtres des Req. p.144. Regist. Archiep. (orat. domest.) 26 Jul.	qu'en partie, vendit en 1609 sa part de cette Terre à Louis Potier, Seigneur de Gêvres, Secrétaire d'Etat. Ce qui fait qu'en 1638 Bernard Potier s'est dit Seigneur du Plessis-Piquet, aussi-bien que de Blerencourt.
Reg. du Parl.	On se servoit encore en 1682 du nom de *Plessis-Raoul dit Piquet*. Du moins tel est le langage des Lettres-Patentes registrées le 22 Décembre de cette année ; elles sont en faveur de Jean Colbert, Marquis de Châteauneuf, Baron de Sceaux, Seigneur de de ce lieu du Plessis, et Contrôleur Général des Finances. Elles portent confirmation du contrat passé entre lui et Louis du Tronchay, Marquis de Vayres, Seigneur de la Tour de Chaumont dite Aubec, pour la translation du titre de principal manoir et lieu Seigneurial du Plessis-Raoul dit Piquet en la maison de la ferme de Normandie.
Topogr. de Chastillon, f. 10.	Le Château de ce lieu parut en 1610 à Claude Châtillon digne d'être remarqué, puisqu'il le fit graver alors dans sa Topographie in-folio. On voit sur une porte de ce Château des armoiries dont l'écu est chargé de trois cors de chasse. Piganiol se contente de dire que c'est une Maison qui a appartenu au Maréchal de Montesquiou, et qui n'est pas fort considérable par elle-même, mais dont le jardin est spacieux et orné d'une parfaitement belle terrasse. Elle s'étend en effet jusqu'aux approches du bois de Verrieres dits les Bois de Saint-Germain, et se termine par quelques pavillons dont la vue est très-belle et très-étendue. Ces lieux éminens qui sont apperçus du côté de Sceaux, sont faciles à reconnoître par la couleur rouge de la terre. Madame la Maréchale de Montesquiou possède ce Château que M. le Maréchal s'étoit retenu en vendant la Terre à M. le Duc du Maine.
	Il y a au Plessis-Piquet un Monastere de Feuillans qui a commencé en 1614 et 1615, en vertu du don de quelques places et de quelques rentes faites par la vertueuse fille Damoiselle Estiennette Gayneau. L'établissement fut confirmé dès-lors par le Chapitre Général de l'Ordre tenu à Pinerole en Savoye, qui déclara cette Dame fondatrice de la Maison, et on y mit d'abord six Religieux. En 1625 le Noviciat fut transféré de Paris en cette Communauté. Les huit Novices y commencèrent leurs exercices le premier jour d'août ; ensorte que le Monastère fut alors composé de quatorze Religieux. Mais cela ne resta pas toujours sur ce pied-là. L'Eglise est sous le titre de Saint Etienne, sans doute selon le désir de la Fondatrice ; elle n'a été achevée qu'en 1649. Sauval qui dit un
Antiq. de Paris, T. 1, p. 633.	mot de cette Maison, ne la place qu'à une lieue de Paris. Mais il en faut compter deux.
	Au bas de la montagne vers le levant est la place de deux petits étangs.

Un peu plus loin en approchant de Fontenay se trouve la Fontaine dite aujourd'hui *du Moulin,* laquelle est sur le territoire du Plessis, et où il y a un ample bassin pour l'utilité des deux Villages. Je ne doute nullement que ce ne soit là cette Fontaine qui est appellée *Fons de Blagiis* dans les titres de Notre-Dame de Paris du treiziéme siécle, et proche laquelle il semble qu'il y avoit eu alors un petit Couvent. Voyez l'article du Bourg-la-Reine.

BIÉVRE

On trouve assez souvent dans les Cartes de Géographie de France, des Villages ou Bourgs qui portent le même nom que la riviere qui y passe. Sçavoir si c'est la riviere qui a donné le nom au lieu, ou si c'est ce lieu qui a communiqué le sien à la riviere, c'est ce qui n'est pas encore décidé. M. de Valois prétend que le village de Biévre a pris le nom de la riviere : M. Lancelot dans sa note manuscrite sur cet endroit de la Notice des Gaules, assure que c'est contre l'usage ordinaire, par où il fait voir qu'il croyoit que c'étoit le lieu qui a donné son nom à la riviere. Ce qui fait pour le sentiment de M. de Valois est que la riviere est constamment plus ancienne que le Village qui a le même nom, et que ce nom a une terminaison qui est plus ordinaire pour les rivières que pour les villages : mais lui avoit-on donné un nom avant la construction de ce Village ? C'est ce qui sera toujours ignoré. D'un autre côté, si ce sont les lieux qui donnent le nom aux rivières, pourquoi celle dont il s'agit n'a-t-elle pas été dénommée la rivière de Buc qui est le premier Village où elle passe à une lieue de sa source ? Et pourquoi l'auroit-on laissée couler trois lieues sans lui donner de nom ? Car il y en a autant du village de Biévre à sa source. Est-il naturel d'ailleurs que les habitans de Buc et de Jouy, villages très-anciens, s'exprimassent, en l'appellant la riviere de Biévre, comme si c'eût été du village de Biévre qu'elle eût coulé chez eux, tandis que c'est le contraire ? Je ne vois que l'expédient de dire que, quoique Buc et Jouy soient d'anciens lieux habités, ils n'étoient pas Paroisse, et que pour preuve que Jouy n'est pas d'une haute antiquité et qu'il est démembré de Biévre, c'est qu'on y a pris Saint Martin pour Patron comme il l'étoit de Biévre, qui d'ailleurs étoit une Chapelle qui l'a fait appeller Biévre-le-Châtel. Biévre étant donc le premier lieu considérable depuis la source de la rivière, c'est pour cette raison que la riviere en a eu le nom. Au reste je ne déterminerai rien là-dessus non plus que sur l'étymologie de ce nom, d'autant que nous n'avons pas de titre plus ancien qui en parle, que du douziéme siécle ; et que dans la plupart des actes du même temps et du siécle suivant, les Actuaires se contentoient de mettre le mot en françois *Bevre* ou *Biesvres* dans des titres latins. Un ou deux actes dressés entre 1100 et 1150 appellent ce lieu en latin *Bevria*, ce qui n'apprend rien, et ne fournit point de conjectures pour l'origine de ce nom. Il y a en France deux autres Villages du nom de Biévre; l'un dans le pays Messin, Duché de Carignan, l'autre dans la Picardie, Diocése de Laon. Ce dernier où il y a une montagne fort roide, est réputé être le *Bibrax* des Commentaires de César, attendu que sa position y convient. Il y a aussi dans le Dauphiné une riviere du nom de Biévre. Voilà tout ce que l'on peut dire par rapport à la découverte de l'étymologie de notre Biévre qui reste à faire.

Ce Village est placé sur un côteau qui regarde le midi. Le bas du territoire est un peu marécageux et fort rempli de verdure. Le Château est situé en cet endroit. Le terrain du côteau est jaune ou tirant sur une espece de rouge qui indique qu'il y a des mines de fer dans les entrailles de la terre. Aussi y voit-on une fontaine minérale. Il y a des vignes dans les endroits moins froids, le reste est en prairies et labourages. Le Dénombrement des feux imprimé en 1709 en marque 116 à Biévre-le-Châtel, mais celui du Sieur Doisy n'y en met que 98. Dans le Dictionnaire Universel de la France, où par erreur ce lieu est nommé Biévre-le-Chastelus, le nombre des habitans étoit marqué à 441.

L'Eglise de cette Paroisse, titrée de Saint Martin, est fort petite et n'a point d'ailes. Cette petitesse prouve quelquefois l'antiquité d'une Eglise, sur-tout lorsque le chœur est couronné par une tour ou par un clocher de pierre. Mais ici il est à côté de l'Eglise et il est bâti de grès, ce qui ne peut fixer nettement le temps de la bâtisse. Il n'y a de tombes ou épitaphes en cette Eglise que celle de George Maréchal, premier Chirurgien du Roi, et de son épouse, qui sont inhumés au chœur, chacun sous une tombe noire. M. Maréchal décéda en 1736. Il étoit Seigneur de cette Paroisse. La nomination de la Cure, selon le Pouillé du treiziéme siécle, appartient de plein droit à l'Evêque de Paris. Elle s'y trouve nommée *Ecclesia de Bevra*. Les Pouillés subséquens y sont conformes quant à la nomination. Il se présente ici une difficulté quant au Saint Patron. Elle est fondée sur un article des Registres de l'Evêché, qui porte qu'a la prière du Curé et des Paroissiens de Biévre faite à René du Bellay, Evêque du Mans, Vicaire-Général du Cardinal Jean du Bellay, Evêque de Paris, de dédier leur Eglise qui portoit les noms des Saints Laurent et Preject, cet Evêque en fit la Dédicace le 2 Juillet 1536, et ordonna que l'Anni versaire seroit célébré le Lundi après la Saint-Martin d'été, accordant à ce jour au nom du Cardinal cent jours d'Indulgences. J'ai vu plusieurs Provisions de la Cure depuis ce temps-là et du même siécle, et dans toutes l'Eglise de Biévre est dite porter le nom de Saint Martin.

Il paroît dans le Cartulaire du Prieuré de Longpont, deux ou trois Seigneurs de Biévre environ le temps de Louis-le-Gros ou de Louis-le-jeune. Le premier fut *Garnerus de Bevria* avant l'an 1150. Il fut présent au don des dixmes de Monteclen. L'un nommé *Paganus de Bevria* est simplement témoin d'un don que Sultan de Macy fit à ce Prieuré. L'autre appellé *Fulco de Bevre*, donne en mourant à cette Maison des terres situées à Charcoy, sous le témoignage de Frotger, Doyen et d'Ermenald, Prêtre. On doit placer après ces deux Seigneurs Jean *de Bevre*, du fief duquel étoient des terres de Chastenoy qui furent données en 1196 au Chapitre de Paris. On lit dans le Rôle des feudataires de Philippe-Auguste relevans de Montlhéry, cet article : *Ivellacius est homo Regis de eo quod habet apud Biesvres* : mais cela ne marque pas absolument un Seigneur de la Paroisse. Sous le regne de Saint Louis vivoit Eustache *de Bevra* qui relevoit de l'Evêque de Paris pour ce qu'il possédoit à Montrouge, et Guillaume de Biévre qui viola la fidélité à l'Evêque de Paris, et qui fut banni du Royaume. Un des Livres du Châtelet de Paris nous instruit plus particulierement sur la Seigneurie de Biévre. On y trouve le sommaire des Lettres du Roi Charles V datées au Bois de Vincennes le 20 Novembre 1377, « par lesquels il donne à Pierre, Seigneur de « Chevreuse, Chevalier et son Conseiller, toute Justice et Seigneu- « rie haute, moyenne et basse, en la ville, hostises, terroir et « Paroisse de Biévre et en la Maison-fort de la Motte de Biévre « appellée Maumolin, et ès terres, bois et dépendances de ladite « Maison mouvantes de Montlhery et de Châteaufort, et tenues du « Roi à une seule foi et hommage, à celle fin qu'il puisse instituer « Baillifs, Prévosts, Sergens et tous autres Officiers ressortis- « sans au lieu de Montlhery ou Châteaufort, dont ils ont accoû- « tumé ressortir, faire dresser signe de Justice à deux pilliers, et « lesdites Justices estimées dix ou douze livres de rente par an, et « moyennant douze livres de redevance au Domaine du Roi. » Dans cette Charte telle qu'elle est au Trésor des Chartes, il est positivement dit, « qu'icelle Justice et Seigneurie sera nommée et « appellée en chief de ladite Maison-fort de la Motte dès main- « tenant et ou temps à venir : » ce qui fait qu'il faut entendre de ce Château de la Motte ce qu'on lit. En 1378 le 6 Juillet le même Roi fit expédier d'autres Lettres par lesquelles il déclaroit que la connoissance et Justice des Nobles, ensemble la Justice de Villefa-

Chart. Longip. fol. 43.

Ibid., fol. 38.

Ibid., fol. 25.

Grand Pastoral, Du Bois, T. V, collect. mss. Chart. Ph. Aug. ad calcem.

Chart. Ep. Par. circa initium. Regist. du Parl. Purific. 1254. Grand Livre jaune du Châtel. p. 127.

Trés. des Chart Reg. 111. Piece 324.

Ibid.

vereux, est distraite de la Justice donnée. Charles VI, son fils et son successeur, en fit encore expédier d'autres le 16 Novembre 1380, par lesquelles il donne au même Pierre de Chevreuse toute Justice à Villefavereux en récompense de la Justice et Seigneurie de Monteclain et du moulin de Valbayen et leurs dépendances, ces lieux appartenans aux Religieux de Saint-Germain-des-Prés qui soutenoient ne pouvoir être soumis à d'autre Justice qu'à celle du Roi. Il est vraisemblable que les descendans de ce Pierre de Chevreuse posséderent la Terre de Biévre durant le siécle suivant. Tant y a qu'au commencement du seiziéme siécle Nicolas le Coq en jouissoit aussi bien que de Giry et de Villefavereuse. Il mourut le 31 Août 1528. Il avoit été Conseiller au Parlement, puis Premier Président en la Cour des Aydes. De là cette Terre fût possédée par Charles de Dormans, Conseiller au Parlement; ensuite par son fils de même nom, qui fut Maître des Comptes et Secrétaire du Roi sous Charles IX. Ce fut à sa priere que ce Prince permit l'établissement de deux Foires à Biévre; sçavoir le 11 Juin et le 6 Décembre, et un Marché tous les Lundis. Il étoit encore Seigneur de cette Paroisse en 1580. Depuis lui François de la Béraudiere reçu Conseiller en Parlement l'an 1587, jouit de la Seigneurie de Biévre ayant épousé Elisabeth de Dormans, sa fille, après la mort de laquelle il embrassa l'état Ecclésiastique, devint Doyen de Poitiers, et en 1614 il fut fait Evêque de Périgueux. On met sa mort vers 1646. Je trouve qu'en 1626 Charlotte Fachon se disoit Dame de Biévre, Diocése de Paris. Cette Terre a depuis appartenu à M. de Francine, Maître-d'Hôtel du Roi, puis à M. Le Bas de Montarsis.

Sur la fin du dernier siécle la Terre de Biévre a été possédée par Georges Maréchal, premier Chirurgien du Roi. Il avoit épousé Marie Roger en 1684. Dans les Journaux qui marquent sa mort au 13 Décembre 1736, il est qualifié Chevalier de Saint Michel et dit aussi Seigneur de Velizy et de Monteclain. Son fils Georges-Louis Maréchal a joui ensuite de la Terre de Biévre. Il étoit Maître-d'Hôtel ordinaire et ancien Gentilhômme de Sa Majesté. Il épousa en 1710 Anne-Antoinette Blanchet. Leur fils Georges-François, Seigneur de Biévre, Conseiller au Parlement de la premiere des Enquêtes depuis le 5 Janvier 1745, est décédé le 29 Septembre 1747.

HAMEAUX OU ÉCARTS DE BIÉVRE

MONTECLAIN ou' Monteclen, situé au couchant d'été du clocher, est l'un dont le nom est le plus ancien, parce qu'il en est fait mention dans le Cartulaire de Longpont en un titre qui a dû précéder l'an 1150. Un Seigneur nommé Teulfe y avoit *Chart. Longip* une dixme dont il fit part à ce Prieuré en s'y faisant Moine. Ce *fol. 43.* Monastère ne la garda pas long-temps, puisqu'avant l'an 1155 Duchêne, il la remit à Gilduin, Abbé de Saint-Victor, pour tenir lieu du T. IV, p. 761. revenu que cette Abbaye avoit dans la Collégiale de Montlhéry qui fut réunie à Longpont. Une autre Abbaye jouissoit depuis long-temps de la Seigneurie de ce lieu. C'étoit celle de Saint-Germain-des-Prés. On lit dans l'histoire de ce Monastère à l'an 1275, qu'en cette année-là le Roi Philippe-le-Hardi déchargea Hist.de S.Germ. l'Abbé Gérard de donner à dîner au Prévôt de Châteaufort, à p. 137. raison de la Seigneurie de Monteclen, en même temps qu'il exempta les habitans de ce hameau de l'aider à conduire les criminels de Paris, comme ils y étoient tenus auparavant. On a vû ci-dessus, que le Roi Charles V avoit accordé à Pierre, Seigneur de Chevreuse, la Justice et droits Seigneuriaux de Monteclain, mais que cela fut révoqué par Charles VI aussi-tôt après sa mort, attendu que les Religieux de Saint-Germain soutinrent qu'ils ne pouvoient être soumis à d'autre Justice qu'à celle du Roi.

VAUBAYEN dont la position est au couchant de Biévre, est connu par des actes aussi anciens que Monteclain. Le Cartulaire de Longpont témoigne que vers le regne de Louis-le-Gros, *Chart. Longip* Simon d'Orcé et Odeline, sa femme, donnèrent à cette Maison la *fol. 42.* dixme de deux arpens de terre situés *in valle Valbuini*, dont ils avoient hérité à la mort d'un Chevalier de leurs parens. Simon étoit contemporain d'Henri qui gouverna le Prieuré depuis 1086 jusqu'en 1125. Un Seigneur nommé Teulfe prenant l'habit à Longpont avant l'an 1150, y fit présent de quelques dixmes qu'il *Ibid., fol. 43.* avoit *in Valle Baen.* Dom Bouillart écrit Vauboyen dans son Histoire, en parlant des prés situés en ce lieu qui furent donnés Hist.deS.Germ. à l'Abbaye de Saint-Germain pour l'augmentation de la Fête de p. 117. Ste Catherine, et dans un exposé fait par cette Abbaye l'an 1611 Du Breul, de tous les lieux où elle a Justice, le même Vauboyen est compris p. 249. dans le nombre. Apparemment qu'elle n'étoit pas la seule qui y eût droit au quinziéme siécle, puisqu'on trouve un Odon de Creil, Catalogue des Ecuyer, Seigneur de Vauboyen et Merintou vers l'an 1425, et Cons. du Parl. qu'après lui sont comptés pour Seigneurs son fils Michel, puis p. 17. Nicolas de Creil, et ensuite Louis de Creil.

VILLE-FAVREUX ou Ville Favreuse, que la Carte du Diocèse par de Fer appelle simplement Favreuse, est situé au sud-ouest de Biévre. J'ai rapporté ci-dessus, que le Roi Charles V l'excepta dans la donation qu'il avoit faite l'année précédente à Pierre de Chevreuse de la Justice des dépendances de Biévre, mais que Charles VI l'y fit ensuite comprendre par des Lettres de 1380. Ce fut apparemment à l'issue de la mort d'une Dame de

Pintervilliers qui possédoit cette Seigneurie, suivant l'inscription de sa tombe qui se voit dans l'Eglise de Saclé. Jean des Voisins, inhumé dans la même Eglise, fut Seigneur de Ville-Favereux au quinziéme siécle. Jean du Moulin, Avocat, pere du célebre Charles du Moulin, étoit en 1526 Seigneur de Migneaux et de Ville-Favereuse. Dans la Coûtume de Paris de l'an 1580, est nommé Jean de Picaud, Conseiller au Parlement, Seigneur de Ville-Favereuse, Paroisse de Biévre. Quarante ans après Marie Picard, veuve de Claude Larcher, Conseiller au Parlement, se qualifioit Dame de Ville-Favereuse.

<small>Tombes de l'Egl. de Saclé.
Tab. Ep. Paris.
Procès-verbal de la Cout. 1580.
Reg. Ep. Paris. 5 Jun. 1520,
Chapell. domest.</small>

GISY, placé vers le septentrion de Biévre dans la plaine supérieure, seroit bien ancien s'il étoit le *Gesedum* du Diocése de Paris dont a parlé Frodoard dans sa Chronique. Il y dit à l'an 922 qu'il y avoit quatre ans qu'il continuoit de se faire des miracles dans l'Eglise de Saint-Pierre du lieu dit *Gesedis* du pays de Paris, à l'occasion d'une relique du Saint Apôtre qui y étoit arrivée. Gisy ne paroît jamais avoir été Paroisse. S'il étoit de celle de Clamart où S. Pierre est Patron, on pourroit dire que le titre Paroissial auroit été porté de là à Clamart. Mais il est de celle de Biévre. Tout ce qu'on peut alléguer d'ancien au sujet de Gisy, est qu'on l'appelloit en françois Giry au douziéme siécle, et que deux Chevaliers de ce nom furent inhumés à Val-profond, Abbaye voisine, en 1165. De plus on sçait que vers l'an 1357 les Registres de la Chambre des Comptes faisoient mention de la réunion de la Maison de Gisy au Domaine. Il est parlé de Gisy dans des Lettres d'Henri II qui confirment des biens du Val-de-Grace. Un réglement de l'an 1698 concernant la Sainte-Chapelle de Vincennes, nous apprend que la Sainte-Chapelle du Vivier y avoit des terres, qui par l'extinction du Chapitre de Vivier ont été réunies à celle de Vincennes, laquelle en retiroit alors deux cents livres.

<small>Duchêne, T. II, p. 592.</small>

MENILLET et LES ROCHES. La requête présentée en 1658 à l'Archevêque de Paris au sujet du premier, par Jacques Tiquet, Bourgeois de Paris, et au sujet du second par M. Piart, Auditeur des Comptes en 1697, marquent que ces deux lieux sont de la Paroisse de Biévre.

Il faut peut-être ajouter à ces principaux Ecarts de la Paroisse de Biévre, un lieu dit Reaux-en-Biévre dans l'Histoire des Grands Officiers (Tome VI, page 302), et qui est qualifié de Seigneurie en 1594. Ce même lieu est appellé Roex dans la Charte par laquelle Mabille, femme de Matthieu de Marly, confirme en 1147 aux Religieuses de Port-Royal la dixme qu'elles y avoient. Cette prononciation Roez usitée au treiziéme siécle, a été cause que la Seigneurie est appellée Ville-Roy sur une tombe de l'un des deux

<small>Hist. de Montm. Preuv. p. 405.</small>

siécles suivans qui est dans l'Eglise de Saclé. La suite des temps a fait que de *Roez* on est venu à dire *Roy*, puis *Reaux,* et enfin *Ras.*

Les Mémoriaux de la Chambre des Comptes m'ont fourni un autre lieu. On y lit à l'an 1362 que l'Hôtel des Demoiselles près Biévre est un bien des Mathurins de Paris. Ils y ont encore aujourd'hui une Chapelle.

Mais la Communauté qui a été la plus connue autrefois sur le territoire de Biévre, est l'Abbaye de Valprofonde, dite ensuite Val-de-Grace, de laquelle je ferai un article exprès, à la fin de celui de Biévre.

On croit communément qu'il y a à Biévre une fontaine minérale, et qu'elle est dans le Parc qui appartient à M. Dargenville, Maître des Comptes, où effectivement on voit une fontaine distinguée par une voûte qui la couvre. Mais dans les Mémoires de l'Académie des Sciences, voilà le jugement qu'on en portoit : qu'elle est très-limpide et presque insipide, et qu'il reste un peu de sel commun après son évaporation. Mém. de l'Acad. des Sciences, T. IV, page 86.

On m'a assuré que c'étoit de Biévre qu'étoit natif un nommé Rossignol, Cordonnier, qui sans aucune étude ni lecture apprit sur la fin du siécle dernier à connoître les maladies et à les guérir. Ayant quitté sa premiere profession, il s'établit à Paris dans l'enceinte du Temple, où il avoit une Apotiquairerie.

Il y a dans le Diocése de Laon un autre Village du nom de Biévre, que j'ai prouvé ailleurs avoir été le *Bibrax* des Commentaires de César, comme j'ai dit ci-dessus. Dissert. sur l'ancien pays Soissonnois, 1735.

ABBAYE DE VALPROFOND

Ce qui a contribué à faire connoître autrefois le village de Biévre, a été l'Abbaye de Valprofond qui étoit sur son territoire. M. de Valois la met dans le rang des Abbayes obscures, parce qu'il n'a pas sçu que c'étoit la même que celle du Val-de-Grace. Notit. Gall. p. 433, col. 2.

M. Lancelot a fait plus : il assure que jamais il n'y a eu d'Abbaye de ce nom dans le Diocése de Paris ; mais qu'il y a un Parfondeval, village au Diocése de Beauvais. Il n'avoit qu'à ouvrir le Pouillé Parisien du XIII siécle, et il l'y auroit trouvé sous son nom *de Valle profunda.* On ne doit donc pas pas douter qu'il n'ait existé une Abbaye de Filles de ce nom dans le Diocése de Paris. Il est certain qu'elle étoit de l'Ordre ancien de Saint-Benoît et établie avant l'Ordre de Cîteaux. Du temps d'Henri II, les Religieuses exposèrent qu'il y avoit déjà cinq cents ans qu'elles étoient fondées, ce qui feroit remonter leur fondation au XI siécle. Il est sûr qu'elles sont plus anciennes que le douziéme, puisque la tradition est que les premières Religieuses Bénédictines d'Hieres, Lancelot, notes mss. sur Valois.

Gall. Chr. nova, T. VII, col. 574.

Abbaye fondée en 1138, furent tirées de ce Valprofond. On assure aussi avoir vu une épitaphe sur laquelle on a lu : *Cy gist Jehan et Richard de Giry Chevaliers, lesquels trespasserent l'an de grace M. C. LXV*, et qu'il existe des Lettres données par Philippe-Auguste, l'an 1183, par lesquelles ce Prince accorde aux Religieuses *Vallis profundæ* le tiers de la dixme du pain et du vin qui sera consommé quand le Roi sera à Vitry-aux-Loges, dans la Forêt d'Orléans. Quoique je doute si l'on n'a pas dû lire sur la tombe citée ci-dessus M. CC. LXV ou même M. CCC. LXV, parce que le style ne ressent pas le XII siécle, et que je connoisse un Couvent de Valprofond qui en 1183 existoit auprès de Villeneuve-le-Roi, Diocése de Sens, Communauté que Louis VII, la Reine Adele et Philippe-Auguste assistèrent fort [1], je suis persuadé que l'Abbaye de Valprofond subsistoit bien avant l'an 1202, et que c'est une faute dans les Lettres-Patentes de la Translation du 4 Mars 1621, d'avoir marqué que cette fondation n'est que de cette année-là. Il est vrai que la première Abbesse dont on trouve le nom ne paroit qu'en 1204. Mais seroit-ce la premiere Maison dont le nom des anciennes Abbesses est tombé dans l'oubli ? Je parle à l'article du village de Colombes d'un Prieuré nommé *Neenval* ou Neinvaux, que cette Abbaye avoit au Diocése de Sens sous la fin du regne de Philippe-Auguste.

Depuis l'an 1204 jusqu'en 1514, on ne trouve que dix-sept Abbesses de Valprofond. Le dixiéme article du Réglement de la Confrérie des Drapiers de Paris autorisés par le Roi Jean en 1362, porte que les graisses des viandes qui seront cuites le jour de la Confrérie qui étoit le premier Dimanche de Janvier, seront pour les Religieuses de ce lieu. Cette Maison souffrit beaucoup durant les guerres sous Louis XI. Dans le titre du don que Robert, alors Abbé de Saint-Germain-des-Prés, fit à l'Abbesse Guillemette de Sully pour la réparation du Monastère, un ruisseau appellé Siton est dit voisin de cette Maison et d'un bien de Saint-Germain. Sous l'Abbesse Catherine de Torcy, qui gouverna depuis 1494 jusqu'en 1510, on observe que cette Abbaye composée alors de vingt-quatre Religieuses fort pauvres, étoit quelquefois appellée Notre-Dame des Ardans. Jacqueline de Ballicu étant morte vers 1513, Etienne Poncher, Evêque de Paris, y mit la réforme de Chezalbenoît. La premiere Abbesse réformée et triennale s'appelloit Anne de Broyes et vint de Reims. La Reine Anne de Bretagne, qui avoit demandé cette réforme, lui fit donner alors le nom de Val-de-Grace. Des Lettres de François I, de l'an 1515, l'appellent des deux noms ensemble. Cette Abbaye fut sujette par sa situation

Gall. Chr. nova, p. 581, ad an. 1479.

Ibid., col. 582.

Ibid., col. 574.

---

1. C'étoit une Maison de Religieuses de l'Ordre de Prémontré.

dans une gorge, à différentes inondations causées par les orages d'été. Voici ce qu'en rapporte un nommé Etienne Gaultier, qui écrivoit des Statuts de Religieuses il y a plus de deux cents ans : *Opusculum hoc perscriptum fuit anno Domini 1541 die vero X mensis Maii, die in qua diluviolum aquosum hora de sero sexta ex improviso totum pene Conventum Vallis Gratiæ dirupit, contrusit necnon et eradicavit audito imbrium tonitru indicibili et coruscatione visa supra modum obnubilante.* Signé : *Stephanus Gautiers*. Cette Abbaye ayant été ruinée par les Huguenots, il fut permis en 1562 aux Religieuses de se retirer à Saint-Paul de Beauvais. Le Mercredi dixiéme Juin 1573, il arriva dans ce Monastère un second déluge qui en renversa les murs, à l'occasion de quoi il y eut une délibération du Parlement le 22 du même mois. On apprend par les Registres de la même Cour, que c'étoit au Val-de-Grace de Biévre que se retira souvent le Docteur Merlin, qui essuya quelques disgraces sous le regne de François I. Comme la ferveur étoit refroidie au bout d'un siécle dans cette Maison, Marguerite de Veny d'Arbouze, fort connue par l'histoire imprimée de sa vie, étant nommée Abbesse en 1618 par Louis XIII, y mit de nouveau la réforme, fit ensorte que le Couvent fut transféré à Paris au fauxbourg Saint-Jacques en 1621, et que par la suite, l'Abbesse fut élue par la Communauté tous les trois ans. Je sortirois des bornes que je me suis prescrites, si je continuois l'histoire de cette Maison retirée de la campagne. On ne manque point de Livres qui en instruisent. J'ajouterai seulement qu'en 1636 les Religieuses demanderent la permission de démolir une partie des lieux réguliers de leur ancienne demeure de Biévre, et de ne réserver que l'Eglise et le cimetière, ce que M. de Gondi, Archevêque, leur permit en 1639, et même de vendre ; et qu'en 1646, le 27 Août, ce même Prélat approuva la vente qu'elles avoient faite de cet ancien Monastère à Paul Payen, Trésorier de France de la Généralité d'Orléans.

Cod. mss. B. Mariæ Paris. in-4°. Lett. E. 7.

Reg. Ep. Paris. 7 Jan.

Gall. Chr. T. VII, col. 574.

Regist. Consil. Parl. T. XI, fol. 76 ad 88.

Sauval, T. III, p. 189 et 196.

JOUY-EN-JOSAS

Ce n'est que pour distinguer ce Jouy de Jouy-le-Moutier situé proche Pontoise, dans l'Archidiaconné de Paris, qu'on l'a surnommé Jouy-en-Josas, parce qu'il est dans l'Archidiaconné de Josas ou de Josay pour mieux dire. On l'appelle en latin *Joyacum* ou *Joiacum*, et cela dans certains titres seulement ; car la plupart des anciens titres de quatre ou cinq cents ans, quoique rédigés en latin, n'écrivent point le nom de ce lieu autrement que Joi, ce qui marque que les Auteurs ne sçavoient comment l'exprimer en latin. M. de Valois a cru que tous les villages du nom de Jouy se diroient mieux en latin *Gaudiacum* que *Joviacum*, à cause de la ressemblance avec le mot de *Gaudium* Joye. Il a un peu plus approché du vrai nom de ce lieu, mais il ne l'a pas atteint tout-à-fait. Les anciens titres de Chartres, parlant d'un Jouy qui en est voisin, l'appellent *Gaugiacum ;* ce que fait aussi l'Auteur de la vie de Hildeburge de Galardon, à l'égard de Jouy-le-Moutier. Il en est de même à l'égard de Jouy-en-Josas. Son nom est *Gaugiacum* dans le Livre d'Irminon, Abbé de Saint-Germain-des-Prés au commencement du neuviéme siècle, ce qui est une époque de près de mille ans. Je croirois donc que ces *Gaugiacum* différens auroient d'abord été écrits Gouy ou Goy dans l'origine du langage vulgaire, de même que le *Gaugiacus* des Statuts de Saint Aunaire, Evêque d'Auxerre, d'environ l'an 590, fut rendu par Gouay qui se prononce encore ainsi, mais que la suite des temps fit prononcer Jouai d'où a été formé Joi et Jouy. Au reste, quoiqu'on soit certain que tous les Jouy viennent du latin *Gaugiacum*, on n'en connoît pas mieux la signification. Il falloit que dans le Celtique Gaug ou Gaugiac signifiât quelque chose qui est inconnu à présent. Ce qui est certain est que ce n'est point ce Village qui a donné le nom à l'Archidiaconné de Josas, ce nom étant formé de *Jose-dum* ou *Josedum*.

Jouy-en-Josas est à trois lieues de Paris, vers le couchant du solstice d'hiver. Sa situation est dans un vallon arrosé par la petite riviere de Biévre. Le territoire y est fort diversifié quant à l'agriculture. Il y a labourages, prairies et quelques vignes. Le Dénombrement des feux de l'Election y marquoit 105 feux. Le Dénombrement d'habitans imprimé dans le Dictionnaire Géographique Universel de la France de l'an 1726, en marque 446 en ce lieu, celui des feux qui a paru en 1747, en assigne 99 à cette Paroisse. Il falloit que ce lieu fût étendu ou assez peuplé dès le neuviéme siécle, puisque l'Abbaye de Saint-Germain y avoit alors quatre-vingt-onze mansions ou meiz qu'on appelloit *Ingenuiles*, et en tout cent dix feux. *Habet in Gaugiaco*, dit le Livre de l'Abbé Irminon, *mansos ingenuiles XCI. solvunt de vino, si venerit in vineis, mod. XXXVI. Fiunt simul mansi CX.*

L'Eglise de ce lieu est sous le titre de Saint Martin. Elle paroît n'avoir été bâtie qu'au commencement du seiziéme siécle, à la réserve de deux portions à l'entrée du chœur tant à droite qu'à gauche, lesquelles sont du treiziéme ou du quatorziéme siécle. C'est un édifice bas auquel il manque une aîle du côté du septentrion ; il est couronné par une assez haute fleche d'ardoise. On y apperçoit encore Saint Christophe, peint à fresque à l'entrée dans l'aîle, suivant l'usage de mettre les images de ce Saint à portée de la vue d'un chacun, sur ce principe de confiance, *Christophorum videas, postea tutus eas.* Saint Martin y est aussi représenté à cheval au grand-autel suivant l'ancien usage. On lit au chœur à main droite cette inscription en lettres gothiques :

L'an 1549, le jour de saint Michel 29 Septembre, par la permission de Monseigneur le Révérendissime Cardinal Evesque de Paris[1], *Révérend Pere en Dieu Messire Charles Boucher Evesque de Megarence et Abbé de S. Magloire à Paris, à la supplication de noble homme Jean d'Escoubleau Chevalier Seigneur de Jouy en Josas, et de Jacques Moriot et André Chevalier Marguilliers, consacra et dédia cette Eglise en l'honneur de Dieu et de la Vierge Marie et de Monsieur Saint Martin Patron d'Icelle. Et parce que la Feste Monsieur S. Michel ne se pourroit bonnement célébrer avec, accorde que ladite Feste sera célébrée par cy-après le Dimanche en suivant.*

On voit à la Chapelle qui fait le fond de l'aile de cette Eglise deux personnes représentées à genoux en marbre blanc, avec ces deux épitaphes :

Cy gist haut et puissant Seigneur Messire Jean d'Escoubleau, en son vivant Chevalier de l'Ordre du Roy, Conseiller en son Conseil privé, Maître de la Garderobe du Grand Roy François I de ce nom, et depuis Gouverneur du Roy François II pendant qu'il étoit Daufin, Comte de la Chapelle Berlouin, Sieur de Sourdis, d'Erray-le Coudray-Monpensier, et Jouy en Josas, où il mourut l'an de grace 1572 le 19 Décembre et de son âge 84.

Cy gist haute et puissante Dame, Dame Antoinette de Brives épouse de haut et puissant Seigneur Messire Jehan d'Escoubleau, quand il vivoit Chevalier de l'Ordre du Roy, laquelle mourut à Paris le 14 Janvier 1580 et de son âge 80.

Au milieu des deux est le buste d'un Evêque aussi en marbre blanc avec cette inscription :

Reverendus in Christo Pater et Dominus D. Henricus Descoubleau Episcopus Malleacensis Regi Christianissimo à Sanctiori Consilio unusque è quatuor viris è sacro Hierarcharum Ordine in Militiam Sancti Spiritus adscriptis, Memoriæ opt. et chariss. parentum hoc pietatis et observantiæ suæ monumentum.

P. D.

Et sur sa tête est écrit :

Obiit die XX Martii 1615 ætatis 67.

Cet Henri mort Evêque de Maillezais n'est point inhumé en

---

[1]. En date du 11 Septembre.

cette Eglise, mais un autre Henri d'Escoubleau, Archevêque de Bourdeaux, mort à Auteuil près Paris le 18 Juin 1645. Lopez, en son Histoire des Archevêques de Bordeaux, dit que son corps fut porté à Jouy et mis dans la sépulture de ses ancêtres.

Dans le chœur proche le sanctuaire est en marbre noir l'épitaphe d'un Curé de Jouy qui fut célebre dans le siécle dernier.

Epitaphium Jacobi Marchais Pastoris de Jouyaco.

Siste viator iter, jacet hoc sub marmore clusus
Christi ovium fidus qui modo Pastor erat.
Marchæus jacet hîc, cujus venerabile nomen
Hæc pia plebs omnis posteritasque colet.
Pauperibus pater ille f..it, largusque bonorum.
Ore, cibo, exemplo pavit et ipse gregem.
Spiritus æthereas de corpore cessit in arces,
Carnis at exuvias hæc brevis urna capit.

J'ai appris par les Registres de l'Evêché, que cette Cure avoit été possédée en 1498 par Jacques Loüet, neveu de Jean Simon, Evêque de Paris. Les provisions mettent *de Joyaco in Valle Galliæ*. Un ancien titre cité dans l'Arrêt de 1699 sur Saint-Marz, place pareillement Jouy au Val de Galie.

Reg. Ep. Paris.
10 Maii.

Dans tous les Pouillés des Bénéfices du Diocése de Paris, la Cure de Jouy est dite être à la collation pure et simple de l'Evêque de Paris. Celui du treiziéme siécle l'appelle Joi. Il y a dans le cimetiere de cette Paroisse une Chapelle qui est comprise au Rôle des Décimes. Jacques Marlet, Curé, l'avoit fait construire sous le nom de Saint-Jacques. Son successeur Jacques Bargues la fit ériger en titre l'an 1625, à condition que la présentation appartiendroit au plus proche parent, suivant la volonté du testateur.

Reg. Arch. Par
28 Aug.

Un autre Bénéfice plus remarquable dans l'étendue de la Paroisse de Jouy, est *S. Medard de Villetain*. Le Pouillé du treiziéme siécle le marque entre le Prieuré de Châteaufort et celui de Palaiseau en ces termes : *Prioratus S. Medardi*. On ignore quels en sont les fondateurs. On sçait seulement que c'est un membre de l'Abbaye de Chaumes en Brie, du Diocése de Sens, ancien Monastere de Bénédictins. Le nom de Saint Médard a été alteré en celui de Saint Marz. On estimoit du temps de M. le Cardinal de Noailles à quinze cens livres le produit de ce Prieuré. C'est de temps immémorial qu'il n'y a plus de Religieux. Nicolas Médard, Prieur Commendataire, fit rebâtir la Chapelle de Saint-Médard en 1616. Un Arrêt du Parlement du 18 Août 1705, fait mention de Louis Pean, Prêtre, Prieur de Saint-Marz de Jouy en 1675, et de Dom Nicolas Aignan son successeur, comme ayant

Reg. Ep. Paris.
19 Nov.

été maintenus en 1705 dans la perception des menues et vertes Code des Curés, T. I, p. 250. dixmes du hameau de Forêt, Paroisse de Chaumes.

Il existe un Arrêt du Grand Conseil du 20 Mars 1697, qui fait rendre au Prieuré Saint-Marz tout ce qu'on lui a enlevé. Cet Arrêt imprimé chez la veuve Charles Coignard, étant curieux, je vais en fournir des extraits.

Ce Prieuré est nommé dans des Lettres d'amortissemens en faveur de l'Abbaye de Chaumes en Brie données par Philippe-Auguste en 1188. Il y a eu le grand et le petit Saint-Marz (page 6). La chaussée du pont d'Ardenne y est dite voisine de Saint-Marz (page 18). Regnaud, Seigneur de Jouy, a donné à ce Prieuré les grosses et menues dixmes du lieu de Saint-Marz. Le fief de Saint-Marz a été dit relever des Célestins de Paris, à cause de leur terre de Villetain, dans l'hommage de M. de Sourdis, Evêque de Maillezais, 26 Août 1604. Le grand manoir de Saint-Marz que tenoit Jean Chabot, Ecuyer, Sieur de Richebourg, étoit mouvant des mêmes en 1476 et reconnu tel en 1489, en 1532, 1545, 1601, 1604, selon divers hommages de ces temps-là.

On lit encore dans cet Arrêt que le Sieur Salomon, Curé de Guyencourt, avoit déposé en 1696, qu'une partie du Parc du Château de Jouy avoit été faite des démolitions du Prieuré de Saint-Marz, et une partie des terres enfermées dans le Parc. On y voit aussi les noms de divers Prieurs, de divers Curés de Jouy, etc.

On ne sçait ce que veut dire Le Pelletier en son Pouillé de Paris imprimé en 1692, lorsqu'il avance que la Chapelle Pouillé in-12, p. 82. de Villetain, dans le Doyenné de Châteaufort, a été érigée en Paroisse. Cela ne peut s'entendre de celle de Saint-Marz ou Médard qui est restée Priorale et possédée par un Clerc séculier; seroit-ce de celle de Notre-Dame de Villetain qui est enfermée dans la Ferme que les Célestins de Paris ont en ce lieu, et dont Reg. Ep. Par. 10 Déc. 1479. on trouve quelques anciennes provisions ou permutations? Tout ce qu'il faut accorder à ce Pouillé, est que le nom de Villetain qu'il a ainsi écrit, est mieux que Viltain tel qu'il est dans la Carte de De Fer et autres, parce qu'on trouve un titre latin du treiziéme siécle dans lequel sont nommés *Hugo et Henricus armigeri fratres de Villa stagni*, par où il paroît qu'il faut entendre Ville-tain. Cependant il est aussi écrit Viletin dans le Cartulaire de Chart. S. Gen. p. 325. l'Abbaye de Sainte-Geneviéve, où il est fait mention de Maître Etienne, qualifié *Persona de Viletin*, qui quitte en 1248 à cette Abbaye un droit que le Pape lui avoit donné à percevoir sur elle.

Je nommerai les autres hameaux et écarts de Jouy, après que j'aurai rapporté les noms que j'ai trouvés des anciens Seigneurs de cette Paroisse.

Cette Terre est une de celles que l'Abbaye de Saint-Germain perdit dans les guerres du neuvième siècle et des suivans, ou dont elle fit échange pour d'autres. Néanmoins on verra ci-après qu'il lui en resta encore quelques morceaux du côté du territoire de Biévre vers Monteclain.

Le premier des Seigneurs de Jouy que j'aie trouvé, est Hugues de Jouy, *de Joyaco*, Chevalier, lequel donna aux Religieuses de Port-Royal la dixme qu'il avoit à Vilers, donation que Mabille, épouse de Matthieu de Montmorency, confirma en 1247. Je le fais suivre de Guy de Jouy qui fit à l'Eglise des Dames d'Hieres un legs d'un muid de bled au lieu dit Vaux. Au siécle suivant je n'ai trouvé que le Connétable de Clisson qui est qualifié Seigneur de ce Jouy dans la Charte de Charles VI sur Porché-fontaine. Je suis obligé de passer sur le quinziéme siécle sans produire aucuns Seigneurs de Jouy. Jean Poncher, Bailly d'Etampes, en devint Seigneur sous François I et en fit hommage l'an 1533. Ensuite Nicolas Poncher, Secrétaire du Roi en 1539. Mais il faut croire qu'il y eut plusieurs Seigneurs en même temps, puisque Jean De la Barre, Chevalier, Comte d'Estampes, en est dit aussi Seigneur en 1533 dans un Livre du Châtelet, et dans des actes de l'an 1535 qu'il fit expédier comme Prévôt de Paris. Ce fut vers le milieu de ce siécle que la Seigneurie de Jouy-en-Josas commença à être possédée par Messieurs d'Escoubleau, dont Jean d'Escoubleau, Gouverneur du Roi François II, fut le premier. On apprend par son épitaphe rapportée ci-dessus, qu'il vécut jusqu'en 1672 et qu'il mourut dans son Château de Jouy. Son fils aîné, François d'Escoubleau, Marquis d'Alluie, Gouverneur de Chartres, eut après lui la Seigneurie de Jouy et autres lieux. Il épousa Isabelle Rabou, dont il eut plusieurs enfans. Charles, son second fils, hérita de la Terre de Jouy et la possédoit en 1645, lorsque le corps de son frere Henri, Archevêque de Bordeaux, décédé proche Paris, y fut porté et inhumé. On l'appelloit le Marquis de Sourdis. Ce fut lui qui fit ériger cette Terre en Comté par Lettres-Patentes du mois de Décembre 1654. Il mourut à Paris le 21 Décembre 1668. Il avoit épousé Jeanne de Montluc, laquelle mourut avant lui. Les Célestins de Paris s'étoient opposés à l'enregistrement des Lettres de l'érection de Jouy en Comté, prétendant que cette Terre, avec le droit de moyenne et basse-Justice, étoit de leur mouvance, à cause d'un fief de Vauhallan; ils ajoutoient qu'un autre fief appelé de Saint-Marz sis audit lieu de Saint-Marz étoit aussi de leur mouvance, et qu'ils avoient plusieurs droits de cens et rentes à prendre dans le Comté de Jouy, dont il restoit des actes de foi et hommage. Sur cela le Marquis de Sourdis avoit été obligé de leur donner dix mille livres, pour les employer en fonds

---

Marginalia:
Hist. de Montm. Preuv. p. 405.
Necr. Heder. IV Nonat. Nov.
Hist. des Gr. Off. T. VI, p. 451.
Grand Livre jaune du Châtel. fol. 6.
Tab. Ep. Paris.
Extrait des Lettres-Pat. de la confirmation de l'érection en Comté. Décemb. 1675.

et les faire désister de leur opposition. Le Duc de Chevreuse devenu Seigneur paisible de toutes les dépendances du Duché, disposa de la Terre de Jouy avec les Fiefs et Seigneuries des Loges, du grand et petit Saint-Marz, envers le Sieur Berthelot, Secrétaire du Roi, par une espece de sous-inféodation, avec les droits de haute, moyenne et basse-Justice dans l'étendue de la Paroisse de Jouy et autres, se réservant le principal corps de fief, sçavoir Châteaufort, etc., avec la mouvance de la Terre de Jouy, à la charge de cinq sols par an de droit Seigneurial et domanial payable par le même Sieur Berthelot et ses successeurs en la Comté de Jouy, au Duché de Chevreuse, le jour de Saint Martin, par actes du 14 Novembre 1673 et 13 Juin 1676. Pendant que le même Sieur Berthelot posséda la Terre de Jouy, M. le Dauphin y vint plusieurs fois prendre le plaisir de la chasse aux renards dans le Parc de ce Seigneur, principalement en 1677. Depuis M. Berthelot, M. Daquin jouit de cette Terre. Il en étoit Seigneur en 1692. Quatre ans après Louis Daquin, Abbé de Saint-Serge d'Angers, y fit sa demeure. Merc. Galant T. VI, p. 79.

M. Roullier .... a depuis fait l'acquisition de la Terre de Jouy, et a augmenté les bâtimens du Château qui est très-grand et très-beau. Le Sieur Piganiol observe qu'il est enfoncé entre des côteaux, et qu'il n'a pas de vue, mais que l'Orangerie qui est en face d'un étang est des plus belles et des mieux remplies. Descript. de Par. 1742, T. VIII, p. 198.

Différens Monasteres font mention de Jouy dans leur Cartulaire, par rapport au bien qu'ils y possedent ou qu'ils y ont possédé. La primauté de ce Cartulaire doit être accordée à l'Abbaye de Saint-Germain, puisque l'Abbé Irminon qui le fit rédiger vivoit sous la fin du regne de Charlemagne. Mais la révolution causée par les guerres ou d'autres événemens, furent cause que cette Maison n'eut plus de relation à Jouy, quoiqu'on trouve encore en 1275 qu'elle y avoit acheté nouvellement des biens qui furent amortis par le Roi Philippe-le-Hardy. Il est marqué de plus que ce Prince déchargea alors le Monastere de Saint-Germain du dîner dû chaque année à Monteclain au Prévôt de Châteaufort. Monteclain n'est pas à la vérité de la Paroisse de Jouy : mais on est obligé d'avouer qu'il y a eu un temps qu'il en étoit au moins en partie, puisque le Curé de cette Paroisse y avoit une dixme au douziéme ou treiziéme siécle. Il reste aussi quelques indices d'un fief dit le Moucet ou de la Croix, que la même Abbaye possédoit encore à Jouy sous le regne de Louis XI. L'Abbé Robert de l'Epinasse fit consentir sa Communauté en 1472 de le donner à bail emphytéotique à un particulier, ensorte qu'il n'en retira plus que huit livres parisis de rente et deux cents écus d'argent une fois payés. Métiers du Chât. vol. I, fol. 148. Chart. Longip. fol. 43. Hist. de S. Germ. fol. 173.

Si Monteclen ou Monteclain étoit en partie de la Paroisse de

Jouy, comme l'ancienne dixme du Curé le prouve, c'est le Prieuré de Longpont qui peut avoir le second rang parmi les Monasteres qui jouissoient de quelques biens sur cette Paroisse. Il est écrit que Teulfe se faisant Religieux en cette Maison vers l'an 1100, y donna la moitié de la dixme *de Monte Clen de qua decima Presbyter de Joi medietatem habet,* et de plus il y ajouta deux parties de la dixme de Vaubayen, *excepto quod Presbyter de Joui sextam partem retinet.* Voilà encore Vaubayen qui paye une partie de dixme au Curé de Jouy. J'ai placé environ l'an 1100 ce don de Teulfe par lequel on voit l'antiquité de la Cure de Jouy et l'étendue de sa dixmerie. Il est constant qu'il étoit fait avant l'an 1150, parce que ce fut vers cette année-là que le Prieuré de Longpont donna tout ce qu'il avoit de dixmes *apud Villam Monte Clein* à l'Abbaye de Saint-Victor de Paris, pour la dédommager des droits qu'elle perdoit dans la Collégiale de Montlhery unie alors à Longpont.

<small>Chart. Longip. fol. 45.</small>

<small>Ibid.</small>

<small>Duchêne, T. IV, p. 761.</small>

Deux Abbayes de Filles participerent aussi en quelque chose aux produits du territoire de Jouy. Les Religieuses d'Hieres ont marqué dans leur ancien Nécrologe, qu'une Dame, nommée Ermengarde, leur avoit légué ou donné deux parts de la menue dixme de Jouy. Celles de Valprofond dites depuis le Val-de-Grace, ont eu aussi d'ancienneté quatre livres de cens ou rente à prendre sur la Ferme de la Court-Rolland qui est sur cette Paroisse. Les Lettres d'Henri II qui leur confirment ce bien sont de l'an 1549. Le bail qui fait foi que cette Ferme devoit ces quatre livres parisis, fut passé en 1389 par l'Abbesse Denise la Ninode.

<small>Necrol. Heder. xvii Cal. Oct.</small>

<small>Gall. Chr. nova, Tom. VII, col. 581, et Instr. col. 198.</small>

Les hameaux ou écarts de la Paroisse de Jouy, dont je viens de nommer quelques-uns en passant, sont :

Villetain où est le Prieuré de Saint-Médard, dit Saint-Marz, et où les Célestins ont une Ferme avec une Chapelle de Notre-Dame, ainsi que j'ai dit ci-dessus, fut l'un des lieux sur lesquels le Roi Charles V assigna les cent livres de rente qu'il donna à ces mêmes Religieux. La Charte de Charles VI met en latin *de Villetano.* Il y avoit dans le Testament du Duc d'Orléans, de l'an 1403, un article concernant les étangs de ce lieu, conçu en ces termes : *Item pour réparer les étangs de Villetain appartenans aux Célestins, 120 livres.* Quelques Seigneurs du nom de Villetain ont été Vicomtes de Châteaufort au quinziéme et seiziéme siécle. La Seigneurie du même nom de Villetain releve de Chevreuse.

<small>Charta Car. VI, Reg. 145. Charta 437.</small>

<small>DuBreul, p. 684. Hist. des Gr.Off. p. 690.</small>

Val-d'enfer ou la Vallée d'enfer est tout proche Jouy, et du même côté de la riviere, c'est-à-dire à droite : mais une partie est de la Paroisse de Saclé.

Villevert est à l'autre rivage.

Le Meiz et la Court-Rolland (*Mansus Curtis Rolland*) sont aussi du même côté en tirant sur le chemin de Versailles. Quelqu'un pourra penser que quoiqu'on dise *la Court-Rolland*, il faut croire qu'on a dit anciennement *la Tour-Rolland*, du nom de ce fameux Rolland que les Fables font contemporain de Charlemagne : mais cette conjecture se trouve détruite par un endroit du Nécrologe des Chartreux de Paris, qui fait voir que soit qu'on lise *Tour* ou *Cour,* il faut entendre par ce Rolland un Bourgeois de Paris, qui se nommoit Nicolas Roland, et qui fut Seigneur du Plessis. Encore en 1618 la Court-Roland appartenoit à Jean Roland, Procureur en Parlement. Mais en 1660 ce domaine étoit à Antoine Broutel, Architecte du Roi et à Catherine Poignant, sa femme. Quant à Mez ou Meiz, il est dit *de Metis* dans la Charte de Charles VI, où on lit que les Terres de ce Mez dépendantes de Porchéfontaine tenoient à celles du Connétable Seigneur de Jouy.

Necr. Cart. Par. 1 Nov.

Regist. Archiep. Chap. domest.

LES LOGES

Il y a près de vingt Paroisses en France qui portent ce nom, et quelques-unes pour les distinguer ont eu un surnom. Les Loges du Diocése de Paris ne paroissent point en avoir jamais eu, parce que les autres Paroisses du même nom sont toutes dans d'autres Provinces ; il n'y auroit que le lieu dit les Loges dans la Forêt de Saint-Germain qui auroit pu exiger une distinction, mais on est assez informé que ce n'est qu'un simple Couvent d'Augustins Déchaussés, sans village, sans hameau. Je ne vois pas que personne ait confondu ces deux lieux, si ce n'est l'Auteur du Dictionnaire Universel Géographique de la France, qui a cru que ce Couvent étoit bâti dans le village dont je parle.

Il est sûr qu'il y avoit sous la premiere et la seconde race de nos Rois plus de Forêts autour de Paris que l'on n'y en voit aujourd'hui. Du côté du sud-ouest et de l'ouest les Forêts d'Iveline, celles du Pincerais et du pays de Madrie étoient bien plus grandes qu'elles ne sont maintenant. Quelques-uns des lieux qui furent défrichés prirent le nom de Loges, à cause des cabanes qui y furent construites soit de branches d'arbres, soit de planches, ou bien on leur donna un nom équivalent.

Les Loges en Josas ont conservé leur nom primitif, quoiqu'on y ait bâti depuis un Village en forme. Leur nom latin est des bas temps. *Logiæ* pour signifier *ædiculæ, habitaculæ, domunculæ.* Il n'est pas besoin d'en dire davantage par rapport à l'étymologie. Un titre de trois cents ans appelle cependant l'Eglise de ce lieu

Ecclesia de Locagiis, mais le Glossaire de Du Cange apprend qu'il faut s'en tenir au terme *Logiæ*.

Ce Village est à quatre lieues de Paris vers le couchant d'hiver, à une lieue de Versailles et sur le bord extérieur du Parc, à droite de la petite riviere de Biévre, sur une élévation assez roide au bout de la plaine. L'exposition de la pente est au nord, ce qui fait que ce côteau est très-peu propre à la vigne. Les différens Dénombremens imprimés depuis quarante ans y marquent 37 feux, ce qui peut former quatre-vingts à cent communians.

Il n'y avoit pas encore de Cure établie aux Loges dans le treiziéme siécle. Elle ne se trouve marquée dans le Pouillé Parisien de ce temps-là que par addition ; ainsi on doit croire qu'elle ne fut érigée que dans le siécle suivant, et apparemment formée par les démembremens faits de celles de Jouy et de Buc, d'autant que ce Village est précisément entre les deux, à la distance de demi-lieue de chacun. Il pouvoit y avoir dès-lors dans ce lieu une Chapelle du titre de Saint-Eustache dont la légende étoit en grande vénération parmi les chasseurs par rapport à l'histoire du cerf, et il sera arrivé qu'elle aura été choisie pour servir d'Eglise Paroissiale. Cette ancienne Eglise n'étoit pas au même lieu où est celle d'aujourd'hui, mais à l'endroit où est à présent le cime-

<small>Reg. Arch. Par. 14 Apr. 1669.</small> tiere ; car nous apprenons par les Registres, que le cimetiere n'a pas toujours été où il est, et que primitivement il étoit à l'endroit où le presbytere a été bâti vers l'an 1699.

L'Eglise qui subsiste maintenant est neuve et très petite, et sans collateraux. L'autel s'y trouve entre deux colomnes d'architecture Ionique fort grosses et qui ne paroissent pas avoir été faites pour la place où elles sont. Saint Eustache, le célebre Martyr, en est le Patron : et il paroît l'avoir été dès les commencemens de cette

<small>Reg. Ep. Paris. 7 Maii 1598.</small> Paroisse, puisque dans les Registres du XV siécle, elle est désignée sous ce nom *S. Eustachii de Logiis*. Dans une des Provisions de

<small>Ibid. 2 Juin 1495.</small> ce temps-là, le Secrétaire a mis qu'elle est *de præsentatione S. Martini de Campis*, ce qui paroît être une faute, d'autant que dans l'addition au Pouillé du treiziéme siécle faite dans le quatorziéme, elle est marquée sous le nom *de Locagiis*, parmi celles qui sont pleinement *de donatione Episcopi*, et que pour montrer que le Prieur de Saint-Martin-des-Champs a eu le droit d'y présenter, il faudroit prouver qu'elle auroit été formée d'un démembrement de Clamart, à quoi il n'y a pas d'apparence, vû la distance de deux lieues. La date du Registre que j'ai cité ci-dessus, pour faire voir qu'en 1498 cette Cure étoit appellée *Sancti Eustachii de Logiis*,

<small>Recueil des Epitaphes de Paris à la Bibl. du Roi.</small> est du même jour que celle de la mort du Curé de ce lieu appellé Raoul le Fevre, marquée dans son épitaphe gravée au cimetiere de Saint-Séverin de Paris contre l'Eglise vers le midi. La coutume

abusive de ces siécles-là y est clairement marquée : ce Curé *des Loges en Josas* y est dit avoir été en même temps Clerc de Saint-Séverin et Maître d'Ecole de la Paroisse.

On a aussi peu de connoissance des anciens Seigneurs des Loges en Josas, que de ce qui regarde l'antiquité de la Cure de ce lieu. S'il n'y avoit d'autre lieu de ce nom dans les environs de Montlhery, j'aurois pu faire regarder comme Seigneur des Loges dont il s'agit, le *Robertus de Logiis* nommé le dernier des quatorze Chevaliers qui sont au commencement du Rôle des feudataires de Montlhery sous Philippe-Auguste; mais en lisant le reste de ce Rôle on apprend qu'au lieu des Loges situées entre Jouy et Buc qui étoient de la Châtellenie de Châteaufort, il est fait mention en cet endroit des Loges situées à une lieue de Rochefort du côté de Dourdan; il y a positivement *Robertus de Logiis ante Rupem fortem*. Ces dernieres Loges qui disputent d'antiquité à celles du Josas, paroissent être un hameau de la Paroisse du Val-Saint-Germain, au Diocése de Chartres, sur la riviere de Remarde.

Ce qui reste donc à produire de plus ancien touchant les Loges du Diocése de Paris, et qui peut nous fournir un Seigneur de ce lieu, est le témoignage d'une charte d'Eudes de Sully, Evêque de Paris de l'an 1201, par lequel il conste que Guy de Levis donna de l'aveu de Guiburge, sa femme, aux Freres du Bois-Guion, dits depuis de l'Abbaye de la Rosche, deux muids de bled dans sa dixme des Loges, en même temps qu'il leur fit présent d'un droit de vin dans ses vignes de Marly. Il semble qu'on puisse conclure de là que Guy de Levis étoit Seigneur des Loges dont il possédoit la dixme de bled. *Hist. Eccl. Par. T. II, p. 386.*

En 1675 la Châtellenie des Loges fut incorporée avec d'autres au Duché de Chevreuse, pour ne former plus toutes ensemble qu'un seul fief mouvant du Roi, à cause de la Tour du Louvre. Lettres-Patentes Déc. 1675, à S. Germ.

On remarque dans Sauval parmi les biens dépendans de Saint-Jean de Latran à Paris, la Ferme de l'Hôpital des Loges, consistant en logement, terres, prés et censives, le tout estimé cinq cents livres de rente. Les Cartes des environs de Paris la placent au midi du Village. On donnoit souvent le simple nom d'Hôpital aux Fermes des Commanderies ou Chevaleries de Saint-Jean. *Antiq. de Paris, T. I, p. 613.*

J'ai déja fait observer ci-dessus la faute du Dictionnaire Géographique Universel de la France, d'avoir marqué à l'article de cette Paroisse qu'il y a un Couvent d'Augustins Déchaussés. *Dict. Univ. T. II, col. 382.*

BUC

C'est ici une Paroisse dont l'origine du nom n'est pas facile à découvrir. Ce lieu n'est connu que depuis le commencement du treiziéme siécle, et dès ce temps-là on se contentoit de le latiniser en ce mot *Buccum,* ou bien l'on mettoit simplement *Buc* dans les titres latins, sans oser lui donner une terminaison latine. Ceux qui se plaisent dans ces sortes de recherches, ont de quoi s'arrêter ou au mot *Boscum* altéré en celui de *Buscum,* dans le sens que ce lieu auroit été autrefois encore plus couvert de bois qu'il n'est, ou au mot de basse latinité *Buccus* qui se trouve dans des Auteurs d'onze ou douze cents ans pour signifier ce qu'en bon latin on appelle *hircus*. Il ne seroit pas extraordinaire qu'un lieu où il y auroit eu beaucoup d'animaux de cette espece en eût tiré sa dénomination.

Buc est à quatre lieues de Paris vers le couchant, et à demi-lieue ou un peu plus de Versailles vers le midi, et il y a une porte du Parc qui en a pris le nom. Sa situation est à la droite du cours de la petite riviere de Biévre, en partie sur la pente du côteau qui regarde le septentrion, et en partie sur la plaine au haut du côteau, et il y a quelques écarts. C'est un pays entierement en labourages, ou en prairies, ou en bois, et sans aucunes vignes : on y compte près de deux cents sources. Les Dénombremens de l'Election de Paris imprimés depuis quarante à cinquante ans, y ont marqué 70 feux ou 68. On assure que le nombre ne passe gueres cinquante : aussi l'évaluation du Dictionnaire Universel de la France, qui fait monter le nombre des habitans à 329, doit-elle être restreinte à 160 communians ou environ.

Saint Jean-Baptiste est le Patron de l'Eglise, et c'est à la Fête de la Décollation que se fait la plus grande solemnité. Il n'y a rien d'absolument bien ancien dans l'édifice, quoique la Cure fût érigée au moins dès le treiziéme siécle. Le chœur voûté et terminé en rond ne démontre que deux à trois cents ans d'antiquité. Il est accompagné et on peut dire soutenu fort à propos d'une aîle du côté septentrional, car cette Eglise est dans la partie inférieure du Village sur la pente de la montagne. On voit dans ce chœur la tombe d'un Chevalier armé qui paroît n'être que de l'âge de l'Eglise. Sa femme est représentée à sa droite tenant un long chapelet. Au sanctuaire est une partie de tombe sur laquelle on reconnoît qu'elle est d'un Ecuyer qui mourut au mois d'Octobre 1537, et que sa femme s'appelloit Jeanne Rat. L'habit court de cet Officier est parsemé de rats. En ces temps-là les Sieurs Rat possédèrent les Seigneuries de Forges, de Dampierre, d'Orcigny Paroisse de Saclé, ainsi qu'on peut voir à l'article de chacune de ces Paroisses. Les Registres de l'Archevêché ne fournissent autre chose touchant cette Eglise, sinon l'approbation d'une concession que Germain Boudet, Curé, fit en 1643 du consentement des Marguilliers et habitans au sieur Hébert, Conseiller au Parlement et Seigneur du lieu, d'un caveau ou espece de berceau situé au côté gauche de cette Eglise, moyennant la somme de soixante livres, et qu'il feroit construire un second autel où seroit placée l'Image de la Vierge qui étoit auparavant dans ce berceau. Mais on y voit quelque chose de plus curieux sur la Cure et sur l'étendue du territoire. *Reg. Arch. Par. 9 Jul. 1643.*

La Cure a toujours été à la nomination pure et simple des Evêques de Paris : le plus ancien des Pouillés en fait foi. Mais comme celle de Toussus a toujours aussi été dans le même cas, il est arrivé que quelquefois l'une des deux a été réunie à l'autre. Ainsi Guillaume Chartier qui siégea depuis l'an 1448 jusqu'en 1472, jugea à propos d'unir la Cure de Toussus à celle de Buc, à cause du peu de revenu et du peu d'habitans. Son successeur Louis de Beaumont ayant ouï les représentations des habitans de Toussus, qui portoient qu'il y avoit une riviere entre Toussus et Buc, et que la Cure de Toussus avoit un revenu suffisant pour faire vivre un Prêtre, cassa cette union le 10 Mars 1473, et mit un nouveau Curé à Buc deux jours après. La petite riviere dont ces paysans vouloient parler *riparia* ne subsiste plus, mais forme les étangs dont les eaux sont conduites à Versailles.

Par rapport à l'étendue de la Paroisse, voici ce qui s'est passé de nos jours. Jacques Renard, Curé de Jouy-en-Josas, et Gilles Le Brein, Curé de Buc, étoient en contestation l'an 1708 au sujet de la Maison de l'Etoile où étoit souvent Madame la Duchesse d'Orléans, maison nouvellement bâtie sur un terrain de la ferme de Montmoyen, chacun d'eux la disant être sur sa Paroisse. L'information touchant celui qui y levoit les dixmes et touchant la proximité ayant été pour Buc, joint à cela que l'Eglise de Buc est renfermée dans le Parc de Versailles, et non pas celle de Jouy, l'Archevêque décida le 12 Septembre que cette Maison devoit être de la Paroisse de Buc. Il y avoit peu de temps qu'elle avoit été bâtie dans le lieu que les titres de la fin du quinziéme siécle appellent *La Boulye,* et où les Célestins de Paris avoient eu un Domaine du Roi Charles V, qu'ils vendirent en 1685 à Louis XIV. C'est pourquoi on appelloit indifféremment cette Maison, la Boulie, l'Etoile, ou le Désert. M. le Régent s'y retira depuis fort souvent. On dit que la Duchesse d'Orléans croyant que c'étoit de son apanage, avoit eu quelque dessein de la vendre; mais le Roi *Ibid.*

étant informé qu'elle étoit du Domaine, la fit abattre. Ce lieu, dit la Boulie, peut-être par corruption de *Boullaye*, étoit assez peuplé en 1375 pour être appellé *Ville*. On trouve au Registre des Chartes de cette année des Lettres de rémission données au mois de Mai « à Jean Fouchier, demeurant à Monstreuil-lez-Versailles, en la « Chastellenie de Chasteau-Fort, accusé d'un vol fait en une « maison gaste où aucun ne demeure, séant en une ville nommée «la Bolie en ladicte Chastellenie. »

<small>Trés. des Chart. Regist. 107. Piéce 23.</small>

Le nom de quelques Seigneurs de Buc paroît dans des titres du treiziéme et du quatorziéme siécle. Adam de Buch vendit en 1223 à l'Abbaye de Saint-Denis une vigne située à Louveciennes. *Guerundus de Bucco* se trouve au rang des Officiers de la suite du Roi Philippe-le-Bel en ses voyages de l'an 1301. Perrinet de Boiffle, Ecuyer, et Jean de la Trinité furent Seigneurs de Buc avant l'an 1395, étant nommés dans une Charte de Charles VI de cette année 1491 ; Jean de Vizé possédoit Buc avec Jeanne de Mailly, sa femme, selon un acte de vente d'un droit à Saint-Mard. Depuis ce temps-là il ne m'est tombé sous les yeux aucun Seigneur de ce lieu jusqu'au regne de Henri III ; car je n'ai pu découvrir le nom de celui qui l'étoit en 1537, et qui avoit épousé Jeanne Rat, sa tombe qui est dans l'Eglise étant trop effacée. On lit donc qu'en 1585 le sieur de Bellievre étoit Seigneur du fief de Buc. C'est à l'occasion de l'érection qui fut faite en titre de Châtellenie de sa Terre de Grignon près Montfort-l'Amaury.

<small>Chart. S. Dion. Reg. p. 481. Tab. cereæ S. Victor. Paris.</small>

<small>Reg. Chart. 162. n. 1.</small>

<small>Reg. du Parl. 26 Juillet 1585.</small>

Jean d'Aughin ou d'Angezin étoit Seigneur de Buc vers l'an 1610 : cela s'induit de la permission qui fut donnée en 1619 à Nicole Comtesse, sa veuve, Dame du même lieu, de faire célébrer en sa Chapelle de Buc, et qui lui fut réitérée en 1626.

<small>Reg. Ep. Par. 2 Sept. et 28 Dec.</small>

Jean Hillerin possédoit cette Terre en 1637, suivant une permission semblable du 5 Octobre.

<small>Ibid.</small>

Guillaume Hébert, Conseiller au Parlement, lui avoit succédé au moins dès l'an 1643, suivant la concession ci-dessus citée à lui faite par le Curé et les habitans. Il étoit aussi Seigneur de Toussus, ainsi que le marque la permission qu'il obtint de faire célébrer en sa Maison de Buc datée du 3 Mai 1645. J'ai trouvé ailleurs mention du don fait par le Roi au même Seigneur l'an 1651, de la haute Justice de Buc à lui cédée par le Marquis de Sourdis.

<small>Ibid.</small>

<small>Regist. du Parl. 26 Août 1651.</small>

André-Pierre Hébert, Maître des Requêtes, posséda la Seigneurie de Buc en vertu du don que Guillaume Hébert, son père, lui en fit par son contrat de mariage avec Anne le Gendre. Tous deux ensemble vendirent le 11 Août 1685 au Duc de la Feuillade soixante et dix-huit arpens de taillis situés dans leur Terre, et Louis XIV les acquit l'année suivante pour son grand Parc.

<small>Edit de 1693.</small>

Dans l'Histoire des Officiers de la Couronne on reconnoît deux Seigneurs de Buc à l'an 1692, sçavoir, ce M. Hébert et M. de la Gueriniere. La partie possédée par le premier étoit le vrai lieu Seigneurial, où il y avoit Château, basse-cour avec un Parc de trente-cinq arpens et sept arpens de prés à l'endroit où Louis XIV a fait construire l'aqueduc qui porte l'eau d'une montagne à l'autre. Hist. des Gr.Off. T. V, p. 687 et 688.

Vers ce temps-là le Roi unit cette Seigneurie et tous les autres Fiefs à sa Terre de Versailles.

Outre la *Gueriniere,* dont un lieu conserve le nom sur la Paroisse de Buc, il y aussi le *Breuil* qui appartenoit en 1692 au même Seigneur. Ce Breuil est à un quart de lieue du gros de la Paroisse, vers le couchant.

Il existoit aussi à Buc en 1692 une Seigneurie avec Maison appellée Hacqueville, possédée alors par Pierre Michel, Ecuyer, et Jeanne Imbert, sa femme. Il y a encore à présent un terrain ou place qui porte ce nom, mais sans maison. Perm. de Chap. domest. 21 Mars 1661. Reg. Archiep.

Dans l'énumération qui fut faite en 1692 de tous les lieux sur lesquels le Duc de Chevreuse avoit des droits de mouvance qu'il céda au Roi, est nommé le Moulin de Launay dépendant de la Terre de Buc; lequel en 1395 avoit été trouvé devoir au Prieur de Saint-Mard ou Médard près de Villetain, suivant quelques titres de l'Abbaye de Chaume en Brie, quatre sextiers de bled, le moulin de Vaubetain sis sur la même Paroisse appartenant au sieur d'Aquin. Il existoit aussi dès l'an 1393, puisqu'il servit alors d'indication pour reconnoître les prés et terres de l'Hôtel de la Boulye qui y étoient dites contiguës.

Satory, quoique situé sur la Paroisse de Versailles, dépendoit de Buc pour la Seigneurie. Hist. des Gr.Off. p. 692.

Je ne sçai pourquoi dans les actes des différentes acquisitions que le Roi Louis XIV fit à Buc, il n'est fait aucune mention d'une maison et jardin que l'on trouve sur la Paroisse de Buc, à main droite en allant de Buc à Guyencourt, et que l'on appelle vulgairement l'*Antechrist*. La singularité de ce nom m'y a fait faire une attention particuliere, sans que j'aie pu découvrir d'où lui venoit une telle dénomination. J'ai conjecturé d'abord que ce lieu s'est appellé autrefois *Mandegris,* de même qu'un écart de la Paroisse de Favieres, proche Tournant en Brie, le porte encore, et que comme on a quelquefois changé la lettre *M* en *L*, ainsi qu'il paroît par Lonjumeau, dont l'ancien nom a été *Mons gemellus* Montgemeau, de Mondegris on aura fait Landegris, et Landecris, que l'on se sera avisé d'écrire Lantechrist, etc. Un Sçavant de Versailles m'a écrit depuis ce temps-là qu'il a appris par des titres du Domaine, que le canton en question a eu pour nom autrefois *Les Endes,* et qu'une portion de ce canton y étoit aussi appellée tantôt *Ente christ* et tantôt *En tegris ;* ce qui lui a fait conjecturer que cette portion auroit été surnommée de quelque possesseur appellé Gris ou Le Gris. Depuis il m'a dit que dans d'autres titres il a vu et lu l'*Antiquerie*.

Madame la Comtesse de Toulouse faisoit quelquefois sa résidence dans une Maison située au haut du village de Buc, d'où la vue étoit assez étendue. Depuis quelques années cette Maison a été démolie par ordre du Roi, qui est Seigneur immédiat de cette Paroisse.

Il reste une circonstance à remarquer sur les dixmes de la même Paroisse. Le Nécrologe de Notre-Dame de Paris observe que l'Evêque Eudes de Sully, qui tint le siége depuis l'an 1196 jusqu'en 1208, acheta une dixme à *Buch*, et qu'ensuite il la donna aux Chanoines de son Eglise pour l'établissement de la Fête de Saint-Bernard qu'ils ne faisoient pas encore, et surtout pour la distribution de Matines. La Charte de cette fondation est imprimée au bout des Œuvres de Pierre de Blois. Elle est de l'an 1207. Pierre de Nemours la rappelle dans sa Charte de l'an 1208, la premiere de son Episcopat, où le nom de ce lieu est écrit *Buc*.

<small>*Necr. Eccl. Par. ad III Idus Jul. Hist. Eccl. Par. T. II, p. 234.*</small>

<small>*Gall. Chr. T. VII, Instrum. col. 87.*</small>

Ce Village est un de ceux du Diocése de Paris dont M. de Valois n'a rien dit dans sa Notice.

GUYENCOURT

Il est évident que c'est ici l'une de ces Paroisses qui portent le nom de celui qui en a eu la Seigneurie. Quand nous n'aurions pas le Pouillé du XIII siécle pour le prouver, il est assez sensible que ce mot signifie la court de Guy, c'est-à-dire la culture, le terrain cultivé du nommé Guy. Mais quel étoit ce Guy ? car le nom n'étoit pas rare. Parmi plusieurs Guy qui vivoient anciennement, je ne vois que Guy de Chevreuse qu'on puisse regarder plus sûrement comme auteur du nom de Guyencourt, parce que la Seigneurie du vieux Château de ce lieu est mouvante de Chevreuse. Guy de Chevreuse vivoit en 1065. Il aura trouvé le terrain de cet endroit propre au bled, et il aura fait essarter les bois, y aura bâti un Village auquel il aura donné son nom de *Guidonis Curtis,* qu'on aura d'abord prononcé en françois Guyoncourt, et qu'on aura altéré par la suite. Le mot latin a aussi été corrompu de fort bonne heure, ainsi que M. de Valois l'a remarqué ; car dès la fin du XIII siécle on disoit *Guidonis curia* pour *Guidonis curtis ;* mais c'étoit un mauvais usage qu'on avoit pris récemment

<small>Acquis. du Roi 1691.</small>

<small>*Annal. Bened. T. IV, p. 658.*</small>

<small>*Notit. Gall. p. 419, col. 2.*</small>

à l'égard des noms de lieu terminés par la syllabe *Court*. Papyre
Masson a cru que le nom françois de ce Village étoit Yencourt, *De Fluminib.*
et la nomme en latin *Jancurtium*. *Gall.*, p. 214.

La situation de ce Village est dans une plaine vaste et découverte, à cinq lieues de Paris et à une de Versailles ou un peu plus vers le sud-ouest. Il est entierement renfermé dans le grand Parc, même avec ses hameaux. Tout y est en labourages ou prairies, et sans vignes. On y a vu 110 feux en 1709, s'il en faut croire le Dénombrement de l'Election de Paris imprimé cette année-là. Le Dictionnaire Universel de la France y reconnoissoit 275 habitans en 1726. Le Dénombrement publié en 1745, par le Sieur Doisy, ne compte plus en ce lieu que 61 feux.

L'Eglise du Village est sous le titre de Saint Victor, Martyr de Marseille. On sçait qu'il falloit très-peu de reliques pour dédier une Eglise sous l'invocation d'un Saint. Comme Guy de Chevreuse, fondateur de ce Village, étoit ami des Chanoines de l'Abbaye de Saint-Victor de Paris, ainsi qu'il paroît par le Nécrologe de cette Maison, où il est marqué au premier Septembre, je conjecture qu'il tint d'eux quelques reliques de ce Saint. L'édifice de cette Eglise telle qu'elle se voit aujourd'hui, n'est point celui de ce temps-là en aucune de ses parties. On ne peut gueres lui donner que deux cents cinquante ans ou environ. Par le dehors il ne montre qu'une bâtisse de pierres grossieres, comme sont les Eglises du côté de Chevreuse, mais le dedans est propre; tout le corps du bâtiment avec ses deux aîles est voûté. Comme on ne tourne point par derriere le Sanctuaire, le fond est éclairé de grands vitrages peints du XVI siécle avec les armes de Pied-de-fer qui sont un échiquier; les vitrages de la nef ont cela de singulier qu'ils sont en œil de bœuf. J'y ai remarqué du vitrage blanc du XIII siécle, provenant apparemment de l'ancienne Eglise, à moins qu'il n'ait été apporté d'ailleurs, comme de Port-Royal. La Dédicace en a été faite le 25 Juin 1533, par Guy de Montmirail, Evêque *Reg. Ep. Paris.*
de Megare, qui y bénit six autels; le grand sous le titre de Saint *18 Jun.*
Victor, un autre de la Sainte Vierge, le troisiéme de Saint Jean-Baptiste, deux de Saint Michel. Cette Eglise est soutenue du côté du nord d'une tour surmontée d'une flèche d'ardoise. Les voûtes de la nef ont des supports qui consistent en têtes de bœuf, parce que, dit-on, ceux qui y ont le plus contribué étoient des Marchands de bœufs qui demeuroient au hameau de Bouviers sur cette Paroisse. Les anciennes tombes qui sont dans la même nef, prouvent que le chœur étoit là autrefois, ou bien il peut être arrivé qu'on les ait transportées du chœur en cet endroit; elles sont toutes les deux du XIII siécle; sur l'une qui est en deux pieces, est gravée la figure d'un Chevalier de ce temps-là; l'autre est sans

figure. Dans le chœur à main gauche se voit une inscription qui apprend que Robert Piedefer, Seigneur de Guyencourt, mourut à Tripoli en Syrie, le 29 Août 1549, au voyage de la Terre-Sainte. Son fils Robert et sa femme Lucrece de Prunelle sont dits avoir fait faire cette épitaphe. Du même côté à l'entrée du chœur est attachée l'épitaphe de Jehan Girard, Curé du lieu, natif de Galardon, décédé le 9 Août 1598. On a affecté d'y mettre des vers latins et des vers françois, ensuite deux lignes en lettres capitales grecques, puis une ligne en hébreu, avec la citation du Psaume 15. Peut-être que ce Curé avoit été sçavant dans ces deux dernieres Langues.

La collation pure et simple de cette Cure est entierement à l'Evêque de Paris, suivant le Pouillé du treiziéme siécle où elle est nommée *Guidonis Curia*. Elle est la derniere de celles qui sont écrites de la premiere main, immédiatement après Magny, dont je la crois être un démembrement ; et comme l'Evêque nommoit à celle de Magny, il a continué de nommer *pleno jure* aux Eglises formées des détachemens de cette ancienne Paroisse. Aucun Pouillé n'a varié sur cette nomination. Le Pelletier a oublié entierement cette Cure dans le sien de l'an 1692.

Il y a aussi à Guyencourt dans l'Eglise Paroissiale une Chapelle de Notre-Dame, selon le Pouillé du quinziéme siécle, et suivant ceux du seiziéme, de l'an 1626, et selon le Rôle des Décimes. Elle a apparemment été fondée par quelque Seigneur. L'Evêque la conféra le 14 Janvier 1537, sur la présentation de Robert Piedefer, Avocat au Châtelet, Seigneur du lieu. Elle est à présent à la nomination du Roi. Le Chapelain se qualifie depuis quelque temps du titre de Prieur.

Necrol. B. M. Par. VI Id. Jan. Cod. Reg.

Quant aux dixmes de cette Paroisse, on lit dans l'ancien Nécrologe de l'Eglise de Paris, que Thibaud, Evêque de cette Ville, décédé en 1158, fonda deux stations *quatuor ferculorum*, dont l'une devoit être payée par l'Evêque au jour de la Nativité de Notre-Dame, et l'autre le jour de l'Obit de cet Evêque, sur une dixme à Guyencourt.

La Maison-Dieu qui étoit à Guyencourt dès le quatorziéme siécle, se trouvoit dans un cas particulier. Le Seigneur du lieu s'en étoit emparé avant l'an 1350 et en disposoit comme de son propre bien, ainsi que l'apprit en 1364 le Commissaire de l'Evêque pour la visite de Jehan de Combes, Curé du lieu et Doyen rural. Cet ancien Hôtel-Dieu est apparemment représenté par une maison sise proche l'Eglise à laquelle on donne ce nom et où doivent demeurer quatre vieilles femmes du Village.

C'est beaucoup de pouvoir produire des Seigneurs de Guyencourt dès le treiziéme siécle, puisque la Paroisse, selon moi, n'a commencé qu'alors. De la Roque, en son traité de la Noblesse, rapporte une convocation où parut Philippe de Guyencourt, Chevalier. Comme il étoit incertain sur le service auquel il étoit tenu, il partit pour l'armée, afin d'apprendre l'ordre de la bouche du Roi. C'étoit en 1272. Je ne doute pas que ce ne soit lui dont on voit la tombe dans la nef de l'Eglise Paroissiale. Ils ont été au reste deux Philippes de Guyencourt, Chevaliers, vivans en même temps, car on lit au Supplément du Nécrologe de Port-Royal, que Philippe de Guyencourt le jeune, Chevalier, donna à cette Abbaye deux septiers de bled de rente. C'étoient apparemment le pere et le fils. L'un de leurs successeurs fut en difficulté avec le Procureur Général du Roi au sujet du droit des mesures de cette Paroisse. Il fut déclaré en Parlement l'an 1310 que la possession en restera au Roi. Un troisiéme, Philippe de Guyencourt, Chevalier, fut commis en 1358 avec Jean Coquatrix, Seigneur de Bonnes, pour recevoir les montres des gens de guerre à Paris. En 1365, Seraphim Thiellement, Secrétaire du Roi, étoit Seigneur de Guyencourt et du fief de Gallye, le Val Saint-Benoît, la Moniere, Bouviers et Montigny-le-petit. Il fit homologuer en Parlement des Lettres-Patentes sur ses droits, et même sur celui de la nomination à l'Hôtel-Dieu du lieu. Il y est fait mention de l'aveu que fit au Roi Alix de Nacelle comme ayant la garde-noble des enfans qu'elle avoit eus de Jean-le-Bascle de Meudon. En 1413, Jean de Meillecourt étoit Seigneur de Guyencourt, et en fit aveu le 15 Janvier. Un Jean de Montigny, Ecuyer, possédoit sous Charles VII l'Hôtel de Guyencourt mouvant de Château-Fort; c'est ainsi qu'on appelloit alors du nom d'Hôtel les Maisons de Plaisance. On trouve qu'il vendit cet Hôtel en 1663, et que ce fut Maître Guillaume Brinon, Procureur en Parlement, qui en fit l'acquisition. Aussi fut-il qualifié Seigneur de Guyencourt dans une Sentence des Requêtes donnée en sa faveur l'an 1477. L'une des Chapelles de Saint-Séverin de Paris, fondée par ces Messieurs Brinon, a du revenu à Guyencourt. Elle étoit à la fin de ce siécle et au commencement du suivant dans la famille de Piedefer, par alliance avec celle des Braques qui la tenoient auparavant, et desquels le nom est conservé par un vieil étang desséché appelé l'Etang de Braque. Germain Braque, Général des Monnoies, étoit Seigneur en 1443. Il l'avoit acquise d'Etienne Bouchard. Robert Piedefer, Avocat Général au Châtelet, épousa Perrette Braque, Dame de Guyencourt. Il mourut en 1500 et elle en 1522, le 10 Octobre. Je trouve dans cet intervalle un Jean Piedefer dit Seigneur de Guyencourt dans la Coûtume de 1510, et dans l'hommage qu'il fit en 1518 à l'Evêque de Paris pour des héritages sis à Saint-Cloud. Robert Piedefer, Avocat du Roi au

Traité de la Noblesse à la fin, p. 79.

Necr. Porroyal, 12 Februar.

Reg. Parl. Sabb. post Brand.

Mém. de M. de Clerembaud.

Sauval, T. III, p. 368.

D'Hozier, Généal. Braque.

Epith. au Cim. des Innocens.

Tab. Ep. Paris. in S. Clod.

au Châtelet et fils de Robert premier, fut Seigneur de Guyencourt, de Garentieres et de Viry en partie, et mourut en 1541. Le Pere Anselme nous fait connoître un troisiéme Robert Piedefer, qu'il qualifie aussi Seigneur de Guyencourt et de Conseiller au Parlement, dont il dit que la fille Antoinette fut mariée en 1546 avec Jean le Bouteiller de Senlis. Je trouve ailleurs une Anne Piedefer qualifiée Dame de Guyencourt, qui épousa en 1560 Jean Huault dit le Président de Vaire. Il faut admettre nécessairement un quatriéme Robert Piedefer, qui est celui qui mourut à la Terre-Sainte en 1549, suivant qu'il est dit ci-dessus, qui avoit épousé Jeanne Briçonnet, et même il faut reconnoître un cinquiéme Robert Piedefer dont parle la même inscription de l'Eglise de ce lieu, qui seroit fils de ce quatriéme. C'est ainsi que le nom de Robert Piedefer nous conduit jusqu'à la fin du siécle, où nous trouvons encore Robert Piedefer, Seigneur de Guyencourt, qui épousa Louise de Bérulle, sœur du Cardinal Pierre de Bérulle. Je ne m'arrêterai point à démêler ici comment il étoit arrivé qu'en 1662, lorsque le Roi traita pour l'aggrandissement du Parc de Versailles, le vieux Château de Guyencourt relevant de Chevreuse, appartenoit à M. de Bérulle. Quoi qu'il en soit, ce fut vers ce temps-là que le Roi devint Seigneur immédiat de cette Terre, laquelle fut incorporée à Versailles par un Edit du mois de Décembre 1693. On assure que le vieux Château de Guyencourt avoit beaucoup de dépendances, entre autres les fiefs réunis de Bellebat et Val-Saint-Bon. Celui des Brinon a subi le même sort avec tous ceux de la Paroisse de Guyencourt qui relevoient de la Seigneurie du lieu, ou de celle de Tremblay à Bois d'Arsy. Il n'y a qu'environ trente ans que les restes de la vieille tour de l'ancien Château ont été démolis.

Ce qui a été dit ci-dessus incidemment touchant le mariage d'Antoinette Piedefer avec Jean Le Bouteiller de Senlis l'an 1546, rappelle à la mémoire que du temps que les Anglois devinrent maîtres de Paris sous le regne de Charles VII, Guillaume Le Bouteiller qui avoit un bien à Guyencourt, en fut privé par le Roi d'Angleterre qui le donna à Maître Jean de Brézillac. Les Bouteillers y rentrerent par la suite et augmenterent même leur revenu sur le territoire de Guyencourt, puisqu'on trouve dans les comptes de paiemens pour reliefs et rachapts de l'an 1458, Damoiselle Jacquette, veuve de Jean Le Bouteiller, Ecuyer, comprise pour un fief sis à Guyencourt.

L'Hôtel-Dieu de Guyencourt est mentionné au Trésor des Chartes en 1394.

Les écarts ou hameaux de cette Paroisse, sont *Bouviers* en tirant vers Saint-Cyr. C'est proche de ce lieu que la riviere de

Biévre prend sa source. Les habitans se voyant éloignés de leur Eglise Paroissiale, obtinrent le 2 Mai 1553 de bâtir à leurs frais une Chapelle du titre de Notre-Dame et de Sainte Barbe, du consentement de Geoffroy Barbereau, Curé, à condition de n'y chanter l'office que le jour de Sainte Barbe, et de venir à Guyencourt aux grandes Fêtes. Il ne reste plus de vestiges de cet Oratoire, sinon que l'endroit où elle étoit conserve encore le nom de Clos de la Chapelle. Le Collége de la Marche a eu à Bouviers une Ferme qu'il vendit au Collége de Montaigu, lequel l'a revendue au Roi. *Reg. Ep. Paris.*

Trou ou les Trous est à peu près du même côté. Gabriel Thibout, Ecuyer, Sieur des Aunois, y avoit fait construire une Chapelle en sa Maison l'an 1618. Les Religieuses de Port-Royal y ont une Ferme considérable. *Ibid*

La Miniere sur la route de Versailles ou de Paris.

Villaroy entre Guyencourt et Toussus. Quelques-uns écrivent Villaray; mais les paysans conservent l'ancienne prononciation. Ce lieu est peut-être le *Roex* où l'Abbaye de Port-Royal avoit une dixme à elle donnée par Mabille, femme de Matthieu de Marly, en 1247. Ce peut être aussi le *Villa ruscha* sur lequel Maître Gilbert de la Tour, Chanoine de Paris, donna dix livres dix sols à l'Eglise de Notre-Dame en 1347. Ce hameau consiste en un assemblage de trois ou quatre Fermes appartenantes au Roi. Le Catalogue des Grands Maîtres de l'Ordre de Saint-Lazare, fait mention de la Commanderie de Villaray proche Versailles en 1642. Le Roi en jouit à présent par la vente que lui en a faite M. de Breget, Conseiller du Grand Conseil, qui en étoit commandeur. Les étangs de Villaroy sont fort connus dans les Cartes modernes. Ils sont pour l'entretien des eaux de Versailles. Je conjecture que ce lieu peut aussi être le *Villa rata*, où Henri, Clerc de Châteaufort, jouissoit d'une dixme qu'il donna à l'Abbaye de Saint-Victor, à moins que ce ne soit Vilras entre Jouy et Saclé. *Hist. de Montm. Preuv. p. 405.* *Necr. Eccl. Par. 13 Jan.* *Gallia Christ. T. VII, col. 1058.* *Necrol. vetus S. Victor. IV. Non. Aug.*

Le village de Guyencourt ne se vante point d'avoir donné naissance à Jean de Guyencourt, Confesseur du Roi Henri II. On tient communément qu'il étoit de Picardie, où il y a deux ou trois Paroisses de ce nom. Mais on peut compter plus sûrement parmi les illustres personnes sorties de Guyencourt du Diocése de Paris, Mathilde de Guyencourt, seconde Abbesse de Longchamps en l'an 1262. *Gall. Chr. T. VII, col. 945.*

VOISINS

<small>Dict. Univ. Géograph. de la France.</small> On ne trouve en France que deux Paroisses du nom de Voisins, sçavoir : Voisins dans le bas Languedoc, au Diocése de Carcassonne, et Voisins proche Versailles. Dans la plupart des Cartes, ce dernier est dit Voisins tout simplement, et sans aucun surnom distinctif; mais dans quelques Cartes nouvelles il est dit Voisins le Bretonneux; et dans les Registres, Rôles ou Dénombremens de l'Election, en voulant désigner ce Voisins, on met *Voisins et les hameaux*. Il n'y a pas d'apparence que ce soit pour le distinguer de Voisins en Languedoc, à cent cinquante lieues de-là, qu'on ait jugé à propos d'appeller celui-ci Voisins le Bretonneux, ou qu'on ait ajouté à son nom de Voisins ces mots *et les hameaux*. Il faut que ce soit la rencontre de deux lieux du nom de Voisins dans la même Election ou dans le même Diocése, qui ait occasionné la nécessité du surnom. Je n'en trouve d'autre que la proximité d'un Voisins qui est à une lieue de là sur le territoire de la Paroisse de Villiers-le-Bacle. Mais encore pourquoi ces deux lieux auront-ils d'abord été appellés Voisins? Pourquoi portent-ils un nom relatif à quelque chose? et quelle est cette chose? C'est ce qu'il est bon de dire en deux mots. Il faut que ce soit quelque Baron de Châteaufort, qui ayant eu beaucoup de feudataires comme étant puissant Seigneur, ait donné le premier le nom à ces deux lieux entre lesquels Châteaufort est situé. C'étoient ces deux voisins, l'un du côté du levant, l'autre du côté du couchant; et quoique le nom ne fût fait que pour Châteaufort, il a passé depuis en usage, en appellant l'un Voisins le cuit, et l'autre Voisins le Bretonneux : mais le nom de Voisins en général n'a pas été multiplié dans le Royaume par l'incongruité qu'on a trouvée dans cette sorte de dénomination qui ne peut être vraie que par rapport à certains lieux.

Quelques-uns appellerent ce Voisins du nom de Bretonneux, ou parce que le petit canton où il est situé avec Montigny portoit le nom de Bretonneux (car on dit aussi *Montigny le Bretonneux*), ou parce que ces deux lieux contigus ont appartenu à des Seigneurs Bretons ou du nom de Bretonneux. Pour ce qui est de la dénomination usitée dans les Livres de l'Election, il faut qu'elle ait été altérée : car sur quel fondement dire *Voisins et les hameaux*, tandis qu'il n'y en a pas un seul sur cette Paroisse? On a pu dire au treiziéme et quatorziéme siécle *Voisins le hameau*, dans le temps que Voisins en étoit un de Magny, et cela pour le distinguer de l'autre Voisins qui n'est et qui n'étoit qu'un Château à l'orient de Châteaufort : ensuite les Greffiers de l'Election voyant qu'on disoit bien *Magny les hameaux* au pluriel, ont cru qu'on pouvoit en dire autant de Voisins, et c'est ce qui a fait naître l'altération la plus insigne par laquelle ils écrivent aujourd'hui *Voisins et les hameaux*. Au reste ce que l'on a de plus ancien qui nous découvre l'antiquité de Voisins et comment on le disoit en latin dès les commencemens, se réduit à un titre de l'an 1250, où on lit *Milo de Vicinis Miles*. Il est bien vrai qu'un Milon, Seigneur de ce lieu, existoit dès l'an 1204 : mais le titre, quoique latin, l'appelle *Milo* de Voisins. *Chart. S. Clod.*

La position de ce Village est à six lieues de Paris et à deux de Versailles, dans une plaine de niveau avec celle de Guyencourt, où il n'y a que des grains et terres à labourage. Une porte du Parc de Versailles sert pour y entrer en venant de Paris : il est hors de ce Parc. On n'y comptoit que 22 feux en 1709, et en 1726 150 habitans, au rapport du Dictionnaire Universel; le nouveau Dénombrement du Royaume publié en 1745 y marque 33 feux.

L'Eglise, qui est du titre de Notre-Dame, est basse et sans aîles, mais voûtée; elle ne paroît pas avoir plus de deux cents ans. Il y a une Chapelle pratiquée du côté méridional dans laquelle est dit inhumé Pierre Gilbert, que l'inscription marque être né à Paris en 1595. La Cure n'est pas au Pouillé du treiziéme siécle, ce qui marque qu'elle n'étoit pas encore érigée ni distraite de Magny. Elle n'est que dans celui du quinziéme siécle et dans les suivans, et dans tous elle est dite entierement à la nomination Episcopale. Ayant vacqué par démission en 1737, elle fut possédée pendant quelques jours du mois de Juin par Philippe-le-Bel, Abbé de Sainte-Geneviéve, sur la collation de Jean du Bellay, Evêque de Paris. Philippe la permuta aussi-tôt avec Guillaume le Duc, Evêque de Bellune, ancien Abbé de Sainte-Geneviéve, pour le Prieuré de Saint-Germain de Beausault, membre du Bec, au Diocése de Rouen : puis Guillaume la résigna. *Reg. Ep. Paris. 21 et 27 Jun.*

La liste des Seigneurs de Voisins remonte assez haut, mais on ne peut la rendre complette. Milon de Voisins vivoit en 1202 aussi-bien que Guillaume de Voisins *de Vicinis,* tous les deux présens à un acte de Matthieu de Montmorency, Seigneur de Marly. Milon vivoit encore en 1204. Il tenoit de Guillaume de la Ferté, Chevalier, un fief en Porrois, qu'il avoit acheté du Prieur de Bonelle. Sa piété le porta à le céder à Odon de Sully, Evêque de Paris, et à Mathilde de Marly, pour y etablir une Communauté de Religieuses : c'est ce qui donna naissance à l'Abbaye de Port-Royal, qui n'est qu'à une petite lieue de-là. On trouve ensuite à l'an 1229 le sceau d'un Pierre de Voisins avec celui de Guy de Levis, et celui de Lambert de Limoux, au bas d'un Traité *Gall. Chr. T. VII, Instrum. col. 81.* *Hist. de Montm. Preuv. p. 404.*

de Paix fait par le Comte de Foix avec Saint Louis. Après cela vient *Milo de Vicinis Miles* qui donne à bail l'admodiation, en 1250, aux Religieux des Vaux de Sarnay, des terres situées sur la Paroisse de Saint-Nom de la Bretêche, dans la censive du Chapitre de Saint-Cloud.

<small>Chart. S. Clod.</small>

Il ne paroît rien depuis ce temps-là où le village de Voisins soit nommé, sinon le Procès-verbal de la Coûtume de Paris de l'année 1580, dans lequel on lit ces trois lignes, à l'endroit du catalogue de ceux qui y comparurent : « Pierre Gilbert, Escuyer, Seigneur « de Voisins le Bretonneux, et du fief Michel Lebœuf de Ver- « sailles, et de Guy de Meridon et Boullart assis à Voisins, et de « Bonnieres, en personne. » Cette déclaration faite par Pierre Gilbert, en personne, nous apprend le nom de deux fiefs situés à Voisins, sçavoir le fief de Guy de Meridon et celui de Boullart. Meridon est un Château proche Chevreuse, vers le midi. Boullart me paroît être le même lieu qui est écrit ailleurs Boulehart, et dont avoit tiré son nom Jean de Boulehart, Chevalier, Maître-d'Hôtel du Roi, dont la fille, appellée Jeanne de Boulehart, fut faite Abbesse de Port-Royal en 1575.

<small>Cout. de Paris, édit. in-12 1678, p. 636.</small>

Pierre Gilbert, Conseiller, obtint vers le milieu du siécle suivant des Lettres de confirmation du titre de Seigneur de Voisins-le-Bretonneux, aussi-bien que de la concession du Marquis de Sourdis, du droit de toute Justice dans l'étendue de cette Seigneurie, mouvante de Sa Majesté à cause de sa Justice de Château-Fort, avec permission d'y établir des Officiers à la charge du ressort pardevant le Prévôt du même lieu de Châteaufort. Elles furent registrées le 27 Août 1653. Mais dans le Traité que le Roi fit en 1692 avec le Duc de Chevreuse, il fut marqué que Voisins releve de Chevreuse, parce que la Terre de Châteaufort s'y trouvoit réunie.

<small>Regist. du Parl. 1653.</small>

<small>Hist. des Gr. Off. T. V, p. 688.</small>

LE MESNIL-SAINT-DENIS et LA VERRIERE

L'étymologie du nom de cette Paroisse ne doit nullement arrêter. Tout le monde sçait que le nom de Mênil donné en France à une infinité de lieux, vient du latin *Mansio* par le diminutif *Mansionile,* et que plusieurs l'écrivoient autrefois le Maisnil en s'éloignant moins du latin. En un mot *Mansionile* est la même chose que *parva mansio*. Ce nom de petite habitation étant générique, on a distingué ces différens Mênils par le nom du Propriétaire, ou par celui de l'Eglise à qui ils appartiennent, ou bien par celui du

Saint Patron de l'Eglise; quelquefois aussi par la couleur des maisons, comme Blanc-Mênil. Le Mênil-Saint-Denis dont il s'agit ici, est surnommé de l'Abbaye à laquelle il a appartenu; ce qui est cependant insuffisant, parce qu'il y a proche Beaumont-sur-Oise dans le Diocése de Beauvais, un autre Mênil-Saint-Denis qui est aussi Paroisse.

Nous n'avons rien qui fasse mention du *Mesnile S. Dionysii* avant Suger, qui vécut sous Louis VI et sous Louis VII ; mais il y a tout lieu de croire que le terrain où il est bâti faisoit partie de la donation que le Roi Pépin fit à l'Abbaye de Saint-Denis en 768, d'une prodigieuse étendue de terre dans la forêt d'Iveline, puisque ce Village s'y trouve situé. Ce fut un de ceux où les Religieux placerent des laboureurs lorsqu'ils eurent reconnu la fertilité du terrain, et la maison qu'ils y bâtirent pour les Freres-Convers porta le nom de *Mesnile*. Hist. de S. Denis
Preuv. xl.v.

Cette Paroisse est à huit lieues de Paris, à peu près sur la même ligne que Versailles, vers le couchant des équinoxes. Sa situation est dans une assez vaste plaine, sur les limites du Diocése de Paris, à demi-lieue de distance de celui de Chartres, et fort près du grand chemin de Rambouillet. Tout le pays est en labourages et prairies, à quelques bocages près, et l'on n'y voit point de vignes. En 1691, lors des travaux pour les eaux de Versailles, on y pratiqua des rigolles et un étang, et l'on prit pour cela des terres et des prés. Suivant le Dénombrement de l'Election de Paris imprimé en 1709, il y avoit alors en ce Village 155 feux que le Dictionnaire Universel du Royaume dit former 455 habitans. Le Dénombrement imprimé en 1745 n'y marque plus que 101 feux. Il y a 250 communians.

Le spirituel de cette Paroisse nous fournira l'occasion de nous étendre, parce qu'il y en a un démembrement fait depuis quelques années. L'Eglise qui est sous l'invocation de S. Denis, premier Evêque de Paris, n'est pas du nombre de celles qui sont complettes, puisqu'il y manque un collatéral du côté du nord; mais la tour qui y est assez élégamment bâtie et surmontée d'une flêche, a pu en empêcher. Au reste, elle est toute voûtée. On ne peut pas exiger de délicatesse dans les Eglises de ces quartiers-là, vu que les pierres du pays n'admettent point de sculpture, ce qui s'étend du côté de Chevreuse et fort au-delà. Ainsi on ne peut fixer l'âge des édifices par cet endroit-là ; mais cependant on voit assez que l'Eglise du Mênil n'a gueres que deux cents ans ou deux cent cinquante. La Dédicace en fut faite le 10 Septembre.

Dans le chœur est une tombe sur laquelle on lit qu'elle couvre le corps de Louis Habert de Montmort, Seigneur Chastelain de cette Paroisse, de Beaurain, Comte du Mênil-Habert, Conseiller d'Etat, Chevalier des Ordres Saint-Michel, Baron de Maincourt, né le dixiéme Février 1530, mort le 21 Avril 1622 âgé de 82 ans, et celui de Marie Rubentel, son épouse, morte le 2 Mars 1612, âgée de 57 ans. La Chapelle de Messieurs de Montmor est à droite ou au côté méridional.

Celle qui est à l'opposite contient plusieurs épitaphes : on l'appelle la Chapelle de MM. de la Verriere. On y lit sur une tombe en caracteres gothiques :

Cy gist noble homme Pierre Seguier en son vivant Conseiller du Roy notre Sire, Président au Siége Présidial du Chastelet de Paris et Seigneur de la Verriere, qui décéda le 17 jour de Septembre 1506.

On lit en cette Chapelle ce qui suit :

En la sépulture de Pierre Seguier gisent les corps de Claude Seguier son fils, qui décéda le 26 Juillet 1621 et de Judith Du Puy sa femme décédée en 1601 : et de Hélene Langlois femme de Jean Seguier leur fils aîné, décédée le 7 Février 1605.

Icy reposent les corps de Messire Jacques Seguier en son vivant Seigneur de la Verriere, Conseiller du Roy en ses Conseils, mort le 9 Décembre 1659 âgé de 83 ans, et Dame Marguerite Tardieu son épouse, décédée le 24 Octobre 1652.

Jean-Jacques Seguier, ancien Evêque de Nîmes, étant décédé à la Verriere en cette Paroisse le 8 Novembre 1689 âgé de plus de 80 ans, fut inhumé dans la même Chapelle : mais on ne lui a point dressé d'épitaphe. Il avoit été fait Evêque de Lombez en 1662 et de Nîmes, 1671. Il avoit abdiqué en 1687.

Tous les anciens Pouillés de Paris marquent que la Cure de Mênil-Saint-Denis est à la pleine collation de l'Ordinaire, à commencer par celui du treiziéme siécle, qui la désigne en ces termes : *Ecclesia de Mesneio S. Dionysii.*

Une ancienne Chapelle sur cette Paroisse est celle de Beaurain, dont je parlerai ci-après : et une autre Eglise bâtie de nos jours sur le même territoire est celle de la Verriere, qui aura son article particulier joint à celui-ci.

Il est sûr qu'au douziéme siécle l'Abbaye de Saint-Denis avoit un domaine considérable dans la contrée qui renfermoit le Mênil, Dampierre et Senlices. L'Abbé Suger nous le dit lui-même. Il écrit que le voisinage de Chevreuse, de Neaufle et d'Adainville étoit cause que les Seigneurs de ces trois lieux y levoient des tributs qui avoient ruiné ces Villages, ou au moins les paysans appartenans à son Abbaye. Cet Abbé fit les dépenses nécessaires pour les défendre de ces sortes de vexations, ne laissant à ces Seigneurs laïcs précisément que ce qu'il leur falloit pour leur droit d'Avouerie.

Suger lib. de admin. sua. Duchêne, T. IV, p. 334.

Le Procès-verbal qui fut fait des Novales de cette Paroisse ou des terres nouvellement défrichées, se trouve dans le Cartulaire de l'Evêché à l'an 1218, aussi bien que dans celui de l'Abbaye de Saint-Denis. Il est curieux par rapport aux noms des cantons qui y sont exprimés. L'article n'étant pas long, je le donnerai tel qu'il est : *Apud Mesnilium sancti Dionysii sunt novalia apud Bonnelaie [Bovelaie] Bellepenne, sex arpenta quæ tenet Dominus Caprosiæ. Apud Vallem Guiberti circiter arpentum et dimidium. Apud Mineriam circiter duo arpenta, et totum territorium de Haya de Ambesi, et locus qui dicitur Usuel de Ambesi circiter septem arpenta.* De tous ces lieux, les Cartes du Diocése ne font mention que d'Ambesi, qu'elles distinguent entre grand Ambesi, et petit Ambesi. Je croirois que Bellepenne n'est autre chose que Beaurain qui appartenoit en effet alors aux Seigneurs de Chevreuse. Il est certain que Guy de Chevreuse céda en 1226 à l'Abbaye de Saint-Denis, tout son droit d'Avouerie dans leur Terre du Mênil au-dessus de Beaurain [1]. _{Hist. des Gr. Off. T. VIII.}

Cette Terre ayant été aliénée par l'Abbaye de Saint-Denis, étoit possédée à la fin du seiziéme siécle par Messieurs Habert de Montmort, qui en ont joui jusques dans le siécle présent, qu'elle a passé à M. le Comte de Toulouse, à qui elle convenoit comme peu éloignée de Rambouillet. On avoit commencé sur la fin du dernier siécle à appeller ce lieu le *Mênil-Saint-Denis-Habert*. J'ai vu des Provisions de la Cure du 19 Décembre 1691, où cette dénomination est usitée. Maintenant elle est possédée par M. de Selle, Conseiller au Parlement de Paris. Le Château est très-beau. L'Abbaye de la Rosche qui a été long-temps possédée par les Montmorts fils des Seigneurs du Mênil, n'en est qu'à une portée de mousquet, quoique sur la Paroisse de Levis.

Beaurain, que les Cartes appellent mal-à-propos Beauray, est très-anciennement connu. Les Seigneurs de Chevreuse y avoient une forteresse : ce qui faisoit qu'au treiziéme siécle on lui donnoit le nom de la Ferté-Beaurain, qu'on disoit en latin *Firmitas Belli-rami*. Guy de Chevreuse obtint en 1204 de l'Evêque de Paris la permission de fonder une Chapelle dans cette Terre, et lui en donna le Patronage, se retenant le droit d'y nommer seulement pendant sa vie. Guy, son petit-fils, qui vivoit en 1249, fut en différend avec l'Evêque de Paris sur la collation de la même Chapelle ; l'Evêque la lui laissa pendant sa vie comme l'avoit eue son ayeul. Hervé de Chevreuse qui succéda à Guy II son frere, fit un semblable traité avec l'Evêque pour sa vie seulement. _{Ibid., p. 198.} _{Ibid.} _{Ibid.}

Redon ou Rodon est un hameau de la Paroisse du Mênil vers

---

1. Je trouve cependant en 1517 un Guillaume de Beloy Seigneur.

le nord-est, sur le chemin qui conduit à Port-Royal. Quelques anciens titres nous apprennent que les sources qui passent vers les restes de la même Abbaye avoient ce nom, comme étant apparemment émanées des Terres de ce hameau ; elles redonnent ensuite le même nom plus bas à un autre lieu auprès duquel elle passe, et qui est entre la Chapelle-Milon et Saint-Remi.

Entre le village de Mênil-Saint-Denis et la Verriere, est un lieu appellé Truypendu, que les uns disent avoir eu ce nom, parce qu'on y pendit une truie qui avoit mangé un enfant[1].

Le Mouceau et la Veillotte sont des Fermes et écarts de la même Paroisse du côté de Saint-Lambert.

On ne connoît d'homme mémorable né au Mênil-Saint-Denis, que Hugues, Religieux des Vaux de Sarnay, lequel de Procureur de la Maison en fut élu Abbé, l'an 1413.

Gall. Chr. T. VII, col. 892.

LA VERRIERE

On a de tout temps regardé ce lieu comme une dépendance du Mênil-Saint-Denis ; mais il commence depuis quelques années à être regardé comme Paroisse. Le nom de la Verriere ou de la Voirrerie (car on dit les deux)[2], est connu depuis plus de deux cents ans par ses Seigneurs inhumés dans une Chapelle de l'Eglise du Mênil ; sçavoir Pierre Seguier mort en 1506, Claude et Jacques Seguier, décédés dans le dernier siécle. Mais comme il y a aussi proche Chevreuse une Seigneurie dite la Verriere qui étoit tenue dès l'an 1500 par un Barthélemi Seguier, Lieutenant Général de Chartres, il est à croire que celle du Mênil est une branche de celle d'auprès de Chevreuse qui y aura apporté son nom. Quoiqu'il en soit, Messieurs Seguier possédoient encore cette Seigneurie sur la fin du dernier siécle, temps auquel l'Evêque de Nimes de leur nom y fut inhumé dans l'Eglise du Mênil. Je trouve un Jean Seguier de la Verriere, nommé Commandeur de Courzon en Poitou et de Villaroy proche Versailles, en 1642. De plus, un Jean Seguier (qui est peut-être le même) est qualifié Seigneur de la Verriere dans la permission qui lui fut donnée le 26 Octobre 1668 de faire célébrer en sa Maison. En 1697 le Château de la Verriere,

Hist. des Présid. p. 221.

Gallia Christ. T. VII, col. 1038.

Reg. Arch. Par.

---

1. Ce fait n'est écrit nulle part que je sçache, et n'est que de tradition. Ce qui peut le rendre croyable, est qu'on lit une Sentence rendue en 1499 par les Officiers de l'Abbaye de Beaupré, Ordre de Citeaux, Diocese de Beauvais, contre un taureau qui avoit tué un jeune homme de 15 ans : il fut condamné à être pendu à une potence. *Voyez aussi ci-dessus Tome I, [p. 476] l'article de Charonne.*

2. J'ai vu la vente d'une métairie de 50 arpens faite en 1730, où ce lieu est nommé la Voirrerie. *Tab. S. Magl.*

Paroisse du Mênil, appartenoit à M. Le Vasseur, attaché à M. de Pontchartrain. *Reg. Arch. Par. 25 Jul.*

Cette Terre étant passée à d'autres maîtres, le Sieur Jacques-René Cordier, Seigneur, a obtenu de M. de Vintimille, Archevêque de Paris, des Lettres qui y érigent une Paroisse. Elles sont du 7 Août 1739. Ce Seigneur a doté la Cure de quatre cents livres de rente, et on est convenu qu'il en auroit la nomination. L'Eglise a été promptement bâtie en forme de Chapelle et bénite sous le titre de Saint Jacques le Majeur dont on a assigné la Fête au premier jour de Mai, ce qui paroît pouvoir jetter un jour de la confusion. Le nombre des habitans forme dix-huit feux, dont quelques-uns sont des auberges sur le grand chemin de Rambouillet à Paris. Il n'y a aucunes vignes dans tout le territoire qui est en plaine comme celui du Mênil. Ce bénéfice a été mis au Rôle des décimes sous le nom de Saint-Jacques de la Verriere.

MAGNY-L'ESSART ou MAGNY-LES-HAMEAUX

On trouve en France plus de trente Paroisses du nom de Magny, outre celles qui s'appellent Magnié et Magnieu, Magne, Magnac et Magnat. Tous ces lieux ont tiré leur dénomination de leurs possesseurs primitifs, ou de ceux qui y ont les premiers bâti, appellés *Magnus,* ou enfin de ce que le territoire en étoit de grande étendue, *à magnitudine territorii.* Si Magny dont il s'agit tire son nom d'un Seigneur ou Fondateur appellé *Magnus,* il faut qu'il y ait long-temps que ce Village existe, parce que les noms des Francs ont fait disparoître ce nom Romain il y a bien des siècles ; il s'ensuivra aussi de-là qu'il y a très-long-temps qu'il a été mis en culture et que les bois y ont été essartés, et cela pourroit s'étendre à un millier d'années. Mais l'on ne seroit point obligé de remonter si haut cette antiquité de Magny, si l'on convenoit qu'il n'a eu ce nom que parce que son territoire étoit plus étendu que celui de plusieurs Paroisses voisines, comme Châteaufort, Toussus, Voisins, etc. Cette étendue au reste se prouve assez par le grand nombre d'écarts que la Paroisse renferme encore à présent, outre ceux qu'elle peut avoir cédés autrefois pour former celle de la Chapelle Milon, et ce qu'elle a cédé pour l'érection de celle de Guyencourt et de Voisins, que j'en crois être démembrés ; étendue qui fait que dans les Livres de l'Election on l'appelle Magny-les-Hameaux pour le distinguer des autres Magny du

Voyez le Diction. Univ Géograph. de la France, T. II.

Royaume. Au reste, quel que soit le fondement de l'étymologie de Magny, la perte de titres causée par le laps de temps, fait que je ne l'ai trouvé nommé pour la premiere fois, que dans un titre de l'an 1170, par lequel Agnès, Comtesse de Meulant, donne à l'Abbaye de Sainte-Geneviéve les hommes de Magny, pour compensation d'un vœu que son mari Galeran, Comte de Meulant, avoit fait à Saint-Ceraune, dont le corps repose dans l'Eglise de cette Abbaye, et duquel il ne s'étoit pas bien acquitté. J'ai aussi fait la rencontre d'un Odon de Magny *de Magniaco,* lequel en 1195 vendit une Terre à la même Abbaye de Sainte-Geneviéve, ce qu'il fut besoin de faire confirmer par Robert, Comte de Dreux.

Chart. S. Gen. p. 181.

Gall. Chr. T. VII, col. 727. E.

Ce Village est à six lieues de Paris, vers le couchant d'hiver et à deux de Versailles, entierement hors du Parc, et écarté de toute grande route; sa situation est à l'extrêmité orientale d'une plaine où sont les bois de Trappes, en sorte qu'immédiatement après est une gorge ou profondeur par laquelle s'écoulent les eaux qui passent au-dessous de Châteaufort, et vont se jetter à Gif dans la riviere d'Ivette. La plaine est en labourages, et les côteaux de la profondeur sont couverts de vergers ou jardinages, et de petits bois et broussailles, ensorte que la vigne n'y est point connue, non plus que dans les hameaux de la dépendance. En 1709, le Dénombrement de l'Election de Paris marquoit 101 feux à Magny-les-Hameaux. En 1726 parut le Dictionnaire Universel de la France, où on lit qu'il y avoit alors 285 habitans. L'Auteur du Livre intitulé : *Royaume de France,* imprimé en 1745, ne donne à Magny-les-Hameaux que 63 feux.

Le bâtiment de l'Eglise qu'on y voit aujourd'hui ne paroît avoir que deux cents ou deux cent cinquante ans. Il ne peut passer pour fort régulier étant terminé sans rond-point, sans vitrage dans le fond, et n'ayant qu'une aîle, quoiqu'on l'ait tenue fort large pour dédommager cet édifice de ce qu'il en manque du côté du nord. Saint Germain, Evêque de Paris, y est honoré comme Patron. Aux anciennes reliques perdues un Curé du lieu en a substitué d'autres du même Saint qu'il obtint dans le siécle dernier, lorsqu'on en donna à l'Eglise de Saint-Germain-en-Laye. Saint Jean-Baptiste est représenté à l'autel à côté de Saint Germain, non qu'il soit l'ancien Patron, mais par un effet de la dévotion de Jean Besson, Curé du lieu. La Dédicace de cette Eglise fut faite autrefois au mois de Juin ; mais à cause que l'Anniversaire concouroit souvent avec la Fête-Dieu, Eustache du Bellay, qui entra sur le siége Episcopal de Paris en 1551, permit de la remettre au Dimanche d'après l'Octave de Saint Pierre et Saint Paul : et comme cette derniere Fête n'a plus d'Octave, on a rapproché la solemnité de cet Anniversaire au Dimanche même d'après la Saint Pierre. Thibaud de Marly faisant son testament l'an 1266, y comprit l'Eglise de *Thes. anecd.* Magny parmi celles auxquelles il léguoit vingt sols. Si l'anti- *T. I, col. 1221.* quité de la Cure ne peut se prouver par le titre du Cartulaire de Sainte-Geneviéve cité ci-dessus, elle n'est pas pour cela postérieure à ce titre, puisqu'il y avoit déjà eu des Curés en ce lieu en 1200. Pierre de Nemours, Evêque de Paris, tendant les mains à l'éta- *Nécr. de Porroy* blissement d'un Couvent de Religieuses à Porroy, écart de cette *au 13 Sept.* Paroisse, s'accorda en 1214 avec le Curé sur les droits qu'il auroit pu prétendre et lui fit payer la somme de cent sols. Dans le Pouillé du même siécle récrit sous le regne de Saint Louis ou environ, elle est dite être à la pleine collation Episcopale ; l'Ecrivain la désigne sous le nom *de Magneio*. Les Pouillés postérieurs en assignent pareillement la nomination pure et simple à l'Evêque Diocésain : ceux du quinziéme et seiziéme siécle se contentent de l'appeller *Magniacum*. Les Pouillés françois ont introduit l'usage de dire Magny-Lessart, et celui de 1626 met *de Magniaco Lessardi*, comme si Lessard étoit un nom d'homme. Le Curé actuellement en place[1] a fait rebâtir le Presbytere. Lorsqu'on a pavé l'Eglise on a eu soin de placer les tombes des Curés et Prêtres du lieu proche le sanctuaire, où il s'en voit une du seiziéme siécle. Jean Besson déjà nommé ci-dessus y est aussi inhumé. Son épitaphe en marbre blanc est attachée au mur septentrional de la nef. On assure que ce Curé mourut en grande réputation de sainteté. Il étoit natif du Diocése d'Angers. Les autres tombes qui servent de pavé tant dans le chœur que dans l'aîle, ont été apportées de l'Eglise de Port-Royal dans le temps qu'elle fut détruite. Un autre Curé de Magny distingué par sa science a été M. Jean Burlugay, qui auparavant l'avoit été des Trous. Il fut fait depuis Théologal de Sens. C'est lui qui composa le Bréviaire de cette Métropole qui parut en 1702, et qui a servi de modele à en faire depuis qui enchérissent sur la beauté dont il étoit.

Il reste derriere l'Eglise des masures d'un ancien bâtiment qui paroît avoir été le Château, ou le principal manoir des Seigneurs de Magny. Je trouve de ces Seigneurs dès le treiziéme siécle, mais *Hist. de Montm.* non pas assez pour en former une liste suivie. Il semble par une *Preuv. p. 395.* Charte de l'an 1202, que les Seigneurs de Marly y avoient dèslors quelque droit. Mathilde de Château-Fort est dite avoir con- *Nécr. de Porr.* firmé l'an 1254 en sa qualité de Dame de Magny, une donation de douze arpens de terre faite à l'Abbaye de Porroy, par Eremburge d'Orseigni. Deux cents ans après cette Terre étoit dans la Maison de Levis, et peut-être y étoit-elle depuis un temps considérable, Levis étant aussi proche qu'il l'est de Magny. Philippe de Levis,

1. M. Vococourt.

Archevêque d'Auch, étoit possesseur de cette Châtellenie en 1456. Il en fit présent peu de tems après à Guy de Levis, Ecuyer, son neveu, qui en paya l'an 1457 les droits de relief à Paris, à cause qu'elle étoit mouvante de la Vicomté de Paris. On lit dans le Procès-verbal de la Coutume de Paris de l'an 1580, que Claude de Lens, Chevalier de l'Ordre du Roi, étoit alors Seigneur de Magny-les-Essarts: mais apparemment qu'il y a faute d'impression, et qu'il faut lire Claude de Levis. En 1665 Charles d'Escoubleau, Prince de Chabanois, Chevalier des Ordres du Roi, Marquis de Sourdis, etc., en étoit Seigneur. Il fit enregistrer le 23 Décembre de cette année en Parlement les Lettres-Patentes qui lui permettoient d'y rétablir les fourches patibulaires en sa qualité de Seigneur Chastelain. Enfin le Duc de Chevreuse, par le traité que le Roi fit avec lui en 1692, en devint Seigneur utile et Haut-Justicier: et comme les Dames Ursulines de Saint-Cyr lui ont succédé dans la Terre de Chevreuse, elles sont devenues pareillement Dames de Magny-l'Essart.

Comptes de la Prévôté de Paris 1457. Sauval, T. III, p. 356.

Cout. de Paris. Édit. de 1678.

Voici les noms des écarts de cette Paroisse, tant hameaux que simples Fermes ou Maisons bourgeoises, telles que la Carte de De Fer les arrange: Porroy dit depuis Port-Royal, Buloyer, les Granges, Brouassis, Merantez, Romainville, Villeneuve, Gomberville, Cressely qu'elle nomme mal-à-propos Cresleux, et Aigrefoin que quelques-uns prononcent Aigrefin.

PORROY est le plus fameux: je réserve à en parler après tous les autres dont j'aurai eu quelque chose à dire.

BULOYER est nommé dans un titre de l'an 1214, par lequel Bouchard, Seigneur de Marly et Mathilde, son épouse, donnent à la Maison des Religieuses de Porrois ce qui leur restoit dans le bois de Molcretz jusqu'au grand chemin appellé la Chevée de Bulloher. Dans la Coûtume de Paris de l'an 1580, Michel Causon, Ecuyer, en est dit Seigneur. Charles Camus l'étoit en 1608. Ce fut dans le Château de ce lieu que furent cachées les reliques de Saint Quentin, célèbre Martyr de Picardie, la dernière fois qu'on les transporta de la Ville de ce nom pour les mettre à couvert dans le temps des guerres. Elles y resterent jusqu'au 23 Septembre 1620. Après que le danger fut passé, le Chapitre de Saint-Quentin députa Vital Pistor qui en les retirant de Buloyer, donna pour reconnoissance une machoire où il étoit resté une dent, à la Dame du Château, qui la laissa en 1653 à sa fille, Religieuse de Port-Royal, où cette relique se conserve aujourd'hui avec beaucoup de dévotion. Ce fief releve de Villepreux; il appartient à M. Gallot, Seigneur de Mesle, près de Provins.

Gall. Chr. T. VII, Instrum. col. 89.

Procès-verbal p. 636, édition 1678.

Reg. Ep.

Tillemont et Baillet, vie de S. Quentin.

LES GRANGES. Jeanne de la Fin, créée Abbesse de Port-Royal en 1513, y fit beaucoup d'acquisitions pour sa Maison.

Ibid.

BROUAISSIS ou BROISSY. Martin Le Mercier, Curé de Voisins, y avoit un Oratoire en 1645. *Reg. Arch. Par. 1 Decem.*

MERANTETZ est un Château situé sur la pente du côteau qui est vis-à-vis Magny et qui regarde le midi. Il appartient à M. Levasseur, Officier dans la Chevalerie de S. Louis. Ce lieu a donné le nom à une porte du grand Parc de Versailles qui en est voisine ; le Portier qui la garde est sur la Paroisse de Magny. Merantetz releve de Merancy qui est un petit fief dans le vallon. Au quatorziéme siécle on disoit Mesantez. Un Philippe de Mesantez, Ecuyer, vivoit en 1353. *Reg. Visit. Lepr. Par. fol. 117.*

ROMAINVILLE est nommé Romeville dans l'acte de la donation de Bouchard de Marly ci-dessus mentionnée. On y lit que la Chevée de Bulloher séparoit le bois de Moleretz du *Deffes de Romevilla*. Ce fief appartient à M. Gallot, Seigneur de Mesle près de Provins. *Gall. Chr. T. VII, Instrum. col. 89.*

VILLENEUVE paroît être le lieu qui avoit donné le nom à une Abbesse de Port-Royal dont l'épitaphe de l'an 1297 commençoit ainsi : *Icy gist Dame Mahaut de Villeneuve l'onziéme Abbesse de Porrois*. *Ibid. col. 914.*

CRESSELY, ou, comme l'écrit Guillaume Delisle, Crecely, est une Ferme qui appartient au Collége de la Marche à Paris.

L'ABBAYE DE PORROY ou PORROIS

DITE ENSUITE PORT-ROYAL

Il est étonnant qu'un sçavant homme comme étoit M. Hadrien de Valois, ait paru ignorer que l'Abbaye de Porrois au Diocése de Paris, est la même que celle qui a été si connue sous le nom de Port-Royal. *Vallis profunda*, dit-il, *una est ex Abbatiis Diœceseos Parisiacœ in Decanatu Maciaci, ut et Porrais : quœ ambœ Abbatiœ sunt obscurœ*. Ces deux Abbayes ne sont nullement obscures. La premiere est le Val-de-Grace, et la seconde est Port-Royal, qu'il a méconnues toutes les deux sous leurs noms primitifs. *Notit. Gall. p. 433, col. 2.*

A l'égard de celle de Porrais qu'il écrit ainsi après le Pouillé du treiziéme siécle, c'est la même que celle de Porrois ou Porroy. Cette Abbaye est écrite Porrois dans tous les titres les plus anciens qui marquent les premiers biens qui y furent faits, et la fondation même. Ces titres sont depuis l'an 1204 jusqu'à l'an 1224. Ils sont tous en latin, et quelques-uns même passés pardevant le Doyen de Châteaufort, qui ne devoit pas ignorer la vraie maniere de prononcer et d'écrire ce nom. Or il faut observer que les Auteurs de tous ces actes latins ont mis ce nom en françois, aimant mieux ne le pas latiniser que de le faire mal. Il n'y en a qu'un qui est de l'an 1209, dont l'écrivain a mis *domui Porregii* au lieu de *domui de Porrois* : mais il faut remarquer que *Porregium* est là un seul mot, et que c'est comme s'il y avoit *Porreium* ou *Borreium*. En effet, c'étoit la situation du lieu qui lui avoit fait donner ce nom. Que signifioit *Porra* ou *Borra* dans les moyens temps, dans la basse latinité ? Il n'est pas besoin d'en aller chercher l'explication ailleurs que dans le Glossaire de Du Cange : *Bora, Cavus dumetis plenus, ubi stagnat aqua*. Ce mot est dans ce sens dans une Chronique de Parme à l'an 1233, et les Italiens disent encore *Borro* pour signifier un creux plein de broussailles et où l'eau dort. C'est précisément la description que les Religieuses de Port-Royal firent de leur Maison en 1625, et que M. de Gondi, Archevêque de Paris, rendit en ces termes dans son Ordonnance : Il y marque qu'elles avoient allégué *Sui Monasterii ingratum situm, in loco... humido, nebuloso, et aquis ubique scaturiente, ædificati in valle profunda et angusta, altis montibus usque arenosis et arboribus majori ex parte adumbratis..., obnoxii etiam frequentibus inundationibus et aquarum diluviis*. Ainsi jamais il n'y eut de lieu qui méritât mieux le nom de Borrois ou Porrois. Mais celui qui dressa la Bulle que le Pape Honorius III envoya à l'Abbesse l'an 1324, s'avisa de rendre le terme Porrois en deux mots latins, et il mit *Abbatissæ de Portu Regis ; Monasterium S. Mariæ de Portu regis*. C'est ce qui induisit en erreur ceux qui ne remontoient pas plus haut et qui ne considéroient pas qu'il n'y a jamais eu de Port en ce lieu ni pu y en avoir, et qu'aucun Roi n'y avoit jamais demeuré jusqu'alors. C'est donc ce nom donné à tout hasard qui a prévalu par la suite : on a dit et écrit *Portus Regius* et en françois Port-Royal. Je me suis un peu étendu sur cette réflexion étymologique, parce que je ne crois pas qu'elle ait été encore faite.

Cette Maison a commencé par une Communauté de pieuses personnes que l'Evêque de Paris, Odon de Sully, y rassembla vers l'an 1204, dans un fond qu'acheta Mathilde de Garlande, femme de Matthieu I d'Attichy, descendant des Montmorency, leur accordant quinze livres de rente à Meulan et du bled à Galardon. On tient par tradition qu'avant cet établissement il y avoit en ce lieu une Chapelle de Saint Laurent, et que c'est pour cela que sa Fête s'y est toujours célébrée avec solemnité et concours. Payen d'Ursines y joignit une terre voisine. Bouchard de Marly, fils de Matthieu et de Mathilde, y donna un peu après la Terre de Chahengnay, les bois de Molereiz, etc. En 1214, elle étoit en état de nourrir treize ou quatorze Religieuses, ce qui fit que Pierre de Nemours l'érigea en Abbaye, qui seroit soumise à l'Ordre de Cîteaux, et en particulier à l'Abbaye des Vaux de Sarnay, qui

n'en est qu'à une lieue et demie ; ce même Prélat dédommagea Beaunier,l'ouill.
le Curé de Magny au sujet de son droit Paroissial. On croit que
la premiere Abbesse fut une Mathilde qui siégeoit en 1216. Les
Abbesses les plus illustres du côté de leur origine, furent Pétronille de Montfort, fille du Connétable Amaury. Elle vivoit en 1275 ;
ensuite une Philippe de Levis. Béatrix de Dreux, fille du Comte
de Dreux Robert IV, l'étoit en 1316. Agnès de Trie, morte vers
l'an 1348 ; deux Jeanne de la Fin, tante et niéce, Abbesses consé-
cutivement depuis 1468 jusqu'en 1557. On a observé qu'encore *Gall. Chr.*
sous la derniere les Religieuses étoient reçues gratuitement. Sous *T.VII, col. 917*
Marie-Angélique Arnaud, Abbesse dès l'an 1604 [1], elles obtinrent
permission de M. de Gondi, Archevêque de Paris, d'être transférées au fauxbourg Saint-Jacques, et elles y allerent en effet
l'an 1626. On a vu ci-dessus l'exposé qu'elles avoient fait de la
mauvaise situation de leur Maison. Néanmoins comme elles ne
purent alors s'aggrandir à Paris, elles y retournerent en 1648, sous
la même Marie-Angélique Arnaud, dite alors de Sainte Magdeleine. Ce fut elle qui, en 1630, s'étant démise du titre d'Abbesse,
obtint du Roi que l'Abbaye seroit élective ; elle la remit aussi sous
la Juridiction de l'Ordinaire, et y établit par ses soins non-seulement l'étroite réforme, mais encore l'institut de l'Adoration perpétuelle du Saint-Sacrement, ce qui occasionna le changement du
scapulaire noir propre à l'Ordre de Citeaux, en un scapulaire
blanc garni d'une croix rouge. Par la suite la Maison de Paris
s'étant augmentée, on donna à celle de la campagne le nom de
Port-Royal des Champs, pour la distinguer de l'autre, jusqu'à
ce qu'en 1708 le Pape Clément XI, à la priere de Louis XIV, en
éteignit le titre Abbatial, et le Roi ordonna d'en détruire les
bâtimens.

CHATEAUFORT

Il n'est pas besoin de recherches pour trouver l'origine de ce
nom. Sur le déclin de la seconde race de nos Rois, plusieurs
Seigneurs firent bâtir des Châteaux dans les lieux qu'ils trouvoient
les plus faciles à fortifier et dont la situation étoit plus avantageuse, pour se défendre en cas de guerre. Le lieu dont je parle,
qui est sur le bord d'une profondeur qui regne au midi et au
levant, au bas de laquelle coule un ruisseau qui se jette proche

---

1. Dom Beaunier en son Pouillé des Abbayes, Tome I, page 31, dit qu'elle
avoit été faite Abbesse en 1602, à l'âge d'onze ans, et qu'elle commença
en 1614 à faire maigre.

Gif dans la riviere d'Ivette, fut jugé propre à bâtir une forteresse vers ce temps-là, et c'est ce qui lui donna le nom. La confiance qu'eurent les gens de la campagne dans la protection du Seigneur de Châteaufort, fit qu'ils vinrent s'y réfugier, et que le Bourg qui s'y forma ressembla à une petite Ville. Non-seulement le Château mit les peuples à l'abri des ennemis, mais aussi la clôture qui fut faite tout autour et trois grosses tours en différens endroits du Bourg, dont on voit encore les restes de deux, sous lesquelles on a fait agir la mine. On ne peut mieux juger combien ce lieu étoit devenu considérable, qu'en faisant attention qu'il fut regardé comme le chef-lieu d'une contrée de tout le Diocése de Paris, ensorte que Châteaufort fut le nom que l'on donna vers le dixiéme ou onziéme siécle au plus étendu des six Doyennés ruraux, lequel commençant au bout de la Banlieue au midi de Paris sur le grand chemin d'Orléans, comprend tout ce qui est à la main droite jusqu'à Mauchamp inclusivement, sçavoir, à deux ou trois lieues en deçà d'Etampes et s'étend jusqu'au de-là de Saint-Germain-en-Laye, renfermant tout ce qui est au rivage de la Seine dans cet espace. On voit par la description de cette étendue que plusieurs lieux considérables y sont compris, tels que Chevreuse, Versailles, Saint-Germain, Nanterre, Saint-Cloud ; mais lorsque Châteaufort fut qualifié de Doyenné, il n'étoit pas ce qu'il est aujourd'hui, et les lieux que je viens de nommer n'étoient pas ce qu'ils sont devenus depuis.

Châteaufort est à cinq lieues de Paris, vers le couchant d'hiver ; les terres du côté du septentrion ou de la plaine y sont toujours également propres au bled, et les vallons y sont garnis de prairies comme anciennement ; mais le nombre des habitans est fort diminué, les maisons en petite quantité et fort délabrées. Il y a deux Paroisses : dans celle du Bourg dont je viens de parler, où il reste encore quelques vestiges de rues et de places avec une espece de contiguïté dans les maisons. L'autre Paroisse a ses habitans répandus dans la campagne vers l'orient et en très-petit nombre. On pense que c'est celle du Bourg qui est l'ancienne et qu'elle existoit avant l'érection de la Forteresse, à l'abri de laquelle les Fermiers éloignés vinrent se mettre, ce qui la grossit fort aux dépens de l'autre. Dans ces deux Paroisses ensemble, le Dénombrement de l'Election imprimé en 1709, comptoit 61 feux, et le Dictionnaire Universel de la France évaluoit sur cela les habitans au nombre de 202. Mais le Dénombrement du Royaume en 1745 n'y trouve plus que 45 feux.

L'Eglise Paroissiale qui peut avoir été l'Oratoire primitif de ce lieu, peut-être même avant qu'il eût le nom de Châteaufort, est située sur la descente de la montagne à mi-côte, et est titrée de la

Sainte-Trinité. Ce n'est plus qu'une espece de Chapelle isolée et solitaire élevée à neuf depuis peu sur les ruines de l'ancien édifice. Quelques monumens du treiziéme siécle nous apprennent le nom d'un célébre Curé de cette Eglise. Les Freres et Sœurs de la Léproserie de Saint-Lazare de Paris ne s'accordant pas sur l'élection de leur Grand-Maître, la contestation, portée par-devant Matthieu de Vendôme, Abbé de Saint-Denis, Ministre du Royaume, fut renvoyée à l'Evêque de Paris, Etienne Tempier, qui y nomma en 1270, le 25 Juin, Simon qu'il qualifie *Presbyterum S. Trinitatis de Castroforti virum utique providum et discretum ac in temporalibus circumspectum.* Thibaud de Marly faisant son testament en 1286, paroît avoir eu une attention particuliere pour Châteaufort. Il y mit ce lieu pour trois articles : 1º L'Eglise de la Trinité pour vingt sols ; 2º le Prieuré pour cinquante sols, et 3º la Léproserie pour quarante sols.

<small>Hist. Eccl. Par. T. II, p. 455.</small>

<small>Præcl. Monum. post Theod. Cant. p. 407.</small>

<small>Thes anecd. T. I.</small>

Ce qui est à dire sur l'autre Paroisse de Châteaufort est davantage lié avec l'histoire du Prieuré de ce lieu, puisque c'est la même Eglise qui est Priorale et Paroissiale. Cette Eglise est sous le titre de Saint Christophe : la desserte de la Paroisse se fait dans une aîle de ce vieux bâtiment du côté du midi. Le principal corps de l'édifice est l'ancienne Eglise des Moines, dont la nef n'est pas voûtée. Le collatéral ou aîle septentrionale ne paroît plus. Ce qui reste du tout se sent très-fort de sa vétusté : car on peut juger par le fond des deux corps de cette Eglise qui se termine en espece de calotte, et par un titre du Cartulaire de Châteaufort, que c'est une bâtisse du onziéme siécle au plus tard. On y lit que le Roi Philippe permit en 1068 qu'au lieu d'une Eglise de bois un Chevalier nommé Aimeric en fît une de pierre du consentement de Guy et Hugues, dont Châteaufort étoit le bénéfice. Le portail ni la tour ne peuvent désigner aucun temps, étant de grès et de pierres molaires. La Dédicace s'y célebre le Dimanche des Quatre-Temps de Septembre. Je ne parle pas des Reliques données en 1659 par Charlotte Basson qui les avoit eues de François Pallu, Evêque d'Héliopolis, et cela pour la raison alléguée dans ma Préface. Il y a plusieurs siécles qu'il n'y demeure plus de Religieux. C'est cette Eglise ou celle de la Trinité que desservoit un nommé Salomon sous le regne de Philippe-Auguste. Matthieu, Seigneur de Marly, fait mention de lui dans une Charte de l'an 1194 sous sa qualité de Doyen de Châteaufort. Il est pareillement nommé comme Doyen dans un titre de l'Abbaye de Port-Royal de l'an 1204. Les Chanoines de Saint-Victor l'ont inséré dans leur Nécrologe au 9 Juin : *Obiit Salomon Decanus de Castroforti.* Dès il y a trois cents ans, cette Eglise de Saint-Christophe étoit en mauvais état. Il reste une permission que Jean de Courcelles,

<small>Hist. de Montm. Preuv. p. 394.</small>

<small>Gall. Chr. nov. Prob. p. 82.</small>

Manusc. de Lancelot. Archidiacre de Josay (de Josas), vu les besoins de cette Eglise qui menaçoit ruine à cause des malheurs du temps, donna ordre le 24 Mai 1448 de vendre et aliéner deux cloches, pour en employer l'argent à la réparer, et en avoir une médiocre. Elle est adressée à Grégoire le Roy, Prieur de Châteaufort, à Pierre de la Riviere, Prieur de Palaiseau et à Pierre de Voisins, Ecuyer.

La Chapelle de Notre-Dame des Boisseaux, ou pour mieux dire des Bouceaux, sur la Paroisse de Châteaufort, est une chose dont la connoissance est fort obscurcie par le laps de temps. On croiroit sur le simple exposé du Rôle des Décimes, qu'il y a eu un lieu appellé les Boisseaux où elle étoit située : mais c'est un nom d'homme défiguré ainsi que beaucoup d'autres dans le langage vulgaire. Deux freres laïques nommés Nicolas et Guillaume *Ex autogr. in Spirit. Tab. Ep.* Boucel, fonderent cette Chapelle en 1350, moyennant huit livres dix sols de cens à Cressely, les champarts de quarante-cinq arpens de terre au même lieu, en payant la petite redevance dûe au même lieu, aux Mathurins de la Villeneuve-aux-Asnes sous Mitry, et deux arpens de pré près le pont de Courcelles, le tout tenu en fief du Seigneur de Marly. Ils en laisserent la présentation à leurs héritiers et la collation à l'Evêque, le tout confirmé par une Bulle d'Innocent VI en sa seconde année. En conséquence on marqua dans le Pouillé de Paris écrit vers 1450 en parlant de Châteaufort : *Capellanus ibidem Stephani de Boucel Burgensis Parisiensis,* et par la suite cette Chapelle fut quelquefois dite de Saint-Nicolas, mais plus communément on l'appelloit la Chapelle aux Bouceaux, ou Bousseaux.

Reg. Ep. Paris. Michel Rat, Bourgeois de Paris et Seigneur de Forges, présenta le 18 Août comme héritier de Guillaume et Nicolas les Bousseaux à la Chapelle de N.-D. située dans l'Eglise de Saint-Christophe *Ibid.* de Châteaufort. Le 3 Septembre 1487 il y eut présentation à la Chapelle de Saint-Nicolas des Bousseaux située en la même Eglise, par Jacques de Thumeri, Seigneur de Dampierre, héritier des mêmes Sieurs les Bousseaux. Le 3 Octobre 1541, présentation *Ibid.* à la Chapelle Notre-Dame dans Saint-Christophe de Châteaufort, par Guillaume Rat, Ecuyer, Seigneur temporel d'Orsigny. Le 8 Avril 1545 les enfans mineurs de feu Guillaume Rat ne pouvant présenter, Guillaume de Voisins, Seigneur de Villiers-le-Bacle, et Georges Dupuys, Ecuyer, Seigneur de Marché-Paluz, y présenterent en qualité de tuteurs. En voilà suffisamment pour mettre au fait de cette Chapelle. A l'égard du nom de Boucel, j'observerai que quand on a voulu le mettre au pluriel, il a pu former non-seulement Bouceaux, mais même Boucauds. C'est ridiculement que l'Auteur du Pouillé de 1626, au lieu de mettre *Burgensis Parisiensis* en parlant de cette Chapelle, a mis *Burgensis Pacifici.*

Le Prieuré de Châteaufort fut fondé par un Chevalier nommé Aimery, suivant ce qui se lit au *Gallia Christiana* : peut-être faut-il lire Amaulry; car on verra ci-après qu'il existoit un Amaulry de Châteaufort précisément dans le temps de cette fondation. Geoffroy, Evêque de Paris, l'approuva et la confirma l'an 1068. Il y a lieu de croire que ce fut ce même Evêque ou son successeur qui accorda aux Moines de Bourgueil qui y furent introduits, les deux Eglises du lieu, ou au moins celle de la Trinité, si elle étoit encore alors la seule Eglise Paroissiale. Le Pape Pascal II dans sa Bulle de confirmation accordée à Baudry, Abbé de Bourgueil en 1105, nomme l'Eglise de Châteaufort. Environ soixante ans après le Prieur et les Moines de Châteaufort s'aviserent de noircir la réputation de l'Abbé de Bourgueil, leur Supérieur : ils furent cités pour prouver leur dire ; mais n'ayant pu le faire, ils furent déclarés excommuniés. Le Prieur pour se venger se mit à dissiper le bien de son Monastere et à solliciter le Seigneur du lieu de s'en emparer, ce qu'il n'eut pas de peine à obtenir. Le Pape Alexandre III averti de tout cela à Sens, écrivit au Roi Louis-le-Jeune pour le prier de prendre les biens de cette Maison sous sa protection, et d'obliger ce Seigneur de rendre ce qu'il avoit enlevé. Jacques, Cardinal-Diacre, écrivit quelque temps après au même Prince pour ce sujet, lui marquant que l'Abbé que les Moines de Châteaufort avoient calomnié, étoit avec celui de Marmoutier les deux Abbés les plus réglés de tout l'Ordre des Moines noirs. Cet Abbé de Marmoutier nommé Robert écrivit pareillement au Roi pour lui rendre compte de la Sentence prononcée contre le Prieur de Châteaufort, laquelle l'expulsoit entierement de son Ordre, et lui apprendre que ce Prieur avoit choisi l'Ordre de Cîteaux pour s'y retirer. L'Abbaye de Bourgueil qui étoit bien fournie de Religieux, renouvella alors la colonie de Châteaufort. La possession de ce Prieuré et des Eglises Paroissiales qui en dépendoient, fut confirmée en 1208 à l'Abbé Luc par une Bulle d'Innocent III, et sous l'Abbé Hubert en 1230 au mois d'Octobre il y eut un accord fait entre le Prêtre de Châteaufort et le Prieur. Il se soumit comme les autres du même canton à fournir le *Pigmentum* à son tour à l'Eglise de Notre-Dame de Paris au jour de l'Assomption ; ensorte qu'on lit dans le Rôle du quatorziéme siécle : *Prior de Castroforti solvit anno MCCLXXXIIII. Item solvit anno CCC decimo*. Dans celui des Procurations Episcopales de l'an 1384, il étoit taxé à dix livres dix sols. Nous ignorons quel fut l'Evêque de Paris qui donna à l'Eglise de Bourgueil la nomination des deux Cures de Châteaufort, qui est dite appartenir à l'Abbé dans tous les Pouillés de Paris tant manuscrits qu'imprimés, à commencer par celui du

Gall. Chr. T. VII, col. 50.

Duchêne, T. IV, p. 606.

Ibid., p. 662.

Ibid., p. 687.

Gall. Chr. vetus, T. IV. Tabul. Burgul.

treiziéme siécle. Le Pelletier a marqué dans le sien de l'an 1692 que c'est au Prieur du lieu. L'examen des Registres décideroit la difficulté sur laquelle il ne m'appartient pas de prononcer.

La Léproserie de Châteaufort existoit dès le XIII siécle, puisqu'elle est mentionnée dans une Sentence arbitrale de l'an 1216 donnée par Etienne, Archidiacre, qui maintint le Curé en possession d'une place devant le presbytere contre les Ladres, Nicolas étant Prieur du lieu ; plus dans le testament de Thibaud de Marly de l'an 1286. Elle avoit un Maître que l'Evêque nommoit. Le Commissaire qui la visita en 1351 se fit exhiber les Lettres de nomination de Jean de Montigny, pourvu par l'Evêque Guillaume de Chanac en 1333, et il reconnut par les anciens titres en présence de Philippe, Curé de Saint-Christophe, que cette Maison avoit entre autres biens une dixme à Orcigny, la grosse dixme de Noisement, Paroisse d'Orcey, du revenu en argent à Ville-Offlain, et une Ferme appellée Ruine sur la pente de la montagne.

<small>*Ex autogr. in Tab. Ep.*</small>

Les Seigneurs de Châteaufort étoient anciennement les plus puissans du Diocése de Paris après ceux de Montlhery dont ils furent une branche. Quoiqu'il ait pu y en avoir dès la fin du dixiéme siécle et le commencement du onziéme, nous n'en trouvons point de plus ancien que Hugues le Roux qui fut témoin en 1069, à Paris, dans un acte des dons faits à l'Abbaye de Marmoutier par Geoffroy de Gometz. Amaury ensuite est marqué présent en 1067 à la Dédicace de l'Eglise de Saint-Martin-des-Champs. Il paroît aussi comme témoin dans un acte de l'an 1081, au sujet de l'Eglise de Saint-Spire de Corbeil. Guy de Montlhery surnommé le Rouge, qui fut grand Sénéchal de France et qui ne vivoit plus au mois d'Août 1108, avoit possédé outre la Terre de Rochefort, celles de Châteaufort et de Gournay-sur-Marne. Hugues pareillement grand Sénéchal de France fut après lui Seigneur de Châteaufort aussi-bien que de Gometz. Je parle à l'article de Fontenay-aux-Roses des droits que ce Hugues, Seigneur de Châteaufort, y avoit eus et à Bourg-la-Reine. Après s'être donné de grands mouvemens contre l'Etat, sur la fin de ses jours il se retira dans un Couvent, et y mourut sans avoir eu d'enfans de Luciane de Montfort, fille d'Amaury III, son épouse. Il est plus connu sous le nom de Hugues de Crecy, Terre située en Brie dont il étoit aussi Seigneur. Le Cartulaire de Longpont nous apprend que Châteaufort est le lieu dont a voulu parler l'Auteur de la Chronique de Morigny, lorsqu'il raconte que ce même Hugues s'étant fait livrer son Seigneur et son cousin, Milon de Montlhery, fils de Milon-le-Grand, le tint renfermé successivement en diverses prisons ; et que dans la crainte que s'il le remettoit en liberté il ne s'en vengeât, il l'étrangla la nuit pendant

<small>*Annal. Bened. T. IV, p. 755.*
Hist. de Montm. Preuv. p. 23.
Ibid., p. 26.

Mém. de Lancelot.

Chart. Longip. fol. 17.
Chr. Maurin. Duchêne, T. IV, p. 366.</small>

qu'il dormoit, et afin que l'on crût que c'étoit lui qui ayant voulu se sauver s'étoit tué, il le jetta lui-même en secret par la fenêtre de la Tour de bois dans laquelle il étoit détenu, ce qui attira une infinité de monde pour voir le cadavre, tant à Châteaufort qu'au Prieuré de Longpont où on le porta pour l'enterrer ; le Roi même Louis-le-Gros s'y transporta et ne put retenir ses larmes. C'est en conséquence de ce meurtre et parce que tout le monde l'abandonna, qu'il prit le parti du cloître, vers l'an 1118. Il paroît que c'étoit un homme sec et décharné ; car dans une contestation qu'il avoit eue avec les Religieux de Longpont au sujet du produit de la dixme de Mondeville, il est désigné ainsi : *Hugo de Castroforti cognomento cadaver*. On voit aussi dans le même volume un *Thomas de Castroforti* qui avoit un nommé Guy pour frere, et un Barthelemi de Châteaufort témoin dans la donation faite par Tevin de Forges à ce Prieuré. Mais apparemment que ces Seigneurs (s'ils sont de ce nombre) ont vécu avant Hugues, ou que le Roi Louis-le-Gros leur avoit donné une partie de la Seigneurie de Châteaufort, et peut-être la Vicomté ; car ce Prince confisqua les biens de Hugues de Crecy et particulierement Châteaufort qu'il réunit à son Domaine. Il étoit dans cette Terre, lorsque Thomas, Abbé de Morigny, vint le trouver au sujet de l'Eglise de Saint-Martin-des-Vieilles-Etampes.

Chart. Longip. *fol. 16.*

Hist. d'Etampes, p. 402.

Depuis ce temps-là la Terre de Châteaufort fut comprise dans les comptes du Domaine, et n'eut plus que des Sénéchaux, puis des Vicomtes et des Prévôts. Un Compte du temps de Philippe-Auguste de l'an 1202, contient cet article, *Senescallia Castrifortis L. sol.*, et plus bas : *De Vavasoribus Castrifortis XLIII sol.* Le Roi Philippe-le-Hardi fit une distraction dans cette Terre en faveur de l'Abbaye de Saint-Germain-des-Prés. Il lui donna en 1275, par Lettres datées de Royaumont, la quatriéme partie du gruage dans les forêts de la Châtellenie de Châteaufort avec toute Justice et Domaine, ne se retenant que le ressort, et déchargea les Religieux d'un dîner qu'ils étoient tenus de donner au Prévôt de Châteaufort en leur Maison de Monteclain. J'ai trouvé à l'an 1325, un Boucher de Verneuil, Prévôt de Châteaufort, donnant acte sur Chevreuse et sur le lieu dit Ivette. En 1462, Guillaume de Villetain, Ecuyer, Seigneur de Gif, étoit Vicomte de Châteaufort. En 1467, le Roi Louis XI par Lettres datées à la Motte d'Egry, le 21 Août, institua Charles du Buz, Ecuyer de son Ecurie, Capitaine de Châteaufort, lui attribuant le revenu de la Terre ; mais il n'en jouit pas long-temps, puisque dès l'an 1480 le même Prince faisant le 6 Mars une échange avec Louis de Brabant et ses héritiers, lui donna entre autres Terres [1] celle de Châteaufort.

Brussel, Traité des Fiefs, p. CXLV et CLV.

Métiers du Chât. vol. I, fol. 148.

Tab. Fossat.

Comptes de la Prévôté de Paris. Sauval, T. III, p. 413, 397 et 401. Mém. de la Ch. des Compt. vol. VIII.

1. Xaincoins au Bailliage de Saint-Pierre-le-Moutier.

Compte de la Prévôté de Paris. Sauval, T. III, p. 498. Reg. Cons. Parl. 15 Maii 1495.	Il y eut en 1491 une information contre quelques-uns de ce lieu qui avoient déchiré, arraché et foulé aux pieds le cri du ban et arriere-ban que le Prévôt de Paris avoit fait crier au carrefour et attacher au poteau. En 1495, Bertrand le Picart, Avocat, demanda en Parlement d'être institué Prévôt de ce lieu, au moyen de l'élection de lui faite par les Officiers et Praticiens du même lieu, et il fut admis contre Jean Catin, aussi Avocat, qui s'y opposoit. La Seigneurie de Châteaufort étoit revenue au Roi, puisqu'en
Chambre des Comptes, Juillet 1529 et 1532. Hist. des Gr. Off. T. VI, p. 451. Mém. ae la Chambre des Comptes.	1529, François Ier la donna à Jean de la Barre, Prévôt de Paris, en place de deux cent cinquante livres qu'il lui devoit de rente chaque année sur le Trésor Royal. On trouve [néanmoins] en 1533, un hommage rendu au Roi pour la Terre de Châteaufort par Jean Poncher, Secrétaire du Roi, et en 1540 une décharge à Jean d'Escoubleau de Sourdis des droits Seigneuriaux de cette même Terre. Quarante ans après fut dressée la Coûtume de Paris.
Coutume 1580, p. 642, Edit. 1678. Chambre des Comptes.	Le Procès-verbal fait mention de Pierre Proust qui en étoit Prévôt et Honoré Rousseau son Substitut. La Terre de Châteaufort qui avoit été unie par Arrêt au Domaine du Roi, fut possédée
Acquisition du Roi de 1691.	pendant quelque temps par le Seigneur Duc de Chevreuse, avant le milieu du dernier siécle, mais le Sieur d'Escoubleau de Sourdis, à qui elle avoit été engagée, n'ayant pas été remboursé de son engagement, il ne voulut pas en laisser la jouissance à ce Duc; ainsi ce Duc l'acheta en 1646. Quatre ans après, il y eut un contrat entre le Roi et la Duchesse de Guise comme tutrice de Louis de Lorraine, Duc de Joyeuse; en échange de la Souveraineté
Regist. du Parl. 12 Avr. 1650.	de Château-Regnaud, le Roi lui céda le Comté de Gien pour être uni au Duché de Guise, et la Terre de Châteaufort pour être unie au Duché de Chevreuse. Il fut dit que la Val de Rougnon et la Principauté de Joinville ne seroient qu'un même fief de la Châtellenie de Châteaufort, à la réserve de toute Police au village de Bry valant quatre cents livres de revenu, laquelle seroit réunie au Duché de Chevreuse. Enfin, par Arrêt du 9 Février 1663, Charles d'Escoubleau, Marquis de Sourdis, Comte de Jouy, fut déclaré devoir jouir de la Seigneurie de Châteaufort, à condition que la Justice y seroit rendue au nom du Roi par les Officiers pourvus par Sa Majesté sur la nomination de ce Seigneur, conformément à l'Arrêt du 27 Juin 1650.
Antiq. de Paris, p. 249. Edition 1639.	Du Breul donne à entendre que le canton de Châteaufort où l'Abbaye de Saint-Germain-des-Prés a une Justice, s'appelle Vilvert.

Un autre écart qui est de la Paroisse de la Trinité se nomme Orfe[1]. C'est un Château avec un moulin situé au bas de Voisins.

---

1. Et non Orsé.

le-Cuit. Les Cartes l'écrivent mal-à-propos Orsé ou Orcé. Il a *Reg. Arch. Par.*
appartenu en 1637 à Jean de Loymes, Conseiller du Roi, et à
Françoise Chouard, sa femme.

Le Traité du Roi de l'an 1692 fait mention de la Terre de la
Perruche située à Châteaufort, appartenante à la Marquise de ce
lieu, et relevante de Chevreuse. Ce fief est dans la partie occidentale du Bourg.

MEZENTAIS. Un Philippe de Mezentais *Armiger* vivoit en 1351. *Registre du Domaine.*

Quoique ce fût depuis long-temps que Châteaufort avoit commencé à décheoir, il n'a diminué plus visiblement que depuis que les Ursulines de Saint-Cyr en sont devenues Dames aussi-bien que de la Seigneurie de Chevreuse ; ensorte qu'il est très-sensible que l'un des lieux s'est affoibli à mesure que l'autre qui n'est qu'à une lieue s'est fortifié et a augmenté en habitans. Il y avoit autrefois à Châteaufort une rue que l'on appelloit *la rue de la Monnoie*.

Il y avoit aussi tous les Mardis un Marché qui avoit été établi par Lettres de Charles VI du mois de Février 1406, sur le rapport de *Trés. des Chart.* Guillaume Cerveau, Elu au fait des Aydes et auparavant Procureur du Roi au Châtelet. Il ne reste de tous ces droits attachés à la Tour que celui de la Foire du jour de Saint Simon, qui consiste dans le mesurage des grains, droit de place, jeu de quilles, affermé 80 livres. *Reg. 162, Piece 11.*

Autant ce lieu est prêt à tomber dans l'oubli, autant il faut être attentif à l'en tirer. Voici quelques Illustres qui en sont sortis. Un Jean de Châteaufort étoit Abbé de Livry, Ordre des Chanoines *Chart. Livriac.* Réguliers, en l'an 1289. On trouve dans le Recueil de sépultures *fol. 36.* de l'Abbaye de Saint-Denis une épitaphe du cloître qui commence *Hist. de S. Denis,* ainsi : *p. 579.*

> *Icy gist sous cette pierre*
> *Le corps du feu Soubsprieur Pierre ;*
> *De Château-Fort surnom avoit*
> *Tout comme en ce siécle vivoit, etc.*
> *Honorable vie mena,*
> *De l'Ordre garder se pena, etc.*

Il mourut en 1394.

Guillaume de Châteaufort fut fort célebre au quinziéme siécle dans l'Université de Paris. Il en étoit Recteur l'an 1449. Il fut reçu Docteur de la Maison de Navarre quelques années après. Il *Hist. de* étoit Grand-Maître du même Collége en 1459, auquel temps il fit *la Maison de* de graves remontrances au Roi Charles VII sur les abus introduits *Navarre* dans les Colléges. Du Boulay le représente comme un homme hautain et impérieux, mais en même temps il le fait natif du Berry. *et de l'Univ*

De nos jours le célebre Eusebe Renaudot, si connu par ses *Suppl. de Moreri.* Ouvrages, a été Prieur de Châteaufort.

TOUSSUS

Quoique ce Village soit le seul de son nom dans tout le Royaume, on l'a nommé depuis peu de temps *Toussus-le-Noble*, sans que j'aie pu en découvrir la véritable raison. Il est ainsi désigné dans des Lettres-Patentes de l'an 1722 sur les aggrandissemens du Parc de Versailles et des avenues. Ce n'est aussi qu'en 1741 que dans le Rôle imprimé des Décimes, au lieu de se contenter du mot *Toussus* on a commencé à mettre *Toussus-le-Noble*. Quelques-uns croient que ce nom lui est venu de ce qu'il a appartenu à des gens nobles, comme aussi Buc.

Il ne paroît aucun acte avant le douziéme ou treiziéme siécle qui fasse mention de ce lieu. Ce fut vers ce temps-là qu'une Dame nommée Heremburge, femme de Hinger de Châtres, donna au Prieuré de Longpont sous Montlhery six sols de cens *apud Tossum*. Comme il a été quelquefois écrit *Tousus* avec une simple s, je ne suis pas éloigné de croire que c'est de ce Village dont a voulu parler Dame Mabille, épouse de Matthieu de Marly, lorsqu'elle déclare en 1247, que du consentement de son mari elle donne aux Religieuses de Port-Royal entre autres choses *decimam de Tosus*, une dixme à Toussus; car quoique dans la Charte imprimée on lise de *Tolus*, il y a toute apparence que c'est une faute d'impression, d'autant qu'il ne se trouve nulle part aucun lieu dit *Tol* ou *Tolus*, ou bien *Toulus*. L'Abbaye de Port-Royal n'étoit située qu'à deux petites lieues de Toussus.

Chart. Longip. fol. 8.

Hist. de Montm. Preuv. p. 405.

Je croirois aussi que primitivement le lieu où Toussus est situé s'appelloit *Touschus*, c'est-à-dire lieu rempli de Tousches, qui est le nom que l'on donnoit il y a six et sept cents ans aux lieux où les arbres étoient plus forts, plus beaux et plus propres à former des avenues; de-là vint le nom latin *Tuscha* et *Toscha* que l'on donna à des allées d'arbres. Au reste, M. de Valois a évité de parler de ce Village et il ne nous en fournit rien.

Gloss. Cang. voce Toscha et Tuscha.

Le Village de Toussus est à cinq lieues ou environ de Paris, vers le couchant d'hiver, et à une lieue et demie de Versailles, vers le midi. Châteaufort n'en est qu'à une demi-lieue. Sa situation est dans une plaine qui paroît fertile en froment et avoine, au sortir du Parc de Versailles. On n'y voit aucunes vignes. Les Dénombremens varient fort sur le nombre des habitans depuis environ quarante ans. En 1709 on y comptoit 34 feux; quinze ans après 46 habitans, et enfin en 1745 le tout se réduit à dix feux. Cependant lorsque j'y passai en 1739, on me déclara qu'il n'y avoit que sept ménages en tout, sçavoir: deux fermes et cinq habitans, et qu'on y rendoit le pain béni à l'Eglise toutes les cinq semaines. Je n'y apperçus qu'une ou deux maisons proche cette Eglise. Le pavillon de la porte du Parc de Versailles qui en est voisine, est sur le territoire de la Paroisse.

Il n'y a rien que de fort grossier et pauvre dans le dehors de cette Eglise, surtout à la tour écrasée qui est à côté de l'entrée. En dedans elle est proprement replâtrée, et petite. Le Patron est Saint Germain, Evêque d'Auxerre. Je n'y apperçus rien de remarquable. On s'y est servi autrefois pour parement d'autel d'une piece de tapisserie parsemée de fleurs de lys, sur laquelle sont représentés un Saint Evêque et un Saint Diacre, et où l'on voit brodé en lettres de petit gothique que *Tanneguy Aubery et Jeanne Formentin, sa femme, ont donné à cette Eglise ces deux paremens.* Cette tapisserie couvre à présent la table de la sacristie. On pourroit croire que par la désignation de *cette Eglise*, ce seroit à l'Eglise de Toussus que ce don auroit été fait il y a environ trois cents ans; mais vu les fleurs-de-lys il y a plus d'apparence que ce fut à Saint-Germain l'Auxerrois de Paris que Tanneguy Aubery fit présent de ce parement qui étoit double, c'est-à-dire l'un pour la table de l'autel, l'autre pour le rétable. L'image du Saint Diacre fait penser naturellement à S. Vincent que l'on a cru, en ces derniers siécles, être Patron de la même Eglise de Paris, en sorte qu'on les joignoit toujours ensemble. Il n'est pas rare que des ornemens passent d'une Eglise à une autre. La Dédicace de l'Eglise de Saint-Germain de Toussus a été faite en 1540 par Charles Boucher, Evêque de Magarence, commis par celui de Paris. Il est fait mention de la requête du Curé et des habitans dans le Registre de l'Evêché de cette année au 18 Mai. Aussi la construction ne paroît être gueres que de ces temps-là. Je ne dois pas oublier de marquer que cette Eglise est tenue en fief du Duché de Chevreuse, ainsi que je l'ai lu dans l'imprimé des acquisitions faites par le Roi en 1691.

La Cure a toujours été à la collation pleine et entiere de l'Evêque de Paris. Le Pouillé du treiziéme siécle met dans le Doyenné de Châteaufort ; *De donatione Episcopi, Ecclesia de Torsus. XL libr.*, c'est-à-dire que le revenu étoit alors de quarante livres. Ce revenu qui étoit assez considérable pour ce temps-là, avoit été diminué à cause des guerres, aussi-bien que le nombre des habitans, ce qui avoit engagé Guillaume Chartier, qui entra en 1448 sur le siége Episcopal, d'unir cette Cure à celle de Buc : mais lorsqu'il fut prouvé en 1473 qu'il y avoit un suffisant revenu pour nourrir un Prêtre, et que le ruisseau qui se trouvoit entre les deux Villages rendoit difficile le chemin de l'un à l'autre, l'Evêque Louis de Beaumont cassa cette union le 10 Mars, et après la mort

_{Reg. Ep. Paris. 10 Mart.}

du Curé de Toussus arrivée en 1475 il lui donna un successeur. En 1548 cette Cure cessa d'être possédée par Guy de Sainctes ; on lit qu'elle fut donnée en Commende à Claude de Sainctes, Clerc Chanoine Régulier de Saint-Chéron de Chartres. C'est le fameux de Sainctes qui fut depuis Evêque d'Evreux, et grand Controversiste. Il n'avoit alors que vingt-trois ans et huit ans de profession. Il étudioit au Collége de Navarre lorsque cette Cure lui fut conférée.

<small>Reg. Ep. Paris. 30 Nov. 15 Mart 1548.</small>

On connoît peu de Seigneurs de Toussus. Un nommé Jean Augier l'étoit sous le regne de Louis XI. Cette Seigneurie mouvante de Châteaufort échut ensuite à une de ses filles qui avoit eu un nom fort singulier au baptême. Je rapporterai ici l'article des Comptes qui fournit ce fait : « Damoiselle Fleur-de-lys Augier « veuve de Pierre de Grand-roüe, pour le relief d'un Hostel sis à « Toussus, mouvant de Chasteau-Fort, dont elle a fait hommage « à la Chambre le 6 Avril 1478, lequel Hostel lui est eschu par la « succession de son pere Jean Augier par partage fait avec ses « freres et sœurs. »

<small>Compt. de relief, année 1478. Sauval, T. III, p. 432.</small>

Etienne Richer étoit Seigneur cent ans après, suivant le Procès-verbal de la Coûtume de Paris de l'an 1580, excepté de la partie dont Pierre Enixe est dit Seigneur au même lieu.

<small>Cout. de Paris, in-8° 1678. p. 638 et 639.</small>

Guillaume Hébert, Conseiller au Parlement, possédoit en 1645 cette Terre avec celle de Buc.

<small>Regist. Ep.</small>

Le Duc de Chevreuse étoit en 1692 Seigneur utile et haut Justicier de Toussus à cause de Châteaufort. Il fut convenu alors que la portion de dix-neuf arpens employés dans le Parc de Versailles releveroit de Chevreuse, comme aussi 57 autres arpens.

<small>Traité de 1692, Hist. des Gr. Off. T. V, p. 691 et 687.</small>

La partie de la Terre de Merentais qui est sur la Paroisse de Toussus, fut aussi déclarée alors relevante du Duché de Chevreuse.

<small>Acquis. du Roi 1691.</small>

Les Religieuses Ursulines de Saint-Cyr lui ont succédé comme Dames de Chevreuse.

<small>Hist. des Gr. Off. T. V, p. 689.</small>

L'une des Fermes située sur la Paroisse de Toussus, et qui a des prés à Jouy, dépend de leur Seigneurie.

<small>Acquis. du Roi 1691, p. 40.</small>

Une partie du territoire de la Paroisse de Toussus est aussi occupée par les terres de la ferme d'Orsigny, appartenante à MM. de Saint-Lazare de Paris. Cette Ferme, quoique située sur la Paroisse de Saclé, est plus voisine de Toussus ; c'est pour cela que les Curés de Toussus se sont quelquefois chargés, en levant leurs dixmes, de lever aussi celles de tout le hameau et territoire d'Orsigny qui appartenoient à la Léproserie de Châteaufort, comme fit en 1364 Simon Basin, Curé, *pro pretio unius minæ bladi et unius minæ avenæ.*

<small>Reg. Visit. Lepr. Diœc. Par. 1351, f. 69.</small>

VILLIERS-LE-BACLE

Outre plusieurs hameaux du Diocése de Paris qui portent le nom de Villiers (*Villare*), lequel revient à celui de petit Village ou Maison de campagne, on y compte six Paroisses de ce nom, qui ont un surnom tiré ou d'un ancien possesseur de la Terre, ou de la situation du lieu. *Le Bacle* est le nom que portoient d'anciens Chevaliers au treiziéme siécle; il s'écrivoit alors dans le siécle suivant *Li Baacle*. On trouve un *Henricus li Baacle Vicedominus Carnotensis* dans les Tables de cire de l'an 1285, qui contiennent quelques dépenses de la Cour de Philippe-le-Hardi : et dans d'autres du regne de Philippe-le-Bel un Jean li Baacle d'abord parmi les valets, et ensuite parmi les Chevaliers, comme aussi un Pierre Li Baacles Chevalier [1]. C'est sans doute de quelqu'un de ces Le Bacle descendus du Vidame de Chartres, qu'étoit Jean Le Bacle qui fit établir par ses libéralités une Cure dans la Chapelle de ses ancêtres, située à Villiers proche Châteaufort; et c'est pour cette raison que ce Villiers prit le nom de Le Bacle, s'il ne l'avoit pas même avant que la Cure fût érigée.

<small>*Tab. cereæ Carmel. Discal. Paris.*</small>

<small>*Tab. cereæ S. Victor. Paris.*</small>

<small>*Tab. cereæ Florentiæ.*</small>

Ce lieu est à cinq lieues ou environ de Paris vers le couchant d'hiver, et au midi de Versailles à la distance d'une lieue et demie, et à une lieue de Châteaufort à l'orient de ce Bourg. C'est un pays de plaines et de labourages, mais fort voisin d'une longue vallée qui venant de Châteaufort s'étend du côté de Gif. En 1709 il y avoit 44 feux suivant le Dénombrement de l'Election de Paris, ce qui faisoit 122 habitans en 1726 selon la supputation du Dictionnaire Universel de la France. Un nouveau Dénombrement publié en 1745 par le Sieur Doisy n'y marque que 26 feux. Dans ces trois Ouvrages imprimés on écrit Villiers *le Bascle;* mais les anciens aimoient mieux mettre deux *a* pour marquer que la premiere syllabe est longue, que d'écrire ce nom autrement que la famille des Sieurs Le Bacle ne l'écrivoit.

<small>Royaume de France in-4°.</small>

L'édifice de l'Eglise Paroissiale titrée de la Sainte Vierge ne paroît pas être ancien, mais en le rebâtissant on n'a point rompu toutes les tombes ainsi qu'en d'autres lieux. Il est assez simple et petit, sans ailes, mais avec une Chapelle placée au côté du septentrion.

---

1. J'ai aussi vu dans l'Eglise du Prieuré de Saint-Domnin proche Montereau, au Diocése de Sens, dépendant de Saint-Victor de Paris, la tombe d'un des Seigneurs de ce nom. On y lit en gothique capital : *Cy gist Henris Li Bascles Chevaliers..... qui trespassa l'an de grace M. CC. LXXXI. au mois de May. Priez pour l'ame de luy.* Il y a dans le Mercure de Mai 1717 un ample Mémoire sur la généalogie des Le Bacle.

Dans cette Chapelle se lit sur une tombe l'épitaphe suivante :
Icy gist Jehan l'Escuyer de Voisins, qui trespassa l'an de grace M. CC. LX et XV au mois d'Aoust. Ce défunt n'a pas d'armoiries. Il a l'épée au côté dans sa représentation qui est gravée ; l'écriture est en gothique capital.

Une autre tombe de la même Chapelle représente un homme et une femme : la gravure est presque usée ; la femme est avec une coeffe quarrée. Sur cette pierre est écrit en petit gothique : *Cy gist Guillaume de Voisins Ecuyer Seigneur de Voisins-le-Cuit, qui trespassa l'an de grace M CC IIIIxx, et deux au mois de Décembre.*

Au chœur, se voit du côté droit la tombe d'un homme de guerre qui a été tournée à contre-sens ; il n'y reste que la date de lisible, qui est de l'an M. CC. LX et IX.

Au seuil de la porte de l'Eglise a été portée la tombe d'un Seigneur de Voisins décédé en M. CCC XXX et VI. Ce qui paroît sur la tombe de la Chapelle être de l'hermine [est] dans le champ de l'écu de ses armoiries figuré distinctement en petits lozanges.

On voit encore dans le chœur une tombe gravée en petit gothique, dont on ne peut lire que ces mots : *Goutelas Ecuyer en son vivant Sr de Damiete près Gif et de.... Et Damoiselle Charlotte de Voisins sa femme.*

Quelques-uns de ces Seigneurs vêtus de court ont des oiseaux parsemés sur leurs habits.

Enfin il y reste la tombe de Pierre Symon, Prêtre Vicaire décédé en 1550, et qui a fait des fondations.

Portef. de Gaign.

Voici d'autres inscriptions que M. de Gaignieres a tirées de la même Eglise avant qu'on la réparât et qu'on remuât le pavé. On y lisoit sur le mur du chœur à main droite dans un cadre ou tableau : *Cy gist Samuel de Forboys Escuyer en son vivant Seigneur de Presles et de Villiers le Bacle en partie, et premier homme d'Armes de France, Commendant en la Garde Ecossoise du Corps du Roy : qui décéda le 5 Octobre 1590.*

Au côté gauche du chœur autour d'une tombe où sont figurées deux personnes :

Cy gist Jehan Marc de la Maret Escuyer Sr de Saint Mars, qui décéda le XXX jour de Mars M VI c I. Et Damoiselle Françoise Jombert sa femme laquelle décéda le....

Au-dessous de cette même tombe se lisoit :

Jehan Marc de la Maret Sr de Saint Mars en son vivant Maréchal de Camp des Armées de feu Monseigneur Frere unique du Roy, Gouverneur des Villes de Saumur, Mantes et Meulan, et Lieutenant de cinquante hommes de l'Ordonnance.

La Cure de Villiers-le-Bacle ne se trouvant point dans le Pouillé du treiziéme siécle, doit être nécessairement d'un établissement postérieur. Elle est marquée dans celui qui fut écrit vers 1460. Ainsi c'est dans l'intervalle d'un temps à l'autre qu'elle a dû être établie. Il existoit cependant une Eglise ou Chapelle dans ce lieu de Villiers, puisque les Seigneurs de Voisins y eurent leur sépulture dès les années 1269 et 1275, ainsi que l'on vient de voir et il falloit qu'elle fût déjà considérable en 1319, puisque l'on avoit bâti dès auparavant tout auprès une Chapelle de Saint Louis. Onze ans après, Jean-le-Bacle, Chevalier, donna le quint de sa Terre pour l'entretien du Curé : de sorte que dès l'an 1348, on vit Adam Tade, Chevalier, héritier de Jean-le-Bacle par Elisabeth sa femme, qui en étoit sœur, composer avec le Sieur Girault alors Curé, pour le quint ci-dessus évalué à deux cents livres : mais on ignore de quelle Paroisse avoit été distrait le territoire qui forma cette nouvelle Paroisse, si c'étoit de Gif, de Toussus ou de Saint-Aubin. Ce qui fait croire que le démembrement ne fut pas fait de Châteaufort, est que la nomination n'a pas été attachée à l'Abbaye de Bourgueil comme elle eût dû l'être, si Villiers avoit été auparavant de la Paroisse de Châteaufort. Quelques-uns prétendent que Villiers étoit Succursale de Gif avant qu'on l'érigeât en Cure. Mais ils n'en apportent point de preuve. Il y auroit peut-être plus lieu de croire que ce seroit de Toussus et de Saint-Aubin que la distraction aura été faite, et que c'est pour cela que ces deux Paroisses ont aujourd'hui si peu d'habitans. Pour ce qui est de Gif, je ne sçai si l'on ne prend point la réunion de la Cure de Villiers avec celle-là qui a eu lieu pendant quelques années, pour une espece de maniere dont elle en auroit été Succursale. Ce que je puis en dire, e t que le 11 Janvier 1483, la Cure de Villiers fut unie à celle de Gif pour la vie durant de Guillaume Herpin, Curé de Gif, et que cette réunion fut continuée et même au delà, ensorte qu'un Prêtre étoit institué Curé de deux Paroisses par une seule et même Provision, au reste toujours sans préjudicier au double droit de Synode et l'obole de chrétienté. Mais en 1508 la réunion étoit déjà cessée.

Factum de 1735 pour M. Guerey, Sieur de Voisins le Cuit.

Reg. Ep. Par. 11 Jan. 1483, 21 Dec. 1486, 29 Jul. 1491, 10 Dec. 1508.

La Terre de Villiers-le-Bacle relève du Roi à cause de son Donjon de Châteaufort. Celle de Voisins-le-Cuit qui fait partie de la Paroisse avec Prêles, etc., du Seigneur d'Orcey, et pour d'autres portions, des Dames de Port-Royal, du Grand-Prieur de France, des Célestins de ..... des Religieux de Ste-Croix de la Bretonnerie.

L'Abbaye de Port-Royal l'eut [1] en 1270 par échange d'une Ferme avec Amaury de Meudon et Havisia, sa femme, une Ferme dont il semble qu'il est parlé dans un Traité du Roi de l'an 1692.

Dans un Mémoire imprimé en 1735, le Seigneur de Voisins-le-

Gall. Chr. T. VII, col. 913. Hist. des Gr. Off. T. V, p. 690.

---

1. *Fundum apud Villarium prope Castrum forte.* (Note de l'éditeur.)

Cuit dont le manoir est à un quart de lieue de l'Eglise de Villiers, est dit gros Décimateur de la plus grande partie conjointement avec les Religieuses des Abbayes de Gif et de Port-Royal.

Comme il y a eu bien des variétés en différens temps quant au partage de cette Terre, à cause des divers fiefs dont elle est composée, il m'a paru que pour ne rien confondre si j'entreprenois de les démêler, il valoit mieux m'en tenir au Catalogue chronologique des Seigneurs de Villiers et possesseurs des Seigneuries du même territoire, dressé par une main habile. Je le donne donc tel que je l'ai reçu, mettant seulement en italique ce que j'ai cru y devoir ajouter.

SEIGNEURS DE VILLIERS—LE—BACLE

Mém. de M Richard, Curé en 1759.

1259. — Guillaume de Voisins, premier du nom, Chevalier et Seigneur de Villiers-le-Bacle.

1329. — Jean de Voisins, fils de Guillaume. Ce fut sous lui que furent amortis les huit arpens de terre labourable et quartier et demi de prés, qui sont la fondation primordiale de la Chapelle de Voisins fondée sous l'invocation de S. Louis en l'Eglise de Villiers.

1340. — Jean-le-Bacle, Chevalier. Ce fut lui qui donna le quint de sa Terre au Curé et à la Cure.

1348. — Adam Tade, Chevalier, et Elisabelle, sa femme, héritier dudit Jean-le-Bacle par sa femme qui en étoit sœur. Ce furent eux qui composerent avec le Sieur Girault, lors Curé, pour le quint ci-dessus évalué à deux cents livres.

En 1381, le même Adam Tade fut mis et reçu en la souffrance du fief de Presles par les Dames Abbesse et Religieuses de Port-Royal à deux fois et deux hommages.

1395. — La Seigneurie fut partagée entre les enfans de Guillaume de Voisins, premier du nom. Le plus jeune, nommé Guillaume, eut la Terre et Seigneurie de Villiers-le-Bacle, mouvante et relevante à une seule foi et hommage du Roi. Roger, qui étoit l'aîné, eut la Terre et Seigneufie de Voisins-le-Cuit, située dans la même Paroisse. Il y avoit plusieurs Seigneurs de fiefs à Villiers, comme il paroît par l'acte du 11 Décembre 1348.

1403. — Jean de Presles, Ecuyer, Sieur de Gomberville, Seigneur de Villiers et du fief de Presles nommé de son nom. Il faut observer que le fief de Presles est la véritable Seigneurie de Villiers.

Jean de Montigny possédoit en 1404 le fief de Montigny également nommé de son nom. Il releve à une seule foi et hommage de M. Boucher d'Orsay, à cause de son fief du Mênil-Blondel.

André Perrier, Maître des Grammairiens du Collége de Navarre, acquit le 16 Février 1481 une Maison à Presles, nommée le Manoir de Presles et autres héritages chargés de cens envers Jean de Presles, de Philippe et Jean les Bouquets, pere et fils ; et le 19 Septembre 1485 il acquit de Jean de Presles (deuxiéme du nom), Seigneur de Belleville et de Villiers-le-Bacle, la Terre et Seigneurie de Villiers et toutes les appartenances, qui sont cinq fiefs et quelques arriere-fiefs.

Le 6 Août 1486 Guillaume de Voisins acheta de Pierre Boucher, Seigneur d'Orsay, Notaire et Secrétaire du Roi, un fief appelé le fief de Montigny, à la charge des foi et hommage qu'il se réserva.

Le 19 Septembre 1488 le Sieur Perrier, Ecuyer, Seigneur de Villiers, acquit du Sieur de Presles plusieurs cens à lui dus.

Le 29 Janvier 1503, M. Acace d'Albrat, Seigneur de la Borde et du Ris, Conseiller au Parlement de Paris, acquit de M. André Perrier, Chanoine de l'Eglise de Tours, la Maison Seigneuriale qu'il avoit achetée de Jean de Presles, fiefs dominans, censives, Seigneuries et appartenances de fiefs mouvans des Religieuses de Port-Royal, un fief nommé la Poullalliere relevant des Célestins de Paris.

1512. — Antoine de Gottelas qui avoit épousé Charlotte de Voisins, Dame en partie de Villiers et du fief de Montigny, après la mort de son mari, partagea le 2 Mars 1512 avec Guillaume de Voisins, les conquêts faits par le Sieur de Voisins et Jeanne Dupuis, sa femme, du fief de Montigny. Ce Guillaume de Voisins comparut à la rédaction de la Coûtume de Paris en 1512.

1517. — Charles d'Albiat, Auditeur en la Chambre des Comptes de Paris et François d'Albiat Prêtre, furent Seigneurs de Villiers-le-Bacle en partie à la place de leur pere.

1529. — Philippes Lamy, Ecuyer, ayant épousé Jeanne d'Albiat et Antoine La Pite, Seigneur de Chauffour et de l'autre partie de Villiers-le-Bacle, tuteur des enfants mineurs dudit Philippe Lamy Seigneur de Lorry, et Dame Jeanne d'Albiat, sa femme, furent Seigneurs en partie de Villiers.

1530. — Pierre Mesmin, Seigneur de Villiers en partie et de Nangeville.

1543. — Charles Lamy, Ecuyer, Seigneur de Lorry et de Presles.

1550. — Damoiselle Barthelemi Royer, veuve de Pierre Mesmin, Avocat en Parlement, et Jacques Mesmin, fils aîné du Sieur Pierre Mesmin.

1560. — Les enfans d'Antoine de Gottelas et de Charlotte de Voisins, sçavoir : René de Gottelas, Marie veuve d'Antoine Bernardin, Seigneur de Brie-sur-Marne, Louise veuve en dernieres nôces de Tristan Rat, Seigneur d'Orsigny, Anne, épouse de Geoffroy Chartrain, et Nicole femme de Pierre de Saint-Aubin, Ecuyer,

Sieur de Blainville, chacun pour un cinquiéme. L'Auteur de ce Mémoire paroît avoir oublié un François de Gottelas, Ecuyer, qualifié Seigneur de Villiers-le-Bacle au Procès-verbal de la Coûtume de Paris 1580.

1581. — Messire Jacques Belleau, Abbé de Cheminon, Seigneur de Presles et de Villiers-le-Bacle en partie.

1586. — Messire René Piau, Chanoine de l'Eglise de Paris lui succéda.

<small>Son Epitaphe à l'Eglise.</small> 1587. — Samuel de Forboys, Ecuyer, Seigneur de Presles, etc. Thomas de Forboys qui avoit acheté de René Piau, porta les foi et hommage aux Dames de Port-Royal du fief de Presles.

1595. — Jean Marc de Jamart, Ecuyer, Seigneur de Saint-Marc et de Villiers-le-Bacle en partie, décédé le 30 Mars 1607.

1601. — Antoine Jamart, Ecuyer, héritier présomptif de Jean Marc, pour une portion du fief de Montigny a acené à sa portion différentes autres.

1602. — Damoiselle Lombard, veuve du Sieur de Saint-Marc, le Sieur Jean des Forges et Claude Gossuin, mari de Damoiselle Jacqueline, et Claude de Jamart le Sieur de Saint-Marc, époux en secondes nôces de Damoiselle Lombard, réunit à sa part les portions des autres, tant par acquisitions que par successions collatérales, et même le Moulin-neuf.

1604. — Le 12 Avril 1604 Jacques Merault, Conseiller du Roi aux Requêtes, acquit de François et de Jean de Gottelas les droits, parts et portions qui leur appartenoient, sçavoir : les fiefs du Rey, Montigny, Cardier et Merentais.

1613. — Jacques Mesmin, Sieur de Nangeville, fils de Damoiselle Françoise Lombard, succéda à ladite Dame ; et acquit de plus, de François de Gottelas, d'autres biens sis auprès du Moulin-neuf.

1615. — Damoiselle Marie de Fortbois, veuve de Guillaume du Verrail, acquit la Terre de Presles de Guillaume de Montigny et de Judith Seguier, son épouse, tuteurs des enfans mineurs de Samuel de Fortbois.

1618. — Dame Marie Sechet, veuve de Jacques Merault, comme ayant la garde-noble de ses enfans.

1622. — Françoise de Heullant, veuve de Jacques Mesmin, Ecuyer, Dame de Villiers et de Presles en partie.

1627. — Pierre Mesmin, Receveur des Tailles en l'Election de Soissons par décret de la Cour du 17 Avril.

1635. — Le 22 Juillet 1635, Simon Chauvin, Sieur de Meridon, et François de Dampierre, Sieur de Chanterville, à cause de Marguerite Mesmin, sa femme, partagerent la Terre de Villiers-le-Bacle et Moulin-neuf. Le premier lot au Sieur de Dampierre, le second au Sieur Chauvin.

1639. — Gabriel de Cugnac, Sieur de Richarville, acquit de son mariage avec Marie du Verrail, fille de feu Guillaume du Verrail et Marie de Fortbois, la Terre de Presle et Moulin-neuf.

1643. — Jean Faillit, Avocat, et Jeanne le Roux, sa femme, acquirent de Gabriel de Cugnac.

1648. — Le 18 Décembre, François de Dampierre et Demoiselle Mesmin, sa femme, avec Nicolas Damorin mari de Louise Mesmin et ladite Louise.

1650. — Michel Lucas acquit le 28 Mai de Jeanne le Roux, veuve de Jean Faillit et Hugues Faillit son fils et de Marie leur fille, le lieu, Terre et Seigneurie de Presles, le Moulin-neuf et la Poullailliere.

1657. — Le même Lucas acquit un moulin à bled le 22 Février de Guillaume Aubour et Marguerite Chauvin, sa femme. Le même acquit le 13 Janvier 1661 de François de Dampierre et Dame Mesmin sa femme, la grande Ferme et un banc sis en l'Eglise de Villiers.

1666. — Jean Merault, possesseur du fief du Roi, succéda à son pere.

En 1675, le 20 Juillet, le Sieur Guerey, pere, acquit la Terre de Voisins-le-Cuit de Louise Buisson de Saint-Martin.

1681. — Nicolas Jehannet de Bertillat, en qualité de Légataire de Michel Lucas. En 1693, le Roi lui donna et au Sieur de Lage, la haute, moyenne et basse-Justice à Villiers-le-Bacle, aux fiefs de Presle, Moulin-neuf et de la Pouillailliere, et en fit distraction d'avec la Seigneurie de Châteaufort réunie à Chevreuse. *Reg. du Parl. 13 Janvier 1693.*

1708. — Joachin Jehannet de Bertillat, donataire de la Terre de Villiers, par contrat de mariage du 9 Mars 1706, pardevant Foucault et de Beauvais, Notaires à Paris.

Le 30 Avril 1709, en vertu d'un contrat passé sous signature privée le 24 Avril 1700, M. Merault vendit sa part et portion à M. le Marquis de Bertillat.

En 1711, le 16 Septembre, Etienne-Louis-Jean-Baptiste Guerey succéda au Sr Guerey, son pere, en la Terre de Voisins-le-Cuit.

Claude Lallier, Bourgeois de Paris, prit possession le 24 Décembre 1719 de la Terre de Villiers-le-Bacle. Marie Taron étoit veuve de lui en 1731.

En 1639, il y avoit neuf ans que cette Terre étoit en saisie réelle.

NOTE SUR LA TERRE DE VOISINS-LE-CUIT TIRÉE DU MÊME MÉMOIRE MANUSCRIT.

Pierre de Voisins, fils de Roger, abandonnant les droits dans la Terre [et Paroisse] de Villiers-le-Bacle donnés à son oncle Guillaume, prit sa sépulture dans l'Eglise de Châteaufort où il avoit un fief du nom de Mottre, encore aujourd'hui possédé par M. Guerey, Seigneur de Voisins. Et sans rien entreprendre dans l'Eglise de Villiers, ceux du nom de Mauterne, personnes de qualité qui ont succédé à ceux du nom de Voisins, ont de même abandonné Villiers et tous droits. Un Charles de Mauterne, Ecuyer, Seigneur de Voisins-le-Cuit, est nommé dans la Coûtume de Paris 1580.

Hist. des Maîtres des Requêtes.

On trouve ailleurs Sidoine Charles, femme d'Antoine de Mauterne, Seigneur du même Voisins, fille du Seigneur du Plessis-Picquet.

Depuis les Sieurs Buisson et de Thellis, Avocat et Procureur, ont joui de la même Terre de Voisins, sans jamais avoir fait aucune démarche ou marqué la moindre prétention.

Le frere de la Dame de Saint-Martin a été inhumé à Châteaufort. Cette Dame de Saint-Martin possédoit dans le temps de la mort de son frere la Terre de Voisins-le-Cuit dont elle avoit hérité d'un buisson.

Je finis l'article de Villiers-le-Bacle par la circonstance d'une fontaine. J'ai lu dans l'exposé fait au Roi Charles VI en 1398 pour une grâce, qu'il y avoit alors sur cette Paroisse une Fontaine dite la Fontaine de Segraye; c'est le second endroit du Diocése de Paris où se trouve le même nom avec une Fontaine, de la même maniere qu'on voit aussi proche Piviers-en-Beauce une Fontaine minérale dite la Fontaine de Segray. Je conjecturerois volontiers qu'en ces trois occasions Segraye est employé pour *Sacrée,* et que c'étoit de ces fontaines sacrées auxquelles les payens portoient des vœux.

Trés. des Chart. Reg. 153, Piéce 425.

SACLÉ

et VAUHALLAN sa succursale

Quoique Saclé soit une Paroisse d'une grande étendue, je ne suis pas porté à la croire de la premiere création des Paroisses du Diocése de Paris, parce qu'on ne trouve rien qui prouve son existence avant le treiziéme siécle. Il y avoit bien un lieu dit en latin *Sarcleyum* dans le douziéme siécle : mais rien ne fait voir qu'il fût Paroisse. Nous sçavons que dès le septiéme le Roi Dagobert premier du nom donna à l'Abbaye de Saint-Denis une Terre appellée en latin *Sarclidæ;* mais comme il dit dans son Diplome qu'elle étoit *in pago Stampensi,* cela tombe sur Saclas du Diocése de Sens, à deux lieues d'Etampes, et non sur Saclé du Diocése de Paris. Il paroît que l'étymologie de ces deux lieux devoit être la même, s'il n'étoit pas vrai que leur situation est fort

Hist. Franc. Script. D. Bouquet, T. IV, p. 629.

différente : car Saclas est bâti dans un fond entre deux hautes montagnes sur le bord de la petite riviere de Juine, et Saclé est dans une plaine sur laquelle rien ne domine. Mettant donc ici à part l'étymologie, sur laquelle il seroit difficile de rien dire qui satisfasse, venons à la situation et notice de ce lieu.

La Paroisse de Saclé commence à quatre lieues de Paris du côté de Vauhallan vers le sud-ouest. Le Village est à une demi-lieue au-delà, lorsqu'on a passé le vallon qui donne le nom à Vauhallan où l'on voit quelques vignes, on monte dans la vaste plaine de Saclé où sont les hameaux différens de la Paroisse, et où la plus grande partie du terrain sur la route de Chevreuse est en labourages. L'étendue de cette Paroisse est telle, que non-seulement dans la division Ecclésiastique on lui donne une Succursale, qui est Vauhallan dont je viens de parler, mais aussi dans la division faite par les Rôles de l'Election on joint à Saclé, qui est peu de chose en lui-même, le hameau de Villeras et Vauhallan est joint avec celui de Limon. Moyennant ces deux accouplemens, Saclay et Villeras formoient en 1709 le nombre de 61 feux suivant le Dénombrement, et n'en contiennent plus que 29 suivant celui du sieur Doisy de l'an 1745. Vauhallan, au contraire, qui avec Limon ne renfermoit que 41 feux en 1709, est dit en avoir 45 en 1745. C'étoit à peu près la même proportion pour le nombre des habitans, suivant le calcul du Dictionnaire Géographique de la France publié en 1726. Saclé et Villeras ensemble y sont dits contenir 236 habitans, et Vauhallan avec Limon 205.

L'Eglise Paroissiale de Saclé est sous le titre de Saint Germain, Evêque de Paris. Elle a vraisemblablement succédé à une simple Chapelle de ce même Saint que les Religieux de l'Abbaye de son nom dans Paris avoient érigée dans l'une de leurs Fermes du territoire de Palaiseau, pendant les deux siécles que toute la Terre leur appartint. Comme le grand Saint Martin étoit Patron de l'Eglise de Palaiseau lorsque cette Terre leur fut donnée, ils n'eurent garde de le changer. Ils se contenterent d'établir un Oratoire dans l'étendue de la Paroisse, pour servir, selon la coûtume, de mémorial à la postérité, et cette Chapelle de Saint Germain dont les laïques s'emparerent au dixiéme siécle, étant revenue à l'Evêque de Paris, fut par la suite érigée en Paroisse, à laquelle on annexa l'Eglise de Vauhallan qui auparavant avoit été la seconde Eglise du territoire de Palaiseau, ainsi que je le ferai voir ci-après par un indice assez certain. Les premiers vestiges d'une Eglise Curiale à Saclé sont du treiziéme siécle. Cette Eglise est nommée au Pouillé de ce siécle-là sous le nom de Sarcloi, dans le rang de celles dont la Cure étoit conférée de plein droit par l'Evêque. Un nommé Guy en étoit Curé en 1232. Il est qualifié *Decanus de Sarcleyo* dans un acte de cette année-là, parce qu'il étoit accidentellement Doyen du Doyenné de Châteaufort. A ces deux traces d'antiquité en faveur de la Cure de Sarclé, on peut joindre la preuve qui se tire des piliers qui soutiennent la tour des cloches, lesquels piliers et pilastres, ainsi qu'il est visible par le dedans de l'Eglise, sont manifestement du treiziéme siécle. Le reste du bâtiment qui n'a rien de commun, ne peut indiquer aucun temps parce qu'il est de pierres de gray ou molieres qui ne se prêtent point à la sculpture. On voit dans le chœur quelques tombes chargées d'inscriptions. On lit sur une de ces tombes :

Cy gist Messire Jehan de Voisins Seigneur de Villeroy et de Ville Favereux, lequel trespassa l'an M. CCC.

Cy gist Oudoin de Voisins....

Cy gist Madame...... de Pintervilliers, Dame de Villeroy et de Ville Favereux, femme de Messire Jehan de Voisins, laquelle trespassa l'an M. CCC....

Les tombes d'anciens Curés du quinziéme siécle se voyent au même endroit. Celle qui est sous le lutrin est dans sa situation primitive : le défunt y est représenté tenant le calice, et étendant ses pieds vers l'autel. Sa tombe est ornée de fleurs-de-lys et de roses. On ne peut y lire que ces mots en lettres gothiques du treiziéme ou quatorziéme siécle : DNS JOHANNES QUONDAM PBR.

La tombe qui est à droite a été retournée d'occident en orient. On y lit : *Cy gist Messire Michel Engouelle Prestre et Curé de S. Denis de la Chartre en paravent, Curé de Saclay, qui trespassa l'an M. CCCC IIIIxx et X. Dieu en ayt l'ame. Amen.*

Cy gist Messire Nicole Engouelle.... Curé de Saclay, qui trespassa l'an M. CCCC.... Lundy X jour de May. Tous les deux sont représentés en chasuble, les mains jointes.

Proche le clocher est l'épitaphe de Jacques Rat, Sieur d'Orcigny, décédé en 1507.

Messieurs Lucas ont leur Chapelle et leur sépulture dans la partie méridionale de cette Eglise.

Les Pouillés du seiziéme siécle et deux du dernier, sçavoir 1626 et 1648, s'accordent tous sur l'article de la nomination absolue de la Cure, qu'ils disent appartenir à l'Ordinaire. Celui du Sieur le Pelletier publié en 1692, lui marque un revenu considérable. Il falloit qu'à la fin du quinziéme siécle il ne fût pas si considérable, quoique marqué de 50 livres ancienne estimation, puisque Louis de la Forêt, Evêque, y unit pour la vie du Curé en 1479 les Eglises de Vauhallan et de Saint-Aubin. Il s'est formé sur cette Cure une tradition qui porte qu'autrefois les Curés jouissoient du droit de chasse, et qu'une Bulle de Pape autorisoit cet usage. On ajoute que ce privilége n'étoit accordé qu'à trois Eglises du Diocése de Paris, toutes les trois titrées de Saint Germain, Evêque de Paris, sçavoir : Saint-Germain-des-Prés, Saint-Germain-en-Laye et celle-ci. Mais si jamais aucun Pape a donné une Bulle sur ce sujet en considération d'un Saint Germain, quelqu'un pourra dire que ce droit bizarre auroit mieux convenu à des Eglises du titre de Saint Germain d'Auxerre, qu'on sçait avoir été grand chasseur avant son épiscopat, et sous l'invocation duquel il n'y a pas moins d'Eglises au Diocése de Paris que sous celle de Saint Germain, Evêque Diocésain. L'un des Curés de Saclé du dernier siécle dont on peut faire ici mention, est Louis Musnier, qui quoique très-propre à exercer cette fonction dans Paris, a aimé mieux catéchiser les pauvres de la campagne. Son éloge est imprimé dans les Poésies de René Michel, Curé de Champlant, publiées en 1658, page 120.

Les anciens titres fournissent peu de Seigneurs de Saclé. Il ne s'est présenté dans mes recherches qu'un Robert *de Sarcleis*, auquel le Cartulaire de Livry donne dans le treiziéme siécle le titre de *Fructuarius bonæ memoriæ Pictaviensis*; encore peut-il se faire qu'il s'agisse là de Montsaigle, voisin de Livry, que le même Livre à l'an 1201 appelle en latin *Sarcleia*. D'autres Seigneurs plus certains sont connus par les épitaphes rapportées ci-dessus. *Chart. Livriac fol. 32.*

Ibid., fol. 17.

Comme l'Abbaye de Sainte-Geneviéve a eu beaucoup de bien à Palaiseau, ses droits s'étendoient au treiziéme siécle jusques sur le territoire de Saclé ; de sorte qu'elle y jouissoit alors d'un droit d'avoine marqué dans son Livre Censier de ce temps-là ; le terme latin est *de Sarcleyo*. La Fondatrice du Prieuré de Hainemont, proche Saint-Germain-en-Laye, nommé Petronelle de Gery, sœur de Pierre de Gery, Abbé de Saint-Benoît-sur-Loire, et de Simon de Gery, Prieur de Sainte-Celine de Meaux, donna en 1308 à cette Maison du Val-des-Ecoliers une Ferme à Saclé ; ce que Philippe-le-Bel confirma à Poissy au mois de Juin 1309. Dans l'énumération publiée par Sauval des biens de la Commanderie de Saint-Jean de Latran, est marquée une Terre à Sacley. Les Célestins de Marcoucies y possedent une Ferme tenue en fief de Chevreuse. On l'appelle le Fief de la Tournelle ; on y voit de ces anciens caveaux à huit ou neuf branches qui servoient à cacher durant les guerres ce qu'on avoit de précieux, et qu'on croyoit mal-à-propos avoir servi aux Druides à faire leurs sacrifices. Plusieurs autres dépendances de la Paroisse de Saclé, dont je parlerai ci-après, relevent de la même Terre de Chevreuse. Il est constant qu'en 1555, lorsqu'on fit distraction de quelques *Ibid., fol. 30.*

Trés. des Chart Reg. 41. Piece 67. Antiq. de Paris T. 1, p. 613.

Terres relevantes de Chevreuse en l'érigeant en Baronnie, on y unit en place de cela le fief de Sarclé et autres.

Lettres du 10 Mai 1555.

En 1684, Louis XIV fit faire à Saclé un étang où s'écoulent les eaux de tous les environs par des rigolles, et cela pour la fourniture des réservoirs de Versailles. Il en avoit existé en ce lieu un autre auparavant.

VAUHALLAN dont le nom latin est vraisemblablement *Vallis Alani*, ou *Vallis Alanorum* dont l'on a fait *Vallis Hellandi*, est à demi-lieue de Saclé du côté de Paris. Ce Village, principale dépendance de Saclé, est situé sur un côteau qui regarde le couchant et le midi, aussi cette situation y a-t-elle fait planter quelques vignes. Il relevoit vers 1398 du Seigneur de Buc. Il y a une Eglise assez considérable accompagnée d'une tour pour les cloches. Il y a tout lieu de croire que c'est là qu'étoit l'Eglise que le Livre d'Irminon, Abbé de Saint-Germain vers l'an 800, dit avoir été sur les bords du territoire de Palaiseau. Elle est appellée Cure dans les Pouillés manuscrits du quinziéme et du seiziéme siécle, et Jean Breaudeau en étoit Curé en 1481. Le peuple qui est dans la bonne foi, croit que Saint Barthélemi, Apôtre, est Patron de cette Eglise, parce que de temps immémorial la Fête titulaire a été célébrée le 24 Août. Mais pour revenir de ce préjugé, il faut sçavoir que l'on a des exemples comme on s'est déjà trompé ailleurs de la même maniere en prenant pour Patrons d'Eglises quelques saints Apôtres, quoiqu'ils ne le fussent pas, et que ce fussent d'autres Saints décédés anciennement le jour auquel les Fêtes de ces Apôtres ont été depuis fixées. Tel est Saint Eptade, Patron de Cervon au Diocése d'Autun, décédé le 24 Août au sixième siécle, que le peuple appelle Saint Barthélemi. Saint Ouen, Evêque de Rouen, mort le même jour, est pris pareillement pour Saint Barthélemi en quelques endroits, à cause du concours de sa Fête. On pourroit rapporter d'autres exemples de lieux où Saint Jacques le Majeur fait perdre au 25 Juillet le souvenir de Saint Christophe, et où Saint Jacques le Mineur a fait éclipser au premier Mai la mémoire des Saints en grand nombre dont la Fête est le même jour. Etant donc assurés par la vie de Saint Rigomer, Prêtre du pays du Maine, que lorsqu'elle fut écrite il y avoit une Eglise de son nom dans les limites de la Terre Royale de Palaiseau alors fort étendue, et étant également certain que la mort et la Fête de ce Saint tombent au 24 Août, il en reste à conclure que c'est Saint Rigomer qui étoit le Saint titulaire de Vauhallan aux septiéme et huitiéme siécles ; mais que l'établissement du Calendrier Romain en France sous Charlemagne, ayant introduit au 24 Août la Fête particuliere de Saint Barthélemi, cette Fête d'Apôtre ayant été chommée partout, il a été impossible par la suite de distinguer

Reg. Ep. Paris

Dissert. sur l'Hist. de Paris 1739, T. I. Bolland. 24 Aug.

ceux qui chommoient pour un autre Saint ce jour-là, d'avec ceux qui chommoient pour Saint Barthélemi avec le commun des autres Eglises du Royaume. C'est ainsi que le culte de Saint Rigomer est tombé ici en oubli. Proche la grande porte de cette Eglise est une tombe dont l'écriture est du quatorziéme siécle, mais impossible à lire. Devant le Crucifix est la sépulture de Jean de Molommiers ou plutôt de Molineau, Seigneur d'Arpenty et Vauhallan, décédé dans le seiziéme siécle.

L'établissement des Marchés et d'une Foire en ce lieu nous en fait connoître quelques autres Seigneurs. Le Roi Charles VIII, par Lettres datées de Montils-lez-Tours au mois de Mai 1491, accorda à la priere de Jean de Moulineaux, l'aîné, Seigneur de Repenty et Vauhallan, et de Jean de Moulineaux le jeune, Chauffecire de la Chancellerie, l'établissement d'une Foire à Vauhallan la veille de Saint Barthélemi et d'un Marché tous les Vendredis. Ce n'étoit qu'un rétablissement ; car dans des Lettres de Charles VI de 1395, sur Porché-fontaine, on lit que le Seigneur de Vauhallan a le quinziéme denier de cette Foire de Saint Barthélemi, mais que depuis dix ans il y venoit peu de monde. Henri II confirma cet établissement par Lettres données à Fontainebleau au mois de Mars 1554, et y ajouta la Foire du jour même de Saint Barthélemi, à la priere de Pierre Fraguer, Seigneur du lieu et Maître des Comptes ; ce qui fut pareillement confirmé à la requête de François Briçonnet et de Marie le Cirier, sa femme, Seigneurs, par Lettres de Charles IX accordées à Saint-Germain-en-Laye le 6 Mai 1563. Enfin par Lettres du Roi Henri III, données à Saint-Maur le 16 Juin 1584, à la supplication de Philippes le Boutiller, Seigneur de Moucy, et de Marie Briçonnet, sa femme, fille de François Briçonnet, Conseiller au Parlement et de Dame le Cirier, il y eut ordre au Prévôt de Paris de laisser la suppliante jouir du Marché des Vendredis, et de la Foire de la veille et jour de Saint Barthélemi.

Bann. du Chât. VI Vol., fol. 158.

Ibid., V Vol. fol. 307.

Ibid. VI Vol. p. 159.

Ibid. VII Vol. fol. 224.

Le nom de ce lieu est écrit Valhellant dans des Lettres du Roi Charles VI du 13 Mars 1393, où il est nommé parmi ceux sur lesquels Charles V, son prédécesseur, avoit assis une rente de cent livres aux Célestins de Paris. Les Lettres-Patentes de 1675 au sujet de l'érection de Jouy en Comté, font mention du fief de Vauhallan appartenant aux mêmes Religieux.

Reg. des Ch. 145. Piece 437.

Je trouve enfin que Vauhallan a appartenu à Simon de Craon, Evêque de Poitiers, Chancelier du Duc de Berry.

Le fief Saint-Marc est dit relever des Célestins de Paris, à cause de leur Seigneurie de Vauhallan.

REPENTI ou ARPENTY qui vient d'être nommé à l'article de Vauhallan, est une Seigneurie et Château situé entre Vauhallan et Saclé. Un Robert de Repenti est nommé comme témoin dans un acte du Prieuré de Longpont sous le Prieur Henri qui gouverna depuis l'an 1086 jusqu'en 1130. Un autre Robert de Repenti, apparemment son fils, plaidoit vers l'an 1170, avec le Prieur de Saint-Clément de Châtres sur les droits de la Boucherie de ce Bourg ; Maurice de Sully, Evêque de Paris, les accorda. René le Comte, Avocat, est qualifié en 1580 Seigneur en partie d'Arpenti. On voit à Paris dans la nef des Filles-Dieu l'épitaphe de Loys de Menisson, Seigneur de Repenti, près Saclé, qui décéda le 25 Mars 1587. En 1655, cette Seigneurie étoit possédée par Paul de Bernon, Maître des Requêtes.

Chart. Longip. fol. 31.

Chart. S. Mauri. Gaign. f. 546.

Cout. de Paris, p. 637, édit. 1678.

Il faut sçavoir qu'il y a un autre Arpenti dans la Paroisse de Brieres.

LIMON ou LA GRANGE DE LIMONS est le lieu qu'on joint à Vauhallan pour ne former qu'un même article au Rôle des Tailles. Son nom est corrompu en Limours ou Limous dans les Livres de l'Election de Paris et autres monumens modernes. Ce fief appartenoit en 1400 à Raimond Raguier, époux de Marguerite le Pelletier ; il fut ensuite inhabité jusqu'après l'an 1470, à cause des guerres. L'Histoire des Maîtres des Requêtes fait mention de Guillaume Boucher, Seigneur de Limous, époux de Daufine Allegrin, vers l'an 1530. Pierre Brillet, Secrétaire de la Chambre du Roi, en étoit Seigneur en 1580, suivant le Procès-verbal de la Coutume de Paris, et en 1626, François Brillet, Ecuyer. Toutes les Cartes généralement où j'ai pu trouver ce lieu, l'écrivent Limon. Seroit-il assez ancien pour avoir une dénomination Celtique? La Capitale des Poitevins, qui est aujourd'hui Poitiers, avoit le même nom dans le langage Celtique. Cesar en a fait *Limonum* dans ses commentaires. Goscelin de Limon est nommé en 1162, dans un acte qui concerne l'Abbaye des Vaux de Sarnay, au premier Portefeuille de M. de Clairembauld.

Tab. S. Elig. Par.

Cout. de Paris, édit. de 1678, p. 638.
Reg. Archiep. 26 Jun.

VILLE DOMBLE étoit dès le XIII siécle un lieu dépendant de la Paroisse de Saclé. Cela se connoît par le Nécrologe de Notre-Dame écrit alors, dans lequel on lit que Maître Hervé le Breton, *dictus Raucus*, Diacre, donna à cette Eglise une dixme qu'il avoit acquise *apud Villam Domble in Parochia de Sacleyo*. Sa donation ne renfermoit pas la dixme entiere de ce territoire, puisque le même Livre observe que ce fut de l'argent de deux Chanoines formant la somme de six vingt livres, que le Chapitre acheta la moitié de la dixme du même lieu de Ville-Domble. Ce lieu est en tirant vers Toussus, à l'extrémité occidentale de l'étang de Saclé. Les Géographes modernes l'écrivent tous Ville-Dombe, retranchant la lettre *l*, que le peuple ne fait plus entendre. En continuant de l'écrire Ville Domble, on voit que ce nom vient

Necr. Eccl. Par. V Cal. Sept.

Ibid. 1 Martii.

naturellement de *Villa Domnoli,* comme Ville-Momble vient de *Villa Mommoli.* Domnolus étoit un nom usité sous la premiere race de nos Rois. En 1636, Pierre Monant, Conseiller en l'Election de Paris, étoit Seigneur du fief du petit Ville-Domble, et en 1641, Jacques Morais, Secrétaire du Roi, est dit Seigneur des Mariettes et de Ville Domble en la Paroisse de Saclé. *Reg. Arch. Par.* *7 Nov. 1636 et 20 Juin 1641.*

LA MARTINIERE marquée dans les Cartes du Diocése, est qualifiée de Maison domaniale dans un acte du 18 Mai 1656, où elle est dite appartenir au Sieur Passart. En 1697, elle étoit possédée par le Sieur de Villemeur.

ORSIGNY ou ORCIGNY étoit connu dès le temps de Saint Louis pour une Terre particuliere qui donnoit le nom à une famille. Une Heremburge d'Orseigny est mise parmi les bienfaitrices de l'Abbaye de Porroy en 1254. Le territoire a assez d'étendue, mais toutes les terres de la Ferme ne sont pas de Saclé, une partie est de celle de Toussus. Dans l'énumération des biens de la Léproserie de Châteaufort déclarée en 1351, une partie de la dixme d'Orcigny est dite en être. On a vu ci-dessus que le nommé Jacques Rat étoit Seigneur d'Orcigny en 1507. Guillaume Rat l'étoit en 1541 et comme parent des Bouceaux ou Boucauds de Paris, il présenta alors à leur Chapelle située dans l'Eglise de Saint Christophe de Châteaufort. Louis de Luz, Conseiller du Roi, Seigneur de Vantelet et Orsigny, fit bâtir en ce lieu vers l'an 1630, à ses frais et à ceux des habitants, une Chapelle dans laquelle l'Archevêque permit de célébrer, le 10 Septembre 1632. Une partie de cette Terre releve de Chevreuse, comme on voit dans le Cahier imprimé des acquisitions du Roi de l'an 1691. La Ferme d'Orsigny appartient à Messieurs de Saint-Lazare de Paris. *Nécr.de Porroy.* *Lib. Visit. Lepr. ann. 1351.* *Reg. Arch. Par.*

On assure qu'il y a aussi sur la Paroisse de Saclé un fief dit Graville.

Quoique Saclé fournisse peu d'illustres dans les anciens temps, j'ai cru ne devoir pas taire que l'Evêque de Paris, Maurice de Sully, fait mention dans une de ses Chartes d'environ l'an 1190, de Maître Mainier de Sarcley. Bien plus, le Doyen de Paris dans le même temps, étoit un Barthélemi *de Sarleio,* suivant une Charte de l'an 1163. Un Trésorier du célebre Chapitre de Saint-Hilaire de Poitiers sous le regne de Philippe-le-Hardi, s'appelloit Etienne *de Sacleüs,* et mourut au mois de Décembre 1276, suivant sa tombe qui étoit ci-devant au Cloître de Saint-Germain-des-Prés. L'Histoire de cette Abbaye qui fournit ce fait, nomme aussi un Chevalier de Saclois, décédé en 1273. *Chart. S. Genov. p. 105.* *Tab. Car. loci. Gaign. fol. 274.* *D. Bouillard, p. 326.*

On voit dans le Catalogue des Abbesses de Montmartre, une Jeanne de Repenti qui l'étoit en 1320. Elle permit cette année-là aux habitants de Paris de retour du pélerinage de Notre-Dame de Boulogne-sur-Mer, de bâtir une Eglise sous le même titre. *Gall. Chr. T. VII, col. 616.*

PALAISEAU

C'est autour de Paris que l'on trouve un plus grand nombre de châteaux autrefois habités par nos Rois. Ils ont tous un nom particulier : Palaiseau seul a un nom générique tiré de ce que c'étoit un Palais de moindre apparence. Car ce nom vient incontestablement du latin *Palatiolum*, qui est le diminutif de *Palatium*, lequel a été dit en langue vulgaire *Paleisol* ou *Palesel*, d'où s'est formé Palaiseau, comme d'*Oisel* oiseau. Ce petit Palais existoit dès la premiere race de nos Rois. Saint Rigomer et Sainte Tenestine y vinrent du pays du Maine pour parler au Roi Childebert I qui y étoit, *in loco qui Palatiolus vocatur perducti et præsentati sunt*. Environ cent ans après S. Vandrille, Abbé de Fontenelles au Diocése de Rouen, vint y trouver le Roi Clotaire III, pour avoir la confirmation de cette terre de Fontenelles. L'Historien contemporain à ce Saint dit que ce château royal étoit dans le territoire de Chastres *in territorio Castrinse in eo Palatio quod diminutivo vocabulo censetur Palatiolum*. De-là vient qu'on lit dans Sauval que Ste Bathilde, Reine, s'y tint souvent durant la minorité de ce Roi, son fils. Il est étonnant que Dom Michel Germain n'ait pas eu connoissance des actes de S. Rigomer qui font remonter l'antiquité du château royal de Palaiseau jusqu'à Childebert, fils du grand Clovis. C'est ce château qui a donné son nom au bourg qui a été bâti au bas.

Dissert. sur l'Hist. de Paris, T. II, p. 215, 1739.

Vita S. Wandr. apud Boll. 22 Julii.

Antiq. de Paris, T. II, p. 310.

Il est à quatre lieues de Paris sur le chemin de Chartres. La petite riviere d'Ivette passe au-dessous à une légere distance. Ce bourg n'a proprement qu'une rue qui s'étend du septentrion au midi ; on détourne à droite pour monter à l'Eglise et au château qui est au-dessus. Les environs sont en labourages, vignes et prairies. Le dénombrement de l'Election de Paris marquoit en ce lieu 332 feux : celui publié en 1745 par le sieur Doisy les réduit à 247. Le Dictionnaire géographique universel de la France évaluoit en 1726 les habitans au nombre de mille. Ces trois derniers Ecrivains ortographient Paloiseau et Paloisel.

L'Eglise de ce lieu qui est sur la pente de la montagne reconnoît S. Martin pour son Patron. Il y avoit eu un petit Monastere érigé autrefois et confié aux Moines de Bourgueil en Anjou au plus tard vers l'an 1100. Mais depuis plusieurs siécles il n'y a plus qu'un Prieur, qui est Commendataire. Plusieurs Ecclésiastiques que l'on qualifie tantôt de Chanoines tantôt de Chapelains, y célébrent l'Office divin avec le Curé qui dessert la Paroisse. Je rapporterai ci-après leur fondation. Le portail de cette Eglise, la tour au côté du nord et le chœur annoncent une bâtisse du XII et du XIII siécle. L'édifice est accompagné de deux collatéraux. Le tout se termine en quarré. Il y a sous le grand autel une crypte pratiquée à la faveur de la pente du côteau, et assez éclairée pour servir de sacristie. Au chœur est une tombe d'environ l'an 1290, sur laquelle il n'y a de lisible en grand gothique que ces mots *de Palatiolo*. Dans la Chapelle qui est au fond de l'aîle septentrionale se voit la tombe d'une Dame du XIII ou XIV siécle, et celle d'un Avocat en Parlement dit Genouard de Fontenay sur le bois de Vincennes, décédé au mois d'Octobre 1547. Devant la Chapelle qui fait le fond de l'autre aîle est une tombe élevée de trois pieds, où sont représentés en gravure un homme de guerre et sa femme, desquels le visage et les mains sont de marbre blanc. L'ouvrage m'a paru être du XIV siécle; mais l'écriture qui étoit contenue sur des bandes (apparemment de cuivre) autour de cette tombe, a disparu lorsque les bandes ont été enlevées. On dit dans le pays que dessous cette tombe sont des boëtes où l'on met les cœurs des Seigneurs après leur mort. Proche cette tombe est attachée à la muraille du chœur l'épitaphe de Louis de Livre, Seigneur de Villeneuve, qui décéda au château de Palaiseau au mois d'Octobre 1578, et de Catherine sa fille, bienfaitrice de l'Eglise de Palaiseau. Cette inscription est dite posée par François Aimery, Seigneur de Chasteaupers et de Viroflay en partie, neveu de cette Dame. La nef de cette Eglise est nouvelle, on y voit à toutes les arcades les armes de Harville. Au portique de cette Eglise est une inscription sur marbre blanc, qui marque que le cœur de Joseph Lambert, Prieur de Palaiseau, a été déposé à cet endroit: que ce Prieur a fondé les Ecoles gratuites, et a embelli les Fonts baptismaux qui sont à droite de ce vestibule comme dans une espece d'oratoire séparé à la maniere de l'antiquité.

Ce fut dans la Chapelle qui fait le fond de l'aîle méridionale de cette Eglise que furent établis des Chapelains l'an 1571. Catherine de Levy, veuve d'Esprit de Harville, Chevalier de l'Ordre du Roi et Seigneur de Palaiseau, tant en son nom qu'en celui de ses enfans mineurs, et de l'avis de Mathurin de Harville, Abbé de Trouart et de Claire Fontaine, leur tuteur, cousin germain du défunt, déclara qu'elle fondoit pour l'âme du même défunt Esprit de Harville et de Fiacre de Harville, son beau-pere, et de François de Harville Sieur de la Celle, son beau-frere, sous le bon plaisir de l'Evêque de Paris, en cette Chapelle de Notre-Dame, cinq Chapelains et deux Enfans de chœur, pour y faire l'Office Canonial suivant l'usage de Paris avec la Messe de la Férie, excepté le Vendredi qu'elle sera dite des cinq Playes dans la Chapelle basse de l'Eglise appellée le Sépulcre, et le Samedi de Notre-Dame. Elle les chargea aussi de prieres particulieres pour les morts inhumés proche cette Chapelle ; le tout moyennant certain revenu et le logement, se réservant la présentation de ces Chapelains et Enfans à elle, et à ses successeurs Seigneurs de Palaiseau. La solemnité de l'établissement demanda une assemblée de Paroisse où assisterent Nicolas de Thou, grand Archidiacre de Paris et Matthieu de Macheco, et où l'on prit le consentement des intéressés, Denis Camus Curé-Prieur, et où l'on régla une somme payable au Curé, et une autre à la Fabrique.

Reg. Ep. Par.
12 Nov. 1571.

Cette Chapelle est sous le titre de la Visitation. On a rejoint en 1710 aux cendres des anciens Seigneurs qui y reposent dans un caveau, les os des corps de ceux de la famille de MM. Arnaud qui furent tirés de l'Abbaye de Port-Royal.

Le cimetiere de cette Eglise est pratiqué tout autour du bâtiment, et est garni de buissons de bouy proprement entretenus. Avant l'an 1653, c'étoit une terre profane où les anciens avoient vu une vigne ; comme on s'étoit avisé de l'entourer de murs pour faire de l'Eglise une espece de Fort, on pensa en conséquence en 1653 à en faire un cimetiere, ce qui fut permis par André du Saussay, alors Vicaire général. L'ancien cimetiere servit néanmoins encore pour les écarts tels que Villebon, etc.; et ce ne fut qu'en 1717 qu'étant devenu inutile depuis long-temps, il fut permis de le profaner et de le vendre. On voit dans le nouveau cimetiere plusieurs épitaphes assez curieuses attachées contre le mur de l'Eglise ou placées sur les sépulcres ; entre autres celle d'un Prêtre Théologien de Paris nommé Nicolas Mabille, représenté comme un Prédicateur Apostolique, décédé le 25 Août 1711. Derriere l'Eglise sur une grosse croix de pierre est écrit : *Cy gist Claude Monnerot Secrétaire honoraire du Roy, Commissaire aux Saisies réelles, décédé le 25 Avril 1744, âgé de 94 ans.* Une épitaphe dont la longueur m'a empêché de la retenir de mémoire, est celle d'un ancien Acolyte de Paris appellé Nicolas Bertin, décédé le 12 Juin 1728. Ce personnage n'avoit jamais fait de voyage qu'il n'en eût rapporté quelques remarques utiles pour l'Histoire, soit en copiant toutes les inscriptions curieuses et anciennes, même les plus difficiles à lire qu'il trouvoit, soit en s'informant dans les Paroisses de la campagne dans tout le Royaume de ce que l'on pouvoit y posséder d'extraordinaire. C'est de lui-même que j'ai sçu certaines découvertes qu'il y avoit faites. Comme il pouvoit être entré en quelques Eglises du Diocése de Paris avant qu'on les rebâtît ou qu'on en renouvellât le pavé, j'avois compté profiter de ses remarques ; mais il m'a été impossible de découvrir chez ses héritiers, ce que ses papiers sont devenus.

Reg. Arch. Par.
20 Oct.

Ibid., 19 Febr.

La nomination de la Cure de Palaiseau fut accordée autrefois à l'Abbaye de Bourgueil, ainsi qu'en fait foi le Pouillé Parisien du XIII siécle : et comme le Prieuré de ce lieu est membre de cette Abbaye, les Pouillés du XV et XVI siécles et suivans, ont marqué que c'est au Prieur à y présenter. L'auteur de celui qui fut imprimé en 1626 connoissoit si peu les noms françois des Paroisses, qu'il a traduit *Cura de Palatiolo*, par Cure du petit Palais.

Il y avoit en 1351 une Maison-Dieu à Palaiseau dont le revenu consistoit en sept quartiers de terre au lieu d'Alvernes sur le chemin de Vissour. Il y a eu aussi une Léproserie. *Reg. Visit. 1351.*

Palaiseau qui avoit été une terre du Domaine ou du Fisc pendant le temps de la premiere race de nos Rois, cessa d'en être au commencement de la seconde. Le Roi Pépin s'étant trouvé présent à la Translation qui fut faite du corps de S. Germain, Evêque de Paris, de l'Oratoire de Saint-Symphorien en l'Eglise de Saint-Vincent le 25 Juillet 754, touché des miracles qui y furent opérés, fit présent à cette Eglise ce jour-là même de cette Terre par un Diplôme Royal selon la remarque d'Aimoin, et suivant qu'il est attesté par une ancienne inscription rapportée dans Du Breul, qui dit qu'elle entoure une croix rouge figurée sur une pierre quarrée et qu'on la voit dans l'Eglise de Saint-Germain-des-Prés. En voici les termes : *Hic pausante sancto Germano in die Translationis dedit eis Rex Pippinus Palatiolum cum appenditiis suis omnibus.* L'état que l'Abbé Irminon fit dresser des biens et revenus de l'Abbaye de Saint-Germain quelques années après sous le regne de Charlemagne, détaille en quoi consistoit alors la Terre de Palaiseau. Cette Abbaye y possédoit la maison seigneuriale avec les autres bâtimens. Elle y possédoit six cultures ou coutures qui formoient 287 bonniers de terre où l'on pouvoit semer treize cents muids de froment ; plus 127 arpens de vigne qui pouvoient produire huit cents muids de vin ; cent arpens de prez qui produisoient cent trente charrettées de foin. Pour ce qui est des bois il n'y en avoit que l'étendue d'une lieue en circuit. Il y avoit de plus trois moulins qui pouvoient rendre quinze muids de grain par an. L'Eglise du lieu étoit bien bâtie et bien entretenue, ses revenus consistoient en terres, vignes et prez. Il y avoit encore une autre Eglise sur le territoire : le manuscrit appelle Warodus le Prêtre qui la desservoit : elle avoit de revenu sept hâtes et un bonnier de forêt nouvelle. L'Abbaye de Saint-Germain comptoit alors à Palaiseau cent huit ménages affranchis, lesquels étoient tenus de fournir chaque année pour l'armée six chariots ; tous les trois ans 800 mesures de seigle, tous les deux ans cent huit brebis avec les agneaux, pour le droit de pacage deux cents quarante muids de vin, pour celui de couper du bois dans la forêt *Aimoin, lib. IV, c. LXII.*

trente-cinq sols, deux cents cinquante poulets, douze cents cinquante œufs, et de capitation neuf sols.

Enfin, pour preuve que toute cette terre étoit en bon état, c'est que le nombre des maisons désertes et familles serves n'étoit que de neuf; ensorte que le total des feux, ménages ou maisons de la terre de Palaiseau montoit au nombre de cent dix-sept. Il seroit difficile de déterminer dans Palaiseau même l'endroit où étoit la seconde Eglise du territoire de ce lieu dans le IX siécle. Il est constant par la légende de S. Rigomer du Mans, qu'elle étoit sous le titre de ce saint Prêtre, dont la Fête tombe au 24 Août. Je fais voir à l'article de Saclé que c'est celle de Vauhallan. Au reste cette terre ne fut possédée par l'Abbaye de Saint-Germain-des-Prés que pendant deux cents ans: l'Historien moderne de ce Monastere assure qu'elle fut aliénée par Hugues-le-Grand qui en étoit Abbé en 950. Desorte que depuis ce temps-là l'Abbaye n'y posséda plus rien; la terre fut tenue par plusieurs Seigneurs laïques, dont quelques-uns par la suite en doterent un Prieuré qu'ils érigerent dans le Bourg même, et d'autres en donnerent des revenus à diverses Eglises, principalement à celle de Sainte-Geneviéve de Paris, qui pouvoit y avoir déja eu quelque chose long-temps auparavant.

Dissert. sur l'Hist. de Paris, T. I, p. 216.

Dom Bouillard, p. 67.

Le premier d'entre ceux qui sont le plus connus est dans le Cartulaire de Longpont sous le nom d'Hilduin de Paleseel entre l'an 1086 et 1130. Il est suivi de Hugues *de Palatiolo*. Sous le regne de Philippe-Auguste paroissent plusieurs Seigneurs fieffés à Palaiseau. Gui de Paris étoit homme lige du Roi à cause de la Forteresse de ce lieu qu'il possédoit. Etienne Maleterre l'étoit pareillement pour ce qu'il avoit à Palaiseau; et Etienne de Guenct devoit la garde à Montlhery pour sa terre de Palaiseau, quoiqu'elle fût tenue par Renaud de Martigny devenu par là homme lige du Roi. Ferri de Palesel et Marie sa femme sont nommés dans une charte de Pierre de Nemours, Evêque de Paris, de l'an 1214. Ce Seigneur étoit si considéré par ce Prélat, qu'il fut choisi par lui en 1220 pour l'un des exécuteurs de son testament. On verra ci-après son différend avec l'Abbaye de Sainte-Geneviéve. Albert *de Palesio* est nommé vers ce temps-là comme témoin dans un acte du Cartulaire de Notre-Dame des Champs-lez-Paris. Il y avoit déjà du temps que la terre de Palaiseau ne portoit plus ses causes à Montlhery. Il est marqué dans le rôlle de Philippe-Auguste sur les fiefs et droits de la terre de Montlhery, que Palaiseau en avoit été détaché du temps de Philippe de Lyvies, et attribué à la Prévôté de Paris. C'est ce que les Seigneurs venus depuis n'eurent garde de faire révoquer. Vers l'an 1370 cette terre étoit possédée par Adam le Brun. Il avoit épousé Marguerite de

Chart. Longip. fol. 9.
Ibid., fol. 11.

Rotulus Feudor Mont. Lether. sub Phil. Aug.

Chart. Ep. Par. Bibl. Reg.
Gall. Chr. nov. T. VII, col. 90.

Vieupont, Dame de Frênay, le Voisinier et de Moyenville, fille de Robert, Chevalier, Seigneur de Cailloüé. De leur mariage fut issue Jeanne, qui épousa Guillaume, Seigneur de Harville. Son frere Jacques le Brun qui fut tué en 1415 à la bataille d'Azincourt, sans avoir eu d'enfans de Blanche d'Aumont, la laissa unique héritiere de la terre de Palaiseau. Quelques années après le Roi d'Angleterre se disant Roi de France, donna à Jean le Baveux, Capitaine de Montlhery, les héritages sis à Paloisel qu'avoit laissés ce Jacques le Brun, et ce Capitaine étant décédé vers la Saint-Remi, le même Prince en gratifia Thomas Burgho, premier Ecuyer Anglois. Guillaume de Harville, Chevalier, Seigneur de Harville, près Yenville en Beausse, grand Echanson de Charles VI, et qui avoit épousé Jeanne le Brun, fut tué à la même bataille que son beaufrere. Cette Jeanne est mentionnée encore comme vivante en 1477 dans les Registres de l'Evêché de Paris, où elle est dite veuve de Guillaume de Harville, Seigneur de Naynville et Palaiseau. Guillaume leur fils eut de sa mere la terre de Palaiseau ; il épousa Anne de Couttes : de leur mariage sortit Esprit de Harville qui mourut sans postérité. Ainsi la Seigneurie de Palaiseau échut à son frere Fiacre de Harville qui [en] jouissoit en 1489. Il avoit rendu dès l'an 1473, le 7 Avril, hommage de la terre de Combs-la-Ville à l'Evêque de Paris. Il se maria vers 1500, à Renée, fille de Guillaume, Sr de Rouville. On le trouve dans le Procès-verbal de la Coûtume de Paris en 1510 comme comparoissant pour Louis de Graville, Seigneur de Châtres. Il étoit mort au moins dès l'an 1533. Esprit de Harville, son fils, lui succéda. Il fut Capitaine de cinquante hommes d'armes des Ordonnances du Roi, Colonel du Régiment de Normandie, et l'un des Seigneurs qui furent envoyés en Angleterre pour servir d'ôtages du Traité de Cateau-Cambresis. Ayant épousé Catherine de Levis, fille de Jean, Baron de Charlus, il en eut un fils nommé Claude, qui fut Seigneur de Palaiseau, Chevalier des Ordres du Roi, Capitaine de cinquante hommes d'armes de ses Ordonnances et Gentilhomme de sa Chambre, lequel épousa en 1579 Catherine Juvenel des Ursins, fille de Christophe, Marquis de Trainel. Claude comparut en qualité de Seigneur de Palaiseau au Procès-verbal de la Coûtume de Paris de l'an 1580. Le Sieur de Rodes qui portoit l'enseigne de la Cornette blanche à la bataille d'Ivry l'an 1590, ayant été tué, elle fut commise à Claude de Harville qui étoit connu pour un homme de naissance, courageux et fidèle au Roi. L'Historien de Corbeil le représente comme l'un des plus insignes Royalistes vers l'an 1589, et dit que cette Ville lui fut vendue par le Capitaine. Il vivoit encore en 1636, auquel an il est qualifié Conseiller d'Etat. Après sa mort la Terre de Palaiseau passa à Antoine, son fils, qui fut

Le Laboureur, Prelim. à l'Hist. de Charles VI, p. 21.

Compte de la Prévôté de Par. d'env. 1423. Sauval, T. III, p. 327. et 586.

Sauval, T. III, p. 439, selon un compte d'alors.

Reg. Ep. Paris. Hist. des Gr. Off. p. 756.

Sauval, T. III, p. 616.

Ibid. T. II, p. 757.

La Barte, p. 254, 255. Hist. des Gr. Off. T. IX, p. 123.

Gouverneur de Calais, et qui se maria à Isabelle Favier-du-Boulay. De son temps Palaiseau fut érigé en Marquisat. François de Harville, son fils, porta le titre de Marquis de Palaiseau et de Trainel, etc., Chevalier de l'Ordre du Roi, Gouverneur des Ville et Citadelle de Charleville, et auparavant il avoit été Gouverneur du Mont-Olympe. Il avoit épousé en premieres nôces Anne-Isabelle Blondel de Joigny, dont il eut Esprit de Harville-des-Ursins, Marquis de Trainel, Seigneur de plusieurs autres lieux, Brigadier des Armées du Roi. De son second mariage avec Anne

<small>Hist. des Gr. Off. T. IX, p. 123 et 124.</small> Comant qui mourut en 1694 au mois d'Août, il avoit eu Constance de Harville, laquelle fut mariée aussi en 1694 à Simon Arnauld, Marquis de Pompone. C'est ainsi que Messieurs Arnauld eurent la Terre de Palaiseau. Ce Seigneur est décédé le 9 d'Avril 1737. Son cœur a été porté à Palaiseau. Sa veuve jouit de la Terre.

La situation du Château est fort avantageuse pour l'étendue de la vue. On y voit plusieurs tours à l'antique avec leurs creneaux et des pointes en dessous en cul de lampe. Les armoiries qu'on y apperçoit composées d'une croix dénotent qu'il a été bâti par Messieurs de

<small>Topogr. de Chastillon, f. 9.</small> Ce Château est représenté aussi-bien que le Bourg de Palaiseau dans la Topographie de Claude Chastillon, gravée vers l'an 1610.

Nous ne pouvons rapporter autre chose sur le Prieuré de Palaiseau, sinon qu'en l'an 1205 le Pape Pascal II en confirma la possession à l'Abbaye de Bourgueil en Anjou, en la personne de l'Abbé Baudry, écrivain fort connu.

La Bulle l'appelle en latin *Palesiolum*. Dans le cours du même siécle qui étoit le XII depuis Jésus-Christ, il y demeuroit un <small>Chart. Longip. fol. 9 et 26.</small> certain nombre de Moines de cette Abbaye. *Hugo Monachus de Paleseolo*, est mentionné comme témoin en deux Actes de ces temps-là, concernant le Prieuré de Long-pont. Dans la Bulle par <small>Gall. Chr. T. IV, p. 207.</small> laquelle Innocent III confirma les biens de l'Abbaye de Bourgueil adressée à l'Abbé Luc l'an 1208, on lit : *Prioratum S. Martini de Palatiolo*. A l'égard du Pouillé Parisien écrit au XIII siécle, comme le Doyenné de ces cantons-là pour les Monasteres portoit le nom de Macy, le Prieuré *de Palatiolo* y étoit compris. Dans le rolle des Prieurs des mêmes quartiers qui étoient tenus à fournir du pigment à Notre-Dame de Paris à la fête de l'Assomption, le Prieur de Palaiseau est dit l'avoir payé en 1280. Pour ce qui est du droit de Procuration Episcopale, sa taxe en 1384 étoit de dix <small>Titre sur Châteaufort.</small> livres dix sols. On connoît fort peu les Prieurs de ce lieu. Parmi les anciens, Pierre de la Riviere l'étoit en 1448. Le plus célébre parmi ceux des derniers temps, étoit Joseph Lambert dont il a déjà été parlé ci-dessus.

Après les Religieux de ce Prieuré, je ne vois point d'Eglise qui

ait eu plus de bien à Palaiseau, que celle de Sainte-Geneviéve de
Paris ; car il ne faut nullement penser que l'Abbaye de Saint-
Denis ait eu autrefois cette Terre du Roi Pépin, comme quelques- *De re Diplomat.*
uns l'ont cru, ayant été trompés par le titre où les copistes ont mis *p. 307.*
Palatiolum pour *Placitium,* ainsi que le prouve très bien Dom
Michel Germain. Il paroit que dès le commencement du XIII sié-
cle on pouvoit déjà regarder comme une ancienne possession de
Sainte-Geneviéve, ce que cette Abbaye avoit à Palaiseau. Outre la
Bulle d'Alexandre III de l'an 1163, qui en confirmant les biens de
cette Maison met *Apud Palatiolum et Challiacum terras et capi-* *Gall.Chr.nova,*
talia, decimas et campi partes, ce qui nous le fait connoître est la *T. VII, Instr.*
contestation qui étoit en 1218 entre cette Abbaye d'une part, et
Ferric de Palaiseau, Chevalier, avec Dame Guiburge, veuve d'Hu-
gues Bachelis, d'autre part, sur la Seigneurie d'un lieu dit situé *Chart. S. Gen.*
in terra Joisiaca super Villam Palatioli, et qu'on voit par des actes *p. 252.*
un peu postérieurs avoir été ce qu'on appelle les Granges, à
l'approche de Palaiseau en venant de Paris. Les pleges ou cau-
tions ayant été fournies par Ferric, sçavoir Galeran de Feucherolles, Houdard de Champlan avec Simon de Vaugrigneuse, et
par Dame Gauburge, Soutan de Amploviller, Matthieu de Minials,
et Thibaud de Trosoil (ces lieux sont à Verrieres), l'affaire mise
en arbitrage, il fut déclaré que l'Abbaye de Sainte-Geneviéve y
avoit toute Justice ; voici les expressions : *Bonagia, investituras,*
ventas, sanguinis effusionem, vadia duelli, omnimodam Justitiam
majorem et minorem. Les arbitres furent Scherius, Doyen de
Saint-Cloud, Nicolas de Chamvile, Bailly du Roi, et Guillaume
de Vaugrigneuse. Dans le nombre des biens de Sainte-Geneviéve
à Palaiseau il y en avoit qu'elle avoit acheté de Regnaud de Vil- *Ibid., p. 253.*
liers, Chevalier, et dont Guillaume et Regnaud ses fils ratifierent
la vente en 1234. Son droit de champart à cause de la Seigneurie *Ibid. p. 254.*
des Granges fut reconnu en 1236. Un nommé Baudoin de la Mar- *Ibid.*
tiniere s'en rendit Baillitre, et Baudoin de Vemarz qui possédoit *p. 265 et 173.*
deux arpens de terre au même territoire des Granges les donna *Necrol. S. Gen.*
depuis à cette Abbaye. Il faut cependant observer que les anciens *5 Martii.*
Chevaliers ou Seigneurs du lieu dit les Granges, s'étoient retenu
une espece de petit hommage : l'Abbaye devoit chaque année à la *Lib. Cens.*
Fête de S. Remi au Maréchal d'Albigeois (*Marescallo Albigensi*) la *S. Gen. fol. 53,*
somme de dix-huit deniers pour un past, à Dame Guiburge pour le *c. MCCL.*
repas de la S. Jean douze deniers, et autant à la S. Martin d'hiver.

Les Chanoines réguliers de Saint-Victor de Paris ont marqué
dans leur Nécrologe que Robert, Doyen de Chatenay, leur avoit
donné une dixme de Palaiseau. Il est incertain quand vivoit ce *Necrol. MS.*
donateur. Il n'est pas non plus décidé ce qu'il faut entendre là par *S. Vict. ad 2 cal.*
le nom de Doyen. *Mart.*

Il n'y a de la dépendance de la Paroisse de Palaiseau que quatre petits écarts, qui sont Foucherolles, Lozer, la Vove et Villebois.

FOUCHEROLLES me paroît être le lieu dit *Falcherollæ* ou plutôt *Fulcherolæ super fluvium Rosdon,* qu'un Abbé appellé Frodoin donna à l'Abbaye de Saint-Germain-des-Prez en l'an 776. Comme ce Monastere avoit déjà le gros de la terre de Palaiseau dès l'an 754 par la donation du Roi Pépin, il lui convenoit de s'aggrandir en ces quartiers-là, par achat ou par échange. Il est probable que Frodoin dont on ignore qu'elle étoit l'Abbaye, n'avoit donné que pour d'autres biens. La petite riviere sur laquelle Foucherolles est situé, s'appelle à la vérité Ivette depuis quelques siécles ; mais comme elle est composée en partie d'une autre petite riviere appellée Rodon, elle pouvoit il y a mille ans être désignée par ce nom-là. On a vu ci-dessus un Galeran de Feucherolles nommé dans un acte de 1218 concernant l'Abbaye de Sainte-Geneviéve.

LOZER. Ce qui en paroît de plus ancien, est ce que j'en ai lu (fol. 19) dans le Registre des Visites des Léproseries du Diocése de Paris faites en 1351, où, dans l'énumération des biens de celle du Juvisy, il y a *Apud Loserram prope Palatiolum unum arpentum vineæ et unam cuppam ad foulandum.*

Le moulin de ce lieu appartenant à la Dame de Palaiseau est aussi sur la Paroisse. Un nommé Robert Helyot de la Chambre des Comptes y avoit sa maison en 1648. Ce lieu est d'Orcey pour la Justice.

LA VOVE, situé en haut sur la plaine, derriere le château, n'est qu'une ferme de la Dame de Palaiseau, dont quelques terres sont dites relever de Chevreuse dans le traité des acquisitions du Roi, faites en 1691 et 1692.

VILLEBOIS situé en tirant vers Igny.

La Huniere, lieu voisin de la Vove, étoit un écart ou ferme des Seigneurs de Palaiseau, et dans le même cas ; mais il n'y a plus de maison non plus qu'au lieu dit les Chandeliers. Ces deux écarts de Palaiseau marqués dans la Carte de De Fer, sont à présent détruits. C'étoit en ce dernier lieu que le fameux Géographe Nicolas Samson avoit eu sa maison de campagne.

Les divers événemens des guerres ne fournissent rien sur Palaiseau, sinon qu'on lit qu'en 1652, l'armée que le Roi Louis XIV avoit envoyée contre les Princes, étant revenue de Bleneau par la Ferté-Alais et par Châtres, campa en ce lieu. C'est sans doute relativement à cet événement qu'on lit dans une Mazarinade, que les habitans de Palaiseau et des lieux voisins présenterent Requête à la Reine-mere contre les troupes du Cardinal Mazarin qui les ravageoient.

Quelques personnes mémorables dans l'antiquité ont porté le nom de Palaiseau pour en être natives, ou pour être issues des Seigneurs de ce Bourg. Je ne m'arrête pas à Guy de Palaiseau qui fut Chanoine de Notre-Dame de Paris au XII ou XIII siécle. L'annonce de son obit indique du bien qu'il avoit en ce lieu, entre autres une maison dont le nom étoit *Cellarium*. Jean de Palaiseau, Chanoine Régulier, mérite plus d'attention. Aussi-tôt qu'il eut été fait Abbé de Saint-Victor de Paris, dont il étoit Religieux, il destina un certain nombre de Chanoines de sa Maison pour étudier en l'Université et y être associés ; ce qui se fit du consentement du Recteur et autres l'an 1312. Il mourut en 1329, le 29 Novembre, et fut enterré devant la Chapelle des Apôtres. Son épitaphe qui est sur sa tombe commence ainsi : *Heic jacet Johannes de Palaceolo*..... *Necr. Eccl. Par.* *15 Aug.* *Gall. Chr. nov.* *T. VII, col. 681.*

Il y a quelques Bénéficiers de Palaiseau qui ont écrit en ces derniers temps, entre autres Sébastien Auclair, mort Curé, vers l'an 1748.

Un livre sur les anciens miracles de Notre-Dame de Chartres, publié en françois par le Sieur Sablon en 1681, rapporte (page 162) un miracle arrivé au Château de Palaiseau, sur un homme conservé sous des ruines dans un puits.

Au reste, il est bon d'avertir que le nom latin *Palatiolum* a été donné autrefois à plus d'un lieu. Il y avoit proche la Ville de Treves sous l'Episcopat de S. Modoald, c'est-à-dire vers l'an 630, un lieu ainsi appellé. On l'appelle aujourd'hui Palz et en Allemand Psalf. Il y a encore de nos jours un village du Diocése de Langres dont le nom est Palaiseul ; ce qui vient indubitablement de *Palatiolum*. Les Annales Bénédictines font aussi mention d'un lieu dit *Palatiolum* dans le Diocése de Gironne en Catalogne, à l'an 1142, à l'occasion de l'Eglise de Saint-Genèz qui y étoit. *Georg. Brun.* *Theatro Urb.* *T III.*

SAINT-AUBIN

Le culte de S. Aubin, Evêque d'Angers, mort en 550, ne se répandit pas seulement dans le voisinage de cette Ville, après la translation de son corps faite en 556, mais jusqu'aux extrémités du Royaume. Saint Germain, Evêque de Paris, y ayant assisté, il est à croire qu'il en rapporta des reliques, ou au moins des linges ou des étoffes qui y avoient touché. Il n'en falloit pas davantage alors pour déterminer le titre d'une Eglise. Ce n'est pas que je croye qu'il y ait eu dans le lieu dont il s'agit une Eglise du nom de ce

Saint dès le VI siécle, mais il a pu se faire que ce que S. Germain avoit apporté, ait été conservé dans le trésor de l'Eglise de Paris durant quelques siécles, au bout desquels il en aura été tiré pour la Dédicace de celle du Village dont je traite, à moins qu'alors on n'en ait eu d'ailleurs [1]. Quoiqu'il en soit, cette Paroisse est une des plus petites du grand nombre de celles qui portent le nom de Saint Aubin dans la France. Selon le grand Dictionnaire Universel Géographique, il y en a plus de 70.

Selon les dénombremens anciens et nouveaux de l'Election de Paris, à peine a-t-elle 20 feux, et le Dictionnaire Universel du Royaume n'y a fait monter le nombre des habitans qu'à 96. Elle est située à cinq lieues ou environ de Paris, vers le sud-ouest, sur le chemin de Chevreuse dont elle n'est éloignée que de deux petites lieues. Sa situation est dans la plaine de Saclé, immédiatement au-dessus du vallon de Gif et le terrain ne consiste qu'en labourages.

L'Eglise est petite, bâtie de pierres molieres du pays qui ne sont pas susceptibles de sculptures. La tour ou clocher quarré ne désigne non plus aucun temps fixe ; mais on y voit dans le sanctuaire et ailleurs deux tombes du XIV siécle. La premiere porte sûrement la date de l'an M. CCC. XLIX, mais elle n'est que d'un Drapier, sçavoir Jean dit l'Anglois de Saint-Albin. La maniere dont elle est posée fait voir qu'elle n'est point à sa premiere place, non plus que l'autre qui est d'une femme, et apparemment celle de ce Drapier.

La Cure de Saint-Aubin est spécifiée *de donatione Episcopi* dans le Pouillé du XIII siécle, et son revenu y est marqué de vingt livres. Sa nomination a toujours appartenu à l'Evêque, et même Guillaume Chartier qui siégea depuis 1448 jusqu'en 1472, voulant favoriser le Curé de Saclé, quoique sa Cure fût dès le temps de S. Louis sur le pied de cinquante livres, y unit celle de Saint-Aubin pour la vie de ce Curé. Mais Louis de Beaumont, son successeur, pourvut de nouveau à cette derniere Cure, la *Reg. Ep. Paris.* conférant l'an 1479 à Matthieu Chargelart, par permutation pour *10 Dec.* la Chapelle de Notre-Dame de Viltain, sur la Paroisse de Jouy.

On connoît très-peu d'anciens Seigneurs de Saint-Aubin. Barthélemi de Dampierre en étoit Seigneur en partie sous le regne Rolle de Philippe-Auguste, et comme tel il fut mis au rang des Feuda- de Montlhery. taires de Montlhery. Sur la fin du XIII siécle, les Seigneurs de ce lieu s'appelloient le Grené de leur nom de famille. En 1280,

---

1. Deux Abbayes d'Anjou ont du bien au Diocése de Paris, sçavoir Bourgueil et Saint-Florent. Cette derniere possède depuis environ 700 ans un Prieuré à Gometz, situé à une lieue de Saint-Aubin. C'est encore une voie par laquelle le culte de S. Aubin a pu être porté dans le village en question.

vivoit Philippe le Grené de Saint-Aubin, Chevalier, dont la sœur appellée Isabelle étoit dans le même temps Abbesse de Gif. Cette Abbaye n'est qu'à une demi-lieue ou environ de Saint-Aubin.

Gall. Chr. *T. VII, col. 597.*

Au commencement de l'avant-dernier siécle un Raymond Boucher de la famille des Boucher d'Orsay, étoit Seigneur de Saint-Aubin et de Louans. Il mourut le 3 Décembre 1537 et fut inhumé à Marcoucy.

Anastase de Marcoucy.

Au Procès-Verbal de la Coûtume de Paris en 1580 comparurent Louis Buisson, Avocat en Parlement, et Michel de Thelis, Procureur aussi en Parlement, en qualité de Seigneurs de Saint-Aubin, du Fief de Challuau et du Mesnil situés dans la Prevôté de Châteaufort.

Cout. de Paris, édit. 1678, p. 637.

Sur la fin du dernier siécle cette terre étoit possédée par Madame d'Albon, comme il paroît par l'état des acquisitions du Roi de l'an 1691.

Le reste des particularités sur les Fiefs de cette Paroisse m'a été gracieusement communiqué par M. le ..... Curé actuel de cette Paroisse, dans un mémoire que j'insére ici en entier ci-après.

Les habitans de la même Paroisse avoient au XIII siécle cinq sols parisis de rente à Civilly qui furent achetés par le Chapitre de Paris.

Necr. Eccl. Par. *15 Aug.*

Il y a plusieurs Seigneurs et Fiefs à Saint-Aubin.

Mem. de M. le Curé.

Le principal Seigneur du Fief de Saint-Aubin qui est le nom de la Paroisse, est censé être actuellement Messire Antoine-Aimé Gaspard du Mas, Chevalier, Seigneur de Corbeville, l'un des Fermiers généraux des Postes et Relais de France ; le pere dudit sieur du Mas ayant acheté en mil sept cent vingt la principale ferme de la Paroisse, sur laquelle se trouve situé le manoir et la glebe dudit Fief de Saint-Aubin, de Dame Susanne-Antoinette de Raucurel de Saint-Martin, alors veuve de feu M. le Marquis de Maillé-Brezé et actuellement femme en secondes nôces de Messire Gabriel de Roquette.

Le Fief dudit Saint-Aubin appellé Montfaucon releve du Seigneur de Saint-Jean de Beau-regard.

La susdite Susanne-Antoinette Raucurel de Saint-Martin, femme non commune en biens de M. de Roquette, possède comme héritiere de défunt Alexis de Raucurel de Saint-Martin un autre Fief dans ladite Paroisse de Saint-Aubin, appellé le Fief de Chaillot, lequel releve du Seigneur de Gif.

De plus il y a sur ladite Paroisse de Saint-Aubin un autre Fief appellé le Fief du Menil-Blondel, qui est le hameau dépendant de ladite Paroisse, lequel Fief appartient à Pierre-Gaspard-Marie Grimaut du Fort, Ecuyer, Seigneur d'Orcé et autres lieux, comme seul et unique héritier de défunt Pierre Grimaut du Fort son pere, décédé Seigneur d'Orcé, Intendant général des Postes, l'un des Fermiers généraux.

Outre cela il y a sur cette Paroisse une ferme appartenant à l'Ordre de Malte dépendante de la Commanderie de Bellé membre de celle de Louvre, dont le Commandeur actuel s'appelle le Chevalier de Rupieres, Ecuyer de main chez le Roi, lequel est Seigneur sur les terres de la Ferme, sans qu'il ait d'autres Droits Seigneuriaux dans la Paroisse.

Bellé ou Bellai est situé sur la Paroisse de Nulli en Telles dans le Vexin François. Voyez Sauval T, I. p. 613 ; et l'état des acquisitions du Roi 1691.

Le grand Bailly de la Morée, Commandeur de S. Jean de Latran, prétend aussi avoir droit sur différens biens situés dans la même Paroisse dont il a fait passer déclaration, et payer les cens depuis peu.

Les Dames de Saint-Cyr, en qualité de Dames de Chevreuse, ont la haute Justice de la Paroisse de Saint-Aubin, sans pourtant y avoir aucun revenu ni aucun autre Droit Seigneurial ; en cette qualité ces Dames prétendent avoir droit aux prieres nominales, mais cela leur est contesté par les Seigneurs de Saint-Aubin ; et c'est ce qui a donné occasion de supprimer au Prosne les mêmes prieres jusqu'à ce qu'il y ait un Réglement de Justice.

La Manse Abbatiale de l'Abbaye de Gif est située sur la Paroisse de Saint-Aubin. Elle consiste en une petite ferme dont tous les bâtimens très-bien entretenus ont toujours été couverts de chaume, et dont le revenu annuel est environ de 200 livres. Cette ferme est la premiere dotation de ladite Abbaye, et elle fait tout le revenu de l'Abbesse.

LA CHAPELLE-MILON

Les Seigneurs de Chevreuse ont eu dès la fin du Xe siécle un Domaine de conséquence, et ont été regardés comme personnes importantes. Celui qui s'appelloit Milon étoit un des Courtisans du Roi Robert, et homme de confiance d'Eudes, Comte de Chartres. Il vécut assez avant dans le XI siécle. Il ne faut point douter que ce ne soit lui ou l'un de ses descendans qui ayent donné le nom à la Chapelle, qui n'est qu'à demi-lieue de Chevreuse, aussi-bien qu'au canton de Maisons, qui en est voisin, et qu'on appelle tout simplement Milon. On n'en trouve cependant rien avant le XIII siécle. C'est dans le Pouillé Parisien de ce temps-là que la Chapelle-Milon paroît pour la premiere fois.

Milon de Chevreuse pouvoit avoir bâti en ce lieu une Chapelle pour sa commodité, lorsqu'il résidoit dans sa maison du lieu auquel il a communiqué son nom et par la suite les Seigneurs l'auront fait ériger en Paroisse. Il y a même apparence que tout ce qui étoit au rivage gauche du Rodon suivoit le sort de Porrois, et étoit primitivement de la Paroisse de Magny, n'étant pas probable que s'il eût été de celle de Chevreuse, les Moines de Bourgueil, Curés primitifs de Chevreuse, en eussent abandonné la nomination.

Sa distance de Paris est de six lieues ; sa situation partie en côteau et partie dans un vallon assez resserré le long de la petite riviere de Rodon, qui vient de Port-Royal et de Saint-Lambert. Les côteaux tant de part que d'autre sont garnis de bois ou broussailles, laissant derriere eux quelques terres labourables. Les prairies y sont communes. On n'y voit point de vignes, mais bien quelques étangs. A la rive gauche du Rodon se trouve vis-à-vis Saint-Lambert un canton de maisons dites la Lorioterie et un Moulin. Ces lieux sont de la Chapelle, dont le territoire commence en cet endroit que la Carte du Diocése, par de Fer, appelle Beauregard ; il continue ensuite jusqu'à la Marbaye, ce qui forme l'étendue d'une bonne demi-lieue. En tout cela le dénombrement de l'Election de Paris ne comptoit que 20 feux, [ce] qui en 1726, année de la publication du Dictionnaire Universel de la France, revenoit à 154 habitans. Le nouveau dénombrement y marque 34 feux. La maison seigneuriale est à Milon, au rivage droit du Rodon.

L'Eglise est sur le côteau septentrional dont l'aspect est vers le midi. Elle est presque isolée et solitaire. Ce n'est qu'une espece de Chapelle sous le titre de la Sainte Vierge, rebâtie assez nouvellement. Dans le chœur est inhumée Marie Simon, veuve de François de Besset, Seigneur de Milon et de la Chapelle-Milon, décédée en 1672 ; et son fils, Raymond de Besset, qui mourut en sa maison seigneuriale le 3 Avril 1698. Ce sont eux qui ont augmenté le revenu de la Cure en laissant quelques terres voisines du Presbytere. Mais nonobstant cela, le revenu en est fort médiocre.

Voici les derniers Seigneurs tirés du Mercure d'Août 1754, pages 206 et 207.

François de Besset, Seigneur de Milon et de la Chapelle, Gouverneur de Chevreuse, épousa en 1615 Marie Simon, d'où entre autres enfans procéda Henry de Besset, Seigneur de la Chapelle-Milon, Controleur général des Bâtimens du Roi, qui épousa en 1668 Charlotte Dongon, dont provint Henry de Besset, Conseiller au Parlement de Metz, Secrétaire du Conseil de la Marine, mort le 19 Avril 1748.

Daniel-Henry de Besset, son fils aîné, Seigneur de la Chapelle-Milon, Intendant de Saint-Domingue, épousa en 1731 Elisabeth de Guiry; il mourut en 1731.

Nicolas-Pierre de Besset de la Chapelle, frere puîné de Daniel, Chef du Bureau des Affaires étrangeres.

On ne sçait ni par quelle occasion cette Cure étoit au XIII siécle à la nomination du Chapitre de Paris, ni précisément depuis quel temps elle est revenue à la pleine collation de l'Evêque. Il est sûr que ces mots *Ecclesia de Capella Milon* se trouvent dans le Pouillé du temps de Saint Louis, sous l'article *de donatione B. M. Parisiensis*, tout de suite après celles *de Burgo Reginæ, de Balneolis, de Castaneto*, et que dans les Pouillés du XV et du XVI siécle, il y a *Cura de Capella Milonis, Episcopi*, ce qui a été suivi par ceux de 1626 et 1648.

Suppl. de Moreri au mot Rocroy.

Cette terre est dans la famille de Messieurs de Besset depuis l'an 1589. Henry de Besset, Seigneur de la Chapelle-Milon, est connu parmi nos Historiens pour avoir écrit une relation de ce qui se passa dans les campagnes de Rocroy en 1643 et 1644. Ce morceau d'Histoire qui passe avec raison pour un chef-d'œuvre, a été plusieurs fois imprimé.

Reg. Arch. Par. 3 Dec.

Le Village de Milon est mentionné dans le Contract d'Echange que le Roi fit en 1692 de Chevreuse pour la terre de Montfort-l'Amaury. Mais il ne faut confondre ce Milon avec la Chapelle-Milon. Ce premier est de la Paroisse de Chevreuse, quoiqu'il en soit éloigné et qu'il ne soit séparé de la Chapelle que par le ruisseau. Il n'est devenu pour le spirituel de la Paroisse de la Chapelle qu'en conséquence de la remontrance que firent en 1672 Raymond de Besset, Seigneur de Milon, et Henry de Besset, Seigneur de la Chapelle, que le chemin pour aller de ce lieu de Milon à Chevreuse est impraticable l'hiver, étant dans un taillis, et que le Curé de Chevreuse consentoit à ce que les habitans fussent de la Chapelle pour le spirituel.

Notit. Gall. p. 412, col. 2.

M. de Valois n'a nommé la Chapelle-Milon dans sa Notice des Gaules, que pour dire que ce lieu est situé sur la riviere d'Ivette; ce qui est faux.

On m'a appris que le fils d'un paysan de ce Village est devenu de nos jours Gouverneur de Colmar. Il est mort depuis peu.

SAINT-LAMBERT

On voit dans l'article de Chevreuse que Chevreuse a toujours été regardé comme l'un des principaux lieux du Diocése de Paris ; ainsi l'on doit supposer que le territoire de la Paroisse ou des Paroisses, s'il y en a eu plusieurs, étoit très-étendu et plus étendu qu'il n'est aujourd'hui, et que ce n'est que par la suite et pour le besoin, qu'on en a fait des détachemens. Ce que je dis sur Choisel, qu'il est un démembrement de Chevreuse, se trouve également vrai à l'égard de Saint-Lambert. Ils ne sont tous les deux éloignés de Chevreuse que de demi-lieue ou un peu plus ; mais il y avoit des fermes bien au-delà du terrain où est le gros de chacun de ces Villages. Ces fermes se trouvoient à une grande lieue de Chevreuse, ce qui faisoit que la Paroisse avoit deux lieues de traverse. L'érection de deux Paroisses, l'une d'un côté, l'autre de l'autre, a laissé Chevreuse sans écarts éloignés. Mais comme les Moines de Bourgueil qui possédoient le Prieuré de Chevreuse, mettoient aussi parmi leur bien la Cure ou les Cures du lieu, ils remontrerent que la nomination des nouvelles Cures qui en étoient des démembremens devoit appartenir à leur Abbé. C'est par cette raison que la Cure de Saint-Lambert, démembrement de Chevreuse du côté du septentrion, est à la nomination de l'Abbé de Bourgueil.

Cette nomination est constatée par le Pouillé Parisien du XIII siécle : *De Donatione Abbatis de Burgolio, Ecclesia S. Lamberti*. C'est aussi ce que nous avons de plus ancien pour prouver l'antiquité de ce nom, car aucuns Extraits des Titres de Portroyal du XIII ou du XIV siécle ne contiennent le nom de Saint-Lambert, quoiqu'ils parlent de quelques lieux qui sont de la Paroisse. Quelques-uns croyent que le lieu où est l'Eglise et le gros du Village s'appelloit anciennement la Brosse, ensorte qu'il ne quitta ce nom que lorsqu'on y bâtit une Eglise du titre de Saint-Lambert [1]. Mais pourquoi choisit-on Saint-Lambert pour Patron ? C'est ce que l'on ignore.

Ce Village est à sept lieues ou environ de Paris. Sa situation est sur un côteau dont l'aspect est au levant. Il est arrosé dans le bas de la petite riviere de Rodon, qui va se jetter dans l'Ivette à Saint-Remi en faisant tourner plusieurs moulins. Le passage est fort varié ; on y voit de tout excepté de la vigne. Le Sieur Doisy

---

[1]. De vieilles Cartes mettent Saint-Lambert de la Brosse. Peut-être étoit-ce le nom du Bois qui est au-dessous en allant à Mesnil-Saint-Denis, au bout duquel est une ferme du même nom de la Brosse, dont il sera parlé ci-après.

dans le dénombrement du Royaume a réduit au nombre de 58 les 70 feux qu'on y avoit comptés en 1709 lors de l'impression du dénombrement de l'Election de Paris. Le Dictionnaire universel de la France y comptoit 265 habitans. On m'a assuré depuis qu'il n'a que 46 feux qui font six-vingt communians.

L'Eglise est bâtie environ à mi-côte fort grossiérement à cause de la dureté des pierres du pays et sans ornemens de sculpture. Elle peut avoir deux à trois cents ans d'antiquité. La Dédicace en fut faite le 2 Octobre 1539 par M. l'Evêque de Saint-Sébastien, Antoine Guyton étant alors Vicaire, Guillaume le Févre et Pierre Angot Marguilliers. C'est ainsi que s'explique le livre des fondations de cette Eglise. Mais pour parler plus correctement, il faut dire par Jean, Evêque de Sébastianople, suivant la permission *Reg. Ep. Paris.* que l'Evêque de Paris lui donna le 30 Septembre précédent, comme aussi de bénir le cimetiere contigu. On n'y conserve point de reliques de S. Lambert, quoique cependant on doive supposer qu'il y en a eu lors de la construction de l'ancienne Eglise. C'est l'Evêque de Mastricht qu'on y honore le 17 Septembre. On y célébre aussi sa Translation l'un des Dimanches du mois d'Avril. Baillet en marque une au 28 de ce mois. Il y a dans cette Eglise une dévotion particuliere à S. Lambert pour certaines incommodités : l'usage est d'y offrir le jour de la Fête du mois de Septembre un coq blanc de la part de chaque personne qui se recommande à l'intercession du Saint. Il y a une dévotion à peu près semblable et au même jour dans le pays Cotentin du côté de Valogne ; mais c'est en l'honneur de S. Flocel, Martyr, qu'on y revére annuellement le 17 Septembre. Saint Blaise passe aussi pour un des Patrons de cette Eglise. Au reste le bâtiment en est très-simple, manquant d'aîle du côté du midi, et de clocher figurant. A l'entrée à main droite se voit une tombe avec une épitaphe latine d'un Charles de Robergues de la Ville de Beauvais, qui est dit s'être appliqué en ce lieu à lire les ouvrages des Peres et les Historiens Ecclésiastiques, et y être mort de langueur le 20 Octobre 1676. Une partie des ossemens provenans des corps autrefois inhumés à Port-Royal furent enterrés dans le cimetiere de cette Eglise en......

La Cure est marquée à la nomination de l'Abbé de Bourgueil dans tous les Pouillés généralement. En 1682 elle fut résignée au célébre Historien M. le Nain de Tillemont. Il en prit possession ; mais sa famille l'engagea à la quitter, et il ne s'y trouve aucun Suppl. de acte signé de lui. Il devoit connoître de longue-main cette Eglise : Moreri, T. I, il avoit été élevé durant une partie de sa jeunesse dans les écoles *voce* Beaupuis, de Vaumurier, hameau de cette Paroisse. Il avoit aussi demeuré p. 107. quelque temps à Saint-Lambert même, vers l'an 1670. Le plus ancien Curé qui se soit présenté à moi est Jean Redouff qui passa _{Reg. Parl.} en 1369 un accord en Parlement avec les Religieux de Saint-Denis en France.

Cette Terre ayant été depuis un certain temps entre les mains des Seigneurs de Chevreuse, s'est trouvée faire partie du Duché : elle en a subi le sort, et est passée aux Dames Ursulines de Saint-Cyr. Ce qui augmenta les droits du Duc de Chevreuse fut la vente que lui firent il y a cent ans les Religieuses de Port-Royal de la Justice et Seigneurie de cette Paroisse avec quarante arpens de terre, en vertu de la permission d'André de Saussay, Vicaire _{Sauval,} général de Paris du 30 Avril 1650. _{T. III, p. 210.}

Ces Dames de Port-Royal avoient eu par donation de Hervé de _{Necrol.} Chevreuse, Seigneur de Maincourt, mort vers 1262, quarante-_{de Port-royal au} quatre arpens et demi de bois au-dessus de Vaumurier jusqu'à _{31 Octob.} Champgarnier et par acquisition de Jeanne de la Fin, Abbesse, décédée en 1558, les terres des Granges et fermes de Vaumurier _{Ibid. au 17 Mai.} et Champgarnier.

Dans la grande plaine que l'on trouve en allant de Saint-Lambert au Menil-Saint-Denis au sortir du bois, est un bien de Commandeur. C'est une ferme dite la Brosse dépendante d'une Commanderie du nom de Louviers. Sauval dit que cette Commanderie _{Sauval,} s'appelle Bellé, et qu'elle est au pays de Telles vers le Vexin. _{T. I, p. 613.} Quelques Pouillés récens de Paris donnent à cette Chapelle le _{Pouillé sous} nom de Saint-Jacques-de-la-Brosse, Paroisse Saint-Lambert, sans _{M. de Noailles.} lui assigner de revenu.

LEVIS

Ceux qui pour s'instruire sur l'origine des noms de lieu du Diocése de Paris, ne remontent pas plus haut que le Pouillé du XIII siécle, qui est presqu'entiérement rédigé en latin, se contentent d'y apprendre que la Paroisse de Levis y est désignée sous ce nom *Livies*. M. de Valois qui fut borné à ce Pouillé quant _{Notit. Gall.} à cet article, en conclut tout aussi-tôt qu'on disoit alors en latin _{p. 422.} *Liviæ*, et que ce nom venoit de quelque Livius, apparemment Romain, puisque c'est un nom vraiment romain. Mais les titres plus anciens de cinq cents ans que ce Pouillé, ne favorisent aucunement la prononciation *Li* de la premiere syllabe. Dans un Diplôme du Roi Charlemagne de l'an 774 qui contient une des-_{De re Diplomat.} cription des divers cantons de la forêt d'Iveline, le second de ces _{p. 645.} cantons est ainsi désigné : *Secunda lemma contra pagum Pincia-*

censem pervenit ad Codonarias, deinde ad Vennas usque Aureovallo, deinde Livicias. On trouve en effet dans l'un des bouts de cette Forêt qui avoisine au pays de Pincerais, Cognieres et Levis à une lieue de distance l'un de l'autre. Ainsi Cognieres étant le *Codonariæ* du Diplôme, comme le nom et la situation l'indiquent, il suit que Levis est le *Leviciæ* du même titre. Le livre de l'Abbé Irminon sur les biens de Saint-Germain-des-Prés qui n'est postérieur que de quelques années, parlant d'une portion de bois que cette Abbaye avoit à Levis, met : *Habet in Lebiaco de sylva ubi possunt saginari porci circiter CLXX.* On voit par ces deux titres antérieurs de beaucoup aux voyages des François à la Terre-Sainte, c'est-à-dire aux Croisades, combien grossièrement se tromperoient ceux qui croiroient que le nom de Levis auroit été donné à ce lieu par des Juifs de la Tribu de Levi que les François auroient amenés de la Palestine. Au reste, en s'attachant à ces deux titres ci-dessus, on se conforme à la vérité, et on a l'avantage de reconnoître l'existence du lieu de Levis du Diocése de Paris dès le VIII siécle. Je dis du Diocése de Paris, parce qu'il y a encore un autre Levis en France, qui est situé proche Toucy, au Diocése d'Auxerre.

Codex Irminon sub Carolo magno, p. 29.

Le premier est éloigné de Paris de huit lieues et de quatre de Versailles, à une petite lieue du grand chemin de Rambouillet, de Chartres, etc., sa situation est dans un vallon et sur un côteau au rivage gauche de la riviere d'Ivette, laquelle presque depuis sa source qui n'en est qu'à une demi-lieue, est bordée par une côte de vignes qui regardent l'orient et le midi. Le territoire est cultivé encore davantage en labourages. Il y a aussi des prairies et marécages à la faveur non-seulement de l'Ivette, mais encore d'un autre ruisseau sans nom qui vient du hameau de la Roche. Cette Paroisse n'est point connue sous le simple nom de Levis dans les livres de l'Election de Paris, mais sous celui de Saint-Nom de Levi. Elle est dite dans le dénombrement imprimé en 1709 comprendre 107 feux : mais il y a apparemment erreur, car le Dictionnaire universel de la France qui parut en 1729 n'y compte que 160 habitants ; et le dénombrement du sieur Doisy n'y reconnoît que 35 feux. Au reste si cette Paroisse est peu considérable en nombre d'habitants, elle est remarquable en ce qu'elle contient dans son territoire deux anciens Monasteres. J'en parlerai ci-après.

L'Eglise Paroissiale est bâtie sur une butte ou éminence, dont l'aspect est vers le midi. Ce n'est qu'une espece de longue Chapelle accompagnée d'une tour terminée en pavillon d'ardoise. Le défaut d'ornement d'architecture fait qu'on ne peut en désigner le temps. Elle ne paroît pas ancienne. La Dédicace en a été faite au mois de Juillet 1537 par l'Evêque de Calcédoine, que l'Abbé de la Rosche et les Marguilliers avoient demandé à l'Evêque de Paris. On la

Reg. Ep. Paris. 12 Jul.

célébroit il y a cent ans le 8 Juillet, quelque jour qu'il arrivât. Les habitans obtinrent de l'Archevêque en 1648 qu'elle fût remise au Dimanche suivant à cause des moissons. Le Curé entre dans cette Eglise par un escalier particulier pratiqué dans la nef, qui de sa propre main a été embellie de beaucoup de dorures. C'est celui que j'y ai vu en 1738. Le Patron est Saint Nom, saint local, saint du pays, et qui mérite d'être plus connu qu'il ne l'est. On le trouve dans les anciens Calendriers et Martyrologes de Paris. Les Martyrologes marquent sa mort au 8 Juillet dans le pays de Pincerais. Celui de Notre-Dame de Paris du XIII siécle la met *in pago Pinciacensi* ou *Pincianensi*. Il continua d'être dans les Missels et Breviaires de Paris où il étoit au moins depuis l'an mille, jusqu'à l'an 1607, et de crainte que le Diocése auquel il appartient n'en perde le souvenir, on a rétabli son nom dans le Martyrologe de Paris publié en 1727, en ces termes qui se lisent au huit de Juillet : *Prope Villam Pirosam in pago Pinciacensi, Sancti Nummii;* c'est-à dire : Proche Villepreux au pays de Pincerais le décès de Saint Nom. Il est vrai qu'on n'a osé lui donner de qualification, parce que les manuscrits ont varié ; les uns l'appellent simplement Confesseur, d'autres Prêtre, et d'autres le qualifient Evêque, et même quelques-uns Martyr. Mais le parti le plus vraisemblable est de le regarder comme un Corevêque qui étoit employé par les Evêques de Paris et de Chartres sur les limites des deux Diocéses, car le Pincerais s'étend sur les deux Evêchés; et il est certain par des Conciles tenus à Paris sous Louis-le-Débonnaire et sous Charles le Chauve, que la fonction de Corevêque avoit été exercée jusqu'au IX siécle entre Chartres et Paris. Son véritable nom latin est *Nummius*. Il étoit naturel que dans le langage vulgaire on en fît Saint Num ou Saint Nom. Quelques-uns l'ayant écrit Saint Non, ceux qui le latiniserent ensuite dirent et écrivirent *Sanctus Nonnus,* et ce nom latin ayant fait disparoître le véritable nom de *Nummius,* on s'imagina que le Patron de cette Eglise étoit un saint Evêque de Syrie nommé Nonnus qui obtint au V siécle la conservation de Sainte Pélagie, et c'est sur ce nouveau plan qu'on a fait représenter ce saint par les Prédicateurs et par les Peintres.

A l'égard des reliques de ce Saint que l'on conserve à Levis, il ne doit pas paroître surprenant qu'on en posséde d'un Saint qui a vécu, qui a prêché, qui est mort et qui a été inhumé dans le canton. Mais ceux qui ont répandu que Saint Nonne d'Héliopolis étoit le Patron de Levis et de la Breteche, Paroisses du Diocése de Paris, de la contrée de Pincerais, ont imaginé que c'étoit un Seigneur de Levis qui les avoit apportées du Levant au retour d'une Croisade. De tout ce que l'Eglise de Levis en avoit possédé, il ne lui restoit qu'un ossement de l'épaule dont le Curé de Saint-Nom de la Breteche, Paroisse située trois lieues plus loin, vers Saint-Germain-en-Laye, a obtenu une partie. La Cure de Levis est restée à la pleine collation de l'Evêque de Paris, selon le témoignage du Pouillé Diocésain du XIII siécle. Il y avoit un Curé en ce lieu dès le regne de Philippe-Auguste. Celui qui l'étoit en 1201, dont le nom n'est marqué que par la lettre initiale A, consentit cette année-là que les nouveaux Hermites du Bois-Guyon établis sur sa Paroisse ne lui payassent aucun droit de dixme ni à ses successeurs, pour le terrain qui servoit de pacage à leurs bestiaux. Ce qui fut certifié par une charte d'Eudes de Sully, Evêque de Paris. Cette Cure est marquée au Pouillé manuscrit du XVI siécle conjointement avec une Chapelle, mais tous les Pouillés rédigés depuis, l'ont, ou mise en oubli, ou en ont parlé fort inexactement, confondant quelquefois la Cure avec une Chapelle ou Château que l'évêque conféra le 20 Octobre 1485.

Hist. Eccl. Par. T. II, p. 386.

Reg. Ep. Paris.

Un de ses Curés est mentionné dans les Registres du Parlement au 12 Décembre 1699. C'est Charles Caubriere qui obtint un Arrêt par lequel il est dit que le Curé de Levis aura la dixme sur les anciens prez qui ayant été une fois défrichés, et ayant porté fruits décimables, retourneront ensuite en leur premiere nature de prez.

Code des Curés, T. I, p. 193.

Le premier des Seigneurs de Levis qui m'est tombé sous les yeux est Philippe de Levies, lequel avec sa femme Elisabeth vendit en l'an 1180 à Maurice de Sully, Evêque de Paris, cent sols assis à Vitry-sur-Seine, qu'ils tenoient de Galeran de Gallardon. Il est aussi mentionné dans le rolle des Fiefs de Montlhery, dressé sous Philippe-Auguste : on y lit que ce fut de son temps que Palaiseau fut détaché de la Châtellenie de Montlhery et que le Prevôt de Paris se l'adjugea. Je ne sais pourquoi l'époque de ce changement se prend de lui, s'il avoit quelque Surintendance à Montlhery ou à Palaiseau. Gui de Levis, Chevalier, est plus connu par le zéle avec lequel il favorisa le nouvel établissement des Solitaires du Bois-Guyon, tant en 1196 qu'en 1201. Son épouse s'appelloit Guiburge. J'exposerai ci-après le détail de cette fondation. En 1209 un Philippe de Levis étoit Archidiacre de Pincerais dans l'Eglise de Chartres. Les filles de Gui de Levis s'allierent dans le XIII siécle aux maisons de Marly, de Foix, et dans les siécles suivans à celles d'Armagnac et de Voisins. Marguerite de Levis devint par son alliance Dame de Marly ; elle mourut le 15 Avril 1227. On lisoit sur sa tombe à Port-Royal plusieurs vers dont en voici deux :

Magn. Cart. Ep. Par. Collect. MSS. Du Bois, T. II.

> *Margareta fuit Matthei Malliacensis*
> *Uxor, et hanc genuit generosus Guido Levensis.*

Une Philippe, fille du Seigneur de Levis, étoit Abbesse de Port-Royal en 1275, et avoit avec elle dans la même maison trois sœurs, filles du Seigneur de Mirepoix, Maréchal, lequel n'est autre qu'un Gui de Levis, dont Thibaud de Marly fait mention dans son testament de l'an 1286. Les armoiries de ces anciens Levis qui se voyent à l'Abbaye de la Rosche sont d'or à trois chevrons de sable. Gilon de Levis, Chevalier, est mentionné dans les titres du Prieuré de Saint-Eloy de Paris, pour avoir vendu au Prieur des cens à Orsonville et à Aunoy, proche Auneau au Diocése de Chartres. Jacques de Crussol, Seigneur de Crussol-Florensac, étoit aussi Seigneur de Levis en 1485 et Chambellan du Roi, suivant un bail de la ferme de Malepré, appartenante au Prieuré d'Ivette qui fut passé de son autorité. *Gall. Chr. nova, T. VII, col. 913.* *Thes. anecd. T. I, col. 1221.* *Tab. S. Elig. XIV s.* *Tab. Fossat.*

En 1506 le même Jacques de Crussol, qualifié Vicomte d'Uzez et Seigneur de Levis, obtint de Louis XII par lettres datées aux Montils-lez-Tours au mois de Juillet de cette année, l'établissement d'un marché tous les Vendredis à Levis, et celui de deux Foires, chacune de deux jours, l'une au 9 Septembre, l'autre au lendemain de la Purification. *Bann. du Chât. Vol. I, fol. 371.*

Il y a tout lieu de croire que c'est ce même Seigneur qui, voulant embellir ce Village par quelque édifice, entreprit de construire au-dessous de l'Eglise un château en brique, mais qui ne fut pas achevé, parce que le bâtissant on s'apperçut que la situation étoit mal saine et le lieu trop marécageux.

Le Dictionnaire Universel de la France qui a paru en 1726, marque à l'article de Saint-Nom de Levy que c'est un Fief qui appartient à M. le Duc d'Uzez, ce qui est tiré du livre de la Généralité de Paris, publié l'an 1710 par le sieur de Chalibert. *Litt. S. col. 466.* *Génér. de Paris, p. 88.*

Les Ecarts de cette Paroisse sont Giroir au rivage droit de l'Ivette; et de l'autre où est Levis, la Roche, hameau différent de l'Abbaye de même nom, les Landes, la Grippiere, les Vestiers ou Neffliers, les Monies. Mais ce qu'il y a de plus mémorable sont les deux Monasteres bâtis sur cette Paroisse. Le plus ancien est Ivette.

PRIEURÉ D'IVETTE

On est embarrassé à déterminer le lieu qu'il faut entendre dans ce passage de Fortunat de la vie de Saint Germain, Evêque de Paris : *cum ad possessionem Ecclesiæ quæ dicitur Inethe Sacerdos accederet, quidam ei fit obvius*. Il me semble que comme il a été facile presque dans tous les temps de confondre la lettre *u* avec la lettre *n*, qu'il n'y auroit qu'à substituer l'*u* pour seconde lettre de ce mot, et en ce cas on liroit Iuethe qui seroit prononcé Ivethe, et qui donneroit le nom du lieu dont je parle. Mais ce qui s'oppose *Sæc. I, Bened. p. 240.*

à cette lecture, est qu'il y a des manuscrits où on trouve en deux mots *in Æthe;* et qu'on ne voit pas que jamais l'Evêque ni le Chapitre de Paris ait eu du bien à Ivete. D'ailleurs il est constant, par une Charte du Roi Henri I, de l'an 1043, que la terre d'Ivette passoit dèslors pour avoir été donnée à l'Abbaye de Saint-Pierre-des-Fossés par un de nos Rois de la seconde race qui se nommoit Charles et vraisemblablement par Charles-le-Chauve. Outre cela on l'appelloit encore en latin *Æquatam* sous Henri I. Ainsi à plus forte raison Fortunat, plus ancien de cinq cens ans, s'en seroit-il servi, et n'auroit pas mis Ivethe.

Me restreignant donc à ce qui est de certain, je dirai seulement que cette terre *Villa nomine Æquata in finibus Silvæ Aquilinæ,* avoit été donnée à l'Abbaye des Fossez dès le IX ou X siécle avec bois, pré, eau, labourages, hôtes et une Eglise du titre de Saint-Pierre. Cette Abbaye y avoit au X siécle neuf mas ou meix et demi habités par dix-neuf hommes qui y cultivoient la terre, et lui devoient des corvées ; mais qui fut souvent exposée au pillage des Seigneurs voisins. Le premier qui y causa du dommage fut un Chevalier nommé Nivard qui, sous la spécieuse apparence d'en être le défenseur ou protecteur, causoit beaucoup de tort aux paysans par les séjours qu'il y faisoit en allant ou revenant de la chasse. Ce Chevalier fut cité de par le Roi à comparoître à Paris devant son Conseil avec Gunthier, Abbé de Saint-Maur, auteur de la plainte. L'Abbé y ayant plaidé sa cause, Nivard n'eut rien à opposer, et promit de s'en tenir à ce qui seroit réglé. Gunthier prouva par serment fait entre les mains de deux Ecuyers (on les appelloit alors *Clientes*) que l'Avoué ou protecteur de cette terre ne devoit prendre qu'un sextier d'avoine des arpens où étoit l'habitation d'un hôte, et des autres arpens éloignés des maisons une mine d'avoine ; qu'à l'égard des arpens restés incultes et réunis par-là au Fief de l'Abbaye, ils ne lui devoient rien ; que c'étoit là en quoi consistoient tous ses droits avec celui de la chasse ; que si quelque paysan devenoit rebelle contre l'Abbé, le défenseur ou Avoué devoit le poursuivre par-devant la Cour de cet Abbé, et recevoir pour sa peine le quart de l'amende. Le fait ainsi prouvé devant le Conseil où étoit Maynard, Archevêque de Sens, plusieurs Evêques, Comtes et Seigneurs, Chevaliers et Cliens, Henri I en fit expédier un jugement à Paris le   Mai 1043, dont toutes ces circonstances sont tirées. Je parlerai ci-après d'un autre Seigneur qui y causa aussi du dommage. Il n'y avoit point encore alors de Monastere en forme établi en ce lieu, quoiqu'il y eût une Eglise de Saint-Pierre plus d'un siécle auparavant. La tradition est qu'un des Seigneurs de Levi y en fonda un, ou au moins qu'il en fut le restaurateur : mais je ne vois pas qu'il soit sûr que ce Seigneur

Hist. Eccl. Par T. I, p. 658.

Bal. T. II, Capit. col. 1390.

Chart. Foss. ad calcem.

fût le même qui dota l'Abbaye de la Rosche au commencement du XIII siécle. On ne peut douter qu'il n'y eût au moins un Moine de Saint-Maur-des-Fossez qui résida en ce lieu dès le milieu du XII siécle. Guy, Seigneur de Chevreuse, rendant à cette Abbaye de Saint-Maur l'an 1182, de l'agrément de l'Evêque Maurice de Sully, le bois situé à Ivete *apud Equatam*, et qu'on appelloit le Bois du Puits, *Nemus de Puteo*, déclare qu'il l'a eu long-temps en sa garde, et qu'il l'a si bien gardé qu'il n'a pas souffert que le Moine d'Ivete en emportât la moindre chose, *ita quod etiam Monachum de Equata quidquam inde tollere non permisi*. Peut-être aussi que cela signifie *aucun Moine*. En ce cas il y auroit eu dès-lors en ce lieu une espece de Communauté. Chart. S. Maur. Gaign. f. 543.

Au reste l'Eglise de Saint-Pierre qui avoit subsisté dès le IX siécle étoit alors assez vieille pour en demander une autre, et on peut croire que la piété du Seigneur de Levis l'engagea à faire les frais de la reconstruction. Ce peut être le même édifice qu'on voit encore aujourd'hui, qui n'est qu'une espece de Chapelle oblongue bâtie de pierres molieres [1], auprès de laquelle il n'y subsiste plus aucuns vestiges de cloître.

En 1249 les Chanoines Réguliers de l'Abbaye de la Roche qui se disoient en droit d'exiger des Moines d'Ivete une portion dans la dixme de ce Prieuré située sur la Paroisse de Saint-Nun de Levis, les quitterent de cette redevance. L'année 1264 il arriva que Hervé, Seigneur de Chevreuse, ayant fait détruire les murs et autres clôtures de ce Prieuré, y entra avec ses gens, qui enleverent la volaille des Religieux et emmenerent leurs chevaux. Pierre, Abbé de Saint-Maur, ne laissa pas la chose impunie. Il en fut fait justice suivant l'usage de ces temps-là. Simon de Sevre et Ansel de Bucy, Chanoines de Paris, arbitres dans le procès avec Simon *de Blarruaco*, Chanoine de Poissy, condamnerent par Sentence Hervé de Chevreuse à payer dix Marcs d'argent à l'Abbé pour en faire des bassins, *vel equos argenteos, qui erunt in usu Ecclesiæ Fossatensis* [2], et à l'égard de ceux qui avoient dérobé la volaille et démonté le Moine et son Ecuyer, ils furent condamnés à faire quatre Processions. Premierement s'étant rendus à Paris le jour de l'Ascension, Ibid. fol. 551 et Gloss. Cang. voce Parochiagium. Chart. S. Mauri. Gaign. f. 558.

---

1. Ce n'est point de ce Monastere qu'a voulu parler Pierre de Nemours, Evêque de Paris, dans son Testament de l'an 1218, où parmi les Abbayes est nommée celle de Junel que j'avois cru mis pour Ivet par le Copiste. J'avois insinué ce sentiment aux sçavans Auteurs du VII Tome du *Gallia Christiana* col 330, en leur faisant connoître ce Prieuré. Mais j'ai eu tort ; et apres plus de réflexion sur ce qu'Ivete n'a jamais été Abbaye, j'ai découvert que c'est de l'Abbaye d'Inverneau mise en abregé Iu'nel que le nom a été ainsi defiguré. Il n'y a en effet personne qui ne reconnoisse Iuerneau dans Iuernel, comme Oiseau dans Oisel.

2. C'étoient apparemment de petites figures d'argent représentant des chevaux.

ils devoient y suivre la Procession de Notre-Dame, placés proche le Marguillier-Prêtre qui va à la queue du Clergé, et marcher nuds pieds en simple tunique, ayant aussi la tête nue sans coiffe ni capuchons, *sine Cucufis et sine Caputiis*. Le Dimanche suivant ils devoient observer la même chose à la Procession de l'Eglise d'Ivete. Huit jours après, ils étoient tenus de faire le même personnage à la Procession du Prieuré de Chevreuse, et le Dimanche suivant qui étoit le jour de la derniere Procession, c'étoit celle de l'Abbaye de Saint-Maur-des-Fossez qu'ils devoient suivre, toujours dans la même situation, mais avec cela de plus, que chacun d'eux devoit porter sa selle sur ses épaules : *et portabit quilibet sellam suam in humeris suis*. Après quoi ils devoient se rendre dans la prison de l'Abbé pour y rester tant que bon lui sembleroit. Cette Sentence fut prononcée le samedi d'après Pâques 1265. Il paroît que le Seigneur de Chevreuse étoit décédé durant cette Procédure : car on lit qu'en 1264 Marie, Dame de Chevreuse, tutrice de Jeanne sa fille, étoit en différend avec le Couvent d'Ivette sur la Justice haute et basse du hameau où ce Prieuré est situé dans sa Châtellenie : ensorte que l'affaire fut compromise entre les mains de

Ex Autogr. Tab. Fossat. Philippe de Bretigni et Robert de Bersencourt, Chanoines de Paris. Mais on ignore quelle fut leur décision. En 1275 on trouve la révocation que l'Official de Paris fit par le ministére du Curé de Saint-Non, d'une Sentence de suspense qu'il avoit jettée sur le

Necrol. Par. ad Calcem. Prieur. En 1287 on voit que le Prieur de ce lieu paya le pigment à la Cathédrale de Paris le jour de l'Assomption, aussi-bien qu'en l'an 1302. En 1326 Jeanne, Dame d'Amboise et de Chevreuse, fit à l'Abbaye de Saint-Maur la vente des redevances qu'elle avoit sur

Tab. Fossat. les habitans d'Ivette, et permit à ces habitans de mener leurs bestiaux dans les paturages de la Châtellenie.

Des titres de l'an 1287 font mention d'une fontaine de cette prairie qui sort de terre sur la censive de l'Abbé de Saint-Maur, et à laquelle touchent les prés de l'Abbaye de la Rôche. Ils l'appellent la Fontaine *de Sairet* ou *des Aires*. C'est l'une des sources de la riviere d'Ivette.

Depuis ce temps-là, on ne trouve plus rien de remarquable sur

Reg. Ep. Paris. 9 Jul. 1607. ce Prieuré jusqu'à l'an 1605 ou 1607 qu'il fut arrêté par M. de Gondi, Evêque de Paris et Abbé de Saint-Maur avec les Cha-

Factum du Chapitre de S. Maur de 1734. noines de Saint-Maur, qu'ils auroient pour le supplément le Prieuré d'Ivete et celui de la Chapelle-la-Reine ; ce qui n'a pu être effectué qu'en 1733 après la mort de M. de la Grange, Chanoine de Notre-Dame de Paris, qui n'avoit point fait de

Reg. Ep. Paris. résignation de ce Bénéfice. Avant 1607, il étoit uni depuis le 30 Mai 1580 à la Mense Episcopale de Paris.

ABBAYE DE ROSCHE ou LA ROCHE
ET ANCIENNEMENT LA ROUCHE

Ce qui a donné occasion à la fondation de cette Abbaye fut la dévotion qu'eut Guy, Curé de Maincourt, de quitter le monde vers l'an 1195 avec quelques-uns de ses amis. Guy, Seigneur de Levis, entra dans leurs vues, et comme ils voulaient mener une vie de solitaire, il leur donna de terrain la valeur du labourage d'une charrue, quelques portions de dixmes et un certain canton de bois [1]. Maurice de Sully, Evêque de Paris, qui reçut ces donations, investit du tout l'ancien Curé de Maincourt, l'an 1196. Cette société de Reclus, que l'Evêque qualifie dans ses Lettres *novella Plantatio*, choisit sa résidence dans le Bois : d'où vint l'usage de les appeler *Fratres de Nemore Guidonis*. C'est ainsi que les appelle Guy, Seigneur de Levis, dans la nouvelle donation qu'il leur fit en 1201 par-devant l'Evêque Eudes de Sully, de deux muids de bled dans sa dixme des Lays et de trois muids de vin dans les vignes de Marly, d'un second labourage d'une charrue, contigu à celui qu'il avoit donné précédemment, et de la grange qui y étoit jointe. Comme ils étoient établis sur la Paroisse de Saint-Nom de Levis, l'Evêque les exempta, du consentement du Curé, de payer la dixme *de nutrituris animalium suorum*. Il faut observer qu'encore à présent pour venir de Levis à l'Abbaye, lorsqu'en montant on a atteint la plaine, on passe une demi-lieue de bois ; mais il n'est pas sûr pour cela que la retraite des solitaires fût au même lieu où est cette Abbaye. Ils n'avoient eu dans leur commencement aucune régle déterminée. Par la suite, ils embrasserent la Régle de Saint-Victor de Paris, et comme la Maison de Livry, à trois lieues de Paris, rejetton de celle de Saint-Victor, fleurissoit alors avec éclat, ils en obtinrent une colonie qui, d'Hermites, les rendit Chanoines Réguliers. Alors Guy de Levis, Chevalier, qui vivait toujours, consacra quatre mille livres parisis *ad faciendam Abbatiam de Roscha,* et les déposa entre les mains de l'Abbé de Vaux de Sarnay, d'Amaury, Comte de Montfort, et d'Alexandre des Bordes, son parent, afin qu'ils les employassent pour bâtir l'Eglise et l'Abbaye, et pour avoir des fonds utiles à l'entretien des Religieux : cet acte est de l'an 1232. Amaury, de son côté, donna à cette nouvelle Maison,

---

[1]. Le titre qui contient ces donations ne paroît pas avoir été donné exactement par le Pere du Bois. Celle du *Gallia Christiana* est la même. On ne voit pas grand sens dans ce qu'il a dit de l'achat fait par Ferric *de Alveio* ou plutôt *de Alneio*. L'erreur vient de quelque Copiste, ou de celui de S. Victor d'où le P. du Bois les a tirés, ou de son propre Copiste.

trois ans après, cent soixante arpens tant de terre que de prez dans un lieu dit *Marecheria*, qui pourroit être ce qu'on appelle les *Maréchaux* dans le voisinage des Vaux de Sarnay et de Senlices ou Dampierre. Amaury se sert de ces termes : *Abbati et Conventui de Roscha Ordinis S. Victoris* : et la bulle de Grégoire IX, de ceux-ci : *Abbati et Conventui B. Mariæ de Roscha Ordinis S. Victoris;* ce qui fait voir que cette Maison prit le nom d'un petit hameau tout voisin situé vers le vallon qu'on nomme encore la Roche ; mais en même temps, cela montre que la vraie dénomination latine n'est point *Rupes,* d'autant plus que M. Chanut, dernier Abbé que je vis en 1739 dans cette Abbaye, m'assura que dans tous les anciens titres il y a *de Rooscha,* et qu'il n'y a que dans les nouveaux qu'on a mis *de Rupe.* La nature du terrain même réclame contre la nouvelle façon de latiniser ce nom, puisque ce n'est un pays ni de roches, ni de rochers, mais de la plaine et de fort bons labourages. Lorsqu'il y eut eu un Abbé établi à la Rôche, les Religieux vinrent à bout de secouer le joug de l'Abbé de Livry : mais comme ce dernier défendoit ses droits, on en vint à un accord ; ceux de la Rôche, pour être exempts de la Jurisdiction de l'Abbé de Livry, promirent par Lettres de l'an 1238, de payer, chaque année, à cette Maison huit sextiers de méteil, et autant d'avoine ; et depuis, en 1253, Roger, Abbé de la Rôche, céda à l'Abbaye de Livry, en place de ces grains, deux muids d'avoine que lui payoient les Freres de l'Hôtel-Dieu de Paris pour des terres situées à Ver-le-Grand. Au reste, ce fut de l'Abbaye de Saint-Victor que tous les Abbés de la Roche furent tirés au XIII siécle. Depuis la fin de ce siécle, on ne trouve aucun Abbé de ce lieu jusqu'au commencement du XV. En 1414, l'Abbé Jean est connu par la vente qu'il fit des prez situés sur la riviere d'Ivette, tenant à ceux de l'Abbaye de Saint-Denis, qu'on avoit légués à sa Maison. Il est peut-être le même que Jean de Dol nommé au nouveau *Gallia Christiana.* Frere Pierre le Coesne, Prêtre Abbé de la Rôche, fut commis dans le Synode de Paris, tenu au mois d'Octobre 1456, pour recevoir les fruits de la Cure des Lais, et administrer les Sacremens aux Paroissiens de Menil-Saint-Denis qui n'avoient point de Curé. En 1473, l'Abbé étoit un nommé Antoine à qui Louis de Beaumont, Évêque de Paris, adressa des Indulgences venues de Rome à l'occasion des malheurs du temps. Le même Antoine, surnommé *de sancto Aredio,* permuta, le 6 Février 1478, avec Antoine *de Bonofonte,* Prieur du Prieuré-Cure de Voissy, Ordre de S. Augustin, Diocése de Bourges. On voit ensuite que l'Abbaye de Livry essaya de préposer un Abbé à la Rôche et d'y mettre la réforme. Il y a apparence qu'elle y fut introduite et qu'elle y dura jusqu'en 1517. On en avoit été rede-

Tab. Fossat. in Ivatte.

Tab. Ep. Paris. in Spir.

Reg. Ep. Paris. in Maio.

Ibid.

vable aux soins de Pierre de Bruges et de Mauburne, son ami, célébre Abbé de Livri. Mais il paroît que Pierre de Bruges n'avoit pas continué d'y soutenir la Régularité. L'évêque François Poncher dit, dans l'acte de sa visite du 13 Juillet 1524, que cet Abbé Commendataire étoit absent, qu'il n'y trouva que deux Religieux dont l'un étoit Prêtre, et que le service divin s'y affoiblissoit ; il ajouta que le fermier rendoit pour la ferme quatre muids et demi de grain. En 1566, l'Abbé qui y résidoit étoit Louis le Boutiller, suivant un acte du Doyen de Châteaufort. En 1572, l'Abbaye étoit possédée par Jean de Versoris. Je me suis étendu sur ces Abbés, parce que tous, excepté Pierre de Bruges, sont omis dans le *Gallia Christiana*. On peut y voir parmi ceux du dernier siécle, MM. Habert, Evêques de Cahors et de Perpignan. Le Dictionnaire de Moreri qui, à leur occasion, parle de cette Abbaye, l'appelle mal-à-propos *Notre-Dame des Roches*. Tab. Ep. Paris.
Moreri
voce Habert.

L'Eglise n'est point d'une grande étendue; mais elle est dans l'état qu'elle fut bâtie au XIII siécle. Si les dehors ne sont que de la pierre grossiere du pays comme les autres du même canton, les dedans sont d'une carriere éloignée. Ce bâtiment est en croisée et tout vouté, mais sans galeries. Le portail aussi est du XIII siécle. On y admire avec raison sur le grand Autel une très-belle Image de la Sainte Vierge tenant l'Enfant Jesus, laquelle a de sa hauteur deux à trois pieds. Les Auteurs du *Gallia Christiana* disent qu'elle est d'ivoire, et ajoutent qu'il n'y en a pas de semblable dans toute la France. L'un des deux Reliquaires qui sont sur cet Autel contient une Relique de Sainte Eulalie, Martyre d'Espagne, que M. l'Evêque de Perpignan, Louis Habert, avoit tirée de sa Cathédrale dont elle est Patrone. L'autre buste est de Saint Blaise dont il y a une Chapelle en cette Eglise avec concours de dévotion. La même Eglise est un lieu de pélerinage pour les Villages voisins dans le cas de nécessités publiques, sécheresses, etc. Il y a dans le Sanctuaire trois statues de Chevaliers toutes dressées, qui ont les mains jointes et leurs boucliers auprès d'eux, chargés des armes de Levis. Ces statues étoient originairement couchées sur des sépulcres qui ont été démolis comme incommodes. Sur une tombe qui est au chœur est gravé en gothique capital : Gall. Chr.
T.VII, col. 848.

Hic jacet Magister Gaufridus de Gastina Clericus juxta Fratrem suum Guidonem, qui obiit anno MCCLXXV pridiè kalend. Januarii.

La tombe de l'autre est adjacente. Il est représenté en tunique tenant un livre, la main sur la tranche d'en haut; son épitaphe est en vers latins difficiles à lire.

Dans la croisée du côté du midi sur une tombe gravée en gothique capital se lisent seulement ces mots : *Cy gist Madame Marguerite de..... Priez Dieu pour l'ame de li.*

Dans la nef proche la porte du chœur, est une autre tombe aussi gravée en lettres capitales gothiques, où l'on ne peut presque lire que ces mots : *Magister Dionisius Cantor hujus Ecclesiæ*. Il tient en main un bâton dont on ne peut voir le couronnement.

Enfin, à l'entrée de l'Eglise, est la tombe d'une Bourgeoise de Neaufle, bienfaitrice du XIII siécle. Mais les plus considérables bienfaiteurs après les Levis, sont les Seigneurs Bouchard et Matthieu de Marly, Mathilde de Marly, les Seigneurs de Chevreuse, Poissy et Voisins, suivant le Nécrologe de l'Abbaye.

Des lieux réguliers de cette Maison il reste seulement au côté méridional de l'Eglise quelques bâtimens voutés, un entre autres qui paroît avoir été anciennement le Chapitre.

Je remarquai aussi dans cette Maison beaucoup de coulevrines tant de fer que de fonte.

L'Abbaye de la Rousche (ainsi qu'elle est écrite au Procès-verbal de la Coûtume de Paris, 1580) fut une de celles qui déclarerent alors qu'elles sont de la Coûtume du Bailliage de Montfort. Elle avoit été condamnée en 1556, pour n'avoir pas comparu à cette Coûtume tant pour l'Abbaye que pour la Seigneurie de la petite Rousche près la Celle.

Le Pouillé Parisien du XIII siécle a oublié de placer cette Maison parmi les Abbayes, mais il l'a mise sous le nom de *Reschia* parmi les Prieurés du Doyenné de Macy. Elle étoit véritablement de ce Doyenné selon la maniere de placer alors les Communautés ; mais jamais ce n'a été Vilras au midi de Jouy, ainsi que M. de Valois se l'est imaginé. Vilras n'a jamais eu de Prieuré. Vilras peut être le *Villa Ruscha* du Nécrologe de N. D. de Paris au 13 Janvier. Un Jean de *Rosca*, Chevalier, vivoit en 1259. Il quitta alors aux Religieux de Saint-Denis un droit de Péage qu'il avoit sur les vins montant par la Seine. Il paroît que ce *Rusca* n'est point celui-ci.

Notit. Gall. p. 428, col. 3.

Chart. S. Dion. p. 278.

LES LAYS

Il est fait mention de ce lieu dans quelques titres avant qu'il fut érigé en Paroisse ; mais il n'y est pas dit de quelle Paroisse il dépendoit alors. Cependant il y a plus lieu de croire que ce hameau appartenoit à la Paroisse de Maincourt ; d'ailleurs les Lays n'ayant eu un Curé particulier que depuis l'an 1204, ce que j'ai à dire de ce lieu des Lays avant l'érection de la Cure, peut être rapporté à l'article de la Cure matrice également comme ici, où j'ai mieux aimé le placer. C'est ce que nous en avons de plus ancien. Eudes de Sully, Evêque de Paris, déclare par ses Lettres de l'an 1201 que Guy, Seigneur de Levis, du consentement de Guiburge son épouse, a donné aux nouveaux Hermites du Bois Guyon, dont Guy ci-devant Curé de Maincourt étoit le chef, *duos modios bladi in decima sua de Logiis*. Il est naturel d'entendre par *Logiæ* le village en question, parce que dans le langage vulgaire on écrivoit même alors les *Lois*, comme on le verra ci-après. Ce nom de *Logiæ* étoit donné fort souvent aux hameaux répandus dans les forêts; et comme la forêt d'Iveline avoit été essartée en plusieurs endroits, quelques-uns de ces lieux essartés devenus la demeure des bucherons ou des laboureurs, furent appellés Lois ou Layes ou Lais ou Loges, du latin *Logiæ*, ou du terme barbare *Ledia*, qui peut-être ayant donné origine au mot françois *Loye*, fit fabriquer dessus ce mot le latin *Logia* et *Logiæ*.

Hist. Eccl. Par. T. II, p. 386.

Ce fut donc à ce Lois ou Lais que fut établie une Cure l'an 1204, suivant le désir de Gui, Seigneur de Chevreuse, à qui ce hameau et d'autres du voisinage, sans doute, appartenoient. Il marque lui-même dans l'acte qu'il en dressa, qu'il donnoit pour dot à la Mere-Eglise qui seroit érigée à Lois, du consentement d'Aveline, sa femme, trois muids de bled dans la dixme de ce lieu, avec toute la menue dixme; de plus une place pour bâtir le village proche l'Eglise, et pour construire un Presbytere et former un cimetiere, et outre cela quatre arpens de terre labourable situés en ce lieu et quittes de tous droits. Il n'y a aucun sujet de douter que telle n'ait été l'origine de cette Paroisse à l'établissement de laquelle l'Evêque Eudes de Sully donna son consentement.

Ibid., p. 226.

Sa situation est à une demi-lieue ou environ de Maincourt tirant vers l'occident, et par conséquent à huit lieues et demie de Paris. La nouvelle route de cette Ville de Chartres rien qu'à la distance [1], et de ce côté-là, c'est la derniere Paroisse du Diocèse. Elle est bâtie sur une élévation par rapport à Maincourt, Dampierre et Senlices, quoiqu'elle soit en même temps dans une plaine ainsi que la plupart des écarts qui en dépendent, dont il y en a dans les bois. Les vignes n'y sont pas fort communes. Le gros des biens est en labourages. En 1709, lors de la premiere édition du dénombrement des feux des Paroisses des Elections, on comptoit aux Lays 58 feux. Le Dictionnaire Universel du Royaume de l'an 1726 en met 190 en cette Paroisse. Le second dénombrement en 1745 ne marque plus aux Lays que 42 feux. Dans les lettres d'échange que Louis XIII fit du Comté de Montfort en

---

1. Ce membre de phrase évidemment incomplet doit peut-être se lire ainsi : La nouvelle route de cette ville (Paris) à Chartres n'est qu'à la distance de..... (Note de l'éditeur.)

1692 pour Chevreuse ¹. Aujourd'hui cette terre appartient à Madame la Comtesse de Toulouse.

Ce n'est plus l'Eglise bâtie sous les ordres de Gui de Chevreuse que l'on voit aux Lays, mais une autre qui est aussi petite qu'on les construisoit alors et sans aîles. Elle ne paroît avoir que cent cinquante ans au plus d'antiquité. Le chœur et le sanctuaire sont plus solidement couverts que le reste. La Sainte Vierge est la Patronne; mais quoique cette Eglise manque de collatéraux, on a ménagé dans le chœur au côté méridional un autel sous l'invocation de Saint Evroul, Abbé au Diocése de Lisieux dans le VIII siécle, où il y a grand concours, et où de temps immémorial on fait venir de l'avoine pour les bestiaux malades. Le tableau du Saint fait allusion à cette dévotion.

La Cure est marquée à la pleine Collation Episcopale dans le Pouillé Parisien du XIII siécle, et dans les siécles suivans, où il n'y a erreur qu'en ce qu'ils ont quelquefois appellé en latin cette Cure *Cura de Lacibus* au lieu de *Logiis*. J'ai trouvé dans les Registres Episcopaux au 13 Juin 1524 la bénédiction du cimetiere de ce lieu par François de Poncher, Evêque de Paris, et non la Dédicace de l'Eglise. Les dixmes étoient de la Mense de l'Abbaye de Saint-Denis; mais les Dames de Saint-Cyr les ont cédées au Curé, à ce qui m'a été dit, pour être exemptes de la portion congrue.

La tradition du pays est que les Lays étoient de l'ancien patrimoine de l'Abbaye de Saint-Denis. Il n'y a rien d'insoutenable là-dedans, vu la donation que le Roi Pépin lui fit en 766 de territoires immenses dans la forêt d'Iveline. Je remarque même qu'il y a des hameaux qui ne sont qu'à demi-lieue du village de Senlices, lequel sûrement a appartenu à ce Monastere en vertu du don de Charles-le-Chauve.

Les écarts de cette Paroisse ont pour nom l'Etrille, la Macicoterie, l'Enclave, le Bordel, les Maris, la Rue verte, les Molieres, et moitié de la Maulnerie ou Aumônerie, le reste étant de Dampierre. Sans m'arrêter à la bizarrerie de ces noms, j'observerai seulement que celui de la Macicoterie peut nous fournir l'origine du nom des Macicots usité dans le Clergé de Notre-Dame de Paris. Un particulier du nom de Macicot ou Massicot aura donné autrefois ce bien ainsi nommé aux Chantres, auxquels cette terre fournissoit les appointemens. On a des exemples de semblables origines.

M. le Duc de Penthievre est aujourd'hui Seigneur des Lays; on nomme au Prône Madame la Comtesse de Toulouse et Monsieur et Madame de Penthievre, ce lieu étant des dépendances de Rambouillet.

1. Cette phrase est également restée inachevée. (Note de l'éditeur.)

MAINCOURT

La maniere la plus ancienne dont ce nom se trouve écrit, est *Meencourt*. Ce sont des titres latins de la fin du XII siécle, dans lesquels, au lieu de latiniser ce nom comme on a fait dans le siécle suivant en *Media Cura,* on a mieux aimé le laisser en langage vulgaire que de risquer de mal dire. Déjà il est certain que quant au mot *Curia,* ceux qui s'en sont servi pour terminer ce nom, se sont trompés. La multitude infinie d'exemples que l'on a, porte à ne point hésiter de mettre *Curtis* pour *Curia,* lorsqu'il s'agit de villages ou hameaux. Ainsi il auroit été plus régulier d'écrire *Media Curtis* que *Media Curia,* supposé que la premiere syllabe de ce nom vienne de Moyen, qu'on auroit prononcé *Meen,* dans le XII siécle. Pour moi qui ne vois point à propos de quoi ce Village auroit été appellé *Moyen-Court* ou *Court-Moyenne,* j'aime mieux croire que dans une antiquité plus reculée, de laquelle tous les titres ne sont pas venus jusqu'à nous, on auroit appellé ce lieu *Germani-Curtis.* Et comme le langage vulgaire en France a toujours été à l'abbréviation par la suite des temps, de Germaincourt, on aura fait Maincourt par une espece d'apocope qui n'est pas rare et qui a encore lieu tous les jours. Ce qui me détermine en faveur de Germaincourt, est que Saint Germain, Evêque de Paris, est de tout temps Patron de cette Paroisse et que l'Abbaye de son nom à Paris y jouissoit dans le quartier de Levis, au moins dès le VIII siécle, d'une forêt assez considérable. *Codex Irminon, Abb. fol. 29.*

Nous n'avons cependant rien qui prouve l'existence d'une Paroisse à Maincourt de plus ancien qu'une Charte de Maurice de Sully, Evêque de Paris, de l'an 1196. Elle nous apprend que ce fut Guy, Prêtre, Curé de ce lieu, qui donna occasion à la fondation de l'Abbaye de la Roche qui en est voisine. On infére naturellement qu'un lieu est Paroisse, dèslors qu'il y a un Curé.

Cette Paroisse est à huit lieues ou environ de Paris, dans un vallon fort détourné de toutes les grandes routes, à une lieue de Chevreuse vers le couchant. Une montagne la couvre du côté du midi et une autre du côté du septentrion. Celle du côté du midi est couverte de quelques vignes. Entre les deux montagnes passe la petite riviere d'Ivette; le village est à sa rive droite. Il paroît dans ce lieu environ une vingtaine de maisons ramassées, mais entremêlées de plusieurs qui sont tombées ou brûlées. Néanmoins le nombre d'habitants n'a point changé depuis un temps considérable. Dans le dénombrement de l'Election de Paris imprimé en 1709, on y compte 24 feux, et dans celui de l'an 1745, on en marque 23 : le nombre des habitans avoit été évalué à 108 dans le Dictionnaire universel. Il faut bien en rabattre un tiers pour rencontrer au juste le nombre des communians.

L'Eglise Paroissiale n'est qu'une espece de Chapelle lambrissée, où tout est fort resserré, et dans la plus grande simplicité. Elle *Reg. Ep. Paris.* a dû être dédiée en 1539 par Jean, Evêque de Sebastianople, à la fin de Septembre ou au commencement d'Octobre, parce que la permission qui lui en fut accordée, comme aussi d'y bénir les autels et le cimetiere, est du 23 Septembre. Je ne crois pas qu'il y ait dans toute la Province Ecclésiastique de Paris une chaire à prêcher plus ancienne : elle est d'une menuiserie gothique toute à jour. Sa délicatesse fait qu'on n'a osé la suspendre, ensorte qu'elle est mise à platte terre. J'ai déjà déclaré ci-dessus que Saint Germain, Evêque de Paris, est le saint Titulaire de cette Eglise. La collation de la Cure appartient entierement *pleno jure* à l'Evêque Diocésain, ainsi que l'a marqué le Pouillé du XIII siécle et ceux qu'on a rédigés depuis. Le Pouillé qui fut écrit vers l'an 1450 ne fait mention que d'un Chapelain à Maincourt, et j'ai vu une collation de cette Chapelle sous le titre de Saint Georges faite par l'Evêque le 16 Mai 1480. Cependant, sur la fin de la même année, il y a une collation de la Cure. Un autre Pouillé manuscrit du XVI siécle marque à la Collation Episcopale en un seul article, la Cure de Maincourt et la Chapelle du lieu : ce que celui qui fut imprimé en 1626 marque en deux articles. L'auteur du Pouillé de 1648 a pris un sentiment bien opposé aux deux précédens ; il paroît qu'il a cru qu'il n'y avoit eu à Maincourt qu'une simple Chapelle sans Cure, puisqu'à la page 66, à l'article des Chapelles du Doyenné de Châteaufort, il se contente de mettre *Chapelle de Mincourt à présent érigée en Cure.* Il ne reste plus qu'à rapporter les preuves de l'antiquité de la Cure et de la distinction qu'il faut faire de la Chapelle.

Hist. Eccl. Par. D'abord il existoit en 1196 à Maincourt un Curé nommé Gui, *T. II, p. 386.* lequel jugeant à propos d'abandonner sa Cure, se retira avec *Ibid. p. 226.* quelques compagnons dans un bois voisin que lui donna Gui de Levy. En second lieu Gui, Seigneur de Chevreuse, établissant en 1204 une Cure dans sa terre des Lais (apparemment par distraction faite sur la Paroisse de Maincourt), fonda par le même acte un Chapelain à Maincourt, auquel il donna la dixme qu'il avoit en ce lieu, plus vingt sols parisis de rente annuelle sur son moulin de Fulleret ; il lui accorda aussi l'usage dans son bois à l'endroit où l'avoient les gens de Maincourt : enfin il s'engagea à lui bâtir une maison pour son logement. L'Evêque Eudes de Sully, approuvant le tout, permit que lui et Aveline son épouse choisissent le Chapelain tant qu'ils vivroient, et déclara qu'il n'y pourvoiroit qu'après leur décès. Ce que l'on peut conclure seulement du silence ou des différentes expressions des Pouillés ci-dessus, est que cette Cure a pu souvent être réunie à une autre, vu la modicité du revenu; mais on ne peut lui disputer son antiquité. Le revenu en étoit encore si modique en 1711, n'allant qu'à 5o ou 60 écus, que M. le Cardinal de Noailles, voyant que le sieur le Marquant, Curé de Saint-Vrain, vouloit bien se demettre de la Chapelle de Saint-Jacques de Choisel, dont il étoit Titulaire, pour que le revenu en fût uni à cette Cure du consentement du Duc de Chevreuse qui en étoit Patron, accorda cette union et extinction, chargeant le Curé de douze Messes par an.

Reg. Ep. Paris

Mes lectures ne m'ont fourni aucun Seigneur de Maincourt que Hervé de Chevreuse, qui est dit jadis Sire de Maincourt sur sa tombe dans le Chapitre de l'Abbaye de Vaux de Sairnay, où il repose avec Clémence d'Aulnois, son épouse, et dans le siécle dernier Louis Habert. Il a cette qualité dans le Nécrologe des Chartreux de Paris dont il est bienfaiteur. Il mourut le 10 Octobre 1724, et fut inhumé dans leur chœur.

Depuis l'érection du Comté de Dampierre par le changement arrivé dans la Seigneurie de Chevreuse, MM. Albert de Luynes sont Seigneurs de Maincourt.

DAMPIERRE

Parmi le grand nombre de Villages ou Bourgs de ce nom qu'il y a en France, il est certain qu'il n'y en a aucun dont Saint Pierre ne soit ou n'ait été Patron. Cela se vérifie en particulier à l'égard de celui du Diocése de Paris. Mais ce qui doit paroître étrange, est que pendant que partout ailleurs Dampierre se rend en latin comme Dom Pierre, sçavoir: *Domnus Petrus,* les plus anciens titres où il est fait mention de celui-ci, l'appellent en latin *Domna Petra, Damna Petra* ou *Dampetra,* toujours au feminin. Ces titres à la vérité sont du XII et du XIII siécle seulement; mais le premier de tous est d'un homme habile; c'est un trait historique, écrit de la main de Suger sous le regne de Louis VII. Les temps antérieurs ne nous fournissent rien sur Dampierre, ni comment il étoit appellé avant qu'une Eglise de Saint-Pierre lui eût donné son nom, ni si ce lieu qui paroît détaché d'une Paroisse voisine, l'a plutôt été de Senlices que de Chevreuse. Deux raisons me portent cependant à juger que c'est de Senlices; la premiere, parce que ce lieu étoit connu et fameux dès le milieu du IX siécle, ainsi qu'on peut le voir à son article, et la seconde parce qu'il n'y a de Senlices à Dampierre qu'une petite demi-lieue, mais que le chemin est difficile en hiver à cause du ruisseau qu'il faut traverser. C'est pourquoi on aura pu y bâtir au X ou XI siécle une Chapelle du titre de Saint Pierre, qui par la suite aura été érigée en Paroisse.

Dampierre est à sept lieues et demie de Paris dans le fond d'une vallée dominée par plusieurs montagnes. Le Bourg n'est cependant pas encore tout-à-fait si couvert que le château. En venant de Chevreuse, on apperçoit au-dessus de Dampierre, immédiatement, un grand clos de vignes sur la montagne dont l'aspect est vers l'orient d'été ; les habitans en ont aux deux côtés, et principalement sur la route qui va à Maincourt et aux Lays, parce que c'est de ces côtés-là que le territoire s'étend, étant borné de plus près vers Senlices et vers Saint-Forget. A une très-legere distance, en tirant vers Sernay ou vers les Vaux de Sernay, est un gros hameau appellé Foucherolles. Au-dessus de la montagne qui est au couchant du Bourg est un hameau dit Monceau situé entre Maincourt et les Lays, lequel dépend aussi de Dampierre. Il est mal-nommé Méraubuy dans quelques cartes. Il y a outre cela Valence sur la même élévation et la moitié du hameau de la Monerie ou Maulnerie. Il y a beaucoup de labourages de ces côtés-là, ce qui a fait dire aux Auteurs du Dictionnaire Universel de la France, que l'on recueille beaucoup de grains dans le territoire de Dampierre. Le dénombrement de l'Election de Paris imprimé en 1709, comptoit en toute la Paroisse 77 feux, et le Dictionnaire Universel du Royaume, publié en 1726, réduisit cela à 366 habitans ; mais le dénombrement que le sieur Doisy a fait imprimer en 1745 y marque 89 feux.

J'ai déja dit que l'Eglise est sous l'invocation de Saint Pierre, Apôtre. L'édifice n'a rien qui mérite d'être remarqué ; il est solide et vouté, le tout de pierres brutes et grossieres du pays qui n'admettent point les ornemens par où l'on connoît le temps de la bâtisse. Le clocher en forme de pavillon sert à couronner le chœur. La Cure est à la pleine collation de l'Evêque Diocésain. Elle est dans ce rang au Catalogue contenu dans le Pouillé du XIII siécle, et sous le nom de *Domna Petra*. Tous les Pouillés subséquens en assignent de même la collation pleinement à l'Archevêque de Paris, excepté celui que le sieur Le Pelletier fit imprimer en 1692 ; il y marque que la présentation appartient au Prieur de Gometz-le-Chatel ou à celui de Chevreuse. Cette alternative fait voir un écrivain qui étoit bien peu sûr de ses faits. Il y avoit eu en 1646 une somme donnée pour entretenir à Dampierre un Vicaire et une lampe, et le revenu étoit assis sur une ferme dite du Monceau-Champromery valant 8 à 900 livres. Par un nouveau traité de l'an 1716, le fond fut assigné sur la ferme de Bellancourt, Paroisse de Saint-Forget, estimée plus de 3000 livres de rente. *Reg. Arch. Par. 31 Dec. 1716.*

Suger dit dans son livre du gouvernement de l'Abbaye de Saint-Denis, que de son temps son Monastere jouissoit d'un vaste Domaine de ces côtés-là, lequel comprenoit Menil-Saint-Denis, Dampierre et autres, et que par malheur pour les habitans de ces lieux, ils étoient compris dans le rolle des tailles que levoient trois Seigneurs, sçavoir celui de Chevreuse, celui de Neaufle et celui *de Villa Aten.* Il ajoute qu'il vint à bout de délivrer les paysans de ces sortes de tributs, ne leur laissant à payer à ces Chevaliers que ce qui pouvoit leur être dû pour leur droit d'Avoüerie ou de Protection, *jus Advocationis.* Il est constant au reste que l'Abbaye de Saint-Denis ne possédoit pas toute la terre de Dampierre. Un Seigneur nommé Barthelemi fut reconnu et déclaré homme du Roi, sous le regne de Philippe-Auguste, pour la moitié de Dampierre dont il jouissoit. Le petit Cartulaire des Evêques de Paris nous a conservé à quoi alloient les Novales qui furent reconnues en 1218 appartenir au Monastere de Saint-Denis. Pour ce qui concerne Dampierre, on y spécifia un arpent au lieu dit *Chavalea* ou *Chevalea,* quatre arpens *apud Foucherols, unum juxta le Roictiz et decem de Essarto Moysseron.* *Sug. Lib. de Adm. sua. Duchêne, T. IV, p. 334.* *Rot. Feudor. Montis Laherici sub. Ph. Aug.* *Chart. Ep. Par. in Bibl. Reg.*

Depuis ce temps-là tout ce qui peut regarder Dampierre est resté dans l'obscurité, jusqu'au temps de Jacques Thumeri qui en étoit Seigneur en 1487, et qui, comme parent des Boucels ou Boucauds, citoyens de Paris, nomma alors à la Chapelle qu'ils avoient fondée dans l'Eglise de Saint-Christophe de Châteaufort. Ce que Charles de Lorraine, Cardinal Archevêque de Reims, avoit acheté de cette terre-là apparemment de Jean du Val qui en étoit Seigneur en 1539, ou de ses héritiers, fut uni au Duché de Chevreuse, nouvellement érigé par Lettres-Patentes de l'an 1555, et il obtint qu'elle relevât de la Couronne, comme les autres de ce Duché, et que la Justice fût une de celles qui furent réunies au Bailliage de Chevreuse. Le même Cardinal y bâtit le Château qui est au bas du vallon. Il est entouré de fossés remplis d'eau vive, et des tours rondes à l'antique se présentent sur le devant de l'édifice. Mais il y a eu plusieurs augmentations et embellissemens faits depuis que le nom de Mansart fût devenu célebre, telles que plusieurs galeries de la seconde cour, lesquelles ont des portiques à la faveur desquels on se promene à couvert. La façade du château est aussi l'ouvrage de Mansart. On y remarque un fronton chargé des armes du Duc de Chevreuse. A côté de la Chapelle est un corps de bâtimens détaché que l'on appelle l'Astrée, parce qu'on y a peint plusieurs histoires de ce Roman. Dans le parterre *Reg. Ep. Paris. 3 Aug.* *Ibid., 20 Maii.*

se présentent en face neuf jets d'eau, de grandes allées à perte de vue à droite et à gauche ; plusieurs canaux, un entre autres sur lequel on va se promener, au bout duquel on a pratiqué une petite isle flanquée de quatre jets d'eau [1], et dans laquelle est un petit corps de logis avec toutes les commodités et aisances, cuisine, office, etc. On a fait passer un bras de la petite riviere d'Ivette pour distribuer l'eau en plusieurs lieux ; il se rejoint dans le parc à l'autre bras et y fait des cascades. Le parc est très-grand ; il renferme l'Église de la Paroisse de Saint-Forget, et avance fort du côté de Chevreuse.

Je ne répéterai point ici le nom des Seigneurs de Dampierre, ayant été les mêmes Seigneurs que ceux de Chevreuse depuis le milieu de l'avant-dernier siécle jusques vers la fin du dernier. Il faut seulement observer que c'est en ce lieu qu'a été conservé le titre de Duché de Chevreuse, lorsque le Roi acheta Chevreuse, par Lettres du 22 Janvier 1692, qui y attacherent Saint-Forget, Maincourt, Senlices et Choisel, exceptant cependant les Fermes de la grande maison de Maincourt et du Monceau, le Moulin d'Aulné, de la Crane et de la Roncerie, qui, quoique situés dans ces Paroisses, furent délaissés à Sa Majesté. On compta parmi les dépendances qui devoient rester au Duché de Chevreuse réuni à Dampierre, la mouvance et ressort des Fiefs Seigneuriaux, Paroisse des Lays, appartenans en propriété à M. de Monmor, Comte du Mênil-Habert.

La Terre de Dampierre ci-devant incorporée au Duché de Chevreuse, est possédée avec ses dépendances depuis l'an 1663, par la Maison d'Albert.

On lit dans le nouveau *Gallia Christiana* au Catalogue des Abbés des Vaux de Cernay, que Jean des Monceaux ou de Bazemont, qui en l'an 1516 fut élu Abbé de cette Maison voisine, étoit natif de Dampierre.

Gall. Chr. T. VII, col. 896.

En 1567, lorsque le passage des provisions de Paris par Buzenval et Versailles fut fermé par les Protestans au mois d'Octobre, ce fut par Dampierre qu'elles venoient ; de quoi ces Huguenots étant avertis, allerent sur cette Paroisse et s'emparerent du Château, quoique bien flanqué, fossoyé et entouré d'un petit ruisseau. Ce sont à peu près les termes du Sieur de la Popeliniere. (Livre XII, page 25.)

Il y a sur cette Paroisse un Fief appellé Montreuil, où sont 254 arpens.

1. L'Abbé Chastelain remarque en 1684 que cette Isle étoit au milieu d'un très-grand pentagone d'eau.

SAINT-FORGET

Il est difficile de s'étendre sur une Paroisse touchant laquelle on ne trouve presque rien à dire. Ce qui est certain est qu'elle existoit dès le XIII siécle sous le nom latin *de Sancto Ferreolo*. <small>Pouillé du XIII siécle.</small>

Sa situation est entre Chevreuse, Dampierre et Levis, par conséquent à sept ou huit lieues de Paris. Le territoire est mélangé de labourages et de bois avec quelques vignes. Il commence presque à la sortie de Chevreuse et s'étend en un sens jusqu'auprès de Dampierre. Dès l'an 1709, le dénombrement de l'Election de Paris y reconnoissoit 60 feux, et ils y sont encore suivant celui qui a été imprimé en 1745. Le Dictionnaire Universel Géographique de la France assure qu'en 1726 lorsqu'il parut, il y en avoit 274 à Saint-Forget; mais cela se réduit à 200 Communians.

L'Eglise de ce Village se trouve renfermée avec la maison du Curé dans les murs du parc du Seigneur de Dampierre. Elle est sur la douce pente du côteau qui regarde le midi à une légere distance de l'Ivette, qui de Dampierre coule vers Chevreuse. Cette Eglise est petite pour une Paroisse assez nombreuse. Elle n'a rien d'ancien ; elle est fort propre, ayant le chœur voûté. La Dédicace en a été faite vers la fin de Septembre 1539, à la Requête des <small>Reg. Ep. Paris.</small> habitans par Jean, Evêque de Sebastianople, selon la permission de l'Evêque de Paris, accordée le 21 de ce mois. Quoique Saint Forget qui n'est autre que Saint Ferreol, Martyr de Vienne, lui ait donné son nom, on se contente d'en faire l'Office dans l'Eglise le 18 Septembre, sans cesser les travaux. La statue de ce Saint Martyr de Vienne est conservée dans la sacristie, et M. Baillet <small>Baillet,</small> assure qu'il est le Patron de cette Paroisse. Au lieu de chommer <small>Vie des Saints, 18 Sept.</small> la Fête de S. Ferreol, on célebre avec cessation de travail dans toute l'étendue de la Paroisse la Fête de S. Gilles, Abbé, le premier Septembre ; ce que je crois venir de ce que ce Saint avoit une Eglise de son nom dans quelqu'un des plus considérables hameaux de cette Paroisse, laquelle ayant été détruite, le culte du Saint Abbé aura été transporté dans celle de Saint-Ferreol. Il y a dans la nef, proche la chaire, l'inscription d'une fondation faite par une Dame qui possédoit les terres de Jâigny, de Trotigny et la grande Maison, qui sont toutes les trois de la Paroisse. C'est la femme d'un Officier décédée il y a environ 90 ans. La Cure est au Pouillé du XIII siécle dans le rang de celles dont la collation appartient pleinement à l'Evêque, et les Pouillés suivans y sont conformes.

Jaigny peut être le lieu appelé *Joviniacum* dans les titres de

Sainte-Geneviève de Paris. La Bulle d'Alexandre III, qui est de l'an 1163, en fait mention, et marque que cette Eglise avoit tant en ce lieu qu'à Court-Pierre, proche Gif, des terres, des prez, des rentes et des bois. Par le livre des redevances de cette Abbaye d'environ l'an 1250, elle avoit *apud Joveniacum* en particulier des rentes de bled et d'avoine.

<small>Felibien, Hist. de Paris, T. III, p. 82.</small>

L'Abbaye de Port-Royal eut aussi du bien à Jaigny dès l'an 1224. Burchard de Marly leur donna la terre qu'il y avoit. Dans l'un des titres on lit *apud Chahengneium*, et dans un autre *apud Chaignay*. En 1247 Mabille, femme de Matthieu, Seigneur de Marly, leur confirma la jouissance de cette terre.

<small>Hist. de Montm. Preuv., p. 405.</small>

Quant à Trotigny, je crois qu'une partie de ce hameau est de Chevreuse.

<small>Reg. Archiep.</small>

Au moins la Garenne, maisons voisines de cette Ville, sont de Saint-Forget.

<small>Ibid.</small>

MAUVIERE étoit en 1696 une maison de cette Paroisse appartenant à M. Manseau.

La grande Maison étoit occupée en 1636 par Noble Robert Neveu et Jeanne Garier, sa femme.

Au-dedans du Parc de Dampierre est aussi renfermé le Château de Betancourt qui appartient à M. Premia, Officier de M. le Duc.

<small>Reg. Arch. Par. 28 Jan. 1637.</small>

Vers les commencements du dernier siécle Betancourt et Saint-Forget appartinrent à Guy Robineau, Chevalier, et en 1637 à Marie de Maugarny, sa femme.

CHEVREUSE

Ce n'est pas tant du côté de l'antiquité que ce lieu est devenu mémorable dans l'Histoire du Diocése de Paris, que de celui de ses Seigneurs qui en ont fait une place fameuse parmi les Châteaux qu'on célébroit dans les moyens siécles. En effet la premiere mention qui se trouve du nom de Chevreuse est dans une Bulle de Benoît VII de l'an 975 qui confirme à Elisiard, Evêque de Paris, *Abbatiam S. Saturnini de Caurosa*, et ensuite dans une Lettre de Fulbert, Evêque de Chartres, à l'occasion de Milon, Seigneur de ce lieu, qui devoit être envoyé par le Roi Robert à Odon, Comte de Chartres : Cette date se rapporte à l'an 1000 de Jesus-Christ, ou à quelques années après. Nous avons beaucoup d'autres lieux du Diocése qui sont connus dès le VI, VII, VIII et IX siécles. Il faut nous borner à l'égard de celui-ci, à la fin du dixiéme et au commencement de l'onzième ; ce qui n'empêchera pas qu'il n'y ait beaucoup de choses à en rapporter. L'étymologie de Chevreuse ne doit point arrêter. Soit qu'on dise *Caprosa* ou *Caprosia*, cela est égal, et cela signifie un lieu où il y a eu beaucoup de chevreuils et de chevres. La situation dans un vallon dont les côteaux tant au septentrion qu'au midi étoient couverts de bois, parle suffisamment en faveur de cette origine. Il reste encore beaucoup de ces bois dont je parlerai ci-après. Si l'on aime mieux s'en tenir à *Cavrosa*, et dire que ce nom est dérivé de *Cavus* à cause de la profondeur de la situation, il n'y aura rien non plus d'improbable, mais le nom vulgaire qui subsiste aujourd'hui désigne naturellement la premiere origine.

<small>Notit. Gall. p. 401.</small>

Sa position relativement à Paris est six ou sept lieues vers le couchant d'hiver. Dampierre en est à une lieue vers l'occident et Saint-Remi à demi-lieue vers l'orient. Quelques-uns des bois qu'on a défrichés sont plantés en vignes, mais la plus grande partie du territoire est en labourages et prairies, qui sont engraissés par la petite riviere d'Ivette. L'exposition de Chevreuse est sur le déclin du côteau dont le regard est vers le midi et par conséquent à la gauche de cette petite riviere. Ce lieu qui a conservé un air de Ville est dit contenir 354 feux dans le Dénombrement de l'Election de Paris de l'an 1709, mais dans celui que le sieur Doisy a publié en 1745, il n'y en a que 300. Ensorte que si cela est ainsi, on ne peut y retrouver le nombre de 1348 habitans que le Dictionnaire universel de la France y comptoit en 1726.

Saint Martin est Patron de l'Eglise Paroissiale, sur l'édifice de laquelle on ne peut rien dire qui en fixe le temps, parce qu'elle est bâtie de pierres de grez et pierres molaires, qui en forment un bâtiment grossier sans aucuns ornemens de sculptures : c'est au reste la bâtisse commune à presque toutes les Eglises de ces quartiers-là. Ce qui est sûr, est que la structure de cette Eglise ne peut gueres avoir que trois cents ans : il y avoit à cette Eglise sous le regne de Philippe-le-Bel un beau clocher en flèche qu'un ouragan renversa le soir du 25 Mai 1308 qui étoit le samedi d'après l'Ascension [1]. Cette chute sans doute offensa une partie de l'Eglise.

---

1. *Die Sabbati post Ascensionem Domini circa Vesperas, in Diocœsi Parisiensi præcipuè nix tam copiosa et damnosa nimium et impetuosa tam ex lapidibus grandibus et grossis descendentibus quam ex ventorum flatu vehementer cecidit tempestas. Tunc cum segetes, et cum botris vineæ perierunt ; plures arbores radicitus sunt evulsæ ; Campanile Ecclesiæ Parochialis de Caprosia ex impetu venti corruit ipso die.* (Contin. Chron. Nangii, T. III, Spicil. in fol. p. 61.)

Sabbato post Ascensionem Domini fuit in multis locis Regni Franciæ periculosa nimis et admodùm damnosa tempestas, 1° Flante vehementissimo vento, communicanteque turbine crudelissimè, grandineque grosso et spisso ac nocivo, ac demùm est aquarum abundans nimis quasi quoddam particulare diluvium ex pluvia in plerisque locis præcipuè circa Vesperas copia subsecuta. In illis itaque locis in quibus præfata tempestas prævaluit, veluti in Diocœsi Parisiensi versus

<small>Ex Joan. Victor. in Bibl. Nav.</small>

Ce clocher a depuis été refait en pavillon tel qu'il est aujourd'hui. On voit dans le chœur la sépulture de..... de Dontilly, qualifiée Dame de Chevreuse, laquelle décéda en 1507 dans le Château de ce lieu. Dans l'aîle gauche de la nef est l'épitaphe de Loys David, Seigneur de Becquancourt, Receveur des Tailles de l'Election de Dourdan. Cette disette d'anciennes inscriptions marque assez clairement que cette Eglise a été bouleversée lorsqu'on l'a rebâtie.

Reg. Ep. Paris. Les Marguilliers obtinrent le 1er Septembre 1539 que l'Evêque de Sebaste y fit la Bénédiction de trois ou quatre perches de terrain en quarré proche cette Eglise : et en 1545 fut fait l'établissement *Pouillé* de la Confrérie du S. Sacrement le 12 Mai. Il y a eu aussi au *du XIII siécle.* moins dès le XIII siécle dans le Château sur la cime de la mon-
Reg. Ep. Paris. tagne au septentrion de la Ville deux Chapelains du titre de *8 Maii.* Sainte Marie-Magdeleine à la nomination du Seigneur. On en voit des nominations de l'an 1484 par le sieur Colard ; mais depuis les guerres de la Religion ces Bénéfices sont réduits à une simple Chapelle, où l'un des Curés voisins acquitte une Messe tous les Vendredis. Le nombre pluriel des Eglises Paroissiales de Chevreuse est indiqué dans une Bulle d'Innocent III, qui confirme
Gall.Chr.vetus, l'an 1208 à Luc, Abbé de Bourgueil en Anjou, *Prioratum S. Sa-*
T. IV, p. 207. *turnini de Caprosia cum Ecclesiis.* Il faut entendre par-là celle de Saint-Martin de Chevreuse et celle de Saint-Lambert. Je ne crois pas que celle de Choisel fût encore érigée.

Il est besoin de revenir ici à la connoissance la plus reculée que nous avons du lieu de Chevreuse. C'est celle d'une petite Abbayè qui existoit dès le X siécle sous le nom de Saint-Saturnin. On ignore quels en furent les fondateurs : on sçait seulement qu'elle est du nombre de celles dont Elisiard, Evêque de Paris,
Hist. Eccl. Par. obtint la confirmation du Pape Benoît VII vers l'an 975 comme
T. I, p. 553. appartenante à son Eglise ; que quelqu'un de ses successeurs donnant Montlhery en Fief à des Seigneurs laïques y joignirent
Hist. de Montm. les Eglises de Chevreuse ; ensorte que Guy de Montlhery qui
p. 688 et 690, vivoit vers l'an 1060 s'en désaisit en faveur de l'Abbaye de Saint-
ex Chart. Pierre de Bourgueil à la sollicitation d'Hodierne, sa femme, et
Burgul. que Miles de Montlhery, leur fils, dit le grand, étant à Chevreuse, confirma en 1105 la possession de toutes ces Eglises à Baudry, Abbé de Bourgueil. Il y demeura donc une colonie de cette Abbaye en ce lieu au moins dès le commencement du regne de

Caprosiam et Castrum forte et aliis partibus multis segetes vineæ herbæ teneræque arbores in silvis et ortis grandinis grossi spicimi cadentes pondere ad terram sunt prostratæ penitùs et vastatæ. Nonnullæ arbores ingentes et grossæ, velut nuces, procerœ et ulmi radicitus sunt avulsæ, radicibus sursùm elevatis et remotis à terra. Tunc Turris Parochialis Ecclesiæ de præfata bona Villa quæ Caprosia dicitur perfecta ad terram cecidit ex venti et impetus vehementia.
Joan. Victorin. MS. in Bibl.

Philippe I. Le Prieuré où ils étoient logés est placé à côté de l'Eglise Paroissiale vers le midi. Aucun des bâtimens qui y subsistent n'en démontre l'antiquité, sinon une porte de pierre qui paroît être du XII ou XIII siécle. Ce fut Jean Bagereau, Conseiller au Parlement, qui en étant Prieur en 1597, après avoir représenté à l'Evêque de Paris qu'elle étoit ruinée par les guerres, obtint qu'elle fût retrécie et réduite à vingt pieds ou environ. Ce Prieuré est placé comme plusieurs autres sous le Doyenné de Macy dans le Catalogue des Prieurés du Diocèse de Paris rangés selon les Doyennés qui sont particuliers aux Chapitres et Communautés. Ce Catalogue est du temps de S. Louis ou un peu plus tard. Dans le Rôle du payement du pigment dû par les Prieurs de ce canton à Notre-Dame de Paris le jour de l'Assomption, le Prieur de Chevreuse est dit l'avoir payé en 1286 et en 1301. La même année 1286 le Prieuré est nommé dans le Testament de Thibaud de Marly à l'occasion de la somme de cinquante sols qu'il lui légua. Il payoit en 1384 comme les autres la somme de dix livres dix sols, pour le droit de Procuration Episcopale : Il paroît que ce Prieuré n'eut jamais pour lui un grand nombre de Religieux, puisque l'Abbé de Bourgueil ne se reposa point sur lui pour la nomination de Chevreuse, et que suivant tous les Pouillés de Paris connus jusqu'ici, cette nomination appartient à cet Abbé. Enfin vers les dernieres années du XVII siécle ce Prieuré qui depuis longtemps étoit en commende et sans Religieux, fut uni à la Maison des Dames de Saint-Cyr établie par Louis XIV, et pour dédommagement le Roi donna à l'Abbaye de Bourgueil la Collation du Prieuré de Saint-Clair-sur-Epte qui dépendoit de l'Abbaye de Saint-Denis. Les premiers Actes concernant cette affaire sont de l'an 1695. Ce ne fut que le 2 Août 1698 que les Lettres-Patentes qui confirmoient la Bulle d'union de ce Prieuré à Saint-Cyr furent enregistrées en Parlement.

Reg. Ep. Paris 1 Apr.

Necr. Paris. ad Calc. Cod. Reg.

Thes. anecd. T. I.

    Outre cette fondation du Prieuré dont la premiere origine est inconnue, et dont les Seigneurs de Chevreuse sont au moins les seconds auteurs, ces Seigneurs établirent deux Chapelles dans leur Château. Voici ce qu'on en lit dans le Pouillé Parisien du XIII siécle : *In Decanatu Castrifortis, de donatione Domini Caprosiæ, Capellæ duæ turris Caprosiæ.* Elles étoient à la nomination du Seigneur. Cependant le rolle des Décimes du Diocèse n'en marque qu'une sous ce titre : Chapelle de Sainte-Marie-Magdeleine au Château de Chevreuse.

    Il y a au sortir de Chevreuse à demi-quart de lieue en tirant vers Paris une Chapelle du titre de Saint Lubin. Elle a été nouvellement reparée. Les habitans la disent ancienne et regardent ce S. Evêque de Chartres comme leur Protecteur particulier, dans les cas de nécessités publiques, de même que Ste Geneviéve l'est à Paris. Il y a concours le 14 Mars, jour de sa Fête, de la part des habitants de la Ville, et le 14 Septembre jour de la Translation ou Elévation de ses Reliques, il y a foire et concours de tous les étrangers. Comme Chevreuse est situé entre Paris et Chartres, il pourroit se faire que ce Saint venant de Chartres à Paris, ainsi que l'Auteur de sa vie dit qu'il y vint, auroit opéré dans cette vallée quelque miracle dont le souvenir auroit été perpétué par ce Mémorial.

SEIGNEURS. Quoique ce que j'ai à dire sur les Seigneurs de Chevreuse puisse former de lui-même un objet assez considérable, je ne laisserai pas d'y entremêler les événemens arrivés en ce lieu dans les différens temps. Le plus ancien Seigneur qui soit connu, est Milon de Chevreuse. Eudes, Comte de Chartres, écrivant au Roi Robert, le pria de lui envoyer ce Seigneur pour lui rendre compte des paroles des Romains et du Duc d'Aquitaine. C'est de lui probablement ou d'un de ses descendans que la Chapelle-Milon, Village à demi-lieue de Chevreuse, a son nom, ou au moins le lieu dit Milon contigu à la Chapelle, lequel lieu étoit de la Paroisse de Chevreuse. Son fils appellé Guy est mentionné avec lui à l'an 1065, comme ayant parmi ses vassaux un Geoffroy de Gometz, Chevalier, qui avoit eu d'eux un bien à Versailles. Cent ans ou environ après lui vivoit Bernard de Chevreuse lequel fit présent au Prieuré de Longpont du bien qu'il avoit *apud Soliniacum*, et cela en présence du Roi Louis-le-Gros alors résidant au Château de Dourdan. Il laissa un fils aussi appellé Bernard et deux filles, et il prit l'habit Religieux à Longpont. Il y a cependant lieu de douter que ces Bernard de Chevreuse fussent Seigneurs Châtelains du lieu. Car on voit sous le même regne un Milon qualifié Châtelain de Chevreuse par Suger, et nous sçavons par le Cartulaire de Longpont qu'Elisabeth, femme de Milon de Chevreuse, fit du bien à cette Maison. L'Abbé de Saint-Denis nous apprend que ce Seigneur Milon tenoit de son Monastere la moitié d'une forêt avec un autre fief qui faisoient apparemment partie de la Terre de Senlices, que le Roi Charles-le-Chauve lui avoit donné trois siécles auparavant; que ce même Milon avoit soutenu des guerres contre Louis-le-Gros et Amaury de Montfort, ce qui l'avoit obligé de couper dans cette forêt les plus beaux arbres pour en former des fortifications et des machines de guerre. Le même écrivain donne à connoître ailleurs que dès ce siécle-là Chevreuse avoit dans ses dépendances plusieurs autres terres du Domaine de l'Eglise de Saint-Denis outre le Menil-Saint-Denis et Dampierre; que les Seigneurs de ce Château en vertu de l'ancien fief qu'ils tenoient de cette Abbaye qui n'étoit autre que le droit de l'Avouerie, et la moitié d'un bois ci-dessus, s'étoient mis dans l'usage d'imposer des tailles et d'opprimer les habitans de ces Terres Monacales : mais que pour mettre ces gens-là à couvert de ces vexations, Suger aima mieux engager son Monastere à payer chaque année cents sols au Seigneur de Chevreuse, comme à leur feudataire. Le payement annuel n'empêcha pas Gui, Seigneur de Chevreuse, vers 1170, de prétendre que son fief d'Avouerie de la Vallée de Chevreuse relevoit non de l'Abbaye de Saint-Denis, mais de l'Evêque de Paris. Ives, alors Abbé, porta l'affaire devant le Roi Louis-le-Jeune qui déclara en 1172 que ce fief de la Vallée étoit mouvant de Saint-Denis : et Guy en convint ensuite en présence de Maurice, Evêque Diocésain. Ce même Guy de Chevreuse deuxiéme du nom étoit en la Compagnie du Roi Louis VII dans l'Eglise de l'Abbaye des Fossés à la rédaction d'un Traité. *Gall. Chr. nova, T. VII, col. 380. Hist. S. Den. Chart. Foss. art. Ferrolles.*

Le nom de Milon se perpétua dans la famille de ces Seigneurs jusqu'à la fin du siécle. Parmi les noms des Chevaliers qui certifierent par serment la vérité du Rolle des Feudataires de Montlheri, sous Philippe-Auguste, est celui de *Milo de Caprosa*. Nous voici arrivés au XIII siécle où les preuves que Chevreuse a dépendu plus anciennement de l'Eglise de Paris se manifestent plus à découvert. La Bulle de Benoît VII d'environ l'an 976 marquoit seulement parmi les biens appartenant directement à cette Eglise, l'Abbaye de Saint-Saturnin de Chevreuse; les titres des regnes de Philippe-Auguste et de ses successeurs, nous apprennent que le Seigneur de Chevreuse étoit redevable chaque année à Notre-Dame de Paris d'un cierge du prix de vingt-cinq sols (ce qui reviendroit aujourd'hui au prix d'environ vingt-cinq livres), et qu'aussi on se servoit d'un anneau d'or à son Investiture ; de plus qu'il étoit tenu d'être l'un des Seigneurs qui portoient le nouvel Evêque de Paris à son inthronization. Gui de Chevreuse paya le cierge et fut investi par l'anneau d'or. Ce fut le même Gui qui laissa deux monumens de sa piété. Il obtint d'Odon de Sully, Evêque de Paris, l'an 1204, l'établissement d'une Cure dans sa Terre des Lais, et dans celle de Maincourt l'érection d'une Chapelle. On peut voir ce que j'en dis à l'article de ces deux Paroisses. Il est nommé aussi comme témoin à l'an 1205 dans un Acte de Matthieu de Montmorency. Le Nécrologe de l'Abbaye de Port-Royal marque au 20 Août que ce Gui de Chevreuse et Aveline, sa femme, avoient accordé en 1208 l'amortissement de tout ce que les Religieuses pourroient acquérir en long et en large depuis la Riviere (d'Ivette) jusqu'au bois de Champgarnier. On lit ailleurs que les deux mêmes avoient vendu à cette Abbaye en 1207 un moulin à Germeville, ce qui fut approuvé par l'Evêque Eudes. Il mourut en 1215 et donna à la même maison un bois audit lieu *Chart. Ep. Par. in Prelimin. Chart. Ep. Par. fol. 74. Hist. de Montm. Preuv. p. 76. Gall. Chr. T. VII, Instrum. col. 82. Necrol. Porreg. 17 Jan.*

de Champgarnier. Je le crois le même Gui de Chevreuse qui donna vingt livres au Prieuré de Saint-Paul, proche Chevreuse, dépendant de l'Abbaye de Saint-Victor de Paris.

Necr. S. Victor. 1 Sept.

Gui de Chevreuse, son fils, est presque aussi connu que lui par certains Actes. Il se déporta en 1226 du droit d'Avouerie au sujet duquel il étoit homme lige de l'Abbaye de Saint-Denis pour la Vallée de Chevreuse, ce qui lui valoit une rente annuelle de la part de cette Abbaye. Il remit ce droit de Protection au Monastere moyennant une somme d'argent; cependant il se réserva et à ses successeurs le droit d'être Officier commis pour la Banniere de l'Abbaye. En 1228 Guillaume d'Aurillac en Auvergne fit son entrée Episcopale à Paris. Gui de Chevreuse qui étoit tenu d'y assister et de le porter, ne l'ayant pu faire par cause de maladie, chargea de sa commission Jean de Soisé (ou de Soisel) qui s'acquitta pour lui de cette fonction. Mais dès le mois de Juin de la même année il rendit l'hommage ordinaire à cet Evêque pour sa Terre de Chevreuse et reçut l'anneau d'or. En 1230 il transigea avec Odon Clément, Abbé de Saint-Denis, au sujet de la Seigneurie de Beaurain. Nous ne retrouvons de Seigneurs de Chevreuse que vingt ans après. Le Dimanche qui suivoit la Translation de Saint Martin, c'est-à-dire le 10 Juillet 1250, Renaud de Corbeil à son entrée solennelle au Siége Episcopal fut porté par les quatre Seigneurs Feudataires, entre autres par celui de Chevreuse, et ce même Seigneur, nommé Gui, lui prêta foi et hommage peu de temps après dans le Château de Saint-Cloud. Il vivoit encore en 1261, année dans laquelle il fit une vente aux Religieux de Saint-Denis.

Chart. Ep. Par. fol. 106.
Gall. Chr. nova, T. VII, col. 95.
Notit. Gall. p. 401.
Felibien, Hist. S. Denis, T. III, p. 226.
Chart. Ep. Par. fol. 111.
Hist. Eccl. Par. T. II, p. 415.
Chart. S. Dion. Reg. p. 252.

Hervé de Chevreuse figure ensuite dans l'Histoire. Il reconnut en 1260 que la présentation qu'il avoit faite à la Chapelle de la Ferté étoit sans préjudice au droit que l'Evêque a d'y pourvoir. Ayant rompu la clôture du Prieuré d'Ivette, il permit que les Gens d'Armes de sa Compagnie en emmenassent les chevaux. Cela lui attira un grand Procès de la part de l'Abbé de Saint-Maur duquel ce Prieuré dépendoit : les arbitres le condamnerent en 1264 à payer à ce petit Monastere d'Ivette dix marcs d'argent, et ses Gens d'armes à une peine bien plus humiliante. Le même Hervé fut le premier des Feudataires de l'Eglise de Paris, qui en 1268 le Dimanche 8 Octobre porterent le nouvel Evêque Etienne Tempier à son entrée solennelle. Il fut aussi l'un des premiers à lui rendre les devoirs de foi et hommage, et il reçut de ses mains l'investiture par l'anneau d'or. Ce fut l'année suivante, 1269, qu'au Parlement de la Chandeleur il fut jugé que la Châtellenie de Chevreuse releve de l'Evêque de Paris. On croit qu'Hervé eut pour frère Hugues de Chevreuse, Chanoine-Diacre de Paris,

Chart. min. Ep. Par. fol. 105.
Hist. Eccl. Par. T. II, p. 579.
V. Article d'Ivette.
Hist. Eccl. Par. T. II, p. 487.
Notit. Gall. p. 401.
Petit livre blanc du Châtel. fol. 332.

mentionné au Nécrologe de Notre-Dame pour avoir porté le Chapitre à mettre de Rit sémi-double la Fête de Saint Jacques du mois de Juillet, et pour Sœur Sedile (*Sedilia*) qui vendit à Ranulfe de Humbloniere, Evêque de Paris, et au Chapitre un revenu de quinze livres de rente sur la Prévôté de Chevreuse pour les fins marquées au Nécrologe et ailleurs. On sçait encore qu'elle vendit en 1283 pour la somme de mille soixante et six livres aux Moines de Saint-Denis cent soixante et six arpens de bois qui avoient appartenu au Seigneur de Chevreuse, assis près des Vaux de Sairnay, appellés LA HAYE D'IVETTE. Enfin, sous le regne de Philippe-le-Bel parut avec éclat Anseau ou Ansel de Chevreuse, qui portant l'Oriflamme à la Bataille de Mons-en-Puelle, l'an 1304, fut étouffé sous ses propres armes, par la chaleur et la soif. Guillaume Guiart, ancien Ecrivain, prétendoit que la véritable Oriflamme étoit restée à Saint-Denis, et qu'Anseau n'en avoit qu'une contrefaite.

Ansiau, le Sire de Chevreuse,
Fut si, comme nous apprîmes,
Esteint en ses armes mismes
Du trop grand chaleur et retraite
Et l'Oriflamme contrefaite
Chaï à terre ; et la saisirent
Flamens qui après s'enfuirent.

Necr. Eccl. Par. IV non. Aug.

Ibid. II Id. Oct.

Hist. des Gr. Off. T. VIII, p. 198.

Mem. de l'Acad. des Bell. Lettr. T. XIII, p. 639.

Il avoit épousé Béatrix du Bois qui est nommée parmi les Bienfaiteurs de l'Abbaye de Port-Royal au 12 Janvier. *Necrol. de Port-Royal.*

Les tablettes de cire des années 1306, 1307 et 1308, qui nous ont transmis les voyages de Philippe-le-Bel dans son Royaume, marquent que ce Prince vint loger à Chevreuse le 7 février 1306, ancien style, et le Dimanche 22 Septembre 1308. Il y a preuve que l'Impératrice de Constantinople retirée en France accompagnoit ce Roi dans ses voyages de 1306 et 1307. *Tab. Cer. S. Germ. à Prat. et Urbis Genev.*

EVENEMENS. Au défaut du nom des Seigneurs de Chevreuse jusqu'au temps de Louis XI à la réserve d'un, nous nous arrêterons à d'autres faits qui concernent cette Terre. Il y eut dans le XIV siécle deux Arrêts du Parlement touchant le Juge de ce lieu. Par celui du 21 février 1343, il fut déclaré que ce Juge ne pouvoit connoître des Nobles, et par un autre du 11 Avril 1353, il fut reconnu que du Bailly de Chevreuse on appelle au Bailly de l'Evêque de Paris. Des Lettres du Roi Charles V de l'an 1377 nous fournissent le nom de Pierre, Seigneur de Chevreuse, auquel ce Prince donna alors toute la Justice du Village de Bievre, et qui rendit, la même année, hommage pour le Roy au Comte de Dreux. Sous le regne de Charles VI au moins en 1414, le Seigneur étoit Jean de Chevreuse que

Petit Livre blanc du Châtel. fol. 243.

Ibid., p. 332.

Grand Livre jaune du Chât.

Tab. Ep. Paris.

l'Evêque fit sommer alors de lui rendre hommage. Peu de temps après, cette petite Ville fut avec Montlhery un objet qui arrêta, durant quelques jours, le Duc de Bourgogne. Il s'en empara dans le temps qu'il parcourut le Royaume sous l'apparence de réformer les abus du gouvernement. Tanneguy du Chastel, Prévôt de Paris, ne le laissa pas longtemps entre ses mains ; il reprit ce lieu en 1417, au mois de Janvier, nonobstant la vigoureuse défense des gens du Duc qui blesserent plusieurs des attaquans : peu de bourgeois y furent mis à rançon ; il se contenta de piller la Ville. A l'égard du Château, Tanneguy ne put venir à bout de le prendre. Il resta au Duc de Bourgogne, ce qui ne servit pas peu, à faire passer, quelques années après, la Ville sous la puissance de Henri, Roi d'Angleterre, lorsqu'il fut devenu Maître de Paris. Elle resta sous la domination de ce Prince jusqu'à l'an 1438, qu'elle se rendit à Charles VII aussi bien que Montargis et d'autres lieux. Le traité de reddition de toutes ces places par Guillaume du Broulart, qualifié de Capitaine des Villes et Châteaux de Dreux et Chevreuse, est mentionné dans les Mémoriaux de la Chambre des Comptes à laquelle il fut présenté.

<small>Hist. Chron. de Charles VI.
Juvenal des Ursins.
Journal de Charles VI, p. 35.

Abregé Chron. de Charles VII, Godefroy. En 1437, Hist. de S. Denis, p. 351.</small>

Sous Louis XI la Terre de Chevreuse étoit entre les mains d'un Seigneur nommé Nicolas de Chevreuse. Comme il se retira vers le parti ennemi du Roi, ce Prince confisqua sa Terre et la donna à Robinet de Durfort, Ecuyer, Seigneur de Cressonsac. Un fait mémorable touchant ce nouveau Seigneur de Chevreuse, est que Louis XI le commit pour enlever de la Ville de Roye en Picardie les Reliques de Saint Florent après la mort de Charles, Duc de Bourgogne. Nicolas, Seigneur de Chevreuse, est sans doute le même qui fut appellé Colard, selon la mode de ces temps-là de tronquer quelquefois les noms des Saints. Ce Colard de Chevreuse fut rétabli dans sa Terre après la mort de Louis XI, arrivée en 1483. Dès le 8 Mai 1484, il présenta comme Seigneur à l'Evêque de Paris un sujet pour l'une des Chapelles de la Magdelene du Château de Chevreuse ; et le 7 Janvier suivant, il fit hommage à l'Evêque de Paris pour sa Baronnie. Il étoit aussi Seigneur de Maurepas. Il ne vécut pas longtemps depuis. Dès le mois d'Août 1486, Antoine de Canteleu étoit devenu Seigneur des deux Terres par Ide de Chevreuse, sa femme, seule héritiere de Colard, et il en rendit hommage à l'Evêque de Paris le 13 Août. En 1488, Louis Malet de Graville, Amiral de France, fit l'acquisition de la Terre de Chevreuse. En 1491, il obtint de l'Evêque de Paris des Lettres de souffrance pour la reddition de l'hommage. Mais il fut évincé de cette Terre, l'an 1494. L'Historien de Corbeil a marqué, sans garantir le fait, qu'un de la famille de Sanguin avoit joui de la Terre de Chevreuse, et pour époque, il ajoute qu'il avoit marié sa

<small>Hist. manusc. de S. Florent à S. Germain des Prez.

Reg. Ep. Paris.

Ibid.
13 Aug. 1486.

De la Barre, p. 206.</small>

fille à Jean de Carnazet, et [été] tué en 1495 à la bataille de Fornoue. Quoiqu'il en soit, Antoine de Canteleu ci-dessus nommé est dit dit Seigneur de Chevreuse en 1494 et 1507, dans les hommages qu'il rend à l'Evêque dans la Coutume de Paris de l'an 1510. *Procès-verbal.*
L'Evêque de Paris accorda à Ide de Chevreuse, sa veuve, le *Reg. Ep. Paris.* 27 Août 1517, un délai ou souffrance pour la prestation d'hommage. Dix ans après, la Seigneurie étoit à deux personnes par *Ibid.* indivis, sçavoir à cette Dame et à Noble Pierre de Blecourt. Ils présenterent conjointement, le 20 Novembre 1527, à l'une des Chapelles du Château. Ide de Chevreuse ne survécut pas deux *Ibid.* ans. Le 1ᵉʳ Juin 1529, Gilles de Fay, Ecuyer, sieur de Châteaurouge, étoit devenu Seigneur par moitié de Chevreuse et de Maurepas à cause d'Ide l'Orfévre, sa femme, héritiere de défunt Antoine de Canteleu et de ladite Ide de Chevreuse. En 1530, le 7 Mai, Jean de Bretagne, Duc d'Etampes, fit hommage à l'Evêque *Tab. Ep. Paris.* de Paris pour Chevreuse. En 1533, Gallois de Bailleul se disoit Baron du Fief du Grandmoulin et de la Terre de Steule. Le 6 Juillet 1543, le Cardinal de Meudon rendit hommage pour la Dame d'Etampes, sa niéce. Le 18 Juillet 1545, la Seigneurie de Chevreuse demeura à Gallois de Bailleul, Seigneur de Longpont, et à l'instant il la céda [1] à Anne de Pisseleu, Duchesse d'Etampes, *Ibid.* pour des terres sises en Gatinois.

La Terre de Chevreuse n'avoit porté jusque-là que le titre de Baronnie lorsqu'elle fut érigée en Duché, la même année au mois de Décembre pour le Duc d'Etampes et sa femme. Dès 1551 le Cardinal de Lorraine en étoit devenu possesseur, puisqu'il en fit rendre hommage à l'Evêque le 6 Janvier. Les Lettres de l'érection de cette Terre en Duché furent confirmées en Avril 1555 par d'autres Lettres qui permirent au Cardinal-Archevêque de Reims d'en poursuivre l'enregistrement, aussi bien que de l'acquisition de la Baronnie de Meudon, qu'il y avoit joint avec la Terre de *Reg. du Parl.* Dampierre, formant le tout ensemble six mille livres de rente. Limours, Bures et plusieurs autres en furent distraits alors, mais outre Dampierre on y unit le Fief de Sarclé et celui de Cottigny ou Trotigny. Ce même Cardinal obtint depuis du Roi Charles IX que le Duché de Chevreuse avec les Terres, Fiefs et Domaines de Meudon, Dampierre, Beaurain et Maurepas releveroient de la Couronne à une coupe d'or du poids de trois marcs à chaque mutation, et que les appellations des Officiers de ce Duché, seroient portées au Parlement de Paris. Le même Roy réunit les Justices de Beaurain, Maurepas, Dampierre, Noisy-les-Claix et Maincourt

1. Les Registres du Chapitre de Paris de l'an 1546 font foi qu'alors Anne de Pisseleu, Baronne de Chevreuse, fut condamnée à passer nouvelle reconnoissance de vingt livres assignées sur sa Baronnie pour l'Office de Matines.

à celles du Bailliage de Chevreuse par Lettres de l'an 1571. Ce Duché fut érigé en Pairie en faveur de Claude de Lorraine par Lettres du 12 Mars 1612. Le 8 Mai 1647 celui qui étoit alors Duc de Chevreuse, fit plusieurs aliénations, entre autres la Terre et Seigneurie de Châteaufort, se réservant la Seigneurie et Justice de Gif, la Justice sur les hameaux de Clarigny, de la Maison appellée Chapitre, Aigrefoin, Bichely, les Moulins le long de la riviere d'Orsé, la Ferme de Belle-Image, la Maison, Moulin de Courcelles et dépendances de la Paroisse de Gif. Le titre de Pairie fut éteint le 24 Janvier 1657 par la mort de Claude de Lorraine sans enfans mâles. Marie de Rohan, sa veuve, eut *Table de Blanchard.* pour ses reprises la Duché de Chevreuse, auxquelles furent unies les Terres de Chevrigny et d'Aigrefoin par Lettres du mois d'Avril 1684. En 1663, le 1er May, elle donna à Louis-Charles d'Albert, fils aîné de Charles d'Albert, Connétable, Duc de Luynes, son premier mari, le même Duché à elle adjugé par Décret du Parlement. Louis-Charles d'Albert en fit hommage le 3 du même mois, puis le donna à Charles-Honoré, Marquis d'Albert, son fils aîné, et de feu Louise-Marie Seguier, par contrat passé à Dampierre le 9 Septembre de la même année. Ce dernier *Reg. du Parl. 16 Mars 1668.* obtint au mois de Décembre 1667 les Lettres-Patentes confirmatives de ce Contrat, portant érection de nouveau en tant que besoin seroit de cette Terre en Duché. Au mois de Décembre 1675 il en obtint d'autres datées de Saint-Germain-en-Laye, qui portoient union et incorporation des Châtellenies de Châteaufort, Magny-Lessart, les Loges, Fief et Seigneurie de Toussus au Duché de Chevreuse, avec la mouvance directe et immédiate de la Terre et Comté de Jouy, pour n'être plus qu'un seul et même Fief, mouvant du Roi à une seule foi et hommage, à cause du Château du Louvre, sous le titre de Duché de Chevreuse et union des Justices, ensorte que les appellations des Sentences de ces Justices de Châteaufort et Magny-Lessart rendues par les Officiers du Bailliage de Chevreuse en premiere Instance, ressortiroient nuement et sans moyen au Parlement de Paris. Le même Seigneur échangea depuis le Duché entier de Chevreuse avec Louis XIV pour le Comté de Montfort-l'Amaury en 1692. Alors le titre de Duché fut transféré sur le Comté de Montfort, et la Baronnie de *Ibid. 24 Nov. 1693.* Chevreuse fut donnée par le Roi à la Communauté des Dames de Saint-Louis établie à Saint-Cyr, en place des Terres de Buc, Guiancourt, Voisins, Villaroy et la Lande qui furent unies au Domaine du Roi.

A l'égard des dépendances de cette Terre et de ses anciens droits, voici la maniere dont le tout est détaillé dans un roulleau de l'an 1507. Il y avoit quatre foires à Chevreuse, sçavoir, aux deux Fêtes de Ste Croix, à la Magdelene et à la S. Martin d'hiver. Il y avoit un moulin à la Chapelle-Milon, deux à Rodon, un à Pontpierre et un à Saint-Remi ; 3ooo arpens de bois. L'étang de Predeselles de 24 arpens, 3 étangs à Soisay (on dit aujourd'hui Choisel) ; des Censives à Saint-Remi, à Roddon, à la Chapelle-Milon, à la Ferté, à Herbouviller, aux Troux à Saint-Lambert, à Auviller, à Ragonan et Anguieres-les-neuves. Le Seigneur avoit la présentation de la Chapelle du Château dite Sainte-Magdelene, à laquelle appartiennent les dixmes d'Auviller, la Chapelle-Milon et la petite Brosse. Il avoit aussi la présentation de la Chapelle de Saint Jacques de la Ferté, qui dès 1507 étoit tombée, à laquelle appartiennent six arpens de prés tenant à l'étang dessus Choisay. On ajoute que le Fief de Courcelles est tenu du Baron de Chevreuse à cause de son Fief de Saclay. De plus ce Baron avoit deux Fiefs à Herbouviller tenus des Célestins de Paris, à cause du four de Châteaufort. On les appelloit les Fiefs de Véros et de Moncourant. Item il avoit les champarts de Cressely tenus plus anciennement par Simon Thoron et alors par les Ecoliers du Collége de la Marche ; item le Village des Loges, trois Fiefs à Saclay et un Fief au Plessis-Trois-Pierres près Villetain. Je ne prétends point au reste que tous les droits fussent également établis. J'ai marqué plus haut le désistement que donna Hervé, ancien Seigneur, de sa présentation sur la Chapelle de la Ferté. Pour être instruit par un Acte plus récent, il est bon de lire le traité d'acquisition que le Roi fit de la Terre de Chevreuse en 1692, par échange pour Montfort, ainsi que j'ai dit. On lit dans ce traité qui est imprimé, que le Seigneur de Chevreuse a le droit de nommer à la Chapelle du Château qui est dotée de cent vingt livres ; qu'au Duché de Chevreuse est attachée la haute-Justice de Chevreuse, Saint-Remi, Saint-Lambert, Gif, Châteaufort, Toussus, Villers-le-Bacle, Saint-Aubin, Saclé, Vauhallan, Igny, Montigny, les Trous en partie ; que le Seigneur de Chevreuse a le droit de prendre le treiziéme pain qui se vend par les Boulangers de la Ville, et un pied de chaque bête qui est tuée à la boucherie. Il a aussi le droit de pêche dans la riviere d'Ivette, depuis le moulin des Monion jusqu'au pont de Saint-Remi. Je ne parlerai des bois de cette Seigneurie qu'après ce même traité, qui spécifie les noms des différens cantons, de cette sorte : Les Bocau, La Crane, la Roncerie, Trotigny, Jagny, Fertelet, Tronchet, Bailly, Vaucery, le Noroy. C'étoit dans quelqu'une de ces portions que l'Abbé Suger avoit trouvé les poutres qui servirent de son temps pour couvrir de nouveau l'Eglise de Saint-Denis. Le Nécrologe de l'Abbaye de Port-Royal dit que cette Maison y a possédé au XIII siécle, en vertu de Lettres de Renaud de Corbeil, Evêque de Paris, Seigneur

Suger. lib. de Cons. Eccl. S. Dion.

dominant de la Baronnie, quarante arpens et demi de bois situés entre Vaumurier et Champgarnier; mais cette portion se rapporte plus naturellement au territoire de Saint-Lambert.

<small>Necrol. Port-Royal.</small>
<small>Chart. Livriac. fol. 17.</small>

Chevreuse entra plus directement dans la fondation de cette Abbaye par les cent sols de rente qui lui furent assignés alors sur la Prévôté. Cette même Prévôté s'étoit aussi trouvée dès l'an 1238 chargée de payer quarante sols annuellement à l'Abbaye de Livry par le don qu'en avoit fait Sedile, Dame de Launoy, ainsi que le certifierent dans le temps des Lettres d'Adam, Seigneur de Beaumont.

<small>Topogr. de Chastillon, fol. 45.</small>

Le Château de Chevreuse si célèbre par son antiquité, par ses illustres Barons et par ses Ducs, a été figuré dans la Topographie de France par Claude Chastillon vers l'an 1610. Il m'a paru par les ruines qui en restent qu'il étoit presque quarré, et environné de huit ou dix tours.

Les écarts de la Paroisse de Chevreuse sont Meridon, Tallon, Poinpierre, Trotigny et les Trois Cheminées.

<small>Ex Coll. Reg. Capit. Paris.</small>

MERIDON qui est au midi est connu depuis le XIII siécle qu'il se trouve un Archambauld *de Meriduno* qui avoit proche Paris une censive entre Saint-Marcel et Villejuit. M..... Pericard obtint le 2 Juillet 1600 permission d'y construire une Chapelle à cause de l'éloignement et des mauvais chemins de l'hiver. Ce Château situé sur le côteau au haut d'un bois a appartenu en ces derniers temps à M. Dugué de Bagnols, Seigneur de Trous. J'y ai vu sur le pavillon d'entrée des armes consistant en trois oiseaux ou canettes.

<small>Reg. Ep. Paris.</small>

<small>Tab. Archiep. p. 69.</small>

POISSY est un Fief près Chevreuse, lequel fut saisi faute d'hommage par l'Evêque le 23 Juin 1491.

En finissant, je parlerai ici des personnes de distinction autres que les Seigneurs, lesquelles se trouvent avoir porté le nom de Chevreuse dans l'antiquité. Le Bailly d'Orléans mentionné dans les Tablettes de cire où sont écrites en latin les dépenses du regne de Philippe-le-Hardi, fils de Saint Louis en 1284, se nommoit *Johannes de Caprosia.* Juvenal des Ursins en la vie du Roi Charles VI, dit que ce Prince ôtant le Gouvernement du Languedoc au Duc de Berry, y envoya un Gentilhomme fort expert nommé Pierre de Capreuse; sans doute que dans le latin de quelque Historien du temps il y avoit *Petrum de Caprosia* qui a été mal rendu par la Capreuse. Au reste j'avertirai ici en passant que dans tout le Royaume, s'il faut s'en rapporter au Dictionnaire Universel des Villes, Bourgs et Villages, il n'y a que Chevreuse du Diocèse de Paris qui porte ce nom. Les Ecrivains qui sont nés de ce lieu ou qui y ont été domiciliés demandent aussi que je ne les oublie pas. Marin le Roy, Sieur de Gomberville, qui fut de

<small>Tab. cer. in Bibl. Carmel. Discal. Par.</small>

l'Académie Françoise dans le temps de son origine, se qualifioit Parisien, mais quelques critiques prétendent qu'il étoit né à Chevreuse. Gomberville qui lui servoit de surnom n'en est qu'à une petite lieue du côté de Châteaufort. Antoine Bruneau, Avocat, qui vivoit en 1680, étoit de Chevreuse. Il a composé un Traité des Criées et un Supplément pour l'Histoire des Universités de France. Il se dit dans la Préface natif du Diocèse de Paris et à huit lieues de la Ville. Marin de Gomberville a dit de Bruneau qu'il étoit son Compatriote. On trouve dans l'*Index funereus* des Chirurgiens de Paris, Pierre Prudhomme, natif de Chevreuse, avec cette qualification *Societatis præfecturam gerens*. Il mourut le 14 Avril 1708. Deux des derniers Curés de Chevreuse méritent d'avoir place parmi les gens de Littérature : Vincent Loger, Curé en 1704, parce que c'est à ses sollicitations que l'on est redevable d'une piece sur l'Indulgence de la Portioncule que composa Pierre Pelhestre de Rouen et qui parut dans les Mémoires de Trévoux de cette année-là. Pierre Collot, Docteur en Théologie, dernier Curé de Chevreuse, décédé en 1741, le 2 Septembre, est auteur de plusieurs Instructions Théologiques in 8°, par demandes et par réponses, qui se débitent à Paris chez Ganeau, rue Saint-Jacques. Il a composé outre cela un Livre intitulé : *l'Esprit de S. François de Sales*, et des Explications sur le Catéchisme de Paris, imprimées en 1740 et 1747.

<small>Ind.funer.Chir. Paris. Edit. 1744, p. 586.</small>

<small>Suppl. à Moreri, T. II, au mot Pelestre.</small>

SAINT-REMI

PRÈS CHEVREUSE

A une demi-lieue plus bas que Chevreuse en suivant le cours de la riviere d'Ivette, est un Village du nom de Saint-Remi, qui qui est plus connu dans l'antiquité à raison du Prieuré qui y fut bâti, que par ses Seigneurs. Le premier titre qui en fait mention est une Bulle du Pape Calixte II de l'an 1122 qui confirme à l'Abbaye de Saint-Florent de Saumur en Anjou l'Eglise de Saint-Remi qu'un Evêque de Paris ou un Seigneur du lieu lui avoit donnée. Il étoit fort commun autrefois de dédier les Eglises sous l'invocation de ce Saint en vertu d'un simple linge qui avoit touché à son tombeau, ainsi que cela se pratiquoit à l'égard de plusieurs saints Prélats, tels que Saint Martin de Tours, Saint Hilaire de Poitiers, Saint Saturnin de Toulouse, Saint Germain d'Auxerre, Saint Médard, etc. On ignore si le Village existoit avant le

Prieuré, et quel étoit son nom avant qu'il eut pris celui de ce saint. Il est certain seulement que le Prieuré a été appellé Beaulieu *Bellus Locus*, au moins dès la fin du XIII siécle, apparemment à cause de la beauté du vallon où il se trouvoit, et peut-être pour le distinguer de l'Eglise Paroissiale de Saint-Remi, de laquelle les Moines se seroient éloignés à cause de sa situation aquatique.

Ce Village est situé partie dans la prairie arrosée par la riviere d'Ivette et par le ruisseau qui vient d'entre les Trous et Molieres, et en partie sur les bords de cette prairie, tant d'un côté que d'un autre, car ce qui forme le gros de la Paroisse est la jonction de deux rues en forme de croix, l'une qui vient du midi du côté des Trous, et l'autre qui vient du nord. Ce terrain étant froid par sa situation n'est cultivé qu'en labourages et en prairies. On compte de cet endroit à Paris environ six lieues. L'usage des Livres de l'Election de Paris en parlant du Village de Saint-Remi, est d'y joindre Coubertin, qui y est contigu du côté du midi. Ces deux lieux joints ensemble formoient 88 feux suivant le dénombrement imprimé en 1709, et en 1726 le Dictionnaire Universel de la France évaluoit le tout à 355 habitans : mais le nouveau Catalogue des Feux des Elections n'en compte plus que 78 à Saint-Remi, y compris Coubertin et la ferme du Prieuré des Aulnois qui est mal appellée Vaunori.

L'Eglise de ce lieu qui reconnoît Saint Remi de Reims pour son patron est située dans le plus bas de la prairie ; ce qui est cause qu'elle est quelquefois inondée, et que le pavé en est tout verd. La Dédicace en fut faite au mois de Juin par Jacques de Maury, *Reg. Ep. Paris. Jun. 1581.* Evêque de Bayonne, qui ordonna de la part de l'Evêque de Paris d'en célébrer l'Anniversaire le 27 Juin. Elle se soutient malgré les attaques de l'eau, parce qu'elle est bâtie des pierres molaires ou molieres du pays, dont la grossiéreté n'admet aucunes sculptures et a plus de résistance ; il en est de même de la tour qui la supporte du côté de l'orient, où l'on a placé l'entrée dans ces derniers siécles, en transportant l'Autel à l'occident où la porte auroit dû rester. Cette Eglise a une aile du côté septentrional avec une Chapelle qui appartient à MM. de Vaugien et dans laquelle est inhumé Denys Feydeau, Seigneur de Vaugien, mort dans le siécle dernier, et Catherine Vivien, sa mere. Les Dames de la Maison Royale de Saint-Cyr possédent la Seigneurie de ce lieu et y ont le Banc Seigneurial. M. de Coubertin y a aussi le sien. Les épitaphes et ins- *Mém. sur la Terre S. Remy 1728, p. 3.* criptions de cette Eglise sont ainsi rapportées dans un Mémoire imprimé en 1728 concernant ce Village :

« Cy gist et repose le corps de défunte Dame Cathérine Vivien
« Dame de la Grange-Bateliere, Veuve de M. Pierre Feydeau,

« vivant Chevalier Seigneur de Vaugien et autres lieux ; laquelle
« décéda en sa maison de Vaugien le 13 Octobre 1657. »

Dionisius Feydeau *Dominus de Vaugien sancti Remigii Condominus.... obiit die X mensis Octobris 1682.*

La Cure de ce lieu est à la nomination du Prieur comme membre de l'Abbaye de Saint-Florent, à laquelle l'Eglise de Saint-Remi avoit été donnée avant l'an 1122, et confirmée par Calixte II en cette année-là, puis par Thibaud, Evêque de Paris, en 1150, ensuite par Urbain III en 1186. Le Pouillé Parisien du XIII siécle marque pareillement l'Eglise de Saint-Remi parmi les dépendances de Saint-Florent. Les Pouillés du XV, du XVI et XVII siécles assignent uniformément la présentation de la Cure au Prieur du lieu. *Hist. MS. S. Florentii.*

Le Prieuré du Village de Saint-Remi est connu sous différens noms : les anciens l'appelloient *le Prieuré de Saint-Remi* ou *le Prieuré de Beaulieu*. Ces deux dénominations avoient cours dans le XIII siécle et dans les suivans. On s'est avisé depuis l'avant-dernier siécle de l'appeler quelquefois *le Prieuré de Sainte-Avoye*, peut-être à l'occasion de quelque dévotion du peuple envers cette sainte qui y est représentée sortant la tête d'une tour. Comme les Archives de Saint-Florent de Saumur ont conservé quelques fragmens historiques sur ce Prieuré, je les insérerai ici chronologiquement avec ce que j'ai trouvé ailleurs.

En 1206, le Prieur de Saint-Remi soutint qu'il avoit droit de pêche dans les eaux d'Anselme, Seigneur du lieu, avec nasselles, et celui de prendre du bois dans ses forêts la charge d'un homme. Du consentement de l'Abbé de Saint-Florent il fut accordé que le Prieur quitteroit ces droits moyennant dix sols de rente annuelle payables par le Seigneur le lendemain de Saint Remi ; et en cas de défaut, qu'il amenderoit de deux sols par chaque semaine sans pouvoir différer le payement et amende au-delà de Noël. Il fut aussi dit que le Seigneur ne pourroit rien exiger du Prieur. De plus, que le Pont situé vis-à-vis la maison du Prieur venant à manquer, le Seigneur le feroit réparer à ses frais, avec permission au Prieur et à ses gens d'y passer quand ils voudroient. Outre cela le Seigneur quitta au Prieur et aux Moines de Saint-Florent pour toujours les dixmes tant petites que grandes de tout son Domaine et de toute la Paroisse de Saint-Remi, tant vieilles que novales, et de ses bois, au cas qu'ils vinssent à être cultivés, ce qui leur appartenoit déja de donation ancienne. Il reconnut pareillement que le Prieur avoit le dixmage au grand moulin de Saint-Remi et aussi dans ses censives des Hôtes. Gui, Seigneur de Chevreuse, neveu d'Anselme du côté maternel, y apposa son sceau. En 1286, Thibaud de Marly, illustre Chevalier, rédigeant son testament, fit un article pour le Prieuré : *Prioratui de Bello* *Hist. manusc. S. Flor. fol. 20.* *T. I, Thes. Anec.*

Loco propè Caprosiam, L. solidos. On ne peut disconvenir qu'il ne fût beaucoup déchu de sa premiere origine; puis vers la fin de ce siécle, Gilles Lambert, Doyen de Saint-Martin de Tours, le possédoit pour sa vie durant. Il en fit la remise l'an 1300 entre les mains de l'Abbé de Saint-Florent qui lui fit ressentir les faveurs de sa Communauté. Cet Abbé avoit été attiré dans le Monastere de Saint-Florent, à l'occasion même de ce Prieuré que l'Acte de ce temps-là appelle *Sancti Remigii de Bello Loco juxta Caprosiam.* Car il étoit natif de ce Village et il en avoit pris le nom.

<small>Hist. manusc. S. Flor. f. 294.</small> On l'appelloit Renaud de Beaulieu ou Renaud de Saint-Remi. Il eut tellement ce Prieuré en affection, qu'il en devint comme le second Fondateur, soit en dotant de nouveau, soit en faisant réparer les bâtimens. On voit dans le Registre du payement de la redevance appellée *Pigmentum* à Notre-Dame de Paris au jour de l'Assomption, que le Prieur de Saint-Remi s'en étoit acquitté l'an 1283. Il n'y avoit que les Prieurs de Moines du Doyenné de Châteaufort qui y fussent tenus. Cela ne regardoit point les Prieurs des Chanoines Réguliers. En 1384, on trouve dans le rolle des Procurations dues à l'Evêque de Paris, le Prieuré de Saint-Remi *de Bello Loco*, taxé à dix livres dix sols. Vers l'an 1444, un Religieux de Saint-Florent qui étoit Prieur de ce Prieuré, et qui se nommoit Benoît Regnard, ayant dessein d'enrichir d'un Reliquaire l'Eglise de sa petite Communauté, prit celui du lait de la Sainte Vierge que l'on conservoit dans une fiole de verre à Saint-Gondon en Berry; mais il fut arrêté par Nicolas Davy,

<small>Ibid. fol. 357.</small> Bailly de Sully, à la poursuite de Frere Guillaume Touchebeuf, Prieur de Saint-Gondon, puis élargi à la priere de Simon Bienassis, Receveur de Sully, promettant de rapporter le Reliquaire, ce qu'il fit. Dès l'an 1497, l'Eglise de ce Prieuré n'étoit plus qu'une Chapelle; et même René Louet, Prieur de Bruyeres, qui fut dé-

<small>Ibid.</small> puté pour la Visite des Prieurés par Louis, Abbé de Saint-Florent, déclara qu'il avoit trouvé cette Chapelle mal en ordre, le logis du Prieur mal entretenu, et qu'on l'avoit informé que les biens dépérissoient de jour en jour. Simon Follant est nommé Prieur de Beaulieu dans le Procès-verbal de la Coûtume de Paris 1580. Le Supplément au Dictionnaire de Moreri nous fait connoître deux

<small>Suppl. de Moreri, 1735, T. II, au mot *Richard*.</small> Prieurs de Notre-Dame de Beaulieu-Sainte-Avoye, qui vécurent dans le dernier siécle, sçavoir: un M. Desalleurs, et ensuite Jean Richard, natif de Paris, baptisé à Saint-Jean en Grêve, qui le devint par permutation pour la Cure de Triel avec le précédent. Ce dernier est auteur de plusieurs ouvrages qui ont été imprimés; il mourut en 1686. Les Mémoires du Clergé (Tome XII, page 1168) font mention d'un Arrêt du Parlement de Paris du 4 Septembre 1490, sur le Prieuré de Sainte-Avoye.

Le Prieuré de Saint-Paul est aussi sur le territoire de la Paroisse de Saint-Remi : il est surnommé *de Alnetis* dans les titres latins ; ce qui a été rendu en françois par *des Aunois* ou *des Aunais*, et quelquefois aussi *de l'Aulné*. M. de Valois a cru que ce lieu formoit un Village ; mais il n'y a que ce Prieuré et une ferme. Il n'est pas non plus situé sur la riviere d'Ivette, ainsi qu'il est dit, mais dans un fond entre deux collines, sur le torrent qui vient de Molieres et des Trous. On ne connoît gueres les origines de ce Prieuré. Tout ce que Du Breul put en apprendre des Chanoines de Saint-Victor de Paris, auxquels il appartient, est que ce lieu contenoit deux Chapelles, dont l'une étoit dédiée à la Ste Vierge, l'autre à S. Paul ; mais comme elles étoient devenues presque désertes, Bernard, Archidiacre à Paris, au XII siécle, les demanda à Maurice de Sully, son Evêque, qui les lui accorda. Cet Archidiacre les donna depuis à l'Abbaye de Saint-Victor où il se fit Religieux, sous l'Abbé Ernise, vers l'an 1162. Le Nécrologe de cette Abbaye, sans faire aucune mention de sa prise d'habit marquée dans Du Breul, se contente d'annoncer au 2 Décembre que c'est le jour de l'Anniversaire solemnel de Bernard, Archidiacre de Paris, des bienfaits duquel l'Abbaye a eu l'Eglise de Saint-Paul, et une somme de trente livres ; et au premier Septembre l'obit de Gui, Seigneur de Chevreuse, se trouve marqué, parce qu'il avoit légué pour cela une somme de vingt livres à la même Eglise de Saint-Paul, car dès son vivant il avoit donné au Prieuré de Saint-Paul les Droits Seigneuriaux du faubourg de Chevreuse, appellé les blanches Maisons, et d'y tenir les Assises et le Bureau pour les Censives, dans une maison reconnoissable par l'image de S. Victor qui est dans une niche sur la porte. On sçait aussi d'ailleurs que ce fut à ce Prieuré que le même Ernise, quatriéme Abbé de Saint-Victor, fut relégué en 1172, pour avoir souffert l'introduction du relâchement dans son Abbaye, et qu'il tâcha de se retenir ce bénéfice, mais que deux Archevêques furent chargés de l'empêcher. Eudes de Sully, Evêque de Paris, accordant l'an 1202, à Absalon, Abbé de Saint-Victor, le pouvoir de destituer les Prêtres de certaines Eglises dépendantes de son Abbaye, sans lui en parler, y compris celle de Saint-Paul. On lit encore que Gazon de Vaux vendit sous le regne de Philippe-le-Hardi quelques menus cens à ce Prieuré ; ce que Hervé, Seigneur de Chevreuse, ratifia en 1275. On a vu ci-dessus que Thibaud de Marly légua à la même Maison la somme de cinquante sols par un article de son testament de l'an mil deux cent soixante-deux. Aucun des Prieurs n'est venu à ma connoissance sinon Joseph Salart qui l'étoit au XVI siécle. Le Pouillé Parisien du XIII siécle donnant le Catalogue de toutes les Communautés du Doyenné de

Notit. Gall. p. 408, col. 2

Du Breul, p. 1002, Edition 1639.

Necrol. manusc. S. Vict. Par.

Gall. Chr. nova, T. VII, col. 668.

Chart. Ep. Par. fol. 39.

Hist. des Gr. Off. T. VIII, p. 198.

Thes. Anecd. T. I.

Hist. des Gr. Off. T. VIII, p. 7583.

Macy, suivant l'usage d'alors, nomme pour dernier Prieuré celui de Saint-Paul. Au contraire, le rolle des Procurations dues à l'Evêque en 1384, le nomme le premier de tous les Prieurés du Doyenné de Châteaufort, avec la taxe de dix livres dix sols également comme les autres. Vers l'an 1300, son revenu étoit évalué à deux cents livres, suivant le Pouillé écrit environ l'an 1450.

Il est étonnant que dans aucun des Pouillés de Paris où les Cures dépendantes de l'Abbaye de Saint-Victor sont marquées comme les autres, on n'ait pas observé que Saint-Paul des Aunais a été une Cure durant quelques siécles. Il paroît d'abord par le traité de l'Evêque Eudes de Sully de l'an 1202 avec l'Abbé Absalon, que par le Prêtre de Saint-Paul destituable par l'Abbé de Saint-Victor, il faut entendre un Curé. Mais depuis le milieu du XVI siécle la chose ne souffre aucune difficulté. En 1551 Frere Jacques de Lyon fut présenté le 23 Février à l'Evêque de Paris par Nicolas Grenier, Vicaire de Pierre Lizet, Abbé. Il y eut depuis d'autres présentations à ce Prieuré-Cure par la Chambre de l'Abbaye, sçavoir le 24 Juillet 1565, le 22 Avril 1568, le 11 Octobre 1571, 23 Mai 1573, 24 Mars 1578, 22 Mai 1586 et 2 Décembre 1590. Enfin, ce qui suppose que c'étoit une Paroisse en forme, est la maniere dont on procéda en 1621 pour l'éteindre. Les Religieux de Saint-Victor et Jacques du Chou, Prieur-Curé de Saint-Paul, ayant exposé que les dépendances de cette Paroisse étoient de difficile accès, consistant en cinq ou six maisons fort éloignées situées à Montabbé, deux ou trois à Coubertin, les autres étant de Saint-Remi, les Religieux s'accommoderent pour les droits avec le Curé et avec l'Archidiacre qui n'y devoit plus de visite moyennant soixante sols de rente. Le Prieur ne fut plus tenu qu'à la Messe les Dimanches et Fêtes, et le jour de la Conversion de Saint Paul, Fête Patronale. Cela commença à être ainsi à la Toussaint 1621. Comme l'Eglise et les logis tomboient de vétusté, M. André-Jean B. Brisset, Chanoine de Saint-Victor qui en étoit Administrateur, a rebâti de nos jours une Chapelle au même lieu où étoit l'Eglise, et il commença à y célébrer au mois de Juin 1727.

Reg. Arch. Par.
1 Oct. 1621.

Ibid.
14 Jun. 1727.

On voit par le contrat d'acquisition que le Roy fit de Chevreuse en 1692, qu'il y avoit alors des bois connus sous le nom de *Bois de S. Paul.*

Acquis. du Roy émanée, p. 41.

Un troisiéme Mémoire qui m'a été fourni marque que Bernard, Archidiacre de Paris, ayant fait sa visite de l'Eglise de Notre-Dame, la demanda à l'Evêque Thibaud pour s'y faire Ermite, et qu'il transféra les Paroissiens à la Chapelle Saint-Paul qu'il érigea en Cure, puisque s'étant fait Chanoine à Saint-Victor sous l'Abbé Gilduin, il fit accorder ce lieu aux Chanoines de cette Abbaye pour en faire un Prieuré. Hugues II du nom, Evêque de Soissons, y donna la terre de Beauterrois. Ce bénéfice fut depuis conféré avec charge d'ames par l'Evêque de Paris sur la présentation de l'Abbé jusqu'à F. Jacques du Chou qui le fit réduire en Prieuré simple, comme on a vu ci-dessus.

Jusqu'ici je n'ai traité que de ce qui regarde le spirituel du Village de Saint-Remi. Je vais puiser ce qui regarde le temporel dans un Mémoire fourni ci-devant à M. Lancelot de l'Académie des Belles-Lettres. Selon ce manuscrit, Saint-Remi est une Baronnie unie au Duché de Chevreuse qui appartient aux Dames de la Maison Royale de Saint-Cyr. Le principal manoir de cette Baronnie étoit un moulin à tan.

Il y a dans cette Baronnie plusieurs Fiefs, Terres et Seigneuries qui en relevent.

L'Eglise Paroissiale est située dans la Baronnie de Saint-Remi, et précisément dans la portion qui en 1700 fut inféodée par les Dames de Saint-Cyr à M. de Coubertin. Cette Eglise est séparée de la Seigneurie de Vaugien par des bornes et limites.

Le Village et les maisons qui le composent sont de la mouvance et Justice de plusieurs Seigneurs.

Le Prieur de Beaulieu, autrement de Sainte-Avoye, qui a haute Justice, a dans sa directe le haut du Village du côté du midi.

Les Dames de Saint-Cyr ont du côté du septentrion le bas du Village dans leur directe, et outre cela la Terre et Seigneurie du Fief de Rodon qui est aussi de la Paroisse, et qu'elles ont acquis et réuni à leur Seigneurie de Chevreuse[1]. Cette Terre appartenoit il y a six-vingt ans à Matthieu le Roi, Ecuyer, puis à Charlotte de Crenet, sa veuve. *Reg. Ep. Paris. 10 Mars 632.*

Le Prieuré de Saint-Paul a haute Justice dans sa maison et sur le territoire de son Fief.

La Terre et Seigneurie de COUBERTIN au couchant de la Paroisse et non loin de l'Eglise, a Fief, haute, moyenne et basse Justice dans le hameau de ce nom ; fief, moyenne et basse Justice sur le territoire et maisons qui environnent l'Eglise. Le vrai nom est Corbertin comme il est dans un titre de 1196 où est produit comme garant Barthelemi de Corbertin, ce qui vient de *Curtis Bertini*. Regnaud de Courbertin tenoit un Fief en Brie l'an 1362. *Ibid., 30 Apr.* Jean Fredy, Avocat en Parlement, en étoit Seigneur en 1620 aussi bien que de la Verrerie où il avoit une Chapelle domestique. M. Bernard Fredy en jouissoit et y demeuroit en 1697.

---

1. Un Titre de Saint-Germain-des-Prez du VII siécle nous découvre que ce petit lieu a pris le nom du ruisseau qui y passe, lequel selon l'Ecrivain de ce Titre conservoit son nom de Rodon jusqu'au voisinage de Palaiseau. Voyez ce que je dis sur Palaiseau.

L'Histoire de Saint-Germain-des-Prez porte que cette Terre à elle appartenante avoit été vendue en 1641 au Marquis de Sourdis.

La Terre et Seigneurie de Vaugien au levant de la Paroisse a Fief et haute Justice, et dans cette Seigneurie il y a plusieurs autres Fiefs dont quatre y ont été réunis, qui sont: Blemy, Sergis, Etaux, Malmousse, suivant l'Arrêt qui en a été rendu en 1653. Le Fief de Sergis s'étend sur deux maisons situées vis-à-vis l'Eglise de Saint-Remi.

Il y a dans la même Paroisse deux autres Fiefs, qui sont Chevincourt et Aigrefoin : Chevincourt est à un quart de lieue de l'Eglise vers l'orient d'été, et a Justice sur trois maisons de la ferme. Aigrefoin appartient à M. des Moulins, Lieutenant de la Prévôté de l'Hôtel, et n'a que le corps de la ferme.

Reg. Arch. Par.
Chart. min. Ep.

Chevrigny est un lieu situé sur la même Paroisse de Saint-Remi, suivant un Acte du 20 Septembre 1646. Le Chapitre de Paris y acheta dès 1263 un Fief de Jean de Brueres.

Hist. des Présid.
p. 221.

LA VERRIERE ou la Verrerie est un lieu presque au midi de Chevreuse, et néanmoins de la Paroisse de Saint-Remi, suivant l'Acte ci-dessus du 30 Avril 1620. Barthelemi Séguier, Lieutenant Général de Chartres, vers l'an 1500, étoit Seigneur de la Verriere, près Chevreuse.

Mémoire ou Factum imprimé en 1728, chez Thiboust.

VAUGIEN est de toutes les Terres celle sur laquelle le même M. Lancelot a eu plus de Mémoires. Selon lui, il y eut en 1495, le 2 Mai, un partage fait entre Louis, Seigneur de Chevreuse, et Jean Chaudron. Louis céda à Jean la Terre et Seigneurie de Vaugien, à la charge de relever en foi et hommage de lui, ses hoirs et successeurs au Château de Chevreuse. Le 12 Mai 1561, cette Terre de Vaugien fut limitée en vertu d'un Arrêt obtenu par Claude de Marle. Le 5 Juin 1580, Vast de Marle, Seigneur de Vaugien, Blemy et Ragonant, rendit son aveu. Le 30 Avril 1611, Claude de Lorraine, Duc de Chevreuse, inféoda à Jean de Marle la ferme de Malmousse et vingt-cinq arpens de terre qui en dépendoient, pour les unir à la Seigneurie de Vaugien : et pour récompense de service, ce Duc lui accorda droit de litre et ceinture funèbre dans l'Eglise Paroissiale, à charge de tenir le tout en foi et hommage de Chevreuse. Le 30 Octobre 1613, Vaugien fut adjugé par décret à Reperan, Procureur, dont il fit déclaration au profit de M. Brulard de Sillery, Chancelier de France. Le 21 Septembre 1614, M. Brulard vendit cette Terre à Alexandre le Grand, Conseiller au Parlement. Le 6 Octobre 1635, Frédéric Canes qui la possédoit en fit échange avec Pierre Feydeau, Secrétaire du Roi. Le même Mémoire dit de ce Pierre Feydeau qu'ayant pris la qualité de Seigneur en partie de Saint-Remi, cette qualité fut combattue par une Sentence du 5 Novembre 1654. Il y est aussi fait mention de quelques additions faites aux inscriptions des cloches de la Paroisse, lesquelles souffrirent contestation. A Pierre Feydeau succéda Denis son fils, Correcteur des Comptes, décédé en 1682. Louise Feydeau, sa fille, épousa Nicolas Bertin, Conseiller au Parlement, puis Maître des Requêtes, décédé en 1742. Leur fils, Bruno-Maximilien Bertin, Conseiller Honoraire au Parlement, a succédé à la Seigneurie de Vaugien. *Merc. Fev. 1742.*

M. Lancelot a terminé ses observations sur la Paroisse de Saint-Remi, en disant que M. Bertin, Conseiller au Parlement de Paris, Seigneur de Vaugien, a acquis des Dames de Saint-Cyr le Moulin à tan autrefois Chef-lieu de la Baronnie en simple Fief sans aucune Justice, mouvant de la Baronnie de Saint-Remi dont elles se sont réservé la Justice ; et que M. Martin-Bernard de Fredy, sieur de Coubertin, a acquis à titre d'échange de ces mêmes Dames des Terres en Fief.

Le Sieur de Launay qui a publié in-12, en 1726, quelques corrections pour le Dictionnaire Universel de la France, a eu une attention particuliere pour la Paroisse de Saint-Remi, et sur-tout pour Vaugien qu'il dit être le Château Seigneurial. Il y fait observer que le jardin est du dessein de le Nôtre, qu'aux deux côtés de la porte sont des jets d'eau singuliers, produits par un grand étang formé derriere le Château et qui en produit deux autres séparés par une avenue. J'ai cru devoir ajouter en finissant cet article de Vaugien, que l'onze Janvier 1734, les Dames de Saint-Cyr obtinrent contre le Seigneur de ce lieu un Arrêt qui déclare que la qualité de Seigneur de la Paroisse n'appartient qu'au Seigneur Haut-Justicier sur le fond duquel l'Eglise est bâtie. *Fremainville, T. I, p. 23 et T. II, p. 78.*

Il faut se souvenir ici que ce Village de Saint-Remi a produit au XIV siécle un homme mémorable dont j'ai déja parlé ci-dessus. Je veux dire Renaud de Beaulieu ou de Saint-Remi, qui fut Abbé de Saint-Florent de Saumur. Il vivoit sous Philippe-le-Bel et sous ses successeurs. Je ne parle pas d'Enjorrand de Saint-Remi, Chevalier, qui en 1268 fut l'un des porteurs d'Etienne Tempier, Evêque de Paris. Il étoit seulement l'un des Seigneurs fieffés sur cette Paroisse. *Hist. Eccl. Par. T. II, p. 487.*

Il est bon de voir aussi ce que je dis du Village de Saint-Remi à l'article de Gif où je fais connoître qu'il est vraisemblable que cette derniere Paroisse est un détachement de celle de Saint-Remi, mais détachement très ancien et fait avant le XII siécle.

GIF

Ce nom est commun à un Village et à une Abbaye qui ne sont séparés que par la riviere d'Ivette. Mais il est difficile de décider lequel est le plus ancien du Monastere ou de la Paroisse. C'est une question sur laquelle il ne m'appartient pas de prononcer. Pour ce qui est du lieu, on ne peut disconvenir qu'il ne soit très-ancien. Son étymologie le prouve. Ce mot de Gif n'est certainement point latin : c'est un terme employé dans la Loy des Bavarois et dans celle des Lombards (ces Loix sont du   siécle), pour signifier la marque que l'on mettoit sur des biens saisis par autorité du Juge ou autrement, et par extension cela a été employé pour désigner ces biens mêmes. On écrivoit Wif ou Guif, qu'on latinisa en *Wiffa* et *Guiffa*. Ainsi la Terre de Gif auroit eu ce nom, parce que les biens qui la composent changerent autrefois de Propriétaire en vertu d'une saisie ou emparement solemnel. Il en faut dire autant de Gif-au-Mont, Diocése de Chaalons et de Gif-court, Diocése de Noyon. L'origine de ce nom étoit si peu connue aux XII et XIII siécles, que la plupart des Titres latins de ce temps-là qui parlent du Diocése de Paris ne le nomment point autrement que Gif, preuve que l'on croyoit ou que ce nom venoit d'une langue barbare ou qu'on ignoroit la signification.

Gloss. Cangii voce Wiffa.

Dict. univ. de la France, T. II, col. 46.

Le Village est à cinq lieues de Paris, vers le couchant d'hiver, sur la pente d'une côte qui regarde le midi, situation qui y a fait planter quelques vignes; mais les labourages et les prairies sont le principal bien du lieu. Dans les dénombremens de l'Election de Paris, on est en usage de ne point nommer Gif tout seul, mais de dire Gif et Courcelles qui est le principal hameau ou écart de la Paroisse. Celui qui paroît imprimé en 1709 marquoit en toute la Paroisse de Gif 119 feux. Celui que nous a donné le sieur Doisy en 1745, y en marque 123. Le Dictionnaire Universel qui se régla en 1726, sur la dénomination usitée à l'Election, marqua qu'il y avoit alors à Gif et Courcelles 555 habitans.

L'Eglise qui est dans le haut du Village reconnoît Saint Remi de Reims pour son Patron, de même que celle du Village de Saint-Remi qui est une lieue plus haut en remontant la riviere d'Ivette. C'est ce qui me porte à croire que le Village de Gif auroit primitivement fait partie de la Paroisse de Saint-Remi, laquelle certainement existoit au commencement du XII siécle, puisque dès auparavant l'an 1122 elle avoit été accordée à l'Abbaye de Saint-Florent de Saumur. Mais le démembrement fait de Gif, et son érection en Paroisse particuliere durent précéder cette donation,

puisque l'Evêque de Paris s'est conservé la pleine collation de la
Cure de Gif, que les Moines de Saint-Florent auroient eus, si en
leur donnant l'Eglise de Saint-Remi, Gif avoit encore été de la
Paroisse. Cette Église Paroissiale de Gif reconnoît aussi Saint
Jean-Batpiste pour Patron, ce que je ne crois pas ancien, mais
seulement établi par les habitans des derniers siécles, qui auront
voulu avoir aussi un Saint Patron différent de celui de leurs
voisins. L'édifice est presque entierement de pierres semblables
à celles dont on fait des meules, ce qui est cause qu'il est difficile
d'en connoître l'âge, la sculpture n'y étant pas pratiquable. On y
voit cependant quelques petites colomnes de pierre différente.
Le bâtiment est accompagné de deux aîles, mais sans contour
derriere le sanctuaire. La Dédicace en a été faite l'an 1561 par
Jacques de Maury, Evêque de Bayonne, suivant la permission à *Reg. Ep. Paris*
lui accordée le 18 de Juin. Dans l'aîle méridionale, proche la
Chapelle de Saint-Nicolas, est une tombe sur laquelle on lit cette
inscription en lettres gothiques :

*Cy gist Noble Homme Loys de Villetain en son vivant Escuyer
Sieur de Gif, de Tourneville, de saint Mars, du Plessis, Trappes,
de Cour-Couronne, du Chemin en Brie, Maître et Garde du Pont
au Pont de l'Arche, et Vicomte héréditai de Chasteaufort, qui trèspassa le seiziéme jour de Novembre M. V C. XL.*

Il y a d'autres tombes qui servent de pavé dans la nef ; mais
elles ne couvrent point le corps de ceux dont le nom est dessus,
ayant été apportées de l'Abbaye de Port-Royal, telle que celle *Voy. Niceron,*
d'Alexandre Varet, Prêtre Parisien, Vicaire-Général de M. Gon- *T. XXXVII,*
drin, Archevêque de Sens. *p. 366 où elle est en entier.*

. Le Pouillé du XIII siécle met l'Eglise de Gif au nombre de
celles dont la collation appartient pleinement à l'Evêque de Paris,
et ne la nomme point autrement que Gif sans lui donner de terminaison latine. Les Pouillés suivans s'accordent sur la même nomination à la Cure. Il est arrivé quelquefois que la Cure de Villiers-
le-Bacle lui a été jointe pour la vie d'un Curé, comme cela se fit
le 11 Janvier 1484 en faveur de Guillaume Herpin, mais c'étoit
sans préjudice des doubles Droits Synodaux, et de l'Obole de la
Chrétienté *Obolo Christianitatis*. L'Evêque de Paris approuva
le 10 Mars 1536 une transaction sur les dixmes de ce lieu passée *Reg. Ep. Paris.*
de l'avis de plusieurs Conseillers du Parlement entre Jean Fre-
deval, Curé, et l'Abbaye.

On connoît peu d'anciens Seigneurs de ce lieu. On trouve à la
vérité dans le Cartulaire de l'Evêque de Paris une remarque faite
vers l'an 1230 en ces termes : *Domina Isabella de Gif est Femina*
(c'est-à-dire vassale) *Parisiensis Episcopi, et de eo tenet quidquid
habet apud Villam Episcopi tam in Teloneo quam in Dreturis.*

Mais cela ne dit pas que cette Isabelle fût Dame du Village de Gif, quoiqu'il y ait apparence que cela a été. Un peu plus avant dans le même siécle, c'est-à-dire en 1262, vivoit un Luc de Gif, Chanoine de Notre-Dame de Paris, fils apparemment d'Isabelle et possesseur des mêmes biens. Jeanne la Boularde est dite dans un Acte de 1394, Dame de Gif, et tenir quelque bien en Fief du Domaine de Vauherlant. En 1470, 1472 et 1495, Guillaume de Villetain, Ecuyer, Vicomte de Châteaufort, étoit qualifié Seigneur de Gif. Il vivoit encore en 1508. Louis de Villetain, dont l'épitaphe ci-dessus rapportée fait foi qu'il étoit Seigneur de Gif en 1540, étoit apparemment son fils. Richard de Villetain étoit Seigneur en 1544 et Gilles Bouchier, en 1587. En 1629 François Boutier, Chevalier, possédoit la Seigneurie de Gif, et pour avoir l'ancien cimetiere il donna d'autres biens à l'Eglise. En 1647 cette Terre étoit possédée par le Duc de Chevreuse, et quoiqu'il vendît alors au Marquis de Sourdis la Seigneurie de Châteaufort, il se la réserva aussi-bien que la Maison et Moulin de Courcelles et dépendances de la même Paroisse de Gif. Un Arrêt du Parlement du 9 Février 1664 ordonna en conformité que la Terre, Seigneurie, haute et moyenne Justice de Gif, ensemble la Justice sur les hameaux de Chevrigny, la maison appellée Chapitre, Aigrefoin, Cresilly, les Moulins le long de la riviere d'Orcey et Belle-Image, comme aussi la Maison et Moulin de Courcelles et autres du même hameau assises en la Paroisse de Gif, seroient distraites de la Seigneurie de Châteaufort et demeureroient unies et incorporées au Duché de Chevreuse. En ce même Arrêt M. Lucas est dit Seigneur de Gif. Mais dans l'Acte d'acquisition du Roi de l'an 1691, c'est M. Merault qui est déclaré possesseur et Seigneur de cette Terre. Actuellement, 1753, c'est encore un M. Merault qui la possede.

COURCELLE paroît être aujourd'hui l'écart le plus notable de la Paroisse de Gif : son nom est le diminutif de *Curtis*, et doit être en latin *Curticella*. En 1638 Noble Jean Hoquingam, Commissaire des Guerres, en étoit Seigneur ; et en 1697 M. Feydeau y avoit un Château.

Il y a d'autres écarts à Gif qui sont connus depuis plusieurs siécles. COUPIERRE, par exemple, est mentionné aux Archives de Sainte-Geneviéve de Paris dès le XII siécle. La Bulle d'Alexandre III portant confirmation des biens de cette Maison en 1163, marque *apud Curiam Petræ et Joviniacum, terras, prata, census et nemora*. On disoit alors Court-Pierre en langage vulgaire. Pour ce qui est de *Joviniacum*, s'il faut le trouver absolument en ces cantons-là, ce peut être Chevrigny dont on auroit grossi le nom de la lettre R. En 1250 le Fief de *Curti-Petra* produisoit cent sols de rente à la même Abbaye, et ils étoient payés par Dame Isabelle de Court-Pierre (la même peut-être qui est dite ci-dessus Isabelle de Gif, vassale de l'Evêque) et par Robert l'Aiguillon, neveu de Maître Hugues. En 1275 cette Abbaye donna ce qu'elle avoit en ce lieu à bail pour neuf ans à un homme de Gif, *Terras, Prata, Census, Piscariam*, sous la redevance d'une certaine quantité de grain à la mesure de Châteaufort : mais un Chanoine de Beauvais continua le bail dès 1278. Il s'appelloit Simon de Damiete. L'Abbé Arnoul l'en accommoda à cause du voisinage de sa Terre de Damiete. Le Monastere de Port-Royal eut dans le même siécle des terres sur la censive de Sainte-Geneviéve à Courtpierre. Elles lui avoient été données par Isabelle *de Pyrodio*, Adam et Guillaume ses fils. Mais l'Abbesse Petronille en fit cession à Thibaud, Abbé de Sainte-Geneviéve, vers l'an 1250. *Chart. S. Gen. p. 356.* *Ibid., p. 380.* *Ibid., fol. 329.*

DAMIETTE est connu comme on vient de voir dès le regne de Philippe-le-Hardi, puisque cette Terre avoit donné le nom à une famille. Il peut se faire que ce lieu eût été ainsi appellé par quelqu'uns des croisés du temps de S. Louis. De Fer l'a mal nommé Damrette dans sa Carte. Il est également mal nommé Dannette dans le Journal de Charles VII. On y lit que le lundi 16 Avril 1431 cent hommes d'armes sortirent de Paris et allerent vers Chevreuse à une vieille forte maison nommée Damiette, où il y avoit bien quarante larrons qu'on amena à Paris où l'on en pendit un grand nombre. Le Journal ajoute que c'étoit le Régent qui avoit envoyé les cent hommes d'armes [1]. Un des Messieurs Goutelas, Ecuyer, étoit Seigneur de Damiette vers l'an 1500, selon l'inscription de sa tombe dans l'Eglise de Villiers-le-Bacle. *Journ. des Regn. de Charles VI et Charles VII, p. 137.*

J'ai appris cependant que c'est l'Abbaye de Gif qui posséde le Fief de Damiette relevant du Roi par la Seigneurie de Voisins-le-Bretonneux réunie au Domaine de Versailles.

Le nom de Gif n'est point inconnu parmi les noms de ceux qui ont fleuri par la Prédication. Le P. Echart a marqué en ce nombre *Arneus de Gif*, qui étoit Dominicain et fameux Prédicateur à Paris vers l'an 1270. *Script. Ord. Præd. T. I, col. 266.*

Monsieur Ballet, Curé de cette Paroisse, est marqué dans quelques Journaux comme ayant fait imprimer en 1744 un Panégyrique de S. François de Paule qu'il avoit prononcé la même année chez les Minimes de la Place Royale à Paris. Deux ans après il a fait afficher des Prônes et des Panégyriques de sa composition, et enfin en 1750 un Traité sur la dévotion envers la Ste Vierge ; et depuis, plusieurs Prônes et Sermons. *Mercure, Juillet 1741, p 1585.*

---

1. Voyez sur une Justice qui fut faite à Gif en 1495 un compte de la Prevôté de Paris, *Sauval, Tome III, page 517.*

ABBAYE DE GIF

<small>Gall.Chr.nova, T.VII, p.596.</small>

<small>Bulla Eugen.Papæ III an. 1147 sæc. VI, Bened.</small>

On ignore le temps de la premiere fondation de ce Monastere, je pourrois même dire qu'on ignore jusqu'à son premier nom. On croit avec assez de fondement que Maurice de Sully, Evêque de Paris, n'en est que le restaurateur; car quoique le Pape Clément dans la Bulle lui dise *Abbatias...... de Gif de novo diceris construisse,* cela peut s'entendre de quelqu'une dans le sens qu'il l'auroit seulement rebâtie. Il est certain qu'Etienne de Senlis, Evêque de Paris, voyant ce Monastere de Gif en triste état, l'unit à celui d'Hiere, qui venoit d'être fondé, et qui étoit de l'Ordre de Saint-Benoît comme l'autre, quoique les Religieuses fussent vêtues de blanc. Une Bulle d'Alexandre III de l'an 1180, insinue qu'en effet pendant que l'on rebâtit celui de Gif, les Religieuses se retirerent à Hieres, et qu'il fut convenu qu'en cas qu'elles ne pussent pas choisir une Abbesse parmi elles lorsqu'elles seroient rentrées à Gif, elles éliroient une Religieuse de la même Abbaye d'Hieres, ce qui fut cause que pendant un temps leurs biens étoient presque communs : au moins est-il vrai que celles d'Hieres donnerent à celles de Gif la grange d'Onvilliers, et depuis, quand elles se séparerent de biens, une quantité de grain à prendre sur le Moulin de Chilly.

<small>Annal. Bened. T. VI. p. 303.</small>

On sçait sur quel fondement le Monastere de Gif auroit été appellé l'*Abbaye de Glise* ou *de Clise,* ainsi que le prétendoient en 1518 plusieurs paysans des plus anciens de Gif qui le déposerent ainsi dans une Enquête juridique. Dom Mabillon et les Auteurs du *Gallia Christiana* croyent qu'il y avoit eu de la méprise dans l'écriture du nom ; mais parmi les paysans les noms se perpétuent plutôt par la prononciation que par l'écriture. Ainsi il falloit bien que ces cinq paysans âgés eussent quelquefois ouï dire l'*Abbaye* ou *le Couvent de Glise.* Il ne sera peut-être pas impossible de trouver la solution de cette difficulté, en faisant attention qu'en 1205 Odon de Sully, Evêque de Paris, appelle ce Couvent, *les Moniales de Saint Reverent*[1], et que le corps de ce Saint Reverent qu'elles ont eu en bonne partie venoit du Mont-d'Eglises proche Bayeux, *Mons Ecclesiarum,* d'où apparemment on l'avoit transporté dans le temps des Normans pour le mettre en sûreté dans quelque Château du Diocése de Paris. L'Abbé Chastelain, Chanoine de Paris, qui vit cette Abbaye en 1680, apprit qu'on y possédoit une partie de son corps, et qu'on y célébre sa

<small>Chart. Ep. Par. p. 54.</small>

<small>Hist. de l'Eglise de Bayeux.</small>

---

1. L'Ecrivain du Titre et le Cartulaire ne comprenant pas l'Abregé *Reventii* ont mis *Eburtii.*

Fête de Rit double le 12 Septembre. Les Religieuses ont outre cela une autre Fête des saintes Reliques qui est le 3 Septembre comme à Bayeux. Mais la Relique qu'on y a de S. Reverent qui consiste dans une vertebre du dos, n'est point de celles qui étoient venues de Bayeux immédiatement. Ce fut Charles Martineau, Abbé de Noyers en Touraine, qui la tira de la châsse de ce Saint conservée dans l'Eglise de Noüatre dépendante de Noyers, et qui la donna le 18 Septembre 1633. La même année, le 5 Novembre, Madame de la Châtre, Abbesse de Farmoutier, en donna de Sainte Fare, et Madame de Beauvilliers, Abbesse de Montmartre, en donna de celles des Martyrs de la même montagne qu'on a vu ci-dessus (Tome I, page 445) être différens de S. Denis et de ses compagnons. Voici deux extraits des Registres des Secrétaires de Paris qui concernent les Reliques que l'on possède dans le Monastere de Gif: 1° Il fut permis le 17 Octobre 1631 à Madame de Villarceaux, Abbesse, d'exposer une parcelle des Reliques de Saint Benoît à elle envoyées par le Prieur et Trésorier de l'Abbaye de Saint-Eloy de Noyon. En 1634 le Pénitencier de Paris fut envoyé par l'Archevêque pour examiner les Reliques de Gif. Il y en trouva de S. Gratien, Evêque et Martyr, d'autres de S. Reverent, Confesseur, de Ste Julite, Martyre, de Ste Fare, Vierge ; et enfin d'autres données à la susdite Abbesse, Magdelene de Mornay-Villarceaux, et qui étoient des Martyrs de Montmartre. Ce Commissaire ayant rapporté qu'il avoit vu les Certificats d'où les dernieres venoient, il fut permis de les exposer avec les autres qui étoient d'ancienneté en cette Abbaye. *Reg. Arch. Par. 16 Maii 1634.*

Quoique Saint Reverent, Prêtre de Bayeux, soit fort honoré dans ce Monastere, l'Eglise n'est point cependant sous son invocation, mais sous celle de la Sainte Vierge : quelques Titres l'appellent Notre-Dame du Val de Gif. Le bâtiment est petit, sans croisée et sans ailes, voûté de plâtre seulement, couronné par un clocher très-bien ouvragé. Cette Maison est bâtie sur la pente douce d'un côteau qui regarde le septentrion à une legére distance de la riviere d'Ivette. Les sources n'y sont pas rares. On apperçoit une belle fontaine dans la Cour. Une partie du revenu que nos Rois accorderent à cette Maison vers le temps de son établissement, fut la dixme du vin du Roy ; le Parlement regla, en 1268, la Maniere dont cette Maison et celle de la Sauscaye recevroient ce Droit *Regist. Parl. Candelosa.*

En 1506, on comptoit déjà dix-huit Abbesses depuis Eremburge, la premiere. On avoit aussi déjà parlé deux fois de réformes, sçavoir, en 1391 et 1411. Les Religieuses d'Hieres plaidoient en 1493, prétendant que c'étoit à elles à élire l'Abbesse de Gif, et que Gif, autrefois Prieuré dépendant d'Hieres, n'avoit été *Reg. du Parl. Ibid.*

érigé en Abbaye qu'à la charge que la Supérieure demeureroit à Hieres. En 1494, le Parlement ordonna que deux Conseillers, l'Official de Paris et l'Archidiacre de Josas, se transporteroient à Gif pour pourvoir à l'Office Divin, à la nourriture des Religieuses et aux réparations de l'Eglise. En 1524, la Communauté étoit composée de vingt-six Religieuses, et, en 1535, de trente-six.

<small>Regist. du Parl.</small>

<small>Reg. Ep. Par. 14 Jun. 1524.</small>

Les Abbesses sur lesquelles le *Gallia Christiana* et autres documents fournissent quelque chose de plus remarquable, sont : Jeanne de Blosset qui, de Religieuse Dominicaine de Poissy, fut faite Abbesse en 1543. Il est parlé d'elle dans les Preuves des libertés de l'Eglise Gallicane à l'occasion de quelque dérangement, et dans les Registres du Parlement à l'occasion de sa sœur, Professe de Moncel, près Pont-Saint-Maxence, qui s'étoit retirée à Gif, y restoit habillée en Demoiselle séculiere et fréquentoit les nouveaux hérétiques [1]. L'Abbesse Magdelene de Montenay, qui commença à siéger en 1610, y mit la Réforme en 1619 : et comme on croyoit alors que l'habit blanc n'y convenoit pas, quoiqu'il y eût peut-être été de tout temps, elle obtint de l'Evêque de Paris, le 1er Février, que ses Religieuses portassent désormais le noir. L'abstinence perpétuelle de chair y a été établie depuis. Il y a eu après elle deux Abbesses consécutives, nommées toutes les deux Magdelene de Mornay de Villarceaux, qui ont procuré par elles-mêmes ou par leurs Religieuses la Réforme en plusieurs autres Maisons. La derniere mourut en 1651. Du temps de Magdelene Hurault de Cheverny, nommée Abbesse en 1669, se retira dans ce couvent Anne le Blanc de Marseille, laquelle avoit fait vœu de chasteté, aussi bien que son mari, dès la premiere nuit de ses nôces, avoit été en Italie où elle avoit tâché d'établir une Réforme dans l'Ordre de Sainte Claire. Anne-Victoire de Clermont de Monglat succéda en 1675 à Magdelene Hurault, sa tante, et gouverna dix ans. Sa vie, dont on peut avoir l'abrégé dans le Supplément de Moreri, a été écrite par Dame Eléonore-Marie de Bethune d'Orval, qui fut Abbesse après elle, et qui a composé, outre cela, plusieurs ouvrages de piété imprimés. Cette derniere n'est décédée qu'en 1733. De son temps vécut dans cette Abbaye Ambroise Morna, Prêtre né en Anjou, dont la vie mortifiée est rapportée au même Supplément, d'après le Nécrologe de la Maison où il mourut le 17 Juin 1724. Son corps y repose dans l'Eglise, et sa mémoire est en vénération dans le Monastere.

<small>Reg. Parl. 2 Mart. 1563.</small>

<small>Reg. Ep. Paris.</small>

<small>Necrol. MS. de Gif.</small>

<small>Lettre Circulaire sur la mort de Madame de Bethune, in-4° à Paris.</small>

On doit ajouter au Catalogue des Abbesses du *Gallia Christiana*, Marguerite d'Oroer qui fut nommée par l'Evêque de Paris, le 24 Mars 1480, à la place de Jeanne de la Roue, déposée.

<small>Reg. Ep. Paris.</small>

---

1. Je ne dis rien de la Dame Blosset, Abbesse, à laquelle le Parlement fit son Procès. *Reg. Parl. 4 Jan. 1550.*

BURES

On compte en France huit ou neuf Paroisses du nom de Bures, et peut-être que toutes ont la même origine, c'est-à-dire que peut-être elles tirent leur dénomination de ce que le lieu où elles sont bâties étoit une place voisine d'une forêt, dans laquelle on faisoit des amas de branchages d'arbres que nous appellons bourrées, et qu'on écrivoit autrefois burées, où la lettre *u* se prononçoit en *ou*. Au moins la situation de Bures du Diocése de Paris semble avoir été telle, lorsque la Montagne qui couvre ce village du côté du midi étoit en forêt, car il n'y a plus que les côteaux exposés au septentrion qui en sont garnis. On sçait que dans les vieux titres de certains pays (en Lorraine), Bures signifioit des feux de bourrées tels qu'on les faisoit le premier Dimanche de Carême dans les villages, d'où le Dimanche étoit appelé *le Dimanche des Bures*.

M. de Valois a omis de parler du village de Bures dans sa petite Notice du territoire de Paris, quoiqu'il ait dû lui être connu par le Pouillé du XIII siécle qu'il avoit vu, et par d'autres monumens que je citerai ci-après. Les plus anciens sont du commencement du XII siécle auquel se distinguerent dans la Terre Sainte deux Seigneurs de Bures.

Ce Village est à cinq lieues et demie de Paris du côté du couchant d'hiver, à une lieue et demie au-delà de Palaiseau, au rivage droit de la riviere d'Ivette qui vient de Chevreuse. Il y a sur son territoire des labourages, des prairies et des vignes. La situation de la plûpart des maisons est dans un vallon, aussi bien que celle de l'Eglise. On y comptoit 58 feux en 1709, selon le dénombrement de l'Election de Paris imprimé alors, ce qui se trouva évalué dans le Dictionnaire Universel de la France de l'an 1726, à 209 habitans. Le dernier dénombrement que le sieur Doisy a rendu public en 1745, y marque 51 feux.

L'Eglise de ce lieu est sous l'invocation de Saint Matthieu, Apôtre et Evangéliste, et cela de temps immémorial. Il subsiste des Actes du XIV siécle, où elle est dite *Ecclesia sancti Matthæi de Buris*. L'édifice qu'on voit aujourd'hui n'est pas pour cela d'un temps bien reculé. Elle étoit revêtue de deux ailes, une de chaque côté, le tout finissant en quarré. Le gray et autre pierre du pays difficile à sculpter la rendent solide, mais sans ornemens d'architecture. Les vitrages n'indiquent rien non plus. *Reg. Ep. Par. 19 Aug. 1472.*

Dans le côté droit du chœur entre les deux premiers piliers, est un mausolée sur lequel sont représentés à genoux, en pierre et de la hauteur naturelle, Antoine de Chaulnes, Seigneur de Bures, et Françoise Arnault, sa femme, à sa gauche. Et au bas, dans les deux côtés, se lisent deux inscriptions que l'on m'a assuré avoir été composées par le Cardinal du Perron. On voit donc sur un marbre noir au-dessous de la Femme, les lignes suivantes :

Consorte vitæ, imo vita ipsamet mea.......
....
....

Francisca sum Arnalta Avarico Biturigum oriunda quæ Parisiis ultima fato concessi anno ætatis 37 primi mensis 1585.

Au-dessous du Mari :

DEO MAXUMO.

Antonio de Chaulnes Ærarii bellici abstinentissimo et Censori æquissimo, plurimarum aliarum dignitatum tractatione clarissimo, viro civique optimo, qui talem potius esse quam dici aut videri semper tenacissimè studuit, uxore castissima, VII ingenuis liberis, amicorum multitudine, et re benè parta felicissimo, ipsi liberi propter orbitatem infelicissimi PP. obiit XX Octobris 1593 præteriens annos LV.

En face de ces deux personnes est attachée au pilier du chœur une plaque de cuivre contenant seize vers françois, composés par Jean Arnault, frere de la défunte, ainsi qu'il est marqué au bas. Cet Antoine de Chaulnes étoit natif d'Auxerre. L'Epitaphe de ses ancêtres s'y lit encore sur le vitrage d'une Chapelle de la Paroisse de Saint-Eusebe.

La Cure de Bures est marquée sous le nom vulgaire de Bures dans le Pouillé de Paris du XIII siécle, au rang de celles qui sont de la pleine collation de l'Evêque. Le Pouillé du XV siécle la met dans le même rang, et ajoute qu'il y a dans l'Eglise du lieu une Chapellenie de la même collation. J'ai remarqué en effet qu'au mois de Décembre 1479, l'Evêque de Paris conféra à Thomas Bourgeois une Chapelle située *in Ecclesia Parochialis de Buris.* La nomination de la Cure et de la Chapelle est spécifiée de la même maniere dans les Pouillés du XV siécle, et de l'an 1626. Mais on ne trouve que celle de la Chapelle. Il est arrivé à cette Chapellenie comme à plusieurs autres des Paroisses de la campagne, d'être transférée dans une Paroisse de Paris. La desserte de celle-ci se fait dans l'Eglise de Saint-Eustache de Paris ; mais le bien du bénéfice est situé à Bures.

Ce qu'il y a de plus mémorable sur les Seigneurs de Bures est en même temps ce qu'il y a de plus ancien touchant ce village. Godefroy ou Geofroy de Bure du Diocèse de Paris (ainsi que le désigne un Historien du temps), homme très-entendu au métier de la guerre, fut d'un grand secours à Baudoin, deuxième du nom, Roi de Jérusalem. Lui et son frere Guillaume de Bure allerent autour de la Ville de Damas l'an 1120 avec un nombre de soldats, et ayant attaqué les Arabes gardant leurs troupeaux le jour de Pâques, ils tuerent deux cents Sarazins et ne perdirent que soixante et dix Chrétiens. Ce Godefroy de Bure fut tué dans cette rencontre. *Albert Aquens. Hist. Jerosol. lib. XII, c. xxxi.*

Guillaume de Bures, frere de Godefroy, se rendit également illustre à la Terre-Sainte. Il fut Vice-roi de Jérusalem ou Administrateur du Royaume l'an 1124, pendant une partie du temps que le Roi Baudoin resta dans les prisons des infidèles. La suite des Seigneurs de Bures des siécles suivans est perdue. *Ibid. Hist. Eccl. Par. T. II, p. 105.*

Henri ou Hugues le Flaman en étoit Seigneur l'an 1474. Le Roy Louis XI lui fit don de la Haute-Justice de ce lieu par Lettres registrées en la Chambre des Comptes le 9 Août. *Mem. Ch. des Comptes.*

Jean ou Antoine Sanguin, et peut-être tous les deux successivement, furent Seigneurs de Bures en même temps que de Meudon et d'Angervilliers vers le commencement du XVI siécle.

Anne de Pisseleu, niéce d'Antoine Sanguin, Duchesse d'Etampes, succéda dans la possession de Bures, etc.

Antoine de Chaulnes dont l'épitaphe est rapportée ci-dessus, devint Seigneur de Bures après le milieu du XVI siécle, et ses descendans du même nom ont joui de cette Terre jusqu'environ l'an 1730.

Maintenant elle est possédée par M. Rouillé avec celle de Jouy, proche Bievre.

Le Château Seigneurial est dans le vallon en tirant du côté de Gif.

Les Ecarts de cette Paroisse sont Montjay sur une hauteur du côté de Gomez, pays de Labourages dans la plaine qui regne sur la montagne. Il y a quelques maisons au-dessous avec des vignes. Ce lieu a appartenu vers 1620 au sieur Berthold de Valles, puis à Colombe le Picard, sa veuve, en 1626. Il appartenoit encore à un M. de Valles en 1697. De Fer a appellé ce lieu *Mont-Toy* dans sa Carte du Diocèse. Ce Montjay est fort différent de celui qui est proche Chelles avec une ancienne Tour Seigneuriale.

La Haquiniere ou l'Aquiniere, car ce nom peut venir de la fontaine minérale qui est dans les prés, et sur laquelle je m'étends dans l'article de Gomez-le-Châtel ou Saint-Clair.

Le Grand-Menil, Château et Fief qui a appartenu en 1631 à Antoine de Valles, Conseiller ès Conseils du Roi, puis à Pierre de Creil, Maître des Comptes et à **Elisabeth** Fresque, sa femme, en 1657. Aujourd'hui il est à M. Fauchard, Bourgeois de Paris.

Le petit Launay, qui a appartenu au même de Valles.

La Grange du bas Moulon dans la Vallée appartenante à M. Vernelle, Seigneur du Grand Launay, Paroisse d'Orcé.

La Guionnerie, Ferme qui appartient au même.

Rheaume.

Ces deux derniers lieux ne sont point marqués dans les Cartes du Diocèse.

Un Chanoine de Notre-Dame de Paris, Docteur en Théologie, nommé Nicolas *de Pressorio* avoit légué en 1301 à cette Eglise du bien situé à Bures; mais le Chapitre ne le conserva pas.

ORCÉ ou ORÇAY

On pourroit douter sur la maniere la plus légitime d'écrire le nom de ce Village, et quelques-uns penseront sans doute qu'il seroit mieux écrit Orsay qu'Orçay. Mais il m'a paru que le mieux dans ces sortes de noms est de s'éloigner le moins que l'on peut de la maniere de l'écrire usitée dans les Historiens anciens et dans les titres les plus vieux. Or c'est toujours par un C qu'il est écrit dans ces monumens. Dans tous on trouve *Orceacus* ou *Orceacum*. L'Etymologie n'en est pas pour cela plus aisée à trouver. Il faut la mettre dans le rang de celles qui resteront inconnues. Ore ou bien Oure peut être un mot celtique, de même que le nom de la riviere d'Ourque qui coule entre Soissons et Meaux.

Cette Paroisse est située à cinq lieues de Paris entre le midi et l'occident, à une lieue au delà de Palaiseau, sur une des grandes routes qui menent à Chartres. Son exposition est sur un côteau en pente qui regarde le nord. La riviere d'Ivette qui vient de Chevreuse et de plus loin, passe au bas de la côte sans faire la séparation de ce Village d'avec ceux qui sont au septentrion, puisqu'il a encore des maisons au rivage gauche, dont les vignes sont en meilleure exposition par leur regard vers le midi. Il n'est pas nécessaire d'avertir qu'il y a une prairie en ce lieu. Le voisinage de la riviere le dénote assez. Dans les livres ou rolles de l'Election de Paris, ce Village est appelé Orçay-les-Hameaux, et l'on y joint la Paroisse de Saint-Jean de Beauregard. Le dénombrement imprimé en 1709 y comptoit 132 feux, et le Dictionnaire universel de l'an 1726 y marquoit 550 habitans; mais le dernier dénombrement imprimé en 1745 par les soins du Sieur Doisy ne fait aller le nombre des feux qu'à 119. Ce Village existoit dès le XI siécle ; mais l'auteur qui en fait mention et qui vivoit alors, l'appelle simplement *Villula cui nomen Orceiacus*. *Vita Burchardi Comitis Corbol.* Duchêne, T. IV, p. 120.

L'Eglise telle qu'on la voit aujourd'hui n'est pas celle qui existoit avant le Prieuré de ce lieu. C'est un bâtiment construit partie au XII siécle comme le fond du sanctuaire qui se termine en calotte que l'on a percée depuis pour y faire un vitrage. La petitesse du chœur en marque aussi l'antiquité aussi-bien que les petites colomnes que l'on voit entre le chœur et le sanctuaire par forme d'ornement suivant l'usage du XIII siécle. C'est ce qui est encore confirmé par la situation du clocher sur le chœur en forme de tour quarrée. Tout cela est vouté en pierre, mais les deux aîles de cette Eglise, quoique assez élevées, ne sont que lambrissées. Au fond de celle qui est du côté méridional est parmi le pavé une tombe sur laquelle est la figure d'un homme effacée avec cette épitaphe : *Cy gist Noble Homme Claude Bouchier, en son vivant Ecuyer, Seigneur de Roynville, et lequel tréspassa...... Avril Mil V. C. LI.*

Peu loin de là est une autre tombe élevée sur laquelle on lit : *Cy gist Noble Charles Boucher, en son vivant Seigneur de Roynville et Orçay en partie qui tresp..... Juin Mil V. C....... Priez Dieu pour lui.*

Cette Eglise reconnoit deux saints Patrons représentés à l'autel, sçavoir Saint Martin et Saint Laurent. La Dédicace en a été faite le lendemain de la Fête de ce dernier, et c'est le jour auquel on la célébroit ou le Dimanche le plus proche, et non au jour qui est assigné aux Eglises dont la Dédicace est inconnue. Les habitans disent avoir perdu leurs titres du temps de la guerre de Dourdan.

Il paroit que Saint Laurent a pu être demandé pour Patron en second, à cause que Saint Martin est le Patron de Palaiseau qui n'en est qu'à une lieue, ensorte que cette identité de Patron dans ces deux lieux voisins fait croire que du temps de la premiere race de nos Rois, où Palaiseau étoit une terre de très grande étendue, Orçay y auroit été compris sous le Patronage de Saint Martin. Il est certain au reste que lorsque l'Eglise bâtie à Orçay fut donnée aux Moines de Longpont vers la fin de l'onzième siécle, elle s'appelloit de Saint-Martin. Ce fut Geoffroy, Evêque de Paris, et Joscelin, l'Archidiacre, qui à la priere de Guy leur ami, lequel prenoit l'habit à Longpont, fit la concession de cet Autel et de ses dépendances, *in Villa quæ dicitur Orceacus*. On place cette donation environ l'an 1089. On vit aussi alors des Laïques avoir des prétentions sur cette Eglise. C'étoit Guy ci-dessus nommé qui le premier avoit eu le scrupule de garder cet autel, et l'avoit remis â l'Evêque. Un nommé Geoffroy, fils d'Urric, donna pareillement *Append. ad Pœn. Theod.* p. 622. *Hist. Eccl. Par.* T. I, p. 691. *Chart. Longip.* fol. 41.

une charte qui portoit le même don. Il y eut quelque opposition à ce que ce dernier accordoit, parce que cela comprenoit une portion de bois et de riviere; mais Guy le Rouge, Seigneur de Rochefort, jugea comme arbitre que les Moines ne devoient rien perdre. Le même Geoffroy, fils d'Urric, ne se borna pas à cela. Il joignit à ces dons celui de la Chapelle de Viviers, lieu situé au midi d'Orçay, c'est-à-dire qu'il en céda l'*Atrium*, et toute la dixme qui lui appartenoit tant sur la montagne que dans la vallée, et même il approuva toutes les concessions que les Chevaliers feroient de ce qu'ils tenoient de son Fief. Milon Cartellus prenant l'habit de Cluny fit aussi un présent à l'Eglise d'Orçay et aux Religieux qui la desservoient, sçavoir de toute la dixme de sa terre située dans la Vallée d'Orçay. Son fils Nanterius voulut s'y opposer, mais il consentit pourvu qu'il en jouît sa vie durant. Son autre fils nommé Sevin fut plus libéral, puisqu'il donna à Saint-Martin d'Orçay toute la dixme à Bussiere, *apud Bosseriam* [1], et deux arpens de terre à Viviers. Simon d'Orçay voulut que sa donation n'eût lieu qu'après sa mort ; elle consistoit dans l'*Atrium S. Martini de Orceaco* qu'il donnoit à la maison de Longpont, et le Prieur Henry lui présenta de son côté un casque au lieu de cinquante sols. Richard dit *Pelarusticum,* lequel ne prend point de qualité, apporta de la solemnité dans son aumône. En donnant à Saint-Martin d'Orçay et aux Religieux du lieu une dixme dans une partie *de Villa Leheriarum* avec le Moulin du Pré, il alla mettre son don sur l'autel même de Saint Martin. Toutes ces donations faites aux Religieux de Longpont établis à Orcey, furent confirmées par une Bulle d'Eugene III de l'an 1151 en ces termes : *Ecclesiam de Orceaco cum Decima et Atrio*. Mais quoique un grand nombre de Seigneurs parussent s'être désaisis de la dixme, il en étoit encore resté en main laïque. Odon de Sully, Evêque de Paris, paya en 1205 à Burchard d'Orcey la somme de 23 livres parisis, pour qu'il lui quittât la dixme d'Orcey et de Maudetour (*et de Maudestor*) dont il vouloit faire présent aux Religieuses dites *sancti Eburtii*. Je fais voir à l'article de Gif qu'il s'agit là de l'Abbaye de Filles située sur cette Paroisse.

Je n'ai point découvert un assez grand nombre de Prieurs d'Orcey, pour le rapporter ici. J'ai seulement trouvé qu'en 1572 l'Evêque de Xaintes l'étoit depuis long-temps.

La présentation à la Cure d'Orcey est marquée appartenir au Prieur de Longpont dans tous les Pouillés de Paris, à commencer par celui du XIII siécle. Il est fait mention dans les Registres du

---

1. Dans un autre Titre de Guillaume Arbalaster en faveur de Longpont qui est un don de vingt arpens, ils sont dits situés *in Buxeria juxta Orceacum*. Ceci est du XII siécle au plus tard. *Chartul. Longip., fol. 44.*

Parlement à l'an 1561 de la Requête que présenta à la Cour le 27 Février Philippe Boisot, Licencié ès Loix, Principal du Collége de l'*Ave Maria* et Curé d'Orcey, par laquelle il exposoit qu'il y alloit tous les Dimanches et Fêtes, qu'aucun de ses Paroissiens n'étoit égaré de la foi, qu'il y avoit entretenu deux Chapelains ; que pour la réparation du Presbytere il avoit abandonné le revenu de la Cure aux Fabriciens. La main-levée qu'il demandoit d'une saisie lui fut accordée. Plusieurs Ecclésiastiques de la famille des Bouchers, Seigneurs d'Orcey, ont joui du Prieuré ou de la Cure dans les deux derniers siécles. Reg. du Parlem. 1561.
Reg. Ep. Paris.

Orcey fournit aussi plusieurs événemens par rapport à ses Seigneurs et aux mouvemens des guerres dans les siécles passés. Du temps du Roi Robert, Eudes, Comte de Chartres, étant en guerre contre Burchard, Comte de Corbeil, ce fut dans la plaine au-dessus d'Orcey (apparemment vers Maudetour) qu'ils se battirent ; ensorte que Burchard ayant tué plusieurs hommes à Eudes, ce Comte de Chartres fut obligé de s'enfuir promptement du côté de ses terres. Odo Fossat. in vita Burchardi. Duchêne, T. IV, p. 120.

Les plus anciens Seigneurs d'Orcé que l'on connoisse sont ceux que produit le Cartulaire de Longpont déjà tant de fois cité, sçavoir un Simon d'Orcey, lequel avec Odeline, son épouse, ayant hérité de quelques biens à Vaubayen, Paroisse de Biévre, à la mort d'un Chevalier de leurs parens, donnerent le même bien à ce Prieuré, et cela avant l'an 1150. Geoffroy d'Orcey est aussi nommé ailleurs avec lui. Sous Philippe-Auguste dont le regne termina le XII siécle et alla jusqu'en 1223, il y eut un Rolle des Feudataires de Montlhery dans lequel sont nommés plusieurs possesseurs d'autres Fiefs à Orcey, à commencer par le Seigneur principal Feudataire. On y lit que Guillaume d'Orcey *de Orceio* fut déclaré homme lige du Roi pour tout ce qu'il tenoit à Orcey tant en fief qu'en propriété, et de plus de tout ce que Thomas tenoit de lui à Viviers, de ce qu'Alix de Bruyeres tenoit de lui à Orcey, de ce que Henry de Bercheinville tenoit pareillement de lui à Orcey, de ce que Hunger Rosel tenoit de lui au même lieu, et enfin de ce que Bochard son frère tenoit de lui tant à Orcey qu'à Maudetour. Et pour toutes ces choses Guillaume étoit tenu à la garde du Château de Montlhery durant deux mois. Il y avoit alors une forteresse (*Firmitas*) à Orcey de même qu'à Palaiseau. Guy de Paris qui les possédoit toutes les deux, étoit pour cette raison homme lige du Roy. Chart. Longip. fol. 42.

Ibid. p. 15.

Chart. Ph. Aug. ad calcem.

Ibid

Sous le Roy Charles VI le possesseur de la terre d'Orcey se nommoit Raymond Raguier. Il fut confident du Sire de Montaigu qui étoit employé dans l'Administration des Finances. Il fit bâtir à Orcey un Château plus beau que l'ancienne forteresse dont il vient d'être parlé. Il eut aussi la conduite de l'édifice du Couvent des Célestins de Marcoucies. Sa liaison avec le sieur de Montaigu lui attira la haine du Duc de Bourgogne. Ses gens faisant des incursions autour de Paris vinrent assiéger le nouveau Château d'Orcey en 1417: mais un Capitaine de Paris vint sur eux, leur fit lever le siége, en tua plusieurs et emmena des prisonniers à Paris. Ce Seigneur mourut quatre ans après. Son épitaphe sur du cuivre dans l'Eglise des Célestins de Marcoucies est ainsi conçue: *Cy gist Noble Homme Raimond Raguier, Seigneur d'Orcay, du Grand Conseil du Roy notre Sire et Maistre de sa Chambre des Comptes, qui trespassa en la Ville de Bourges le XII jour du mois d'Aoust l'an de grace mil CCCC XXI.* Sa fille unique Gillette Raguier, épousa Bureau Boucher, Maître des Requêtes et Garde des Sceaux du temps que le Parlement composé des fidèles Serviteurs du Roy résidoit à Poitiers. Elle lui apporta la terre d'Orcey laquelle passa ensuite à Jean leur fils, Maître des Requêtes, élu premier Président du Parlement en 1497, puis à Pierre et ensuite à Arnoul Boucher, Président au Grand Conseil, qui est nommé dans un Acte de l'an 1572. Charles Boucher qui étoit Abbé de Saint-Magloire et Evêque de Magarance, lequel fit la Dédicace de tant d'Eglises au Diocèse de Paris sous le regne de François I, étoit de la famille de ces MM. Boucher d'Orcey. Il mourut en 1559. En 1633, Pierre Boucher étoit Seigneur de cette Paroisse.

Charles Boucher, Maître des Requêtes, Intendant de Limoges et Seigneur d'Orcey, est décédé en 1730, laissant de Louise-Marie de la Cropte de Sainte-Abre, sa seconde femme, Charles-Isaac Boucher, fils unique, Capitaine de Cavalerie au Régiment d'Aumont, qui décéda le 8 Janvier 1741 ; dont les héritiers ont été deux sœurs, nées du premier mariage de M. Charles Boucher avec Catherine du Breuil.

Les descendans de MM. Boucher ont enfin vendu cette terre ; elle appartient aujourd'hui (1745) à M. Grimod du Fort, Fermier général, Intendant des Postes, qui y fait travailler aux aggrandissement et embellissement du château et des avenues en applanissant la montagne. Il a déja obtenu que le cimetiere qui étoit contigu à l'Eglise Paroissiale voisine de son Château, fût transféré dans le haut du Village. Il avoit épousé Dame Geneviéve-Florimonde Savalette, qui est décédée le 16 Février 1742 ; il ne lui a survécu que six ans. Son fils, nommé Pierre-Gaspard-Marie Grimod, possède cette terre. Le Château d'Orcey est construit en forme quarrée tout de pierres de gray, et n'a qu'un pavillon qui est sur l'entrée. Il est tout entouré de fossés très-profonds et pleins d'eau. Comme il est à mi-côte, la vue en est belle, sans cependant dominer sur la montagne où est situé le Château de Cordeville[1].

Les Ecarts de la Paroisse d'Orcey desquels j'ai trouvé quelque chose sont Launay, Cordeville, Maudetour, Viviers et Courtabeuf.

LAUNAY est un Château sur le rivage gauche de la riviere d'Ivette. On trouve des Lettres d'Henri III données à Paris au mois de Mars 1583, qui permettent à Pierre Poussepin, Maître des Comptes, Secrétaire du Roi, de faire fermer de Fossés et de ponts-levis sa maison appellée Launay en la Paroisse d'Orçay. Et au mois d'Octobre de la même année, il en fut expédié d'autres par lesquelles le Roi confirme au meunier du moulin de Launay, appartenant au même sieur Poussepin, le droit de chasser en la Prevôté de Montlhery et aux environs de ce moulin, excepté aux lieux où il y a moulin bannal. On ajoute dans le Volume du Chas- *Bannieres du* telet, que dès l'an 1374, cela avoit été permis aux Religieux de *Chât. vol. VIII fol. 225.* Sainte-Catherine de Paris, propriétaires de ce moulin. Il est encore fait mention de ce moulin d'Orçay, dit le moulin de Launay, dans les Lettres Patentes d'Henri II, de l'an 1549, qui contiennent la *Gall. Chr. nova,* confirmation d'une rente de grain que l'Abbaye du Val-de-Grace y *T. VII, Instr.* perçoit. Enfin, d'autres Lettres-Patentes registrées le 30 Août 1668, *p. 197.* regardent le sieur François de Vallis, Seigneur de Launay, Audi- teur en la Chambre des Comptes; elles lui confirment le droit de *Reg du Parlem.* Banc et de Chapelle qu'il a en la Paroisse d'Orçay. Le Château de Launay, bâti à l'Italienne, a appartenu, sur la fin du dernier siécle, à M. de Vallis, Auditeur des Comptes, et il appartient maintenant à M. Waymel, Trésorier de la Vénerie et Fauconnerie. Ce Launay est appellé le Grand-Launay pour le distinguer du Petit-Launay qui est de la Paroisse de Bures.

MAUDETOUR est nommé Maudestor dans les anciens Titres, peut-être en mémoire de la déroute qui y arriva aux troupes d'Eu- des, Comte de Chartres, au commencement du XI siécle. Un Hugues de Maudestor est mentionné dans un titre de l'an 1199. *Hist. de Montm.* Les dixmes de ce lieu furent achetées du séculier qui les possédoit *Preuv. p. 71.* en 1205 par Eudes de Sully, Evêque de Paris, qui en gratifia les Religieuses de Gif. La mémoire de deux Seigneurs de ce lieu est conservée à Paris dans l'Eglise de Saint-Severin. On y voit dans la Chapelle de Saint-Clair l'épitaphe de Denis Rubentel, Con- seiller du Parlement, Seigneur de Maudetour et de Soisy, mort en l'an 1501, et celle de Guillaume, son fils, qui posséda ces terres après lui. Sauval témoigne que la rue de Mondetour qui

---

[1]. M. Grimod du Fort, l'un des quarante Fermiers Généraux, Directeur des Postes et Seigneur d'Orcé, en mourant a laissé sa femme enceinte de cinq ou six mois ; le fils posthume qui en est né est le Seigneur d'Orcé. La veuve s'appelloit Colincour. (Bannieres du Châtelet, vol. VIII, f° 718.)

<small>Antiq. de Paris, T. I, p. 151.</small> est vers la rue Saint-Denis et vers le quartier des Halles dans Paris, étoit appellée la rue de Maudestor ou de Maudestour durant tout le XIV siécle. La maison de Maudetour, située au bout de la plaine qui commence à Roisy, n'a que l'air d'une ferme dont le clos étoit grand, ainsi qu'il paroît par les restes de l'enceinte. Ce lieu est entouré de bois ou bosquets du côté du grand chemin qui est dans le bas de la côte, et sur les côteaux de la descente qui sont roides et sablonneux.

<small>Necrol. de Port-Royal.</small> Je ne dis un mot de Cordeville que parce que je le trouve nommé dans un livre historique du Diocése. Ce Château est dit, dans cet ouvrage, situé sur la Paroisse d'Orçay ; mais il est mal appellé Corbeville, toutes les Cartes des environs de Paris lui donnant le nom de Cordeville. On lit qu'il appartenoit il y a soixante ans à Madame de Sainte-Marthe ; que Claude de Sainte-Marthe, qui d'Avocat se fit Prêtre, y demeura environ quarante ans, et y mourut le 10 Octobre 1690, âgé de 70 ans, entre les mains de M. Burlugay, Théologal de Sens. Ce Château appartient aujourd'hui à M. Dumas. Il est situé sur l'élévation qui commence après que l'on a passé la petite riviere d'Ivette du même côté que Launay.

<small>Voyez l'article de Linais. Chart. Ph. Aug. de Feud. Montlheri.</small> VIVIERS qui n'est aujourd'hui qu'une ferme des Célestins de Marcoucis (mais vaste et étendue), est presque dans le milieu de la plaine qui commence à Nozay du levant. Elle est à demi-lieue d'Orcey et sur le territoire. Ce lieu qu'on appelloit *apud Vivarios* au X siécle, contenoit vingt ménages, cultivant la terre pour l'Eglise de Saint-Merry de Linais. Au XII siécle Guillaume, Seigneur d'Orcey, étoit homme lige du Roy en partie pour des biens que quelques particuliers tenoient de lui à Viviers.

<small>Cod. Putean. 746.</small> COURTABEUF, dont on ignore le nom latin, est un hameau relevant en partie de Montlhery, et en partie de Magny-l'Essart. Les Actes qui justifient la premiere mouvance sont connus depuis l'an 1398, 1402, 1498 et autres jusqu'en 1640. Ceux qui prouvent la mouvance de Magny commencent à l'an 1463 ; on en trouve jusqu'en 1638. Il faut recourir à un Factum imprimé vers 1650 pour un plus ample détail. Sous le regne de François I cette terre appartint à Anne de Mauze, femme séparée de Jean de Femuchort, Chevalier. Fiacre de Harville, Seigneur de Palaiseau, en fit d'elle l'acquisition vers l'an 1532 ; c'est pourquoi on lit que Philippe de Harville, Ecuyer, Seigneur de la Grange du Bois, en paya les droits du rachat au Roi en 1533 comme tuteur des mineurs du défunt <small>Compte de l'ord. de Paris 1533. Sauval, T. III, p. 616.</small> Fiacre de Harville. Un nommé Josias de Rouen étoit possesseur de cette terre vers l'an 1650, et plaidoit avec Charles d'Escoubleau, Marquis de Sourdis, Seigneur de Magny, au sujet de l'hommage ; ce qui produisit le Factum cité ci-dessus.

MACHECRU et RIBERNON sont de petits écarts d'Orcé situés au-delà de la riviere d'Ivette du même côté que Cordeville.

Je ne parle pas de Noisement. C'est seulement un canton de cette Paroisse qui tire son nom d'une forteresse qui a dû y être. J'en ai eu connoissance par une Métairie que la Léproserie de Château-fort y possédoit en 1350 et par une autre ferme que l'Abbaye du Val-de-Grace y avoit autrefois et qu'elle obtint permission d'aliéner en 1586. *Reg. Visit. Lepr. an. 1351. Reg. Ep. Paris. 20 Febr.*

Il est aussi fait mention de *Grangia Monachorum de Vaus*, comme voisine d'Orcey dans le Cartulaire de Philippe-Auguste, mais il n'est pas dit qu'elle fût sur la Paroisse. Ce pouvoit être ce qu'on appelle Belair qu'on dit avoir appartenu à un Couvent dont on trouve des ruines proche Lozer.

GOMETZ-LE-CHATEAU autrement SAINT-CLAIR

et

GOMETZ-LA-VILLE

Ces deux lieux portant le même nom et n'étant qu'à une légère distance l'un de l'autre m'ont paru ne devoir pas être séparés : d'autant qu'il y a grande apparence qu'ils ne formoient autrefois ensemble qu'un seul corps de Paroisse et une même terre. Il n'en est aucune mémoire dans l'antiquité avant le milieu du XI siécle : car, quoiqu'on trouve un lieu nommé *Gomedus* en latin dans la vie du Roy Robert à l'occasion d'une Eglise qu'il y bâtit en l'honneur de Saint Agnan, cela ne prouve rien pour Gometz, parce qu'il s'agit là du Village de Gambais situé au Diocèse de Chartres proche Houdan, dont l'Eglise est encore titrée de Saint Agnan. M. de Valois, sans examiner la chose, a cru qu'il s'agissoit là de notre Gometz : mais on ne peut pas remonter si haut. *Helgald. T. IV. Duchêne, p. 77.* *Notit. Gall. p. 419.*

C'est donc par ses Seigneurs que Gometz peut procurer son ancienneté. Un Guillaume de Gometz paroît dans un Acte de l'an 1068 et dans un autre de 1071. Voilà le plus haut point dont l'on puisse partir en traitant de ce lieu. Le premier titre porte *de Gomethiaco* ; le second *de Gumetho*. Mais cela ne donne aucune ouverture pour l'étymologie, qui probablement doit se tirer du langage Celtique ou du Franc. Aussi, dans la plûpart des titres latins rédigés au XII et XIII siécle, le nom de ce lieu se trouve-t-il laissé en langage vulgaire, *Gumet* [1], *Gomet, Gomed, Gomez* [2].

Je commencerai par Gometz-le-Château qui paroît avoir été le plus fameux dans l'histoire quoiqu'il ne soit peut-être pas le plus ancien. C'est là qu'est le Prieuré de Saint-Clair qui a fait donner le nom au lieu.

Saint-Clair ou Gometz-Saint-Clair est à la distance de six lieues et demie ou environ de Paris vers le couchant d'hiver. Il est bâti au défaut d'une montagne assez roide, dont la pente regarde le levant. Le grand chemin de Chartres passe au nord et au couchant de ce Bourg qui a Palaiseau à son levant d'été, et Chevreuse pareillement au couchant d'été, chacun à la distance de deux lieues ou approchant. Il y a quelques vignes à Gometz-le-Château. On y voit aussi des prairies, le reste est en labourages. Ce lieu a été fortifié autrefois. On y voyoit il y a vingt ans des restes considérables de son enceinte, des murailles, des tours, des portes. Il y avoit un Château posé sur la cime d'une éminence qui commande sur le vallon et dont la vue s'étend jusqu'à Montlhery. Ce Château est entierement ruiné. On y voit seulement quelques vestiges de murailles, et des marques d'un incendie par les pierres qui paroissent calcinées. En 1709 le dénombrement de l'Election de Paris comptoit 53 feux dans ce Bourg. Celui qu'on tient du sieur Doisy imprimé en 1745 y en marque 50. Le Dictionnaire universel de la France qui parut en 1726 y marquoit 224 habitans.

L'Eglise de Gometz-le-Château est paroissiale et Priorale. Elle existoit avant qu'on y appellât des Moines, non pas l'édifice qu'on voit aujourd'hui qui n'est pas fort ancien, mais un autre plus petit, tel qu'étoient les Eglises de campagne dans l'onziéme siécle. On apperçoit en entrant dans cette Eglise que le bâtiment n'est pas en droite ligne, mais va en tournant en espece de coude, situation qu'on a été obligé de lui donner, apparemment à cause des terres de la montagne qui auront écroulé. Elle est toute de pierres de grais, et on y monte par plusieurs degrés. Elle manque d'une aîle du côté du septentrion. On n'y voit aucune épitaphe ni inscription. Saint Clair qui en est le Patron fournit matiere à discussion. Comme il y a au moins sept cents ans que cette Eglise porte son nom, le laps de temps et la perte des manuscrits ont fait

---

1. Dans un Cartulaire de Longpont (fol. 12) sous le Prieur Henry qui siégea depuis 1086 jusqu'en 1125, paroît comme arbitre un *Arnulfus Frumentum de Gumets.*
Il y a aux environs de Montargis une forêt qu'on appelloit Goumez en 1292. Raoul d'Orléans en transporta cette année le droit d'usage au Roy Philippe-le-Bel. *Cod. MS Sorbon. voce* Montargis.
2. En 1207 Simon, Seigneur de Montfort, assigna à l'Abbaye d'Hieres soixante sols de rente *apud Gomez*. Chartul. Heder.

oublier les actions de ce Saint, de sorte qu'on ne sçait plus que dire de lui. Lorsque Guillaume, Abbé de Saint-Florent, eut demandé à Geoffroy, Evêque de Paris, vers l'an 1070, quelques Eglises de son Diocése, le Prélat lui accorda les Eglises de Gomet, *Ecclesias ad Castrum de Gomet pertinentes, videlicet Ecclesiam S. Germani et Ecclesiam S. Clari*. Calixte II, confirmant la possession de ces Eglises à la même Abbaye, l'an 1122, marque dans sa Bulle *Ecclesiam de Gometio-Villa cum Ecclesia S. Clari*. *Ex Tab. S. Flor.*

Il est bon d'observer que l'Eglise de Saint-Clair ne paroît qu'en second dans ces titres primordiaux [1]. Il falloit qu'elle fût plus nouvelle que celle de Gometz-la-Ville, et qu'elle n'eût été bâtie que dans le temps ou depuis le temps de la construction du Château qui a pu n'être bâti que plusieurs siécles après l'ancien Village de Gometz; car *Ville* ne signifie autre chose que Village lorsqu'il est opposé au terme de Château. Je vais essayer de tirer la vérité du chaos où elle est plongée par rapport à ce saint Titulaire de Gomez-le-Château. On l'a tantôt cru Evêque de Cologne et martyr, ainsi qu'il m'a paru par un Office recrit en 1726, et par des Images qu'on distribue, tantôt un simple Moine venu de la Province Britannique : je déclarerai naïvement que je pense qu'il n'est ni l'un ni l'autre; mais qu'il peut bien être un saint Evêque ou Prêtre du nombre de ceux qui quitterent anciennement leur siége ou leur titre pour servir de Chorévêque ou Prédicateur Evangelique à d'autres Evêques, et passer le reste de leur temps dans la solitude. Saint Clair, Patron de Gometz, n'a jamais été Evêque de Cologne sur le Rhin. On ne l'a jamais vu dans aucun Catalogue des Evêques de cette Ville. Mais comme on appelloit autrefois du nom de Colons, Colanges, Colonges, Colognes, les peuplades d'hommes qui s'occupoient à défricher les bois pour y labourer et cultiver la terre, il peut avoir été leur Prêtre, et comme une espece de Missionnaire, leur avoir prêché la parole Divine dans la forêt d'Iveline. Cette forêt s'étendoit dans le Diocése de Chartres et de Paris encore plus qu'elle ne fait aujourd'hui. Il y a dans l'ancienne étendue de cette forêt une montagne appellée dans une charte du VIII siécle, *Mons Presbyteri*. Il y a de plus deux autres lieux qui conservent le nom de S. Clair. Je n'insisterai pas beaucoup sur le lieu dit Clair-Fontaine, que l'usage fait écrire Claire-Fontaine, tandis que c'étoit la Fontaine de Saint-Clair : mais à deux lieues de Clair-Fontaine et dans le diocése de Paris, Paroisse de Pequeuse, est situé un hameau dit la Grange-Saint-Clair. Ce lieu est fameux dans l'Histoire de l'Eglise

Ibid.

Images et Histoire gravée à Paris chez Chiquet sans date d'année.

Chart. Caroli Magn. an 774. Diplom. lib. VI, p 645.

---

1. Cependant, dans la Bulle d'Urbain III, de l'an 1186, il y a *Ecclesiam S. Clari de Gomet-Castello cum Ecclesiis S. Germani de Gomet-Villa et S. Mariæ de Boguivalle*.

de Paris par la contestation qu'eurent les Evêques de Paris et de Chartres, qui vouloient chacun qu'il fût de leur Diocése. On ne l'appelloit point alors autrement que la Chapelle de S. Clair. La décision des arbitres qui attribuerent ce lieu au Diocése de Paris, en l'an 1212, ne fait rien à mon raisonnement; mais comme les Chanoines Réguliers de l'Abbaye de Clair-Fontaine y avoient des prétentions ainsi que fait foi l'acte de la décision, c'est une preuve du rapport que le nom de leur Abbaye avoit avec celui du Saint Titulaire de cette Chapelle. Tout cela insinue qu'un S. Clair avoit illustré ces lieux par sa présence, qu'il y étoit décédé, et qu'il avoit été inhumé dans celui où étoit la Chapelle de son nom. Ces sortes de Chapelles solitaires dans la campagne furent les plus exposées aux courses des Normans.

Hist. Eccl. Par. T. II, p. 255.

Alors sans doute, c'est-à-dire au IX siécle, on refugia les Corps des Saints dans des Châteaux ou dans des Villes. Celui de S. Clair fut mis en dépôt dans la tour qui étoit à Gometz, mais soit qu'on ne l'y crût point en sûreté, soit pour une autre raison, on le transporta par la suite dans un lieu plus enfoncé dans le Royaume, sçavoir à Souppes, sur la riviere de Loüain (entre Nemours et Montargis), où nos Rois ont eu un Château. On l'y possede en effet encore actuellement à la réserve de quelques portions du chef; il est Patron de l'Eglise et on l'y croit abusivement Archevêque de Cologne, de même qu'on le divulguoit ci-devant à Gometz. Or, comme la bienséance demandoit qu'en enlevant d'un lieu le corps d'un Saint, on y laissât quelques ossemens, les Maîtres du Château obtinrent ce que l'on montre à Gometz de la tête de S. Clair. Cette relique donna depuis occasion de bâtir en ce lieu sous son invocation une Eglise, qui est devenue Paroissiale quand il y a eu un nombre suffisant d'habitans autour du Château. La même relique est aujourd'hui renfermée dans un chef d'argent, où il n'y a figure ni de mitre ni de crosse, qui est d'une fabrique récente. Mais le Saint est représenté crossé et mitré au grand autel, et même avec une croix Archiépiscopale, comme s'il y en avoit eu de son temps. On célébre sa Fête le 18 Juillet avec cessation de travaux, et on croit à Gometz que c'est celui de sa Translation. Le 4 Novembre passe pour être celui de sa mort, et on en fait l'Office en cette Eglise le Dimanche suivant; mais il est à craindre que ce choix de jours ne fasse confondre ce Saint Clair avec un Saint Moine du Diocése de Coutances, honoré le 18 Juillet en ce pays-là, ou avec un autre S. Clair, Martyr dans le Vexin, dont Usuard a marqué le Natal au 4 Novembre, en son Martyrologe composé avant que S. Clair du Cotentin fût mort. Le temps du grand concours à Gometz pour la dévotion à S. Clair sont les Fêtes de Pentecôte. On m'a assuré que crainte

Procès-verbal de Visite, 18 Avril 1744.

de blesser la vérité, on a cessé de chanter le 18 Juillet l'Office qui faisoit de S. Clair un Archevêque de Cologne, et qu'on chante celui du Commun. Il restoit aussi dans cette Eglise un bras de bois doré avec un os des phalanges du pied ; mais comme il passoit pour être de S. Blaise sans qu'on en donnât de preuve, on ne l'expose plus. Je croirois que ceux qui donnerent le morceau du crâne de S. Clair aux anciens Chastelains de Gometz y avoient joint ce petit ossement, et qu'il auroit été anciennement conservé dans une espece de philactere gardé en cette Eglise. C'est un reliquaire quarré de cuivre avec émail, supporté par un pied de même matiere, sur lequel est représentée une multitude de peuple.

Ce qui se lit dans le Pouillé Parisien du XIII siécle, que la Cure *de Gomed Castro* est à la nomination *Sancti Florentii Salmuriensis*, a été expliqué depuis dans le sens que c'est le Prieur du lieu qui y présente, c'est-à-dire le Prieur de Gometz-le-Château, membre de l'Abbaye de Saint-Florent. Les Pouillés manuscrits du XV et XVI siécle et celui de 1626 le marquent aussi de même. Celui de 1648 a mis par erreur que c'est au Prieur de Saint-Remi ; et celui de 1692 publié par le Sieur le Pelletier, a commis une autre faute en marquant que c'est au Prieur de Saint-Martin-des-Champs. On conserve à Saint-Florent la copie d'une lettre que le Pape Adrien IV écrivit en 1156, à l'Evêque de Paris, lui remontrant qu'il ne devoit pas surcharger l'Eglise de Gometz. Selon le Pouillé du XV siécle, le revenu de la Cure de Gometz-le-Château étoit fort modique. Ce fut pour cela apparemment qu'en 1488 l'Evêque de Paris unit les deux Cures de Gometz en faveur de Robert Breton, nouveau Curé, mais pour sa vie seulement. *Hist. MS. S. Flor.* *Reg Ep. Paris 22 Jan.*

PRIEURÉ DE GOMETZ

Les principaux points de l'Histoire de ce Prieuré ont été touchés ci-dessus en faisant celle de l'Eglise Paroissiale. On ne connoît point les fondateurs de ce Monastere ; mais on pense que ce sont les Seigneurs de Gometz qui lui ont donné origine, et jamais il n'y a eu en ce lieu de Prieuré Royal de Saint-Agnan, quoique M. de Valois l'a cru. Il paroît que lorsque Geoffroy, Evêque de Paris, donna l'Eglise de Gometz aux Religieux de Saint-Florent de Saumur en la personne de Guillaume qui en étoit Abbé, vers l'an 1070, ce fut afin qu'ils y célébrassent annuellement l'Office Divin outre celui de la Paroisse dont le Prêtre étoit chargé les Fêtes et Dimanches. On l'appelloit l'Eglise de Saint Clair, ainsi qu'exprime la Bulle des Papes Calixte II de l'an 1122, et indif- *Notit. Gall. p. 419.*

féremment au XV siécle le Prieuré de Gometz-le-Château ou de Saint-Clair de Gometz; le Pouillé de 1648 l'appelle le Prieuré de Saint-Clair de Gometz-le-Château. Le rolle des Décimes met simplement Saint-Clair de Gometz, Prieuré. On trouve ce qui le regarde ainsi rédigé dans le Catalogue des Prieurs du Doyenné de Châteaufort qui devoient du piment au Chapitre de Notre-Dame de Paris, le jour de l'Assomption : *Prior de Gometi Castro solvit anno M CC XV. Item solvit anno M CCC VI. Solvit anno M CCC XLVI* ; et pour le droit de procuration Episcopale il paya en 1384 la somme de dix livres dix sols. Suivant le Pouillé du siécle précédent, il étoit placé au Doyenné de Macy, les Communautés ayant alors un autre Doyen que celui de Châteaufort. Il y est simplement appellé *Prioratus de Gomed*. Le Dictionnaire Universel géographique de la France, au lieu d'en parler à l'article de Gometz-le-Château, en a fait un article particulier, sous le nom de Gaumet-le-Château, et ajoute que le Prieuré simple du titre de Saint Clair vaut deux mille huit cents livres de rente. Il eût été bon d'ajouter qu'il est à la collation de l'Abbé de Saint-Florent de Saumur.

J'ai découvert les noms de quelques anciens Prieurs Réguliers.

Pierre, Prieur de Gomez, est nommé dans une Sentence d'Etienne, Archidiacre de Paris, de l'an 1216, en faveur d'Eudes, Curé de Châteaufort. Pierre de Roony étoit Prieur en 1386 suivant un Registre d'Officiers de Paris.

Zacarie Geoffroy l'étoit le 26 Avril 1414. Il est témoin à Paris en ce jour dans un accord avec le cellerier de Saint-Florent.

En 1479 Frere Richard Presalle, Prieur de Saint-Clair de Gometz-le-Château et Gometz-la-Ville, aliéna cent arpens de terre et six arpens de prés, s'en réservant et à ses successeurs six livres de rente suivant le Registre de Louis, Abbé de Saint-Florent.

Noël David, Prêtre séculier, jouissoit de ce Prieuré en commande l'an 1495 suivant l'acte de Visite par frere Pierre Pinan.

Robert Raoul étoit Prieur de Gomez en 1505. Il prend cette qualité dans l'hommage qu'il rendit au nom de l'Abbé de Saint-Florent au Baron de Mortagne. Je parlerai ci-après du Traité qu'il fit avec le Curé de Gometz-la-Ville.

Guillaume de Mainemart fut fait Prieur de Gometz en 1516 par permutation.

Jean Prestreau décédé en 1534.

Guillaume Gillart, Bénédictin, 18 Septembre 1534.

SEIGNEURS DE GOMETZ. Je ne mettrai point à la tête des Seigneurs de Gometz, Geoffroi de Gometz, Chevalier, qui est marqué avoir fait du bien à l'Abbaye de Marmoutier en 1065, parce qu'alors, comme on a vu ci-dessus, c'étoit un nommé Guillaume qui possédoit cette Terre, et qu'à l'égard de ce Geoffroi il s'agit de Gomet proche Houdan dit aujourd'hui Gambais.

Le premier Seigneur connu de Gometz-le-Château est donc *Willelmus de Gomethiaco*. Il est ainsi désigné dans l'acte de la Dédicace de l'Eglise de Saint-Martin-des-Champs à Paris faite l'an 1068. Et à la fin d'une Charte en faveur du Chapitre de Saint-Spire de Corbeil donnée à Paris en 1071, il y a *Signum Willelmi de Gumetho*. Ce Seigneur a été mal à propos qualifié Comte de Gometz dans l'édition que le Pere du Bois a donnée d'un Acte de l'Abbaye des Fossés de l'an 1043. Il falloit mettre simplement *Guillelmi de Gomez*. Ce Guillaume de Gometz eut une fille nommée Hodierne qui fut mariée à Guy, Seigneur de Montlhery. Elle lui porta les terres de Gometz. Hist. de Montm. Preuv. p. 28.

Hist. Eccl. Par. T. I, p. 659.

Hist. de Montm. p. 688 et 689.

Guillaume, leur troisiéme fils, fut Seigneur de Gometz, mais il mourut sans enfans.

Hugues, deuxiéme fils de Guy le Rouge et cousin-germain de Guillaume, eut ensuite cette terre, aussi-bien que Châteaufort et Crecy. On le connoissoit plus ordinairement sous le nom de Hugues de Crecy. Le Chroniqueur de l'Abbaye de Morigny proche Etampes qui vivoit alors, en fait une peinture affreuse. *Vir audax et manu promptus, similator et dissimulator cujusvis rei, oppressor pauperum, et agricolarum cupidus interemptor.* Il rapporte ensuite comment il étrangla lui-même pendant la nuit Milon de Montlhery, son propre cousin, dans une tour de bois de Châteaufort, et comment aussi-tôt après l'enterrement de ce mort auquel le Roy Louis VI assista, tout le monde courut aux armes, et se transporta au Château de Gometz qui fut pris incontinent. Hugues pensa à se purger de ce meurtre par un duel; mais cela fut sans exécution. Il prit le meilleur parti, qui fut de se jetter aux pieds du Roy, de lui demander sa grâce, lui remettre sa terre et de se faire Moine. On place ce fait à l'an 1118. Ibid., p. 695.

Chron. Maurin. Duchêne, T. IV, p. 365 et 366.

Chart. Longip. fol. 17.

Hist. de Montm. p. 995.

Agnès de Garlande est dite ensuite Dame de Gometz. Elle fut mariée vers l'an 1120 à Amaury troisiéme du nom, Seigneur de Rochefort[1]. Après quoi on ne trouve point les Seigneurs. On voit seulement qu'en 1284 la Prévôté de ce lieu devoit à Sedile de Chevreuse trente livres de rente qui avoient été données à Guy, son pere, par Iolande, Comtesse de la Marche. Hist. des Gr. Off. T. VI, p. 31.

Ibid., p. 198.

On ignore les Seigneurs de Gometz jusques vers la fin du XV siécle. Louis Malet de Graville, Amiral de France, posséda cette Terre avec Marcoucies et autres. Il est qualifié Seigneur de Gometz

---

1. Le *Gallia Christiana* fournit un Simon de Gomès dont la place seroit ici, supposé qu'il eût été Seigneur de ce lieu. Lui et Hersade, sa femme, sont dits dans les Archives de Vaux de Cernay avoir fait du bien à cette Abbaye dans sa naissance. *Gall. Chr. nova, Tom. VII, col. 885.*

dans le Procès-verbal de la Coûtume de Paris de l'an 1510. Jeanne Malet, sa fille, porta cette Seigneurie en mariage à René d'Illiers. L'Auteur de l'Anastase de Marcoucies marque que leur Bailly à Gometz en 1523 fut Guillaume le Gentilhomme, produit par François Adet, Chevalier. Comme Jeanne Malet étoit fille de Marie de Balzac, fille du Seigneur d'Entragues, cette Terre se trouva depuis entre les mains des Sieurs de Balzac. On trouve Thomas de Balzac, Chevalier des Ordres du Roi, qualifié Seigneur de Gometz-le-Châtel dans la Coûtume de Paris de 1580. Jean le Noir protesta pour lui comme chargé de la procuration, et remontra que la Baronnie de Gometz ou Saint-Clair n'est aucunement sujette à la Châtellenie de Montlhery ni de Châteaufort. En 1620 cette Terre de Saint-Clair appartenoit à M. le Comte de Limours, fils du Chancelier de Chiverny.

<small>Cout. de Paris 1510.
Hist. des Gr.Off. T. VII. p. 870.
Anast. de Marc. p. 90.

Coutume 1580, édit. 1678, p. 662.

Livre sur la Fontaine de la Hacquiniere.</small>

Il n'est pas extraordinaire qu'un Evêque signe dans un lieu particulier de son Diocèse des Actes importans, tels que la fondation d'une Abbaye. Celle d'Herivaux, maison de Chanoines Réguliers proche Lusarches, fut arrêtée à Gometz l'an 1160 par Maurice de Sully, Evêque de Paris, parce que ce fut en ce lieu que le vénérable vieillard Ascelin, Hermite, vint le trouver, pour lui déclarer qu'il souhaitoit remettre cet Hermitage à des Ecclésiastiques qui suivroient la régle de Saint Augustin et l'usage de Paris dans les Offices Divins. Deux cents ans après on trouve le Roi Jean à Saint-Clair de Gometz le 5 Juin 1356, selon un Acte qui concerne Saint-Ouen-sur-Seine.

<small>Hist. Eccl. Par. T. I, p. 149.</small>

Le seul écart ou hameau qu'on m'a assuré être de la Paroisse de Gometz-le-Château ou de Saint-Clair, se nomme Grivery. Il est à une demi-lieue du Bourg vers l'orient.

Je n'ai trouvé de personnage mémorable portant le nom de Gometz que Philippe de Gometz, Prêtre-Trésorier de l'Eglise de Poitiers, qui est placé dans le Nécrologe de Notre-Dame de Paris pour avoir donné à cette Eglise vers l'an 1200 des vignes situées à Issy.

<small>Necrol Paris. 28 Martii.</small>

M. Lancelot marque dans un petit mémoire sur ce Bourg, que sur les confins de son territoire avec celui de Bures est une fontaine de Saint Clair qu'un Curé du lieu a fait ensorte de rendre célébre. Je ne lui donne point d'autre nom : mais ce n'est peut-être que la fontaine de la Hacquiniere sur laquelle il a paru dès l'an 1620 un petit livre imprimé à Paris, chez Isaac Mesnier, sous ce titre : *Les miraculeux Effets de la Fontaine nouvellement découverte au mois d'Avril 1620 proche saint Cler à six lieues de Paris, Fontaine dite la Hacqueniere laquelle opére journellement des Miracles sur les malades.* L'auteur de cette brochure in-8° dit que cette fontaine sent le cuivre et le fer, que les aveugles y ont recouvré la vue, que les impotens y ont été fortifiés, qu'elle a guéri les enflures, la pierre, la gravelle, la teigne, le tout en buvant de cette eau ou s'en frottant; qu'on a vu ceux qui en buvoient guéris des fièvres, et d'autres guéris en trois jours du tremblement de corps. A l'égard des propriétés de cette eau, il ajoute que les grenouilles n'y peuvent vivre; que le pain qu'on y trempe devient tout bleuâtre; que la noix de galle y devient rouge comme du sang : une précaution qu'on exhortoit alors d'observer, étoit de ne pas laisser à terre le vase où tonneau dans lequel on renfermoit de cette eau, mais de le suspendre en l'air. L'auteur dit encore qu'on accouroit à cette fontaine de bien des pays éloignés, d'Orléans, de Blois, de Tours, du Perche et de la Normandie : qu'un Médecin tâcha de la décrier la même année, pour exalter celle de Segray proche Pluviers.

Le concours suivi de l'expérience engagea, en 1621, Antoine Charpentier à prendre pour sujet de sa Thèse de Médecine : *An Aquæ Hacquinienses medicamentosæ.* Elle débute par ces mots : *Scaturit fons in Hacquiniensi solo radiis patens orientalibus undequaque collibus montium obsitus;* il dit plus bas que les mélanges de ces eaux rendent cette fontaine différente de celles de Spa et de Forges, et, vu le grand nombre d'expériences, il conclut qu'elles sont médicinales. Feuille imprim. en 1623.

GOMETZ-LA-VILLE

Le voisinage de ce lieu avec Gometz-le-Château nous persuade qu'autrefois ce n'étoit qu'une seule et même terre. En effet, la distance n'est que d'une portée de mousquet. Gometz-la-Ville est à l'entrée de la plaine que l'on trouve un peu après avoir monté la colline où est bâti Gometz-le-Château. C'est un pays tout plat, entièrement en labourages, et sans aucunes vignes. Selon le dénombrement imprimé en 1709 à l'usage de l'Election de Paris, il y avoit alors 42 feux. Celui qu'a fourni au Public l'an 1745 le sieur Doisy, en marque 51. Dans le Dictionnaire Universel de la France, qui parut en 1726, l'évaluation des habitans étoit au nombre de 230. Ce lieu a été autrefois muré sans être cependant Ville dans le sens que l'on donne aujourd'hui à ce mot. Il y restoit lorsque j'y ai passé des vestiges de portes du côté du midi, et on y voyoit encore une tour. Il est certain que les murs n'étoient que des derniers siècles.

L'Eglise est sous l'invocation de Saint Germain, Evêque de Paris. C'est un assez grand édifice tout voûté qui cependant manque d'une aîle du côté du septentrion. Il est entièrement de pierre de gray, ce qui n'en désigne point l'âge, quoiqu'on puisse dire qu'il a tout au plus trois à quatre cents ans. Une assez belle tour du côté du midi lui sert d'ornement. Il y reste au chœur des fragmens de tombes de quelques Dames, l'une d'environ l'an 1300 avoit une inscription en grandes capitales gothiques ; sur l'autre aussi en capitales moindres se lit encore...... *Fame Guillaume..... Sins, laquelle trèspassa l'an M. CCC. XLIIII.*

On a vu à l'article de Gometz-le-Château que dans la donation des Eglises de Gometz à l'Abbaye de Saint-Florent de Saumur par Geoffroy, Evêque de Paris, vers l'an 1070, et dans la Bulle du Pape Calixte II qui confirme ce don en 1122, l'Eglise de Saint-Germain ou de Gometz-la-Ville est nommée la premiere, et cela parce que de ces deux lieux celui-ci a été le premier peuplé, l'autre n'étant dans ses commencemens qu'une simple forteresse. Mais dans la suite des temps l'Eglise de Gometz-le-Château fut nommée la premiere. Ainsi dans le Pouillé du XIII siécle où ces Eglises sont marquées à la nomination de Saint-Florent de Saumur, il y a : *Ecclesia de Gomed Castro, Ecclesia de Gomed Villa*. Et les Pouillés subséquens observent le même ordre. Cependant, au Rolle imprimé des départemens des Vicaires généraux du Diocése, et dans celui des décimes, la Cure de Gometz-la-Ville est nommée la premiere.

La nomination à ces deux Cures se fait pour l'Abbaye de Saint-Florent par le Prieur de Saint-Clair de Gometz-le-Château, comme étant membre de cette Abbaye. En 1497 Frere René Louet, Prieur de Brieres, commis par l'Abbé pour visiter ces deux Eglises, écrivit dans son Procès-verbal qu'il avoit appris sur le lieu que le Prieur de Saint-Clair et dudit Gometz-la-Ville devoit le service à Gometz-la-Ville aux quatre Fêtes Annuelles. Robert Raoul qui étoit Prieur en 1505, et Jean du Val, au nom de Philippe Morin, Curé de Gometz-la-Ville, firent un accord touchant les dixmes de la Paroisse. Il fut arrêté : 1° que le Prieur et le Curé partageroient par moitié les grosses des territoires de la Folie et de Ragonnant avec les menues dixmes de la Paroisse et les revenus du dedans de l'Eglise. 2° Que le Prieur comme Patron et Curé primitif diroit ou feroit dire par chacun an la grande Messe dans l'Eglise Paroissiale le jour de Saint Germain, Patron de la Paroisse, auquel jour le Curé donneroit à dîner, quand le Prieur s'y trouveroit en personnè.

<small>Hist. MS. S. Flor. fol. 357.</small>

<small>Ibid., fol. 124.</small>

Il y a tout lieu de croire que primitivement Gometz-la-Ville et Gometz-le-Château n'ont eu qu'un même Seigneur. Mais il y a eu des Fiefs dont ils se sont dessaisis sauf l'hommage. Il est fait mention dans la Coûtume de Paris de 1580, du Fief de Baudreville assis à Gometz-la-Ville, et il est dit que dans ce Fief il y en avoit un autre dit le Fief de Lambert, lequel avec le Fief de Nou-

<small>Cout. de Paris, Procès-verbal de 1580, édit.1678, p.639.</small>

ville étoit possédé par Jean Miette, Ecuyer, qui en étoit Seigneur. Une affiche du mois d'Août 1747, portoit que le grand Ragonant, Seigneurie avec toute Justice, est sur cette Paroisse.

Les Registres du Parlement contiennent à l'an 1661, 23 Mai, les Lettres-Patentes par lesquelles le Roi confirma le contract de vente fait par le sieur le Couturier au sieur Sevin, Maître des Comptes, de la Justice dans la Paroisse de Gometz-la-Ville.

LES MOLIERES

Plusieurs Villages en France portent le nom de *Molieres*; celui-ci est le seul auquel on ait joint l'article, mais cela n'en change point l'origine. Quoique les titres latins depuis le XI siécle ayent toujours appellé ce lieu *Moleriæ* ou *Molleriæ* et jamais *Molariæ*, on doit juger que c'est la même chose que s'il y avoit eu *Molariæ*, et qu'il faut qu'il y ait eu en différens endroits de ce territoire de petits monticules en forme de tombeau ou terminés en pointe, que les laboureurs auront applanis pour cultiver la terre, car ces sortes d'éminences, c'est sûrement l'une des significations que l'on donne aux mots latins *Molaris* et *Molare,* ou bien ce nom lui sera venu de ce que ce sera dans ce quartier-là que l'on aura commencé à tirer plus communément de dessous terre les pierres dures et brutes, dont on a fait des meules de moulin. Ce lieu est appellé *Mollariæ* dans une charte de Maurice de Sully, Evêque de Paris, qui confirma à l'Abbaye de Vaux de Sairnay, des biens donnés par un Chevalier appellé *Paganus*. <small>Portefeuille de Clairembault.</small>

Cette Paroisse est à sept ou huit lieues de Paris, vers le couchant d'hiver, à une demi-lieue ou un peu plus de Chevreuse, et à une lieue de Gomez ou Saint-Clair ; elle est à l'entrée d'une grande plaine qui commence après le vallon qui la sépare de Trous et qui se termine à Saint-Remi. Le terrain consiste en labourages principalement. L'ancien dénombrement de 1709 y marquoit 57 feux. Un plus nouveau augmente le nombre et en reconnoît 69. On avoit imprimé dans le Dictionnaire Universel qu'il y a 312 habitans, ce qui surpasse de beaucoup le nombre des communians. Il est certain qu'il y a bien soixante ménages en comprenant les fermes et autres écarts.

Ce lieu est une espece de Bourg muré, mais assez dépeuplé. Il y a encore des restes de trois portes. L'une s'appelloit la porte de la Bastille et conduisoit au Village de Trous, qui en est peu éloigné ; elle étoit dans le bas du Bourg qui est un peu en pente.

L'autre, placée dans le haut, étoit la porte de Paris, parce qu'elle y conduit, et la troisiéme étoit dite la porte d'Armenont ou d'Arnemont. Cette derniere regardoit l'orient et conduisoit à Gometz-la-Ville. La facilité d'avoir la pierre rendit ce lieu fort, et l'on assure qu'il a soutenu des siéges. C'est le Roi qui en est Seigneur, la Terre étant du Comté de Limours.

L'Eglise a toujours été du titre de Sainte Marie-Magdelene. Elle est petite et n'a qu'une aîle, le tout bâti de pierres du pays, aussi-bien que la tour du clocher qui ne laisse pas de figurer par son pavillon d'ardoise à double pignon surmonté d'une flèche. Il n'y a du reste rien à remarquer. Dans le sanctuaire est une tombe de Jehan Janvier, Curé, gravée en gothique. La clef de la voûte du chœur contient des armoiries chargées d'un chevron brisé, sous lequel sont renfermées trois roses. Cette Eglise fut confirmée à l'Abbaye de Saint-Florent de Saumur avec d'autres, *Tab. S Florent.* l'an 1186, par une Bulle d'Urbain III, qui porte ces termes : *Ecclesiam sanctæ Mariæ Magdalenæ de Muleriis cum omni dignitate et immunitate sua.* Aussi, dans le Pouillé Parisien du XIII siécle, lit-on qu'elle est de la donation de l'Abbé de Saint-Florent. Mais comme cette Abbaye avoit un Prieuré à Gometz-le-Châtel qui n'en est qu'à une lieue, l'Abbé se reposa apparemment de ce soin sur le Prieur de ce Monastere, puisque dans les Pouillés du XV et du XVI siécle, cette nomination lui est attribuée, ce qui a été suivi par ceux de 1626, 1648 et 1692.

Reg. Visit. Domor.DeiDioc. Paris. 1351, fol. 117. On ne voit point qu'il y ait jamais eu de Maison-Dieu ou Hôpital en ce lieu ; mais les habitans avoient le droit d'envoyer leurs malades à celui de Gometz.

Les écarts de cette Paroisse sont Quinquempoix, Taillebourdrie, Malassis et le Fay.

Necr.Eccl.Par. manusc. in Bibl. Reg. ad X kal. Jul. On trouve un *Quinquempoit* nommé dans le testament de Simon de Bucy, Evêque de Paris en 1304 ; mais comme il y a encore un autre Quinquempoit proche Fontenay-sous-Brie, on ne sçait lequel des deux il faut entendre. Au reste, on écrivoit alors ce nom comme je viens de le faire.

Reg. Olim Parl. Pentec. 1271. MALASSIS est mentionné dans les plus anciens Registres du Parlement à l'occasion du Procès que les habitans gagnerent contre le Prieur de Limours qui vouloit qu'ils amenassent ses Champarts à Limours, au lieu qu'ils étoient dans l'usage de ne les conduire qu'à Malassis.

LE FAY que les Cartes nomment mal *la Fée* et que les titres appellent l'Hôtel du Fay (nom qui vient des hêtres qui y étoient), *Merc. de France, Novemb. 1743, p. 2525.* appartient à M. Colombat, Imprimeur du Cabinet du Roy. C'est où Jacques Colombat, son pere, alloit se délasser des travaux, soit de l'Impression soit de la Gravure qui l'ont si fort distingué dans ces deux professions. La renommée du petit Calendrier de la Cour qui est de son invention est répandue dans toute l'Europe. Les amateurs des Langues Orientales lui ont aussi l'obligation des beaux Caractéres Samaritains que l'on trouve dans la Grammaire Hébraïque de Dom Guarin. Il décéda en ce lieu le 24 Septembre 1743, et fut inhumé à la Paroisse.

La prononciation du nom de la Cure des Molieres a trompé l'Auteur du Pouillé de 1648, qui a écrit ainsi *Cure d'Esmolieres*, ce qui a été imité par le sieur le Pelletier dans celui qu'il a fait imprimer en 1692. A s'en rapporter à ces mauvais guides, la Paroisse auroit nom *Esmolieres*, ce qui est contredit par tous les Titres.

Je n'ai rien trouvé à dire sur TAILLEBOURDRIE.

TROUS ou LES TROUES

Ce sont les deux manieres les plus ordinaires d'écrire le nom de cette Paroisse dans le langage vulgaire : quelques Géographes ont employé l'article, et d'autres l'ont omis. Les Registres Ecclésiastiques mettent toujours *Trous* ou *les Trous*. Mais les rolles des Denombremens et des Tailles marquent uniformément *les Troues*, et y joignent *Montabé* qui est devenu un hameau de la Paroisse depuis l'an 1621. Dans le Pouillé du XIII siécle, quoique rédigé en latin, on lit *Ecclesia de Trous,* ce qui marque qu'on étoit incertain sur la maniere de l'exprimer en langue latine. Le plus ancien manuscrit où ce nom se trouve latinisé, est le Pouillé du XV siécle où la Paroisse est nommée *de Trociis*. Chacun sçait ce qu'on entend en françois par un trou, mais y a-t-il apparence que cette Paroisse tire sa dénomination de-là ? Il est bien plus probable qu'elle vient d'un mot de l'ancien celtique aussi-bien que celle de la Paroisse de Troo dans le Maine, et celle de la Forêt de Trou de la Maîtrise de Caudebec. Il faut joindre aussi les trois lieux qui portent le nom de Trou dans le grand Parc de Versailles : l'un est proche Toussus, et a donné le nom à l'étang de Trou-salé ; le second proche Guyencourt, et est appellé simplement Trou ; et le troisiéme entre Bois d'Arcy et Renemoulin nommé Trou-Moreau ; Sallé et Moreau étoient les possesseurs de ces lieux [1].

---

1. Il y a encore au Diocése de Paris un autre petit lieu dit Trou entre Marcoucies et Brieres.

Ainsi ce mot générique pouvoit signifier un certain espace de terrain, dont auroit été formé le terme *Trocium*, employé dans des Chartes du XIV siécle pour désigner une portion de terre déterminée.

<small>Gloss. Cang. voce Trocium.</small>

Ce Village est à huit lieues ou environ de Paris vers le sud-ouest et à une petite lieue de Chevreuse. Il est situé dans la plaine au-dessus de la montagne qui fait face à cette Ville vers le midi. C'est un pays où l'on ne recueille que des grains, et il est sans vignes. Il y a quarante ans on y comptoit plus de quarante feux : mais à présent on n'y en voit que trente ou un peu plus.

<small>Reg. Ep. Paris.</small>

L'Eglise est sous le titre de Saint Jean l'Evangéliste. Cependant l'ancienne étoit sous celui de Saint Jean-Baptiste, comme il paroît par l'acte de permission que l'Evêque de Paris donna le 22 Juin 1582 aux Marguilliers de la faire dédier par Jacques de Maury, Evêque de Bayonne, et d'y bénir trois autels, avec ordre d'en fixer l'Anniversaire au premier Dimanche d'après la Saint Jean-Baptiste. Elle étoit un peu plus en tirant vers le midi et l'autel étoit où l'on voit aujourd'hui la Croix du cimetiere. En voulant la réparer on s'apperçut en 1654 qu'elle tomboit. M. Guillaume du Gué, Baron de Bagnols, Maître des Requêtes, entreprit de la rebâtir, et obtint permission de la changer de place afin qu'on pût faire la Procession. Elle a été rebâtie il y a plus de quatre-vingts ans à l'endroit où elle est par Bricart, Maître Maçon, moyennant le prix de 6000 livres. L'Abbé Chastelain, Chanoine de Paris, bon connoisseur, qui la visita en 1684, en parle ainsi dans le Recueil de ses Voyages : « Elle a, dit-il, un rétable bien étendu, « orné d'un grand Crucifix avec la Vierge et Saint Jean aux côtés « de l'Autel : tout y est propre et de symmétrie. » J'y ai remarqué de plus une crosse au-dessus de l'Autel avec une suspense. Au reste elle n'est que comme une grande Chapelle et sans collatéraux. La Cure étoit au XIII siécle *de donatione Episcopi*, ce qui a toujours eu lieu depuis.

<small>D'Hozier, au mot *Braque*, p. 68.</small>

En 1443 Germain Braque, Général des Monnoyes, étoit Seigneur de Trous.

Au commencement du regne de Louis XIV cette Terre étoit possédée par le sieur Thiboust de Berry ; alors la Seigneurie avoit une piece de bois proche Satoury, Paroisse de Versailles, qui fut échangée avec les Dames de Port-Royal des Champs, et que le Roy acheta en 1686.

<small>Niceron, Vie de Lancelot, T. XXXV.</small>

La Terre de Trous passa ensuite à MM. du Gué de Bagnols. Ils reçurent dans leur Château qui est à côté de cette Eglise vers le même temps, quelques-uns de ceux qui quitterent l'Abbaye de Port-Royal.

Les Religieuses de ce Monastére sont qualifiées de Dames de ce

Village dans le Traité du Roy Louis XIV touchant la Seigneurie de Chevreuse arrêté l'an 1692, à l'occasion d'un clos relevant de cette Seigneurie. Mais cela ne s'étendoit apparemment que de clos. *Hist. des Gr. Off. T. V, p. 691.*

Le Commandeur de Bellé en Vexin est aussi Seigneur en partie de Trous, où il y a une ferme qui porte un nom assez semblable. *Sauval, T. I, p. 613.*

La troisiéme Chapelle de Saint Augustin dans Notre-Dame de Paris a été autrefois dotée de la dixme de certaines terres en la Paroisse de Trous, comme on l'apprend d'une Transaction passée avec l'Evêque de Paris et les Chevaliers du Temple. *Coll. MS. Gerardi du Bois T. V, ad calc.*

Ce lieu assez obscur de lui-même fut illustré dans le dernier siécle par un sçavant Curé nommé Jean Burlugay, qui après l'avoir été de Magny-l'Essart, devint Théologal de l'Eglise de Sens où il décéda l'an 1702. M. le Nain de Tillemont et M. du Fossé y passerent avec lui les années 1660 et 1661 à étudier l'Histoire Ecclésiastique, et l'on peut dire que ce lieu a été le berceau des Mémoires si estimés de la composition de M. de Tillemont. *Suppl. de Moreri au mot Burlugay.*

Je n'ai rien dit de Montabé, n'ayant pu en rien apprendre ; il est tout naturel de penser que s'il existoit des Titres latins qui en fissent mention, on l'y trouveroit exprimé par *Mons Abbatis* ou *Mons Abbatissæ*, de même que Villabé proche Corbeil, est dit en latin *Villa Abbatis* dans les anciennes Chartres. Ce hameau étoit de la Paroisse de Saint-Paul-des-Aunais, qui étoit un Prieuré-Cure de la dépendance de l'Abbaye de Saint-Victor, et peut-être avoit-il tiré son nom de l'Abbé de cette Maison de Chanoines Réguliers qui y auroit eu un Domaine. Lorsque ce Prieuré fut simplifié par M. de Gondi, Archevêque de Paris en 1621, les cinq ou six maisons de la Paroisse de Saint-Paul furent attribuées à celle des Trous. *Reg. Arch. Par. 1 Oct. 1621.*

CHOISEL ou CHOISEI

On ne peut pas séparer beaucoup ce qu'on a à dire de Choisel d'avec ce qui a été dit de Chevreuse, parce que selon toutes les apparences cette Paroisse est un démembrement fait de Chevreuse vers l'an 1200. Les monumens qui rendent cette proposition très-probable nous mettent au fait en même temps de l'étymologie de Choisel, il est certain qu'au XIII siécle on disoit Solsey ; le latin *Soyseium*, qui étoit usité alors pour désigner ce lieu, en est une preuve constante. Ainsi cette Terre avoit appartenu anciennement à un nommé *Sosius*, et de là elle avoit été appelée Soisey. Par la suite on a aspiré la premiere syllabe et l'on a prononcé *Choi*, et à la place de la lettre *i* ou *y* finale, on a ajouté la lettre *l*, ce qui fait Choisel.

Ce lieu étant à une demi-lieue par delà Chevreuse par rapport à Paris, se trouve placé à sept lieues et demie de cette Ville. Sa situation est dans une petite vallée entourée de terres labourables. Cette Paroisse n'est point enregistrée sous le simple nom de Choisel dans les Rolles de l'Election, mais sous celui de Saint-Jean de Choisel. On l'y voit dans le Dénombrement imprimé de l'an 1709, marquée comme comprenante 67 feux, et dans celui que le sieur Doisy a donné au public l'an 1745, elle est dite en renfermer 79. Le Dictionnaire Universel de la France qui parut en 1726, en fait mention au mot Choisel et y marque 355 habitans, c'est-à-dire qu'il y a environ 200 communians.

Il est inutile de répéter que l'Eglise est sous le Titre de Saint Jean-Baptiste. Plusieurs choses désignent qu'elle fut bâtie au XIII siécle; mais je ne m'attache qu'aux trois vitrages qu'on voit derriere l'autel, et qui sont sûrement tels qu'on les faisoit à la fin du XII ou dans le cours du XIII siécle. Dans celui du milieu est représentée la vie du Saint Précurseur; dans les deux autres sont figurés deux saints Evêques. Comme donc le nom de Jean fut héréditaire parmi les Seigneurs de Choisel durant le XIII siécle, il n'y a presque point lieu de douter que ce ne soit l'un d'entre eux qui la fit construire de pierres du pays comme elle est, et j'incline pour Jean de Soisey qui vivoit en 1204, parce que je vois qu'il accommoda l'Evêque de Paris de toute la dixme de ce lieu, et que la Cure étoit érigée avant qu'on écrivît le Pouillé de ce siécle où elle se trouve de la main primordiale sous le nom d'*Ecclesia de Soiseio* à la nomination de Bourgueil. Cette nomination restée à cet Abbé est aussi un indice suffisant que le territoire de Choisel fut détaché de la Paroisse de Chevreuse dont la nomination appartenoit en effet à l'Abbé de Bourgueil depuis plus d'un siécle par concession d'un Evêque de Paris. L'Eglise de Choisel a le défaut commun à plusieurs autres : elle manque d'une aîle du côté du septentrion, mais elle est supportée par une tour solide. Le grand Autel conserve un retable de pierre, devant lequel est posé un Tabernacle à l'antique qui est en forme de pyramide ou tourelle à jour. L'Abbé Chastelain et autres célébres Liturgistes estimaient fort ces sortes de Tabernacles, dont quelques-uns qui restent peuvent avoir trois ou quatre cents ans d'antiquité ; mais ils ajoutent que leur place étoit à côté de l'Autel comme on les voit communément dans les Pays-Bas. Au chœur se voit le buste de Nicolas le Jay, Secrétaire du Roy, Conseiller en la Chambre des Comptes, fils de Jean, aussi Secrétaire du Roy et Conseiller aux Comptes. L'année de sa mort n'y est pas marquée ; il y est dit avoir épousé une Dame Gron ; il est qualifié Seigneur de Bevilliers et Quinquempoix, qui sont des lieux voisins. Ce dernier est d'une autre Paroisse.

J'y remarquai aussi l'épitaphe de marbre d'un Curé nommé Pierre Masson, décédé en 1691 qui est dit avoir été amateur des Belles-Lettres ; il avoit été Chanoine de Saint-Etienne-des-Grez, et étoit aussi Chapelain de Saint-Léonard près Saint-Maur-des-Fossez.

La présentation à la Cure de cette Eglise appartient encore à l'Abbé de Bourgueil, suivant tous les Pouillés. Celui de 1648 l'a mal-à-propos appellée du nom de Foisselles. <small>Pouillé 1648, p. 63.</small>

Il y a sur le territoire de cette Paroisse et assez près de l'Eglise de Saint-Jean, un lieu dit la Ferté où apparemment étoit autrefois une espece de Fort, ainsi que le mot *Firmitas* l'insinue, et dans ce lieu une Chapelle du Titre de Saint Jacques, laquelle est au rolle des Décimes. Le premier Pouillé où elle se trouve est celui qui fut écrit vers l'an 1450, où elle est dite située dans la Paroisse de Soisel *juxta Castrum,* et être de la nomination de l'Evêque de Paris. On la trouve quelquefois nommée dans le même siécle *de Feritate juxta Caprosiam*. Quelques Curés du lieu en ont joui. Son bien consiste en six arpens de prez situés au-dessus d'elle, qui en 1711 étoient loués cent livres, et un morceau de terre loué trois livres. Celui qui la possédoit alors consentit à ce qu'elle fût réunie à la Cure de Maincourt qui étoit fort pauvre. On a vu à l'article de Chevreuse (page 368), que Hervé, Seigneur de Chevreuse, reconnut en 1260 qu'il n'avoit pas le droit de présenter à cette Chapelle. C'est ce qui prouve l'antiquité. <small>Reg. Ep. Paris. 21 Aug. 1488.</small> <small>Voyez l'art. de Maincourt.</small>

Voici le nom de quelques Seigneurs avec l'époque. Jean de Soisey, Chevalier, vendit moyennant la somme de trente livres à Odon de Sully, Evêque de Paris, l'an mil deux cent quatre la grosse et la menue Dixme de Soisey ; Guy, Seigneur de Chevreuse, l'agréa, parce qu'elle mouvoit de son Fief, ajoutant qu'il tenoit ce Fief des Evêques de Paris. Jean de Soisey, le même peut-être que ci-dessus, parut à Paris l'an 1228, et fut l'un des porteurs de l'Evêque Guillaume d'Auvergne à son entrée solemnelle, comme chargé de la procuration de Guy, Seigneur de Chevreuse, qui étoit malade. En 1275, Jean de Soisey fit hommage à Etienne Tempier, Evêque de Paris, pour le Fief du Château et Châtellenie de Maurepas. <small>Reg. Ep. Paris. fol. 62 et 73.</small> <small>Ibid., fol. 60.</small> <small>Hist. Eccl. Par. T. II, p. 584.</small>

Choisel est l'une des Terres qui composent aujourd'hui le Comté de Dampierre.

Il y a des Ecarts qui sont situés jusqu'à demi-lieue et trois quarts de lieue du côté du midi, comme Predecelle, Houlebran. Bevilliers appartenoit en 1697 à M. Renouard, Conseiller du Roi. <small>Reg. Arch. Par.</small>

SENLICES

Quoique le nom de ce Village se prononce et s'écrive à peu près comme celui de la Ville de Senlis, dans le latin il y a une différence tout entière. Il est vrai qu'il n'est pas d'une antiquité si reculée que cette Ville Épiscopale; mais il est connu depuis le regne de Charles-le-Chauve. Il y a dans le livre *de re Diplomatica* une charte de ce Prince redonnée en entier par Dom Thierry Ruinart sur l'original qui avoit été communiqué par le Duc de Chevreuse, laquelle charte roule entierement sur ce Village. Elle fut expédiée à Compiegne en Septembre 862. Charles y dit qu'en vertu de la dévotion qu'il porte à Saint Denis et à ses Compagnons, et pour le remede de l'ame de Louis son pere, Empereur, et de l'Impératrice Judith sa mere, il donne à perpétuité à l'Eglise de ce saint Martyr le Village de Senlices ou Seinlices : *Villam quamdam sitam in Pago Parisiaco, cujus vocabulum est Scindelicias cum omnibus ad se pertinentibus, tam mansis quam terris, vineis, silvis, pratis, pascuis, mancipiis,* pour en employer les revenus au luminaire, à la réfection des Religieux, et à l'hospitalité des pauvres. Ce Prince désigna les jours qu'il vouloit que les Religieux se ressentissent de ce don au Réfectoire, sçavoir : le 13 Juin, jour de sa naissance ; le 8 Juillet, jour auquel il avoit été sacré Roi ; le 15 Janvier, jour auquel après avoir subjugué ses ennemis, il avoit été confirmé de nouveau sur le trône ; le 13 Décembre, jour de son mariage avec Ermentrude, et le 27 Septembre, jour de la naissance de cette Reine. Les prieres qu'il demanda ne font rien à mon sujet ; j'ajouterai seulement qu'il voulut que du vin des vignes de ce lieu les Religieux en destinassent dix muids *decem modios* ou dix mesures pour la sacristie, ensorte qu'on en mélât avec le vin destiné pour la Messe, afin qu'il fût censé y contribuer par son offrande quotidienne, et que du reste des revenus on entretînt une lampe devant l'Autel placé au-devant du Trésor, lieu où il vouloit avoir sa sépulture. Et afin que ses intentions fussent suivies à perpétuité, il fit défense à quelque Abbé que ce fût qui gouvernât l'Abbaye de Saint-Denis, de rien démembrer de cette Terre pour le donner à qui que ce soit par forme de récompense.

Ce Diplôme qui est l'un des plus instructifs par rapport à l'Histoire de France, ne contient aucune marque qu'il y eût dèslors une Eglise à Senlices. Mais il y a toute apparence que s'il n'y en avoit pas, et que si Saint-Martin de Chevreuse étoit l'Eglise de ces cantons, les Religieux y en établirent bientôt une, et la firent dédier sous l'invocation de S. Denis qui en est encore

De re Diplomat. p. 538. Edit. 1709.

actuellement le Patron. Ce qui est également vraisemblable en conséquence des termes de cette charte, qui représentent Senlices comme un vignoble considérable, est que les côteaux où sont les vignes de Dampierre, étoient du territoire de Senlices, où le titre Paroissial fut érigé beaucoup plus tard par démembrement de Senlices pour la raison que je marque en parlant de Dampierre.

Depuis la charte de la donation faite au Monastere de Saint-Denis, il ne paroît plus rien sur ce Village, sinon que dans le petit Cartulaire de l'Evêque de Paris, où sont des Enquêtes faites en 1218 au sujet des Novales pour l'Abbaye de Saint-Denis, on trouve que Senlices fut un des lieux où l'on tint un état de ces Novales : *Apud Cenlicias*, dit le manuscrit, *sunt Novalia versus* Chart. Ep. Par *campum Christophori circiter septem arpenta quæ exstirpavit Odo de Serneio Miles, et circiter quatuor arp. apud Morunval (ou Merunval) et in Nua Huclin circiter unum arp...... Duo arp. à la Chevelée, duo arp. juxta la Conche..... Unum arp. ad Chineval..... Tria arp. in cultura Garini de Valle.* Dans le Cartulaire de la même Abbaye conservé à la Bibliothéque du Roy, il y a sur le même sujet : *Circiter sexaginta arp. de cultura S. Dionisii apud Cenlicias.* On voit au moins par là que ce Monastere ne s'étoit pas encore défait de tout ce que Charles-le-Chauve lui avoit donné à Senlices. On observera aussi en passant, que dès l'an 1218 on varioit sur la maniere d'écrire ce nom. Le Pouillé Parisien qui peut être postérieur de quelques années, écrit *Senliciæ*. Celui qui fut redigé vers l'an 1450 met *de Senliciis*.

Ce Village est à huit lieues de Paris, c'est-à-dire à une lieue au-delà de Chevreuse ; sa situation est en partie sur un côteau qui regarde le couchant et en partie dans le bas de la montagne. Il y a en général sur le territoire des labourages et des prairies : des roches, bruyeres, broussailles ; on y fait observer surtout aux Naturalistes une fontaine dont l'eau est nuisible, de laquelle je parlerai ci-après. Les vignes n'y sont pas en quantité, et le vin qu'elles produisent n'a rien d'excellent. Je ne sçai si ce seroit par rapport à ces défauts de boisson que ceux qui ont voulu railler sur la Cure de ce lieu, dont le nom latin est *Cura de Scindeliciis*, l'ont appellée par un léger renversement de lettres *Cura de sine Deliciis*. Le dénombrement de l'Election de Paris imprimé en 1709 marque 72 feux à Senlices. Le Dictionnaire Universel de 1726 réduit cela à 315 habitans, et le dénombrement du sieur Doisy y met 69 feux, ce qui peut former deux cents communians.

J'ai déja déclaré plus haut que l'Eglise est sous le titre de S. Denis, premier Evêque de Paris. Elle est bâtie comme celles du canton, de pierres grossieres et de molieres ; mais aussi elle peut passer pour une Eglise complete dans l'espece de celles de la campagne, étant toute voûtée de pierre, accompagnée de deux aîles et supportée du côté du septentrion par un reste de vieille tour terminée par une flêche. Les dedans en sont tout renouvellés, étant depuis peu blanchie, boisée et pavée ou carrelée. On y apperçoit au-dessus de l'Autel les restes de deux vitrages du XIII siécle, qui représentent la Ste Vierge et S. Jean l'Evangeliste, et qui sont parsemés de fleurs de lys. Sous l'aigle est la tombe de Balthazar Goin, Seigneur de Court-Senlice, qui étoit dans les Chevaux-legers de M. le Duc d'Anjou et mourut en 1602. Dans tous les Pouillés la Cure de Senlices est dite être à la pleine collation de l'Ordinaire.

La Court-Senlice est la Maison Seigneuriale. L'enclos en est fort grand. Sur la porte sont des armoiries anciennes dont l'écu est chargé d'une tour et les supports sont deux lions. Ce lieu appartenoit en 1614, à Joachim Marchand et à Marie Rebours, sa femme; vers 1650, à .... Josse, Conseiller en la Cour des Aydes, puis en 1659, à Marie Guillebert, sa veuve. Lorsque Dampierre fut désuni de Chevreuse, par l'acquisition que Louis XIV en fit en 1692, la terre de Senlices y fut jointe avec d'autres, pour former le Comté ou Duché de Dampierre qui est possédé par MM. d'Albert de Luynes.

Reg. Ep. Paris.

Bouillons ou les Bouillons est un Fief dont le manoir est fort simple, situé dans une prairie proche laquelle est un bois. Il est souvent parlé dans le Cartulaire du Prieuré de Longpont des Seigneurs d'un lieu appellé *Boolum* ou *Boolun* vivans au XII siécle. Je ne sçais si ce seroit de ce Fief-ci.

Les Barres appartenoient autrefois au Chapitre de Notre-Dame de Paris qui a revendu ce bien en retenant les droits Seigneuriaux. Il est certain par le grand Pastoral de l'Eglise de Paris (fol. 204) qu'en 1262, ce Chapitre avoit acheté de Jean de Bruyeres et d'Eustache, sa femme, ce qu'il tenoit de Hervé de Chevreuse, à Chevrigny et à la Barre.

Le Cormier, Garne, le Bout-des-Prez et Malvoisine sont quatre autres écarts de la Paroisse de Senlices. Ce dernier est une ferme placée sur le haut de la montagne entre Senlices et Choisel.

Mem. de l'Acad. des Sciences, ann. 1712, p. 23.

C'est par les Mémoires de l'Académie des sciences que j'ai été d'abord informé de ce qu'on dit de la Fontaine dont j'ai promis de parler. On y lit que dans ce Village est une Fontaine publique dont l'eau fait tomber les dents sans fluxion, sans douleur et sans que l'on saigne. On ne peut s'en prendre qu'à elle de cet effet, car l'air y est très-bon et très-tempéré; les habitans plus robustes et plus sains qu'ailleurs; seulement il y en a plus de la moitié qui manquent de dents. D'abord elles branlent dans la bouche pendant plusieurs mois comme le battant d'une cloche; ensuite elles tombent naturellement. L'eau que l'on accuse de ce mal est vive. On la trouve fort froide quand on la boit au sortir de la Fontaine. On reconnoît qu'elle est dure quand on s'en sert pour le pot, et on prétend qu'elle donne des tranchées à ceux qui n'y sont pas accoutumés. M. Aubry, Curé du lieu, qui envoya un baril de cette eau à M. Couplet, avec une relation, dit qu'on lui avoit conseillé de n'en user plus qu'après l'avoir fait bouillir, ce qui feroit disparoître sa mauvaise qualité. Il la croit minérale, et conjecture même qu'elle contient du mercure.

SERNAY ou SAIRNAY

Le Roy Pépin faisant la description du territoire qu'il donnoit en 768 à l'Abbaye de Saint-Denis, en vue de la sépulture qu'il y choisissoit, nomme Sarnet comme étant dans les confins *Cotoniarias et Walreias et Sarnetum*. Charlemagne renouvellant cette donation l'an 774, y comprend aussi Sarnet : *Deinde ad Sarnetum usque ad cellam S. Germani*. C'est plus qu'il n'en faut pour constater l'antiquité de Sairnay et la maniere de l'écrire. Mais nous n'en sommes pas plus au fait pour dire d'où ce mot *Sarnetum* est formé. M. de Valois n'a osé le tenter. Je laisserai aussi à d'autres à le deviner. Hist. S. Den. Preuv. xlv. Diplom. lib. VI, p. 645.

Cette Paroisse est à huit lieues de Paris et une de Chevreuse ; sa situation est sur l'extrêmité d'une longue plaine de terres labourables. A une légere distance commence le vallon dans lequel a été bâtie une Abbaye de l'Ordre de Citeaux ; ce qui fait que pour distinguer le Village d'avec le Monastere, on a dit Sairnay-la-Ville, pendant que l'Abbaye a été nommée les Vaux-de-Sairnay. De 62 feux que le dénombrement imprimé en 1709 comptoit dans cette Paroisse, celui que le Sieur Doisy a publié en 1745 n'en marque que 49. Le Dictionnaire Universel du Royaume avoit évalué en 1726 le nombre des habitans à 205.

L'Eglise de la Paroisse est un édifice de deux ou trois cents ans, à peu près quarré et qui manque d'une aîle au septentrion, au lieu de quoi à côté de l'autel est bâtie une tour quarrée fort basse. Saint Brice, Evêque de Tours, est Patron de cette Eglise. Il fut permis le 18 Iuin 1556, à Charles, Evêque de Mégare, de la dédier, d'y bénir cinq autels et le cimetiere.

La Chapelle qui est au fond de l'aîle paroît être sous le titre de Ste Geneviéve, quoiqu'à la vitre ce soit S. Louis qui soit représenté. On y voit devant l'autel une tombe dont le peu de mots qui y sont lisibles indique seulement qu'elle couvre le corps de Jean d'Auret, décédé en 1521, et celui de Catherine de Sainte-Marie, sa femme, qui trépassa en 1541. Les armes de d'Auret sont trois épées la pointe en bas, et celles de son épouse trois bandes. Le château qui est peu éloigné de l'Eglise et tout-à-fait à l'extrémité de la plaine, n'a rien de remarquable que quelques hautes futayes.

La Cure est à la pleine nomination de l'Archevêque de Paris. *Ecclesia de Sarnaio de donatione Episcopi*, dit le Pouillé du XIII siécle ; les suivans disent la même chose.

Les anciens titres ne m'ont fourni que deux Seigneurs de Sairnay. Dans l'état que l'on fit en 1218 des Novales de la Paroisse de Senlices, on reconnut qu'Odon *de Serneio*, Chevalier, avoit défriché environ sept arpens de bois, vers le lieu appelé *Campus Christophori*. Dans le Procès-verbal de la Coûtume de Monfort-l'Amaury dont ce lieu est dit être, comparut parmi la Noblesse l'an 1556, Raoul de Furet, Ecuyer, en qualité de Seigneur de Sairnay-la-Ville.

Chart. Ep. Par. in Bibl. Reg.

Les Ecarts et Hameaux de cette Paroisse sont la Charterie ou les Charmes, auquel lieu la Marquise de Noisy avoit une maison sur la fin du dernier siécle, la Dalonerie, Champhourdy, Plaine-Coulon, etc., qui est apparemment le *Planetum* des titres de 1226 et 1229, à moins que ce ne soit Saint-Robert, où la Carte marque une Chapelle, dont je me contenterai de dire un mot en attendant que quelqu'un en rapporte une autre origine. On lit dans Bollandus, au 17 Juin, la vie d'un Saint Raynier de Pise, mort en 1160. Il y est parlé d'un Albert Corsus, Italien converti par lui, et qui, voyageant en France vers le milieu du XII siécle, mourut aux environs de Paris proche une Eglise située dans une vallée, que l'Auteur Italien appelle *Clara Vallis*. Il ajoute qu'il fut inhumé en ce lieu, et qu'il s'y faisoit des miracles à son tombeau. L'affinité qu'il y a entre Aubert et Robert peut appuyer la conjecture qui me fait dire que ce seroit en mémoire de ce Saint Aubert que cette Chapelle auroit été primitivement érigée : au moins il y a plus d'apparence que c'est vers les Vaux-de-Sairnay que mourut le pieux Albert ou Aubert, que non pas à l'Abbaye proche l'Isle-Adam, ni à Hérivaux proche Lusarches, qui n'ont jamais été si illustres que l'Abbaye de Vaux, non plus qu'à Joyenval près Saint-Germain-en-Laye. Si l'auteur de la vie de Saint Raynier a mis *Ecclesia quæ Clara Vallis dicitur*, auprès de Paris, sa mémoire lui aura été infidele, n'y ayant jamais eu de Clairvaux ou de Vauclair dans le voisinage de Paris. Le Seigneur actuel de Sairnay est M. Gaston Furet.

Reg. Ep. 21 Maii 1697.

Gallia Christ. Instr. T. VII, col. 99 et 100.

Bolland. 17 Juin p. 428.

L'Abbé des Vaux-de-Sairnay est marqué comme Seigneur en

partie de Sairnay dans le Procès-verbal de la Coûtume de Paris de l'an 1580; mais on y lit aussi que le Village de Sairnay-la-Ville se prétendoit régi par la Coûtume de Montfort. Cout. Paris. édit. 1678, p. 660.

Il faut maintenant parler de cette Abbaye qui seule a rendu illustre le nom de Sairnay.

ABBAYE DES VAUX-DE-SAIRNAY

Ce Monastere fut fondé l'an 1128 par le Connétable Simon, Seigneur de Naufle-le-Châtel, et Eve son épouse, qui donnerent pour le bâtir une Vallée qu'on appelloit alors *Vallis Briessart* aux Moines de Savigny en Avranchin, qui étoit un Ordre particulier, et non encore incorporé à celui de Cîteaux. Plusieurs Seigneurs des principaux lieux du voisinage, et le Roy Louis VII y donnerent ensuite du bien. L'Eglise fut bâtie sous le titre de la Sainte Vierge et de Saint Jean-Baptiste. L'Abbé envoyé de Savigny avec une colonie s'appelloit Arnaud ou Artaud; il eut pour successeur en 1145 Hugues, sous lequel l'Ordre de Savigny en entier fut réuni à celui de Cîteaux. Il est le premier que les Cisterciens des Vaux reconnoissent pour Abbé. Hist. de Paris, pieces, p. 82. Gall. Chr. nova, T. VII, Instr. col. 52.

On lit que vers l'an 1174, temps auquel Saint Pierre, Archevêque de Tarentaise, vint en France, la Dédicace d'une Chapelle de Saint Jacques et Philippe fut faite par lui dans ce Monastere: que sous l'Abbé Guy le feu du Ciel tomba en 1195 et endommagea le dortoir.

Ce fut aussi sous lui que Pierre, Religieux de la Maison et son neveu, écrivit l'Histoire des Albigeois fort connue dans les Historiens de France. Le même Guy fut fait Evêque de Carcassonne et mourut en 1223.

Un Abbé encore plus célèbre que lui, fut S. Thibaud de Marly, lequel avoit pris l'habit en cette Maison l'an 1226. On peut consulter sa vie imprimée en plusieurs endroits. Ce fut lui qui rebâtit le dortoir. Il mourut en 1247, le 8 Décembre. Son corps après plusieurs Translations se trouve maintenant enchâssé dans la nef de l'Eglise du lieu. Il y a grande dévotion aux Fêtes de la Pentecôte, aussi-bien qu'à une fontaine de son nom qui est dans le jardin du Monastére, sous une grotte peinte. On en boit de l'eau contre la fiévre. Duchêne, T. V, Baillet, 8 Juillet, etc.

Depuis l'origine des Commendes Antoine Sanguin, Evêque d'Orléans, dit le Cardinal de Meudon, posséda cette Abbaye. Louis Guillart lui succéda en 1560 et fut Evêque successivement de plusieurs siéges; ensuite Charles Guillart, Evêque de Chartres. Henri de Bourbon de Verneuil, fils naturel d'Henri IV, l'eut avec beaucoup d'autres, et il la quitta en 1668, et elle fut donnée à Jean-

Casimir, Roi de Pologne, qui s'étoit retiré en France. Aujourd'hui elle est possédée par l'Abbé de Broglio.

Cette Abbaye occupée par les Réformés de l'Ordre de Citeaux paroît fort-bien entretenue. Elle est bâtie si positivement sur les limites des Diocèses de Chartres et de Paris, que la séparation des deux Diocèses est le milieu de la cour, ensorte que l'Eglise et le Monastère sont de Paris, et l'Hôtel Abbatial qui est vis-à-vis est de Chartres. Il étoit autrefois de Paris étant placé derrière l'Eglise. Il fut bâti tout à neuf de briques par M. de Chalucet, fait Abbé en 1673 et il servoit de maison de campagne à M. le premier Président de Lamoignon, beau-père de sa sœur. Cet Abbé est mort Evêque de Toulon. L'Eglise est vaste et longue et toute reblanchie. Le chœur a des chaises d'un excellent boisé moderne. Dans le sanctuaire du côté du nord est la sépulture de Simon de Neaufle, le fondateur et d'Eve, sa femme. A l'opposite est la tombe d'un *Magister*......... *de Rupe forti* gravée en capitales gothiques. Dans la croisée du côté méridional se voit écrit en même gothique sur une tombe : *Johannes Abbas de Fontanis in Turonia; de Nealpha Castro* (Neaufle-le-Château). Enfin, dans le Chapitre : *Icy gist Monseigneur Hervy de Chevreuse jadis Sire de Maincourt et Dame Clemence sa femme.*

[marginal: Voyages MS. de M. Chastelain.]
[marginal: Ibid.]

On apprend par des Tablettes de cire conservées à Saint-Germain-des-Prez, que le Roi Philippe-le-Bel vint à l'Abbaye des Vaux-de-Sernay avec toute sa Cour vers le milieu de Février 1306 (ou 1307 selon le style Romain) allant dans la Beausse et dans la Normandie. Pierre Tessé qui en étoit Abbé en 1510 obtint du Roi Louis XII l'établissement d'un marché en ce lieu tous les mardis, et d'une Foire franche le jour de S. Thibaud. Nicolas de Bayon, son second successeur, après avoir assisté le Dimanche 12 Juin 1524 à la Dédicace que l'Evêque de Paris, François de Poncher, fit de l'Eglise de la Celle, fut témoin de la visite que le même Evêque fit de ce Monastère, où il assista à Vêpres, le même jour, dans le chœur, après avoir été reçu avec la Croix et l'Eau bénite, et y donna à la fin la bénédiction solennelle au peuple.

[marginal: Gall. chr. nova, T. VII, col. 895.]
[marginal: Reg. Ep. Paris.]

Cette Abbaye fit vers la fin du dernier siècle plusieurs échanges de biens avec M. de Ponchartrain, Ministre et Secrétaire d'Etat. Les Lettres-Patentes registrées le 24 Mars 1698 confirmèrent les Religieux dans la jouissance de la ferme de la Feuillade et autres biens.

[marginal: Regist. du Parl. 20 Dec. 1692.]
[marginal: Ibid. 1698.]

On conserve dans cette Maison une Histoire manuscrite du Monastère qui est citée dans le *Gallia Christiana*, mais qui est peut-être moderne.

[marginal: Gall. Chr. T. VII, col. 404.]

Dans le voisinage est un étang qui supporte des Isles flottantes soutenues par l'enchaînement des racines des arbres. On m'a assuré qu'on va s'y promener et y manger au milieu de l'étang par le moyen de cette Isle ambulante que l'on avoit rapprochée du bord.

LA CELLE PRÈS SAIRNAY

AUTREMENT

LA CELLE-LEZ-BORDES

Les variétés qu'il y a eu sur le nom de ce lieu demandent quelque discussion. Les uns l'ont désigné par le voisinage de Sairnay; c'est ce qu'on a fait dans les rolles Ecclésiastiques; les autres par le voisinage du Château des Bordes, et c'est ce qui a été fait dans les livres de l'Election. Mais dans les derniers temps ceux qui ont formé des catalogues des départemens pour les Vicaires-Généraux qui sont imprimés, ou des rolles pour les décimes, ont suivi le torrent des Greffiers de l'Election, et au lieu d'écrire *la Celle* comme anciennement, ils ont commencé d'écrire *la Selle* comme si le nom étoit *Sella* en latin, et signifiât un siége à s'asseoir, tandis que selon toute l'antiquité le véritable nom est *Cella* qui signifie une habitation, un logement.

Comme le nom de la Celle est fort commun dans le Royaume, ensorte même qu'il y a deux Villages de ce nom dans le Diocése de Paris, il a été nécessaire de les distinguer par quelque lieu dont ils sont voisins; l'un est au-dessus de Bougival et dans le voisinage de Saint-Cloud; l'autre, qui est celui-ci, n'est qu'à une lieue du Village de Sairnay, et à un quart de lieue du Château des Bordes ; le voisinage de ces deux lieux a servi à former la dénomination distinctive de ce la Celle d'avec l'autre. Le plus court eût été de continuer de l'appeller la Celle-Saint-Germain, comme elle est nommée dans une charte de Charlemagne donnée l'an 774, ou la Celle-en-Iveline, *Cella Æqualina*, comme fait le livre manuscrit de Saint-Germain-des-Prez, rédigé sous l'Abbé Irminon du temps du même Charlemagne; mais on n'est pas maître de la durée des noms; tout ce que les gens instruits peuvent faire, est de s'opposer à la mauvaise maniere d'écrire les noms de lieu, tant les noms primitifs que ceux qu'on y a joints pour mettre de la distinction.

Après avoir insinué en passant que la Celle étoit un lieu connu dès le VIII siécle, il faut dire l'état où il étoit alors avant que de le représenter tel qu'il est maintenant. Le Diplôme de Charlemagne de l'an 774 n'en fait mention qu'indirectement : c'est en décrivant l'étendue de ce que le Roy Pépin son pere avoit donné à l'Abbaye de Saint-Denis six ans auparavant, qu'il marque qu'un certain espace de terrain s'étendoit *ad Sarnetum usque ad Cellam Sancti Germani*. On ne sçait pas d'où cette terre étoit venue à l'Abbaye de Saint-Germain, si ce n'est que le Roy Childebert pouvoit l'avoir donnée à Saint Germain même en personne, qui l'aura léguée au Monastere de Saint-Vincent où il devoit être inhumé. Tant y a que vers l'an 800 cette Abbaye y possédoit le manoir Seigneurial et les autres maisons qui en dépendoient ; soixante-cinq bonniers de terre où l'on pouvoit semer trois cents muids de froment : un arpent et demi de vigne, trente-huit arpens de prez ; un bois de cinq lieues de circuit, où l'on pouvoit engraisser mille porcs ; deux moulins produisans vingt muids de grain et un sol d'argent : deux Eglises bien entretenues qui avoient chacune leur revenu. Il ne faut pas croire qu'il n'y eut en ce lieu que fort peu de vignes ; car les Hôtes de l'Abbaye de Saint-Germain y en avoient aussi. On comptoit dans ce même lieu des familles *ingenuiles* ou affranchies, le nombre de cinquante-trois ; et en tout le Village, compris les maisons garnies et celles qui étoient vacantes, le nombre de soixante-dix.

<small>Cod. Irminon, fol. 13.</small>

Le gros du Village est situé dans un vallon où passe un ruisseau qui prend sa source à un quart de lieue ou demi-lieue plus haut, et qui va se jetter dans la Remarde trois lieues plus bas. L'ouverture du vallon est presque du couchant au levant, ce qui fait que les vignes plantées sur le côteau roide vis-à-vis le Village, regardent le midi. Tout le bas est en prairies. La plaine d'en haut du côté du septentrion pour venir à Sairnay, est entierement en labourages : au côté opposite qui est celui du midi en tirant vers Chartres, sont des bois.

Le dénombrement de l'Election de Paris qui fut imprimé en 1709 marquoit pour cette Paroisse 114 feux, ce que le Dictionnaire Universel de l'an 1726 réduisoit à 560 habitans. Le nouveau denombrement qui a paru en 1745 par les soins du Sieur Doisy y marque 124 feux. Cette Paroisse est d'une grande étendue. C'est la derniere du Diocése de Paris de ce côté-là, et l'une de celles qui sont les plus éloignées de la Ville Episcopale, puisqu'on compte de là à Paris environ dix lieues. Elle contient un assez grand nombre d'écarts et hameaux. Voici les noms de quelques-uns : à droite du ruisseau, vers le midi et le couchant, sont Bomerel, ferme, Villeneuve, hameau, la Verrerie ou Verriere, la Berlinquinerie, Besnieres ou Baignieres haut et bas : du côté gauche du ruisseau vers l'orient et le septentrion se trouvent Ronqueux ; les Bordes, château et hameau dont M. de Fervaques est Seigneur ; j'en dois parler ci-après ; Voise, ferme ; Maupas, hameau.

L'Eglise de ce lieu est sous l'invocation de Saint Germain, Evêque de Paris, dont le lieu portoit le nom dès le VIII siécle, ainsi qu'on a vu ci-dessus. Elle ne paroît pas d'une bâtisse ancienne, mais elle est solidement réédifiée à neuf. La Dédicace en fut faite le Dimanche 12 Juin 1524 par François de Poncher, Evêque de Paris, qui en même temps y bénit quatre autels, le tout en présence de Louis, Abbé de Vaux-de-Sernay, et de Guillaume Chefdeville, Curé du lieu. Reg. Ep. Paris.

Cette Eglise paroît être d'une assez grande capacité, quoiqu'elle n'ait qu'une aîle qui est accompagnée d'une tour de pierre dure terminée par un pavillon. Le chœur est bas, mais voûté. On y voit dans le côté gauche une tombe sur laquelle est représentée une femme voilée sans pointe, et autour est gravé en lettres gothiques capitales :

« Cy gist Madame Jehanne d'Auvers jadis femme Mons. Phe-
« lippes..... des Bordes; laquelle trespassa l'an de grace mil CCC
« et XXVI le Jeudi après..... »

A la place du Curé se voit à terre une inscription de l'an 1550 qui auparavant étoit attachée au mur. Il y est marqué que Frere Claude Stine, Curé du lieu, a donné de l'argenterie à charge de prieres au temps de l'offrande. Il y est représenté en capuchon.

Dans le même chœur se lit gravé sur un marbre noir, que Dame Elisabeth de Favier, veuve de haut et puissant Seigneur Messire Antoine de Harville, Marquis de Paloiseau, Seigneur de la Celle, a fondé la lampe : que la somme léguée a été employée par son fils Claude-Antoine de Harville, en achapt de prez situés au Gasseaux Paroisse de Bullion..... et en terres à la plaine des Bordes ; et que le contrat est de l'an 1700.

La Cure est marquée dans le Pouillé de Paris du XIII siécle parmi celles que l'Evêque a à sa pleine collation : *De Donatione Episcopi, Cella ultrà Sarnaïum*. Les Pouillés suivans y sont conformes, si ce n'est que celui de 1626 met *Cura de Cella juxta Servain*, au lieu de *juxta Sernaïum*.

En 1624, le 9 Mai, il y eut en Parlement un Arrêt donné en faveur du Curé de la Celle et les Bordes par lequel il étoit défendu de lever les dixmes avant que de l'avertir. Code des Curés, T. I, p. 24.

Nous sommes certains qu'il y avoit du temps de Charlemagne deux Eglises à la Celle-en-Iveline. La seconde a été aux Bordes qui est un hameau éloigné seulement d'un quart de lieue et situé sur la Paroisse de la Celle dans la plaine qui commence au-dessus du vallon où est l'Eglise de Saint-Germain. On voit des collations de la Chapelle des Bordes faites au XV siécle. On trouve cette Chapelle qualifiée de succursale ou annexe dans l'acte de permutation de la Cure de la Celle du 6 Juin 1526, et dans des provisions du 27 Août 1596. Il est très-naturel que l'ancienne seconde Eglise de la Celle fût devenue succursale par la suite des temps.

Reg. Ep. Paris. Elle étoit sous le titre de Saint Jean, suivant des provisions du 22 Octobre 1484 qui la qualifient d'Eglise Paroissiale.

La Carte du Diocése de Paris de de Fer marque une Chapelle à Long-Chêne; mais lorsqu'elle subsistoit elle étoit de la Paroisse de Bullion qui est du Diocése de Chartres.

Hist. Eccl. Par. T. II, p. 246. On lit dans l'Histoire de l'Eglise de Paris d'après Rigord et Césaire d'Hesterbach, que parmi les Sectateurs d'Amaury, Hérétique, qui furent exécutés à Paris au lieu dit Champeaux en l'an 1209, se trouve *Stephanus Presbyter de Cella.*

Quant à ce qui regarde les Seigneurs de la Celle, quoiqu'il y ait long-temps que cette Terre n'appartient plus à l'Abbaye de Saint-Germain-des-Prez, je ne puis remonter plus haut que Messieurs de Harville qui en jouissoient dans le XVI siécle. Claude de Harville étoit Seigneur de la Celle l'an 1580 en même temps que de *Procès-verbal* Palaiseau. Il fit représenter à l'Assemblée tenue pour la rédaction *de la Cout. de* de la Coûtume de Paris cette année-là, que sa Terre de la Celle *Paris 1580, éd. de 1678, in-12* prétendoit être régie par la Coûtume de Montfort. Il vivoit encore *p. 660.* en 1636. Son fils Antoine lui succéda; c'est de sa veuve dont il est parlé ci-dessus. Puis François de Harville, fils d'Antoine, etc.

Si la Terre de la Celle a suivi le sort de celle de Palaiseau qui *Voyez l'art. de* primitivement appartenoit à Saint-Germain-des-Prez, on doit dire *Palaiseau.* que les Harville possédoient ces deux Terres dès le commencement du XV siécle.

Sur la Terre des Bordes, tout ce que j'en ai trouvé d'ancien se réduit en la personne d'Alexandre des Bordes. Il étoit parent de Gui de Levis, illustre Chevalier, et il fut l'un de ceux qui favoriserent la fondation de l'Abbaye de Roche sur la Paroisse de Levis. Ajoutez Philippe des Bordes qui vivoit en 1326, suivant l'épitaphe de sa femme rapportée ci-dessus.

PÉQUEUSE

Nous n'avons en France que ce seul Village de ce nom, et un autre en Brie au Diocése de Sens appellé Péqueux. Aucun des deux ne paroissant avoir été un pays de rivieres ni d'étangs, je ne vois pas pourquoi dans le Cartulaire du Prieuré de Longpont Péqueuse est appellé en latin *Piscosæ.* Mais quoique ces titres ayent six cents ans, les écrivains n'ont pas été infaillibles dans les termes dont ils ont exprimé en cette langue les noms de lieu.

Aussi dans le Pouillé de Paris du XIII siécle ce lieu n'est-il pas appellé *Piscosæ,* mais *Pescusa*. Je ne parle pas de celui du XV siécle où la Cure est dite *de Pequeusiis,* ni des Registres du même temps où il y a *de Pecusiis*. Sans vouloir décider sur l'étymologie de ce nom, je me contenterai de dire que *Pesq* pouvoit être un mot celtique dont on a perdu la signification.

La Paroisse de Pequeuse commence à l'entrée d'une plaine après que l'on a monté doucement au sortir de Limoux. Le terrain continue en plaine du côté de l'occident vers la Grange-Saint-Clair, et finit du côte méridional au bout de la plaine à un petit vallon dit Vilverd, où l'on trouve quelques vignes sur un côteau qui regarde le midi. Le reste est en terres labourables. On comptoit en 1709 quarante-deux feux en cette Paroisse suivant le dénombrement imprimé alors. Celui que le sieur Doisy a publié en 1745 n'y en marque que trente et un. Le Dictionnaire de la France qui parut en 1726 marquoit en ce lieu 139 habitans. Il résulte de là qu'il y a en cette Paroisse environ cent communians.

L'Eglise est presque solitaire n'étant accompagnée que du Presbytere et de quelques maisons. Le reste des habitans est répandu dans les écarts et hameaux qu'on appelle Grignon, Formenteau, la Grange-Saint-Clair et Vilverd.

Cette Eglise est sans aîles, sans tour, et n'a de voûté que le chœur seulement. Comme cette voûte est faite en forme de calotte, le fond peut avoir cinq cents ans de construction, quoiqu'il ne les paroisse pas avoir à cause qu'il a été reblanchi. A la face antérieure de cette coupole est un cintre orné de peintures qui peuvent être de trois ou quatre cents ans. Saint Médard, Evêque de Noyon, Patron de cette Eglise, y est représenté en relief avec Sainte Radegonde, Reine de France. Les Paroissiens demandant à l'Evêque de Paris, en 1549, de permettre que l'Evêque de Mégare en fît la Dédicace, bénît le cimetiere et son augmentation, alléguerent que *Reg. Ep. Paris.* cette Eglise reconnoissoit ces deux mêmes Patrons. Cette Eglise *20 Mai.* fut accordée par l'Evêque de Paris au Prieuré de Longpont sur la fin du XI siécle ou au commencement du XII. Elle est comprise dans la Bulle de confirmation des biens de cette maison donnée par Eugene III, l'an 1151, en ces termes: *Ecclesiam de Piscosis* *Gall. Chr. nova,* *cum decima et atrio*. C'est ce qui fait que le Prieur a le droit d'y *T. VII, p. 566.* nommer un Curé suivant les Pouillés de tous les temps.

Il s'éleva vers l'an 1210 une difficulté qui regarde le territoire de Péqueuse. Il s'agissoit de l'Eglise de Saint-Clair qui n'étoit plus qualifiée que de Chapelle. Comme la Paroisse de Péqueuse confine avec le Diocése de Chartres aussi-bien que la Paroisse de *Hist. Eccl. Par.* la Celle, Renaud, Evêque de Chartres, avec son Archidiacre et *T. II, p. 255.* l'Abbaye de Clair-Fontaine, prétendoient qu'elle étoit du Diocése de Chartres. Pierre de Nemours, Evêque de Paris, et Guillaume, Archidiacre de Josas, soutinrent au contraire qu'elle étoit de celui de Paris. Maître Barthelemi et Maître Guillaume, Chanoines de Chartres, élus arbitres par les parties, se transporterent sur les lieux, entendirent les témoins, examinerent les preuves, et après avoir considéré la situation, ils prononcerent au mois de Décembre 1212 que cette Chapelle étoit et devoit être du Diocése de Paris, et que c'étoit à l'Evêque de Paris à en disposer. Il ne reste plus de vestiges de cette Chapelle, mais les anciens de Péqueuse ont ouï dire qu'il y en avoit eu autrefois une à la Grange-Saint-Clair, où l'Abbaye de Claire-Fontaine a encore un droit considérable sur les terres. Je déclare ce que je pense de ce Saint-Clair à l'Article de Gometz.

Chart. Longip. fol. 4.

Le Prieuré de Longpont eut au XIII siécle, de Robert Castel, tout le bien de ses ancêtres qu'il possédoit à Péqueuse : cens, terres labourables, partie du four ; et cela de l'agrément de Simon de Rochefort, du fief duquel ces choses relevoient.

Grignon et Formenteau sont deux fiefs qui ne sont séparés que par le Palisseau, et qui appartiennent à MM. de Sainte-Croix de la Bretonnerie à Paris.

M. l'Abbé Bignon, Prieur de Longpont, a accommodé par échange du peu qu'il y avoit de Droits Seigneuriaux M. Cousteau de la Barrere, Ecuyer, Valet de Chambre du Roi, qui a une maison à la Grange-Saint-Clair. Mais le Roi est premier Seigneur à cause du Comté de Limoux.

Edit. 1678, p. 639.

Dans le Procès-verbal de la Coûtume de Paris de l'an 1580, comparut Jean Bertault, Seigneur de Vauvert.

LIMOUX

Charta Child. Reg. Diplom. p. 480.

Si j'avois entrepris de faire remonter l'antiquité des lieux dont j'ai à traiter jusqu'au plus haut point où on le peut faire à l'aide des titres les plus incertains, je me serois servi d'une charte qui se trouve dans la Diplomatique de Dom Mabillon pour donner à Limoux du Diocése de Paris une antiquité de plus de mille ans.

Ibid., p. 48, in fine Annot.

Loin de m'éloigner du sentiment de ce sçavant Bénédictin qui paroît croire que le *Lemausum* dont il est parlé dans une charte de l'an 703 est notre Limoux, quoique cette charte marque qu'il est *in Pago Stampinse* j'aurois excusé la faute de cette même charte dont l'auteur a pu confondre le pays Etampois avec le pays de Paris, à cause du voisinage, ou j'aurois dit que le pays d'Etampes pouvoit comprendre alors Limoux, n'étant éloigné de la capitale de ce pays que de six lieues, tandis qu'il l'est de sept à huit de Paris. Mais faisant profession de m'attacher à la vérité, j'aime mieux me passer de cette charte, qui, quoique vraie dans le fond à la réserve du mot *Stampinse*, regarde Limoux situé dans le Berry à cinq ou six lieues de Bourges vers le couchant. C'est dans ce Limoux que Garnon et Adalgude bâtirent un Monastere de Filles qu'ils firent unir à l'Abbaye de Saint-Germain-des-Prez, à Paris, dont une des marques qui subsistent, est que la Cure de ce lieu est restée à la nomination de l'Abbé, suivant les Pouillés de Bourges.

Pour ce qui est de Limoux ou Limors que l'usage fait écrire maintenant Limours, il ne se présente rien avant la fin du XI siécle, qui en fasse mention. Le premier monument est la donation que Geoffroy, Evêque de Paris, fit de l'Eglise de ce lieu à Baudry, *Historia MSS.* Abbé de Bourgueil en Anjou, qui lui en avoit fait la demande. Ce *Burgul.* don lui fut fait l'an 1091. Ceux qui ont vu les archives de cette Abbaye assurent que le nom n'est point latinisé dans ces titres primordiaux, et qu'il y a *Ecclesiam de Limors*. L'origine de ce nom n'est pas des plus évidentes, car il peut venir d'un mot celtique aussi-bien que du substantif latin *Limus*. Dans les Commentaires de César il est fait mention d'une Ville dite *Limonum*, qui *Comment. Cæs.* étoit bâtie où l'on voit Poitiers ; ce qui prouve qu'il y avoit une *lib. VIII.* racine celtique composée de ces deux syllabes : *Limon*, ou du moins de la syllabe *Lim*, et que Limors, Limoes ou Limos pouvoient en être dérivés, quoiqu'absolument parlant, ce lieu du Diocèse de Paris a pu aussi tirer cette dénomination du terrain limoneux entretenu par sa situation dans un petit vallon et sur un torrent fangeux. Ce dernier sentiment est celui de M. de Valois. *Notit. Gall.*
p. 421.

Dans tous les livres ou rolles à l'usage de l'élection de Paris, lorsqu'on parle de Limours, on lui joint Chaumusson qui est un hameau considérable de la Paroisse. Le dénombrement imprimé en 1709, après avoir dit qu'il y a Prévôté à Limours, y compte 114 feux ; celui qui a été publié en 1745, par le sieur Doisy, donne à ce lieu le titre de Ville, quoiqu'on n'y voye aucuns murs ni apparence qu'il y en ait eu, et y reconnoît 108 feux. Avant lui le Dictionnaire Universel géographique de la France, imprimé en 1726, avoit aussi donné à ce lieu le titre de Ville, dans laquelle il comptoit 448 habitans, en y comprenant pareillement ceux de Chaumusson. On m'a assuré qu'il y avoit 300 communians.

L'Eglise de ce lieu est un bâtiment assez beau, construit en forme de croix et tout voûté, mais sans aîles. Le milieu de la croisée est surmonté d'un petit clocher. La plus grande partie de cet édifice a été construite vers le commencement de l'avant-dernier siécle ou sous le regne de François I. Au grand portail bâti de pierre de grais sont les armes de Poncher : d'or au chevron de gueules brisé en pointe d'une tête de negre de sable bandée d'argent et accompagnée de trois coquilles de sable, deux en chef et une en pointe. A côté de ce portail, à main gauche en entrant, est une tour commencée, dont les fondemens furent jettés par Gaston, Duc d'Orléans, mais qui mourut avant qu'elle fut finie. Saint Pierre, Apôtre, qui est représenté à l'autel en pierre, assis dans une chaire. Au vitrage de la croisée du côté septentrional sont les armes d'un Archevêque, les mêmes que ci-dessus, ce qui fait croire qu'Etienne de Poncher, Archevêque de Sens, en a payé la dépense. Au même endroit sont aussi celles d'un autre Evêque, fils d'une Poncher. Elles sont d'or à la croix d'azur et quatre molettes d'éperon de gueules.

On conserve dans cette Eglise les Reliques [1] de Saint Marc Evangéliste, qui furent apportées de Venise sur la fin du XIV siècle par Jacques de Montmor, Chevalier, Seigneur de Bris et de Limours, Chambellan du Roi et Gouverneur du Dauphiné, à qui les Vénitiens les avoient données en reconnoissance d'un secours considérable qu'il avoit fourni à la République contre les Génois. Ces Reliques furent transférées de la vieille châsse dans une neuve ornée de cuivre et de lames d'argent, le Dimanche 9 Novembre 1681, par M. de Nesmond, Evêque de Bayeux, accompagné de M. de la Motte, Archidiacre et Chanoine de Paris. On voit sur les plaques de cette châsse la figure de Saint Marc, et au bas est écrit : *Marcus Sacerdos, Discipulus B. Petri Apostoli.* Elle est élevée dans le mur de la croisée du côté méridional au même lieu où est la Chapelle du nom du même saint. On la descend quelquefois pour la porter en Procession à Péqueuse, Village voisin. Le Mercure d'où la plupart de ces faits sont tirés, ajoute qu'il y a une Confrérie de Saint Marc au même lieu.

Mercure de Nov. 1681.

Hist. MS. Burgol.

Cette Eglise de Saint-Pierre de Limours avoit été donnée en l'an 1091 à l'Abbaye de Bourgueil par Geoffroy, Evêque de Paris.

1. C'est un ossement considérable ; mais le peuple l'appelle le Corps de Saint Marc, et dit que celui qui l'apporta de Venise étoit Comte de Limours, au lieu de le qualifier simplement Seigneur de ce lieu. M. Baillet qui avoit eu occasion d'être informé de la tradition de ce lieu, à cause de la relation que MM. de Lamoignon y ont eue, prétend à la fin de la vie de Saint Médard que ces Reliques sont plutôt de ce Saint Evêque de Noyon, qui est appelle Saint Mard en diverses Provinces. Comme cette Eglise avoit dès le XIII siécle des Reliques auxquelles on faisoit des offrandes ainsi qu'on va voir, ce pourroient bien être ces anciennes Reliques qui seroient parvenues jusqu'ici : ce qui détruiroit l'apport pretendu de Venise. Pour se mettre mieux au fait, il faut voir le livre composé sur cette matiere par un Penitent de Limoux in-12 en 1685 en faveur de Saint Marc : il avoit vu tous les Procès-verbaux sur cette Translation, et même ceux du Village de Bris. Il y parle des enfouissemens de ces Reliques en la terre, leur apport à Paris, etc.

Depuis ce temps-là les moines y étoient venus demeurer, et ils y avoient formé un Prieuré. La possession de cette Eglise leur avoit été confirmée en 1105 par le Pape Pascal II, et en 1208 à leur Abbé nommé Luc, par une Bulle d'Innocent III sous le nom de *S. Petri de Limos*. En tant que Paroisse elle fut comprise au Doyenné de Châteaufort dans le Pouillé de Paris écrit au treiziéme siécle, et marquée sous le nom de Limos, comme dépendante de Bourgueil pour la nomination : et en tant que Prieuré, elle y fut marquée avec le nom de *Prioratus de Limoves* sous le Doyenné de Macy. C'est la même chose quant à la Cure dans les Pouillés manuscrits du XV et du XVI siécle ; on y lit *de Burgolio* sans autre explication. La Cure ni le Prieuré ne se trouvent aucunement dans le Pouillé de 1626. Dans celui de 1648 le Prieuré est bien déclaré dépendre de Bourgueil, mais la Cure est dite être à la collation pure et simple de l'Archevêque. Le Pelletier marque dans le sien imprimé en 1692, que l'un et l'autre sont à la nomination de l'Abbé de Bourgueil. *Hist. MS. Burg. Gallia Christ Sammarth. T. IV, p. 207*

En 1255 Regnaud, Prieur de ce lieu et Gui, Prêtre, c'est-à-dire Curé, s'accordent sur leurs droits. Il fut convenu que le Prêtre auroit toutes les offrandes de cire excepté celles du Sanctuaire, qu'il auroit aussi quelques sextiers de grains dans la grange de Creches et dans celle de Cormier, et toutes les offrandes des Messes, soit du jour soit des morts, hors celles du Sanctuaire et des Reliques qui appartiendroient désormais au Prieur, le tout à condition que le Prêtre fourniroit le luminaire de toutes les Messes, les cordes des cloches et l'encens aux Fêtes annuelles ; et Renaud, Evêque de Paris, continua ce traité la même année. *Ex autogr. in Tab. Ep. Paris. in Spir.*

Le rolle des Prieurs du Diocése qui devoient le *Pigmentum* à l'Eglise Cathédrale au jour de l'Assomption, fait cet article sur celui de Limours : *Prior de Limosio solvit anno M. CC. LXXXXII. Item solvit anno M. CCC. VIII*. A l'égard du droit de procuration Episcopale, il le devoit comme plusieurs autres Prieurs ; il étoit taxé en 1384 à 10 livres 10 sols. Le Dictionnaire universel de la France donne à ce Prieuré six mille livres de revenu, au lieu de six cents livres. Il y eut en 1532 un traité au moins projetté touchant les dixmes de la Paroisse entre le Prieur d'alors et Guillaume Baudry, Curé. *Necr. B. M. Par.inBibl.Reg. ad calcem. Reg.deCroliere. Reg. Ep. Paris. 24 Mart.*

Il y a aussi à Limours un Couvent de Pénitens du Tiers-Ordre de Saint François, qui y furent établis au haut du Bourg vers le midi par Gaston d'Orléans. Ils comptent parmi les illustres de cet Ordre décédés en cette maison, François Mussart, Provincial, Parisien, qui mourut en 1617, et Bernardin de Lisieux, mort en 1628. On voit dans les Registres du Parlement au 4 Mars 1660 *Hist. du Tiers-Ordre édit. 1667, p. 616 et 617.*

l'article d'un amortissement pour les Religieux du Tiers-Ordre de Saint François établis à Limours.

Le plus ancien des Seigneurs de Limous que les titres fournissent est un nommé Gautier de Limous dont le rolle des Feudataires de Montlhery sous Philippe-Auguste dit qu'il étoit homme du Roy, et qu'il devoit deux mois de garde à Montlhery à cause de la terre de Limous. Mais il paroît par un autre article qu'il n'étoit pas le seul Seigneur; car Ansold du Coudray y est dit aussi homme du Roy pour les terres de Coudray, de Vaugrigneuse et de Limous, à l'exception de l'*Atrium*. Au commencement du regne de Saint Louis se présente un Lambert de Limoux, Chevalier; son seing ou sceau est à un acte de l'an 1229.

<small>Hist. de Montm. Preuv. p. 404.</small>

Dans l'espace d'un siécle et demi que nous perdons de vue les Seigneurs de ce lieu, il dut arriver bien du changement. Cette terre étoit apparemment possédée par des étrangers sous le regne de Charles V. On lit qu'en 1376 ce Prince la retira moyennant la somme de six mille livres dont les habitans lui en avoient donné mille.

<small>Table de la Chambre des Comptes. 18 Avril 1376.</small>

René de Carnazet, né en 1450 d'Ivon de Carnazet, Seigneur de Lardy et Gouverneur de Vincennes, posséda cette Terre. Je trouve qu'au même siécle Limours fut donné en partage à Jean de Chastillon qui décéda après l'an 1495. Jean Poncher, Trésorier des Guerres, la possédoit en 1516.

<small>Hist. des Gr. Off. T. VI, p. 121.</small>

Ce fut de son temps que François I permit d'y tenir un marché tous les mardis et deux foires chaque année, l'une le jour de Saint Marc, l'autre le jour de Saint Michel. En 1519 le même Prince lui accorda la haute Justice de ce lieu, le scel aux Contrats et le Tabellionage, en place des sept livres dix sols parisis de rente qu'il avoit droit de percevoir sur le Domaine de Paris. Il fit hommage de cette Terre l'an 1533. En 1536, le Roi lui permit d'ajouter un pilier aux deux qu'il avoit déjà à ses fourches patibulaires. Ce Seigneur étant mort deux ans après, ses héritiers pour demeurer quittes de ce que ce Trésorier Général avoit été reconnu devoir au Roi, lui céderent, moyennant la somme de quarante mille livres, tous les droits qui pouvoient leur appartenir sur la Terre de Limours à cause de Catherine Hurault, leur mere. Il en reste un acte en particulier d'Etienne Poncher, Evêque de Bayonne. Les autres enfans étoient Jean, Nicolas et Marguerite. Les Registres du Parlement et de la Chambre des Comptes marquent plusieurs autres révolutions arrivées à cette Terre. On y lit qu'au mois de Septembre 1545, elle fut donnée par le Roi à Anne de Pisseleu, Duchesse d'Etampes, qu'il aimoit; qu'en 1553, le Roi Henri II la donna à Diane de Poitiers, Duchesse de Valentinois. Le Procureur Général tâcha de faire casser ces

<small>Bannieres du Châtelet, Vol. II, fol. 38.
Compte de l'Ord. de Paris 1519.
Sauval, T. III, p. 600.
Hist. des Gr. Off. T. VI, p. 451.
Regist. du Parl. 2 Juin 1536.
Arr. des Jug. de la Tour quarrée du 18 Sept.
Mém. de la Chambre des Comptes.</small>

donations comme obreptices ; elles furent cependant enregistrées plusieurs années après ; et même en 1568, après la mort de la Duchesse de Valentinois, le Parlement voulut que le Duc et la Duchesse d'Aumale et la Duchesse Douariere de Bouillon, héritiers représentans cette Duchesse défunte, jouissent de l'effet des dons.

Ce fut la Duchesse d'Etampes qui bâtit le superbe Château de Limours. Le séjour de ce lieu parut si agréable à François Ier, qu'il le choisit pour y dissiper durant les réjouissances des jours gras, l'ennui que la mort d'Henri VIII, Roi d'Angleterre, lui avoit causé, et les accès de la fiévre lente dont il fut attaqué quelques jours avant que de mourir. La lettre initiale de son nom est sculptée au-dessus de plusieurs fenêtres. *Reg. Parl. 27 Sept. 1518. Mem. secrets de l'Hist. de France 1719, T. I, p. 132. Paneg. de la Ville de Chartres par Challine 1642, in-4° p. 30.*

Pendant que cette Terre appartint à Philippe Hurault, Chancelier de France, connu sous le nom de Chancelier de Chiverny, ou à Marguerite Poncher, ce fut aussi le lieu où il alloit se délasser de ses fatigues. Après sa mort, arrivée en 1599, elle fut possédée par Louis, son fils, sous lequel elle fut érigée en Comté. Les lettres de cette érection ne furent enregistrées en Parlement que le 23 Mai 1607. *Hist. des Gr. Off. T. VI, p. 501.*

Celui qui jouissoit de cette Terre en 1623, la vendit pour payer ses dettes à Jean-Armand du Plessis de Richelieu, nouvellement fait Cardinal ; ce Prélat l'ayant acquise par contrat du 6 Avril, y fit des grandes dépenses, embellit le Château de statues, tableaux, fontaines, etc., de maniere qu'il égaloit les plus magnifiques de la France. Cependant il s'y déplut, la trouvant mal saine. Il établit dans le bourg en 1626, un marché par semaine et quatre foires par an. Quelques années après, Gaston d'Orléans, frere de Louis XIII, jouissant du Comté de Montlhery, requit ce Prince de vouloir bien pour augmentation de son appanage, l'accommoder du Comté de Limours, comme étant un lieu propre à y faire sa résidence. Le Roi nomma des Commissaires pour en évaluer le Domaine dont le Cardinal de Richelieu jouissoit en propre, et ensuite par contrat du 24 Décembre 1626, ce Cardinal lui vendit cette Terre avec toutes ses dépendances, sçavoir Gometz-le-Chatel dit Saint-Clair, et les Molieres, avec les Fermes de Roussigny, du Jardin, de la Besmerie, Boisjolet et Ragonant, moyennant la somme de trois cent soixante et quinze mille livres. Les memoires de ce Prince marquent qu'il fit au Cardinal le remboursement de quatre cent tant de mille livres, y compris le Domaine de Montlhery et que de plus il lui paya trois cent mille livres pour les meubles et l'amélioration. *Mem. impr. 1685 Amst. p. 73.*

Le Roi lui accorda la confirmation du marché et des foires établis en 1626, et lui donna les droits d'etappe dans le Bourg de

Limours, nonobstant un Arrêt du Parlement du 5 Février 1634, ce qui fut enregistré le 7 Septembre 1644. Après cela, le même Prince l'unit et l'incorpora avec Montlhery au Duché de Chartres pour être tenu et possédé par le même Gaston-Jean-Baptiste, Duc d'Orléans, aux titres et charges de son appanage. Ce Duc mourut le 2 Février 1660. La Duchesse son épouse, Marguerite de Lorraine, choisit alors le Château de Limours pour sa demeure. Louis XIV lui confirma ce choix pour jouir par elle du revenu du Comté et de celui de Montlhery sa vie durant, par Lettres-Patentes registrées le 6 Juillet 1662.

La consistance et dépendances de Limours, outre la Terre et Seigneurie de Limours, sont les Fiefs de Villancourt, la Croix-blanche, Ragonant, Garnevoisin, du Besuyer, du Jardin, de Roussigny et Grand-Maison d'icelui du Cormier, du Petit-Hôtel et les Métairies de Limours, de Roussigny et de Bessuyer.

Ce Château est beaucoup déchu de son ancienne beauté, depuis la mort de cette Duchesse d'Orléans, arrivée en 1672. On y voit encore six pavillons dont deux sont quarrés, les quatre autres ronds, dont tout est entremêlé de brique avec la pierre. Il y reste aussi quelques statues de marbre. Ce qui y est le mieux entretenu est la haute futaye du parc que l'on traverse pendant une demi-lieue lorsqu'on vient de Forges par la Ferme de Pivot.

Depuis que la Terre de Limours fut revenue au Roi, MM. de Lamoignon de Launai-Courçon, en furent établis Gouverneurs et en même temps Capitaines des Chasses de la Capitainerie du même lieu pour Sa Majesté.

Topogr. de Cl. Chastillon, fol. 10.

Le Château de Limours est figuré dans la Topographie de Claude Chastillon, gravée vers l'an 1610.

Les écarts d'autour de Limours, qui sont les lieux que j'ai nommés ci-dessus en parlant des dépendances de cette terre, n'offrent rien de remarquable. Le nom de Guarnoversin étoit connu dès le XII siécle. Il en est fait mention dans un titre de

Chart. Longip. fol. 5.

ce temps-là, par lequel le neveu de Robert Castel donne au Prieur de Longpont tout ce qu'il avoit en ce lieu de la succession de son oncle. Sur la fin du même siécle il fut parlé de ce lieu jusque parmi les premiers du Royaume ; un nommé Geoffroy Bouet, partant pour Jérusalem, avoit vendu tout son bien de Garnoversin à un Seigneur appellé Michel. Ce dernier le donna aux Moines de Longpont en échange de ce qu'ils avoient au lieu dit *Solinia-cum*. Geoffroy, de retour de son pélerinage, voulut résilier sa vente ; Garin, fils de Michel, la soutint bonne et valable. Ils en vinrent au point d'offrir des champions qui décideroient par le

Ibid., fol. 80.

duel à la Cour du Roi qui étoit à Etampes, mais les parties s'accommoderent, et le prix du duel fut sans effet. Il est parlé du hameau du Cormier et de la métaïerie dite *la grande Maison* qui y est située, dans les Registres du Parlement, à l'occasion des Lettres d'Amortissement de cette métairie située au Comté de Limours, accordées en 1656 aux Cordeliers du Faubourg Saint-Marcel qui venoient d'en faire l'acquisition. <small>Regist. du Parl. 6 Fevr. 1657.</small>

Il ne s'est rien présenté sur Chaumusson, quoiqu'il paroisse un lieu remarquable, puisqu'on le joint à Limours dans les rolles de l'Election de Paris.

L'écart appellé Pomeret ou le Pomeray entre Péqueuse et les Molieres ne s'est présenté que dans les Registres de l'Evêché à l'occasion des permissions accordées en 1609 à Philippe Bergeron, Sergent du Roy et de la Reine, Seigneur du Fay, qui y faisoit sa demeure, et en 1697 au sieur de Baleine, Ecuyer ordinaire de Monsieur et de Madame. <small>Reg. Ep. Paris.</small>

Avant que Limours fût devenu un lieu distingué, il avoit produit un personnage illustre : sçavoir Thomas Cordier de Limours qui étoit Abbé des Vaux-de-Cernay en 1454, et qui mourut Abbé de Pontigny, seconde fille de Citeaux, en 1458. <small>Gall. Chr. nova, T. VII, col. 894.</small>

FORGES

Il n'est nullement nécessaire à l'égard des lieux qui portent en France le nom de Forges, que dans ces lieux il y ait eu autrefois ou qu'il y ait encore quelques forges dans le sens que nous attachons à ce mot, c'est-à-dire quelques fabriques de fer ou d'autre matiere. La dénomination de Forges peut avoir été donnée à quelques-uns dans un sens bien plus simple. Il suffit d'ouvrir le Glossaire de Du Cange aux mots *Furcia, Furquia, Forchia*, pour y apprendre que dans la basse latinité ce mot emprunté de quelque langue du nord ou autre signifioit simplement une demeure, une habitation, une maison. Ainsi *Forgiæ* pouvoit souvent dans les anciens Titres de six ou sept cents ans ne signifier autre chose que les maisonnettes, les loges, les cabanes. Ce mot aura depuis été transporté aux maisons où l'on fabriquoit du fer ou de la potterie, et de là nous sera venu de forger ; car je ne crois pas qu'il y ait une analogie suffisante avec le latin *fabricare*, pour l'en faire venir, ainsi que fait M. Menage. Le lieu de Forges dont il s'agit aura eu ce nom parce qu'il étoit un de ceux de la Forêt d'Iveline qui étoit habité. Aussi voyons-nous que depuis qu'il est connu, dans aucun Titre on ne lit *de Fabricis*, comme cela seroit arrivé si l'on avoit cru que la dénomination de Forges venoit d'une fabrique de fer ou autre matiere, mais on lit toujours *de Forgiis*.

Ce que nous avons de plus ancien à produire sur le lieu de Forges regarde l'un de ses premiers Seigneurs nommé Tevin. Il étoit contemporain de Milon, Seigneur de Montlhery, dit Milon le grand, et par conséquent il vécut sur la fin du XI siécle et dans le commencement du XII. Il est appellé dans tous les actes qui font mention de lui *Tevinus de Forgiis*. J'aurai occasion ci-après de rappeller ces actes.

<small>Chart. Longip. fol. 9. 1741 ut infra.</small>

Quant à la situation de Forges, elle est sur une montagne à sept lieues ou un peu plus de Paris vers le couchant d'hiver. C'est un pays contigu aux bois de Limours, anciens restes de la forêt d'Iveline. Il y a des vignes, et du côté du midi un vallon et un côteau assez escarpé et roide. On ne compte de ce lieu à Montlhery qui est vers le soleil levant, que trois lieues ou environ. Le petit ruisseau qui y passe n'a point de nom : il coule du côté de Brie. En 1709 le dénombrement de l'Election de Paris y marquoit 102 feux. Celui qui vient d'être publié en 1745 par les soins du Sieur Doisy y en marque 112. Le Dictionnaire universel de la France imprimé en 1726 évaluoit le nombre des habitans à 500, ce qui pouvoit former celui de 250 pour les communians.

L'Eglise du lieu qui est sous le titre de la Sainte Vierge (la Fête est l'Assomption) devint Priorale par la donation qu'en fit le Seigneur de Tevin aux Moines de Longpont au plus tard vers les premieres années du regne de Louis-le-Gros. L'édifice étant tout de grais n'est pas accompagné de beaucoup d'embellissemens, cependant le sanctuaire et le chœur sont voûtés et on voit au sanctuaire quelques petites colomnes basses du XIII siécle. Cette Eglise est accompagnée du côté du midi qui est le plus exposé aux injures du temps et aux périls de l'écroulement, d'une aîle au milieu de laquelle est une tour de gray pour les cloches. La nef a été nouvellement lambrissée. Le frontispice de l'Eglise est sans porte à cause que la maison du Prieur occupe le devant. Au-dessus de la porte qui est à côté est l'écu de France entouré du collier de la Toison d'or.

Les épitaphes qui s'y trouvent sont des Sieurs de Baillon et le Jariel qui ont été Seigneurs du clocher, et qui ont leur chapelle au fond de l'aîle. On y lit ce qui suit :

Cy gist le corps de Noble Homme Odet de Baillon, lui vivant Ecuyer Seigneur de Forges et de Bajolet, qui trèspassa le Dimanche XXVIII jour de Juing 1573. Dieu ait l'ame de lui.

Cy gist Claude Baillon vivant Ecuyer Seigneur de Forges et de Bajolet, Conseiller du Roy, Grand Audiencier de France, et

Maître ordinaire en sa Chambre des Comptes qui décéda audit Forges le 28 Juillet 1619.

Cy gist Joachine du Mesnil le Simon, vivante femme de Messire Alexandre de Baillon Chevalier Seigneur de Forges et de Bajolet..... 1632.

Cy gist Messire Alexandre de Baillon, vivant Chevalier Seigneur de Forges et de Bajolet, lequel décéda le XVII jour de Septembre 1643.

Autres épitaphes :

D. O. M.

Icy gist le corps de Maturin le Jariel, Conseiller Secretaire du Roy, Maison, Couronne de France et de ses Finances, Seigneur de ce lieu de Forges, décédé le premier May 1699, dans la 77ᵉ année de son âge.

Cy gist Edme Maturin de Jariel, Chevalier Seigneur de Forges et autres lieux, Ecuyer ordinaire du Roy........ Il mourut à Paris le 5 Aoust 1729.

Tevin, le plus ancien des Seigneurs de Forges qui nous soient connus, en donnant cette Eglise aux Moines de Longpont assez nouvellement fondés, au-dessous de Montlhery, y ajouta ce qu'on appelloit alors *Atrium*, les sépultures, et ce qu'il avoit de dixme. Le Roy Louis VII écoutant favorablement la supplique des Religieux de Longpont tendante à former un concours à Forges, permit d'y établir une foire qui tiendroit chaque année le jour de l'Assomption, et cela par Lettres de l'année 1140. Le Pape Eugene III confirma l'an 1151, la possession dans laquelle étoit le Monastere de Longpont de certaines Eglises, et entre autres de celle *de Forgiis cum Decima et Atrio*. C'est ce qui assura au Prieur la nomination de la Cure de ce lieu, de maniere qu'elle fut reconnue dans le Pouillé du XIII siécle, et qu'elle est marquée sur le même pied dans les autres Pouillés de Paris dressés depuis. J'ai dit plus haut que le Seigneur Tevin donna aux Religieux de Longpont ce qu'il avoit dans la Dixme de Forges, parce qu'il est évident qu'il ne jouissoit pas de toute la dixme de cette Paroisse. On trouve dans le Cartulaire de la Maison, qu'un Chevalier nommé Herlan lui donna pareillement toute la dixme qu'il avoit à Forges, *apud Forgias*; ce don fut fait aussi dans le XII siécle.

On ne voit pas qu'il y ait jamais eu deux Eglises à Forges. La même a toujours servi de Paroisse et de Prieuré. Ce Prieuré est compris comme les Abbayes et les autres Prieurés sous le Doyenné de Macy, dans le Pouillé du XIII siécle, Macy étant

_{Chart. Longip. fol. 50.}

_{Ibid., fol. 4.}

_{Du Breul, Antiq. du Dioc. de Par. p. 890.}

_{Chart. Longip. fol. 1.}
_{Gall. Chr. nova, T. VII, p. 556.}

alors Doyenné rural pour les Communautés de ces quartiers-là. Le Prieur de Forges paroît dans le rolle des Prieurs qui payerent le *Pigmentum* aux Chanoines de Paris le jour de l'Assomption de l'année 1383. L'année suivante il paya dix livres dix sols à l'Evêque pour le droit de Procuration. Le Pouillé de 1648 marque faussement que ce Prieuré est à la collation du Prieur de Saint-Martin-des-Champs. Le Pelletier doutant du fait, met dans le sien de 1692, deux Prieurés de Forges au Diocèse de Paris : l'un à la nomination du Prieur de Longpont, l'autre à celle du Prieur de Saint-Martin-des-Champs.

Le Chevalier Tevin de Forges qui fut contemporain de Milon, fils de Gui, fondateur de Longpont, vécut assez avant dans le XII siécle. Il eut un fils nommé Adam, lequel fut autant porté que lui à faire part de ses biens aux Religieux de cette Maison ; mais cela déplut à Milon, son frere ; ce qui obligea Adam de Forges à modérer la donation qu'il avoit projettée. Les choses étant sur ce pied, furent approuvées par Philippe de Forges, troisiéme frere, et par leurs sœurs Adélaïde et Agnès.

Tevin, leur pere, entra si fort dans ce qui pouvoit être avantageux aux Religieux de Longpont qui résideroient à Forges, qu'il promit, en leur donnant l'Eglise et le reste, qu'il y feroit construire un moulin, et la moitié d'un étang.

Celui qui succéda aux enfans de ce Tevin s'appelloit Tevin *de Forgiis* comme lui. Il vivoit sous Philippe-Auguste, car on lit dans le rolle des Chevaliers de la Châtellenie de Montlhery, qu'il étoit homme lige du Roy, *pro Terra de Forgiis et pro Terra de Ver*.

Les trois siécles suivans ne fournissent la connoissance d'aucun Seigneur. Il faut aller jusqu'au XV siécle pour y trouver cette Terre entre les mains de Michel Rat, Bourgeois de Paris, qui en qualité d'héritier des Sieurs Bousseaux, présenta le 18 Août 1482, à la Chapelle qu'ils avoient fondée dans l'Eglise de Saint-Christophe de Châteaufort. Dans le siécle suivant on trouve pour Seigneur de Forges Odet de Baillon, mort en 1573. Son successeur fut Claude de Baillon qui est nommé avec la qualité de Seigneur de Forges dans le Procès-verbal de la Coûtume de Paris de l'an 1580. Il vivoit encore en 1606, suivant le Registre de l'Evêché. Après eux la Terre de Forges, au moins la Seigneurie du territoire où l'Eglise est bâtie, a été possédée par Messieurs le Jariel qui en jouissent encore, mais la haute-Justice appartenante au Roy fut donnée il y a trente-cinq ans à Nicolas de Lamoignon de Baville, Comte de Courson, Conseiller d'Etat et Intendant de Languedoc, aussi-bien que celle de Bajolet. Ces lieux dépendans de la Prévôté de Montlhery furent unis alors par Lettres-Patentes à la Justice de Courson pour ressortir au Parlement, et ces Lettres furent registrées en la même Cour de Parlement le 19 Avril 1709.

BAJOLET ici uni avec Forges est un hameau de la même Paroisse qui n'a encore été marqué jusqu'ici dans aucune carte de ma connoissance. Je le crois le même que le lieu de Braiolet, dont étoit Seigneur sous Louis-le-Gros un nommé Renaud dit de Braiolet, qui se trouva à la Cour de ce Prince dans la compagnie de Gui de Linais et des Seigneurs Thomas et Hugues de Bruyeres, pour les intérêts du Monastere de Longpont. *Chart. Longip. fol. 9.*

Les autres écarts de la Paroisse de Forges sont Chardonnet, mal nommé Charderonnay dans les Cartes, hameau où il y a environ trente ménages ; Malassis, Bois d'Ardeau et Ardilliers, tous hameaux, et une ferme nommée Pivot.

Il y a eu autrefois à Notre-Dame de Paris un Archidiacre de Brie nommé Jean de Forges ou de Forgettes, qui fonda l'une des Chapellenies à l'autel de la Décollation de Saint Jean-Baptiste ; il lui légua entre autres biens quatre livres dix sols à prendre sur une maison sise à Forges. *Gerard du Bois, Collect. MS. T. V ad calcem.*

JANVRY

On ne peut gueres douter que le nom de Janvry ne vienne du mot latin *Juniperus*, puisqu'autrefois et jusques dans le dernier siécle il a écrit GENVRIES en langue vulgaire au XIII siécle, *Genveriæ* en latin, et Genvris, puis Genvry. Le terme latin *Genveriæ* paroît naturellement formé de *Juniperiæ*, qui auroit signifié des Genevries ou champs remplis du bois de Genievre ; en effet si les chênes, les ormes, les coudriers, les tilleuls, les bouleaux, chataigniers, etc., ont formé le nom de Chesnaie, Ormoie, Coudraie, Tillaie, Boulaie, Chateigneraie, il a dû aussi arriver quelquefois que l'arbre de genievre étant plus commun en certains lieux, ait donné la dénomination à quelqu'un de ces lieux et Genvries que l'usage nouveau fait écrire Janvry paroît être de ce nombre. M. de Valois a oublié de parler de ce Village.

Sa distance de Paris est de sept lieues ou environ vers le sud-ouest, à deux lieues ou un peu plus de Montlhery, du côté du couchant ; sa situation est dans une plaine de labourages sans aucunes vignes, mais fort voisine des bois qui font sa séparation d'avec la vallée de Marcoucies, et dans lesquels est la Commanderie du Déluge. Le dénombrement de l'Election de Paris de l'an 1709 y marquoit 70 feux. Cela se trouve réduit à un peu plus de cinquante dans les derniers depuis neuf ou dix ans.

La Sainte Vierge est Patrone de l'Eglise de ce lieu, ainsi qu'il est spécifié dans des Lettres de Commission à celui qui en étoit Curé l'an 1473, *Evrardus Enjourrant Citratus B. Mariæ de Janveriaco*. Mais il faut sçavoir que ce n'est point la Fête de l'Assomption ni celle de la Nativité qu'on y regarde comme la Fête Patronale. Un Curé du dernier siécle trouva le moyen d'attirer un concours particulier à cette Eglise en choisissant la Fête de la Dédicace de l'Eglise de Notre-Dame du Mont-Carmel, autrement dite du Scapulaire et qui est spéciale aux Carmes, pour la Fête de sa Paroisse; avec cette différence toutefois, que dans cet Ordre on la célèbre le 16 de Juillet, et lui la remit au Dimanche suivant. Il y a toute apparence que cette singularité lui fut inspirée par l'épouse de M. de Beaufort-Ferrand, Seigneur de ce lieu, laquelle avoit une grande dévotion pour la Confrérie du Scapulaire dont elle étoit et qu'elle portoit, et qui étoit dirigée par un Carme Billette de Paris. Je parlerai ci-après de cette pieuse Dame. Il n'y a rien de considérable dans cette Eglise qui n'est point un édifice ancien, quoiqu'assez ample. On m'a assuré dans le lieu que l'on y conserve des Cheveux de la Sainte Vierge.

<small>Reg. Ep. Paris. 19 Junii.</small>

La Cure étoit établie dès le XIII siécle au moins, puisqu'elle est au Pouillé latin d'alors sous le nom françois de Genvries, avec vingt livres de revenu. Dans ce Pouillé aussi bien que dans les suivans elle est du nombre de celles que l'Evêque confere *pleno jure*.

Je n'ai rien découvert qui ait un rapport direct aux Seigneurs de cette Paroisse avant le dernier siécle : mais il y a des Actes qui concernent le lieu ou qui regardent les habitans depuis le regne de Charles VI. En 1389, sur l'exposé des habitans que la place de Gomez-la-Ville où ils alloient louer des ouvriers, étant devenue déserte par un effet des guerres et des mortalités, ils auroient été obligés d'en aller chercher à une lieue ou deux, le Roi leur accorda d'en avoir une, par Lettres données à Paris au mois d'Août. Dans ces Lettres, Genvery est dit être de la Châtellenie de Montlhery. En 1558, vu l'Enquête sur la commodité ou incommodité de l'érection de la Justice au lieu de Janvry et démembrement du Siége de Montlhery, le Parlement ordonna qu'il seroit derechef informé par un Conseiller, et par autres Praticiens des lieux voisins ; que ceux de Montlhery et Janvry seront aussi recollés par ce Conseiller, et témoins ouïs. Enfin paroît un Seigneur de Janvry sur la scéne. C'est le sieur Ferrand, Conseiller au Parlement. Le Duc d'Orléans lui fit don en 1650 en tant qu'il étoit en lui, du droit de Haute-Justice avec Tabellionage et le péage qui lui appartenoit à cause de son Comté de Montlhery en toute la Seigneurie dudit Janvry et lieux qui en dépendoient, aux charges contenues dans l'acte.

<small>Trés. des Chart. Reg. 136; Lett. 204.</small>

<small>Reg. du Cons. du Parl. 22 Mars.</small>

<small>Ibid. 17 Décemb. 1650.</small>

Ce Seigneur, dans la vie imprimée de son épouse, est plus au long désigné sous le nom de Michel Ferrand, sieur de Beaufort. Cette Dame s'appelloit Anne du Tixier, fille d'Amos de Tixier, Seigneur de Briis, Paroisse voisine de Jenvry. On y voit à la page 319 comment la Paroisse de Janvry et les autres du voisinage avoient été embaumées de l'odeur de ses bons exemples, soit par ses aumônes, soit par son attention à procurer des instructions aux paysans, à protéger les Curés, à faire observer les défenses des cabarets et des jeux durant le Service Divin, instruire les pauvres femmes et filles, rendre visite aux malades pour les assister dans leurs besoins, accompagner à pied le S. Sacrement toutes les fois qu'on le leur portoit, même à la distance d'une demi-lieue : enfin rétablir les meubles et ornemens des Eglises. Cette vertueuse Dame mourut à Paris le 16 Juillet, âgée de 49 ans. Antoine de Saint-Martin de la Porte, Carme réformé de la Maison des Billettes, fit imprimer sa vie presque aussi-tôt après, et la dédia à son mari. *Vie de Mme de Beaufort Ferrand, Paris 1650, in-8º, p. 26.*

Elle laissa un fils qui succéda à son pere dans la Terre, et qu'elle désigna du nom de *Janvry*, lorsqu'elle lui donna les derniers avis étant au lit de la mort. En 1738 M. Heuch, Secrétaire du Roi, étoit Seigneur de Janvry. *Ibid., p. 363.*

Les Ecarts et Hameaux de Janvry sont au nombre de six : Fresneau, Muleron, Marivaux, Chantecoq, Tuillieres et la Brosse. Les quatre premiers sont ordinairement marqués dans les Cartes du Diocése ou des environs de Paris.

Fresneau est au midi de Janvry en allant à Fontenay-sous-Bries. Il appartenoit en 1632 à Adrien Portail, Conseiller au Parlement et à Claude Amariton, son épouse; et en 1651 à François Portail, Maître des Requêtes et Hélene Masparault, sa femme.

Muleron est écrit *Mulerun* dans le rolle des Feudataires de Montlhery sous Philippe-Auguste. Ansold de Couldray étoit homme lige du Roi pour cette Terre et autres.

La Brosse est aussi mentionné dans le même rolle de Philippe-Auguste. Guarin de Ver en devoit hommage.

Chantecoq est nommé dans le livre de M. de Tournefort sur les plantes d'autour de Paris. *Herborisat. 6.*

BRIES ou BRIS

Comme les sçavans sont assez d'accord sur la signification qu'avoit dans le langage celtique ou des anciens Gaulois le terme de Bri ou Brei ou Bray, et que selon eux il signifioit terre grasse, limon de la terre, on peut sans hésiter dire que l'étymologie de

Bries vient de là. Il n'est pas nécessaire, pour cela, que tout le territoire de la Paroisse soit gras, ou boüeux, c'est-à-dire opposé au terrain sabloneux. Pour que le village ou bourg ait pris ce nom, il suffit qu'il y ait eu tout auprès quelques cantons gras, épais, et de la nature de ceux qui forment les mauvais chemins après les pluies ; un seul endroit même de cette espece suffiroit pour faire donner le nom au singulier ; mais comme plus communément dans les titres on trouve Bries au pluriel, c'est une marque qu'il y avoit divers endroits gras dans l'étendue du territoire. Quoiqu'il en soit, il faut sçavoir que la premiere charte qui en fait mention l'appelle *Bragium*, et parce qu'il étoit situé à l'extrémité de la Forêt d'Iveline, il y est dit placé *ad summum*, comme lisoit M. du Bouchet, et non *Assummumbragium*[1], ainsi que Dom Félibien l'a imprimé en son Histoire de Saint Denis. Je veux parler de la donation que le Roy Pépin fit à cette Abbaye l'an 768. Le Notaire détaillant tous les différens lieux de la Forêt d'Iveline qu'il légua pour sa sépulture, met *et ad summum Bragium cum omni integritate præter mansum dimidium*.

Preuve XLV.

Quoique ce qui a donné le nom à ce lieu soit une cause peut-être aussi ancienne que le temps du Déluge, Bries en tant que formant une Paroisse n'est mentionné dans les titres que depuis le XII siécle. Il est certain par une charte de l'an 1147 qu'il y avoit déjà du temps que l'Abbaye de Saint-Magloire de Paris avoit une Seigneurie à Bries et à Hainvilliers (*De Unvillari*) qui en est voisin. Ainsi l'on peut dire pour le plus tard que c'est le Roi Henri I qui avoit donné ces terres à cette Abbaye qu'il affectionnoit particuliérement, si même il n'avoit pas été prévenu par Hugues Capet ou par le Roi Robert.

Bries ou Bris tel qu'on le voit aujourd'hui paroît évidemment avoir été fermé de murs et avoir eu quatre portes. Ce lieu est éloigné de Paris de sept à huit lieues ; il est placé à trois de Montlhery et à une distance presqu'égale de Châtres.

Sa situation est sur une petite éminence au bas de laquelle passe un ruisseau qui vient de Limours, et qui après avoir fait moudre un moulin à Bris va se jetter dans une des petites rivieres qui passent au même lieu de Châtres.

On y voyoit encore, lorsque j'y ai passé, des restes de tours et du donjon de l'ancien château ruiné. Il y a très-peu de vignes. Le dénombrement de l'Election de Paris marque à Bris 119 feux l'an 1709 : celui qui vient d'être publié par le sieur Doisy y en compte 137. Le Dictionnaire Universel de la France qui calcule les habitans en marque 629 en ce lieu qu'il appelle Brie.

1. Cet *Assummumbragium* est aussi monstrueux que le *Resinlarziaco* des Messieurs de Sainte-Marthe.

L'Eglise Paroissiale est sous le titre de Saint Denis, ce qui confirme que ce lieu est le *Bragium* de l'extrémité de la Forêt d'Iveline, qui fut donné à l'Abbaye de Saint-Denis par le Roy Pépin un peu avant sa mort arrivée l'an 768. Car c'étoit la coûtume que dans les villages ou terres considérables qui étoient sans Eglises, le Monastere en bâtit une pour la commodité des habitans, et en ce cas l'Eglise nouvelle étoit souvent dédiée sous l'invocation du Patron de l'Abbaye; on y déposoit quelques linges qui avoient enveloppé ses reliques ou couvert son tombeau [1].

Depuis que l'Abbaye de Saint-Magloire eut été construite à Paris vers le commencement de la troisiéme race de nos Rois, elle fut gratifiée de cette Eglise de Bries, comme aussi de la moitié du Village avec toute Justice. Elle posséda aussi dans le même lieu une autre Eglise appellée de Sainte-Croix avec les dixmes qui en dépendoient et la dixme d'Unvilliers. Nous ne sçavons point quel fut l'Evêque de Paris qui donna les Eglises qui dépendoient de lui; nous ignorerions même tous ces faits sans une Bulle d'Adrien IV d'environ l'an 1155, et sans un Diplôme du Roi Louis-le-Jeune de l'an 1159 qui confirmoient à cette Abbaye toutes ces possessions : l'une des différences entre ces deux anciens titres, consiste en ce que la Bulle ajoute aux dixmes d'Unvilliers celles de Sancivry, où je conjecture qu'il faut lire *Sanciurs*. C'est par des titres du XIV siécle que nous sommes certains que l'Eglise où l'Abbé de Saint-Magloire mit des Moines de sa Maison, fut celle de Sainte-Croix.

Chart. S. Magl. in Bibl. Reg. fol. 17.

Gall. Chr. nov. T. VII, Instr p. 69.

Ce Prieuré de Bries est nommé le quatriéme dans le rang de ceux que le Pouillé Parisien du XIII siécle marque comme compris sous le Doyenné de Macy. Le nom y est purement en françois *Prioratus* de Bries. Mais dans le Catalogue des Prieurs du Diocése de Paris tenus de payer aux Chanoines de Notre-Dame le *Pigmentum* à la Fête de l'Assomption de chaque année, le nom est latinisé : *Prior de Briis solvit anno 1284. Item solvit anno 1299.* En ces temps-là le Prieur de Bries recevoit la moitié des offrandes de l'Eglise de Saint-Denis. Simon de Montfort qui en étoit Curé ayant intenté Procès, le Prieur, du consentement de Gobert, son Abbé, s'en déporta, moyennant que le Curé lui payeroit huit livres par chaque année, sauf le droit du Chambrier de Saint-Magloire dans la moitié de l'offrande des cierges de la Purification, sur quoi ce Chambrier étoit tenu de payer au Curé le droit que chaque

---

1. Lorsque le corps de S. Marc Evangeliste qui passoit pour être à Limours sur la fin du XVI siécle, fut mis en refuge dans l'Eglise de Bris comme lieu plus fortifié dans le temps des Guerres de Jean Duc de Bourgogne, attendu qu'ils ne vouloient pas le restituer, il y eut Sentence de l'Official de Sens à Paris. Il y eut aussi des habitans de Bris emprisonnés à Paris, et le Seigneur du lieu fut décreté.

Curé devoit à l'Evêque pour le synode et pour la visite. Cet accord passé en 1309 devant l'Official fut confirmé à Gentilly par Guillaume d'Aurillac, Evêque de Paris, le vendredi après la Saint Marc. Il y a eu depuis un autre traité de René Chene, Curé, avec l'Abbé de Saint-Magloire touchant les dixmes, le 13 Septembre 1530, ratifié par l'Evêque le 4 Mars suivant. Geoffroy de Netz, Moine de Saint-Magloire, qui mit l'an 1319 en vers françois l'Histoire de la Translation du Corps de Saint Magloire dans une châsse d'argent doré, faite le 9 Juillet 1318, s'exprime ainsi sur les Officiants :

Synodum et Circat. Chart. S. Magl. Gallia Christ. nova, T. VII, col. 123 et 320. Reg. Ep. Paris.

Chastelain, Martyrol. Univ. p. 813.

Ceux Officiaux furent lors,
Ces autres furent Prieus hors :
De sainte Croix de Bris, Jehan
De la Queue Prieus cet an
Estoit ; et Jehan de Moncy
De Versailles Prieus aussy.

L'Eglise de Sainte-Croix du Prieuré de Bries ne subsistant plus, la desserte s'en fait dans une Chapelle de la Paroisse.

Cette Eglise Paroissiale du titre de Saint Denis n'a rien de mémorable : le chœur est élevé et voûté, mais sans aucunes décorations d'architecture. La nef est un grand vaisseau nud, lambrissé en demi-cercle. Il n'y a aucunes aîles ni à la nef ni au chœur. L'édifice paroît assez récent ; on le dit rebâti depuis les guerres de la Religion : la Dédicace en a été faite quinze jours après la Saint Denis. Saint Paul est représenté au grand autel à côté de Saint Denis ; ce qui vient de l'erreur où l'on a été jusques bien avant dans le siécle dernier, que S. Denis, premier Evêque de Paris, étoit l'Aréopagite converti par ce saint Apôtre. Le Cardinal Trivulce, Légat en France, accorda en 1559 des Indulgences pour ceux qui visiteroient cette Eglise à Pâques et à Noël.

Dans une Chapelle qui est à côté de cet autel se lit l'épitaphe suivante :

Ci gist Messire Jacques du Moulin en son vivant Chancelier Eschanson ordinaire du Roy, Seigneur de Briis, Cernon et la Borde Grappin, lequel décéda en son Hôtel à Briis le vingt-huitiéme jour de Mars 1571. Priez Dieu pour son amé. Pater Noster. Ave Maria. La même épitaphe que l'on voit dans l'Eglise de Servon en Brie n'est qu'un cénotaphe ; elle est sans date.

Françoise Hurault, Dame de Briis et de Maisons, ayant eu de Marie de Beauvilliers, Abbesse de Montmartre, deux morceaux des Reliques des saints Martyrs de Montmartre, Michel Piolyne, Curé du lieu, à qui elle les donna, obtint le 8 Avril 1610 de l'Evêque de Paris la permission de l'exposer avec 40 jours d'Indulgences

Reg. Ep. Paris.

pour ceux qui visiteroient l'Eglise de Bries le 22 Avril, jour de l'Invention des Corps de S. Denis et de ses Compagnons.

C'étoit l'Abbé de Saint-Magloire qui présentoit à la Cure de ce lieu selon le Pouillé du XIII siécle, et suivant les autres, compris celui de 1626 : mais depuis la réunion de l'Abbaye de Saint-Magloire à l'Archevêché, l'Ordinaire y nomma de plein droit. Il y a eu autrefois des Calvinistes en ce lieu.

S'il n'y a pas de faute dans le Cartulaire de l'Evêque de Paris, écrit au XIII siécle, Thomas de Bruyeres possédoit en 1200 une partie de la dixme de Brie, et il la céda à la Chapelle de Saint-Thomas du Plessis : ce qui fut confirmé l'an 1201 par Eudes de Sully, Evêque de Paris. Mais peut-être qu'au lieu de *decimæ de Briis*, il faut lire *decimæ de Brueriis*. Il est beaucoup plus certain qu'un Jean de Bris le jeune, Chevalier et Aveline, sa femme, assignerent des Terres situées à Bries et à Beligny, pour fonder une Maison-Dieu à Bries; ce qui fut confirmé par Renaud, Evêque de Paris, étant à Bries le Mercredi avant la Pentecôte 1265. *Chart. Ep. Par. Reg. fol. 73 ou 74.*

Chart. min. Ep. Par. fol. 109.

On ne peut douter après ce qui se lit dans les Lettres du Roy Louis-le-Jeune de l'an 1159, que l'Abbé de Saint-Magloire ne jouit dès-lors d'une partie de la Seigneurie de Bries : cela se confirme par la charte que l'Abbé Baudoin avoit accordée douze ans auparavant aux hôtes qu'il y avoit, excepté à ceux d'Unvilliers. *Gall. Chr. nova, T. VII, c. 312. Hist. Eccl. Par. T. II, p. 384.*

Il céda à chacun des hôtes de Bries l'an 1147 un quartier de terre pour sa maison et son jardin, et un demi-arpent pour cultiver : entre autres charges qu'il leur imposa pour cela, il les obligea de lui payer chaque année à Noël un pain des plus blancs, ou bien un denier au lieu de pain ; plus un chapon ou une poule, une mine d'avoine, et outre cela ils étoient tenus à des corvées, etc. Hélie qui gouvernoit la même Abbaye sous le regne de Philippe le Hardi, comprit en 1274 dans le même traité les hôtes d'Unvillier. *Chart. S. Magl.*

On connoît quelques-uns des autres Seigneurs de la même Paroisse. Sous Philippe-Auguste et ses successeurs, Jean de Bries, Chevalier, est dans le nombre de ceux de la Châtellenie de Montlhery qui ne tenoient pas du Roi le fief qu'ils avoient. Jean de Bries le jeune qui étoit son fils a été nommé ci-dessus. En 1328 Simon Ecuyer de Bries amortit en faveur de Saint-Magloire deux arpens de vignes donnés par Raoul d'Aubecourt. En 1337 la Terre de Bries ou Bris près Montlhery appartenoit à Jacqueline de Trie. Elle la donna en 1371 à Philippe de Trie, son neveu, chef de sa maison, lequel la revendit en 1376 à Jacques de Montmor et Morelet de Montmor, freres. Un de leurs descendans nommé Jacques de Montmor, Chevalier, fit présent de cette Terre à Jean du Moulin, Chevalier, fils du célébre Denis du Moulin, qui après la mort de son épouse s'étant fait d'Eglise, fut successivement *Cod. Putean. n. 635.*

Tab. S. Maglor. Hist. des Gr. Off. T. VI, p. 669 et 666.

Archevêque de Toulouse, puis Evêque de Paris entre les années 1422 et 1447. Jean du Moulin qui possédoit aussi Vaugrigneuse en fit une échange en 1463 pour le fief de la Val en la Châtellenie de Tournan. Mais la Terre de Brie ne sortit point alors de la maison des du Moulin. Philippe, fils de Jean, la posséda. C'est lui dont le nom a été défiguré dans l'édition de la Coûtume de Paris de l'an 1510, ensorte qu'au lieu de *Philippe du Molin Seigneur de Briis*, il y a *Philippe de Malin Seigneur de Brus*.

<small>Compte de l'Ord. de Paris, an. 1463. Sauval, T. III, p. 367. Hist. des Maitres des Req. p. 140.</small>

En 1534 Guillaume du Moulin étoit Seigneur de ce lieu et avoit encore sa mere. Son respect pour les Loix de l'Eglise mérite d'être connu. Il expose à l'Evêque de Paris que cette Dame nommée Marie étoit âgée de 80 ans, et ne pouvoit se passer de viande le Carême. L'Evêque lui permit de lui en faire manger pourvu que ce fût en secret, et non les vendredis. Cette permission qui est remarquable en tout fut accordée le 19 Janvier de cette année-là.

La Terre de Brie passa depuis à Jacques du Moulin, Echanson du Roy Henri II dont l'épitaphe est rapportée ci-dessus; celle de sa femme et de ses enfans tous morts avant lui est rapportée à l'article de Servon en Brie où ils reposent.

Ce seroit ici la place d'examiner si le lieu de Brie, où selon de certaines traditions de France la fameuse Anne de Boulen, femme d'Henri VIII, Roy d'Angleterre, fut élevée jusqu'à l'âge de quinze ans, ne fut point cette Paroisse de Brie, qu'on auroit mal pris pour la Province de Brie : ensorte que par une suite de méprises on auroit confondu Fontenay-en-Brie, Diocése de Meaux et voisin de Tournan, avec Fontenay-lez-Brie ou Fontenay-sous-Brie. Au moins s'il est certain que ce fut chez un gentilhomme de ses parens nommé du Moulin qu'elle reçut l'éducation dans son enfance, et que ce fut en France dans un lieu nommé Brie, la présomption sera très forte pour notre Brie-sous-Montlhery.

Jacques du Moulin étant mort sans postérité, la Terre de Bries passa à d'autres. Nicolas de Lyons, Ecuyer, en étoit Seigneur en 1580, selon le Procès-verbal de la Coûtume de Paris.

<small>Cout. de Paris, édit. 1678, p. 639.</small>

Vingt ou trente ans après cette Terre étoit possédée par Amos du Tixier, de la Religion prétendue réformée, et qui avoit souvent été au prêche de Charenton voisin de sa Terre de Maisons. J'ai parlé ci-dessus de Françoise Hurault, sa femme, qui étoit catholique, comme il est évident par les reliques des Martyrs qu'elle procura à l'Eglise de Briis. Ils eurent pour fille Anne du Tixier, qui fut mariée à Michel-Ferrand de Beaufort, Seigneur de Janvry. Elle obtint par ses prieres la conversion de son père, ensorte qu'il fit abjuration dans la maladie dont il mourut.

<small>Vie de Mme de Beaufort-Ferrand, Par. 1650, p. 23.</small>

Voici ce que nous apprenons sur Madame du Tixier. Elle étoit fille de Jacques Hurault, Maître des Requêtes et [de] Marie Herbelot.

Elle naquit à Paris en 1566 sur la Paroisse Saint-Eustache, épousa Amos du Tixier, Seigneur de Maisons et de Briis, Gentilhomme de la Chambre du Roy Henri IV, lequel Amos s'étoit converti sur la même Paroisse de Briis ; il y fut porté enterré en l'Eglise Paroissiale. Sa sœur s'y retira souvent. Elle alloit aux grandes Fêtes à Matines à Saint-Eustache où on les disoit à deux heures du matin. Elle répara l'Eglise de Briis qui avoit servi de Temple aux Calvinistes. Elle fit dédier cette Eglise par l'Evêque de Digne, et elle mourut le 23 Décembre 1632.

Christophe de Cardaillac, Baron de Montbrun, est qualifié Seigneur de Briis dans le traité fait en 1618 au sujet de l'érection ou rétablissement de la Cure de Vaugrigneuse. *Reg. Ep. Paris.*

En 1671 Guillaume de Lamoignon, premier Président du Parlement, obtint des Lettres de réunion de la Châtellenie de Briis au Comté de Launay-Courson. *Reg. du Parlem.*

En 1506 Jean Hébert, Bourgeois de Paris, donna à l'Eglise de Saint-Severin de la même Ville des rentes assises à Brie, Châtelenie de Montlhery. *Manuscrit de S. Severin in-fol. du XVI siècle, fol. 70.*

Il n'y a pas d'autres écarts à Bries que le hameau ou ferme de Bligny ou Blegny qui en est à un quart de lieue du côté du levant, et un autre du côté de Vaugrigneuse vers le sud-ouest.

Vaugrigneuse et Launoy-Courson sont des nouvelles Paroisses détachées de Bries. Les Chassiniers et Chaudoron sont deux cantons de Bris.

M. de Valois n'a point fait d'article sur ce bourg, et n'en parle aucunement dans sa description du Diocése de Paris.

Bris a eu pour Curé en 1618 un personnage qui devint célébre. C'est le fameux André du Saussay. La Cure de ce lieu fut son premier Bénéfice. Il n'étoit encore que simple Prêtre-Bachelier en Théologie lorsqu'il en fut revêtu. De-là il passa à celle de Lieusaint, puis à celle de Saint-Leu dans Paris. Il a laissé un grand nombre d'ouvrages, mais qui ne sont pas estimés. Il est mort Evêque de Toul en 1675 âgé de plus de 80 ans. *Reg. Ep. Paris. Voyez l'art. de Vaugrigneuse.*

L'AUNAY-COURÇON

Dans le grand nombre de lieux du Diocése de Paris qui ont tiré leur dénomination des Aulnes qui y étoient, et qui pour cette raison ont été appellés *Alnetum* ou *Aunetum* dans les titres latins, l'usage a fait qu'on s'est déterminé à nommer les uns Aunay ou Aunoy en françois, sans article, comme Aunay, Paroisse voisine de la Forêt de Bondies au Doyenné de Chelles, et d'autres de moindre importance ; dans les autres *Alnetum* on a conservé l'article pour la prononciation vulgaire ; ensorte qu'on a fait l'Aunoy ou l'Aunay ; on en est venu jusqu'à incorporer l'article avec le nom, et à écrire sans division ni partage Launay et Launoy. Celui dont il s'agit ici est dans ce cas : mais comme ce nom étoit devenu fort commun, à cause des divers cantons où l'arbre appellé en latin *Alnus* vient facilement, il a été besoin de les distinguer les uns des autres, surtout lorsqu'il s'en trouvoit plusieurs dans le même canton et dans la même Paroisse ; c'est pour cela qu'y ayant eu dans la petite contrée que formoient les Paroisses de Bruyeres, de Fontenay et de Bries trois Launay, il a été besoin de donner à l'un le nom de Launay-Jacquet, à l'autre celui de Launay-Maréchaux, et au troisième celui de Launay-Courçon. Il paroît que ces surnoms étoient ceux des Propriétaires de l'Aulnaye où étoient plantés les arbres. Si l'on a quelque doute que Courçon ait été le nom d'un homme, je puis produire le rolle ou Registre ancien des Feudataires de Montlhéry sous Philippe-Auguste, parmi lesquels étoit un nommé Gautier Corçons, pour du bien qu'il tenoit et qui étoit situé au Breul ou petit bois de Henri de Leudeville.

Il est pourtant vrai que le territoire qui s'appelloit Courçon étoit peu étendu, et que comme il confinoit à un autre canton nommé Cincehour ou Sincehour, on les confondit souvent. Nous ne pouvons au reste parler de ce lieu avec d'autres de la Paroisse de Bries, sur des titres d'une haute antiquité. Le premier monument où l'on trouve les plus anciens de ces noms, est un compte de l'Ordinaire de Paris, de l'an 1498, où à l'article des rachats, Montelon et Saint-Souze, fiefs mouvans de Montlhéry, sont mentionnés comme achetés alors par Gilles Spifame, Ecuyer, auquel succéda Geoffroy le Maître, pere de Gilles. Ensuite on ne trouve plus à raisonner que sur les titres de deux cents ans, lesquels encore ne regardent que l'érection d'une Chapelle en ce lieu, dont on fit une Paroisse peu de temps après. Le premier qui est de l'an 1541, nous apprend par l'exposé que fit Gilles le Maître, Avocat Général, Seigneur de Sincehour et de Monthelou près Montlhery dans la Paroisse de Bries, que pour satisfaire sa dévotion et pour le soulagement de sa famille et des habitans de ces lieux, à cause de l'éloignement et des inondations, il désiroit bâtir une Chapelle à Sincehour pour y faire célébrer la Messe ; Jean du Bellay, Cardinal, Evêque de Paris, le lui permit par Lettres données à Paris, le 3 Novembre, sauf le droit de l'Eglise Paroissiale. Au bout de trois ans, la Chapelle étant bâtie, le même Prélat permit au sieur le Maître de la faire bénir sous le nom de Saint Claude, par Charles Boucher d'Orçey, Evêque de Mégare et Abbé

Sauval, T. III, p. 521.

Lettres datées de Paris le 23 Mai 1544.

Commendataire de Saint-Magloire. Ce Prélat s'y rendit au mois de Juin, et y donna acte daté de cette Chapelle le 11 de ce mois, comme avec la permission de l'Ordinaire, il l'avoit bénie sous le nom de Saint Claude, ajoutant toujours sauf le droit de l'Eglise Paroissiale de Bries sur le territoire de laquelle elle étoit construite. Elle n'étoit point encore dotée, et l'on n'y connoissoit que le titre de Saint Claude [1], dont nous ignorons la cause ; mais deux ans après, sur nouvelle Requête du même Gilles le Maître, par laquelle il exposoit à l'Evêque Diocésain que dans cette Eglise bâtie en forme de Chapelle en l'honneur de la Sainte Vierge, outre la maison du Seigneur et la fontaine du lieu, et bénie sous le même titre par l'Evêque de Mégare, son suffragant, il désiroit fonder une Chapellenie du même titre de la Sainte Vierge, lui attribuant dix livres de rente perpétuelle non rachetable, avec une maison et un quartier de vigne tous biens amortis, et que pour cela il voulut bien l'ériger en vrai Bénéfice, et lui en accorder la présentation et à ses successeurs, Seigneurs de Monthelou et Sincehour ; l'Evêque de Paris fit expédier des Lettres d'érection en Bénéfice d'une Chapellenie à l'autel de Notre-Dame, dont le Titulaire seroit tenu de célébrer à voix basse tous les Samedis une Messe en l'honneur de la Sainte Vierge. Ces dernieres Lettres sont datées de Paris, le 18 Mai. Le premier Chapelain nommé au mois d'Août par le Seigneur, fut Jean Clavier, Prêtre Angevin.

1. Il y avoit au XII siècle, dans le Diocèse de Paris, suivant le Cartulaire de l'Abbaye d'Hieres, un lieu dit *S. Ceoldus*, mais on ignore où il étoit situé. Si c'étoit en ce lieu, ce pouvoit être ce qui y auroit transmis le nom de Saint Claude à cause de quelque ressemblance qu'il y a entre *Ceoldus* et *Claudius*. Quelques Cartes des environs de Paris, qui ont plus de cent ans, marquent au rivage gauche du ruisseau qui vient de Fontenay-sous-Bries, à la distance de demi-lieue de l'endroit où il se jette dans la Remarde, un lieu écrit *Cinq sols*. Ce nom peut être celui de *Sanctus Ceoldus* ou *Sanctus Celsus*, altéré et corrompu. Apparemment que l'on prononçoit alors Sincehous sans la lettre r. L'Abbé Chastelain qui n'avoit pas connu le *Sanctus Ceoldus* du Cartulaire d'Hieres, s'est efforcé dans les additions à son Martyrologe universel (page 697) de prouver que ce lieu a tiré son nom de Saint Celse, Martyr, dont Aimoin dit qu'il y avoit des Reliques à Paris, et qu'on appelle en quelques lieux Saint Ceols ou Saint Ceouls ; mais pourquoi n'y seroit-il resté dans ce lieu aucun souvenir de son nom ; au contraire, il paroit qu'il en restoit d'un Saint Ceolde, dont l'on confondoit le nom avec celui de Claude. C'est ce qui détermina Gilles le Maître à faire donner le nom de ce Saint à la nouvelle Chapelle ; et cela est d'autant plus vraisemblable qu'aucun de ses ancêtres ne portoit le nom de Claude. La non-distribution des Reliques de ce Saint est cause qu'on n'a point bâti d'Eglises de ce nom. Après tout, si ce n'est pas un Saint qui a servi de fondement au nom de *Sinceours*, il faut dire que c'est un nom dont on ne connoît pas l'origine. Je soupçonne que dans la Bulle d'Adrien IV, concernant les biens de l'Abbaye de Saint-Magloire, donnée en 1158, à l'article de Bries, après la dixme d'Ainvilliers qui est sur cette Paroisse, *Decima Sancivri*, qui est immédiatement dans l'imprimé, doit s'entendre de la dixme de *Sainciours*, qui auroit dû être imprimé *Sanciurs*. (*Gall. Chr. T. VII, Instrum. col. 67.*)

Environ deux ans après, sçavoir le 12 Mars 1547, sur la présentation du même Seigneur, l'Evêque la conféra à un Clerc Parisien, nommé Roch de Montpellier. Gilles le Maître devint Président à mortier, en 1550, et ensuite premier Président au Parlement de Paris l'an 1551. Il songea alors à venir à bout d'ériger cette Chapelle en Paroisse. Elle le fut en effet huit ans après sa sollicitation et à celle de Marie Sapin, son épouse, par une Bulle du Pape Paul IV, du 3 Mai 1559, dans laquelle elle est dite consacrée sous le titre de la Nativité de la Sainte Vierge et de Saint Claude. Cette Bulle avoit été obtenue par le Nonce en la Cour de France, qui étoit Antoine Trivolce. Julien le Maître, Chanoine de Tours, frere du premier Président, Seigneur de Sincehour, étoit alors Curé de Bries, et consentit qu'il y eût des Fonts Baptismaux et un cimetiere. On lui abandonna pour l'indemniser, la somme de cent sols annuels de rente. Mais l'Evêque de Paris ne regarda cette Chapelle de Saint Claude que comme un secours de Briis ; au moins elle est qualifiée Chapelle de Saint Claude de Cinchehour et de Monthelou ou secours dans les Provisions accordées

Reg. Ep. Paris le 4 Janvier 1566, sur la présentation de Marie Sapin, veuve de Gilles le Maître, Président au Parlement, et de Jean le Maître, leur fils aîné. Neuf ans après, le même Jean le Maître, Conseiller

Ibid.
20 Apr. 1575. au Parlement, présenta à la Chapelle de Saint Claude que les Provisions dirent être situées *in Ecclesia Parochiali de Cincehour*, et ainsi de pere en fils. La nature de cette Chapellenie étoit au reste si incertaine, que dans une sommation pour la déclaration

Tab. Ep. Paris. des Bénéfices, en 1566, elle est qualifiée Chapelle ou Chanoinerie
in Spir. de Saincehour et sujette à la présentation de M. de la Bretesche. Comme à la suite du temps le revenu de cette Cure se trouva fort modique, Georges Gaumier, qui en étoit Curé en 1671, présenta Requête à M. François de Harlay, Archevêque de Paris, tendante à ce qu'il eût à désunir de la Chambrerie de Saint-Magloire, possédée par les Peres de l'Oratoire, la portion du Prieuré de Briis que M. Henri de Gondi, Evêque de Paris, décédé en 1622, y avoit unie, et l'unir à la Cure de Launay-Courçon. Ce qui se fit du consentement des Prêtres de l'Oratoire, et après l'information de l'Official, en vertu de Lettres datées du 5 Avril de la même année.

L'Eglise Paroissiale est située dans la Cour du Château sur le bord du fossé qui la sépare de ce Château ; elle est petite et bâtie en forme de Chapelle, mais assez bien ornée, surtout le grand Autel qui est d'une boiserie très-élevée et d'un très-bon goût. On trouva en 1743 en remuant les terres du cimetiere une pierre de six pieds de longueur sur laquelle étoit gravée l'épitaphe suivante :

D. O. M.

V. C. Ægidii le Maître Dinastæ de Ferriere et Cincehour, in suprema Curia Senatoris Ægidii le Maître in eodem Senatu Principis pronepotis, avitam paternamque laudem coadunantis, Maria Pastoureau Francisci primæ notæ Senatoris filia, uxor et vidua mœstissima, quæ de hoc suo, heu dolor ! nuper marito, benè de se et cunctis nuper merito nihil doluit præter acerbam et præproperam mortem P. D. C.

Obiit pridie Idus Octob. an. M DC XXX. Ætatis XLII.

Credo resurgere.

Cette pierre est maintenant placée au pied de la Croix du cimetiere, et élevée de terre d'un pied.

La maison du Curé est hors du Château, accompagnée de deux ou trois fermes de la Seigneurie.

Cette Paroisse, quoique érigée dès l'an 1559, ne se trouvât pas dans les Pouillés de 1626 et 1648. Le Pelletier l'a mise dans le sien imprimé en 1692, et dit que la Cure est à la présentation du Seigneur.

La Paroisse n'étoit d'abord composée que du Village de Courson, du hameau de Monthelou et d'une partie du hameau de la Ronciere. Mais en 1671 la ferme de Gloriette fut séparée de la Paroisse de Vaugrigneuse, et quelques maisons du hameau de la Charmoise ôtées de la Paroisse de Fontenay-sous-Brie, suivant le décret d'union du 6 Avril ; de sorte que depuis ces temps-là cette Paroisse fut composée d'environ vingt feux. Le dénombrement de l'Election en 1709 en mettoit seize, celui que le Sieur Doisy a fait imprimer en 1745 en marque dix-huit. Le Dictionnaire Universel de 1726 qui compte trois ou quatre habitans par feu en marque 75 à Launay-Courson. Mais l'auteur s'est trompé lorsqu'il a qualifié cette Terre de Marquisat.

Jean le Maître, Conseiller au Parlement, en étoit Seigneur en 1637, et on l'appelloit toujours Cincehour, terme qui étoit usité dans des Provisions de la Cure ou Commission pour la desservir du 28 Novembre 1664.

Elle appartenoit à Balthazar de Fargues, et Marie-Magdelene de la Riviere, sa femme, lorsqu'elle fut confisquée au profit du Roy. Ce Prince, pour recompenser Guillaume de Lamoignon, premier Président au Parlement, de ses services, lui fit don de tout ce qui pouvoit lui appartenir sur le fief de Launay-Courçon et ses dépendances par Lettres registrées en Parlement le 14 Juillet 1667.

La Cour en enregistra d'autres plus détaillées le 8 Janvier 1671. Elles portoient union des Fiefs et Seigneuries de Sincehour et

Monthelou, moyenne et basse Justice de Launay-Courçon, avec translation de la mouvance de ces Fiefs au Château du Louvre et droit de haute Justice, Voyerie et Tabellionnat sur l'étendue des mêmes Fiefs dont les Justices et Seigneuries n'en feroient qu'une sous le nom de Launay-Courçon, avec création de cette Seigneurie en titre de Comté à la charge d'indemniser les Officiers des Justices supérieures dont celles-ci étoient distraites. Le 12 Décembre de la même année il y eut enrégistrement de celles par lesquelles le Roy commettoit Aumont, Tabellion de Brie, pour faire le Terrier du Comté de Launay-Courson, dont les contestations seroient renvoyées devant le Bailly de cette Terre. En 1667 la Terre de Vaugrigneuse fut unie à ce Comté, et Nicolas de Lamoignon, fils de Guillaume, fit hommage du tout au Roi, le 19 Juillet de la même année. Depuis ce temps-là Messieurs de Launay-Courçon ont toujours été Gouverneurs du Château-Royal de Limours, et Capitaines des Chasses de la Capitainerie du même lieu pour Sa Majesté. Ils jouissent dans les Paroisses de Courson, Bries, Vaugrigneuse et autres du quint de la dixme.

On peut voir sur ce Village ce que M. Baillet dit à la fin de la vie de Saint Celse au 28 Juillet à l'occasion de Saint Cheours.

On a aussi remarqué qu'on trouva autrefois à Longjumeau des pieces d'artillerie que le Seigneur de ce lieu avoit enterrées en 1561 de chez M. Gilles le Maître, Seigneur de ce même Launay.

FONTENET-SOUS-BRIES

De tous les Villages du nom de Fontenet qui sont dans le Diocése de Paris au nombre de cinq, et qui sont dits en latin *Fontanetum*, c'est ici le plus ancien, à en juger par les titres. En effet, il est mentionné dans les Lettres de la fondation qu'une Dame nommée Chrotilde fit vers l'an 670 de Jésus-Christ, d'un Monastere sous le titre de Notre-Dame, sur le territoire de Bruyeres contigu à celui-ci. L'étymologie des lieux appellés Fontenet ne souffre aucune difficulté. Elle est dérivée *à Fonte vel Fontibus aut Fonticulis*. Aussi voit-on beaucoup d'eau dans le territoire de Bries, tant des fontaines du lieu que de celles qui viennent des environs.

Sa situation est à l'entrée d'une plaine, à la descente d'un côteau de vignes assez roide qui est sur le chemin de Janvry, et à l'extrémité des bois qui sont de là jusques vers Marcoucies. Les vignes et les bois qu'on voit dans le voisinage du Village s'accordent avec la désignation que la Dame Chrotilde fait du Fontenet à elle appartenant tant de son côté qu'en vertu d'une succession qu'elle dénote par le mot *Luctuosum*; car après avoir déclaré que *Charicardus Vir illustris* (c'est la qualification que l'on donnoit alors aux plus grands Seigneurs) que cet illustre Seigneur possédera ce Fontenet au cas qu'il lui survive, et que le Monastere ne jouira de toute la Terre que lorsqu'elle et lui seront décédés, en détaillant l'espèce de biens qui y sont, elle met *cum vineis..... silvis*.

Ce Village est éloigné de Paris d'environ sept ou huit lieues ; et placé au couchant de Montlhery à la distance de deux grandes lieues. On y comptoit 92 feux l'an 1709 lors du dénombrement qui fut imprimé. Il y en avoit 98 en l'année 1745, suivant celui que le Sieur Doisy a publié. Le Dictionnaire Universel du Royaume qui a paru en 1726, y marque 441 habitans. Dans tous ces livres ce Village est appelé Fontenay-lez-Brie, c'est-à-dire à côté de Brie, pour le distinguer des autres Fontenay. Le nombre des Communians est d'environ 200.

L'Eglise Paroissiale qui est du titre de S. Martin n'a rien du tout de remarquable ; c'est une espece de grande Chapelle sans aile, et dont il n'y a de voûté que le chœur, et à côté se voit une tour fort écrasée. Il paroit que cette Eglise avoit beaucoup souffert aussi-bien que celle de Bries, de la part des Calvinistes, qui avoient du support en ces quartiers-là, vers le regne de Charles IX, et qu'elle a été rebâtie depuis comme il a été possible. La Cure est marquée à la collation pure et pleine de l'Evêque de Paris dans le Pouillé du XIII siécle ; ce qui a été suivi par ceux du XV, du XVI et par ceux du dernier siécle, imprimés dans les années 1626 et 1648, mais non par celui de Le Pelletier imprimé en 1692 qui met *Fontenay-sous-Brieres au Doyenné de Châteaufort : l'Abbé de Marmoutier*. On ignore où il a pu prendre ce fait qui n'est rien moins que vrai.

Il ne paroît dans l'antiquité de Seigneur de ce Fontenay-ci que *Bochardus de Fonteneio*, lequel dans le Cartulaire de Philippe-Auguste est dit être homme lige du Roy pour la Terre de Fonteney, et pour celle *de bona Villa*, et déclare devoir la garde à Montlhery durant deux mois.

Sur la fin du dernier siécle cette Terre appartenoit à M. de Bullion, Conseiller au Parlement de Paris.

Perm. de Chap. domest.
14 May 1697.

Le public est informé par le Mercure du mois d'Août 1738 que le Seigneur de ce Fontenay est M. de Laistre, ancien Secrétaire du Conseil. Il en est parlé à l'occasion du Pont-levis à bascule tout construit de fer, qu'il fit faire pour mettre sur les fossés de son Château, sur lequel toutes les voitures devoient passer. On prétend dans la lettre imprimée que c'est le premier pont de cette espece, et par le moyen duquel on évite tous les inconvéniens des ponts-levis de bois qui n'ont point comme celui-là une pesanteur fixe et toujours égale. On ajoute qu'il est si aisé à lever que la plus foible personne suffit pour le faire.

M. Odry, Seigneur, a aggrandi et embelli ce lieu. Cette Seigneurie s'étend, dit-on, sur la Paroisse de Bruyeres. Elle releve du Roy par Montlhery : elle a été acquise 200 mille livres par M. Odry, Seigneur de Soucy, de M. de Laistre, ci-devant Greffier du Conseil.

SOUCY

Entre les différens écarts de cette Paroisse, le plus célébre est Soucy qui n'est qu'à un demi-quart de lieue du gros du Village du côté du midi approchant, et dans la plaine. Comme les noms sont sujets à s'altérer, on l'appelle quelquefois Soucy-sous-Bruis, (pour dire sous Bries ou sous Bris) parce qu'il n'est qu'à une demi-lieue de Bries, principal lieu de ces cantons. Il y a en ce lieu de Soucy un Château solidement bâti, couvert en plomb et ardoise, appartenant ci-devant à Jacques Simonet, Secrétaire du Roy et Marguerite-Denise de Saint-Bonnet, son épouse. On y voit une Chapelle presque isolée, surmontée d'un clocher en flêche, dédiée sous l'invocation de Saint Eloy, et attenant un bâtiment propre à loger un Chapelain. Le Seigneur y a droit de sépulture pour lui, sa famille et sa maison ; elle a nef et chœur, et même, dit-on, cimetiere : d'où il est aisé de conclure qu'il faut qu'elle ait été bâtie par quelque Seigneur ou très-riche ou très-pieux. Il y avoit eu une Chapelle en ce lieu dès le XIV siécle. Des additions faites vers l'an 1300 au Pouillé de Paris du siécle précédent, mettent au rang des Chapelles du Doyenné de Châteaufort, *Capella de Sorcy*. Il ne seroit pas merveilleux que de *Sorcy* on eût fait *Soucy* ; mais elle étoit primitivement sous le titre de la Vierge. Un acte des Registres de l'Evêché de l'an 1479 lui donne ce nom, et l'appelle *de Sauciaco*. J'en ai vu une Collation Episcopale de l'an 1488. Dans la permission que M. de Gondi, Evêque de Paris, donna le 1er Juin 1619 à Claudine le Grand, veuve de Charles de Fitte, Baron de Soucy, de faire célébrer en cette Chapelle, elle est nommée de Saint Eloy, et on y dit qu'elle est nouvellement refaite. L'Evêque déclare qu'il y permet même les autres Offices divins suivant les anciens titres, soit par le Chapelain ou par d'autres : on m'a assuré que durant les Guerres sous la minorité de Louis XIV, cette Chapelle servit de Paroisse aux habitans de plusieurs hameaux qui s'étoient réfugiés dans le

Affiche.

Château et qu'on y baptisa même. On y lit dans la nef l'épitaphe suivante gravée sur une tombe :

Cy-dessous gist Noble Homme Adrien de Lenfernal Écuyer, en son vivant Seigneur de Souci, Homme d'armes de la Compagnie de M. le Prince de la Roche-sur-Yon, lequel décéda le premier jour d'Octobre M. V^c. LVI. Priez Dieu pour son ame.

J'ai découvert un Didier de Rumerie, Seigneur de Soulcis en 1559, mais je doute qu'il l'ait été de ce lieu-ci.

D'autres épitaphes contiennent le nom de Pierre de Fitte, Baron de Soucy, mort en 1647, et de Charles de Fitte, aussi Baron de Soucy, décédé en 1674. On assure qu'en cette présente année 1746 l'une des charges de cette Terre de Soucy consiste en la rente ou pension de 350 livres par an, payable au Titulaire ou Chapelain de cette Chapelle dont le Seigneur a la présentation. La description imprimée de cette Terre qui fournit quelques-unes des circonstances ci-dessus, ajoute que le Seigneur a haute, moyenne et basse Justice sur Soucy, Mulleron et la Ronciere, que le Parc du Château contient au moins cent arpens outre les jardins ; que le Fief des Bordes[1] et celui de Quinquempoix qui sont voisins sont réunis à la Seigneurie de Soucy ; que le Seigneur a droit de chasse sur six à sept mille arpens de terre, ce qui compose environ quatre lieues de terrain qui n'est point dans l'étendue des Capitaineries Royales : qu'il y a dix étangs dont deux sont au lieu dit Graffart, territoire de Soucy, un proche la maison de Saint Didier, appellé l'étang de Saint Didier. Ce nom de Saint Didier dénote bien le voisinage de Brueres dont une des Eglises porte le nom de ce Saint. On y fait même mention d'une Fontaine de Saint Didier qui fournit continuellement de l'eau propre à boire dans une salle du Château de Soucy. On y lit aussi que le Seigneur de Soucy a une dixme appellée la Dixme de la Forest, et qu'il y a plusieurs Fiefs qui relevent de sa Seigneurie, tels que ceux des Moines blancs, du Bois à Madame[2] et de la Forest ; qu'enfin cette Terre avec ses dépendances est mouvante pour les sept huitièmes du Roy, à cause de son Châtelet de Paris, et pour le surplus des Dames du Prieuré de la Saussaye proche Paris, de M. le Comte du Luc, de M. de Laistre, Seigneur de Fontenay, et de M. le Mairat, Seigneur de Bruyeres. Avant M. Simonet, cette Seigneurie de Soucy étoit possédée par M. Jean-François de Fitte et Dame Marie-Angelique de Jordy de Cabanat, son épouse, qui la lui

_{Affiche.}

---

1. Le Fief des Bordes nommé ci-dessus est celui qui appartenoit au XV siécle à des Seigneurs qu'on avoit inhumés avec distinction dans l'Eglise de Bruyeres, dont j'ai rapporté les épitaphes en parlant de cette Eglise. Il y a eu un Réglement au Chastelet sur l'Office qui doit se célébrer à Soucy.
2. Seroit-ce de la Dame Chrotilde du septième siécle ci-dessus mentionnée que ce Bois auroit tiré son nom ?

vendirent. Elle appartient depuis l'an 1746 à M. Haudry, Secrétaire du Roy et Fermier Général.

QUINQUEMPOIX est le nom d'un autre écart de Fontenet sous-Bries, nom qui a été transporté jusques dans Paris à une rue fameuse du quartier Saint-Josse, parce qu'un Seigneur de Quinquempoix y demeuroit selon Sauval. On ne sçait pas d'où vient ce nom qui lui est commun avec un autre hameau de la Paroisse de Molieres à deux lieues de là, et avec deux ou trois Villages de France, l'un de Picardie près Mondidier, l'autre du Maine, et un troisiéme au Diocése de Soissons vers Vély et Braine. Ce qui est certain et dont Sauval s'étoit apperçu, est que l'ancien nom est Quiquempoit, qu'on écrivoit aussi Quiquempoist au XIV siécle. Simon de Bucy, Evêque de Paris, mort en 1304, marqua dans son Testament que dé tous ses conquêts qu'il laissoit à son successeur et qui étoient situés tant en la Ville de Paris que dans le Diocése, il exceptoit la Terre de Gravelines et de Quiquempoit qu'il avoit achetée de Maistre Gazon de Champagne [1]. La derniere syllabe de ce nom me paroît venir du mot *Potestas* qui signifioit anciennement un bien, une Terre, un Domaine. Messieurs de Fitte, ci-devant Seigneurs de Soucy, ont aussi possédé Quinquempoix de la Paroisse de Fontenet ; Charles des Essarts et Claudine de Fitte, sa femme, en jouissoient en 1635. Il y a en ce lieu une garenne de trois cents arpens fermée autrefois de murs et cinq étangs. M. Turin, Officier du Prince de Condé, a eu à Quinquempoix une belle maison à présent détruite.

Les autres hameaux et écarts de Fontenet sont la SOULAUDIERE, mal gravé *LA FOULAUDIERE*, dans plusieurs Cartes ; Launay-Jacquet, Verville en partie, Arpenty en partie, le reste de ces deux hameaux étant de Bruyeres; La Roncière en partie, mal gravé dans les Cartes *la Ponciere ;* la Charmoise en partie, le surplus de ces deux hameaux étant de Launay-Courçon.

VAUGRIGNEUSE

Le nom de ce Village est composé de deux mots, *Vau* et *Grigneuse* que les titres les plus anciens où il en soit fait mention ont rendu en latin par ceux-ci *Vallis Grinosa* ou *Vallis Griniosa*. Ces premiers titres ont six cents ans et sont d'environ la fin du

---

[1]. L'Imprimeur du Pere du Bois s'est écarté de l'original où j'ai lu *Terra de Gravelines et Quiquempoit quam emit à Magistro Gazone.*

regne de Louis-le-Gros ou le commencement de celui de Louis-le-Jeune. On chercheroit en vain ce que M. de Valois a pensé sur ce nom dans sa Notice des Gaules ; il n'en parle aucunement, et il n'y a rien dans le Glossaire de du Cange qui puisse faire naître aucune conjecture. Cependant il semble qu'on puisse dire ou que cette Vallée auroit été ainsi nommée à cause des grains qui y croissent assez abondamment *quasi Vallis granosa ;* en effet, tout y est en labourages sans aucunes vignes, ou bien il faut se réduire à dire qu'à cet endroit la Vallée étant grande et plus grande que beaucoup d'autres, au moins dans l'étendue de l'ancien territoire de Bries, on l'aura appellée *Vallis grandior* dans les siécles où le françois n'étoit pas encore formé, et qu'ensuite à mesure que la langue vulgaire est devenue supérieure ou a pris le dessus, on a altéré le mot *grandior,* jusqu'à en faire *graingneur,* qu'on a écrit peu-à-peu *greingneure, greigneure,* puis prononcé par adoucissement *greigneuse.* On peut compter que ces corruptions de langage avoient lieu dès le X siécle ; mais comme le temps avoit fait perdre de vue l'origine de plusieurs mots, on fabriqua quelquefois au XII et XIII siécle de nouveaux termes latins dont on prit le canevas dans le mot vulgaire. De là vint l'expression de *Vallis grinosa,* ou *grignosa.* Ce qui m'autorise en cette seconde étymologie est qu'encore aujourd'hui à Tours, une Eglise de Notre-Dame à qui on avoit donné en latin l'épithete de *grandior* pour la distinguer d'une autre, cette Eglise s'appelle *Notre-Dame la Greigneure.* Je ne crois pas qu'il soit besoin d'avertir ici que le changement de la lettre *r* en *s* est très-commun, et qu'il y en a une infinité d'exemples.

Vaugrigneuse est à environ neuf lieues de Paris, et à trois de Montlhery. Il fait l'extrémité du Diocèse de Paris de ce côté-là, par le moyen des hameaux qui en dépendent et qui confinent avec le territoire d'Angervilliers, Paroisse du Diocèse de Chartres. Ces hameaux sont Machery, le Châtenier, la Fontaine aux Cochons. Tous ces cantons sont pays de labourages et pacages, et non vignobles. Le nombre des feux formé par ces différens lieux étoit de 73 en l'an 1709, suivant le dénombrement de l'Election. Il a été augmenté de quelques-uns selon le dénombrement publié en 1745 par le Sieur Doisy qui en marque 79. Le Dictionnaire Universel de la France, publié en 1726, faisoit monter la quantité des habitans à 358.

L'Eglise Paroissiale est dans un lieu assez solitaire, n'étant accompagnée que de la maison du Curé et de deux ou trois autres. Elle ne différe pas beaucoup d'une Chapelle qui seroit sans tour et sans clocher, et même sans ailes. Il y a cependant un autel au côté septentrional du grand autel. Elle est titrée de Sainte Marie-

Magdelene. Un M. Herouard, Seigneur du lieu, s'en est dit le Fondateur. Voici l'inscription gravée sur un marbre dans le sanctuaire de cette Eglise :

« Messire Jehan Herouard vivant Seigneur de Vaugrigneuse,
« de l'Orme le Gras et de Launoy-Courçon, Conseiller du Roy
« en ses Conseils, Secrétaire de Sa Majesté, Maison et Couronne
« de France et de ses Finances, et son premier Médecin ; lequel
« a servi les Roi Charles IX, Henri III et Henri IV en qualité de
« Médecin ordinaire, et Louis XIII à présent heureusement re-
« gnant en qualité de premier Médecin depuis sa naissance, et
« l'espace de vingt-sept ans témoigné une affection sans exemple
« envers Sa Majesté, au service de laquelle il décéda à Autré au
« camp devant la Rochelle le dixième jour de Février 1628 en l'an
« soixante-septième de son âge ; par son testament a voulu être
« inhumé dans sa Chapelle qu'il a fait bâtir en cette Eglise,
« laquelle il a fait rétablir en Paroisse qui avoit été unie avec la
« Paroisse de Briis plus de cent cinquante ans auparavant, et a
« voulu être Fondateur de la Paroisse de Vaugrigneuse. Priez
« Dieu pour lui. »

On lit ensuite que cette inscription a été apposée par les soins d'Anne Duval, femme du même Jean Herouard, fille de Guillaume Duval, Trésorier à Tours et Seigneur de Vaugrigneuse.

Le Registre de l'Evêché nous apprend de plus, que les habitans de Vaugrigneuse, ceux de la Fontaine aux Cochons, de Machery et le Châtenier s'étoient joints au sieur Herouard pour ce rétablissement, à cause de l'éloignement dont ils étoient de Bris et des mauvais chemins, et que le sieur Herouard assigna 200 livres de pension au Curé futur sur la Terre, et un Presbytere tout meublé avec un jardin. Les opposans étoient André du Saussay, Prêtre, Bachelier en Théologie, Curé de Bris et de Vaugrigneuse, qu'il disoit être son annexe, Frere François Vast, Chambrier de Saint-Magloire, Christophe et Suzanne de Cardaillac, Seigneurs de Bris, Claude Bonnou, Prieur Commendataire de Bris. Le Cardinal de Retz, Evêque de Paris, désunit le 12 Novembre 1618 les lieux susdits de la Paroisse de Bris, et déclara qu'il rétablissoit le Titre de Cure de Vaugrigneuse en la Chapelle de la Magdelene, se réservant d'y nommer, et chargeant les demandeurs d'y rétablir les Fonts et une Sacristie, et de refaire la clôture du cimetiere, ajoutant que le Curé ne pouvoit rien prétendre sur le gros du Curé de Bris. Le premier Curé fut Pierre Frizon du Diocèse de Reims, nommé par l'Evêque le 29 Novembre. Depuis, M. Nicolas de Lamoignon et Anne-Louise Bonnin, sa femme, Seigneurs de Vaugrigneuse, en ayant aliéné les biens, hypothéquerent leur Terre de Launay-Courçon et autres pour le payement de 200 livres au Curé de Vaugrigneuse, ce qui fut approuvé par l'Archevêque le 15 Février 1682.

Quoique dans le Pouillé Parisien écrit vers l'an 1450, Vaugrigneuse s'y trouvât sur le pied d'une Cure de la nomination de l'Abbé de Saint-Magloire, et avec XX livres de revenu, et que le même Pouillé, récrit au siécle suivant, lui donne rang parmi les Cures, néanmoins dans les Registres, on voit de temps en temps *Collatio Capellæ S. Magdalenæ de Vaugrigneuse in Parochia de Bris de presentatione Abbatis S. Maglorii*. C'est ainsi qu'elle est désignée au 8 Septembre 1499. Dans des permutations de 1523 et 1524, elle n'est qualifiée non plus que de Chapelle située *in Parochia de Briis;* de même aussi dans une Collation du 22 novembre 1584; et ce qui est plus inconcevable est qu'encore, en 1630, il y eut Visa sur la même Chapelle de Vaugrigneuse, du Titre de Sainte Magdelene *infra limites Parochiæ de Bris*. Cela laisseroit volontiers à penser qu'outre les Curés d'avant l'an 1450, il y avoit eu un Chapelain, lequel auroit été Titulaire et différent du Prêtre que le Curé de Bris nommoit pour desservir le Peuple.

Les Pouillés imprimés en 1626 et 1648, ont fort défiguré tant en latin qu'en françois le nom de cette Cure. On ne sçait où ils avoient pris qu'elle eût jamais été à la présentation du Prieur de Saint-Eloy de Paris.

Les Seigneurs de Vaugrigneuse sont célèbres dès le commencement du XII siécle dans le Cartulaire du Prieuré de Longpont sous Montlhery. On y apprend que, du temps que la Collégiale de Montlhery subsistoit sous le Titre de Saint Pierre, Burchard de Vaugrigneuse lui donna du grain à prendre à Boissy sous Saint-Yon pour l'entretien du luminaire. Il étoit contemporain de Gui Troussel à qui Montlhery appartenoit; il se trouva aux funérailles de Milon de Montlhery, son fils. Il eut un fils nommé comme lui Burchard. Gui de Vaugrigneuse, fils de ce second Burchard, avoit fait dès sa jeunesse une échange avec les Moines de Longpont, ce qui le rendoit débiteur à cette Maison, outre les quinze sextiers qu'il devoit pour l'échange d'Eglises et de Boissy. Etant plus avancé en âge, il pacifia un différend que ce Monastere avoit avec Geoffroy de Ver. Le Prieur Landry ayant acheté, vers l'an 1145, une dixme sous Montlhery, ce Gui de Vaugrigneuse, dans le fief duquel elle étoit, approuva la vente, et pour une plus grande marque de la confiance qu'il avoit dans les Religieux de ce lieu, il ne voulut point partir pour la guerre de la Terre-Sainte qui commença quelques années après, qu'il n'eût embrassé tous les Moines. Hugues de Vaugrigneuse qui paroît avoir été son frere, avoit placé un de ses fils dans cette Maison, à laquelle il avoit en même temps vendu un fief de qui il étoit mouvant. Le nom de

Chart. Longip. fol. 7.
Ibid., fol. 41.
Ibid., fol. 17.

Ibid., fol. 28.

Ibid., fol. 8.

Ibid., fol. 7.

Ibid.

Vaugrigneuse n'étoit point encore éteint vers la fin de ce siécle; mais il ne s'agissoit plus de la même personne. On lit dans Guillaume de Nangis que le Roi Philippe-Auguste ayant repris sur Richard, Roy d'Angleterre, le Château de Gisors, il en confia la garde à Gui de Vaugrigneuse qui l'occupoit, en effet, l'an 1194, lorsque le Roy d'Angleterre songea à en faire le siége. Sous le même regne de Philippe-Auguste, plusieurs Chevaliers de cette famille de Vaugrigneuse furent mentionnés dans le rolle des Feudataires de Montlhery ; celui qui y est nommé le plus souvent est le même Gui, car il est dit homme lige du Roy, non seulement pour les terres et biens qu'il avoit à Machery et à Châtegnereye *Castenereium,* mais encore pour ce qu'il avoit à Boissy, à Saulx, à Sequigny, à Longpont, à Bretigny, à Villebon. Le rolle marque expressément en cet endroit qu'il tenoit du Roy plus de vingt fiefs de Chevaliers ; aussi étoit-il tenu à la garde de Montlhery. Outre ce qu'il tenoit du Roy à Boissy, il y avoit aussi quelque chose qui lui avoit été donné par Guillaume *Pastillus*. Il avoit un frere nommé Bochard. Ce même Gui fut aussi l'un des Chevaliers avec Hugues de Vaugrigneuse, du témoignage desquels on apprit en quel temps et par qui certaines Terres de la Châtellenie de Montlhery avoient été usurpées par les Officiers d'Etampes ; mais le cahier qui nous apprend toutes ces choses rapporte ensuite les plaintes qui furent contre lui au sujet des innovations qu'il introduisit aux fours bannaux de Montlhery dont il jouissoit.

Chart. Longip. fol. 7.

Ibid.

Ce Hugues et un autre Chevalier nommé Simon de Vaugrigneuse tenoient semblablement du Roy ce qu'ils avoient dans cette Châtellenie. Hugues possédoit du bien dans un lieu nommé Fous (apparemment Fay proche Linas) : il avoit cinq sols quatre deniers de cens, et une Maison à Montlhery. Odon de Vaugrigneuse étoit aussi sous le même regne homme du Roy, pour la Maison qu'il avoit à Montlhery : il étoit à raison de cela tenu à la garde durant deux mois, à aller à l'armée et à la chevauchée. Et enfin un nommé Ansel du Coudray fut reconnu sous ce même regne, être homme du Roy non seulement pour le Coudrey, mais aussi pour Vaugrigneuse.

Cod. Puteau. MS. n. 6367.

Rolle de Phil. Aug.

Ibid.

Ibid.

Guillaume de Vaugrigneuse fut presque aussi renommé sous le regne de Saint Louis, que Gui l'avoit été sur la fin de celui de Philippe-Auguste. Dans sa jeunesse il étoit compris parmi les Chevaliers de la Châtellenie de Corbeil qui possédoient soixante livrées de terre. Pierre de Nemours, Evêque de Paris, l'avoit nommé vers l'an 1217 l'un des exécuteurs du testament de Ferrie de Macy. Il fut en 1218 l'un des arbitres qui adjugerent à l'Abbaye de Sainte-Geneviéve des droits de Justice à Palaiseau. En 1239 il avoit une maison à Paris sur la censive de cette Abbaye.

Cod. Put. MS. num. 635.

Gall. Chr. nova, T. V, col. 90.

Chart. S. Gen. p. 253.

Ibid., p. 246.

Lorsque S. Louis voulut fonder à Notre-Dame de Paris l'obit ou anniversaire de Blanche, sa mere, décédée en 1252, Guillaume de Vaugrigneuse et Philippe, son frere, fils de Pierre de Vaugrigneuse et d'Alix, lui vendirent des revenus et terres à Herbelay, qu'il donna au Chapitre. Ces deux fils de Pierre sont témoins en 1259 dans un Acte du grand Pastoral de Paris où se trouve aussi à l'an 1258 Alix, leur mere, qualifiée veuve de Pierre. La maison de Vaugrigneuse fournit aussi dans ces temps-là à l'Eglise quelques sujets distingués. Un Guillaume de Vaugrigneuse, Chanoine de Paris, est nommé en 1253 comme présent à l'hommage que le Seigneur de Montjay rendit à l'Evêque. Il fut fait Doyen de la même Eglise en 1260, et le fut jusqu'à l'an 1264. Comme on ne trouve pas son décès marqué au Nécrologe qui avoit été écrit de son temps, et qu'au contraire, on y voit celui de Guillaume de Vaugrigneuse, qualifié Archidiacre de l'Eglise de Paris, pour la partie qui est au-delà du petit Pont, c'est une marque que Guillaume en quittant le Doyenné étoit devenu Archidiacre de Josas : à moins qu'on n'aime mieux dire que celui qui mourut Archidiacre de Josas est le même Guillaume de Vaugrigneuse qui en 1262 est qualifié Archidiacre de Dunois dans l'Eglise de Chartres, et qu'il auroit passé d'un Archidiaconné à l'autre. Quoiqu'il en soit, on lit dans les Registres du Parlement les plaintes que porta Guillaume de Vaugrigneuse, Archidiacre de Paris, de ce qu'on avoit attiré à Paris pour plaider, des hommes de sa terre qui étoient de la Châtellenie de Montlhery, où les Coûtumes sont différentes : sur quoi la Cour prononça en 1270 que ces hommes ne seroient point Justiciables du Prévôt de Paris. Il faut dire que le nom de Guillaume étoit fort commun dans la famille de Vaugrigneuse, puisque dans le milieu de la nef de l'Eglise de Saint-Jean de Latran de Paris, [sur] une tombe marquée d'une grande croix dont l'inscription en gothique capital du XIII siécle est composée de vers hexametres et pentametres, on en lit : WILLES DE VALLE GRINOSA.

On vit encore continuer le nom des Vaugrigneuse parmi les guerriers du temps de Philippe-le-Hardi. C'est ce qui paroit par les rolles du Ban et Arriere-Ban de l'année 1271. On y lit : Gui de Vaugrigneuse, Escuyer, doit service par quarante jours, mais il ne sçait si c'est à ses dépens ou aux dépens du Roy. Un peu plus loin le rolle latin dit que Philippe *de Vallegrinosa* a comparu pour lùi et pour sa mere : que Gui a comparu pour lui-même, et qu'il part pour Toulouse afin d'y apprendre la volonté du Roy. Quant à Yvon de Vaugrigneuse, il déclara ne sçavoir quel service il devoit au Roy ni à quels dépens. Je ne sçais s'il seroit le même à qui l'Histoire de Languedoc donne en la même année le titre de Sénéchal de Toulouse, car le nom est un peu différent, et elle l'appelle Louis de Vaugrigneuse.

<small>Hist. de Langued. T. IV, p. 3.</small>

Dans le siécle suivant nous ne connoissons de Seigneurs de Vaugrigneuse que Pierre de Villiers, Chevalier, Maître d'Hôtel du Roi. C'est de lui que relevoient les bois voisins de Montlhery, dits les Bois brûlés, que Jean des Murs donna en 1378 pour fondation à Sainte-Catherine de la Coûture à Paris. En 1435 il paroît un Geoffroy de Vaugrigneuse, Ecuyer-Echanson.

<small>Recueil de Visit. de Bourgogne.</small>

<small>Compte de M. Regnault 1435, fol. 99.</small>

Ces anciens Vaugrigneuse conservoient le nom de la Terre, mais ils n'en jouissoient plus. Jacques de Montmort, Chevalier, la possédoit vers ces temps-là. Il la donna vers l'an 1460 à un autre Chevalier de ses amis nommé Jean du Moulin. Elle étoit encore cent ans après entre les mains des Srs du Moulin. Antoine du Moulin en jouissoit en 1554. Après lui elle vint à Guillaume du Val, Trésorier de la Généralité de Tours, qui fut marié à Charlotte Luillier. Sa fille, nommée Anne du Val, la porta en mariage à Jean Herouard, dont il a été parlé ci-dessus, lequel obtint du Roi Louis XIII dont il étoit Médecin, la Haute-Justice en cette Terre par Lettres registrées avec modification le 9 Mars 1624. Mais il paroît qu'avant Anne du Val, son frere, Charles du Val, en avoit joui jusqu'à son décès, auquel temps, comme il n'avoit pas eu d'enfant de Lucrece de Montonvilliers, elle échut à sa sœur Anne.

<small>Compte de l'ordinaire de Paris de 1463.</small>

<small>Sauval, T. III, p. 367.</small>

<small>Reg. Cons. Parl.</small>

<small>Voyez l'art. de Mandres.</small>

Nicolas de Lamoignon, cinquiéme fils de Guillaume, premier Président, acheta le 12 Juin 1676 la Terre de Vaugrigneuse, que le Roy unit au Comté de Launay-Courçon que le même possédoit, par Lettres du mois de May 1677 registrées au Parlement le 15 Juin suivant. Ses descendans en ont joui depuis ce temps-là.

BRUYERES

<small>SOUS LEQUEL NOM SONT COMPRIS</small>

BRUYERES-LE-CHATEL et BRUYERES-LA-VILLE

<small>Nouvellement dits par quelques-uns BRIERES</small>

Après les lieux du Diocése de Paris qui nous sont connus par le moyen de l'Histoire de Grégoire de Tours ou de l'Histoire de la Vie de l'Evêque de Saint-Germain, il ne s'en présente gueres de plus ancien que Bruyeres. Ce lieu est connu dès l'an 670 de Jésus-Christ par la fondation qu'une riche Dame, nommée Chrotilde, y fit d'un Monastere de Filles dont Agilbert, Evêque de

<small>Diplom. p. 468.</small>

Paris, consentit que suivant les intentions de la Fondatrice, Mommole, sa niéce, en fût la premiere Abbesse. La charte porte que ce Monastere étoit situé *in loco nuncupante Brocaria situm in pago Stampense propè de Fluviolo Urbia;* le nom de Bruyeres est reconnoissable dans *Brocaria*, sa situation dite proche de la petite riviere d'Orge lui convient aussi parfaitement : il n'y a que le *Pagus Stampensis* que cette même charte fait avancer bien avant du côté de Paris, qui pourroit souffrir difficulté; il faut croire que le pays Etampois avançoit alors assez avant dans le Diocése de Paris, de même que le Nivernois avançoit dans le Diocése d'Auxerre. Dès ces temps-là [1], j'aurai occasion de parler encore plus bas sur cet ancien Monastere. Je ne m'arrête ici qu'à l'antiquité du lieu qu'il nous fait connoître aussi-bien que son étymologie qui certainement vient du grand nombre de Bruyeres qui y étoit primitivement. Environ cent ans après le Notaire qui rédigea l'acte par lequel le Roi Pépin donnoit différentes métairies à l'Abbaye de Saint-Denis, employe le nom *Brogaria* au pluriel, *in Brogarias mansum unum*. Cette charte nous apprend en même temps que ce lieu étoit compris dans les dépendances de la Forêt d'Iveline.

Charte de l'an 768. Hist. de S. Denis, Preuv. Piece 45.

Cette Paroisse est située non immédiatement sur la riviere d'Orge, mais dans le voisinage, comme le titre sus-allégué l'insinue; la petite riviere la plus proche et sur le bord de laquelle sont les terres de Bruyeres, s'appelle Mande ou Remande, d'autres écrivent Marde ou Remarde. Celle d'Orge qui lui est presque parallele n'en est éloignée que d'un demi-quart de lieue. La distance de Paris à Bruyeres est de huit lieues. Il n'y en a qu'une de Châtres ou Arpajon à ce Village qui est placé vers le couchant de cette petite Ville. C'est une des plus grandes Paroisses du Diocése de Paris pour l'étendue et pour le nombre des hameaux quoiqu'elle ne soit pas la plus peuplée. Il y a beaucoup de bois, des vignes dans les côtes qui peuvent leur convenir : le reste est en labourages et prairies. On y compte treize hameaux outre les autres écarts qui sont des maisons solitaires. Tout cela

---

1. Sans la désignation de la riviere d'Orge, et sans le nom d'Aglibert, Evêque de Paris, j'aurois été porté à placer *Brocaria* de la Diplomatique à Brieres qui est à une lieue d'Etampes, et qu'on appelle Brieres-les-scellées, peut-être pour *Brieres-les-Celles*. C'est à l'extrémité du Diocése de Chartres. Dom Mabillon, à qui nous avons l'obligation de cette importante charte, l'a accompagnée d'une note dont tout le commencement est vrai; mais sur la fin il dit deux choses qui demandent à être rectifiées, sçavoir : que le Prieuré de Haute-Bruyeres est du Diocése de Paris, ce qui est faux, parce qu'il est de celui de Chartres : et que c'est de l'un ou de l'autre de ces Bruyeres du Diocése de Paris qu'il faut entendre ce qui est dit d'un Bruyeres de la charte du Comte Theodold de l'an 799, car à la lecture de cette derniere on voit qu'il s'agit de Brieres ou Bruyeres, proche Beaumont-sur-Oise, anciennement au pays de Chambly.

rassemblé formoit en 1709 la quantité de 103 feux, suivant le dénombrement de l'Election de Paris alors imprimé. Celui qu'on trouve dans l'ouvrage du sieur Doisy y en met 97. Le Dictionnaire Universel de la France a fait monter le nombre des habitans à 437. Le canton où il y a davantage de maisons réunies est proche le Château : c'est ce qu'on appelle pour cette raison Bruyeres-le-Châtel. Ollainville cependant qui est le hameau le plus voisin de Châtres a près de 80 feux, desorte qu'il a un rolle particulier pour les Tailles.

Pour suivre l'ordre des temps dans cette Notice Historique de Bruyeres, je dois revenir à l'établissement du Monastere de Filles qu'on y vit dès l'an 670. La Fondatrice marque qu'il étoit sous le titre de la sainte Vierge et de quelques autres Saints dont on y conservoit des Reliques. Je crois voir Champlant parmi les terres du Diocèse de Paris dont elle attribua à ce Monastere quelques parties qui lui étoient venues par succession ou autrement. Au moins Fontenay y est pour quelque chose, et ce doit être Fontenay-sous-Bris, qui est un Village contigu à celui de Bruyeres. Mais ce qui doit surprendre, est qu'Olinville, hameau de la même Paroisse de Bruyeres, est désigné dans un titre postérieur seulement de vingt ans, comme un Monastere d'Hommes dont étoit Abbé un nommé Vigor. *Ad Monasterio Aolinivilla ubi Vir venerablis Vigur abbas præesse videtur ;* c'est le testament de Vandemir et d'Ercamberte, sa femme, en faveur de plusieurs Eglises de Paris et du voisinage, qui est de l'an 690. Il semble donc qu'on doive avouer, ou qu'il y a eu en même temps à Bruyeres un Monastere d'Hommes et un de Filles, ou que celui de Filles ayant été de peu de durée fut donné à des hommes, et qu'il étoit situé à Olinville. Le premier sentiment a plus de probabilité, en ce que dans XI siécle, c'est-à-dire quatre cents ans après la fondation des Religieuses de Bruyeres, il restoit en ce Village une Chapelle de Notre-Dame, que Guillaume, Abbé de Saint-Florent de Saumur, obtint l'an 1070 de Geoffroy, Evêque de Paris, et que cette Chapelle n'étoit point au hameau d'Olinville, mais à Bruyeres même, à l'endroit où il en subsiste encore une partie, ce qui avec l'Eglise de Saint-Didier a occasionné en ce lieu une double Cure.

J'ai cru que pour éclaircir ce qui peut rester d'obscur sur cette Cure, je pouvois insérer ici les différens articles répondus en 1752 par M. Duguet : 1° L'Eglise du Château est la Magdelene ; l'un des Curés y prend possession et en a le titre. Elle a été longtems Paroisse jusqu'aux guerres civiles de 1649, que la nef fut profanée, ensorte qu'elle sert de cuisine au Château. Il n'en reste que le chœur, édifice du XIII siécle ou environ, et qui sert

Diplom p. 472.

de Chapelle au Château. L'un des Curés est tenu d'y dire une Messe basse le jour des Fêtes. On y a vu proche la Sacristie la sépulture de Pierre Maurel de la Chambre des Comptes, Seigneur de Bruyeres et de Moissy, mort en 1608, posée en marbre par Marguerite Leguet, sa femme.

L'autre Eglise est Saint-Didier. Les Religieuses de la Saussaye présentent aux deux Cures, ayant succédé aux Religieux de Saint-Florent.

L'Eglise de Saint-Didier sert d'unique lieu pour les Assemblées de Paroisse, qui est desservie alternativement par semaine par les deux Curés pour l'Office, les Sacremens et Enterremens.

Il y a deux cimetieres ; mais un seul sert. Celui de la Magdelene s'appelloit le cimetiere neuf. Il étoit voisin du Château, dont le nom est resté au chantier. Il y en reste des croix de pierre. On y prend du sable.

Le Service ne pouvant se faire à la Magdelene, les habitans ont été réunis à Saint-Didier. Il ne reste de vestige de cette Paroisse que la Messe à quoi le Seigneur veille beaucoup, parce qu'elle est sur son territoire; celle de Saint-Didier étant sur le fief du Prieuré, quoique sur la Haute-Justice du même Seigneur.

La Paroisse de la Magdelene paroit avoir été la plus peuplée, il en reste une belle tour semblable à une forteresse.

Dans le parc du Seigneur étoit une Chapelle de Saint Louis, profanée et rendue inutile depuis plus de soixante ans.

Le Prieuré étoit sûrement Saint-Didier. La Maison Priorale tient à son Eglise. Ce lieu de Saint-Didier est comme le Faubourg du Château. Les maisons qui y sont dépendent du Prieuré.

Jusqu'ici c'est M. Duguet qui parle.

Comme Saint-Didier est la plus considérable des Eglises du vaste territoire de Bruyeres, je dois dire d'abord ce que j'y ai remarqué. Le bâtiment n'est pas du temps que les Religieux de Saint-Florent en prirent possession. Ce qu'on y voit de plus ancien sont des pilastres du XIV siécle qui subsistent encore dans le chœur, quoiqu'un peu échancrés. La voûte est un ouvrage plus nouveau. On trouve encore dans cette Eglise du côté septentrional une tombe de Chevalier représenté tout armé avec un chien à ses pieds : son nom est couvert par la boisure, mais l'époque de sa mort est *MCCIIII^{xx} et XI le samedi après la sainte Croix en Septembre*. Ses armoiries sont trois chevrons ; et à sa gauche est un écusson chargé d'un lion. Le fond de la tombe est parsemé de fleurs de lis et de roses. Dans la Chapelle du collatéral méridional sont trois statues couchées, celle d'un homme, fort endommagée, et à chacun de ses côtés une femme avec le chien ordinaire sous les pieds. En voici les épitaphes qui sont en gothique minuscule :

Cy gist Noble Dame Madame Marguerite de Bruyeres Dame des Bordes et dudit Bruyeres, et femme de feu Messire Guillaume Seigneur des Bordes, jadis Chevalier, qui trèspassa l'an M CCCC et XIX. Priez Dieu pour elle.

Cy gist Noble Homme Messire Jehan Seigneur des Bordes, jadis Chevalier, fils dudit Messire Guillaume des Bordes qui trèspassa l'an M CCCC et XII. Priez Dieu pour li.

Cy gist Noble Dame Madame Jacqueline-Chasteline de Biauvas femme dudit Messire Jehan des Bordes qui trèspassa l'an M. CCCC et XIII. Priez Dieu pour elle.

Dans le chœur de cette Eglise est une tombe d'un Curé revêtu sacerdotalement, dont l'inscription en lettres gothiques peut être de la fin du XVI siécle. Elle porte le nom de *Jacques Martin Prêtre demeurant à Dangi, Prêtre Curé de Bruyeres-le-Chastel.* Je conjecture que cette tombe vient de l'ancienne Eglise Paroissiale de Saint-Didier, d'autant que ce même chœur contient encore d'autres épitaphes gravées sur de petites pierres, lesquelles paroissent avoir été détachées des murs de la même Paroisse où elles étoient cramponnées. On ne peut point en douter à l'égard de celle-ci qui se lit au bas du sanctuaire parmi les autres carreaux : car certainement ce n'est point là sa place. Elle contient le sommaire du Procès-verbal de la Dédicace en ces termes :

En 1543 le Jeudi 10 May de l'autorité de Jehan du Bellay Cardinal de Sainte Cécile Evêque de Paris, cette Eglise de Brieres-le-Chastel, en l'honneur de Dieu et de Monsr. Saint Didier Patron d'icelle, fut dédiée par Reverend Pere en Dieu Charles Boucher Evêque de Magarence et Abbé de Saint-Magloire de Paris ; présens..... Lyenard des Fossez Prieur, et Lucas Girbert Curé de ladite Eglise, Nobles Personnes Jehan d'Allonville, Sieur dudit lieu, et Damoiselle Jehanne de la Rochette, sa femme, et Damoiselle Jacqueline de Villecardel, veuve de Jacques de la Rochette Sieur en partie dudit Brieres et Sieur de Dolainville, Paroisse dudit Bruyeres. La permission avoit été accordée à l'Evêque ci-dessus le 4 Mai précédent.

Reg. Ep. Paris. 1543.

Dans le sanctuaire sont conservés sous terre les cœurs de M. et Madame Mairat, Seigneurs du même lieu de Bruyeres.

Ibid. 8 Juin 1642.
Il y avoit autrefois dans cette Eglise une petite tribune sur la porte, que le Curé et le Seigneur firent abbattre vers l'an 1642.

Cette Eglise est sous le titre de Saint Didier, Evêque de Langres et Martyr. Guillaume, Abbé de Saint-Florent de Saumur, l'obtint de Geoffroy, Evêque de Paris, l'an 1070. C'étoit dèslors l'Eglise Paroissiale de Bruyeres. Le Pape Calixte II en confirma la possession à cette Abbaye l'an 1122 *Ecclesiam S. Desiderii, de Bruyeriis cum Capella S. Mariæ*. Thibaud, Évêque de Paris, donna aussi de son côté l'an 1150 le 28 Décembre des lettres qui portoient la même confirmation, [de] l'Eglise de Saint-Didier de Bruyeres et la Chapelle du Château dépendante d'icelle. Une Bulle d'Urbain III de l'an 1186, marque non seulement ces deux Eglises, comme appartenantes à Saint-Florent de Saumur ; elle y joint encore la Chapelle de Saint-Thomas. Il faut observer que c'est à l'Eglise Saint-Didier que le Curé prend possession et non dans l'Eglise de Notre-Dame dite la Magdelene, la premiere dont j'ai parlé. Saint-Didier est aussi un hameau qui n'est marqué dans aucune carte. Une observation encore plus importante pour sa singularité est que la Cure de cette Paroisse est divisée en deux portions, ce qui est maintenant unique dans le Diocése de Paris depuis que les deux portions de la Cure de Brie-Comte-Robert ont été réunies. Il y a donc à Bruyeres le Curé de la premiere portion et le Curé de la seconde, ou bien le premier Curé et le second Curé. Ce langage ne paroît aucunement dans le Pouillé Parisien du XIII siécle ; mais au milieu du siécle suivant on trouve un Jean Boileau *Alter Curatus*. Pareillement dans le Pouillé écrit vers 1450 il y a *Curatus de Brueriis XX libr. Alter Curatus XX libr*. Conséquemment dans les Registres des années 1467 et 1491 trouve-t-on des provisions *alterius portionis Ecclesiæ Parochialis S. Desiderii de Brueriis*. Le Pouillé du XIII siécle se contente de dire en général que la Cure de Bruyeres dépend de Saint-Florent de Saumur ; mais tous les Pouillés suivans marquant les deux Cures, ajoutent qu'elles sont à la nomination du Prieur du lieu qui est censé membre de Saint-Florent.

Hist. manusc. S. Florent. 226.

Une troisiéme Eglise de Bruyeres est la Chapelle de Saint Thomas. Elle existoit au moins dès l'an 1186 que le Pape Urbain III en confirma la jouissance aux Moines de Saint-Florent. Si elle n'avoit commencé qu'alors à être connue, on auroit pu dire qu'elle auroit été bâtie sous l'invocation de Saint Thomas de Cantorbery qui venoit d'être canonisé. Mais comme il y avoit à Bruyeres un Seigneur du nom de Thomas dès l'an 1140, il y a plus de fondement de croire qu'il en fut le fondateur. Au reste Thomas de Bruyeres second du nom a fait connoître par des Lettres de l'an 1201 qu'il en fut au moins le bienfaiteur. Il y déclare qu'il donne à la Chapelle de Saint Thomas *de Pleisseiz* ce qu'il a dans la dixme de bled de Brieres et deux muids de vin de rente à Dolcinville. C'est apparemment le même droit qui est autrement appelé *Partie de la Traitte des dixmes de Briis*, dont un titre de Guillaume, Evêque de Paris, de l'an 1232 dit que le

Tab. S. Florent.

Tab. S. Maglor. Melanges.

Chapelain *de Plesseiaco juxta Bruerias* jouissoit avec les hoirs de Muleron. Plus, le pourpris dans lequel est située la maison du Chapelain : et à ce Chapelain trois charges de bois à brûler chaque semaine, à prendre dans le bois de Buisson. Pour cette raison il se retint le droit de présenter sa vie durant à cette Chapelle : ce que l'Evêque Diocésain confirma. Le hameau de Plessis étoit au nord de Bruyeres ; à présent ce n'est plus qu'une seule maison sans Chapelle. Elle se trouve cependant encore dans le Catalogue des Bénéfices du Diocése de Paris imprimé sous M. de Noailles, mais sans revenu. L'Auteur du Pouillé d'environ 1450 a remarqué expressément qu'elle avoit été fondée par les Seigneurs du lieu, et que l'on en a les Lettres au Trésor de l'Archevêché ; cela se trouve imprimé dans celui de 1626 qui met *de Bonnetis* pour *de Brueriis*. Il y eut encore en 1638 des Provisions expédiées de cette Chapelle le 11 Janvier. Depuis un demi-siécle on dit *le Plessis Saint-Thibaud*, [au] lieu du Plessis Saint-Thomas. Il fut permis sous ce nom le 22 Novembre 1697 d'y faire célébrer.

C'est dans le Château Seigneurial de Bruyeres qui est bâti à l'antique en forme ronde, et dont les murs sont entourés de fossés et munis de ponts-levis, qu'est sous une des tours la Chapelle du titre de Notre-Dame, ancienne Paroisse, d'une structure du XIII siécle et fort embellie ; au-dessus est une espece de donjon de cette haute tour à laquelle on a donné un air de clocher, quoiqu'autrefois elle finit en tour terminée par des creneaux de brique.

Je trouve dans les Registres de l'Evêché, au 7 Juin 1534, des Provisions d'une Chapelle de Saint Louis, située *prope domum de Brueriis Castro*. Il n'y a pas d'apparence que ce soit celle de ce Château.

Voici l'Extrait d'un Titre qui parle aussi d'une Léproserie autrefois existante à Bruyeres. André Trox renonça en mourant à toutes les dixmes qu'il avoit tenues, et ordonna aux exécuteurs de son testament de les distribuer en œuvres pies ; ce que firent Barthelemi, Chanoine de Senlis, son frere et Geoffroy, Prêtre de Bruyeres, en les donnant aux Prêtres de la Paroisse de Bruyeres, aux Lépreux du même lieu, aux Moines des Vaux-de-Cernay, et au Prieuré de Bruyeres. Ces faits sont du temps de S. Louis. Ce qui confirme qu'il y a eu en ce lieu une Léproserie, est que l'on trouve au 18 Septembre 1483 et 23 Octobre 1488 des Provisions de l'Evêque de Paris d'une Chapelle du titre de S. Louis, située dans la Léproserie de Bruyeres. C'est de la même Chapelle qu'il faut entendre les Provisions indiquées ci-dessus.

Les Registres des Visites des Hôpitaux du Diocése de Paris faites l'an 1351 et années suivantes font aussi mention d'une Maison-Dieu *Domus Dei*, située à Bruyeres.

Comme on ne peut gueres s'autoriser du Pouillé du Sieur Le Pelletier, il semble qu'il faille mépriser l'un des deux articles de son Catalogue des Prieurés du Diocése de Paris qui sont ainsi conçus : Pouillé 1692, p. 44.

Bonniere le Chastel. L'Abbé de Saint-Germain-des-Prés.
Bruyere le Chastel id. sancti Desiderii, Abbé de Saint-Florent.

On n'est pas absolument certain que par Bonniere il ait voulu mettre Bruyeres, mais il y a lieu de le conjecturer.

Quant au Prieuré dépendant de l'Abbaye de Saint-Florent, c'est sûrement lui qui est au Pouillé Parisien du XIII siécle, sous le nom de *Prior Brueriarum,* dans le Catalogue des Abbayes et Communautés comprises au Doyenné de Macy. Il porte le nom de Saint-Didier dans des Titres même antérieurs à ce Pouillé ; ce qui fait voir que c'est de lui qu'il faut entendre ce qui est dit ci-dessus de l'Eglise de Saint-Didier, donnée en 1070 par Geoffroy, Evêque de Paris, à Guillaume, Abbé de Saint-Florent, puis confirmée par Calixte II en 1122, par Thibaud, Evêque de Paris, en 1150, et par Urbain III, en 1186. Tous ces Actes marquent *Ecclesiam S. Desiderii.* J'ai trouvé depuis ces temps-là qu'en 1206 Hugues, Chevalier de Baville, du consentement de sa femme et de ses enfans, accorda au Prieur et aux Moines de Saint-Didier de Bruyeres un arpent de pré, lieu dit Busserie, sur lequel ils étoient en difficulté. Les Arbitres de ce différend en terminerent un autre qui étoit entre le Prieur de Bruyeres et le Curé de Saint-Maurice, touchant la dixme nommée Alnel, accordant la moitié au Prieur, et le reste au Curé. Plus les difficultés entre le même Prieur et ses sujets de la Terre de Couart qui est sur le territoire de la même Paroisse de Bruyeres ; et enfin un différend qui s'étoit élevé sur la dixme de Baleinvillier. Litt. Hamel. Abb. et Hervit Prioris Vind. arbitr. in Hist. MS. S. Flor. fol. 264.

Sous M. le Cardinal de Noailles en 1716, ce Prieuré a été réuni à celui de la Saussaye qui n'en est pas fort éloigné, étant sur la Paroisse de Chevilly.

De tous ceux qui ont possédé ce Prieuré, voici ceux dont les noms se sont conservés :

Simon de Langueton : l'Abbé de Saint-Florent lui en ayant donné la jouissance sa vie durant, il passa certains accords avec J., Dame de Lices et Renaud de Chantor, touchant les dixmes de Vinain, qui furent ratifiés en 1220 par Michel, Abbé de Saint-Florent. Ibid.

Jocelin de Soliac transigea avec Pierre, Abbé des Vaux-de-Cernay en 1347 Gall. Chr. T. VII, col. 892.

Bertrand de Veillant, Prieur de Bruyeres, fut témoin en 1414 le 26 Avril dans un Acte concernant le Cellerier de Saint-Florent. Hist. S. Flor. p. 334.

<small>Gall. Chr. vet. T. VII, col. 893.</small> Jean du Préau en 1430. Il transigea en 1433 avec Dominique de Beaune, Abbé des Vaux-de-Cernay.

Jean, Abbé de la Couture au Mans, étoit Prieur Commendataire de Bruyeres en 1476 au mois d'Août. On lit qu'alors l'Abbé de Saint-Florent, Louis du Bellay, lui permit de recevoir deux Religieux en ce Prieuré, et de les y tenir claustralement. On apprend par-là qu'un peu auparavant les Religieux avoient été dispersés par les guerres. <small>Hist. MS. S. Flor. f. 388.</small>

Dans la liste des Prieurs qui devoient au XIII siécle payer ce qu'on appelloit *Pigmentum* à l'Eglise de Notre-Dame de Paris, le jour de l'Assomption, le premier nommé est *Prior de Brueriis* avec cette Apostille *solvit anno 1281* [1]. Dans la taxe des Procurations Épiscopales du Prieuré du Doyenné de Châteaufort en 1384, on lit : *Prior de Brueriis : X lib. X sol.* Après le décès de Charles Bouvart, Abbé de Saint-Florent, fils du premier Médecin du Roi, arrivé le 11 Mars 1645, son cœur fut embaumé par les soins d'un Prêtre qui étoit alors Prieur de Bruyeres, et apporté en l'Eglise de ce Prieuré où il fut déposé dans le chœur. La plaque mise sur son corps à Saint-Florent contient ces mots : *Nobilior pars corporis jacet in choro Ecclesiæ S. Desiderii de Brueriis Castro*. C'est là l'un des premiers monumens où j'aye trouvé l'expression d'*Eglise de S. Didier de Bruyeres-le-Château*. On vient de voir ci-dessus qu'en parlant de la Cure de Saint-Didier les Registres des Décimes mettent toujours *Saint Didier de Bruyeres-la-Ville*. <small>Necr. Eccl. Par. ad calc. Bibl. Reg. cod.</small> <small>Collect. MS. Gerard. du Bois.</small> <small>Hist. MS. S. Flor.</small>

Nous sommes redevables au Cartulaire du Prieuré de Longpont de nous avoir fourni les noms les plus anciens que nous ayons des Seigneurs de Bruyeres. Le premier est Thomas de Bruyeres qui vivoit sous le regne de Louis-le-Gros. Il s'y trouve nommé avec le célèbre Guy Troussel, Seigneur de Montlhery, comme étant son contemporain. Le même Thomas survécut à Milon de Montlhery, fils de Guy, puisqu'il fut témoin à l'Acte des donations faites à Longpont après son inhumation en ce Prieuré. <small>Chart. Longip. fol. 9.</small> <small>Ibid., fol. 13.</small>

Hugues de Bruyeres, également Chevalier, comparut aussi dans les Actes où se trouve Thomas, dont il étoit peut-être frere. Entre autre, il fut présent au don que fit aux Moines de Longpont Gautier, le Dapifer du Roi, lorsqu'il prit leur habit. Il y eut aussi sous le regne de Louis-le-Jeune une Agnès de Bruyeres, apparemment leur sœur, dont le fils nommé Pierre fit part aux <small>Ibid., f. 26 et in Hist. S. Mart. à Campis.</small> <small>Ibid., fol. 39.</small>

<small>1. Et à la fin du Rolle : *Isti Priores fuerunt moniti ad proferendum seu portandum litteras suas quittatorias anno Domini M. CCC. XCVIII, ut de iis possit fieri certa Ordinatio, qui Priores venerunt per hunc Ordinem. Io. Prior de Brueriis portavit quittatoriam quod venerat anno M. CCC. XXXVIII et solvit anno LXXIIII. Item solvit anno M. CCC. Nonag. octavo.* Ce droit de *Pigmentum* ne se payoit que tous les vingt ou trente ans.</small>

mêmes Religieux de ce qu'il avoit à Marolles, Paroisse de leur *Chart. Ph. Aug* voisinage.

Lorsqu'on est parvenu au regne de Philippe-Auguste, on y trouve un second Thomas de Bruyeres, qui est dit Homme lige du Roi pour ce qu'il possédoit à Bruyeres, et à raison de sa portion dans la Châtellenie de ce lieu, il est déclaré Feudataire de Montlhery. Il eut avec Louis, Abbé de Saint-Magloire, et le Curé de Ste-Geneviéve des Bois, une difficulté sur la dixme de Sequigny que Pierre de Nemours, Evêque de Paris, termina en 1209. Le dénombrement des Feudataires de Montlhery sous Philippe-Auguste, qui régna jusqu'à l'an 1221 [1223], fait aussi mention d'un Hervé de Bruyeres comme tenant un fief *apud Bonam Villam* de Philippe de Moressart, et de deux Dames de la même famille. La premiere dite *Sedilia de Brueriis* est déclarée *Vavassoria Regis* pour la terre de Menil, et d'avoir deux mois de garde chaque année au Château de Montlhery. La seconde est Alis de Bruyeres qui tenoit quelque fief à Orcey et à Villchier de Guillaume d'Orcey. Sous Saint Louis, il y eut un Thibaud de Bruyeres, Chevalier, témoin en 1244 dans un Acte qui concerne l'Abbaye de Notre-Dame du Val près l'Isle-Adam. En 1262, Jean, Seigneur de Bruyeres au Diocèse de Paris, et Eustache, sa femme, paroissent dans le grand Pastoral de l'Eglise de Paris : le Chapitre acheta d'eux, pour le prix de seize cents livres, tout le bien qu'ils avoient à Chevrigny [1] et à la Barre [2], mouvant de Hervé de Chevreuse qui tenoit ces fonds en fief de l'Evêque de Paris. Thomas de Bruyeres et Adam, ses freres, donnerent leur consentement à cette vente aussi bien que Mathilde, sa sœur. Ce Thomas fut le troisiéme du nom dans la famille des Seigneurs de Bruyeres. Ce fut le même Jean ci-dessus nommé, dit quelquefois Jean de Poissy, qui eut de Saint Louis, en 1264, la Baronnie de Bruyeres pour la Ville de Poissy, et partie de la forêt de Saint-Germain-en-Laye. L'inscription de la tombe que l'on voit dans l'aîle gauche de Notre-Dame de Bruyeres-la-Ville et qui couvre un Chevalier décédé l'an 1291, regarde le même Jean suivant la tradition du même pays. Ses armes sont un lion rampant. Thomas de Bruyeres, son fils aîné, lui succéda dans la terre de Bruyeres. Le Roi Philippe-le-Bel lui envoya comme à plusieurs autres Chevaliers, au mois d'Avril 1304, une lettre ouverte au sujet de la guerre. Il donna aux Moines des Vaux-de-Cernay ce qui compose aujourd'hui le fief dit des Moines blancs, appartenant à M. Visinier, Avocat. On croit aussi que c'est lui qui fonda le Collége Mignon à Bruyeres. Il mourut en 1351.

Chart. S. Mag. Gall. Chr. nova, T. VII, col. 315.

Tabul. Abb. de Valle.

Magn. Pastor. fol. 204.

Trés. des Chart. Reg. 35, 36, 37.

1. Chevrigny est au midi de Châteaufort, proche Saint-Remy.
2. Il y a les Barres proche Senlices, à deux lieues de Chevrigny.

La Terre de Bruyeres, faute de mâles, échut ensuite à sa fille nommée Marguerite de Bruyeres, laquelle épousa Guillaume, Seigneur des Bordes, Chevalier. On a vu ci-dessus qu'elle survécut à son mari et même à son fils, et qu'elle porta le titre de Dame des Bordes et de Bruyeres. Les armes de ces des Bordes étoient trois molettes. Cette Terre passa à une autre famille après la mort de cette Marguerite de Bruyeres, arrivée en 1419. Philippe de Voisins en jouit et mourut en 1454 ; puis Jean de Voisins, son fils, qui la vendit, en 1459, à Louis Behan ou de Behene de la Rochette [1]. Ce dernier fit bâtir la Chapelle de Sainte Barbe dans l'Eglise de Saint-Didier, et fut enterré en celle de la Vierge en 1471. Ses armes étoient trois paux de gueule en champ d'argent. Sa veuve fit bâtir deux piliers où elle fit mettre ses armes. Louis, son fils, lui succéda et mourut en 1500. Il fut enterré dans la Chapelle de la Vierge. Ce dernier Louis eut deux fils. L'aîné se fit Moine à Saint-Denis. Le second fils, aussi nommé Louis, jouit de la Terre, et mourut en 1524.

<small>Histoire des Maitres des Req.</small>

On lit dans les Registres du Châtelet à l'an 1512, qu'à la priere de ce Loys de la Rochette, Ecuyer, sieur de Bruyeres, le Roi établit en ce lieu un marché tous les mercredis de l'année, et deux Foires qui se tiendroient le 20 Janvier et le 29 Juin, pourvu que dans ces jours-là il n'y en eût point à quatre lieues aux environs : les Lettres de Louis XII sont datées de Blois au mois d'Octobre 1512. Ce Louis de la Rochette avoit eu deux enfants qui partagerent la Terre : Jacques de la Rochette en eut une partie avec la Seigneurie de Dolainville, et Jeanne de la Rochette, l'autre partie qu'elle porta en mariage à Jean d'Allonville. Ces deux derniers vivoient encore en l'an 1544 ; mais Jacques de la Rochette étoit mort, et c'étoit Jacqueline de Villecardel, sa veuve, qui jouissoit de la portion de Bruyeres. On m'a informé que Jean d'Allonville avoit vendu sa Seigneurie dès l'an 1537 à Nicolas d'Aubray, et qu'étant décédé en 1575, il eut pour successeur Claude d'Aubray, son frere. Cependant, en 1580, Pierre de Ficte étoit ou se disoit Seigneur en partie de Bruyeres, selon le Procès-verbal de la Coutume. L'épitaphe de Claude d'Aubray à Saint-André-des-Arcs marque qu'il décéda le 31 May 1609, âgé de 83 ans. Il avoit aussi les Terres de Saint-Sulpice et de Mauchamp. Il laissa Marie et Marguerite, ses filles, uniques héritieres.

<small>Bann. du Chât. Vol. I, fol. 419.</small>

<small>Voyez ci-dessus l'Inscript. de la Dédic.</small>

<small>Mem. envoyé de Brieres.</small>

Marie d'Aubray fut mariée à Louis le Cirier. Elle avoit eu en partage la Terre de Bruyeres qu'elle vendit, en 1641, à M. Jean-Louis de l'Epinette-le-Mairat, Chevalier, Baron de Lustracq, qui

---

1. Sauval (Tome III, page 396) parle de ces Seigneurs d'après un Compte de l'an 1470 ; mais ses Éditeurs peuvent avoir défiguré leur nom.

décéda en 1662 ; sa veuve fonda en cette Paroisse les Filles de la Charité. La Terre a passé ensuite à M. Jean de l'Epinette-le-Mairat, son fils aîné, Conseiller au Parlement, Commissaire aux Requêtes du Palais, ainsi que l'on apprend par l'enrégistrement des Lettres-Patentes en sa faveur, qui portent établissement d'une Foire par an et d'un marché par semaine en ce lieu. Il est du 7 Septembre 1676. Ce fut aussi dans la même année qu'il fit ériger cette Terre en Marquisat. Il en étoit encore Seigneur en 1697, qu'il obtint, le 28 Avril, de faire célébrer en la Chapelle de son Château. Il mourut en 1713. Jean-Louis de l'Epinette-le-Mairat, son neveu, lui succéda ; et comme il décéda sans enfants mâles en 1729, M. Joachim le Mairat a eu la Terre après lui, et en jouit encore actuellement. A l'égard du marché, il est sûr que, dès l'an 1266, Saint Louis en avoit accordé un pour le jeudi de chaque semaine aux Maire et Habitans, s'en réservant les droits, sauf aussi à le révoquer à son bon plaisir. Regist. du Parl.
Reg. Arch. Par.
Reg. Parl. Pent. 1266.

Il paroit résulter de cette concession de Saint Louis, que le marché que Philippe-Auguste avoit permis en 1204 d'établir les mardis dans le canton de Bruyeres, donné par ce même Roy Philippe aux Freres de l'Hôpital de Paris en récompense du bien qu'ils avoient eu à Poissy du Comte Robert, son oncle, n'eut point lieu. La donation de Philippe porte ces termes : *Quidquid habet apud Bruerias Castrum prope Chastres, tàm in aquis quàm in terris cultis et incultis, in bosco et in plano, pratis, vineis et hominibus, et quidquid juris in ipso Castro habet exceptis feodis Militum et Servientium...... Actum Aneti.* Reg. des Chart. T. VII. p. 68.

OLINVILLE

De tous les hameaux de la Paroisse de Bruyeres, le plus remarquable est celui qui se trouve entre Châtres et Bruyeres, à moitié chemin sur la hauteur. Son véritable nom est Olinville, comme je l'ai fait voir par un titre du septième siècle, quoique dès l'an 1200 quelques-uns écrivoient *Doleinville*. Ainsi lit-on dans le cahier de Philippe-Auguste sur Montlhery, que Henri *de Doleinvilla* est Homme lige du Roy pour ce que Arnoul Gascogne tenoit de lui à Lardi. La vue de ce lieu est très-belle du côté du midi. Le Roi Henri III ayant acheté cette Terre de Benoît Milon, Président ès Comptes, y vint résider assez souvent. Il reste des Lettres-Patentes qu'il y donna l'an 1578 au mois de Juillet et de Novembre, et dans l'année 1580 au mois de Novembre. On voit dans les Registres du Parlement au 5 Décembre 1596 mention du don fait par le Roi de la Terre d'Olinville à sa sœur la Duchesse d'Angoulême, légitimée de France : néanmoins on lit ailleurs que Table de Blanchard et autres.

Henri III l'avoit donnée à M. de Marillac. Le Château est carré et environné de Fossés pleins d'eau avec une tour ronde à chaque coin. Il est embelli de terrasses, balustrades, etc. Le principal corps du bâtiment est du temps d'Henri III. On y a fait des changemens depuis. En 1684 Michel de Marillac, Conseiller d'Etat, en étoit Seigneur. En 1735 M. Charles du Mouceau de Nolan vendit cette Terre avec celles d'Egly et la Roche, à Madame la Duchesse de Lauzun. Cette Dame n'en a joui que cinq ans; depuis elle, Olinville appartient à M. Boucaud, Receveur de la Ville de Paris. Le sieur de Rochefort dit dans ses Mémoires que ce fut en ce lieu qu'il vint au monde. L'Abbé de Marolles parle très-avantageusement de ce lieu sous le nom du Château de Briere, disant que M. le Duc de Retelois y vint passer un ou deux mois en 1621.

<small>Hist.desGr.Off. T. VI, p. 557.</small>

<small>Mem. de Marol. p. 48.</small>

VERVILLE. On lit dans le rang des Vassaux de Montlhery sous Philippe-Auguste, *Guillielmus de Feritate est Homo ligius Regis de eo quod habet apud Vervillam.* Ce hameau n'est, dit-on, qu'en partie de Bruyeres. Sous Charles VII Jean de Villers, Ecuyer, fut possesseur de ce Fief mouvant de Montlhery. Ses trois sœurs furent ses héritières et épouserent trois laboureurs à Bruyeres-le-Château qui payerent un droit pour le pouvoir posséder en qualité de roturiers. Dans la Coutume de Paris de l'an 1580, c'est l'Abbé des Vaux-de-Cernay qui est dit Seigneur de Verville.

<small>Comptes de l'Ordin.de Paris. Sauval, T. III, p. 355.</small>

BAILLOL est aussi marqué parmi les fiefs relevant de Montlhery : On lit dans le cahier de Philippe-Auguste: *Galfridus de Balleolo debet custodiam duorum mensium pro Terra de Balleolo.*

Les autres hameaux de Bruyeres sont : la Roche, Arpenty en partie, la Truche, le petit Rué, le grand Rué, Arny, Saint-Didier. Les fermes sont : Trou, la Forest, Couar. Quelques-unes peuvent avoir été des hameaux autrefois. En 1611 Jacques le Maréchal, Procureur du Roi en la Prévôté de l'Hôtel, se disoit Seigneur de la Forest, Paroisse de Bruyeres. Ce mot Couar est le même que porte une montagne proche Autun sur laquelle est la pyramide qu'on croit couvrir le tombeau de Divitiacus, célèbre Capitaine Gaulois. Enfin, comme l'expérience apprend que souvent les moulins conservent les noms des anciens fiefs ou des hameaux détruits, il n'est pas hors de propos d'observer que Baillair, Trevoye et Tremerolles sont trois noms de moulins sur la Paroisse de Bruyeres.

<small>Reg. Ep. Paris. Orat. Domest. 19 Aug.</small>

<small>Gall.Chr vetus, T. IV, p. 902.</small>

Dans l'ancien *Gallia Christiana* est un fragment de titres qui fait mention d'un cellier que l'Abbaye des Vaux-de-Cernay avoit à Bruyeres dans la Forêt d'Iveline en 1226. Seroit-ce la même chose que la Seigneurie de Verville qu'elle possédoit encore en 1580 ?

MARCOUCI

Quelques personnes ont entrepris depuis un siécle d'écrire sur ce lieu. Personne ne l'a fait d'une maniere plus étendue que l'anonyme dont la lettre initiale désigne le nom. Cet anonyme dit que dans le temps que les Princes de Condé et de Conti et le Duc de Longueville furent transférés de Vincennes au Château de Marcouci, où ils resterent pendant trois mois, le bruit ayant couru qu'on y transportoit de nuit des chariots chargés de trésors, il fut obligé d'y aller ; mais que là il s'attacha plus à la recherche des trésors spirituels qu'à d'autres, c'est-à-dire qu'il s'appliqua à connoître par les titres qu'il vit tant au Château que chez les Célestins, l'antiquité de ce lieu, d'où il forma un petit volume qu'il fit imprimer sous le titre d'*Anastase de Marcoussy*, c'est-à-dire la Résurrection de ce lieu de l'oubli dans lequel il étoit tombé. Ce livre étant devenu rare, j'en ai tiré l'essentiel pour rédiger cet article en y joignant ce que j'ai découvert par mes recherches particulieres, et aussi profitant de l'écrit de M. Boucher d'Argis, Avocat en Parlement, inséré dans le Mercure de France du mois de Juin 1742, aussi-bien que du petit Recueil sur les Antiquités de Marcouci, Montlhery, etc., imprimé en 1689.

Aucun de ces Auteurs ne me paroît avoir découvert la véritable cause de l'étendue de la Terre et Paroisse de Marcouci, ni l'antiquité des droits qu'y a eus et qu'y a encore en partie l'Abbaye de Fontenelles, bâtie au pays de Caux, Diocése de Rouen. L'Anastase parle d'un vieux manuscrit du Prieuré de Marcouci et l'Auteur dit y avoir lu que « l'an 693, le Roy Childebert donna Marcouci, « Aupec, Rivecourt et autres terres, le 20 Octobre, à Monsieur « Saint Bayn, adonc Abbé de Fontenelles, et le Roi fit édifier une « Eglise à Marcocies en l'honneur et révirence de S. Vandrille, « une autre à Aupec, à Rivecourt, etc., afin que S. Vandrille qui « étoit de la lignée Royale fust honoré. » (Pages 40, 41 et 42.)

Mais ce manuscrit françois n'est pas de grande autorité, étant mis en comparaison avec la Vie de Saint Vandrille, écrite par un Auteur contemporain, et avec la Chronique latine de Fontenelles, imprimée dans le Spicilége, où la donation d'Aupec à l'Abbé Bain est dite faite par le Roi Childebert, la dixiéme année de son regne, qui revient à l'an 704, sans qu'on n'y voye aucune mention de Marcouci. Ainsi c'est une erreur de fixer si tard la donation de Marcouci. On trouve dans le Glossaire de du Cange au mot *Epitaphium* une inscription qu'un Moine de Fontenelles,

Spicil. in fol. T. II, p. 267, col. 2.

nommé Guillaume *à Vetulis*, composa autrefois suivant ce dernier sentiment :

> En l'an sept cens et quatre que regnoit
> Hildebert Roi au Royaume de France,
> Et que son peuple en paix entretenoit
> Le gouvernant et gardant de souffrance,
> Il conféra de sa volunté france
> De Marcoussis la noble Seigneurie
> Au bon Abbé de la Royale Abbie
> Que l'on nommoit pour lors la Fontenelle,
> Et fist bastir une Eglise nouvelle
> Au nom de Dieu et du bon saint Vandrille
> Lequel estoit de Royale famille,
> Avant ce don quatre ans trépassé ;
> Ce noble Roi en soit récompensé.

Comme il n'y a pas grand fond à faire sur ces sortes d'Auteurs, il faut recourir à la Vie de Saint Vandrille, pour avoir une époque plus reculée de la possession d'un terrain par l'Abbaye de Fontenelles dans l'étendue de ce qui forme la Paroisse de Marcouci. L'Auteur de cette Vie qui vivoit il y a environ onze cents ans, dit que Saint Vandrille vint l'an 661 trouver le Roi Clotaire III, pendant qu'il étoit dans son Château de Palaiseau, situé dans le territoire de Châtres, et qu'il obtint de lui la confirmation du terrain sur lequel il avoit fondé son Monastere au-delà de Rouen ; que pendant le temps que le Saint Abbé resta dans le pays de Châtres, un des Seigneurs de ce canton nommé Hartbaïn, fils d'un autre noble appellé Erembert (chacun d'eux est appelé *Vir illustris*), lui déclara qu'il vouloit quitter le siécle et se rendre Religieux, et lui fit la donation d'une Terre nommée Bution, *Prædium aliquod nomine Butionem*, dans lequel il bâtit une Eglise et un Monastére où il mit des Moines. Dom Mabillon a cru que le lieu où étoit ce Monastére pouvoit être Boissy qui est au bas de la montagne de Saint-Jon, à cause de quelque légere ressemblance du nom, et il a été suivi par M. Baillet. Mais lorsque ce sçavant Bénédictin fit imprimer cette vie, il n'avoit pas encore connoissance d'un titre de l'an 845, qu'il a donné depuis au public. Le Roi Charles le Chauve, énonçant dans un Diplome les biens de l'Abbaye de Saint-Vandrille avec le pays où ils sont situés, met : *in Parisio, Bucionam cum vineola in Marcocincto, Vallodingam et Tuohilugam villas cum appenditiola eorum Laom* [1]. En cet endroit Dom Mabillon reconnoît Marcouci dans *Marcocinctum*. Il auroit pu ajouter que *Buciona* ne devoit pas en être éloigné, et qu'il étoit contigu. En effet, on trouve dans les titres du XII

---

1. Peut-être Lahonville proche Saint-Verain.

et XIII siécle, des vestiges de l'ancien domaine dont l'Abbaye de Saint-Vandrille a joui entre Linas et le Village de Marcouci avant que les guerres et autres accidens eussent obligé cette Abbaye d'en accommoder des Seigneurs de Linas et ceux de Montlhery, lesquels depuis céderent ou vendirent des portions à divers particuliers. Il y reste même une indication du lieu dit *Bution* ou *Buciona*. Il est nommé Buison dans le Cartulaire de Longpont, à l'occasion d'une mine de froment qu'on y assigna pour le Monastére au XII siécle. Le territoire appartenant à l'Abbaye de Fontenelles ou de Saint-Vandrille, en avoit pris le nom de Fontenelles, et le conservoit encore au XII siécle qu'il est nommé quatre ou cinq fois dans le même Cartulaire. On y voit la Dame Aveline donner à ce Prieuré les hôtes qu'elle a à Fontenelles ; Gui de Linais, qui y avoit une dixme, la donner pareillement ; Aalis, femme d'Arnoul Maloël, lui céder également sa dixme de Fontenelles ; Hugues de Linais, qui y avoit une dixme, la donner pareillement ; Hugues de Linais, qui y avoit un canton habité, en donner aussi les hôtes ; et Ansold, Chanoine de Saint-Pierre de Montlhery, gratifier le même Couvent de Longpont de tout le labourage qu'il dit entierement situé en ce lieu de Fontenelles, excepté qu'un arpent étoit sur le territoire du hameau de Fay. Ce dernier article fixe l'antiquité de cette donation, puisqu'il cessa d'y avoir des Chanoines à Saint-Pierre de Montlhery dès l'an 1154, et il désigne en même temps la position d'une partie au moins du territoire de Fontenelles du côté de Fay. Le Registre de Philippe-Auguste sur les redevances de Montlhery fait plus, et nous découvre non-seulement qu'il y avoit alors dans le voisinage un lieu dit Buisson possédé par Thomas Beuvant, mais encore que les maisons qui formoient le hameau de Bution ou Buisson étoient au lieu où reste le Moulin de Guierville ; car on y lit cet article : *Milo de Alneto est homo Regis de Molendino de Buisson et de eo quod frater ejus tenet apud Fontenellas.* Comme donc Guierville qui est le nom d'un moulin sur le ruisseau qui vient de Marcoucy à Linas est un nom plus nouveau dans ces cantons-là, aussi-bien que celui de Bellejambe, ce ne peuvent être que ces deux noms qui par succession de temps ont fait disparoître celui de Bution que le moulin portoit dès auparavant, et celui de Fontenelles. J'ai cru cette discussion nécessaire avant que d'entrer en détail sur Marcoucy, parce qu'elle sert à faire remonter l'antiquité du Monastére de ce lieu jusqu'au VII siécle. Je parlerai ci-après des autres membres qui composent la Paroisse et Terre de Marcoucy.

Pour ce qui est de l'étymologie du nom, son commencement dénote assez qu'elle est Gauloise ou Celtique, et qu'elle vient du

Chart. Longip fol. 16.

Ibid. fol. 15, 18, 19.

mot March ou Mark qui signifioit cheval et qui est employée en ce sens dans les Loix Allemandes, et d'où est dérivé le nom de Maréchal. Les prairies de ce lieu y avoient fait apparemment élever et nourrir tant de chevaux, que le nom lui en resta dès le temps de la premiere race de nos Rois, de sorte qu'après avoir dit au IX siécle *Marcocinctum*, et dans le langage vulgaire du X et XI Marcocint, on vint à dire dans le XII Marcouchies ou Marcoucies. Ce qui ayant été latinisé alors, forma le mot *Marescalceiæ* ou *Marescalceis* usité par les uns, et celui de *Marcociæ* usité par d'autres. Au reste, ces deux différentes manieres de mettre en latin Marcoucies ne s'éloignoient nullement de la racine celtique. On sçavoit si bien dans le XI siécle que *Marc* avoit signifié cheval chez les anciens habitans des Gaules, que lorsque Gui de Montlhery, Fondateur du Prieuré de Longpont, accorda aux Religieux que les Ecuyers ne pourroient envoyer leurs chevaux paître dans les prez du Couvent, ni recevoir de droit pour cela, la concession fut ainsi exprimée en latin : *Ut omnia prata quitta essent ab omni Marcocia Armigerorum.* Voilà, ce semble, le droit de fourrage clairement exprimé par le mot de Marcoucie.

<small>*Gloss Cangii voce March.*</small>

<small>Lettres de Louis VII de l'an 1177.</small>

<small>*Chart. Longip. fol. 39.*</small>

<small>*Ibid., fol. 10.*</small>

La Paroisse de Marcoucie est éloignée de six lieues et demie de Paris ou environ. Elle est à droite du grand chemin qui conduit de cette Ville à Orléans à la distance d'une lieue, compris le bourg. Ce pays renferme un vignoble, des labourages, bois, prairies, étangs, un ruisseau nommé Salmouille, qui coule d'occident en orient, et un autre appellé Gadanine. Le bourg est dans le fond entre les deux côtes, dont l'une est au nord et l'autre vers le midi. Cette Paroisse, compris les hameaux et écarts, formoit en 1709 le nombre de 179 feux suivant le dénombrement de ce temps-là. Celui qui a été imprimé l'an 1745 par les soins du sieur Doisy y en marque 176. Le Dictionnaire Universel de la France qui parut en 1726 y compte 798 habitans. Quoique les haras qui paroissent y avoir été dans les premiers temps soyent ce qui a donné le nom au lieu, le vignoble en est ancien, puisque le titre ci-dessus allégué de l'an 845 en fait mention. Cette Paroisse est sur l'extrémité du Doyenné de Châteaufort.

Il n'y a qu'une seule et même Eglise qui sert de Prieuré et de Paroisse. M. l'Abbé Chastelain, sçavant Chanoine de l'Eglise de Paris, qui visita ce lieu en 1690, s'en explique ainsi :

« La Paroisse qui est aussi Prieuré a pour ancien Patron Saint
« Vandrille, et pour Titulaire moderne la Magdelene qui viennent
« tous deux en même jour. Les anciens (y célébrant l'Office le
« 22 Juillet) avoient dit alternativement une Heure de l'un et de
« l'autre comme on fait encore à peu près à Orléans le 3 May, qui
« est le jour de la Dédicace et de l'Invention [de la] sainte Croix.

« Ils font à présent [l'office] de la Magdelene et remettent S. Van-
« drille au Dimanche d'après. » Il n'est pas surprenant que
S. Vandrille fût devenu le Patron de la principale Eglise de
Marcoucies, puisque c'étoit lui qui le premier y avoit fait ériger
un Oratoire pour des Moines. On ignore sous l'invocation de
quel saint, Hartbain, son disciple, l'a fait dédier. On n'a gueres
vu des reliques de Ste Magdelene en France avant le IX siécle.
Cette Sainte n'est parvenue plus vraisemblablement à avoir la
primauté dans l'Eglise Paroissiale, que parce que les Moines
ont célébré primitivement le 22 Juillet la Fête de S. Vandrille,
leur Patron, avec grande solemnité, à cause qu'il étoit décédé
ce jour-là : ce que le peuple a pris pour une solemnité de Sainte
Marie-Magdelene. L'erreur est la même que celle des Paroissiens
d'une Eglise de Saint Ouen qui croyent que Saint Barthélemi
est leur Patron, à cause que c'est le jour de sa Fête qu'on fait
plus grande solemnité, tandis que cette solemnité est pour Saint
Ouen qui mourut le 24 Août, jour de la Fête du saint Apôtre.
L'autorité du manuscrit françois du Prieuré cité par l'auteur
de l'Anastase de Marcoucies n'étant pas assez forte pour nous
persuader que ce soit le Roi Childebert qui ait bâti à la fin du
VII siécle l'Eglise de Marcoucies sous le titre de S. Vandrille, il
faut se borner à ce que dit la Chronique de Fontenelles faite sur
les Titres, et en inférer ce qui est possible en faveur du lieu de
Marcoucies. Il y est marqué que ce fut l'an 704 que ce Roi donna
Aupec à l'Abbaye de Fontenelles. Comme ce fut cette même année
qu'il se fit une Translation du corps de S. Vandrille d'une des
Eglises de Fontenelles à l'autre, les distractions de ces Reliques
que l'ouverture du tombeau occasionna, firent qu'on put aussi dès-
lors en avoir pour la Dédicace de l'Eglise de ce lieu d'Aupec qui
de temps immémorial est sous son invocation, et, par conséquent,
on put également en réserver pour celle de Bution ou de Marcoucies. Mais s'il y en a eu, comme il n'en faut point douter,
l'éloignement des temps et les différentes révolutions les ont fait
perdre. On montre en place de cela dans la sacristie un reliquaire
d'argent sous le nom de S. Blaise et le fémur d'un corps des Cata-
combes de Rome qu'un des Officiers de M. d'Entragues, Evêque
de Lectoure, eut après sa mort, arrivée en 1720, et donna à cette
Eglise du lieu de Marcoucies dont il étoit natif. Jean de Montaigu
étant devenu Seigneur de cette Paroisse en 1388, commença à faire
relever les fondemens de l'ancienne Eglise et à construire de grais
les gros murs du chœur comme on les voit. Aussi ses armes sont-
elles aux culs de lampes de la naissance des voûtes. Il avoit dessein
d'en faire autant à la nef. Mais les Religieux de Fontenelles ne le
souffrirent pas, de crainte que cela ne portât préjudice à leur droit

de Patronage que les anciens Seigneurs leur avoient disputé. Cependant on y voit à la voûte les armes (une Ancre et deux Boucles ou Fermoirs) des Graville qui ont été Seigneurs depuis. La Dédicace de cette Eglise fut faite le 1ᵉʳ Mai 1521 par François Poncher, Evêque de Paris, comme aussi la bénédiction de six autels dont l'un de Notre-Dame, les autres de Ste Magdelene, S. Gilles et S. Loup, le tout en présence de l'Archevêque de Tours. Depuis ce temps-là le haut de la tour a été refait en forme octogone et seulement depuis quelques années le dedans de l'Eglise a été embelli de boiserie et de grillages.

Reg. Ep. Paris.

Il est constant qu'avant le milieu du XII siécle il y avoit un Curé à Marcoucies.

Chart. Longip. fol. 39.

Un Acte du Cartulaire de Longpont qui est d'environ l'an 1145 est autorisé par la présence du Prêtre de ce lieu, *Teste Petro Presbytero de Marcociis*. Les Lettres du Roi Louis-le-Jeune données à Pontoise l'an 1177 en faveur de l'Abbaye de Saint-Vandrille lui confirment Aupec et outre cela *Marcouchies et Ecclesiam cum Decima*. La confirmation du droit de Patronage fut accordée au Prieur du lieu au nom de l'Abbé de S. Vandrille à l'occasion de Maurice de Sully, Evêque de Paris, qui avoit voulu y porter atteinte. L'Acte est de l'an 1196. Comme cet Evêque avoit chargé Robert, Abbé de Saint-Victor et Renaud, Doyen de Saint-Marcel, de restituer ce qui leur paroîtroit avoir été usurpé par lui, ils rendirent à Richard, Prieur de Marcoucies, le droit de présenter à cette Eglise. Aussi trouve-t-on dans le Pouillé de Paris écrit au XIII siécle : *In Decanatu de Castro forti : De donatione Abbatis S. Vandregisili, Ecclesia de Marcociis*. Ce qui a été suivi par tous ceux qui ont été rédigés depuis, sçavoir au XV et au XVI siécle, en 1626, 1648 et 1692. Philippe-le-Long avoit confirmé en 1319 les mêmes droits que Louis VII. En conséquence de quoi l'Abbaye de Saint-Vandrille donnant son aveu en 1510, le 11 Octobre à la Chambre des Comptes, fit mention de ses Droits Seigneuriaux à Marcoucies.

Ampl. Coll. T. I, col. 1013.

Gall. Chr. nova, T. VII, col. 76.

Anast. de Marcoussy, p. 42.

Le Prieuré de Marcoucies se trouve de même dans le Pouillé Parisien du XIII siécle sous le Doyenné de Macy où sont marqués quatre Abbayes et vingt-quatre Prieurés ; le second Prieuré est *Prioratus de Marcociis*. A la fin du Nécrologe de Notre-Dame de Paris du XIII siécle où est une liste de Prieurs ainsi intitulée : *Nomina Priorum qui tenentur solvere pigmentum in Festo Assumptionis B. M. Virginis*. Le dix-septiéme et dernier Prieuré est *Prior de Marcouciis qui solvit anno 1288. Item solvit anno 1304*. Dans le Rolle de la collecte des Procurations Episcopales dressées en 1384, il n'y a aucune mention du Prieur de Marcoucies. Peut-être que la Communauté avoit été détruite du

Necr. Eccl. Par. in Bibl. Reg.

temps des guerres des Anglois et Navarrois, ou plutôt c'est en vertu de quelque exemption, car on lit qu'Eudes de Sully, Evêque de Paris, avoit accordé en 1206 quelques Priviléges à ce Prieuré, et que Jean Simon, Evêque, les confirma le 26 Juin 1500. Les anciens revenus de ce Prieuré sont très-peu connus. On sçait seulement que Lestard de Marcocies qu'on prend pour un Chevalier, avant que de partir pour la Terre-Sainte, donna à cette Maison un cens et le pressurage de deux vignes situées en la vallée Heroart, ce qui fut fait sous les Lettres d'Odon de Sully, Evêque de Paris, en 1201. On sçait pareillement qu'un Chevalier nommé Isembert y prit alors l'habit de Religieux et y aumôna du bien, et que Pierre et Hervé, freres de Lestard, étoient aussi bienfaiteurs de la maison. Il y a eu une continuation de Prieurs tant Réguliers que Commendataires. De ces derniers quelques-uns ont été quelquefois Curés du lieu. En un mot ce Prieuré subsiste et est inscrit au Rolle des Décimes.

_{Reg. Ep. Paris.}

_{Anast. de Marc. p. 138.}

On a avancé dans le Mémoire sur la Seigneurie de Marcoucies imprimé dans le Mercure de France, que le plus ancien Seigneur de ce lieu qui soit connu est Jean de Montaigu, qui vivoit sous Charles VI, ce qui n'est point exactement vrai, puisqu'il s'en trouve de plus ancien. On en connoît depuis le XII siécle. Milon, Seigneur *de Marcolciis,* est mentionné dans le Cartulaire de Longpont sous le Prieur Thibaud qui vivoit en 1154, comme Seigneur suzerain de Nozay dont le Prieur acheta alors la Terre. Sire Adam de Marcoucies vivoit sur la fin du XIII siécle. Guillaume des Preaux, Chevalier, Seigneur de Marcoucies en tout, de Boissy, d'Egly et de Broulet (ou Brouillet) en partie, paroît dans un Acte de 1303. Il étoit encore Seigneur en 1340 suivant une procuration du 29 Août. Ivet de Riant, Secrétaire du Roi, étoit Seigneur de Marcoucies en 1371. Après lui ce fut Bernard de Montlhery, Trésorier de la Province de Daufiné. Il est marqué de lui dans la Vie du Roi Charles V que ce Prince l'ayant chargé de vive voix de payer cinq cents francs à un Gentilhomme qui lui avoit rendu de grands services à la guerre, ce Général ainsi qu'il est appellé dans cette Histoire, ayant remis plusieurs fois ce Gentilhomme, il alla s'en plaindre au Roi qui donna ordre aussitôt à un de ses Sergens d'Armes d'aller enlever la vaisselle de ce Trésorier; ce qui l'épouvanta si fort qu'il paya sur-le-champ la somme ordonnée. Il vecut jusqu'à l'an 1386, auquel temps son Château de Marcoucies et la maison de la Ronce qui en est voisine furent adjugés au Roi pour le prix de six mille francs d'or, en déduction de ce qu'il devoit par le finito de ses comptes. Charles VI ne conserva point ces deux Terres; il les échangea avec Ferric Cassinel, Evêque d'Auxerre, et eut de lui le Châtel et Ville de

_{Merc. Juin 1742, p. 1279.}

_{Chart. Longip. fol. 46.}

_{Hist. de Charl. V par Christine de Pisan, dans les dissert. sur l'Hist. du Sr Lebeuf, T. III, p. 135.}

_{Reg. de la Ch. des Compt. Janv. 1386.}

Galargue de la Baronnie de Lunel en Languedoc, qu'il donna à Catherine de France, Comtesse de Montpensier, en déduction de ce qui pouvoit lui revenir de son mariage. Ferric Cassinel se mit en possession de la Seigneurie de Marcoucies. Il reste un bail de lui de l'an 1388. Il avoit une sœur nommée Biete Cassinel, Dame de Montaigu, au fils de laquelle nommé Jean il donna Marcoucies et la Maison de la Ronce. Dupleix dit que le bruit couroit que Biete Cassinel avoit eu ce fils des œuvres du Roi Charles VI. Quoiqu'il en soit, Jean de Montaigu eut l'honneur d'entrer en alliance avec la Maison de France. De son mariage avec Jacqueline de la Grange il eut Charles qui épousa la fille de Charles d'Albret, Connétable de France, proche parent du Roi ; deux des filles de Jean furent mariées à Jacques et Pierre de Bourbon, Princes du Sang. Jean de Montaigu fit ériger Marcoucies en Châtellenie, à la recepte de laquelle il faisoit venir anciennement Châtres, Boissy-Saint-Yon, Egly, Broulot, Mauchamp, Villecognin, Villesauvage, Fauchainville, Monfly, Vausalmon, Blanchefouace, la Ville-du-Bois et autres Terres qu'il avoit acquises ou dont il avoit hérité. Ce fut aussi lui qui fit rebâtir le Château de Marcoucies sur lequel je m'étendrai ci-après aussi bien que sur les Célestins dont il fut pareillement le fondateur avec sa femme. Il eut les qualités de Vidame de Laonnois et Grand-Maître de France, et de Sur-Intendant des Finances. Comme il étoit parvenu à l'administration générale des affaires malgré ses compétiteurs, le Duc de Bourgogne et le Roi de Navarre ayant conjuré sa perte, lui firent faire son procès par Commissaires : de sorte qu'il eut la tête tranchée à Paris aux Halles, le 17 Octobre 1409. Le corps de cet infortuné Seigneur fut attaché au gibet de Montfaucon, et y demeura jusqu'au 28 Septembre 1412, qu'il fut porté à l'Eglise des Célestins de Marcoucies où il fut inhumé par les soins des Religieux et de son fils qui s'employerent, dit-on, vivement, et firent de grandes dépenses pour faire réhabiliter sa mémoire. Gabriel Gautier, Prieur de Marcoucies, envoya autrefois à M. Godefroy pour son Histoire de Charles VI, un écrit où il a avancé que François I étant à Marcoucies chez les Célestins, et apprenant que Jean de Montaigu avoit été jugé par Commissaires, s'approcha du grand Autel, et posant la main dessus, jura qu'il ne feroit jamais condamner à mort personne par Commissaires. Il faut aussi voir là-dessus les Recherches de Pasquier. (Livre VI, Chapitre VIII.)

Blanchard rapporte au 26 Octobre 1409 des Lettres par lesquelles Charles VI fit don à Louis de France, Daufin, de cette Terre et de celle de Bois-Males-Herbes confisquées sur Jean de Montaigu, Grand-Maître de France. Godefroy en cite d'autres par lesquelles le même Roi permit au même Louis, Daufin, de donner Marcoucies à son oncle Louis, Duc de Baviere, frere de la Reine. Mais après la révision du procès et la réhabilitation de Jean de Montaigu, cette Terre revint à son fils Charles, puis après sa mort, arrivée à la bataille d'Azincourt l'an 1415, Jacqueline, l'une de ses sœurs, la porta en mariage à Jean Malet, Seigneur de Graville; auquel succéda son fils de même nom, puis Louis Malet, fils de Jean II, lequel Louis fut grand Amiral de France, qui l'étoit en 1494 et 1510, et mourut à Marcoucies le 30 Octobre 1516, âgé de 78 ans. Après lui fut Dame de Marcoucies Jeanne Malet, sa fille, qui épousa Charles d'Amboise, dont le fils étant mort sans enfans la Seigneurie échut à Anne Malet, qui épousa Pierre de Balzac, Seigneur d'Entragues. Il est parlé fort au long dans les Registres du Parlement des plaintes que fit Jeanne Malet de Graville ci-dessus nommée contre René d'Illiers qui dissipoit cette Terre, et il fut ordonné qu'elle auroit par provision le Château et 3000 livres de rente.

<small>Notes sur l'Hist. de Ch. VI p. 669. Ex Cam. Comp. Trés. des Chart. Reg. 164, pieces 9 et 74.</small>

<small>Du Breul, p. 1050 et suiv. Cout. de Paris de l'an 1510.</small>

<small>Reg. du Conseil du Parl. an. 1527, 9 Sept. et 17 Oct.</small>

Ceux de la Maison d'Entragues qui possédèrent successivement cette Terre dans le XVI siécle, sont Guillaume, fils de Pierre, Capitaine de deux cents Chevaux-Légers, qui épousa Louise d'Humieres. Il essaya en vain de présenter à la Cure l'an 1546. Ensuite François, son fils, Chevalier de l'Ordre du Roi, Capitaine de cinquante Hommes d'Armes. Sa fille Catherine-Charlotte porta cette Terre en mariage à Jacques d'Illiers, Baron de Chantemerle. Leur fils Jean succéda et fut héritier de la Maison d'Entragues à condition d'en porter le nom et les armes. De lui est descendue Mlle d'Illiers de Balzac d'Entragues qui a épousé, il y a quelques années, M. de Rieux, Lieutenant Général des Armées du Roi, actuellement possesseur de cette Terre. En 1751, Madame la Comtesse de Sebbeville a acheté cette Terre du Marquis de Rieux. Il y a 1150 arpens de bois et deux grands étangs.

Le Château de la Terre de Marcoucies mérite une attention particuliere par ses singularités. Il paroît avoir commencé par un vieux corps de logis qui étoit dans la vallée et qu'on appelloit la Maison-fort, quoique les anciens titres lui donnent le nom de la Motte. Il n'en reste plus qu'une petite tour quarrée, couverte en pavillon. On l'appela dans la suite la Tour du Bucher. Le sieur de Montaigu la fit enclaver dans un des quatre corps de logis de son nouveau Château. C'est apparemment de quelque autre partie de cet ancien Château, restée à la discrétion des passans, qu'il faut entendre ce qu'on lit dans le Journal du regne de Charles VII, que le 22 Avril 1431, le Régent envoya prendre dans le vieux Château de la Motte cent meurtriers qui y étoient, qu'on en pendit trente-deux à Paris le lundi suivant et trente le vendredi. Le

<small>Anast. de Marc. p. 47.</small>

<small>Journ. de Ch.VI et Ch.VII p. 137.</small>

Journal ne s'explique pas plus au long. Il reste à voir si le sieur de Graville auroit pu souffrir si près de lui une retraite de voleurs. Jean de Montaigu vivoit dans un temps où les Châteaux étoient plutôt des maisons de défense que des lieux de plaisir et de divertissement. Il fit bâtir le sien dans le fond de la vallée afin de pouvoir profiter de l'eau des ruisseaux voisins pour en remplir les fossés. L'Abbé Chastelain qui le visita en 1676, le trouva d'une irrégularité surprenante. Outre le défaut de sa situation qui est au bas d'une roche perpendiculaire presque comme une muraille, il regardoit comme un défaut essentiel que tous les escaliers fussent en saillie dans la cour. L'entrée de ce Château est couverte par un ouvrage avancé, ou avant-Château dans lequel on ne peut entrer que par deux ponts-levis qui sont aux extrêmités des flancs. Dans une petite tourelle qui est à côté de la grosse tour méridionale, se voit un moulin à bras qui servoit dans le besoin. Après avoir traversé une tour quarrée on entre dans le Château par un second pont-levis. Sa structure forme un édifice quarré oblong, dont les quatre angles sont flanqués de quatre grosses tours rondes, couvertes d'ardoise, et les courtines toutes à mache-coulis et galeries et flanquées de demi-tours découvertes. Le donjon est au-dessus de la porte d'entrée où est représenté Charles VI. Dans le fond de la cour sont deux Chapelles l'une sur l'autre toutes peintes; l'une au rez-de-chaussée, et qui est dédiée à la Sainte Trinité, et l'autre au niveau du premier étage. Du Breul assure que la premiere fut destinée à retirer les Célestins pour y faire l'Office dans les temps de guerre aussi-bien que la tour voisine. On y voit dans tous les panneaux des vitrages ILPADELT en un seul mot, au lieu que dans l'Eglise des Célestins il est en deux. A la voûte sont peints les Apôtres, chacun avec un article du Symbole, et des Anges qui tiennent chacun une Antienne de la Trinité, notée en Plain-chant. Sur les murs sont les armes de Jean de Montaigu et celles de Jacqueline de la Grange, sa femme; il y a aussi des aigles éployées et des feuilles de courge. On voit dans le bâtiment et le grand escalier qui sont à droite les armes de Graville et les anchres qui désignent que c'est Louis de Graville, grand Amiral de France, qui les a fait construire. Dans la grande salle de cet édifice est figuré en pierre un cerf de grandeur ordinaire avec son bois naturel. Il porte au col un écu aux armes de France, et sur le pied d'estal sont plusieurs salamandres; ce qui peut indiquer que ce seroit en mémoire d'un cerf que François I auroit pris dans les bois de Marcoucies, car on sçait d'ailleurs qu'il y vint. Sur les cheminées de la plupart des chambres sont de pareilles figures de cerf avec diverses armoiries de Princes ou grands Seigneurs. Plusieurs de ces chambres sont octogones et

Voyages manuscrits.

petites. Dans un cabinet qui est au rez-de-chaussée se voit le portrait d'Henriette de Balzac qui fut aimée d'Henri IV, et celui du Duc de Verneuil, leur fils naturel. L'Auteur de l'Anastase, faisant la description de ce château, dit qu'anciennement les meubles étoient de chêne où l'on avoit entremêlé un peu de cédre ou bois odoriférant, qu'il y avoit des coffres ou buffets de ce bois, aussi-bien que des tables longues ou caisses à nourrir des vers à soye, et jusqu'à des moulins et ustenciles à façonner les soyes. Il n'oublie point de parler du beau Terrier en parchemin qu'il trouva en ce château, lequel avoit été rédigé par les soins de Jean d'Epinay, Evêque de Mirepoix, Intendant de Louis de Graville, grand Amiral de France, Seigneur de Marcoucies. Claude Chastillon dont on a une Topographie de France qui a paru en 1610, y a fait graver le château de Marcoucies, rebâti, dit-il, et rendu logeable. Le même château est pareillement figuré dans la Topographie de Zeiller publiée en 1655. Merc. de France, Juin 1742.
Anast. de Marc. p. 59 et suiv.

Topogr. de Cl. Chastillon, fol. 11.
Topog. de Zeiller, T. I.

Le Parc de Marcoucies contient 80 arpens; on y voit de fort beaux ormes. L'un des revenus de cette Terre consiste dans les deux étangs faits par Jean de Montaigu; l'un est de 90 arpens, l'autre de 120. Par la suite l'un des deux fut appelé l'Etang de Craon et l'autre l'Etang de Roucy, à cause des alliances de ces maisons. On les pêche tous les ans et leur produit est estimé chaque année 3000 livres.

Le Couvent des Célestins de Marcoucies est le monument le plus remarquable de la piété de Jean de Montaigu et de sa femme. Quoique Du Breul en rapporte fort au long l'origine, il a cependant omis certaines choses curieuses. Si on l'en croit, il y avoit sept forges continuellement occupées pour l'entretien des outils de ceux qui travaillerent à sa construction. Aussi fut-il bâti en trois ou quatre ans de temps. La premiere pierre de l'Eglise fut bénite et mise par Pierre de Fresnel, Evêque de Meaux, le 17 Février 1404, et elle fut dédiée le mardi d'après Pâques 1408, par Jean de Montaigu, Archevêque de Sens, frere du Fondateur, et les Religieux introduits ayant à leur tête Etienne de Coublanz pour Prieur en présence de Jean, Duc de Berry et de tout le Chapitre de Saint-Merry de Linas, qui continua d'y venir depuis en procession chaque année à pareil jour. Le Cloître, le Preau et le Chapitre furent bénis par Gérard de Montaigu, autre frere du Fondateur, alors Evêque de Poitiers, et depuis de Paris. Du Breul fait observer que ce Fondateur n'employa point pour doter cette maison les fonds de sa famille, mais uniquement des acquisitions qu'il avoit faites, entre autres la Terre d'Ozouer-le-Bougis qui est près de Chaumes en Brie. L'Acte de la fondation est du 21 Mai 1406. Entre les joyaux dont il enrichit la sacristie, Anast. p. 145.

on comptoit une image de S. Jean-Baptiste et une de S. Antoine, toutes d'or, qui pesoient 17 marcs, et les soupieds environ autant, une de Ste Anne, d'argent doré du poids de treize marcs ; mais le malheur qui arriva au Fondateur en 1409, obligea les Religieux et la famille même d'y avoir recours. La premiere fondation fut augmentée en 1505 et 1516 des libéralités de Louis de Graville et de Marie de Balzac, son épouse. Ils n'étoient d'abord que 13, selon l'amortissement de 36 livres de rente donné le 13 Septembre 1409.

Cette Eglise est de structure gothique sans croisée et sans qu'il y ait des Chapelles hors d'œuvre. La plus grande partie est de gray qui est la pierre du pays ; mais pour les ornemens de l'architecture, ceux des vitrages, etc., on employa d'autres pierres et même celles de liais. Le portail en est tout décoré. Comme elle est sous le titre de la Trinité, ce mystere y est représenté par une figure faite d'une seule pierre qui représente une espece de corps humain composé de trois corps qui a trois faces et plusieurs mains dont l'une tient le globe du monde, l'autre une croix et la troisiéme une colombe, espece d'emblême pour figurer au peuple l'Unité d'un Dieu en trois personnes. Au côté gauche de ce portail est la figure du Roi Charles VI et celle de Jean de Montaigu en robe longue ; au côté droit est représentée également en relief Jacqueline de la Grange, femme du Fondateur, avec une fille, ou plutôt la Reine Isabeau de Baviere, femme de Charles VI, avec Jacqueline de la Grange. Les peintures dont les vitrages étoient ornés n'ont subsisté que du côté du septentrion. C'est du même côté qu'il y a encore des Chapelles qui ne paroissent pas plus que dans l'Eglise des Chartreux de Paris. La devise du Fondateur qui est ILPADELT, est peinte partout et souvent partagée ainsi : IL PADELT, comme si c'étoient deux mots Du Breul rapporte qu'un Turc qui étoit à la suite de François I lorsqu'il vint à Marcoucies, décida que c'étoit du Syriaque, et que cela signifioit *Dieu est mon espérance*. Il y a même un manuscrit dans la Bibliothéque dans lequel on lit au feuillet 194 : *Il Padelt est nomen compositum græco scilicet et hebraïco, et significans* Spes mea Deus, *ut à quodam Turco in lingua hebrea, græca et latina docto cognovimus, qui baptizatus fuit et in servitio Regis Francisci receptus anno 1523*. On ajoute pour confirmation que ces trois mots *Spes mea Deus* se voyent encore au Château en quelques endroits. D'autres croyent que cela s'explique mieux en prenant chaque lettre pour l'initiale d'un mot. C'est Montaigu qui parle et qui dit : *Je l'ai promis à Dieu, et le tiens*. J'entends de lui ériger des Eglises et Chapelles et surtout le vœu qu'il avoit fait pendant la maladie de Charles VI de faire bâtir les Célestins. Une personne qui se dit de Bretagne, a fait mettre dans le Mercure de

France une lettre dans laquelle elle combat cette explication. L'Auteur prétend que cela veut dire *il durera*, à cause que *Padet* signifie en Bas-Breton le futur de durer. On peut lui objecter la réunion bizarre du mot breton avec l'article *Il*, et la superfluité de la lettre *L* dans *Padelt*, et qu'outre cela il y a plusieurs endroits au Château où les huit lettres ne sont aucunement séparées.

Mercure, Janv. 1743, p. 78.

Sur la porte du chœur étoit une grande et belle image de la Ste Vierge d'albâtre et au côté droit de la même entrée sont de petits tableaux du XV siécle qui représentent la Vie de S. Pierre Célestin, et qui paroissent fort bons. Le tout a été ôté en 1744, à l'occasion du grillage dont on a fermé le chœur, et des stalles neuves donton l'a orné.

Au milieu du chœur devant le sanctuaire est représenté Jean de Montaigu couché les pieds étendus vers l'autel. Cette statue ou mausolée n'a rien de magnifique, étant de simple pierre peinte et couverte de grilles. C'est là-dessous qu'il fut inhumé en 1412. Ce qui est notable dans l'inscription qui s'y voit en lettres gothiques minuscules sont ces expressions : *Lequel en haine des bons et loyaux services par lui faits au Roy et au Royaume fut par les rebelles ennemis du Roy injustement mis à mort à Paris*. Derriere le couronnement qui est sur sa tête sont ces deux vers :

Non vetuit servata Fides Regi Patriæque
Ne tandem injustè traderet ipse neci.

Et au-dessus est ce quatrain :

Pour ce qu'en paix tenois le Sang de France,
Et soulageois le Peuple de grevance,
Je souffris mort contre droit et Justice
Et sans raison : Dieu si m'en soit propice.

Proche la tête du même sépulcre et parmi le pavé est une pierre chargée d'une inscription aussi en gothique minuscule, pour indiquer que Gerard de Montaigu, Evêque de Paris, frere du Fondateur, est aussi là inhumé. Il mourut l'an 1420. Un peu plus en tirant vers l'occident se voit au-dessous du beau lutrin de cuivre la tombe d'airain de Marie de Balzac dont l'inscription est aussi en pareilles lettres gothiques, et marque qu'elle décéda au Château de Marcoussis, le 23 Mars 1503. Elle étoit la femme de Louis Malet de Graville, grand Amiral de France, Seigneur de Marcoucies, lequel lui survécut de treize ans. Elle augmenta le nombre des Célestins.

Dans l'une des Chapelles à gauche sont plusieurs tombeaux en marbre élevés sur des colonnes, sçavoir celui de Thomas de Balzac, Chevalier de l'Ordre du Roi, sieur de Montaigu, Châtres et la

Roüe et d'Anne Gaillard, sa femme, représentés à genoux, et celui de Charles de Balzac, leur fils, Evêque de Noyon, mort en 1627, qui laissa à ce Couvent sa Chapelle d'argent.

A côté de la sacristie est l'épitaphe de Henri Pot, premier Ecuyer tranchant et Porte-Cornette de Henri III et depuis de Henri-le-Grand, qui mourut de deux blessures qu'il avoit eues à la bataille d'Ivry. Près de là est aussi sur un arbre celle de Louis le Maistre, Seigneur de Bellejame, fils de Jérôme, décédé le 31 Août 1666.

Dans la nef sont les épitaphes de plusieurs de la famille des Viole du dernier siècle. On y voit aussi une tombe de cuivre dont l'inscription désigne un Officier nommé Raymond, décédé en l'année 1421. Le reste étant effacé.

L'Abbé Chastelain a écrit qu'il avoit vu en 1690 dans la Chapelle de Sainte Marguerite une épitaphe en vers françois plus curieuse que celles-là : c'est celle d'un Prieur de ce lieu nommé Pierre Julien, mort en 1540, où parce qu'il y est dit que la mort l'a frappé de son étrille, il est au bas de cette épitaphe représenté couché sur le dos en chasuble et aube parée de plages avec la mort debout qui tient une étrille, et lui étrille la tête.

Le trésor de cette Eglise conservé dans la sacristie étoit autrefois plus riche, ainsi qu'on a pu voir ci-dessus. Le reliquaire le plus remarquable après une Croix de pur or où il y a du bois de la vraie Croix, est un bras de vermeil qu'on dit renfermer un os du bras de Saint Joseph d'Arimathie ; ce qui est cause que les Religieux en célèbrent la Fête de rit double. Il y a aussi deux figures d'argent qui représentent Saint Pierre Célestin et le B. Pierre de Luxembourg avec des Reliques de chacun d'eux ; un Oratoire du Saint-Sacrement en forme de tambour qui est un cristal de roche ainsi taillé ; un vase de la hauteur d'un pied garni d'émail à l'extérieur, représentant des Bacchantes, et par le bas différentes autres figures, entre lesquelles est un homme qui a deux rayons sortans de sa tête et qui ressemble assez à Moïse frappant la mer Rouge.

Le Cloître de cette Maison est d'une grande étendue. L'Auteur de l'Anastase qui écrivoit il y a près de cent ans et qui vit la Bibliothéque, assure qu'il la trouva bien garnie. Il y vit une Chronologie peinte à fresques par ordre du Pere Voile Parisien. L'Histoire des Grands Officiers marque qu'on voit dans le chauffoir des Religieux le tableau d'Artus de Montauban, qui de Célestin fut fait par Louis XI Archevêque de Bordeaux vers l'an 1467, et mourut en 1478. Il étoit frere de Marie de Montauban, laquelle épousa Jean Malet de Graville, Seigneur de Marcoucies, dont elle eut Louis le Grand, Amiral, Seigneur de la même Terre après eux.

Hist. des Gr. Off. T. IV, p. 80.

Il y a dans le haut de la maison un petit logement qu'on appelle l'appartement du Fondateur où l'on dit que Jean de Montaigu venoit se retirer dans le temps des grandes Fêtes pour entendre l'Office, y ayant dans cet appartement une fenêtre qui donne sur le sanctuaire de l'Eglise.

Quoiqu'il paroisse que les Calvinistes n'ont pas vomi leur fureur sur l'Eglise des Célestins de Marcoucies, on ne peut nier cependant que leur Maison n'ait été fort endommagée par eux. Ces Religieux obtinrent en 1563 la permission de couper une haute futaye pour réparer leur Couvent ruiné durant les troubles, laquelle permission fut registrée le 10 Février de la même année. *Reg. Cons. Parl. T. XXXI.*

LES EVÉNEMENS arrivés à Marcoucies se réduisent à quelques siéges que le lieu a soutenus, quelques Traités de paix, à la résidence qu'y ont faite quelques-uns de nos Rois ou de Princes. *Monstrelet.* En 1417, Jean, Duc de Bourgogne, vint à Marcoucies avec ses troupes vers le mois d........... et s'en empara encore plus facilement de Montlhery.

Pierre de Bourbon, sieur de Preaux, [fut] créé alors Capitaine de Marcoucies par le Roi Charles VII. *Anast. p. 87 et 92.*

L'Auteur de l'Anastase écrit qu'en 1496 il y fut fait un Traité de Paix entre les ministres des Couronnes de France et d'Espagne, pour la liberté du Commerce, en confirmation du Traité de Senlis et de Barcelone de 1493. Blanchard paroit s'énoncer plus clairement dans ses Tables. Il articule un Traité entre Louis XII *Tables de Blanchard, p. 381.* d'une part et Ferdinand, Roi d'Aragon et Elisabeth, Reine de Castille, d'autre part, passé chez les Célestins de Marcoucis le 5 Août 1498. On a vu ci-dessus, que François I étoit venu à Marcoucis, et ce qu'il avoit dit au sujet de la mort de Jean de *Anast. p. 57.* Montaigu. En 1648 lors des troubles de la minorité de Louis XIV, les habitans de Montlhery, Linas, Châtres, Leuville, Dourdan, etc., vinrent se réfugier à Marcoucis. Je ne répéterai pas ici ce que j'ai dit au commencement de cet article sur les Princes de Condé et de Conti qui y furent renfermés au Château avec le Duc de Longueville l'an 1650 par ordre du Duc d'Orléans. J'ajouterai seulement que comme ce Château relevoit de lui en sa qualité de Comte de Montlhery qui étoit réuni à son apanage, on craignit qu'il ne se voulût rendre Maître de leurs personnes, et ils n'y resterent que trois mois.

Quoique Jean de Montaigu n'eût rien épargné pour illustrer Marcoucies, le commerce n'y étoit point encore sur un bon pied. Louis de Graville, Amiral de France, en étant devenu Seigneur, y fit établir un marché tous les Mercredis de l'année et deux foires tous les ans : la premiere le 22 Juillet, jour de Saint Vandrille, ancien Patron ; la seconde le dernier Novembre, par Lettres de Charles VIII données au mois de Décembre 1488 à Marcoucis même. Environ cent ans après son petit-fils François de Balzac en fit établir encore deux autres, sçavoir les jours de Saint Matthias et de Saint Barnabé. Il s'y déclare *Seigneur de la Magdelene lez Marcoucis bourg bien peuplé*. Les Lettres d'Henri III sont du mois de Mars 1588 à Paris. Aucune de ces Foires ne subsiste. La derniere qui a cessé est celle de la Saint André. Elle se tenoit encore il y a cinquante ans.

Les Fiefs, Hameaux et Ecarts qui font partie de la Paroisse ou de la Seigneurie de Marcoucies fournissent matiere à quelques Observations.

Hist. S. Mart. Camp. p. 312. Gall. Chr. vetus et nova, T. VII, Instrum. col. 49.

Il y a eu un Fief qui s'appelloit le Fief Episcopal. Cela se tire d'une charte de Girbert, Evêque de Paris, de l'an 1122, par laquelle il est dit qu'Ansold et sa femme Rotrude ont donné aux Clercs de Saint-Denis de la Chartre un arpent de terre du Fief Episcopal dans le Village appellé *Marescalceis,* et toute la dixme des cultures du même Village de Marcoucies et de celui de Nooreiz qui est Nozey, lesquels biens la même Eglise de Saint-Denis possédoit depuis long-temps. Cet acte fut muni du consentement de l'Archidiacre Henri et du Chapitre de Notre-Dame, à la priere de Robert, Doyen de Saint-Denis de la Chartre et des Chanoines de la même Eglise.

Anast. de Marc. p. 40.

L'Auteur de l'Anastase se contente de dire que la Paroisse de Marcoucies a été formée par l'union des Hameaux de Beauvais, du Guay, du Menil, du Housset, de la Magdelene et de plusieurs métairies : et que Jean de Montaigu pour former et donner de l'étendue à sa Seigneurie, acheta de quelques Gentilshommes peu accommodés des biens de la fortune les Hôtels de Fromels, de Lourmes, d'Andrezel, des Creneaux, des Picottes, de Hercepoix, de Chevanville, de Bellejambe. Il est besoin de développer cela un peu plus. Il paroit par un endroit du Cartulaire de Longpont que le bourg de Marcoucies étoit fort long au XII siécle, ou qu'il étoit composé de plusieurs bourgades. On y lit que Bertran prenant l'habit au Prieuré, donna un hôte *apud Marcocias in burgo medio.*

Chart. Longip. fol. 16.

J'ai déjà insinué ci-dessus que l'ancien nom de Fontenelles qui subsistoit encore au XII siécle dans la partie orientale du territoire de Marcoucies, fut éclipsé par un nommé Guillaume que les Religieux de Saint-Vandrille accommoderent d'une portion de leur terrain, ce qui y fit donner le nom de Guillerville (qui est quelquefois prononcé Guierville) et depuis le nom de Bellejambe. Ce Fief avoit eu dans ces temps reculés des Seigneurs du même nom. Le Registre de Philippe-Auguste met parmi les Feudataires de Montlhery vers l'an 1200 ou 1220 *W. de Guillervill*, et il y est déclaré homme du Roi pour le moulin de Basset : *Guill. de Guil-*

lervilla est homo Regis de Molendino de Basseto et de domo sua et debet custodiam duorum mensium apud Montem Lehericum.

La race masculine de ces Seigneurs étant éteinte, Isabelle, Dame de Guillerville, épousa l'an 1330 René d'Echainvilliers, Chevalier, d'une noble maison de Beausse, d'où sortirent entre autres enfans Jacques d'Echainvilliers aussi qualifié Chevalier l'an 1361, qui eut de Letice de Launoy sa femme, Pierre et Huet d'Echainvilliers qui étoient Seigneurs de Guillerville par indivis l'an 1506, à cause de leur ayeule Letice ou Liesse, Dame du même lieu. Huet vendit sa part à Jean de Montaigu l'an 1407 ; ce que fit Pierre peu de temps après : de sorte que Guillerville fut uni et annexé à la Seigneurie de Marcouci. Les actes portent que cette Seigneurie s'étendoit sur le Houssay et sur la Roche-Garnier même. Il y avoit anciennement une Maison Seigneuriale qui est tombée de vétusté. Le nom de Guillerville ne subsiste plus que dans un moulin qui dépend aujourd'hui de Bellejambe, autre lieu de la Paroisse de Marcouci, dont c'est ici la place de rapporter l'origine.

<small>Anast. p. 49.</small>

Il faut sçavoir que le fief de Bellejambe est situé proche l'Eglise de Longjumeau ; que les Seigneurs de ce fief, entre autres Guillaume de Bellejambe, ayant tenu en 1378 un quartier de la Seigneurie de Chevanville dans la vallée de Marcouci et contiguë à l'ancienne Seigneurie de Guillerville, il fut appellé le fief de Bellejambe. On voit par les Titres qu'Amanjeu de Garlande, Seigneur de la Roüe, donna depuis ce fief à Estienne Prevost à titre de chef-cens, et cela vers l'an 14…. Environ vingt-cinq ans après, Estienne disposa de ses biens en faveur des Célestins de Marcouci. L'Amiral de Graville étant Seigneur de la Roue retira cette Terre de Bellejambe par puissance de Fief et la donna pour récompense de services à Richard Hochet, l'un de ses Valets de Chambre : de la veuve et des héritiers duquel Claude le Maistre, fils de Geoffroi Prévot de Montlhery, acheta le lieu et manoir dit Bellejambe, clos de fossés en ruine avec les terres de la dépendance qui furent à Estienne Prevost. Mais comme il reconnut que son acquisition étoit mal fondée, parce que Richard Hochet étoit étranger et de pays inconnu, il fit intervenir Jacques le Maistre son frere qui étoit Procureur du Roi en la Chambre du Trésor qui fit saisir tout le bien de Hochet, et Pierre le Maistre Secrétaire du Roi aussi leur frere en eut le don de Sa Majesté. Ainsi les trois freres bien unis s'accommoderent de cette aubaine qui fait l'origine d'une des branches de la maison des Messieurs le Maistre, distinguée des autres par le nom de Bellejambe. Dans un aveu de François de Balzac, Chevalier des deux Ordres du Roi, Seigneur d'Entragues et de Marcouci, reçu en la Chambre des Comptes le 8 Juillet 1574, est porté que le Fief de Bellejambe assis dans la Seigneurie de

<small>Charte de Choisel Trés. des Ch. Reg. 114, pièce 138.</small>

Marcoucis est tenu par la veuve de Pierre le Maistre. Les habitans de la contrée disent que la maison Seigneuriale a été bâtie des démolitions du vieux Château de Montlhery que le Roi Henri IV accorda à Jerôme le Maistre, Conseiller au Parlement de Paris, sieur de Bellejambe. Ce dernier augmenta beaucoup le domaine de cette Seigneurie. C'est ce que fit aussi Louis le Maistre, Conseiller d'Etat ordinaire, son fils ; mais comme le nom de Bellejambe ne lui convenoit pas, parce qu'il avoit les jambes fort petites et menues, il prit des Lettres du Roi par lesquelles il lui fut permis de changer le nom de Bellejambe en celui de Bellejame, sans rien innover à la féodalité ni à l'hommage qui avoient été jusqu'alors. Si une partie de ce Fief avoit été sur la Paroisse de Montlhery, il cessa d'en être en 1660 quant au lieu de la Chapelle qui fut déclarée alors reconstruite avec le Château sur celle de Marcoucies. Bellejame appartient aujourd'hui à la Demoiselle le Maistre l'aînée, fille de feu M. le Maistre, Conseiller de grand' Chambre. L'enclos de Bellejame renferme un Fief nommé de la Flotte, dépendant de la Commanderie du Déluge. A côté du même enclos est une Chapelle de Sainte Catherine que peut-être le rolle des décimes a en vue, lorsque sous l'article des Chapelles du Doyenné de Montlhery il met : *La Chapelle de S. Nicolas et de Sainte Catherine dite de Jambeuse en l'Eglise de la Trinité de Montlhery* ?

Plus près de Marcouci est le hameau de Chevanville que l'on prononce Chouanville et qui est de la Paroisse de Marcouci, et qui avoit au XII siécle des Seigneurs nommés au Cartulaire de Longpont, tels que Raimbert et Geoffroi. Un peu après ceux-là vivoit Lisiard *de Chevanvilla* qui devoit la garde de deux mois à Montlhery, aussi-bien que la chevauchée, à cause de la maison qu'il avoit dans le même bourg ; Nicolas *de Chevanvilla* fut aussi écouté dans une Enquête du même temps sur Montlhery avec d'autres Seigneurs. Il ne paroît pas que le commencement du mot Chevanville ait pu être le nom d'un particulier transmis à la Terre. Il y a plus d'apparence que Chevannes et Cabanes signifiant l'habitation de pauvres gens, Chevanville a été l'abrégé de Chevannes-ville, *Cabannarum Villa*.

Chart. Longip. fol. 14 et 15.

Chart. Ph. Aug.

Ibid.

Dans la plaine qui est sur la montagne entre Châtres et Marcoucis, en approchant de la pente du côté de ce dernier lieu, vers la lisiere du bois est une ferme appartenante aux Célestins appelée FAY ou LE FAY, dénomination venue du mot *Fagus*. Ce lieu étoit un hameau dans le XII siécle. *Villa quæ vocatur Fais* est mentionné deux fois dans le Cartulaire de Longpont comme voisine de Fontenelles, c'est-à-dire d'une partie de Marcoucies : et plus loin, il est dit qu'un nommé Hugues de Champlant donna

Chart. Longip. fol. 18.

au Prieuré de Longpont la moitié de la dixme de ce lieu. Il n'en est plus parlé depuis ce temps-là, sinon dans un petit écrit composé par Simon de la Motte, Célestin de Marcoucis, décédé en 1682, dans lequel ce Religieux prétend qu'un petit souterrain qui s'y trouve dans leur ferme étoit un lieu où les anciens Druides faisoient des sacrifices. On y descend de la cour par dix ou douze marches. C'est une réunion de plusieurs petits caveaux voûtés et à plusieurs branches en forme de Croix de Lorraine, mais au coin de l'une des branches qui est à droite en entrant se trouve une profondeur en forme de puits placée au bout d'une espece de glacis. Il a cru que cela étoit fait pour évacuer le sang des victimes. Mais après l'examen de la situation de ce souterrain, il m'a paru que cela a été construit ainsi pour réfugier dans le temps des guerres ce qu'on pouvoit avoir de plus précieux à Marcoucis, d'autant plus que l'entrée en est très-facile à cacher en rendant le terrain de dessus de niveau avec la Cour. Le Long, Biblioth. Histor. num. 14588.

Au-dessus de Marcoucis est un lieu appellé Varilles par les uns, Vaularron ou Valaron par d'autres. Ce dernier nom que M. Lancelot a cru nouveau étoit usité dès le XI siécle pour signifier ce lieu. Erkembald *de Valaro* fut témoin dans un acte de Gui de Montlhery, Fondateur de Longpont. Dans un autre un peu plus nouveau on lit parmi les témoins *Erchambaldus Miles de Valarum*. Dans un troisiéme acte Ansold *de Valarone* se faisant Moine à Longpont au XII siécle, donne au Monastere toute la Terre qu'il avoit au Mesnil-Ansbert. Insensiblement on parvint à dire en latin *Vallis Latronis* pour signifier ce Fief. C'est ainsi que s'explique le Registre de Philippe-Auguste sur les droits de la Terre de Montlhery rédigé au plus tard vers 1220 : *Johannes Cornez debet custodiam duorum mensium apud Montem Lehericum pro Feodo Vallis Latronis*. Ce Fief appartint dans le XIV siécle à Jeanne de Champ et ensuite à Jean de Duyson ou de Duysan, Ecuyer, qui y avoit en 1380 son hôtel clos de fossés avec Justice moyenne et basse et quelques arriere-Fiefs. La fontaine voisine de cet hôtel forme un ruisseau qui se grossit par celui de Fougeart et autres. C'est de ses eaux qu'on a fait des étangs. Chart. Longip. fol. 9.

Ibid., fol. 28.

Ibid., fol. 45.

LA RONCE qui est au couchant du bourg de Marcouci a eu ses Seigneurs particuliers. Dans un Obituaire du Prieuré qui a plus de cinq cents ans se lit que Thomas de la Ronce, Chevalier, mourut le 19 Avril. L'Auteur de l'Anastase dit que Jeanne, Dame de la Ronce, mourut la veille de Noël 1287 selon le même Obituaire. Il y est aussi fait mention de Simon de la Ronce, pere de Perrin, Ecuyer, et de Berthe, sa femme, dans les Actes de 1298 et 1350. Cette Terre étoit unie et incorporée à celle de Marcouci quand Ferric Cassinel, Evêque d'Auxerre, la donna au sieur de Anast. p. 102.

Montaigu, son neveu. Ce Château s'appelloit l'Hôtel de la Ronce. Il n'y a plus qu'une ferme.

La Coûture Hercepost ou Hercepoist, ancien membre de Chevanville, est un Domaine de plusieurs terres labourables, qui appartenoient à Simon de Bellejambe, Ecuyer, pere de Guillaume, qui avoit succédé à la plupart des biens de ceux du nom de Hercepot et à ceux qui se nommoient de l'Echauville. Cette Seigneurie comprenoit aussi des prés et des aulnois vers la riviere dite Gadanine, et des bois assis à la Broce. Ce Guillaume de Bellejambe vendit une partie de ces terres, et l'Amiral de Graville acquit le reste du sieur du Coudray qui en étoit aussi Seigneur en partie. L'Auteur de l'Anastase croit qu'ils ne possédoient ces parts que du côté de leurs femmes issues des Anciens Seigneurs de Chevanville, qui avoient succédé à ceux du nom de Hercepot, ces maisons avec leurs biens étant fondues les unes dans les autres.

<small>Anast. p. 104.</small>

Le Hameau de Beauvais a été mal nommé Beauvert et Beauroy par plusieurs Cartes modernes. Celui du Houssay n'est plus qu'une maison bourgeoise appartenante à la Présidente de Bretonvilliers, et quelques maisons de paysans. Chenerond et Belebat sont pareillement des maisons bourgeoises.

<small>Anast. de Marc.</small>

L'Hôtel des Creneaux étoit possédé sous le regne de Charles VI par Galeran de Montigny, Huissier d'armes du Roi, qui le vendit l'an 1397 à Jean de Montaigu. Un titre de l'an 1350 marque que proche cet Hôtel étoit le Carrefour de l'Echelle. Ces sortes d'Echelles étoient des marques de Justice.

J'ai réservé pour le dernier le lieu dit *le Déluge,* parce qu'il a été démembré autrefois de Marcoucis dans le sens que les Commanderies sont détachées des Paroisses. Le nom du Déluge est connu depuis le XIII siécle. Un *Joannes de Dilugio,* Chevalier, vivoit en 1244. Un *Gaufridus de Diluvio* fonda au XIII siécle son Anniversaire dans le Prieuré de Saint-Eloy de Paris. Mais peut-être que l'un ou l'autre tiroit son nom d'une Forêt dite Déluge dans la Paroisse d'Hermeray, Diocése de Chartres proche Epernon, connue aussi par des Titres du XIII siécle.

<small>Gall. Chr. T.VII, col. 389. Necrol. MS. S. Elig.</small>

La fondation des Templiers au Déluge vient sans doute de quelqu'un de ces anciens Seigneurs. J'ai lu qu'en 1232 il y eut pardevant l'Evêque de Paris un accord entre le Maire du Déluge sur le droit qu'il avoit au trait des dixmes de Briis aussi-bien que le Chapelain du Plessis-lez-Bruyeres ; à l'égard du nom de ce lieu, il n'a pu lui être donné que par la raison des contraires, puisqu'il est situé sur une montagne entre Marcoucis et Janvris. On le trouve à demi-lieue de Marcoucis, après avoir traversé un bois situé sur le côteau, ensorte qu'il est à l'entrée de la plaine de Janvris. Sauval met ce lieu au nombre des Fermes dépendantes

<small>Tab. S. Maglor.</small>

<small>Ibid.</small>

de Saint-Jean de Latran de Paris, et dit qu'il y a Chapelle, Loge- *Antiq. de Paris,*
ment, Domaine, Bois, Terres avec toute Justice, et que de son *T. I, p. 613.*
temps cela étoit affermé quinze cents livres. En effet, Saint-Jean de
Latran en est qualifié Seigneur dans le Procès verbal de la Coutume de Paris de l'an 1580. La Chapelle, qui étoit grande, sert
aujourd'hui de grange, et l'on n'a réservé que la sacristie pour
servir de Chapelle où l'on célébre les Dimanches et Fêtes. On y
voit encore une tombe sur laquelle on croit appercevoir le nom de
Rogerius en gothique. Le Déluge forme un article dans les Rolles
de l'Election de Paris, quoiqu'il ne soit composé que d'un seul
feu. Il figure aussi dans le Dictionnaire Universel de la France
où il est marqué qu'il y a six habitans. Il paroît qu'autrefois c'étoit
le Synode qui y commettoit. J'ai trouvé dans un Recueil des
Synodes de Paris tenus sous l'Evêque Guillaume Chartier ces
mots à celui de 1461 : *Die V. Aprilis data est licentia D. Galtera
Civitayé ministrandi Sacramenta Ecclesiastica in proximis Festis
Personis commorantibus in Domo Hospitali S. Joannis Jerosoly-
mitani apud* Déluge.

L'Auteur de l'Anastase de Marcoucis a cru que Pierre Fresnel,
Evêque de Meaux, qui fit une partie de la bénédiction du Couvent
des Célestins, étoit natif ou originaire de ce lieu à cause de
l'ancien Hôtel de Fresnel qui y étoit alors. Mais je n'ose affirmer
ce fait. Un homme illustre qu'on ne peut refuser à Marcoucis est
Gabriel de Préau connu parmi les sçavans sous le nom de *Pra-
teolus*. M. de Launay en fait une honorable mention dans son *Hist. Col. Nav.*
Histoire du Collége de Navarre où il avoit étudié, et assure posi- *p. 757.*
tivement qu'il étoit né à Marcoucis de parens pauvres, mais pieux.
Il devint célébre par la connoissance qu'il eut des langues. On a de
lui plusieurs Ouvrages imprimés, Théologiques, Polémiques
depuis 1549 jusqu'en 1583, rapportés dans le même Auteur après
Duverdier. Il mourut à Péronne en 1588, et fut inhumé en l'Eglise *Ibid.*
de Saint-Sauveur dont il avoit été Curé. Je ne rapporterai point ici *p. 758 et 759.*
les illustres Célestins qui ont habité à Marcoucis, et qui peuvent
avoir composé quelques ouvrages, parce que ces Religieux n'en
étoient pas natifs et n'y avoient point de demeure fixe. Mais je ne
puis refuser place à Jean Raveneau, Religieux de Saint-Vandrille,
Prieur de Marcoucis. Il est Auteur d'une Chronique qui finit à *Cod. MS.*
l'an 1130, extraite de plusieurs autres. Il l'a composée en 1467 par *pergam. in Bibl.*
ordre de Jean de Brannetot, Abbé de Saint-Vandrille. *Fontanell.*

Un Adam de Marcoucis est mentionné au XIV ou XV siécle sur *Nouv. Traité de*
un sceau conservé à Saint-Germain-des-Prez. *Dipl.*
T. II, p. 681.

MONTFAUCON

ou

SAINT-JEAN DE MONTFAUCON <small>autrement</small> BEAUREGARD

Entre un grand nombre de hameaux qui composoient autrefois la Paroisse de Marcoucis, il en étoit un appellé Montfaucon situé sur le haut de la montagne au bas de laquelle commence le vallon de Marcoucis du côté du couchant d'été. On ignore si ce nom lui venoit du vol de quelque faucon, ou si ç'avoit été celui d'un Propriétaire de ce lieu, car le nom de *Falco* a été autrefois porté par quelques Seigneurs françois. Ce qui doit passer pour certain, est qu'il se trouve une Paroisse marquée en ce lieu dans le Pouillé et les Registres du XV siécle. On ne voit point qu'elle existât encore au XIII ; mais il y a lieu de croire que le démembrement se fit entre 1300 et 1400. On ne peut douter que ce n'ait été de Marcoucis que le détachement a été fait, puisque la nouvelle Cure prit pour son Patron S. Vandrille qui est celui de Marcoucis, le chef-lieu.

L'Abbaye de Fontenelles au Diocése de Rouen, dite aujourd'hui Saint-Vandrille, n'étoit pas cependant celle qui avoit des fonds à Montfaucon dans le XIII siécle; mais l'Abbaye du Vaux-de-Cernay, Gall.Chr.vetus, Ordre de Cîteaux. Il en est parlé sous le nom de *Mons Falconis* T. IV, p. 902. dans un Titre d'Amaury de Montfort, aussi bien que de Bruyeres, comme de deux lieux également compris dans l'étendue de la Forêt d'Iveline. Ce Titre est de l'an 1225. C'est aussi un fait certain que dès le siécle suivant, c'est-à-dire vers l'an 1320 ou 1330, il existoit dans ce lieu de Montfaucon une Seigneurie appellée Beauregard. Cette Seigneurie a été occasion au Village de changer de nom dans quelques Actes plus récens, surtout depuis qu'il a été rebâti; on croit que cette dénomination de Beauregard donnée à ce Château vient de ce que dans l'endroit élevé où il est bâti, la vue est très-belle.

Le Village est aussi en bon air et dans une situation dégagée de forêts. Le bien consiste en labourages. Sa distance de Paris est de six lieues, presque sur l'ancienne route de Chartres, à deux lieues par-delà Palaiseau. Il ne peut gueres y avoir que 20 ou 25 feux: les dénombremens ni le Dictionnaire Universel de la France ne sont point à consulter là-dessus, puisque cette Paroisse y a été oubliée, attendu que dans les rolles de l'Election elle est Notit. Gall. comprise sous la Paroisse d'Orcé. M. de Valois en parle, mais *p. 424.* il ne nous apprend rien.

L'Eglise ne ressemble qu'à une Chapelle par sa petitesse, et elle est assez récente. La statue de S. Vandrille, Abbé de Fontenelles, est à l'autel avec son nom comme étant l'ancien Patron. Le nouveau est Saint Jean-Baptiste. Ce qui fait que bien des gens, et surtout les géographes, appellent ce lieu *Saint Jean de Beauregard*. Ce n'est cependant point la construction de la nouvelle Eglise qui a fait changer le Patron; car dans la Carte du Diocése de Paris, publiée par Samson vers l'an 1620, cette Paroisse est désignée sous le nom de Saint-Jean de Montfaucon. On trouve dans un Registre de l'Officialité de Paris de l'an 1385, un Curé de *Montefalconis* appellé Jean Boileau, et dans le Registre Episcopal de 1552, le Curé de ce lieu fait Doyen Rural du canton. La nomination de la Cure avoit appartenu pleinement à l'Evêque de Paris suivant les Pouillés du XV et XVI siécle, et selon ceux de 1626 et 1648 : mais en 1678, la cession de ce droit fut faite à Pierre de la Mouche, Maître d'Hôtel ordinaire du Roi, Auditeur en la Chambre des Comptes, et à ses successeurs Seigneurs du lieu, à condition qu'il rebâtiroit l'Eglise et le clocher; et lorsque l'Archevêque de Paris eut appris par la visite que tout cela étoit fait et avoit coûté à ce Seigneur la somme de quatre mille cinq cents livres, il lui confirma le même droit de nomination le 24 Mars 1681. Ses armoiries (Trois Mouches) sont au-dessus de la porte et tout autour de cette Eglise, soutenue par une tour fort basse mais solide. *Arch. Ep. Par Reg. Arch. Par.*

Philippe de la Roche étoit, vers l'an 1330, Seigneur de Beauregard sur cette Paroisse, et de Maudestour qui n'en est pas loin. *Hist. de Montm. p. 654.*

Le sieur Dupoults, Avocat au Conseil, possédoit la même Terre de Beauregard dans le siécle dernier. Etant créature de Concini, Marquis d'Ancre, il se servit de la faveur de ce Maréchal pour construire en ce lieu le Château qu'on y voit sur l'éminence, lequel est mêlé de pierre et de brique et ne répond pas à l'attente des curieux. Il voulut en faire une maison de plaisance, mais il n'eut pas le moyen de l'achever. Il fut contraint de la vendre après la mort de son Patron. Depuis lequel temps elle a passé en différentes mains. *Anast. de Marc. p. 124.*

NOZAY et la VILLE-AU-BOIS

Aucommencement du XI siécle, le nom de cette Paroisse étoit écrit Noereiz. Il en est parlé dans une Charte de l'an 1122, par laquelle il est certain que plus de cent ans auparavant un Chevalier nommé Ansold, et Rotrude, son épouse, avoient donné aux

Chanoines de Saint-Denis de la Chartre, vers l'an 1010 ou 1015, ce qu'ils tenoient du Fief Episcopal, sçavoir la dixme des cultures de deux Villages, dont Nozay étoit l'un et Marcoucis l'autre : *quarum Villarum altera Marescalceis, altera vocatur Noereiz.* C'est ainsi que le nom de Nozay étoit écrit alors, et l'on voit que pendant les siécles suivans on continua d'employer toujours la lettre *r* dans ce nom, écrivant en latin *de Nooreio*, un peu après *de Nucereio* et *de Nucerio*; ensuite en françois Noroy qu'on a adouci dans les derniers siécles en Nozoy, puis en Nozay ou Nozé, ainsi que le marquent les Cartes gravées depuis cent ans. A l'aide de tout cela on entrevoit que le nom de ce lieu avoit été fondé sur ce que le territoire abondoit en noyers lorsque ce canton de la Forêt d'Iveline eut été défriché.

<small>*Hist. S. Mart. à Camp. p. 312.*</small>

On ne compte que cinq lieues et demie de Paris à Nozay. Au principal lieu du Village où est bâtie l'Eglise Paroissiale, on ne s'apperçoit pas du grand chemin de Paris à Orléans, parce qu'il est dans la plaine sur le haut de la montagne qu'on laisse à droite à l'approche de Montlhery, ensorte qu'en passant on ne voit de cette Paroisse que le gros hameau de la Ville-du-Bois qui est au bas de la montagne et à une légere distance de ce chemin. Dans la plaine d'en haut les labourages sont en beaucoup plus grand nombre que les vignes, et les terres d'une autre nature que du côté du hameau de la Ville-du-Bois, où le terrain est sablonneux et plus cultivé en vignes. Comme il y a trois Paroisses en France appellées Nozay, sçavoir une en Champagne et une en Bretagne, les Rolles de l'Election ont distingué celui-ci en l'appellant Nozay-la-Ville-du-Bois; mais les Pouillés de Paris marquent simplement Nozay ; il n'y a que ceux de 1648 et 1692 qui mettent Nozay et la Ville-du-Bois, son secours, ou bien son annexe. Le dénombrement de l'Election de Paris imprimé en 1709, marque qu'il y avoit alors en toute l'étendue de la Paroisse de Nozay 126 feux. Je n'ai pas trouvé cette Paroisse dans le dénombrement imprimé par le sieur Doisy en 1745 ; mais il ne faut gueres moins compter aujourd'hui que 140 à 150 feux, en comprenant la Paroisse entiere. Le Dictionnaire Universel, publié en 1726, réduisoit le tout à 431 habitans.

L'Eglise Paroissiale est sous l'invocation de Saint Germain, Evêque d'Auxerre. Le bâtiment ne paroît avoir que deux cents ans. Il est sans aîles. Le chœur est voûté. La Dédicace en a été faite le 25 Juin, auquel jour les habitans devoient la fêter, même ceux de la Ville-du-Bois. Quoique le jour en soit connu, elle a été remise par un ancien Curé au mois d'Octobre. Le Dimanche d'après le 25 Juin eût pu convenir mieux que le Dimanche d'après l'Octave de Saint Denis. On ne voit aucunes tombes ni épitaphes dans cette Eglise, ce qui en dénote encore la nouveauté. Il est bon d'avertir ici la postérité de ne se pas tromper aux Images des Saints représentés au Tabernacle. Si on y voit Saint Leu et Saint Gilles représentés, c'est qu'il avoit auparavant servi à une Eglise du voisinage qui a ces deux Saints pour Patrons. Le Curé de cette Paroisse ne réside point à Nozay. C'est son Vicaire qui y demeure. La plus grande proximité des commodités de la vie a engagé les Curés de Nozay à faire leur résidence à la Ville-du-Bois. La nomination à cette Cure appartient au Prieur de Longpont. Elle lui fut confirmée l'an 1151 avec les autres biens de ce Prieuré, par la Bulle d'Eugene III, qui porte ces mots : *Ecclesiam de Nooreïo cum Decima.* C'étoit apparemment Thibaud, Evêque de Paris, auparavant Prieur de Saint-Martin-des-Champs, qui venoit de la leur donner. Il étoit Evêque de Paris, dès l'an 1143. Le Pouillé de Paris, écrit au XIII siécle, la met pareillement au nombre de celles auxquelles nomme le Prieur de Longpont sous le nom de *Nooreium*. Les Pouillés subséquens qui s'accordent sur ce point défigurent étrangement le nom de ce lieu. Celui du XVI siécle met *de Nerio*. Celui de 1626 *de Nogeyo,* et en françois *de Nogen.* Gall. Chr. nova, T. VII, col. 556.

On a déja vu à la tête de cet article que dès le commencement du XI siécle, le Prieuré de Saint-Martin-des-Champs avoit eu une partie des dixmes de Nozay en vertu de la donation du Chevalier Ansold et de Rotrude, sa femme. Girbert, Evêque de Paris, certifia cette donation par ses Lettres de l'an 1122, et Thibaud, l'un de ses successeurs, lui en confirma la jouissance vers l'an 1150, marquant dans sa Charte, *et quod habent in Decima de Noorio*. Thibaud, Prieur de Longpont, qui vivoit en même temps que l'Evêque de ce nom, procura à son Monastere une autre portion des Dixmes de Nozay, *de Nooreio*, de l'avis du même Prélat. Il l'acheta vingt et une livres parisis de Burchard de Chailly, ce qui fut consenti par Milon de Marcoucis, du fief duquel ces Dixmes relevoient. Ansold, fils de Lisiard, avoit aussi un droit dans la Dixme de Nozay. Il s'en désaisit pareillement en faveur de Longpont et fit plus, car il accorda encore aux Religieux une place proche l'Eglise de Nozay, afin qu'on y bâtit une grange pour renfermer les Dixmes de ce lieu. Renaud, surnommé Cornut, se faisant Moine à Longpont, y fit présent de la dixme de la Vallée qui est au-dessous du chemin qui vient de Nozay au Bois-Guy-d'Anjou. Ce fait est aussi du temps du Prieur Thibaud, c'est-à-dire d'un peu après le milieu du XII siécle. Ibid. T. VII, Instr. col. 49. Hist. S. Mart. p. 312. Ibid., p. 186. Chart. Longip. fol. 46. Ibid. Ibid., fol. 49.

Dans le nombre des Seigneurs de Nozay, il ne s'est trouvé que ceux qui suivent : Odeline de Nozay *de Nucerio* est dite vassale du Roi Philippe-Auguste d'un fief qu'un autre tenoit d'elle à Rotul. Feudor Mont. Leherici.

Boissy. Un nommé de ......ville, Ecuyer, Seigneur de Noroy, est mentionné comme Epoux de Jeanne Johannis, inhumée en 1355 à Saint-Germain de Châtres, ainsi que la tombe en fait foi. Pierre de Dormans qui avoit épousé Marguerite de Loan, est dit Seigneur de Nozay vers 1370 ; mais il n'est pas certain que ç'ait été de ce Nozay-ci. Dans le siécle suivant, les Bochart posséderent cette Terre, sçavoir Guillaume Bochart, Gentilhomme servant du Roi Charles VII, puis Jean Bochart, son fils, Conseiller au Parlement en 1490. L'Amiral Louis de Graville qui mourut en son Château de Marcoucis en 1516, avoit apparemment succédé aux Bochart. Sa fille Jeanne Malet porta la Terre de Nozay avec Marcoucis, et d'autres en mariage à René d'Illiers : elle mourut sans enfants en 1540. Depuis ce temps-là, cette Terre fut possédée par les Seigneurs de Marcoucis, ses collatéraux, qui étoient de la Maison d'Entragues, dont l'héritiere nommée Melle d'Illiers a épousé de nos jours M. le Marquis de Rieux, Lieutenant-Général des Armées du Roi.

Hist. des Gr.Off. T. VII, p. 870.

La Ville-du-Bois fait partie de la Paroisse de Nosay. Ce lieu est devenu beaucoup plus considérable en habitans que tout le reste de la Paroisse. Le voisinage du grand chemin de Paris à Orléans en peut être la cause, aussi bien que la facilité d'avoir de l'eau. Ce hameau est situé dans une espece d'enfoncement proche d'un petit bois qui domine au-dessus et qui lui donne le nom ; en sorte qu'à la lettre suivant le bas latin, on doit dire *Villa Bosci*, et nullement *Villa sylvæ*, ni *Villa Nemoris* ou *Villa Saltus*. On traverse ce bois en montant pour aller à l'Eglise Paroissiale. Le bas de ce côteau est sablonneux ; on y voit beaucoup de vignes. L'Eglise succursale qu'on y a bâtie ne paroît gueres avoir que cent cinquante ou deux cents ans. Ce n'étoit d'abord qu'une petite Chapelle de S. Fiacre, mais elle fut augmentée vers l'an 1548 ; en sorte que, le 16 Août 1549, Charles Boucher, Evêque de Mégare, fut commis pour bénir cette augmentation avec la Terre d'alentour, et l'autel qui y étoit construit. Dix ans après, il fut permis par l'Evêque d'y ériger une Confrérie de Saint Vincent ; et, en 1503, Pierre, Evêque *Ronanensis*, y bénit un cimetiere. En 1601, Louis de Godebert, Vicaire-Général de Paris, permit aux habitans d'y en ériger une autre en l'honneur de Saint Fiacre, accordant quarante Jours d'Indulgences à ceux qui visiteront cette Eglise durant l'Octave. Le bâtiment est à présent tellement accru qu'il est accompagné d'une aîle du côté du septentrion. On y a placé des grillages qui peuvent avoir cinq ou six cents ans et qui sans doute viennent d'ailleurs, étant semblables à ceux de sanctuaire et rond-point de l'Abbaye de Saint-Denis. On lit à côté gauche du chœur une inscription sur la pierre attachée à un pilier qui marque que

Reg. Ep. Par. 26 Aug. 1559, 7 Apr. 1549, 1563, 21 Mart. et 15 Aug. 1601.

l'an 1629, Jacques Thiercelin, Curé de Nozet et la Ville-du-Bois, obtint de Pierre le Roy, Sous-Prieur de Saint-Eloy des Jumeaux, une Relique de Saint Fiacre, aux conditions portées par l'Acte passé chez Bigot, Notaire à Longjumeau, le .... Août de la même année. Cette Relique consiste en un morceau de la mâchoire de ce Saint, que les Chanoines Réguliers du Prieuré de Saint-Eloi de Chilly avoient obtenu de Meaux. Il fut enfermé, l'an 1732, dans une très grande châsse de cuivre doré du prix de cinq cents livres, faite par Lavache à Paris. Mais quoique ce saint Solitaire soit le Patron de ce lieu en particulier, les habitants de cette succursale n'ont point perdu de vue la dévotion de leurs pères envers Saint Germain, Patron de l'Eglise matrice. Ils sont obligés d'y venir en Procession et de fêter sa Fête du 31 Juillet, sous peine de dix livres d'amende par chaque feu.

On trouve dans les Mémoires de la Fondation des Chapelles de Notre-Dame de Paris, que Jean de Forgettes, Archidiacre de Brie, en cette Eglise y fondant au   siècle l'une des Chapelles du Titre de la Décollation de Saint Jean-Baptiste, assigna pour cela entre autres revenus, la somme de vingt-quatre sols sis à la Ville-du-Bois. C'est le seul titre ancien où j'aye trouvé mention de ce lieu, à moins qu'on y joigne l'endroit du Cartulaire de Longpont, qui parle d'une Vallée voisine de Nozay, et d'un Bois dit *Boscum Guidonis Andegavensis*. Cet Acte est de six cents ans. Le 5 Juillet 1675, le Parlement de Paris enregistra des Lettres-Patentes en faveur de Louis Dreux du Gué, Seigneur de Bagnols, Conseiller au même Parlement, lesquelles portoient établissement en la Ville-du-Bois de quatre Foires par an, et d'un marché de bled et de toile. *Collect. MS. Gerar. du Bois, T. V, ad calc.* *Chart. Longip. fol. 46.*

La grosseur du hameau de la Ville-du-Bois m'a engagé à le mettre le premier de ceux de la Paroisse de Nozay dont j'ai quelque chose à dire. Naturellement j'aurois dû commencer par Villarceau qui est le plus ancien de tous, si même il ne surpasse pas Nozay en ancienneté. Le Roi Pépin assignant en 768 à l'Abbaye de Saint-Denis en vue de la sépulture qu'il y choisissoit, ce qui lui restoit de la vaste Forêt d'Iveline, laquelle avançoit alors jusqu'à la riviere d'Orge en tirant vers Corbeil, après y avoir nommé le haut de Briis (*Ad Summum Brachium*), ajoute : *et in Villarcellum mansum unum, in Brogarias mansum unum, et Aërico monte cum integritate*. Villarceau nommé comme voisin de Briis, de Brieres et de Montlhery, ne peut être certainement que celui-ci. On n'en trouve point d'autre dans toute l'ancienne étendue de cette Forêt. Ce nom reparoit au XII siécle à l'occasion de quelques donations faites au Prieuré de Longpont. Gautier, Prêtre, donne à ce Monastere une vigne *in Villa quæ vocatur* *Félibien, Hist. S. Den. Pr. XLV.* *Chart. Longip. fol. 19.*

Chart. Longip. *fol. 22.* Perm. de Chap. dom. 13 Nov.

Villarcel. Roger, surnommé le Payen de Moressart, fit présent à la même Communauté d'un hôte *apud Villarcel.* En 1640, Villarceau appartenoit à Noble Louis de Louvain, ensuite à ses descendans; il est maintenant à Monsieur le Duc de Brissac.

Le nom de Villiers est très-commun; il y en a un dans la Paroisse de Nozay que les Titres du XII siécle appellent *Vilers supra Nooreium.* Robert, surnommé *Paganus* de la Porte, y jouis-

Chart. Longip. *fol. 16.*

soit vers l'an 1100 d'une dixme de toutes choses généralement, soit en grains soit en bestiaux. Mais il en gratifia le Prieuré de Longpont, et pour marque qu'il en investissoit le Prieur Henri, il lui envoya le bâton qui servoit à le soutenir. Henri étoit Prieur dès

Ibid., fol. 46.

l'an 1086. Le même Robert avoit vendu à Ansold, fils de Lisiard, un labourage qu'il avoit au même lieu de Villiers : Ansold le donna

Ibid.

pareillement à ce Monastere. Adam de Milly qui y avoit des terres labourables et un bois, en fit aussi présent à ce Couvent. C'est par le moyen de ces Actes que nous connoissons l'antiquité de ces lieux, tout peu considérables qu'ils sont. Sous le regne de Philippe-Auguste deux Chevaliers étoient Hommes liges du Roi pour la

Rotul. Feud. *Mont. Leherici.*

Terre de Villers-sur-Nozay : *Radulfus Miles de Gornaïo tenet Villare supra Nooreium de Rege. Galerannus Li Viautres est Homo Regis, et debet custodiam duorum mensium ad Montem Lehericum pro Terra de Vilers supra Nucereium.*

Il y a encore Lunezy qui est un écart de la Paroisse de Nozay. M. le Roy, Gentilhomme Allemand, jouit de ce Domaine. Il appar-

Perm. de Chap. dom.

tenoit en 1637 à Noble Philbert Michel, et en 1697 à M. Charpentier, Secrétaire du Roi.

VILLEJUST

Comme nous n'avons rien qui fasse mention de Villejust avant le XII siécle, et que dans le même siécle l'un des deux Titres qui en parle, l'appelle en latin *Villa Juste* et l'autre *Villa Juxta,* nous ne sçavons que croire sur son véritable nom. Il est peut-être plus à propos de laisser au Lecteur la liberté de choisir sur l'étymologie quand il aura lu le peu qu'on a à dire de ce lieu, plutôt que d'en vouloir décider.

Cette Paroisse est à cinq lieues de Paris à gauche de la route de Chartres, une lieue par-delà Palaiseau. En approchant de ce Village, on trouve du côté de Paris une montagne assez roide, vers le haut de laquelle sont les vignes du lieu qui sont exposées au levant et produisent du bon vin blanc; après quoi on se trouve dans la plaine de labourages dans laquelle est bâti le Village, dont le territoire ne laisse pas d'être garni de vergers avec grande quantité de pommiers. De l'endroit où sont les vignes la vue est charmante vers Palaiseau, Longjumeau, Juvisy ; on apperçoit même des pays par-delà Paris.

Il est d'usage dans les livres de l'Election de Paris de ne pas nommer Villejust sans lui joindre son principal hameau qui est Fretay que quelques Auteurs de Cartes écrivent Ferté, et d'autres encore plus mal la Ferté. Le dénombrement imprimé en 1709 met en ces deux lieux ensemble 32 feux; celui par le sieur Doisy y en marque 50. Le Dictionnaire Universel des Villages de France y comptoit en tout 230 habitans. Il faut y comprendre aussi un autre écart appellé la Poitevine, situé entre Villejust et Fretay.

L'Eglise est un bâtiment imparfait qui n'a qu'une aile ; le chœur est voûté. Cet édifice ne paroît avoir que deux à trois cents ans. Saint Julien, Martyr de Brioude, en est Patron ; ce qui pourroit faire croire que Villejust est l'abrégé de Ville-Julien, si ce n'étoit que dans la Bulle d'Urbain III qui confirme cette Eglise à l'Abbaye de Saint-Florent de Saumur, elle est appellée *Capella* *Sancti Juliani de Villa Juxta.* Il fut permis le 31 Mai 1556 d'en faire faire la Dédicace et la Bénédiction de quatre Autels par Charles, Evêque de Mégare, qui devoit en fixer l'Anniversaire au Dimanche d'avant la Saint-Jean. On y voit devant la porte du chœur sur une tombe l'épitaphe de Noble Dame........ épouse de Chainemelun, Sieur de Cluniairencourt, décédée en 1533. Le Pouillé Parisien du XIII siécle marque la Cure de *Villajusta* à la nomination de l'Abbé de Saint-Florent de Saumur. Tous les autres rédigés depuis s'accordent à la dire à la nomination du Prieur de Saux, lequel comme on sçait est membre de Saint-Florent. *Reg. Ep. Paris.*

On conserve dans le Cartulaire de Longpont le souvenir d'une Dame très-ancienne appellée Odeline, laquelle se faisant inhumer dans ce Monastere y donna tout ce qu'elle avoit à Villejust, soit en terre soit en bois, du consentement d'Eremburge, sa fille. Ceci arriva avant l'an 1200. Une Légende de Saint Landry, Evêque de Paris, composée vers le même temps, rapporte parmi les Miracles de ce Saint nouvellement élevé de terre, celui qui arriva sur un Paralytique nommé Odon, qualifié *Armiger de Villajusta.* Sous Philippe-Auguste, le principal Seigneur Homme lige du Roi pour Villejust, étoit Garin de Ver, qui avoit donné en Fief à Thibaud Cocherel, et en arriere-Fief à Guillaume de Villejust ce qu'il tenoit du Roi en ce lieu. Dans l'avant-dernier siécle Thomas de Balzac, Chevalier des Ordres du Roi, comparut à la Coûtume de Paris de l'an 1580 comme Seigneur de Villejust. Dans le *Chart. Longip. fol. 38.* *Dissert. sur l'Hist. de Paris, T. II, p. 80, an. 1741.* *Rolle des Fiefs de Montlhery.*

dernier siécle cette Terre a appartenu au Sieur de Champy, Intendant de Brest. Elle appartient maintenant à M. de Jolibois, Fourrier-Maréchal des Logis, lequel n'y a point de Château. J'ai aussi lu que M. de Louvain, Officier chez le Roi, a été Seigneur et qu'elle est aujourd'hui à M. le Duc de Brissac comme Seigneur de Villarceau, qui est en partie de Nozay.

Necr. Eccl. Par. 20 Febr.

Celui qui se chargea au XIV siécle d'exécuter les intentions de Renaud de Bussiere, Chanoine de Paris, acheta huit livres de rente annuelle *apud Villam justam*.

Notit. Gall. p. 436, col. 1.

M. de Valois donne une raison du nom de *Villa justa*. Il dit que ce Village fut ainsi nommé parce que rien n'y manque, et qu'il est pourvu de tout ce qu'il lui faut : que c'est ce que signifie l'adjectif *justa;* de même que les anciens ont appellé *justum Exercitum* des Troupes qui sont munies d'armes, chevaux, et de ce qui est nécessaire à leur état.

Ce que j'ai à observer sur la Poitevine, écart de cette Paroisse, sera peut-être plus plausible. Je pense que ce nom a été donné à ce lieu, parce qu'il appartenoit dès le VIII siécle à l'Eglise Cathédrale de Poitiers. Le Roi Pépin donnant en 768 à l'Abbaye de Saint-Denis toute la Forêt d'Iveline qui s'étendoit alors jusqu'à Montlhery, et qui renfermoit nommément les lieux de Briis, Bruyeres et celui de Villarceaux selon la Charte de sa donation, dit qu'il excepte de cette donation générale ce qui dans cette Forêt appartient à plusieurs autres Eglises, entre autres à celle de Saint-Pierre de Poitiers. Ainsi, comme la Poitevine touche à Villarceaux, on est assez fondé à croire qu'elle étoit ce bien de l'Eglise de Poitiers que Pépin avoit intention d'excepter.

LA FRETE est aussi un hameau de Villejust peu éloigné de la Poitevine, et ayant quelques maisons de plus.

SAUX

Gesta Dagob. num. 37. Bouquet, T. II, p. 590.

Dès le temps du Roi Dagobert premier du nom, il y avoit dans le pays de Paris une Terre appellée en latin *Salix*, qui se rend naturellement en françois par Saux. La quantité de Saules qu'on y voyoit dans les cantons bas avoit occasionné ce nom. Ce Roi la donna avec d'autres à l'Abbaye de Saint-Denis : mais comme les guerres du VIII et du IX siécles obligerent quelquefois les Eglises à se défaire de certaines Terres ou bien à en faire des échanges, le Monastere de Saint-Denis fut dans ce cas comme les autres. De sorte que dans le XI siécle la Terre de Saux étant possédée par quelque pieux et riche Seigneur, il eut la dévotion d'y fonder un Monastere. Ce Seigneur étoit selon les apparences allié aux Seigneurs de Montmorency, dont on sçait que le goût fut d'attirer dans le Diocése de Paris des Moines de l'Abbaye de Saint-Florent de Saumur en Anjou. L'un d'eux avoit commencé par la fondation du Prieuré de Dueil, laquelle fut faite vers l'an 1072. Comme ces Religieux de Saint-Florent édifierent beaucoup le voisinage de Paris, le petit Monastere de Saux leur fut aussi destiné environ l'an 1100. On n'en peut fixer la fondation gueres plus tard, puisque ce Prieuré est marqué parmi les biens que le Pape Calixte II confirma à cette Abbaye l'an 1122. On lit dans sa Bulle *Ecclesiam Sanctæ Mariæ de Saʒio*, le mot *Saʒium* visiblement fabriqué sur le françois qui étoit écrit Saux. Celle d'Urbain III qui est de l'an 1186 exprime aussi l'Eglise de Notre-Dame de Saux, mais sous un autre nom latin, et lui associe la Chapelle de Saint Julien de Villejust. Les termes de cette Bulle que j'ai tirés d'une Histoire manuscrite de Saint-Florent de Saumur : *Ecclesiam Sanctæ Mariæ de Psallis cum Capella Sancti Juliani de Villa juxta*. Celui qui écrivit le Pouillé au XIII siécle aima mieux écrire le nom de ce Village en françois que de le latiniser. Il mit *Ecclesia* de Saud.

Quoique nous ignorions quel fut l'Evêque de Paris qui avoit accordé cette Eglise aux Moines de Saint-Florent, et que nous sçachions que ce fut Guillaume I, ou Galon, ou Girbert, il n'en est pas moins certain que le lieu existoit et étoit habité avant qu'il y eût des Religieux.

Sa distance de Paris est de quatre lieues, à la droite du grand chemin de cette Ville à Orléans, et aussi à une légere distance du rivage droit de la petite riviere d'Ivette, laquelle sert à humecter le bas des côteaux de ce lieu du côté du septentrion. Longjumeau en est tout proche, et Palaiseau n'en est qu'à une lieue. Les côteaux et vallons y sont agréablement diversifiés en vignes, labourages et arbres fruitiers, surtout des pommiers, sans trop d'aridité de terrain, puisque sur certains côteaux s'apperçoivent des sources, et que les peupliers s'y entretiennent bien. Le dénombrement de l'Election de Paris qui fut imprimé en 1709 fait foi qu'il y avoit alors 139 feux. Le sieur Doisy qui en a publié un nouveau en 1745 y en marque 152. Le Dictionnaire géographique Universel de la France, qui évalue ordinairement trois habitans ou personnes par feu, n'y compte que 190 habitans : mais il y a quelque faute de chiffre dans ce livre imprimé en 1726.

L'Eglise de ce lieu qui est du Titre de la Sainte Vierge, ainsi qu'il a été insinué ci-dessus par le texte de deux Bulles du XII siécle, est un édifice assez régulier pour la campagne, ayant de chaque côté une aîle d'égale longueur et largeur, et étant toute voutée. Les piliers du chœur qui sont fort massifs, paroissent être tels qu'on les bâtissoit au XII siécle. Ainsi on peut dire que cette Eglise est (au moins en partie) du temps que les Moines de Saint-Florent étoient nouvellement arrivés à Saux. Cet édifice est supporté du côté du midi par une grosse tour qui à l'extérieur ne paroît pas ancienne. On voit au fond de l'aîle gauche de cette Eglise un autel qui a pour rétable un tableau où Saint Hugues de Grenoble et Saint Louis sont représentés. Il est visible que c'est un présent des Chartreux de Paris, soit du temps, qu'ils étoient seulement Seigneurs de ce Village, soit depuis qu'ils sont aussi possesseurs du Prieuré.

La Cure est marquée à la présentation de l'Abbé de Saint-Florent dans le Pouillé de Paris écrit au XIII siécle. Ceux des années 1626, 1648, 1692, en donnent la nomination au Prieur du lieu, c'est-à-dire de Saux même. Ainsi elle est dévolue à ceux qui le représentent aujourd'hui. On trouve qu'en 1222 on songea à asseoir quatre livres de rente sur la dixme de Saux, pour mettre à exécution la fondation que Jourdain, Curé de Leudeville, avoit laissé à faire d'un Chanoine de plus dans l'Eglise de Saint-Etienne-des-Grez.

<small>Félibien, Hist. de Paris, T. III, p. 43.</small>

Les Seigneurs de Saux, qui sont connus avant que les Chartreux de Paris le fussent devenus, sont un *Gerardus de Sauz* mentionné avec Milon de Châtres dans des actes de la fin du XI siécle ou du commencement du suivant. Il est aussi appelé *Giroldus de Salicibus*. Sous Philippe-Auguste cette Terre appartenoit à plusieurs Seigneurs. Dans le rolle de ceux qui lui doivent hommage lige par rapport à Montlhery, est compris Robert de Varennes pour ce qu'il possédoit *ad Salices*, aussi-bien que Gui de Vaugrigneuse. En 1215 F. de Palaiseau, Chevalier, y avoit une prétention de Censives. En 1259 une Dame nommée Alips qui vendit au Chapitre de Paris ce qu'elle avoit à Erblay, étoit qualifiée *Domina de Salicibus*.

<small>Chart. Longip fol. 11.</small>

<small>Ibid., fol. 22.</small>

<small>Hist. MS. S. Flor. Salic.</small>

<small>Magn. Pastor.</small>

Ce fut dans ce siécle que les Chartreux nouvellement établis à Paris devinrent Seigneurs de Saux. Ils y firent aussi-tôt des acquisitions : d'abord de la dixme de bled avec une partie de Fief en 1264. Ensuite Maître André de Tarente leur ayant légué une somme considérable, ils en employerent cent dix livres à l'achat de la dixme de vin que Guillaume de Vaugrigneuse leur vendit en 1265 ; Saint Louis leur en accorda l'amortissement. Vingt ans après ils y acheterent de Jean *de Glesiis* et d'Isabelle sa femme, le Four bannal que le Roi Philippe-le-Bel dit dans ses Lettres de l'an 1289 être mouvant de son Fief. Jean Boileau, Vicaire de l'Eglise de Paris, leur donna un arpent de terre qui y étoit. Il

<small>Necrol. Cartus. Paris. lat. et gall. 8 Jan.</small>

<small>Sauval, T. I, p. 426.</small>

<small>Necrol. Cartus. 26 Junii.</small>

mourut en 1304, et fut inhumé dans leur Cloître près la cellule marquée D. En 1336 Jean de Montsablon, Clerc de Maître Gerard de Montaigu et son Exécuteur Testamentaire, leur donna des prez situés à Saux. Ce fut pareillement à Saux qu'étoient assises les quinze livres qu'André de Florence, Clerc de Charles-le-Bel, puis Evêque d'Arras et ensuite de Tournay, leur donna pour la fondation de la Chapelle de Saint André qui fut faite en 1337. Jean de Vernon, Secrétaire du Roi, mort en 1376, leur donna entre autres choses vingt-quatre sols de rente à Saux. Maître Jean de Boischâteau décédé vers l'an 1515, leur fit présent de vingt-quatre livres de rente assises au même lieu. Vers 1560 Adam de Viviers, Curé de Longjumeau, les gratifia de douze arpens de terre situés au même Village. Ces Religieux avoient déja des biens situés au territoire de Saux, par donation de Pierre Loisel, Cordonnier de Paris, qui n'avoit point d'enfans. Une partie de ses legs ayant été employée à bâtir leur Chapitre, il y reçut avec sa femme une honorable sépulture. Les Religieuses du Val-de-Grace proche Bievre avoient un droit dans les dixmes de Saulx, mais les Chartreux traiterent avec elles en 1542. Ils convinrent de leur payer sur ces dixmes chaque année une redevance de bled, et une seule fois la somme de cinquante pieces d'or.
Necrol. Cartus. 2 Junii.
Ibid., 10 Oct.
Ibid., 21 Mart.
Ibid., 18 Julii.
Ibid., 19 Sept.
Reg. Ep. Paris. 9 Aug. 1542.

Les Religieux de Saint-Florent ayant érigé un Prieuré à Saux y jouirent pareillement de plusieurs droits et de plusieurs biens. Ils furent dans la suite attaqués par F. de Palaiseau, mais ce Chevalier et Marie, sa femme, reconnurent en 1215 le droit de censive des Religieux sur trois maisons qui avoient souffert de la difficulté. Ce fut Pierre, Evêque de Paris, qui les accorda et qui en donna acte. Ce Prieuré avoit alors des revenus sur le territoire de Longjumeau. L'Abbaye de Sainte-Geneviéve payoit au Prieur deux deniers de rente pour un demi-arpent de pré qu'elle y possédoit. Ce Prieuré est nommé le premier de ceux du Doyenné de Macy dans le Catalogue des Prieurés du Diocése de Paris dressé vers 1270 par rang de Doyennés Monastiques. Le Prieur paya en 1291 à l'Eglise de Notre-Dame de Paris le pigment dû au jour de l'Assomption par tous les Prieurs du canton qu'on appelle aujourd'hui le Doyenné de Châteaufort. Il réitéra le même payement en 1307. Sa taxe pour le droit de Procuration Episcopale en 1384 étoit de trois livres dix sols comme celle des autres Prieurs. Frere Pierre Pinan visitant ce Prieuré en 1495 par commission de Louis de Bellay, Abbé de Saint-Florent, trouva que la maison du Prieur avoit été brûlée. Frere René Louet, Prieur de Bruyeres, député deux ans après pour y faire la visite, trouva le Prieuré mal en ordre. Le Curé l'avertit que les Chartreux empiétoient sur les Terres du Prieuré. En 1507 Frere Robert Raoul ayant remis ce
Hist. MS. S. Flor p. 264.
Lib. Cens. S. Genov. circa 1250.
Necr. Eccl. Par. ad calc.
Reg. MS. Joan. de la Croliere.
Hist. S. Flor. MS.

Prieuré à Jean de Mathefelon, son Abbé, cet Abbé le conféra à Frere Pierre Pinan, autrement dit Brossier, Prieur de Gometz, donnant par permutation celui de Gometz à Raoul. Quelque temps après, Pinan quitta le Prieuré de Saux pour prendre l'office d'Hôtellier en l'Abbaye de Saint-Florent. Comme il avoit eu dès le 6 Avril 1498 du Chapitre de Roye une partie de l'un des os de l'épaule de S. Florent, il l'envoya du consentement de son Abbé aux Paroissiens de Saux qui reçurent la Relique avec grande joie. Ils s'engagerent à faire dire à perpétuité le premier jour de Mai (jour apparemment de la réception de la Relique) les Vêpres solemnelles du Saint et le lendemain la Messe par le Prieur, ou en son absence par le Curé, à Diacre et Sous-Diacre. Ce qui fut approuvé par les Vicaires-Généraux de l'Evêque de Paris le 26 Février 1515. La Relique fut enchâssée dans un reliquaire de bois doré, sur lequel on marqua ces mots: *De Spatula S. Florentii*. Les Prieurs Commendataires furent introduits à Saux comme ailleurs vers le même temps, et y ont joui du Prieuré jusqu'après le milieu du XVII siécle, que Guillaume Benard de Rezay, Doyen de Tours et Conseiller au Parlement de Paris, qui en étoit Prieur, le donna aux Chartreux de Paris, Seigneurs temporels de la Paroisse. Cette réunion fut faite du consentement du Cardinal Grimaldi, Abbé de Saint-Florent, et des Religieux de l'Abbaye, à condition d'une pension de cent livres payables par chacun an au premier Mai à la Mense Conventuelle. Il y eut descente sur les lieux par l'Official de Paris le 12 Octobre 1657 et Lettres-Patentes confirmatives de la Bulle du mois de Février 1658. M. de Rezay devint Chanoine de Notre-Dame de Paris en 1664, et jouissoit toujours de son Prieuré. Mais le 22 Novembre 1675 il en fit sa démission, et abandonna aux Chartreux les revenus et droits qu'il s'étoit réservés, à condition qu'on lui fourniroit chaque année trois mille cinq cents de foin du poids de dix à onze livres du provenu des prairies de Saux, avec quatre hottées de pommes de Calville et de Rainette, et qu'on lui payeroit 180 livres par an, qu'on le quitteroit du gros du Curé de vingt francs, des Messes, Don gratuit, Décimes ordinaires et extraordinaires, réparations et toutes autres charges. Le 29 Novembre de la même année, Dom Juste Janicot, Procureur, en prit possession. M. Benard de Rezay mourut le 17 Mai 1684.

Il n'y a sur la Paroisse de Saux qu'un seul hameau. Il est nommé Saussieres dans les Cartes, mais un acte de l'an 1334 l'appelle Saussiel, ce qui dénote encore plus clairement que cela signifie le petit Saux. Il est sur un côteau où il y a des peupliers et quelques sources, avec un peu de vignes. Guillaume de Sainte-Maure, Chanoine de Saint-Martin de Tours, puis Chancelier de France,

faisant son Testament au mois de Janvier 1334, y marqua que Test. dans les
pour les vingt Boursiers dont il projettoit l'établissement dans son Archives
Hôtel de Paris, que l'Evêque de Lisieux lui avoit vendu, il léguoit de S. Martin de Tours.
sa maison nommée le Saussiel, près Longjumeau, avec les Do- Carreau. Hist.
maines et Rentes qui en dépendoient. On croit que cette fondation MS. de Tours.
ne fut point effectuée. Il y a aussi sur le territoire de Saulx un Reg. Archiep.
canton appellé Mont-Huchet dans un Acte de l'an 1654. 16 Sept.

Je n'ai pu trouver par quelle raison les habitans de Saulx furent
affranchis pour cinq ans de tous Impôts au commencement du Mem. Cam.
regne de Charles IX. Cela suppose quelque incendie ou quelque Comput. 1563.
pillage considérable par les troupes, ou dommage causé par
la grêle.

On voit dans l'Eglise de l'Abbaye de Livry la tombe d'un Prêtre
représenté vêtu de ses habits sacerdotaux, le Calice entre les mains;
et il y est nommé *Galfridus de Salicibus*. Il n'y a aucun lieu de
douter qu'il ne fut descendu des Seigneurs de Saux du XIII siécle.
L'écriture de la tombe est de ce temps-là, et il y est qualifié *Pres-
biter S. Martini de Palatio*, c'est-à-dire Curé de Palaiseau qui est
contigu à Saux. Ce prêtre avoit mérité par sa pieuse vie dans cette
Abbaye qui étoit alors une maison de très-austere pénitence, que
les Religieux le traitassent de grand ami du Couvent : *Carissimus* Voyez l'Epitaphe
in Domino Beatæ Mariæ de Livriaco. Un autre personnage plus en entier à
illustre, est Pierre de Saux qui vécut dans le siécle suivant. Il fut l'art. de Livry.
durant dix-huit ans Prieur de Saint-Victor de Paris et Abbé de la Du Breul,
même Maison pendant seize ans. Il étoit né à Saux le 28 Mars 1318 Antiq. de Paris,
et il mourut le 7 Octobre 1383. Il est inhumé au Cloître de l'Ab- liv. II, p. 317.
baye où l'on voit son épitaphe en vers Leonins, qui commencent : Gall. Chr.
Hic jacet in tumbâ simplex humilisque columba. Le troisiéme vers T. VII, col. 683.
est *Salicibus natus Abbas Petrus est vocitatus*.

Hadrien de Valois parlant de la Saussaye, Prieuré de Filles Notit. Gall.
dans la Paroisse de Chevilly proche Villejuy, lui attribue des p. 430, col. 1
choses qui ne conviennent qu'à celui de Saux.

VILLEBON

C'eût été le lieu de traiter de Villebon lorsqu'il s'est agi de
Palaiseau, puisqu'il en a été un hameau, s'il n'avoit été érigé en
Cure durant le dernier siécle ; c'est cette érection qui demande
que j'en fasse un article particulier.

On ne connoît Villebon dont il s'agit que depuis le XII siécle,
auquel temps un Seigneur de ce lieu paroît dans les Titres du

Chart. Longip. Prieuré de Longpont sous Montlhery, avec le nom de *Azo de*
fol. 28 et 31. *Villabona,* ou bien *Aszo de Villabona.* Le Voisinage fait prendre
naturellement cet Azon pour un Seigneur de Villebon proche Palaiseau, puisqu'il s'agit de Champlan dans l'un de ses Titres, et il n'y
a aucune raison d'entendre cela de Villebon, fief situé dans le Parc
de Meudon, encore moins de la Paroisse de Villebon, située au
Diocése de Chartres à cinq lieues de cette Ville. Il en est de même
Ibid., fol. 38. de Gautier *de Villabona* et de Hugues son fils, desquels le même
Prieuré de Longpont eut beaucoup de bien au XII siécle.

 Villebon dont il est question ici n'est qu'à demi-lieue de Palaiseau, dont il est séparé par la petite riviere d'Ivette. Ainsi sa
distance de Paris n'est gueres que de quatre lieues en tirant un
peu du midi au couchant. Sa situation est sur un côteau qui
regarde le nord, et les environs sont agréablement variés de toutes
les productions de la nature, vignes, prairies, arbres fruitiers,
et quelques labourages, ensorte que si ce lieu ne tire pas son surnom d'un nommé *Bon,* il est constant que la bonté du territoire a
pu le faire appeler *Villabona,* ainsi qu'il l'étoit dès le XII siécle.
Comme ce Village est composé de différens écarts, il est assez
nombreux. On y comptoit en 1709 la quantité de 99 feux, suivant
le dénombrement de l'Election de Paris qui parut alors. Le Dictionnaire Universel de la France imprimé en 1726 y marqua
525 habitans, calcul peut-être un peu trop fort. Enfin le nouveau
dénombrement publié en 1745 par le Sieur Doisy y assigne
116 feux, ce qui paroît aussi excéder.

 Quelques anciens Seigneurs ou Détenteurs de Domaine à Villebon sont marqués dans le Rolle des Fiefs dépendans de Montlhery dressé sous Philippe-Auguste. Un Geoffroy *de Villabona*
y est nommé comme tenu à deux mois de garde au Château de
Montlhery pour la Terre de Villebon. Hervé de Bruyeres y est
dit aussi posséder quelques biens, et être pour cela homme lige
du Roi, aussi-bien que Guy de Vaugrigneuse. Enfin, l'un des
Chevaliers qui certifient par serment que ce rolle est conforme
à la vérité, s'appelle Guillaume de Villabon.

 Si le nom de Villebon étoit suffisant pour faire regarder comme
Seigneurs de ce lieu-ci plusieurs personnes qualifiées dans l'anti-
quité, je joindrois ici un Gautier, Chambellan de France, pere de
Hist. Univ. Par. Pierre de Nemours, Evêque de Paris ; on le trouve qualifié Sei-
T. III, p. 43. gneur de Villebon et de la Chapelle en Brie ; plus une Jeanne dite
Hist. des Gr. Off. Dame de Villebon, épouse de Robert de Montdoucet, grand
T. VIII, p. 476. Ecuyer du Roi Charles VI ; un Jacques de Trie nommé Sieur de
Ibid. Villebon et de Villiers sous Charles VII ; une Denise de la Barre
T. VI, p. 674. dite Dame de Villebon en 1528. Mais il est à craindre que presque
T. III, p. 648. tous ces Seigneurs n'ayent possédé Villebon situé du côté de

Chartres et non celui-ci, excepté peut-être Jacques de Trie, à cause de la Terre de Villiers, qu'il avoit avec celle de Villebon, ce qui désigne les environs de Palaiseau.

Simon Avin, Maître des Comptes, qui avoit pour épouse Catherine Luillier, fut Seigneur de Villebon vers le commencement du XVI siécle, et mourut le 22 Janvier 1518. Epitaphe à l'Hôpit. S. Gerv.

On trouve ensuite Jean le Clerc, Seigneur de ce lieu et de Villiers-sur-Saux en 1520. Hist. des Gr. Off. p. 388.

Après le milieu de ce même siécle on voit la Terre de Villebon possédée par un des fils d'Augustin de Thou, Président au Parlement, nommé Nicolas de Thou, Conseiller-Clerc au même Parlement. On lit qu'en qualité de Seigneur de la Plesse-Villebon et Villiers-sur-Saux en la Paroisse de Palaiseau, Prévôté et Châtellenie de Montlheri, il obtint du Roi Charles IX des Lettres datées de Paris, au mois d'Avril 1563, qui permettent à Villebon l'établissement de deux Foires, l'une le 27 Septembre, l'autre le 12 Novembre, et un marché tous les Jeudis. Etant fait Evêque de Chartres dix ans après, il ne quitta point cette Seigneurie. Le Roi Henri IV lui fit en 1578 le don de toute Justice dans l'étendue de cette Terre par Lettres que le Parlement ordonna être communiquées aux Officiers du Roi à Montlhery, et aux quatre plus anciens Praticiens, et qui furent enregistrées le 31 Mai 1578. Selon le Procès-verbal de la Coûtume de Paris de l'an 1580, il jouissoit pareillement de Villefeu qui est contigu à Villebon ; ce Château est aujourd'hui ruiné. La Plesse qui est aussi nommée parmi ses Domaines est à demi-quart de lieue de là. Cet Evêque avoit fait bâtir à Villebon une Chapelle, qui vraisemblablement étoit sous le Titre de S. Côme et S. Damien, puisqu'il avoit choisi le jour de leur Fête pour y établir une Foire. Mais ne la trouvant point située favorablement, il obtint en 1581 de l'Evêque de Paris la permission de la détruire, de la rebâtir ailleurs, et de la bénir. Ce Prélat se rendoit assez souvent à cette Terre située sur l'ancienne route de Paris à Chartres. Y étant tombé malade quatre ans après avoir sacré dans sa Cathédrale le Roi Henri IV, il mourut dans le Château qu'il avoit en ce lieu, le 5 ou 6 Novembre 1598, âgé d'environ 96 ans. Son corps fut transporté à Paris et inhumé à Saint-André des Arcs dans la sépulture de la maison de Thou.

La Terre de Villebon étoit au commencement du siécle suivant dans la famille de Messieurs Potier. André Potier de Novion, qui fut fait Président au Parlement de Paris en 1616, en jouissoit. Il étoit tenu payer à .... à cause de cette Terre par chaque année la somme de sept livres qui fut modérée à deux sols. En 1644, il obtint de l'Archevêque de Paris de faire chanter

Vêpres les Dimanches et Fêtes dans la Chapelle de Saint Côme et Saint Damien, fondée dans le lieu de Villebon, par l'Evêque de Chartres dont nous venons de parler, et il décéda l'année suivante.

<small>Reg. Arch. Par. 24 Mart. 1644.</small>

Nicolas Potier de Novion, son fils, aussi Président au Parlement, fit plus ; il vint à bout de faire ériger cette Chapelle en Cure. Ce Magistrat qualifié Seigneur de Villebon, des Casseaux, la Roche, la Plaisse et Villiers, représenta l'éloignement qu'il y avoit de tous ces lieux à Palaiseau, et qu'il se trouvoit une petite riviere à passer pour y venir, et exposa qu'il souhaitoit faire ériger cette Chapelle de Villebon en Paroisse pour ces lieux-là, et pour une maison sise à Courtabeuf, qui étoit de la Censive, Justice et Taille de Villebon. Un Commissaire de la part de l'Archevêque s'y étant transporté avec le Curé et marguilliers de Palaiseau, on mesura les distances qu'il y avoit de ces hameaux à Palaiseau. L'Arpenteur trouva que du carrefour de Palaiseau à Villiers il y avoit une lieue et un dixiéme, du même carrefour jusqu'à la Plaisse une lieue et un sixiéme, et jusqu'à Courtabeuf cinq quarts de lieue et un demi. Le Seigneur offrit de doter la Cure nouvelle de trois cents livres assignés sur la Terre sans diminuer les dixmes du Curé de Palaiseau. En conséquence la Cure fut érigée par Décret du 24 Mai 1658, la présentation du Curé attachée au Seigneur-Fondateur et a ses successeurs, et Pierre Suard, Prêtre du Diocése de Rouen, fut le premier Curé. Mais pour qu'on se souvienne de ce détachement fait uniquement de Palaiseau, l'Archevêque ordonna que les habitans viendroient processionnellement à Palaiseau le 4 Juillet de chaque année, le jour de la Fête Patronale de S. Martin, et y assisteroient avec leur Curé à la Grand-Messe qui seroit célébrée par le Curé de Palaiseau ou son Vicaire ; qu'il seroit payé au même Curé de Palaiseau soixante livres par an, et vingt-cinq à la Fabrique.

<small>Lettres du 1er Septemb. Reg. 7 Sept. 1662 item. du mois d'Aoust 1682.</small>

Quatre ans après la Terre de Villebon fut distraite de la mouvance de Montlhery, comme la Chapelle avoit été distraite de la dépendance de Palaiseau. M. le Président de Novion obtint du Roi des Lettres qui portoient que cette Terre releveroit dorénavant et à perpétuité de la grosse Tour du Louvre.

Dans la suite la Terre de Villebon a été vendue au Sieur de Champy, Intendant de la Marine à Brest, dont la veuve hérita de la moitié, et la légua depuis à la Dame de Pertuis, sa niéce, qui la posséde aujourd'hui.

L'Eglise est un assemblage de deux Chapelles collatérales et contiguës. Celle qui est vers le midi paroît être la principale, et probablement elle représente l'ancienne Chapelle, bâtie d'abord par Nicolas de Thou, Evêque de Chartres, Seigneur, lequel apparemment auroit changé le dessein de la rebâtir et se seroit contenté de l'aggrandir par le côté septentrional ; à moins qu'on ne dise que cette augmentation d'un édifice collatéral, égal au premier, a été faite depuis que Villebon fut érigé en Paroisse, afin que tous les habitans pussent y être contenus, et c'est ce qui paroît plus vraisemblable, vu l'air de nouveauté que porte ce bâtiment. On y voit dans le chœur une inscription concernant la fondation faite par Dame... Dolet, épouse du sieur de Champy, Seigneur du lieu, vers la fin du dernier siécle. Cette Eglise regarde comme ses Patrons Saint Côme et Saint Damien.

Quoique j'aie dit ci-dessus que l'Evêque de Chartres fit bâtir une Chapelle à Villebon, l'on ne doit point en conclure que ce fut la premiere qu'il y ait eu en ce lieu. Le titre de Saint Côme et Saint Damien paroît avoir été donné à celle qu'il bâtit, par continuation de la Coûtume où l'on étoit d'appeller du nom de Saint Côme la Chapelle de Villebon. On trouve en effet dès le XII siécle quelques vestiges de célébration d'Office à Villebon, au moins des marques qu'on y enterroit les défunts. Hugues, fils de Gautier de Villebon, étant au lit de la mort, ne se contenta pas de donner au Prieuré de Longpont un arpent de pré et un hôte dans Villebon. Il ordonna encore par son Testament qu'après le décès de son pere, les Moines eussent toute la dixme et les sépultures du même Village, *et sepulturam ejusdem Villæ quam in dominio habere videbatur.* Car on sçait qu'alors les Seigneurs laïques avoient un droit sur les cimetieres, et s'il y avoit un cimetiere à Villebon, il semble s'ensuivre que la Chapelle n'étoit pas loin. Il ne fut besoin que de quelques fragmens des Reliques de ces Saints, apportés à Lusarches vers l'an 1170, pour faire construire à Villebon la Chapelle de leur nom. *Chart. Longip. fol. 38.*

Il n'est gueres de Villages aux environs de Montlhery où les Religieux de Longpont n'aient eu du bien dans les deux premiers siécles de leur fondation. On vient de voir une partie de ce que Hugues, fils du Seigneur, leur donna avant l'an 1200. La suite de son legs testamentaire nous apprend qu'il y avoit alors en ce lieu un canton de chasteigners. Le Titre ajoute, *et in castenaria sua quilibet anno unum sextarium castanearum si plus uno sextario ibi inventum fuerit.* La dixme de Villebon étoit encore alors partagée en différens Seigneurs. Teger ou Tescelin de Palaiseau donna en mourant au même Monastere la portion qu'il y avoit, et Marie, femme d'Aymon de Macy, en fit autant de la part qu'elle y possédoit. En tous ces Actes latins on lit *Villabona*. *Ibid.* *Ibid., fol. 44.*

Le Château de Villebon est revêtu de deux vastes pavillons, et le Parc en est fort étendu.

Les dépendances de la Paroisse de Villebon sont toutes par rapport à Palaiseau au-delà du cours de la riviere d'Ivette.

LA ROCHE est un canton ainsi nommé à cause des roches qui y sont.

LES CASSEAUX sont un Hameau au-delà du pont dit Foucherolles ou Feucherolles (du nom d'une maison qu'on voyoit auprès et qui est réduite en mazure. Ce qui peut y rester est de Palaiseau).

LE FOULON est placé selon les Cartes entre la Roche et les Casseaux.

VILLIERS est le plus considérable Ecart. Sa situation est vers le midi relativement à Villebon. On passe sur le bord de ce Hameau pour gagner un petit bois et suivre le chemin qui monte à travers les vignes de Villejust, d'où la vue est charmante du côté de Paris. Les Religieux de Sainte-Croix de la Bretonnerie ont une ferme à Villiers.

LA PLESSE n'est qu'une ferme située au couchant d'hiver de Villebon, et au nord de Villejust.

CHAMPLANT

Diplomat. Lib. p. 468.

Nous trouvons dans le Livre *de Re Diplomatica* qu'une Dame nommée Chrotilde fondant en 671 ou 672 pour des Filles le Monastere de Brieres au Diocése de Paris, lui donna entre autres biens *medietatem de loco nuncupante Pladano*. Comme Champlant n'est éloigné de ce lieu de Brieres que de trois lieues seulement, il m'a paru que l'on pouvoit lui appliquer le texte de l'Acte de la Fondation. Il n'est pas incroyable qu'il y eut alors à Champlant des planes qui lui eussent donné le nom, vu que c'est un pays arrosé par une riviere. Le plane est un arbre qui aime l'eau, mais que l'on a pu détruire à cause qu'il n'étoit bon qu'à donner de l'ombre. Ainsi, à mon avis, Champlant seroit *Campus Pladani* ou *Platani*. Peut-être même n'y en avoit-il qu'un qui étoit devenu remarquable par l'étendue de ses branches.

Dans les premiers Titres où il est fait mention très-certainement de ce Village (puisqu'en France il est le seul du nom), les Auteurs ou Actuaires n'ont pas voulu entreprendre de l'écrire autrement qu'en langage vulgaire, quoique ces Titres soyent rédigés en latin. A la fin de l'onziéme siécle et durant le douziéme tous les Titres du Prieuré de Longpont sous Montlhery qui nomment souvent ce lieu, l'appellent toujours Champlant. Ce qui est une preuve qu'ils en ignoroient l'étymologie. Les premiers Ecrivains qui oserent le latiniser vivoient au XIII siécle. Les uns crurent devoir dire *Campus planus,* les autres en un seul mot *Campiplantum* ; M. de Valois qui paroît n'avoir pas connu le Titre de l'an 1218 où il y a *de Campo plano,* veut qu'on dise *Campi Plantarium* sans produire aucun Titre où il ait lu ce terme. Je ne m'arrête aucunement à la latinité du Pouillé, écrit au XVI siécle, qui désigne cette Paroisse par les mots *Campi planctus.* Cela ne mérite pas d'être réfuté. Au moins si l'on ne vouloit point de *Campus platani,* on pourroit admettre *Cantus Platani* dans le sens que *Chant* signifie un grand chemin, un canton ; ce qui seroit tiré du celtique, dont plusieurs mots et celui-là entr'autres étoient encore en usage sous la premiere race de nos Rois. Le grand chemin d'Orléans passe en effet sur le bord du territoire de Champlant. Peut-être y avoit-il là sur le bord de la riviere d'Ivette un Plane extraordinaire qu'on aura appellé le Plane du grand chemin, *Canti platanus.* Mais en voilà assez sur l'étymologie. Aussi-bien, tout ce que je viens de dire tomberoit-il, si Champlant étoit le *Camlimptum* d'où est datée une Charte de Charles-le-Chauve de l'année 863. *Notit. Gall. p. 412. Gall. Chr. T. II, col. 372.*

Champlant est à quatre lieues de Paris, de même que Longjumeau et Palaiseau entre lesquels il est placé. On le laisse à la main droite en allant à Orléans ; mais on passe sur son territoire avant que d'entrer dans Longjumeau, parce qu'il s'étend jusqu'au grand chemin où aboutit aussi à main gauche le territoire de Chilly. Ce Village est situé sur le rivage gauche de la riviere d'Ivette qui passe au-dessous de Palaiseau, et qui coule en ces cantons-là du couchant au levant. Ainsi les côteaux de Champlant regardent le midi. Ils sont garnis de vignes et de vergers où il y a beaucoup d'arbres fruitiers.

Le même nombre de feux s'y maintient : car le dénombrement imprimé en 1709 y en marquoit 61, et celui que le sieur Doisy a publié en 1745 y en marque 62. Une si petite différence fait voir qu'on peut ajouter foi au nombre d'habitans ou communians que le Dictionnaire Universel de la France disoit y être en 1726, sçavoir 277.

Saint Germain, Evêque d'Auxerre, est Patron de l'Eglise de ce lieu. Outre la Fête du 31 Juillet, jour de sa mort, on y célébre sa Translation le premier Dimanche d'Octobre, et la susception de ses Reliques le premier Dimanche de Mai. Cette derniere Fête paroît avoir été imitée sur le Calendrier de l'Illustre Collégiale de Saint-Germain l'Auxerrois à Paris. Il n'y a rien dans le bâtiment de cette Eglise qui paroisse antérieur à l'an 1500. La tour a été refaite de pierre de grais. On n'entre en cette Eglise que par le côté, l'ancien porche qui étoit à la porte occidentale ou grande porte, ayant été employé pour aggrandir le vaisseau de ce côté-là.

On voit à cet édifice les armes des Seigneurs de Palaiseau qui possédent aussi cette Terre. La Dédicace en avoit été faite le jour de Saint Barthelemi, et on en a célébré l'Anniversaire le même jour : mais en 1617 le Curé et les Paroissiens obtinrent de l'Evêque de Paris qu'elle fût remise au Dimanche suivant.

On y voit aussi une inscription relative à la sépulture d'un Curé appellé René-Michel de la Roche-Maillet, et de sa sœur qui a fondé un Vicaire en cette Paroisse à condition que les Dimanches après Vêpres il enseignera les Prieres et le Catéchisme. Ce René-Michel étoit de la famille de Jean-Michel, Evêque d'Angers au XV siécle. Il est auteur de plusieurs poésies latines. Il y a dans la même Eglise une Confrérie de Saint Lubin, Evêque de Chartres, que l'on croit établie par le même Curé, inhumé dans le chœur, d'autant qu'il est qualifié dans son épitaphe Prieur de Saint-Lubin de la Haye.

L'Eglise de Champlant étoit dans le cas de beaucoup d'autres durant le cours du XI siécle, c'est-à-dire que les laïques s'en étoient emparés, et en jouissoient comme d'un bien de patrimoine. Plusieurs, sur la fin de ce siécle, les donnerent à des Monasteres par l'entremise des Evêques. Nous ne sçavons pas quel fut l'Evêque de Paris qui fit tomber l'Autel de Champlant aux Moines de Longpont ; mais seulement que le don leur avoit été fait avant le milieu du XII siécle, aussi-bien que de l'*Atrium*, et du tiers de la dixme avec un demi-muid. La Bulle d'Eugene III de l'an 1151 exprime même la donation de l'Eglise, *Ecclesiam de Champlant cum Atrio et tertia parte Decimæ et dimidio modio*. Et plus bas dans la même Bulle le Pape leur confirme encore la moitié du Village *medietatem Villæ quæ vocatur Champlant*. Les biens de l'Eglise leur étoient venus de différens particuliers également comme les droits et revenus temporels. Ebrard Choisel leur avoit donné tout ce qui lui étoit échu à Champlant par son mariage, sçavoir, la troisiéme partie du revenu de l'Autel et de l'Aître, la moitié de la dixme et toute la dixme de vin. Adam de Milly avoit cédé de son côté tout ce qu'il y avoit dans le même *Atrium*, dans la dixme, dans le droit des sépultures, toute la terre baillée à cens ; le tribut dit Tolte qu'il levoit dans le Champ Garnod, et que Ricolde, femme de Vimbert le Prêtre, leur avoit déjà donné. Le temps du don d'Adam peut s'inférer de ce que Fromond de Troussol en fut témoin. Les plus fameux Seigneurs qui avoient du bien à Champlant en firent aussi présent aux mêmes Religieux de Longpont. Le célébre Gui Troussel ou Trousseau fils de Miles le Grand, Seigneur de Montlhéry, leur donna vers l'an 1100 sa part des clos de vignes qu'il y avoit, et cinq arpens de vignes avec cinq muids de vin, pour l'entretien du luminaire de leur

Eglise. Galeran, fils de Hugues du Puiset, célébre sous le regne de Louis-le-Gros, leur fit présent de tout ce que sa mere Adélaïde possédoit à Champlant en terres labourées ou non labourées, en prez et en vignes avec le pressoir. Le Chevalier Etienne de Macy, surnommé Paumier, duquel je parle amplement à l'article de Macy, à l'an 1152, ayant assisté à l'inhumation honorable que ces Religieux firent chez eux du corps de Guillaume de Macy, son frere, leur fit un abandon sur l'autel de Longpont, de deux sols de cens qu'il avoit à Champlant, en présence des Seigneurs de Vaugrigneuse, Hugues, Burchard et Thibaud : il faut aussi rapporter aux regnes de Louis-le-Jeune ou Philippe-Auguste, son successeur, le don qui leur fut fait de seize écus par un Chevalier appellé Thomas, et celui d'un hôte par Guillaume Cocheni ou Cucheni, lequel hôte demeuroit dans une vigne voisine du Moutier *non longè de Monasterio de Champlant,* c'est-à-dire proche l'Eglise du lieu, ce qui montre en passant que les maisons étoient éparses dans les différens biens ou héritages. J'obmets Arnoul de Longjumeau et Duran, son fils, desquels ils eurent aussi une vigne. Tout cela prouve que le Prieuré de Longpont devoit avoir anciennement à Champlant un manoir bien considérable, et qu'ainsi le Prieur fut fondé à se plaindre l'an 1324 dans le Chapitre général de Cluny, de ce que le Prieur de Sourillanges en Auvergne s'étoit emparé de ce manoir et l'occupoit. La chose fut renvoyée pardevant l'Abbé général pour informer et faire justice.

Chart. Longip. fol. 36.

Ibid., fol. 5.

Ibid., fol. 35.

Ibid., fol. 29.

Ord. Clun. Stat. anni 1324. Edita, in-4°.

En conséquence de la donation de l'autel faite avant 1150, le Prieur de Longpont a toujours joui depuis du droit de nommer à la Cure, ainsi que le témoignent le Pouillé du XIII siécle et tous les suivans.

Je n'ai découvert sur les Seigneurs temporels du Fief de Champlant autre chose, sinon qu'il étoit tenu en 1218 par un nommé Oudard, dit pour cette raison *de Campo plano,* lequel se rendit garant cette année-là pour Ferric, Seigneur de Palaiseau. Un peu auparavant, les Officiers de la Prévôté de Paris avoient distrait de Montlhery la Terre de Champlant comme celle de Palaiseau. C'est ce que firent remarquer les Chevaliers qui rédigerent sous Philippe-Auguste, vers 1200 ou 1210, le rolle des redevances des Feudataires de Montlhery ; ce rolle est écrit en latin, et ces deux Terres y sont nommées, l'une en latin, l'autre en langage vulgaire, *Palesolium et Champlant.*

Chart. S. Gen. fol. 252.

En ces derniers temps, la Terre de Champlant s'est trouvée unie au Marquisat de Palaiseau, et par conséquent possédée par MM. de Harville, qui ont fait ériger Palaiseau en Marquisat, et depuis par MM. Arnauld de Pompone qui en jouissent aujourd'hui.

Ce lieu ne peut se vanter d'aucun autre auteur connu, que de René Michel, Curé, qui mourut en 1657 ou 1658. Le Recueil de ses Poésies forme un volume in-8°, qui a été imprimé à Paris en 1658, chez la veuve Henri Sara. Elles sont remplies de piété; et quoique l'auteur fût fort valétudinaire, on y trouve assez de feu. Tout n'a pas été composé à Champlant. Il fait observer qu'une partie l'a été à Palaiseau, dans le Château où il se retira souvent en 1652, à cause des guerres civiles. On y a fait entrer l'épitaphe de Jacques Michel, son frere, Conseiller de la Monnoye, mort en 1645, telle qu'elle fut mise dans l'Eglise de Champlant. Il y a aussi un Eloge Poëtique de l'Evêque d'Angers décédé en 1447 en odeur de sainteté, avec une note qui fait voir que ce Curé et son frere étoient de sa famille. Après la mort du Curé de Champlant, plusieurs personnes habiles s'empresserent de composer en vers ou en prose son éloge, qui a été placé à la fin du même volume.

MACY

Notit. Gall. p. 422.

Nous avons déja vu que l'origine du nom de plusieurs Paroisses ne se présentoit pas facilement. Macy est de ce nombre. M. de Valois a cru que le nom *Maciacum* venoit d'un Seigneur ou Possesseur qui se seroit appellé *Matius*; mais comme ce nom latin appellatif est très-rare et presque inconnu dans l'antiquité, je serois plus porté à croire que le Possesseur ou Seigneur de Macy qui lui donna ce nom s'appelloit en latin *Matthæus*, ensorte que [de] la maniere [que] d'*Antonii Villa*, on a fait *Antoniacum*, de *Matthæi Villa* on aura formé *Mattheiacum*, et de même que selon les anciens titres et les anciens Calendriers *Mattheus* a été altéré en *Macé*, aussi *Mattheiacum* l'a été en *Macy*, d'où, selon la Coûtume des bas siécles, on a fabriqué le latin *Maciacum* qui étoit usité dès le XII siécle [1].

Ce Village est situé à trois lieues de Paris, vers le midi dans

1. Le nom *Masciacus* se trouve dans l'Histoire de l'Eglise de Paris (Tome II page 552), comme marqué dans un Diplome du Roi Lothaire, de l'an 980 ou environ; mais il s'agit là d'un lieu situé au voisinage d'Epone proche Mante, et l'on reconnoît par la Bulle de Benoît VII qui suit qu'on a voulu mettre *Maceriæ*, et que c'est Mézieres-sur-Seine dont il s'agit. On voit aussi à l'an 832, dans la Diplomatique, un *Massiacum*, où l'Abbaye de Saint-Denis avoit du bien; mais il paroit par le nom des lieux nommés devant et après, que ce *Massiacum* devoit être vers la Brie ou le Mulcien. On a aussi dit anciennement Saint Macy pour Saint Matthias. J'ai vu un Acte de l'an 13..... du jour Saint Macy en Février.

un vallon très-découvert, dont l'aspect est aussi du côté du midi un peu sur la droite du chemin d'Orléans, en venant de Paris.

M. de Valois, qui s'étend fort sur ce lieu, remarque qu'il est réputé le premier d'entre les Fiefs de l'Eglise de Paris, et se contente d'ajouter qu'il a donné le nom au Doyenné de Macy. Mais il auroit dû aussi dire que si Macy a été regardé au XIII siécle comme le chef d'un certain canton du Diocése, c'est seulement dans l'énumération faite alors des Prieurés, selon laquelle les Doyennés ont d'autres noms que dans l'énumération des Cures. Car dans cette derniere énumération faite aussi au XIII siécle, Macy est placé au rang des Cures du Doyenné de Châteaufort, et n'est point lui-même chef-lieu d'un Doyenné de Cures. *Notit. Gall. p. 422.*

Les monumens où il est parlé du fief tenu des Evêques de Paris à Macy, sont avec le Cartulaire de Longpont et d'autres Eglises, ce qui fournit à l'Histoire de ce lieu un plus grand nombre de Seigneurs et de remarques sur ce qui les concerne.

Le Cartulaire de ce Prieuré nous fait remonter jusques vers la fin du XI siécle ou aux premieres années du XII qui est le temps auquel vivoit Gui Trousseau de la célébre Maison de Montlhery. Haymon ou Aymon de Macy, se trouve témoin avec lui dans certains Actes. Sa femme, nommée Marie, fut mise au rang des Bienfaitrices pour une partie de la dixme de Villebon qu'elle donna. *Chart. Longip. fol. 15, 26, 41, 44.*

On voit en l'an 1152, un Etienne de Macy, Chevalier, en dispute avec l'Abbé de Saint-Germain-des-Prez, Seigneur d'Antony, pour des intérêts temporels. Chacun des deux fournit un champion pour la décision de ses prétentions. Ce fut le champion de Saint-Germain qui arracha l'œil à l'autre ; il se jetta ensuite sur lui avec tant de vigueur que le champion d'Etienne se déclara vaincu. C'est ainsi qu'on décidoit alors plusieurs différends par le combat. Les prétentions de l'Abbaye de Saint-Germain ne sont point détaillées. Il est probable qu'il s'agissoit des limites et de quelques hôtes, car on verra ci-après que cette Abbaye avoit des hommes à Macy; il est aussi fait mention dans un Acte du XIII siécle d'un lieu dit *les Ormes de Saint-Germain*, lesquels avec Origny et Macy bornoient la dixme que Bouchard d'Amblenvilliers tenoit à foi et hommage de l'Evêque de Paris. Ce canton appellé *Origniacum* dans le titre, fait aujourd'hui une partie de Macy du côté qui conduit à Wiceous, et on l'appelle le Bout d'Origny ou le Bourg d'Origny. Etienne de Macy, Chevalier, fut mis au rang des Bienfaiteurs de Longpont pour l'aumône qu'il y fit le jour que Guillaume, son frere, reçut la sépulture dans ce Monastere. Cet Etienne étoit surnommé *Palmarius*. Vers le même temps, c'est-à-dire environ l'an 1135 ou 1140, vécut aussi un Varin *de Maciaco*, selon un titre de Longpont. *Hist. de l'Ab. de S. Germ. p. 89.*

Chart. Ep. Par. in Bibl. Reg. fol. 120.

Chart. Longip. fol. 4 et 6.

Environ vingt ans après paroît un nommé Burchard, Seigneur de Macy, mais avec un trait qui ne lui fait point honneur. Il encourut le crime de trahison contre l'Etat et ses biens furent confisqués. Thibaud, Evêque de Paris, représenta au Roi Louis VII qu'il avoit commencé avec ce Seigneur un traité sur les dixmes de Macy avant que son crime fût découvert ; le Roi consentit de finir le même traité à Paris l'an 1150. Il étoit question de trois muids de froment et de trois muids de gros bled, *de grosso Blado*. Ce Burchard de Macy vécut longtemps. Il eut pour fils Geoffroy surnommé *Sultanus* ou *Soltanus* dans des Actes du Cartulaire du Prieuré de Longpont.

<small>Chart. Ep. Par.
Bibl. Reg. f. 75.</small>

Sous l'Episcopat de Maurice de Sully vers l'an 1170 ou 1180, vivoit un autre Chevalier à Macy, nommé Guillaume. Ce Prélat donna Acte comme lui Evêque avoit acheté de ce Chevalier du consentement d'Aveline de Macy, sa femme, tout ce qu'il possédoit à Vitry. Le vendeur est appelé Matthieu dans un autre endroit. Sous le même Evêque et sous ses successeurs vécut aussi Jean de Macy, qui est mentionné au Cartulaire de Philippe-Auguste sur Montlhéry, et dans un catalogue des Chevaliers de la Châtellenie de Paris tenans quelque Fief du Roi. Ce catalogue met de suite après lui : *Et Stephanus de Meldenor Varletus ejus*.

<small>Ibid., fol. 27.</small>

<small>Cod. Puteau 635.</small>

En 1217 un Chevalier de Macy nommé Ferric, y possédoit un bien qu'il donna de l'agrément de Basilice, son épouse, à l'Abbaye de Saint-Victor de Paris, ce qui fut ratifié par l'Evêque Pierre de Nemours, et en 1223 par son successeur Guillaume de Seignelay : c'est aujourd'hui ce qu'on appelle *la petite Ferme*, pour la distinguer de celle du Seigneur.

<small>Gall. Chr. nova, col. 90 et 92.</small>

On trouve en 1259 un Guillaume de Macy prêtant foi et hommage à Evrard, Prieur de Saint-Martin-des-Champs, pour une maison. Dix ans après, l'Evêque de Paris, Etienne Tempier, reçut trois hommages, sinon pour des biens situés à Macy, au moins par des Seigneurs qui portoient le nom de cette Terre. Le jour de Pâques Jean de Macy lui fit hommage pour la dixme du lieu ; le dernier samedi du mois d'Août, Isabelle de Bourgaimont, veuve du Seigneur de Macy, s'acquitta du même devoir, et Philippe de Macy rendit le sien huit jours après, au sujet d'une portion qu'il avoit dans la dixme de Macy. Celui de Simon de Macy pour les choses qu'il possédoit dans ce Village est mentionné dans les Auteurs comme rendu dans le mois de Mai 1275 au même Evêque. Je ne crois pas que ce soit le même Simon, Seigneur de Macy, lequel avant son départ pour la Terre-Sainte en 1245 vendit à Guillaume d'Auvergne, Evêque de Paris, huit muids de bled sur la dixme totale de Macy, qu'il avoit reconnu être mouvans de lui, ainsi que le reste de sa dixme et champarts.

<small>Hist. Eccl. Par. T. II, p. 385.</small>

<small>Chart. Ep. Par. fol. 62 et 121.
Gall. Chr. nova, c. 109 et 110.</small>

<small>Hist. Eccl. Par. T. II, p. 584.
Gall. Chr. nova, col. 112.</small>

<small>Necr. Eccl. Par. ad Kal. Apr.
Cart. Maj. Ep. fol. 123.</small>

L'Abbaye de Saint-Magloire avoit aussi un droit à Macy dans le même siécle. C'étoit un droit de *Tensement*, appellé en latin *Tensamentum* ou *Taxamentum*. Il y a apparence qu'elle le tenoit du Roi ; car alors le Prince pour prendre un lieu sous sa protection particuliere, se faisoit payer une certaine redevance annuelle ; ensuite cette redevance étoit quelquefois cédée à une Communauté par gratification, et souvent cette Communauté en faisoit cession à des particuliers sous certaines conditions. C'est ainsi que le Tensement de vin sur Macy, qui avec celui d'Antony produisoit huit livres de rente, fut possédé par Pierre de Condé, Archidiacre de Soissons et Clerc du Roi, lequel possesseur reconnut en 1298 le tenir de l'Abbaye de Saint-Magloire. *Chart. S. Magl. in Bibl. Reg. Port. p. 138.*

Depuis ces temps reculés je n'ai trouvé de Seigneur de Macy que Jean de Macy, Chevalier en 1321, auquel le Roi Philippe-le-Long écrivit pour qu'il dit qu'on donnât du spaciement au Prévôt de la Tour séculiere de l'Evêque de Langres détenu dans les prisons de l'Evêque de Paris. Pierre de Villiers qui l'étoit vers 1350, suivant l'Histoire de Montmorency, ensuite en 1364. Il fut depuis Maître de l'Hôtel du Roi Charles V, Seigneur de Vaugrigneuse en 1378, et de l'Isle-Adam. Simon de Maintenon dit de la Queue, marié à Marie de Montmorency, étoit Sire de Macy vers 1350. Celui qui possédoit la Terre de Macy en 1432, et dont le nom n'est pas marqué, étoit le plus cruel des tyrans. Il se joignit aux Anglois qui ravageoient le Royaume, s'étant mis à la tête de cent hommes. On lit qu'étant à la forte Maison de Maurepas, ses gens jettoient le monde dans un puits, et ensuite l'accabloient de pierres. Le sieur Haymond, Ecuyer, âgé de 56 ans, est dit sieur de Macy dans sa déposition sur la Pucelle d'Orléans à Paris. *Hist. de Montm. p. 198.*
Hist. des Gr. Off. T. VIII, p. 790.
Trés. des Chart. Reg. 114, Piéce 138.
Journal de Charles VI et Ch. VII.
Hist. de la Pucel. d'Orl.

Jean de Garencieres fut Seigneur de Macy et de Croissy sous le regne de Louis XI. Jean de Gaillon, Chevalier, lui succéda et l'étoit en 1488. Guillaume de Gaillon est dit Seigneur de Macy dans le Procès verbal de la Coûtume de Paris de l'an 1510. *Part. II, n. 179. Comp. de la Prévôté de Paris 1488. Sauval, T. III, p. 482.*

En 1533, Louis de Harcourt fut sommé pour rendre foi et hommage de cette Terre à l'Evêque de Paris, en parlant à Anne de Prunelay, son ayeule. Je trouve que vingt ans après il y eut des Commissaires nommés par le Parlement pour la régie de cette Terre, à cause du Procès criminel commencé contre lui. *Tab. Ep. Paris. in Feud. Reg. Parl. 19 Jun. 1553.*

La même Terre étoit possédée il y a cent ans par Martin Ruzé, qui obtint en 1635 qu'elle fût réunie au Marquisat de Longjumeau ou de Chilly. Les Lettres-Patentes furent régistrées au Parlement le 26 Mars de la même année. On sçait communément depuis quel temps la même terre a passé dans la maison de Mazarin.

Ce qui fait voir qu'il y avoit au XIII siécle plusieurs Fiefs dans la Paroisse de Macy, est l'usage que fit Aubert de Clichy-en-l'Aulnois de celui qu'il y possédoit en 1238. Il le tenoit de Philippe d'Aties, Chevalier, et il le vendit cette année-là à Marguerite, veuve de Hugues d'Aties, laquelle en vouloit disposer en faveur du Prieuré de Clichy.

Chart. Livriac. fol. 88.

On a vu ci-dessus que Simon, Seigneur de Macy, avoit vendu à Guillaume d'Auvergne, qui étoit Evêque de Paris en 1240, huit muids de grain, à prendre sur la dixme entiere de Macy. De ces huit muids Guillaume en destina trois de ce qu'on appelloit *Hybernagium,* et à la mesure de Paris, pour son Anniversaire : sa disposition fut effectuée en 1249, par deux Chanoines de son Eglise appellés Raymond et Henri Tubeuf, et par Radulfe, Abbé de Saint-Victor, qu'il avoit nommés ses exécuteurs.

Necr. Eccl. Par. 1 Apr.

Gall. Chr. nova, col. 677.

La Paroisse de Macy n'est pas composée seulement du Village de ce nom ; il y a encore deux écarts ou hameaux situés vers le couchant, et appellés l'un Villene et l'autre Villejenis. Comme il y eut autrefois et en même temps plusieurs Seigneurs sur cette Terre, chacun d'eux donna son nom à la portion qu'il possédoit.

VILLENE, ou plutôt VILLEHEME, est écrit vulgairement Villaines, et prononcé de même : mais il faut se souvenir du Seigneur Aymon ou Haymon de Macy qui vivoit il y a près de sept cents ans, comme il est dit ci-dessus. Il faut sçavoir aussi que ce nom latin Aymon ou Haymon s'est souvent rendu en langage vulgaire par Ayme, ou Hayme ; le principe posé de *Villa Haymonis,* quelques-uns dans les anciens temps firent en françois Villehaymon, et d'autres dirent Villehayme, qui fut écrit Villéme par les Greffiers du Village : ensuite la ressemblance de Villéme avec Villene fit qu'on écrivit Villaines qui a passé dans l'usage. Il est parlé de ce petit Village dans la charte d'affranchissement des habitans d'Antony de l'an 1248, à l'occasion de l'écluse de la riviere de Bievre qui étoit alors à Villéme. Il est aussi fait mention du pressoir qui lui servoit pour le vin en 1294, et en ces deux endroits ce lieu est toujours appellé *Villa Haymonis* ou Ville-Hemon. Je n'ai pu trouver aucun titre où il fût désigné en latin sous le nom de *Villena* ou sous celui de *Villanæ,* comme l'est la Paroisse de Villaines au-delà d'Ecouen.

Collect. MS. du Bois, T. I, p. 46.

Chart. S. Magl.

VILLEJENIS, que l'usage fait écrire Villegenis, me paroît pouvoir être dérivé de *Villa Joannis,* et avoir appartenu à la branche des Seigneurs de Macy nommés Jean au XIII siécle. Cependant si quelqu'un d'entre eux eût eu le nom de *Genesius,* cela seroit encore mieux. Ce Villegenis est un peu plus loin que Villene vers l'occident. Il est fait mention dans l'Histoire d'Etampes de François de Vigny qui en étoit Seigneur en 1579. Le même l'étoit encore le 16 Mai 1597.

Hist. d'Etamp. p. 36.

M. Glu qui a eu cette Seigneurie en ces derniers temps, en a fort augmenté le Parc, y renfermant le canton appellé *la Fontaine-Michel*, dont il avoit fait acquisition. Ce dernier écart de la Fontaine-Michel avoit appartenu en 1618 à Charles le Voyer, Correcteur des Comptes, qui obtint alors permission d'y faire célébrer dans une Chapelle ; et sur la fin du dernier siécle il étoit à M. le Roy, Conseiller au Parlement de Metz. Je ne sais si ce seroit lui qui en vendant cette Terre à M. Glu l'auroit chargé de faire célébrer tous les ans dans la Chapelle un certain nombre de Messes. Villegenis appartient maintenant à Mademoiselle de Sens. Il y a dans le Parc quelques maisons de paysans. Reg. Archiep. 2 Jul.
Ibid.
19 Jun. 1697.

Il y a des vignes aux approches de Macy : mais ce n'est point le bien principal de la Paroisse ; les terres labourables, les prez, les arbres fruitiers en forment le revenu.

Le livre des Elections du Royaume imprimé en 1709 ne compte que 76 feux en toute la Paroisse de Macy. Le Dictionnaire Universel de la France rencontre plus juste en y comptant 584 communians. On y en compte aujourd'hui environ 600 et feux. Il y a plusieurs siécles que la partie des Paroissiens de Macy dépendante de l'Abbaye de Saint-Germain-des-Prez est délivrée de l'ancienne servitude. On lit que ce fut en 1247 qu'ils furent affranchis. Histoire de l'Abbaye de S. Germ.

Le Château Seigneurial de Macy est situé au bas du Village dans la prairie. C'est un bâtiment qui peut avoir cent cinquante ans ; mais il n'y demeure que le Receveur ou Fermier. Il y a une Chapelle du titre de Saint Germain, laquelle est un titre bénéficial et imposé aux décimes ; mais elle ne sert plus à sa premiere destination. On ne sçait même plus sous l'invocation de quel S. Germain elle est. C'est le Seigneur qui y nomme. Marie de Fourcy, veuve d'Antoine Ruzé, Baron de Macy, etc., Maréchal de France, y présenta le 25 Février 1633. Dans une collation de 1723 elle est dite être à la nomination Seigneuriale. Reg. Archiep

L'Eglise Paroissiale de Macy est sous le titre de Sainte Magdelene. Le bâtiment ne paroît être que du dernier siécle, excepté le portail qui est un reste de l'ancienne Eglise et qui ne se trouve plus vis-à-vis le grand Autel. Ce portail est du XIII ou XIV siécle. Il reste dans le chœur les fragmens de la tombe d'un Chevalier ou ancien Seigneur, dont les armes sont trois lambels.

On n'y apperçoit plus son nom, mais seulement on y voit l'année de sa mort qui est M. CC. LXXXX. C'est sans doute la sépulture d'un des Seigneurs nommés ci-dessus. Une autre tombe voisine représente un Prêtre revêtu selon l'usage du XIII ou XIV siécle, et c'est apparemment celle d'un Curé.

On lit dans les Registres du Parlement la Requête que les Marguilliers de cette Eglise présenterent en 1562 contre Antoine Milet, qui, quoique nommé à cette Cure, ne la venoit pas desservir; la Cour nomma Jean de Queslain indiqué par les habitans pour être admis par l'Evêque de Paris à desservir cette Paroisse avec l'honoraire convenable; le surplus du revenu du Curé fut saisi et employé pour les pauvres.

Reg. Parl. 26 Oct. 1562.

La nomination de cette Cure a toujours été et est encore à la collation Episcopale, *pleno jure*. C'est sur quoi tous les Pouillés sont d'accord. Le Curé reçoit des Décimateurs Ecclésiastiques la quantité de grain qu'on est convenu de lui donner.

Baux de 1637 et 1656.

Il y a eu autrefois une Léproserie à Macy. Elle est connue par un Arrêt du 3 Mars 1329, qui adjuge au Seigneur de Macy le pouvoir d'ordonner de l'administration de cette Léproserie, et d'instituer ou mettre les Freres et Sœurs pour en avoir soin.

Petit Livre blanc du Châtelet de Paris, f. 261. Repert. p. 520.

La Maladerie est une autre espece d'Hôpital qui sert aujourd'hui au soulagement des pauvres de ce lieu, et où l'on instruit les jeunes filles.

On tient qu'il y a eu autrefois un Prêche à Macy à l'endroit où l'on voit une Croix et quelques arbres.

Outre ce Macy il y en a deux autres en France, qui sont écrits Massy dans le Dictionnaire Universel géographique. L'un est au Diocése de Rouen, proche Neuchâtel, l'autre au Diocése de Mâcon, près de Cluny. C'est de Macy au Diocése de Paris qu'étoit Philippe de Macy élu Prieur de Sainte-Catherine de la Couture à Paris l'an 1363, lequel conduisit en 1364 avec ses Religieux le corps du Roi Jean à l'Abbaye de Saint-Denis où il devoit recevoir la sépulture.

Gall. Chr. nova, T. VII, c. 858.

Hist. Univ. Par

On voit dans les Poësies latines de René Michel, Curé de Champlant, imprimées en 1658, une piece de l'an 1632, intitulée *Massiacum*, et qui roule sur ce Village.

Ren. Mich. Poem.in-8°Par. p. 78.

Le Poëte débute ainsi :

Est pagus non vite magis quam divite gleba Fertilis, etc.

La piece contient deux pages.

L'auteur paroît avoir eu de la prédilection pour ce lieu, parce qu'il y avoit passé douze ans de sa jeunesse au service de Dieu, ainsi qu'il le dit. Au reste, il met simplement en bons vers ce que j'ai dit ci-dessus touchant le territoire de ce Village. A prendre littéralement ce qu'il dit ensuite du sermon que le Curé faisoit dans l'Eglise pour exhorter ses Paroissiens à bien combattre, il sembleroit qu'il y auroit eu alors dans ce Village un exercice de la lutte ou autre semblable qui se faisoit après les prieres de l'Eglise.

IGNY

Il ne se présente rien sur cette Paroisse qui puisse déterminer l'étymologie du nom ; il n'y a même aucun titre qui en fasse mention avant le XIII siécle. Je n'en connois que deux, lesquels sont écrits en latin. Dans l'un il y a *de Igniaco,* et dans l'autre *de Igny*. Il est vrai qu'il semble d'abord que ce nom viendroit du mot latin *Ignis,* mais il ne suffiroit pas de le dire ; il faudroit établir une raison qui puisse fonder à le croire. Il y a en France deux ou trois autres Villages de ce nom, et même une Abbaye d'Hommes de l'Ordre de Cîteaux, dont le nom latin depuis son origine au XII siécle a toujours été dit *Igniacum*. M. de Valois ne reconnoissant point dans le Pouillé Parisien du XIII siécle la Cure d'Igny sous le nom *Ini*, qui lui est donné par ce manuscrit, a éludé la difficulté et n'a point parlé du tout de ce Village.

Cette Paroisse est à trois lieues de Paris, un peu au-delà du midi en tirant vers le couchant. Sa situation est dans la vallée arrosée par la riviere de Bievre, une grande lieue avant que cette petite riviere passe au pont d'Antony, mais le Village est posé sur le côteau qui regarde le septentrion, d'où l'on découvre Macy, Verrieres et leurs dépendances. Comme la vallée commence à s'ouvrir davantage en ce lieu, les prairies y sont plus agréables, et l'on y cultive la terre plus aisément que dans quelques vallons par où passe la riviere de Bievre en y venant. Un titre de l'an 1249 *Tab. Ep. Paris.* parlant des terres situées en ce Village sur le ruisseau, ne l'appelle pas autrement que *Rivus de Igniaco*. Suivant le dénombrement de l'Election de Paris, imprimé en 1709, il y avoit alors en ce lieu 122 feux. M. Doisy qui a publié le sien en 1745, n'y en compte plus que 82. Dans le Dictionnaire Universel du Royaume qui parut en 1726, on fixoit à 370 le nombre des habitans.

Saint Pierre, Apôtre, est Patron de cette Paroisse. L'Eglise paroît bâtie de pierre d'Arcueil ; mais comme on l'a réparée et reblanchie avec grand soin en 1739, il est moins facile d'en connoître l'âge. Cette Eglise manque d'une aîle vers le midi, mais elle est supportée par une bonne Tour, bâtie de gray en partie. Si l'on peut juger de l'antiquité de l'édifice par les tombes qu'il contient, on peut lui donner environ trois cents ans, au moins à celui du Chœur, où j'ai vu quatre ou cinq tombes assez effacées, dont il y en a du XIV et du XV siécle. Mais la Sépulture la plus mémorable de cette Eglise est celle qu'on voit dans l'aîle du

Chœur. C'est une tombe sculptée en relief, supportée par quatre Lyons, autour de laquelle se lisent ces paroles :

Cy gist François de Vigny, Ecuyer, Seigneur de Gomonvilliers, fils de feu François de Vigny, Seigneur de Villegenis, Igny, et dudit Gomonvilliers qui décéda le 15 de May 1610.

Le lieu qui est nommé ici Gomonvilliers, est marqué Guemonvilliers dans toutes les Cartes des environs de Paris, gravées depuis soixante et dix ans. Il est situé proche Vauhallan.

Auprès de cette Tombe se lisent les Vers suivans, gravés sur un Marbre noir ; ils pourront paroître énigmatiques à ceux qui sont éloignés de ce Village.

LE FRERE A SON FRERE

De Vigny reçois les larmes
De ton frere désolé,
Que la Justice et les Armes
N'ont pû rendre consolé.
J'ai poursuivi ta vengeance ;
Ton meurtre impuni n'est pas,
Et ton assassine engeance
Vit sa mort avec ton bras.
Mais encore que sa rage
Ait éprouvé ta valeur,
Je pleure que ton courage
N'a paru qu'en ton malheur.

Ce que j'ai pu apprendre d'une personne de considération qui a ouï souvent les habitans raisonner à ce sujet, est que dans le dernier siécle la peste étant à Biévre, proche Igny, deux Demoiselles du lieu dit Favereuse de cette même Paroisse de Biévre n'ayant pu être administrées que par le Curé d'Igny, ce Curé ayant refusé la donation des bois qu'elles voulurent lui faire, elles la firent aux habitans d'Igny. Comme par la suite ce don souffrit quelques difficultés, ces habitans firent quelque emprunt de leur Seigneur, dont ne pouvant pas l'acquitter, le Seigneur voulut avoir part aux bois, et qu'y étant allé à main armée, les habitans se défendirent et que ce fut alors que ce Seigneur fut blessé ou tué, dont ils eurent leur grace.

On sent bien à cette complainte d'un de Vigny à un autre de Vigny décédé, qu'il faut qu'il y ait eu quelque émeute populaire dont la fin ait été tragique. Mais ce n'est point des habitans d'Igny que l'on peut tirer le détail de cet événement. Ceux des Villages voisins varient aussi dans les circonstances, et racontent le fait différemment. Ainsi il vaut mieux se taire que d'en rien dire. Il est étonnant toujours qu'un fait qui n'a pas cent cinquante ans ait été attribué aux habitans d'une petite Ville du Diocése de Sens qui a un nom approchant.

La Cure d'Igny est à la pleine Collation de l'Ordinaire, comme il paroît par le Pouillé du XIII siécle où le Village est appellé Ini, et par tous ceux qui ont été écrits ou imprimés depuis. Je marque à l'article de Châtres dit Arpajon, que dans l'Eglise de Saint-Germain de cette petite Ville, on voit la tombe d'un nommé Andri, Curé d'Igny au XIII siécle. En 1683, le 20 Décembre, il y eut en Parlement un Arrêt qui régloit Guillaume Hue, Curé d'Igny avec François de Valory, Prieur de Palaiseau, au sujet des dixmes d'agneaux d'un troupeau de la fermiere de Gomonvilliers, qui avoit toujours été en paturage sur la Paroisse d'Igny; en adjugea au Curé d'Igny la moitié de la dixme, et le reste au Curé de la Paroisse d'où étoit la ferme de Villebois. *Code des Curés, T. I. p. 141.*

On trouve quelques Seigneurs d'Igny encore plus anciens que ce Curé. Pierre de Nemours, Evêque de Paris, certifioit en 1212 que Garin *de Igniaco* et sa femme avoient vendu à l'Abbaye d'Hiere la dixme de Trembleceol dans la Paroisse d'Evry. Du temps que l'on dressa un état des Seigneurs qui devoient la garde à leur tour au Château de Montlhery sous le regne de Philippe-Auguste, on y mit dans ce nombre Pierre *de Munelles* comme tenu à faire cette garde durant deux mois, à cause de la Terre d'Igny *de Terra de Igny*. *Chart. Ed. Bibl. Reg.* *Chart. Ph. Aug. ad calcem.*

De là jusqu'à 1500 je n'ai trouvé aucun Seigneur de cette Paroisse que Nicolas du Puy qui l'étoit en 1510, suivant le Procès-verbal de la Coutume de Paris dressé cette année-là. J'ai cherché inutilement celui qui l'étoit en 1580 lors de la derniere rédaction. Dans ces derniers temps, outre les Seigneurs nommés ci-dessus, la Seigneurie a appartenu à M. Glu des Gobelins, et enfin à Mademoiselle de Sens.

Il y avoit à Paris vers la fin du XIII siécle une rue proche la Sorbonne, qu'on appelloit la rue au Seigneur d'Igny, suivant les Poésies de Guillot de Paris qui sont de vers ce temps-là.

Dans l'Acte d'affranchissement des habitans de Macy, Antony et Paray accordé en 1247 ou 48 par l'Abbé de Saint-Germain-des-Prez, sont compris ceux de *Aqua mortua*. On ne trouve en ces quartiers aucun lieu dont le nom approche davantage d'*Aqua mortua* que le canton qui est à l'entrée d'Igny en venant de vers Macy, et qu'on appelle *morte-Eau*, lequel est rempli d'eau et d'arbres. L'Abbaye de Sainte-Genevieve avoit au même siécle dans un lieu dit en latin *Jovigniacum* de l'Archidiaconné de Josas des menus cens payables, sçavoir à la Saint Remi cinq sols, et à la Fête de Saint Germain en Mai, huit deniers. Je ne m'éloignerois pas de croire que le mot Igny est l'abrégé de ce *Jovigniacum* que *Lib. Cens. S. Gen. fol. 53.*

l'on aura dit d'abord Jouigny, puis Ouigny, ensuite Oigny, et enfin Igny. Je conjecture que les cens que l'Abbaye de Sainte-Geneviéve y percevoit en 1250, à la Fête de Saint Germain de Paris, étoit un reste de quelque échange que les deux Abbayes auroient faite plus anciennement ; ensorte que celle de Sainte-Geneviéve avoit continué les mêmes termes de payement que celle de Saint-Germain avoit assignés primitivement.

Gall. Chr. nova, Instr. p. 197. On apprend par les Lettres de Confirmation que le Roi Henri II donna en 1549, pour tous les biens de l'Abbaye du Val-de-Grace située alors à Biévre, que dèslors cette Maison avoit des prez en la prairie d'Igny, et des cens au lieu dit le Versoir.

Hist. des Gr. Off. T. V, p. 687. Dans le Traité fait entre le Roi et le Seigneur d'Igny de l'an 1692 au sujet de quelques arpens de Terre de la Commune d'Igny, il est marqué que les appellations seront toujours relevantes de la Seigneurie de Chevreuse.

GOMONVILLIERS, situé proche Vauhallan, est un écart de la Paroisse d'Igny.

VERRIERES

On ne doute gueres que ce Village n'ait tiré son nom d'une Fabrique de Verre qu'on dit y avoir été autrefois. M. de Valois a été *Notit. Gall. p. 438. Cod. Cens. S. Germ.* de ce sentiment ; cependant le nom latin *Verdrariæ* que lui donne Irminon, Abbé de Saint-Germain du temps de Charlemagne, et le livre de la Translation du corps de Saint Germain pourroient en faire douter ; et encore plus le nom *Vedzariæ* qui lui est donné *Hist. de Montm. Preuv. p. 17.* dans un Diplôme du Roi Robert, de l'an 1027 sur l'exposé de l'Abbé Guillaume. Dans le temps de l'expédition de cette charte, Verrieres n'étoit pas érigé en Paroisse : ce n'étoit qu'une dépendance de la Terre d'Antony. On ne peut pas dire précisément en quel temps se fit cette érection. Elle étoit faite dès le regne de Saint Louis, puisque cette Cure se trouve dans le Pouillé qui est de ce temps-là ou environ. On l'y trouve sous le nom latin *de Vitreriis,* comme étant à la présentation de l'Abbé de Saint-Germain, sans doute en conséquence de ce qu'elle avoit été détachée d'Antony. Les Pouillés subséquens marquent la même présentation.

A l'égard du nombre de feux de ce lieu, il est dit de 149 dans le Livre de l'Election imprimé en 1709, et de 610 habitans ou communians dans le Dictionnaire Universel qui a paru en 1726. Le Village de Verrieres est à trois petites lieues ou deux lieues et demie de Paris, sur un côteau regardant le levant et le midi, qui a dans sa partie basse Macy et Antony, et dans la partie supérieure un bois appellé du nom du Village, dont il est séparé par des terres de couleur rougeâtre, ensorte qu'Antony, Macy et Verrieres paroissent former un triangle. Il a plusieurs dépendances, qui sont Mignoz, Amblain-Villiers, etc., dont en parlera ci-après. Il croît sur l'étendue de cette Paroisse, bled, vin et bois.

Cette Terre ayant été primitivement de la Seigneurie d'Antony, on doit lui appliquer plusieurs faits qui concernoient cette Seigneurie prise en entier. Telles sont les vexations exercées dans l'onziéme siécle par Pipinel Guérin qui s'en disoit Avoué, et que le Roi Robert essaya de faire cesser. L'affranchissement accordé en 1247 ou 1248 par Thomas de Mauléon, Abbé de Saint-Germain, ne regarde pas seulement les Serfs d'Antony, mais aussi ceux de Verrieres, qui y sont nommément spécifiés. On peut voir ce qui est dit là-dessus à l'article d'Antony. Ce que j'ai trouvé de particulier pour Verrieres, est que l'an 1236 Simon, Abbé de Saint-Germain, y acheta pour la somme de 750 livres une redevance de trente muids de vin et une rente de vingt sols. Du Breul a donné un Acte de 1244 qui fait aussi mention de Verrieres. Comme il est antérieur à l'affranchissement ou manumission des habitans de ce Village, hommes et femmes, Bertrand, fils de Hugues de Verrieres, qualifié homme de corps de l'Abbaye de Saint-Germain, ne put contracter mariage sans avoir auparavant la permission de l'Abbé et lui avoir promis de lui abandonner en propre comme Serfs et Hommes de corps la moitié des enfans qui naîtroient de son mariage. La raison pour laquelle Bertrand n'étoit tenu de donner que la moitié de ses enfans à cet Abbé, est que la femme qu'il devoit épouser étoit du Village de Vilceors que nous prononçons Wissous, et qu'étant par cette raison *Femme de Corps* de l'Evêque de Paris, l'autre moitié des enfans devoit lui appartenir. Tel étoit l'usage des temps avant les manumissions, et il est clairement indiqué dans les Lettres de l'Evêque de Paris Guillaume troisiéme du nom, publiées par Du Breul.

Les Calvinistes qui mettoient le feu, surtout aux fermes des gens d'Eglise et des Religieux, n'épargnerent pas plus celle de Verrieres que celle d'Antony ; elle fut réduite en cendres l'an 1562. Il est à croire que l'Eglise Paroissiale fut aussi alors endommagée. L'édifice qui subsiste aujourd'hui ne paroît rebâti que dans l'avant-dernier siécle. Il n'y a que le portail qui est resté de l'ancienne Eglise du XIII siécle, et quelque chose de la tour. Cette Eglise est sous le Titre de la Sainte Vierge. On y regarde l'Assomption comme la Fête Patronale. Mais comme c'est une fête solemnisée dans toute la Chrétienté, l'usage a fait établir à Verrieres une simple fête à laquelle les Ecclésiastiques s'assemblent, qui est la Sainte Anne. L'édifice entier est voûté, même les

Hist. S. Ger. p. 123.

Antiq. de Paris, p. 282.

Hist. S. Ger. p. 193.

deux aîles ou collatéraux, mais le principal corps de l'Eglise est sans vitrage, et ne tire du jour que par le bas. Sous le portique ou porche est une pierre qui couvre un caveau, dans lequel on dit qu'on trouva autrefois deux corps non corrompus, chacun dans leur biere. On m'assura aussi sur le lieu en 1740, que le Curé dernier-mort s'y étoit aussi fait inhumer. Une épitaphe gothique peu importante et qui est du XVI siécle appelle ce lieu *Voerrieres*. Il y a eu en effet un temps où pour écrire le mot *Verre*, on écrivoit *Voirre*.

Plusieurs sçavans ont aimé le séjour de Verrieres. André Duchêne si connu par sa Collection des Historiens de France, et par l'Histoire de tant d'anciennes Maisons Nobles, y avoit sa maison de campagne : mais un voyage qu'il y fit le 30 Mai 1640 lui fut fatal. Il fut écrasé dans le chemin par une charrette lorsqu'il n'étoit encore âgé que de 54 ans.

MIGNOZ ou MIGNAULS, et autrement MINEAUX, me paroît pouvoir être un lieu appellé Mulnes dans une charte du Roi Robert de l'an 1027, dont il est parlé à l'article d'Antony. Au moins, il est sûr que c'est ce Minials dont étoit Seigneur un nommé Matthieu l'un des Pleges pour Ferric, Chevalier de Palaiseau en 1218. Le fameux Avocat Charles du Moulin, a possédé cette Terre qui étoit depuis deux cents ans dans sa famille. Il l'avoit eue en 1526 et elle lui a été confirmée en 1529. C'est de cette Terre qu'il parle dans son Commentaire sur la Coûtume de Paris. Il la donna depuis à son jeune frere Ferry du Moulin, et cette donation lui causa tant de chagrin qu'il fut obligé d'en faire la révocation. Elle appartint depuis ce temps-là à Etienne des Belles, Auditeur des Comptes, et encore depuis à Jérôme Etienne, Auditeur des Comptes et Marie Féron, sa femme.

Chart. S. Gen. fol. 252.

Vie de du Moulin, p. 2, 28 et 208.

Ibid.

Perm. d'or. dom. 10 Févr. 1643.

Cette Terre de Mignaux renferme non-seulement un château, mais encore un hameau qui fait un article particulier dans le rolle des Tailles. Le dénombrement de l'Election en 1709 y comptoit 29 feux, ce que le Dictionnaire Universel de 1726 réduit à 123 habitans ou communians. Le château paroît n'avoir jamais été achevé ou avoir été détruit en partie peut-être par quelque incendie. Sa construction ne paroît pas fort ancienne. On la dit être du même temps que celle du château de Chilly, et que ce fut pour un Intendant du Seigneur de Chilly qu'il fut bâti. On m'a assuré dans le pays qu'il appartient aujourd'hui au sieur Marchais de Chatenay, Village voisin. Il est situé au bas du canton de Verrieres où est l'Eglise, en tirant vers le midi.

AMBLAIN-VILLIERS est un autre hameau un peu plus éloigné, en tirant vers le couchant, également au rivage gauche de la riviere de Biévre comme Mignaux. Cette Seigneurie est ancienne si elle étoit possédée par Bochard d'Amblain-villiers, *Chart. Ep. Par.* duquel le Cartulaire de l'Evêque de Paris au XIII siécle fait *in Bibl. Reg.* mention à l'occasion d'une dixme qu'il avoit à Macy. Il est aussi parlé dans le Cartulaire de Ste-Geneviéve d'un nommé *Soutanus* *Chart. S. Gen.* *de Amploviller*, qui fut plege pour le Seigneur de Palaiseau en *fol. 252.* 1218. Il falloit que ce fût une place considérable en 1358. Au *Chroniq. de S. Denis 1358.* mois d'Octobre de cette année les Garnisons Angloises d'autour de Paris, *allerent*, suivant l'expression des Chroniques Françoises de Saint-Denis, *prendre une forte maison à trois lieues de Paris appellée Amblanvilliers*. Ceux de Paris envoyerent pour la reprendre, mais sans succès. Enfin ils l'acheterent des Anglois, et la firent abattre. Jean Allegrin, Conseiller au Parlement, étoit *Cout. de Paris,* Seigneur de ce lieu en 1580. Depuis ce temps-là cette Terre *1580.* appartint à Eustache Cossart, Auditeur des Comptes, suivant un *Perm. de Chap.* Acte du 12 Juillet 1606, et en 1645 elle étoit possédée par Philippe *Dom.* du Livet et Charlotte Lettier, sa femme. J'omets la maison qu'ont *Reg. Ep. Paris.* eue en ce hameau en 1629 et 1636 Pierre Joly, Secrétaire du Roi *Ibid., 9 Apr.* et Catherine Savary, sa femme, laquelle venoit de Jean Savary, Bourgeois de Paris.

Dom Mabillon écrit dans un de ses ouvrages que l'Abbaye de *Sæc. III, Bened.* Saint-Germain-des-Prés a eu cette Terre nouvellement, par *Part. II,* échange pour Nogent-l'Artaud ; il a voulu dire apparemment que *p. 115, in Nota.* c'est une des Terres que ce Monastere a eues pour cet ancien domaine situé du côté de la Champagne, car Dom Bouillard *Hist. S. Ger.* assure que le Marquis de la Vieville pour avoir ce Nogent a cédé *p. 222.* des biens situés à Thiais et à Choisy-sur-Seine. Le même Dom Bouillard met plus bas les bois d'Amblain-villiers aussi-bien que *Ibid., p. 273.* ceux de Verrieres, dans le nombre de ceux que l'on prit autrefois pour l'aggrandissement du Parc de Versailles.

VAUPERREUX est aussi de la Paroisse de Verrieres aussi-bien que la Tuillerie de prez.

LA BOURSILLERE, marquée dans les cartes comme située dans les bois de Verrieres, est un vieux Château maintenant ruiné.

L'Historien moderne de Saint-Germain-des-Prez dit encore un *Ibid., p. 223.* mot des bois de Verrieres. Il rapporte à l'an 1630 les routes que le Roi fit faire dans les bois dépendans de l'Abbaye pour le plaisir de la chasse, et il ajoute que les Religieux en furent dédommagés.

Verrieres est mentionné dans l'Histoire de la Chancellerie à *Hist. de* l'occasion d'un Arrêt du 13 Juillet 1598, rendu par le grand Con- *la Chancellerie,* seil du Roi, au profit de Robert Arnou, Secrétaire du Roi, qui fit *p. 255..* défense aux Asseyeurs des Tailles de cette Paroisse de le cottiser à l'avenir, et qui les condamna aux dépens. Je trouve aussi à l'an 1619 que Pierre Arnoul, Secrétaire et Interprête du Roi, avoit *Reg. Ep. Paris.* sa maison à Verrieres. *Ord. 18 Jun.*

ANTONY

Entre plusieurs terres voisines de Paris possédées par l'Abbaye de Saint-Germain-des-Prez, Antony n'est pas des moins considérables. Elle a été cependant autrefois plus étendue qu'elle n'est aujourd'hui, car Verrieres en faisoit partie primitivement. Ce Village est à trois petites lieues ou environ de Paris sur la petite riviere de Biévre, et le Bourg bâti proche l'Eglise est un peu éloigné du chemin d'Orléans. Il est situé à la droite de ce chemin sur une pente douce qui regarde l'orient, mais il fut formé en ces derniers temps sur cette route une espece de second Village, composé de beaucoup d'hôtelleries, de marchands, ce qui rend le lieu beaucoup plus peuplé. Cette Paroisse renferme labourages, prairies et vignes. En 1709, le dénombrement de l'Election n'y comptoit que 84 feux. Le Dictionnaire Universel de la France donné en 1726, évalue cela à 558 habitans ou communians. Mais on doit en compter davantage aujourd'hui depuis qu'on a bâti sur le grand chemin. Il y a un pont en cet endroit sur la riviere de Biévre.

Cette Paroisse étoit appellée autrefois Antoigny; du moins on l'écrivoit ainsi, ou bien on écrivoit avec aspiration, Anthoigny. Le Pouillé Parisien du XIII siécle, quoiqu'écrit en latin, ne donne point à cette Paroisse de dénomination latine. Elle y est appellée *Antogni*. Ce Pouillé et tous les suivans la placent dans le Doyenné de Châteaufort, et tous uniformément déclarent que la Cure est à la présentation de l'Abbé de Saint-Germain-des-Prez. On ne voit pas bien ce qu'il faut entendre par le don d'une Chapelle que Hilduin, Abbé de cette maison, fit à ses Religieux en 829, lorsqu'il leur assigna pour leurs vêtemens entre autres biens *Antoniacum cum ipsa Capella*. Ce sont les termes de la charte de confirmation par Louis-le-Débonnaire. On assure plus communément que ce fut Imbert, Evêque de Paris, qui donna en 1042 l'autel d'Antony au Monastere de Saint-Germain, ne se réservant que le Droit de Synode et celui de Visite [1]. Une Bulle d'Alexandre III, de l'an 1177, met l'Eglise d'Antony parmi celles qui appartiennent à la même Abbaye. Cette Eglise est sous le titre de Saint Saturnin, Martyr, Evêque de Toulouse. Il y a sur le grand autel une châsse qu'on dit renfermer de ses reliques. Outre sa Fête du 29 Novembre, laquelle dans le dernier siécle y étoit

Hist. de S. Germ. Preuves xv.

Ibid., p. 76.

---

1. Le nouveau *Gallia Christiana* à l'Article de cet Evêque a mis qu'il donna le Village, *Villam;* c'est une faute d'impression.

précédée du Jeûne de la Vigile Saint André qu'on anticipoit, on y solemnise aussi sa Translation le second Dimanche de Mai. Quelques-uns assurent que Saint Barthelemi est l'ancien patron de cette Eglise. Mais on sçait par expérience que plusieurs Saints ayant été honorés en certains lieux le 24 Août, jour de leur mort, le peuple a cru que c'étoit Saint Barthelemi qu'on y célébroit, à cause que ce jour-là est consacré à sa mémoire. Le chœur de l'Eglise d'Antony et la belle tour qu'on y voit surmontée d'une pyramide de pierre, paroissent être du XIV siécle ; l'édifice de la nef est plus nouveau d'environ deux cents ans.

C'est aussi à l'Abbaye de Saint-Germain-des-Prez qu'appartient la Seigneurie d'Antony. Ce qui le prouve après la charte de l'an 829 ci-dessus citée, est le Diplôme de Charles-le-Chauve, de l'an 872, lequel compte parmi les terres qui sont confirmées à ce Monastere, *in pago Parisiaco Antoniacum, et Spinogilum et Villulam Caticantum*. Antony avoit alors un grand nombre de dépendances. On doit le conclure d'une charte du Roi Robert, de l'an 1027, à l'occasion des droits et coutumes qu'un Avoué nommé Pipinel Guérin, voulut exiger. Comme cela alloit à l'oppression des Vassaux de l'Abbaye, l'Abbé Guillaume obtint ce Diplome pour arrêter les entreprises de cet homme qui est qualifié *Vicarius* ou *Viarius ;* les dépendances d'Antony y sont ainsi spécifiées : *In Roricurte, Villa Osii, Villa Grès, Villa Mulnes, Villa Vedzarias, Villa Culez, Villa Bolonis* ou *Boldinis*. Hist. de S. Germ. Preuves xxxii.

Hist. de Montm. Preuv. p. 17. Hist. Eccl. Par. T. I, p. 628.

L'Avoué ci-dessus nommé recommença apparemment ses vexations. Il fut besoin que l'Abbé Adrauld (*Adraldus*), successeur de Guillaume, obtînt encore du Roi Robert de nouvelles Lettres par lesquelles ce Prince attribua au Monastere la Voyerie d'Antony, dont jouissoit certain Chevalier nommé Varinus. Ce sont les termes de l'Historien. *Ibid.* T. I, p. 655.

Le Monastere de Saint-Germain eut encore un autre adversaire à réduire dans la personne d'Etienne de Macy. La décision de ce qui étoit contesté entre les deux partis fut soumise au duel. Chacun fournit son champion suivant l'usage du temps (c'étoit en 1152). Le champion de Saint-Germain arracha l'œil au champion du Seigneur de Macy, et se jetta si rudement sur lui qu'il fut obligé de se déclarer vaincu : c'étoit sous l'Abbé Geoffroy. Hugues de Monceaux, qui gouvernoit l'Abbaye en 1168, fit renoncer, en présence du Roi Louis-le-Jeune, Jean de Macy, probablement fils d'Etienne, aux droits qu'il prétendoit avoir dans le bois d'Antony [1]. Cette Terre parut si considérable à cet Abbé, que ce fut sur elle qu'il ordonna qu'on prît la dépense du repas le jour Hist. de S. Germ. p. 89.

Ibid., p. 95.

Ibid., p. 98.

---

1. Ce Bois n'existe plus, ou fait partie de celui de Verrieres.

de l'anniversaire de sa mort, et même il établit à ce sujet une chose dont les exemples sont très-rares : c'est qu'il voulut que son anniversaire eût une octave. On le célébroit le vi des Calendes d'Avril.

Hist. Eccl. Par. T II, p. 381. Hist. de S. Germ.

Au XIII siécle plusieurs Seigneurs affranchirent leurs Vassaux. Thomas de Mauléon, Abbé de Saint-Germain, accorda cette grâce à ceux d'Antony et de Verrieres en 1247 ou 1248. Les conditions de cette manumission furent qu'ils payeroient par chaque année cent livres de rente au Monastere le lendemain de la Purification ; que les Religieux auroient en ce lieu des moulins, des fours et pressoirs bannaux ; qu'ils prendroient en vendanges dans chaque muid deux pintes de mere-goutte, et la troisiéme partie du vin de pressurage ; qu'ils feroient certaines corvées et fourniroient des lits garnis à l'Abbé et aux Religieux lorsqu'ils viendroient à Antony.

Gloss. Cangii voce Gistum.

Il y a dans le Glossaire de du Cange une liste des lieux où le Roi avoit droit de gîte au même siécle. Parmi ceux qui le devoient une fois par an est nommé *Anthoniacus*. Ce droit de gîte excita un différend dans cette Paroisse. Outre les habitans de la Bourgeoisie de l'Abbaye, il y avoit quelques habitans qu'on appelloit les Hôtes de l'Evêque de Paris. Ces derniers ne voulurent pas payer un jour au *prorata* de leurs terres leur contingent pour le gîte que le Roi (qui étoit alors S. Louis) avoit pris à Antony. Il fut déclaré dans le Parlement de la Saint-Martin d'hiver de l'an 1260, que les Bourgeois d'Antony asscoiroient ce gîte, et que le Prévôt de Paris le feroit lever.

Reg. Parl. Not. B. M. 1260.

On trouve encore quant aux faits qui regardent le même siécle, que l'an 1276 au mois de Février l'Abbé Gérard de Moret fit une échange de la gruerie des bois d'Antony, et que les Religieuses de Longchamp avoient droit de lever 12 muids d'avoine au même lieu d'Antony, selon un titre qui est de l'an 1279, et qui servit de décision en leur faveur l'an 1401. Plus, dans un titre françois du Cartulaire de Saint-Magloire, il est fait mention du *Pressouer de Villehemon* ou *Antoigny*, construit sur une Censive relevante en fief d'Andry Poolin de Courcelles, Chevalier. Ce titre qui est de l'an 1294 ne doit pas nous porter à croire que le Village d'Antony ait autrefois porté le nom de Villehemon. Le titre veut seulement dire que le pressoir portoit le nom de *Pressoir d'Antony* et de *Pressoir de Villehemon*, parce qu'il servoit aux deux Villages, et qu'il étoit peut-être situé entre les deux. J'ai rapporté à l'article de Macy les preuves qui montrent que Villehemon n'est autre que le petit Village que nous appellons maintenant Villaines par corruption de langage. Il y avoit aussi à la fin du même siécle un droit de *Tensement*, qui se prenoit sur le vin. Cet établissement

Gall. Chr. nova, col. 454.
Reg. Cons. Parl. 4 Mai 1401.
Chart. S. Magl. in Bibl. Reg.

venoit de quelque Prince ou Chevalier qui s'étoit rendu Protecteur et Défenseur des habitans. Le droit par la suite attribué à leurs descendans étoit quelquefois vendu ou légué à d'autres, et même à des Communautés. L'Abbaye de Saint-Magloire avoit joui du revenu du Tensement d'Antony, et l'avoit cédé depuis en fief à Jean Thibaud d'Issy, Ecuyer et Agnès, sa femme, desquels Pierre de Condé, Archidiacre de Soissons et Clerc du Roi, l'acheta. On voit par la reconnoissance qu'il en donna l'an 1298 à l'Abbé de Saint-Magloire, que le produit de ce droit de dépense conjointement avec celui de Macy, montoit à huit livres parisis ou environ. Chart. S. Magl. in Bibl. Reg. Paris. Gaign. fol. 136.

C'est peut-être de ce droit ou d'un semblable que veut parler l'Historien des Grands Officiers, lorsqu'il dit qu'en 1333, Philippe de Valois donna à Jean de Beaumont, son Maître d'Hôtel, une rente qu'il levoit à Antony et à Viry. En 1346, le même Roi alla vers la Fête de l'Assomption camper à Antony sur ce qu'on lui avoit dit que le Roi d'Angleterre passeroit par là pour aller en Flandres. Mais ce Prince l'y attendit vainement deux jours, le Roi d'Angleterre ayant au sortir de Poissy tiré vers Beauvais. Dom Bouillard a inséré dans l'Histoire de l'Abbaye un fait qui concerne Antony, dont les Auteurs du *Gallia Christiana* n'ont rien dit en parlant de l'Abbé Richard. C'est que cet Abbé de Saint-Germain, qui siégea depuis 1363 jusqu'en 1387, engagea la Terre d'Antony à deux Gentilshommes, Jean et Guillaume de Clamecy, pour en jouir leur vie durant, en payant annuellement deux cents francs d'or. Voici un autre fait que j'ai trouvé et qui concerne son prédécesseur. Cet Abbé, suivant un compte de la levée du quinziéme denier qui se faisoit pour le rachat du Roi Jean, fut exempt de le payer en considération de la forteresse qu'il avoit à Antony.

La Prévôté d'Antony fut quelquefois possédée par des Religieux particuliers. On lit qu'en 1482, Geoffroy Floreau, Bénédictin, Abbé de Beaulieu en Argonne et Evêque de Châlons, en jouissoit et la céda à Robert de l'Espinasse avec l'Abbaye de Saint-Germain.

Il se fit à Antony sous le regne de François I plusieurs établissemens, tendans au bien public. Comme on obligeoit les étrangers qui avoient des vignes sur le finage d'Antony, de transporter leurs vendanges sur les pressoirs bannaux, les Religieux se virent dans la nécessité d'en faire bâtir de nouveaux, proche le pont de ce lieu.

François I donna en 1545 des Lettres pour l'établissement de Foires à Antony le Jeudi d'après la Pentecôte et le jour de Sainte Catherine, outre un marché tous les Jeudis, le tout à la priere du Cardinal de Tournon, Abbé Commendataire de Saint-Germain.

Mais les Guerres civiles de la Religion détruirent une partie de ce qui venoit d'être établi. Les Huguenots brûlerent en 1562, non seulement les pressoirs, mais encore la ferme de l'Abbaye.

Antony n'a aucuns Ecarts. On a reconnu cependant en 1679 que le Château de Berny est sur la directe d'Antony. Je ne compte point pour Ecart les maisons qui sont sur le grand chemin, et dont le nombre va en augmentant; la distance est trop petite, et la jonction se fera peu après avec le Village. Ce quartier s'appelloit le Pont d'Antony dès il y a deux cents ans. Etienne Tournebuc, Conseiller du Roi, y avoit sa maison en 1539. Il y avoit sur cette même Paroisse en 1619 un canton appelé le petit Chantelou où habitoit le sieur le Cesne, Secrétaire du Roi.

Reg. Ep. Par's. Aug. 17 Dec.

Il y a de nos jours à Antony une manufacture de cire dont il est parlé dans le Spectacle de la Nature (Tome VII).

Le nom *Antoniacum* n'est pas rare dans les titres latins conservés en France. Soit que ce nom soit dérivé de celui d'*Antonino*, qui a été fort commun, ou qu'il vienne de quelque nom d'agriculture, tel qu'*Audenna*, ou *Antes*, on le connoît dans le Maine, la Touraine et le Poitou, où il y a des lieux appellés en françois Antoigny, et en latin *Antoniacum*.

Dict. Univ. de la Fr. Notit. Gall. in Anton. p. 409. Gloss. Cangii nouv. in Catal. Cancellar. et col. 142.

C'est d'Antony proche Paris qu'étoit le Garde du Grand Scel de Saint Louis qu'on appelloit Philippe d'Antogny ou d'Antongny. Il avoit tant pour soi que pour ses chevaux et valets à cheval sept sols parisis par chaque jour.

Hist. de la Chancell. p. 8. Mercure, Mars 1749.

On lit dans le Mercure de France l'Histoire d'un Avanturier d'Antony arrivée en 1748.

CHATENAY-LEZ-BAGNEUX

C'est ainsi qu'on appelle dans les Rolles de l'Election de Paris, le Châtenay qui est compris dans l'Archidiaconné de Josas, pour le distinguer du Châtenay qui est contenu dans le grand Archidiaconné. Il falloit que Bagneux fût anciennement un lieu bien considérable, pour que ce soit de lui qu'une Paroisse aussi notable qu'est celle du Châtenay dont il s'agit, eût pris sa dénomination. On ne pouvoit pas dire en effet, *Châtenay-lez-Ceaux,* ou *Châtenay-lez le-Bourg-la-Reine,* ou *lez-le-Plessis,* puisque ces lieux n'existoient pas, et que quand ils ont commencé d'exister, ils n'étoient que de simples hameaux de Bagneux ou même de Châtenay. Ainsi il a fallu chercher à une lieue du côté de Paris dequoi former une dénomination distinctive, et la tirer d'une

Paroisse très ancienne et très étendue. Mais quoique Bagneux date de fort haut, Châtenay peut encore dater d'un temps plus ancien. Car le livre d'Irminon, Abbé de Saint-Germain-des-Prez sous Charlemagne, marque le nom de Châtenay, *Castenîdum*, voisin de Verrieres, comme celui d'un pays où son Monastere avoit un peu de bois avec beaucoup de vignes et des prez passablement. Outre cela Châtenay est nommé comme Bagneux dans une charte du IX siécle, parmi les biens qui furent confirmés au Chapitre de Paris par le Roi Charles le Simple, et cela sous le nom *Castanetum*. Dans celle des Rois Lothaire et Louis de l'année 980 ou environ, la confirmation tombe non seulement sur le Village, mais aussi sur une Eglise, *Castanetum cum Ecclesia;* ce qui est répété dans la Bulle de Benoît. Je n'insiste aucunement sur l'étymologie de ce lieu. Il est clair qu'elle vient des châteigners qui y ont été primitivement.

On voit par ce qui vient d'être dit que la distance de Paris à Châtenay n'est que de deux lieues et demie. Ce Village est sur la pente d'un côteau qui regarde l'orient et un peu vers le nord à demi-lieue du chemin d'Orléans. On l'apperçoit à la main droite un peu après qu'on se trouve au-delà des hauteurs de Ceaux. C'est un pays fécond en vignes, quoiqu'il y ait aussi des terres et des prez dans le bas, et beaucoup d'arbres plantés de côté et d'autre, qui forment une agréable variété. Dans le dénombrement de l'Election imprimé en 1709, la Paroisse étoit comptée pour 109 feux. Dans celui que le Sieur Doisy a publié en 1745, elle n'est comprise que pour 91 feux. Le Dictionnaire Universel de la France publié en 1726 y marque 560 habitans.

L'Eglise de ce lieu est sous l'invocation de Saint Germain Evêque d'Auxerre, suivant l'usage ancien, par lequel de place en place dans le Diocése de Paris, les principaux lieux de l'antiquité ont été mis sous sa protection. On reconnoît dans le chœur de celle qui subsiste aujourd'hui beaucoup de pilastres et chapiteaux du XIII siécle, et même il y a apparence que ceux qui sont sous la tour sont du siécle précédent. Cette tour est élégamment travaillée pour un clocher de campagne. Elle peut avoir cinq cents ans d'antiquité. Comme je ne suis pas de caractére à donner aux édifices plus d'ancienneté qu'ils ne me paroissent en avoir, je n'ai ajouté aucune foi à ce que m'a déclaré un Prêtre qui me fit voir cette Eglise en 1738, lorsqu'il me dit qu'elle est du VI siécle, et qu'il en est fait mention dans un Concile de ce temps-là. Outre la Fête de Saint Germain du 31 Juillet on y célébre aussi la Fête de la Translation de ce Saint le 1er Octobre, mais on n'y montre point de ses Reliques. On voit au sanctuaire du côté du septentrion une inscription gravée sur le marbre qui porte qu'en 1713 M. de

Malezieu, fils de M. de Malezieu qui avoit une Seigneurie en ce lieu, fut sacré dans cette Eglise Evêque de Lavaur par M. Fabio Brulart, Evêque de Soissons. On m'assura aussi dans le lieu qu'il y avoit célébré une Ordination assez nombreuse.

Il reste dans cette Eglise quelques tombes du XIII ou du XIV siécle. On voit sur une de ces tombes trois personnes figurées en habits longs et capuchons, dont il n'y a que celle du milieu qui en ait la tête couverte. Si elle vient du cimetiere comme on me l'assura, et comme il y a lieu de le croire en ce qu'elle est tournée irréguliérement, elle ne mérite pas tant d'attention. Ce qui en mérite davantage, est ce qui se lit dans les mémoires de l'Académie des Belles-Lettres, qu'en creusant dans ce chœur il y a quinze ou seize ans, on trouva dix ou douze tombeaux de plâtre dans chacun desquels il y avoit au moins un pot de terre grise à petites bandes rouges, rempli de cendre et de charbon. Il y en avoit quelquefois trois ou quatre, et quelquefois aussi une petite phiole. On trouva de semblables pots dans d'autres cercueils qui sont dans l'ancien cimetiere de la Paroisse éloigné du Village d'environ un demi-quart de lieue. Ce qu'on remarqua de plus dans un de ceux de l'Eglise fut une plaque de cuivre avec sa boucle qu'on avoit trouvée sur l'os d'un bras qu'elle avoit carié et teint de vernis qui se forme sur ce métal. M. de Clairembault, Généalogiste des Ordres du Roi, conserva toutes ces pieces avec les desseins des lieux. L'usage de ces vases pour l'eau bénite, l'encens et le charbon, indique le XII ou le XIII siécle conformément à ce qu'on lit dans Beleth : comme on trouve ailleurs dans le chœur des Eglises Paroissiales des sépultures de Curés du XIII siécle, on peut croire que cette derniere sépulture est celle d'un Curé de Châtenay de ce siécle-là, lequel auroit été inhumé avec ses ornemens sacerdotaux dont l'agraphe ou plaque de cuivre en question formoit une partie.

Mém. de l'Acad. des Inscript. T. IX, p. 179.

On voit dans le cimetiere la tombe d'un Curé de cette Paroisse décédé en 1732 sur laquelle, quoiqu'il y ait beaucoup d'écriture, son nom n'est nullement marqué. J'ai appris qu'il s'appelloit Guiart, et qu'il avoit été auparavant Vicaire de Saint-André des Arcs à Paris.

L'Eglise de Châtenay n'a point de porte à la face occidentale, parce que le Presbytere se trouve occuper cette place.

Une des plus anciennes Confréries du Diocése de Paris, après quelques-unes de la Ville, est la Confrérie de Châtenay. Il en est fait quelquefois mention dans le Nécrologe de Notre-Dame. On doit inférer de ce qui s'y lit au 17 Août et 24 Septembre qu'elle existoit dès l'an 1200 ou environ : elle avoit dès le regne de Saint Louis des biens en fond, comme des vignes, etc.

La Cure est marquée au Pouillé du XIII siécle, comme un bénéfice à la présentation du Chapitre de Paris. L'Eglise en effet lui appartenoit dès le X siécle au moins. Depuis l'établissement des partitions, elle est échue à la trente-cinquiéme partition des Prébendes, comme le certifient tous les Pouillés tant imprimés que manuscrits. Comme en 1263 il fut besoin d'un Réglement touchant l'usage de l'offrande volontaire que les pareins et mareines faisoient au baptême, il fut fait entre le Chapitre et les habitans, et Regnaud de Corbeil, alors Evêque, le confirma. *Magn. Pastor.* La Coûtume étoit qu'à chaque baptême il y avoit trois pareins et trois mareines, et qu'ils donnassent chacun un denier à l'Eglise. Les parties tomberent d'accord qu'en échange de ces six deniers par baptême, l'Eglise de Châtenay jouiroit d'une vigne située au lieu dit Grauvis dans la Justice du Chapitre, et qu'outre qu'elle étoit chargée de douze de cens capital, elle le seroit encore de douze autres, ce qui formeroit deux sols. Quelques biens de l'ancien fond de la Cure sont désignés incidemment dans la reconnoissance que Jean, Prêtre-Curé (*Presbyter Curatus*) de Châtenay, donna au Chapitre en 1277, sçavoir, celle d'une place contiguë *Jardino Presbyteri* ; d'une demi-piece de vigne rouge (*Vineæ Rubeæ*) dans le territoire appellé *Torques* contigu au ruisseau appellé le Canal ; d'une autre piece de vigne blanche au territoire de Gervins contiguë à la Vigne du Prêtre appellée la Vigne de la Chrétienté. La jouissance de ces biens se continuoit par forme de bail sous certaines redevances annuelles. *Ibid.*

Quoique le Chapitre de Paris eût à Châtenay plusieurs droits spirituels et temporels dès le X siécle et le suivant, il lui manquoit encore au XII siécle quelques-uns des Droits temporels. Mais il parvint alors à en jouir soit par donation, soit par acquisition. On lit que Maurice de Sully, Evêque de Paris, lui donna la Voierie de ce lieu pour payer la station (c'est-à-dire le repas) qui devoit se faire à son Anniversaire. De plus, la derniere année de son Episcopat, Ansel de Chetainville et Alix, sa femme, vendirent au même Chapitre la dixme d'un canton qu'ils avoient au même Village, tant sur les terres labourables que sur celles qui restoient à essarter. Jean de Bievre, du Fief duquel cette dixme relevoit, s'en rendit plege avec Raoul du Plessis et Gautier de Chaterun. Les Lettres de l'Evêque Maurice sont de l'an 1196. Il est notoire de plus par le Nécrologe, que le même Chapitre y acheta du bien de Philippe de Roissy, Chevalier, qu'il y accrut ses rentes annuelles, et qu'il y eut en ce lieu d'autres biens en fonds par l'emploi qu'il faisoit des sommes de plusieurs testateurs. Tout cela au XIII siécle. Mais ce qui tendit plus directement au profit de l'Eglise de Paris, furent les dons de différente nature de

Hist. Eccl. Par. T. II, p. 148.

Ibid., p. 147, ex magno Past

Necr. Eccl. Par. 2 Jul. 27 Mart. 15 Feb.

Necrol. Paris.
11 Dec. biens situés au même Village en terres et vignes : entre autres de la libéralité d'Adam de Chambly, Evêque de Senlis : de celle de Jean de Montlhéry étoient des Terres à la Houssaye dans la

Ibid., 17 Aug. censive du Chapitre, proche les Terres d'Héloïse du Plessis et d'Agnès la Doyenne : des vignes à la Pissotte, d'autres au Poirier d'Aulnay, et d'autres au Val-Germain. Du legs d'Etienne de Limoges, des Terres au climat dit Familleus, des Vignes au

Ibid., 2 Dec. Nefflier et au Val-Germain, d'autres biens aux territoires dits : Ravenel, Mere-morte et à Mortemer joignant la vigne du Prêtre

Ibid., 5 Mart. de la Paroisse. Du pur don de Clément, Archidiacre de Laon, des Terres au lieu dit Roncenoi, des Vignes entre les deux voies et

Ibid.
1 et 5 Mart. dans les petites Perruches. Du legs d'Etienne de Guiberville et de Simon, son frere, Chancelier, des Vignes et des Prez, vers l'an 1300. Ce fut aussi à Châtenay que furent assignées plusieurs

Ibid., 16 Jun. pieces de prez légués à la même Eglise : l'une s'appelloit le Pré du *Mandatum,* par rapport à la cérémonie du Jeudi saint. D'autres étoient dans le canton de la Prairie appellé *Pratum Demanche,* ce

Ibid., 24 Sept. qui revient à *Pratum Dominicum,* Pré Royal ou Pré du Domaine. D'autres enfin aux endroits nommés l'Orme-Gautier, et Turcel ou

Ibid., 19 Sept. Turrel, où Henri de Montmagny, sous-Chantre, en possédoit, dont il céda pareillement le revenu. Enfin du legs de Jean de Chante-

Ibid., 23 Febr. prime, Doyen, décédé en 1413, des Terres qui venoient d'Almaric du Pont, Ecuyer, et dix-huit arpens de bois à la Broce. Je ne suis entré au reste dans ces indications de territoires que par considération pour l'antiquité, et à cause que les Titres qui en font mention sont de quatre, cinq, ou six cents ans. Grancolas n'a

Histoire de
l'Eglise de Paris,
Granc.
T. II, p. 149. point manqué de parler des soixante poules et plus qui se prenoient à Châtenay pour la célébration de la Victoire de Philippe-le-Bel ; mais comme dans l'Acte ce lieu est associé à celui de Machault pour cette fourniture annuelle, on voit assez clairement qu'il s'agit là de Chastenay en Brie qui n'est qu'à quatre lieues de ce Machault aussi situé en Brie. (C'est aux environs de Montereau.) Mais c'est à ce Châtenay-ci qu'ont été assignés les fonds

Du Bois,
Collect. MS.
T. V, ad calc. de terre que Pierre le Jeune, Chanoine de Paris, destina pour fonder deux Chapelains à Notre-Dame dans le XIII siécle. On ne peut distinguer quels ont été ces Chapelains : aujourd'hui on ne connoît qu'un Chapelain de Saint-Jacques et Saint-Philippe qui a du revenu en argent à Châtenay.

Il y avoit au XV siécle en ce Village une maison qu'on appelloit

Necr. Eccl. Par.
ad 7 Oct. la maison du Fief de Châtenay, *Domus Feodi de Castaneto.* Comme le Chapitre de Paris étoit tenu de l'entretenir, c'étoit sans doute la maison Seigneuriale. Dans le siécle suivant, je trouve

Reg. Capituli. mention du Fief de Crénaux assis à Châtenay, et duquel il fut rendu hommage au Chapitre de Paris le 24 Janvier 1559.

Les anciens monumens nous ont aussi conservé quelque chose qui concerne les habitans de Châtenay. Il ne leur fut point particulier de voir abolir au XII siécle les droits de gîte que le Roi pouvoit lever sur eux. Louis-le-Jeune les abolissant pour toutes les Terres du Chapitre de Paris, en l'an 1155, y compris Châtenay. Mais ce qu'on lit de spécial pour Châtenay dans les Chroniques du temps, dans une que le Pere du Bois cite après du Cange, et dans la Chronique latine que le Sieur Auteuil a publiée à la fin de la vie de la Reine Blanche, et même dans l'Histoire de Corbeil, est que cette Reine gouvernant le Royaume durant l'absence de Saint Louis, apprit que les Officiers du Chapitre de Paris avoient enfermé dans les prisons de l'Eglise les Hommes-Serfs qu'ils avoient à Châtenay, pour n'avoir pas payé la taille attachée à leur état, et que ces Officiers ne leur fournissoient point les vivres nécessaires. La Chronique latine marque en propres termes que la Reine les pria de les faire sortir de prison, et qu'ils n'en voulurent rien faire : qu'au contraire, ils firent encore enfermer les femmes et les enfans, de maniere que la chaleur de la prison en étouffa plusieurs : ce que voyant la Reine Blanche, elle vint au Chapitre avec des gens armés, fit rompre les portes des prisons, et se saisit du temporel de l'Eglise jusqu'à satisfaction. Une vie de Saint Louis imprimée en 1666 à Paris, chez Ballard, in-8°, rapporte la même Histoire, ajoutant que la Reine frappa même la premiere de son bâton à la porte des prisons. Ceci se passa pendant le premier voyage de Saint Louis outre mer, c'est-à-dire environ l'an 1248. Telles étoient les manieres dures de ce siécle envers les gens serfs, et cela n'étoit pas singulier à Paris. La Reine Blanche et Saint Louis son fils, informés des traitemens à peu près pareils qu'on faisoit en divers lieux aux paysans non affranchis, porterent tous les Seigneurs à accorder la manumission à leurs serfs. Ceux de Châtenay obtinrent leur liberté vers l'an 1266, moyennant la somme de quatorze cents livres qu'ils payerent au Chapitre de Paris. Les habitans du même Village furent en difficulté avec l'Abbaye de Saint-Germain-des-Prez. Ils prétendoient être en possession d'aller le premier jour de Mai prendre le Mai dans le bois d'Antony appartenant à ce Monastere, et de conduire leurs bestiaux dans la partie des mêmes bois nommée *Castenaria*. Les arbitres qui furent Guillaume de Vaugrigneuse, Doyen de Paris, et Luc de Gif, Chanoine, ordonnerent aux habitans de Châtenay de s'abtenir d'aller désormais le 1er Mai dans les bois des Religieux pour y prendre le Mai, *pro Maio ibi colligendo*. La sentence qui est de l'an 1262 ajoute qu'ils ne pourront mettre leurs brebis dans les bois que lorsqu'ils auront huit ans depuis leur coupe, et qu'ils s'en abstiendront depuis l'Assomption jusqu'à la Saint-Martin.

Hist. Eccl. Par. T. II, p. 8.

Ibid. T. II, p. 380.

Hist. de la Reine Blanche, 1644. Hist. de Corb. p. 164.

Sauval, Antiq. de Paris, T. II, p. 454.

Lett Genardi, Abb. S. Germ. 1270, in Col. MS. du Bois, T. V. It. Gloss. Gang. voce Maius.

On trouve dans le Mercure d'Août 1703, la relation d'une Fête de Châtenay la plus réjouissante qui se puisse imaginer. M. le Duc du Maine avoit donné depuis quelques années ce qu'il avoit dans la Seigneurie de ce lieu à M. de Malezieu, chef de ses Conseils. Ce Prince, Madame la Duchesse du Maine et Mademoiselle d'Enghien, vinrent coucher en sa maison de Châtenay le samedi 4 Août, dans le dessein d'y passer le jour suivant, auquel étoit remise la solemnité de la Fête Patronale de Saint Germain. La matinée du Dimanche fut donnée entierement à la piété. M. l'Abbé de Malezieu chanta sa premiere Messe; leurs Altesses y assisterent, il y eut de la musique ordonnée par M. Mathaud, Ordinaire de la musique du Roi. Il faut lire dans le Mercure même toutes les manieres dont M. de Malezieu s'y prit pour réjouir le soir la compagnie. Je n'entre au reste ici dans ce détail que pour faire connoître par un autre endroit M. de Malezieu retiré à sa maison de Châtenay. C'est qu'il s'y appliquoit aussi en d'autres temps à faire des

Suppl. de Moreri, T. II, p. 17. observations astronomiques selon la méthode pratiquée à l'Observatoire, et ensuite il les communiquoit à l'Académie des Sciences, dont il avoit été fait Honoraire en 1699.

On observe que ceux qui ont possédé la Seigneurie de Ceaux y ont aussi joint de celle de Châtenay ce que le Chapitre de Paris n'en a pas.

Il me reste à parler de trois Communautés dont les anciens Mémoriaux font voir qu'elles avoient du bien à Châtenay. Le livre d'Irminon, Abbé de Saint-Germain-des-Prés, dit de cette Eglise : *Habet in Castenido concidam duas partes de Leuva, de*
Cod. Irmin. fol. 20. *Vinea arpennos LXXXXV. ubi modii DC. de Pratis arpenn. LX.* On a vu ci-dessus qu'il y avoit un canton de bois dit Châtaigniere ou Châtaignereuse, dans lequel les habitans de Châtenay pouvoient mener leurs bestiaux. Les Religieux de Saint-Germain regardoient comme une dépendance de leur Seigneurie d'Antony, ce qu'ils avoient proche Châtenay.

Necr. Eccl. Par. 24 Sept. Les Templiers possédoient au XIII siécle des terres labourables à Châtenay en la censive du Chapitre. Ils les vendirent à Jean de Bercencourt, Chanoine de Notre-Dame, qui en fit présent à ses Confreres.

Livre de la Justice S. Gen. fol. 78. L'Abbaye de Sainte-Geneviéve avoit droit de Justice en 1284, à Aunay, *de leẓ Chastenai*, ainsi que le marque un ancien manuscrit de cette Eglise rédigé en françois. Ce lieu d'Aunay est men-
Necrol. Paris. 17 Aug. tionné dans le Nécrologe de Paris pour un legs que fit un Chanoine, sous le regne de Philippe-le-Bel, de terres situées *ad Pyrum de Alneto*. Une partie des Eaux du Château de Ceaux vient d'Aunay. Le Domaine d'Aunay de la mense de Sainte-Geneviéve, étoit attaché en 1622, à Frere Nicolas Gaillard, Aumô-

nier de cette Abbaye. Ce Religieux ayant exhibé à l'Archevêque de Paris un Procès-verbal qui prouvoit qu'il y avoit eu une Chapelle dans ce Domaine, quoiqu'elle fût alors détruite, obtint permission de la rebâtir et d'y célébrer, pourvu que ce fût sans bénédiction d'eau ni de pain. *Reg. Archiep.*
 22 Apr.

Il y a si peu de distance de Châtenay à Aunay qu'on ne peut pas dire que ce soit un écart. Il a cependant eu ses Seigneurs particuliers. Claude André, Procureur en Parlement, l'étoit en 1549, auquel temps il en fit un échange avec René Lucas, Curé. *Reg. Ep. Paris.*
 16 Maii.

CEAUX

OU COMME L'ÉCRIVENT LES MODERNES

SCEAUX

Je ne crains point dès le premier mot de cet article de paroître singulier, parce que je suis bien assuré que ce n'est qu'en vertu d'un mauvais usage qu'on écrit *Sceaux*, de la maniere qu'on écrit Garde des Sceaux, comme si le nom de ce Village venoit de *Sigillum* ou *Sigilla*, ainsi qu'en sont dérivés les Sceaux qu'on attache aux Actes pour l'authenticité. Il est constant par tous les titres les plus anciens qui soient restés touchant ce lieu, que le nom latin est *Cellæ* nominatif pluriel. On trouvera bon que j'en fasse d'abord le détail, parce qu'ils serviront en même temps à faire connoître depuis quel siécle il est parlé de ce Village. Aucun ne remonte au-delà du XII siécle.

Le premier qui est au plus tard d'environ le commencement du regne de Philippe-Auguste, est un simple don qu'une nommée Adaleide, femme de Manasse, fait aux Moines de Longpont-sous-Montlhery, d'un arpent de vigne situé *in Clausulo suo apud Cellas*. Les suivans sont du XIII siécle. Par l'un, le Chapitre de Paris achetant des terres proche Bourg-la-Reine, marque qu'elles sont situées *inter viam de Cellis et fontem de Blagiis*. Par l'autre, le même Chapitre déclare qu'il a une grange à Ceaux, et que Pierre de Quennes, Chevalier, et autres ont quitté pour certain prix les redevances qu'ils pouvoient y prendre *in grangia nostra de Cellis*. Par un troisiéme Acte, Jean de Bercencourt, Chanoine, donna à l'Eglise de Paris une piece de vigne *in territorio de Cellis loco qui dicitur* Entre deux voes *contiguam Vineæ Decani de Castaneto*. Ces titres irréprochables se trouvent appuyés d'un autre Acte de l'an 1221, dont l'écrivain du Notaire ne sçachant *Chart. Longip.*
 fol. 39.
 Necr. Eccl. Par.
 15 Febr.

 Ibid., 27 Aug.

 Ibid., 24 Sept.

pas le nom latin de Ceaux, l'a écrit comme on l'écrivoit alors en françois. Par ce dernier Acte, Gautier, Abbé de Saint-Germain-des-Prés, notifie un accord touchant des terres que *Guillelmus de Burgo Reginæ et alii tenebant versus* Ciaux *et apud semitam de Castaneto et de Antoniaco*. On voit par-là combien les Notaires ou Actuaires de ces temps reculés étoient éloignés de croire que le nom du Village en question vînt du mot latin *Sigilla,* ou de celui de *Salices,* ou du mot *Situli,* car quelques modernes ont aussi mis *de Situlis*. Ils étoient à portée plus que nous, de connoître la maniere d'écrire de ceux qui les avoient précédés, et quelques-uns d'entre eux pouvoient ne pas ignorer que s'étant formé un Bourg sur la grande route d'Etampes et d'Orléans au bas de la côte à main droite, les maisons qui furent répandues dans le dessus et parmi les vignes, durent naturellement ressembler aux cabanes des vignerons, et être appellées *Cellæ*. De ce mot on fit d'abord *Ceels* en langue vulgaire, ensuite *Ceals,* et enfin *Ceauls* ou *Ceaux ;* de même que de *sacra Cella,* Abbaye de Cisterciens entre Nemours et Montargis, on a fait Saircreceaux, qu'on prononce maintenant Sercanceaux. Je ne regarde comme d'aucun poids pour l'orthographe du nom du Village dont il s'agit, la maniere de l'écrire des gens du Barreau, parce que souvent ils ont pu se mouler sur d'autres mots usités parmi eux, tels que sont ceux de Scel et Sceaux, qui leur sont familiers, et que je ne crois pas qu'ils se picquent d'être de grands étymologistes. Il s'étoit glissé dans le Bréviaire de Paris au 17 Août le mot de *Salices,* en parlant de ce Village. On m'a averti qu'il vient d'être changé dans la derniere édition in-8º, en celui de *Sigilla,* qui est encore pis, puisque c'est un mot latin fait sur le nom françois altéré. J'aurois bien souhaité pouvoir me servir pour le mot *Cellæ* de l'autorité du Pouillé de Paris du XIII siécle ; mais ce lieu n'y est nullement spécifié, ce qui prouve en passant que lorsqu'il a été écrit, Ceaux n'étoit pas encore une Cure, et que les maisons qui y étoient répandues faisoient partie de la Paroisse de Châtenay. Au reste, cette Cure est nommée *de Cellis* dans le Pouillé latin du XV et du XVI siécle, et dans celui de l'an 1626, comme aussi dans le Catalogue latin manuscrit des Bénéfices dépendans de Notre-Dame de Paris.

Ce que j'ai dit jusqu'ici détermine assez que la position de ce lieu est au-dessus du Bourg-la-Reine du côté du couchant, à deux lieues de Paris. La pente du Village regarde le midi. La plus grande partie du territoire est cultivée en vignes tournées vers l'orient ou vers le midi, avec quelques bocages ou assemblages d'arbres fruitiers. Ce lieu a toujours été en s'aggrandissant, à mesure qu'il a eu des Seigneurs puissans. Le dénombrement des feux de l'Election de Paris y en mettoit 143 l'an 1709. On n'en trouve que 126 dans celui que le Sieur Doisy a publié en 1745 ; le Dictionnaire Géographique Universel de la France imprimé en 1726 y reconnoissoit 584 habitans. Il faut y corriger l'article où il est dit que Ceaux n'est qu'à une lieue de Versailles, et mettre à deux lieues et demie.

L'origine de la Paroisse est un peu obscure, aussi-bien que celle du culte de Saint Mammès qui y a été établi dès les commencemens. L'érection de la Cure doit être postérieure, ainsi que je l'ai insinué ci-dessus, au regne de Saint Louis. Ce sera l'augmentation du nombre des habitans faite vers l'an 1300, avec la difficulté qu'il y avoit qu'ils se rendissent l'hiver à Châtenay, à cause des mauvais chemins de la vallée, que le cours des eaux d'Aunay entretient, qui auront été les deux causes pour lesquelles ce Village devenu considérable aura été détaché de la Paroisse de Châtenay. Il pouvoit y avoir déja en ce lieu une Chapelle du titre de Saint Mammès, qui auroit été précédemment consacrée sous l'invocation de ce Saint Martyr, à l'occasion de quelques reliques que le Chapitre de Paris qui y avoit beaucoup de bien, aura données. Car on sçait le pouvoir qu'Odon de Sully, Evêque de Paris, et Pierre de Corbeil, Chanoine de la même Eglise, eurent sur la fin du XIII siécle dans le gouvernement de l'Eglise de Langres. Mais quand même il n'y auroit eu d'Eglise bâtie à Ceaux que lorsqu'on pensa à y ériger une Cure, cette Eglise fut regardée comme trop petite, ou trop vieille dans le siécle dernier ; ensorte que l'ayant abbattue, on éleva celle que l'on voit aujourd'hui. On y apperçoit à l'entrée du chœur, proche la place du Curé, une plaque sur laquelle on lit que l'ancienne Eglise, qui étoit du titre de Saint Mammès, ayant été démolie, Messieurs de Tresmes et Jean-Baptiste Colbert, successivement Seigneurs de Ceaux, ont rebâti le chœur ; et que M. Guy-Louis Baudoin, Bachelier de Sorbonne, Curé, a fait construire la nef ; en considération de quoi les Marguilliers lui ont accordé un Anniversaire à perpétuité ; que cette Eglise a été dédiée le 6 Juillet 1738 par M. Hiacynthe le Blanc, Evêque de Joppé, qui y a enfermé dans l'autel des Reliques de Saint Mammès Martyr et autres. Ce que je puis ajouter touchant l'ancienne Eglise, est qu'elle avoit été dédiée en 1543 par Charles Evêque de Mégare, Abbé de Saint-Magloire, suivant la permission à lui accordée le 1er Juin par Eustache du Bellay, Vicaire-Général du Cardinal du Bellay, Evêque de Paris. Mais il n'est pas dit sous le titre de quel Saint elle fut dédiée. Ce que j'ai appris par les Registres, est qu'avant cette Dédicace et même depuis dans différentes Provisions de la Cure, l'Eglise est qualifiée du titre de Saint Jean. Mais il faut croire que Saint Jean avoit été donné pour

Gall. Chr. nova, in Garnerio Ep. Lingon. T. IV, col. 593.

Reg. Ep. Paris.
22 Dec.
15, 25, 18 Aug.
1607,
22 Feb. 1623.
23 Maii 1627,
6 Oct. 1638.

Patron à cette Eglise par Jean Baillet, Maître des Requêtes et Seigneur sous le regne de Louis XI, c'est-à-dire en 1470, lequel l'auroit fait rebâtir alors ou augmenter. Elle se trouvoit en ce temps-là au milieu du Village, parce qu'il y avoit des maisons d'habitans en plusieurs endroits de ce qui forme aujourd'hui le Parc, tirant vers le grand chemin.

Quoique cette Eglise soit nouvellement bâtie, l'enchâssement des vitrages est fait à la gothique. Il n'y en a que dans le chœur, aux voûtes duquel, qui sont aussi gothiques, se voyent les armes des Seigneurs qui l'ont bâti. La nef est un édifice fort solide qui n'a de fenêtres qu'aux bas côtés ; les arcs sont en anses de panier : le portail est magnifique pour une Eglise de campagne, le clocher en flèche qui se voit à côté, est fort élevé et délicat. Au grand autel sont représentés en peinture Saint Jean-Baptiste et Saint Jean l'Evangéliste. Il y a deux Chapelles aux deux côtés du chœur. Vers le midi est celle du Château. Du côté opposé qui est celui du septentrion, est la Chapelle de la Sainte Vierge. Dans la nef au côté du midi est celle du titre de Saint Mammès. Au milieu du chœur est enterré M. le Duc du Maine sous une tombe de marbre élevée de terre ; et entre cette tombe et l'aigle est une autre tombe de marbre blanc qui couvre le corps de Henri-Joseph de la Garde, Comte de Chambonas, Lieutenant du Roi en Languedoc, premier Gentilhomme de M. le Duc du Maine. Il décéda en 1729. A l'entrée du chœur est inhumé sous une tombe de marbre blanc M. Ancezune, Duc de Caderousse, décédé au Château le 8 Juin 1751.

La Fête de Saint Mammès, martyrisé en Cappadoce le 17 Août, est fort célébrée par les habitans du lieu qui le regardent toujours avec raison comme leur ancien patron ; les premieres reliques avoient été perdues, mais on en obtint d'autres de Langres par les soins de M. le Duc du Maine, au commencement de ce siécle ; la Translation en est célébrée chaque année le dernier Dimanche de Septembre. Ce Saint Martyr est fort réclamé contre les douleurs de ventre, coliques et autres maux semblables : ce qui a occasionné d'y établir une Confrérie en son honneur. L'Abbé Chastelain, Chanoine de Paris, écrit que dans un grand mal de ventre dont il fut atteint au mois de Mars 1691, il fit un vœu à ce Saint, et qu'il se sentit soulagé. Aucun des Pouillés de Paris n'a varié sur la nomination de la Cure de Ceaux. Tous ceux qui en font mention marquent qu'elle appartient au Chanoine de Notre-Dame de Paris qui est pourvu de la quarantiéme partition.

Journal de M. Chastelain.

Hist. Eccl. Par. T. II, p. 238.

Le Catalogue que j'ai pu former des Seigneurs de la Terre de Ceaux ne remonte qu'à trois cents ans. J'aurois pu nommer d'abord Adam *de Cellis*, Chevalier, qui vivoit en 1214, mais il y auroit eu après lui un vuide de deux cents ans. Je le commence donc par Pierre Baillet qui fut Maître des Requêtes sous les régnes de Charles VI et Charles VII. Après lui fut Seigneur Jean Baillet, aussi Maître des Requêtes. Il est parlé de lui et de l'Hôtel qu'il avoit à Ceaux dans la Chronique de Louis XI à l'an 1470. Il y est dit que ce Prince, au sortir de Palaiseau, vint dîner à Ceaux-le-Grand dans cet Hôtel au mois de Janvier. On apprend par ce fragment d'Histoire que Ceaux étoit partagé en deux. Cela se confirme par les Registres du Châtelet, du Parlement et de la Chambre des Comptes, dans lesquels on lit que le même Roi fit don à ce Jean Baillet de la Haute Justice sur les lieux et terres du grand et petit Ceaux, et sur la Seigneurie appellée la Terre de l'Infirmerie de Saint-Germain-des-Prés, d'autant que précédemment il n'avoit Justice que jusqu'à soixante sols parisis, sous le ressort immédiat de la Prévôté de Paris. Thibaud Baillet, son fils, lui succéda dans la jouissance de la Terre de Ceaux. Il fut Président au Parlement de Paris depuis l'an 1483 jusqu'en 1525 qu'il mourut. Il est inhumé à Saint-Merry. Il faut compter pour ses successeurs René Baillet, son fils, qui mourut aussi Président à mortier, en 1579 ; puis André Baillet, Bailly du Palais Royal à Paris, qualifié Seigneur de Ceaux dans le Procès-verbal de la Coûtume de Paris de l'an 1580. Ce fut à sa mort que la Terre de Ceaux cessa d'être en la famille des Baillet. Elle advint à trois sœurs dont celle qui la posséda la revendit. Mais il semble qu'entre Thibaud et René Baillet il faut admettre un Arnaud de Popla qui s'est dit Seigneur de Ceaux en 1560 dans un Acte concernant le Curé. Antoine Potier, Secrétaire d'Etat reçu en 1606, la posséda ensuite. De son temps Ceaux fut érigé en Châtellenie, et le Fief des Justices du Bourg-la-Reine y fut uni par Lettres-Patentes registrées le 10 Janvier 1612. Il est aussi mentionné comme Seigneur de Ceaux dans l'Histoire de la Chancellerie de France à l'an 1616. Il épousa en 1619, Anne d'Aumont, dont il n'eut point d'enfans et mourut au siége de Montauban l'an 1621. La Terre de Ceaux passa depuis à René Potier, son frere aîné, Duc de Tresmes, Pair de France, qui obtint les Lettres-Patentes qui désunissoient du Bourg-la-Reine les Foires et Marchés qui y étoient établis, pour être transférés et tenus sur le territoire et Châtellenie de Ceaux. Elles furent registrées en Parlement le 19 Août 1671. D'autres Lettres confirmatives obtenues à requête de Jean Baptiste Colbert le furent le 12 Mars 1677. Devenu Seigneur de cette Châtellenie, il se plut à y mener les membres de l'Académie des Inscriptions qui n'étoit encore que naissante, et cela pour donner plus d'agrément à leurs conférences, et pour en jouir lui-même avec plus de tranquillité. Outre les priviléges ci-dessus transférés du Bourg-la-Reine en ce lieu, plusieurs autres

Hist. des Présid. p. 124.

Bann. du Chât. vol. I, fol. 169. Reg. Par. 10 Jun. 1476.

Hist. des Présid.

P. V. de la Cout. de Paris 1580, p. 630, édit. 1678.

Reg. Ep. 12.

Histoire des Secr. d'Etat.

Reg. Parl.

Hist. de la Chancellerie, p. 322.

Hist. des Gr. Off. T. IV, p. 876.

Hist. de l'Acad. des Inscript. T. I, page 3.

Reg. du Parl.	Lettres-Patentes témoignent l'attention qu'il eut à le favoriser et à l'illustrer. On en registra en Parlement le 7 Septembre 1673, qui
Ibid.	portoient l'établissement d'un marché le jeudi de chaque semaine: d'autres le 27 Mars 1677 où il est qualifié Baron de Ceaux, portant approbation d'un droit consenti par les Marchands Bouchers et Forains sur tous les bestiaux qui y seroient vendus ; d'autres encore le 14 Mars 1680 qui portoient confirmation de Lettres-Patentes de l'an 1624 d'érection de cette Terre alors simple Châtellenie en titre de Baronnie, en laquelle, en tant que besoin seroit, Sa Majesté érigeoit de nouveau cette même Châtellenie. M. Colbert n'avoit point attendu jusqu'à cette année à commencer la magnifique maison qu'on y voit aujourd'hui. La situation et l'art concourant à sa perfection, il n'y épargna non plus aucune dépense. Dès l'an 1677 elle étoit en état d'être visitée par le Roi
Merc. Gal. 1677, T. V.	Louis XIV. Le jour indiqué par Sa Majesté étant venu, M. Colbert fit assembler les habitans et leur apprit cette nouvelle : et afin qu'ils s'en souvinssent, il leur dit qu'ils devoient payer une année de Tailles au Roi ; mais qu'ils songeassent seulement à satisfaire aux six premiers mois, et qu'il payeroit le reste pour eux. On peut juger combien grande fut la joie de ces habitans à l'arrivée du Roi. Il faut lire le reste dans le Mercure du temps. L'Auteur n'a pas oublié d'y faire mention du feu d'artifice, lequel fut d'autant plus divertissant, que le lieu étant rempli d'échos, le bruit de boëtes se trouva redoublé. Huit ans après, c'est-à-dire en 1683, au mois de Juillet, le même Prince vint encore à Ceaux et y soupa.
Mercure Galant, Juillet 1685. Vies des Hom. Illustr. de la Fr. T. VI, p. 237. Mercure, Juillet 1683.	On trouve en plusieurs endroits le détail de la superbe fête que M. Colbert, alors Marquis de Seignelay, y donna. Ce fut là qu'on vit les premieres chaises tirées par des hommes pour se promener dans les jardins. On les connoissoit à Versailles, mais elles étoient plus simples. Les chaises de Ceaux étoient à quatre personnes et quatre parasols. Les hommes qui les conduisoient ne marchoient pas devant ; mais de chaque côté.
	Monsieur le Duc du Maine ayant acheté la Terre de Ceaux en 1700, ce lieu qui étoit déjà célébre par tant d'endroits, le devint encore davantage [1]. Les conférences d'érudition qui y avoient été autrefois tenues sous M. Colbert furent comme un germe qui, ayant pris racine dans le Château, en fit un lieu de sciences, et y forma une espece de Parnasse. On y vit Monsieur de Malezieu
Merc. Sept. 1709.	expliquer à Madame la Duchesse du Maine Homere, Sophocle, Euripide, Virgile, Térence, mieux qu'aucun sçavant eût pu faire jusqu'alors : Homere entre autres sur le grec, sans commentaire,

---

1. On lit dans le Mercure de Septembre 1701, que le Roi et plusieurs Princesses vinrent à Ceaux le 21 Août 1701.

sans scholies. Comme cette Princesse se plaisoit à donner chez elle des fêtes, des spectacles où il entrât de l'idée et de l'invention, le même M. de Malezieu y enfanta tout ce qui put faire parler du Château de Ceaux parmi les amateurs des Belles-Lettres, et en étendre la réputation jusqu'à la postérité la plus éloignée. Les représentations qui y ont été données, et les poësies qui y ont été composées, se trouverent par la suite en si grand nombre, qu'on en forma un Recueil de deux volumes in-12, sous le titre de : *Divertissemens de Ceaux* (imprimés à Trévoux, 1712 et 1725).

On peut aussi remarquer comme une singularité particuliere à Ceaux le langage des *Impromptu*, qui s'y établit sous ce Maître des Sciences; ensorte qu'il étoit fort commun dans le Château d'y voir le génie et la gayeté produire ces enthousiasmes soudains. Elisabeth de Montlaur, femme de M. Drouillet, Toulousaine, fut long-temps associée aux divertissemens de Ceaux, où elle mourut en 1730 au mois de Juillet, âgée de 74 ans. Quelques-unes de ses poësies ont été imprimées ; plusieurs autres sont entre les mains de Madame la Duchesse du Maine. Les Mathématiques n'étoient point non plus ignorées à Ceaux ; on les étudioit, on les cultivoit ; l'Astronomie principalement. Je me contenterai d'en rapporter un seul exemple. Le 24 Octobre 1722 M. de Malezieu étant proche l'Eglise du Village vit dans l'air trois soleils très-lumineux : pendant que ces soleils brilloient, tout le Village et la campagne parut comme en feu. Tous ceux qui étoient dans le Château s'apperçurent de cette lumiere, mais sans voir les trois soleils. L'Auteur d'un fragment historique imprimé dans Duchêne rapporte un fait assez semblable : il dit qu'étant en 1108, vers Pâques, sur la Garonne, en un lieu appellé Seirs, lui et plusieurs autres virent depuis deux heures jusqu'à cinq un cercle dans le ciel, et dans ce cercle trois soleils qui ne se touchoient point, l'un au levant, l'autre au midi, le troisiéme au septentrion. M. de Malezieu, Observateur de toutes ces choses, étoit Académicien Honoraire de l'Académie des Sciences, mais il étoit en même temps Chef des Conseils de M. le Duc du Maine et Chancelier de Dombes.

<small>Moreri, Suppl. au mot *Drouillet.*</small>

<small>Mém. de l'Acad. des Scienc. 1722, p. 13.</small>

<small>Duchêne, T. III, p. 334.</small>

Le Château dans lequel ont brillé tant de beaux esprits, a été admiré dans tous les temps depuis sa construction. Il renferme une Chapelle de Saint Jean-Baptiste qui est octogone et pavée d'un compartiment de marbre. Les peintures du dôme sont de le Brun. Les statues de l'autel de Girardon. On y voit trois tribunes ou jubés. Ce fut en 1697, du temps que M. le Marquis de Seignelay étoit Seigneur, que M. le Cardinal de Noailles permit d'y célébrer. C'est tout dire des jardins que d'assurer qu"ils sont un diminutif de ceux de Versailles. Les vallons en paroissent plus profonds. La belle galerie qui étoit ornée de tableaux de Raphaël et de Van der Meulen, sert aujourd'hui d'orangerie. Plusieurs belles statues dans les allées, surtout une Diane qui vient de Christine, Reine de Suéde. Dans le Potager est le pavillon dit de l'Aurore, à cause qu'il est le plus oriental, où le Brun a peint cette Déesse. Ce bâtiment est octogone. Il a douze ouvertures, et on y monte par deux perrons opposés. On a inséré dans le Mercure de France une piece de vers sur ces Jardins qui est du sieur Tanevot. Les Métamorphoses arrivées dans ces jardins sont marquées en ces deux vers, entre autres sur le Cabinet d'Astronomie, *Obvius olim asinis at nunc Doctoribus* .... Et sur un autre changement : *Saga jubet, subito fit pistinum aula Minerva.*

<small>Mercure, Avril 1740, 60.</small>

Il y a eu en 1626 à Ceaux un lieu dit la Maison-rouge appartenant à René du Verger, Receveur des Finances, où l'Evêque permit de célébrer.

<small>Reg. Ep. 1626, 8 Maii.</small>

Il y a eu en 1699 un Réglement par Arrêt concernant la Boucherie de ce lieu, entre les Maîtres Bouchers et les Forains.

<small>Code Rural, p. 573.</small>

J'y vis en 1752 une Manufacture de Fayence Japonnée établie en 1749. On y fait des choux et des brocs du prix de 36 livres, des figures d'œufs durs coupés en deux. Il y avoit 60 ou 80 hommes travaillans.

La vieille maison de brique qui est à l'entrée du Château vers le couchant avoit été vendue par M. Broussel, Conseiller au Parlement, à M. Colbert [1].

BOURG-LA-REINE

La tradition est fort embrouillée sur les origines de Bourg-la-Reine. Les uns croyent qu'une Reine de France avoit un Château à Lay, et que son train étant logé en bas dans le Bourg, sur le grand chemin, ce fut ce qui lui fit donner le nom de Bourg-la-Reine ; mais ils rendent ce fait hors de toute apparence, en ajoutant que cette Reine étoit nommée Blanche, puisque la premiere des trois qui ont porté ce nom fut la mere de S. Louis, au XIII siécle, et que l'on est assuré par des titres plus anciens que la naissance de cette Reine, que le Village dont il est question s'appelloit *Burgus Reginæ* dès le siécle précédent. Ce fut dans ces

---

1. J'ai rapporté ci-dessus la preuve qu'au XV siécle il y avoit le grand et le petit Ceaux. En remontant au siécle précédent je trouve que l'on disoit en latin *Cellæ magnæ et Cellæ parvæ*. C'est dans le détail des lieux qui avoient droit d'hospitalité à la Léproserie de la Banlieue écrit en 1351. *Reg. visit. Leprosar. B. Paris.*

deux siécles que les Fabulateurs et Poëtes composoient quantité de
Romans sur des choses qui étoient plus anciennes que leur temps.
Comme donc le Bourg-la-Reine fut un des sujets sur lesquels ils
s'exercerent sans craindre d'être contredits, il falloit dès lors que
ce fût de temps immémorial qu'il y eût à deux lieues de Paris, sur
le chemin d'Orléans, un lieu dit Bourg-la-Reine. Gérard de Dam- Sauval,
martin, disent-ils, étoit devenu passionné pour Colombe, Reine T. II, p. 312.
de Frise, Princesse belle comme le jour. L'ayant enlevée, le Roi se
mit en campagne, et à la tête d'une armée vint fondre sur les terres
du ravisseur. Gérard de son côté s'étoit mis sur la défensive, faisant voir qu'il ne le craignoit pas. Là-dessus, pour épargner le sang
de tant d'honnêtes gens qui s'intéressoient dans leur querelle, on
en vint à un pourparler : ils convinrent de se battre en duel au Briquet, près de Paris, à certaines conditions, qui furent qu'au cas
que le Roi demeurât dans le combat, Gérard épouseroit la Reine,
et au contraire si Gérard étoit vaincu, qu'il rendroit la Reine, et
de plus payeroit une grosse rançon. Ceci accordé, ils en vinrent
aux mains ; le Roi fut tué, Gérard épousa Colombe ; et depuis, le
lieu où le duel avoit été changea son nom de Briquet et fut
appellé le Bourg-la-Reine. Sauval qui rapporte cette fable dit clairement qu'il n'y ajoute aucune foi. M. de Valois paroît en retenir
le nom de Briquet, qu'il croit sur ce fondement avoir été le nom
primitif de ce lieu, d'autant plus qu'il y passe un petit ruisseau sur
lequel il a pu y avoir un pont de briques qui, selon lui, aura été
appellé le Pont-Briquet. Il est bien vrai que vers l'an 1680, avant
qu'on bâtît le Pont qui y est aujourd'hui, et qui tient toute la largeur du chemin, il y avoit une petite arcade de briques, sous
laquelle passoit ce ruisseau ; mais ces sortes d'arcades étoient fort
communes autrefois sans qu'elles ayent donné leur nom aux Ponts.
Pour moi j'avouerois volontiers que c'est à l'occasion du mariage
de quelque Reine que ce lieu a pris le nom qu'il porte. Il en étoit
resté quelque souvenir confus parmi le peuple qui l'avoit brodé de
circonstances contre la vérité de l'Histoire, et c'est sur cela que les
Romanciers avoient travaillé. Il ne doit pas paroître étonnant
qu'un fait arrivé en l'an 584 de Jésus-Christ, se trouve au
bout de cinq ou six cents ans défiguré au point à ne pouvoir être
reconnu. Grégoire de Tours raconte que de son temps, Rigunthe,
Reine, fille de Chilpéric et de Frédegonde, fut demandée en mariage par Reccarede, second fils de Leuvigilde, Roi des Wisigots.
L'usage étoit alors et a duré encore plusieurs siécles, de donner le
nom de Reines aux filles de Roi, quelles qu'elles fussent, et c'est
pour cela que cet Historien rapportant un événement de l'an 580, la Greg. Tur.
qualifie de Reine. Il suffit de lire le même Auteur à l'an 584 pour L. V, cap. XLIX.
Lib. VI, c. XLV.
apprendre quel fracas fit le départ de cette Princesse de Paris pour

aller en Espagne, et si l'on pouvoit oublier sitôt les ordres rigoureux que Chilpéric, son pere, donna de faire partir avec elle des familles entieres et en grand nombre pour aller demeurer avec elle. Jamais on n'avoit vu jusqu'alors une telle désolation dans Paris. Lorsqu'elle partit, un des essieux de sa voiture cassa, ce qui fut pris par quelques-uns pour un signe de mauvais augure. Tant y a que lorsqu'elle fut à huit mille pas de Paris, ce qui revient environ aux deux lieues qu'il y a de cette Ville à Bourg-la-Ville, elle ordonna que l'on s'arrêtât en ce lieu et que l'on y campât, mais pendant la nuit, une cinquantaine d'hommes lui volerent cent chevaux et beaucoup d'effets. Je serois donc porté à croire que ce seroit du campement de cette Reine et de tout son cortége fait contre l'ordinaire après si peu de chemin, que le lieu où il se fit le reste du jour et au moins durant la nuit suivante, prît le nom de Bourg de la Reine, à moins qu'on ne découvre que quelque autre Princesse ou même Comtesse [1] y a demeuré ou résidé avant le XII siécle; ou qu'enfin on ne trouve que ce lieu ait appartenu primitivement à quelque riche Dame dont le nom propre étoit *Regina*, comme il y en a eu en effet.

Chopin sur Par. p. 133.

Chopin ouvre un autre sentiment; il assure que le Bourg-la-Reine est ce lieu dont parle le Roi Louis-le-Gros dans la charte de dotation de l'Abbaye de Montmartre qui est de l'an 1134, et dont il dit : *Donamus apud Pratellum-Holdeum Villam quam ibi ædificavimus prorsus liberam cum omnibus appenditiis.* Mais il ne marque pas dans quel titre il a lu que par *Pratellum-Holdeum* il faut entendre un lieu situé où est le Bourg-la-Reine. Si son sentiment étoit véritable, il s'ensuivroit que ce seroit de la Reine Adelaïde, épouse de Louis-le-Gros, que ce Bourg auroit pris son nom; et que ce seroit Louis-le-Gros qui le premier auroit bâti un Village en ce lieu. D'ailleurs il ne s'est conservé aucune trace des mots *Pratellum-Holdeum*; on tient seulement par tradition qu'il a été appelé Verdpré. Au lieu de *Pratellum-Holdeum*, Dom Mabillon a lu *Pratellum Hilduini*; mais il ne reste pas davantage de vestige de ce nom. On lit dans le nouveau *Gallia Christiana* qu'une partie de cette terre étoit dès lors possédée par les Religieuses du nouveau Monastère d'Hiere, et qu'afin qu'elles la cédassent à celles de Montmartre, Louis VI leur donna du revenu à Chailly. Enfin il est connu que l'Abbaye de Sainte-Geneviéve a eu tant à Ceaux qu'à Bagneux un lieu dit le Fief Sainte-Clotilde; c'est peut-être de là que lui vient le nom de Bourg-la-Reine.

Hist. S. Mart. Camp. p. 331.

Gall. Chr. T. VII, col. 603.

[1] Voyez des simples Comtesses de Flandres appellées Reines. *T. IV, Annal. Bened.* pag. 56 à l'an 989, et une Dame riche appellée *Regina* au commencement du XI siécle, *Analect. Mabill. in-fol.* pag. 430. Il y a aussi eu une *Regina* Dame de Champagne proche Juvisy. Elle vivoit vers l'an 1150, *Cartul. S. Mariæ Campensis.*

En attendant que la vérité se manifeste là-dessus, voici tout ce que j'ai pu apprendre touchant ce lieu. Personne n'ignore qu'il est situé dans un vallon, à la distance de Paris que j'ai marquée ci-dessus ; qu'il est dominé à l'occident par le village de Ceaux, et au levant par celui de Lahy ; que la riviere de Biévre en est à légere distance du même côté, et qu'on la passe sur un pont pour aller à Lahy : qu'enfin Bourg-la-Reine est le premier endroit qu'on trouve au sortir de Paris dans le milieu duquel passe la grande route d'Orléans. Le dénombrement de l'Election fait en 1709 y comptoit alors 68 feux : celui que le sieur Doisy a fait imprimer en 1745 y en compte 88 ; et le Dictionnaire Universel de la France publié en 1726 y marque 400 habitans. Il y a un grand nombre d'Hôtelleries et d'Artisans de l'espece qui est nécessaire aux voyageurs : peu de vignerons, les vignes étant la plupart sur le territoire des Paroisses voisines. Il y a aussi dans ce lieu une Brigade de Maréchaussée. La Poste qui y étoit a été transférée en 1751 à la croisée de Berny ; plus, un Bureau pour la Poste aux Lettres et un Bureau des Aydes. On assure qu'il y restoit encore deux portes en 1680, l'une à l'entrée, l'autre à la sortie, et qu'elles furent démolies dans le temps qu'on détruisit le petit Pont pour le faire à neuf. Le territoire de cette Paroisse est très borné, et ne contient pas plus de deux cents arpens ou environ, en y comprenant les maisons, enclos et jardins. Il ne s'étend sur la droite en venant de Paris que du côté de Ceaux et de Fontenay-aux-Roses, et sur la gauche vers Cachant derriere Arcueil.

L'Eglise est presque à l'entrée du Bourg du côté de Paris. On lit dans le *Gallia Christiana* que ce fut en 1152 qu'il fut permis aux Religieuses de Montmartre de la bâtir. Ce qui reste néanmoins de cette Eglise ancienne ne paroît être que du XIII siécle, même par les dehors. On doit reconnoître par les restes des galleries qu'on apperçoit en dedans, aussi bien que par les bas côtés, qu'elle avoit été bâtie avec soin. Elle avoit encore deux arcades de plus sur le devant, mais les guerres civiles en occasionnerent la démolition. Ce fut sans doute depuis que cette Eglise eut été bâtie vers l'an 1200, qu'on l'érigea en Paroisse pour le peuple que les commodités du grand chemin avoient engagé de s'y établir. Comme donc l'Eglise ancienne la plus voisine est celle de Bagneux, il y a apparence que les habitants du bord de la grande route en furent détachés pour être attribués à la nouvelle Eglise. Et comme la Cure de Bagneux étoit à la nomination du Chapitre de Paris, celle-ci qui en étoit un démembrement, subit le même sort suivant l'usage ordinaire. De là vient que dans tous les Pouillés, à commencer par celui du XIII siécle, elle est dite à la nomination du Chapitre de Notre-Dame. Depuis les partitions faites pour

Gall. Chr. nova, T. VII, col. 196.

chaque Prébende, elle est échue à la trente-neuvième partition.

Saint Gilles en est le Patron. Les plus anciens Registres ne font mention que de lui seul. Cependant il y avoit deux statues très anciennes de Saint Leu et de Saint Gilles qui ont été ôtées, il y a environ cinquante ans, et auxquelles on a substitué deux Tableaux de ces deux Saints. On a toujours célébré la Fête de Saint Gilles le 1er Septembre, et celle de Saint Leu le Dimanche dans l'Octave. A cette occasion, je remarquerai que dans les Antiphoniers Parisiens du XIII siécle, Saint Gilles avoit, en effet, un Office propre complet tiré de la Légende [1], et que Saint Leu n'étoit alors qu'en commémoraison. Au reste, on ne conserve en cette Eglise aucune relique des deux Saints. On ignore aussi le jour de la Dédicace. Il ne paroît dans la même Eglise aucune épitaphe, sinon celle d'un M. Ferry, Avocat, qui est sur marbre dans le bas côté septentrional. Il y a eu en 1701, le 11 Janvier, au [sujet] des aîles du chœur, un Arrêt du Conseil semblable à celui de l'Eglise de Noisy au Doyenné de Chelles.

La Seigneurie du Bourg-la-Reine appartenoit, comme on a vu, dés l'an 1152, aux Dames de Montmartre. Leur Bailly y exerçoit *Lib. justitiar. S. Gen. fol. 57.* la Justice en 1334, suivant un manuscrit de l'Abbaye de Sainte-Geneviève ; mais il y a apparence qu'en 1445 ces Dames n'avoient pas la haute Justice, au moins sur tout le territoire, car on lit dans *Sauval, T. III, p. 341.* un compte de la Prévôté de Paris de cette année, que ce furent les Officiers de cette Prévôté qui firent exécuter trois voleurs, proche ce Village. Après avoir aliéné cette Terre pour un temps à M. le Duc du Maine, elles y sont rentrées à sa mort : les marchés qui en *Reg. du Parl. 1671.* avoient été désunis pour être transférés à Ceaux, y subsistent. Ces Dames sont les seules recommandées aux Prônes des Grand'Messes parce qu'elles ont la Seigneurie du terrain où est l'Eglise. Une partie du côté droit reléve de la Seigneurie de Notre-Dame de Paris, faisant partie de la Seigneurie de Bagneux, et une autre, de la Seigneurie de Ceaux. Une autre portion du côté gauche à l'extrémité du lieu est aussi de Notre-Dame, comme faisant partie de celle de Lahy et de Chevilly. Il faut encore observer qu'il y a au Bourg-la-Reine un Fief appellé le Fief de Luxembourg qui est du Domaine de Ceaux.

Mais ce que j'ai dit sur la Justice et Seigneurie ancienne de ce lieu, ne doit point exclure la portion de censive que d'autres *Hist. de Montm. Preuve p. 403.* Eglises, outre le Monastere de Montmartre, y avoient dès le treiziéme siécle. Avant l'an 1203, Guillaume de Poissy, Chevalier, avoit laissé à l'Abbaye de Saint-Victor de Paris quelque droit sur le terrain qui est entre le ruisseau de Bievre et le Bourg-la-Reine.

---

1. On y voit dix-sept Antiennes et neuf Répons.

Il reste des Lettres de l'Official de Paris de l'an 1230, par lesquelles est attestée la vente faite à l'Eglise de Sainte-Geneviéve d'une piece de terre située *juxta Burgum Reginæ in censiva dicti Abbatis*. Après cet Acte est celui d'une vente faite la même année d'une piece de pré proche le même lieu, située entre la censive de Sainte-Geneviéve et de Chateaufort, à Nicolas de Chartres, Chantre de l'Eglise de Paris. Plus loin est l'acte de manumission donné par Th..., Abbé de Sainte-Geneviéve, l'an 1247, au mois de Mars, aux habitans de plusieurs terres de cette Abbaye, entre lesquelles il y a *de Burgo Reginæ*. Saint Louis approuva ces lettres d'affranchissement, à condition que les habitans viendroient au secours de l'Eglise lorsqu'ils en seroient requis. Le Livre censier de la même Abbaye, écrit vers l'an 1250, marque que Maître Pierre, Official de Paris, étoit tenu à une redevance pour une vigne située au Bourg-la-Reine, derriere l'Eglise, *retro Monasterium*. La redevance étoit d'un septier et demi de vin : que Sevin de Chastillon en devoit quatre pour une terre aussi située *retro Monasterium*; que toutes les terres et vignes qui étoient dans la censive de Sainte-Geneviéve ne devoient aucun droit de Tensement, c'est-à-dire de garde au Seigneur de Châteaufort, surtout le Clos dit de Sainte-Geneviéve, dans lequel cette même Abbaye avoit droit de Justice ; qu'enfin les Religieuses mêmes de Montmartre devoient la dixme à Sainte-Geneviéve pour un quartier et demi de vigne situé à la Porte Galant. Mais on apprend par d'autres monumens que l'Abbaye de Sainte-Geneviéve fit, vers les mêmes temps, une échange de quelques parties de ses droits ou biens de Bourg-la-Reine, pour d'autres biens situés à Contein, Paroisse de Louans, autrement Morangis.

Chart. S. Gen. p. 139.

Ibid., p. 140.

Ibid., p. 283.

Lib. Cens. S. Gen. fol. 48.

Chart. p. 323.

On vient de voir que les Seigneurs de Châteaufort avoient des droits à Bourg-la-Reine ; ces droits n'étoient pas sans charges, car ces Seigneurs étoient tenus de payer aux Templiers quatre deniers par an, et cela sous le regne de Saint Louis.

Lib. Cens. S. Gen. fol. 35.

Ce que je viens de dire de Notre-Dame de Paris se rapporte sans doute à ce qu'on apprend par le Nécrologe de la même Eglise, que dès le XIII siécle elle avoit une censive dans un endroit du territoire de Bourg-la-Reine, appellé *Blagiæ* en latin. Cet endroit se peut reconnoître par une fontaine qui est marquée y être, que le même livre appelle *Fontem de Blagiis*, laquelle n'étoit pas éloignée du chemin de Ceaux qui forme un petit ruisseau, venant des moulins au haut de Fontenay. Ce fut pareillement sur des fonds situés au Bourg-la-Reine, que le Chanoine Hugues de Viry aliéna au XIII siécle une partie du revenu des Clercs de Matines (*unum arpentum prati*), et que Girard *de Colloduno*, Archidiacre, dans le siécle suivant, en assigna pareillement pour

Necr. Eccl. Par. ad 17 Aug.

Ibid. ad 15 Febr.

Ibid. 27 Sept.

la seconde Chapellenie du titre de S. Nicaise qu'il fonda à Notre-Dame. Un nouveau catalogue des Chapelles de cette Métropolitaine, marque que les Chapelains de Saint-Nicolas et Saint-Nicaise ont dix-sept arpens de terre à Bourg-la-Reine.

Du Bois, Coll. MS. T. V, ad calcem.

Il y avoit eu une Maladerie située proche le Bourg-la-Reine. Quelques Auteurs disent qu'on l'appelloit la Maladerie de la Bulbienne; mais en 1564, le Roi Charles IX ordonna par Lettres-patentes que le revenu en fût reçu par l'Hôtel-Dieu de Paris pour servir à nourrir les pauvres du lieu.

Grand Colas, Hist. de l'Eglise de Paris, T. II, p. 73. Régistrées le 15 Avril 1564.

Cent ans après il y avoit eu un projet pour un autre pieux établissement au Bourg-la-Reine. Jérôme Dufour-Alligret, Conseiller au Parlement de Paris, y avoit fondé vers 1660 une Maison de Peres de la Doctrine qui devoient instruire le peuple dans huit Villages circonvoisins; et l'Archevêque de Paris leur avoit permis dès le 19 Octobre 1661, d'y avoir une Chapelle sans cloche. Mais Jacques Champion, ancien Avocat au Parlement, et Marie du Port, son épouse, ayant fait une autre fondation en 1677, en faveur de ces mêmes Peres dans le lieu dit la Grange ou Bercy, au-dessus de la vallée de Fecam à l'extrémité de la Paroisse de Sainte-Marguerite de Paris, le sieur Dufour consentit que ces deux Maisons n'en fissent qu'une, et que les revenus qu'il avoit destinés pour celle du Bourg-la-Reine, fussent transportés à celle de Bercy.

Sauval, T. I, p. 672.

Reg. Archiep.

Sauval, dont j'ai tiré ce dernier fait, nomme ailleurs un Anseau du Bourg-la-Reine, qu'il dit avoir été propriétaire d'une Courtille à Paris l'an 1244. Ce personnage pouvoit être parent d'un Guillaume aussi dit du Bourg-la-Reine qui vivoit en 1250. Les Historiens de la vie de Saint Louis le représentent comme un homme d'un grand courage. Il étoit Sergent d'armes du Roi, et fut témoin de la prise de Saint Louis à la Massoure la même année 1250. Il défendit son Prince si valeureusement, qu'avec une grande hache il tua un grand nombre de Sarazins, et il ne voulut pas se rendre à eux, jusqu'à ce qu'un chrétien renégat lui cria en anglois qu'il se rendît, et qu'il auroit la vie sauve.

Sauv. T. I, p. 67.

Chronique de S. Denis sur S. Louis.

Il y a au Bourg-la-Reine une maison et enclos considérable qu'on dit avoir été bâtis par Henri IV, et avoir été occupés par la belle Gabrielle. C'est dans cette maison que Louis XV vint recevoir l'Infante d'Espagne au mois de Mars 1722.

FONTENAY-SOUS-BAGNEUX

autrement FONTENAY-AUX-ROSES

Le nom de Fontenay est avec celui de Plessis, le nom que l'on trouve donné à un plus grand nombre de lieux dans le Diocèse de Paris. Des cinq Paroisses qu'on y voit du nom de Fontenay, celle-ci est la plus nouvellement érigée, quoiqu'à vue de Pays on ne puisse gueres lui donner moins de quatre cents ans. L'origine de ce nom qui est comme aux autres Fontenay, n'a pas besoin d'être discutée, puisqu'elle se présente d'elle-même. Quelques fontaines, tant petites soient-elles, sont suffisantes pour donner cette dénomination à un lieu. On a ajouté ensuite *lez Bagneux* ou *sous Bagneux*, pour le distinguer des autres Fontenay qui sont dans le même Archidiaconé, et on a tiré cette différence du voisinage de Bagneux, parce que Bagneux est un très-ancien lieu ainsi que je le fais voir lorsque j'en parle, et que ce Fontenay-ci en a été un Hameau dans le temps que les Eglises Paroissiales étoient moins communes et plus écartées les unes des autres qu'elles ne sont aujourd'hui. A l'égard du surnom tiré des roses, il est nouveau dans l'usage ; il vient de ce qu'il y a eu un temps que l'on y cultivoit les roses plus abondamment qu'ailleurs, et peut-être même de ce que le faiseur de couronnes ou de bouquets de roses du Parlement, qu'on appelloit le Rosier de la Cour, s'en pourvoyoit dans ce Village ; car il y a eu des temps, comme le marque Sauval, auxquels les Ducs et Pairs étoient tenus de porter tous les ans des roses au Parlement. Le Roi, ajoute-t-il, paye encore tous les ans un droit de roses au Parlement et à toutes les Cours Souveraines de Paris. Les Pairs présentoient eux-mêmes ces roses en Avril, Mai et Juin, lorsqu'on appelloit leurs rôles. C'est ce nom de Fontenay aux roses qui a jetté M. de Valois dans l'erreur, et qui lui a fait confondre Fontenay-lez-Bagneux avec Fontenay-le-Fleury, qui certainement est le Fontenay situé proche Saint-Cyr par de-là Versailles dans le Diocèse de Chartres.

<small>Antiq. de Paris, T. II, p. 446.</small>

<small>Notit. Gall. p. 418. Voyez le Pouillé de Chart. 1738, p 38.</small>

Fontenay dont il s'agit ici est seulement éloigné d'une lieue et demie de Paris, à côté de Bagneux et un peu au-dessous. C'est un pays cultivé principalement en vignes et en pépinieres. Il contenoit cent quarante-sept feux l'an 1709, selon le dénombrement imprimé alors. Celui du sieur Doisy qui a été publié en 1745, y en compte cent trente. Le Dictionnaire Universel géographique de la France qui parut en 1726, marque qu'il y avoit alors cinq cent quatre-vingt-six habitans, et ajoute « que ce lieu est fort

« fréquenté par les Parisiens pour ses belles promenades et ses
« bosquets de rosiers, ce qui le fait appeller ordinairement Fon-
« tenay aux roses. » Quelques-uns y marquent le lavoir par curiosité, et j'ai vu une carte des environs de Paris où il étoit figuré ;
ce qui en coule n'est pas cependant fort considérable ni capable
de grossir le petit ruisseau qui passe au bas de la montagne et qui
vient du Parc-aux-Renards.

L'Eglise de ce lieu est sous le titre de Saint Pierre. C'est un
édifice dans lequel on remarque de la bâtisse de trois temps différens. Il y a au Sanctuaire et au Chœur quelques colomnes et
fenêtres de la fin du treiziéme siécle ou environ ; la plus grande
partie du reste n'a que deux cents ans ou environ d'ancienneté.
Les Epitaphes qu'on y voit du dernier siécle se servent toutes de
l'expression de *Fontenay lez Bagneux* ou *Fontenay sous Bagneux*.
La Dédicace de cette Eglise se solemnise le 12 Juillet avec la Fête
de Saint Prix, c'est le jour qu'on célébre la Fête de la Translation
de ce Saint Evêque de Clermont, en plusieurs endroits. On montre en effet, à Fontenay, un petit coffre de cuivre très-ancien,
qu'on appelle le Reliquaire de Saint Prix. L'image de ce Saint
en bosse est au-dessus et on la tire de l'armoire de l'œuvre pour
l'exposer à la vénération publique le jour de la Fête de ce Martyr.
Je croirois que la relique qui est dedans a servi, aussi-bien que
le reliquaire, à la Dédicace de l'Eglise du lieu ; que la petite
châsse avoit été renfermée dans l'intérieur du grand autel, où on
l'aura trouvée lorsqu'on démolit cet autel pour le refaire. Ce n'est
que dans le dernier siécle que quelques personnes trouvant mauvais que dans le Bréviaire de Paris, au jour de la Susception de
la Croix, on ne déterminât point dans laquelle des cinq Paroisses
du nom de Fontenay, voisines de Paris, cette sainte relique avoit
été d'abord déposée, firent insérer les deux mots *prope Balneolum*
après celui de *Fontanetum* dans la légende. L'époque de cette

<small>Dissert. sur l'Hist. de Paris, T. III.</small> addition est l'année 1680, lorsque le Bréviaire de M. de Harlay
parut. Mais j'ai prouvé par une dissertion particuliere imprimée
en 1743, que ce n'est pas dans ce Fontenay-cy que se fit ce dépôt
l'an 1109, et que ce fut dans Fontenay-en-Parisis, dit autrement
Fontenay-en-France ou Fontenay-sous-Louvres. La Cure de Fontenay-lez-Bagneux ne se trouve point marquée dans le Pouillé de
Paris écrit vers l'an 1270, tandis que celles des quatre autres
Fontenay y sont ; c'est ce qui fait juger qu'elle n'étoit pas encore
établie. Le Village existoit cependant alors, on en trouve des
preuves dès le douziéme siécle, ainsi qu'on va voir ; mais ce lieu
n'étoit apparemment alors qu'un simple Hameau de la Paroisse
de Bagneux avec une Chapelle de Saint Pierre, ou même sans
Chapelle, vu le peu d'éloignement qu'il y a de Bagneux. C'est

seulement par l'unanimité des Pouillés de l'avant-dernier siécle et du dernier, que nous sommes certains que la nomination de cette Cure a appartenu, de tout temps, à l'Evêque Diocésain. Au reste il doit passer pour constant qu'il y avoit une Eglise à Fontenay-lez-Bagneux en 1286, parce que Thibaud de Marly, rédigeant son testament dans cette année-là, lui laissa nommément la somme de vingt sols : *Ecclesiæ de Fontaneto prope Balneolos XX solidos*.

Je crois devoir avertir ici, de crainte que la postérité n'y soit trompée, la raison pour laquelle on voit dans la campagne, au milieu des vignes du côté du Nord-Est par rapport à l'Eglise de Fontenay, et sur le territoire de la Paroisse, la tombe d'Hélie l'aîné, Lieutenant particulier de la Maréchaussée d'Angoumois, décédé le 13 Septembre 1606 en ce lieu. Ce n'est pas que sa sépulture ait été au pied d'une croix au milieu des vignes ; cela vient de ce que la Procession du Saint-Sacrement, à la Fête-Dieu, allant autrefois par cet endroit, on eut besoin d'un autel pour y faire le reposoir ; et pour dresser cet autel, on enleva cette tombe de l'Eglise, et on la conduisit en ce lieu.

Pour connoître que ce Fontenay existoit dès le XII siécle, ce n'est point aux archives de l'Evêché ni du Chapitre de Paris qu'il faut recourir, mais à celles de l'Abbaye de Sainte-Geneviéve, qui avoit autrefois en ce lieu une Seigneurie considérable. La Bulle de confirmation de biens que les Chanoines de cette Maison obtinrent du Pape Alexandre III l'an 1163, marque : *apud Balneolum et Fontanetum, terras et nemora et prata*. En 1207 Jean de Toucy, Abbé, en donna la Mairie à un homme du lieu, avec les appartenances appellées *bonachia, investituræ, districta*, et cinq sols dans la recette des cens du pays. L'attention qu'eurent alors les Religieux d'écrire tout ce qui se passoit d'authentique pour l'assurance de leurs droits, les porta à nous transmettre un acte par lequel nous apprenons que les plus anciens Seigneurs laïques qu'il y avoit eu à Fontenay, étoient les Seigneurs de Châteaufort, auxquels avoient succédé les Seigneurs de Marly. Ils ont écrit que Matthieu de Marly, Chevalier, et Mathilde, veuve de Bouchard de Marly, vinrent à Fontenay l'an 1232, le jour de Sainte Catherine, et y promirent par serment de maintenir les Coutûmes qui avoient eu vigueur du temps de Hugues, Seigneur de Châteaufort. De la part des Habitans de Fontenay, il y en eut douze qui assurerent par serment que le sieur de Châteaufort n'avoit aucune Justice sur le territoire, dans les lieux où il n'avoit pas le droit de vinage et de...... *ubi non habebat vinagium et campsamentum*. En 1247, l'Abbé Thibaud accorda les lettres de manumission aux Fiefs de son Domaine en ce lieu, et les fit

Chart. S. Gen. p. 241.

Lib. Cens. S. Genov. p. 47.

Chart. S. Gen. p. 283.

confirmer par Saint Louis. La suite des observations faites vers le milieu de ce siécle, en indiquant de purs droits temporels, nous apprennent que dans ces cantons-là, il y avoit un Monastere d'hommes dans le lieu dit Pleigiz ou Bleigiz, dont à présent on a perdu totalement le souvenir. Car si les Chanoines Réguliers marquoient ce qu'on leur devoit, ils écrivoient aussi exactement ce qu'ils payoient, par exemple, ils devoient au Seigneur de Châteaufort pour la liberté de leur clos de Fontenay quelques sols avec du vin, et particulierement *Sexteringiam vini* ; aux Moines de Plegiz à Fontenay, douze deniers pour cinq quartiers de vignes situées au lieu dit Vignerun, et la dixme au Chapitre de Paris ; à l'égard d'autres vignes situées en leur propre terre, la dixme appartenoit aux Moines de Plegiz et aux religieuses de Gif, auxquelles Thibaud et Maurice, Evêques de Paris au XII siécle, l'avoient confirmée. Les articles de leur recette nous instruisent encore davantage de l'ancienne Topographie de Fontenay et des environs ; car après avoir énoncé les dixmes qu'ils y avoient dans le bled et le vin, ils nomment les terres à Champart, qui étoient les unes *in Valle Mauherion ;* d'autres *ad Codres ;* d'autres *apud Blagias ;* il y en avoit pareillement *ad portam Galent, ad crucem de Cachant, in Campo Rutrudis.* Tous ces différens cantons y sont dits de la Mairie de Fontenay. Comme nous apprenons par le Nécrologe de Notre-Dame que la fontaine qui forme le ruisseau au bas de la montagne de Fontenay, s'appelloit *Fons de Blagiis*, il s'ensuit que le canton dit en latin *Blagiæ* et en françois Plegiz, et qui étoit considérable, étoit celui où se trouve encore cette source, et que c'étoit là qu'étoit établi le Couvent de Moines détruit il y a plusieurs siécles. Il suit en second lieu de l'exposé ci-dessus, que *Campus Rutrudis* étoit aux environs de ce que nous appellons Bourg-la-Reine : c'est ce qui m'a fait donner pour l'une de mes conjectures touchant l'origine de ce nom de Bourg-la-Reine, qu'il pourroit fort bien venir de Rotrude, fille de Charlemagne, à laquelle ce Prince auroit donné ce canton de terre. Il faut toujours se souvenir que dans ces temps-là les filles de Roi étoient qualifiées de Reines. Le Droit de grande Coutûme que les gens du Domaine de Sainte-Geneviéve lui devoient, étoit de deux chapons et deux boisseaux de froment. La petite Coutûme étoit de deux chapons et deux pains. Ce qui est encore très-remarquable, est qu'il paroît que dès-lors la Banlieue de Paris s'étendoit jusque dans le même Domaine de l'Abbaye de Sainte-Geneviéve à Fontenay ; l'Ecrivain fait cette note expresse : *Sciendum quod apud Banlivam, ubi habemus Campipartem, habemus et decimam.* Il semble qu'il résulte de là que le bout de la Banlieue traversoit et coupoit ce Domaine, ce qui faisoit que le terrain de ce Domaine subissoit deux sorts différens; dans la partie renfermée dans la Banlieue, où l'Abbaye avoit le Champart, elle avoit aussi la dixme; et dans la partie qui étoit au-delà de cette Banlieue, elle ne jouissoit que du droit de Champart sans dixme. Enfin voici un trait singulier d'exécution de Justice par les Officiers de Sainte-Geneviéve à Fontenay. Je le rapporterai dans les propres termes de l'Ecrivain qui vivoit vers l'an 1300. « En 1266, dit-il, ou environ, fut pris un porcel qui « avoit mangié 1 enfant chez Estienne le Camus : et fu ars en la « Cour au Mere Sainte Geneviesve à Fontenet, présent Frere « Guerin leur Chamberier, Guillaume le Seriant, Aubert le Mere, « Estienne le Camus, Marie sa femme. » Peut-être aurai-je dû placer avant le détail du Domaine de Sainte-Geneviéve dans Fontenay, l'acquisition que cette Abbaye y fit d'une maison et de plusieurs vignes de la somme de 300 livres que lui avoit léguée un Evêque du nom de Gérard, dont le siége est désigné sous le nom de *Viscosiensis*. Mais comme le Nécrologe de ce Monastere d'où ce fait est tiré, ne dit pas en quel temps ce Prélat mourut, l'époque de l'achat doit rester incertaine. *Lib. Justiciar. S. Gen. fol. 57* *Necr. S. G. MS. 28 Febr.*

En 1588, le 10 Février, l'Abbaye pour payer sa taxe aux subventions ecclésiastiques vendit à Renée Baillet, Dame de Boneuil et de Saux, veuve de Jean de Thou, Maître des Requêtes, tout ce qu'elle avoit à Fontenay, consistant en censives, Justice haute, moyenne et basse, champarts et vinages, et la Ferme qu'elle avoit à Bagneux, ne se réservant que son Hôtel et enclos de Fontenay, les Droits Seigneuriaux sur les terres, prés et vignes qui lui appartenoient en propriété, tant audit Bagneux qu'à Fontenay et terroirs voisins, pour lesquels héritages elle ne devoit payer aucuns droits, stipulant que les droits vendus demeureroient en Fief mouvant de l'Abbaye en foi et hommage, avec profit de quint et relief.

Le tout appartint depuis à Philippe de..... par Isabeau de Thou, son épouse, fille de la Dame Baillet; lesquels vendirent ce Fief à M. Louis Potier, Seigneur de Gévres et de Trêmes. Puis il passa à M. Colbert, le Ministre, qui en jouissoit dès l'an 1675.

M. le Duc du Maine en étoit possesseur en 1701 : ensuite Madame la Duchesse, et enfin M. le Comte d'Eu.

La partie de la terre de Fontenay que l'Abbaye de Sainte-Geneviéve s'étoit réservée, fut aliénée par elle le 11 Mai 1640, au sieur Jean Prosper de la Motte, Conseiller au Parlement de Metz, à la charge de foi et hommage. Elle a appartenu depuis à M. le Broust, par la suite à M. le Doubre, Maître des Comptes; delà à des particuliers qui l'ont vendue à Etienne Villier, Secrétaire du Roi, dont les héritiers ayant fait liciter ce Fief, M. Charles

Brochand, Fournisseur de la Maison du Roi, s'en est rendu adjudicataire le 9 Juillet 1745.

Cod. Reg.
15 Jan. 9 Apr.
23 Apr. 20 Oct.

Le Nécrologe de l'Eglise de Paris fait foi que ce fut au treiziéme siécle que le Chapitre fit l'acquisition de la dixme qu'il a à Fontenay. On y lit plusieurs sommes employées *in pignoratione decimæ de Fontaneto*. Mais ces articles ne spécifient point quelles étoient les personnes qui engagerent cette dixme. Le Tensement ou droit de garde produisoit aussi alors un certain revenu d'avoine

Ibid., 20 Jan.

à ceux qui en jouissoient : le même Chapitre en acquit aussi une partie : sur la fin du même siécle, il existoit à Fontenay un Fief appellé le Fief Thibaud de Vernon, parce qu'il avoit appartenu à celui qui portoit ce nom. Le Sou-chantre Jean le Loup (*Joannes Lupi*) qui en étoit devenu Maître, en disposa entierement envers

Ibid.
14 Febr. 16 Jun.

la même Eglise environ l'an 1300, ou un peu plus tard. L'annonce de la mort d'Etienne de Suisy, proche Laon, Cardinal, Prêtre de Saint-Cyriaque des Thermes, marquée à l'onzième Décembre 1311 dans le même Nécrologe, explique au long le revenu qu'il assigna au Chapitre de Notre-Dame *super terram suam de Fontaneto*. Il y est parlé entre autres d'une maison et d'un pressoir qu'il y possédoit aussi-bien que de vignes, terres, cens, rentes de chapons, bled et avoine, Justice haute et basse, et voyerie.

Il a été dit ci-dessus que les Seigneurs de Marly avoient au XIII siécle une partie de la terre de Fontenay. Outre ce qu'en marquent les manuscrits de Sainte-Geneviéve, cela se conclut du Testament de Thibaud de Marly de l'an 1286. Ce Seigneur, avant que de nommer le legs qu'il fait à l'Eglise du lieu, déclara qu'il donnoit une partie de ses revenus dans cette terre aux Moines des Vaux-de-Cernay, dont l'on sçait d'ailleurs qu'avoit été Abbé un autre Thibaud de Marly, mort en odeur de sainteté l'an 1247. Il ajouta ensuite quelque chose pour sa sœur Béatrix dans ses rentes de Fontenay, *in censu meo*, dit-il, *de Fontaneto juxta Balneolos*.

Sauval,
T. III, p. 515.

Une Maison célébre qui hérita sur la fin du XV siécle de quelques biens situés dans ce même Fontenay, fut le Collége de Sorbonne à Paris, auquel Sauval dit que Jean de Cambray transporta par pure donation l'an 1495, des vignes qu'il y possédoit avec d'autres biens situés à Paris. On voit par d'autres monumens

Tab. Ep. Paris.
in Spir.

que ce fut Ambroise de Cambray, Chancelier de l'Université, qui fit ce legs.

Ibid., p. 327.

Les Comptes de la Prévôté de Paris de l'an 1423, font mention des héritages que possédoit Bernard Braque, attaché à Charles VII, lesquels lui furent ôtés par le Roi d'Angleterre se disant Roi de France et donnés à Jacques Pesnel, Chevalier.

En 1588, le Roi Henri III, par lettres datées de Chartres au mois de Juillet, permit aux habitans de Fontenay, près Bagneux, de se fermer de murs, et de lever pour cela sur leur Communauté, en trois ans, la somme de six cent soixante-et-six livres. Mais je ne crois pas que cela ait été exécuté, à cause de la mort de ce Prince arrivée l'année suivante. Bann.du Chât. vol. VIII, f. 255.

Ce fut dans ce Fontenay que Dame Marie Lumague, veuve de M. Pollalion, commença l'an 1630 l'établissement des Filles de la Providence. Comme elle y possédoit une maison, elle y mit d'abord les deux Filles qu'elle avoit amenées de Lyon pour jetter les fondemens de ce pieux établissement, et sous leur direction les jeunes filles qu'elle avoit rassemblées. Mais elles en sortirent peu de temps après pour venir à Charonne. Vie de la veuve Marie Lumague, p. 72.

Gui Patin, parlant de M. Troisdames qui y avoit une maison en 1660, dit que ce Fontenay est un beau Village où l'on cultive les roses principales dont les Apotiquaires se servent tous les ans. C'est sans doute cette culture qui a fait donner le nom de Moulin des Rosiers à celui qui est situé au-dessus du Village. Le sieur Auvray donne aussi au canton où il est situé le nom de Rosieres dans sa Carte des environs de Paris. Les Chartreux de Paris ont eu ce moulin par donation de Bernard Potier, Marquis de Blerencourt, mort le 5 Novembre 1661. Le même moulin de Fontenay-aux-roses est souvent mentionné dans les mesures du Livre de la Méridienne de Paris, par M. Cassini. Patin, Ep. 176, 2 Mai 1660.

Necrol. Chart. 5 Nov.
Merid. de Paris, p. 124 et suiv.

BAGNEUX

Ce seroit se tromper de croire que tous les noms de *Bagneux, Bagnaux, Bagnols, Bagnoles* et semblables, tirent leur origine de quelques bains qui auroient été dans les lieux qui sont ainsi appellés. Il est visible que le terme celtique ou germanique *Banis* a pu être le fondement de plusieurs dénominations de cette espece; nous avons, en France, plusieurs lieux nommés Ban, Banne ou Bannes, Baines ou Beines, Bannai, Bannos, Bannou. On peut assurer, sans se tromper, que ces noms qui ont été rendus en latin par *Bannum* ou par *Banna,* ont dû avoir dans la même langue leurs diminutifs qui ne peuvent être que *Banniolum* ou bien *Banniola,* ou termes approchans. Cela posé, je ne vois aucune nécessité d'adopter le sentiment de M. de Valois, qui croit que le nom de Bagneux, voisin de Paris, vient de quelques bains, supposant que son véritable nom latin est *Balneola.* Outre que le lieu ne paroît pas être dans une situation à avoir eu de l'eau assez abondamment pour y former des bains, même de petits bains, l'étymologie dérivée de *Bannus,* doit être plus naturelle; je m'arrêterois à celle que fournit dans du Cange le mot *Bano;* c'est-à-dire que je croirois que Bagneux auroit été nommé ainsi, parce que ç'auroit été dans les temps éloignés un terrain commun à tous les habitans des Villages voisins, ou plutôt parce qu'il terminoit de ce côté-là le district de ce qu'on a appellé la Banlieue, ensorte qu'il seroit toujours vrai de dire que Bagneux est une altération de Bannieux. Je sens bien que l'on peut m'opposer quelques chartes de l'Eglise de Paris, où ce lieu est nommé *Balneolum;* mais ces chartes ne sont que du XII siécle; les plus anciennes portent *Baniolum* ou *Banniolæ,* et ces chartes sont du IX, X et XI siécle; ainsi, il en résulte que ce sont les Actuaires ou Notaires du XII siécle, qui, sans consulter l'ancienne dénomination latine, ont fabriqué sur le mot françois Bagneux qui étoit déjà formé, le nom latin *Balneolum,* à cause de sa ressemblance avec le verbe Baigner, dérivé de *Balneare* : après quoi tous les Ecrivains venus depuis n'ont fait que copier ceux du XII siécle, et même quelquefois ils ont osé altérer la pureté du nom dans les copies qu'ils ont faites des premiers titres.

S'il étoit permis d'employer indifféremment tout ce qui peut faire remonter, le plus haut qu'il est possible, l'antiquité d'un lieu, je produirois ici le sentiment du Pere Daniel, Jesuite, qui pense que Bagneux, proche Paris, existoit dès le sixiéme siécle, et que c'est là que fut battue une piéce de monnoye du Roi Caribert, sur laquelle on lit *Bannaciaco.* Mais je suis persuadé qu'il faut chercher ce *Bannaciacum* bien loin de là, et que ce terme n'a pas dû former Bagneux, mais Bannay ou Bannecé ou Bagnac. La preuve donc la plus reculée que nous ayons de l'antiquité du lieu de Bagneux, est une charte du regne de Charles-le-Chauve, dans laquelle on lit parmi les terres de l'Eglise de Paris *Baniolum.*

Hist. de Fr.

Gall.Chr.vetus, T. 1, p. 407.

Ce Village est à une lieue et demie de Paris, à quelque distance du chemin d'Orléans vers la main droite et dans une plaine. En 1709, lors de la premiere édition du dénombrement de l'Election de Paris, on y comptoit 116 feux. Le sieur Doisy qui vient d'en faire imprimer une seconde édition en 1745, n'y en marque que 100. Le Dictionnaire géographique universel de la France, imprimé en 1726, faisoit monter le nombre des habitans à 450. Le pays est de terres labourables et de vignes. Il est fort resserré du côté de Châtillon, qui n'en est qu'à un petit quart de lieue, et qui portoit le même nom de Bagneux, encore au XI siécle; comme aussi du côté de Fontenay-aux-roses qui en a été autrefois démembré, également comme le Bourg-la-Reine.

Gall.Chr.nova, T. 1, Instr. col. 34.

L'ancienne Eglise de ce lieu étoit au moins dès le X siécle, l'une

de celles qui appartenoient aux Chanoines de Notre-Dame de
Paris. On lit dans le diplôme des Rois Lothaire et Louis, parmi
les Terres et les Eglises ou Autels qui leur sont confirmés en
conséquence des chartes antérieures, *Baniolum cum Ecclesia et* Hist. Eccl. Par.
altare ceterisque appenditiis, ce qui se trouve répété dans la Bulle T. I, p. 553.
de Benoît VII, d'environ le même temps. Aussi, le Pouillé du
XIII siècle y est-il conforme, et tous les suivans. La Paroisse de
Bagneux reconnoît pour Patron S. Herbland (*S. Hermelandus*),
qui fut Abbé d'Aindre, au Diocése de Nantes en Bretagne, et qui
mourut vers l'an 700. On y célebre sa Fête le 18 Octobre; comme
ce ne peut être celui de sa mort, qui arriva le 25 Mars, et dont on
fait aussi une Fête en ce jour, on est bien fondé à croire que ce
18 Octobre est le jour que l'on y reçut quelque notable relique de
ce Saint. Mais dans quel temps la reçut-on? c'est ce qu'il est difficile de décider. Ce qu'on trouve dans le martyrologe manuscrit de Cod. Reg...
Notre-Dame de Paris au 18 Octobre, peut même faire douter que
ce soit Saint Erbland ou *Hermelandus*, Abbé en Bretagne, qui
soit le véritable Patron de ce lieu : car on y lit ces quatre mots :
Andegavis, Sancti Erblandi, Abbatis. Ce Martyrologe a été écrit
au plus tard sous le regne de S. Louis. Les Calendriers et Antiphoniers Parisiens du même siécle et du suivant, mettent aussi au
même jour *Erblandi, Abbatis memoria*, qui y est quelquefois écrit
Herblandi. Mais de quelque Saint Herbland que soit tirée l'Eglise
de Bagneux, il est constant que c'est au plus tard dans le douziéme
siécle qu'ont été apportées les Reliques qui y ont donné occasion.

Au reste le culte de ce Saint Patron de Bagneux étoit si connu
à Paris au milieu du XIV siècle, que pour distinguer ce Bagneux
des autres lieux qui ont un nom approchant, on disoit : *Bagneux
Saint Eurblanc;* et le jour de la Fête de ce Saint, une grande
partie de tout le Châtelet de Paris s'y transportoit solennellement Sauval,
et y dînoit, comme elle faisoit à Bagnolet le jour de S. Gilles. T. III. p. 498, ad
L'Eglise de Bagneux est fort belle, il n'y manque qu'une abside, an. 1491.
c'est-à-dire de finir en demi-cercle, et de maniere qu'on puisse
tourner derrière le Sanctuaire. Son édifice paroit être d'environ la
fin du XIII siécle. Il est tout voûté avec des galeries en petit, à
l'instar de celles de Notre-Dame, et une aile de chaque côté, au-
dessus de laquelle sont les arcs-boutans qui supportent un corps
d'Eglise assez élevé et couvert d'ardoises. Le Portail où est représenté Dieu accompagné de quatre Anges tenant chacun un chan
delier, est ce qu'il y a de plus ancien. On a enté un nouveau
clocher quarré sur le vieux qui est à côté de l'Eglise. S. Nicolas
est regardé comme le second Patron. On expose sur le banc de
l'œuvre, un chef et un bras de bas argent, qui apparemment
contiennent des reliques de Saint Herbland. Au moins le buste

supporte la figure de la tête d'un Religieux. Il fut permis au Curé et aux Marguilliers en 1667, d'ériger en cette Eglise une Confrérie des SS. Herbland et Nicolas, S. Pierre et S. Paul, dont la Fête seroit le Dimanche après ce 16 Juillet.

<small>*Reg. Archiep. 17 Oct.*</small>

La Charte d'Etienne de Senlis, Evêque de Paris, de l'an 1125, touchant la distribution du pain de Carême aux Chanoines de Notre-Dame, et qui assigne pour cela une redevance de bled à prendre sur le revenu de six Eglises, marque l'Eglise *de Balneolo* pour le payement de ce qu'on appelloit *unum modium frumenti.*

<small>*Hist. Eccl. Par. T. II, p. 53.*</small>

La Cure est dite de la nomination du Chapitre de Paris dans le Pouillé du XIII siécle, où elle est désignée sous le nom *de Balneolis*. Celui du XV siécle l'appelle *Baneolæ* au féminin, ce qui n'est point équivoque lorsqu'en parlant de Fontenay qui en est voisin, il met *de Fontaneto juxta Baneolas*. Les Pouillés modernes attachent la présentation de cette Cure à la trente-quatriéme portion dans le partage des Prébendes de Notre-Dame. J'ai fait remarquer ci-dessus que *Baniolæ ou Baneolæ* est plus approchant de la vraie étymologie qui étoit déjà altérée au XII siécle. Un Curé de ce lieu, témoin en 1196 dans un Acte de l'Evêque Maurice de Sully, est appellé *Erardus presbyter de Balneolis.*

<small>*Hist. Eccl. Par. T. II, p. 386.*</small>

Il y a eu un Arrêt du Parlement du 23 Janvier 1672, qui ordonne l'exécution d'un Testament portant que des Religieux feront les Services en la Paroisse de Bagneux.

<small>*Mém. du Clergé, T. III, p. 390.*</small>

On a vu ci-dessus que dès le IX siécle le lieu qu'on appelloit *Baniolum*, et où étoit l'Eglise, appartenoit au Chapitre de Paris. Cependant il ne jouit pas d'abord de tous les droits Seigneuriaux. Le Nécrologe de cette Eglise nous apprend que ce fut le Roi Henri I qui lui donna la dixme de bled et de vin à Bagneux, et que la voierie du même lieu fut donnée par le Roi Louis (apparemment le Gros). Louis VII abolissant par un diplôme de l'an 1155 tous les droits de Gîte ou de Procuration que ses Officiers levoient dans plusieurs terres du même Chapitre, y compris pareillement Bagneux. Ce fut ce même Prince qui ayant cru que certains hommes de la même terre de Bagneux lui appartenoient, les rendit lorsqu'il fut informé du contraire, la même année, conservant toutefois la Coûtume par laquelle si un serf du Chapitre épousoit une femme serve du Roi, leurs enfans appartenoient au Roi *et è converso*. Outre cela le Roi y conservoit toujours quelques autres droits dont je parlerai ci-après. Les Chanoines possesseurs de cette terre, firent dans le siécle suivant quelques Traités avec les habitans. On lit seulement en général dans le *Gallia Christiana* qu'en l'an 1264, Geoffroy de Pont-Chevron, Doyen, traita avec eux. Cela se trouve plus développé dans le Grand Pastoral, où on voit que cette année-là le Chapitre de Paris

<small>*Necr. Paris. in Bibl. Reg. 2 Aug.*</small>

<small>*Ibid., 15 Maii.*</small>

<small>*Hist. Eccl. Par. T. II, p. 217.*</small>

<small>*Magn. Pastor.*</small>

<small>*Collect. MS. de du Bois, T. V.*</small>

accorda aux habitans de Bagneux que le Prévôt de Paris ni tout autre, ne pût lever sur eux le droit de *Tolte* par force, ni les contraindre d'aller aux chevauchées, à moins qu'ils n'eussent commis quelque forfait. Ils avoient prétendu d'un autre côté n'être taillables, c'est-à-dire sujets à la taille, que lorsque le Chapitre fait un rolle pour les subventions Royales en cas de guerre ; mais la même année 1264, le Chapitre imposa sur eux par le ministere de leurs Jurés la somme de soixante sols en qualité d'hommes de Corps, et cela se fit en présence de trois Officiaux, sçavoir, l'Official de Paris et ceux des Archidiacres Jean et Garnier. Sauval avoit lu quelque part que deux ans après ou environ ils acheterent leur liberté du même Chapitre moyennant la somme de treize cents livres. Je serois trop long si j'entreprenois le détail des personnes du XII et du XIII siécle qui léguerent à l'Eglise de Paris les biens qu'elles avoient à Bagneux, soit en vignes soit en terres, prés ou maisons. Un des plus anciens fut Adam, qualifié de Préchantre au Nécrologe. Il vécut sous Louis-le-Gros. Les plus considérables qui se conformerent à son exemple au siécle suivant, furent Noël, Official de Paris, qui y avoit une maison, des vignes, des terres, etc., ce qui servit à faire mettre au Calendrier avec distinction le nom de Saint Clair, Martyr, du 4 Novembre, auquel il avoit dévotion. Le·don de Dame Hildearde, qui consistoit en cinq arpens de vignes, fut employé pour le vin du Chapitre durant le Carême. Guillaume de Varzy, Chanoine de Paris, légua quatre autres arpens de vignes dans le canton dit Tropcoustant ; et Geoffroy de Gien, Chanoine et Pénitencier de la même Eglise, ajouta en 1297 plusieurs piéces de terre, les unes situées dans le canton de Bagneux appellé Garlande, d'autres dans celui nommé Paroy, en la censive du Chapitre. Maître Hervé le Breton, Diacre, y assigna du revenu sur sa vigne de Lozeret située en tirant vers Fontenay, et donna plusieurs arpens de terre, que Gervais de Clinchamp, Chanoine de Paris et Cardinal Prêtre, prit à Bail. Je réserve pour le dernier, Simon de Sevre, aussi Chanoine de la Cathédrale, au sujet duquel M. Grancolas a commis deux fautes que je me crois tenu de corriger. Il marque dans le second Tome de son Histoire de Paris, page 143, que *Simon de Separa* donna en 1409 la Terre de Bagneux au Chapitre de Paris pour plusieurs Anniversaires. 1º Simon de Sevre ne vivoit point en 1409, mais vers l'an 1270 ou 1280, ainsi qu'il est aisé de le voir par le Nécrologe conservé à la Bibliothéque du Roy. 2º Si M. Grancolas ne s'étoit pas contenté de lire les premieres lignes de ce Nécrologe au 19 Mai, et qu'il eut achevé l'Article, il auroit vu que ce n'est pas la Terre de Bagneux que le Chanoine Simon de Sevre donna à ses Confreres, puisqu'ils en jouissoient depuis environ quatre

Collect MS. de du Bois, T. V.

Antiq. de Paris, T. II, p. 454.

Necr. Eccl. Par. 16 Januar.

Ibid, 25 Maii.

Ibid., 23 Febr.

Ibid., 21 Apr.

Ibid., 28 Aug.

cents ans, mais un canton de terre à Bagneux dont le nom étoit Boutervillier. *Obiit Magister Simon de Separa Sacerdos, quondam Canonicus Parisiensis, qui dedit nobis terram de Balneolis, qua vulgaliter appellatur Terra de* Boutervillier *cum quadam domo, pressorio, cupis et omnibus aliis ad dictam terram pertinentibus.*

Si la mémoire de tant de Bienfaiteurs ne doit point rester en oubli, il convient aussi en parlant de Bagneux, de nommer Radulfe Pocquet qui a donné des vignes situées en ce lieu et autres biens l'an 1221 pour doter une Chapellenie de l'Eglise de Notre-Dame qu'on croit être l'une de celles de Saint Léonard : et Matthieu de Beauvais, Chanoine, qui suivit son exemple assignant à cette fin ce qu'il avoit de vignes au même lieu.

<small>Hist. Eccl. Par. T. II, p. 270.</small>

<small>Necr. Eccl. Par. 3 Maii.</small>

En réunissant sur Bagneux tout ce qui se présente dans les anciens monumens, j'ai trouvé qu'anciennement il y restoit quelque canton relevant du Roy ; je me fonde sur ces deux lignes du rolle des redevances de Montlhery sous Philippe-Auguste : *Ivellacius est homo ligius Regis de hoc quod habet apud Biesvre, et de Balneolis.* Dans le compte du revenu du même Prince à l'an 1202, tel qu'il est imprimé dans le Traité des Fiefs, un des articles de cette recette porte ces mots : *De Majoria Balneolorum, quatuor libræ quinque solidi.* On voit dans Sauval que le Village de Bagneux devoit autrefois au Roi du vin et de l'avoine. Cette redevance prouve l'estime qu'étoit faite alors du vignoble de ce lieu. On lit dans le Recueil des Ordonnances de nos Rois, parmi les droits du Concierge du Palais spécifiés par le Roi Jean à l'an 1358, l'article suivant : « Et aussi sur plusieurs héritages assis à Baigneux-Saint-« Eurblanc [1], et au terroir d'environ, trois chapons et demi, et « trois pains et demi, payés audit Palais, audit Concierge ou à ses « gens le lendemain de Noël chacun an. » Le Domaine avoit au XV siécle quelques rentes sur des vignes au finage de Bagneux.

<small>Traité des Fiefs, Preuves p. CLV.</small>

<small>Antiq. de Paris, T. II. p. 445. Cod. MS. Richeleus Bibl. Sorb. n. 135. Ordonn. T. III, p. 314.</small>

En 1472, Louis XI remit à Jean le Boulanger, Premier Président à Paris, la rente sur quatre arpens de vigne situées en ce lieu, qui lui appartenoient à cause de Marie Chevalier, sa femme. Les Mémoriaux de la Chambre des Comptes qui m'ont fourni ce dernier article, font aussi mention, à l'an 1543, d'un Arrêt de cette Chambre, par lequel permission est donnée à Pierre Rougeoreille, de bâtir un moulin à vent au territoire de Baigneux.

<small>Mém. de la Ch. des Compt. vers 1472.</small>

Dans le Procès-verbal de la Coutûme de Paris de l'an 1580, les Abbayes de Sainte-Geneviéve et de Saint-Victor prennent chacune le titre de Seigneur en partie de Bagneux. Il n'est venu à ma connoissance touchant celle de Saint-Victor autre chose sinon que

---

1. Quelques copistes de ces Lettres du Roi Jean qui ne connoissoient pas Saint Erbland, Patron de Bagneux, ont écrit dans le Régistre des Chartes *Saint Oeuf-blanc.*

Girbert, Evêque de Paris décédé vers l'an 1123, donna à cette maison plusieurs arpens de vignes situés en ce lieu. A l'égard de l'Abbaye de Sainte-Geneviéve, la Bulle d'Alexandre III, qui en 1163 en confirme tous les biens et Domaines, met, *apud Balneolum et Fontanetum, terras, nemora, et prata*, et l'on apprend par un autre titre que l'Abbé Thibaud accorda l'affranchissement aux serfs qu'il avoit à Bagneux l'an 1247 ; ce qui fut approuvé par Saint Louis. Une charte de Maurice, Evêque de Paris, mentionnée dans le Cartulaire du Monastere d'Hiere, est pour certifier que Béatrix, Dame de Pierrefont, étant au lit de la mort en 1172, légua à cette Abbaye du consentement d'Agathe sa fille, la moitié de ce qu'elle possédoit *in villa quæ dicitur Balneolum*. Mais je n'affirmerai pas qu'il s'agisse ici de notre Bagneux ; il peut se faire qu'il faille entendre par là Brigneux situé au Diocèse de Soissons où se trouve la terre de Pierrefont. J'omets ici le *Balneolum* du Cartulaire de Saint-Maur (*ad annum 1255*), parce qu'il me paroît qu'il y est question de Bagnolet. Au reste il est constant par le Nécrologe de Notre-Dame qu'il y avoit vers l'an 1240 à Bagneux une censive appellée *Censiva de Moncello*. Il est aussi très-certain que Thibaud de Marly, Seigneur illustre dont on a le Testament, donna aux Freres de la Trinité de Paris, trois arpens de vignes à Bagneux, *in Closis de Balneolis*. Ce Testament est de l'an 1286. Enfin les Religieux Hospitaliers de la Charité de Notre-Dame qu'on appelloit Billettes à Paris, y avoient une Maison et un Jardin dont la jouissance fut continuée à l'ancien Prieur lorsque les Carmes de Rennes leur furent substitués en 1631.

Necr. S. Victor.
VIII Cal. Feb.
Gall. Chr. nova.
T. VII, col. 59.

Ibid.
T. VII.
Instr. 7.

Chart. S. Gen.
p. 283.

Necr. Eccl. Par.
3 Dec.

Thes. anecd.
velColl. ampliss.

Sauval,
T. III, p. 179.

On ne peut nier en effet que le voisinage de Paris et la bonté de l'air de ce Village ne continuent d'être d'un grand attrait, soit aux Communautés soit aux particuliers.

L'Histoire ne fournit aucun événement concernant Bagneux qui mérite d'être rapporté ici, sinon qu'en 1589 le Roi Henri IV, au retour de la conquête de plusieurs Places faite dans le pays de Caux et le Vexin, ayant passé la Seine à Meulan, vint le 31 Octobre à Bagneux, d'où il répandit ses troupes dans Gentilly, Issy et autres lieux voisins de Paris.

Hist. du Temps.

Une fameuse Maison de Bagneux, suivant ce que les Anciens du Pays en disent, a été bâtie par M. Benicourt, Favori du Cardinal de Richelieu et Entrepreneur des Armes et Armées de France, des deniers à ce qu'on a cru de son Eminence, et pour servir à ses Conférences secretes ; on prétend qu'elle a coûté plus de trois cent mille livres, compris les Jardins. L'un des plus anciens des titres qui nous ont été communiqués, est l'adjudication faite par divers Particuliers aux requêtes du Palais sur la succession de M. Philippe, Marquis de Linoncourt, le 6 Septembre 1665, au profit de M. Jean Goupil, Marchand Bourgeois de Paris, demeurant Cloître Sainte-Opportune.

Dans le Jardin est en marbre un Mars et un Vulcain ; Mars a le visage du Cardinal, et Vulcain a celui de sieur de Benicourt.

Le Dictionnaire Universel de la France parlant de ce Village, dit qu'il y a plusieurs Maisons de Bourgeois de Paris, et que la plus considérable est celle de M. Eugene-Pierre de Surbeck. Ce Chevalier de Saint Louis, Brigadier des Armées du Roi, créé en 1738, y possédoit le Fief Garlande dont il a été fait mention ci-dessus, qu'on appelloit communément le Château de Garlande sous Bagneux, avec un Parc de cinquante arpens au moins. Il étoit très connu par la réputation qu'il s'étoit acquise parmi les Sçavans dans l'Histoire Ancienne. Sa parfaite connoissance dans les Médailles l'avoit fait élire pour occuper une place d'Honoraire parmi les Académiciens de l'Académie des Inscriptions et Belles-Lettres. Il n'y avoit que six ou sept mois qu'il en étoit, lorsqu'il tomba malade à Bagneux. Il y décéda le Vendredi premier Septembre 1741, âgé de 63 ans, et fut inhumé dans l'Eglise du lieu.

Necrol. Cartus.
14 Dec.

Les Chartreux de Paris mettent parmi leurs Bienfaiteurs insignes une Dame Aveline de Bagneux qui demeuroit à Paris.

Ce Village est presque le seul des environs de Paris où il soit resté des maisons dont la structure est un peu antique.

Autrefois il couloit des eaux de ce lieu jusqu'au Château de Montrouge ; on voit encore les regards de pierre entre les deux Villages. Le Seigneur de Montrouge a négligé les canaux.

CHATILLON proche PARIS

Quoique dans le Diocèse de Paris il n'y ait pas plusieurs Paroisses du nom de Chatillon, comme il y a en France plusieurs lieux qui portent ce nom, on a autrefois distingué celui-ci des autres, en l'appellant Chatillon-sous-Bagneux. Mais comme ce Village est devenu aussi considérable que Bagneux dont il est voisin, on est convenu depuis peu dans le lieu de ne plus le qualifier autrement que Chatillon près Paris. Effectivement il n'en est éloigné que d'une lieue et demie. M. de Valois croit que

Notit. Gall.
p. 413, col. 1.

tous les endroits nommés Chatillon tirent leur dénomination de quelque forteresse qui y a été, et que *Castellio* en latin, signifioit un petit Château. C'est à l'occasion de notre Chatillon qu'il explique ainsi son sentiment; mais il avance des choses contradictoires, lorsqu'il dit que ce Chatillon est situé sur la Seine, et que cependant il est placé entre Montrouge et Vaugirard. On ne dit point ordinairement qu'un Village est sur le bord de la Seine, quand il en est éloigné d'une lieue. Ce Sçavant a voulu peut-être désigner Chatillon proche Juvisy. Celui-là est véritablement sur la Seine ; mais ce n'est pas une Paroisse, c'est un hameau de celle de Viry, dont je parle en son lieu. Chatillon proche Paris n'est point situé entre Montrouge et Vaugirard. Il y a dans le canton du couchant d'hiver de Paris quatre Paroisses qui forment une espece de quarré, sçavoir : Clamart, Venves, Fontenay et Bagneux. Chatillon se trouve au milieu des quatre, mais plus proche des deux dernieres. Le premier titre où j'ai trouvé mention de ce lieu sous son nom de Chatillon, est du Cartulaire de Notre-Dame-des-Champs-lez-Paris. C'est une Sentence arbitrale de l'an 1192, par laquelle R., Chantre de l'Eglise de Chartres, et W., Sous-doyen, délégués par le Pape Célestin, notifient que Bouchard, Maire de Bagneux, a reconnu tenir de Robert, Prieur de ce Monastere, un demi-arpent de vigne *inter Castellionem et Clemarcium*. Mais il est parlé de cette terre sous un autre nom environ cent cinquante ans auparavant. Il est impossible de ne la pas reconnoître dans la charte du Roi Philippe I de l'an 1061, où ce Prince dit, que ne pouvant faire jouir l'Abbaye de Saint-Germain-des-Prés de son ancienne Terre de Combs-la-Ville, il lui donne en récompense une Terre Royale, située tout proche Paris, appellée *Banniolis* ; quelle distance y a-t-il en effet du Bourg de Bagneux à Chatillon, que celle d'un petit quart de lieue ? Tout ce canton-là avoit été nommé *Banniola* ou *Banniolæ*, parce que c'étoient les limites de l'étendue aujourd'hui appellée Banlieue ; mais depuis qu'on eut bâti un petit Château dans la portion appartenante à l'Abbaye de Saint-Germain, ce quartier-là prit le nom de Chatillon, et par ce moyen disparurent les anciennes marques, comme il n'avoit fait originairement qu'un tout avec Bagneux. On l'appelloit donc Chatillon dès l'an 1192. Dès-lors il y avoit des vignes entre ce lieu et Clamart ; Chatillon est aujourd'hui un pays de vignes également comme de terres labourables. Le dénombrement de l'Election de Paris qui fut imprimé en 1709, y reconnoissoit 90 feux ; le Sieur Doisy qui en a donné un nouveau en 1745, y en a compté 104. Le Dictionnaire Universel Géographique de la France publié en 1726, y marquoit 476 habitans. On passe à côté de Montrouge pour venir de Paris à Chatillon, et de là on monte insensiblement jusqu'à l'Eglise de ce lieu ; mais pour sortir du Village du côté qui conduit à Villacoublay, il y a une montagne très-roide, au haut de laquelle la vue est charmante. J'avois imaginé que ce devoit être en cet endroit qu'auroit été la Forteresse qui auroit donné le nom aux maisons situées dans la vallée ;

Chart. B. M. à Camp. fol. 28.

Gall. Chr. nova, T. VII, Instr. col. 34.

mais on n'y en a trouvé aucun vestige. On pourroit dire que le moulin à vent a été bâti sur les ruines, mais il se trouve sur le territoire de Fontenay.

La petitesse de l'Eglise du lieu fait voir que Chatillon étoit peu de chose dans son origine ; et comme la Cure ne se trouve point marquée dans le Pouillé du XIII siécle, c'est une preuve qu'elle n'a été érigée au plus tôt que dans le siécle suivant, c'est-à-dire dans le quatorziéme. Le Chœur paroît être d'une structure d'environ l'an 1400 : le reste est plus nouveau : la tour en particulier qui est à côté du frontispice ne présente d'antiquité que cent cinquante ans ou deux cents au plus. Elle est considérable par sa grosseur, d'une élévation proportionnée au peu d'élévation de l'Eglise et ornée de volutes qui la feroient approcher de l'Architecture Ionique, si l'on pouvoit dire que ceux qui l'ont bâtie eussent le goût de l'antiquité. Il y a quelque lieu de conjecturer qu'avant que cette Eglise eût été commencée, on voyoit en cet endroit, qui devoit dépendre d'une des Paroisses voisines, une Chapelle du titre de Saint Eutrope, premier Evêque de Xaintes. Peut-être cette Chapelle avoit-elle été bâtie de quelque aumône du Roi Philippe-le-Bel et de la Reine Jeanne de Navarre qui eurent une grande dévotion envers ce saint Martyr. Lorsqu'elle fut devenue plus grande, elle porta le nom de Saint Philippe et de Saint Jacques dont la Fête arrive le lendemain de Saint Eutrope, probablement par extension de la célébrité du saint Evêque, ou par déférence pour quelqu'un du nom de Philippe ou de Jacques, qui avoit donné de quoi la rebâtir. Soit que ce soit pour cette derniere cause, ou par la raison du concours du peuple à la dévotion de Saint Eutrope, qu'il étoit plus facile de contenter un jour chommé tel qu'étoit le premier Mai, on lit dans les papiers de cette Eglise, qu'en l'an 1541 le 17 Mai, Louis du Bellay, Archidiacre de Paris, Trésorier d'Angers, Conseiller au Parlement et Grand'Vicaire de Jean du Bellay, Prêtre-Cardinal et Evêque de Paris, accorda au Curé et Habitans de la Paroisse de Saint-Philippe et Saint-Jacques de Chatillon proche Bagneux, la permission de faire dédier leur Eglise et consacrer les Autels par M. Charles, Evêque de Mégare, à condition que l'Anniversaire de cette Dédicace seroit célébré le jour de Saint Eutrope. Ce que le Régistre de l'Evêché dit de plus est que cette Eglise fut dédiée effectivement par cet Evêque le 17 Juillet, et qu'il ordonna que l'Anniversaire s'en feroit le 30 Avril ; ainsi il y a le 30 Avril à Chatillon deux Fêtes, sçavoir, celle de la Dédicace et celle de Saint Eutrope qui est la moindre. Cette Eglise ne conserve aucune relique qu'on y voye exposée. Saint Philippe et Saint Jacques sont dits les Patrons dans les anciennes provisions que j'ai vues,

Necr. Eccl. Par.
5 Nov.

lesquelles sont du 18 Juillet 1489. Saint Sulpice y étoit honoré spécialement en 1560 ; le jour de sa Fête étoit l'un de ceux où il y avoit des Indulgences attachées à ceux qui visiteroient cette Eglise. Elle a été réparée et reblanchie en 1741. On n'y trouve aucune Epitaphe, quoiqu'il y ait plusieurs Seigneurs inhumés, ainsi qu'on verra ci-après. La nomination de la Cure appartient de plein droit à l'Archevêque suivant les Pouillés du XV siécle, de 1626 et 1648. Cependant une copie du Pouillé de Paris qui est écrite au XVI siécle met en parlant de la collation de la Cure de Chatillon, *Capitulum Parisiense vel Episcopus*. Il semble en effet que le Chapitre de Paris ait pu y avoir part autrefois, vu la proximité de Bagneux, dont la Cure étoit à sa nomination dès le IX siécle ; vu aussi qu'il y a plus d'apparence que les premieres maisons bâties à Chatillon, ont été de la Paroisse de Bagneux que d'aucune autre. Mais comme en créant la Cure de Chatillon on ne pouvoit pas lui donner de territoire du côté de Bagneux, à cause de la trop grande proximité, il lui en fut assigné sur celui de la Paroisse de Clamart, ce qui fait que le Curé de Chatillon paye tous les ans à celui de Clamart trois septiers de bled meteil. Pour ce qui est du Chapitre de Notre-Dame, le même Curé lui en doit aussi chacun an six boisseaux. C'est ainsi qu'il se trouve devenu gros décimateur : au reste la totalité des dixmes ne s'étend que sur huit cents arpens.

<small>Reg. Ep. 15 Apr. 1560.</small>

Il y a eu plusieurs Seigneurs à Châtillon d'autant qu'il y avoit plusieurs Fiefs, mais la principale Seigneurie a appartenu à l'Abbaye de Saint-Germain-des-Prés. L'historien de ce Monastere dit que Jean de Montaigny lui vendit la vouerie de ce lieu et tous les droits qu'il y avoit en vin, en avoine et en argent, moyennant la somme de 145 livres Parisis ; ce que Philippe-Auguste confirma par ses Lettres de l'an 1202. M. d'Hozier nomme un Germain Braque, Seigneur de Châtillon, dès 1443. Les Religieux de Saint-Germain mettoient encore en 1611 ce lieu dans le nombre de ceux où la Justice leur appartenoit. Cependant l'Historien ci-dessus allégué, parle de l'aliénation de cette terre comme faite dès l'an 1600. Il dit que les mêmes Religieux firent en 1637 quelques procédures contre le Lieutenant Criminel de Paris au sujet de la Seigneurie de Châtillon, aliénée depuis trente-sept ans, dans laquelle ils vouloient rentrer ; mais au lieu de poursuivre, ils signerent, dit-il, un compromis, par lequel ils s'en rapportoient au sieur Des Roches que le Cardinal de Richelieu avoit nommé pour terminer ces différends.

<small>Hist. de l'Abb. S. Germ. p. 109.

D'Hozier, Généal. Braque.

DuBreul, p. 249.

Hist. de S. Germ. p. 231.</small>

Le Lieutenant Criminel de Paris étoit le second Seigneur de Châtillon depuis l'aliénation. Celui qui avoit acquis la Terre des Religieux de Saint-Germain s'appelloit Richard Tardieu, et étoit

Seigneur du Mênil. Il mourut à Paris, le Mardi 20 Octobre 1626, dans sa maison sise rue des Maçons, Paroisse Saint-Séverin. Son corps fut transféré à Châtillon et inhumé le Mardi 3 Novembre, dans une cave voûtée, sous la Chapelle de la Vierge, que sa veuve et ses enfans avoient fait construire. Cette Veuve s'appelloit Gilles Charles. Elle mourut à Paris dans l'enceinte du Palais l'an 1631, le 5 Août, et son corps fut transporté à Châtillon, et inhumé proche celui de son mari. Philbert Tardieu, Chevalier, Seigneur du Mesnil et d'Armenonville, décédé le 28 Septembre 1642, y fut aussi transféré et inhumé dans le même caveau le lendemain. Mais les funérailles faites à Châtillon, dont on se souviendra plus longtemps, sont celles de Jacques Tardieu, Lieutenant Criminel au Châtelet de Paris, Seigneur de cette Paroisse, de Liencourt et autres lieux, lequel à l'âge d'environ 72 ans, fut assassiné avec Marie Ferrier, sa femme, par deux freres nommés René et François Touchet de Niasle, près de Craon en Anjou, le 24 Août 1665, sur la Paroisse de Saint-Barthelemy de Paris. Leurs corps furent transportés et inhumés dans le même caveau le Jeudi 27 Août, jour que les Assassins furent rompus vifs à la pointe de l'Isle du Palais devant la Statue équestre d'Henri IV. Le Ministre Colbert acheta depuis ce temps-là cette Terre des héritiers de Jacques Tardieu, pour former le Marquisat de Ceaux, et depuis, elle passa à M. le Duc du Maine. Madame la Duchesse du Maine la possede aujourd'hui. C'est des Seigneurs leurs prédécesseurs que les bois taillis situés au haut de la montagne à main droite en allant au Parc de Meudon, ont tiré le nom de Bois de Tardieu.

Il y a eu à Châtillon, outre la Seigneurie, un Fief appellé *Le Fief des Hanches Marcade,* en mémoire duquel il subsistoit encore vers l'an 1735 une tourelle au coin d'une maison sur la Place. Cette maison s'appelle encore aujourd'hui la maison de la Tournelle ; et lorsqu'on la reconstruisit, les Officiers de la Justice ordonnerent que l'on y conserveroit le cul-de-lampe que l'on y voit, pour perpétuer le souvenir de ce Fief.

Les Religieuses de Gif ont aussi quelques Domaines à Châtillon ; le manoir étoit plus bas que celui du Fief des Hanches. La Maison Rouge et autres bâtimens ont cédé au temps ; il n'en reste qu'une Cour commune qu'on appelle la Grande Cour, qui donne sur la rue qui va au Panceau, laquelle est parallèle à la grande rue. On croit que ces Religieuses avoient à Châtillon un droit de dixme qu'elles ont quitté au Curé, moyennant une rente de douze livres qu'il leur paye annuellement, apparemment en vertu d'un accord qu'on dit avoir été fait en 1534, entre Jacques Bardelin, Curé, et l'Abbesse, approuvée par l'Evêque de Paris, le 5 Septembre de la même année.

On lit dans Sauval que la Commanderie de Saint-Jean-de-Latran a aussi des terres et des vignes à Châtillon proche Paris ; mais ces biens sont exempts de la dixme. *Antiq. de Paris,* T. I, p. 612.

La Terre de Châtillon avoit eu, comme plusieurs autres, un Seigneur du Voisinage pour Protecteur ; et pour cela il lui étoit dû toutes les années une certaine quantité d'avoine qui se levoit sur le territoire. Cela s'appelloit *Tensamentum*, ce qui revient au mot *Protectio*. Jean d'Issy, Ecuyer, et Mathilde, sa femme, possédoient ce droit au XIII siécle ; mais ils en vendirent une partie, c'est-à-dire quatre septiers, aux exécuteurs du Testament de Luc de Gif, Chanoine de Paris, afin que le revenu servît à augmenter la distribution des assistances de Matines. *Necr. Eccl. Par.* *14 Jan.* *et Gloss. Cang.* *nov.* *voce* Testam.

L'Historien Monstrelet fait mention de Châtillon dans la Vie du Roi Charles VI. Il dit qu'en l'an 1417, Jean, Duc de Bourgogne, revenant de Meulan et du Val de Galie qui est le pays de Versailles, vint camper au commencement d'Octobre sur la montagne de Châtillon, à l'endroit où étoit un arbre sec, sur lequel il fit mettre son étendard. Son armée y fut huit jours, pendant lesquels elle pilla les Villages de ce côté-là jusqu'à sept ou huit lieues d'étendue, puis elle alla faire le siège de Montlhery.

Les comptes de la Prévôté de Paris d'environ l'an 1423, parlent aussi de Châtillon à l'occasion des biens que Bernard Braque, et Charles Culdoe y possédoient, et qui leur furent ôtés par le Roi d'Angleterre qui se disoit Roi de France, et donnés à deux Chevaliers de son parti, nommés Matthieu et Pierre de Fontenay. Sauval, *Antiq. de Paris,* T. III, p. 327.

Le sieur Piganiol de la Force marque dans sa Description du voisinage de Paris, qu'on voit à Châtillon deux belles maisons, qui sont à MM. de Mesgrigny et Ravieres, Conseillers au Parlelement. Regnault, Receveur des Tailles de l'Election de Paris, a, dit-il, bâti celle du premier. Elle est en terrain uni, et a de tous côtés une des plus belles vues qu'il y ait. Celle de M. Raviere a été bâtie par Ogguerre, et jouit aussi d'une vue charmante. *Descr. de Paris,* T. VIII, p. 198.

Mes lectures ne m'ont fourni que deux Personnages mémorables natifs de ce lieu. Le premier vivoit au XIII siécle sous le regne de S. Louis, et fut Curé de Saint-Germain-l'Auxerrois. Il se nommoit Adrien de Chastillon. Le bien qu'il avoit en ce lieu s'étendoit jusques sur la partie du territoire de Fontenay qui y est contigue et qui est en la censive de l'Abbaye de Sainte-Geneviéve. Le second est François Paris qui y naquit dans le dernier siécle. Il avoit servi dans sa jeunesse MM. Varet qui avoient une maison en ce Village ; depuis, ayant été formé à l'Etat Ecclésiastique, il devint Souvicaire de la Paroisse de Saint-Etienne-du-Mont à Paris, et après avoir composé plusieurs ouvrages de piété qui ont été imprimés, il mourut le 17 Octobre 1718. *Lib. MS. Cens.* *S. Gen* fol. 45
Suppl. de Moreri, au mot *Paris.*

VENVES

On croit ordinairement que le nom de ce lieu est dérivé de *Banna* ou *Vanna* qui anciennement signifioit pêche ou instrument à arrêter le poisson, et que ce seroit à cause qu'il auroit servi de retraite aux pêcheurs de la Seine qu'il auroit été ainsi appellé. Ce sentiment suivi par les Auteurs du Dictionnaire Universel de la France, et par Piganiol, ne laisse pas que d'avoir sa difficulté, attendu le peu d'apparence qu'il y a que la lettre *n* ait pu être changée en *v* consonne, laquelle approche si fort de la lettre *f*. M. de Valois a mieux aimé se taire sur l'étymologie de Vanves que d'en rien dire : le parti le plus prudent est de l'imiter en cela. La liberté que quelques-uns se sont donnée d'écrire Vanvres ne nous met pas plus à portée d'en découvrir l'origine ; mais en ajoutant la lettre *r* à ce mot, ils vont contre tous les titres latins les plus anciens que l'on ait sur ce Village.

La premiere Charte où l'on trouve mention de Venves, est du Roi Robert ; elle nous apprend que dès-lors c'étoit un pays de vignes. Mais il pouvoit aussi y avoir eu des bois plus anciennement, surtout en tirant du côté d'Issy. J'ai fait connoître en parlant de ce dernier Village, que son nom autorisoit cette pensée, et je ne me suis pas éloigné de la tradition par laquelle on prétend que dans tous ces cantons il a résidé quelques Druides Gaulois ou quelques Prêtres des Idoles depuis le temps des Romains, les biens desquels auront été donnés par Clovis I aux Eglises Chrétiennes.

<small>Sauv. T. I, p. 58.</small>

Le Village de Venves qu'on prononce Vanves, n'est éloigné de Paris que d'une lieue du côté du couchant d'hiver. Quoiqu'il y ait des labourages et des vignes, ce n'est point ce qui lui donne de la réputation [1], mais le bon beurre [2] qui en vient « et il est encore « plus estimé, dit le Supplément de Du Breul, à raison de l'abon- « dance des eaux de ses fontaines dont tout le Village est arrosé. « Elle y vient, ajoute-t-il, par-dessous une longue muraille qui est « au-dessus de l'Eglise ; elle tombe et coule dans un large canal « où on lave la lessive, et delà elle se répand par le bourg et passe « en plusieurs Jardins. » Il auroit dû ajouter que c'est ce qui a fait qu'un grand nombre des habitans sont blanchisseurs. Le dénombrement de l'Election de Paris qui fut imprimé en 1709, comptoit à Venves 188 feux ; c'est encore à peu près le même nombre ; au

---

1. Il falloit qu'il y eût des vignes jusque dans le plus bas terrain, puisqu'un canton de vignes étoit appellé *de Marisco*. Cens. S. Genov.
2. Sauval, Tome I, p. 54, dit de Vanves qu'il donne peu de beurre, mais que c'est le plus excellent qui soit au monde.

moins celui que le sieur Doisy vient de publier en 1745, y en marque 182. Dès l'an 1726, auquel parut le Dictionnaire Universel Géographique de toute la France, les feux étoient évalués à la quantité de 825 habitans.

Dès le milieu du XII siécle, l'Abbaye de Sainte-Geneviéve en possédoit la Cure. Je ne prétends point dire par-là qu'elle n'eût pas le Domaine du Territoire bien des siécles auparavant. Mais ce fut en l'an 1163 que le Pape Alexandre III lui confirma par un article de sa Bulle tout ce qu'elle y possédoit : *Apud Vanvas, Ecclesiam, terras et vineas et Capitalia cum omni Justitia quæ ad terras vestras pertinent.* L'Eglise de ce lieu est sous le titre de S. Remi, Evêque de Reims [1], et Ste Geneviéve en est la seconde Patrone. La Fête de S. Remi y est célébrée le 13 Janvier, jour du décès de ce Saint, peut-être par continuation de la coutume d'honorer ce Saint ce jour-là avant qu'il y ait eu une translation de son corps. Quelques-uns pensent que ce fut lui qui porta Clovis à donner à la Basilique de S. Pierre et S. Paul de Paris, ce Territoire et celui de Grenelle qui y est contigu. Le Chœur de cette Eglise ne paroît avoir que 150 ans ou environ d'ancienneté. Mais on apperçoit dans la nef des piliers et une porte vers le midi, aussi-bien qu'une vers le couchant, murée et enterrée, lesquels morceaux d'édifice ressentent le quatorziéme siécle. Sur cette derniere porte est conservée une très-ancienne Statue de S. Martin. Aussi lit-on dans cette nef une inscription en lettres gothiques, sur la pierre, qui porte que l'Eglise fut dédiée l'an 1413, le Dimanche d'après le Saint-Sacrement, c'est-à-dire d'après la Fête-Dieu, par Guillaume, Evêque de Paris, qui accorda quatre-vingts jours d'Indulgences au jour de l'Anniversaire. En cette Eglise, comme dans plusieurs autres, on a voulu disposer par symétrie les anciennes tombes : ce qui a fait qu'elles ont été brisées, les morceaux mal rangés et contre la disposition primitive, selon laquelle tous les défunts, généralement, avoient les pieds étendus vers l'Autel. Il reste dans l'aîle gauche de cette Eglise l'épitaphe en marbre d'un Jean Boisseau, Verdurier de la Reine [2]. J'y vis sur le banc des Marguilliers ou d'une Confrérie, un Reliquaire de bois doré avec l'os humerus d'un Saint auquel on a donné le nom *d'Epiphanius, Martyr ;* et j'augurai que cette Relique étoit du même Epiphane des Cimetieres de Rome, dont on voyoit une grande Châsse à Paris dans l'Eglise de Saint-Etienne-du-Mont. On trouve dès le milieu du XIII siécle des preuves qu'il y avoit dans l'Eglise de Venves une Confrérie de S. Remi. Odeline, veuve de Roger de

Chart. S. Gen. Gall. Chr. nova, T. VII, Instr. col. 242.

---

1. Le P. Du Molinet, en son écrit sur la Tête d'Isis, croit que c'est parce que ce Saint porta Clovis à donner ce Territoire à l'Eglise Saint-Pierre-Saint-Paul.
2. C'est l'Officier qui a soin des salades, asperges, artichaux, etc.

Grenelles (*De Garanelnis*), lui donna une vigne située à Chaillot ; les Confreres devoient payer par chaque année en vendanges deux septiers de vin au Curé de Venves (*Presbyterio Parochiali*) pour nommer cette Dame dans les Prieres du Dimanche, *In precibus Dominicalibus*, apparemment celles du Prône, reste de l'ancien rit Gallican. Vingt ans auparavant, Guillaume, Prêtre de Courcouronne, avoit légué à la même Eglise de Saint-Remi de Venves toutes les rentes qu'il avoit à Venves pour fonder son Anniversaire. L'acte est de l'an 1232.

Lib. Cens. S. Gen. fol. 52.
Chart. S. Gen. p. 138.

L'Eglise de Venves a toujours été du nombre de celles qui ont été le plus considérées parmi celles de la dépendance de l'Abbaye de Sainte-Geneviéve. Odon de Sully, Evêque de Paris, la mit en 1202 dans le rang de celles qu'il exemptoit du droit de procuration. L'année suivante le même Evêque augmenta l'étendue de la Paroisse. Comme Jean de Toucy, Abbé de Sainte-Geneviéve, lui avoit remis le peuple de Vaudherlan, à cause qu'ils étoit trop éloigné de Roissy, en récompense il attacha à la Paroisse de Venves une partie de celle d'Issy, c'est-à-dire qu'il y unit ceux des habitans qui étoient dans la temporalité de l'Abbaye de Saint-Pierre de Lagny, et ceux qui étoient sur la terre du Chevalier Thibaud ; le tout du consentement de Pierre, Prêtre d'Issy. La maison du nommé Etienne Brierche avoit apparemment souffert difficulté ; mais en 1239, ce Particulier reconnut qu'il devoit à Sainte-Geneviéve et au Prieur de Venves la dixme de 55 agneaux, et celle de la laine de 55 brebis, à cause que sa maison étoit située sur la Paroisse de Venves. On lit aussi que le Prieur avoit alors avec lui un *socius* du même Ordre ; qu'outre l'Eglise Paroissiale, il y avoit une Chapelle, laquelle étoit desservie par un Religieux et qui n'étoit tenue qu'à un demi-droit pour le payement du Synode et de la visite. Son revenu étoit la dixme de laine à Venves et à Grenelles (*apud Garanellas*). Martin, Prieur de Venves, devint mémorable dans l'Histoire de Charles VII. Etant attaché à ce Roi contre le parti du Roi d'Angleterre, il fut arrêté par les Anglois et mis en prison avec Raoul Maréchal, Abbé de Sainte-Geneviéve. L'Ecrivain qui rédigea le Pouillé de Paris au treiziéme siécle, y a mis la Cure de Venves au nombre de celles qui sont à la nomination de l'Abbé de Sainte-Geneviéve, et il l'a écrite Venves sans latiniser aucunement ce nom. Cette Cure a été omise dans le Pouillé manuscrit du seiziéme siécle, et dans les deux éditions du siécle suivant de l'an 1626 et 1648, sinon que dans ce dernier elle se trouve sous le titre de Prieuré-Cure à la page 123. Celui de le Pelletier de l'an 1692 l'appelle Vannes.

Les Archives de Sainte-Geneviéve ne fournissent pas moins de quoi satisfaire la curiosité sur le temporel de la Seigneurie, que sur le spirituel de Vanves. La plus ancienne preuve qui s'y trouve de l'exercice du droit Seigneurial, est du temps du Roi Henri I, sous le regne duquel Etienne, Doyen de cette Abbaye, accorda l'affranchissement au fils de Jean, Maire de ce lieu. C'est par le motif de conserver à la postérité tout ce qui sert à prouver que les habitans des Villages naissoient serfs de leur Seigneur, que les Chanoines Réguliers de cette maison insérerent dans leur Cartulaire la permission que le Roi Louis VII donna en 1172 à Gameline, fille de Clerambaud, Maire de Clichy, de se marier à Gautier, Maire de Vanves. Les affaires de la servitude se traitoient fort sérieusement. Quelques hommes de Vanves ayant prétendu n'être pas tenus à la main morte, ils ne purent être réduits à leur devoir que par une Sentence du Légat P...... qui déclara *quod caducunt id est manum mortuam debent ;* et pour rendre cette Sentence plus solemnelle, ce Légat eut entre autres Assesseurs, Henry, Evêque de Senlis ; Guillaume, Abbé de Saint-Denis ; Hugues, Abbé de Saint-Germain ; Ansold, Abbé de Saint-Corneille de Compiegne ; Barbedaur, Doyen de Paris ; Girard, Archidiacre de la même Eglise ; Michel, Doyen de Meaux ; Messire Girard Pucelle ; Bernard de Pise ; Gui, Trésorier de Novare ; Simon de Tournay, et Herbert de Boschant, tous qualifiés Maîtres ; ce dernier avoit été Clerc de Saint Thomas de Cantorbery. Cet acte est d'environ la fin du regne de Louis-le-Jeune. Mais enfin, pour rendre les habitans de Vanves tous égaux, Thibaud, Abbé de Sainte-Geneviéve, leur accorda à tous la manumission l'an 1247. Saint Louis confirma cet affranchissement à condition que les habitans viendroient au secours de l'Eglise quand ils seroient mandés. Ces sortes de libertés que donnoient les Seigneurs, ne se faisoient pas sans quelque redevance. Cependant il paroît que Vanves étoit un lieu où l'Abbaye imposoit une Taille toutes les fois que le Roi en faisoit une pour la Guerre. Ainsi Vanves fut cottisé à douze francs l'an 1242 par l'Abbaye même, et en 1272, lorsque Philippe-le-Hardi arma contre le Comte de Foix, à la somme de quinze livres. Les Maires des Villages avoient les biens du Seigneur en maniement, plus ou moins suivant la volonté de ce Seigneur. Herbert, Abbé de Sainte-Geneviéve, par exemple, accordant la Mairie de Vanves à Robert, fils de Girold dit le Roy, en 1230, se retint ce qu'on appelloit *Tractum granchiarum tam de Vanvis quam de Garanellis,* et lui donna trois arpens de prés, proche la prairie du côté d'Issy. La même Abbaye avoit dans le même siécle des vignes en ce lieu et plusieurs pressoirs. L'un est dit situé en 1224 *ad quartum portum.* Il est parlé à cette occasion des vignes que Galeran, Doyen de Saint-Frambault de Senlis, y vendit. L'autre pressoir étoit situé *in colle.* Il avoit été vendu à

Gall. Chr. nova, T. VII, col. 705

Chart. S. Gen. p. 74.

Ibid., p. 103.

Ibid., p. 283.

Lib. Cens. S. Gen. fol. 31.

Chart. S. Gen. p. 266.

Ibid., fol. 59.

Ibid., fol. 150.

l'Abbaye par plusieurs Particuliers en 1241. Je ne parle pas des droits que la même Abbaye avoit sur les vignes et terres situées dans le canton dit *Fossa rubea,* la Fosse rouge. Une des Maisons les plus notables du lieu, étoit alors celle de Maître Jean de Saint-Quentin, laquelle fut saisie par le Roi Saint Louis pour raisons non marquées dans les titres. Le Prévôt de Paris ne se rendant pas aux représentations des Religieux de Sainte-Geneviéve, qui disoient qu'il leur étoit dû de grosses sommes sur cette maison, après l'enquête faite, Philippe, Archevêque de Bourges, Adam, Evêque de Senlis, Renaud, Evêque de Paris, et Jean, Evêque d'Evreux, étant à Pontoise avec la Cour, le Mercredi après la Saint-Martin d'hiver de l'an 1250, écrivirent de la part du Roi et de la Reine aux Officiers de la Prévôté, d'acquitter à l'Abbaye de Sainte-Geneviéve tout ce que cette Maison lui devoit. Le Prévôt de Paris, Pierre Seniau, fut mis aussi en regle avec cette Abbaye au sujet de la Justice de ce lieu vers l'an 1287. Après une enquête, la Haute Justice fut adjugée à l'Abbaye. Le Nécrologe de la même Communauté fait mention de vignes léguées par un Philippe appellé *Notator,* que les Religieux ont qualifié *Canonicus noster ad succurrendum,* et d'autres biens donnés par Jeanne, femme de Jean Martin de Vanves, décédée à Château-Thierry.

Il reste à parler d'un autre droit assez singulier que l'Abbaye de Sainte-Geneviéve avoit sur les habitans de Vanves. Ceci regardera plutôt l'Histoire des Habitans que celle des Seigneurs. Il convient à un Historien de rapporter ce qu'il y a de curieux sur l'article des Vassaux comme sur celui des Maîtres. Tous les ans, le jour de la Trinité, il y avoit une cérémonie à Vanves qu'on appelloit la Fête de l'Epée. Elle consistoit en ce que les domestiques des Bourgeois de ce lieu et d'autres proposoient un prix à celui d'entre eux qui prenant sa course de la Porte d'Enfer de Paris, atteindroit le premier à la Porte de Vanves; et ce prix étoit une épée d'un prix assez considérable. Il falloit que quelqu'un donnât aux Coureurs le signal pour partir de la Porte d'Enfer, qui étoit située vers ce qu'on appelle aujourd'hui la Place Saint-Michel. L'Abbé et les Chanoines de Sainte-Geneviéve prétendoient avoir ce droit, ou plutôt leur Chambrier, comme étant Seigneurs du lieu, et alléguoient la possession depuis quelques années. Les Habitans de Vanves prétendoient le contraire. Jean de Borret, Abbé, fit là-dessus un accord avec eux l'an 1342. On ignore combien de temps dura encore cet usage de la course de Vanves. Il fut enfin aboli à cause des querelles et des batteries auxquelles il donnoit occasion. On observera en passant qu'il y avoit alors une Porte à Vanves, qui, par conséquent, étoit un Bourg muré. Peut-être que ce fut la cassation de la Course pour l'épée qui donna occasion aux mêmes habitans de Vanves d'introduire un autre exercice pour l'hiver. C'est qu'ils s'aviserent sous le regne de Charles VI, de jouer dans les vignes, et de s'y exercer à la crosse. Mais on lit dans les Registres du Châtelet que cela leur fut défendu le 20 Décembre 1409. Petit Livre blanc du Chât. fol. 145.

Les collections que j'ai faites sur Venves, m'ont appris que non-seulement l'Abbaye de Saint-Magloire y avoit des vignes que le Roi Hugues Capet lui avoit données au X siécle, et que le Roi Robert, son fils, lui confirma à la priere de la Reine Adélaïde : mais aussi que le Prieuré de Notre-Dame-des-Champs-lès-Paris y avoit obtenu, il y a cinq à six cents ans, par le moyen d'Alexandre, Prieur, quelques petites rentes d'un nommé Vautier Calunge, du consentement d'Ameline, sa femme ; et que Barthelemy *de Fulcosia* (c'est-à-dire de Fourqueux), avoit donné au Prieuré un Moulin situé à Vanves, appellé Bercherel. Les Chartreux qui sont un peu plus voisins de Vanves, ne tarderent pas non-plus d'y avoir du bien. Le nom de Jean de Vanves est marqué dans leur Nécrologe, en mémoire de ce que ce Bourgeois de Paris leur donna par son Testament vers la fin du regne de Philippe-le-Bel, huit livres parisis ou dix livres tournois de rente sur tous ses biens situés à Vanves, à dessein que cette somme fût employée chaque année à l'achat d'une queue de vin vermeil pour les Messes. Un autre Parisien nommé Philippe Oger, Maître des Comptes, leur légua en mourant l'an 1380 une vigne située à Vanves qu'ils ont vendue depuis. Dès le XIII siécle les Mathurins nouvellement établis à Paris, eurent des terres à Vanves, à l'occasion desquelles, aussi-bien que pour la permission à eux accordée de s'établir et d'avoir des vignes à Mont-cervin, ils payoient chaque année dix sols de rente à l'Abbaye de Sainte-Geneviéve. Enfin le Fondateur du Collége de Boissy qui vivoit sous le Roi Jean, laissa pour le doter beaucoup de biens situés à Vanves, ainsi que le prouve son Testament rapporté par Duboulay.

Il ne faut point oublier d'avertir qu'il y a eu et qu'il y a encore d'autres Seigneurs à Vanves outre l'Abbaye de Sainte-Geneviéve. En 1228, Barthélemy du Couldray, et Marguerite, sa femme; Amaury d'Issy, avec sa femme Odeline ; Raoul du Plessis, Chevaliers, Philippe *de Montegeriaco*, Ecuyer, avec Alix, sa femme, y possédoient tous en commun une Voyerie *Viatoriam*, dans laquelle ils permirent à tous ceux qui y avoient des vignes, de vendanger sans leur en faire la réquisition. L'Auteur du Supplément à Du Breul écrivoit en 1639, qu'il y avoit trois Seigneurs, comprise cette Communauté. Quelques Archevêques y ont eu un Hôtel ou Maison au XIV et XV siécle, mais on ignore si elle étoit seigneuriale. Celle qui fut donnée avec d'autres biens du même lieu en 1423 par le Roi d'Angleterre Henri V, qui se disoit Roi de France, à Jean de la Rochetaillée, Cardinal, Archevêque de Rouen, pour tenir lieu de la somme de mille livres à lui dûe pour ses gages, venoit de Jean et Simon Tarenne attachés à Charles VII, auxquels ce Prince Anglois l'avoit ôtée. Peut-être étoit-ce la même qui appartint depuis au célébre Antoine du Prat, mort Archevêque de Sens en 1535. Celle de ce dernier étoit située du côté de Clamart ; Sauval écrit que de son temps il en restoit une Tour marquée de ses armes, et que ce fut là qu'il demeura l'an 1530, attendant que tout fût disposé pour son entrée à Paris en qualité de Légat *à latere*. L'une des deux Seigneuries laïques de Vanves appartenoit au XVI siécle à Jean le Prévôt, Conseiller au Parlement et Président des Enquêtes qu'on trouve aussi qualifié Seigneur de Malassis, et depuis sa mort, Anne le Clerc, sa veuve, en fut appelée Dame de Vanves, dans la Coûtume de Paris 1580. C'est sans doute dans la maison de cette Seigneurie qu'il fut permis en 1611, à Jean le Prévôt, Seigneur de Saint-Germain, de faire célébrer la Messe. Elle parvint par la suite à M. le Prévôt, Chanoine de Notre-Dame, Conseiller au Parlement. Il est qualifié Seigneur de Vanves dans les actes dressés à l'occasion du scellé apposé après son arrivée l'an 1661 en sa maison située en ce lieu. L'Auteur qui a continué Du Breul en 1639, s'est fort étendu à faire la Description de la belle Maison, Chapelle, Jardin avec bassins, labyrinthe, bocages, appartenante à ce Chanoine Conseiller, dont l'Imprimeur a corrompu le nom en celui de Pidor.

Une autre grande maison dont le même Auteur parle à l'article de Vanves, est celle du Sieur Saint-Germain de Lassis, qu'il dit aussi avoir une Justice en ce lieu. Elle étoit située au commencement du Village en venant d'Issy. Les Jardins en étoient remarquables par quelques Statues de marbre, et par un petit étang rempli de poisson. Enfin cet Ecrivain vante fort une troisiéme maison qui appartenoit à Mademoiselle de la Barre, laquelle maison étoit couronnée d'une espece de lanterne de plomb qui se voyoit de fort loin, et avoit des Jardins ornés de statues, etc., mais sans eaux, à cause de la situation qui est sur une éminence. A ce dernier trait, on reconnoît que c'est celle que M. de Montargis fit abbattre en 1698, pour la rebâtir sur les desseins de M. Mansart. Je trouve de plus Claude le Bas de Montargis, Greffier des Ordres du Roy, Conseiller d'Etat, qualifié Seigneur de Vanves en 1716. Ainsi il avoit succédé à la Seigneurie de la Demoiselle de la Barre. Quoiqu'il en soit, cette Seigneurie et ce Château situés proche d'Issy, furent achetés en 1718 par M. le Duc de Bourbon pour lui servir de maison de plaisance dans un temps où son assiduité auprès du Roi ne lui permettoit plus d'aller souvent à Chantilly. La description qu'on en trouve dans Piganiol d'après un Journal

périodique, marque que ce Château est bâti sur le haut de la mon- Merc.Sept.1721.
tagne dans un lieu inculte, mais avec tant d'art, que ce qui faisoit
une défectuosité se trouve heureusement changé en magnifiques
terrasses dont la vue est charmante de tous les côtés. A deux cents
toises de ce Château, dans le plus bas terrain, est un grand bassin
dont on voit le jet d'eau au travers du vestibule. Quoique le parc
ne soit pas d'une grande étendue, il répond parfaitement à la
magnificence des jardins par la variété des ornemens et des beautés
de la nature et de l'art qu'on y a conservées et pratiquées.

On dit du Roi François I que pour tourner en ridicule la
longue liste de titres que l'Empereur Charles-Quint étaloit, il Nouv. Descr.
ne se servoit en lui faisant réponse que de la qualité de Roi de des environs de
France, et Seigneur de Gonesse et de Vanves. Paris, T. VIII, p. 192.

Jean Riolan, célèbre Médecin et Professeur Royal, fils du
fameux Jean Riolan, aussi Médecin, Auteur de plusieurs ouvrages, Perm. de Chap.
avoit sa maison de Campagne à Vanves en 1624. Dom. 26 Mars.

Jacques Jubé, natif de Vanves, Diocése de Paris, Curé d'Asnieres, est mort à l'Hôtel-Dieu de Paris, le 20 Décembre 1745, âgé de 72 ans.

M. Trourie, Vicaire d'Asnieres, a assuré que le Livre Liturgique de M. Jubé qui étoit entre les mains de M. Delamare, Curé de cette Paroisse, avoit été prêté à M. l'Evêque de Chartres, et que ce Prélat l'avoit gardé.

MONT-ROUGE

Ce ne sont pas toujours les lieux les plus voisins de la Capitale, dont l'origine est la mieux connue. Il y paroît par Mont-rouge qui n'est connu dans les titres que depuis la fin du regne de Philippe-Auguste, et dont cependant on ne peut assigner l'étymologie que par conjectures. Il est bien vrai que M. de Valois tranche toute difficulté. Il dit que ce lieu a été ainsi nommé *à colore montis et soli sui*. Mais il paroît que, quoique ce Village soit à la porte de Paris, ce Sçavant n'y avoit jamais été. Le terrain n'y est pas plus rouge qu'ailleurs. Il est comme celui de tous les environs. On n'apperçoit de terre rouge de ces côtés-là, qu'environ deux lieues plus loin, au-dessus de Châtenay et de Verrieres. Pour ce qui est du nom de Montagne qui est aussi donné à ce lieu, ce ne peut être que relativement à la vallée où sont les Chartreux, et à Vaugirard ou à Vanves, que l'on a pu qualifier de Mont la position de ce village, puisque de tous côtés on y aborde de plein pied, excepté peut-être du côté du couchant où il y a une légere pente. Comme en y entrant de ce côté-là on monte un peu, cela a paru suffire pour faire qualifier du nom de Mont les Terres et autres biens qui y étoient situés et qui appartenoient vraisemblablement à un Seigneur nommé le Rouge. On sçait par exemple qu'il y a eu à la fin du XI siécle un *Guido Rubeus,* fils de Guy premier du nom, Seigneur de Montlhery, et mentionné dans les Ecrivains d'alors. En ces temps-là la couleur du poil servoit à désigner les enfans, même dans les familles de distinction, et personne ne regardoit comme une injure d'être surnommé le Roux ou le Rouge. Si ce n'est pas de ce *Guido Rubeus* de la Maison de Mont-lhery que Mont-rouge a tiré son nom, ce sera d'un autre Chevalier ou Ecuyer du douziéme siécle, lequel est resté inconnu. Au reste il est constant que dans le Rolle des Feudataires de Philippe-Auguste dans la Châtellenie de Paris, il y a un Robert *de Rubeo monte*. Et nous sçavons d'ailleurs qu'il n'y a point d'autre lieu dit Mont-rouge, non-seulement dans le Diocése de Paris, mais encore dans le reste du Royaume.

<small>Voyez Albert d'Aix, Auteur du Tems. Hist. de Montm. p. 687 et 694. *Hist. S. Mart. Cam.* p. *279 et 280. Chart. Longip. fol. 41.*</small>

<small>Dict. Univ. T. II, col. 724.</small>

Ce Village est le premier que l'on trouve au sortir de Paris à demi-lieue de distance, sur la route d'Orléans. Il est entouré de terres labourées, et a dans son voisinage beaucoup de carrieres et de moulins à vent. On y comptoit 88 feux en 1709, si le dénombrement de l'Election de Paris imprimé alors, est exact. Il n'y en a plus que 37 suivant celui que le sieur Doisy a donné au Public l'an 1745. Le Dictionnaire Universel de la France, imprimé en 1726, y marque 168 habitans.

L'ancienne Eglise qui étoit petite fut augmentée du côté de l'Orient en 1533, auquel temps l'Evêque de Bellune y bénit le 20 Juillet le grand Autel, qui étoit encore en terre profane, et deux autres étoient en terre sainte, l'un de Notre-Dame, l'autre de Saint Michel et Saint Nicolas ; mais cette Eglise fut interdite à raison de péril en 1677. Celle qu'on voit aujourd'hui paroît n'avoir été construite que dans le dernier siécle : elle est accompagnée d'une tour terminée en pavillon. Saint Jacques le Majeur et Saint Christophe (la Caille dit Saint Jacques, Saint Philippe) en sont les Patrons, et l'étoient même avant l'an 1533. La Cure ne se trouve point dans le Pouillé Parisien du XIII siécle, ce qui porte à croire qu'elle n'étoit pas encore érigée, et que le territoire de Saint-Séverin de Paris pouvoit aller jusques-là. Le premier Pouillé où elle paroît, est celui qui fut imprimé en 1626, où il est dit qu'elle est à la pleine collation de l'Archevêque, ainsi qu'il est vrai et qu'il est naturel, supposé qu'elle ait été démembrée de Saint-Séverin. Mais il ne faut pas en inférer qu'elle ne soit érigée que dans le dernier siécle, puisqu'une Bulle du Pape Jean XXIII,

<small>Pouillé 1626, p. 73.</small>

adressée à Guillaume, Evêque de Paris, l'an quatriéme du Pontificat de ce Pape, qui revient à l'an 1413, en fait mention ; et qu'il fut parlé alors de la réunir après la mort du Curé (c'étoit alors Gérard) aux Religieux de la petite Communauté qui y étoit. D'ailleurs je trouve dans un Registre d'Official de l'an 1386, un Petrus Guevre, Curé de Mont-rouge, les 5 Janvier et 9 Mars. M. Joly, Chantre de l'Eglise de Paris, assure aussi avoir vu un Cartulaire de Paris de l'an 1400, où elle est spécifiée parmi les Cures de la Banlieue. Je me doute qu'il veut parler du Pouillé de Paris écrit vers l'an 1450, dans lequel à l'article des Eglises de l'Archiprêtré de Saint-Séverin on lit à la marge, et d'une écriture du XVI siécle, cette addition : *Ecclesia de Monte rubeo quæ est de Banleuca, est de collatione Domini Episcopi pleno jure prout vidi per collationem defuncti bonæ memoriæ Domini Dionysii Patriarche Antiocheni Episcopi Parisiensis de data anni M. CCCC XLV.* C'est un Secrétaire d'Evêque qui parle.

Tab. Albimantellor Paris.

Traité des Ecoles, p. 538.

L'établissement d'une Ecole à Mont-rouge est marquée par le même M. Joly, comme étant un lieu de la Jurisdiction du Chantre de Paris. Il dit que Louis Barboteau donna par son testament du 9 Septembre 1666, la somme de 4000 livres pour cette fondation, que sa veuve passa le contrat le 9 Mars 1668, et nomma un Maître d'Ecole laïque, que le Curé lui intenta procès pour cela, et qu'au lieu du laïque, elle nomma le 7 Janvier 1676 un Prêtre que le Chantre de Paris agréa avec la fondation en conséquence d'un Arrêt de la Cour. La Communauté dont j'ai parlé ci-dessus, étoit des Religieux Guillemins dont l'ordre avoit été institué en Italie vers le milieu du XII siécle, par un S. Guillaume, lequel mourut en 1157, à Maleval, au territoire de Sienne. Les Disciples de ce Saint, informés que le Roi de France permettoit à toute sorte de Religieux de s'établir à Paris ou aux environs, vinrent en France, et s'établirent vers l'an 1250, près de Paris dans le Monastere des Maccabées, car M. Chastelain, Chanoine de Notre-Dame, croit qu'il existoit à Mont-rouge une petite Eglise dès la fin du XII siécle, laquelle auroit pris le nom de ces Martyrs de l'ancien Testament à l'occasion de quelques-unes de leurs reliques apportées alors d'une Eglise de Cologne qui est sous leur invocation. On les appelloit les Freres Hermites de S. Guillaume, quoique la regle qu'ils observoient fût celle de Saint Benoît. En 1258, Raoul de Pacy, Bourgeois de Paris, et Sybille, sa femme, leur vendirent pour la somme de deux cents livres parisis, une maison sise au même lieu de Mont-rouge, laquelle avec toutes ses dépendances contenoit sept arpens ou environ ; ces biens étoient situés dans le Fief (*in feodo*) de l'Evêque de Paris. L'acte ajoute qu'ils avoient été dans la censive de Guillaume de Bievre, Chevalier, laquelle

Ibid., p. 405.

Voyages manuscrits de Chastelain.

Boll. T. VII, Maii, p. 419.

Tab. Albimant.

censive étoit actuellement entre les mains du Roi. Dans le mois de Juin de la même année, les biens vendus par ce Raoul de Pacy à ces Hermites furent amortis par Jean Baudoin, Chevalier, Seigneur de Brétigny, moyennant douze livres parisis que les Religieux lui payerent. On a imprimé dans l'Histoire de Paris une Bulle que le Pape Alexandre IV leur adressa en 1260 : *Priori et Fratribus Heremitis Rubei montis.* Le Testament de Jean de Monmouth, Chanoine de Chelles, de 1261, met *Fratribus Eremitis de Monte rubeo XX l.* Le Roi Philippe-le-Hardi leur fit un legs en 1284, par un article de son testament conçu en ces termes : *As Freros Hermites de l'Ordre S. Guillaume de Mont-rouge vingt livres tournois.* En 1298, les Blancs-Manteaux, ancien Ordre de Mendiants, ayant été abolis à Paris, le Roi Phiiippe-le-Bel donna leur maison du titre de Notre-Dame à ces Hermites de Mont-rouge et une partie d'entre eux y alla demeurer. De telle sorte que les manteaux blancs furent changés en manteaux noirs, mais l'ancien nom continua d'être en usage. Ceux qui resterent à Mont-rouge firent exposer dans le XV siécle au Pape Jean XXIII, qu'ils étoient si pauvres qu'à peine leur revenu pourroit en entretenir un ou deux. Ce Pape écrivit à Guillaume, Evêque de Paris, d'unir la Cure de Mont-rouge à cette maison, ce qui apparemment n'eut point lieu. Les Guillemins de la Maison de Paris furent toujours unis à ceux de Mont-rouge dont ils avoient été détachés, et même depuis que cette Maison de Paris a été donnée aux Bénédictins Réformés, les biens du Prieuré de Mont-rouge y ont été pareillement unis. L'Abbé Chastelain étant allé à Mont-rouge en 1674, y trouva encore un de ces Guillemins ou Hermites de S. Guillaume, qui conservoit son habit blanc avec le manteau noir, et continuoit de jeûner trois fois par semaine hors le temps pascal, suivant la constitution de S. Guillaume. Il a ajouté dans son Bimestre de Janvier, que ce dernier Guillemin des Maccabées n'est mort qu'en 1680, et que depuis ce temps-là cette Eglise des Maccabées de Mont-rouge est restée en la possession des Bénédictins demeurans aux Blancs-Manteaux qui n'y font résider aucun de leurs Religieux, mais y en envoient seulement sept tous les ans, le jour des Maccabées (1 Août) pour y faire l'Office. L'édifice de la Chapelle telle qu'on la voit aujourd'hui ne paroît avoir rien d'ancien. Il a sans doute été renouvellé. On y voit cependant encore une tombe qui avoit paru à M. Chastelain être de l'an 1200. Mais elle est aujourd'hui si effacée, que l'on ne peut qu'y entrevoir un Ecclésiastique revêtu qui tient un livre sur sa poitrine. La Châsse des Maccabées est élevée derriere l'autel ; leur martyre est peint à l'entour. M. Chastelain écrivit en 1674, qu'on la portoit en Procession dans les rues le jour de la Fête de ces

Saints. Cette Châsse a succédé apparemment à celle qui subsistoit en 1448, laquelle fut l'occasion d'un procès entre les Religieux de ce lieu et ceux du petit Saint-Antoine à Paris. Les Guillemins de Mont-rouge, alors aussi appellés Blancs-Manteaux, avoient obtenu des Evêques de Paris, de Noyon et de Soissons, de porter leurs reliques dans ces Diocèses afin d'y faire des quêtes. Un jour du mois de Juin de cette année, ils se présenterent avec leur Châsse dans l'Eglise du Village d'Andilly de la Vallée de Montmorency. Le Prieur de Saint-Antoine qui avoit été averti qu'ils osoient publier les miracles de S. Antoine dont ils montroient même la machoire inférieure, y saisit juridiquement la Châsse et les Reliques qui étoient déjà mises à découvert, lesquelles ne furent rendues aux Religieux de Mont-rouge qu'après un accord par lequel ils convinrent de ne plus les exposer ni se mêler d'exalter le mérite de S. Antoine. *Accord. homol. en Parl. 28 Juin 1448. Roulleau.*

Le plus ancien Seigneur connu de Montrouge est Robert, sous le regne de Philippe-Auguste. Dans le Rolle des Fiefs il est dit qu'il devoit *exercitum et equitationem propter debita Judæorum*. *Reg. Phil. Aug. ad calcem.* Odon de Machau *de Machello*, Chevalier, y avoit une censive en 1248 : il confirma en cette année le legs que Odon Gontard avoit fait au Monastere de Saint-Magloire d'une vigne qui y étoit située. *Tab. S. Maglor.* Un Guillaume Cucheni paroît comme Seigneur suzerain sous les regnes suivans et Eustache de Bievre comme Seigneur en partie à Mont-rouge. *Chart. Ep. Par. Bibl. Reg. f. 1.* Guillaume de Bievre succéda à Eustache, mais son Fief de Mont-rouge et autres furent saisis et mis ès mains du Roi Saint Louis pour quelques infidélités de ce Seigneur. Dans la procédure qui fut faite à cette occasion, Jean de Baudoin de Brétigny, Chevalier, prétendit que les biens du coupable relevoient de lui. Le Parlement de la Chandeleur 1265, déclara qu'ils étoient valablement mis ès mains du Roi, et qu'ils y demeureroient. *Regist. Parl. 1265.* Dans un titre des Guillemites, Matthieu Deron est dit Seigneur de Mont-rouge en 1273. *Tab. Albimentell.* Avant le milieu du siécle suivant, Guerin de la Clergerie, Epicier de Paris, jouissoit de cette Seigneurie. *Ibid.* Guillaume de Dreux l'acheta de lui en 1351, le prix de huit cents livres. Ce dernier étoit Monétaire de Saint-Lo, au Diocèse de Coutances. On le trouve en 1353 taxé de Criminel d'Etat : c'est pourquoi le Roi donna la maison qu'il avoit à Montrouge avec le colombier et quarante livres de rente à Enguerrand *de Parvo cellario*, son Trésorier. Sous le Roi Charles VII, Montrouge étoit possédé par Guillaume Calleville : ce Prince en fit présent comme du reste des biens dudit Guillaume à Cristin de la Chambre. *Ch. des Compt. Février 1353, Mém. ae la Chambre aes Comptes.* Cette Terre paroît aussi avoir appartenu, sous Charles VII et Louis XI, à Jean de Mailly, Evêque de Noyon, puisqu'on lit que Ferric de Mailly, son frere et héritier, en jouis- *Oct. 1437 ou 1438. Reg. Ep. Par. 15 Jul. 1474.*

soit en 1474, et en fit hommage le 15 Juillet à l'Evêque de Paris. Sous le regne de François I, un nommé Eustache...... l'avoit possédée, puisque Marie Cueur, sa veuve, fut sommée en 1533 de faire hommage à l'Evêque de Paris. Jean L'huillier en est dit Seigneur vers l'an 1560. Il étoit Président de la Chambre des Comptes, et avoit épousé Renée Nicolaï. Le Procès-verbal de la Coûtume de Paris de l'an 1580, dit (page 665 de l'Edition de 1678) que le Seigneur de Mont-rouge n'y comparut point ; mais il ne marque point son nom. L'année précédente cette Terre appartenoit à François de Monthelon, Avocat. Vers l'an 1600 cette Terre étoit entre les mains de M. de Châteauneuf. Charles de Laubespine, Garde des Sceaux, s'y retira dans sa maison dès l'an 1643, et y resta jusqu'en 1650, que les Sceaux lui furent rendus. Vers 1612 M. de Morstain avoit acheté cette Terre de M. de Vitry, il étoit Trésorier de Pologne. Edme Baugier, Ecuyer, en étoit Seigneur au commencement de ce siécle. Sa fille Magdeleine-Charlotte épousa en 1714 Nicolas le Camus, Premier Président de la Cour des Aydes, à qui elle porta cette Terre. Il en fut dressé un nouveau Terrier en 1735. Depuis quelques années Mont-rouge appartient à M. de Villemur, Garde du Trésor Royal.

<small>Recueil d'Epitaphes de Paris, Art. Ste Croix de la Bret. p. 380.</small>

<small>Reg. Ep. Paris. 25 Febr.</small>

<small>Tab. Albimant. Hist. des Gr. Off. T. VI, p. 558, et T. IX, p. 318. Œuvres de Regnard, p. 232.</small>

<small>Trésor Royal.</small>

Il y a eu autrefois de legs assez considérables de biens situés à Montrouge, faits à des Communautés de Paris. Le Prieuré de Saint-Lazare y en eut dès le XII siécle ; et sur ce bien-là il étoit tenu de cinq sols par an envers celui de Saint-Martin-des-Champs, ce qui fut changé en 1194. Le Titre met *de Rubeo monte*. Le Prieuré de Notre-Dame des Champs, ancienne Maison de Bénédictins de Marmoutier, aujourd'hui habitée par les Carmélites, y avoit une moitié de dixme que lui avoit donnée Hilduin *de Curcello*, et Jeoisa sa femme, demeurans à Châteaufort. L'acte est sans date : mais il est au plus tard du XIII siécle. Les Chartreux y eurent en 1430 sept arpens de vignes avec une maison que leur légua par testament Pierre du Jardin, *de Orto alias Mallerac*, Chapelain de Notre-Dame de Paris. Le Prieuré de Saint-Eloy y avoit aussi quelque bien en 1528.

<small>Gall. Chr. T. VII, col. 195.</small>

<small>Chart. B. M. de Camp. f. 23.</small>

<small>Necr. Cart. Par. 23 April.</small>

<small>Tab. S. Elig.</small>

Il fut permis en 1668 aux Jésuites du Noviciat d'y avoir une Chapelle en leur maison, à condition qu'elle ne seroit publique que le jour de la Fête-Dieu et le jour de l'Octave.

<small>Reg. Archiep. 31 Jan. 1668.</small>

Un Evêque de Saint-Flour qui vivoit au commencement du dernier siécle, s'appelle Jacques de Mont-rouge. Il étoit Parisien. Le *Gallia Christiana* ne lui donne point d'autre nom de famille ; mais j'ai un exemplaire, à la marge duquel on le disoit appartenir à la Maison des Longueils.

Plusieurs Ordres Religieux ont fait imprimer un Catalogue des Sujets les plus illustres qu'ils ont eus. Les Capucins ont mis dans ce rang un Pere Brice de Mont-rouge décédé dans leur Couvent de Paris en 1627. *Annales Capucinor.*

Un Avocat qui a été Bailly de Mont-rouge semble mériter que j'en fasse mention. C'est François Ory, auteur de plusieurs Ouvrages sur la Jurisprudence vers le milieu du dernier siécle. Il latinisoit son nom en celui d'*Osius*. Il mourut en 1657. *Suppl. de Moreri au mot Ory.*

Quoique je ne soye guere porté à retrancher aucun évenement considérable touchant les Villages dont je traite, surtout lorsqu'ils sont rapportés dans les Historiens de France, je n'ai pas cru pouvoir placer sur Mont-rouge ce qui se lit dans l'Abrégé de la Vie de Charles VI et plus au long dans Monstrelet à l'an 1417. Monstrelet dit que Jean, Duc de Bourgogne, revenant de Meulan et du Val de Galie, et ensuite d'un lieu dit le Mont-rouge, vint camper au commencement d'Octobre sur la montagne de Chastillon à l'endroit où étoit un arbre sec, sur lequel il fit mettre son étendard. Ce qui m'empêche de croire qu'il s'agisse là de notre Mont-rouge, est que je ne vois pas que pour venir du Val de Galie où Vilpreux et Versailles sont situés, il soit nécessaire, si on veut aller sur la montagne de Châtillon, de passer à Mont-rouge proche Paris. Ne seroit-ce point que de Versailles ou de Buc, l'armée seroit venue par Villacoublay à la montagne rouge qui est sur les limites du Plessis-Piquet : et que de là elle se seroit rapprochée de Paris jusqu'au-dessus de Châtillon? Ou bien qu'au sortir du Val de Galie, elle seroit venue camper sur la pente méridionale du Mont Valérien où il y a un terrain rouge mentionné dans l'Histoire de cette Montagne?

TABLE DES MATIÈRES

ARCHIDIACONÉ DE JOSAS
DOYENNÉ DE CHATEAUFORT

	Pages.
Issy	3
Bénédictines d'Issy, — Communauté de Saint-François de Sales.	13
Sève ou Sèvres	13
La Ronce	19
Saint-Cloud	20
Fief de Fleury, — de la Gastine — de Montretout	27
Léproserie	29
Hôpital de la Charité	30
Ursulines, — Communauté de la Mission	30
Pont de Saint-Cloud	32
Maison de Gondi [depuis château de Saint-Cloud]	34
Garches	40
L'Etang-Villeneuve [aujourd'hui Villeneuve-l'Etang]	43
Marnes	44
Suresnes	47
Puteaux	52
Anieres [ou Asnieres]	56
Genevilliers	60
Fief de l'Isle, — du Chevalier, — de la Demoiselle, — de la Neuville.	63
Colombes	65
Ecole gratuite de garçons	66
Courbevoie	69
Couvent des Pénitents	70
Becon	71

TABLE DES MATIÈRES

	Pages.
NANTERRE.	71
Chapelle de Sainte-Geneviève.	74
Le Mont-Valérien	80
Maison des Hermites.	81
Communauté des Prêtres du Mont-Valérien	85
RUÊL [ou RUEIL].	90
Buzenval	98
Bois-Béranger et Aubeterre, — La Malmaison, — Fouilleuse	100
Feularde, Laistre, — La Palée, — La Tour quarrée.	101
Maison du Cardinal de Richelieu.	101
Maison des Leonard	104
BOUGIVAL	104
Saint-Michel	108
Charlevanne ou la Chaussée	109
LOUVECIENNES [OU LUCIENNES].	111
MARLY-LE-ROI.	116
AUPEC [LE PECQ]	126
Le Vésinet.	129
Demonval.	130
SAINT-GERMAIN-EN-LAYE	132
Château.	136
Hôpital-Général, — Couvent des Récollets, — Couvent des Ursulines.	143
Couvent des Filles de Saint-Thomas	144
MAREIL OU MAREUIL-SOUS-MARLY.	146
SAINT-NOM DE LA BRETÈCHE.	147
Vaumartin.	152
L'ETANG-LA-VILLE.	152
La Lombarderie ou Laubarderie.	153
Ruines du Monastère de Chevaudeau ou Chevaudos	154
La Maison-Rouge	154
ROQUANCOURT OU ROCANCOURT [ROCQUENCOURT].	156
LA-CELLE-LEZ-SAINT-CLOUD OU la CELLE PRÈS BOUGIVAL.	159
Becheret ou Brechet, — Les Greffets, — Beauregard, — Belesbat, — Clos-Toutin.	162
LE CHESNAY.	163
VAUCRESSON.	166
La Marche.	168
Clos-Toutin, — Jardies et son prieuré.	170
VILLE-DAVRAY [VILLE-D'AVRAY]	171
RAINEMOULIN.	174
VILLEPREUX.	176
Prieuré de Saint-Nicolas.	180
Chapelle de Saint-Vincent	182
L'Hebergerie, — La Gondonnerie, — Le Trou-Moreau, — Val-Joyeux, — Le Champ-de-Landry.	189

TABLE DES MATIÈRES

	Pages.
Le Bois d'Arsy	190
Versailles	192
Eglise Notre-Dame ou vieille Eglise	198
Eglise Saint-Louis	199
Chapelle du Château	199
Couvent des Récollets, — Hôpital	200
Château	201
La Menagerie, — Trianon	204
Galie et le Val-de-Galie	205
Clagny, — Glatigny	207
Satory, — La Grange-l'Essart ou Lessart, — La Porcherie	209
Sarjolant ou Sar-Tolens, — Zigrefein	210
Montreuil près Versailles	210
Porché-fontaine [Porchefontaine]	213
Viroflé [Viroflay]	215
Chaville	217
Doisu	219
Velizy, formé de la paroisse d'Ursines	221
Le petit Velizy	222
Villacoublay	225
Meudon	227
Couvent des Chartreux aux Moulineaux, — Couvent des Capucins	238
Villebon, — Aubervilliers	239
Cottigny, — Fleury	240
Val-de-Meudon, — La Pissotte	243
Clamart	244
Fleury	249
Le Plessis-Piquet, anciennement le Plessis-Raoul	250
Monastère des Feuillants	254
Biévre	255
Monteclain	258
Vaubayen, — Ville-Favreux ou Ville-Favreuse	259
Gisy, — Menillet et les Roches, — Reaux-en-Bièvre	260
Hôtel des Demoiselles, — Abbaye de Valprofond, dite depuis le Val-de-Grâce	261
Jouy-en-Josas	263
Villetain, — Le Val d'enfer, — Villevert, — Le Meiz et la Court-Rolland	270
Les Loges-[en-Josas]	271
Buc	274
La Guérinière, — Le Breuil, — Hacqueville, — L'Antechrist	277
Guyencourt [Guyancourt]	278
Hôtel-Dieu	280
Bouviers	282
Trou, — La Minière, — Villaroy	283

TABLE DES MATIÈRES

	Pages.
Voisins	284
Le Mesnil-Saint-Denis	286
Beaurais ou Beauray, — Redon ou Rodon	289
Truypendu, — Le Mouceau et la Veillotte, — La Verrière	290
Magny-l'Essart ou Magny-les-Hameaux	291
Porroy ou Porrois, — Buloyer, — Les Granges	294
Brouaissis ou Broissy, — Merantetz [Merantais], — Romainville, — Villeneuve, — Cressely	295
Abbaye de Porroy dite ensuite Port-Royal	295
Chateaufort	297
Prieuré de Châteaufort	301
Leproserie	302
Vilvert, — Orse [Orce]	304
La Perruche — Mezentais	305
Toussus	306
Villiers-le-Bacle	309
Voisins-le-Cuit	315
Saclé [Saclay]	316
Vauhallan	320
Saint-Marc, — Repenti ou Arpenty [les Arpentis]	321
Limon ou la Grange de Limons, — Ville Domble	322
La Martinière, — Orsigny ou Orcigny, — Graville	323
Palaiseau	324
Foucherolles [Fourcherolles], — Lozer [Lozere], — La Vove, — Villebois	332
Saint-Aubin	333
Montfaucon, — Chaillot, — Le Menil-Blondel	333
La Chapelle-Milon	336
Saint-Lambert	339
Lévis [Lévy-Saint-Nom]	341
Giroir [Girouard], — La Roche, — Les Landes, — Les Vestiers ou Neffliers, — Les Monies, — Prieuré d'Ivette	345
Abbaye de Rosche ou la Roche	349
Les Lays [Les Layes]	352
L'Etrille, — La Macicoterie, — L'Enclave, — Le Bordel, — Les Maris, — La Rue Verte, — Les Molières, — La Maulnerie ou Aumônerie	354
Maincourt	355
Dampierre	357
Montreuil	360
Saint-Forget	361
Trotigny, — La Garenne, — Mauviere, — Bétancourt	362
Chevreuse	362
Meridon, — Poissy, — Les Trois-Cheminées	374

TABLE DES MATIÈRES 597

	Pages.
SAINT-REMY-PRÈS-CHEVREUSE	375
Prieuré de Beaulieu ou de Sainte-Avoye.	377
Prieuré de Saint-Paul.	379
Rodon ou Rhodon, — Coubertin.	381
La Verriere ou la Verrerie, — Vaugien	382
GIF	384
Courcelle, — Coupierre	386
Damiette.	387
Abbaye de Gif.	388
BURES.	391
Montjay, — La Haquinière ou l'Aquinière, — Le Grand-Menil.	393
Le Petit-Launay, — La Grange du Bas-Moulon, — La Guionnerie, — Rheaume	394
ORSÉ OU ORÇAY [ORSAY].	394
Launay, — Maudétour.	399
Cordeville [Corbeville], — Viviers, — Courtabeuf	400
Machecru, — Ribernon, — Noisemont	401
GOMETZ-LE-CHATEAU, autrement SAINT-CLAIR.	401
Prieuré de Gometz.	405
Grivery	408
GOMETZ-LA-VILLE	409
Baudreville, — Lambert, — Nouville	410
Le grand Ragonant.	411
LES MOLIERES.	411
Quincampoix, — Taillebourdrie, — Malassis, — Le Fay	412
TROUS OU LES TROUES [BOULLAY-LES-TROUS]	413
Montabé.	415
CHOISEL OU CHOISEI	415
La Ferté, — Predecelle, — Houlebran, — Bévilliers.	417
SENLICES [SENLISSES]	418
La Court-Senlice, — Bouillons ou les Bouillons, — Les Barres, — Le Cormier, — Garne, — Le Bout-des-Pres, — Malvoisine	420
SERNAY OU SAIRNAY [CERNAY-LA-VILLE]	421
La Charterie ou les Charmes, — La Daloncrie, — Champhourdy, — Plaine-Coulon.	422
Abbaye des Vaux-de-Cernay	423
LA CELLE-PRÈS-SAIRNAY, autrement LA CELLE-LEZ-BORDES.	425
PEQUEUSE [PECQUEUSE]	428
LIMOUX [ou LIMOURS]	430
Pénitents du Tiers-Ordre de Saint François [à Picquepus]	433
Villancourt, — La Croix-blanche, — Ragonant, — Garnevoisin, — Le Besuyer, — Le Jardin, — Roussigny, — Le Cormier.	436
Chaumusson, — Le Pomeret ou le Pomeray	437

TABLE DES MATIÈRES

	Pages.
Forges	437
Bajolet, — [Le] Chardonnet et non Charderonnay, — Malassis, — Bois d'Ardeau, — Ardilliers, — Le Pivot.	441
Janvry	441
Fresneau, — Muleron, — Marivaux, — Chantecoq, — Tuillières, — La Brosse	443
Bries ou Bris [Briis-sous-Forges].	443
Bligny ou Blégny, — Les Chassiniers, — Chandoron	449
L'Aunay-Courçon [Courson-l'Aunay].	449
Fontenet-sous-Bries [ou les-Briis].	454
Soucy.	456
Quinquempoix, — La Soulaudière, — Launay-Jacquet, — Verville, Arpenty, — La Roncière, — La Charmoise	458
Vaugrigneuse	458
Bruyères (Bruyères-le-Chatel et Bruyères-la-Ville) ou Brières.	464
Léproserie	470
Prieuré	471
Olinville [Ollainville]	475
Verville	476
Baillol	476
La Roche, — Arpenty, — la Truche, — Le Petit-Rué, — Le Grand-Rué, — Arny, — Saint-Didier, — Trou, — La Forest, — Couar, — Baillair [Bel air], — Trevoye, — Tremerolles	476
Marcoussi [Marcoussis]	477
Couvent des Célestins.	487
Fief Episcopal, — Guillerville, — Bellejambe depuis Bellejame, — Chevauville.	493
Fay ou Le Fay	494
Varilles ou Vaularon ou Valaron, — La Ronce	495
La Couture-Hercepost ou Hercepoist.	496
Beauvais, mal nommé Beauvert ou Beauroy	496
Le Houssay, — Chenerond, — Belebat, — Hôtel des Creneaux, Le Déluge	496
Montfaucon ou Saint-Jean-de-Montfaucon, autrement [Saint-Jean-de] Beauregard	498
Nozay.	499
La Ville-au-Bois [ou du Bois]	502
Villarceaux.	503
Villers-sur-Nozay, — Lunezy	504
Villejust.	504
La Poitevine, — La Frette [Fretay?]	506
Saulx [Saulx-les-Chartreux].	506
Saussières [Saussiers].	511
Villebon	511
La Roche, — Les Casseaux, — Le Foulon, — Villiers, — La Plesse.	516

TABLE DES MATIÈRES

	Pages.
Macy [Massy]	520
Villene ou Villeheme, — Villegenis.	524
Igny	527
Gommonviliers	530
Verrieres	530
Mignoz ou Mignols ou Mineaux [Mignaux], — Amblainvilliers, — Vaupereux, — La Boursillere	533
Antony	534
Chatenay-les-Bagneux	538
Aunay	545
Ceaux ou Sceaux	545
Bourg-la-Reine	552
Fontenay-sous-Bagneux ou Fontenay-aux-Roses	559
Bagneux	565
Garlande	572
Chatillon près Paris	572
Les Hanches Marcade	576
Venves [Vanves]	578
Montrouge	585
Monastère des Machabées ou Frères ermites de Saint-Guillaume	587

4643 — Paris, Imp. L. Philipona 51, rue de Lille.